GEO Themenlexikon

GEO Themenlexikon

in 20 Bänden

Band 14

Philosophie

Ideen, Denker, Visionen

A–Z

Herausgeber
Peter-Matthias Gaede, GEO
Bibliographisches Institut & F. A. Brockhaus AG

Redaktionsleitung Gabriele Gassen (BIFAB) und Michael Schaper (GEO)

A–Z-Teil
Projektleitung Ulrike Emrich
Realisation Michael Venhoff (Redaktionsgruppe LOOP)
unter Mitarbeit von Birgit Bödeker, Manfred Brocks (Bildredaktion), Elke Eßmann, Heinrich Kordecki
Autoren Dr. Elisabeth Conradi, PD Dr. Christoph Demmerling, Dr. Sabine A. Döring, Dr. Alexander Fidora, Katharina Fischer, Prof. Dr. Lutz Geldsetzer, Beate-Irene Hämel, Markus Hattstein, Jan-Hendrik Heinrichs M. A., PD Dr. Christian Jäger, PD Dr. Nikos Psarros, Zeljo Radinovic, Prof. Dr. Christof Rapp, PD Dr. Uwe Scheffler, Prof. Dr. Thomas M. Schmidt, Dipl.-Soz. Ralph Schrader, Mark Schweda, Prof. Dr. Dieter Sturma, PD Dr. Klaus Wiegerling
Grafik und Karten Dipl.-Ing. (FH) Jörg Radtke

GEO Dossier
Redaktion Jens Schröder
Schlussredaktion Jan Pust, Hannelore Koehl (Assistenz)
Bildredaktion Christian und Susanne Gargerle
Technische Realisation Rainer Droste
Kartografie GEO-Kartografie

Layout Horst Bachmann, Barbara Exner, Sigrid Hecker, Tatjana Lorenz
Einband und Umschlag glas ag, Seeheim-Jugenheim
Herstellung Constanze Sonntag

Bibliografische Information der Deutschen Nationalbibliothek
Die Deutsche Nationalbibliothek verzeichnet diese Publikation in der Deutschen Nationalbibliografie; detaillierte bibliografische Daten sind im Internet über http://dnb.ddb.de abrufbar.

Satz A–Z Satztechnik, Mannheim
Druck und Bindung MOHN Media Mohndruck GmbH, Gütersloh
Printed in Germany

ISBN-10: Gesamtwerk 3-7653-9420-3 ISBN-13: Gesamtwerk 978-3-7653-9420-1
ISBN-10: Band 14 3-7653-9434-3 ISBN-13: Band 14 978-3-7653-9434-8

Abbildung auf dem Einband Büste Aristoteles: Heiner Müller-Elsner/Agentur Focus, Hamburg

Liebe Leserin, lieber Leser,

wir Menschen haben den Urknall datiert und unseren eigenen genetischen Bauplan entschlüsselt. Haben Atome in ihre Bestandteile zerlegt und alles Wissen und Halbwissen der Welt in einem virtuellen Netz aus blitzschnellen Rechenmaschinen abgespeichert. Manchmal können wir sogar vorhersagen, wie das Wetter wird.

Doch vor den vier scheinbar ganz banalen Fragen, die sich der Königsberger Denker Immanuel Kant vor mehr als 200 Jahren stellte, haben wir noch heute gehörigen Respekt. Wir müssen uns vielleicht sogar eingestehen, dass wir sie niemals abschließend werden beantworten können.

Kant fragte: »Was kann ich wissen? Was soll ich tun? Was darf ich hoffen? Was ist der Mensch?«, und gliederte damit die Philosophie in ihre wichtigsten Forschungsfelder Erkenntnistheorie, Ethik, Religionsphilosophie und Anthropologie.

Mehr als genug Stoff für Band 14 unserer 20-teiligen Lexikonreihe, in dem wir die facettenreiche Suche der Menschen nach wahrer Weisheit beschreiben wollen.

Wie gewohnt tun wir das mit einem grundlegenden und fundierten A–Z-Teil, den unsere Partner in der Brockhaus-Redaktion erarbeitet haben. Schnell und präzise lassen sich darin die Grundideen von Aristoteles bis Wittgenstein, vom Agnostizismus bis zum Zen-Buddhismus erfassen. Über hervorgehobene Infokästen erschließt sich zudem die Bedeutung von Hauptwerken der Philosophiegeschichte, etwa Thomas Hobbes' »Leviathan« oder Jürgen Habermas' »Theorie des kommunikativen Handelns«.

Im anschließenden GEO Dossier über die »Suche nach letzten Gewissheiten« nehmen sich unsere Autoren auf knapp 100 Seiten einige besonders interessante Aspekte auf journalistische Art und Weise vor. Selbstverständlich spielen auch dort die großen Menschheitsfragen eine Rolle – so zum Beispiel die nach der Freiheit unseres Willens oder jene nach der Verlässlichkeit unserer Sinne.

Aber es kommen dabei gerade nicht nur die Starphilosophen und Autoren von Standardwerken der Geistesgeschichte zu Wort. In einer

Editorial

Reportage unserer Redakteurin Hanne Tügel etwa tauchen stattdessen eine ehemalige Hebamme und ein blinder Diakon, ein Psychologe und eine Familienrichterin auf: ganz normale Menschen, an deren Beispiel sich der umwölkte Begriff der »Weisheit« aus dem Theoriehimmel holen und im Alltagsleben erden lässt. Was sie zu sagen haben, klingt fast leise und mitunter sogar unscheinbar. Aber auch das ist eine philosophische Geschichte. Sie handelt vom guten Leben. Von Selbstüberwindung und Uneigennützigkeit, von Gedankenfreiheit und Versöhnung. Und sie bietet immerhin ein paar kleine Antworten auf die große Kant'sche Frage: »Was sollen wir tun?«

Herzlich Ihr

Peter-Matthias Gaede
Chefredakteur GEO

Gesamtübersicht

Hinweise für den Leser

- Der Band 14 des GEO Themenlexikons präsentiert alles Wissenswerte aus der Philosophie in enzyklopädisch umfassender Gesamtschau: dabei referiert es, welche Zeiten und welche Personen in der Geschichte der Philosophie welche Antworten auf die Fragen nach Erkenntnis hervorgebracht haben.

- Das Lexikon zur Philosophie enthält mehr als 1300 Artikel zu allen wichtigen Philosophen, Schulen, Epochen und Begriffen und bietet einen Streifzug durch die Hauptwerke der Philosophie von der Antike bis zur Gegenwart. Sonderartikel widmen sich aktuell brisanten Themen wie etwa der Bioethik, oder der Neurophilosophie. Etliche Artikel werden in den GEO Dossiers vertieft durch ausgewählte Reports und Reportagen.

- Ein klares Verweissystem sorgt für die Verzahnung zwischen Lexikon und GEO Dossier: Von den Lexikonartikeln führen Verweise zu den vertiefenden Informationen in den GEO-Reportagen. Umgekehrt leiten Verweise im GEO Dossier zu denjenigen Einträgen im Lexikon, die Hintergrundfakten zum journalistischen Bericht sowie Anregungen zur weiteren Lektüre enthalten. So kann man bequem zwischen Fakten und Interpretation, zwischen Lexikon und Reportage hin- und herspringen.

- Alle Daten, Fakten und Zusammenhänge wurden mit äußerster Akribie und in Zusammenarbeit mit zahlreichen namhaften Experten erarbeitet und auf den neuesten Stand gebracht. Dennoch kann es zu Varianzen bei Daten, Fakten und wissenschaftlichen Schlussfolgerungen kommen, denn die Forschung ist zum einen ständig in Bewegung, zum anderen kann sie zu durchaus unterschiedlichen Sichtweisen führen. Lexikografische wie journalistische Sorgfalt gebieten es, dies wertungsfrei abzubilden.

ab Seite 11 **A–Z-Teil Philosophie**

Sonderartikel

ab Seite 385 **GEO Dossier:**

Abaelardus, Petrus, deutsch Peter Abälard, französisch Pierre Abélard, französischer scholastischer Philosoph, *Le Pallet (bei Nantes) 1079, †Kloster Saint-Marcel (bei Chalon-sur-Saône) 21. 4. 1142; Schüler von Roscelin von Compiègne, dem Begründer des →Nominalismus, und Wilhelm von Champeaux, der den →Realismus vertrat. Im →Universalienstreit zwischen beiden Schulen nahm Abaelardus eine eher vermittelnde Haltung ein. Ihr zufolge haben die Allgemeinbegriffe zwar keine selbstständige Existenz, sie sind aber mehr als ein bloßer »Flatus Vocis« (Hauch der Stimme): Allgemeinbegriffe sind geistige Vorstellungen, die von der menschlichen Vernunft in den Wörtern adäquat nach der »Natur der Dinge« abstrahiert wurden. Die Begriffsinhalte bestehen allerdings schon vor der Erschaffung der Dinge als Ideen im göttlichen Geist.

Abaelardus gründete eine eigene Schule auf dem Berg Sainte-Geneviève bei Paris. Nach dem unglücklich verlaufenen Liebesverhältnis mit Héloise, der Nichte des Kanonikus Fulbert, der ihn entmannen ließ, wurde er Mönch in Saint-Denis. Sein weiteres Leben führte ihn als Lehrer an verschiedene Orte. Abaelardus' kritisches Denken bewirkte eine mehrfache kirchliche Verurteilung seiner Lehren (Soissons, 1121, und Sens, 1141). Philosophiegeschichtlich bedeutsam war seine Methodenlehre, die er in der Schrift »Sic et non« entwarf. Von Bedeutung war weiterhin seine Ethik, die der Gesinnung den Vorrang vor den »guten Werken« einräumt.

Abbildtheorie, die erstmals von den griechischen Atomisten Leukipp und Demokrit vertretene Lehre, dass jede Erkenntnis eine Abbildung oder Widerspiegelung der als unabhängig vom Subjekt angenommenen Wirklichkeit sei. Erkenntnistheoretisch begründet wurde die Abbildtheorie, die auch in der →Ästhetik eine wichtige Rolle spielt, von Aristoteles und, soweit sie an ihm orientiert waren, von den Scholastikern. So stehen nach Thomas von Aquino Vorstellung und vorgestellter Gegenstand in einem Abbildungsverhältnis, analog dem von Urbild und Abbild (→adäquat). Im neuzeitlichen Empirismus wie auch im Positivismus und Materialismus wurde diese Position in naiv-realistischer Weise wieder aufgegriffen: Dem objektiv realen Gegenstand soll ein erkennendes Subjekt gegenüberstehen, das diesen ideell – in seiner Vorstellung, einem Urteil oder in einer Theorie – abbildet oder nachbildet.

Im Gegensatz zu neueren, v. a. sprachphilosophisch ausgerichteten Theorien, die die Abbildtheorie als »Umweg« ablehnen oder symbol-philosophischen Positionen, die ihren Erkenntniswert in Zweifel ziehen, hielt die marxistische Theorie an deren Gültigkeit fest. Im Zentrum der dialektisch-materialistischen Abbildtheorie **(Widerspiegelungstheorie)** steht die Wechselwirkung zwischen materieller bzw. gesellschaftlicher Welt und der Erkenntnis des Subjekts, das in diese Welt, also auch in die jeweiligen Klassen- und Produktionsverhältnisse, eingebunden ist. In der frühen Philosophie Ludwig Wittgensteins nimmt die Abbildtheorie ebenfalls eine zentrale Rolle ein, insofern hier Sätze als logische Bilder der Wirklichkeit aufgefasst werden.

Abduktion [zu latein. abducere »wegführen«], in der aristotelischen Logik ein deduktiver Wahrscheinlichkeitsschluss in der Form des →Syllogismus. Bei der Abduktion wird von einem gesicherten Obersatz und einem wahrscheinlichen Untersatz auf eine wahrscheinliche Konklusion geschlossen. Bei Charles Sanders Peirce ist die Abduktion eine Schlussform neben →Deduktion und →Induktion, die aus einer Annahme und einer gegebenen Tatsache in Art einer Hypothese auf die Prämisse führt, die zu einem induktiven Schluss noch fehlt.

Abélard, Pierre, →Abaelardus, Petrus.

100563

Abbildtheorie. Die Erkenntnis als Widerspiegelung einer vom Subjekt unabhängigen Wirklichkeit birgt in sich die Möglichkeit des Irrtums. Nach dem im Mittelalter geltenden ptolemäischen Weltbild etwa stand die Erdkugel im Mittelpunkt kreisender Sphären (erzählerisch ausgeschmückte Darstellung in der »Harmonia Macrocosmica« von Christoph Cellarius, 1660).

Ableitung, in der *mathematischen Logik* eine in einem Kalkül oder einer formalen Sprache zulässige Folge von regelgerecht auseinander hervorgehenden Zeichenreihen, die beliebige Ausdrücke, Terme, Aussagen, Aussageformen, Sätze usw. darstellen können. Eine solche Folge wird auch als **Derivation** des als ihr Endglied erscheinenden formalen Ausdrucks (Zeichenreihe) bezeichnet.

In der *Aussagenlogik* bezeichnet Ableitung analog die Gewinnung von Aussagen (Thesen) aus einer vorgegebenen Menge von Aussagen (Hypothesen) durch logische Schlussregeln. Wird in einer Menge von Aussagen eine Untermenge der vorgegebenen Aussagen als Axiome fixiert, von denen alle anderen als Theoreme ableitbar sind, so liegt eine **axiomatische Ableitung** vor.

Abraham Ben David Ibn Daud, spanischer Historiograf, *Córdoba 1110, †Toledo zwischen 1170 und 1180; brachte als Erster vor Maimonides den Aristotelismus in die bis dahin fast ausschließlich vom Neuplatonismus geprägte jüdische Philosophie ein. In seinem religionsphilosophischen Werk suchte er die

absurd.
Im »absurden Theater« fand die Philosophie des französischen Existenzialismus ihren literarischen Niederschlag (Szene aus Samuel Becketts »Endspiel«).

Theodor W. Adorno erklärte den Widerspruch zum Grundelement der »Philosophie nach Auschwitz«:

»Philosophie ... dürfte nicht länger des Absoluten sich mächtig dünken, ja müßte den Gedanken daran sich verbieten, um ihn nicht zu verraten, und doch vom emphatischen Begriff der Wahrheit sich nichts abmarkten lassen.«

Identität von aristotelischer Philosophie und biblischer Offenbarung nachzuweisen.

Absolute, das Absolute [latein., zu absolut »abgelöst«], das schlechthin Unbedingte, eine Annahme, die eine Erklärung der Welt durch Rückführung auf ein erstes Prinzip, den Grund oder das Ganze der Welt, geben will.

Aufgrund der durchgängigen Bedingtheit (Kontingenz) alles Weltseienden schloss die *griechische Philosophie* auf eine oberste Bedingung alles Bedingten. Diese – selbst nicht wieder bedingt – wurde als der allem Weltsein gegenüber »jenseitige« (transzendente) Weltgrund aufgefasst: als die Idee des an sich Guten bei Platon, als der unbewegte Beweger bei Aristoteles sowie als das Eine bei Plotin.

Das Absolute der *neuzeitlichen Philosophie* wird häufig weltimmanent als das Ganze der Welt gedacht und dann verschieden gedeutet, z. B. als Idee der Totalität aller Bedingungen (Kant), absolutes Ich (Johann Gottlieb Fichte), absoluter Geist (Hegel), Identität von Natur und Geist (Friedrich Wilhelm Joseph von Schelling) oder als Wille (Arthur Schopenhauer). Für den Materialismus ist die Materie das Absolute, insofern sie das Unbedingte und alles Bedingende ist. Der logische Empirismus betrachtet die Frage nach dem Absoluten als sinnlos oder als Scheinproblem, da sie sich nicht anhand empirisch-wissenschaftlicher Methoden klären ließe. Die sprachkritische Erkenntnis- und Wissenschaftstheorie geht von der prinzipiellen Revidierbarkeit aller Wahrheits- und Geltungsansprüche aus. In der neueren Philosophie ist der Gedanke des Absoluten v. a. dort von Bedeutung, wo über die Möglichkeit einer →Letztbegründung von Wissen und Handeln diskutiert wird.

Abstraktion [zu latein. abstrahere »abziehen«], der Denkvorgang bei der Bildung von Begriffen und Gesetzen sowie das Ergebnis des Abstraktionsprozesses. Der Vorgang der Abstraktion ist gekennzeichnet durch das stufenweise Heraussondern bestimmter Merkmale in der Absicht, das Gleichbleibende und Wesentliche verschiedener Gegenstände zu erkennen. Resultat eines Abstraktionsprozesses ist immer der →Begriff.

Aristoteles bestimmte die Methode der Abstraktion als **Aphairesis,** als »Wegnahme« der unwesentlichen Eigenschaften eines konkreten Dinges, und als **Epagoge,** als »Heranführen«, d. h. als Übergang vom Speziellen zum Allgemeinen.

Der neuzeitliche Abstraktionsbegriff – etwa der des Empirismus bei John Locke – verzichtet auf Wesenserkenntnis und fragt nur nach den Formen der Vorstellungsverknüpfung. Ergebnis der Abstraktion ist hier der Prädikator. David Hume stellte für diesen Vorgang Assoziationsgesetze auf, die sich auf die raumzeitliche Verbindung der menschlichen Wahrnehmungen stützen. Die induktive Logik hat die Abstraktionsmethoden vervollkommnet. Edmund Husserl vertiefte sie v. a. durch die Methode der →Reduktion.

absurd [latein. »misstönend«, »sinnlos«], in der *Patristik* die Eigenschaft derjenigen Aussagen, die eine theologische, vom menschlichen Verstand allein nicht begreifbare Wahrheit enthalten. In diesem Sinn wurde für Søren Kierkegaard das Absurde zum einzigen Gegenstand des christlichen Glaubens.

Im französischen *Existenzialismus* wurde das Absurde als Grunderfahrung des →Nihilismus begriffen. Nach Jean-Paul Sartre hat die Welt keinen vorgegebenen Sinn. Das Gleiche gilt für den Menschen in ihr: Er ist zur Freiheit verurteilt und muss sich, d. h. das, was er sein will, zuerst »entwerfen«, indem er auf die Absurdität des vernunftlosen, determinierten Seins, die er in den Existenzweisen des Ekels und der Langeweile erfährt, mit der Idee des Nichts antwortet, d. h. das Bestehende, die Tatsachen, negiert.

Abtrennungsregel, →Modus ponens.

Actus purus [latein. »reiner Akt«, »reine Wirklichkeit«], der nicht durch eine endliche →Potenz begrenzte →Akt. Er fällt mit dem in sich selbst gründenden Sein zusammen, das die unendliche Fülle des Seins und deren uneingeschränkten Vollzug besagt und wird in der Scholastik Gott gleichgesetzt, der ewig reiner Akt sei.

adäquat, Bezeichnung für die Übereinstimmung (lateinisch Adaequatio) der Urteilsaussage mit dem Sachverhalt. In diesem Sinn definierte Thomas von Aquino die →Wahrheit als »Adaequatio intellectus et rei« (Übereinstimmung der Sache und des urteilenden Denkens). Baruch de Spinoza spricht in diesem Zusammenhang von »adäquaten Ideen«, Leibniz von einer »adäquaten Analysis« der Begriffe, bei Edmund Husserl ist die Rede von »adäquater Wesensschau«.

Adjunktion [zu latein. adiungere »beifügen«], in der *mathematischen Logik* die Verknüpfung zweier oder mehrerer Aussagen *A* und *B* mit dem nicht ausschließenden →Junktor »oder« (lateinisch vel; Zeichen ∨) zu einer Aussage »*A* ∨ *B*«. Diese ist genau dann wahr, wenn mindestens eine der beiden Aussagen *A* oder *B* wahr ist (→Wahrheitsfunktion).

Adorno, Theodor W., früher Theodor Wiesengrund, deutscher Philosoph und Soziologe, Musiktheoretiker und Komponist, *Frankfurt am Main 11. 9. 1903, † Visp (Kanton Wallis) 6. 8. 1969; gilt neben Max Horkheimer als Hauptvertreter der →kritischen Theorie der Gesellschaft (→Frankfurter Schule).

■ **Leben** Adorno studierte ab 1921 in Frankfurt am Main Philosophie, Psychologie, Soziologie und Musikwissenschaft, 1925/26 in Wien Kompositionslehre bei dem österreichischen Komponisten Alban Berg (*1885, † 1935). 1931 habilitierte er sich in Frankfurt bei dem Theologen Paul Tillich mit einer Arbeit über Søren Kierkegaard (»Konstruktion des Ästhetischen«). 1934 emigrierte Adorno nach Großbritannien und 1938 auf Einladung Horkheimers in die USA, wo er als Mitglied des von Frankfurt nach New York verlegten »Instituts für Sozialforschung« wirkte.

In den Jahren 1942–44 verfasste Adorno gemeinsam mit Horkheimer die »Dialektik der Aufklärung«, eine ideologiekritische Betrachtung zur Krise der europäischen Zivilisation. 1949 kehrte er nach Frankfurt zurück. Seitdem lehrte er dort Philosophie und Soziologie und leitete mit Horkheimer das 1950 von ihnen wieder gegründete Institut für Sozialforschung. Neben zahlreichen kleineren kulturkritischen Schriften zu philosophischen, musiktheoretischen, literatur- und sozialwissenschaftlichen Themen entstanden hier Adornos Hauptwerke. 1961 begann er auf dem Soziologentag in Tübingen eine Auseinandersetzung mit Karl R. Popper über Methodenprobleme der Sozialwissenschaften (→Positivismusstreit).

■ **Lehre** Nach Adorno ist Freiheit – und damit eine Erfüllung der genuin menschlichen Bedürfnisse nach politischer Partizipation und Autonomie, nach Bildung und nach echtem Glück – unabdingbar an Aufklärung und Vernunft gebunden. Rationales Denken, das seit der Aufklärung des 18. Jahrhunderts technische Naturbeherrschung als Fortschritt ermöglicht habe, werde in der modernen Industriegesellschaft gezielt-manipulativ, d. h. antiaufklärerisch, zur Sicherung von Herrschaft verwendet. Beispiele hierfür sieht Adorno im Faschismus und in der modernen, Unfreiheit verschleiernden Kulturindustrie.

Adornos »Negative Dialektik« (1966) ist eine dialektische Besinnung auf die Nichtidentität des erkennenden Subjekts und des einzelnen Objekts, das in der Geschichte der Philosophie zugunsten von Systembildungen immer wieder gewaltsam entstellt worden sei. Adorno sieht die Aufgabe der Philosophie darin, die gesellschaftlichen Probleme zur Darstellung zu bringen, ausgehend von bestehender Entfremdung, Leiderfahrung und Widersprüchen, »wie denen zwischsen Individuum und Gesellschaft, Natur und Geschichte, Begriff und Gegenstand, Theorie und Praxis«. Im Hintergrund steht die Utopie einer Versöhnung von Subjekt

Theodor W. Adorno
***1903, † 1969**

- war einer der Begründer der Frankfurter Schule
- arbeitete mit an der Kultur- und Faschismuskritik »Dialektik der Aufklärung«
- begann 1961 den Positivismusstreit mit Karl R. Popper
- thematisierte die Aufgabe der Philosophie nach Auschwitz

Adorno **Adorno und die Musik**

Schon in seiner Kindheit hatte Theodor W. Adorno eine große Neigung zur Musik gefasst, und er strebte zunächst eine musikalische Karriere an. Kompositionsunterricht erhielt er von Alban Berg, der der so genannten Zweiten Wiener Schule zugerechnet wird. Adorno schrieb u. a. Lieder mit Klavierbegleitung zu Texten von Stefan George, Georg Trakl, Else Lasker-Schüler, Oskar Kokoschka, Georg Heym und Bertolt Brecht sowie Kammermusik, Orchesterwerke und ein Chorwerk. Adorno, dessen Schriften für die Musikgeschichte und -kritik von außerordentlicher Bedeutung sind, setzte in seiner Kunstphilosophie die Musik paradigmatisch für alle Kunst. Anhand der Kategorie des »musikalischen Materials« versuchte er in der »Philosophie der neuen Musik« (1949) die Zweite Wiener Schule gegenüber den so genannten restaurativen Tendenzen des Neoklassizismus, zu denen er etwa Igor Strawinsky zählte, als den eigentlichen musikgeschichtlichen Fortschritt zu legitimieren.

5156

und Objekt, in der die Emanzipation des vorher unterworfenen Individuellen gelungen ist. Fragment geblieben ist die 1970 herausgegebene »Ästhetische Theorie«. Sie ist gleichermaßen gegen phänomenologische und psychoanalytische Deutungen der Kunst gerichtet und wendet sich gegen Erscheinungsformen der Kunst als »Ware«.

■ **Wirkung** Adorno beeinflusste die neomarxistische Studentenbewegung der 1960er- und frühen 70er-Jahre. Seine Gesellschaftsanalysen wurden zwar anerkannt, gleichzeitig wurde aber ihre praktische Unbrauchbarkeit kritisiert. Offizielle akademische Würdigung erfuhr Adorno erst spät.

Advaita [Sanskrit »das ohne ein Zweites ist«], Bezeichnung der monistisch-illusionistischen Schule der *indischen Philosophie* des →Vedanta und ihrer Lehre dafür, dass allein Brahman wirklich ist, wohingegen die Welt als bloße Illusion gilt. Die älteste erhaltene systematische Darstellung der Advaitaphilosophie stammt etwa aus dem 7.–8. Jh. und wurde von Shankara verfasst.

Affekt [zu latein. afficere »einwirken«, »in eine Stimmung versetzen«], bei Aristoteles Bezeichnung für alle seelischen Regungen, die von Lust und Schmerz begleitet sind: Begierde, Zorn, Furcht, Mut, Neid, Freude, Freundschaft, Hass, Sehnsucht, Eifersucht und Erbarmen. Im Anschluss an die Seelenlehre, die Platon in seinem Dialog »Timaios« entfaltet, definierte die Stoa die Affekte als unvernünftige Seelenzustände, durch die die natürlichen Regungen zerstört würden. Ideal der Stoiker war dieser Deutung entsprechend die →Apathie.

In der Neuzeit, besonders bei Kant, kam es zu einer substanziellen Einschränkung des Affektbegriffs. Die in der Antike und im mittelalterlichen Denken ungeschiedene Einheit von beständigen habituellen Begierden und Gemütsbewegungen wurde zweigeteilt. So traf etwa Kant eine Unterscheidung zwischen Affekt und Leidenschaft: Als Affekte im engeren Sinn begriff er die durch Überraschung und kurze Dauer gekennzeichneten Gefühle der Lust und Unlust, während er die habituellen Begierden (Ehr- und Habsucht, Hass, Liebe u. a.) als Leidenschaften bezeichnete, die vernunftmäßig kaum zu beeinflussen wären. Beide werden moralisch verworfen, da sie die menschliche Freiheit einschränken.

Zu einer lebensphilosophischen Rechtfertigung der Leidenschaft kommt es bei Nietzsche. Bei Søren Kierkegaard bezweckt sie das »Höchste der Existenz« und die subjektive Ausrichtung auf das »objektiv Ungewisse« (Gott). Für Martin Heidegger bringt die Leidenschaft, im Gegensatz zum »blindlings aufregenden Anfall« des Affekts, »erst wahre Dauer und Beständigkeit in unser Dasein«.

Agens [latein. »der Wirkende«, »das Wirkende«], treibende Kraft, wirkendes, tätiges Prinzip (→Causa).

Agnostiker, Vertreter des Agnostizismus.

Agnostizismus [von griech. agnosía »Unkenntnis«], die Überzeugung, dass die metaphysische Frage nach Gott unlösbar sei; allgemeine Sammelbezeichnung für religiöse und philosophische Lehren, die zwar die Erkennbarkeit transempirischer Realitäten leugnen, nicht aber, wie etwa der Atheismus, deren Existenz.

Die den Agnostizismus auszeichnende Grundeinstellung, das Wesen der Dinge für unerkennbar zu halten, lässt die Berechtigung metaphysischer Fragen bestehen und lehnt nur ihre theoretische Lösung ab. Sie findet sich wieder in Kants Beschränkung auf die Erscheinungen (→Kritizismus). Der →Positivismus ist dem Agnostizismus insofern verwandt (und wird ihm auch häufig zugerechnet), als er uneingestanden die Existenz erfahrungsüberschreitender Realitäten, die er für nicht erkennbar hält, doch anerkennt. Varianten des Agnostizismus sind der →Skeptizismus und der über ihn hinausgehende →Relativismus.

Agricola, Rudolf, eigentlich Roelof Huusman oder Huysman, deutscher Frühhumanist, * Baflo (bei Groningen) 17. 2. 1444, † Heidelberg 27. 10. 1485; studierte in Erfurt, Köln, Löwen und Pavia, lebte dann in Ferrara und seit 1479 in Friesland. Seit 1484 lehrte er an der Universität Heidelberg. Agricola entwarf ein Konzept des umfassend gebildeten, frei und kritisch denkenden Menschen, das den deutschen Humanismus nachhaltig beeinflusste. Besonders wichtig wurde sein Lehrbuch »De inventione dialectica« (1479; dt. »Methodik der wissenschaftlichen Erörterung«). In ihm entwickelte Agricola eine Methode wissenschaftlichen Beweisens, die allein auf Argumentation beruht und ohne metaphysisches Fragen auskommt.

100264

Affekt. Die Frage, ob Gefühle und Leidenschaften zum Wohl oder zum Verderben des Menschen führen, beschäftigt die Philosophie seit je (Edvard Munch, »Der Schrei«, 1893; Oslo, Nationalgalerie).

Akademie Eine Zeitenwende

Als im Jahr 529 n. Chr. der oströmische Kaiser Justinian (Detail aus einem Mosaik der Kirche San Vitale in Ravenna) anordnete, dass fortan »in Athen weder Philosophie gelehrt noch Gesetze ausgelegt werden« dürften, hatte das die umgehende Schließung aller »heidnischen« Lehreinrichtungen zur Folge, zu denen auch die platonische Schule zählte. Obwohl von einer ungebrochenen Schultradition von den Tagen Platons an – von jener »goldenen Kette«, durch die sich die spätantiken Neuplatoniker mit der alten Akademie verbunden glaubten – kaum die Rede sein kann, kündigt sich in diesem Vorgang doch der Anbruch einer neuen Zeit an. Sieben der verbliebenen Mitglieder der platonischen Schule, unter ihnen das letzte Schulhaupt Damaskios und sein Schüler Simplikios, emigrieren vorübergehend nach Persien. Noch im selben Jahr gründet Benedikt von Nursia am Ort eines antiken Apolloheiligtums auf dem italienischen Monte Cassino ein christliches Kloster. Und der Reichtum der in den Philosophenschulen bewahrten antiken Bildung gerät in Europa für lange Zeit in Vergessenheit.

Agrippa von Nettesheim, eigentlich Heinrich Cornelius, deutscher Philosoph, Theologe und Arzt, * Köln 14. 9. 1486, † Grenoble oder Lyon 18. 2. 1535; vertrat, trotz seiner Vorliebe für die magischen Wissenschaften, eine neuplatonisch-christliche Theosophie, die versuchte, alles Wissen unmittelbar auf Gott zu beziehen. Er lehnte die Philosophie der Scholastik im Rahmen einer universalen Wissenschaftsskepsis ab und betonte die absolute Vorrangstellung der Offenbarung. In seiner Schrift »De incertitudine ac vanitate scientiarum« (1527; dt. »Über die Unsicherheit und Eitelkeit der Wissenschaften«) kritisiert Agrippa aufs Schärfste die Wissenschaft seiner Zeit.

Ähnlichkeit, Verhältnis zweier Gegenstände zueinander, die in mehreren, aber nicht allen Merkmalen übereinstimmen. Eine besondere Form der Ähnlichkeit ist die →Analogie.

AI, Abk. für engl. Artificial Intelligence (→künstliche Intelligenz).

Aisthesis [griech.], bei Platon und Aristoteles die →Wahrnehmung sowie die Lehre von der Sinneswahrnehmung oder Sinnesempfindung.

Akademie [griech.], die von Platon um 385 v. Chr. gegründete Philosophenschule im Nordwesten Athens. Sie wurde einer Überlieferung zufolge nach einem in der Nähe befindlichen Heiligtum des altattischen Helden Akademos benannt.

Die ältere Akademie war stark von der Philosophie der →Pythagoreer beeinflusst. So spielte das Problem von »Idee« und »Zahl« in der Erkenntnistheorie eine wichtige Rolle. Ihre wichtigsten Repräsentanten waren u. a. Speusippos, Xenokrates und Krates. Die mittlere Akademie, zu deren bedeutendsten Vertretern Arkesilaos aus Ätolien und Karneades von Kyrene (* 214/213 v. Chr., † 129/128 v. Chr.) gehörten, war von einem gegen den Dogmatismus der Stoa gerichteten Skeptizismus geprägt. In der neueren Akademie versuchten Philon von Larissa (* um 159 v. Chr., † um 86 v. Chr.) und sein Schüler Antiochos von Askalon zwischen dem stoischen Dogmatismus und dem Skeptizismus der mittleren Akademie zu vermitteln. Mit dem →Neuplatonismus gewann die Akademie noch einmal an Bedeutung. 529 n. Chr. wurde sie von Kaiser Justinian I. geschlossen.

Akrasia [griech. »Unbeherrschtheit«, »Unmäßigkeit«, verwandt mit griech. kratein »Gewalt haben«, »herrschen«], Zustand der Willensschwäche, in dem eine handelnde Person bei vollem Bewusstsein und mit Absicht in einer Handlungsalternative diejenige Möglichkeit auswählt und ausführt, die sie eigentlich für die schlechtere hält bzw. die sich im Widerspruch zu ihren sonstigen Überzeugungen befindet.

Im philosophischen Zusammenhang bezeichnet Akrasia ein Problem, das mit dem so genannten sokratischen Paradox einhergeht: Ein bestimmtes Verständnis von Handlung vorausgesetzt – etwa, dass jede absichtlich durchgeführte Handlung als das Ergebnis einer Wahl der besseren Möglichkeit zu betrachten ist –, ist Willensschwäche nicht möglich, obwohl sie ständig vorzukommen scheint. Das Problem wurde von Sokrates bzw. Platon (im Dialog »Protagoras«) eingeführt, von Aristoteles zu lösen versucht und von Donald Davidson 1970 als Problem der Handlungstheorie erneut aufgeworfen.

akroamatisch [griech. »hörbar«, »zum Anhören bestimmt«], Bezeichnung für einen Lehrstil, bei dem der Lehrende vorträgt und der Schüler nur zuhört. Der Gegensatz ist →erotematisch.

Akzidens.
Es ist weder eine notwendige noch eine häufige Eigenschaft von Türmen, schief zu sein. Im aristotelischen Sinn ist das Schiefsein des Glockenturms in Pisa demnach als Akzidens zu betrachten. Reales Akzidens ist das Schiefsein in dem Sinne, dass das Schiefsein an die bauliche Existenz des Turmes gebunden ist.

Akt [zu latein. agere, actum »handeln«], gemeinsam mit →Potenz (latein. »Vermögen«, »Kraft«) ein grundlegender Terminus der scholastischen, v. a. thomistischen *Ontologie* und *Metaphysik*. Akt und Potenz sind die Übersetzung der Termini »Energeia« und »Dynamis«, die Aristoteles einführte, um Bewegung und Veränderung widerspruchsfrei zu erklären und begrifflich zu fassen.

■ **Klassische Deutungen** Dynamis ist das Prinzip der Bewegung in einem anderen und das Vermögen eines Seienden, etwas anderes zu werden, also das Prinzip der Veränderung durch ein anderes. Entsprechend ist Energeia das »Am-Wirken-Sein« eines Seienden sowie die »wirkliche Tätigkeit des Möglichen«. Dynamis im Sinn des Aristoteles unterscheidet sich also von »Möglichkeit« im Sinn der Modallogik (möglich ist, was nicht durch logische oder empirische Gesetze ausgeschlossen ist) dadurch, dass sie auf ein Ziel und dessen Verwirklichung hin ausgerichtet ist. Für Aristoteles ergaben sich daraus wichtige Konsequenzen: 1. Jede Veränderung, d. h. Verwirklichung eines Vermögens, setzt ein anderes wirkliches Seiendes voraus, das diese Verwirklichung anregt. 2. Jedes von Natur aus Seiende hat ein Ziel, auf das sein wirkliches Tätigsein von Natur aus gerichtet ist. 3. Die Bewegung der Natur als Ganzes ist auf ein Ziel hin gerichtet (→Teleologie).

Thomas von Aquino und die Scholastik erweiterten diese Energeia-Dynamis-Lehre um einen wichtigen Aspekt, wodurch ihre Akt-Potenz-Lehre zur Deutung des Seienden überhaupt wird. Das Wesen (essentia) eines endlichen Seienden wird als Potenz verstanden, also als auf das ihm gemäße Sein (esse) hin angelegte Möglichkeit. Das Sein eines Seienden wird als Akt interpretiert, also als Verwirklichung des Wesens.

Aus Thomas' Deutung ergeben sich v. a. folgende Konsequenzen: 1. Da die Verwirklichung einer Möglichkeit stets eines anderen bedarf, das bereits in wirklicher Tätigkeit ist, bedarf die Gesamtheit des endlichen Seienden einer Wirklichkeit außer ihr, die keinerlei Möglichkeit (Potenz) mehr enthält. Diese Wirklichkeit ist also eine von Möglichkeiten reine Wirklichkeit, also →Actus purus. 2. Da das Sein eines Seienden Verwirklichung seines Wesens ist, kann Sein von verschiedenen Seienden nicht in derselben Bedeutung, univok, ausgesagt werden, sondern nur analog (→Analogia Entis). 3. Das Sein eines Seienden ist nicht statische Realität, sondern Wirken. 4. Das Geschehen im Gesamt des endlichen Seienden ist auf ein letztes Ziel, auf Gott als Actus purus, hin orientiert, ist also sinnvoll.

■ **Neuere Deutungen** In der Phänomenologie Edmund Husserls wird der Begriff des Akts psychologisch gewendet und bedeutet nunmehr das Stellungnehmen eines Menschen zu einem Gegenstand, von dem er gewisse Bedeutungen kennt und über den er infolgedessen eine Meinung hat. Bei William James und Ludwig Klages strukturiert sich durch den Akt die erlebte Welt, indem der Akt den kontinuierlichen Erlebnisstrom unterbricht und in überschaubare Teile zerlegt.

Aktualität [zu latein. actualis »tätig«, »wirksam«], der Zustand des wirklich entfalteten Seins (lateinisch Actualitas) im Gegensatz zur Real- und zur Idealmöglichkeit.

Akzidens [latein. »sich zufällig ereignend«], das Zufällige, Unwesentliche, Veränderliche an einem Gegenstand, im Gegensatz zur →Substanz. Aristoteles definierte Akzidens (griechisch Symbebekos) als diejenige mittelbare oder zufällige Eigenschaft, die einem Gegenstand wohl zukommt, aber »weder notwendig noch in den meisten Fällen«. Im scholastischen Denken unterschied man im Anschluss an Aristoteles ein **reales Akzidens** und ein **logisches Akzidens.** Das reale Akzidens ist jene Eigenschaft, die ein Seiendes beiläufig bestimmt und selbst nur ist, indem sie einem Träger, nämlich der Substanz, anhaftet. Unter logischem Akzidens verstand man ein Prädikat, das im Sinn des Nichtnotwendigen von einem Gegenstand ausgesagt werden kann.

Albertus Magnus Der »Zauberer«

Mehr als alle anderen Gelehrten des 13. Jahrhunderts zeichnete sich Albertus Magnus durch Vielseitigkeit und ein universelles Wissen aus. Schon zu Lebzeiten wurde ihm der Ehrentitel »Doctor universalis« verliehen, denn der Philosoph und Theologe beschäftigte sich auch intensiv mit Naturwissenschaften, deren Patron er ist. Ihnen maß er eine eigenständige Bedeutung bei – in der damaligen christlichen Weltsicht eine fast revolutionäre Auffassung. Er versuchte eine Klassifikation der Pflanzen, machte physiologische Studien und alchemistische Experimente. Manche Naturphänomene wurden von ihm sogar erstmals beschrieben, etwa Staubfäden und Nektar der Blüten, der Eisbär und das Walross. Bei der Darstellung der Mineralien verfolgte er einen eigenen methodischen Ansatz. Seine für die damalige Zeit ungewöhnlichen naturwissenschaftlichen Kenntnisse verschafften ihm schließlich den fragwürdigen Ruf eines Alchemisten und Zauberers (Tommaso da Modena, Fresko, 1352; Treviso, Capitolo dei Domenicani).

Alanus ab Insulis, französisch Alain de Lille, scholastischer Philosoph, Theologe, Naturkundiger und Dichter, * Lille um 1120, † Cîteaux 1203; schrieb ein Kompendium der Theologie in Form von axiomatischen Thesen. Diese sollten, durch Beweise gestützt und verbunden, eine rationale Theologie begründen. Bekannt wurde v. a. sein enzyklopädisch angelegtes Werk »Anticlaudianus« (um 1182), eine Darstellung des vollkommenen Menschen, die das Ideal einer harmonischen Vermittlung von Bildung und Wissen und Glauben errichtet.

Albert, Hans, deutscher Sozialwissenschaftler, * Köln 8. 2. 1921; war ab 1963 Professor in Mannheim (1989 emeritiert). Albert gilt als einer der deutschen Hauptvertreter des →kritischen Rationalismus, den er im Anschluss an Karl R. Popper auf sozialwissenschaftlichem und wissenschaftstheoretischem Gebiet entwickelte. Albert betont das konstruktiv-kritische Vorgehen bei der Erkenntnisgewinnung und die prinzipielle Möglichkeit einer, wenn auch fehlbaren, Erkenntnis der Wirklichkeit.

Albertus Magnus, latinisierte Form von Albert der Große, fälschlich auch Graf von Bollstedt, deutscher Naturforscher, Philosoph und Theologe, * Lauingen (Donau) um 1200, † Köln 15. 11. 1280; studierte in Padua und schloss sich 1223 (oder 1229) dem Dominikanerorden an. In Paris erwarb er den Doktorgrad und wurde 1246 Magister der Theologie. Zwei Jahre später wurde Albertus Magnus als Leiter an die neu gegründete Ordenshochschule nach Köln berufen, wo u. a. Thomas von Aquino und Ulrich von Straßburg zu seinen Schülern zählten. 1254–57 war er Provinzial der deutschen Ordensprovinz (Teutonia) und 1260–62 Bischof von Regensburg. Nach Zwischenaufenthalten in Würzburg und Straßburg kehrte er 1270 nach Köln zurück.

Albertus Magnus verhalf dem Aristotelismus durch umfängliche Texterklärungen und Paraphrasen aristotelischer Schriften zum Durchbruch. Dabei suchte er in kritischer Auseinandersetzung mit arabischen Kommentatoren die Vereinbarkeit von aristotelischem Denken – besonders der Naturphilosophie – und christlichem Glauben zu beweisen. Auch in seinen theologischen Schriften bemühte sich Albertus Magnus um eine kompromissbereite Haltung. So bezog er im →Universalienstreit eine vermittelnde Position und sah auch im Neuplatonismus und im augustinischen Gedankengut keinen Widerspruch zum Aristotelismus.

Alembert [alɑ̃ˈbɛːr], Jean Le Rond d', französischer Philosoph, Mathematiker und Literat, * Paris 16. 11. 1717, † ebenda 29. 10. 1783; wurde als Findelkind aufgezogen. Nach anfänglichen Studien der Theologie, der Rechte und der Medizin wandte er sich der Mathematik zu und wurde bereits 1741 Mitglied der Académie Royale des Sciences. 1744 errang er einen Preis der Berliner Akademie und wurde deren Mitglied. 1754 wählte man ihn in die Académie française, deren ständiger Sekretär er ab 1772 war.

Jean Le Rond d'Alembert

Obwohl v. a. Mathematiker und Naturwissenschaftler, verkörperte d'Alembert beispielhaft das die Aufklärung auszeichnende Ideal des Universalwissens. Gemeinsam mit Denis Diderot gab er die »Encyclopédie« heraus (→Enzyklopädisten), deren erster Band 1751 mit einer von ihm verfassten Einleitung (»Discours préliminaire«) erschien und für die er die mathematischen, physikalischen sowie einen Großteil der philosophischen Stichwörter bearbeitete. 1759, nach dem siebten Band, trat er von der Mitarbeit zurück, wohl nicht zuletzt aufgrund der heftigen Polemik Rousseaus in dessen Schrift »Lettre à d'Alembert sur les spectacles« (1758) gegen seinen Artikel »Genève«.

Philosoph war d'Alembert in dem weiten Sinne, den die französische Aufklärung dem Begriff gab. In seiner Einleitung zur »Encyclopédie« zeigt sich deutlich sein Rückgriff auf den englischen Empirismus, v. a. auf John Locke, den er als den Schöpfer der wissenschaftlichen Philosophie betrachtete. Er selbst war davon überzeugt, dass man sich von allen überkommenen Auffassungen befreien müsse, um eine neue, ausschließlich auf dem Rationalismus und dem Sensualismus beruhende Erkenntnistheorie aufzubauen. D'Alembert glaubte an eine ständige Höherentwicklung der menschlichen Erkenntnis. In seiner auch von Étienne Bonnot de Condillac beeinflussten Erkenntnistheorie suchte er die empirischen Wissenschaften zu begründen.

Aletheia [griech. »Wahrheit«, »wahrer Sachverhalt«, »Aufrichtigkeit«], in der *griechischen Philosophie* in zweifacher Bedeutung gebrauchter Begriff. Einerseits wird mit Aletheia die →Wahrheit bezeichnet, die – als logische Wahrheit – Aussagen zukommen soll bzw. kann, andererseits diejenige Wahrheit, die als Durchschaubarkeit (aletheia bedeutet eigentlich »Unverborgenheit«), als Erkennbarkeit, jedem Seienden zukommt. Beide Bedeutungen gehörten für das griechische Weltverständnis zusammen: Aussagen können nur wahr sein, insofern das Seiende, von dem die Rede ist, auch durchschaubar bzw. erkennbar ist. Deswegen verhält sich das Seiende nach Aristoteles zur Wahrheit genau so, wie es sich zum Sein verhält.

In der *Scholastik* wurde dieses Verständnis von Wahrheit durch Albertus Magnus und Thomas von Aquino erneuert. Die scholastische Definition von Wahrheit im Sinne einer »Adaequatio intellectus et rei« (→adäquat), also einer Übereinstimmung des urteilenden Denkens mit der Sache, resultiert dabei aus dem Grundsatz »omne ens est verum« (»alles Seiende ist wahr«).

Im 20. Jahrhundert greift Martin Heidegger den Begriff auf, um zu zeigen, dass das Offensein des menschlichen Existierens sowohl mit der Freiheit als auch mit der Wahrheit als Unverborgenheit im Sinne der ursprünglichen griechischen Erfahrungen zusammenhängt.

Alexander von Aphrodisias, peripatetischer Philosoph und Logiker, lehrte um 200 n. Chr. in Athen. Alexander war ein bedeutender Aristoteleskommentator. Philosophiegeschichtlich relevant wurde seine Unterscheidung zwischen göttlicher und menschlicher Intelligenz. Während die göttliche Intelligenz ewig, weil ungeteilt, fortwirke, sei die menschliche Intelligenz wie auch die menschliche Seele vereinzelt und sterblich.

alexandrinische Schule, alexandrinische Philosophenschule, Richtung des →Neuplatonismus in Alexandria (Ägypten) von der ersten Hälfte des 5. Jahrhunderts bis zur ersten Hälfte des 7. Jahrhunderts. Stärke der alexandrinischen Schule waren die gelehrten philologisch-historischen Kommentare zu Platon und Aristoteles. Im Unterschied zu anderen neuplatonischen Schulen war die alexandrinische dem Christentum gegenüber aufgeschlossen.

Alfarabi, al-Farabi, Abu Nasr Mohammed, lateinisch Alpharabius, islamischer Philosoph, * Wasidj (Turkestan) um 870, † Damaskus 950; förderte durch seine arabischen Kommentare zu den Schriften von Platon und Aristoteles und deren Übersetzungen die Verbreitung der griechischen Philosophie – insbesondere der Logik – im arabisch-islamischen Kulturkreis. Alfarabi lehrte in Bagdad, Aleppo und Damaskus. Er glaubte an eine ursprüngliche Identität von aristotelischer und neuplatonischer Philosophie, der er den Primat über die Religion zuerkannte. Bedeutung gewannen auch seine Schriften zur Ethik und Politik (»Der Musterstaat«), zur Mathematik und Musiktheorie.

Algazel, al-Ghasali, →Ghasali, Abu Hamid Muhammad.

al-Kindi, →Kindi.

Alkino|os, griechischer Philosoph des Platonismus, 2. Jh. n. Chr.; wurde lange mit Albinos aus Smyrna, einem bekannten Platoniker seiner Zeit, identifiziert. Außer der unter seinem Namen überlieferten Schrift »Didaskalikos«, einer Einführung in die Philosophie Platons, ist nichts über ihn bekannt. Alkinoos betrachtete die platonischen Dialoge als ein System von Lehren, welche er in knapper Form in einer damals üblichen Einteilung vermittelte. Als die einzige erhaltene Schrift dieser Art ist der »Didaskalikos« ein wichtiges Dokument für den Mittelplatonismus. In ihm verbanden sich platonische Gedanken mit Ansichten der Stoa und der Peripatetiker

Allaussage, in der *Logik* die allgemeine kategoriale Aussage, in der mithilfe der als **Allquantor** bezeichneten logischen Partikel »alle« (Zeichen: $\wedge$, auch $\forall$) ein Subjekt A in Bezug auf einen Gegenstands- oder Eigenschaftsbereich B verallgemeinert wird: »Alle A sind B« (z. B. »alle Menschen sind sterblich«).

Allbeseelungslehre, →Panpsychismus.

alles fließt, griechisch **panta rhei,** Formel, die für die ständige Veränderung in der sinnlich wahrnehmbaren Welt steht. Sie wird

Alfarabi Die politische Utopie im Islam

Alfarabi gilt als Begründer der politischen Philosophie im Islam. In seinem »Musterstaat« entwarf er eine Gesellschaftsordnung mit starker Anlehnung an Platons »Politeia«, die er mit dem Islam verband. Über die tugendhafte Stadtrepublik, die Polis, hinausgehend, strebte er eine alle Menschen umfassende Gemeinschaft an, die als »islamische Gemeinde« (Umma) durch Tugendhaftigkeit regiert wird. Als Führer (Imam) der islamischen Umma entwarf er einen Herrscher, in dem sich das Prophetentum Mohammeds und Platons Philosophenkönigtum verbinden. Ausgehend von Alfarabi versuchte die spätere islamische Philosophie, die Herrschaft des islamischen Rechts weitgehend durch eine der allgemeinen Tugend zu ersetzen. Dagegen wandte sich jedoch die islamische Orthodoxie, etwa in Gestalt des Theologen al-Mawardi (* 974, † 1058). Ihm zufolge bedürfen die Menschen der »Rechtleitung« durch das islamische Gesetz, wie es bereits Mohammed in Medina praktiziert hat. Der Imam kann nicht Philosophenkönig sein, sondern einzig ein »von Gott eingesetzter« Nachfolger des Propheten. Die 1594/95 entstandene Miniatur zeigt Mohammed am Berg Hira, wo er durch den Erzengel Gabriel die erste Offenbarung Gottes empfing.

von Platon in seinem Dialog »Kratylos« dem Philosophen Heraklit zugeschrieben.

Allgemeinbegriff, Begriff, der im Gegensatz zum →Individualbegriff auf eine ganze Klasse von Gegenständen zutrifft. Allgemeinbegriffe sind z. B. alle Art- und Gattungsbegriffe.

Allgemeine, das Allgemeine, Bezeichnung für alles das, was einer Vielheit notwendig und nicht nur zufällig gemeinsam ist. Nach Aristoteles war Sokrates der Erste, der das Allgemeine philosophisch bestimmte, indem er nicht mehr nach der Beschaffenheit von Einzeldingen, sondern nach ihrem Wesen fragte, z. B. anhand einer Frage wie »Was ist *die* Tugend?«. Platon ging insofern über Sokrates hinaus, als er die Einzeldinge oder das Besondere aus ihrer Teilhabe am Allgemeinen oder an der Idee als dem wahrhaft Wirklichen ableitete. Aristoteles wiederum ließ nur die Einzeldinge als wirklich gelten. Das Allgemeine war für ihn kein substanziell Vorhandenes, sondern ein gedachter Begriff.

Die Auseinandersetzung um die Frage, ob das Individuelle oder das Allgemeine wirklich sei, führte im Mittelalter zum →Universalienstreit. Kant behandelte das Allgemeine im Rahmen seiner Erkenntniskritik. Er fasste es gleichbedeutend mit dem Begriffsvermögen auf, aus dessen Verknüpfung mit dem Sinnenmaterial erst Erkenntnis möglich wird.

Im 20. Jh. kam es z. T. zu einer sprachanalytisch begründeten Neuauflage des Universalienproblems. Insbesondere von Willard Van Orman Quine und Peter Frederick Strawson wurde die Frage behandelt, ob es einen qualitativen Unterschied zwischen singulären und generellen Termen gebe, also zwischen Namen, die etwas Einzelnes bezeichnen, und Gattungsbezeichnungen.

Allgemeingültigkeit, die Gültigkeit einer Aussage für alle Einzelwesen oder -gegenstände einer Gesamtheit, unabhängig von den Umständen, unter denen sie geäußert wird. Allgemeingültigkeit kann als Kriterium für die wissenschaftliche Gültigkeit von Aussagen dienen oder die Allgemeinverbindlichkeit bestimmter Aussagen für bestimmte Subjekte bezeichnen.

Allgemeinnamen, Gruppe der →Namen.

Allquantor, logische Partikel zur Bildung einer →Allaussage.

Althusser [alty'sɛr], Louis, französischer marxistischer Philosoph, * Birmandreis (bei Algier) 16. 10. 1918, † Paris 22. 10. 1990; ab 1948 Professor an der École normale supérieure in Paris. Althusser wollte dem Marxismus durch methodologisch-systematische Reflexion und

Louis Althusser

eine »symptomatische Lektüre« der Werke von Karl Marx eine streng wissenschaftliche Grundlage geben.

Altruismus [zu latein. alter »der andere«], die dem →Egoismus entgegengesetzte sittliche Einstellung, »für andere zu leben«, Selbstlosigkeit im Denken, Fühlen und Handeln. Der Begriff wurde zum ersten Mal von Auguste Comte verwendet, der im »vivre pour autrui« (für den anderen leben) das zukünftige, dem Egoismus überlegene Gesellschaftsprinzip sah. Die englische Moralphilosophie versuchte dagegen nachzuweisen, dass es durchaus im wohlverstandenen Selbstinteresse des Einzelnen liegen könne, das Wohl der anderen zu fördern. Zu einem der schärfsten Kritiker des Altruismus wurde Nietzsche, der in ihm »die verlogenste Form des Egoismus« und einen nivellierenden »Herdeninstinkt« sah.

Ambiguität [zu latein. ambiguus »sich nach zwei Seiten hinneigend«], Doppel- oder Mehrdeutigkeit. Kant kritisierte die »Amphibolie« oder Zweideutigkeit des Begriffs als Verwechslung des reinen Verstandesobjekts mit dem Sinnesgegenstand. Im französischen Existenzialismus (Maurice Merleau-Ponty, Simone de Beauvoir) kennzeichnet Ambiguität die Existenz des Menschen, dem angesichts einer kontingenten, mithin nicht notwendigen Welt Sinngebung als eine ständig neu zu vollziehende Selbstbestimmung aufgegeben ist.

100264

Analyse.
Erst mit der Einführung der experimentellen Physik durch Galileo Galilei etablierte sich die empirisch-analytische Methode in den Naturwissenschaften. Dieses Fernrohr baute Galilei einer holländischen Erfindung nach, und er entdeckte damit unter anderem die Jupitermonde.

An|agoge [griech. »das Hinaufführen«], im Platonismus und Neuplatonismus Bezeichnung für jegliches Verfahren, das zu einer »höheren« Erkenntnis des Guten, Wahren und Schönen, des Göttlichen hinführt. In der aristotelischen Syllogistik das Rückführungsverfahren spezifischer Schlüsse auf allgemein gültige.

Analogia Entis [latein. »Ähnlichkeit des Seins«], eine in der *Scholastik* entwickelte und besonders von der thomistischen Philosophie vertretene Lehre, nach der das Sein der Dinge nicht in allen Dingen ein und dasselbe ist, sondern unterschiedlich in jedem – entsprechend einer Stufenfolge, einer Hierarchie zunehmender Realität oder Gottesnähe. Sie geht auf die Ideenlehre Platons zurück, nach der die realen Dinge nur als Abbilder und vermöge einer Teilhabe (→Methexis) an ihren seienden Urbildern bestehen, und auf Aristoteles, der in seiner Ontologie die Auffassung vertrat, dass das Sein allem Seienden nicht in gleicher Weise zukomme.

Die Analogia Entis beschreibt nach Thomas von Aquino das Verhältnis zwischen dem vollkommenen göttlichen Sein und dem der geschaffenen Dinge, zwischen denen eine ontologische Differenz besteht: Der Begriff des Seins ist hier weder »univok« (gleich lautend und gleichsinnig) noch »äquivok« (gleich lautend, aber ungleichsinnig), sondern nur »analog« aussagbar. Die Analogie gründet darin, dass jedes Seiende Gott nur dem Maß seiner Teilhabe an seinem Sein entsprechend und mithin unvollkommen ähnlich ist.

Analogie [zu griech. análogos, eigtl. »dem Verhältnis entsprechend«], Verhältnis der Entsprechung zwischen in bestimmten Punkten ähnlichen, aber nicht identischen Gegenständen oder Vorgängen. Von besonderer Bedeutung ist die Analogie in der Ontologie und Erkenntnistheorie der Scholastik. Diese unterschied zwischen **Attributionsanalogie,** welche durch die Wirkung eines Faktors der Entsprechung auf den anderen verursacht wird, und **Proportionalitätsanalogie,** die eine wechselseitige, differenzierte Bestimmung der »Analogate«, also der zu vergleichenden bzw. verglichenen Dinge, beinhaltet. Als eine Form der Proportionsanalogie kann auch die Analogia Entis bezeichnet werden.

Analyse [griech. »Auflösung«], die gedankliche Auflösung eines begrifflichen oder realen Ganzen in seine Teile, auch der Rückgang von der Wirkung auf die Ursache oder vom Bestand eines Seienden auf die Prinzipien und Gesetze, durch die es bedingt ist. Erkenntnismethodisch ist die Analyse der →Synthese entgegengesetzt.

In der philosophischen Tradition wurde die Analyse – v. a. im Rückgang auf die aristotelische Logik – ursprünglich ausschließlich als logische Operation verstanden. Erst in der Renaissance entstand eine Wissenschaftsmethodologie, die im Zuge der Entwicklung der neuzeitlichen Naturwissenschaften im Lauf des 16. und 17. Jahrhunderts zunehmend zu einer praktisch-empirischen, experimentellen Verfahrensweise wurde. Der Empirismus sah im analytisch-empirischen Vorgehen schließlich die einzige Methode zur sicheren Erlangung eines Wissens überhaupt. Kant unterschied zwischen logischer Analytik, die von allen gegenständlichen Beziehungen abstrahiert, und transzendentaler Analytik, die nach den Bedingungen der Möglichkeit der Gegenstände der Erfahrung fragt.

Die weitere philosophische Entwicklung wurde zum einen durch die Deutung von Analyse und Synthese aus ihrer dialektischen Bezogenheit aufeinander in der Lehre Hegels bestimmt, an die die Wissenschaftstheorie des dialektischen Materialismus anknüpfte, zum anderen durch die z. T. programmatische Betonung der analytischen Methode im Positivismus, in den besonders sprachanalytisch orientierten Richtungen des logischen Empirismus und der →analytischen Philosophie.

analytisch, in der *Logik* die Eigenschaft von Sätzen, die allein aufgrund logischer und terminologischer Vereinbarungen als wahr gelten. Der Gegensatz ist →synthetisch.

Der Gebrauch des Terminus analytisch geht auf Kant zurück. In der Einleitung zur »Kritik der reinen Vernunft« beschreibt er das **analy-**

tische Urteil (z. B. »alle Körper sind ausgedehnt«) als eine Subjekt-Prädikat-Struktur, in der das Prädikat (»ausgedehnt«) das Subjekt (»Körper«) nicht erweitert, sondern in diesem bereits enthalten ist. Analytische Sätze oder Urteile sind nach Kant apriorisch (→a priori), weil sie ohne Rückgriff auf Erfahrungswissen möglich sind.

In der kantischen Tradition stand auch Gottlob Frege, der die Unterscheidung zwischen analytisch und synthetisch allerdings nicht auf die Struktur von Urteilen oder Sätzen anwandte, sondern auf die Weise der Urteilsfällung beziehen wollte. Nach Frege sind Sätze analytisch, wenn der Beweis, der zu ihrer Begründung angeführt wird, auf logischen Gesetzen oder Definitionen beruht. Willard Van Orman Quine hat die Angemessenheit des Begriffspaares analytisch/synthetisch einer wesentlichen Kritik unterzogen.

analytische Ethik, an der Sprachphilosophie orientierte Ethiktheorie, die v. a. in den angelsächsischen Ländern verbreitet ist. Die analytische Ethik geht von der Analyse des Gebrauchs und der Bedeutung moralischer Begriffe aus und untersucht deren Rolle im gesellschaftlichen Zusammenhang. Sie versucht nicht, moralische Prinzipien zu begründen, sondern versteht sich als neutrale Disziplin, der es lediglich um die sprachlogische Analyse moralischer Diskurse geht.

analytische Philosophie, eine seit den 1930er-Jahren gebräuchliche Bezeichnung für eine philosophische Bewegung, die entscheidende Anstöße von Gottlob Frege erhielt und durch Bertrand Russell und Georg Edward Moore explizit begründet wurde.

■ **Ansatz** Die Ursprünge der analytischen Philosophie reichen bis weit in das 19. Jh. zurück und finden sich in Arbeiten von Bernhard Bolzano, Franz Brentano und Alexius Meinong. Die Methode der analytischen Philosophie besteht darin, die sprachlichen Mittel aufzudecken, die im Zusammenhang mit der Formulierung und Diskussion philosophischer Fragen benutzt werden. Dies beinhaltet etwa das Zerlegen relevanter Begriffe und Urteile.

In dem an Frege und Russell anschließenden Zweig der analytischen Philosophie – so v. a. im logischen Empirismus des Wiener Kreises – ging man zunächst davon aus, dass eine mit den Mitteln der formalen Logik arbeitende Sprachkritik philosophische Probleme zugleich lösen oder als Scheinprobleme (Rudolf Carnap) eliminieren könne. Die Idee einer Reinigung der Umgangssprache mithilfe der formalen Logik, der bei diesem Unternehmen die Rolle eines Werkzeugs zukommen sollte, war allerdings von Beginn an umstritten. Bereits Moore hatte die Auffassung vertreten, dass die alltägliche, normale Sprache ausreiche, um den Sinn philosophischer Begriffe und Probleme zu klären.

Derjenige Zweig der analytischen Philosophie, der die normale Sprache und die ihr eigene Logik als das adäquate Medium sprachanalytischer Kritik betrachtet, findet v. a. im Anschluss an Ludwig Wittgenstein seine Fortsetzung. Zu den Vertretern einer solchen »Philosophie der normalen Sprache« (Ordinary Language Philosophy) zählen u. a. Gilbert Ryle, John Langshaw Austin und Peter Frederick Strawson.

■ **Methode** Die Auffassungen darüber, worin die angemessenen Mittel der Sprachanalyse bestehen, divergieren bis heute erheblich. Hauptarbeitsgebiete analytischer Philosophen waren zunächst Sprachphilosophie, Wissenschaftstheorie und Logik. Die analytische Methode wurde im Lauf der Entwicklung der analytischen Philosophie aber mehr und mehr auch auf anderen Gebieten philosophischer Reflexion zur Anwendung gebracht, etwa der Ethik (Richard Mervyn Hare), der Ästhetik (u. a. Arthur Coleman Danto, * 1924, und Nelson Goodman) und der Religionsphilosophie (Richard Swinburne, * 1934).

In der Sprachphilosophie wurde die Frage diskutiert, ob nicht auch die Funktionsweise der natürlichen Sprache mit den Mitteln der formalen Logik rekonstruiert werden könne – ein Verfahren, das v. a. an Frege und Carnap anschließende Vertreter der formalen Semantik wie Richard Montague (* 1932, † 1971) oder Max Cresswell (* 1939) für sinnvoll befanden – oder ob das Instrumentarium der Logik von vornherein zu eng sei, um den Gebrauch der Sprache angemessen zu erfassen (Wittgenstein, Austin). Neuere Entwicklungen innerhalb der Sprachphilosophie konzentrieren sich auf die Frage, wie eine systematische Theorie der Bedeutung für natürliche Sprachen aussehen könnte (Michael Dummett). Sie können als Vermittlungsversuche zwischen zentralen Aspekten des Sprachverständnisses von Frege mit Einsichten des späten Wittgenstein beschrieben werden.

■ **Neuere Entwicklung** Für die neuere Wissenschaftstheorie innerhalb der analytischen Philosophie ist charakteristisch, dass sie sich mehr und mehr für instrumentalistische und pragmatistische Motive geöffnet hat. Dies unterscheidet sie einerseits von der älteren Tradition des logischen Empirismus, die am Verifikationsprinzip festgehalten hatte, andererseits vom kritischen Rationalismus (Karl R. Popper), der am Falsifizierbarkeitskriterium orientiert war. Nach der aus der Perspektive der Wissenschaftsgeschichte vollzogenen Kritik an der Wissenschaftstheorie der analytischen Philosophie (Thomas S. Kuhn, Paul Feyerabend) beginnen nun in einer gelegentlich als »postanalytisch« bezeichneten Phase pragmatistische Motive zu dominieren, die sich zuweilen auch mit hermeneutischen Überlegungen verbinden (Richard Rorty).

Von entscheidender Bedeutung innerhalb der Logik ist seit der Mitte des 20. Jahrhunderts das Auftreten der nachklassischen, modalen Logiken (Saul Kripke). In der neueren analytischen Philosophie ist ferner die Frage nach der Funktionsweise des (menschlichen) Geistes und dem Verhältnis, in dem Geist und Natur zueinander stehen, in den Mittelpunkt der Diskussionen gerückt (John Searle). Im Laufe des Versuchs, geistige Phänomene wie Überzeugungen, Wünsche und Gefühle im Rückgriff auf Erkenntnisse der Biologie, der Neurowissenschaften und der Computerwissenschaft zu charakterisieren, ist die Analyse der Sprache teilweise zugunsten der Philosophy of Mind (Philosophie des Geistes) und der Neurophilosophie (Patrcia und Paul Churchland) in den Hintergrund getreten. Im Spätwerk von Nelson Goodman und Hilary Putnam werden analytische Positionen z. T. symboltheoretisch bzw. hermeneutisch überwunden.

■ **Zusammenschau** Heute kann man die analytische Philosophie kaum noch über ihre Inhalte definieren. Bei aller Ausdifferenzierung der Fragestellungen und auch der Methoden zeichnet sich die analytische Philosophie aber nach wie vor durch ihren Anspruch aus, alle im Zusammenhang mit einer philosophischen Analyse verwendeten Begriffe präzise zu definieren und zu gebrauchen, sich auf den Austausch von Argumenten zu konzentrieren und überschaubare Fragestellungen auf eingehende Weise zu erläutern.

■ **Siehe auch**

SACHBEGRIFFE →Analyse · Commonsense · Empirismus · Logik · logischer Empirismus · Ordinary Language Philosophy · Philosophy of Mind · Sprache · Sprachkritik · Sprachphilosophie · Semiotik · Sinn · Wiener Kreis · Wissenschaftstheorie

PERSONEN →Anscombe, Elizabeth · Davidson, Donald · Dennett, Daniel · Dummett, Michael · Goodman, Nelson · Moore, George Edward · Nagel, Thomas · Putnam, Hilary · Quine, Willard Van Orman · Rorty, Richard · Russell, Bertrand · Searle, John · Strawson, Peter Frederick

Ana|mnesis [griech. »Wiedererinnerung«], bei Platon (z. B. in seinen Dialogen »Menon« und »Phaidon«) die Erinnerung der Seele an die Ideen, die sie vor dem Eintritt in den Körper geschaut hat und an die sie sich nun aus Anlass sinnlicher Erfahrungen wiedererinnert. Die Anamnesis ist – sachlich, nicht metaphorisch gesehen – ein methodologisches Prinzip. Es erklärt, inwiefern das in der Erfahrung Gegebene auf ein Vorwissen bezogen bleibt, das selbst nicht empirisch, sondern a priori gegeben ist. Daher hat die Anamnesis bei Platon einen ähnlichen Stellenwert wie die →angeborenen Ideen in der Philosophie der frühen Neuzeit.

An|archie [zu griech. ánarchos »führerlos«], Herrschaftslosigkeit, Gesetzlosigkeit. Das altgriechische Denken ordnete die Anarchie als Zustand der »Ungebundenheit«, »Zügellosigkeit« und »Unordnung« in den Kreislauf des politischen Lebens der Polis ein. Die Staatsformenlehre des 16. und 17. Jh. griff den Begriff wieder auf. So wie die Monarchie zur Tyrannei, die Aristokratie zur Oligarchie werden kann, so kann sich nach Niccolò Machiavelli die Demokratie in Anarchie verwandeln. Für Jean Bodin wird die Anarchie zum Gegenbegriff jeder gesetzlichen Gewalt. Im Bewusstsein einer nahenden religiösen Krise hob Leibniz den Begriff Anarchie schließlich auf eine ethisch-philosophische Ebene.

Im 18. Jh. wurden Anarchie und Despotie (persönliche Gewaltherrschaft) zunächst miteinander identifiziert und der »Freiheit« und »Ordnung« entgegengesetzt. Die ideologischen und politischen Auseinandersetzungen in Europa infolge der Französischen Revolution von 1789 führten gegen Ende des 18. und im 19. Jh. sowohl zu einer Bedeutungspolarisierung als auch zu einer Bedeutungserweiterung des Anarchiebegriffs. Gegner und Kritiker der revolutionären Ereignisse in Frankreich und der von ihnen ausgehenden Wirkungen benutzten Anarchie im Sinne von Zerrüttung, Auflösung und Unordnung, als Gegenbegriff zu Ordnung und Gesetzlichkeit. Besonders die entschiedensten Befürworter der revolutionären Ideen verwendeten den Begriff – je nach Ausgangspunkt – als Endziel oder als »glückliche Frühzeit« einer geschichtlichen Bewegung. In diesem Sinne wurde die Anarchie zugleich zur Waffe, zur »bewegenden Kraft«, die bestehende gesellschaftliche Verhältnisse verändert.

Aus den politisch-philosophischen Diskussionen des 19. Jh. heraus entwickelte sich unter Anknüpfung an positive Anarchievorstellungen die politische Bewegung des **Anarchismus.** Der Anarchismus zielt darauf ab, jede Herrschaft von Menschen über Menschen, jede gesetzliche Zwangsordnung, besonders den Staat, zu beseitigen und ein autoritäts- und herrschaftsloses Zusammenleben herbeizuführen. Nach dem französischen Sozialisten und Schriftsteller Pierre Joseph Proudhon (* 1809, † 1865), einem seiner bedeutendsten Vertreter, sucht die Gesellschaft ihre Ordnung in der Anarchie.

Anaxagoras, griechischer Philosoph aus Klazomenai in Ionien, * um 500 v. Chr., † Lampsakos (Hellespont) 428 v. Chr.; kam mit zwanzig Jahren nach Athen. Weil er die Sonne für eine glühende Steinmasse hielt, wurde er der Gottlosigkeit bezichtigt und musste die Stadt verlassen. Im Unterschied zu Empedokles, der von vier unvergänglichen →Elementen ausging, nahm Anaxagoras als Ursprung und Prinzip der Welt unendlich viele, qualitativ voneinander unterschiedliche Urstoffe an. Alle Dinge entstehen und vergehen durch Mischung und Trennung der jeweils gleichartigen

Teilchen (Homöomerien). Neben der menschlichen Vernunft, die die Objekte erkennt, nahm Anaxagoras eine alles beherrschende, den Kosmos ordnende Vernunft (Nus) an, die einfach und »unvermischbar« sei. Diese habe mit einer Wirbelbewegung aus den ursprünglichen, vollkommen miteinander vermischten Urstoffen die Weltentwicklung eingeleitet.

Anaximander, griechisch **Anaximandros,** griechischer Naturphilosoph aus dem ionischen Milet, * um 610 v. Chr., † um 546 v. Chr.; Schüler und Nachfolger des Thales. Seine Schrift »Über die Natur«, in der er das Weltbild Hesiods weitgehend entmythologisierte, ist die erste die Natur erklärende Prosaschrift überhaupt.

Anaximander nahm einen quantitativ und qualitativ unbestimmten, ewigen und unendlichen Urgrund an, das →Apeiron (Grenzenloses), aus dem in ewiger Bewegung die Gegensätze (warm – kalt, feucht – trocken) ausgesondert werden und alle Dinge entstehen und in das sie wieder zurückkehren. Folgende einzige Aussage ist von ihm überliefert: »Woraus die Dinge entstehen, dahin vergehen sie auch wieder nach der Notwendigkeit. Denn sie zahlen einander Strafe und Buße für ihre Ungerechtigkeit nach der Ordnung der Zeit.«

Anaximenes, griechischer Naturphilosoph aus dem ionischen Milet, * um 585 v. Chr., † um 526 v. Chr.; Schüler des Anaximander. Anaximenes nahm als Ursprung und Prinzip aller Dinge die Luft an, die er für unendlich hielt. Die übrigen Elemente und alle Dinge seien aus ihrer Verdünnung und Verdichtung entstanden, zunächst der Wind, dann die Wolken, das Wasser, die Erde und schließlich die Steine. Die Erde und die übrigen Gestirne hielt er für auf der Luft ruhende flache Scheiben.

Anders, Günther, eigentlich Günther Stern, deutscher Schriftsteller, * Breslau 12. 7. 1902, † Wien 17. 12. 1992; studierte Philosophie bei Ernst Cassirer, Martin Heidegger und Edmund Husserl. Von 1929 bis 1937 war er mit Hannah Arendt verheiratet. Anders emigrierte 1933 nach Paris und lebte 1936–50 in den USA, danach in Wien. Neben philosophischen und kulturkritischen Studien verfasste er auch Gedichte und erzählende Prosa. Als sein Hauptwerk gilt »Die Antiquiertheit des Menschen« (Bd. 1 1956, Bd. 2 1980).

angeborene Ideen, lateinisch **Ideae innatae,** Denkinhalte, die nicht durch sinnliche Erfahrung erworben werden können, sondern im Bewusstsein vorgegeben sein müssen, z. B. mathematische Axiome und ethische Werte. Die Theorie der angeborenen Ideen spielte v. a. im Idealismus (Platon) und Rationalismus (Descartes) eine tragende Rolle. Vom Empirismus wurde sie abgelehnt, vom kritischen Idealismus (Kant) durch den Begriff des →a priori ersetzt.

Angst, beunruhigender und bedrückender Gefühlszustand als Reaktion auf eine vermeintliche oder tatsächliche Bedrohung.

Angst.
Das existenzielle Gefühl der Angst wird in einigen Religionen und Philosophien als nichtig und belastend angesehen und soll deshalb überwunden werden (Ausschnitt aus »Guernica« von Pablo Picasso, 1937; Madrid, Museo Nacional Centro de Arte Reina Sofia).

In der *antiken Philosophie,* so etwa in der Stoa und im Epikureismus, wurden Angst und Furcht als nichtige, künstliche Gefühle bewertet, die mit Gelassenheit zu ertragen oder gar zu negieren seien. Philosophen der *Neuzeit* wie Kant und Baruch de Spinoza sprechen von »asthenischen Affekten« als lästigen und belastenden, auf jeden Fall negativ zu bewertenden Emotionen.

In der *Existenzphilosophie* der Neuzeit erwächst Angst aus dem Sichverlieren und der Einsicht in die Endlichkeit menschlicher Existenz. Ein Vorläufer zur freien Entscheidung ist die »Erfahrung des Nichts«, verbunden mit Angst als Erschütterung alles Endlichen (Søren Kierkegaard). Für Martin Heidegger ist Angst eine »Grundbefindlichkeit« der menschlichen Existenz. Sie zeigt dem Menschen das »Nichts« am Grunde alles Seienden. Bei Jean-Paul Sartre wird Angst in Verbindung gebracht mit Verunsicherung, Ekel, drohender Demaskierung und Schuld, bei Albert Camus aber auch mit Hoffnung und Freiheit.

Angst
→ GEO **Dossier**
Weise werden, aber wie?, Bd. 14

Søren Kierkegaard nahm eine Unterscheidung von **Angst** und Furcht vor:

»Man findet den Begriff Angst kaum … behandelt, ich muß deshalb darauf aufmerksam machen, daß er gänzlich verschieden ist von Furcht und ähnlichen Begriffen, die sich auf etwas Bestimmtes beziehen, während Angst die Wirklichkeit der Freiheit als Möglichkeit für die Möglichkeit ist.«

Anima, →Seele.

Anima Mundi, →Weltseele.

Annahme, ein Satz, über dessen Wahr- oder Falschsein noch nicht entschieden ist. Eine →Hypothese 1) ist eine Annahme, deren Gültigkeit bis zum Erweis des Gegenteils vorausgesetzt wird. Bei der →Fiktion handelt es sich um eine zu theoretischen oder praktischen Zwecken eingeführte Annahme, die ohne Rücksicht auf ihren Wirklichkeitsgehalt gebildet wird.

Anschauung, nach der *Erkenntnistheorie* des Sensualismus die sinnliche Wahrnehmung, nach der des Idealismus die Schau von Ideen und Wesenheiten. Kant unterschied zwischen der reinen Anschauung, die der Erfahrung besonderer Erscheinungen vorausgeht und deren

Formen Raum und Zeit sind, und der empirischen Anschauung desjenigen, was in Raum und Zeit durch Empfindung vorgestellt wird. Intellektuelle Anschauung, die ihre Objekte selbsttätig hervorbringt, könnte nach Kant nur dem Urwesen (Gott) zukommen. Bei Fichte artikuliert sich in der intellektuellen Anschauung das reine Selbstbewusstsein. Für Schelling wird die intellektuelle oder transzendentale Anschauung als ästhetische Anschauung objektiv. Husserl führt den Begriff der kategorialen Anschauung ein, der die empirische Anschauung übersteigt und zu einer Wesensschau führt. In der *Ästhetik* ist Anschauung unabdingbare, auf den Sinnesempfindungen beruhende Grundlage des Erlebens des Schönen, also der ästhetischen Perzeption.

Anschauungsformen, in der *Erkenntnistheorie* Kants Raum und Zeit als die besonderen subjektiven Bedingungen, welche der äußeren oder inneren Wahrnehmung →a priori zugrunde liegen.

Anscombe ['ænskəm], Elizabeth, britische Philosophin, *Limerick (Irland) 18. 3. 1919, †Cambridge 5. 1. 2001; Schülerin von Gilbert Ryle und Ludwig Wittgenstein. Anscombe lehrte ab 1946 in Oxford und war 1970–86 Professorin in Cambridge. In ihren Arbeiten steht sie methodisch in der sprachanalytischen Tradition der →Ordinary Language Philosophy. Daneben griff sie auf traditionelle Lehren zurück, v. a. auf die aristotelische. Ihr erstes Buch »Intention« (1957) wurde zu einem Klassiker der analytischen Handlungstheorie. Darin untersucht sie die Art und Weise des Menschen, Handlungen zu beschreiben und von Absichten und Gründen zu sprechen.

In einflussreichen Aufsätzen befasste sich Anscombe mit der →Philosophy of Mind, der Theorie des Selbstbewusstseins und der Theorie der Kausalität. In ihren Beiträgen zur Moralphilosophie und Religionsphilosophie argumentierte sie von einem katholischen Standpunkt aus. Des Weiteren verfasste sie einflussreiche Interpretationen zu Aristoteles, David Hume und Wittgenstein.

Anselm von Canterbury [- 'kæntəbərɪ], scholastischer Theologe und Philosoph, *Aosta 1033, †Canterbury 21. 4. 1109; Kirchenlehrer, war 1078–93 Abt des Benediktinerklosters Bec (Normandie) und dann bis zu seinem Tod Erzbischof von Canterbury. Seine große spekulative Begabung und mystische Frömmigkeit machten ihn zum »Vater« der mittelalterlichen Scholastik und Mystik. Sein Grundsatz »Credo, ut intelligam« (»Ich glaube, um zu erkennen«) knüpft an Gedanken von Augustinus an und bedeutet, dass die Vernunft den Glaubensinhalt so weit wie möglich rational durchleuchten und systematisieren soll. Im Sinne dieses Satzes behandelte Anselm die Existenz Gottes, Schöpfung und Trinität. Berühmt ist sein →Gottesbeweis im »Proslogion« (1078), der seit Kant als »ontologischer Gottesbeweis« bezeichnet wird.

An-sich-Sein, in *Ontologie* und *Erkenntnistheorie* bedeutsamer Begriff: Dasjenige existiert **an sich,** was in seinem Dasein und Bestimmtsein unabhängig von jedem Wissen und Erkennen des Menschen ist. Gegenbegriff ist die Erscheinung, d. h. das Bekannte und Erkennbare, das als Gegenstand der Erkenntnis auch durch das erkennende Subjekt bedingt ist. Nach Kant können wir die →Dinge an sich selbst nicht erkennen, sondern nur denken. Diese Position Kants wurde in der Philosophie des deutschen Idealismus v. a. von Friedrich Wilhelm Joseph von Schelling kritisiert. Bei

Anselm von Canterbury Glauben und Verstehen

Am Anfang von Anselm von Canterburys Erkenntnislehre steht der Sündenfall, der die menschliche Erkenntnisfähigkeit einschränkt und einer Erkenntnis Gottes im Wege steht. Vor seinem Fall habe der Mensch über direktes Wissen über Gott verfügt, seither bedürfe er jedoch einerseits eines Akts des Glaubens, dürfe sich aber andererseits auch nicht der Mühe entziehen, diesen verstandesmäßig zu begreifen. Auch wenn Anselm damit die Grundhaltung des Glaubens für das Erkennen voraussetzte, so wollte er doch die konkreten Glaubensinhalte wie Gottes Wesen, seine Güte und Gerechtigkeit sowie die Trinität selbst für den Ungläubigen logisch nachvollziehbar beweisen. Und das Gleiche galt auch für Gottes Existenz: Auch sie sollte zweifelsfrei bewiesen werden. In dem 1078 entstandenem »Proslogion« argumentierte er für die notwendige Annahme der Existenz Gottes.

Hegel trat an die Stelle der Dualität von »An-sich-Seiendem« und Erscheinungswelt im Bewusstsein der Dreischritt von An-sich-Sein (Logik), Für-sich-Sein (Wirklichkeit) und An-und-für-sich-Sein (Sein des Geistes).

Antagonịsmus [zu griech. antagonisma »Streit«], der Widerstreit von körperlichen oder geistigen Kräften. Kant versteht unter dem Antagonismus der Menschen in der Gesellschaft ihre »ungesellige Geselligkeit«, ihren Hang in Gemeinschaft zu treten bei gleichzeitigem Widerstand dagegen. Für Friedrich von Schiller ist der Antagonismus der Anlagen und Kräfte der Menschen das große Instrument der Kultur. Im Marxismus bezeichnet Antagonismus den unversöhnlichen Widerspruch zwischen den Interessen der Klassen, besonders zwischen denen der Bourgeoisie und der Arbeiterklasse (Proletariat).

Anthropologie [zu griech. ánthropos »Mensch«], **philosọphische Anthropologie,** die Wissenschaft vom Menschen. Philosophische Anthropologie im weiteren Sinn umfasst die Geschichte der menschlichen Selbstdeutung von der Antike bis heute, im engeren Sinne eine philosophische Disziplin, die Ende der 1920er-Jahre ihren eigentlichen Anfang nahm.

■ **Vorläufer** In Antike und Mittelalter war die Frage nach dem Wesen des Menschen noch in die Systeme der Ontologie und Naturphilosophie integriert. Die neuzeitliche Philosophie orientierte sich vornehmlich an Vernunftbestimmungen des Menschen.

Als Kant die drei zentralen philosophischen Fragen »Was kann ich wissen?«, »Was soll ich tun?« und »Was darf ich hoffen?« mit der Frage »Was ist der Mensch?« verband, präzisierte er das Programm einer philosophischen Anthropologie. Prägend für die weitere Debatte war seine Unterscheidung zwischen physiologischer und pragmatischer Menschenkenntnis: »Die physiologische Menschenkenntnis geht auf die Erforschung dessen, was die Natur aus dem Menschen macht, die pragmatische auf das, was er, als frei handelndes Wesen, aus sich selber macht, oder machen kann und soll.«

■ **Ausbildung** Philosophische Anthropologie im engeren Sinne als philosophische Disziplin entstand Ende der 1920er-Jahre. Als Geburtsstunde kann das Jahr 1928 gelten, in dem sowohl Max Schelers »Die Stellung des Menschen im Kosmos« als auch Helmuth Plessners »Die Stufen des Organischen und der Mensch« erschienen. Philosophische Anthropologie im Sinne Schelers und Plessners erforscht die Wesensmerkmale (»Anthropina«) des Menschen. Die bisherigen Leitbilder vom Menschen als Gottesgeschöpf, Vernunftwesen oder Lebewesen wurden durch das des Kulturwesens abgelöst. Doch auch in dieser Perspektive wurde dem Menschen eine Sonderstellung in der Natur zugeschrieben.

Anthropologie. Charles Darwin stellte mit seiner Evolutionstheorie das bis dahin herrschende Selbstbild des Menschen infrage. Von nun an mussten neue Ansätze zur Bewertung der Stellung des Menschen in der Welt gesucht werden (Karikatur aus »Punch's Almanack for 1882«).

Schelers Unterscheidung eines natursystematischen Begriffs und eines Wesensbegriffs vom Menschen erachtet diesen als im Stufenbau der Natur vom Tier nur graduell abgehoben. Der dem Leben entgegengesetzte Geist eröffne einen Wesensunterschied, aufgrund dessen dem Menschen eine Sonderstellung im Kosmos zukomme. Der Geist mache den Menschen zur Person.

Im Unterschied zu Scheler entkleidete Plessner den Geist seiner metaphysischen Deutung und ordnete ihn in einen Stufenbau des Lebendigen ein, der sich nach der Form seiner »Positionalität« gliedert: Der geschlossenen, zentralen Positionalität des Tieres steht die offene, exzentrische Positionalität des Menschen entgegen, in der er sich selbst zum Gegenstand wird und sich zu dem bestimmen muss, was er ist; an die Stelle des abgelehnten psychophysischen Dualismus tritt die Betonung der Doppelaspekthaftigkeit des Menschlichen. Eine Fortsetzung der philosophischen Anthropologie findet sich in Arnold Gehlens Streben nach einer empirischen Ganzheitswissenschaft des Menschen unter Bezug auf biologische Untersuchungen.

Eine Variante der Kulturanthropologie bietet Ernst Cassirers funktionale Bestimmung des Menschen als eines »animal symbolicum«, das mittels verschiedener Symbolformen erst Wirklichkeit aufbaut. Einen mehr ethnologischen Aspekt verfolgt die »strukturale Anthropologie« von Claude Lévi-Strauss, die die meist verborgenen Strukturen, in die der Mensch eingebunden ist, wie etwa in die frühen Verwandtschaftsbeziehungen oder in die Mythen, herausarbeitet und als das Leben tragende Bedeutungssysteme interpretiert.

■ **Neuere Entwicklung** Für die jüngste Entwicklung charakteristisch ist der unter der Schirmherrschaft von Hans-Georg Gadamer und Paul Vogler stehende Entwurf einer

In der **Anthropologie** von Arnold Gehlen gilt der Mensch als von Natur aus »unfertig« und wird auf »Selbstzucht« verwiesen:

»Sofern der Mensch auf sich selbst gestellt eine solche lebensnotwendige Aufgabe auch verpassen kann, ist er das gefährdete oder ›riskierte‹ Wesen, mit einer konstitutionellen Chance, zu verunglücken.«

4601

Anthroposophie. Die Anthroposophie beeinflusste am Anfang des 20. Jh. Künstler und Autoren. Der Maler Wassily Kandinsky (Komposition VII, 1913; Moskau, Tretjakow-Galerie) setzte sich mit den Schriften Rudolf Steiners auseinander. Die Ergebnisse prägten nicht nur Kandinskys Malerei, sondern auch seine 1912 erschienene Schrift »Über das Geistige in der Kunst«.

»neuen Anthropologie«, die die Erkenntnisse verschiedener anthropologischer Strömungen unter einem Dach versammelt, ohne bisher zu einem einheitlichen, integralen Ansatz vorzudringen. Parallel zur Ausbildung der philosophischen Anthropologie als Disziplin wurde die Frage nach dem Menschen wesentlich durch die Existenzphilosophie vorangetrieben, wenn auch gerade in massiver Kritik an der philosophischen Anthropologie. Die moderne analytische Philosophie erschließt das Feld der Anthropologie nur zögerlich und unter den Vorzeichen methodischer Kritik an den Sonderstellungskonzepten und Wesensbestimmungen der klassischen philosophischen Anthropologie. Gegenwärtig beruft sie sich auf Erkenntnisse der Ethik, der angewandten Ethik, der Philosophie der Person, der Erkenntnistheorie sowie der →Philosophy of Mind und arbeitet in engem interdisziplinärem Kontakt mit den Naturwissenschaften.

Anthroposophie [zu griech. sophía »Weisheit«], zuerst von Ignaz Paul Vitalis Troxler (*1780, †1866) gebrauchter Begriff für die Naturlehre des menschlichen Erkennens. 1902 übernahm ihn Rudolf Steiner für die von ihm begründete, gegen Mechanisierung und Verflachung des modernen Lebens gerichtete Weltanschauungs- und Erkenntnislehre.

Die Anthroposophie sieht die Welt in stufenweiser Entwicklung begriffen, die der Mensch einfühlend und erkennend nachzuvollziehen hat, um »höhere« seelische Fähigkeiten zu entwickeln. Ihr Welt- und Menschenbild vereinigt Elemente der Entwicklungsidee des deutschen Idealismus (die Wirklichkeit als stufenweise Selbstoffenbarung des Geistes) und der Weltanschauung Goethes, nach der die Welterscheinungen als eine aufsteigende Folge (Metamorphose) des sich in seiner Tätigkeit selbst ergreifenden objektiven Geistes anzusehen sind. Neben diesen Grundgedanken, die er mit okkulten Lehren indischer, gnostischer (→Gnosis), kabbalistischer, christlicher und theosophischer Herkunft vermischte, berücksichtigte Steiner die naturwissenschaftlichen Erkenntnisse seiner Zeit.

Antinomie [zu griech. nómos »Gesetz«], **1)** in der *mathematischen Logik* die Aussage, dass ein Satz A und seine Negation $\neg A$ (gesprochen: »nicht A«) gleichzeitig gültig sind (in Zeichen: $A \wedge \neg A$). Berühmt ist z.B. die russellsche Antinomie in der Mengenlehre. Nach dieser ist die Menge aller Mengen, die sich selbst nicht als Element enthalten, genau dann Element ihrer selbst, wenn sie nicht Element ihrer selbst ist.

2) Widerstreit zweier entgegengesetzter Urteile, die mit gleich zwingenden Gründen beweisbar sind, im Unterschied zur →Paradoxie. Kant versteht unter Antinomie besonders diejenigen Widersprüche, in welche sich die reine Vernunft in ihrem Streben, das Unbedingte unter Vernachlässigung der Anschauung (Erfahrung) zu denken (→Dialektik), mit Notwendigkeit verwickelt.

Antiphon, Antiphon der Sophist, griechischer Philosoph des 5. Jh. v. Chr.; stand in der Tradition der →Eleaten. Außer mit kosmologischen und mathematischen Problemen beschäftigte sich Antiphon ausführlich mit politisch-praktischen Fragen. Er sagte über die von Menschen gemachten Gesetze, dass sie die natürliche Freiheit und Gleichheit aller Menschen beeinträchtigten.

Antisthenes, griechischer Philosoph aus Athen, *um 445 v. Chr., †um 360 v. Chr.; Schüler des Sokrates und Gründer der Philosophenschule der →Kyniker. Bedeutsam war seine von Platon bekämpfte Lehre, dass keine andere Aussage möglich sei als die Tautologie. In der praktischen Philosophie vertrat Antisthenes das Ideal der äußersten Bedürfnislosigkeit.

Antithese [griech.], ein Satz, der einer ersten Aussage (These) entgegengestellt wird. Die gegebenenfalls mögliche Vermittlung von These und Antithese heißt Synthese (→Dialektik).

Antizipation [zu latein. anticipare »vorwegnehmen«], die gedankliche Vorwegnahme zukünftigen Geschehens. Nach Kant kann alle Erkenntnis, durch die man dasjenige, was zur empirischen Erkenntnis gehört, a priori erkennen und bestimmen kann, als Antizipation bezeichnet werden. Im Neukantianismus hat Hermann Cohen die Antizipation im Sinne von Ausrichtung auf die Zukunft als das Charakteristikum der Zeit herausgestellt.

Apathie, in der Ethik der →Stoa das Freisein von Affekten, das in Verbindung mit der Seelenhaltung der →Ataraxie die Grundlage für die Glückseligkeit (Eudaimonia) ist und das vernunftgemäße Leben des Weisen auszeichnet. Unter die zu meidenden Affekte fallen nicht die positiven Gemütsbewegungen wie z. B. Freude.

Apeiron [griech. »das Grenzenlose«], zentraler Begriff der antiken griechischen Theorien über Entstehung und Aufbau der Welt. Nach Anaximander u.a. ist das Apeiron das unbestimmte und unveränderliche Urprinzip (→Arche), aus dem in unendlichem Werden alle Dinge hervorgehen und in das sie wieder zurückkehren. Apeiron bezeichnet zugleich die Unbegrenztheit in der räumlichen und zeitlichen Erstreckung, v.a. in denjenigen Lehren, die das unendliche Werden und Vergehen zyklisch aufeinander folgender Welten annehmen (Anaximander, Heraklit, Empedokles). In der Lehre vom Aufbau der Welt bezeichnet Apeiron die unendlich vielen Elemente, die so genannten Homöomerien bei Anaxagoras, die Atome bei Leukipp und Demokrit.

Apel, Karl-Otto, deutscher Philosoph, *Düsseldorf 15. 3. 1922; war Professor in Kiel und Saarbrücken, ab 1972 in Frankfurt am Main. Apel beschäftigt sich mit erkenntnistheoretischen und ethischen Fragestellungen. Dabei knüpft er an die analytische und die hermeneutische Philosophie sowie an den Pragmatismus von Charles Sanders Peirce an und unternimmt den Versuch einer »Transformation der Philosophie« (1973) unter der leitenden Frage nach der Bedingung der Möglichkeit sprachlichen Weltvollzugs. Als Kriterium einer →Letztbegründung stellt Apel heraus, dass es eine ethische Instanz gebe, nämlich die »transzendentale Kommunikationsgemeinschaft«, die bei jedem Argumentieren von allen Individuen vorausgesetzt werde und nicht ohne Selbstwiderspruch geleugnet werden könne.

Aphairesis, Methode der →Abstraktion.

apodiktisch [griech. apodeiktikós »zum Beweis gehörend«, »beweiskräftig«], Bezeichnung für Urteile, die im Unterschied zu den assertorischen oder problematischen Urteilen (→Modalität) logische Notwendigkeit oder unmittelbare Gewissheit ausdrücken.

apollinisch, Begriff der *Kulturphilosophie* für das Helle, für Ordnung, Harmonie und klare Geistigkeit (unter Bezug auf Apollon, den griechischen Gott u.a. der Reinheit, des Lichts, des Saitenspiels und Gesangs, der Rede und des Maßes). Der Gegensatz ist →dionysisch. Seit Friedrich Wilhelm Joseph von Schelling wird das Begriffspaar apollinisch und dionysisch zur Beschreibung gegensätzlicher kulturbildender Aktivitäten verwendet. Dabei war es zunächst meist auf Kunstphänomene bezogen, besonders bei Nietzsche zur Begründung einer Kulturtheorie. Nietzsche, auf den die Verbreitung der Unterscheidung zurückgeht, stellte dem apollinischen Trieb, der bestrebt ist, nach Maß Gestalten zu schaffen, den dionysischen Trieb gegenüber, d.h. die immer neu Gestalten zeugende und vernichtende Kraft des leidenschaftlich bewegten Lebens. Die Synthese der beiden Triebe sah er in der griechischen Tragödie verwirklicht.

Apophansis, bei Aristoteles die →Aussage.

Aporie [griech. »Ratlosigkeit«, »Schwierigkeit«], die Unmöglichkeit, zur Auflösung eines Problems zu gelangen, da sich die gegensätzlichen Auffassungen gleich gut begründen lassen. Die Aporie beruht auf Widersprüchen in der Sache selbst oder in den verwendeten Begriffen. Die Skeptiker, die jede sichere Erkenntnis für unmöglich hielten, sahen die Aporie als den Endpunkt jeglichen philosophischen Bemühens an.

Apperzeption [zu latein. percipere, perceptum »sich aneignen«, »auffassen«], die klare und bewusste Aufnahme eines Erlebnis-, Wahrnehmungs- oder Denkinhaltes. Leibniz führte den Begriff ein, indem er die bewusste Apperzeption von der nicht bewussten **Perzeption** unterschied. Statt psychologisch zwischen bewusster und unbewusster Vorstellung zu differenzieren, unterschied Kant die **empirische Apperzeption** als das nur subjektive, anschauliche Erfassen durch Assoziation der Vorstellungen von der transzendentalen Einheit der objektiven, reinen oder **transzendentalen Apperzeption** als Bedingung der Möglichkeit von Erfahrung überhaupt.

apollinisch. Der Begriff leitet sich von dem griechischen Gott Apoll her, der die Einhaltung kultureller Gebote sowie Recht und Ordnung und damit das rechte Maß in allen Dingen überwachte. Sein Beiname war »Phoibos« (der »Lichte«), damit eng verbunden seine Verehrung als Gott der Wissenschaften und der Künste (Scherbe einer rotfigurigen Vase, 390 v. Chr.; Amsterdam, Allard Pierson Museum).

Apprehension [zu latein. apprehendere »erfassen«], in der Scholastik (z.B. bei Thomas von Aquino) der erste geistige Schritt bei der Gewinnung von Erkenntnis; im deutschen Rationalismus und bei Kant das anschauliche oder vorbegriffliche Erfassen von in der Vorstellung gegebenen Gegenständen.

Approximation [zu kirchenlatein. approximare »sich nähern«], Verfahren der Rückführung sehr komplexer empirischer Sachverhalte auf »einfachere«, theoretische Aussagen. Bei Nikolaus von Kues wird die menschliche Erkenntnis als eine unendliche Approximation an die Wahrheit verstanden.

a priori [latein. »vom Früheren her«], Grundbegriff der *Logik* und *Erkenntnistheorie,* der eine Erkenntnis oder Beweismethode bezeichnet, die aus voraussetzungsloser, in sich gegründeter Einsicht geschieht. Der Gegensatz ist **a posteriori** (latein. »vom Späteren her«), d.h. die Erkenntnis, die aus der Erfahrung gewonnen, durch sie bedingt ist.

In der scholastischen Logik hießen a priori diejenigen Beweise, die ihren Ausgang im seinsmäßig oder logisch Früheren nehmen, also von den Ursachen (Gründen) auf die Wirkungen (Folgen), von den Wesenheiten auf die Eigenschaften schließen, im Gegensatz zu den Beweisen a posteriori, die von den Wirkungen (Folgen) auf die Ursachen (Gründe) zurückgehen. Seit Kant bezeichnet dieser Gegensatz besonders die Bedingung unserer Erkenntnisse: A posteriori ist die Materie unserer Erkenntnisse, die durch Empfindung gegeben wird; a priori ist die – im Verstand bereitliegende – Form der Erkenntnis, in der sich die Empfindungen ordnen. Es gibt die apriorischen Formen der Sinnlichkeit (→Anschauung), Raum und Zeit, und die apriorischen Formen des Verstandes, die Kategorien. Ein Urteil heißt a priori, wenn seine Geltung unabhängig von der Erfahrung erkannt wird, z.B. Sätze der Algebra.

In der neueren Diskussion spielt auch das im Anschluss an die Sprachpragmatik von Charles Sanders Peirce formulierte »Apriori der Kommunikationsgemeinschaft« (Karl-Otto Apel) eine Rolle.

Aquino, Thomas von, →Thomas von Aquino.

Äquivalenz [zu latein. aequus »gleich« und valere »wert sein«], in der *Logik* die Bezeichnung für eine Relation zwischen zwei Aussagen, Prädikaten, Sätzen u.a., die genau dann vorliegt, wenn für beide wechselseitig die logische →Ableitung auseinander möglich ist. Zwei Aussagen *A* und *B* sind also äquivalent, wenn sie sich wechselseitig logisch implizieren. Andere Formulierungen für logische Äquivalenz sind die auch als **Äquijunktion** oder **Bijunktion** bezeichneten Aussageformen: »*A* genau dann, wenn *B*«, oder »*B* ist notwendige und hinreichende →Bedingung für *A*«.

Nach der semantischen Definition liegt Äquivalenz vor für zwei logisch verknüpfte Aussagen *A* und *B*, die unter denselben Interpretationen wahr und unter denselben falsch werden, woraus sich ergibt, dass sie äquivalent sind, wenn ihr Bikonditional »*A* genau dann, wenn *B*« (in Zeichen: $A \leftrightarrow B$) logisch wahr ist.

arabische Philosophie, →islamische Philosophie.

arabische Philosophie
→ GEO **Dossier**
Die Wurzeln der Weisheit, Bd. 14

Arbeitswerttheorie, die von Adam Smith, David Ricardo (* 1772, † 1823), Karl Marx u.a. vertretene objektive Werttheorie, die den Tauschwert (Preis) der Güter – unabhängig von ihrem Gebrauchswert – aus dem Wert der Arbeit als dem alleinigen Produktionsfaktor erklärt. Alle anderen Produktionsmittel haben nach der Arbeitswerttheorie nur so viel Wert, wie in ihnen Arbeit enthalten ist. Bei Ricardo werden die Güter im Verhältnis der auf sie verwendeten Arbeit, gemessen an der Zeit, getauscht. Bei Marx ist Arbeit sowohl Substanz (abstrakte Arbeit) als auch Maß des Wertes (gesellschaftlich notwendige Arbeitszeit), zu dem die Waren auf dem Markt getauscht werden. Die Arbeitswerttheorie ist eine der Hauptthesen der marxistischen Kritik am Kapitalismus.

Arche [griech. »räumlicher, zeitlicher Anfang«; »Herrschaft (erster Platz)«; »Ursprung«, »Prinzip«], Terminus der *griechischen Philosophie*. Bei den Vorsokratikern ist die Frage nach dem Ursprung eines der am häufigsten behandelten Probleme. Als Urprinzip, aus dem Seiendes entsteht und in das es vergeht, war Arche z.B. für Thales das Wasser, für Anaximander das Unendliche (Apeiron), für Empedokles waren es die vier Elemente und für Demokrit die Atome.

Auch im Sinn einer Grundgesetzlichkeit, eines bewegenden Prinzips, nach dem alles Seiende wird und vergeht, fassten die späteren Orphiker die Zeit als Arche auf, die Pythagoreer die Zahl, Anaxagoras die Weltvernunft (Nus), Demokrit die Bewegung im leeren Raum und Empedokles die gegensätzlichen Prinzipien »Liebe« und »Streit«. Platon verwendete den Terminus z.T. umgangssprachlich, z.T. in der Bedeutung: Ursprung, Wesen, Prinzip, Ursache für die Entstehung der Dinge, Voraussetzung, Ausgangspunkt für die Erkenntnis. In diesem Sinne ist in seiner Philosophie die Idee sowohl Erkenntnis- als auch Seinsprinzip.

Aristoteles definiert Arche (Prinzip) als »das Erste, von dem aus etwas ist, wird oder erkannt wird«. Als Seinsprinzipien erkennt er Stoff- und Formursache (Causa), als Prinzipien des Werdens Bewegungs- und Zweckursache (→Kausalität; →Finalität). Zu den Prinzipien zählt Aristoteles auch die Natur, die Elemente und das Wesen.

■ **Siehe auch**

SACHBEGRIFFE →Atomismus · Causa · Element · Finalität · Form · Kausalität · Logos · Nus · Orphik · Prinzip · Pythagoreer · Teleologie · Vorsokratiker

PERSONEN →Anaxagoras · Anaximander · Anaximenes · Demokrit · Empedokles · Heraklit · Parmenides · Thales

Archetypus [griech. »Urbild«, eigentlich »das zuerst Geprägte«], in der spätantiken Philosophie, besonders bei Philon von Alexandria und Plotin, das in der geistigen Welt existierende Urbild oder die →Idee des Seienden als einem Abbild. In der analytischen Psychologie des schweizerischen Psychiaters Carl Gustav Jung (* 1875, † 1961) bezeichnet der Begriff die strukturelle Komponente des kollektiven Unbewussten des Menschen. Archetypen sind danach universelle, vererbte Dispositionen der menschlichen Vorstellungsfähigkeit, die sich im kollektiven Unbewussten in einem Zustand potenzieller Bereitschaft befinden. Ihre Aktualisierung bzw. Bewusstmachung erfolgt in besonderen Situationen in Form von Symbolen.

Arendt, Hannah, amerikanische Gesellschafts- und Politikwissenschaftlerin deutscher Herkunft, *Hannover 14. 10. 1906, †New York 4. 12. 1975; Schülerin u. a. von Martin Heidegger, Edmund Husserl und Karl Jaspers. Arendt musste Deutschland 1933 wegen ihrer jüdischen Herkunft verlassen. Sie ging zunächst nach Frankreich und 1940 in die USA. Von 1963 bis 1967 war sie Professorin in Chicago und anschließend in New York. In ihren Schriften befasste sie sich v. a. mit der Erforschung des Totalitarismus, trat aber auch mit Veröffentlichungen in deutscher und englischer Sprache zu politisch-philosophischen Grundsatzfragen hervor. In ihrem politikwissenschaftlichen Hauptwerk »The Origins of Totalitarianism« (1951; dt. »Elemente und Ursprünge totaler Herrschaft«) untersucht Arendt die historischen Wurzeln totaler Herrschaft im Nationalstaat des 18. und 19. Jahrhunderts im Zusammenhang der Entstehung des Antisemitismus und der Entwicklung des Imperialismus in Westeuropa. Auch stellt sie allgemeine Strukturelemente des Totalitarismus heraus.

Als ihr philosophisches Hauptwerk gilt die historisch orientierte handlungstheoretische Schrift »Vita activa oder Vom tätigen Leben« (1958). Darin unterscheidet sie drei Grundformen menschlicher Aktivität: die »Arbeit« als die unmittelbare lebenserhaltende Tätigkeit, in der sich der Mensch mit der Natur auseinander setzt, das »Herstellen« als die vergegenständlichende Tätigkeit, in der sich der Mensch mit seinen eigenen Hervorbringungen umgibt, und das »Handeln« als die echte und höchste Tätigkeit, in der die Menschen in ihrer Verschiedenartigkeit miteinander in Wechselwirkung treten (Interaktion, v. a. politische Praxis). Nach Arendt wurde das Handeln im Laufe der Geschichte zurückgedrängt und in der Neuzeit schließlich durch die Arbeit abgelöst. Die Vorrangstellung der Arbeit geht ihr zufolge mit einem Verlust der Freiheit einher.

Arete [griech.], bei den Griechen ursprünglich die hervorragende Tauglichkeit, z. B. beim Auge Sehschärfe oder bei Handwerkern Tüchtigkeit in ihrem Fach. Vor allem aber ist Arete allgemein Tüchtigkeit und damit auch →Tugend. Sie ist Schlüsselwort der griechischen Ethik und viel behandeltes Thema der sokratisch-platonischen Philosophie. Die Bedeutung von Arete haben philosophisch gebildete Römer wie Cicero auf das lateinische Wort Virtus übertragen.

Argument [latein., eigtl. »was der Erhellung und Veranschaulichung dient«, zu latein. arguere »erhellen«, »veranschaulichen«, »beweisen«], Beweisgrund, Begründung für eine Behauptung. In der lateinischen *Logik* und *Rhetorik* bezeichnet Argument die in diesen Disziplinen vorkommenden Schlussweisen. Formallogische Argumente sind z. B. das **Argumentum e Contrario** (Beweis aus dem Gegenteil), das **Argumentum fortiori** (Beweis »aus dem Stärkeren«, d. h. aus einer schon bewiesenen Behauptung), das **Argumentum a priori** (Beweis durch logische, von der Erfahrung unabhängige Gründe) und das **Argumentum a posteriori** (Beweis durch Erfahrungsgründe).

Aristippos, Aristipp, griechischer Philosoph aus Kyrene, *um 435 v. Chr., †um 366 v. Chr.; Schüler des Sokrates und Gründer der Schule der Kyrenaiker. Aristippos ließ als Erkenntnisgründe nur die subjektiven Empfindungen gelten und hob die sokratische Unterscheidung zwischen dem Guten und dem Angenehmen auf. Stattdessen bestimmte er die Lust im Sinne einsichtiger Hingabe als das oberste Ziel verständigen Handelns (→Hedonismus).

Aristoteles, genannt der Stagirit, griechischer Philosoph, *Stagira (östlich Chalkidike) 384 v. Chr., †bei Chalkis (auf Euböa) 322 v. Chr.; neben Platon der bedeutendste Philosoph der griechischen Antike.

■ **Leben** Von 367 bis zu Platons Tod (348/347) gehörte Aristoteles der platonischen Akademie an. Unter dem Druck antimakedonischer Politik musste er Athen verlassen und begab sich nach Assos in Kleinasien, 345/344 nach Mytilene und wurde 343/342 von Philipp II. als Erzieher seines Sohnes Alexander an den makedonischen Hof berufen. Die veränderten politischen Verhältnisse ab 338 erlaubten die Rückkehr nach Athen (335/334). Dort gründete Aristoteles im Lykeion-Gymnasion die »peripatetische Schule« (→Peripatetiker). Nach dem Tod Alexanders des Großen (323) musste Aristoteles 322 nach Chalkis fliehen, wo er bald darauf starb.

■ **Schriften** Das hinterlassene Schriftwerk des Aristoteles umfasst die Gebiete der Logik und Erkenntnistheorie, der Naturphilosophie, Metaphysik, Ethik, Politik, Rhetorik und Kunsttheorie. Bahnbrechend war die Ausbildung der formalen Logik und einzelwissenschaftlicher Methoden, die zur Aufteilung der Philosophie in Disziplinen führten, sowie die Etablierung der empirischen Forschung mit Materialsammlung und -auswertung. Bedeutsam ist auch die Schöpfung einer rein wissenschaftlichen Prosa, die sachlich, nüchtern und knapp ist und, wo nötig, neue Worte prägt. Während die exoterischen, also für die Öffentlichkeit bestimmten Schriften weitgehend verloren gingen, blieben die esoterischen, für den Gebrauch innerhalb des Lykeion verfassten Schriften (Lehrschriften, Pragmatien) erhalten. Ihre Sammlung, Einteilung und Herausgabe erfolgte durch den Peripatetiker Andronikos von Rhodos (1. Jh. v. Chr.).

■ **Erkenntnislehre** Den Ausgangspunkt für alle Erkenntnis wie auch für seine eigene

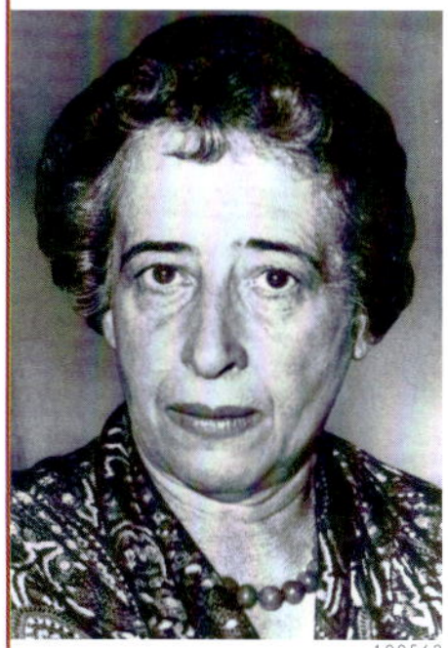
100562

Hannah Arendt

Hannah Arendt äußerte sich über die Bildung moralischer Urteile in einer Diktatur:

»Die Voraussetzung für diese Art der Urteilsbildung ist …, ausdrücklich mit sich selber zusammenzuleben, das heißt, sich in jenem stillen Zwiegespräch zwischen mir und meinem Selbst zu befinden, welches wir … gewöhnlich als Denken bezeichnen.«

Aristoteles
*** 384 v. Chr., † 322 v. Chr.**

- war Erzieher Alexanders des Großen
- lernte in Platons Akademie, gründete aber später seine eigene Schule
- begründete die Aufteilung der Philosophie in verschiedene Disziplinen
- ging vom empirisch Gegebenen aus, fragte aber auch nach dem Grund allen Seins
- wurde im Mittelalter zunächst von arabischen und persischen Philosophen rezipiert

Philosophie sieht Aristoteles im empirisch gegebenen Seienden, das in kategorialer Vielheit vorliegt. Aristoteles teilt es entsprechend den verschiedenen »Aussage«-Weisen des »Ist« in zehn Kategorien ein: Substanz, Quantitatives, Qualitatives, Relatives, das Wo, Wann, Liegen, Sichverhalten, Tun, Leiden (»Kategoriai«, dt. Kategorien, Kap. 4). Nach der ersten Kategorie ist jedes Ding, an dem sich Eigenschaften gemäß den übrigen Kategorien (Symbebekota, »Akzidenzien«) finden, →Substanz (Usia). Unter individuellem und allgemeinem Aspekt unterscheidet Aristoteles zwischen »erster« (z. B. ein bestimmter Mensch) und »zweiter« (Art und Gattung der »ersten« Substanz, z. B. Mensch, Lebewesen) Substanz.

In der Erkenntnis stellt sich dem Erkennenden der reale Sachverhalt dar. Sprachliche Aussage und Schrift sind »Zeichen« bzw. »Symbole« für die Bedeutung des Erkenntnisinhaltes im Erkennenden (»Peri Hermeneias«, dt. Über die Aussage, Kap. 1). Wahrheit und Falschheit liegen im Urteil. Die Urteile bzw. Aussagen teilt Aristoteles in bejahende und verneinende sowie in allgemeine, partikuläre und unbestimmte und legt für jede Aussagenart die kontradiktorischen und konträren Gegensätze fest. Der Erkenntniserwerb vollzieht sich stufenweise vom sinnlich Wahrgenommenen über Erinnerung, Vorstellung und Erfahrung (Empeiria) zum durch Vernunft Einsehbaren und schließlich zur Wissenschaft (Episteme). Auf jeder höheren Stufe erreicht die Erkenntnis eine höhere Einheit. Hierbei ist »das Einheitstiftende die Vernunft« (Nus; »Peri Psyches«, dt. Über die Seele, Buch III, Kap. 6). Den Weg vom Einzelnen zum Allgemeinen bzw. vom Sinnlichen zum Intelligiblen, d. h. zum nur durch den Intellekt Erfassbaren, bezeichnet Aristoteles als Induktion (Epagoge). Zugrunde liegt die Leistung der Vernunft, das Intelligible aus dem Sinnlichen zu »abstrahieren«.

■ **Logik** Hauptziel der »Ersten Analytik« (Analytikon proteron) und »Zweiten Analytik« (Analytikon hysteron) ist der Nachweis von sprachlichen Gesetzmäßigkeiten, die den Ansprüchen wissenschaftlicher Erkenntnis genügen. Aristoteles entwickelt die Lehre vom beweisenden Schluss (→Syllogismus) mit ihren Grundbegriffen: Figur, Modus, Obersatz, Mittelsatz, Untersatz. Der formale Syllogismus ist definiert als »eine Rede, in der durch Annahme gewisser Prämissen etwas vom Angenommenen Verschiedenes mit Notwendigkeit folgt aufgrund davon, dass jenes ist« (Erste Analytik, I 1).

Die Syllogistik entfaltet Aristoteles nach ihren immanenten logischen Gesetzen. Das syllogistische Verfahren besteht darin, von zwei Prämissen (z. B. »für alle *A* gilt *B*« und »für alle *B* gilt *C*«) auf eine Konklusion der gleichen Form (»für alle *A* gilt *C*«) zu schließen. So folgt z. B. aus »alle Menschen (*A*) sind Lebewesen (*B*)« und »alle Lebewesen sind sterblich (*C*)« »alle Menschen sind sterblich«. Ein Syllogismus wird »apodiktisch« genannt, wenn seine obersten Prämissen wahr sind und er daher zur logischen Ableitung wahrer Aussagen einer Wissenschaft aus obersten, ihrerseits nicht mehr ableitbaren Prinzipien taugt. Er heißt »dialektisch«, wenn sich über die Geltung der Prämissen nichts Sicheres ausmachen lässt.

■ **Wissenschaftstheorie** Wissenschaftliche Erkenntnis definiert Aristoteles als das Verstehen eines Sachverhaltes aus seiner Ursache, »dass er sich nicht anders verhalten kann« (Zweite Analytik, I 2), d. h. notwendig ist. Der wissenschaftliche (apodiktische) Beweis schließt in der Konklusion auf einen Sachverhalt (z. B. warum am Mond das Phänomen der Finsternis vorkommt) aus seiner Ursache (»Zwischenstellung der Erde« zwischen Mond und Sonne, ebd. II 1), die der Mittelsatz in den Prämissen enthält. Als Kriterium für die Notwendigkeit der Prämissen, die definitorische Aussagen sind (z. B. dass der Mond Trabant der Erde ist und dass Finsternis ein Lichtausfall durch Verdeckung der Lichtquelle ist), führt Aristoteles die Allgemeinheit der Prädikate an, d. h., dass sie jeder Instanz des Aussagegegenstands »an sich« und »als solcher« zukommen (I 4–6).

Der Gegenstand jeder Wissenschaft fällt in eine bestimmte Gattung des Wirklichen. Daher geht jede Wissenschaft von den ihrer Gattung jeweils »eigenen Prämissen« aus (I 2). Der Übergang von einer Wissenschaftsgattung in eine andere ist in der Beweisführung nicht statthaft. Alle Wissenschaften verwenden aber als »gemeinsame Prämissen« die Axiome der Kontradiktion (→Principium Contradictionis) und des ausgeschlossenen Dritten (I 2; →Principium exclusi Tertii).

■ **Naturphilosophie** Aristoteles' »Physikes Akroaseos« (dt. Physik) handeln von den Naturdingen, sofern sie per definitionem »das Prinzip der Bewegung in sich haben«, und erschließen vier Arten von Ursachen: die Stoff- und die Formursache, die sich zueinander wie das bestimmbare und das bestimmende Prinzip bzw. wie das Potenz- und das Aktprinzip (→Akt) verhalten, sowie die Bewegungs- und die Zweckursache, die sich auf Anfang und Ziel jeder Bewegung beziehen.

Die Bewegung (Kinesis) wird definiert als »Aktualität des Potenziellen als solchem«, d. h., sofern dieses noch nicht in seiner vollen Aktualität (Energeia) bzw. Vollendung (Entelecheia) steht, sondern auf dem Weg dazu ist (Physik III 1–3). Die Arten der Bewegung sind die substanzielle Entstehung, die quantitative Vermehrung und Verminderung, die qualitative Veränderung und die räumliche Bewegung. Bewegung vollzieht sich jeweils zwischen zwei Gegensätzen und setzt als Drittes ein »zugrunde Liegendes« (Hypokeimenon) voraus, an

Rechte Seite:
Diese Seite aus der »Politica« des Aristoteles ist die älteste der zahlreichen Abschriften seines Werks (1. Jh. n. Chr.; London, British Museum).

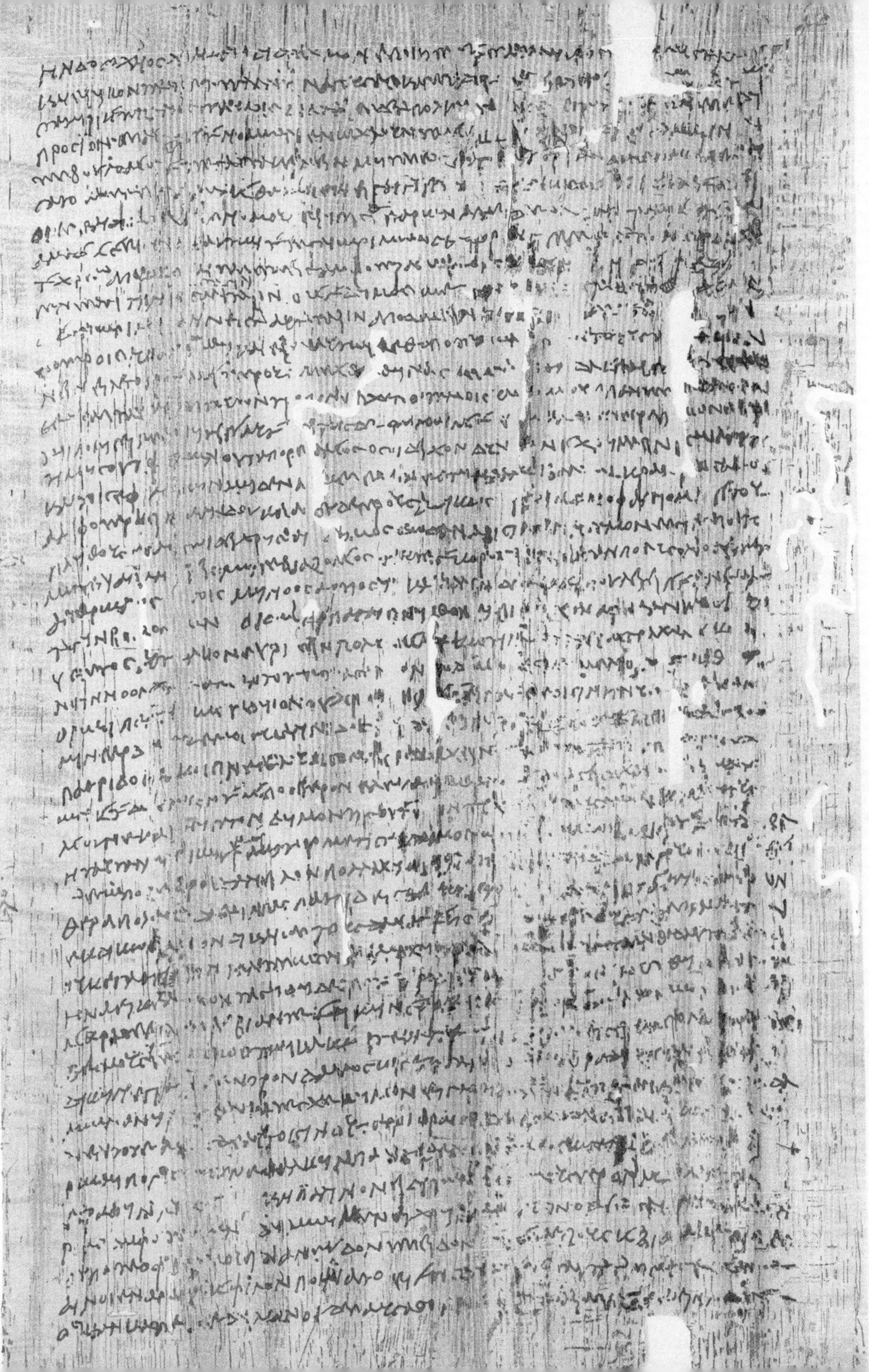

dem sie sich vollzieht. Dieses ist für die eigenschaftlichen Veränderungen und Bewegungen das Subjekt oder Ding, für die Entstehung des Dinges selbst hingegen das stoffliche Substrat.

Im Rückgang zu den ersten Bewegungsursachen führt eine Reihe von Beweisargumenten zunächst zu denjenigen, die den Lebewesen immanent sind. Lebewesen müssen aus einem bewegten (dem Leib) und einem unbewegten, bewegenden Prinzip (der Seele) bestehen. Da dieses noch akzidentell (im bewegten Leib) bewegt ist, wird schließlich ein erstes Prinzip erschlossen, ein (physisch) absolut unbewegtes Bewegendes, das als die Seele des ersten Fixsternhimmels zu interpretieren ist.

In seiner »Metaphysik« gründet **Aristoteles** seine Ausführungen zur Wissenschaft auf einen einfachen Ausgangspunkt:

»Alle Menschen streben von Natur aus nach Wissen.«

■ **Seelenlehre** In seiner Schrift »Über die Seele« definiert Aristoteles die Seele als die »Form(ursache)« bzw. als »erste Entelechie«, d. h. als Prinzip des Wirklichseins des »organischen Leibes, der nur potenziell Leben hat«. Als solche ist sie Lebensprinzip in den Lebewesen (Über die Seele II 1). Aus den verschiedenen Tätigkeiten der Seele werden ihre Vermögen erschlossen: das vegetative (für Stoffwechsel und Fortpflanzung), das sensitive und das intellektive. Alle drei finden sich im Menschen, während die Pflanzen nur das erste, die Tiere das erste und zweite Vermögen haben. Damit die Vernunft von potenzieller zu aktueller Erkenntnis ihrer Objekte übergehen kann, muss in ihr ein aktiv wirkendes und ein passives Prinzip sein. Das Letztere ist vergänglich, das Erstere unvergänglich, »immer in Akt« und an kein Körperorgan gebunden (III 4/5).

■ **Metaphysik** Als »Weisheit« oder »Erste Philosophie« hat die Metaphysik – Aristoteles Schriften hierzu wurden vom antiken Herausgeber »ta meta ta physika« (Abhandlungen nach der Physik, dt. »Metaphysik«) benannt – »das Seiende als Seiendes« zum Gegenstand, d. h. alle Erfahrungsdinge, insofern sie sind. Sie betrachtet somit das, was jede Einzelwissenschaft, ja alle Erkenntnis, voraussetzt, nämlich das Sein (Dasein, Wassein) der Dinge. Von ihm aus geht sie auf »die ersten Ursachen alles Seienden« zurück (»Metaphysik«, I 1). Als solche erweisen sich die den Einzeldingen (Substanzen) immanenten Stoff- und Formursachen und mit diesen auch die Bewegungs- und Zweckursachen. Die Wesenheit (Usia; →Wesen), die sich in der Formursache vollendet, wird in der →Definition durch Angabe von Gattung und spezifischer Differenzen »umgrenzt« (VII 4–12).

Schließlich führt die Untersuchung zu einer ersten Ursache alles Seienden, einer »immateriellen«, »unbewegten Substanz(art)«, und hier zu einer ersten (einzigen) Substanz, einem ersten »(Seins-)Prinzip, dessen Wesenheit (reine) Aktualität ist« (XII 6) und von dem der Himmel und die Natur abhängen. Diese erste Substanz muss reine Vernunftaktualität und mit »dem Gott« identisch sein, dem vollkommenes, ewiges Leben eigen ist. Seine Erkenntnis ist zugleich Selbsterkenntnis (»der Erkenntnis Erkenntnis«; XII 9). Unmittelbar bewegt werden von ihm als ihrem transzendenten Zweck (»jenes bewegt wie ein Geliebtes«, XII 7) imma-

Aristoteles Aristoteles und Alexander

Im Jahr 343 v. Chr. wurde Aristoteles an den makedonischen Hof berufen, um die Erziehung des 13-jährigen Königssohns Alexander zu übernehmen. Er machte es sich zur Aufgabe, seinem Zögling die griechische Dichtung und Wissenschaft nahe zu bringen. Schon wenige Jahre später herrschte Alexander mit dem Beinamen »der Große« über ein Weltreich von bis dahin ungekannten Ausmaßen. Auf seinen Feldzügen, die ihn bis an den Indus führten, soll er stets eine mit Anmerkungen des Aristoteles versehene Abschrift von Homers »Ilias« bei sich gehabt haben. Der Maler Apelles verherrlichte in einem Gemälde in Ephesos den Monarchen in der Pose des griechischen Göttervaters Zeus (römische Kopie aus Pompeji). Aber der Einfluss des Aristoteles hatte auch weitreichendere Folgen: Unter Alexanders Herrschaft begann sich die Kultur und Bildung Griechenlands von Ägypten bis in den Orient auszubreiten. Alexanders riesiges Reich zerfiel rasch, aber die Hellenisierung der von ihm eroberten Welt dauerte an und sollte der Epoche, die bald nach dem Tod des Aristoteles anbrach, ihren Namen geben: Hellenismus.

terielle Substanzen, die so genannten unbewegten Beweger (XII 8), Vernunftwesen, die ihrerseits als seelische Zweckprinzipien der Himmelssphären die Himmelsbewegungen verursachen.

Kritik übt Aristoteles an Platons Ideenlehre mit ihrer Abtrennung (chorismos) der Wesenheiten von den Erfahrungsdingen. Aristoteles setzt dagegen die Wesenheit in den Einzeldingen selbst an (als ihr »So-Sein«, griechisch »to ti en einai«; VII 4–6).

■ **Ethik** In der »Ethika Nikomacheia« (dt. Nikomachische Ethik) wie auch in der »Politika« (dt. Politik) führt Aristoteles Ethik und Politik als »praktische Wissenschaften« ein, deren Ziel nicht Theorie, also Wissen um des Wissens willen, sondern Praxis sei. Die Nikomachische Ethik untersucht den letzten Zweck (Telos), an dem sich das menschliche Handeln ausrichten muss, das »menschliche«, »praktische Gute«. Dieses erweist sich als »Glückseligkeit« (Eudaimonia). Sie besteht in der »Aktualität« (Energeia, »Im-Werk-Sein, Tätigkeit«) der Seele gemäß ihrer besten und vollendetsten Tugend (Arete).

Die »ethischen Tugenden«, d. h. die Tugenden, die durch »Gewöhnung« erworben werden, definiert Aristoteles als »vorsätzliche Haltung, welche die Mitte hält« (Mesotes; II 6) zwischen extremen Affektzuständen. Der Vorsatz (Prohairesis) ist das »Prinzip der Handlung«. In ihm wirken Vernunftüberlegung und Streben zusammen. Die »dianoetischen« oder Vernunfttugenden sind als praktische und theoretische Haltungen Klugheit (Phronesis) und Weisheit (Sophia). Die Überlegung der Klugheit erwägt die richtigen Mittel zu den Zwecken. Die Zwecke werden mithilfe der Vernunft erkannt. Wissen über Zwecke und Mittel ist notwendig, da Freiheit von Unwissenheit und Zwang Bedingung des Vorsatzes ist. Die allgemeine Bestimmung der Glückseligkeit wird in Buch X präzisiert: Sie liegt in der Aktualität der Vernunft-»Tugenden«, und zwar vollendet in der kontemplativen Tätigkeit (Theoria), der Weisheit und weniger vollendet in der praktisch ausgerichteten Klugheit.

■ **Politik** Die »Politik« geht von der Definition des Staates als höchster Form menschlicher Gemeinschaft aus. Sein Zweck ist das sittlich gute, glückselige Leben aller Bürger. Der Staat besteht nicht aufgrund eines Vertrages, sondern »von Natur«, d. h., er gründet in der Natur des Menschen, der ein »staatenbildendes Lebewesen« (Zoon politikon) und ein vernunftbegabtes Lebewesen (Zoon logon echon) ist. In der besten Verfassung decken sich der gute Bürger und der sittlich gute Mensch. Es regieren die hinsichtlich politischer und sittlicher Einsicht Besten. Aristoteles strebt jedoch nicht wie Platon danach, einen Idealstaat zu entwerfen, sondern untersucht in praktischer Absicht, wie man vorhandene, minder gute Verfassungen verbessern und auch bei ungünstigen Verhältnissen noch relativ gute Verfassungen einrichten kann.

■ **Rhetorik und Poetik** Nicht nur der ethischen und politischen Praxis, sondern auch den herstellenden Künsten (Technai poietikai) hat Aristoteles Abhandlungen gewidmet. So befasst er sich in den »Techne Rhetorike« (dt. Rhetorik) mit der Kunst der Erzeugung von Plausibilität mittels der Rede. Sie ist insbesondere im Zusammenhang des politischen Lebens von Bedeutung. Die nur unvollständig erhaltene Schrift »Peri Poietikes« (dt. Über die Dichtkunst) hingegen beschäftigt sich mit der Nachahmung (Mimesis) menschlicher Handlungen in der Dichtung, die Aristoteles gegenüber Platon prinzipiell aufwertet. Einflussreich wurde hier v. a. die Bestimmung der Wirkung der Tragödie als Katharsis.

Aristoteles »Metaphysik«

Aristoteles' »Metaphysik«: Was uns heute als Werk von philosophisch grundlegender Bedeutung und beispielloser Wirkung vorliegt, geht weder in seinem Titel noch in der Anordnung seiner 14 Bücher auf Aristoteles selbst zurück. Andronikos von Rhodos, zeitweise Schulhaupt der peripatetischen Schule und ein späterer Herausgeber der Schriften des Aristoteles, hat die als eigenständige Abhandlungen entstandenen Arbeiten im 1. Jahrhundert v. Chr. zusammengestellt und hinter den Büchern über die Natur, griechisch »meta ta physika«, eingeordnet. Bei allen sprachlichen und konzeptionellen Brüchen, die der Text aufweist, hat er doch seine Einheit im Ziel der methodologischen Grundlegung und inhaltlichen Ausarbeitung einer Disziplin, die Aristoteles als theoretische Wissenschaft von den ersten Ursachen und Prinzipien des Seienden als Seienden bestimmt. Sie ist ihrem Rang nach als »Erste Philosophie« zu bezeichnen, da sie die Wirklichkeit nicht im Hinblick auf einen praktischen Zweck oder eine spezielle Eigenschaft thematisiert, sondern versucht, das zu betrachten und begrifflich zu fassen, was ihr Sein ausmacht.

Aristotelismus, im weiteren Sinn Bezeichnung für die verschiedenen Formen der Rezeption sowie des Aus- und Umbaus des philosophischen Systems des Aristoteles oder einzelner Elemente seiner Philosophie. Aristoteliker im engeren Sinn sind die Mitglieder des Peripatos (→Peripatetiker).

Die Lehrschriften des Aristoteles wurden erst nach der Herausgabe durch den Peripatetiker Andronikos von Rhodos (1. Jh. v. Chr.) öffentlich bekannt. Zu den bedeutendsten Aristoteles-Kommentatoren zählt Alexander von Aphrodisias. Bei den Neuplatonikern war seit Porphyrios (3. Jh.) die Auseinandersetzung mit Aristoteles mit dem Platonismus verknüpft. Die Logik trat zunehmend in den Mittelpunkt. Boethius übersetzte die »Kategorien« des Aristoteles ins Lateinische. Von Syrianos (5. Jh.), Asklepios von Tralleis (6. Jh.), Johannes Philoponos (6. Jh.) und Simplikios sind Kommentare zu aristotelischen Schriften erhalten. Diese Werke sind z. T. von der Verteidigung der Philosophie Platons, z. T. von der Harmonisierung der Lehren Platons und Aristoteles' bestimmt.

Indem er es ermöglichte, religiöse Glaubensannahmen in ein systematisches Lehrgebäude einzugliedern, gewann der Aristotelismus seit etwa 400 an Wertschätzung. Nach Schließung der platonischen Akademie (529) wurden in Konstantinopel bis ins 11. Jh. ununterbrochen die aristotelischen Schriften studiert.

Aristotelismus. Das Gemälde »Der Triumph des heiligen Thomas' von Benozzo Gozzoli (Ausschnitt, 1440; Paris, Louvre) zeigt Thomas von Aquino zwischen Platon (rechts) und Aristoteles. Der arabische Philosoph Ibn Ruschd zu seinen Füßen war mit seinen Kommentaren prägend für die mittelalterliche Aristotelesrezeption – ein Einfluss, der von Thomas von Aquino bekämpft wurde.

Durch christliche syrische Ärzte fand die Philosophie des Aristoteles schließlich Eingang in den islamischen Kulturbereich, und zwar zunächst an der Übersetzerschule in Bagdad. Seit dem 9. Jh. gehörte das Studium aristotelischer Schriften zum Kanon der arabischen Ausbildung. Bedeutende islamische Kommentatoren waren al-Kindi, Alfarabi und Ibn Sina (Avicenna). Als am einflussreichsten für die Aristoteles-Rezeption im Mittelalter erwies sich die Kommentierung der aristotelischen Schriften durch Ibn Ruschd (Averroes).

Auch die jüdische Philosophie erhielt ab dem 7. und 8. Jh., besonders aber ab der Mitte des 12. Jahrhunderts unter arabischem Einfluss durch den Aristotelismus neue Impulse. Hier wie im Islam bildeten Neuplatonismus und Aristotelismus Grundlagen der philosophisch-theologischen Auseinandersetzungen. Zu den jüdischen Peripatetikern zählen u. a. Salomon Ibn Gabirol (Avicebron) und Moses Maimonides.

Die christliche Philosophie des Mittelalters erhielt z. T. über die lateinische philosophische Tradition (Cicero, Boethius), v. a. aber im 13. Jh. über die arabisch-jüdische Tradition Kenntnis von den Werken des Aristoteles. Ausgehend von Paris wurden sie zur Bildungsgrundlage an allen europäischen Unterrichtsstätten. Thomas von Aquino entwickelte mithilfe der aristotelischen Philosophie ein einheitliches theologisch-philosophisches System, das für die Theologie für Jahrhunderte Geltung hatte.

Eine Belebung erfuhr der Aristotelismus durch die humanistischen Studien der antiken Quellentexte, v. a. in Norditalien (→Humanismus). Obwohl der Aristotelismus seit Descartes und der Entwicklung der neuzeitlichen Naturwissenschaft an Bedeutung verlor, regte seine Lehre noch Leibniz, Christian Wolff, Hegel u. a. entscheidend an und wirkte z. B. in wissenschaftstheoretischen Grundlagendiskussionen fort. Eine philologische und historische Erforschung der aristotelischen Philosophie setzte erst im 19. Jh. ein. Grundlegend wurde der Aristotelismus u. a. bei Franz Brentano (**Neuaristotelismus**). In Verbindung mit der Erneuerung thomistischer Theologie im 19. Jh. erhielt der Aristotelismus eine neue, in der Diskussion fortdauernde Bedeutung. Zudem ist seit Mitte des 20. Jh. innerhalb der praktischen Philosophie eine verstärkte Orientierung an Aristoteles festzustellen. Die entsprechenden Positionen werden verschiedentlich unter dem Begriff **Neoaristotelismus** zusammengefasst.

Arkesilaos, griechischer Philosoph, *Pitane in Äolien um 316 v. Chr., †241 v. Chr.; führte den Skeptizismus in die platonische Akademie ein und begründete damit die »mittlere Akademie«. Anknüpfend an die sokratische Dialogtechnik und entgegen dem Dogmatismus der Stoa, versuchte Arkesilaos durch das Aufzeigen der Gründe und Gegengründe einer jeden Behauptung seinen Gesprächspartner in die →Aporie zu führen. Er leugnete die Möglichkeit sicheren Wissens, sah jedoch im je »Wohlbegründeten« einen Maßstab für vernünftiges Handeln.

Artificial Intelligence, →künstliche Intelligenz.

Askese [griech. »(körperliche und geistige) Übung«, »Lebensweise«], ursprünglich die Zucht, das Training und die Enthaltsamkeit der Athleten, dann allgemein die religiös-ethisch begründete Enthaltsamkeit mit verschiedenen Ausprägungen und Stufen. Sie reicht von der Enthaltung von bestimmten Speisen und Getränken bis hin zur völligen Abkehr von der Gemeinschaft und von weltlichen Freuden auch auf der psychisch-kognitiven Ebene.

Askese ist in fast allen Religionen zu finden, besonders aber im Buddhismus und im Christentum. In antiken dualistischen Philosophien, die Ich und Welt oder Seele und Körper in einen Gegensatz stellen, wurde Askese häufig als Mittel verstanden, die unsterbliche Seele aus der Materie, dem Ursprung des Übels, zu befreien. So verbanden die Pythagoreer die asketische Lebensdeutung mit der Lehre von der Seelenwanderung. Asketische Züge finden sich auch in der Philosophie der Stoiker und bei den Kynikern. Letztere knüpften an die Lehre des Sokrates-Schülers Antisthenes an, der zufolge neben der Tugend alle anderen Güter wertlos seien und daher ein Leben in völliger Bedürfnislosigkeit angestrebt werden müsse.

assertorisch [zu latein. asserere »geltend machen«, »behaupten«], einen Tatbestand feststellend, behauptend. Ein Urteil, das die einfache Tatsächlichkeit ausspricht, wird als assertorisch bezeichnet.

Ästhetik [griech., zu aisthánesthai »(durch die Sinne) wahrnehmen«], im weiteren Sinn die Theorie der Wahrnehmung, im engeren Sinn die Theorie der Kunst. Gegenwärtig wird Ästhetik als Teilgebiet einer allgemeinen Ästhetik bestimmt (Martin Seel). Sie ist Gegenstand der Einzelwissenschaften der verschiedenen Kunstgattungen wie u. a. der Kunstgeschichte, Literaturwissenschaft, Musikwissenschaft und Filmtheorie. Seit dem 19. Jh. gewann sie im Rahmen empirisch-einzelwissenschaftlicher Forschung an Bedeutung, etwa in Soziologie und Psychologie. Ästhetik ist zugleich die Bezeichnung für eine philosophische Disziplin, die je nach dem Ausgangspunkt ihrer Fragestellung z. B. existenzialistisch, idealistisch oder materialistisch ausgerichtet sein kann.

■ **Gegenstand** Die Ästhetik untersucht die Bedingungen der Entstehung von Kunstwerken **(Produktionsästhetik)** sowie die Bedingungen und Formen der Rezeption des ästhetischen Gegenstandes **(Rezeptionsästhetik).** Des Weiteren lässt sich zwischen Werkästhetik, Form- bzw. Inhaltsästhetik und Gehaltsästhetik unterscheiden. Die **Werkästhetik** befasst sich mit der Frage nach den konstitutiven Merkmalen und der Funktion des Schönen sowie dem Verhältnis zwischen Natur- und Kunstschönem. Sie bemüht sich um die Strukturanalyse des Kunstwerks. Zugleich versucht sie eine Bestimmung des Kunstwerkbegriffs und der Funktion von Kunst vorzunehmen. Gegenstand der **Formästhetik** bzw. Inhaltsästhetik ist die Wechselbeziehung zwischen Form und Inhalt, die künstlerische Technik und das Material im Kunstwerk sowie das Verhältnis der einzelnen Kunstgattungen zueinander. Die **Gehaltsästhetik** widmet sich dem Verhältnis der Kunst zu Wirklichkeit, Geschichte und Gesellschaft. Darüber hinaus fragt sie nach dem Verhältnis von Schönheit und Kunst zur Wahrheit bzw. dem Geltungsanspruch, den Kunstwerke erheben können.

■ **Geschichte** Schönheit und Kunst wurden in der Antike weitgehend getrennt voneinander behandelt. Bei Platon und Plotin erscheint die Schönheit im Zusammenhang mit dem ethisch Richtigen. Kunstwerke entstehen nach Platon durch Nachahmung (Mimesis) der sinnlichen Gegenstände. Da diese selbst nur Abbilder der urbildlichen Ideen sind, gilt Kunst als das »Dritte von der Wahrheit ab«. Bei Aristoteles ist die Kunst zweckfrei, insofern sie im Rahmen einer auf Arbeit und Effektivität ausgerichteten Gesellschaft keinen verwertbaren Nutzen mit sich bringt. Der aristotelische Mimesisbegriff bewertet den künstlerischen Schaffensprozess als eine schöpferische Darstellung dessen, »was möglich wäre nach Angemessenheit oder Notwendigkeit«.

Alexander Gottlieb Baumgarten begründete mit seinem 1750–58 erschienenen Werk »Aesthetica« die Ästhetik als eine eigenständige philosophische Disziplin. Er verstand Ästhetik als allgemeine Theorie der sinnlichen Erkenntnis und integrierte damit den Bereich des Empfindens und Fühlens in den Zusammenhang der Philosophie. Das Wort »schön«, aber auch dessen Synonyme, bezog er primär auf die Art und Weise der Erkennbarkeit: Etwas kann in schöner Weise erkannt werden, wenn es ein Gegenstand sinnlicher Erkenntnis ist und wenn an ihm gewisse Kriterien der Vollkommenheit aufweisbar sind.

Kant griff in seinem ästhetischen Hauptwerk, der »Kritik der Urteilskraft« (1790), die Grundidee von Baumgartens Wirkungsästhetik auf, wonach schön ist, was Lustgefühl im Sinne eines Wohlgefallens weckt, und führte sie in der Analyse des Geschmacksurteils aus. Nach Kant bestimmt das im Geschmack gründende »Beurteilungsvermögen« als ästhetische Urteilskraft dasjenige als »schön«, was interesselos und »ohne Begriff als Gegenstand eines notwendigen Wohlgefallens erkannt wird«. Die Bestimmungen des Geschmacks beziehen sich dabei nicht auf empfundene Inhalte, sondern auf Form und Proportion, die dem Kunstwerk als Produkt der Freiheit zukommen.

Friedrich von Schiller versuchte Ästhetik als »ästhetische Erziehung des Menschen« zu fassen. Die Kunst als in der ihr eigenen Schönheit und Autonomie ist der »einzig mögliche Ausdruck der Freiheit in der Erscheinung«, sofern der Künstler im Werk »den Stoff durch die Form vertilgt«. Kunst bewirkt die Erweiterung des rezipierenden Subjekts zu welthafter Ganzheit als Totalität in »möglichster Harmonie«. Eine solche »Veredlung des Charakters« des Menschen sah Schiller als Voraussetzung für die Errichtung des »Staats der Freiheit« an, dessen Verwirklichung in der Französischen Revolution misslang.

Die Tendenz der vorausgegangenen Ästhetikentwürfe zur Verschmelzung des Schönen mit dem Wahren und Guten bemühte sich der deutsche Idealismus (Friedrich Wilhelm Joseph von Schelling; Karl Wilhelm Ferdinand Solger; Arthur Schopenhauer; Karl Rosenkranz; später Friedrich Theodor Vischer, * 1807, † 1887), spekulativ zu vollenden. Als Höhepunkt dieser Bemühungen kann die Ästhetik Hegels gelten.

Die hegelsche Ästhetik erfährt ihre Bestimmung aus der dialektisch-spekulativen Kon-

100264

Ästhetik.
In der Antike wurde der Begriff des Schönen noch nicht auf Kunstwerke angewendet. Schön war v. a. das ethisch Richtige (»Venus von Milo«, um 100 v. Chr.; Paris, Louvre).

struktion der Selbstverwirklichung des Geistes. Diese stellt sich als logisch notwendige Stufenfolge historisch erscheinender Gestalten dar, deren höchste Formen Kunst, Religion und Philosophie sind. In Anschauung (Kunst), Vorstellung (Religion) und Denken (Philosophie) verkörpern sie den »absoluten Geist«, also die herausentwickelte Identität von Subjekt und Objekt, durch welche Hegel die Entzweiung der Wirklichkeit überwunden zu haben beanspruchte. Das Schöne bestimmte er als das »sinnliche Scheinen der Idee«, wobei er unter »Idee« die Einheit von Begriff und Realität des Begriffs verstand: »Denn in der Kunst haben wir es mit keinem bloß angenehmen oder nützlichen Spielwerk, sondern … mit einer Entfaltung der Wahrheit zu tun.« Zugleich aber stellte Hegel fest, dass die Kunst nach dieser »Seite ihrer höchsten Bestimmung für uns ein Vergangenes« ist, da der »Gedanke und die Reflexion« die »schöne Kunst überflügelt« hätten.

■ **Neuere Entwicklung** Mit Friedrich Theodor Vischer endeten die Versuche, eine systematische Ästhetik zu konstituieren. Stattdessen wandten sich die Philosophen ästhetischen Gegenständen vermehrt zu, um Aufschluss über die Möglichkeitsbedingungen der Wahrnehmung zu erlangen (Nietzsche, Henri Bergson, Wilhelm Dilthey). Die ästhetischen Objekte wurden in der Regel nicht mehr in Rücksicht auf ihre Verbindung mit dem Wahren und Guten behandelt, sondern waren für die Philosophie nun insofern von Belang, als in ihnen bis dahin Ungedachtes dem Denken aufgegeben wird (Martin Heidegger, Walter Benjamin, Gilles Deleuze).

Diesem Ansatz steht eine Richtung gegenüber, die nach den Strukturen des Materials und seinen historischen Gestaltungsmöglichkeiten fragt und dies in entsprechenden Kategoriensystemen zu erfassen suchte. Vertreter dieser Richtung sind u.a. Charles Sanders Peirce, Roland Barthes, Umberto Eco (* 1932) und Julia Kristeva (* 1941). Andere Strömungen im 20. Jh. sind die **psychologische Ästhetik** (u.a. Gustav Theodor Fechner, Franz Brentano), die von der Phänomenologie Edmund Husserls ausgehende **phänomenologische Ästhetik** (u.a. Max Scheler, Roman Ingarden und Maurice Merleau-Ponty) sowie die **ideologiekritische Ästhetik** (Theodor W. Adorno, Walter Benjamin u.a.).

In dem Maße, in dem Ästhetik zur Wahrnehmungstheorie wird, und im Verbund mit der Veränderung künstlerischer Praktiken sowie der Grenzauflösungen zwischen Hoch- und Populärkultur, beginnt sie sich zusehends als eigene Disziplin aufzulösen und geht über in kulturwissenschaftliche oder medientheoretische Problemstellungen (u.a. Jean Baudrillard).

■ **Siehe auch**

SACHBEGRIFFE →Bild · Erhabene · Geschmack · Gestalt · Harmonie · Interesse · Form · Erfahrung · Kunst · Mimesis · Natur · Postmoderne · Schöne

PERSONEN →Baumgarten, Alexander Gottlieb · Burke, Edmund · Goodman, Nelson · Hegel, Georg Wilhelm Friedrich · Kant, Immanuel · Platon · Plotin · Schiller, Friedrich · Solger, Karl Wilhelm Ferdinand · Schelling, Friedrich Wilhelm Joseph von · Schopenhauer, Arthur

Ästhetizismus, Lebenshaltung oder Weltanschauung, die im Ästhetischen den höchsten Wert sieht und alle Sachverhalte – erkenntnismäßige, religiöse, ethische oder praktische – aus ästhetischer Sicht beurteilt. Literarisch-philosophische Grenzgänger wie Søren Kierkegaard, Oscar Wilde und Ernst Jünger versuchten den Ästhetizismus theoretisch zu begründen.

Ataraxie [griech. »Unerschütterlichkeit«], das Nicht-verwirrt-Sein, Gemütsruhe, Gleichmut, Seelenruhe. Ataraxie galt verschiedentlich als Auszeichnung und Ziel philosophischer Lebensweise, v.a. bei Demokrit. Bei Epikur ist sie der neben der Gesundheit des Leibes angestrebte Idealzustand als Voraussetzung für Glückseligkeit. In der Stoa wird sie als Beherrschung der →Affekte bzw. als Leidenschaftslosigkeit beschrieben. Für die Skeptiker ging mit der Zurückhaltung jeglicher Urteilsbildung Ataraxie einher.

Atheismus [zu griech. átheos »ohne Gott«; humanistische Wortbildung des 16. Jahrhunderts], die Leugnung Gottes, einer göttlichen Weltordnung oder auch nur des geltenden Gottesbegriffs, im Gegensatz zum Theismus, Polytheismus und Pantheismus. Atheismus ist nicht gleichzusetzen mit Unglauben und zu unterscheiden vom Agnostizismus, der die Frage der Existenz Gottes offen lässt.

Der Vorwurf des Atheismus wurde in der abendländischen Geistesgeschichte häufig erhoben, so bereits im alten Griechenland gegen Bürger, die nicht dem öffentlichen Kult zugeneigt waren (Gottlosenprozess gegen Sokrates). Im christlichen Mittelalter wurde er als Häresie (Ketzertum) verurteilt. Zwar gab es keinen ausformulierten Atheismus, seit dem 13. Jh. aber – v.a. angeregt durch die Lektüre der arabischen Philosophen – eine Skepsis gegenüber Kirche und Offenbarung. Generell galt auch die freie Umdeutung der überkommenen Religion, etwa in pantheistischem Sinn, bereits als Atheismus (Baruch de Spinoza, Johann Gottlieb Fichte). Zur Ausbildung eines verallgemeinerten, neuzeitlichen Atheismus trug u.a. die Entwicklung der Naturwissenschaften bei. Es wurde versucht, die Welt zu verstehen und dabei von Gott als Erklärungsgrund abzusehen. In der Aufklärung führte ein solcher, durch die Naturwissenschaften demonstrierter methodischer Atheismus zu einer bibel- und autoritätskritischen Bewegung, die dann im Toleranzgedanken ihren wesentlichen Ausdruck fand und im England des späten 17. und des beginnenden 18. Jahrhunderts als Deismus bekannt geworden ist.

Der neuzeitliche Atheismus geht meist mit einer allgemeinen Religionskritik einher, die v. a. unter dem Einfluss von Ludwig Feuerbach stand, für den Gott nur die Projektion der unerfüllten Wünsche der Menschen ist. Karl Marx forderte in Konsequenz die Kritik und Veränderung der »Verhältnisse«, die die Religion als »Opium des Volkes« notwendig machten. Schließlich schien die Annahme eines Gottes nicht mit der freien Selbstverwirklichung des Menschen vereinbar. So wird in Jean-Paul Sartres atheistischem Existenzialismus Gott (als »nicht einklagbare Instanz«) schlicht negiert, damit der Mensch sich selbst in Freiheit entwerfen kann.

■ **Siehe auch**

→Agnostizismus · Aufklärung · Ethik · Existenz · Gott · Gottesbeweise · Humanismus · Materialismus · Pantheismus · Theismus

Atheismusstreit, Bezeichnung für die Auseinandersetzungen, die in den Jahren 1798/99 an der Universität Jena um die religionsphilosophischen Auffassungen Johann Gottlieb Fichtes ausgehend von seiner Schrift »Versuch einer Kritik aller Offenbarung« (1792) stattfanden. Metaphysische Begriffe wie Substanz und Sein können ihm zufolge nicht auf Gott angewendet werden, Gott sei vielmehr als die moralische Weltordnung zu verstehen. Fichtes Absicht, die Gottesidee in der sittlichen Vernunft zu verankern, wurde missverstanden. Er wurde des Atheismus beschuldigt und 1799 in Jena aus dem Lehramt entlassen.

Atman [Sanskrit »Seele«, »Hauch«], zentraler Begriff der *indischen Philosophie*, der den unvergänglichen Wesenskern des Menschen, d. h. sein individuelles Selbst, bezeichnet. Er findet in Lebenskraft, Bewusstsein und Erkenntnis seinen Ausdruck. Nach der monistischen Lehre des Advaita-Vedanta sind Atman und →Brahman identisch.

Atomismus [griech. átomos »unteilbar«; »unteilbarer Urstoff«], naturphilosophische Lehre, nach der die Vielfalt und Veränderlichkeit aller Erscheinungen von einer Vielzahl bewegter, kleinster unteilbarer Teilchen **(Atome)** im unbegrenzten leeren Raum verursacht ist.

Begründer des Atomismus waren im 5. Jh. v. Chr. Leukipp und Demokrit. Sie nahmen an, dass alle Dinge der Welt, auch die immateriellen (z. B. die Götter), aus verschieden dicht gelagerten, unveränderlichen, unsichtbar kleinen und nur in Gestalt und Größe, nicht aber qualitativ unterschiedenen Atomen bestehen. Veränderungen, Werden und Vergehen beruhen dabei auf Umlagerungen der Atome. Die Lehre wurde von Epikur und Lukrez übernommen und von den Kirchenvätern später als Epikureismus heftig bekämpft.

Eine Erneuerung des Atomismus erfolgte im 17. Jh. v. a. durch Pierre Gassendi. Der englische Naturforscher Robert Boyle (* 1627, † 1691) verband als Erster den antiken Atombegriff mit der experimentellen Naturwissenschaft des 17. Jahrhunderts, wobei er schließlich zu der Vorstellung von aus gleichartigen Atomen bestehenden chemischen Elementen gelangte. Der Atomismus dieser Zeit besaß noch ausgesprochen mechanistische Züge. Erst die von Isaac Newton, einem entschiedenen Anhänger des Atomismus, vertretene Auffassung, dass die Atome Träger von Anziehungskräften seien, änderte zu Beginn des 18. Jahrhunderts den überkommenen Atombegriff und ließ einen »dynamischen Atomismus« entstehen.

Atomisten, die Vertreter des Atomismus.

Attributionsanalogie, in der Scholastik ausgebildete Klassifikation der →Analogie.

Aufklärung, Strömung bzw. Epoche der Philosophie- und Geistesgeschichte, deren Wurzeln im England (Enlightenment) und Frankreich (Lumières) des ausgehenden 17. Jh. liegen, die jedoch im 18. Jh. in jedem europäischen Land und Nordamerika Verbreitung fand. Charakteristisch für die Aufklärung ist die Erosion traditioneller Gewissheiten sowohl der Religion als auch der durch die Rezeption der Antike geprägten Renaissance, denen nun unter Bezugnahme auf das Vernunftvermögen und die Erkenntnisfähigkeit des Menschen begegnet wurde.

■ **Grundzüge** Die Aufklärung weist verschiedene, einander teilweise widerstreitende philosophische Positionen auf wie die des Rationalismus, Empirismus, Skeptizismus, Idealismus oder Materialismus. Sie ist zudem von nationalen Unterschieden geprägt. So war eine scharfe Religionskritik in Frankreich sehr verbreitet, während ihr in Großbritannien nur eine zweitrangige Bedeutung zukam. In Deutschland entstand die Aufklärung nicht zuletzt im Schoße der protestantischen Theologie. Dennoch kann von der Aufklärung als einer einheitlichen Geistesströmung gesprochen werden, die sich durch eine Skepsis gegenüber

100563

Atheismus.
Die zeitgenössische Radierung zeigt die Wagen des Festzuges zum »Fest der Anbetung des Höchsten Wesens« am 8. Juni 1794. Die Französische Revolution ersetzte den Glauben an Gott durch die Vergötterung der Vernunft.

Aufklärung.
Das druckgrafische Werk Daniel Chodowieckis spiegelt zahlreiche Aspekte der deutschen Aufklärung. 1791 gestaltete er diese Radierung mit der durch Nebel und Wolken brechenden aufgehenden Sonne als Sinnbild der Aufklärung.

den Offenbarungsreligionen sowie einer Neigung zum Deismus und teilweise zum Atheismus auszeichnete.

Doch wurde nun nicht nur die Religion einem Begründungszwang unterworfen. Vielmehr sollten alle traditionellen Überlieferungen einer kritischen Prüfung unterzogen werden, sodass Kants Definition »Aufklärung ist der Ausgang des Menschen aus seiner selbst verschuldeten Unmündigkeit« als angemessene Parole der Aufklärung gelten kann. Die Geschichte der Menschheit wurde als eine Geschichte des Fortschritts betrachtet. Hierbei verwies jedoch v. a. Kant darauf, dass der Fortschrittsgedanke als eine regulative Idee anzusehen sei, die zur Fortentwicklung der Menschheit beitragen solle, während sich in der realen historischen Entwicklung keine ungebrochene Teleologie finden lasse.

Nach zeitgenössischer Ansicht bildete die französische Aufklärung (u. a. Voltaire) den Höhepunkt der gesamten Bewegung, nicht zuletzt wegen der von Denis Diderot herausgegebenen und von Jean Le Rond d'Alembert eingeleiteten »Encyclopédie«. Doch entfaltete sie – anders als die schottische Aufklärung (Francis Hutcheson, Adam Smith, David Hume) – jenseits der politischen Philosophie (Montesquieu, Rousseau) keine andauernde Wirkung in der Philosophie. In Deutschland waren Christian Thomasius, Christian Wolff und Kant wichtige Vertreter der Aufklärung, doch überlebte auch hier nur das Werk von Kant die Wende zum 19. Jahrhundert.

■ **Theoretische Philosophie** Das zentrale Thema der theoretischen Philosophie der Aufklärung war die Erklärung und Rechtfertigung menschlicher Erkenntnis ohne Rückgriff auf Autoritäten. Während Galileo Galilei (*1564, †1642) noch davon ausging, dass die mathematisch verfahrende Naturwissenschaft ein Wissen erzeuge, welches an Sicherheit dem Wissen Gottes gleichkomme, entstand mit Isaac Newtons Postulat der Schwerkraft als einer Eigenschaft von Körpern, deren Wirkungsweise er selbst nicht erklären konnte, ein neuer Rechtfertigungsbedarf für Erkenntnis und Wissen. George Berkeleys Rekurs auf unmittelbar gegebene Bewusstseinszustände stellt einen ersten, an Descartes anschließenden Versuch dar, der Erkenntnis ein sicheres Fundament zu geben. Der Übergang von der Erkenntnis innerer Zustände zur Erkenntnis der Außenwelt gelang Berkeley allerdings nur durch die Einführung Gottes als Vermittlungsglied.

Humes skeptische Erkenntnistheorie nimmt in der Frage der Kausalität ihren Ausgang. Um davon sprechen zu können, dass ein Ereignis *A* ein Ereignis *B* verursache, müssten zwei definitorische Bedingungen erfüllt sein: *A* muss *B* zeitlich vorausgehen und in einer notwendigen Verbindung zu *B* stehen. Problematisch ist hier die zweite Bedingung, da Notwendigkeit keine beobachtbare Relation ist. Hume sah deshalb in der Kausalität die durch Gewohnheit erworbene Überzeugung, dass regelmäßig verknüpfte Ereignisse in der Beziehung von Ursache und Wirkung stehen. Diese These wird häufig so verstanden, als habe Hume Kausalität bestreiten wollen. Sein Ziel war jedoch vielmehr, dem Glauben an kausale Beziehungen eine psychologische Erklärung zu geben. Zwar kann der Mensch niemals sicher sein, eine Kausalbeziehung entdeckt zu haben, als Handelnder ist es für ihn jedoch unabdingbar und somit gerechtfertigt, von ursächlichen Beziehungen auszugehen.

Bei Kant beruht die Rechtfertigung des Kausalitätsglaubens nicht auf einem psychologischen, sondern auf einem logischen Argument. Kausalbeziehungen müssen für ihn als notwendige Beziehung von Ereignissen gedacht werden und nicht als eine bloß faktische Abfolge, weil sonst die Verknüpfung von Ereignissen in der physikalischen Welt mit individuellen Erfahrungen und sogar die Individuation von Erfahrungen als eigenen Erfahrungen nicht möglich wäre. Die Annahme der Kausalität war daher für Kant eine transzendentale Bedingung der Möglichkeit von Erfahrung schlechthin.

■ **Praktische Philosophie** Die praktische Philosophie der Aufklärung zielte, ähnlich wie die theoretische, auf eine neue Begründung moralischer Überzeugungen. Die verbreitete These, hierbei sei von einem positiven Menschenbild ausgegangen worden, trifft aber höchstens auf die französische Aufklärung (Rousseau) zu. Kant war der Ansicht, dass auch

1784 entwickelte Kant diese Definition von **Aufklärung:**

»Aufklärung ist der Ausgang des Menschen aus seiner selbst verschuldeten Unmündigkeit.... Selbst verschuldet ist diese Unmündigkeit, wenn die Ursache nicht am Mangel des Verstandes, sondern der Entschließung und des Mutes liegt... Sapere aude! Habe Mut, dich deines eigenen Verstandes zu bedienen!«

»ein Volk von Teufeln« in der Lage sein müsse, den kategorischen Imperativ einzusehen und zum Maß der eigenen Handlungsmaximen zu machen. Die schottische Aufklärung erklärte – in der Tradition des Empirismus stehend – moralisches Handeln nicht aus der Vernunft, sondern aus moralischen Gefühlen (Moral Sentiments), die allerdings einer vernünftigen Reflexion und Verfeinerung zugänglich seien. Zugleich betonte sie die Bedeutung des Marktes als einer Sphäre, in der ohne moralische Rücksichtnahme eigeninteressiert gehandelt werden könne. Sei der Markt in einem gerechten Institutionengefüge eingebettet, so trage er zum »Wohlstand der Nationen« (Smith) bei.

Besonders wirkmächtig war die politische Philosophie der Aufklärung. Sie gab der älteren Naturrechtstradition eine vernunftrechtliche Wendung und interpretierte den Gesellschaftsvertrag nicht wie Hobbes als Unterwerfungs-, sondern als Herrschaftsvertrag: Die Zustimmung freier Personen zum Gesellschaftsvertrag verpflichte nicht nur diese zum Gesetzesgehorsam. Jede legitime Herrschaft gerate immer auch in Abhängigkeit von der Volkssouveränität und sei an der Gewährleistung der Menschenrechte auf Leben, Freiheit, Gleichheit und Eigentum zu messen. Um Volkssouveränität, Herrschaft und Menschenrechte trotz des Wissens um die teilweise eigensüchtigen Verhaltensweisen von Menschen versöhnen zu können, wurden verschiedene Modelle der Gewaltenteilung (Montesquieu, Rousseau) diskutiert. Die politische Philosophie beeinflusste auch die amerikanische Unabhängigkeitsbewegung und die Französische Revolution und die in ihrer Folge entstandenen Menschenrechtserklärungen und Verfassungen.

■ **Auswirkungen** Schon seit dem Ende des 18. Jahrhunderts wurde der Aufklärung eine Geringschätzung von Traditionen und Gefühlen sowie ein dürres »Vernünfteln« vorgeworfen. Diese Kritik an einem naiven Vernunfts- und Fortschrittsoptimismus, die sich aus einer einseitigen Lesart der Aufklärungsphilosophie erklärt, dominierte im 19. und 20. Jahrhundert (Romantik, Lebensphilosophie, Postmoderne). Doch gleichzeitig bilden Hume und Kant bis heute die zentralen Bezugspunkte der meisten philosophischen Debatten, und die Ideen der Volkssouveränität und Menschenrechte prägen das Selbstverständnis moderner demokratischer Gesellschaften auch in der Gegenwart.

■ **Siehe auch**

SACHBEGRIFFE →Deismus · Empirismus · Enzyklopädisten · Geschmack · kritische Theorie · Kosmopolitismus · Liberalismus · Menschenrechte · Methode · Naturrecht · Neuhumanismus · Rationalismus · Sensualismus · Vertragslehre · Vernunft

PERSONEN →Alembert, Jean Le Rond d' · Bayle, Pierre · Condorcet, Antoine · Diderot, Denis · Herder, Johann Gottfried · Kant, Immanuel · Lessing, Gotthold Ephraim · Mendelssohn, Moses · Montaigne, Michel de · Montesquieu, Charles de · Rousseau, Jean-Jacques · Shaftesbury, Anthony Ashley Cooper · Voltaire · Wolff, Christian

Augustinus, Aurelius, lateinischer Kirchenlehrer und Philosoph, *Tagaste (Numidien) 13. 11. 354, †Hippo Regius 28. 8. 430; bedeutendster Kirchenlehrer des christlichen Altertums.

■ **Leben** Augustinus studierte in Karthago klassische Literatur und Rhetorik. Großen Eindruck hinterließ bei ihm Ciceros (verloren gegangene) Schrift »Hortensius«, die ihn zur Beschäftigung mit der Philosophie anregte. Dagegen fand er zur christlichen Lehre zunächst keinen Zugang. Die Zeit seines Studiums beschreibt er in seinen »Confessiones« (um 400; dt. »Bekenntnisse«) als eine Zeit sexueller Ausschweifungen.

Seine geistige Entwicklung wurde bestimmt durch seinen Anschluss an den Manichäismus, eine dualistisch-gnostische Strömung, die aufgrund ihrer synkretistischen Züge im 3. Jh. schnell Ausbreitung fand. Der Manichäismus faszinierte ihn intellektuell wie auch ästhetisch, jedoch führten immanente Widersprüche in dessen Lehre Augustinus schon bald zum Skeptizismus der mittleren →Akademie, die unter Berufung auf Sokrates die Position eines wissenden Nichtwissens vertrat.

Die entscheidende Wende in Augustinus' Leben brachte seine Berufung zum kaiserlichen Rhetor nach Mailand, wo er die von einem christlichen Platonismus geprägten Predigten des Bischofs und Kirchenvaters Ambrosius (*um 340, †397) hörte. Die dadurch angeregte Beschäftigung mit dem Neuplatonismus mündete in die von Augustinus literarisch gestaltete Bekehrung zum Christentum: in das »Gartenereignis« von Mailand im August 386. Ein Jahr darauf ließ er sich von Ambrosius taufen. Er brach seine weltliche Laufbahn ab, um im engsten Kreis seiner Schüler und Freunde ein dem christlich-asketischen Ideal verpflichte-

Aurelius Augustinus
*** 354, † 430**

4601

- ■ kam durch ein mystisches Erweckungserlebnis zum christlichen Glauben
- ■ verband philosophisches Wissen mit der christlichen Lehre
- ■ lehrte die Vorherbestimmung des menschlichen Schicksals durch Gott
- ■ verteidigte das Christentum in einem geschichtsphilosophischen Modell
- ■ prägte als wichtigster lateinischer Kirchenvater die Philosophie des Mittelalters

Augustinus »Confessiones«

Im inneren Zwiegespräch mit Gott legt Augustinus in der um 400 n. Chr. entstandenen Schrift nachträglich Rechenschaft über seinen von vielfältigen Irrungen und Verfehlungen begleiteten Weg zum christlichen Glauben ab. Die ersten neun Bücher sind autobiografischer Natur. Sie zeigen den jungen Gelehrten auf der rastlosen Suche nach Erfüllung und geistiger Orientierung inmitten der philosophischen und religiösen Strömungen der Zeit. Ihren Höhepunkt erreichen sie mit seiner Bekehrung zum Christentum. Das zehnte Buch geht in eine Betrachtungsweise allgemeiner und grundsätzlicher Natur über. Die im liebenden Aufstieg zu Gott erlangte Einsicht wird philosophisch zugleich als Ergebnis der Abkehr von allem Äußeren und der Wendung nach innen gedeutet und in der allegorischen Auslegung des biblischen Schöpfungsberichts spekulativ entfaltet.

Aurelius Augustinus verglich in seinen »Confessiones« die Liebe zu Gott mit der sinnlichen Liebe:

»Nicht die Schönheit eines Körpers;... nicht Leibesglieder, die köstlich sind der fleischlichen Umarmung... Und dennoch liebe ich... eine Umarmung, wenn ich liebe meinen Gott: Licht und Klang und Duft und Speise und Umarmung meinem inneren Menschen.«

tes, philosophisch inspiriertes Leben zu führen. Anlässlich einer Reise nach Hippo Regius (heute Nordostalgerien) wurde er erst zum Priester berufen und fünf Jahre darauf zum Nachfolger des alternden Bischofs Valerius. Von 396 bis zu seinem Tod führte er dort die bischöflichen Amtsgeschäfte, die durch innerkirchliche Streitigkeiten geprägt waren.

■ **Lehre und Werk** Die Theologie und Philosophie Augustinus' hat sich in seinen über hundert Werken niedergeschlagen. Zu ihnen zählen autobiografische, dogmatische und exegetische Schriften, Dialoge, Selbstgespräche und philosophische Traktate. In der 386 entstandenen Schrift »Contra academicos« (dt. »Gegen die Akademiker«) wandte sich Augustinus gegen den Skeptizismus der mittleren Akademie mit der These, dass das Wahrscheinliche als ein dem Wahren Ähnliches notwendig das Wahre als sein Maß voraussetze. Nichtzweifeln lasse sich am eigenen Leben gewinnen (»De beata vita«, 386; dt. »Über das Glück«), und das Sich-irren-Können sei das sicherste Zeichen für die Evidenz des eigenen Seins (»De libero arbitrio«, 388–395; dt. »Über den freien Willen«).

In seiner heute wohl bekanntesten Schrift, den »Confessiones«, legt Augustinus Zeugnis ab über seinen Lebensweg, seine Irrtümer, Sünden und seine Suche nach göttlicher Wahrheit. Gegen den Vorwurf der Manichäer, der christliche Glaube entbehre vernünftiger Gründe und basiere auf bloßer Autorität und Wunderglauben, berief sich Augustinus auf eine vom Neuplatonismus inspirierte, Wissen und Glauben dialektisch vermittelnde Erkenntnislehre, für die er in seinen Predigten (»Sermones«, 418?) die berühmt gewordene Formel prägte: »Crede ut intelligas; intellige, ut credas« (Glaube, um zu erkennen; erkenne, um zu glauben). Die Seele des Menschen ist danach durch göttliche Erleuchtung (Illumination) zur Erkenntnis befähigt und von der Erleuchtung in der Weise abhängig wie das Auge vom Licht.

Die Freiheit des Willens gestand Augustinus nur den Menschen im Paradies zu. Nach der Ursünde könne der Mensch aber nur durch göttliche Gnade von seiner natürlichen Sündhaftigkeit, der Erbsünde, befreit werden, wobei die Erwählung zur Gnade ganz in Gottes Allmacht liege (Prädestination). Das geschichtsphilosophische Modell, das er in »De civitate Dei« (413–426; dt. »Der Gottesstaat«) entwickelt, ist gekennzeichnet durch den Gegensatz und den Kampf zwischen der »Civitas Dei«, der Gemeinschaft der Erwählten, der Gottesbürger, und der »Civitas terrena«, der »irdischen Bürgerschaft der Selbstliebe«. Die Weltgeschichte wird nicht in antiker Sicht als ein sich ewig wiederholender Kreislauf interpretiert, sondern als Abfolge von sechs heilsgeschichtlichen Perioden mit einem sich sukzessiv verschärfenden Kampf zwischen den beiden »Reichen«. Ziel ist dabei deren Trennung im göttlichen Endgericht.

■ **Wirkung** Augustinus erlangte für seine Zeit und die nachfolgenden Jahrhunderte besonders durch seine Geschichtsphilosophie und Geschichtstheologie größte Bedeutung. Seine Gedanken prägten in Form eines so genannten Augustinismus in starkem Maße die scholastische Theologie und beeinflussten wesentlich den Staatsbegriff der abendländischen Kirche.

Aurobindo [oro-], Sri, eigentlich Aurobindo Ghose, indischer Philosoph, *Kalkutta 15. 8. 1872, †Pondicherry 5. 12. 1950; Repräsentant des modernen, z. T. mit abendländischem Den-

Augustinus »Nimm und lies!«

In seinen »Confessiones« berichtet der Kirchenvater Augustinus von seinem mystischen Bekehrungserlebnis im August 386. Unter einem Feigenbaum liegend, habe er eine Kinderstimme gehört, die ihn mit den Worten »Nimm und lies!« zur Bibellektüre aufforderte. Wie befohlen griff er nach der Bibel und schlug die Briefe des Paulus auf. Was ihm als Erstes ins Auge sprang, waren die Verse 13 und 14 des 13. Kapitels des Römerbriefes: »Lasst uns ehrenhaft leben wie am Tag, ohne maßloses Essen und Trinken, ohne Unzucht und Ausschweifung, ohne Streit und Eifersucht. Legt (als neues Gewand) den Herrn Jesus Christus an, und sorgt nicht so für euren Leib, dass die Begierden erwachen« (um 1490, Darstellung aus dem Stundenbuch Ludwigs von Orleans; Sankt Petersburg, Russische Nationalbibliothek).

ken verbundenen Hinduismus. Aurobindo engagierte sich revolutionär-politisch für die Unabhängigkeit Indiens und wurde deshalb 1908/09 inhaftiert. 1910 gründete er in dem damals französischen Pondichéry (heute Pondicherry) einen Ashram, eine Stätte, an der er seine Anhänger zu gemeinsamem Leben versammelte. Für Aurobindo ist Erlösung ein gesellschaftlich-kosmisches Ereignis im Sinne einer neuen Stufe in der Evolution des Menschen, die mittels Yoga vorbereitet wird. Seine wichtigsten Werke sind »The life divine« (1940; dt. u. a. »Das göttliche Leben«) und »The synthesis of yoga« (1948; dt. u. a. »Die Synthese des Yoga«).

Aussage, in der *Logik* die Formulierung eines Sachverhalts in Form eines Behauptungssatzes, bei Aristoteles **Apophansis** (Satz, der wahr oder falsch sein kann) genannt. Im Einzelnen wird unterschieden 1. die sprachliche Gestalt, 2. die logische Struktur (untersucht in der Aussagenlogik) und 3. die Bedeutung (der gemeinte Sachverhalt) eines Aussagesatzes. Die Aussage unterscheidet sich vom →Urteil, insofern dieses als Deklarationssatz die Wahrheit oder Falschheit einer Aussage behauptet.

Ansätze zu einer **Aussagenlogik** finden sich bereits bei Aristoteles in der so genannten apophantischen Logik. In systematischer Form wurde sie von Gottlob Frege und Bertrand Russell begründet und stellt heute einen elementaren Bestandteil der mathematischen Logik dar. Im Unterschied zur Prädikatenlogik untersucht die Aussagenlogik, die als streng mathematische Theorie auch als **Aussagenkalkül** bezeichnet wird, den Wahrheitsgehalt von Aussagen und einfachen und zusammengesetzten Aussageverbindungen in Abhängigkeit von den verknüpfenden logischen Bindegliedern. Diese **Konnektive** oder **Junktoren** bilden aus Aussagen *p, q, r*... Aussagen höherer Stufe der grammatischen Zusammensetzung.

Die Aussagenlogik beschränkt sich dabei auf solche Aussageverbindungen, bei denen der Wahrheitswert des zusammengesetzten Satzes nur von den Wahrheitswerten der Teilsätze abhängt. Ein Satz, der unabhängig von den Wahrheitswerten der Teilsätze immer wahr ist, wird als aussagenlogisch wahr oder tautologisch bezeichnet.

Die Methode der Aussagenlogik ist entweder ableitungssyntaktisch (→Ableitung, →Axiom, →Kalkül) oder semantisch. Durch die Entwicklung der Semantik möglicher Welten, die weit mehr Möglichkeiten bietet als die klassische, nur mit zwei Wahrheitswerten arbeitende Semantik, haben sich viele neue Gesichtspunkte u. a. zur Beurteilung des Unterschiedes zwischen klassischer und intuitionistischer Aussagenlogik ergeben.

Austin [ˈɔːstɪn], John Langshaw, britischer Philosoph, * Lancaster 26. 3. 1911, † Oxford 8. 2. 1960; einflussreicher Vertreter der Oxford Philosophy und Begründer der Sprechakttheorie. Austin kritisierte eine Auffassung von Sprache, welche deren primäre Funktion darin sieht, mithilfe von Aussagen über die Welt zu sprechen. Dementgegen akzentuierte er ihren Handlungscharakter und analysierte die verschiedenen Handlungen, welche wir mit sprachlichen Mitteln ausführen können (»How to do things with words«, 1962; dt. »Wie man Sachen mit Wörtern macht«). Zugleich sah er es als notwendig an, sich bei der Auseinandersetzung mit philosophischen Problemen über die Verwendungsweise der Sprache Klarheit zu verschaffen. Auf diese Weise könne der Inhalt philosophischer Fragen ausfindig gemacht werden. Dies garantiere zwar nicht unbedingt eine Lösung des jeweiligen Problems, ermögliche aber sinnvolle Diskussionen darüber. Die für die Analyse erforderliche Methode bezeichnete Austin als »linguistische Phänomenologie«.

Autarkie [zu griech. autós »selbst«], als »Selbstgenügsamkeit« in der *griechischen Antike* (u. a. bei Platon) ein Grundprinzip der Lebenshaltung des Einzelnen wie auch der Polisgemeinschaft gegenüber der Umwelt. Sokrates erachtete die Autarkie als die Bedingung der Freiheit. Bei den Kynikern und in der Philosophie der Stoa bezeichnet der Begriff die Unabhängigkeit von äußeren Dingen bzw. von den Affekten (Apathie).

Autonomie [griech. »Selbstgesetzlichkeit«], in der *Ethik* die Selbstgesetzgebung oder Selbstbestimmung des Willens. Die Idee der Autonomie geht auf Rousseau zurück, nach dem Freiheit im Gehorsam gegenüber dem selbst gegebenen Gesetz besteht. Bei Kant wird Autonomie zum Grundprinzip der Ethik: Sie ist die Bedingung der Möglichkeit moralischen Handelns, insofern sie es ermöglicht, die Forderungen des kategorischen Imperativs zu erfüllen. Der kantische Autonomiebegriff impliziert die Unabhängigkeit des Willens von jeglichen materialen Bestimmungsgründen. Materiale Bestimmung des Willens dagegen ist Fremdbestimmung **(Heteronomie).**

Autopoi|ese [zu griech. poíesis »das Hervorbringen«, »das Machen«, »schaffen«], **Autopoi|esis,** von Humberto Maturana geprägter Begriff zur Bezeichnung der Eigenart bestimmter Systeme, die Elemente, aus denen sie bestehen, selbst zu produzieren und ständig zu reproduzieren. Das Konzept der Autopoiese fand Eingang in sozialwissenschaftliche Theorien, so v. a. in die →Systemtheorie Niklas Luhmanns.

Avenarius, Richard, deutscher Philosoph, * Paris 19. 11. 1843, † Zürich 18. 8. 1896; mit Ernst Mach einer der Begründer des →Empiriokritizismus. Ab 1877 war Avenarius Professor an der Universität Zürich. Er suchte einen metaphysikfreien, »natürlichen« Weltbegriff der »reinen Erfahrung« zu begründen. Leitendes Prinzip dieses kritischen Empirismus ist das Prinzip der »Denkökonomie«, wonach mit dem geringsten Aufwand an Denkmitteln eine möglichst erschöpfende Darstellung von Tatsachen erreicht und zugleich ein möglichst großer Erkenntnisgewinn erzielt werden soll.

Avencebrol, →Ibn Gabirol, Salomon ben Jehuda.

Averroes, →Ibn Ruschd.

Averroismus. Giorgiones Gemälde »Die drei Philosophen« (um 1503/04; Wien, Kunsthistorisches Museum) stellt in der Mitte möglicherweise den im lateinischen Westen Averroes genannten arabischen Philosophen Ibn Ruschd dar, der mit seinen Kommentaren zu Aristoteles die Philosophie des Mittelalters und der Renaissance stark beeinflusste.

Averroismus, die den Aristoteles-Kommentaren und der Lehre des Averroes (Ibn Ruschd) folgende theologisch-philosophische Richtung des lateinischen Mittelalters und der jüdischen Philosophie. Die nähere Begriffsbestimmung sowie der zeitliche Beginn des Averroismus sind umstritten. Mit dem Bekanntwerden des Kommentarwerks des Averroes an den Universitäten des lateinischen Abendlandes wurde dieser zur maßgeblichen Autorität für die Aristoteles-Rezeption. Als einer der Hauptvertreter des lateinischen Averroismus um 1250 gilt Siger von Brabant. Die Vertreter der gesamten Lehre des Averroes nach dem 13. Jh. werden als »strenge« Averroisten angesehen. Albertus Magnus und Thomas von Aquino bekämpften den Averroismus als eine der christlichen Lehre widersprechende Anschauung.

Avicenna, →Ibn Sina.

Avidya [Sanskrit »Unwissenheit«, z. B. bezüglich des Atman, Brahman, des »wahren« Gottes, des rechten Verhaltens], die »Nichterkenntnis«, die in der indischen Philosophie die Bindung des Menschen an den Kreislauf der Wiedergeburten bewirkt.

Axiologie, →Wertphilosophie.

Axiom [griech., eigtl. »was für wichtig erachtet wird«], ein unmittelbar einleuchtender Grundsatz, der seinerseits nicht weiter zu begründen ist, bzw. ein Satz, der weder beweisbar ist noch eines Beweises bedarf. In der *Logik* und *Mathematik* des 20. Jahrhunderts ein Grundsatz, der nicht aus anderen Sätzen abgeleitet, sondern zum Beweis anderer Sätze herangezogen wird. Nach den Grundvorstellungen der **axiomatischen Methode** übernehmen beim Aufbau einer Theorie einige Aussagen gemeinsam die Rolle des Fundaments. Diese Aussagen heißen die Axiome dieser Theorie und bilden zusammen deren Axiomensystem. Die Lehre vom **axiomatischen Aufbau** einer Theorie im Sinne der axiomatischen Methode heißt die **Axiomatik** dieser Theorie. Das Vordringen bis zur Axiomatik bedeutet ein wichtiges Stadium bei der Vollendung einer Theorie. Für die Geometrie etwa wurde die Axiomatik von Euklid bereits um 300 v. Chr. ins Auge gefasst.

Ayer [ˈeə], Sir (seit 1970) Alfred Jules, britischer Philosoph, *London 29. 10. 1910, † ebenda 28. 6. 1989; Vertreter der analytischen Philosophie in der Nachfolge Bertrand Russells und des Wiener Kreises. Ayer war Professor in London und Oxford. 1936 erschien sein einflussreichstes Buch »Language, Truth and Logic« (dt. »Sprache, Wahrheit und Logik«). In ihm diskutiert Ayer die Reichweite des von Rudolf Carnap formulierten empiristischen Sinnkriteriums. Diesem zufolge haben Aussagen nur dann eine wissenschaftlich akzeptable Bedeutung, wenn sie empirisch verifizierbar sind oder aber Tautologien ausdrücken. Aussagen, die nicht wahr oder falsch sein können, nennt Ayer »metaphysisch«. Ethische Aussagen hält er für prinzipiell nicht wahrheitsfähige Bekundungen von Gefühlen, theologische Aussagen für sinnlos. Andere Schriften Ayers setzen sich mit dem Problem des Skeptizismus und der Frage nach der Rechtfertigung von induktiven Schlüssen auseinander.

Bacon ['beɪkən], **1)** Francis, englischer Philosoph und Staatsmann, * London 22. 1. 1561, † ebenda 9. 4. 1626; war Advokat, wurde 1618 Lordkanzler und Baron von Verulam und 1620/21 Viscount of Saint Albans. Bacon verlor seine öffentlichen Ämter 1621 wegen einer Bestechungsaffäre.

Ziel seiner philosophischen Bemühungen war die »Instauratio magna«, die »große Erneuerung« der Philosophie und der Wissenschaften auf der Grundlage »unverfälschter Erfahrung«, die durch Beobachtung und Experiment eingeholt werden soll. In der systematischen Erforschung der Natur bzw. der daraus gewonnenen Erfahrung sah Bacon die einzig sichere Quelle des Wissens. Mit dieser Ablösung der klassischen Methode der Spekulation durch die Empirie wurde er zum Wegbereiter der Naturwissenschaften und Vorläufer des englischen Empirismus.

Als Bacons Hauptwerk gilt das »Novum organum scientiarum« (dt. u. a. »Neues Organ der Wissenschaften«) aus dem Jahre 1620, in dem er ein differenziertes Verfahren der Induktion beschreibt. Zweck der Naturerkenntnis ist nach Bacon die Beherrschung der Natur und ihre Nutzbarmachung zur Vervollkommnung der Kultur. Sein utopischer, unvollendet gebliebener Roman »Nova Atlantis« (1627; dt. u. a. als »Neu-Atlantis«) schildert dieser Vision entsprechend einen technisch perfekten Zukunftsstaat, dessen Zentrum ein wohl organisiertes naturwissenschaftliches Forschungszentrum bildet, wie es Bacons Wissenschaftstheorie im »Novum Organum« erforderlich macht.

Francis Bacon verglich die Tätigkeit der Wissenschaftler mit der von Insekten:

»Die Empiriker sammeln und verbrauchen nur wie die Ameisen; die Theoretiker produzieren aus sich heraus Netze wie die Spinnen; die Biene aber hält sich in der Mitte, sie holt ihr Material aus den Blumen der Gärten und Felder hervor, verwandelt es aber aus eigener Kraft und verdaut es.«

Von seinen literarischen Werken sind die von Michel de Montaigne angeregten Essays von besonderer Bedeutung, die in mehreren Ausgaben zwischen 1597 und 1625 erschienen. In diesen »hingeworfenen Betrachtungen« (Dispersed Meditations) unternimmt Bacon eine Darstellung praktischer Lebensweisheit auf den verschiedensten Gebieten und liefert dem Leser allgemeine Leitsätze der Lebensführung. – Infokasten S. 44

2) Roger, englischer Theologe und Naturphilosoph, * bei Ilchester (Cty. Somerset) um 1214, † Oxford um 1292; studierte erst in Oxford, dann in Paris. Dort wurde er Professor für Philosophie, kehrte später nach Oxford zurück und entfaltete eine reiche schriftstellerische Tätigkeit.

Bacon wollte die mittelalterliche Erfahrungswissenschaft als »Scientia experimentalis« (also experimentelle Wissenschaft) begründen. Dabei geriet er in Konflikt mit der theologischen und scholastischen Meinung seiner Zeit. Er verwarf die Berufung auf die Autorität, die ohne einsichtige Gründe Anspruch auf Glauben erhebt, ebenso die philosophisch-dialektische Methodik, da sie nicht gestatte, die Dinge selbst zu erfassen. An der Erfahrung könne nachgeprüft werden, ob dem Erkannten Wahrheit zukomme. Sein und Geschehen bilden nach Bacon eine Einheit. Daher vermag das Experiment die Geheimnisse der Natur zu erfassen. Die innere Erfahrung des Menschen wird durch göttliche Erleuchtung bewirkt. Sie garantiert besonders die Unveränderlichkeit der Wahrheit. In augustinischem Sinn verstand Bacon den »intellectus agens« des Aristoteles: Gott ist der Intellekt, der in jeder Erkenntnis auf die Seele des Menschen wirkt.

Sein »Opus maius«, Bacons bedeutendstes Werk, sandte er 1267 an Papst Klemens IV. und verfasste als Ergänzung dazu ein »Opus minus« sowie ein »Opus tertium«. Diese Werke enthalten u. a. Studien über Astronomie, Magnetismus und Optik.

Barthes [bart], Roland, französischer Literaturkritiker und Essayist, * Cherbourg 12. 11. 1915, † Paris 26. 3. 1980; war 1960–76 Forschungsdirektor an der École pratique des hautes études in Paris und ab 1976 Professor am Collège de France. Barthes untersuchte soziale und literarische Sachverhalte mit strukturalistischen und semiologischen Methoden. Der Text stellt für ihn ein Netz von Zeichen dar, das ein Neu- oder Umschreiben fordert (»L'empire des signes«, 1970; dt. »Das Reich der Zeichen«). Seine Literaturkritik zielt darauf ab, im Leser nicht den Konsumenten, sondern den Produzenten des Textes zu sehen.

Baudrillard [bodri'ja:r], Jean, französischer Kulturkritiker, * Reims 20. 7. 1929; lehrte 1972–87 als Dozent für Soziologie in Nanterre. In seinen Arbeiten hat Baudrillard, der als einer der maßgeblichen französischen Gesellschaftstheoretiker gilt, die Rolle von Konsum und Medien in der modernen Massengesellschaft untersucht, eine Theorie der Motive sozialen Handelns erarbeitet und sich mit dem Verhältnis von Realität und simulierter »Realität« in der Informationsgesellschaft auseinander gesetzt. »L'échange symbolique et la mort« (1976; dt. »Der symbolische Tausch und der Tod«) gilt als sein Hauptwerk. – Abb. S. 44

Bauer, Bruno, deutscher evangelischer Theologe und politischer Publizist, * Eisenberg (Thüringen) 6. 9. 1809, † Rixdorf (heute zu Berlin) 15. 4. 1882; war ein Schüler Hegels und wurde 1834 Privatdozent für Theologie in Ber-

B

Francis Bacon
*** 1561, † 1626**

- bekleidete als Jurist in England hohe Staatsämter
- gilt als Wegbereiter des Empirismus und der Naturwissenschaften
- wählte Beobachtung und Experiment als neue philosophische Methoden
- verfasste den utopischen Roman »Nova Atlantis«

Francis Bacon
→ GEO **Dossier**
Die unaufhaltsame Karriere einer Idee, Bd. 14

Bacon »Novum Organum«

Seinem einflussreichen, 1620 veröffentlichten Werk gab Francis Bacon den Titel »Novum Organum« (»Neues Organum«). Damit stellte er es ausdrücklich in Gegensatz zu den logischen Schriften des Aristoteles: Diese wurden – neben »Logik« oder »Dialektik« – auch als »Organon« bezeichnet, da sie als das wichtigste Instrument der Wissenschaften galten. Der Fehler der aristotelischen Wissenschaft besteht für Bacon darin, dass aus den die Natur beschreibenden Begriffen voreilig Definitionen und Theorien abgeleitet werden, die dann wieder auf die wahrnehmbaren Dinge angewandt werden, ohne dass ihre Sachhaltigkeit noch kontrollierbar sei. Auf diese Weise entstehe eine »Welt aus Kategorien«. Nach Bacon soll sich die wahre Philosophie dagegen nicht allein oder vorwiegend auf die Kraft des Intellekts verlassen, sondern den Stoff der Naturgeschichte und der Experimente im Intellekt umwandeln und diesem unterwerfen. Philosophische Forschung muss dementsprechend Vorbereitung technischer Handlungsanleitung sein. In diesem Zusammenhang wird häufig der Satz »Wissen ist Macht« angeführt, der jedoch in Bacons Werk nicht nachgewiesen werden kann.

Jean Baudrillard

Pierre Bayle

lin und 1839 in Bonn. Bauer war anfänglich orthodoxer Hegelianer, wandte sich dann aber dem Linkshegelianismus (→Hegelianismus) zu. 1842 wurde ihm die Lehrbefugnis wegen seiner radikalen Kritik an den Evangelien u. a. in dem dreibändigen Werk »Kritik der evangelischen Geschichte der Synoptiker« (1841–42) entzogen. Seine Schrift »Christus und die Cäsaren« (1877) wurde über seine Schüler Karl Marx und Friedrich Engels zum autoritativen Buch des marxistischen Sozialismus, den Bauer selbst ablehnte, und hatte u. a. auch Einfluss auf Nietzsche und Max Stirner.

Baumgarten, Alexander Gottlieb, deutscher Philosoph, *Berlin 17. 6. 1714, †Frankfurt (Oder) 26. 5. 1762; Schüler von Christian Wolff. Von großem Einfluss waren Baumgartens philosophische Begriffssprache und seine Einteilung der Philosophie. So legte etwa Kant seinen Vorlesungen dessen »Metaphysica« (1739) zugrunde. Mit seiner zweibändigen »Aesthetica« (1750–58) begründete Baumgarten die →Ästhetik als selbstständige philosophische Disziplin in Deutschland und ordnete sie neben der Logik der Erkenntnislehre zu. Gegenstand der Ästhetik – im weiteren Sinn definiert als Theorie der sinnlichen Erkenntnis, im engeren Sinn als Theorie des Schönen – ist nach Baumgarten das in den Erscheinungen angeschaute, noch verworren aufgefasste Vollkommene (deutlich erkannt, wäre es wahr) unter Beteiligung des Gefühls. Als subjektive Bedingungen für das Erfassen des Schönen nennt Baumgarten Anlage, Genie, Begeisterung und Übung.

bayessche Regel, in der →Entscheidungstheorie angewandtes Prinzip.

Bayle [bɛl], Pierre, französischer Philosoph, *Carla-Bayle (Dép. Ariège) 18. 11. 1647, †Rotterdam 28. 12. 1706; Calvinist, der vorübergehend zum Katholizismus konvertierte. Bayle war 1675–81 Professor in Sedan, ab 1681 in Rotterdam. 1693 wurde er wegen seiner freisinnigen und skeptischen Ansichten der Professur enthoben. Mit seinem Hauptwerk, dem »Dictionnaire historique et critique« (1696/97; dt. »Pierre Bayles Historisches und critisches Wörterbuch«), war er Vorbild für die Arbeit der französischen →Enzyklopädisten. Es enthält neben kürzeren Sachartikeln zu Themen der Religion, Philosophie und Geschichte umfangreiche kritische Anmerkungsteile.

Bayle war einer der einflussreichsten Wegbereiter der Aufklärung. Daneben gilt er als der Begründer einer streng quellenkritischen Geschichtsschreibung. Er bekämpfte jede Form des Dogmatismus und forderte unbedingte Toleranz, auch gegenüber Atheisten, sowie die Trennung von Kirche und Staat. Als Reaktion auf seine Position, dass sich die Existenz des Bösen nur durch die Annahme zweier gegensätzlicher Prinzipien erklären ließe, schrieb Leibniz seine »Theodizee« (1710).

Beauvoir [bo'wa:r], Simone de, französische Schriftstellerin und Philosophin, *Paris 9. 1. 1908, †ebenda 14. 4. 1986; war ursprünglich Lehrerin und seit 1943 freie Schriftstellerin. Ihr Leben und schriftstellerisches Schaffen wurde entscheidend von der Begegnung mit Jean-Paul Sartre geprägt, dessen Schülerin und Lebensgefährtin sie war.

Sie gab Sartres Existenzialismus mit einer Mischung von philosophischer Thematik und autobiografischen Elementen eine eigene literarische Note. Dabei wandte sie sich gegen konformistische Moralvorstellungen der Bourgeoisie und lehnte eine Sinngebung menschlichen Daseins aus der Transzendenz ab. Ihren Einsatz für individuelle Freiheit und Verantwortung verband Beauvoir mit starkem sozialem und politischem Engagement. Mit ihrem Werk »Le deuxième sexe« (1949; dt. »Das andere Geschlecht«) wurde sie zu einer der wichtigsten Theoretikerinnen der Frauenbewegung.

Bedeutung, dasjenige, was ein sprachliches Gebilde oder – allgemeiner – ein Zeichen ausdrückt oder ausdrücken soll, im Unterschied zum Sinn, der Art und Weise, wie ein Gegenstand gegeben ist. Die Analyse von Bedeutung ist Gegenstand der Semantik.

Ursprünglich bezeichnete die Bedeutung den einem Wort entsprechenden Gehalt, die Aussage eines Aussagesatzes. Gottlob Frege und anfänglich Ludwig Wittgenstein setzten die Bedeutung als →Extension eines Prädikats oder einer Aussage (d. h. bezogen auf den Umfang der dadurch erfassten Gegenstände) mit dem bezeichneten Gegenstand gleich und unterschieden sie von dem in der →Intension liegenden Sinn. Beim späteren Wittgenstein entspricht die Bedeutung dem Gebrauch, der von einem Begriff innerhalb eines Sprachsystems gemacht wird. Wörter erhalten also ihre

Bedeutung erst in einem sprachlichen Ganzen (»Sprachspiel«).

Die moderne sprachphilosophische Diskussion betont in Anknüpfung an Wittgenstein den intersubjektiven Charakter der Bedeutung. Da Sprache prinzipiell sozial bestimmt ist, es also keine »Privatsprache« gibt, hat Bedeutung von vornherein intersubjektive Geltung innerhalb einer Sprachgemeinschaft. Dabei bildet ein Zeichen als Symbol oder ein Laut mit einem zugehörigen sprachlichen Inhalt eine sinntragende sprachliche Einheit. Die Bedeutungen von Wörtern werden u. a. durch Definitionen festgelegt.

■ **Siehe auch**

SACHBEGRIFFE →Aussage · Definition · Denotation · Extension · Hermeneutik · Intension · Interpretation · Konnotation · Semantik · Semiotik · Signifikant · Sinn · Sprachphilosophie · Verstehen · Zeichen

PERSONEN →Austin, John Langshaw · Carnap, Rudolf · Davidson, Donald · Derrida, Jacques · Dummett, Michael · Frege, Gottlob · Husserl, Edmund · Morris, Charles William · Ockham, Wilhelm von · Quine, Willard Van Orman · Saussure, Ferdinand de · Wittgenstein, Ludwig

Bedingung, Voraussetzung, ohne die etwas anderes nicht ist oder nicht gedacht werden kann. Man unterscheidet verschiedene Arten von Bedingungen: Im Verhältnis von Grund und Folge ist der Grund die **logische Bedingung** der Folge. Sind A und B zwei Aussagen, dann bezeichnet die →Implikation $A \Rightarrow B$ (gesprochen »wenn A, dann B«) die Aussage, dass B aus A folgt. A heißt dann **hinreichende Bedingung** von B und B **notwendige Bedingung** von A. Gilt $A \Leftrightarrow B$ (»A genau dann, wenn B«), so spricht man von logischer →Äquivalenz. Bei der **empirisch-kausalen Bedingung** wird die Ursache einer Wirkung als Inbegriff aller Bedingungen des bewirkten Ereignisses bezeichnet (→Kausalität).

Kant spricht im Rahmen seiner Transzendentalphilosophie von den »Bedingungen der Möglichkeit« der Erfahrung überhaupt und meint damit die nicht empirischen Grundvoraussetzungen jeglicher Gegenstandserkenntnis. In der modernen Wendung der Transzendentalphilosophie wird nach den Bedingungen gefragt, die erfolgreiche Kommunikation überhaupt erst möglich machen (Karl-Otto Apel).

Begierde, unbeherrschtes Begehren, das seit Platon dem vernünftigen Wollen gegenübergestellt wird. Die Stoiker betrachteten die Begierde als »unvernünftiges Streben nach einem vermeintlichen Gut«. Nach Epikur ist das Streben nach Lust der Grundtrieb des Menschen. Er forderte daher die Befriedigung der Begierde, soweit dies der Vernunft nicht entgegenstehe.

Begriff, abstrakte, gedankliche Darstellung der wesentlichen Merkmale von konkret Seiendem (Gegenständen, Eigenschaften, Relationen) im Gegensatz zur empirischen Anschauung, die das sinnlich Gegebene zum Gegenstand hat. Neben der →Aussage stellt der Begriff ein Grundelement des Denkens und Erkennens dar. Von Kant wird er als Allgemeinvorstellung von der Anschauung als Einzelvorstellung unterschieden.

Die Gesamtheit der im Begriff gedachten Merkmale eines Gegenstands macht den **Inhalt** (Intension) des Begriffs aus. Die Gesamtheit der Gegenstände, die ein Begriff bezeichnen kann, wird dagegen dessen **Umfang** (Extension) genannt. Je größer der Umfang des Begriffs ist, desto geringer ist sein Inhalt und umgekehrt. Begriffe werden geklärt und gegen verwandte abgegrenzt durch (Real- oder Nominal-)Definitionen und Begriffsbestimmungen, bei denen die Begriffe zu Systemen und »Netzen« geordnet werden (z. B. in Form einer Begriffspyramide).

■ **Antike und Mittelalter** Nach der antiken und scholastischen Lehre enthält ein Begriff das, was vielen Einzelnen gemeinsam ist. Er kommt zustande durch das Zusammenwirken von Vernunft und Sinnlichkeit: Die Vernunft betrachtet das Einzelne unter dem Aspekt des Gemeinsamen und trennt Wesentliches von Unwesentlichem (aktive Begriffsbildung), die Sinnlichkeit »empfängt« die einzelnen Gegenstände passiv und stellt sie der Vernunft vor.

Offen bleibt, wie die Seinsweise der Begriffe zu denken sei: So existieren nach Platon die Begriffe als →Ideen unabhängig vom werdenden und vergehenden Seienden, während sie für Aristoteles erst durch einen Denkakt (→Abstraktion) hervorgebracht werden müssen. Diese divergierenden Auffassungen bzw. das ihnen zugrunde liegende Problem war Ausgangspunkt für den mittelalterlichen →Universalienstreit. Die Position des →No-

80005

Simone de Beauvoir

Beauvoir **»Das andere Geschlecht«**

1949 erschien Simone de Beauvoirs umfangreiche Studie »Das andere Geschlecht. Sitte und Sexus der Frau«, in der die Autorin das Geschlechterverhältnis erforscht und Gründe für die Unterdrückung der Frau untersucht. Anhand der Frage »Was ist eine Frau?« prüft sie Vorurteile und Überzeugungen, die sie in literarischen und wissenschaftlichen Werken findet. Ihr Ansatz ist dabei von der Philosophie des französischen Existenzialismus geprägt, in deren Mittelpunkt das Subjekt steht, das sich selbst verwirklicht, indem es seine Freiheit sucht. Stets entwirft sich das Subjekt in diesem Prozess aufs Neue. Dazu braucht es ein Gegenüber, ein »anderes«. Diese »Alterität« stellen für Männer Frauen dar. Viele Denker halten Frauen für das, was Männer nicht sind. Frauen werden in dieser Sichtweise ein Objekt, während Männer sich selbst als Subjekt setzen. Demgegenüber spricht sich Beauvoir dafür aus, »Alterität« als eine gegenseitige Beziehung anzusehen, an der beide Partner gleichberechtigt teilhaben und in der sie sich wechselseitig anerkennen.

Begriff. Allgemeinbegriffe – etwa »Lebewesen« – haben ein großes Anwendungsgebiet, aber kleinen Inhalt; spezielle Begriffe – etwa ein Eigenname wie »Immanuel Kant« – dagegen haben ein kleines Anwendungsgebiet und großen Inhalt. Die Differenzierung dazwischen ist graduell (»Immanuel Kant, Senf zubereitend«, Zeichnung von Friedrich Hagemann, 1801).

Walter Benjamin

minalismus stellte die überkommene Begriffslehre infrage, indem sie behauptete, Begriffe seien lediglich abkürzende Bezeichnungen für Klassen gleich gearteter Gegenstände.

■ **Neuzeit** Für die neuzeitliche Diskussion ist die Unterscheidung von reinen (apriorischen) Begriffen und empirischen (Erfahrungs-)Begriffen zentral. Die Auseinandersetzungen zwischen Rationalisten und Empiristen kreisen um die Frage, ob die Behauptung, dass es apriorische Begriffe gebe und dass diese das Fundament des Wissens bilden, gerechtfertigt ist. Nach Kant kann nur das Zusammenwirken von Denken und Anschauung Begriffe und damit Wissen hervorbringen. Er unterschied daher zwischen empirischen, auf Erfahrung beruhenden Begriffen, reinen Verstandesbegriffen (→Kategorie), die nicht aus der Erfahrung hervorgehen, sondern diese erst möglich machen, und reinen Vernunftbegriffen (Idee), die nur mittelbar Bezug zu Anschauung und Erfahrung besitzen.

Mit dem Aufkommen der Romantik und des deutschen Idealismus erhielt der Terminus »Begriff« eine neue Wendung. Verkörperte der Begriff bisher die Allgemeinheit, so tauchte nun der →Individualbegriff auf als Ausdruck des Wesens einer Person, eines Kunstwerks oder einer Geschichtsepoche. Der Begriff wurde, z. B. bei Hegel, zum Inbegriff des Wissens überhaupt: »Das absolute Wissen ist der Begriff, der sich selbst zum Gegenstand und Inhalt hat.« Begreifen – verstanden als das Innewerden eines Begriffs – avancierte so zum unmittelbaren Zugriff auf das Wesen einer Sache. Die »Bewegung des Begriffs« (Hegel), die letztlich auf das Sich-selbst-Innewerden abzielt, entsteht aus dem Zusammenspiel von Begriff und Gegenstand (→Dialektik). Für Arthur Schopenhauer waren dagegen die Begriffe abstrakte, nicht anschauliche und nicht durchgängig bestimmte Vorstellungen. Die Gegenstände werden ihm zufolge als solche angeschaut, nicht begriffen.

In der neueren, formalen Logik (Gottlob Frege) wird der Begriff hinsichtlich seiner funktionalen Verflechtung innerhalb der Aussage, in der er von ihm abhängige begriffliche »Leerstellen« definiert (z. B. als Prädikatsbegriff eine Subjektvariable), als »Satzfunktion« bestimmt. Die moderne Begriffslogik untersucht deshalb in erster Linie die extensionalen (Umfangs-)Beziehungen zwischen den Begriffen (Relationenlogik).

Begriffsexplikation, Form der →Explikation.

Begründung, Darlegung von Gründen. Eine Aussage oder eine Handlungsnorm heißt begründet, wenn im Rahmen einer rationalen Argumentation Übereinstimmung bezüglich ihrer Geltung erzielt wird. Eine Begründung ist somit eine Argumentationsstrategie. Eine Begründung von Aussagen, die sich ausschließlich des logischen Schließens bedient, wird auch →Beweis, eine Begründung für Handlungsnormen oder -ziele auch Rechtfertigung genannt. Beim Begründen werden oft nicht nur die Regeln des logischen Schließens, sondern auch allgemeinere Regeln der Argumentation angewendet.

Die Frage, ob es →Letztbegründungen geben kann, Begründungen also, gegen die kein Sachkundiger vernünftig argumentieren kann, wird z. B. in der Ethikdiskussion (Karl-Otto Apel, Jürgen Habermas) in Verbindung mit der Frage nach der Begründbarkeit sittlicher Normen (→Ethik) verfolgt.

Behauptung, eine →Aussage, deren Wahrheit vorausgesetzt wird, aber nicht bewiesen ist.

Behaviorismus [bihevjə-; zu engl. behavior (behaviour) »Benehmen«, »Verhalten«], eine Forschungsrichtung, als deren Begründer der amerikanische Psychologe John Broadus Watson mit dem Aufsatz »Psychology as the behaviorist views it« (1913) gilt. Der Behaviorismus stützt sich auf ein theoretisches Programm, das nur objektiv beobachtbares und messbares Verhalten als Gegenstand wissenschaftlicher Betrachtung zulässt. So nimmt er an, dass mentalistische Begriffe wie Bewusstsein, Geist, Vorstellung u. a. Phänomene bezeichnen, die sich auch auf der Ebene des direkt beobachtbaren oder mit Instrumenten messbaren Verhaltens (im weiten Sinn) zeigen und damit wissenschaftlicher Untersuchung zugänglich sind.

Die behavioristische Forschung konzentriert sich v. a. auf die gelernten und ungelernten (unkonditionierten, reflexhaften) Assoziationen zwischen Situation oder Reiz (Stimulus) und Reflex, Reaktion (Response). Auch Prozesse höherer Ordnung sind in diesem Sinn Reaktionen auf (komplexe) Reize. So werden etwa sprachliche Reaktionen als objektive Daten akzeptiert, zwar nicht inhaltlich als gültige Darstellung der inneren Prozesse und Erfahrungen des Sprechers, wohl aber als objektives Verhalten, als Reaktion auf bestimmte Reize oder situative Aspekte.

Mit dieser Einschränkung des Gegenstandes der Psychologie auf das objektive Verhalten einschließlich physiologischer Reaktionen, d. h. auf das Leibliche, umgeht der Behaviorismus das Leib-Seele-Problem. Seine Auswirkungen reichen über die Entwicklung wissenschaftlich kontrollierbarer pädagogischer und psychotherapeutischer Methoden bis hin zu gesellschaftspolitischen Überlegungen (u. a. Burrhus Frederic Skinner, * 1904, † 1990).

Benjamin, Walter, deutscher Schriftsteller und Philosoph, * Berlin 15. 7. 1892, † (Selbstmord) Portbou (Provinz Gerona, Katalonien) 26. (27.?) 9. 1940; studierte Philosophie in Freiburg im Breisgau, in Berlin, München und Bern. Mitte der 1920er-Jahre wandte er sich

Benjamin Messianische Geschichtsphilosophie

Für den Marxisten Walter Benjamin ist das traditionelle Konzept von Geschichte ein Konstrukt der herrschenden Klasse. Geschichte als kontinuierliche Abfolge von Ereignissen zu betrachten hieße, eine Geschichte der Sieger zu schreiben, da allein deren Taten sich durchgesetzt haben. Benjamin sieht es dagegen als die Aufgabe des Historikers an, »das Kontinuum der Geschichte aufzusprengen« und im »Vergangenen den Funken Hoffnung anzufachen«, der das Streben der unterdrückten Klasse inspiriere. Der Historiker solle die unerfüllt gebliebenen Wünsche der Toten aktualisieren. Eine geradezu messianische Kraft schreibt Benjamin damit der Gegenwart zu: Sie vermag es, die Verlierer der Geschichte von ihrem Scheitern zu erlösen.
Seine zentralen Ansichten zur Geschichtsphilosophie hat Walter Benjamin in die 18 lose aufeinander folgenden Thesen »Über den Begriff der Geschichte« gefasst (Denkmal für Walter Benjamin in Portbou).

dem Marxismus zu. 1925 legte Benjamin seine Untersuchung über den »Ursprung des deutschen Trauerspiels« (1928 veröffentlicht) der Universität Frankfurt am Main als Habilitationsschrift vor, die jedoch nicht angenommen wurde. Benjamin schrieb Essays und Literaturkritiken und gestaltete in den Jahren 1927–33 auch Rundfunksendungen. 1933 ging er ins Exil und lebte vorwiegend in Paris. In dieser Zeit war er u.a. freier Mitarbeiter bei der »Zeitschrift für Sozialforschung« (→Frankfurter Schule). Unmittelbar nach der Flucht über die Pyrenäen nach Spanien nahm er sich aus Furcht vor der Auslieferung an die Gestapo durch die spanischen Behörden das Leben.

Benjamins Denken war auf das Konkrete des Lebens und der Geschichte gerichtet, wobei er von Einzelnem ausging, um größere historische Phänomene zu erfassen. Dahinter stand zunehmend eine dialektisch-materialistische Geschichtsphilosophie. Gleichwohl war Benjamins Denken von seiner jüdischen Herkunft bleibend geprägt durch einen eschatologisch-messianischen Geschichtsbegriff, der etwa in den nachgelassenen »Thesen über den Begriff der Geschichte« (1940) zum Tragen kommt.

Mit dem Essay über Goethes »Wahlverwandtschaften« (1924/25 in der Zeitschrift »Neue deutsche Beiträge«) und seiner Abhandlung über das Trauerspiel markierte Benjamin das Ende der klassischen Kunstperiode, in der ästhetisch das autonome Werk Vorrangstellung erhielt. Den Verlust der Autonomie des Kunstwerks (»Das Kunstwerk im Zeitalter seiner technischen Reproduzierbarkeit«, 1936) interpretierte er als historische Notwendigkeit. Benjamins letztes Werk »Paris, Hauptstadt des XIX. Jahrhunderts« blieb unvollendet. In ihm unternimmt er eine philosophische Interpretation der Architektur der Pariser Passagen. Das Nachlassmaterial wurde 1983 unter dem Titel »Das Passagen-Werk« herausgegeben.

Bentham [ˈbentəm], Jeremy, britischer Jurist und Philosoph, *London 15. 1. 1748, † ebenda 6. 6. 1832; studierte 1763–66 Rechtswissenschaften, übte aber keinen Beruf aus. Bentham war von David Hume, Claude Adrien Helvétius und Adam Smith beeinflusst. Mit seinen Schriften trat er für Staats-, Rechts- und Gesellschaftsreformen im Sinne des →Utilitarismus ein. In seinem Hauptwerk »Introduction to the principles of morals and legislation« (1789; dt. »Prinzipien der Gesetzgebung«) entwickelte er auf der Grundlage des von Francis Hutcheson übernommenen ethischen Prinzips des »größten Glücks der größten Zahl«, angewendet auf das Rechtssystem und die Moral, sein System des Utilitarismus.

Benthams Denken gewann über die Wissenschaft hinaus Einfluss auf das öffentliche Leben des 19. Jahrhunderts, besonders im sozialpolitischen und juristischen Bereich. Zu seinen Schülern zählen u.a. James und John Stuart Mill sowie Herbert Spencer.

Beobachtungssprache, in der *Wissenschaftstheorie* Bezeichnung für alle Sätze, in denen nur über Beobachtbares gesprochen wird. Dabei wird von der empiristischen Auffassung ausgegangen, dass alles Wissen letztlich auf der Erfahrung beruht. An der Erfahrung müssen wissenschaftliche Hypothesen und Theorien zugleich auf ihre Gültigkeit hin überprüft werden. Im →Wiener Kreis wurde zunächst gefordert, dass eine reine Beobachtungssprache nur unmittelbare Erlebnisse ausdrückende Beobachtungssätze enthalten dürfe (→Protokollsätze).

Bergson, Henri, französischer Philosoph, * Paris 18. 10. 1859, † ebenda 4. 1. 1941; war seit 1900 Professor am Collège de France in Paris und seit 1914 Mitglied der Académie française. Bergson gilt als einer der Hauptvertreter der →Lebensphilosophie, der in der Entwicklungslinie des von Maine de Biran ausgehenden französischen →Voluntarismus und →Spiritualismus stand. 1928 erhielt er (für 1927) den Nobelpreis für Literatur.

Henri Bergson

Bergson wandte sich gegen die materialistisch-mechanistische Welt- und Wissenschaftsauffassung und kritisierte die evolutionären Theorien Charles Darwins (* 1809, † 1882) und Herbert Spencers. Er deutete die gesamte Wirklichkeit aus der metaphysischen Einheit des Lebens, dessen schöpferische Grundkraft (»Élan vital«) im Ringen mit dem Stofflichen immer neue Schöpfungen hervorbringe.

Die ewige, freie schöpferische Entwicklung (»Évolution créatrice«) wird von Bergson als Widerstand gegen die dem Leben selbst innewohnende Tendenz der Erstarrung gesehen, deren Endpunkt die Materie ist. Die Ganzheit dieser dem Bewusstsein in ihrer Einmaligkeit gegebenen Wirklichkeit erschließt sich nur der philosophischen Intuition, während der analytische Verstand lediglich als Instrument des Lebens zur technischen Beherrschung der Natur gilt. Die typische Form der Zeitlichkeit des Lebensprozesses ist nicht die objektiv-physikalische Zeit (»temps«), sondern die reale Erlebniszeit, die wirkliche, unmittelbar erfahrene Dauer (»durée«). Diese wird nach Bergson durch das Gedächtnis möglich, worin die Vergangenheit aufbewahrt ist. Auf der Grundlage dieses Systems entwarf er eine neue intuitive Erkenntnistheorie, Psychologie, Naturphilosophie, Ethik und Religionsphilosophie.

George Berkeley

Berkeley »Die Prinzipien der menschlichen Erkenntnis«

Wenn uns Gegenstände nur als Vorstellungen auf der Grundlage sinnlicher Wahrnehmung gegeben sind, Vorstellungen aber allein im Geist vorkommen, so folgt daraus jener berühmte Satz, in dem der Kerngedanke des 1710 erschienenen Werks »Abhandlung über die Prinzipien menschlicher Erkenntnis« ausgesprochen ist: »Esse est percipi« – das Sein der wahrnehmbaren Dinge besteht in ihrem Wahrgenommenwerden. Ihnen kommt keine eigenständige Existenz außerhalb eines wahrnehmenden Geistes zu.

Die darauf aufbauende Lehre des »Immaterialismus« sucht die Annahme einer bewusstseinsunabhängigen Materie zu widerlegen, die George Berkeley als Ursache von Atheismus und Skeptizismus ansah. Diese Lehre schien allerdings in so krassem Widerspruch zum gesunden Menschenverstand zu stehen, dass sie zunächst meist auf Unverständnis, Spott und Ablehnung stieß. »*So* widerlege ich das«, erklärte der englische Moralist Samuel Johnson, indem er kräftig gegen einen großen Stein trat.

Von Bergsons Nachfolgern wurde besonders seine Wissenschaftskritik und Intuitionslehre aufgegriffen. Sein Einfluss auf die europäische Philosophie erstreckt sich über die Lebensphilosophie (in Deutschland besonders bei Georg Simmel) hinaus v. a. auf die Existenzphilosophie, aber auch auf die Literatur.

Berkeley ['bə:klɪ], George, irischer Philosoph und Theologe, * Disert Castle (Cty. Kilkenny) 12. 3. 1685, † Oxford 14. 1. 1753; versuchte 1729–31 ein Missionszentrum auf den Bermudainseln einzurichten. Nach seiner Rückkehr wurde er 1734 zum Bischof von Cloyne (bei Cork) ernannt.

Seine Lehre bildete sich in kritischer Auseinandersetzung mit den Schriften Descartes' und John Lockes. Anregungen empfing Berkeley außerdem von dem französischen Okkasionalisten Nicolas Malebranche (* 1638, † 1715). Den Materialismus, unter dem er die Annahme einer außerhalb des Bewusstseins existierenden Körperwelt verstand, lehnte er ab. Nicht nur die sekundären Sinnesqualitäten wie Farben oder Töne sind für ihn – wie schon für Locke – subjektiv, sondern auch die primären Qualitäten wie Ausdehnung und Bewegung. Sinnliche Gegenstände seien immer als Vorstellungen oder Ideen (»ideas«) gegeben. Ihr Sein bestünde daher in ihrem Wahrgenommenwerden oder ihrem prinzipiellen Wahrgenommen-werden-Können, wenn sie auch nicht in ihrer Aktualität vorliegen.

Gegen diese irrtümlich als subjektiver Idealismus gedeutete Lehre wandte sich später Kant. Berkeley stellte die Außenwelt indes nicht grundsätzlich infrage. Neben den Ideen der Einbildungskraft, die dem menschlichen Willen entstammen, gibt es Ideen, die eine vom Bewusstsein unabhängige, als naturgesetzlich erfahrene Ordnung aufweisen. Den Grund dieser Wahrnehmungswelt sieht Berkeley in einer äußeren Ursache, nämlich in Gott als einem denkenden Geist, in dem die Ideen existieren, solange sie nicht aktual vom Menschen gedacht werden, und der sie im Wahrnehmenden hervorruft.

Bereits die erste bedeutende Schrift »An essay towards a new theory of vision« (1709; dt. »Versuch einer neuen Theorie der Gesichtswahrnehmung«) enthält die zentralen Teile einer Theorie der Wahrnehmung und des Wissens, mit der Berkeley die Tradition der angelsächsischen Rationalismuskritik fortsetzt. Seinen →Immaterialismus entwickelte Berkeley v. a. in seinem Hauptwerk »Treatise concerning the principles of human knowledge« (1710; dt. »Abhandlung über die Prinzipien menschlicher Erkenntnis«).

Bernhard von Chartres [- ʃartr], frühscholastischer Philosoph, † Chartres um 1130; wirkte 1114–19 als Lehrer für Grammatik und Logik an der Schule von Chartres und 1119–24 als deren Kanzler. Seine Lehre ist fragmentarisch im »Metalogicon« des englischen Philosophen und Theologen Johannes von Salisbury (* 1115/20, † 1180) überliefert. Bernhard wird dort als »perfectissimus inter Platonicos saeculi nostri« (»der vollkommenste unter den Platonikern unseres Jahrhunderts«) dargestellt. Er scheint einen extremen platonischen Realismus vertreten zu haben, der die Ideen, die ewig seiend in Gottes Geist bestehen, mit den Gattungen und Arten der veränderlichen Einzeldinge identifizierte.

Bernoulli-Prinzip, in der →Entscheidungstheorie angewandte Regel.

Beweis, die Darlegung der Richtigkeit **(Verifikation)** oder Unrichtigkeit **(Falsifikation)** von Urteilen durch das Anführen logischer oder empirischer Gründe. Ein Beweis ist somit ein gültiger →Schluss mit wahren →Prämissen und einer wahren →Konklusion.

Beweise werden eingeteilt in deduktive und induktive Beweise sowie Analogieschlüsse. Als Beweis gilt zum einen die Ableitung eines Urteils aus anderen, die als wahr vorausgesetzt sind (Prämissen), oder auch aus Axiomen oder Definitionen. Hierbei gelten bestimmte Schlussregeln. Dieser axiomatische oder **deduktive Beweis** (→Deduktion) ist in den exakten Wissenschaften vorherrschend, v.a. in der Mathematik. In den Erfahrungswissenschaften werden meist **induktive Beweise** (z.B. von Hypothesen) mit wahrscheinlichem Wahrheitsgehalt durch Beobachtungen, Erfahrungen und Experimente geführt (→Induktion). **Formale Beweise** der Logik sind solche, in denen u.a. die logische Gültigkeit der Schlussformen bewiesen wird, die in Beweisen Verwendung finden.

Beweise wurden zuerst systematisch in der griechischen Geometrie bei Euklid und in der Philosophie bei Platon verwendet. Aristoteles lieferte mit der Lehre vom beweisenden Schluss (→Syllogismus), der Induktion und den Beweisfehlern die erste Beweistheorie.

Bewusstsein, die Beziehung eines Wesens auf einen Wahrnehmungsgegenstand oder einen mentalen Zustand (transitives, intentionales Bewusstsein) sowie Zustand der Aufmerksamkeit, Wachheit (intransitives Bewusstsein).

■ **Geschichte** Der Begriff »Bewusstsein« wurde 1719 durch Christian Wolff als Lehnübersetzung von lateinisch »Conscientia« (Bewusstsein als »bewusstes Wissen«, »Bewusst-Sein« und als »Gewissen«) in die philosophische Terminologie eingeführt. Seine entscheidende Prägung erhielt der neuzeitliche Bewusstseinsbegriff im Rahmen von Descartes' Unterscheidung von Res cogitans (»denkende Substanz«, den Bewusstseinsakten zugrunde liegende Seelensubstanz) und Res extensa (»ausgedehnte Substanz, Materie«). Als sicheres Wissen um die innere Zuständlichkeit (z.B. den Zweifel) findet sich hier auch schon die reflexive Verwendung des Bewusstseinsbegriffs.

Leibniz unterschied die Perzeption als den »inneren Zustand der →Monade, der die äußeren Dinge repräsentiert«, von der →Apperzeption, dem »Bewusstsein (französisch Conscience) oder der reflexiven Kenntnis dieses inneren Zustandes«. John Locke und David Hume verstanden unter Bewusstsein das Wissen um innere Erlebnisse, das nach Hume niemals täuschen kann. Im Unterschied zu Descartes verwarfen sie allerdings die Annahme, dass hinter dem Bewusstsein eine Seelensubstanz stehe. Vielmehr sei das Ich lediglich ein »Bündel oder eine Sammlung verschiedener Perzeptionen (Bewusstseinsinhalte), die mit unbegreiflicher Schnelligkeit aufeinander folgen und beständig im Fluss und in Bewegung sind« (Hume).

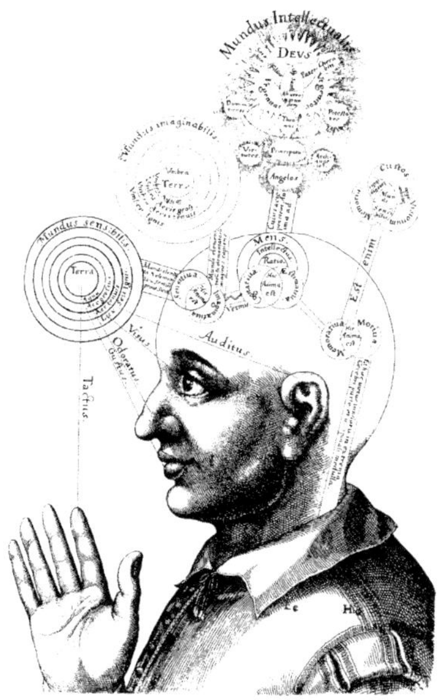

Bewusstsein. Mit dieser Zeichnung veranschaulichte der englische Arzt und Philosoph Robert Fludd im Jahr 1619 seine Vorstellung von der Beziehung zwischen Ich und äußerer Welt.

Kant nahm eine Unterscheidung vor zwischen **empirischem Bewusstsein** als Einheit der mannigfaltigen Vorstellungen, bezogen auf das Ich, und **transzendentalem Bewusstsein** (ursprünglich synthetische Apperzeption, Selbst-Bewusstsein) als einheitsstiftendem Bezugspunkt jeder möglichen Wirklichkeitskonstitution. Hegel, der von der traditionellen Bestimmung des Bewusstseins als Beziehung des Ich auf einen inneren oder äußeren Gegenstand ausging, entwickelte im Rahmen seiner Lehre von der Selbstverwirklichung des Absoluten oder der Idee ein Stufenschema des Bewusstseins. Der Zustand des in Subjekt und Objekt gespaltenen endlichen Bewusstseins wird nach Hegel dadurch überwunden, dass sich der Geist über Bewusstsein und Selbst-Bewusstsein auf die Stufe der Vernunft erhebt. Bei Karl Marx ist Bewusstsein umfassender

Ausdruck für die geistige Tätigkeit des Menschen; bei Edmund Husserl bekommt der Bewusstseinsbegriff kategoriale Bedeutung als transzendentaler Erfahrungsrahmen. Husserls transzendentale Phänomenologie wird im engeren Sinne als Bewusstseinsphilosophie bezeichnet.

In der analytischen →Philosophy of Mind wird Bewusstsein unterschieden in kreatürliches Bewusstsein, das auch Tieren zukommt, und Zustandsbewusstsein als Eigenschaft eines mentalen Zustands. Die Erforschung des Bewusstseins bezieht sich auf dessen ontologischen und epistemologischen Status. Der Ort des Bewusstseins in der Welt wird durch die Theorien des Dualismus, des Epiphänomenalismus und der Supervenienzthese, nach der es kein bewusstes Erlebnis ohne ein neuronales Ereignis geben könne, beschrieben.

■ **Ausblick** Gegenwärtig ist in der Philosophy of Mind die Möglichkeit und Art einer kausalen Rolle mentaler Zustände in einer abgeschlossenen, physikalischen Welt Gegenstand aktueller Forschung. Reduktiven Bemühungen der naturwissenschaftlichen Forschung stehen dabei insbesondere phänomenologisch inspirierte Theorien gegenüber, die auf eine prinzipielle Nichtreduzierbarkeit von Bewusstsein aufgrund seiner Intentionalität, seiner Phänomenalität oder seiner Propositionalität hinweisen.

Beziehung, →Relation.

Bijunktion, Bezeichnung für die logische →Äquivalenz.

Bild, in der *Erkenntnistheorie* häufig verwendeter Begriff, um einen Wahrnehmungs- oder Vorstellungsinhalt auf Grundlage der Subjekt-Objekt-Unterscheidung zu bezeichnen (→Abbildtheorie, →Ding an sich). Platon kennzeichnet im Rahmen seiner *Ontologie* und *Metaphysik* die vergänglichen Dinge der Sinnenwelt als Abbilder, die an den ewigen Urbildern der Ideenwelt lediglich teilhaben (→Methexis). Bildtheoretische Überlegungen spielen in der modernen Erkenntnis-, Medien- und Wissenschaftstheorie eine zentrale Rolle.

Bioethik, siehe Sonderartikel Seite 52.

Bivalenzprinzip, Satz der klassischen Logik, nach dem eine Aussage immer entweder →wahr oder →falsch ist.

Bloch, Ernst, deutscher Philosoph, * Ludwigshafen am Rhein 8. 7. 1885, † Tübingen 4. 8. 1977; war nach seinem Studium der Philosophie, Musik und Physik als freier Schriftsteller tätig. Bloch lebte 1933–48 im Exil (seit 1938 in den USA) und wurde dann Professor für Philosophie in Leipzig. Sein Konzept eines undoktrinären, freiheitlichen Sozialismus begegnete zunehmend der Kritik vonseiten der SED und ihr nahe stehender Fachkollegen. 1957 wurde Bloch zwangsemeritiert. Er wechselte 1961 in die Bundesrepublik Deutschland über und wurde Gastprofessor in Tübingen.

Vor dem Hintergrund des dialektischen Materialismus entwickelte Bloch, anknüpfend an Aristoteles, Hegel und die jüdisch-christliche Eschatologie, eine Philosophie der Hoffnung. Konkrete Utopien und menschliche Hoffnungen, wie sie sich in Tagträumen, Fantasien, aber auch in den Produktionen von Kunst, Technik, Dichtung, Philosophie und Religion äußern, beziehen sich nach Bloch als Reflexion des je »Noch-nicht-Bewussten« auf das »Noch-nicht-Seiende«, die in der Welt verborgen und als »Vor-Schein« angedeutet liegenden Möglichkeiten zu einem besseren, humaneren Leben. Sie weisen damit auf die Möglichkeit des Menschen, bewusst planend und aktiv verändernd auf die Entwicklung von Natur, Mensch und Gesellschaft einzuwirken.

Die Vollendung von Mensch und kosmischer Natur, die in einem dialektisch vorantreibenden Prozess erfolge, sah Bloch (als Fernziel) in der Beseitigung menschlicher Knechtung und Erniedrigung und in der Aufhebung von Entfremdung, sowohl in der Gesellschaft als auch zwischen Mensch und Natur, verwirklicht. Sein dreibändiges Hauptwerk »Das Prinzip Hoffnung« (geschrieben 1938–47) erschien zwischen 1954 und 1959.

Blumenberg, Hans, deutscher Philosoph und Schriftsteller, * Lübeck 13. 7. 1920, † Altenbergen 28. 3. 1996; war Professor u. a. in Gießen und Hamburg, ab 1970 in Münster. Blumenberg schrieb wegweisende Arbeiten zur Begriffs- und Wissenschaftsgeschichte, v. a. zur kopernikanischen Wende. Seit 1958 arbeitete er an der Entwicklung einer »Theorie der Unbegrifflichkeit«, die sich zuvorderst mit den Themen Imagination, Metaphorik und Mythos auseinandersetzt. Daneben verfasste er zahlreiche Beiträge zur Phänomenologie und Zeiterfahrung.

Bodin [bɔˈdɛ̃], Jean, latinisiert Bodinus, französischer Philosoph und Staatstheoretiker, * Angers 1529 (oder 1530), † Laon 1596; war anfangs Karmeliter, seit 1560 dann als Jurist in Paris tätig. Er wechselte 1571 in den Dienst des Herzogs von Alençon und war von 1577 bis zu seinem Tod Kronanwalt in Laon. Während der Hugenottenverfolgung trat er als entschiedener Befürworter religiöser Toleranz auf.

In seinem 1576 erschienenen Hauptwerk »Les six livres de la république« entwickelte Bodin den Begriff der »Souveränität«: Der Herrscher steht als neutrale Macht (»Pouvoir neutre«) über allen Parteien und vereinigt in absoluter Unabhängigkeit sämtliche Staatsgewalt in einer Hand. Dem Gesetz ist er nicht unterworfen. Als Preis dafür hat er Religionsfreiheit und Sicherheit aller Untertanen zu gewährleisten. Mit seinem Ansatz wies Bodin den Weg zur Überwindung des religiösen Bürgerkriegs in Frankreich, leistete zugleich aber

Ernst Bloch
*** 1885, † 1977**

■ war beeinflusst von Aristoteles, Hegel und dem jüdisch-christlichen Glauben
■ analysierte scharfsinnig den Nationalsozialismus
■ lehrte einen nicht dogmatischen Marxismus und verlor seine Professur in der DDR
■ betonte im »Prinzip Hoffnung« die existenzielle Wichtigkeit von Utopie

Hans Blumenberg verteidigte den philosophischen Wert von Metaphern:

»Absolute Metaphern beantworten jene vermeintlich naiven, prinzipiell unbeantwortbaren Fragen, deren Relevanz ganz einfach darin liegt, dass sie nicht eliminierbar sind, weil wir sie nicht stellen, sondern als im Daseinsgrund gestellte vorfinden.«

auch dem Absolutismus geistige Vorarbeit. Die von Bodin geforderte souveräne Staatsgewalt bleibt, wenn nicht an menschliches Gesetz, so doch an göttliches und natürliches Recht gebunden, dessen Wahrung für Bodin höchster Zweck des Staates ist.

In seiner religionsphilosophischen Spätschrift »Colloquium heptaplomeres de rerum sublimium arcanis abditio« (1593) entwickelte Bodin seinen auf die Anerkennung der Verschiedenartigkeit der religiösen Bekenntnisse und den Verzicht auf Wiederherstellung der Glaubenseinheit gegründeten Toleranzbegriff.

Boethius, Anicius Manlius Torquatus Severinus, römischer Philosoph und Staatsmann, *Rom um 480, †Pavia um 524; war Konsul (510) und »Magister officiorum« des Ostgotenkönigs Theoderich, wurde von diesem aber später des Hochverrats bezichtigt und nach mehreren Monaten Haft ohne Urteil hingerichtet.

Boethius, der »letzte Römer und erste Scholastiker«, wollte die platonisch-aristotelische Philosophie zu einer Synthese führen. Er übersetzte und kommentierte einen großen Teil der logischen Schriften des Aristoteles. In seinen theologischen Traktaten versuchte er so weit als möglich den christlichen Glauben mit der Vernunft in Einklang zu bringen. Sein im Kerker verfasstes Werk »De consolatione philosophiae« (ca. 524 n. Chr.; dt. »Trost der Philosophie«) steht in der Tradition der Antike und wurde vielfach übersetzt und kommentiert.

Bolzano, Bernhard oder Bernard, deutscher Religionswissenschaftler, Philosoph und Mathematiker, *Prag 5. 10. 1781, †ebenda 18. 12. 1848; erhielt 1805 die Priesterweihe und wurde Professor für philosophische Religionslehre in Prag. Er war der führende Vertreter der »Böhmischen Aufklärung«, die ein vernunftorientiertes Verständnis des Katholizismus und soziale Reformen anstrebte. Wegen seiner politischen Haltung wurde er 1819 des Amtes enthoben.

Bolzano war neben Charles Sanders Peirce und Gottlob Frege einer der wichtigsten Logiker des 19. Jahrhunderts. Von Leibniz beeinflusst, gründete er in seiner vierbändigen »Wissenschaftslehre« (1837) die Logik auf die strenge Unterscheidung zwischen den psychologischen Vorgängen des Urteilens und Fürwahr-Haltens und den im logischen Urteil intendierten ideellen Gegenständen, also den Sätzen, Vorstellungen und Wahrheiten, die unabhängig von ihrem Gedacht- oder Erkanntwerden bestehen. Besonders starken Einfluss übte er damit auf Franz Brentano und Edmund Husserl aus, aber auch die moderne Logik nimmt auf Bolzano Bezug, etwa mit dem Begriff der Ableitbarkeit in der Beweistheorie. In der Mathematik trug er wesentlich zur Entwicklung der Analysis bei.

Boethius. Der römische Philosoph prägte das Wort Quadrivium für die vier zahlenbezogenen Wissenschaften Mathematik, Musik, Geometrie und Astronomie. Ergänzt durch das Trivium (Grammatik, Rhetorik und Logik) wurden die so genannten sieben freien Künste im Mittelalter zum Lehrstoff der Kloster- und Lateinschulen (Miniatur aus der Abschrift der »Arithmetik« des Boethius, um 850; Bamberg, Staatsbibliothek).

Bonaventura, Ordensname des italienischen Franziskanertheologen, Philosophen und Kirchenlehrers Johannes Fidanza, *Bagnoregio (bei Orvieto) 1217 (1221?), †Lyon 15. 7. 1274; ab 1243 (1244?) Franziskaner. Bonaventura studierte und lehrte Theologie an der Pariser Universität. 1257 wurde er General seines Ordens und 1273 Kardinalbischof von Albano.

Bonaventura war neben Thomas von Aquino der führende Theologe der Hochscholastik. Sein Denken orientierte sich vorwiegend an Platon und Augustinus, dem Aristotelismus stand er zurückhaltend gegenüber. Aristoteles' Lehre sei die der Wissenschaft, nicht die der Weisheit. Letztere bezog Bonaventura auf Christus, das ewige Wort Gottes, als dessen Inkarnation er die Vielfalt allen Seins in einer nach Seinsebenen gestuften

Fortsetzung S. 54

Boethius »Trost der Philosophie«

Zu Unrecht des Verrats beschuldigt und um 523 n. Chr. zum Tode verurteilt, verfasste Boethius in der ihm verbleibenden Zeit eine Schrift, die zu den am meisten gelesenen und kommentierten des Mittelalters werden sollte: den »Trost der Philosophie«. Im Dialog mit der Philosophie selbst, die in Gestalt einer Frau in seinen Kerker tritt, findet der zunächst über sein bitteres Geschick Klagende Trost in der Einsicht, dass wahres und beständiges Glück nicht im Besitz äußerer Güter wie Ruhm, Reichtum oder Macht, sondern allein im Wissen um die Güte Gottes und seine vernünftige Lenkung der Welt gründet. Die Kluft zwischen der unmittelbaren Erfahrung von Unrecht und Leid auf der einen und der Weisheit göttlicher Vorsehung auf der anderen Seite beruht ihm zufolge auf einem unzulänglichen Verständnis der Wirklichkeit und kann daher durch philosophische Erkenntnis überwunden werden.

Bioethik

Bioethik

Aufgrund der immensen Fortschritte in den Biowissenschaften ist der innere Aufbau menschlichen und nicht menschlichen Lebens in vielerlei Aspekten durchsichtig geworden – und damit auch offen für technologische Eingriffe. Die Innovationen in diesem Bereich haben weit reichende Konsequenzen nach sich gezogen und schließlich zu einer Verwissenschaftlichung im Umgang mit dem Menschen geführt. Dieser Vorgang hat in der zweiten Hälfte des 20. Jahrhunderts starke Veränderungen in den ethischen Disziplinen hervorgerufen: Neben die normative Ethik, die nach dem richtigen Handeln fragt, und die Metaethik, die sich mit der Semantik und Rechtfertigungsfähigkeit von moralphilosophischen Theorien befasst, tritt nunmehr die angewandte Ethik. Sie umfasst wiederum verschiedene Disziplinen: die ökologische Ethik, die Wirtschaftsethik, die Wissenschaftsethik, die Medienethik, die Technikethik und – vor allem – die Bioethik. An der Bioethik zeigt sich ganz besonders, dass Fragen der angewandten Ethik nicht nur spezifische Anwendungsbereiche betreffen, sondern sich auch auf die normative Ethik und die Metaethik auswirken.

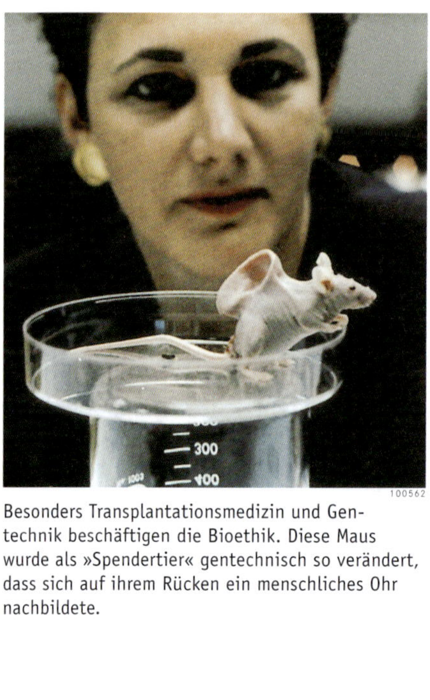

100562

Besonders Transplantationsmedizin und Gentechnik beschäftigen die Bioethik. Diese Maus wurde als »Spendertier« gentechnisch so verändert, dass sich auf ihrem Rücken ein menschliches Ohr nachbildete.

Antwort auf neue Herausforderungen

Der Begriff »Bioethik« wurde Anfang der 1970er-Jahre in den USA geprägt. In seiner eigentlichen Bedeutung bezieht er sich auf den moralischen Umgang mit dem Leben insgesamt. Entsprechend wird er auch als Oberbegriff für die Teildisziplinen der Medizin-, Tier- und Umweltethik aufgefasst. Mittlerweile ist es hingegen üblich geworden, »Bioethik« als Synonym für »biomedizinische Ethik« zu gebrauchen.
In den letzten 20 Jahren sind bioethische Problemstellungen zunehmend ins Zentrum der öffentlichen Aufmerksamkeit gerückt. Ob es um das Klonen von Säugetieren oder neue gesetzliche Regelungen zur Sterbehilfe geht – bioethisches Fragen ist immer dann vonnöten, wenn Fragen nach Leben und Tod auf eine neue Weise gestellt werden müssen. Anders als in der philosophischen Tradition, in der es im Wesentlichen um den richtigen Umgang mit der Endlichkeit des individuellen Lebens ging, müssen heute Entscheidungen darüber herbeigeführt werden, ob menschliches Leben in konkreten Situationen seines Entstehens oder Vergehens Bestand haben soll oder nicht. Darüber hinaus ergeben sich im Zuge der Gentechnik Möglichkeiten des Eingriffs in den inneren Aufbau des Lebendigen. Probleme in Bezug auf das entstehende Leben ergeben sich beim Schwangerschaftsabbruch, bei der Fertilisation »in vitro«, also der Befruchtung im Reagenzglas, oder bei der Präimplantationsdiagnostik, die eine genetische Diagnostik der Eizelle oder des Embryos noch vor der Einnistung in die Gebärmutter vorsieht. Ein besonderer Fall ist die Forschung an embryonalen Stammzellen. Aus ihnen können sich alle weiteren Zelltypen eines Organismus differenzieren, was die wunschgemäße »Herstellung« von Organen im Labor denkbar werden lässt. Hier ist vor allem strittig, ob die bei der Stammzellforschung eingesetzten menschlichen Embryonen ein Lebensrecht haben oder ob von einem abge-

stuften Lebensschutz ausgegangen werden kann. Dem moralischen Status des menschlichen Embryos wird die Bedeutung von Forschungsmöglichkeiten und Heilungsaussichten bei schweren Krankheiten gegenübergestellt – etwa bei Lähmungen, Herzinfarkten, Schlaganfällen, multipler Sklerose, Parkinson- oder Alzheimerkrankheit. Bei derartigen Abwägungen kommt es zwangsläufig zu Auseinandersetzungen darüber, ab welchem Zeitpunkt die kontinuierliche Entwicklung zu einer Person einsetzt.

Zu den Problemen, die das Ende des Lebens betreffen, zählen neben der Sterbehilfe noch viele andere, etwa die Frage danach, woran der genaue Todeszeitpunkt festzumachen ist. Weitere bioethische Aufgaben ergeben sich auch aus der Transplantationsmedizin.

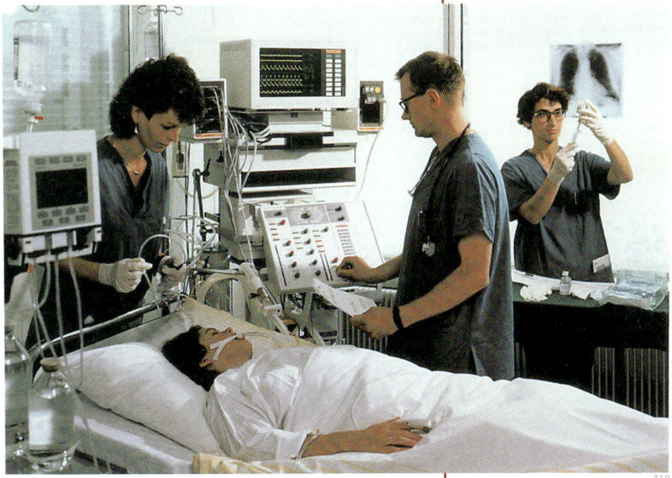

Behandlung eines Patienten auf einer Intensivstation. Die medizinischen Fortschritte in der Lebenserhaltung werfen zunehmend ethische Fragen auf.

Die große Beunruhigung

Im Rahmen der In-vitro-Fertilisation haben wir es mit Embryonen zu tun, die sich nicht zu wirklichen Personen entwickeln werden. Am Ende des Lebens müssen wir uns um vergehende Personen kümmern, über deren innere Zustände wir – etwa bei Demenzerkrankungen – zu wenig wissen, um daraus sichere Schlüsse für die Behandlung und Fürsorge ziehen zu können. Die große bioethische Beunruhigung geht von dem Umstand aus, dass beim entstehenden und vergehenden Leben die Grenzen der Person verschwimmen.

Beim moralischen Schutz, der dem entstehenden und vergehenden menschlichen Leben zukommen soll, wird in der Regel Anschluss an Menschenrechtsvorstellungen gesucht. Insbesondere werden die Bestimmungen der Würde und der Autonomie des Menschen herangezogen, sowie das Instrumentalisierungsverbot, nach dem – im Anschluss an Kants kategorischen Imperativ – keine Person als bloßes Mittel von äußerlichen Zwecken behandelt werden darf.

In einem stark umstrittenen Gebiet haben sich einige Prinzipien herausgebildet, die auf breitere Akzeptanz stoßen. Danach ist in Forschungs- und Behandlungssituationen Folgendes zu berücksichtigen: Die Autonomie der betroffenen Personen muss respektiert und das Nichtschadensprinzip eingehalten werden. Es gilt die Anwendung des Fürsorgeprinzips, und schließlich muss die Verteilungsgerechtigkeit im Hinblick auf Nutzen, Risiken und Kosten erwogen werden.

Herausforderung der Zukunft

Mit der Bioethik verbinden sich eine Reihe von Problemfeldern, die in dieser Form für die philosophische Ethik neu sind. Insbesondere auf den Gebieten des entstehenden und vergehenden Lebens fehlen überzeugende Problemlösungen. Dies hängt nicht zuletzt damit zusammen, dass hier Urteile zu fällen sind, die sich gleichermaßen auf naturwissenschaftliche wie ethische Einsichten stützen müssen. Die Bioethik orientiert sich in ihren methodischen Ausgangspunkten zwar am menschlichen Leben. Das bedeutet aber keineswegs, dass der Mensch der alleinige Adressat von moralischen Verpflichtungen ist. Die enge und die umfassende Bedeutung des Begriffs der Bioethik verbinden sich hier miteinander. Die Vielzahl von Einsichten und Eingriffsmöglichkeiten in den Prozess des Entstehens und Vergehens menschlichen Lebens hat das Menschenbild in der öffentlichen Wahrnehmung in jedem Fall stark verändert.

Fortsetzung von S. 51

Ordnung begriff. Auf verschiedenen Stufen könne sich dieser Ordnung entsprechend das Denken zu den Ideen im Geist Gottes erheben: über Schatten (lateinisch Umbra), Spuren (Vestigia) und Bilder (Imagines).

Bonaventura vertrat einen Exemplarismus, indem er die ganze Welt als Bild und Gleichnis Gottes ansah. Als sein Hauptwerk gilt der u.a. an Augustinus orientierte »Sentenzenkommentar« (entstanden ab 1248), in dem er zu den »Sententiarum libri quattuor« (1148–52; dt. »Die vier Sentenzenbücher«) des Petrus Lombardus, dem wichtigsten theologischen Handbuch des Hoch- und Spätmittelalters, Stellung nimmt.

100563

Bonaventura

100562

Pierre Bourdieu

Böse, das Böse, 1) in *Ontologie* und *Metaphysik* der dem Guten entgegengesetzte Seinsbereich; die Macht, die als Ursprung von Leid, Unglück und Zerstörung in der Welt angesehen wird, 2) in der *Ethik* das sittlich verwerfliche, bestimmten religiösen oder ethischen Normen zuwiderlaufende Verhalten und das ihm zugrunde liegende Wollen, sofern dabei seine Verwerflichkeit bewusst wird.

Der Ursprung des Bösen wurde vielfach in Gott als dem einzigen Urgrund der Welt gesehen (u.a. Jakob Böhme, Friedrich Wilhelm Joseph von Schelling). Theistisches Denken suchte jedoch meist Gott von der Verursachung des Bösen freizuhalten (→Theodizee). Das Wesen des Bösen bestehe nur in Mangel oder Einschränkung und könne daher als »nicht seiend« bestimmt werden (Platonismus, Augustinus, Thomas von Aquino, Leibniz).

Leibniz u.a. betonten eine wesentliche Beteiligung freier Willensentscheidung an der Existenz des Bösen. Nach Kant beruht es auf einem Missbrauch der menschlichen Freiheit, für Hegel ist das Böse notwendiges Durchgangsstadium des Weltprozesses. Nietzsche zufolge dienen die Kategorien des (moralischen) Bösen wie des Guten der Beherrschung anderer Menschen.

Bourdieu [bur'djø:], Pierre Félix, französischer Soziologe, *Denguin (Dép. Pyrénées-Atlantiques) 1. 8. 1930, † Paris 23. 1. 2002; war ab 1964 Professor an der École Pratique des Hautes Études in Paris und folgte 1982 seiner Berufung an das Collège de France. Ausgehend von erziehungs-, kunst- und religionssoziologischen Forschungen, analysierte Bourdieu die Rolle – in seiner Terminologie auch »Macht« – objektiv gegebener, sozial ungleicher Strukturen in der Gesellschaft, wie z.B. Bildungsgang, Herkunftsfamilie, Stellung in Kulturbetrieb und Wirtschaftsordnung, in ihrer Wirkung auf die Herausbildung subjektiver Denk- und Handlungsmuster.

In seinem Hauptwerk »La distinction« (1979; dt. »Die feinen Unterschiede«) führt Bourdieu anhand zahlreicher Beispiele aus, inwiefern der individuelle »Habitus« eines Menschen, also z.B. Geschmack, Sprache und Konsumverhalten, aus der unbewussten Verinnerlichung strukturell vorgegebener, schichtspezifischer Grenzen resultiert.

Brahman [Sanskrit], zentraler Begriff in der *indischen Philosophie,* der ursprünglich Zauberspruch bedeutet, sodann die dem religiösen Lied und Spruch innewohnende Kraft. In den Upanishaden, den philosophisch-theologischen Abhandlungen am Ende der altindischen Veden, wird das Brahman schließlich zur Allseele, dem absoluten, allem Seienden zugrunde liegenden Prinzip. In der philosophischen Tradition wird es auch umschrieben mit der Einheit der drei Begriffe Sat (»Sein«), Cit (»reines Bewusstsein«) und Ananda (»Wonne«) als Saccidananda.

Brentano, Franz, deutscher Philosoph, *Marienberg bei Boppard 16. 1. 1838, † Zürich 17. 3. 1917. Brentano wurde 1864 zum Priester geweiht, trat aber 1873 aus der katholischen Kirche aus, weil er die Dogmen der Trinität und der päpstlichen Unfehlbarkeit ablehnte. 1874–95 lehrte er Philosophie an der Universität in Wien.

Von Studien über Aristoteles ausgehend entwickelte Brentano eine auf der Basis empirisch-naturwissenschaftlicher Methodik aufbauende, jedoch nicht metaphysikfeindliche Philosophie, in deren Rahmen die Psychologie Grundwissenschaft ist. Ihre Aufgabe sieht Brentano darin, die psychischen Phänomene erkenntnis- und sprachkritisch zu analysieren und zu klassifizieren. Mit seiner Lehre von der Intentionalität des Bewusstseins, nach der alle seelischen Erscheinungen (Vorstellungen, Urteile, Gemütsbewegungen) auf außerhalb des Bewusstseins liegende Gegenstände gerichtet sind, wurde Brentano zu einem Begründer der neueren Aktpsychologie. Evidenz als keines Beweises bedürfende Gewissheit kommt der inneren Wahrnehmung

Brahman Upanishaden

Die Upanishaden sind Teil des Veda, der ältesten religiösen Überlieferung Indiens. In Form von Traktaten überliefern sie Erkenntnisse, die nur Eingeweihten zugänglich sind und das Wesen des Opfers, von Gott, Welt und Seele betreffen. Die ältesten Teile der Upanishaden entstanden vermutlich 800–600 v. Chr., die jüngsten in den ersten nachchristlichen Jahrhunderten. Vor allem in den so genannten mittleren Upanishaden werden die Hauptfragen der indischen Philosophie behandelt: jene nach dem Urgrund aller Dinge und dem Wesen des Menschen, das dem Geburtenkreislauf (Samsara) unterliegt; hauptsächlich aber die Lehre von Brahman, der höchsten Allseele und Alleinheit, und Atman, der individuellen Seele, die sich in verschiedenen Körpern immer wieder inkarniert, eigentlich aber das Eingehen in ihren tragenden Urgrund, das Brahman, erstrebt. Weitere Themen sind Einheit und Vielheit, das Wesen der Götter und die Entstehung des Alls, die Bedeutung von Tod, Traum und Unsterblichkeit sowie die ethische Weltordnung.

Bruno Stationen eines rastlosen Geistes

1014

Der Häresie verdächtigt, floh Giordano Bruno 1576 aus seinem Dominikanerkloster in Neapel und kam über Rom, Genf, Paris, London, Oxford, Mainz, Marburg, Wittenberg und Prag im November 1588 an die Universität Tübingen, wo er um akademisches Bürgerrecht und die Erlaubnis für Privatvorlesungen bat. Doch Bruno hatte wohl die einstmalige Weltoffenheit der »protestantischen« Universität überschätzt. Auch war ihm der Ruf eines akademischen Querkopfes vorausgeeilt, sodass die etablierte Professorenschaft die Respektlosigkeit des Kollegen fürchtete. Kaum angekommen, beschied man ihm weiterzuziehen, da er unerwünscht und auch sein Auskommen nicht gesichert sei (Siegel der Universität Tübingen mit der Darstellung Christi auf dem Alten und Neuen Testament stehend). Er reiste nach Helmstedt weiter, 1590 nach Frankfurt am Main, ein Jahr später nach Venedig, wo er 1592 erneut – und zum letzten Mal – der Ketzerei angeklagt wurde. Am 8. Februar 1600 wurde sein Todesurteil gefällt.

und in der Logik als Wahrheitskriterium dem Urteil zu.

Brentano übte v.a. auf die Phänomenologie (Edmund Husserl) und die Gegenstandstheorie (Alexius Meinong) sowie mit seinen Untersuchungen zum Urteil und damit zur Logik der Sprache auch auf die Sprachphilosophie (Bertrand Russell, George Edward Moore) Einfluss aus.

Bruno, Giordano, eigentlich Filippo Bruno, italienischer Philosoph, *Nola (bei Neapel) 1548, †Rom 17. 2. 1600; war seit 1563 Dominikaner in Neapel, entzog sich 1576 durch Flucht einer Anklage wegen Ketzerei und lehrte an verschiedenen Universitäten in Frankreich, England und Deutschland. 1592 fiel Bruno in Italien in die Hände der Inquisition und wurde nach siebenjähriger Gefangenschaft auf dem Scheiterhaufen verbrannt.

Brunos Denken stand unter dem Einfluss des scholastischen Aristotelismus sowie dem von Lukrez, Plotin und Nikolaus von Kues. Noch an das Mittelalter gebunden, trug er doch im Rahmen des Neuplatonismus der Renaissance ein von dichterischer Anschauungskraft belebtes einheitliches Weltbild vor, das im Widerspruch zur herrschenden Lehre der katholischen Kirche stand. So war er von der Unendlichkeit des Universums überzeugt und davon, dass Gott als dessen Schöpfer selbst unendlich sei. Er betrachtete den Heiligen Geist als Weltseele und ging von einem zyklischen Prozess von Weltentstehung und Weltvergehen aus, dessen Basis die Materie ist. Als ein Gegner des geozentrischen Weltbilds nahm er an, dass die Fixsterne ihrerseits Zentren von anderen Planetensystemen seien.

Brunos Gedanken wirkten u.a. auf Johann Gottfried Herder, Goethe, Friedrich Heinrich Jacobi und Friedrich Wilhelm Joseph von Schelling. Leibniz übernahm von ihm den Begriff der Monade.

Buber, Martin, deutsch-israelischer Religions- und Sozialphilosoph, *Wien 8. 2. 1878, †Jerusalem 13. 6. 1965; studierte Kunstgeschichte und Philosophie in Wien, Berlin, Leipzig und Zürich. Von 1898 an wirkte er als Redner, Herausgeber und Erzieher in der zionistischen Bewegung. 1902 gründete Buber den Jüdischen Verlag für Übersetzungen hebräischer und jiddischer Werke, seit 1919 arbeitete er gemeinsam mit Franz Rosenzweig u.a. am Freien Jüdischen Lehrhaus in Frankfurt am Main. Ab 1923 lehrte er an der Frankfurter Universität jüdische Religionswissenschaft und Ethik, verzichtete jedoch 1933 auf sein Lehramt. Von 1938 bis 1951 war er Professor für Sozialphilosophie an der Hebräischen Universität in Jerusalem.

Bubers Hauptziel war die menschliche und politische Erneuerung des abendländischen Judentums aus dem Geist der Bibel und der jüdischen Frömmigkeitsbewegung des Chassidismus, deren Texte er sammelte und interpretierte. In das Zentrum seiner pädagogischen, religiösen und politischen Anschauungen stellte er das »dialogische Prinzip«, dargelegt in »Ich und Du« (1923), das unmittelbare Verhältnis des Menschen zum jeweiligen Gegenüber, sowohl im menschlichen Miteinander als auch in der Beziehung des Einzelnen zu Gott. Diese Einstellung beeinflusste die moderne Pädagogik, Philosophie und Psychiatrie, ebenso eine Reihe protestantischer und katholischer Theologen. Vor und nach der Staatswerdung Israels trat Buber für die friedliche Koexistenz von Arabern und Juden in einem binationalen föderativen Staat in Palästina ein.

Giordano Bruno

1201

Martin Buber

Edmund Burke

Burke [bəːk], Edmund, britischer Politiker, Ästhetiker und Publizist, * Dublin 12. 1. 1729, † Beaconsfield (bei London) 9. 7. 1797; war 1765–94 Mitglied des britischen Unterhauses. Seit 1782 gehörte er der Regierung an. Burkes beträchtliche publizistische Wirksamkeit wurde noch einmal gesteigert, als er 1790 mit seiner Schrift »Reflections on the revolution in France« (dt. »Betrachtungen über die Französische Revolution«) die Ziele der Französischen Revolution scharf verurteilte und damit dem europäischen Konservativismus eine seiner Grundlagenschriften lieferte. Bedeutend ist auch seine Schrift zur Ästhetik »A philosophical enquiry into the origin of our ideas of the sublime and beautiful« (1757; dt. »Philosophische Untersuchung über den Ursprung unserer Ideen vom Erhabenen und Schönen«), in der er den psychologischen Grundlagen des ästhetischen Erlebens im Gefühl nachging und damit u. a. Kant anregte.

Butler [ˈbʌtlə], **1)** Joseph, englischer Theologe und Moralphilosoph, * Wantage (Cty. Berkshire) 18. 5. 1692, † Bath 16. 6. 1752; wurde 1733 Kaplan des Lordkanzlers Talbot in London, 1736 Geheimsekretär der Königin Caroline, 1738 Bischof von Bristol und 1750 von Durham. Sein Hauptwerk »The analogy of religion, natural and revealed, to the constitution and course of nature« (1736; dt. »Bestätigung der natürlichen und der geoffenbarten Religion an ihrer Gleichförmigkeit mit dem Laufe der Natur«) betont das komplementäre Verhältnis von Natur und Offenbarung. Es führt damit den Analogiegedanken des Mittelalters fort und widerlegt den Deismus seiner Zeit. Der Einfluss dieses Werkes hielt in England bis ins 19. Jh. an und findet sich z. B. noch bei John Stuart Mill. Butlers in den »Fifteen sermons« (1726) niedergelegte moralphilosophische Anschauungen, die auf das Gewissen als moralische Instanz verweisen, fanden erst im 19. Jh. weitere Verbreitung.

2) Judith, amerikanische Philosophin, * Cleveland (Oh.) 24. 2. 1956; in ihrem einflussreichen Buch »Gender Trouble: Feminism and the Subversion of Identity« (1990; dt. »Das Unbehagen der Geschlechter«) beschreibt Butler die Entstehung der Geschlechtsidentität als ein Zusammenwirken von Sprache, Alltagspraxis und institutionellen Zwängen. Geschlechtsidentität ist das Ergebnis von Handlungen: Die wiederholte Stilisierung des Körpers verfestigt sich und erscheint dann als natürlich. Butler kritisiert, dass Männer und Frauen dabei als klar voneinander unterschiedene und einander grundsätzlich entgegengesetzte Gruppen betrachtet werden. Stattdessen argumentiert sie dafür, das anatomische Geschlecht (Sex), die Geschlechtsidentität (Gender) und das sexuelle Begehren nicht mehr als voneinander abhängig und miteinander verknüpft anzusehen.

Cambridger Schule ['keɪmbrɪdʒ-], Richtung der englischen Philosophie im 17. Jh., die den herrschenden Naturalismus und Sensualismus im Sinne einer platonisierenden christlichen Morallehre bekämpfte. Sie wurde begründet durch Benjamin Whichcote (* 1609, † 1683). Die Philosophen der Cambridger Schule traten für eine rationale Begründung des Christentums, die Freiheit des menschlichen Willens und eine von Dogmen befreite, unter dem Glauben geeinigte Gemeinschaft aller Christen ein. Weitere Vertreter der Cambridger Schule waren v. a. Ralph Cudworth und Henry More.

Campanẹlla, Tommaso, eigentlich Giovanni Domenico Campanella, italienischer Philosoph, * Stilo (Kalabrien) 5. 9. 1568, † Paris 21. 5. 1639; seit 1583 Dominikaner. Er wurde 1591 und dann nochmals 1592 der Ketzerei angeklagt und verhaftet, 1599 als Initiator eines Aufstandes gegen die spanische Herrschaft in Kalabrien eingekerkert und 1626 nach Rom ausgeliefert, dann freigelassen. 1634 floh Campanella nach Paris. Während seiner Haftzeiten, die insgesamt die Hälfte seines Lebens ausfüllten, entstanden Campanellas Hauptwerke, die Utopie »La città del sole« (entstanden 1602; 1623 unter dem lateinischen Titel »Civitas solis« veröffentlicht; dt. »Der Sonnenstaat«) sowie sein philosophisch bedeutendstes Werk »Metafisica« (1638) und die »Theologia« (1613).

Campanella lehrte eine doppelte Offenbarung durch die Natur und die Bibel. Im »Sonnenstaat« legte er das Programm seiner eigenen politischen Aktivitäten dar. Hierzu entwarf er das Bild eines christlich gemeinschaftlichen Staates, in dem Priester nach der Vernunft zum Wohlergehen jedes einzelnen Bürgers herrschen, Frauengemeinschaft sowie Erziehungsgleichheit bestehen und das Privateigentum als Ursprung der Übel in der Gesellschaft abgeschafft ist. Grundlage von Campanellas Metaphysik bilden Macht, Weisheit und Liebe als die in Gott vorhandenen »Primalitäten allen Seins«.

Camus [ka'my], Albert, französischer Schriftsteller und Philosoph, * Mondovi (heute Deraan, bei Annaba, Algerien) 7. 11. 1913, † (Autounfall) bei Villeblevin (Dép. Yonne) 4. 1. 1960; studierte Philosophie in Algier und war als Journalist, u. a. 1938–40 für den »Alger républicain«, und für das Theater tätig. 1940 siedelte er nach dem Verbot des »Alger républicain« nach Paris über, wo er 1944 Jean-Paul Sartre kennen lernte. Im Algerienkrieg unternahm Camus zahlreiche Vermittlungsversuche. 1957 erhielt er den Nobelpreis für Literatur.

Camus' literarischem Werk liegt die Philosophie des Absurden zugrunde, der Widerspruch zwischen dem vom Menschen angestrebten sinnvollen Handeln und seiner angenommenen Unerreichbarkeit. Aus dieser Spannung entwickelt sich die Revolte, wie sie Camus etwa in seinem Roman »L'étranger« (1942; dt. »Der Fremde«) schildert. Im ständigen Aufbegehren gegen die Sinnlosigkeit findet der Einzelne den Weg über sich selbst hinaus zur Solidarität mit den Mitmenschen. In »Le mythe de Sisyphe« (1942; dt. »Der Mythos von Sisyphos«) zieht Camus den antiken Mythos heran, um die existenzielle Erfahrung des Absurden darzustellen, aber auch auf dessen Überwindung hinzuweisen. Seine Sicht der Revolte, die er in dem Essay »L'homme révolté« (1951; dt. »Der Mensch in der Revolte«) darlegt, führte zum Bruch mit Sartre.

Cạrnap, Rudolf, amerikanischer Philosoph deutscher Herkunft, * Ronsdorf (heute zu Wuppertal) 18. 5. 1891, † Santa Monica (Calif.) 14. 9. 1970; studierte Physik, Mathematik und Philosophie. Seit 1931 war er Professor für Naturphilosophie in Prag, seit 1936 für Philosophie in den USA, zunächst in Chicago und seit 1954 in Princeton (N. J.).

Carnap war neben Moritz Schlick ein Hauptvertreter des →Wiener Kreises. Beeinflusst von den logischen und sprachphilosophischen Untersuchungen Gottlob Freges, Bertrand Russells und Ludwig Wittgensteins – v. a. von dessen »Tractatus logico-philosophicus« – verfasste er bahnbrechende Arbeiten zur mathematischen Logik, die er methodisch für die Philosophie fruchtbar zu machen suchte, außerdem zur logischen Syntax der Sprache, der extensionalen und intensionalen →Semantik sowie der induktiven und der Wahrscheinlichkeitslogik.

■ **Hauptwerke** Carnaps intensive Auseinandersetzung mit der Frage nach einer die Geistes- und Naturwissenschaften verbindenden Einheitswissenschaft führte in seinem ersten Hauptwerk »Der logische Aufbau der Welt« (1928) zu einer Konstituierung (Ableitung) aller Erfahrungs- und Wissenschaftsbegriffe anhand eines einzigen Grundbegriffs, der »Ähnlichkeitserinnerung«. Die Gliederung der Erscheinungswelt basiert dabei auf den jeweils eigenen Erlebnisinhalten des wahrnehmenden Subjekts. Carnap revidierte diesen Ansatz mehrfach.

In seinem zweiten Hauptwerk »Logische Syntax der Sprache« (1934) wendete sich Carnap der logischen Struktur wissenschaftlicher Sätze zu und traf die Unterscheidung zwischen formalen Objektsprachen als beliebig wählbaren, in sich kohärenten Wissenschaftssprachen und einer Metasprache, in der über diese Kunstsprachen gesprochen wird. Als Kriterium für die Wissenschaftlichkeit von Aussagen forderte Carnap die Angabe eines empiristischen Sinnkriteriums, d. h. einer logischen Regel, mit deren Hilfe die Sätze auf Beobachtungssätze, so genannte Protokollsätze, zurückgeführt werden können (→Verifikation). Die Erkenntnis, dass u. a. die Dispositionsbe-

100563

Albert Camus

Ernst Cassirer zufolge hat der Mensch keinen direkten Zugang zur Welt, sondern lebt in einem symbolischen Universum:

»Sprache, Mythos, Kunst und Religion sind Bestandteile dieses Universums. Sie sind die … Fäden, aus denen das Symbolnetz … menschlicher Erfahrung gewebt ist.«

110

Ernst Cassirer

Rechte Seite. Nach den griechischen Weltentstehungsmythen entstand aus dem ungeordneten Urstoff, dem Chaos, der geordnete Kosmos.

griffe (z.B. »zerbrechlich«, »wasserlöslich«, »jähzornig«) nicht unmittelbar auf eine empiristische Beobachtungssprache reduzierbar sind, führte Carnap später zum Entwurf einer Wissenschaftssprache, die in zwei Stufen gegliedert ist: in die Beobachtungssprache und in eine Theoriesprache, deren Begriffe (z.B. »elektromagnetisches Feld«) nicht unmittelbar in der Beobachtungssprache beschrieben werden können und im Kontext einer bestimmten Theorie definiert sind.

■ **Weitere Arbeiten** Unter dem Einfluss der Kritik Karl R. Poppers analysierte Carnap – ohne jedoch dessen Falsifizierungsprinzip zu übernehmen – die Begriffe der »Prüfbarkeit« und »Bewährbarkeit« und unterschied auch zwischen »Zurückführbarkeit« und »Definierbarkeit« genauer. Angeregt durch die Forschungen Alfred Tarskis, erweiterte er seinen formalistisch-syntaktischen Begriff der Logik in den 1940er-Jahren durch den semantischen Aspekt, unter dem auch die Analyse der Begriffe »Bedeutung« und »Wahrheit« Gewicht gewannen und damit intensionale Bedeutungsbeziehungen und modale Operatoren als für die Sprache der Wissenschaft unentbehrliche Komponenten anerkannt wurden.

Cartesianismus, Kartesianismus, die Lehre von Descartes (latinisiert: Cartesius) in der Form, wie sie geschichtlich wirksam geworden ist, sowie die sich im 17. und 18. Jh. an Descartes anschließenden philosophischen Schulen in Holland, Italien, Deutschland und Frankreich. Eine Richtung des Cartesianismus war der →Okkasionalismus. Kennzeichnend für den Cartesianismus sind der Ausgang vom cartesischen »cogito, ergo sum«, also von der Selbstgewissheit des Bewusstseins, eine dualistische Leib-Seele-Lehre und die rationalistische Methode.

cartesisch, cartesianisch, auf Descartes (latinisiert: Cartesius) oder auf den Cartesianismus bezogen.

Cartesius, Renatus, →Descartes, René.

Cassirer, Ernst, deutscher Philosoph, *Breslau 28. 7. 1874, †New York 13. 4. 1945; kam als Schüler von Hermann Cohen von der Marburger Schule des Neukantianismus her. Cassirer war 1919–33 Professor in Hamburg, emigrierte dann nach England und lehrte 1933–35 in Oxford, anschließend im schwedischen Göteborg, seit 1941 in den USA an der Yale University und in den Jahren 1944/45 an der Columbia University in New York.

Als Cassirers Hauptwerk gilt seine in drei Bänden erschienene »Philosophie der symbolischen Formen« (1923–29). In Weiterbildung des transzendentalphilosophischen kritischen Idealismus Kants deutete er hier die gesamte kulturell-geistige Wirklichkeit als eine Vielheit von Symbolsphären, die die Welt in je eigener Weise ordnen. So weist Cassirer Sprache, Mythos, Religionen und Wissenschaft, später auch Kunst, Geschichte und Technik als eigenständige Symbolbereiche auf. Unter Symbol wird dabei ein Phänomen verstanden, das sich dadurch auszeichnet, dass es konzentriert, verknüpft, wie eine Metapher transzendiert und eine Handlungsanweisung gibt. Das Symbol hat immer einen Zug zum Konkreten. Erst durch die sinnverleihende symbolische Formung werden die Erscheinungen zur Welt zu einem objektiven Sinnzusammenhang. Die Geistesgeschichte wird in diesem Sinn als ein symbolgestaltender Ideenprozess gedeutet. In ihm kommt der Mensch zur Freiheit wachsender Selbstbewusstheit und Selbstbestimmung. In seinem im Exil entstandenen Spätwerk »Versuch über den Menschen« (An Essay on Man, 1944) fundiert Cassirer seine Kulturphilosophie anthropologisch. Der Mensch wird als animal symbolicum verstanden.

Bereits in seiner Frühschrift »Substanzbegriff und Funktionsbegriff« wies Cassirer darauf hin, dass die mathematisch-naturwissenschaftliche Erkenntnisform nicht die einzige ist, die Wirklichkeit logisch konstituiert. An diesen Gedanken knüpft die »Philosophie der symbolischen Formen«an. Cassirers Anliegen ist es, Kants Transzendentalphilosophie kulturphilosophisch zu erweitern, aus den erkenntnistheoretischen Fesseln einer zu engen Anbindung an die Mathematik und Naturwissenschaft zu befreien und andere Weisen der Sinnbildung und Weltordnung nach ihren logischen Gesetzen zu untersuchen. Er stellt in seinem Werk die Frage, ob Medien wie Sprache, Mythos, Religion und Wissenschaft in jeweils eigenen Einheits- und Sinnbildungsleistungen gründen. Dabei versteht er unter Medium einen eigenständigen symbolischen Geltungsbereich, in dem sich Bewusstseinsleistungen konkretisieren. Ausgangspunkt ist dabei, dass der Mensch immer schon in einer symbolischen Umwelt lebt und nichts in der Welt erfahren kann ohne die Zwischenschaltung von Medien. Cassirer formuliert in seinem Hauptwerk die erste große erkenntnistheoretische Pluralismustheorie.

Neben seinen systematischen Werken schrieb Cassirer richtungweisende Arbeiten zur Geschichte der Philosophie (v.a. zu Renaissance, Aufklärung, Descartes, Leibniz, Rousseau, Kant) und zur Geistesgeschichte. Außerdem befasste er sich mit erkenntnistheoretischen Fragen der modernen Physik und gab die philosophischen Werke von Leibniz (1916–26) und Kant (1912–18) heraus. Cassirers Symbolphilosophie hat großen Einfluss auf das Werk von Nelson Goodman und Pierre Bourdieu sowie auf die gesamte gegenwärtige Kultur- und Medienphilosophie.

Causa [latein. »Grund«, »Ursache«], Terminus der scholastischen Philosophie. An die aristotelische Definition der Ursache (→Arche) anknüpfend, unterschied sie **Causa essendi**

und **Causa fiendi** als Ursache des Seins und des Entstehens von etwas von der **Causa cognoscendi** als Ursache seines Erkanntwerdens.

Auf Aristoteles geht die klassische Unterscheidung von vier Ursachen zurück: 1. **Causa finalis,** die Zweckursache, Bestimmung eines Ablaufs durch das Ziel (wie Gesundheit als »Causa« für Sportübungen; →Finalität, →Teleologie), 2. **Causa efficiens,** die Wirkursache (z. B. der Schreiner als »Causa« für den Tisch; →Kausalität), 3. **Causa formalis,** Gestaltursache im Sinne der inneren gestaltenden →Form von etwas (z. B. die der Marmorstatue eigene Gestalt), und 4. **Causa materialis,** die Stoffursache, das Substrat, das gestaltet wird (z. B. der Marmor als »Causa« für die Statue; →Hylemorphismus).

Die Scholastik schloss weitere Unterscheidungen an, zu denen u. a. die der **Causa sui** als Ursache ihrer selbst gehört. Diese wird von Thomas von Aquino im Sinne der Freiheit (»um seiner selbst willen sein«) verstanden, da kein Ding sein eigenes substanzielles Sein hervorbringen könne. Descartes dagegen drückt mit jenem Terminus aus, dass Gottes Wesen seine Existenz einschließt. Ebenso fallen bei Spinoza Gott, die Substanz als in sich seiend und allein durch sich begreifbar und die Natur als das notwendige Sein zusammen.

Die ehemals umfassende Bedeutung von Causa wurde mit der Zeit immer mehr eingeschränkt. So verwendete David Hume den Begriff im Sinne eines psychischen Assoziationsschemas. Bei Kant ist Causa eine Kategorie des Verstandes, welche die Erscheinungen in der Sinnenwelt als notwendig aufeinander folgend denkt. Der Begriff wurde nunmehr verwendet im Sinne von **Causa instrumentalis** als vermittelndem Werkzeug (→Instrumentalismus) oder von **Causa occasionalis** als einer Gelegenheitsursache, d. h. einem besonderen Grund gelegentlich eines konkreten Begründungsbedarfs (→Okkasionalismus).

chinesische Philosophie Yi-jing

Das Yi-jing ist ein chinesisches Wahrsagebuch, das in seinen Anfängen bis auf die Wende vom 2. zum 1. Jahrtausend v. Chr. zurückgeht. Basis des Buches bildet die Konzeption von 64 Grundsituationen, die mithilfe von 50 Schafgarbenstängeln nach einem komplizierten Auszählungsverfahren im jeweiligen Einzelfall ermittelt werden. Der Kerngedanke des Orakelsystems besteht darin, dass alle 64 Grundsituationen nicht als starr, sondern stets als sich in eine andere Grundsituation »wandelnd« aufgefasst werden. Die 64 ursprünglichen Orakelsprüche wurden schon früh mit zahllosen Kommentaren versehen. Darunter ist auch der »Große Kommentar«, in dem als Begründung für das Buch eine Art Ontologie im weitesten Sinn entworfen wird, die den Übergang von der Mantik zur Philosophie in der Auffassung des Buches markiert. Das Yi-jing bildete über alle Schulen hinweg in vielerlei Hinsicht die Basis von Philosophie und Psychologie, zum Teil auch von Geschichtsdeutung und Naturwissenschaft in China.

Chalcidius [ç-], neuplatonischer Philosoph des 4./5. Jh.; überlieferte durch seine lateinische Teilübersetzung und Kommentierung von Platons »Timaios« dem Mittelalter die Grundgedanken der platonischen Kosmologie.

Chaos [k-; griech. cháos »der unendliche leere Raum«, »die gestaltlose Urmasse (des Weltalls)«], bei dem griechischen Dichter Hesiod (um 700 v. Chr.) »das Gähnende«, der sich öffnende Abgrund, erst später der ungeordnete und unbestimmte Urstoff. Nach den griechischen Weltentstehungsmythen ist das Chaos der erste Zustand der Welt bzw. Potenz für die Entfaltung des endlichen und wohl geordneten Kosmos. Nach der orphischen →Kosmogonie erzeugte das Urprinzip, die Zeit (Chronos), aus sich Äther und Chaos.

Bei Platon ist Chaos die Finsternis der Unterwelt, bei Aristoteles der alles in sich fassende Raum. Die Stoiker deuteten es als unbestimmte, ungeordnete Masse. An die Gedanken der Stoa anknüpfend, aber auch an die des Anaxagoras, der unendlich viele verschiedene Urstoffe annahm, fasste der römische Dichter Ovid (* 43 v. Chr., † etwa 17 n. Chr.) das Chaos als »ungeordneten Haufen von Grundelementen« auf, aus denen die Welt entstand. In der Neuzeit findet sich Chaos als metaphysische Einheit und Potenz zur Entstehung der Welt, so u. a. bei Friedrich Wilhelm Joseph von Schelling. Die moderne Chaosforschung als Teilgebiet der Mathematik und Physik hat Einfluss auf die Wissenschaftstheorie. – Abb. S. 59

Ch'i, →Qi.

chinesische Philosophie. Die chinesische Philosophie ist durch ihr Grundanliegen, die Stellung des Menschen in der Gesellschaft, und damit auch durch große Wirklichkeitsnähe gekennzeichnet. Dem entspricht die anschauliche Argumentationsweise mit Anspielungen auf historische Geschehnisse und die Vorliebe für visuell in Tabellen, grafischen Schemata und »Tafeln« darstellbare Kategoriensysteme. Charakteristisch dafür ist das schon früh philosophisch interpretierte Wahrsagebuch Yi-jing (I-ching, I Ging, »Buch der Wandlungen«). Die darin dokumentierte Überzeugung von einem alles erschaffenden und durchdringenden Wirken zweier Urkräfte, Yin und Yang, die später mit fünf »Agenzien« oder Elementen (Erde, Holz, Metall, Feuer, Wasser) in Beziehung gesetzt wurden, steht letztlich auch hinter der beherrschenden Idee des »Universismus«: Ihr zufolge bilden Mensch und Kosmos eine Einheit, in der jeder Teil auf alle anderen reagiert.

■ **Konfuzianismus** Ein philosophisches Denken im engeren Sinn begann mit Konfuzius, der sich mit seiner humanistischen, allem Übernatürlichen gegenüber agnostizistischen Einstellung von der mythologisch-religiösen Sphäre ablöste (→Konfuzianismus). Seine Tu-

chinesische Philosophie Wettstreit der »Hundert Schulen«

Die »Zeit der Streitenden Reiche« (475–221 v. Chr.) war in China politisch von Anarchie geprägt, doch entstanden zu dieser Zeit auch jene Denkschulen und Lehrsysteme, die Chinas frühe Philosophie ausmachen. Die damals miteinander konkurrierenden »Hundert Schulen«, die sich mit nahezu allen Fragen der Philosophie, Religion und des Staates auseinandersetzten, teilt man heute in neun Hauptrichtungen ein. Die bedeutendsten unter ihnen sind der Konfuzianismus, der Daoismus, die Schule der Legalisten und die Anhänger des Mo Di. Daneben finden sich etwa die den griechischen Sophisten vergleichbare »Namensschule« (Ming Jia), die auf Rhetorik setzte, oder die »Schule der Landwirte« (Nong Jia), die einen Herrscher mit praktischen Kenntnissen in Landbebauung und Wasserwirtschaft sowie die wirtschaftliche Selbstversorgung der Menschen forderte.
Mit der Durchsetzung des Konfuzianismus als Staatslehre im 2. Jahrhundert v. Chr. verloren die »Hundert Schulen« in China ihre Bedeutung. Neben dem Konfuzianismus hielt sich nur der Daoismus. Hinzu trat schließlich als dritte Kraft der Buddhismus. Das Seidengemälde des 3. Jahrhunderts zeigt eine vom Daoismus geprägte Vorstellung: Eine Grabherrin betet für den Sieg des Kranichs, Symbol des Lebens, über den einbeinigen Dämon als Verkörperung des Todes.

gendlehre unterscheidet innere »Menschlichkeit« (Ren, Jen) und äußere Gesittung (Li) und führte damit bei seinen Nachfolgern zu unterschiedlichen Akzentuierungen: Mengzi (Meng-tzu) begriff die Moralerziehung als Freilegung naturgegebener Anlagen, Xunzi (Hsün-tzu) als Zähmung der ursprünglich »schlechten« Natur durch die nach innen wirkenden Sittenregeln.

■ **Reaktionen auf den Konfuzianismus** Der konfuzianische Humanismus löste verschiedene Gegenreaktionen aus: Gegen die Vermenschlichung der Natur verteidigte der →Daoismus sein Weltprinzip (→Dao), das nicht vom Menschen her erklärbar sei und eine naturnahe, spontane Haltung (Wuwei, »Nicht-tun«) verlange. Im Unterschied zu der im Konfuzianismus je nach sozialer Nähe gestaffelten »Menschlichkeit« predigte der Mohismus, die Schule des Mo Di (Mo Ti), eine utilitaristisch begründete, gewissermaßen eher »sozialistisch« ausgerichtete »allgemeine Liebe«.

Die Schule der Legalisten (Fa-jia, Fa-chia) schließlich, deren bedeutendste Vertreter Han Feizi, Han Fei-tzu (* um 280, † 233) und Shang Yang († 338) waren, trat für das Prinzip eines geradezu mystisch aufgefassten Strafrechts ein, das wie ein menschengeschaffenes Naturgesetz die Gesellschaft selbstständig ordnen sollte.

■ **Weiterentwicklung des Konfuzianismus** Nach einer nur kurze Zeit andauernden Vorherrschaft der Schule der Legalisten wurde der Konfuzianismus im 2. Jh. v. Chr. zur offiziellen Staatsphilosophie. Er machte aber unter dem Einfluss anderer Philosophien – v. a. der Yin-Yang- und Fünf-Elemente-Schule mit ihren kosmologischen Spekulationen sowie später unter dem Einfluss des Daoismus, der sich zum großen philosophischen Gegenentwurf des Konfuzianismus entwickelte – große Veränderungen durch und brachte zahlreiche Kommentare, ja sogar apokryphe »Klassiker« mit z. T. prophetischem Inhalt, Chan-wei-Bücher (Ch'an-wei-Bücher), hervor.

Hierzu ist auch die »mystische Schule« (Xuan-xue, Hsüan-hsüeh) zu rechnen, die im 3./4. Jh. eine hochtheoretisierte Ontologie erarbeitete. Sie stand möglicherweise bereits unter indirektem Einfluss des Buddhismus, der seit dem 1. Jh. n. Chr. eindrang und der chinesischen Philosophie mit einer riesigen Zahl ins Chinesische übersetzter Texte ganz neue Impulse gab. Einflussreich wurden besonders die Schulen Tian-tai (T'ien-t'ai), Hua-yan (Hua-yen), Qing-tu (Ch'ing-t'u, »Reines Land«, d. h. Paradies) und Chan (Ch'an, japanisch Zen).

■ **Neokonfuzianismus** Unter den verschiedenen Richtungen des Neokonfuzianis-

chinesische Philosophie
→ GEO **Dossier**
Die Wurzeln der Weisheit, Bd. 14

christliche Philosophie. Das Verhältnis von Wissen und Glauben ist zentrales Thema christlicher Philosophen. An der Auseinandersetzung mit der Offenbarung klärt sich der Anspruch der Philosophie, als Vernunftwissenschaft zu gelten (deutscher Meister, »Verkündigung«, 1470–1480; Moskau, Puschkin-Museum).

christliche Philosophie
→ GEO **Dossier**
Die Wurzeln der Weisheit, Bd. 14

mus ist einerseits die »realistische« Li-Schule hervorzuheben. Sie nahm ein moralisch angelegtes Ordnungsprinzip (Li) in der Außen- und Innenwelt an, dem es durch bewusstes »Lernen« aus der schriftlichen konfuzianischen Tradition und in der Auseinandersetzung mit der Realität zu entsprechen gelte. Demgegenüber ging die »idealistische« Schule Xin (Hsin) davon aus, dass alle Erkenntnis und moralische Vollendung durch Introspektion im eigenen »Herzen« (Xin, Hsin) gefunden werden könne.

Gegen den Neokonfuzianismus erhoben sich seit dem 17. Jh. zunehmend kritische Stimmen, die mit philologischen Argumenten gegen die von ihm verwendeten Texte vorgingen, damit aber ungewollt die Autorität des Konfuzianismus überhaupt untergruben und so das Eindringen westlicher Gedankensysteme vorbereiteten. Seit dem Ende des 19. Jahrhunderts gewann das westliche Denken in politisch und gesellschaftlich anwendbaren Formen, z. B. als Sozialdarwinismus, Pragmatismus oder Anarchismus, an Bedeutung und drängte den Konfuzianismus und zugleich die gesamte traditionelle chinesische Philosophie in den Hintergrund. Der Marxismus fand erst seit der russischen Oktoberrevolution (1917) weitere Beachtung.

■ **Neuere Entwicklung** Nachdem in den 1920er- und frühen 1930er-Jahren unter dem Schlagwort »Neues Leben« auch eine nationale Wiederbelebung des Konfuzianismus versucht worden war, die z. T. in Taiwan noch fortgeführt wird, bestand in der Volksrepublik China seit 1949 das Problem der Bewertung der traditionellen chinesischen Philosophie im Verhältnis zur marxistischen Ideologie bzw. zum »Denken Mao Zedongs«. Die Diskussion wurde während der »Kulturrevolution« (1965/66–1969) unterbrochen, danach aber wieder aufgegriffen. Gegenwärtig stehen wiederum Diskussionen im Vordergrund, die das Verhältnis der traditionellen chinesischen Philosophie zu Gedankengut aus fremden Kulturkreisen betreffen.

Chisholm [tʃɪzm], Roderick Milton, amerikanischer Philosoph, *North Attleboro (Mass.) 27. 11. 1916, †Providence (R. I.) 19. 1. 1999; Schüler u. a. von Willard Van Orman Quine und Bertrand Russell. Ab 1947 lehrte Chisholm in Providence (R. I.). Großen Einfluss übten die Werken Alexius Meinongs und Franz Brentanos auf ihn aus. Eines seiner zentralen Themen war dementsprechend das Problem der Intentionalität des Denkens, also die Frage, wie sich denkende Subjekte auf etwas beziehen können. Chisholm suchte traditionelle philosophische Lehren unter Anwendung von Methoden der analytischen Philosophie neu zu beleben.

Chorismos [ç-; griech. »Trennung«], in der aristotelischen Philosophie verwendeter Begriff für das Verhältnis von Idee und Erscheinung bei Platon. Die Ideen als Urbilder und die entsprechenden Einzeldinge als Abbilder sind diesem zufolge voneinander getrennt, die Ideen sind den Einzeldingen transzendent (→Transzendenz) und die Welt ist verdoppelt zu verstehen. Der Begriff Chorismos ist seit dem Neukantianismus für ein »dualistisches« Verständnis der Ideenlehre Platons geläufig geworden.

christliche Philosophie, in der weitesten Bedeutung die Philosophie, deren Gehalt durch die christliche Offenbarung und die Auseinandersetzung mit ihr geprägt ist und deren Gestalt nicht denkbar ist ohne die Veränderung, die die christliche Religion in der abendländischen Geistesgeschichte bewirkt hat, sofern sie keine wesentlichen Offenbarungsinhalte verwirft oder ihnen entgegensteht. Auch die moderne Transzendentalphilosophie ist in ihrer Eigenart formal noch durch das christliche Bewusstsein bestimmt. Sie wird häufig als säkularisierte Gestalt christlicher Innerlichkeit und die moderne Geschichtsphilosophie als säkularisierte Gestalt heilsgeschichtlicher Eschatologie angesehen.

■ **Alte Kirche und Mittelalter** Im klassischen Sinn christlich ist jene Philosophie, die das Christentum als geschichtliche Erscheinung voraussetzt und im positiven Verhältnis zur Offenbarung steht, ohne dadurch ihren Anspruch, als Vernunftwissenschaft zu gelten, aufzugeben. Hierzu zählen die Philosophie der ausgehenden Antike und des christlichen Mittelalters: Patristik (besonders Klemens von Alexandria, Origenes, Augustinus), Scholastik (Thomas von Aquino) und die Tradition ihrer Grundprobleme und Lösungsversuche in der Philosophia perennis sowie die christliche Mystik (Meister Eckhart).

Christlich ist dieses Philosophieren 1. negativ: insofern es nicht mit dem klar formulierten Glauben der Kirche in Widerspruch steht, 2. formal positiv: durch seine Fassung des Verhältnisses von Glauben und Wissen, dessen reifste Form bei Thomas von Aquino erreicht ist. Glauben und Wissen (Natur und Gnade) werden nach Thomas scharf in zwei Bereiche der Erkenntnis mit eigenem Objekt und eigener Methode unterschieden. Während der Glaube das Wissen bewahrt, das zum Heil nötig ist, und seine Quelle allein die gnadenhafte Selbstmitteilung Gottes ist, bildet den eigentümlichen Gegenstand der Philosophie, deren Quelle das natürliche Licht der Vernunft ist, das Wesen der natürlichen Dinge. Christlich ist dieses Philosophieren schließlich 3. inhaltlich positiv: Es gewinnt neue Einsichten in die Transzendenz Gottes, die Endlichkeit und Geschaffenheit der Welt und in die Bestimmung des Menschen als freier Person.

In der mittelalterlichen Synthese von Glauben und Wissen bleibt der aus der Antike stammende Seinsbegriff der Metaphysik im Grunde unangetastet: Der Sinn von Sein wird auch in ihr bestimmt aus der Vernunft. Eine neue und radikale Weise christlichen Philosophierens liegt dort vor, wo nicht mehr die Vernunft zur Grundlage des Sinnes von Sein wird, sondern die christliche Grunderfahrung, als freie Person angesprochen zu sein von der einmaligen und geschichtlichen Selbstmitteilung des Absoluten.

■ **Neuzeit** Die Entwicklung seit der Reformation wird durch verschiedene Richtungen bestimmt: zum einen durch die Weiterentwicklung des scholastischen Denkens, u. a. durch Francisco Suárez und Roberto Bellarmino (* 1542, † 1621), innerhalb des Protestantismus u. a. durch Philipp Melanchthon (* 1497, † 1560) und bis weit in das 18. Jh. hinein; zum anderen durch Verinnerlichungsbewegungen (Blaise Pascal), den Pietismus und seit dem 19. Jh. durch Neubesinnung auf die existenziellen Grundlagen des christlichen Denkens, wie sie besonders seit Søren Kierkegaard erscheint. Der Neuthomismus, seit der zweiten Hälfte des 19. Jh., den etwa Franz Brentano und Étienne Gilson (* 1884, † 1978) vertraten, wurde gestützt durch die Enzyklika »Aeterni patris« Leos XIII. (1879), die eine Orientierung des Theologiestudiums an Thomas von Aquino empfahl. Diese Richtung verband sich seit Edmund Husserl oft mit der Phänomenologie, so u. a. bei Edith Stein.

Im 20. Jh. traten u. a. die katholischen Philosophen Theodor Haecker (* 1879, † 1945), Maurice Blondel (* 1861, † 1949) und Romano Guardini (* 1885, † 1968) hervor, auf evangelischer Seite u. a. Reinhold Niebuhr (* 1892, † 1971) und Paul Tillich (* 1886, † 1965). Die mitteleuropäische Existenzphilosophie verstand sich weitgehend als christliche Philosophie (Gabriel Marcel, * 1889, † 1973), wobei einzelne Existenzphilosophen (Jean-Paul Sartre) im Gegensatz zu ihr standen. In neuerer Zeit setzte sich die christliche Philosophie u. a. mit Fragen der Ethik und dem Verhältnis des Christentums zur modernen Gesellschaft auseinander. Bedeutung erlangten u. a. Bernhard Welte (* 1906, † 1983), Bernhard Häring (* 1912, † 1998), Eugen Biser (* 1918) und Wolfhart Pannenberg (* 1928).

■ **Siehe auch**

SACHBEGRIFFE → Glaube · Gnosis · Gott · Gottesbeweise · Liebe · Mystik · Neuscholastik · Neuthomismus · Nominalismus · Patristik · Philosophia perennis · Scholastik · Thomismus · Transzendenz · Universalienstreit

PERSONEN → Augustinus · Buber, Martin · Eckhart · Hamann, Johann Georg · Klemens von Alexandria · Origenes · Pascal, Blaise · Schelling, Friedrich Wilhelm Joseph von · Thomas von Aquino

Chrysippos [ç-], griechischer Philosoph aus Soloi in Kilikien, * 281/277 v. Chr., † 208/204 v. Chr.; kam um 260 nach Athen und wurde nach dem Tod des Kleanthes 232/231 dessen Nachfolger als Schulhaupt der →Stoa. Er gilt als »zweiter Begründer« der stoischen Lehre, die er v. a. auf den Gebieten der Logik und der Erkenntnistheorie systematisierte. Großen Einfluss hatte seine Lehre von der Willensfreiheit, derzufolge der Mensch als Naturding den Kausalgesetzen der Natur zwar unterworfen ist, jedoch die Möglichkeit hat, sich durch seine Willensentscheidung ihren Einflüssen zu entziehen. Als Prinzip der einen, sich wandelnden Natursubstanz nahm Chrysippos in seiner Naturphilosophie das dem Logos verwandte Pneuma an. – Infokasten S. 64

Church [tʃəːtʃ], Alonzo, amerikanischer Mathematiker und Logiker, * Washington (D. C.) 14. 6. 1903, † Hudson (Oh.) 11. 8. 1995; war seit 1939 Professor an der Princeton University und seit 1967 an der University of California in Los Angeles. 1936 formulierte er die so genannte churchsche These, als er bei der Untersuchung von Algorithmen feststellte, dass die entscheidbaren Funktionen allgemein rekursiv sind, sich ihre Werte also aus einem gegebenen Anfangswert nacheinander durch jeweils die gleiche Formel (Rekursionsformel) berechnen lassen. An diese Beobachtung anknüpfend bewies er die Unentscheidbarkeit der Kalküle der Quantorenlogik. Church entwickelte einen mit einem erweiterten Funktionenbegriff arbeitenden »Lambdakalkül« (1932/33) und gab ein System der kombinatorischen Logik an. Zur symbolischen Logik leistete er ebenfalls wesentliche Beiträge.

Cicero, Marcus Tullius, römischer Redner, Politiker und Schriftsteller, * Arpinum (heute Arpino) 3. 1. 106 v. Chr., † (ermordet) bei Formiae (heute Formia) 7. 12. 43 v. Chr; hatte nach seiner Ausbildung erste Erfolge als Anwalt in Rom. Entscheidende rhetorische und philoso-

100264

Marcus Tullius Cicero

Marcus Tullius Cicero preist die Philosophie u. a. als Begründerin menschlicher Kultur:

»Oh Philosophie, die du das Leben leitest, die Tugend erforschst, die Laster vertreibst!... Du hast die Städte geschaffen, die verstreuten Menschen in die Lebensgemeinschaft zusammengerufen, du hast sie miteinander... in Schrift und Sprache verbunden...«

Chrysippos Der Erfinder der Aussagenlogik

Die Stoiker, die ihre Lehre in die – seit Xenokrates üblichen – Disziplinen Ethik, Physik und Logik unterteilten, haben maßgebliche Beiträge für die Entwicklung der Logik geleistet, unter anderem, indem sie die aristotelische Klassenlogik durch die Aussagenlogik ergänzten. Sie wurde erstmals von Chrysippos entwickelt. Dabei stellte er fünf logische Schlussformeln auf, wobei für die Buchstaben *p* und *q* beliebige Aussagen eingesetzt werden können:

»Wenn *p*, dann *q*; nun *p*; also *q*«;
»wenn *p*, dann *q*; nun nicht *q*; also nicht *p*«;
»nicht sowohl *p* als auch *q*; nun *p*; also nicht *q*«;
»*p* oder *q*; nun *p*; also nicht *q*«;
»*p* oder *q*; nun nicht *q*; also *p*«.

Die Sitzstatue aus dem 3. Jahrhundert v. Chr. (Paris, Louvre) zeigt Chrysippos in typischer Haltung: die rechte Hand nach vorn streckend, nachdrücklich argumentierend.

phische Anregungen empfing Cicero 79–77 in Athen und auf Rhodos. Als Konsul vereitelte er 63 die Verschwörung des Catilina und musste unter dem Druck der sich verändernden Machtverhältnisse 58/57 ins Exil gehen.

In der Zeit nach seiner Rückkehr entstanden seine bedeutenden Werke »Über den Redner« (»De oratore«), »Über den Staat« (»De re publica«, mit dem »Somnium Scipionis«) und »Über die Gesetze« (»De legibus«, unvollendet), in denen er – auf griechischem Gedankengut aufbauend – dem Ideal des Römertums eine in die Zukunft weisende Ausprägung gab. 51 verwaltete er als Prokonsul die Provinz Kilikien. Im Bürgerkrieg zwischen Pompeius und Caesar entschied er sich schließlich für Pompeius, erlangte aber später die Gunst Caesars. Nach dessen Ermordung (44) trat er nachdrücklich, aber vergeblich für eine Wiederherstellung der Senatsherrschaft ein. Dabei geriet er in Gegensatz zu Marcus Antonius, dessen Proskriptionen er schließlich auf der Flucht zum Opfer fiel.

Durch seine Schriften ist Cicero der eigentliche Schöpfer der lateinischen Kunstprosa geworden. Besonders in seinen letzten Jahren (46–43) entfaltete er als Vermittler der griechischen Gedankenwelt an die Römer eine große literarische Schaffenskraft. In seinen philosophischen Schriften will Cicero, v. a. an Platon, die Stoa und den Skeptizismus der Akademie anknüpfend, die drei Hauptgebiete der hellenistischen Philosophie erschließen: Erkenntnistheorie (u. a. »Academica«; dt. »Akademische Bücher«), Ethik (u. a. »De officiis«; dt. »Vom rechten Handeln«) und philosophische Theologie (»De fato«; dt. »Über das Schicksal«).

Circulus vitiosus [latein. circulus »Kreis(linie)« und vitiosus »fehlerhaft«], **Zirkel, Zirkelschluss, Di|allele,** in der *Logik* ein Beweisfehler (→Beweis), bei dem die zu beweisende Aussage zugleich eine der Voraussetzungen des Beweises darstellt.

Cognitive Science, →Kognitionswissenschaft.

Cohen ['ko:hən, auch ko'he:n], Hermann, deutscher Philosoph, * Coswig (Anhalt) 4. 7. 1842, † Berlin 4. 4. 1918; war 1876–1912 Professor in Marburg. Gemeinsam mit Paul Natorp gründete er die »Marburger Schule« des →Neukantianismus und suchte Kants Lehre zu einem logischen Systemidealismus weiterzubilden. In seiner »Ethik des reinen Willens« (1904) beschrieb Cohen die transzendentalen Prinzipien des »reinen Wollens«. Diese seien der Maßstab für die Selbstversittlichung der empirischen Individuen in den sozialen Organisationsformen wie etwa in der Gestalt des Staates. In seinen späteren Werken (»Der Begriff der Religion im System der Philosophie«, 1915; »Die Religion der Vernunft aus den Quellen des Judentums«, 1919) entwickelte er eine einflussreiche Religionsphilosophie, in der er den Glauben als vollkommen unabhängig von der Vernunft darstellte.

Commonsense ['kɔmən'sens, engl.], lateinisch **Sensus communis** [»Gemeinsinn«, »allgemeiner Sinn«], Bezeichnung für die realistischen, »unverfälschten« Erfahrungen des »Mannes auf der Straße« (nach George Ed-

Auguste Comte
*** 1798, † 1857**

- prägte den Begriff »Soziologie«
- gilt als Begründer des Positivismus, der allein von Tatsachen ausgeht
- entwickelte ein geschichtsphilosophisches Modell wissenschaftlichen Fortschritts
- wurde von seinen Anhängern finanziell unterstützt

ward Moore z. B. die Gewissheit, dass außerhalb von mir die Welt existiert), meist übersetzt als »gesunder Menschenverstand«. In der Philosophie war der Commonsense häufig Ausgangspunkt des Zweifels und der Kontroverse, doch ist er nach Auffassung der →Schottischen Schule das Fundament aller Wahrheitserkenntnis. Die Philosophie des Commonsense wurde in neuerer Zeit v. a. im angelsächsischen Sprachraum vertreten und mit sprachphilosophischen Untersuchungen verbunden (→analytische Philosophie).

Comte [kɔ̃t], Auguste, französischer Philosoph, *Montpellier 19. 1. 1798, †Paris 5. 9. 1857; war 1817–24 Schüler und Sekretär des französischen Sozialtheoretikers Claude Henri de Saint-Simon (*1760, †1825), 1832–44 Repetitor der Mathematik und Examinator an der École polytechnique in Paris. Später lebte er von den finanziellen Zuschüssen seiner englischen Anhänger.

Comte gilt als der Begründer des →Positivismus. Er lehnte alle Metaphysik und Absolutheitsvorstellungen ab und leugnete die Erkenntnismöglichkeit eines An-sich-Seins der Dinge. Seine Wissenschaftsauffassung, die auch das neuzeitliche Verständnis der Naturwissenschaft nachhaltig prägte, gründete sich auf die Beschreibung von Tatsachen, d. h. der aufgrund sinnlicher Erfahrung beschreibbaren Phänomene, und deren Beziehungen. Comte ersetzte den Begriff der Ursache durch den des Gesetzes als Beschreibung konstanter Zusammenhänge der Aufeinanderfolge und der Ähnlichkeit. Das praktische Ziel dieses Verfahrens sah er in der daraus resultierenden Möglichkeit, rationale Voraussagen zu treffen.

Die Wissenschaften werden von Comte nach abnehmender Abstraktheit und zunehmender Konkretheit geordnet. Ihre Vollendung sah er in der Soziologie (Comte führte diese Bezeichnung anstelle des älteren Begriffs »soziale Physik« ein). Diese erforsche die Daseins- und Entwicklungsformen der Gesellschaft. Als ihre Hauptbereiche beschrieb er die »soziale Statik«, die sich mit den Existenzbedingungen und Funktionen jeder Gesellschaftsordnung befasst, und die »soziale Dynamik«, welche die Gesetze gesellschaftlich-zivilisatorischen Fortschritts untersucht. Anknüpfend an Antoine de Condorcet und Saint-Simon, deutete Comte die Entwicklung menschlichen Wissens nach dem von ihm in seinem »Cours de philosophie positive« (1830–42; dt. »Abhandlung über die positive Philosophie«) entfalteten »Dreistadiengesetz«.

Comte »Abhandlung über die positive Philosophie«

Zwischen 1830 und 1842 erschienen, stellt Auguste Comtes »Abhandlung über die positive Philosophie« die Grundgedanken des Positivismus dar. Dem eingangs eingeführten »Dreistadiengesetz« zufolge schreitet der menschliche Geist in der Entwicklung des Individuums wie im Ganzen seiner Geschichte über mehrere Stufen hinweg zu seiner Vollendung fort. Während der Mensch die Wirklichkeit im »mythologisch-theologischen Stadium« noch als Wirkung übernatürlicher Wesen deutet, erscheint sie ihm im »metaphysischen Stadium« als Ausdruck abstrakter Prinzipien. Erst im »wissenschaftlichen« oder »positiven Stadium« beschränkt er sich bei der Erklärung der Welt auf beobachtbare Tatsachen und ihre konstanten Beziehungen zueinander und gelangt so zu Gesetzen, die zuverlässige Voraussagen erlauben und damit die planmäßige Verbesserung seiner Lebensverhältnisse auf der Grundlage wissenschaftlicher Erkenntnis ermöglichen.

Conclusio, →Konklusion.

Condillac [kɔ̃di'jak], Étienne Bonnot de, französischer Philosoph und Volkswirtschaftler, *Grenoble 30. 9. 1714, †Flux (bei Beaugency) 3. 8. 1780; wurde 1740 zum Priester geweiht und 1758 in die Académie française aufgenommen. Condillac vertrat einen nicht materialistischen Sensualismus. In Anlehnung an John Locke ging er davon aus, dass die Seele einer leeren Tafel gleicht (→Tabula rasa). Anders als Locke, der neben der Erfahrung die Reflexion (»innerer Sinn«) als Quelle der Erkenntnis annahm, führte Condillac jedoch alle Erkenntnisinhalte und die Entstehung mentaler Fähigkeiten (etwa die, ein Urteil zu bilden) auf die Empfindung zurück.

Am Beispiel einer als beseelt vorgestellten Marmorstatue zeigte Condillac, wie das allmähliche In-Funktion-Treten der einzelnen Sinne, ausgehend von der Geruchswahrnehmung bis hin zum Tasten, die verschiedenen Empfindungen hervorbringt (»Traité des sensations«, 1754; dt. »Abhandlung über die Empfindungen«). Diese sind nach Condillac von Lust- und Unlustempfindungen begleitet, die ihrerseits zu weiterer Tätigkeit anregen, und bewirken die geistigen Vermögen (Aufmerksamkeit, Gedächtnis, Urteils- und Schlussvermögen) und Kenntnisse. Gleichwohl hielt Condillac die Seele für immateriell und betonte die Willensfreiheit.

Conditio sine qua non [latein. »Bedingung, ohne die nicht«], notwendige →Bedingung, unerlässliche Voraussetzung, ohne die etwas anderes nicht eintreten kann.

Antoine Condorcet

Condorcet [kɔ̃dɔr'sɛ], Antoine Caritat, Marquis de, französischer Mathematiker, Politiker und Philosoph, *Ribemont (bei Saint-Quentin) 17. 9. 1743, †Clamart (bei Mendon) 29. 3. 1794; war seit 1769 Mitglied der Pariser Académie des sciences und seit 1776 ihr ständiger Sekretär. Er gehörte zum Kreis der →Enzyklopädisten, wurde 1782 in die Académie française aufgenommen und schloss sich 1789 der Revolution an. Im Februar 1792 wurde Condorcet Präsident der Gesetzgebenden Nationalversammlung. Als Anhänger der Girondisten wurde er nach deren Sturz im Juni 1793 angeklagt, es gelang ihm aber, sich verborgen zu halten, bis er 1794 verhaftet wurde. Er starb am Tag nach seiner Verhaftung an Erschöpfung oder durch Gift.

Condorcet
→ GEO **Dossier**
Die unaufhaltsame Karriere einer Idee, Bd. 14

Nach seiner im Versteck geschriebenen »Esquisse d'un tableau historique des progrès de l'esprit humain« (1794; dt. »Entwurf einer historischen Darstellung der Fortschritte des menschlichen Geistes«) ist der Mensch von Natur aus gut und einer unendlichen Vervollkommnung seiner intellektuellen und moralischen Anlagen fähig. Condorcet war ein überzeugter Vertreter einer wissenschaftlich-technischen Entwicklung und des darauf gegründeten sozialen Fortschritts. Als Vertreter einer demokratisch-egalitären Staatstheorie setzte er sich für die Gleichberechtigung aller Menschen ein und stellte das noch heute einflussreiche französische Ideal des demokratischen Einheitsstaates auf. Seine technisch-naturwissenschaftliche Betrachtungsweise der Gesellschaft und des historischen Prozesses machte ihn zum Begründer einer »mathématique sociale«, die die Wahrscheinlichkeitsrechnung auf alle Phänomene der kollektiven Willens- und Urteilsbildung anzuwenden suchte. Condorcet war ein Vorläufer des Positivismus, der materialistischen Soziologie und Geschichtsphilosophie.

Benedetto Croce

Consensus [latein. »Übereinstimmung«, »Zustimmung«], die feste, dauernde und allgemeine Übereinstimmung der Menschen (**Consensus omnium** oder **Consensus gentium**) in gewissen Ideen und Urteilen. Ihre Annahme wurde in der Philosophiegeschichte vielfach als Kriterium für die Wahrheit und allgemeine Verbindlichkeit von Wissen, Erkenntnissen und Normen vertreten. Consensus gründete bei Platon in der →Anamnesis, in der Stoa in den »Communes Conceptiones«, also den allen Menschen »gemeinsamen Begriffen«, bei Descartes und Leibniz in →angeborenen Ideen. In der politischen Theorie spielte der Consensus im Rahmen des Naturrechtsgedankens (→Naturrecht) z. B. bei Cicero und in der Rechtsphilosophie der Aufklärung, die bestimmte Rechte vernunftmäßig herzuleiten versuchte, eine Rolle.

Contradictio, →Widerspruch 2).

Creatio ex nihilo [latein. »Schöpfung aus dem Nichts«], in der frühchristlichen Theologie entstandener Begriff, der besagt, dass die Schöpfung der Welt als Werk des (aus der jüdischen Theologie übernommenen) Schöpfergottes absolut voraussetzungslos ist. Er steht im Gegensatz zur griechischen Philosophie, die seit den Eleaten daran festhielt, dass Seiendes nur aus Seiendem und nicht aus Nichtseiendem entstehen könne (→Emanation).

Croce ['kroːtʃe], Benedetto, italienischer Philosoph, Historiker, Literaturwissenschaftler und Politiker, *Pescasseroli (Provinz L'Aquila) 25. 2. 1866, †Neapel 20. 11. 1952; war 1920/21 Unterrichtsminister und schrieb 1925 ein viel beachtetes Manifest gegen den Faschismus in Italien. Croce war 1943 Neubegründer der Liberalen Partei, ab 1944 erneut Minister und bis 1947 Parteivorsitzender. 1947 gründete er das Istituto Italiano per gli studi storici (Italienisches Institut für historische Studien) in Neapel.

Croce gilt als einer der Überwinder des italienischen Positivismus, der im 19. Jh. bestimmend war. Im Anschluss an die Geschichtsphilosophie Hegels entwickelte er einen dialektischen Idealismus, der wesentlich zur Verbreitung des deutschen Idealismus in Italien beitrug. Seine Philosophie stellte Croce als eine Folge offener »Systemationen« dar, nicht als ein abgeschlossenes System. Er verstand die Wirklichkeit als unendliche, dialektische Entwicklung des objektiven Geistes in der Geschichte.

Die Entwicklung des objektiven Geistes vollzieht sich nach Croce in vier Stufen, die er in seinem vierbändigen Hauptwerk »Filosofia come scienza dello spirito« (1902–17) darstellt. Die erste und die zweite gehören zu der Grundform schöpferischer theoretischer Tätigkeit (Erkennen). Diese ist in die ästhetische Intuition, die auf das Einzelne und Individuelle gerichtet ist, und das verallgemeinernde begriffliche Denken untergliedert. Die dritte und die vierte Stufe, nämlich die Ethik und die Ökonomik im Sinne von Nützlichkeit, gehören dem Bereich der praktischen Tätigkeit an, also dem Wollen bzw. Handeln. In dieser gestuften Ordnung seien die verschiedenen Momente innerhalb der Entwicklung des Geistes aufeinander bezogen und setzten einander wechselseitig voraus.

Als Vollendung dieser Funktionen sieht Croce die (Geschichts-)Philosophie an. Die Ästhetik verstand er als allgemeine Ausdruckslehre, Schönheit als vollendet geglückte Formung und Ausdruck des poetischen Stoffs, Hässlichkeit dagegen als mangelnden oder verfehlten Ausdruck.

Cudworth ['kʌdwəːθ], Ralph, englischer Philosoph, *Aller (bei Taunton) 1617, †Cambridge 26. 6. 1688; bedeutendster Vertreter der →Cambridger Schule. Cudworth vertrat einen auf die Übereinstimmung von Vernunft und Glauben gegründeten christlichen Platonismus. In Auseinandersetzung mit dem Materialismus Thomas Hobbes' lehrte er einen Dualismus von Körper und immaterieller Seele. »Plastische Naturen«, d. h. dynamische Organismen ohne Bewusstsein, bewirken nach göttlicher Vorsehung die Ordnung des gesamten natürlichen Geschehens (»The true intellectual system of the universe«, 1678).

Cusanus, Nikolaus, →Nikolaus von Kues.

d'Alembert, Jean Le Rond, →Alembert, Jean Le Rond d'.

Dao [chines. »Bahn«, »Weg«], **Tao,** grundlegender Begriff der *chinesischen Philosophie,* namentlich des Daoismus. Ursprünglich wertfrei und im übertragenen Sinn auch als »Gesetz« oder »Ablauf« (z.B. der Natur) oder als »Methode« (z.B. bei handwerklichen Fertigkeiten) verstanden, wurde er im Konfuzianismus zur Bezeichnung ethischer Normen und im Daoismus zur Chiffre für den Welturgrund. Dieser steht, unbewusst wirkend, hinter allen Erscheinungen und kann nur in einem mystischen Erlebnis erfahren werden.

Daoịsmus, Taoịsmus, philosophische und religiöse Lehre in China. Der Daoismus ist dort neben Konfuzianismus und Buddhismus eine der drei beherrschenden Weltanschauungen. Dabei wirkt er auch als Auffangbecken der verschiedensten, z.T. auch nicht chinesischen Glaubensrichtungen. Der philosophische Zweig **(Dao-jia)** erscheint seit dem 4. Jh. v.Chr. zunächst in zwei, den historisch nicht fassbaren Philosophen Laozi (»Dao-de-jing«) und Zhuangzi zugeschriebenen Werken, zu denen später noch als dritter Klassiker Liezi hinzutrat.

Zentral ist im Daoismus die Beschäftigung mit dem Urgrund des Seins, dem Dao, der teils als das attributslose Absolute (und damit als transzendent), teils als eine alle Elemente des Seins individuell durchdringende und zu einer höchsten Einheit zusammenfassende Wesenheit (und damit als immanent) aufgefasst wird. Die rechte Lebenseinstellung des Menschen, der nach Auffassung der Daoisten gegenüber anderen Wesen keineswegs herausgehoben, sondern durch Wissen und Willen eher fehlgeleitet ist, besteht daher im »Nichttun« (Wu-wei), dem bedingungslosen Annehmen der eigenen Natur, die sich in ihrer idealen Form – wie die Natur des Dao im Großen – nur mit sich selbst bestimmen lässt und durch die Identifikation mit der Allnatur des Dao auch den Tod transzendieren soll.

Der religiöse Zweig des Daoismus **(Dao-jiao)** stand mit dem philosophischen u.a. in Form von Magie und Einbeziehung von älteren, unabhängig entstandenen Naturlehren – etwa der Lehre von den zwei Grundkräften Yin und Yang, den Spekulationen über das Wirken der fünf Elemente und das System des »Buchs der Wandlungen«, dem Yi-jing – von Anfang an in enger Beziehung, trat aber mit eigenen Schriften erst seit dem 2. Jh. n.Chr. hervor.

Dasein, in der traditionellen *Ontologie* die Existenz, Wirklichkeit (lateinisch Existentia), das »Dass« eines Seienden, im Unterschied zu seiner Essenz, seinem Wesen (Essentia), seinem sachhaltigen »Was«.

In der deutschen *Aufklärungsphilosophie* (z.B. bei Christian Wolff und Alexander Gottlieb Baumgarten) wird Dasein aus dem Verhältnis von Akt und Potenz als Akt (Actualitas) im Sinne der Verwirklichtheit eines Gegenstandes aufgefasst und seinem bloßen Möglichsein gegenübergestellt. Kant dagegen sah in der Modalitätskategorie Dasein kein Komplement zur Möglichkeit: Das wirkliche Ding enthalte kein Prädikat mehr als das mögliche. Ob einem Ding Dasein zukommt oder nicht, lässt sich nach Kant nicht aus seinem bloßen Begriff erschließen, sondern ist allein durch Wahrnehmung feststellbar.

In der *Existenzphilosophie* wird zwischen den drei Begriffe Dasein, Existenz und »Existentia«, die traditionellerweise synonym gebraucht wurden, unterschieden. Insbesondere wird Dasein nun nicht mehr mit bloßem Vorhandensein im Sinne von »Existentia« identifiziert. Martin Heidegger bezeichnete mit Dasein ausschließlich die Seinsweise des Menschen, dem es in seinem Sein um dieses Sein sowie um Sein überhaupt geht. Jean-Paul Sartre übersetzte den Terminus Dasein häufig mit »menschlicher Wirklichkeit« (französisch Réalité humaine) und verlieh ihm so eine Wendung ins leibhaft Konkrete. – Abb. S. 68

Davidson ['deɪvɪdsn], Donald, amerikanischer Philosoph, *Springfield (Mass.) 6. 3. 1917, † Berkeley (Calif.) 30. 8. 2003; Schüler von Willard Van Orman Quine. Er lehrte in Stanford (Calif.), Princeton (N. J.), in New York an der Rockefeller University und in Chicago (Ill.) sowie ab 1981 in Berkeley (Calif.). Davidson war ein Vertreter der analytischen Philosophie. Seine wichtigsten Texte sind gesammelt in »Essays on Actions and Events« (1980; dt. »Handlung und Ereignis«), »Truth and Inter-

100563

Der **Daoismus** übertrug Erkenntnisse der Kosmologie auf die politische Philosophie:

»Wenn die Dinge nichts haben, das sie erzeugt, dann, fürchte ich, werden sie vergehen. Wenn Fürsten und Könige nichts haben, aufgrund dessen sie ihre hohe Stellung einnehmen, dann, fürchte ich, werden sie stürzen...«

Daoismus
→ GEO **Dossier**
Die Wurzeln der Weisheit, Bd. 14

Daoismus.
Ein zentrales Thema des Daoismus ist die Unsterblichkeit, das Xian. Die koreanische Tuschmalerei aus dem 19. Jh. zeigt einen Unsterblichen beim Flötenspiel (Pjöngjang, Nord-Korea, Galerie).

Dasein.
Das menschliche »Dasein in der Welt« wird von der Existenzphilosophie thematisiert. Gemeinsames Merkmal dieser heterogenen Richtung ist das Ausgehen von menschlichen Grunderfahrungen: dem Für-sich-Sein, dem Wissen um den Tod und dem Bedrohtsein, der Notwendigkeit des Selbstentwurfs und des Wählen-Müssens.

Donald Davidson plädierte gegen eine abstrakte Gegenüberstellung von Begriff und Realität:

»Indem wir den Dualismus von Schema und Welt aufgeben, geben wir nicht die Welt auf, sondern stellen die unmittelbare Berührung mit den bekannten Gegenständen wieder her, deren Possen unsere Sätze und Meinungen wahr oder falsch machen.«

pretation« (1984; dt. »Wahrheit und Interpretation«) und »Subjective, Intersubjective, Objective« (2001).

In seinen sprachphilosophischen Arbeiten formulierte Davidson zunächst einen Entwurf für eine Bedeutungstheorie natürlicher Sprachen. Ihm liegt der Gedanke zugrunde, dass sich die Mittel einer formallogischen Wahrheitstheorie auf die Zwecke einer Analyse natürlicher Sprachen zuschneiden lassen und für die Ableitung von Theoremen verwendet werden können, welche die Bedeutung von Aussagesätzen aus dem Kernbereich der entsprechenden Sprache angeben. Die abgeleiteten Theoreme wurden von Davidson als Hypothesen verstanden, die in einem zweiten Schritt empirisch zu testen sind. Davidson skizzierte ein Szenario radikaler Interpretation, mit welchem er an Quines Überlegungen zum Problem von Urübersetzungen anschloss. Zuletzt soll es dadurch möglich werden, zu einer Interpretation und einem Verständnis von Äußerungen zu gelangen, die in einer Sprache getätigt werden, welche wir nicht verstehen.

Davidson führte wiederholt Argumente dagegen an, dass eine gemeinsame Sprache für das gegenseitige Verstehen erforderlich sei. Ziel seiner Analysen ist eine allgemeine Theorie des Verstehens, die sich nicht nur auf sprachliche Äußerungen, sondern auch auf das Verhalten und die Überzeugungen anderer Menschen erstreckt. In seiner Handlungstheorie argumentierte Davidson dafür, Handlungen als Ereignisse zu verstehen, die aus Gründen geschehen. Insofern er davon ausgeht, dass Gründe Handlungen verursachen, spricht er sich dafür aus, dass die Beziehung zwischen einem Grund und einer Handlung ebenfalls als eine kausale Beziehung aufgefasst werden kann.

In der →Philosophy of Mind erregte Davidsons Position eines anomalen Monismus Aufsehen. Mentale Ereignisse sind für Davidson zwar auch physische Ereignisse, aber er bestreitet, dass sich psychologische Begriffe auf physikalische Begriffe reduzieren lassen.

Deduktion [zu latein. deducere »herab-, fortführen«, »von etwas herleiten«], die →Ableitung einer Aussage aus anderen, den →Prämissen. Sind Letztere nicht Annahmen (→Hypothese 2), sondern wahr, so ist die Deduktion ein (deduktiver) →Beweis. Handelt es sich bei ihnen um die Grundsätze einer Theorie oder Wissenschaft (→Axiom), so stellt die Deduktion einen wissenschaftlichen Beweis dar. Eine Deduktion ist formal korrekt, wenn jeder Ableitungsschritt durch eine logische Deduktions- bzw. Schlussregel (→Syllogismus) gerechtfertigt ist. Welche Deduktionsregeln zulässig sind, bestimmt dabei die formale →Logik. Die **transzendentale Deduktion** bei Kant führt vor, dass und auf welche Weise die reinen Verstandesbegriffe zu den Bedingungen der Möglichkeit der Erfahrung gehören.

Definition [zu latein. definire »abgrenzen«, »bestimmen«], die Bestimmung der wesentlichen Merkmale eines Begriffs. Die Erkenntnistheorie unterscheidet die das →Wesen eines Gegenstandes angebende **Realdefinition** (Wesensdefinition) und die **Nominaldefinition** (Worterklärung), die durch Konvention (Festlegung) oder den vorgegebenen Sprachgebrauch bestimmt wird. Von einer Definition wird gefordert, dass das **Definiendum**, d. h. der zu definierende Begriff, in allen Zusammenhängen, in denen er auftaucht, durch sein **Definiens**, das Definierende, das seine Bedeutung angibt, ersetzbar ist.

Im Anschluss an Sokrates und Platon (→Diärese) entwickelte Aristoteles eine Theorie der Definition, die in Mittelalter und Neuzeit in verschiedenen Richtungen ausgearbeitet wurde. Ihr zufolge bestimmt die Definition die Art (Species) durch Angabe der nächsthöheren Gattung (Genus proximum) bzw. des Oberbegriffs und des artbildenden Unterschieds (Differentia specifica): In dem Satz »Der Mensch ist ein vernünftiges Lebewesen« bezeichnet »Mensch« die Art, »vernünftig« die nur dem Menschen zugeordnete Eigentümlichkeit als artbildenden Unterschied und »Lebewesen« den Oberbegriff. Neuere Entwicklungen in Mathematik, formalisierter Logik und Sprachtheorie ergaben allerdings neue Problemlagen. Eine einheitliche, allen Aspekten und Anforderungen genügende Theorie der Definition gibt es nicht.

Nominaldefinitionen werden in syntaktische Definitionen und semantische Definitionen eingeteilt. **Syntaktische Definitionen** regeln den Gebrauch von Zeichen, ohne auf deren Bedeutung Bezug zu nehmen. Sie treten v. a. in →Kalkülen auf. In der **semantischen**

Definition wird die Bedeutung eines Begriffs festgelegt oder bezogen auf den herrschenden Sprachgebrauch beschrieben.

Analytische Definitionen geben die Bedeutung vorgegebener Begriffe an, **synthetische Definitionen** sind Definitionen von herzustellenden Begriffen. Es handelt sich dabei um **explizite Definitionen,** die von kontextuellen, impliziten Definitionen zu unterscheiden sind. **Implizite Definitionen** im engeren Sinn ergeben sich in Axiomensystemen (→Axiom). Bei ihnen ist ein Begriff im Rahmen der Voraussetzungen einer Theorie definiert.

deiktische Ausdrücke [auch de'ɪk-; zu griech. deiknýnnai »zeigen«, »auf etwas hinweisen«], Ausdrücke, die im Rahmen einer bestimmten Sprech- und Handlungssituation auf Personen, Gegenstände, Raum und Zeit hinweisen, z. B. »ich«, »dieser«, »hier«, »jetzt«. Nach der Wortart sind sie entweder Pronomina oder Adverbialausdrücke. Die Bedeutung deiktischer Ausdrücke ist abhängig vom jeweiligen Kontext, in dem sie verwendet werden.

Deịsmus [zu latein. deus »Gott«], die Anschauung v. a. der Aufklärung, dass Gott nach der Schöpfung keinen Einfluss mehr auf die Welt nimmt und zu ihr auch nicht in Offenbarungen spricht. Damit ist die Position des Deismus zwischen der des →Theismus und der des →Atheismus zu verorten.

Dekonstruktio̱n [zu latein. construere »zusammenschichten«; »erbauen«, »errichten«], Bezeichnung für das analytische Vorgehen in der Philosophie Jacques Derridas, das in kritischer Auseinandersetzung mit der Philosophie Martin Heideggers entwickelt wurde. Die Dekonstruktion fragt nach der Herkunft eines Gedankens in einem unendlichen Text ohne zu irgendwelchen Ursprüngen gelangen zu wollen. Zentrale, in der traditionellen Philosophie vorausgesetzte Begriffe wie die des Subjekts, der Substanz, der Anwesenheit werden systematisch »de-konstruiert«, d. h. kritisch ihres Selbstverständnisses enthoben, und aus den »Bewegungen der Differenz« in ihren verschiedenen Momenten und deren Aufhebung gedacht. Erst das Denken der Differenz bringt nach Derrida Subjektivität und Objektivität hervor.

Dekonstruktivịsmus, eine im Anschluss an die um wissenschaftliche Objektivität bemühten Theorien des →Strukturalismus und in Auseinandersetzung mit ihnen entstandene überdisziplinäre Wissenschaftsströmung. Der Dekonstruktivismus beruht auf dem von Jacques Derrida geprägten Verfahren der Dekonstruktion. Der Dekonstruktivismus als Methode hat sich insbesondere im philosophisch-literaturwissenschaftlichen Grenzbereich (Paul de Man, Jonathan Cullers) etabliert.

Deleuze [də'løz], Gilles, französischer Philosoph, *Paris 18. 1. 1925, †(Selbstmord) ebenda 4. 11. 1995; war ab 1970 Professor in Paris. Neben Michel Foucault und Jacques Derrida gilt er als einer der Hauptvertreter der französischen Philosophie der Gegenwart. Deleuzes Denkansatz bildete sich v. a. seit dem gemeinsam mit dem französischen Psychoanalytiker Félix Guattari veröffentlichten Werk »L'Anti-Œdipe« (1972; dt. »Anti-Ödipus«) aus. In dem viel diskutierten Werk wird die schöpferische Kraft des Unbewussten betont und die Schizophrenie als das revolutionäre Potenzial des Kapitalismus interpretiert. Zentrales Anliegen von Deleuze ist die Überwindung der statischen Seinskonzeptionen in der traditionellen Philosophie zugunsten eines Denkens, das sich der Vielfalt, Heterogenität, den »Differenzen« der Wirklichkeit stellt.

Demiụrg [griech.], nach Platon der »Weltbaumeister«, der aus der vorhandenen ungeordneten Materie nach vorgegebenen Ideen die sinnlich wahrnehmbare Welt zu einem wohl geordneten, beseelten und vernunftbegabten Kosmos gestaltete.

Demokratie, siehe Sonderartikel Seite 70.

Demokrịt, griechisch **Demo̱kritos,** griechischer Philosoph, *Abdera um 460 v. Chr., †zwischen 380 und 370 v. Chr.; überragte an Umfang und Vielseitigkeit alle antiken Philosophen vor Aristoteles. Er bildete sich durch ausgedehnte Reisen, etwa nach Babylonien und Ägypten, und stand in Kontakt mit Anaxagoras. Von seinen Schriften (u. a. zur Ethik, Physik, Mathematik, Astronomie und Physiologie) sind nur Fragmente erhalten.

Demokrit begründete die Lehre des →Atomismus. Wie weit ihm dabei sein Lehrer Leukipp vorausging, ist umstritten. Parmenides hatte die Vielfalt und das Werden als Schein erklärt. Um die erfahrbare Vielfalt und Veränderlichkeit dennoch zu begründen, nahm Demokrit anstelle des einen, einfachen und unwandelbaren Seins des Parmenides unzählige letzte, nicht mehr teilbare Einheiten an, die Atome. Außer ihnen bestehe nur das Nichts, der leere, unendliche Raum, in dem sich die Atome nach mechanischen Gesetzen bewegen. Ihre unterschiedliche Gestalt, Lage und Anordnung sei der Grund für die Verschiedenheit der Dinge, ebenso das Prinzip der Wahrnehmung und der Erkenntnis. Die Weltentstehung führte Demokrit auf eine Wirbelbildung der Atome zurück.

In seiner Ethik lehrte Demokrit, dass die Glückseligkeit in der Wohlgemutheit (Euthymia) und im guten Befinden (Euesto) bestehe. Nicht so sehr auf äußere Güter, Reichtum und Ruhm, komme es an, um sie zu gewinnen, sondern auf die rechte Verfassung der Seele, v. a. auf das rechte Maß in der Lebensführung.

Dennett ['denɪt], Daniel Clement, amerikanischer Philosoph, *Boston (Mass.) 28. 3. 1942; Schüler von Willard Van Ornam Quine und Gilbert Ryle. Seit 1975 ist er Professor an

Fortsetzung S. 72

Demokratie

Demokratie

Herrschaft über das Volk, durch das Volk und für das Volk – so lautet die berühmte Definition der Demokratie in der Rede Abraham Lincolns, des 16. Präsidenten der USA, die er anlässlich der Einweihung des Soldatenfriedhofs in Gettysburg im Jahr 1863 hielt. So umfassend diese Definition auch sein mag, wirft sie doch bei genauerer Betrachtung zahlreiche Fragen auf: Wie soll eine Regierung aufgebaut sein? Wer genau zählt zum Volk? In welcher Weise kann das Volk die Herrschaft ausüben? Und was darf »für das Volk« getan werden bzw. was ist das angemessene Ausmaß staatlicher Kompetenzen?

Demokratie und Rechtsstaat

Gelegentlich wird unter Demokratie schlicht die Herrschaft der Mehrheit aller Staatsbürger verstanden. Diese findet in Wahlen oder Abstimmungen ihren Ausdruck. Um von Demokratie sprechen zu können, muss jedoch immer auch die Möglichkeit bestehen, dass der unterlegene Wähleranteil, also die Minderheit, in einer künftigen Wahl eine Mehrheit für seine Position gewinnen kann. Hierzu muss der Schutz bestimmter Rechte gewährleistet sein, z. B. der Schutz von Minderheitenrechten und Meinungsfreiheit. Der Begriff der Demokratie verweist also darauf, dass eine – geschriebene oder ungeschriebene – Verfassung vorhanden sein muss, die den rechtlichen Rahmen für den Ablauf politischer Prozesse artikuliert. In Gesetzen können darüber hinaus demokratisch gefällte Entscheidungen festgesetzt werden. Eine Herrschaftsform, bei der die Staatsgewalt im Rahmen einer Verfassung (Konstitution) oder grundlegender Gesetze ausgeübt wird, wird als »Konstitutionalismus« bezeichnet.

100264

Das Scherbengericht in Athen war im 5. Jh. v. Chr. ein Verfahren, mit dem das Volk die Verbannung einzelner Bürger auf zehn Jahre aussprechen konnte. Die Bürger mussten den Namen des zu Verbannenden auf Tonscherben ritzen, die Mehrheit der Stimmen entschied.

Auch wenn die Demokratie in der Praxis notwendig mit einem Konstitutionalismus einherzugehen scheint, besteht zwischen beiden ein Spannungsverhältnis. In einer »reinen« Demokratie wäre es durchaus denkbar, dass sich das Volk über Beschlüsse, die von früheren Generationen gefasst wurden, hinwegsetzt. Im Konstitutionalismus hingegen gelten grundlegende Verfassungsentscheidungen als verbindlich. Die Vermittlungsform zwischen beiden bildet der demokratische Verfassungsstaat. Über seine Ausgestaltung lassen sich in der philosophischen und juristischen Auseinandersetzung zwei grundlegende Positionen ausmachen. Sie werden im Anschluss an den angloamerikanischen Sprachgebrauch als »liberal« und als »republikanisch« bezeichnet.

Republikanisch und liberal

Vertreter des liberalen Demokratieverständnisses betonen den Vorrang der Menschenrechte vor der Volkssouveränität. Den Kernbestand einer demokratischen Verfassung bilden für sie daher die klassischen Abwehrrechte gegen den Staat, etwa die Glaubens-, Gewissens- und Meinungsfreiheit, das Recht auf die Unverletzlichkeit der Wohnung oder auf Freizügigkeit. Eine herausragende Rolle spielt das Eigentumsrecht, welches Personen den freien Umgang mit Besitz ermöglicht. In diesen Umgang darf die Gesellschaft nicht eingreifen. Freiheit wird vorrangig als »negative Freiheit«, als die Freiheit von etwas, äußeren Zwängen, verstanden. Im Zentrum des liberalen Konzepts steht der Schutz der Autonomie des Einzelnen. Die Demokratie gilt dabei als diejenige Regierungsform,

welche die Freiheit der Bürger am wenigsten gefährdet.
Die Befürworter des republikanischen Modells betonen dagegen die kollektive Autonomie einer Bürgerschaft. Das maßgebliche Recht ist für sie deshalb das Wahlrecht, welches eine »positive Freiheit« darstellt, eine Freiheit zu etwas – nämlich dazu, über den weiteren »Lauf der Dinge« mitzubestimmen. In Jean-Jacques Rousseaus »Gesellschaftsvertrag« von 1762, der einen philosophischen Bezugspunkt des Republikanismus darstellt, wird der politische Prozess nach dem Modell eines Forums interpretiert: In einem argumentativen Diskurs einigt sich die Bürgerschaft auf die Bedingungen und Ziele ihres Zusammenlebens.
Die Menschenrechte sind für Republikaner dabei nicht zweitrangig. Sie gelten vielmehr als unverzichtbare Bedingung für eine demokratische Willensbildung. Denn nur ein freier, mit Rechten und Eigentum ausgestatteter Mensch kann nach republikanischer Auffassung auch ein politisch aktiver Bürger sein. Es ist daher die Pflicht des Staates, seine Bürger in den Zustand rechtlicher und ökonomischer Freiheit zu versetzen. Historisches Vorbild hierfür sind die Tagegelder, die ein Bürger im antiken Athen für seine Teilnahme an der Volksversammlung erhielt.

Demokratische Politik heute

Während also der Liberalismus zugunsten des Konstitutionalismus entscheidet, löst der Republikanismus das Spannungsverhältnis auf, indem er in der Verfassung verankerte Grundrechte als notwendige Voraussetzung der Volkssouveränität auffasst. Die Gegenüberstellung von liberalem und republikanischem Demokratieverständnis mag auf den ersten Blick künstlich erscheinen, betonen doch beide Ansätze die Bedeutung der Demokratie wie der Menschenrechte. In vielen konkreten Streitfällen führen die unterschiedlichen Grundhaltungen jedoch zu gegensätzlichen Positionen. Ein Beispiel hierfür sind die Auseinandersetzungen über das Verbot der Tabakwerbung in der Europäischen Union oder der Pornografie in den USA. Liberale treten in solchen Fällen als entschiedene Verteidiger der Freiheit von Zwängen auf, während für Republikaner solche restriktiven Maßnahmen eher akzeptabel sind.
Auch sind im Gegensatz zu den Liberalen für die Vertreter der republikanischen Position Volksabstimmungen von großer Bedeutung, da diese auch innerhalb einer Legislaturperiode den Status des aktiven politischen Bürgers reaktivieren. Zudem halten sie zur Regelung des Gemeinschaftslebens ein Ausmaß staatlicher Kompetenzen für wünschenswert, das über die bloße Freiheitssicherung hinausgeht.
Der politische Alltag in modernen Demokratien wird durch das liberale Modell angemessen beschrieben. Sobald sich eine Gesellschaft jedoch mit außergewöhnlichen Problemen konfrontiert sieht – etwa der ökologischen Selbstgefährdung oder der Notwendigkeit, zu einem neuen sozialstaatlichen Konsens zu finden –, reicht das liberale Kompromissmodell nicht mehr aus. Solche Situationen erfordern es, dass innerhalb der Bürgerschaft eine gemeinsame Vorstellung davon entsteht, was eine gerechte Gesellschaft ausmacht, wie gesellschaftliche Gerechtigkeit aussieht – und dies ist ein Prozess, der sich eher in republikanischen Termini beschreiben lässt.

20

Im Plenarsaal des Reichstagsgebäudes in Berlin, das seit 1999 Sitz des Deutschen Bundestages ist, werden alle Vorlagen von der Gesamtheit der Abgeordneten in öffentlichen Sitzungen behandelt.

Fortsetzung von S. 69

der Tufts University in Massachusetts und seit 1985 dort Direktor des Center for Cognitive Studies. Dennett ist einer der einflussreichsten Vertreter der analytischen →Philosophy of Mind. Er entwarf eine Theorie intentionaler Systeme, in der die alltagspsychologischen Strategien der Erklärung und Prognose des Verhaltens von Systemen rekonstruiert werden. In jüngster Zeit entwickelte er außerdem eine Theorie des Bewusstseins (u. a. »Kinds of Minds. Towards an understanding of consciousness«, 1996; dt. »Spielarten des Geistes«).

Denotation [latein.], die begriffliche Grundbedeutung eines Wortes im Unterschied zur →Konnotation. Die Denotation ist konstant und damit von subjektiv veränderlichen Komponenten unabhängig. Der Begriff bezeichnet zugleich die formale Beziehung des sprachlichen Zeichens auf ein Denotat.

deontische Logik, Form der →Modallogik.

Derivation, die →Ableitung.

Derrida [dɛri'da], Jacques, französischer Sprach- und Kulturphilosoph, * El-Biar (bei Algier) 15. 7. 1930, † Paris 8. 10. 2004; war Schüler Michel Foucaults, wurde aber u. a. auch stark von Martin Heidegger beeinflusst. Derrida war einer der bedeutendsten Vertreter des Strukturalismus. Er wollte der Schrift (französisch Écriture) wieder die ihr zustehende zentrale Bedeutung zusprechen, die ihr die Metaphysik (nach Derrida die gesamte abendländische philosophische Tradition von Platon bis zu Ferdinand de Saussure) vorenthalten hatte: Wie dem Sinn das Wort dient, so dient dem Wort als seinem Abbild die Schrift. Die ständigen Hierarchisierungsprozesse zwischen Form und Inhalt drücken jedoch gleichzeitig moralische und politische Abhängigkeitssysteme aus.

Für die Essays Derridas ergab sich daraus ein am Rande traditionellen Philosophierens angesiedeltes interpretatives Verfahren von Offenheit und Uneindeutigkeit, das sich in seinen literaturkritischen Schriften (u. a. »L'écriture et la différence«, 1967; dt. »Die Schrift und die Differenz«) wie auch in seinen Überlegungen zu den Zusammenhängen zwischen Bild- und Schriftzeichen (»La vérité en peinture«, 1978; dt. »Die Wahrheit in der Malerei«) ausdrückte. Die internationale Rezeption seiner Werke, z. B. im Zusammenhang mit den Diskussionen über Dekonstruktivismus und Postmoderne, weist ihn als einen der großen Denker der letzten Jahrzehnte des 20. Jahrhunderts aus.

Descartes [de'kart], René, latinisiert Renatus Cartesius, französischer Philosoph, Mathematiker und Naturwissenschaftler, * La Haye (heute Descartes, Dép. Indre-et-Loire) 31. 3. 1596, † Stockholm 11. 2. 1650; Begründer des neuzeitlichen Rationalismus.

■ **Leben** Aus altem Adelsgeschlecht stammend, wurde Descartes 1604–12 am damals renommierten Jesuitenkolleg in La Flèche in der scholastischen Philosophie und Naturwissenschaft unterrichtet. Anschließend studierte er Rechte in Poitiers (bis 1616). 1618 trat er in den Militärdienst ein. Es folgten Reisen durch Europa und 1625–29 ein Aufenthalt in Paris. 1629 emigrierte Descartes nach Holland. In der darauf folgenden Zeit verfasste er den größten Teil seiner mathematischen, physika-

Derrida Das Spiel der Differenzen

100562

Jacques Derrida verwendete das phonetisch von »différence« ununterscheidbare Wort »différance« (Differänz) bewusst doppeldeutig, um den Prozess des Differierens im doppelten Sinne des Verbs »différer« (französisch »aufschieben«, »verschieden sein«) zu bezeichnen. In Analogie zur Auffassung Nietzsches, dass es nur die Welt der Erscheinungen gibt und kein dahinter verborgenes Wesen, existierte für ihn nur das unabschließbare und bodenlose Spiel der Differenzen, die Bewegung der Signifikanten. Auch das Subjekt war nicht mehr als ein durch Identität und Autonomie bestimmtes Wesen zu denken, sondern als Differierendes, das in den Bewegungen der Differenz aufgeht. Wie Foucault gelangte Derrida so zu einer sprachphilosophisch begründeten Dekonstruktion des sinnkonstituierenden Subjekts – eine Erbschaft strukturalistischen Denkens. Das Subjekt stand am Ende als Fiktion da, seine Auflösung trat an die Stelle einer als gewaltsam angesehenen Identitätsbildung.

Descartes Sternensysteme

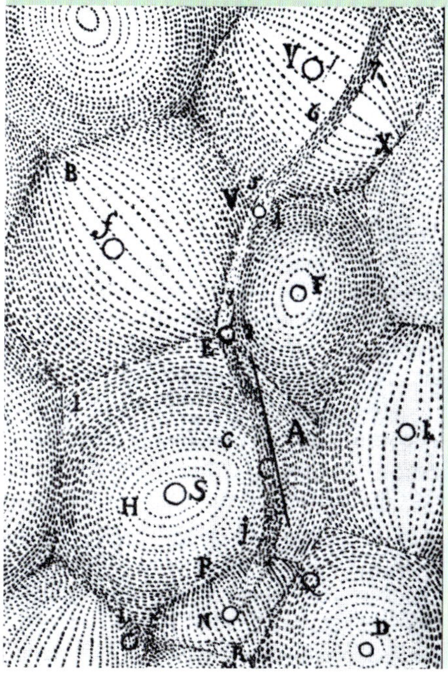

Wer sich heute mit René Descartes befasst, interessiert sich vor allem für seine Erkenntnistheorie. Doch Descartes' Werk ist, wie sein Leben, sehr viel facettenreicher. Er selbst verstand sich als Edelmann und Militär. Gerühmt als einer der besten Fechter seiner Zeit, nahm er auch an verschiedenen Feldzügen teil. Seine Schriften handeln im wahren Wortsinn von Gott und der Welt.
So widersprach Descartes der Vorstellung, dass der Weltraum leer sei. Er nahm dagegen an, dass der Kosmos aus der Reibung riesiger Materieblöcke entstanden sei, deren Sphären einen Materiedunst aus feinen Korpuskeln im gesamten Kosmos hinterlassen hätten. Diese Materie rotiere um verschiedene Zentren und bilde »äußerst flüssige Körper, nämlich die Sonne... und die Fixsterne«. Die Vielzahl der Materiewirbel bewirke eine gegenseitige Behinderung, sodass die von der Zentrifugalkraft ausgelöste radiale Bewegung von den Rotationszentren weg nicht umgesetzt werden könne.

lischen, medizinischen und metaphysisch-philosophischen Werke. Er pflegte einen regen Austausch mit Wissenschaftlern seiner Zeit, v. a. mit dem französischen Mathematiker und Musiktheoretiker Marin Mersenne. Im Herbst 1649 folgte er einer Einladung der Königin Christine nach Stockholm, wo er vier Monate später starb.

■ **Hauptwerke** Die Reihe von Descartes' Publikationen beginnt mit den »Essais« (1637), bestehend aus naturwissenschaftlichen und mathematischen Abhandlungen. Die autobiografisch geprägte Einleitung »Discours de la méthode pour bien conduire sa raison et chercher la vérité« (dt. auch als »Abhandlung über die Methode des richtigen Vernunftgebrauchs und der wissenschaftlichen Forschung«) enthält die Ausarbeitung einer allgemeinen Methode wissenschaftlichen Erkennens.

Lateinisch erschienen 1631 die »Meditationes de prima philosophia...« (1642; dt. auch als »Meditationen über die Erste Philosophie«) zusammen mit den Einwänden bedeutender Gelehrter (u. a. Mersenne, Th. Hobbes, P. Gassendi) und Descartes' Erwiderungen. Eine Gesamtdarstellung des Systems »Principia philosophiae« (dt. »Die Prinzipien der Philosophie«), die erkenntnistheoretische Überlegungen sowie Naturphilosophie, Kosmologie und terrestrische Physik behandelt, gab Descartes 1644 heraus. Weitere Ausgaben erschienen in rascher Folge bis 1681.

■ **Lehre** Die zentralen Begriffe der Erkenntnistheorie Descartes' sind mathematischer und physikalischer Herkunft. Das gilt sowohl für seinen Begriff der Wahrheit als reiner, durch Intuition gewonnener Evidenz und klarer, distinkter Anschauung (unbezweifelbar wahr ist, was sich durch die Vernunft »clare et distincte« erkennen lässt) als auch für die fundamentale Unterscheidung zwischen zwei Substanzen, der »Res cogitans« (»denkende Substanz«, Innenwelt) und der »Res extensa« (»ausgedehnte Substanz«, Außenwelt), die der Reduktion der Körperwelt auf reine Ausdehnung (Extensio) in physikalischen Zusammenhängen folgt.

Als unbezweifelbar gilt die Einsicht des »cogito, ergo sum« (»ich denke, also bin ich«), die Descartes aufgrund eines vorhergegangenen »methodischen Zweifels« an allem gewinnt, was er vorher zu wissen glaubte. Sie vermittelt Descartes' Gewissheit über die eigene Existenz als denkende Substanz, die sich im Zweifeln, Bejahen, Verneinen usw. als identisch erfährt. Die Selbstständigkeit eines Anfangs im Denken (Cogitatio) scheint damit erwiesen. Sie wird darüber hinaus durch zwei →Gottesbeweise gesichert, die im System Descartes' mit dem Nachweis, dass Gott nicht täuscht, der Sicherung so genannter erster Sätze (darunter der Naturgesetze) und der allgemeinen methodischen Regel klarer und distinkter Anschauung dienen. Gegenstände dieser Anschauung sind Ideen, nach Descartes unterschieden in angeborene, durch Erfahrung erworbene und künstlich gebildete Ideen.

Die Annahme →angeborener Ideen, d. h. einer erfahrungsfreien Anschauungsquelle,

René Descartes
*** 1596, † 1650**

- stammte aus einem alten Adelsgeschlecht
- gilt als Begründer des Rationalismus, der die Vernunft in den Mittelpunkt stellte
- orientierte seine philosophische Methode an der Mathematik
- suchte durch methodischen Zweifel zu evidenten Wahrheiten zu gelangen
- ging bei seiner Erkenntnislehre von dem Satz aus: »Ich denke, also bin ich.«

Descartes »Meditationen über die Erste Philosophie«

Was wissen wir überhaupt mit Sicherheit? Gar nichts, so will es in dem Werk von 1641 zunächst scheinen: Die Lehrgebäude der Tradition – wurden ungeprüft übernommen; das Zeugnis der Sinne – undeutlich und allzu oft schon der Täuschung überführt; der eigene Körper und seine unmittelbaren Erfahrungen – womöglich bloß ein trügerischer Traum. Selbst die Außenwelt als solche könnte lediglich das Gaukelspiel eines bösen Geistes sein, der uns in die Irre führen will. In der methodisch durchgeführten Ausweitung und Zuspitzung des Zweifels bleibt so zuletzt nur eines gewiss: Das Denken, das alles in Zweifel zieht, kann nicht zugleich sinnvoll bezweifeln, dass es dabei eben – denkt. Wo aber gedacht wird, muss es einen Denkenden geben. So findet die Philosophie mit Descartes einen neuen, sicheren Ausgangspunkt in der Selbstgewissheit des denkenden Subjekts, in dem Grundsatz »Ich denke, also bin ich«.

Die Formulierung von **René Descartes'** »Cogito« lautet ausbuchstabiert u. a. wie folgt:

»Das Denken ist's, es allein kann von mir nicht getrennt werden. Ich bin, ich existiere, das ist gewiß. Wie lange aber? Nun, solange ich denke. Denn vielleicht könnte es sogar geschehen, daß ich, wenn ich ganz aufhörte zu denken, alsbald auch aufhörte zu sein.«

führt zum Begriff angeborener (bzw. ewiger) Wahrheiten, die über Ketten methodisch gewonnener Evidenzen (nicht logisch voneinander abhängiger Sätze) schließlich einer apriorisch orientierten Erklärung auch erfahrungsbestimmter Vorgänge dienen sollen. Das Problem der Interaktion zwischen Körper und Seele, das sich mit der fundamentalen Unterscheidung zweier Substanzen – die eine gekennzeichnet durch Gestalt und Bewegung, die andere durch Ideen und Willensakte – stellt, versuchte Descartes durch die Annahme einer physischen Verbindung über die Zirbeldrüse und durch den Hinweis auf die alltägliche Erfahrung zu lösen.

Von größter Wirkung auf die Nachwelt waren die Leistungen Descartes' auf dem Gebiet der Mathematik, besonders seine Grundlegung der analytischen Geometrie. Seine mechanistische Denkweise wendete er zudem auf Biologie, Medizin und Psychologie (Lehre von Affekten) an.

■ **Wirkung** Descartes beeinflusste nicht nur die Vertreter des →Cartesianismus, sondern auch Philosophen wie John Locke, Leibniz, Baruch de Spinoza und Kant. Der metaphysische Dualismus der Zweisubstanzenlehre wurde im neuzeitlichen Denken zum Ausgangspunkt der idealistischen Unterscheidung von Subjekt und Objekt. Dabei wurde die rationalistisch-mechanistische Denkweise Descartes' ebenso heftig bekämpft wie sein Dualismus, der bis in die Grundlagen der gegenwärtigen Wissenschaften hineingewirkt hat, und seine Verständnislosigkeit gegenüber historischen Prozessen. Die neuere Forschung wendet sich u.a. Descartes' Beziehung zur scholastischen Philosophie zu.

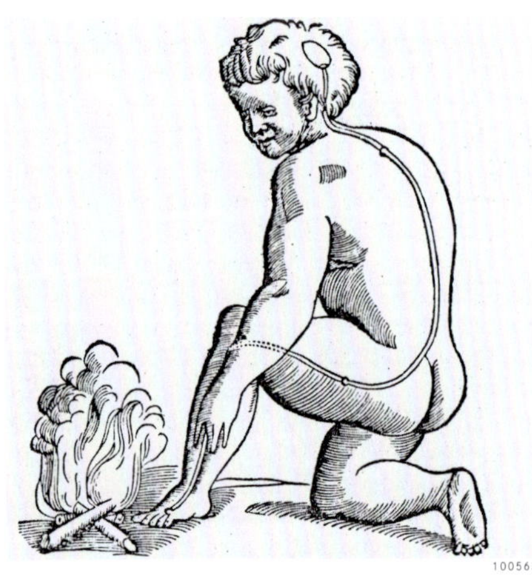

100563

René Descartes. Die Unterscheidung von »Res extensa« und »Res cogitans« warf die Frage auf, wo im menschlichen Körper Leib und Seele zusammentreffen. Als Ort dieser Verbindung machte Descartes die Zirbeldrüse (»F«) aus (Illustration aus »Traktat über den Menschen«, französische Ausgabe, Paris 1677).

Designator, →Signifikant.

Determinismus [zu latein. determinare »abgrenzen«], die Lehre von der kausalen Bestimmtheit allen Geschehens, auch des menschlichen Handelns, durch Naturgesetze, im Gegensatz zum **Indeterminismus,** der davon ausgeht, dass alles Geschehen nicht oder nur bedingt durch Kausalität bzw. Naturgesetze bestimmt ist. Physische und psychische Zustände beliebiger Systeme oder Objekte unterliegen nach deterministischer Auffassung dem Kausalprinzip insofern, als die Zukunft durch die Gegenwart und diese durch die Vergangenheit eindeutig bestimmt ist.

Die Diskussion um die Determiniertheit oder Indeterminiertheit von Wollen und Handeln ist verbunden mit der Frage nach der Willensfreiheit bzw. der menschlichen Freiheit überhaupt. Sie wird v.a. von dem Interesse geleitet zu klären, ob Menschen für ihr Handeln verantwortlich und demzufolge auch schuldfähig sein können, mithin ob die herrschende strafrechtliche Praxis als legitim, das Anliegen der Ethik als sinnvoll gelten kann.

Die Diskussion dieses Problems entstand im 17. Jh. anknüpfend an die Entwicklung der Naturwissenschaften. Die Frage nach dem Verhältnis von Willensfreiheit sowie Verantwortung und Prädestination, also göttlicher Vorherbestimmung, wurde aber auch schon in der Antike (z. B. in der Stoa) und im Mittelalter behandelt. Boethius, Thomas von Aquino und Bonaventura hielten menschliche Willensfreiheit und göttliche Prädestination, ausgehend von einer grundlegenden Unterscheidung von Zeitlichkeit und Ewigkeit, für vereinbar.

deutscher Idealismus, philosophische Bewegung, die mit Kants Wendung zum transzendentalen →Idealismus einsetzte, durch Karl Leonhard Reinhold, v.a. aber Johann Gottlieb Fichte, Friedrich Wilhelm Joseph von Schelling und Georg Wilhelm Friedrich Hegel eingeleitet wurde und bis etwa 1830 zur Ausbildung umfassender philosophischer Systeme führte.

■ **Ausrichtung** Mit der Zielsetzung, die gesamte Philosophie in Gestalt großer Systeme darzustellen, griff der deutsche Idealismus Kants Anliegen auf, der Philosophie ein Fundament zu verleihen, das dem kritischen Geist des wissenschaftlichen Zeitalters standhält. Wie bei Kant sollte die gesamte Philosophie aus der kritischen Selbstprüfung der Vernunft

deutscher Idealismus Im Tübinger Stift

In dem idyllisch am Neckarufer gelegenen alten Gebäude des Tübinger Stifts gab es einst ein Zimmer, in dem sich philosophisch Großes vorbereitete. Hier wohnten seit dem Herbst 1790 die Studenten Georg Wilhelm Friedrich Hegel, Friedrich Hölderlin und Friedrich Wilhelm Joseph von Schelling zusammen. Einig in der Ablehnung der am Stift vorherrschenden theologischen Orthodoxie, vertieften sich die Freunde in das Studium der alten griechischen Dichter und Denker. Gleichzeitig aber verfolgten sie aufmerksam die Auseinandersetzungen innerhalb der zeitgenössischen Philosophie und begeisterten sich insgeheim für die Französische Revolution und ihre Ideale. In der Enge geistig und politisch rückständiger Verhältnisse begann sich so jener Gedankenkreis zu entfalten, aus dem das später so genannte »Älteste Systemprogramm des deutschen Idealismus« hervorgehen sollte.

entfaltet werden. Dabei betonte Fichte im Anschluss an Kant den Aspekt der Freiheit und Selbstbestimmung des Bewusstseins: Das Ich ist frei, da es in Denken und Handeln die Dinge bestimmt und nicht von ihnen bestimmt wird. Schelling stellte eher den Gedanken einer absoluten Einheit von Subjekt und Objekt, von Natur und Geist in den Vordergrund. Hegel schließlich interpretierte Kants Auffassung, dass die Erkenntnis der Wirklichkeit durch die Begriffe unseres Verstandes geprägt wird, in spekulativer Weise. Die Wirklichkeit im Ganzen identifizierte er mit der Vernunft.

Da die Systeme des deutschen Idealismus die gesamte Wirklichkeit aus einem geistigen Prinzip metaphysisch ableiten wollen, gehen sie, bei aller Verschiedenheit ihrer Grundbegriffe und ihres Aufbaus, über Kant hinaus. Bei Kant wird die Erkenntnis der Wirklichkeit durch die Formen des Bewusstseins zwar entscheidend mitgeprägt; der Welt, wie sie unserem Erkennen erscheint, liegt aber ein unerkennbares Ding an sich zugrunde. Für den deutschen Idealismus hingegen bleibt außerhalb des selbstbewussten Denkens keine unerkennbare Realität mehr übrig. Der denkende Geist schaut in der Wirklichkeit nicht etwas Fremdes, sondern sich selbst an. Jedes Wissen von Dingen, die vermeintlich unabhängig von Bewusstsein existieren, ist eingeschlossen in die Selbstbeziehung eines Geistes, der sich in allem selbst erkennt.

■ **Wirkung** Mit den Vorstellungen von einem freien, sich selbst setzenden Ich, von einer ursprünglichen Identität von Natur und Geist sowie von einem in aller Realität verkörperten Geist hat der deutsche Idealismus stark auf Literatur und Kunst der deutschen Klassik und Romantik eingewirkt. Mit dem Tod Hegels (1831) verlor er seine beherrschende Stellung. Doch wirkten viele der von ihm geprägten Anschauungen und Begriffe besonders in den Geisteswissenschaften und in der politischen Theorie fort, so im Kantianismus, Hegelianismus und Marxismus. Als es um 1900 zu einer Neubelebung besonders der Philosophie Kants (Neukantianismus) und Hegels (Neuhegelianismus) kam, gewann v.a. der Idealismus Hegels, wenn auch eher durch seine prominenten Kritiker (Søren Kierkegaard, Karl Marx) als durch direkte Schüler, großen Einfluss auf die Philosophie des 20. Jahrhunderts.

■ **Siehe auch**

→Absolute · Bewusstsein · Dialektik · Hegelianismus · Identitätsphilosophie · Kantianismus · Materialismus · Marxismus · Metaphysik · Monismus · Neuhegelianismus · Pantheismus · Realismus · System · Transzendentalphilosophie

Dewey ['dju:ɪ], John, amerikanischer Philosoph, Pädagoge und Psychologe, *Burlington (Vt.) 20. 10. 1859, †New York 1. 6. 1952; lehrte 1884–94 an der Universität von Michigan, war seit 1894 Professor in Chicago und seit 1904 an der Columbia University in New York. Beeinflusst von William James, bildete Dewey das erkenntnistheoretische Modell des Pragmatismus zum →Instrumentalismus fort. Denken und Wissenschaft dienen diesem zufolge als Mittel zur konkreten, situationsbezogenen und damit auch sozialbezogenen Problem- und Lebensbewältigung. Erziehung und Unterricht haben deshalb auf selbstständiges Denken und praktisches Handeln zu zielen. Mit seinem Ansatz, den er besonders in seinem Hauptwerk »Democracy and education«

Determinismus

→ GEO **Dossier**
Wie frei ist unser Wille?, Bd. 14

John Dewey

(1916; dt. »Demokratie und Erziehung«) entfaltete, beeinflusste Dewey das amerikanische Denken und die amerikanische Pädagogik maßgeblich und erreichte auch international eine Breitenwirkung.

100563

Dialektik. Luca Della Robbia, »Logik und Dialektik«, durch Aristoteles und Platon personifiziert (um 1437/38; Florenz, Dommuseum)

Dialektik [zu griech. dialégesthai »sich unterhalten«, »Rede und Gegenrede führen«], Logik des Widerspruchs oder Methode kritischen, Gegensätze bedenkenden Philosophierens, die im Verlauf der Philosophiegeschichte unterschiedliche Bestimmungen erfuhr.

■ **Ursprünge** In ihren Anfängen bezeichnete Dialektik die Kunst, durch geschickte Unterscheidungen auch widersprüchlich erscheinende Lehren akzeptabel zu machen: so bei Zenon von Elea, dem »Erfinder« der Dialektik, dann auch bei den Sophisten, hier allerdings zum Zweck der Überredung zu beliebigen Meinungen. Nach Platon, der gegen die Sophisten Dialektik von →Eristik unterschied, soll die Dialektik den Gesprächspartner durch begründete Begriffsbildungen zu den Ideen führen. Bei Aristoteles bezeichnet der Terminus Dialektik die Methode, über die Wahrheit oder Falschheit der für wahr gehaltenen Meinungen nach allgemeinen Gesichtspunkten, den »topoi« (→Topik), zu entscheiden.

■ **Entwicklung** Nach Bekanntwerden der Texte des Aristoteles verbreitete sich im 12. Jh. die Auffassung von der Dialektik als einer Lehre vom Schließen aus dem »Wahrscheinlichen«. Der unbefriedigende Zustand der scholastischen Disputationslehre führte zu Beginn des neuzeitlichen Philosophierens indes zu einer immer allgemeiner werdenden Kritik der Dialektik, v. a. durch Francis Bacon, Pierre Gassendi und Descartes. Kant knüpfte im Rahmen seiner Transzendentalphilosophie an die Unterscheidung von Analytik und Dialektik als Teilen der Logik an und bestimmte die Dialektik als die Logik des Scheins, der durch den Gebrauch von Vernunftbegriffen über die mögliche Erfahrung hinaus entsteht.

Friedrich Wilhelm Joseph von Schelling verband als Erster explizit das Wort Dialektik mit dem dialektischen Dreischritt von der These über die Antithese zu der sie beide aufhebenden Synthese. Er sah in der Dialektik nicht eine Methode, sondern das Prinzip realer Entwicklungen und Seinsordnungen. Hegel, für den sie zugleich die »immanente Entwicklung des Begriffs« und »der Gang der Sache selbst« ist, erklärte die Dialektik zur »absoluten Methode des Erkennens«.

■ **19. und 20. Jahrhundert** Karl Marx übernahm zwar das hegelsche Verständnis der Dialektik als der sich bei der Explikation des Ganges der Sache selbst erst formulierenden Methode, wandte sie aber auf die historische, menschlich-gesellschaftliche Entwicklung an. Dabei untersuchte er insbesondere die Wechselwirkungen von gesellschaftlichem »Sein«, den Produktionsverhältnissen, und »Bewusstsein« sowie dem Verständnis v. a. von der Gesellschaft selbst.

Denker wie Benedetto Croce, Jean-Paul Sartre, Maurice Merleau-Ponty u. a. versuchten, Dialektik aus ihren historischen Wurzeln zu rekonstruieren und nicht als »Dialektik der Natur« zu dogmatisieren. In der Frankfurter Schule wurde Dialektik schließlich als Dialektik der Nichtidentität bestimmt. Dieser Begriff der Dialektik ist gegen alle geschlossenen, auf Identitätssetzung von Sein und Denken, Subjekt und Objekt gegründeten Systeme gerichtet.

Di|allele [griech.], der →Circulus vitiosus.

Dialog [französ., von griech. diálogos, eigtl. »Unterredung«, »Gespräch«], in Frage und Antwort, Rede und Gegenrede geführtes Gespräch zwischen zwei oder mehreren Personen. Als selbstständige literarische Form kommt dem Dialog v. a. in der Philosophie Platons eine methodische Funktion zu: Im sokratischen (platonischen) Dialog führt der Fragende den Partner stufenweise, im Wechselspiel von Frage, Antwort und Widerlegung, zur Bewusstmachung vermeintlichen Wissens und zur Erkenntnis.

Eine spezifisch philosophisch-inhaltliche Bedeutung bekommt der Dialog in der **dialogischen Philosophie** des 20. Jahrhunderts: Für sie ist der Mensch als Ich nur in einer unableitbaren Du-Beziehung gegeben, und seine Welt ist die gemeinsame Welt des menschlichen Miteinanderseins, das sich besonders im Dialog, in der Sprache vollzieht, die alles menschliche Sichbegegnen und deshalb auch alles menschliche Weltverhalten prägt. Ihren eigentlichen Ausgang nimmt die dialogische Philosophie im religiös-philosophischen Denken Martin Bubers, für den die dialogische Beziehung als »Sphäre des Zwischen« die Ursituation ist, aus der erst Ich und Du auseinander und zueinander ins Verhältnis treten können.

Dialog
→ GEO **Dossier**
Kleine Denker – große Gedanken, Bd. 14

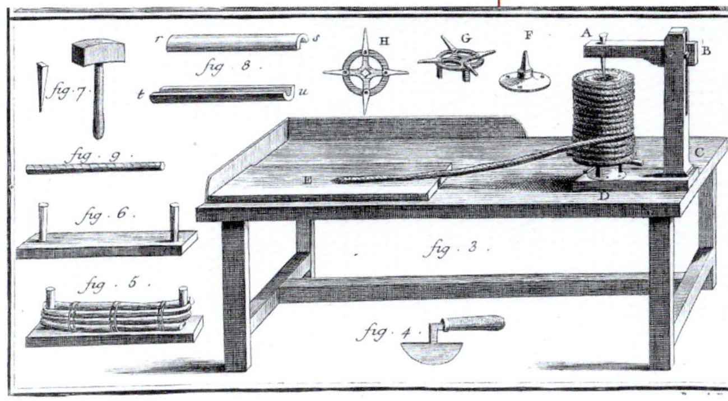

Denis Diderot. Kupferstiche zu handwerklichen Tätigkeiten nehmen ungefähr ein Drittel der »Encyclopédie« ein – hier ein Ausschnitt aus einer Abbildung zur Tabakverarbeitung.

Diärese [griech. »Trennung«, »Teilung«], **Di|hairesis,** bei Platon die Methode der Wesensbestimmung eines Artbegriffs durch fortschreitende Zergliederung und Einordnung unter ihn umfassende höhere Begriffe bis zu einem obersten Gattungsbegriff, meist auf dem Weg der Dichotomie.

Dichotomie [-ç-; zu griech. dícha »getrennt«], die zweigliedrige Bestimmung eines Begriffs durch einen ihm untergeordneten und dessen Negat, z. B. des Begriffs der Seele durch Bewusstes und Unbewusstes. Die Dichotomie setzt logisch das →Tertium non datur voraus.

Diderot [didə'ro, französ. di'dro], Denis, französischer Schriftsteller, Philosoph, Enzyklopädist, Literatur- und Kunsttheoretiker, * Langres (Dép. Haute-Marne) 5. 10. 1713, † Paris 31. 7. 1784; einer der wichtigsten Vertreter der französischen Aufklärung.

■ **Leben** Diderot wurde 1723–28 bei Jesuiten in Langres erzogen und betrieb anschließend in Paris humanistische und juristische Studien. Er beschäftigte sich im Wesentlichen mit Sprachen und Literatur, Philosophie und Mathematik. Seit 1746 war er mit dem Projekt der »Encyclopédie« befasst, die er gemeinsam mit d'Alembert herausgab. Seit 1758 war er der alleinige Herausgeber des Lexikons (1751–80, 35 Bde.), das eine wichtige Rolle in der Geschichte der französischen Aufklärung spielte.

Neben dieser Arbeit entfaltete Diderot eine rege Aktivität als philosophischer Schriftsteller sowie als Bühnen- und Romanautor, wobei Studien zur Literaturtheorie das poetische Werk im engeren Sinn begleiteten. Seit 1759 trat er auch als Kunstkritiker hervor. Mehrere seiner Werke erschienen – bedingt durch ihre undogmatische Grundtendenz – erst nach seinem Tod. Seit 1763 stand er mit der russischen Zarin Katharina II. in brieflicher Verbindung. Sie unterstützte ihn durch den Ankauf seiner Bibliothek, beließ ihm jedoch die Nutzungsrechte auf Lebenszeit und setzte ihm ein Jahresgehalt als Bibliothekar aus. 1773 reiste er für einige Monate nach Sankt Petersburg mit dem Ziel, das russische Erziehungssystem zu reformieren und die Gedanken der französischen Aufklärung zu verbreiten. In seinem Spätwerk wandte er sich auch politischen Fragen zu.

■ **Encyclopédie** Diderot oblag die Betreuung des gesamten Unternehmens: Er fungierte als Herausgeber (→Enzyklopädisten), als Organisator und als Autor. Auf ihn geht wesentlich die Grundintention des Werkes als eines Organs der Aufklärung zurück. Der Stand menschlichen Wissens sollte nicht nur lexikalisch zusammengefasst, sondern zugleich kritisch aufgearbeitet werden, wobei Grundlagen und Anwendungsbereiche von Wissenschaft, Technik und Handwerk in ihrer gegenseitigen Verkettung (»enchaînement des connaissances«) dargestellt werden sollten. Maßgebend war dabei die aufklärerische Idee vom Fortschritt der Wissenschaften und – durch deren allgemeine Verbreitung – des menschlichen Geistes überhaupt.

Die kritische Grundtendenz der »Encyclopédie« forderte den Widerstand seitens des Staates und der Kirche heraus. Trotz zeitweiliger Verbote und z. T. abschwächender Eingriffe des Verlegers betreute Diderot das Unternehmen, bis das Grundwerk mit den Tafelbänden abgeschlossen war (1772), und lehnte Angebote ab, das Werk im Ausland erscheinen zu lassen. Seine Eigenbeiträge waren besonders der Philosophie, Ästhetik, Moral, Literatur, Grammatik und Geschichte, dem Handwerk und der Technik gewidmet.

■ **Philosophische Schriften** Diderot legte in seinen Werken kein philosophisches System nieder und vertrat keine dogmatischen Standpunkte. Charakteristisch ist vielmehr eine geistige Experimentierhaltung, die – oft in der offenen Form des Dialoges – beim Prozess der Wahrheitsfindung nicht zu einer Synthese von Positionen führt. Sein Denken wurde vom Deismus und Empirismus der englischen Philosophie (Anthony Ashley Cooper Shaftesbury, Francis Bacon, John Locke), vom Skeptizismus Pierre Bayles sowie von materialistischen und atheistischen Positionen beeinflusst.

Diderots erkenntnistheoretische Haltung zeigt deutlich den Einfluss des Empirismus. Als Ursprung der Erkenntnis gelten ihm nicht die angeborenen Ideen, sondern die Sinneswahrnehmungen. So leitet er in seinem »Lettre sur les aveugles à l'usage de ceux qui voient« (1749) von den unterschiedlichen Sinneseindrücken Blinder und Sehender auch je verschiedenartige Vorstellungen von Moral und Metaphysik ab. Atheistische Positionen treten hier an die Stelle der noch deistischen Gottesvorstellungen der (gegen Blaise Pascal gerichteten) »Pensées philosophiques« (1746). Bereits diese stufen einen im Widerspruch zur Vernunft stehenden Glauben aus skeptizistischer Haltung als Aberglauben ein.

Diderots Naturphilosophie liegt ein monistischer Materialismus zugrunde (u. a. in »Pensées sur l'interprétation de la nature«, 1754, dt. »Gedanken zur Interpretation der Natur«; »Le

Denis Diderot
*** 1713, † 1784**

- ■ stammte aus bescheidenen Verhältnissen und wurde später von der russischen Zarin Katharina II. unterstützt
- ■ gab mit d'Alembert die aufklärerische »Encyclopédie« als Darstellung allen Wissens heraus
- ■ philosophierte betont unsystematisch
- ■ wurde wegen einer Theorie über Moral und Metaphysik inhaftiert

Wilhelm Dilthey
*** 1833, † 1911**

- verfasste Arbeiten über Friedrich Schleiermacher und den jungen Hegel
- versuchte eine methodische Neubegründung der Geisteswissenschaften
- betonte die Geschichtlichkeit der Vernunft
- beeinflusste zahlreiche deutsche Philosophen des frühen 20. Jh.

rêve de d'Alembert«, 1769, dt. »Der Traum d'Alemberts«). Alle Formen des Lebens werden aus einer einzigen materiellen, jedoch sensiblen Substanz abgeleitet. Das Festhalten an einer Sonderstellung des mit Vernunft begabten Menschen innerhalb des Kosmos verbindet sich so mit einer im Ansatz deterministischen Einstellung und der Ablehnung menschlicher Willensfreiheit.

Differẹnz [latein. »Unterschied«], bei Aristoteles auch Verschiedenheit von Dingen, die jedoch etwas Gemeinsames haben, z. B. der Zahl oder Art nach. In der →Definition ist die Differenz die Angabe einer besonderen Eigenschaft, mittels derer das zu Definierende aus einem umfassenderen Gattungsbegriff ausgegrenzt werden kann (Differentia specifica).

Im deutschen Idealismus wird Differenz im Sinne von Nichtidentität gebraucht (Friedrich Wilhelm Joseph von Schelling, Georg Friedrich Wilhelm Hegel). Bei Martin Heidegger meint **ontologische Differenz** den wesensmäßigen Unterschied zwischen Sein und Seiendem, der nicht durch einer Denkakt des Menschen, sondern einem Geschehen im Sein selbst entspringt.

Di|hairesis, →Diärese.

Dilẹmma, in der *Logik* die Bezeichnung für formale Schlussregeln (→Schluss).

Dịlthey, Wilhelm, deutscher Philosoph, * Biebrich (heute zu Wiesbaden) 19. 11. 1833, † Seis (bei Bozen) 1. 10. 1911; einer der Hauptvertreter der hermeneutischen Wissenschaften. Er begründete die Erkenntnistheorie der →Geisteswissenschaften.

■ **Leben und Lehre** Dilthey studierte zuerst Theologie, dann Geschichte, Philologie und Philosophie in Heidelberg und Berlin. Er war 1867/68 Professor in Basel, 1868–71 in Kiel, 1871–82 in Breslau und seit 1882 in Berlin. Sein Versuch, eine »Erfahrungswissenschaft der geistigen Erscheinungen« (1910) inhaltlich und methodisch zu sichern, wird v. a. vor dem Hintergrund der wissenschaftstheoretischen Debatte des 19. Jahrhunderts sinnfällig, in der die Naturwissenschaften als der Inbegriff der »Wissenschaftlichkeit« überhaupt galten. Dies hatte zur Folge, dass Disziplinen wie der Philosophie oder der Geschichtswissenschaft ihre Wissenschaftlichkeit schlechterdings abgesprochen wurde.

Beeinflusst vom deutschen Idealismus und der historischen Schule, v. a. aber anknüpfend an die hermeneutische Methode Friedrich Schleiermachers, plädierte Dilthey entgegen dieser Auffasung für die zentrale Stellung der Geisteswissenschaften im gesamten System der Wissenschaften: Im Unterschied zu den Naturwissenschaften, in denen gegebene Ereignisse durch theoretische Entwürfe (Hypothesen) systematisiert und erklärt werden, muss der Geisteswissenschaftler seinen Gegenstandsbereich, die symbolischen Zusammenhänge der gesellschaftlichen und geschichtlichen Wirklichkeit des Menschen, durch das Nachvollziehen dieser Lebensäußerungen verstehen. Wesentlich für diese Konzeption ist dabei der von Dilthey neu gefasste Begriff der Erfahrung, der über die Einseitigkeiten hinauszugelangen suchte, wie er sie der klassischen Erkenntnistheorie neuzeitlicher Metaphysik und dem Empirismus in der Nachfolge David Humes vorhielt.

Die Analyse des Geisteswissenschaftlers geht nach Dilthey von den Bedeutungen aus, die Menschen ihrer Welt gegeben haben und die sich u. a. in Institutionen, Konventionen des Redens und Handelns oder geltenden moralischen Wertvorstellungen dokumentiert haben. Durch das Erleben fremder Sinnformen und die nachfolgende Rekonstruktion ihrer Entstehung, d. h. durch das hermeneutische Sinnverstehen, das sich auf die drei Klassen menschlicher Lebensäußerungen richtet, nämlich sprachliche Ausdrücke, Handlungen und Erlebnisausdrücke, erlangt der Mensch ein Verständnis seiner eigenen Geschichtlichkeit, das ihm den Bezugsrahmen für eine systematische Interpretation seiner Erfahrung in der Gegenwart liefern soll.

■ **Wirkung** Durch neuere Editionen aus dem Nachlass ist die Bedeutung Diltheys als Wissenschaftstheoretiker, Wissenschaftsforscher und Psychologe seit den 1970er-Jahren deutlicher sichtbar geworden. Nicht nur seine Wirkungen auf die nach ihm benannte Schule, auch seine Bedeutung für Edmund Husserl, Martin Heidegger, Helmuth Plessner sowie für die Kultur- und Sozialwissenschaften und die Wissenschaftsforschung sind beachtlich. Bekannt wurde er außerdem durch seine literarischen Studien (→Hermeneutik).

Dịng, allgemein Bezeichnung für einen Gegenstand bzw. eine Sache. In der Philosophie

Diogenes von Sinope. Nach einer Anekdote entkräftete Diogenes die von Platon stammende Definition des Menschen als »federloses, zweibeiniges Wesen« damit, dass er Platon ein gerupftes Huhn in die Akademie schickte und fragen ließ, ob er glaube, damit einen Menschen vor sich zu haben (Farbholzschnitt von Ugo da Carpi, nach 1527).

hat Ding (griechisch Pragma, lateinisch Res) viele Bedeutungen, z. B. raumzeitlicher Gegenstand, geformter Stoff, Einheit einer Empfindungsmannigfaltigkeit oder – in Anknüpfung an Aristoteles' Unterscheidung des Zugrundeliegenden, der →Substanz, von den ihr zufällig anhaftenden Eigenschaften, den Akzidenzien (→Akzidens) – Träger von Eigenschaften.

Im engeren Sinn meint Ding das Greifbare, Sichtbare usw., das Vorhandene, im weiteren Sinn jedes Etwas, das Subjekt eines Urteils werden kann, d. h. sowohl reale als auch ideale Gegenstände. Nach Auffassung der Phänomenologie Edmund Husserls ist das Ding stets nur in »Abschattung« gegeben (in wechselnder Perspektive, Farbe usw.), nach Martin Heidegger ist es das Seiende, sofern es die wesentlichen Weltbezüge in sich versammelt und somit dem Menschen die Welt selbst gegenwärtig und ansichtig werden lässt.

Ding an sich, 1) traditionell das von der sinnlichen Erkenntnis ungetrübte, nur dem reinen Denken zugängliche Sein; 2) im transzendentalen Idealismus Kants die lediglich denkbare, aber unerkennbare »absolute Beschaffenheit« von Seiendem, die von aller Beziehung auf das menschliche Erkenntnisvermögen losgelöst ist. Erkennbar ist etwas nur als Ding für uns, als Erscheinung, d. h. sofern es unter den formalen Bedingungen der Sinnlichkeit, den Anschauungsformen Raum und Zeit und den formalen Bedingungen des Verstandes, den →Kategorien, bestimmbar ist.

Diogenes Laertios, griechischer Philosoph, 3. Jh. n. Chr. (wohl nicht aus Laërte in Kilikien); verfasste mit seinem zehnbändigen Werk »Über Leben und Meinungen berühmter Philosophen«, das um 220 n. Chr. entstand, das am umfangreichsten erhaltene Werk zur Geschichte der antiken Philosophie. Es stellt – obgleich eine unkritische Kompilation – eine wichtige Quelle für die Erforschung der griechischen Antike dar.

Diogenes von Apollonia, griechischer Naturphilosoph, * um 460 v. Chr., † um 390 v. Chr.; nahm wie Anaximenes als Urprinzip aller Dinge die Luft an. Er beschrieb sie als stofflich und zugleich als geistig (gleich der Vernunft, dem Nus, bei Anaxagoras) und göttlich und erklärte aus ihr die Zweckmäßigkeit in der Welt.

Diogenes von Sinope, griechischer Philosoph, * um 400 v. Chr., † wohl zwischen 328 und 323 v. Chr.; bekanntester Vertreter des Kynismus (→Kyniker). Diogenes war Schüler des Antisthenes und zog als Wanderlehrer umher. Er ist bekannt durch viele Anekdoten über seine bedürfnislose und gegen die Konventionen seiner Mitbürger gerichtete Lebensführung.

dionysisch, Begriff der *Kulturphilosophie,* der das Irrationale, Rauschhafte (unter Bezug auf Dionysos, den griechischen Gott des Weines und der Fruchtbarkeit) im Welterlebnis oder im künstlerischen Gehalt hervorhebt. Der Gegensatz ist →apollinisch. Das Begriffspaar wurde von Friedrich Wilhelm Joseph von Schelling geprägt und erlangte durch Nietzsche große Bekanntheit.

Dionysius Areopagita, griechisch **Dionysios Areopagites,** Pseudonym eines altkirchlichen Schriftstellers um 500 n. Chr., der sich als das in Apostelgeschichte 17, 34 genannte Mitglied des Areopag ausgab und später mit dem Bischof Dionysius von Paris gleichgesetzt wurde. Seine wahre Identität ist bis heute nicht eindeutig geklärt.

Dionysius Areopagita Der unbekannte Philosoph

Wenn der Verfasser der Abhandlungen »Über die himmlische Hierarchie« und »Über die Namen Gottes« tatsächlich der athenische Ratsherr Dionysios sein sollte, von dem das Neue Testament berichtet, er habe sich dem Apostel Paulus nach seiner Rede auf dem Areopag angeschlossen – wie gelangen dann Zitate des Neuplatonikers Proklos in seine Schriften? Wie kann das Werk eines Mannes, der in Briefen behauptet, unter den Jüngern Christi verkehrt und die Sonnenfinsternis bei dessen Tod miterlebt zu haben, durchdrungen sein vom spätantiken Neuplatonismus? Erst im 19. Jahrhundert konnte nachgewiesen werden, was bereits der Scholastiker Petrus Abaelardus vermutet hatte: Ein unbekannter Autor des 6. Jahrhunderts hatte den ehrwürdigen Namen kurzerhand angenommen und damit im Mittelalter eine beispiellose Wirkungsgeschichte entfaltet – ein Pseudodionysios

100563

(Giovanni Paolo Pannini, »Paulus predigt in Athen«, 18. Jh.; Budapest, Museum der Schönen Künste).

Dionysius verfasste das »Corpus Dionysiacum«, das die Schriften »Über die himmlische Hierarchie«, »Über die kirchliche Hierarchie«, »Über die Namen Gottes«, »Über die mystische Theologie« und »Briefe« enthält. Das Werk bildet einen byzantinisch-christlichen, theologisch-politischen Traktat, der den Kosmos in einer von Gott absteigenden Stufe darstellt, also zwischen himmlischer und irdischer Hierarchie unterscheidet. Dionysius wendet dabei die Philosophie des Proklos auf die christliche Tradition an. Diese versteht er im Sinne der »negativen Theologie« als Symbol des Unsagbaren, weil das göttliche Eine, von dem alles ausgehe, nicht durch unsere Begriffe zu fassen sei. Für die Zeit vom 8. bis zum 16. Jh. bildeten die Schriften eine einflussreiche Korrektur des formallogischen und gegensätzlichen Denkens.

Disjunktion [zu latein. disiungere »auseinander binden«], in der *Logik* die Verknüpfung zweier oder mehrerer Aussagen *A* und *B* zu einer Aussage »*A* oder *B*» (inklusive oder **schwache Disjunktion**), die die Wahrheit beider Aussagen zulässt (→Adjunktion), oder zu einer Aussage »entweder *A* oder *B*« (vollständige, starke oder **exklusive Disjunktion**), die die Wahrheit einer der beiden Aussagen ausschließt. Die Disjunktion ist stets dann wahr, wenn mindestens eine der beiden Aussagen *A* und *B* wahr ist (→Wahrheitsfunktion).

Diskontinuität, das Gegenteil von →Kontinuität.

Diskurs [latein. »das Umherlaufen«, »das Sichergehen (über etwas)«], bei Jürgen Habermas und Karl-Otto Apel das Verfahren der argumentativ-dialogischen Prüfung strittiger Geltungsansprüche von Behauptungen (Ist-Aussagen) oder Aufforderungen (Soll-Aussagen) mit dem Ziel, einen universalen Konsens herbeizuführen. Damit der Diskurs gelingen kann, wird er unter bestimmte Regeln gestellt, etwa diejenige, dass alle Diskursteilnehmer gleichberechtigt sind. Bei Michel Foucault ist der Diskurs ein letztlich durch Machtkonstellationen bewirktes Ordnungsverfahren, das die Beziehungen und Geltungsausprägungen regelt.

Diskursethik, von Jürgen Habermas und Karl-Otto Apel begründete ethische Theorie. Davon ausgehend, dass in der Ethik ein vernünftig bestimmter Konsens nur diskursiv zu erreichen sei, können für die Diskursethik Normen nur dann Geltung beanspruchen, wenn alle Betroffenen als Teilnehmer des praktischen Diskurses sich darauf einigen können, dass sie gelten sollen. Normen gelten als gerechtfertigt, wenn sie aus diskutierten Gründen intersubjektive Zustimmung erfahren. Die Überprüfung der Geltungsansprüche von normativen Sätzen greift methodisch auf die Konsenstheorie der →Wahrheit und die Sprachpragmatik zurück.

Die Diskursethik hat eine umfängliche Rezeption gefunden, die zu einer Reihe von Modifikationen und Weiterentwicklungen geführt hat. Apel und Habermas haben zudem jeweils eigene Akzente gesetzt. Apels Übergang von der Sprachpragmatik zu ethischen Normen begegnet Habermas mit einem Universalisierungsgrundsatz als Argumentationsregel. In ihren Formalisierungen und Universalisierungen steht die Diskursethik Kant nahe und grenzt sich gegenüber der Tugendethik genauso ab wie gegenüber Nutzenerwägungen des Utilitarismus.

Distinktion [zu latein. distingere »unterscheiden«, «auszeichnen«], 1) im Mittelalter und der frühen Neuzeit Bezeichnung für eine begriffliche Unterscheidung, 2) in der modernen Logik die Verdeutlichung eines Begriffs durch Angabe von Merkmalen, die ihn von anderen Begriffen unterscheiden, z. B. »Fisch«: Lebewesen, im Wasser lebend, geschuppt, Flossenträger.

Dogma [griech. »Meinung«, »Verfügung«, »Beschluss«, »Lehrsatz«], die für unwiderlegbar erklärte Formulierung von Wahrheiten, feststehenden Lehrsätzen oder -systemen. Im übertragenen Sinn gilt als Dogma auch eine Grundüberzeugung, die gegen Zweifel nicht durch Beweis, sondern nur durch autoritative Erklärung gesichert ist.

Dogmatismus, die unkritische, nicht begründete Behauptung von philosophischen oder religiösen Sätzen mit dem Anspruch unbedingter Anerkennung. Nach Kant ist Dogmatismus das Verfahren derjenigen Metaphysiker, die über das Wesen einer Sache Aussagen machen, ohne geprüft zu haben, in welcher Weise ihre Erkenntnis durch das menschliche Erkenntnisvermögen bedingt ist.

Dominicus Gundissalinus, Gundisalvi, spanischer Philosoph und Schriftsteller, * um 1110, † nach 1190; war um 1150 Archidiakon in Cuéllar (Segovia). Dominicus Gundissalinus gehörte der Übersetzerschule von Toledo an. Er übersetzte Werke arabischer und jüdischer Philosophen ins Lateinische (u. a. Ibn Sina, Ibn Gabirol, al-Ghasali) und vermittelte dem Abendland die aristotelisch-arabische Wissenschaft auch in eigenen Schriften. Besonderen Einfluss hatte sein Wissenschaftssystem, das er in »De divisione philosophiae« entfaltete.

Dualismus [von latein duo »zwei«], die Annahme, dass alles Seiende auf zwei (und nur zwei) ursprüngliche, nicht auseinander herzuleitende Prinzipien gegründet ist, z. B. Gott – Welt, Geist – Stoff, Leib – Seele. So ging Platon von zwei verschiedenen Seinsbereichen aus: der Welt der Ideen (des wahren Seins) auf der einen Seite und der Welt der sinnlich wahrnehmbaren Dinge auf der anderen Seite. In der Neuzeit war das konsequent dualistische System Descartes' von besonderer Tragweite. In ihm werden denkendes Bewusst-Sein (Res cogitans) und ausgedehntes, körperhaft-materielles Sein (Res extensa) streng voneinander geschieden. In Auseinandersetzung mit dem cartesischen Dualismus wurden etliche Versuche (u.a. von Thomas Hobbes und Baruch de Spinoza) unternommen, Mensch und Welt erneut im Sinne eines →Monismus zu deuten.

Dummett ['dʌmɪt], Michael, britischer Philosoph, * London 27. 6. 1925; war u. a. Professor für Logik in Oxford (1979–92). Seine Hauptarbeitsgebiete sind Sprachphilosophie, Logik und Philosophie der Mathematik. Dummett setzte sich v. a. mit den sprachphilosophischen Aspekten des Werks von Gottlob Frege auseinander. Besonders einflussreich war sein Werk »Frege. Philosophy of language« (1973).

Von Frege ausgehend und vom mathematischen Intuitionismus geprägt, entwickelte Dummett Vorschläge zu einer Bedeutungstheorie für natürliche Sprachen als Theorie des Sprachverstehens. Anders als bei Frege bestehe das Verstehen eines Satzes nicht in der Kenntnis von Wahrheits-, sondern von Rechtfertigungsbedingungen, zumal über die Wahrheit vieler Sätze nichts gesagt werden könne. Vielmehr muss teilweise implizites Wissen, welches der Sprecher einer Sprache hat, wenn er eine Sprache versteht, rekonstruiert werden. Dummett plädiert für einen semantisch gestützten Antirealismus und versucht, Überlegungen von Frege mit Einsichten des späten Wittgenstein zu vermitteln.

Duns Scotus, Johannes, scholastischer Philosoph und Theologe, * Duns (bei Berwick-upon-Tweed) um 1266, † Köln 8. 11. 1308; war Franziskaner und lehrte zunächst in Oxford, ab 1302 in Paris und ab 1307 in Köln.

Die seit der Mitte des 13. Jahrhunderts betriebene Rezeption des Aristoteles und der arabischen Wissenschaft hatte zu Kompromisssystemen geführt, die sowohl philosophische Einwände als auch den Protest religiöser Erneuerungsbewegungen hervorriefen. Duns Scotus versuchte, die Grenze zwischen Philosophie und Theologie neu zu ziehen und den Konflikt zwischen Wissen und Glauben zu mildern, indem er einerseits die aristotelische und arabische Philosophie in ihre Schranken zu weisen suchte und andererseits den Wissenschaftsanspruch der Theologie infrage stellte. Das Vernunftvertrauen der Aristoteliker kritisierte er u. a. mit dem Argument, aus bloßen Vernunftbeweisen sei keine unmittelbare Wirklichkeitserkenntnis zu gewinnen. Er hielt die Unsterblichkeit der Seele für unbeweisbar, die traditionellen Gottesbeweise unterzog er ebenfalls einer beweistechnischen und erkenntniskritischen Analyse.

Damit verwarf Duns Scotus die philosophische Theologie nicht prinzipiell, bereitete aber mit seinen Untersuchungen die Metaphysikkritik vor, die Wilhelm von Ockham im Anschluss an seine Überlegungen entwickelte. Mit der Vorstellung brechend, dass die Formen menschlichen Sprechens und Denkens unmittelbar das Sein enthielten, forderte Duns Scotus für wissenschaftlich verwertbare Begriffe einen eindeutig-einheitlichen Inhalt und widersprach den Analogien des Seins bei Thomas von Aquino mit seiner These von der »Univozität« des Seins. Den Ursprung der allgemeinen Bestimmungen (»Universalien«) sah er im Denken, deren Realitätsbezug er durch komplizierte Konstruktionen sicherte.

Mit seiner kritischen Haltung wirkte Duns Scotus' Philosophie v. a. auf das 14. Jh. prägend. Insofern er erhöhte Ansprüche an die wissenschaftliche Beweisbarkeit stellte und den Realitätsbegriff zugunsten des Sinnlich-Einzelnen verschob, entsprach sein Lehrgebäude – der »Skotismus« – den Bedürfnissen der spätmittelalterlichen Welt und fand an den Universitäten teilweise bis ins 17. Jh. weite Verbreitung.

Johannes Duns Scotus

Durkheim [dyr'kɛm], Émile, französischer Soziologe, * Épinal 15. 4. 1858, † Paris 15. 11. 1917; war seit 1896 Professor in Bordeaux und seit 1902 in Paris. Ausgehend von dem Gedanken, dass soziale Tatsachen mit den Mitteln der positiven Wissenschaften wie reale Dinge zu behandeln seien, bemühte sich Durkheim um eine Begründung der Soziologie als empirische Wissenschaft (»Les règles de la méthode sociologique«, 1895; dt. »Die Regeln der soziologischen Methode«). Wegweisend war seine Deutung der modernen Gesellschaft von der Wirkung des Kollektivbewusstseins her. Dieses übe, obgleich von den Individuen erzeugt, auf diese einen überindividuellen sozialen Zwang durch seine normativen Verpflichtungen und Sanktionen aus (Gruppenmoral).

Émile Durkheim

Dworkin ['dwɔːkɪn], Ronald Myles, amerikanischer Rechtsphilosoph, * Worcester (Mass.) 11. 12. 1931; war 1969–98 Professor in Oxford und seit 1975 auch an der New York University. Seine liberale Rechtstheorie geht von der fundamentalen Gleichheit der Rechte und Ansprüche der Bürger aus, deren individuelle Rechte gegebenenfalls gegen die Interessen der Mehrheit und gegen bestehende Gesetze zu sichern sind. Personale Autonomie schließt nach Dworkin auch einen selbstbestimmten Tod ein.

Dynamis [griech. »Kraft«], von Aristoteles geprägter Begriff, der in die Akt-Potenz-Lehre (→Akt) der Scholastik einging.

Dynamismus, Bezeichnung für verschiedene Theorien, die das Sein nicht statisch, sondern als Bewegtheit und Werden verstehen und die Wirklichkeit auf Kräfte und ihre Wirkungen zurückführen. Zur metaphysischen Erklärung des Werdens bildete Aristoteles die Begriffe »Dynamis« (Seinsmöglichkeit) und »Energeia« (Seinswirklichkeit) aus (Akt-Potenz-Lehre, →Akt). Ein metaphysischer Dynamismus findet sich v. a. bei Leibniz und im deutschen Idealismus, aber auch bei Arthur Schopenhauer.

E

Eckhart
*** um 1260, † vor April 1328**

- war Mitglied und Funktionär des Dominikanerordens
- hielt seine Predigten meist in deutscher Sprache
- prägte das Bild des »Seelenfünkleins« für Gottes Sein im menschlichen Geist
- lehrte die asketische »Gelassenheit« als Weg zur Vereinigung mit Gott
- legte die philosophischen Grundlagen für die christliche Mystik

Eckhart, Meister Eckhart, deutscher Philosoph und Theologe, Dominikaner, *Hochheim (bei Gotha) um 1260, † vor April 1328; gilt als einer wichtigsten Vertreter der deutschen Mystik.

■ **Leben** Eckhart trat in seiner Jugend in den Dominikanerorden ein und studierte am Kölner Studium generale seines Ordens. Er war 1293/94 Dozent und 1302 Magister der Universität Paris. 1303 wurde er Provinzial der neu geschaffenen Ordensprovinz Saxonia, 1311/12 kehrte er im Auftrag seines Ordens noch einmal als Magister nach Paris zurück und lehrte ab 1313 in Straßburg, wo das »Buch der göttlichen Tröstung« und ein Großteil seiner »Predigten« entstanden. Nach 1322 war er als Professor und Prediger in Köln tätig. 1326 eröffnete der Kölner Erzbischof gegen ihn ein Inquisitionsverfahren. Eckhart protestierte gegen die Vorgehensweise und den Häresievorwurf und appellierte an den Papst. Kurz nach dem Tod Eckharts verurteilte Johannes XXII. jedoch Thesen aus dessen Schriften als häretisch bzw. der Häresie verdächtig und verwarf auch das Gesamtwerk als neuerungssüchtig und ketzerisch.

■ **Lehre** Eckhart selbst betonte ausdrücklich die philosophische Intention aller seiner Werke. Gestützt auf Aristoteles und Ibn Ruschd (Averroes), Augustinus und Albertus Magnus (weniger auf Thomas von Aquino, auf den er sich als eine Schulautorität bezog), wollte er die Einheit des Gerechten und der Gerechtigkeit, Gottes und des menschlichen Geistes beweisen und sie als die Gottesgeburt im Menschen, als die Wahrheit der Inkarnation Gottes in der Seele ausweisen.

Die Einheit von Vernunft und Gottheit begründete er philosophisch mit der aristotelisch-averroistischen Intellekttheorie, die besagt, dass der Intellekt mit der Dingwelt nichts gemein haben kann, um sie erfassen und durchschreiten zu können. Wenn der Intellekt, das so genannte Seelenfünklein (»Scintilla Animae«), aufhört, sich mit den Dingen zu verwechseln, wenn er sich loslöst von allen Fixierungen – auch von der auf das Ich und die Tugend, den jenseitigen Gott und den Himmelslohn –, vollzieht er die Einheit mit dem Weltgrund, in der er an sich immer steht. Mit der Lehre von der Gelassenheit (»Abgeschiedenheit«), durch die es dem Menschen möglich sein soll, die Vereinigung mit Gott zu erfahren, radikalisierte Eckhart die Armutsidee der Bettelorden.

Der im Denkansatz Eckharts implizierten Rangerhöhung des Menschen und der daraus folgenden Relativierung der Heilsgeschichte, der Sakramente, der sichtbaren Kirche und des buchstäblichen Bibelsinns widersprach der Papst als einer kirchenzerstörenden Neuerung, zumal Eckhart religiöse Fragen in der Volkssprache erörterte. Von mystischer Erfahrung sprachen jedoch (im Gegensatz zu Eckharts späterer Kennzeichnung in der Forschung als »Mystiker«) weder Eckhart selbst noch der verurteilende Papst.

■ **Wirkung** Eckharts deutsches Werk wurde auch durch die von ihm neu geschaffene Terminologie wirksam, v. a. wenn sich diese philosophischer und religiöser Inhalte annahm. Seine Verurteilung blockierte den Einfluss seiner philosophischen Theologie, auch wenn Nikolaus von Kues sich vorsichtig zu ihm bekannte. Erst die neueste Forschung untersucht sein Werk im historischen Kontext, nachdem es seit Anfang des 20. Jahrhunderts von vielfältigen politischen und weltanschaulichen Bewegungen vereinnahmt wurde.

Egoismus [von latein. ego »ich«], Eigenliebe, Ich-Liebe. Der Begriff Egoismus umfasst die Gesamtheit der Antriebe und Strebungen, die von der eigenen Person ausgehen und diese in den Mittelpunkt stellen, im Gegensatz zum →Altruismus. Philosophen und Nationalökonomen wie Thomas Hobbes, Bernard de Mandeville und Adam Smith sahen im Egoismus (englisch self-interest) den Antrieb der gesellschaftlichen Ordnung, allen wirtschaftlichen Handelns und die Voraussetzung für den wirtschaftlichen Fortschritt. Verschiedene ethische Theorien haben den Egoismus als Streben nach Lust gefasst (Epikur, Claude Adrien Helvétius, Jeremy Bentham) und daraus die sittliche Ordnung abzuleiten versucht.

eidetische Reduktion, Form der →Reduktion.

Eidos [griech. »Bild«], die Grundgestalt bzw. das gemeinsame Wesen vieler verschiedener Dinge ein und desselben Artbereichs. Bei Platon ist Eidos das eigentlich wirkliche Urbild (Idee), das im Abbild der Dinge gegenwärtig ist, bei Aristoteles die nur in den Dingen selbst, in der Prägung der Materie (Hyle) wirkliche Form. Edmund Husserl unterscheidet Eidos (Wesen) und Faktum (Tatsache) und entsprechend »eidetische« oder Wesenswissenschaften von Tatsachen- oder Wirklichkeitswissenschaften.

Eigenname, →Name.

Eigenschaft, Bestimmung eines Gegenstandes, die diesen als zu einer Klasse von Gegenständen gehörend ausweist. So gehört z. B. das rote Buch durch seine »Röte« zur Klasse der roten Gegenstände. Unterschieden werden wesentliche (substanzielle) und zufällige (akzidentelle) Eigenschaften.

Einbildungskraft, seit Leibniz, Christian Wolff und Kant übliche Bezeichnung für die Fähigkeit, die vielfältigen Daten sinnlicher Wahrnehmung so zu gruppieren, dass voneinander unterscheidbare Einheiten bzw. Gegenstände entstehen, die dann auch unabhängig von ihrer realen Anwesenheit als Vorstellungen in Gedanken (im Verstand) anschaulich-bildhaft repräsentiert werden können.

Damit steht die Einbildungskraft erkenntnistheoretisch zwischen Wahrnehmung und Denken (Aristoteles) bzw. zwischen Sinnlichkeit und Verstand (Kant). Eine große Rolle spielt die Einbildungskraft im deutschen Idealismus. Bei Schelling vermittelt sie zwischen Endlichem und Unendlichem.

Eine, das Eine, in monistischen Lehren Bezeichnung für den Urgrund alles Seienden, für dasjenige, von dem das Seiende Erscheinungsform ist. Das Eine wird gesehen 1. im Unterschied zum Relativen, d.h., das Eine ist dasjenige, was sich selbst ohne Bezug auf anderes bestimmt, 2. als Umfassendes (→Kosmos), das allem Seiendem zugrunde liegt, 3. als →Einheit stiftendes Prinzip. Die Natur des Einen wird in der Tradition sehr unterschiedlich bestimmt: als Idee (Platon), zahlähnliches Prinzip (Pythagoreer) oder Materie (Karl Marx).

Einfachheit, in der *Metaphysik* (z.B. bei Parmenides) ein Merkmal des wahrhaften Seins, während Komplexität (Zusammengesetztsein) den Erscheinungen, dem Seienden, zugesprochen wird. Einfachheit kann als Unteilbarkeit gedeutet werden, z.B. im Sinne eines Atomismus wie bei Demokrit, oder als wesensmäßige, organische Eigenschaft wie etwa bei der Unauflösbarkeit der Seele.

Einheit, seit Parmenides in der Geschichte der Metaphysik häufig als Eigenschaft des Seienden auftretender oder mit dem Begriff des Seienden identifizierter Begriff. Dabei spielt auch die synthetische Einheit einer unterschiedenen Mannigfaltigkeit in einem gegebenen Ganzen eine wichtige Rolle (→Monade, →Monismus). Im deutschen Idealismus, v.a. bei Friedrich Wilhelm Joseph von Schelling und bei Hegel, der »die ganze Philosophie als das Studium der Bestimmungen der Einheit« ansieht, wird die Philosophie mit der Theorie der Einheit identifiziert. Als »Einheit in der Mannigfaltigkeit« bildet sie ein wichtiges Prinzip in der Ästhetik.

Eklektizismus [zu griech. eklektikós, eigtl. »auswählend«], eine Denkweise, die ihre Argumente aus verschiedenen, ihr zusagenden Lehrmeinungen und Zitaten anderer Autoren zusammensetzt. Philosophiegeschichtlich nimmt der Eklektizismus somit v.a. die Rolle des Tradenten (Überlieferers) ein. Als Vertreter des Eklektizismus **(Eklektiker)** gelten insbesondere einige Autoren der Stoa und des Platonismus, Cicero und die Popularphilosophen der Aufklärung. Die Postmoderne wertete den Eklektizismus erneut auf.

Eleaten, Bezeichnung für die Vertreter der antiken griechischen Philosophenschule in der griechischen Kolonie Elea (Unteritalien). Die eleatische Strömung wird meist auf Xenophanes zurückgeführt, wobei die wesentlichen Gedanken erst bei Parmenides zu finden sind. Hauptvertreter waren neben diesem Zenon von Elea und Melissos von Samos (*480 v.Chr.), die auch mit Beweisen für die Ontologie des Parmenides eintraten, etwa Zenon mit seinen Paradoxien.

Parmenides traf zwei fundamentale Entscheidungen: 1. »Notwendig ist zu sagen und zu denken«, dass das »Ist ist und dass Nichtsein nicht ist«, 2. »dasselbe ist Denken und Sein«. Aus diesen Prämissen ergibt sich für Parmenides: Was dem Satz vom verbotenen Widerspruch widerspricht, kann nicht sein, auch dann nicht, wenn jeder Mensch aufgrund sinnlicher Erfahrung davon überzeugt ist.

Die eleatische Lehre wirkte weitreichend auf das abendländische Philosophieren. Sie bewirkte, dass Bewegung und Vielheit immer wieder problematisiert wurden und regte für eine vorwiegend vom Platonismus vertretene Denkrichtung die Geringschätzung des wahrnehmbaren Bewegten und eine Hochschätzung des unbewegten Ewig-Seienden an. Damit formulierte sie durch die »Merkzeichen des Seins« exemplarisch den Gottesbegriff der abendländischen Metaphysik.

Element [latein.], in der antiken *Naturphilosophie* die einfachsten Bestandteile, aus deren Zusammenfügung oder Trennung Werden und Vergehen der Körperwelt erklärt wurde. Die von Empedokles als unveränderlich betrachteten vier Elemente Feuer, Luft, Wasser, Erde sah Platon als ineinander umwandelbare Ausprägungen der Urmaterie an und definierte ihre Bestandteile als geometrische Körper (Feuer – Tetraeder, Erde – Würfel, Luft – Oktaeder, Wasser – Ikosaeder). Aristoteles fasste die ineinander umwandelbaren Elemente als letzte Bausteine der vergänglichen sublunaren Welt auf. Ein von ihnen grundsätz-

100887

Eckhart.
Der deutsche Theologe war führendes Mitglied des Dominikanerordens, Prediger und Professor. Sein Siegel zeigt den auferstehenden Christus mit schlafenden Grabwächtern und feiert damit das Mysterium der Auferstehung Christi (1319; Wolfenbüttel, Niedersächsisches Staatsarchiv).

Element.
Feuer ist in der Naturphilosophie des Empedokles eines der Elemente, aus deren Wechselspiel die natürliche Welt hervorgeht. Der Legende nach soll sich Empedokles in den Ätna gestürzt haben, um damit zu beweisen, dass er selbst ein Gott geworden sei.

lich verschiedenes unveränderliches fünftes und leichtestes Element (»quinta essentia«) sollte der Äther als Himmelsbaustoff sein.

Mit dem antiken →Atomismus kam auch der Versuch auf, die Eigenschaften der Elemente – etwa die Beweglichkeit des Feuers – durch solche der Atome (z. B. deren Form) zu erklären. Im Laufe der Jahrtausende schwankte die Zahl der Elemente in den Theorien mehrfach zwischen zwei, drei, vier und fünf. Die moderne Auffassung vom Element als Stoff, der chemisch nicht weiter zerlegt werden kann, kam im 17. Jh. auf.

Elementarsatz, ein logisch nicht weiter analysierbarer, sich unmittelbar auf eine Prädikation (→Prädikat) beziehender Satz.

Emanation [zu latein. emanare »herausfließen«], das Hervorgehen einer Vielheit (aller Einzeldinge) aus einem einheitlichen Urgrund, besonders nach der Lehre des Neuplatonismus. Die Emanationslehre führt meist zu einem →Pantheismus. Das bedeutendste philosophische System des **Emanatismus** war dasjenige Plotins, wonach die Emanation stufenweise erfolgt: Aus dem göttlichen Hen (»das Eine«) geht der →Nus, aus diesem die Seele und aus dieser die Körperwelt hervor. Plotins System wirkte auf alle späteren Emanationslehren ein (Johannes Scotus Eriugena, Giordano Bruno, Baruch de Spinoza, Hegel). Gegen die gnostische Emanationslehre (→Gnosis) richtete die altkirchliche Theologie die Lehre von der Schöpfung aus dem Nichts (Creatio ex nihilo).

Emergenz [zu latein. emergere »auftauchen«, »zum Vorschein kommen«], in der Biologie das plötzliche »Auftauchen« neuer Stufen innerhalb der Evolution der Natur. Hiervon abgeleitet entwickelte die **Emergenzphilosophie** des 20. Jahrhunderts einen metaphysischen Evolutionismus, der die Entwicklung der Dinge nicht lediglich als kontinuierliche Steigerung ansieht, sondern auch durch das Wirksamwerden neuer Gesetzmäßigkeiten bei zunehmender Komplexität (»Emergent Evolution«) zu erklären sucht.

Empedokles, griechischer Philosoph, * Akragas (heute Agrigent, Sizilien) 483 oder 482 v. Chr., † zwischen 430 und 420 v. Chr.; war aktiv am Sturz der oligarchischen Regierung beteiligt. Er sammelte als Arzt und Wanderprediger eine große Jüngerschar um sich, die ihn von Stadt zu Stadt begleitete. Einer Legende zufolge soll er sich in den Krater des Ätna gestürzt haben. Teile seiner epischen Lehrgedichte »Peri physeos« (Über die Natur) und »Katharmoi« (Reinigungslehren) sind erhalten geblieben. Empedokles' Philosophie verbindet Lehren der Eleaten und Heraklits

Empedokles Die vier Elemente

Die Verbindung der Lehre des Eleaten Parmenides vom unwandelbaren Sein mit dem ewigen Fließen der Dinge, wie es Heraklit lehrte, gelang Empedokles, indem er vier »Wurzeln« oder Elemente annahm – nämlich Wasser, Feuer, Erde und Luft –, die unentstanden und unvergänglich sind.
Alles, was in der Welt als Werden und Vergehen angesehen wird, erweist sich so als bloße Mischung und Trennung der vier Elemente, ein sich unendlich wiederholender Vorgang, der durch die beiden entgegengesetzten Kräfte Liebe und Streit gesteuert wird. Seine Lehre von den vier Elementen war über die Vermittlung Aristoteles' in der Naturspekulation bis ins 18. Jahrhundert hinein von Bedeutung (Petrarcameister, »Der Mensch im Gleichgewicht der vier Elemente«, Holzschnitt aus Francesco Petrarcas »Von der Artzney bayder Glück – des guten und widerwertigen«, Augsburg 1532).

Endlichkeit Expansion und Kontraktion

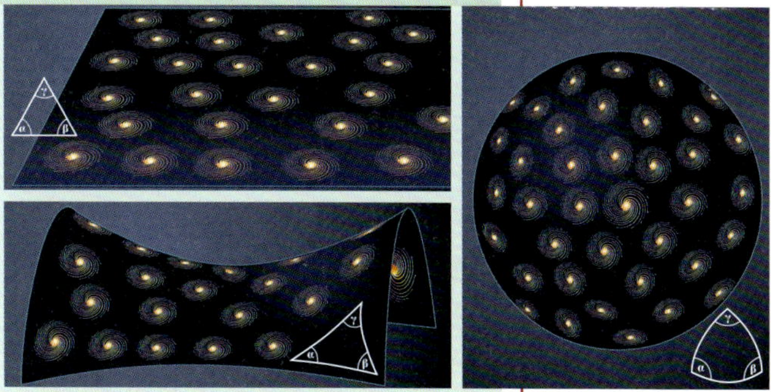

Verschiedene Modelle veranschaulichen die Vorstellungen vom Kosmos: Ist der Raum positiv gekrümmt, ist das Volumen, das der Materie zur Verfügung steht – ähnlich der Oberfläche einer Kugel – endlich. Man spricht dann von einem geschlossenen Universum (rechts). Die Galaxien bewegen sich auf der expandierenden Kugeloberfläche voneinander fort, bis sich die Bewegung zu einer Kontraktionsbewegung wendet. Bei der Variante des offenen Universums, das man mit dem Modell einer Sattelfläche beschreiben kann (links unten), ist der Raum negativ gekrümmt und das Volumen unendlich groß. Die Materie entfernt sich voneinander, da die Schwerkraft nicht ausreicht, um sie zusammenzuhalten. Ein Kompromiss zwischen den beiden Modellen wäre eine offene, ungekrümmte Welt, die als einfache Fläche dargestellt werden kann (links oben), auf der sich die Galaxien zwar immer langsamer, aber dennoch bis in alle Ewigkeit voneinander fortbewegen.

mit eigenen, v.a. naturphilosophischen Gedanken. Ihr zufolge gibt es kein Entstehen und Vergehen, sondern nur Mischung und Entmischung der vier Elemente Feuer, Luft, Wasser und Erde. In allen Vorgängen seien dabei zwei Urkräfte wirksam: Liebe und Streit.

Empfindung, die meist durch sinnliche Wahrnehmung ausgelöste Wirkung im menschlichen Erkenntnisapparat. Im Rahmen der *Erkenntnistheorie* wird der Beitrag der Empfindungen zur Erkenntnis einerseits und ihre Abhängigkeit von der Außenwelt andererseits diskutiert. Eher idealistische Positionen fassen Empfindungen als bloß vom Subjekt erzeugt auf, wohingegen sich für eher empiristische Positionen in der Empfindung gerade der passiv-rezeptive (empfangende) und damit objektive Anteil jeder Gegenständlichkeit manifestiert. Zwischen Empirismus und Idealismus bewegen sich Descartes und Kant. Beide unterscheiden grundsätzlich zwischen einer »Innenwelt« der Empfindungen und einer »Außenwelt« physischer Reize. Bei Descartes sind »sensationes« diejenigen Bewusstseinsinhalte, aus denen man die Existenz »äußerer« Gegenstände erschließt, bei Kant der ohne subjektives Zutun gegebene Ausgangspunkt von Wahrnehmung und Erfahrung.

Empirie [zu griech. émpeiros »erfahren«, »kundig«], Erfahrungswissen, →Erfahrung (im Unterschied zur Theorie).

Empiriokritizismus, von Richard Avenarius und Ernst Mach vertretene, kritisch-empiristische, positivistische Lehre, welche die These von der Existenz einer bewusstseinsunabhängigen Objektwelt als metaphysische Annahme ablehnt und die »Empfindungen« bzw. »Empfindungskomplexe« stattdessen durch eine »Kritik der reinen Erfahrung« als Elemente des »natürlichen Weltbildes« zu erweisen sucht.

Empirismus, erkenntnistheoretische Richtung, die im Gegensatz zum Rationalismus in der (meist als reines begrifflos »Gegebenes« verstandenen) Erfahrung den Ursprungs- und Rechtfertigungsgrund aller Erkenntnis, auch der reinen Vernunfterkenntnisse sieht. Gelten die Sinne als einzige Quelle der Erfahrung, so spricht man von →Sensualismus.

Im 17./18. Jh. wurde der Empirismus v.a. von Thomas Hobbes, John Locke, George Berkeley und David Hume vertreten, die sich gegen eine Annahme angeborener Ideen wandten. Nach Locke ist das menschliche Bewusstsein zunächst leer wie ein unbeschriebenes Blatt (Tabula rasa); alle Bewusstseinsinhalte gehen auf die äußere, durch die Sinnesorgane, oder die innere, durch Selbstwahrnehmung vermittelte Erfahrung zurück. Diese »einfachen Ideen« sind die »Bausteine«, aufgrund deren der Verstand durch Kombination, Vergleich oder Abstraktion die »zusammengesetzten Ideen« bildet.

Kant suchte gegen diese empiristische Konzeption zu zeigen, dass die Erfahrung schon als solche rational begründet sei. Der Empirismus John Stuart Mills geht so weit, auch die mathematischen Erkenntnisse auf die durch Induktion aus der Erfahrung gewonnenen Sätze zu reduzieren. Eingeleitet durch den Empiriokritizismus, entstand im 20. Jh. der →logische Empirismus, der auf die seit etwa 1900 entwickelte mathematische Logik zurückgreift.

Siehe auch

SACHBEGRIFFE → angeborene Ideen · Bewusstsein · Empiriokritizismus · Erfahrung · Erkenntnistheorie · Idealismus · Idee · logischer Empirismus · Rationalismus · Sensualismus · Tabula rasa · Wiener Kreis · Wissenschaft

John Locke formulierte die Grundannahme des **Empirismus:**

»Nehmen wir also an, der Geist sei … ein unbeschriebenes Blatt, ohne alle Schriftzeichen, frei von allen Ideen; wie werden ihm diese dann zugeführt? … Woher hat er all das Material für seine … Erkenntnis? Ich antworte darauf mit einem einzigen Worte: aus der Erfahrung.«

PERSONEN →Avenarius, Richard · Ayer, Alfred Jules · Bacon, Francis · Berkeley, George · Carnap, Rudolf · Hobbes, Thomas · Hume, David · Locke, John · Kant, Immanuel · Mill, John Stuart · Quine, Willard Van Orman · Reichenbach, Hans · Russell, Bertrand · Schlick, Moritz

Endlichkeit, die räumliche, zeitliche oder zahlenmäßige Begrenztheit von Dingen, Personen, Mengen u. a. im Gegensatz zur Unendlichkeit. Im *metaphysischen* Sinne meint Endlichkeit das Relative, Nichtabsolute, Begrenzte, das nicht durch sich selbst Bestimmte. Im *anthropologischen* Sinne bezeichnet Endlichkeit ein Wesensmerkmal des Menschen, ist Ausdruck seiner Sterblichkeit und seines geschichtlichen Existierens in der Zeit. In *erkenntnistheoretischer* Hinsicht bei Descartes und Kant besagt Endlichkeit die Begrenztheit und Abhängigkeit des Erkennens im Unterschied zum absoluten Erkennen Gottes. Der menschliche, diskursive Verstand ist endlich, insofern er in seiner Spontaneität immer an Rezeptivität gebunden bleibt.

Energeia, →Akt.

Friedrich Engels

Engels, Friedrich, deutscher Philosoph und Politiker, *Barmen (heute zu Wuppertal) 28. 11. 1820, † London 5. 8. 1895; enger Mitarbeiter von Karl Marx, mit dem er als Begründer des Marxismus gilt.

■ **Leben** Als Sohn eines Textilfabrikanten durchlief Engels eine kaufmännische Ausbildung. In seiner Militärdienstzeit schloss er sich in Berlin den »Junghegelianern« an. Während seiner Tätigkeit im väterlichen Zweiggeschäft in Manchester (1842–44) lernte er dann die Arbeiterfrage in England kennen. Auf seiner Rückreise von England traf Engels in Paris 1844 erstmals mit Karl Marx zusammen, mit dem ihn seitdem eine lebenslange Freundschaft und Zusammenarbeit verband.

Mit der »Deutschen Ideologie« (1845–46) begründeten Engels und Marx ihre eigene, von kommunistischen Ideen bestimmte Anschauung. Nach ihrem Eintritt in den »Bund der Gerechten«, der sich unter ihrem Einfluss in »Bund der Kommunisten« umbenannte, suchten sie diesem mit dem »Kommunistischen Manifest« eine gesellschaftstheoretische Orientierung und ein revolutionäres Programm zu geben. In Reaktion auf die Niederlage der Revolution in Deutschland emigrierte Engels über die Schweiz nach Großbritannien und arbeitete 1850–69 in Manchester im Betrieb seines Vaters. Seit 1870 lebte er in London und widmete sich ausschließlich der sozialistischen Bewegung und war Sekretär im Generalrat der »Internationalen Arbeiterassoziation«.

■ **Lehre** In Auseinandersetzung mit verschiedenen sozialistischen Strömungen betonte Engels mit Marx den prozessualen, d. h. langfristigen Charakter der proletarischen Revolution. Bei militärwissenschaftlichen und historisch-politischen Studien suchte Engels die Methoden der marxschen Geschichtsauffassung anzuwenden, z. B. bei der Analyse der Bauernkriege in Deutschland. In der »Dialektik der Natur« (1873–83 entstanden, posthum veröffentlicht 1935) sowie im »Anti-Dühring« (»Herrn Eugen Dührings Umwälzung der Wissenschaft«, 1878) ging er daran, die Dialektik des ökonomischen und gesellschaftlichen Geschehens zu einer Dialektik der Natur zu erweitern. Aus der Beschäftigung mit den Wandlungen der Naturwissenschaften in den letzten Jahrhunderten zog Engels den Schluss, dass sich die Natur nach den ihr innewohnenden Gesetzen der Dialektik in einem ständigen Evolutionsprozess entfalte. Nach denselben Gesetzen entwickle sich auch der Mensch in der Gesellschaft. Er entwarf den »dialektischen Materialismus« als allgemeinen Rahmen des von Marx begründeten »historischen Materialismus«.

Nach dem Tod von Marx (1883) setzte Engels die Arbeit an der theoretischen Ausformung ihrer gemeinsamen Weltanschauung fort, u. a. in »Ludwig Feuerbach und der Ausgang der klassischen deutschen Philosophie« (1888). 1885 gab er den zweiten, 1894 den dritten Band vom »Kapital« Marx' heraus. Mit seiner publizistischen Tätigkeit trug er wesentlich zur Verbreitung des Marxismus bei.

Ens [spätlatein.], in der *scholastischen Philosophie* das Seiende oder etwas, das dem →Sein zukommt. Im engeren Sinn bezeichnet Ens das wirklich Seiende, im weiteren Sinn alles, was ist oder sein kann. Der Begriff ist einer der →Transzendentalien.

Entelechie [griech. »ständige Wirksamkeit«], bei Aristoteles häufig in ähnlicher Bedeutung wie Energeia (→Akt) verwendet: als Verwirklichung der in einem Seienden angelegten Möglichkeiten, jedoch in Hervorhebung der immanenten Zielbestimmtheit der Entwicklung (→Teleologie), sodann auch als Prinzip des Am-Wirken-Seins, die Form, die sich im Stoff verwirklicht. Die Seele bestimmte Aristoteles als erste Entelechie eines organischen Körpers. In der Neuzeit nahm u. a. Leibniz den Begriff der Entelechie wieder auf, indem er die Monaden als »erste Entelechien« beschrieb.

Entfremdung, von Hegel in die Philosophie eingeführter Begriff, dessen Wurzeln jedoch bis in die mittelalterliche Theologie zurückverfolgt werden können (Bonaventura). Bei Hegel bezeichnet er eine notwendige Durchgangsstufe auf dem dialektischen Weg des Geistes zu sich selbst: Allein durch die Selbstvergegenständlichung der absoluten Idee in Natur und Geschichte könne sich der Weltgeist seiner selbst bewusst werden.

In der *marxschen Theorie* wurde der Begriff Entfremdung zur Kennzeichnung der »Vergegenständlichung«, die den Menschen als Produzenten dem Produkt seiner Arbeit entfremdet. Im Kapitalismus ist der Arbeiter nach Marx durch das Privateigentum von den Produktionsmitteln ausgeschlossen. Er wird deshalb in dem Maße als Mensch »entwirklicht«, in welchem er Werte schafft, die aufgrund fremder Aneignung zu Gegenständen werden, die ihm »fremd« sind. Durch die Arbeitsteilung, die ihm zufällig erscheint, wird er gleichzeitig auch anderen Menschen entfremdet, zumal deren Arbeit ebenfalls fremdbestimmt ist. Marx unterschied religiöse, politische und ökonomische Entfremdung, wobei die ökonomische die Wurzel aller anderen Entfremdungen sei.

Vertreter der *kritischen Theorie* und des kulturkritischen *Neomarxismus* – v. a. Theodor W. Adorno, Herbert Marcuse und Erich Fromm – befürchteten infolge totalitärer Tendenzen und wachsender Ökonomisierung der Gesellschaft die Entfremdung des Menschen von seinen »wahren Bedürfnissen« zu einem manipulierten, scheinbar zufriedenen, nur am Wohlstand orientierten Bürger. In der *Existenzphilosophie* wird Entfremdung als ontologisch-ethisches Problem aufgefasst: Entfremdung ist hier als ein konstitutives Element der menschlichen Existenz Ausdruck der Entwurzelung des Menschen in der modernen Gesellschaft.

Entität [mittellatein.], die bestimmte Seinsverfassung (Wesen) des einzelnen Seienden sowie auch dieses selbst (→Ens).

Entscheidung, ein notwendiges Moment des jeder Handlung vorausgehenden Willensakts (→Wille). Eine Entscheidung ist der intentionale Akt der begründeten Wahl zwischen mehreren Möglichkeiten, und zwar 1. hinsichtlich der Frage, ob man überhaupt aktiv werden soll, 2. hinsichtlich des Handlungsziels und 3. hinsichtlich des Durchführungswegs. Entscheidungsmaßstäbe können Lust/Unlust, größtmöglicher Eigennutz (»Nutzenmaximierung«), soziale Konventionen bzw. sittliche Normen oder Zweckmäßigkeit sein. Nach Søren Kierkegaard konstituiert die Entscheidung die »Subjektivität« des Menschen: Sie allein ermöglicht eine verantwortliche, sich der »Wirklichkeit« und Herausforderung der »Existenz« stellende Lebensführung. Die Entscheidung aufschieben heißt, sich der Gefahr des Selbstverlusts aussetzen.

Entscheidungstheorie, Lehre von Entscheidungsinhalten, Entscheidungsprozessen sowie vom Entscheidungsverhalten bei Individual- oder Kollektiventscheidungen. Die **Entscheidungslogik** stellt formale Hilfsmittel wie z. B. mathematische Modelle und Operationen zur Verfügung, um Entscheidungen vorzubereiten. Zur Formulierung des Entscheidungsproblems müssen Informationen über die zugrunde gelegten Ziele, die Handlungsalternativen, die Umweltlagen, die Wahrscheinlichkeiten und die Zielbeiträge gegeben sein, um rationale Entscheidungen anhand von Entscheidungsregeln treffen zu können, die den »Axiomen rationalen Verhaltens« genügen müssen.

Auf der Grundlage von objektiven oder subjektiven Wahrscheinlichkeiten werden in der Entscheidungstheorie bestimmte Entscheidungsregeln auf Situationen angewandt, z. B. das **Bernoulli-Prinzip,** bei dem alle mit den infrage kommenden Handlungsalternativen verbundenen Ergebnisse mithilfe einer so genannten Risiko-Nutzen-Funktion in Nutzwerte umgerechnet werden und diejenige Alternative herausgegriffen wird, die den größtmöglichen mathematischen Erwartungswert aufweist. Eine andere Entscheidungsregel ist etwa die **bayessche Regel,** die als Entscheidungskriterium den Erwartungswert verwendet, der definiert ist als die Summe der mit ihren jeweiligen Wahrscheinlichkeiten gewichteten Zielbeiträge einer Alternative. Einen Zweig der Entscheidungstheorie bildet die →Spieltheorie, die sich auf Situationen bezieht, in denen sich das eigene Handeln in Abhängigkeit vom Handeln anderer befindet.

Enzyklopädisten, die Gründer, Herausgeber und Mitarbeiter der »Encyclopédie ou Dictionnaire raisonné des sciences, des arts et des métiers« (1751–80), die unter der Leitung von Denis Diderot und (bis 1759) Jean Le Rond d'Alembert erschien. Zu den etwa 150 Mitarbeitern gehörten u. a. Jean-Jacques Rousseau, Voltaire, Montesquieu und Baron Paul Henry Thiry d'Holbach. Wegen ihrer Auffassung werden auch Étienne Bonnot de Condillac und Claude Adrien Helvétius zu den Enzyklopädisten gezählt.

Die gemeinsame Grundlage der Beiträge bildet das Gedankengut der französischen Aufklärung: der Glaube an den auf die Vernunft gegründeten Fortschritt der Wissenschaften, der moralischen, sozialen und politischen Entwicklung der Menschheit sowie die

100563

Entfremdung. Die Arbeit in den im 19. Jh. entstehenden Fabriken mit ihrem gesteigerten Maß an Arbeitsteilung deutete Karl Marx als ökonomische Entfremdung des Arbeiters sowohl von seinem Produkt als auch von den anderen Menschen. Die Abbildung zeigt eine englische Tuchfabrik um 1840.

Enzyklopädisten »Encyclopédie ou Dictionnaire ...«

Selten haben in der Geschichte die Meinungen einer Gruppe von Männern eine so große Rolle gespielt wie in Frankreich in der zweiten Hälfte des 18. Jahrhunderts. Denis Diderot hatte das Projekt eines umfassenden Nachschlagewerkes entwickelt. Er tat sich mit Jean Le Rond d'Alembert zusammen, der den mathematischen Teil leitete und bis 1758 Mitherausgeber war. Neben Verlegern und einer Reihe bewährter Fachleute begeisterten sich bald auch Denker wie Montesquieu, Voltaire und Rousseau für das gewaltige Unterfangen.
Die Enzyklopädie, die das Wissen der Zeit und die Methode des kritischen Denkens in ungefähr 60 000 Artikel enthalten sollte, erschien in 35 Bänden von 1751 bis 1780. Sie wurde das Arsenal der Aufklärung, das dem Kampf gegen den Fanatismus der Geistlichkeit und den Despotismus eines rechtlosen Staates diente. Die ersten Bände entfesselten dann auch einen Sturm der Entrüstung. Aber die Obrigkeiten waren sich uneins. Im Streit mit der Geistlichkeit unterstützten hohe Beamte das Werk und sicherten seine Fertigstellung.

Betonung der sinnlichen Erfahrung als Grundlage aller Erkenntnis, eine auf die Toleranzidee gegründete kritische Auffassung der Religion und in der Staatsauffassung das Eintreten für eine konstitutionelle Monarchie.

Epagoge [griech., eigtl. »Heranführung«], das Denken, das (anders als bei der →Induktion) vom Besonderen zum Allgemeinen oder von den Folgen zum Grund fortschreitet.

Epikur

Epiktet, griechischer Philosoph, *Hierapolis (Phrygien) um 50 n.Chr., †Nikopolis (Epirus) um 138 n.Chr; Sklave, der nach Neros Tod freigelassen wurde. Epiktet war Schüler der römischen Stoa. Zuerst wirkte er in Rom, nach der Verbannung aus Rom anlässlich der Philosophenverfolgung Domitians (89 n.Chr.) gründete er eine philosophische Schule in Nikopolis, in der er Logik, Physik und Ethik lehrte.

Epiktets auf das praktische Leben bezogene Lehre von der Genügsamkeit und der Unabhängigkeit gegenüber der Umwelt und dem, was sich der eigenen Verfügbarkeit entzieht, rückt ihn in die Nähe der späteren Kyniker und der Philosophie Senecas. Seine Ansichten über Gott und die sich an sie anschließende Ethik sind christlichen Grundüberzeugungen ähnlich. Die unter dem Titel »Encheiridion« (dt. auch als »Handbüchlein der Moral«) bekannte Schrift, die oft christlich kommentiert wurde, sowie die nur fragmentarisch erhaltenen »Diatribai« (Unterhaltungen) zur stoischen Belehrung sind durch einen seiner Schüler in Nachschriften überliefert.

Epikur, griechisch **Epikuros,** griechischer Philosoph, *Samos 341 v.Chr., †Athen 271 v.Chr.; lehrte in Mytilene, Lampsakos und Athen. In Athen gründete er 306 v.Chr. in einem Garten (»Kepos«), den er erworben hatte, eine eigene Schule, weshalb seine Lehre auch als »Philosophie des Gartens« bezeichnet wird. Von seinen etwa 300 Hauptschriften haben neuere Papyrusfunde lediglich Fragmente zutage gefördert. Erhalten und bei Diogenes Laertios überliefert sind drei Lehrbriefe und eine von Epikur autorisierte Sammlung von 40 Lehrsätzen. Seine Lehre kann zudem aus dem Werk von Lukrez, den philosophischen Dialogen Ciceros und den antiepikureischen Schriften Plutarchs rekonstruiert werden.

Die Lehre Epikurs ist bestimmt von dem Ziel des Glücks durch ein Leben der Freude und der Lust sowie der Freiheit von Schmerz und Unruhe (→Eudämonismus). Epikur übernahm große Teile des →Atomismus und der Wahrnehmungslehre Demokrits. Jede Erkenntnis beruht nach ihm auf Wahrnehmungen, die durch »Ausfluss« (Emanation) aus den Gegenständen hervorgerufen werden und stets wahr sind. Alle Dinge bestehen aus Atomen, auch die Seele, die mit dem Tod vergeht, und die Götter. Diese leben in den Zwischenräumen der unendlich vielen gleichzeitig bestehenden Welten. Sie kümmern sich weder um die Welt noch um die Menschen, weshalb man sie weder zu fürchten noch zu verehren braucht.

Epikureismus, Bezeichnung für eine an der Philosophie Epikurs ausgerichtete Lebenshaltung, die nur das persönliche Glück (→Eudämonismus) des Einzelnen als Ideal anerkennt. Es soll durch →Ataraxie, vernünftige Einsicht (die Furcht vor den Göttern und vor dem Tod gilt als unvernünftig) und konsequente Orientierung am Prinzip der »Lust«, d.h. durch die Vermeidung alles dessen, was langfristig mehr Leid als Lust verursacht, erreicht werden.

Episteme [griech. »das Verstehen«], Wissen, Erkenntnis, Wissenschaft, Einsicht. Die Vorsokratiker, aber auch Platon und Aristoteles unterscheiden die Episteme als das durch das spekulative Denken erworbene Wissen, das Aufschluss über die Wahrheit und das Sein vermittelt, von der häufig trügerischen und sich verändernden Sinneswahrnehmung und der darauf begründeten bloßen Meinung.

Epikur »Hauptlehren«

Die Zusammenstellung von Epikurs wichtigsten Gedanken in 40 einprägsamen Lehrsätzen – »Hauptlehren« – bildete die Grundlage der Unterweisung in seine Philosophie und musste von all seinen Schülern auswendig gelernt werden. Ziel des epikureischen Denkens ist die Glückseligkeit, die als beständiger Zustand seelischer Ausgeglichenheit und körperlicher Schmerzlosigkeit verstanden wird und daher die Abwesenheit von allem erfordert, was Furcht, Beunruhigung und Leid hervorruft. Der Epikureer lernt, durch klug vorausblickendes Abwägen Unlust zu vermeiden und seine Bedürfnisse so zu beherrschen, dass er von äußeren Gütern weitgehend unabhängig ist. Im Rückzug aus den öffentlichen Angelegenheiten in den Kreis der Freunde und aufgeklärt über die rein mechanischen Hintergründe beängstigender Naturerscheinungen führt er so ein maßvolles Leben in abgeschiedener Selbstgenügsamkeit.

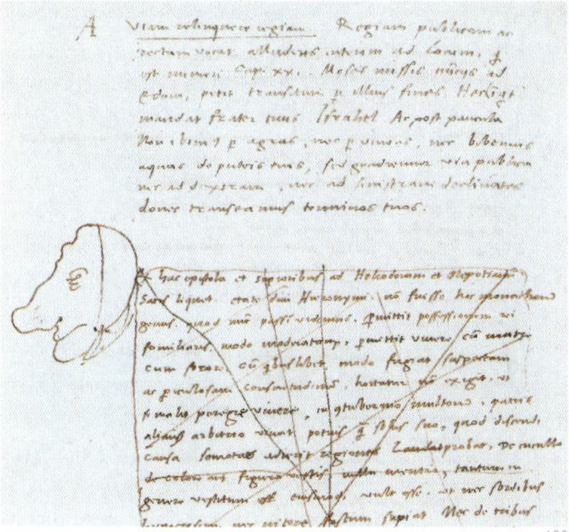

Erasmus von Rotterdam. In den Scholien, textkritischen Anmerkungen zu den Briefen des heiligen Hieronymus, zeichnete der holländische Humanist diese Karikatur von sich selbst (vor 1516; Basel, Universitätsbibliothek).

epistemisch, die Erkenntnis (Episteme) betreffend.

Epistemologie, →Erkenntnistheorie.

Erasmus von Rotterdam, nannte sich seit 1496 Erasmus Desiderius, niederländischer Humanist und Theologe, *Rotterdam 28. 10. 1466 oder 1469, †Basel 12. 7. 1536; trat nach seiner Priesterweihe 1492 in den Dienst des Bischofs von Cambrai, der ihn zum Theologiestudium an die Universität Paris schickte (1495–99). Während eines Englandaufenthaltes (1499–1500) rückte das Neue Testament in das Zentrum seiner Studien. In Italien (1506–09) und dann 1509–14 im Haus seines Freundes Thomas More in London eignete er sich das philologische Erbe Lorenzo Vallas an, um den Urtext der Bibel von späteren Entstellungen zu reinigen.

Als eines seiner Hauptwerke gilt Erasmus' Schrift »Encomium moriae« (1509–11; dt. auch als »Lob der Torheit«). Nicht zuletzt die in ihr geäußerte Kritik an der Macht des Klerus und am Reliquienkult rückten Erasmus in die Nähe Martin Luthers (*1483, †1546) und trugen zur Vorbereitung der Reformation bei. Doch lehnte Erasmus Luthers antihumanistische Verwerfung der Freiheit des menschlichen Willens ab und distanzierte sich von ihm v. a. mit seiner Schrift »De libero arbitrio diatribe sive collatio« (1524; dt. auch als »Gespräche oder Unterredung über den freien Willen«).

Erasmus gilt als einer der bedeutendsten Vertreter des Humanismus. Schon die »Adagia« (1500), eine Sammlung antiker und biblisch-christlicher Sprichwörter, machten Erasmus berühmt. Durch Stil und Weltsicht vermittelten sie dem Norden und Westen Europas die überlegene Kultur Italiens. Mit ihnen und mit seinen »Colloquia familiaria« (1518; dt. auch als »Gespräche«) wurde Erasmus zum Lehrer einer an der Sprache Ciceros orientierten Latinität. 1504 edierte er Vallas philologische »Bemerkungen zum Neuen Testament« (»Annotationes«) und eröffnete damit eine neue Epoche neutestamentlicher Forschung. 1516 gab er in Basel die erste Druckausgabe des griechischen Neuen Testaments heraus. In der Einleitung hierzu verteidigte Erasmus sein neues methodisches Konzept der Exegese im Sinn des humanistischen »Zurück zu den Quellen« und führte zugleich in die »Philosophie Christi« ein. Darunter verstand er ein am Neuen Testament und besonders an der Bergpredigt orientiertes Christentum ohne Aberglauben und Dogmatismus.

Erasmus von Rotterdam

Erfahrung, Inbegriff von Erlebnissen in einem geordneten Zusammenhang, ebenso die in ihnen gegebenen Gegenstände und die durch sie erworbenen Kenntnisse und Fähigkeiten. Während der Begriff der inneren Erfahrung (Introspektion) das Erlebnis betont, zielt der der äußeren Erfahrung auf den Gegenstand, 1. insofern er wahrgenommen wird **(sinnliche Erfahrung),** 2. durch planvolles Vorgehen wiederholt wahrgenommen werden kann **(experimentelle Erfahrung)** oder 3. insofern durch Kenntnis (Lernen) und Übung (Kunstfertigkeit) die Fähigkeit des Umgangs mit dem Gegenstand oder mit gleichartigen Lebenssituationen (Praxis, im weiteren Sinn **Lebenserfahrung**) erworben wurde. Im klassischen und logischen Empirismus wird Erfahrung als Grundlage allen Erkennens betrachtet. Während die englischen Empiristen (John Locke, George Berkeley, David Hume) noch nicht zwischen Erfahrung und →Wahrnehmung unterschieden, wurde diese Unterscheidung im Anschluss an Kant maßgeblich.

Erasmus von Rotterdam »Das Lob der Torheit«

Auf einer Reise nach Italien im Jahr 1508 schrieb Erasmus von Rotterdam »Das Lob der Torheit«, eine satirische Auseinandersetzung mit seiner Zeit, die aber über das Aktuelle hinausgeht und die menschliche Natur ganz allgemein im Auge hat. Erasmus lässt die Weisheit im Gewand der Torheit auftreten und sich selbst loben. Auf diese Weise deckt sie die Schwächen, Oberflächlichkeiten und Lügen der Menschen auf. Im Anschluss überführt ein »Magister noster« die alte Ständeordnung und die Theologen ihrer Dünkel und Vorurteile – ein neues Denken scheint überfällig. Auffallend ist die Balance zwischen realistischer Beurteilung der menschlichen Natur und optimistischem Hoffen auf ein neues Zeitalter der Gelehrsamkeit.
Erasmus widmete das Werk seinem Freund Thomas More, dem Verfasser der »Utopia«. Hans Holbein der Jüngere, mit dem er ebenfalls befreundet war, versah das Werk 1515 mit Randzeichnungen.

Erfolgsethik, seit Max Scheler diejenige Moralphilosophie, die im Gegensatz zur →Gesinnungsethik die sittliche Qualität einer Handlung nicht an der subjektiven Absicht festmacht, welche der Handlung zugrunde liegt, sondern an ihren objektiven Auswirkungen. Als Beispiel für Erfolgsethik kann der →Utilitarismus gelten.

Erhabene, das Erhabene, in der *Ästhetik* das Erlebnis der unermesslichen Größe und Hoheit in Natur und Kunst. Kant und mit ihm Friedrich von Schiller unterschieden ein »mathematisch Erhabenes« (z. B. Sternenhimmel) von einem »dynamisch Erhabenen« (z. B. Gewitter) sowie ein »durch seine Würde Erhabenes« (z. B. sittliche Persönlichkeit, Sittengesetz).

Erịstik [von griech. eristikḗ téchnē, eigtl. »zum Streit neigende Kunst«], die Kunst des philosophischen Streitgesprächs. Ursprünglich ist Eristik eine von Platon und Aristoteles verwendete Bezeichnung für die um des Widerlegens und Rechthabens willen gepflegte Disputierkunst der Sophisten. Besondere Ausprägung fand die Eristik in der →megarischen Schule.

Eriugena, →Johannes Scotus Eriugena.

Erkenntnis, vom Bewusstsein der Wahrheit begleitete Einsicht eines Erkenntnissubjekts in einen objektiven Sachverhalt sowie das Ergebnis dieses Vorgangs. Das Erkenntnisproblem ist eng mit dem Wahrheitsproblem verknüpft. Im Unterschied zum bloßen Meinen ist Erkenntnis begründbar, sie erhebt Anspruch auf Wahrheit. Ihren deutlichsten Ausdruck findet sie im Urteil. In einem Zusammenhang organisierte Erkenntnisse werden Wissen genannt. Erfordert die Begründung einer Erkenntnis die Berufung auf Erfahrung, so heißt die Erkenntnis empirisch oder aposteriorisch, anderenfalls wird sie apriorisch genannt.

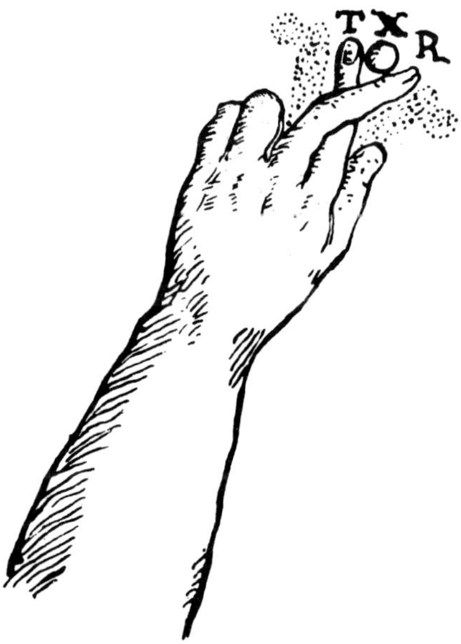

Erkenntnis.
Für Descartes muss Erkenntnis unabhängig von der Sinneswahrnehmung sein, denn die Sinne unterliegen leicht einer Täuschung – so nimmt man fälschlicherweise zwei Kugeln wahr, obwohl man nur eine mit überkreuzten Fingern berührt (Illustration aus Descartes' Abhandlung »Über den Menschen«, 1662).

Erkenntnịstheorie, Epistemologie [von griech. epistḗmē »Wissen«, »Erkenntnis«], **Gnoseologie** [von griech. gnosis »Erkenntnis«], im weiteren Sinn jede philosophische Bemühung um die Klärung des Erkenntnisproblems, im engeren Sinn eine im 19. Jh. entstandene Disziplin der Philosophie, die sich mit Wesen und Entstehung, Grenzen und Kennzeichen der Erkenntnis beschäftigt. Letztere nahm ihren Ausgang in der methodologischen Entscheidung, die Frage nach der Erkenntnis unabhängig von der Frage nach dem Sein zu behandeln. Vorbild hierfür war die Erkenntniskritik Kants, für welche Fragen nach den »Bedingungen der Möglichkeit« von Erkenntnis und erkenntnisbegrenzende Fragestellungen charakteristisch sind. Ins Zentrum der Erkenntnistheorie rückten damit Methodenfragen. Im Einzelnen umfasst sie die Teilgebiete Logik, Sprachphilosophie, Wissenschaftstheorie und Hermeneutik.

■ **Problemstellung** Den Anfang aller Erkenntnistheorie bildet die Frage, was man überhaupt unter Wissen verstehen soll, und zwar in Abgrenzung von Meinen und Glauben. Wissen in einem engeren philosophisch-wissenschaftlichen Sinne liegt erst dann vor, wenn zur Haltung des Überzeugtseins (wie beim Glauben) die (selbstständige) Kenntnis von guten Gründen hinzukommt, die zur Bestätigung oder Rechtfertigung der fraglichen Aussagen hinreichen. Daran schließt sich ein zweites zentrales Problem der Erkenntnistheorie an, nämlich die Frage, wann so gute, überzeugende Gründe vorliegen, dass von Wissen gesprochen werden kann bzw. unter welchen Bedingungen für Aussagen das Prädikat »wahr« angemessen ist.

Hinsichtlich der Frage nach dem Zustandekommen von Erkenntnis hat deshalb auch das Zusammenspiel von Wahrnehmung und Denken zentrale Bedeutung. Von alters her wurden Abbildtheorien für die Wahrnehmung (das Wahrgenommene ist ein Abbild des Wahrzunehmenden) vorgeschlagen. Daneben traten später Deutungs- und Schlusstheorien, denen zufolge das Wahrgenommene aus Sinnesdaten logisch geschlossen oder erdeutet wird. Die Frage danach, wie sich die Wahrheit einer Aussage feststellen lässt, versuchen die Wahrheitstheorien zu beantworten (→Wahrheit).

■ **Grundpositionen** Seit dem späten 18. Jh. unterscheidet man – je nachdem, ob eine vom Subjekt unabhängige Erkenntnis der Dinge für möglich gehalten wird oder aber der Ort der Wahrheit ganz in das erkennende Subjekt hineinverlegt wird – zwischen einer dem →Realismus und einer dem →Idealismus nahe stehenden Erkenntnistheorie. Der Schwerpunkt des Interesses verlagerte sich von den Objekten der Erkenntnis auf die Seite der erkennenden Subjekte, was als Wende von der Metaphysik zur Erkenntnistheorie charakterisiert wird. Hiermit rückte ferner die Frage in den Mittelpunkt, welche Fähigkeiten des Erkenntnissubjekts dafür verantwortlich seien, dass Menschen überhaupt sicheres Wissen von den sie umgebenden Dingen haben können. Rationalistische Ansätze sehen dabei in Verstand und/oder Vernunft, empiristische Positionen dagegen in sinnlicher Wahrnehmungsfähigkeit die entscheidenden, Erkenntnis ermöglichenden Eigenschaften (→Rationalismus, →Empirismus).

■ **Ausbildung und Kritik** Als einen Vorläufer des Begriffs Erkenntnistheorie, der gegen Ende des 19. Jahrhunderts erstmals auftaucht, kann man den der »Wissenschaftslehre« Johann Gottlieb Fichtes ansehen. Der →Neukantianismus hat das Programm der Erkenntnistheorie als einer nicht empirischen Fundamentaldisziplin ausgebaut. Es wurde zentral für sein Selbstverständnis. Während Ernst Cassirer an Kant und dessen transzendentale Methode anknüpfte (»Das Erkenntnisproblem in der Philosophie und Wissenschaft der neueren Zeit«, 1906–57), versuchte Edmund Husserl die cartesische Tradition fortzusetzen.

Vor allem in der →analytischen Philosophie wurde die Erkenntnistheorie im 20. Jahrhundert jedoch von der Wissenschaftstheorie als der logischen Analyse von Theorien der Erfahrungswissenschaften verdrängt. Diese Entwicklung verkehrte nach Ansicht der Anhänger einer Erkenntnistheorie das Bedingungsverhältnis beider Disziplinen, da Philosophie und v. a. die Wissenschaftstheorie auf Erkenntnissen beruhe. Auch der Versuch, die Frage danach, wie Erkenntnis zustande kommt, an die empirische Psychologie zu delegieren, sei untauglich. Erkenntnistheorie solle vielmehr eine nicht empirische, von Logik und Mathematik wohl unterschiedene Wissenschaft sein. Als ihre Methode komme allein die von Kant entwickelte »transzendentale« infrage.

In den angelsächsischen Ländern sind neben dem kritischen Rationalismus (Karl R. Popper) und dem logischen Empirismus (Rudolf Carnap), die beide das Unternehmen einer Erkenntnistheorie ablehnen, vom Pragmatismus ausgehende Bemühungen um eine Neubelebung der Erkenntnistheorie bedeutsam (Nelson Goodman, Willard Van Orman Quine).

■ **Siehe auch**

SACHBEGRIFFE →Abbildtheorie · Dialektik · Empirismus · Erfahrung · Erscheinung · Gnosis · Konstruktivismus · Objektivität · Perspektivismus · Phänomenologie · Positivismus · Pragmatismus · Relativismus · Sensualismus · Skeptizismus

PERSONEN →Apel, Karl-Otto · Aristoteles · Carnap, Rudolf · Dilthey, Wilhelm · Foucault, Michel · Habermas, Jürgen · Hume, David · Husserl, Edmund · Kant, Immanuel · Platon · Russell, Bertrand · Schlick, Moritz

Erklärung, Zurückführung einer Aussage, einer Tatsache oder eines ganzen Sachverhaltes auf andere Aussagen, Gesetze oder Theorien, deren Geltung vorausgesetzt wird. Carl Gustav Hempel und Paul Oppenheim (* 1885, † 1977) entwickelten 1948 das so genannte **Hempel-Oppenheim-Schema** (HO-Schema), nach dem die Erklärung eines einzelnen Sachverhalts in den Erfahrungswissenschaften mithilfe von Gesetzesaussagen ablaufen kann. Wilhelm Dilthey stellte die erklärenden Naturwissenschaften den verstehenden →Geisteswissenschaften gegenüber.

Erlanger Schule, Bezeichnung für den in Erlangen entwickelten Neuansatz methodischen Philosophierens, der eine Richtung des →Konstruktivismus darstellt.

Eros [griech.], in orphischen Schriften ein Weltprinzip, das Gegensätzliches zu vereinen vermag. Eros heißt die Form der →Liebe, die nach antiker Anschauung sinnlich, seelisch und geistig zugleich ist, das Streben nach dem Schönen und Guten (Platon).

erotematisch [zu griech. erṓtēma »Frage«], Bezeichnung für einen Lehrstil, der, auf Leitfragen des Lehrers beruhend, zum Nachdenken und richtigen Antworten anregen soll. Der Gegensatz ist →akroamatisch.

100001

Erscheinung.
Ob und wie zwischen einem Ding an sich und seiner Erscheinung oder seinem Abbild unterschieden werden kann, wird durch die verschiedenen Positionen der Erkenntnistheorie unterschiedlich beantwortet.

Erscheinung, Phänomen, Gegenstand der sinnlichen Wahrnehmung. Die Erscheinung steht im Spannungsfeld zwischen »Vorschein von etwas« sein (etwas zeigt sich), »bloßer Schein« sein (die Erscheinung verdeckt die Wirklichkeit) sowie einer sich fluktuierend in immer neuen Variationen zeigenden Wirklichkeit.

Folgende Grundpositionen in Bezug auf die Erscheinungen lassen sich in der *Erkenntnistheorie* ausmachen: Während der Empirismus davon ausgeht, dass es keine Erkenntnis ohne Erscheinung gibt, und der radikale Sensualismus behauptet, dass sich Erkennen in den Erscheinungen erschöpfe (George Berkeley), liefern nach rationalistischer Ansicht Erscheinungen nur das Material für die Erkenntnis, die nicht aus ihnen allein begründbar ist. Der Realismus fasst Erscheinungen als das getreue

Erkenntnistheorie
→ GEO **Dossier**
Die Welt – ein Hirngespinst, Bd. 14

Abbild einer vom Erkenntnissubjekt unabhängigen Außenwelt. Der Idealismus wiederum bestreitet die Existenz einer unabhängig gegebenen Außenwelt oder behauptet deren prinzipielle Unerkennbarkeit (transzendentaler Idealismus). Kant, auf den diese Lehre zurückgeht, unterschied Erscheinungen als Dinge, »sofern sie Objekt der sinnlichen Anschauung« sind, vom »Ding an sich«, der unerkennbaren Grundlage der Erscheinungen.

Die *Wissenschaftstheorie* des 20. Jahrhunderts diskutierte das Problem der Erscheinung unter den Bezeichnungen »Beobachtung«, »Beobachtungssprache« und »Sinnesdaten«. Dem Begriff der Erscheinung kommt auch in der →Ästhetik zentrale Bedeutung zu.

Erste Philosophie, →Metaphysik.

erster Beweger, →unbewegter Beweger.

esoterisch, bereits in der Antike gebräuchlicher Begriff, der ursprünglich zur Bezeichnung der nur für den engeren Schülerkreis bestimmten Lehren des peripatetischen Schulbetriebs diente. Der Gegensatz ist **exoterisch.** Ist bei Aristoteles selbst nur das Adjektiv exoterikos im Blick auf Platons Lehrbetrieb nachweisbar, taucht das Gegensatzpaar esoterisch/exoterisch zum ersten Mal im 3. Jh. n. Chr. bei dem griechischen Textkritiker Lukian von Antiochia auf.

Essenz, →Wesen.

Essenzialismus, Begriff zur Kennzeichnung einer Lehre, die den Vorrang des Wesens (lateinisch Essentia) behauptet. Im Gegensatz zum Existenzialismus (→Existenzphilosophie) ordnet der Essenzialismus das Dasein (lateinisch Existentia) dem Wesen unter.

Ethik »Grundlegung zur Metaphysik der Sitten«

»Was du nicht willst, das man dir tu', das füg auch keinem anderen zu!« Wer sich an dieses Sprichwort hält, verfehlt Immanuel Kants 1785 erschienener »Grundlegung zur Metaphysik der Sitten« zufolge von vornherein den Sinn moralischen Handelns. Er schadet anderen nur deshalb nicht, weil er selbst Schaden fürchtet. Sein Verhalten mag so äußerlich zwar moralisch wirken, die ihm zugrunde liegende Motivation jedoch ist schlicht egoistisch. Könnte er völlig sicher sein, dass ihm aus seinem Tun kein Nachteil entsteht, würde ihn nichts mehr an die Rücksichtnahme auf andere binden. Echte Moralität hingegen weiß sich dem Richtigen und Guten auch dann verpflichtet, wenn es nicht zu persönlichem Vorteil gereicht. Sie erhebt sich so über den Standpunkt strategisch kalkulierenden Eigeninteresses zu jener strengen Allgemeinheit, die der »kategorische Imperativ« unnachsichtig fordert: »Handle nur nach derjenigen Maxime, durch die du zugleich wollen kannst, dass sie ein allgemeines Gesetz werde«.

Ethik [zu griech. éthos »Gewohnheit«, »Herkommen«, »Sitte«], die Lehre vom Sittlichen, die in engem Zusammenhang mit den Regeln des Handelns und Verhaltens steht. Die feststellbare Diskrepanz zwischen dem durch Tradition Gesicherten und seiner Kritik führte zur Entstehung der Ethik als philosophischer Disziplin, d. h. als Moralphilosophie, die nach dem guten Leben und richtigen Handeln fragt.

■ **Formen** Als Hauptgegenstände der Ethik gelten gemeinhin die menschlichen Handlungen und die sie leitenden Handlungsregeln, die selbst gesetzte Maximen oder gesellschaftlich vorgegebene Normen sein können. Dabei wird in der Regel zwischen teleologischen (zu griechisch Telos »Ziel«) und deontologischen (zu griechisch Deon »die Pflicht«, »das Erforderliche«) Ansätzen unterschieden. **Teleologische Ethiken** behaupten, dass das Kriterium für die Richtigkeit einer Handlung oder Handlungsregel der außermoralische Wert ist, der durch das Ausführen der Handlung oder Befolgen der Handlungsregel herbeigeführt wird. Insofern Moralität damit von den Konsequenzen einer Handlung oder Handlungsregel abhängig gemacht wird, heißen solche Ansätze heute auch konsequenzialistische Ethiken.

Im Gegensatz zu diesen bestreiten **deontologische Ethiken,** dass die Richtigkeit einer Handlung einzig von ihren Folgen abhängt. Als einflussreichster deontologischer Ansatz kann der von Kant angesehen werden, nach dem der moralische Wert einer Handlung einzig davon abhängt, dass sie »aus Pflicht« erfolgt, d. h. um des moralischen Gesetzes willen, und nicht bloß in kontingenter Übereinstimmung mit diesem Gesetz. Oftmals spricht man daher heute statt von deontologischer Ethik auch von **kantischer Ethik.**

Im Rahmen dieser Einteilung wird der konsequenzialistischen und der kantischen Ethik schließlich noch die auf Aristoteles zurückgehende **Tugendethik** an die Seite gestellt, die sich weder der teleologischen noch der deontologischen Ethik eindeutig zuordnen lässt.

Im weiteren Sinne lassen sich drei Typen ethischer Theorie unterscheiden: 1. die **deskriptive Ethik,** die sich als empirische Untersuchung bestehender Normensysteme versteht, ohne selbst Normen setzen zu wollen; 2. die **normative Ethik** (Ethik im eigentlichen Sinn), die bewusst normative Aussagen macht und sie begründet, und 3. die **Metaethik,** die sich mit der Bedeutung der Begriffe moralischer Sprache sowie der Frage nach der Begründbarkeit von Werturteilen beschäftigt.

■ **Antike und Mittelalter** Die (überlieferte) ethische Betrachtung begann mit Platons Streit mit den Sophisten über die Frage nach der Lehrbarkeit der Tugend. Zur eigenständigen philosophischen Disziplin neben Logik und Physik wurde sie dann bei Aristoteles. Die antike Ethik fragte ursprünglich nach dem höchsten Gut (griechisch Agathon) im zunächst außermoralischen Sinne und bestimmte dieses letzte Ziel des Menschen als Glückseligkeit (Eudaimonia). Im Zentrum von Aristoteles' Entwurf einer praktischen Philosophie, der von den konkreten Lebensvollzügen in der Polis ausging, stand die Frage nach der Mitte oder dem rechten Maß, das ein vernunftgemäßes und tugendhaftes Handeln gewährleistet. Nach Aristoteles entwickelten sich unter Rückgriff auf verschiedene sokratische Schulen unterschiedliche Bestimmungen der Glückseligkeit. Erst in der Stoa fand eine sittliche Forderung Beachtung, teils durch den Begriff des Geziemenden (griechisch Kathekon, lateinisch Officium), teils durch den Gedanken eines sittlichen Gesetzes, das von Natur gegeben sei (Lex Naturae) und ein Leben in Übereinstimmung mit dieser fordere.

Im Mittelalter entstand bei Thomas von Aquino aus der Verbindung dieses »Naturgesetzes« mit der christlichen Offenbarung eine umfassende philosophisch-theologisch ausgerichtete ethische Systematik. Deren Grundsatz und Grundbegriffe blieben in verschiedenen Abwandlungen – unter allmählicher Ausgliederung der theologischen Begründung – bis zur Aufklärung erhalten.

■ **Neuzeit** Im System der philosophischen Wissenschaften der Neuzeit wird die Ethik der Logik, Mathematik und Physik nachgeordnet und durch diese methodisch (More geometrico) bestimmt. So folgt etwa Baruch de Spinozas Hauptwerk »Ethik. Nach geometrischer Methode dargestellt« einem deduktiven Verfahren, das in verschiedenen Definitionen, Grund- und Lehrsätzen seinen Ausgang nimmt. Thomas Hobbes führte die praktische Philosophie – und damit auch die Ethik – auf die mechanisch determinierte Natur des Menschen zurück (→Naturrecht) und leitete somit die Wende zu einem rationalistischen Ansatz ein. In der Auseinandersetzung mit Hobbes entstand in England eine ausführliche Debatte um das Verhältnis von Verstand und Gefühl bei der Entstehung des moralischen Urteils (John Locke, Anthony Ashley Cooper Shaftesbury, Joseph Butler, Francis Hutcheson, David Hume, Adam Smith). Humes Thesen, dass sich erstens aus empirischen Feststellungen keine normativen Aussagen herleiten lassen und dass zweitens Vernunft allein keine motivierende Kraft habe, wurden zu grundsätzlichen Herausforderungen für die moderne Ethikdiskussion.

Eine epochale Wendung markierte die Ethik Kants. Er gründete die allgemein verpflichtende Grundlage der Ethik auf den kategorischen Imperativ, der ausschließlich auf dem Prinzip der Pflicht sowie der Freiheit des Menschen als eines autonomen Vernunftwesens basiert. Aus der Form des kategorischen Imperativs als eines allgemein gültigen Prinzips der Überprüfung von Handlungsmaximen auf ihre Verallgemeinerbarkeit hin ergibt sich zugleich sein Inhalt a priori, d.h. unabhängig von aller Erfahrung (→Formalismus). In radikaler Wende gegen eine Moralphilosophie, die Imperative, Normen und Werte durch Rückgriff auf die Vernunft zu begründen versucht, verwies Arthur Schopenhauer auf die Ursprünglichkeit der Moral und bestimmte das Mitleid als einzige Grundlage der Ethik. Nietzsche war darüber hinausgehend jede Form der Moral verdächtig; seine Forderung nach »Umwertung aller Werte« ist mit einer Neukonstituierung menschlicher Kultur überhaupt verbunden.

In England dagegen entwickelte sich im 19. Jahrhundert mit Jeremy Bentham und John Stuart Mill die utilitaristische Ethik, die durch die Orientierung am allgemeinen Nutzen »das größte Glück der größten Zahl« gewährleisten wollte. Auf Herbert Spencer geht eine evolutionistische Ethik zurück, während in Frankreich Auguste Comte deren positivistische Richtung begründete.

■ **20. Jahrhundert** Im 20. Jahrhundert entstanden in Deutschland Richtungen, die das rein formale Prinzip der Ethik Kants durch unterschiedliche Systeme »materialer« Wertprinzipien zu ergänzen bzw. zu ersetzen streben, so z.B. die phänomenologische Ethik als »materiale Wertethik« (Max Scheler, Nicolai Hartmann).

In Frankreich entwickelte sich eine existenzialistische Ethik (v.a. Jean-Paul Sartre, Albert Camus). Sie hebt die Freiheit des Menschen hervor, die diesen ständig zur Selbstbestimmung durch Handeln zwinge. Beachtung gewann in den 1980er-Jahren Emmanuel Levinas' Ansatz einer Fundamentalethik, die von der vorrationalen Erfahrung des Angesprochenwerdens durch das Antlitz des anderen ausgeht, das den Angesprochenen zur Übernahme von Verantwortung aufruft.

Im angelsächsischen Raum üben die Ethik von George Edward Moore und das strikt empiristische Programm des logischen Empirismus (Rudolf Carnap, Otto Neurath u.a.) seit der ersten Hälfte des 20. Jahrhunderts einen nachhaltigen Einfluss aus. Diskutiert wird da-

100264

Ethik.
Die moderne Technik hat die Auswirkungen menschlichen Handelns erweitert. Die Konsequenzen betreffen nun nicht mehr nur die Mitmenschen, sondern auch zahlreiche kommende Generationen und die gesamte Erde als Lebensraum. So haben sich auch in der Moralphilosophie neue Fragestellungen ergeben (Hiroshima nach dem Atombombenabwurf 1945).

bei 1. die Wahrheitsfähigkeit moralischer Urteile (Kognitivismus), 2. ihre rationale Begründbarkeit (Objektivismus) und 3. die Frage, ob sie Tatsachen beschreiben (Realismus). Insofern moralische Urteile normative Gründe für Handlungen bereitstellen, verhandeln viele Ethiker sie im Kontext einer allgemeinen Theorie der praktischen Rationalität. Vor diesem Hintergrund haben die Ansätze Kants, Humes und auch Aristoteles' neue Bedeutung gewonnen.

Der moderne Liberalismus, zu dessen Vertretern v. a. John Rawls, James M. Buchanan (* 1919) und Robert Nozick zählen, entwickelte sich v. a. in der Auseinandersetzung mit Grundpositionen des Utilitarismus. Große Beachtung erlangte Rawls' Forderung, das Nutzenprinzip durch ein an Kant orientiertes Gerechtigkeitsprinzip zu ergänzen. Dagegen verstehen sich die Vertreter des Kommunitarismus (Alasdair MacIntyre, Charles Taylor, Michael Walzer u. a.), die auf der Grundlage einer Reformulierung des Tugendbegriffs die Konstituierung von gelingenden Gemeinschaftsformen zu erklären versuchen, als Kritiker rationalistischer und normativer Moralbegründungen.

In Deutschland wurde der sprachanalytische Ansatz v. a. von der Erlanger Schule aufgegriffen und zu einer Logik moralischen Argumentierens weitergebildet, die den Sinn des ethischen Vorgehens vor aller Anwendung herauszuarbeiten versucht (Protoethik). Die →Diskursethik von Karl-Otto Apel und Jürgen Habermas versucht im Rekurs auf Sprachpragmatik und kommunikative Kompetenz die Bedingungen eines repressionsfreien, vernünftigen ethischen Diskurses aufzuweisen und von dort aus zu einer Letztbegründung moralischer Normen zu gelangen.

Die Debatte um eine Rehabilitierung der praktischen Philosophie in Deutschland seit Ende der 1960er-Jahre stellte nicht in erster Linie eine Reaktion auf die angelsächsische Diskussion dar, sondern eine zu Grundfragen praktischer Philosophie (»was wir tun sollen«, »wie wir leben können«) unter modernen Bedingungen. Allerdings bildete das Problem der Begründung und Geltung moralischer Normen in der Diskussion den zentralen Gegenstand. Außerdem wurde die Diskussion durch eine intensive Beschäftigung mit den klassischen Systemen von Aristoteles, Kant und Hegel bereichert. In diesem Zusammenhang entstanden verschiedene Spielarten des Neoaristotelismus (Robert Spaemann, Odo Marquard, Hermann Lübbe). Die Arbeiten von Ernst Tugendhat u. a. stellen Ansätze dar, Grundprobleme angelsächsischer Konzepte wie des Utilitarismus und deutscher kantischer Tradition zu vermitteln.

■ **Gegenwart** Die aktuellen Debatten über eine neue Ethik können als Antwort auf den beschleunigten Fortschritt von Wissenschaft und Technologie verstanden werden. Diesem versucht u. a. die Verantwortungsethik von Hans Jonas gerecht zu werden. Die mit Nachdruck geforderte praktische Orientierung in der Diskussion führte zur Entstehung verschiedener Forschungszweige, den **angewandten Ethiken,** die sich mit deutlich normativem Akzent u. a. als medizinische, Bio-, Wirtschafts-, Medien- und ökologische Ethik profilieren. Diese stehen wie die praktische Philosophie insgesamt vor einer Reihe neuartiger Probleme und Fragen, u. a. nach dem ethischen Status zukünftiger Generationen, dem ethischen Status der Natur, einer moralischen Beurteilung von Wissenschaft und Technik und dem ethischen Status neuen Lebens.

Die Ansätze zur Lösung dieser Herausforderungen sind vielfältig. So fordert Robert Spaemann eine Neubelebung der teleologischen Sichtweise in der Naturphilosophie. Das oberste Prinzip seiner Ethik ist die erstmals von Albert Schweitzer vertretene »Ehrfurcht vor dem Leben«. Jonas hat als Antwort – durchaus in kantischer Tradition – den kategorischen Imperativ der Ethik der Fernwirkung formuliert: »Handle so, dass die Wirkungen deiner Handlung verträglich sind mit der Permanenz echten menschlichen Lebens auf Erden.«

Das geforderte neue Verantwortungsbewusstsein betrifft sowohl das Individuum als auch den institutionellen, rechtlichen, wirtschaftlichen und politischen Bereich. Dabei geht es besonders in den parlamentarischen Demokratien, über die bürgerlichen Grundrechte hinaus, die als ethische Prinzipien in den Verfassungen verankert sind, nicht um autoritative Wertsetzungen, sondern um die diskursive Auseinandersetzung, die auf eine mehrheitsfähige Definition Leben und Frieden sichernder Ziele und von Maßnahmen zu ihrer Durchsetzung bezogen ist.

■ **Siehe auch**

SACHBEGRIFFE → Autonomie · Bioethik · Eudaimonia · Freiheit · Gefühl · Gerechtigkeit · Gute · Handeln · kategorischer Imperativ · Metaethik · Sittlichkeit · Tugend · Utilitarismus · Wert

PERSONEN → Aristoteles · Apel, Karl-Otto · Bentham, Jeremy · Habermas, Jürgen · Kant, Immanuel · Nietzsche, Friedrich · Platon · Rawls, John

Ethos [griech. »Gewohnheit«, »Gesittung«, »Charakter«], die von sittlichen und moralischen Normen geprägte Grundhaltung eines Einzelnen oder einer Gruppe.

Eudaimonia [griech. »Glückseligkeit«, eigtl. »Gutgeistigkeit«], **Eudämonie,** Begriff der griechischen *Ethik,* besonders bei Platon und Aristoteles, der als höchstes menschliches Gut das Ziel bezeichnet, auf das Menschen bei ihrem Handeln eigentlich hinstreben: Wohlbefinden, inneres Glück, Gutsein. Eudaimonia trete ein, wenn der Mensch gut, d.h. vollkommen gemäß seiner Tauglichkeit (→Arete) als Mensch lebe.

Eudämonismus, Sammelbezeichnung für unterschiedliche ethische Lehren, die die Glückseligkeit (Eudaimonia) bzw. das Glücklichsein als höchstes Gut betrachten. Den geeigneten Weg zur Erlangung der Glückseligkeit sieht der aretologische oder **moralische Eudämonismus** in einem tugendhaften Leben (→Arete). Er findet sich u.a. bei Sokrates, Aristoteles und in der Stoa. Nach Auffassung des **hedonistischen Eudämonismus** (u.a. Epikur, John Locke) führt das Streben nach dauerhafter Lust (→Hedonismus) zur Glückseligkeit. Unterschieden wird ferner auch zwischen **Sozialeudämonismus,** der Glück durch den Einsatz für das Glück anderer (z.B. im Streben nach dem »größten Glück der größten Zahl« wie bei Francis Hutcheson, Jeremy Bentham) erreichbar sieht, und individuellem oder **individualistischem Eudämonismus,** der allein das Glück des Einzelnen als Maßstab richtigen Handelns setzt (→Utilitarismus).

Eudoxos von Knidos, griechischer Mathematiker, Naturforscher, Philosoph und Gesetzgeber, *Knidos etwa 400 v.Chr., †ebenda etwa 350 v.Chr.; gründete nach Studien in Athen und Heliopolis (dort bei ägyptischen Priestern) um 379 in Kyzikos eine eigene Schule. Eudoxos war einer der bedeutendsten Gelehrten der Antike. Sein Wirken erstreckte sich von der Theologie und Philosophie (besonders Ethik) über die Medizin und die Wissenschaft von der Natur bis zur reinen und angewandten Mathematik. In der Astronomie entwickelte er das erste auf Beobachtungen beruhende Modell der Planetenbewegung, das infolge seiner Einbettung in die Ätherphysik des Aristoteles die kosmologischen Vorstellungen bis ins 16.Jh. beherrschte. Von Eudoxos stammen auch empirische Argumente für die Kugelgestalt der Erde.

Euklid von Megara, griechischer Philosoph, *um 450 v.Chr., †um 370 v.Chr.; begründete die →megarische Schule. Den Grundbegriff seines Lehrers Sokrates, das Gute, versuchte Euklid mit dem eleatischen Begriff des Seins als des unveränderlichen Einen zu verbinden und sah, ähnlich wie Platon, in ihm das Vernünftige und Göttliche.

Evidenz [latein.], unmittelbare, mit besonderem Wahrheitsanspruch auftretende Einsicht. Im Gegensatz zu einer durch einen Beweis belegten Wahrheit ist die Evidenz nicht vermittelt. Sie ist intuitiv und nicht diskursiv. Als Vorbilder für Evidenz galten lange Zeit die →Axiome der Geometrie des griechischen Mathematikers Euklid (4.Jh. v.Chr.). Für Descartes ist Evidenz das entscheidende Wahrheitskriterium. Edmund Husserl entwickelt Descartes' Konzept im 20.Jahrhundert fort. In seiner Phänomenologie kommt der Evidenz zentrale Bedeutung zu.

Evidenztheorie, Theorie, nach der die unmittelbare Gewissheit Kriterium der →Wahrheit ist.

Existenz [spätlatein., zu latein. ex(s)istere »hervortreten«, »vorhanden sein«], in der traditionellen *Ontologie* die Bezeichnung für die Tatsache, dass etwas ist, im Unterschied zu seinem →Wesen, seiner Essenz, die sagt, was etwas ist. Søren Kierkegaard und Karl Jaspers bestimmten Existenz als eine Weise, in der sich der einzelne Mensch zu sich selbst und darin zugleich zur Transzendenz verhält. Martin Heidegger charakterisierte sie als das Sein, zu dem wir uns immer schon irgendwie verhalten, und arbeitete dessen existenziale Strukturen (Existenzialien) heraus. Der Existenzialismus (→Existenzphilosophie) Jean-Paul Sartres geht vom Vorrang der Existenz vor der Essenz aus, fasst sie jedoch, anders als Heidegger, als Subjektivität auf.

Existenzaussage, partikuläre Aussage, Existenzialurteil, in der *Logik* eine Aussage, in der behauptet wird, dass es mindestens einen Gegenstand gibt, auf den ein bestimmter Prädikator zutrifft, z.B.: »Es gibt einen weißen Wal.« Zur formalen Schreibweise von Existenzaussagen verwendet man den **Existenzquantor** ⋁ oder (seltener) ∃ (→Quantor).

Existenzphilosophie »Der Mythos von Sisyphos«

»Wir müssen uns Sisyphos als einen glücklichen Menschen vorstellen«, beschließt Albert Camus seinen 1942 erschienenen Essay »Der Mythos von Sisyphos. Versuch über das Absurde«. Das Schicksal des Sisyphos, den die Götter dazu verdammten, bis in alle Ewigkeit einen riesigen Stein einen Berg hinaufzuwälzen, von dem er stets sogleich wieder hinabrollt, ist der Inbegriff vergeblichen Tuns, eines sinnlosen Lebens. Und eben darum geht es: Da die Sinnerwartungen des Menschen an der Welt keinen Halt finden, bleibt er der Erfahrung des Absurden ausgesetzt und weiß sich so in seinem Dasein ganz auf sich selbst gestellt. Damit aber eröffnet sich zugleich die Möglichkeit, dem Leben gerade in der bewussten Anerkennung des Absurden Wert und Größe zu geben. Das Schicksal von Sisyphos wird zum mythischen Sinnbild menschlicher Existenz schlechthin: Er erkennt die Sinnlosigkeit seines Daseins und nimmt es doch auf sich, denn der »Kampf gegen Gipfel vermag ein Menschenherz auszufüllen«.

Existenzphilosophie, philosophische Richtung, die, um die Einseitigkeit rationalistischer und irrationalistischer Philosophien zu vermeiden, von der konkreten Existenz des Einzelnen ausgeht. Obwohl sich »Existenzphilosophie« als Oberbegriff für eine Reihe unterschiedlich strukturierter, seit Mitte der 1920er-Jahre in Deutschland entstandener, seit Anfang der 1940er-Jahre in Frankreich aufgegriffener Philosophien etabliert hat, bleibt der Terminus insofern problematisch,

Existenzphilosophie. Der französische Existenzialismus prägte die Literatur der 1950er-Jahre. In seinem Stück »Geschlossene Gesellschaft« (Szenenfoto) betonte Jean-Paul Sartre die Unentrinnbarkeit von menschlicher Lüge und Heuchelei.

Den Grundbegriff der **Existenzphilosophie** erklärte Karl Jaspers folgendermaßen:

»Existenz ist, was nie Objekt wird, Ursprung, aus dem ich denke und handle, worüber ich spreche in Gedankenfolgen, die nicht erkennen; Existenz ist, was sich zu sich selbst und darin zu seiner Transzendenz verhält.«

als sich die wichtigsten Vertreter der Existenzphilosophie ausdrücklich von dieser Bezeichnung distanzierten.

■ **Grundzüge** Kennzeichen aller Existenzphilosophien, die allerdings bei den einzelnen Vertretern z.T. sehr unterschiedlich ausgelegt werden, ist die Deutung menschlicher Existenz als letztes, unhintergehbares Sein, bestimmt durch seine Faktizität, seine wesentliche Endlichkeit (Sein zum Tode) und Geschichtlichkeit (Zeitlichkeit), seine Freiheit und Möglichkeit, die es nicht nur hat, sondern als die es ist, aufgrund deren es sich verlieren oder aber sich selbst finden kann. Gemeinsam ist aller Existenzphilosophie ferner die Auffassung der Existenz als Aufgabe und Vollzug eines dynamischen Seinsverhältnisses in Absetzung von der traditionellen Wesensphilosophie, die ein unveränderliches, statisches Wesen des Menschen unterstellte. Hinsichtlich des Verhältnisses von Existenz und Gott bzw. Transzendenz differieren die einzelnen Positionen erheblich. Heute lassen sich im Wesentlichen drei Richtungen der Existenzphilosophie unterscheiden, deren Hauptvertreter Jaspers (Philosophie der möglichen Existenz), Heidegger (Existenzialontologie), Sartre und Camus (Existenzialismus) sind.

■ **Geschichte** Als Stammvater aller Existenzphilosophien gilt Søren Kierkegaard, der dem Begriff Existenz seinen spezifisch neuzeitlichen Sinn verlieh und dessen gesamtes Werk von einem religiösen, »existenziellen Denken«, d.h. einem auf das Selbstverhältnis und die Selbsterfahrung des Menschen in seiner konkreten Existenz gegründeten Denken, getragen ist. Existenz fasste er als Verhältnis zu sich selbst und darin zu Gott und kennzeichnete sie mittels seiner existenzdialektischen Methode (die sich von Hegels spekulativer Geistdialektik abhebt).

Jaspers' Anliegen lässt sich als »Philosophie der möglichen Existenz« charakterisieren, in deren Zentrum die Freiheit steht. Menschsein geht Jaspers zufolge weder im objektiven Wissen noch im objektivierten Glauben auf, vielmehr entspringt Existenz aus der Freiheit und dem Innewerden der Möglichkeit des »Sichausbleibens« und »Sich-geschenkt-Werdens« im Verhältnis zur Transzendenz und kann nur in Freiheit verwirklicht werden. Nach dem Scheitern der rational-wissenschaftlichen Weltorientierung in der Erfahrung von Grenzsituationen (Tod, Schuld, Leid) bleibt nur der Appell an den Einzelnen in seiner Freiheit, seine mögliche Existenz zu ergreifen. Deren Kennzeichen Kommunikation, Geschichtlichkeit, Freiheit, absolutes Bewusstsein und inneres Handeln vergegenwärtigt Jaspers mit seiner Methode der »Existenzerhellung«.

Heidegger, dessen erstes Hauptwerk »Sein und Zeit« (1927) unmittelbar nach seinem Erscheinen als Grundbuch der Existenzphilosophie gelesen wurde, verwahrte sich von Anfang an gegen eine Interpretation seines Werkes als einer Existenzphilosophie, da es ihm primär um das Sein überhaupt gehe. Dabei fällt aber der Analytik des Daseins oder der Existenz bei der Erschließung des Sinnes von Sein eine zentrale Rolle zu. So ging es Heidegger um eine Explikation der wesentlichen Strukturen der Seinsverfassung des Menschen (Existenzialien), d.h. um eine Untersuchung im Sinne einer **Existenzialontologie.** Er arbeitete die Grundstrukturen des Daseins (Existenzialien) heraus, deren konkreter Seinsausdruck Sorge und deren innerster Seinssinn Zeitlichkeit ist.

Von Sartre und Camus ging eine französische Spielart der Existenzphilosophie aus, die sich selbst als **Existenzialismus** bezeichnete. Sie wurde getragen von der Erfahrung der Absurdität des Daseins sowie dem Grundsatz, dass die Existenz der Essenz vorangeht. Der Mensch ist aufgrund seiner Seinsverfassung als Existenz und der dazugehörigen Freiheit dazu verurteilt, sein Wesen zu entwerfen und verantwortlich handelnd zu übernehmen. Der Existenzialismus verstand sich zum einen als Atheismus, dem zufolge es keinen Gott geben darf, damit die radikale Freiheit des Menschen gewahrt bleibt, zum anderen als Humanismus, der keine andere Wirklichkeit als die des Menschen anerkennt.

■ **Siehe auch**

SACHBEGRIFFE → absurd · Angst · Anthropologie · Existenz · Freiheit · Kontingenz · Subjektivität · Tod

PERSONEN → Beauvoir, Simone de · Bloch, Ernst · Camus, Albert · Heidegger, Martin · Jaspers, Karl · Kierkegaard, Søren · Nietzsche, Friedrich · Sartre, Jean-Paul

Existenzquantor, Zeichen zur formalen Notation einer →Existenzaussage.

ex nihilo nihil (fit) [latein. »aus nichts (entsteht) nichts«], von Lukrez u.a. formu-

Experiment Gedankenexperimente

Im Gegensatz zum Experiment, das als Hilfsmittel der modernen Erfahrungswissenschaft aufkam, ist das seit der Antike bestehende Gedankenexperiment ein nur in der Vorstellung bestehendes Szenario, mit dem Theorien unterstützt, hinterfragt oder pointiert werden. Zenon von Elea, der Schöpfer der Dialektik, war darin ebenso ein Meister wie Galileo Galilei oder Albert Einstein. »Schrödingers Katze« ist ein Gedankenexperiment des Physikers Erwin Schrödinger, mit dem er den problematischen Übergang von der Quantenmechanik zur klassischen Physik illustrierte: Eine Katze wird zusammen mit radioaktivem Material, einem automatischen Hammer und einem Fläschchen Blausäure in eine Stahlkammer gesperrt. Das Material ist so wenig radioaktiv, dass im Laufe einer Stunde nur ein Atom zerfällt oder nicht zerfällt, was zwei Möglichkeiten zulässt: Entweder wird der Hammer aktiviert, der die Blausäureflasche zerschlägt, wodurch die Katze getötet wird; oder die Katze bleibt am Leben. Bis die Kammer geöffnet wird und Sicherheit besteht, ist die Katze also weder tot noch lebendig.

lierte These, die die Ewigkeit aller Dinge behauptet und im Gegensatz zur Schöpfungslehre steht.

Experiment [latein., zu experiri »versuchen«, »erproben«], methodisch-planmäßige Herbeiführung von meist variablen Umständen zum Zwecke wissenschaftlicher Beobachtung. Als eines ihrer wichtigsten Hilfsmittel nimmt das Experiment in der Neuzeit eine Schlüsselstellung in allen Erfahrungswissenschaften ein. Es ist als »Frage an die Natur« (Kant) oder gar als »Verhör der Natur« (Carl Friedrich von Weizsäcker, *1912) bezeichnet worden. Neben Beobachtungs- und Entdeckungszwecken dient das Experiment auch zu Prüfzwecken: Eine →Hypothese 1) oder im weiteren Sinn eine Theorie wird experimentell überprüft, indem man untersucht, ob die aus ihr folgenden Prognosen auch tatsächlich eintreten.

Experimentum Crucis [latein. »Versuch des Kreuzes«], ein auf Francis Bacon zurückgehender Ausdruck für ein Experiment, dessen Ausgang eine endgültige Entscheidung für eine von mehreren konkurrierenden Theorien herbeiführt.

Explikation [latein., eigtl. »das Auseinanderrollen«], Erklärung, Erläuterung, Darlegung. Im Anschluss an Rudolf Carnap bezeichnet der Terminus **Begriffsexplikation** die wissenschaftssprachliche (meist formalmathematische) Fassung eines vorwissenschaftlichen Begriffes.

Extension [latein.], in der *Logik* der Umfang eines Begriffs. Bedeutungstragende Ausdrücke haben Extensionen: Die Extension eines Namens ist der benannte Gegenstand, die eines Prädikats die Klasse der Träger der Eigenschaft und die eines Satzes sein Wahrheitswert. Wenn Begriffe mit ihren Extensionen identifiziert werden und die von ihnen jeweils bezeichneten Gegenstandsklassen übereinstimmen, so sind diese Begriffe identisch **(Extensionalitätsaxiom).**

Eine Sprache wird **extensional** genannt, wenn man in ihren Sätzen extensional gleiche Begriffe (oder Ausdrücke) gegeneinander austauschen kann, ohne dass sich die Wahrheitswerte der Sätze ändern. Nach Leibniz spricht man in solchen Fällen von der »Austauschbarkeit salva veritate«. Die **Extensionalitätsthese** besagt, dass jede Sprache sinngleich in eine extensionale Sprache übersetzt werden kann.

Externalismus, Gegenbegriff zum →Internalismus.

F

Faktum, →Tatsache.

Fallibilismus [von latein. fallere, »zu Fall bringen«], in der *Wissenschaftstheorie* Bezeichnung für diejenige Position, die im Anschluss an Charles Sanders Peirce davon ausgeht, dass alle synthetischen Erkenntnisse, wie sie für die empirischen Wissenschaften kennzeichnend sind, hinsichtlich ihres Gültigkeitsbereiches nur wahrscheinlich (hypothetisch, fallibel) sind, weil sie nicht endgültig verifiziert, wohl aber definitiv widerlegt werden können (→Falsifikation).

falsch, ein →Wahrheitswert von Aussagen. Die klassische *Logik* geht davon aus, dass eine Aussage entweder falsch oder wahr sein muss. Gemäß diesem **Bivalenzprinzip** ist falsch äquivalent zu nicht-wahr.

Ludwig Feuerbach

Falsifikation [mittellatein., zu latein. falsus »falsch«], Nachweis der Falschheit einer Aussage. In der *Wissenschaftstheorie* bezeichnet Falsifikation speziell die Widerlegung einer allgemeinen Aussage durch mindestens ein Gegenbeispiel. Von Karl R. Popper wurde vorgeschlagen, in der Falsifizierbarkeit induktiv gewonnener Aussagen das Kriterium für deren Wissenschaftlichkeit zu sehen. Dieser **Falsifikationismus** führt zur methodologischen Maxime, stets möglichst riskante Sätze aufzustellen.

Farabi, →Alfarabi, Abu Nasr Mohammed.

Fehlschluss, Paralogismus, in der *Logik* ein Schluss, bei dem logisch nicht gültige Schlussweisen angewendet werden, also von womöglich wahren Prämissen die falsche Schlussfolgerung gezogen wird.

Ludwig Feuerbach. Die Karikatur »Kampf ums Kreuz« erschien auf einem Flugblatt von 1842: Feuerbach und David Ludwig Strauß stürzen das Kreuz, während konservative Anhänger Hegels es wieder aufrichten wollen.

feministische Philosophie, im Gefolge der Frauenbewegung nach 1968, aber auch im Rückgriff auf frühere Ansätze – besonders auf Simone de Beauvoirs »Le deuxième sexe« (1949; dt. »Das andere Geschlecht«) – entstandene Richtung der Philosophie, die patriarchale Strukturen analysiert, den spezifischen Beitrag von Frauen zur Entwicklung der Philosophie herausarbeitet und die Kritik am traditionellen Konzept der Geschlechterdifferenz (→Geschlechterforschung) in verschiedenen Bereichen der Philosophie anwendet.

Insgesamt brach die feministische Philosophie mit den Grenzen eines überkommenen dualistischen bzw. hierarchischen Denkens. Spezifisch dualistische Grenzziehungen wie Mann/Frau, öffentlich/privat, Subjekt/Objekt, Kultur/Natur, Leib/Seele werden seitens der feministischen Philosophie nun einem fremd bleibenden »Ich« zugeschrieben. Charakteristisch ist zudem die Nähe der feministisch-philosophischen Fragestellungen zur Befreiungsphilosophie wie auch zu modernen Gerechtigkeitstheorien, ferner zur Postmoderne und ihrer kritischen Dekonstruktion der traditionellen Philosophie. Bekannte feministische Philosophinnen sind z. B. in den USA Seyla Benhabib (* 1950), Judith Butler, Iris Marion Young, Alison Jaggar und Sandra Harding, in Frankreich Luce Irigaray und Julia Kristeva (* 1941), in Italien Adriana Cavarero und Luisa Muraro sowie im deutschsprachigen Bereich Cornelia Klinger (* 1953), Andrea Maihofer und Annemarie Pieper (* 1941).

Ferguson ['fəːgəsn], Adam, schottischer Historiker und Philosoph, * Logierait (bei Perth) 20. 6. 1723, † Saint Andrews 22. 2. 1816; wurde 1745 Priester und war als Feldprediger in verschiedenen schottischen Regimentern tätig, dann Bibliothekar und schließlich Professor der Naturphilosophie (1759) sowie der Moralphilosophie (1764) in Edinburgh. Ferguson war beeinflusst vom englischen Empirismus und der Stoa. Mit seiner historisch-empirischen Methode der Beschreibung und seinen sozialpsychologischen Beobachtungen gilt er als einer der ersten systematischen Soziologen. Sein Werk »An essay on the history of civil society« (1767; dt. »Versuch über die Geschichte der bürgerlichen Gesellschaft«) ist eine frühe Geschichte der durch Arbeitsteilung und Konflikte (u. a. über das Eigentum) charakterisierten »bürgerlichen Gesellschaft«. In seiner Moralphilosophie gründete Ferguson moralisches Verhalten und geistig-sittliche Vervollkommnung des Menschen, den er als Sozialwesen bestimmt, auf die Liebe zum Menschen, Wertschätzung und Wohlwollen.

Feuerbach, Ludwig, deutscher Philosoph, * Landshut 28. 7. 1804, † auf dem Rechenberg bei Nürnberg 13. 9. 1872; studierte ab 1822 Theologie, ab 1825 Philosophie bei Hegel. 1828 wurde er Privatdozent in Erlangen, gab die Bemühungen um eine akademische Laufbahn aber wegen Anfeindungen von theologischer Seite auf. Ab 1836 lebte er auf Schloss Bruckberg bei Ansbach. Auf Einladung von Studenten hielt er 1848/49 in Heidelberg Vorlesungen über das Wesen der Religion. Seit 1860 lebte er auf dem Rechenberg in bescheidensten Vermögensverhältnissen.

Feuerbach entwickelte die Theologiekritik, die sich aus seiner Anthropologie ergab, zunächst negativ in Auseinandersetzung mit dem endgeschichtlichen Anspruch der hegelschen Philosophie. In seiner Kritik wendete er sich gegen Hegels Konzept des »absoluten Geistes« und warf ihm intellektualistische und monologische Einseitigkeit sowie die Vernachlässigung der Sinnlichkeit des Menschen vor. Seine Anthropologie begründete Feuerbach in dem dialogischen Verhältnis von »Ich und Du«, das er als »Liebe« definierte. Aus ihr und der dabei gemachten sinnlichen Erfahrung resultieren Sinn und Objektivität. Feuerbachs Ziel war eine philosophische Kritik der Theologie überhaupt, die zu einer Anthropologisierung der Religion führen soll.

Seine gegen die philosophische Tradition gerichtete »neue Philosophie« sollte den Menschen als leibliches Sinnenwesen und auf andere Menschen bezogenes Gattungswesen zum Gegenstand haben. In seinem Hauptwerk »Das Wesen des Christentums« (1841) begreift Feuerbach Gott als Projektion des menschlichen Vollkommenheitsstrebens, v. a. im Hinblick auf Unsterblichkeit, wobei sich echte Unsterblichkeit in Wahrheit nur in den eigenen Leistungen der menschlichen Gattung manifestiere. Feuerbachs Anthropologie wurde v. a. für den frühen Karl Marx und für Friedrich Engels bedeutsam, die u. a. an seinen Begriff der Entfremdung anknüpften.

Feyerabend, Paul Karl, österreichischer Wissenschaftstheoretiker, *Wien 13. 1. 1924, †Genf 11. 2. 1994; war ab 1962 Professor in Berkeley (Calif.) und ab 1979 Professor für Philosophie der Wissenschaften in Zürich. Feyerabend distanzierte sich in seiner späteren Philosophie sowohl vom Positivismus als auch von der strengen Theorie des kritischen Rationalismus Karl R. Poppers und entwickelte eine »anarchistische Erkenntnistheorie«, so v. a. in »Against method« (1975; dt. auch »Wider den Methodenzwang. Skizze einer anarchistischen Erkenntnistheorie«). Diese lehnt alle rationalen Methodologien als bindende Regelsysteme ab und sieht Kreativität und Spontaneität als Voraussetzungen für den wissenschaftlichen Erkenntnisfortschritt an. Im Sinne einer solchen anarchistischen Wissenschaftstheorie prägte Feyerabend die Parole »anything goes«.

Fichte, Johann Gottlieb, deutscher Philosoph, *Rammenau (bei Bischofswerda) 19. 5. 1762, †Berlin 29. 1. 1814; einer der bedeutendsten Vertreter des deutschen Idealismus.

■ **Leben** Dem in ärmlichen Verhältnissen aufwachsenden Weberssohn ermöglichte ein Adliger Ausbildung und Theologiestudium, das er jedoch aufgeben musste, als dieser starb. Einige Jahre lang war Fichte als Hauslehrer beschäftigt, 1790 machte er dann die entscheidende Bekanntschaft mit Immanuel Kants Philosophie, die er intensiv studierte. Er besuchte 1791 Kant in Königsberg (heute Kaliningrad), der ihm einen Verleger für seinen »Versuch einer Kritik aller Offenbarung« verschaffte. 1792 wurde das Buch anonym veröffentlicht und zuerst für das lang erwartete religionsphilosophische Werk Kants gehalten. Als Kant das Missverständnis aufdeckte, war Fichte mit einem Schlag berühmt. 1794 wurde er als Nachfolger Karl Leonhard Reinholds Professor in Jena.

Der seit der »Zurückforderung der Denkfreiheit« (1793) und dem »Beitrag zur Berichtigung der Urtheile des Publikums über die französische Revolution« (1793) als Anhänger der Prinzipien der Französischen Revolution bekannte Fichte hatte großen Einfluss v. a. auf die Brüder August Wilhelm und Friedrich von Schlegel sowie auf die romantische Bewegung insgesamt. Eine anonyme Streitschrift löste den →Atheismusstreit (1798/99) aus, der schließlich zur Entlassung Fichtes führte. Er ließ sich darauf in Berlin nieder und rang bis 1804 als Privatgelehrter um eine vertiefende Durchdringung der »Wissenschaftslehre«.

Nach der Niederlage Preußens 1806 ging Fichte als erklärter Gegner Napoleons mit der preußischen Regierung vorübergehend nach Königsberg. Dort stand er in Kontakt mit der politischen Führung und lehrte an der Universität. 1807/08 hielt er die »Reden an die deutsche Nation« im von den Franzosen besetzten Berlin. 1811 wurde er erster gewählter Rektor der kurz zuvor gegründeten Berliner Universität, trat aber wegen einer Meinungsverschiedenheit mit den Professorenkollegen vorzeitig vom Amt zurück.

■ **Lehre und Werk** Aufbauend auf der transzendentalen Grundlegung der kritischen Philosophie Kants und angeregt durch Reinholds Forderung nach deren systematischer Einheit, entwarf Fichte ein System der Transzendentalphilosophie, deren Grundgedanke darin besteht, dass die Philosophie Wissenschaft im strengen Sinn zu sein habe, also keine unverbindlichen Konzeptionen vortragen dürfe. Philosophie ist nach Fichte Lehre

Johann Gottlieb Fichte
***1762, †1814**

- besuchte Kant in Königsberg
- verlor seine Professur in Jena infolge des Atheismusstreits
- hielt im von Napoleon besetzten Berlin seine »Reden an die deutsche Nation«
- bestritt die Existenz eines »Dings an sich«
- entwarf das erste System des deutschen Idealismus

Fichte »Wissenschaftslehre«

Schon Kant hatte vom Primat der praktischen Philosophie gesprochen. Doch erst Johann Gottlieb Fichte leitete konsequent die Abkehr vom Theoretischen ein, indem er den Handlungscharakter des Ichs entdeckte: Der Inhalt des Ichs ist keine Sache, sondern eine Handlung. Diese philosophische Umwälzung, die von der großen Revolution in Frankreich begleitet war, drückte sich auch in einem neuen Namen für die Philosophie aus. »Über den Begriff der Wissenschaftslehre oder der so genannten Philosophie« hieß die kleine Programmschrift, die der junge Jenaer Philosophieprofessor seinen ersten Studenten zur Vorbereitung aushändigte. 1804 von ihm vorgetragen, will die Wissenschaftslehre Fichtes – seine Philosophie – Wissen vom Wissen sein, und bereits ihr Name soll diesen Anspruch bekunden. Wenn auch Fichtes Nachfolger wieder zum alten Namen für die Philosophie zurückkehren sollten, so hielten sie doch an den Grundgedanken der Wissenschaftslehre fest.

100563

Johann Gottlieb Fichte. Die 1807/08 geschriebenen »Reden an die deutsche Nation« wurden später als Programmatik eines ethnischen Nationalismus betrachtet. Sie beschwor die »Kraft des deutschen Wesens« und propagierte die geistige Erneuerung. Das Foto von 1913/14 zeigt ein Wandgemälde von Arthur Kampf in der damaligen Friedrich-Wilhelm-Universität in Berlin.

vom Wissen, also »Wissenschaftslehre« (»Über den Begriff der Wissenschaftslehre oder der so genannten Philosophie«, 1794).

Fichtes Philosophie nimmt in der Annahme der Freiheit und Selbstbestimmtheit des absoluten Bewusstseins ihren Ausgang. In der als sein Hauptwerk wirksam gewordenen »Grundlage der gesammten Wissenschaftslehre« (1794) geht Fichte von der »Selbstsetzung« des »absoluten Ichs« aus, um den Kernpunkt des Wissens und damit auch die letzte Begründung der Philosophie zu finden. Weil aber die Wissenschaftslehre wegen dieser terminologischen Festlegung (»Ich«) als subjektiver Idealismus missverstanden wurde, versuchte Fichte in zahlreichen neuen Fassungen das Problem der »Evidenz der Evidenz« zu durchdringen, bis ihm in der Wissenschaftslehre von 1804 in der Selbstunterscheidung des absoluten Wissens vom Absoluten (Gott) die befriedigende Lösung gelang. Das absolute Wissen erkennt sich in genetisch-moralischer Urevidenz als vom Absoluten her in Wahrheit begründet (»Erscheinung des Absoluten«).

Fichte radikalisierte den Gedanken Kants von der Phänomenalität alles Seienden, indem er die Unhaltbarkeit des Gedankens eines »Dings an sich« zeigen wollte. Alles Sein ist ihm zufolge nur im Kraft- und Lichtfeld des handelnden Wissens (Fichte sagt »Bildens«) vorhanden. Aus dem durch die Leistung der Einbildungskraft gewonnenen Empfindungsmaterial wird durch Übertragung von gesetzlichen Vernunftformen eine objektive Welt gebildet, in der das Bildende als leiblich wollendes und handelndes Ich und »Ich«-Welt vorkommt.

Fichte hat keine geschlossene Darstellung der *Naturphilosophie* gegeben. Die naturphilosophischen Gesetze werden als Rahmen gesehen, in welchem die Empirie die Fakten induktiv aufnehmen und verarbeiten kann.

Laut Fichtes *Interpersonallehre* kann die Vernunft ihrem Ziel, Erscheinung des Absoluten zu sein, nur in der Ausgrenzung der Individuen aus der überpersönlichen Vernunft näher kommen (»Der Mensch wird nur unter Menschen ein Mensch«). In der *Rechtslehre* (»Grundlage des Naturrechts«, 1796) bestimmte Fichte in scharfer Trennung vom Gebiet des Sittlichen (»Das System der Sittenlehre«, 1797/98) die Prinzipien des Zusammenlebens freier Wesen und entwarf das Modell eines republikanischen Staates als Instrument höherer Formen der Gemeinschaft. Seine staatspolitischen Auffassungen erfuhren in der Spätphase eine vertiefende Umgestaltung in der Lehre vom »Vernunftreich« (»Rechtslehre« und »Die Staatslehre«, beide 1812).

Fichtes *Geschichtsphilosophie* erwuchs aus der Anwendung der Wissenschaftslehre auf die politischen Zeitereignisse. Sie lehrt eine grundsätzlich notwendige fünfstufige Entwicklung vom unmittelbar harmonischen Vernunftinstinkt über die Befreiung von jeglicher Autorität bis hin zur Verwirklichung voller Vernunft (»Die Grundzüge des gegenwärtigen Zeitalters«, 1806). In diesem Rahmen kann sich die Freiheit auch unvernünftig entscheiden. In den »Reden an die deutsche Nation« (1808), dem wohl unmittelbar einflussreichsten Werk in dieser Zeit, von der aufkommenden nationalen Erhebung aber einseitig aufgefasst, rief Fichte zur gesellschaftlichen Erneuerung durch eine Nationalerziehung auf, die die Annahme der Vernunftwissenschaft vorbereiten sollte.

Nach Fichtes *Sittenlehre* hat das Individuum innerhalb der sittlichen Zielsetzung der umfassenden Liebe seine konkrete Aufgabe, in der das individuelle Ideal zum Allgemeinbild erhoben wird und werden kann, sofern es aus dem Absoluten kommt. Dieser Gedanke steht in enger Verbindung zur *Religionslehre*. Die liebende Gemeinschaft ist Ort der Offenbarung Gottes. In Jesus Christus ist »unmittelbar die reine und absolute Vernunftwahrheit selber« als Individuum offenbar geworden. Durch die Liebe, »die Quelle aller Gewissheit, aller Wahrheit und aller Realität«, vermag der Mensch schon hier in das ewige Leben einzutreten.

■ **Wirkung** Mit der Philosophie Fichtes erreichte die idealistische Bewusstseinsphilosophie ihren vorläufigen Höhepunkt. Die romantische Philosophie wurzelt zu wesentlichen Teilen in der Auseinandersetzung mit Fichtes System. Neben der unmittelbaren Wirkung auf die Zeitgenossen Friedrich Wilhelm Joseph von Schelling und Hegel hat Fichte u. a. auch auf Karl Marx gewirkt; besondere Einflüsse der Interpersonallehre zeigen sich bei Max Weber und Jean-Paul Sartre.

Ficino [fiˈtʃi:no], Marsilio, italienischer Arzt, Humanist und Philosoph, *Florenz, 19. 10. 1433, †Careggi (heute zu Florenz) 1. 10. 1499; erhielt 1473 die Priesterweihe. Gefördert von Cosimo de Medici, wurde er Haupt der von diesem gegründeten platonischen Akademie in Florenz (→Neuplatonismus).

Ficino schuf die erste vollständige Platonübersetzung in lateinischer Sprache und ergänzte sie durch die Übertragung Plotins sowie hermetische Schriften (Schriften der spätantiken Geheimlehre des Hermes Trismegistos). Durch diese Zusammenstellung und die Aufnahme von Elementen augustinischer und scholastischer Philosophie bestimmte er die neoplatonisierende Platon-Deutung bis zum Beginn des 19. Jahrhunderts. Er wollte die Trennung von Philosophie und Religion überwinden, die der oberitalienische Averroismus betrieb. Gegen dessen Kritik der Unsterblichkeitsbeweise schrieb Ficino seine »Theologia Platonica de immortalitate animarum« (1482).

Form. In der Ästhetik steht Form nicht für eine zufällige äußere Gestalt, sondern sie ist Trägerin der Bedeutung eines Kunstwerks, ohne die weder der Sinngehalt zur Anschauung gebracht werden könnte noch überhaupt das Material erfahrbar wäre (Alexander Calder, Stahlskulptur »Flamingo«, 1974; Chicago, Federal Center Plaza).

Fiktion [zu latein. fingere »formen«, »bilden«; »ersinnen«, »erheucheln«], in *Erkenntnistheorie* und *Ontologie* eine Annahme, deren Wahrheit nicht erkannt werden kann, die aber zu einem bestimmten theoretischen oder praktischen Zweck im wissenschaftlichen Verfahren methodisch geboten sein kann, insofern sie als Antizipation eines gewollten oder in Erwägung gezogenen Zustandes gedeutet werden kann. In diesem Sinne sind Hypothesen Fiktionen, desgleichen alle Vernunftbegriffe im Sinne Kants. Im Anschluss an den Sprachgebrauch Kants hat Hans Vaihinger in »Die Philosophie des Als Ob« (1911) den Begriff der Fiktion zur Grundlage einer Sonderform idealistischer Erkenntnistheorie genommen, des **Fiktionalismus.**

Finalismus [zu latein. finalis »die Grenze, das Ende betreffend«], in der *Naturphilosophie* eine Lehre, nach der alles von Zwecken bestimmt ist und zielstrebig verläuft.

Finalität, Zielstrebigkeit, Zweckbestimmtheit, im Gegensatz zur →Kausalität. Bei Aristoteles und in der von ihm geprägten metaphysischen Tradition hat die Zielursächlichkeit **(Finalursache)** unter den Arten der Ursachen (→Causa) einen eindeutigen Vorrang: Alles Seiende ist in seiner Bewegung durch die Kraft seines Ziels bestimmt, das in ihm (z. B. im Samen) als vorweggenommene Zukunft schon gegenwärtig wirkt. Die neuzeitliche Naturwissenschaft beschränkte sich zunehmend auf die Naturerklärung aus Wirkursächlichkeit (Kausalität im modernen, eingeschränkten Sinn). Doch stellte sich das Problem der Finalität wiederholt v. a. in der biologischen Erforschung der Lebensvorgänge, so in der Theorie des →Vitalismus.

Finis, →Ziel.

Folge, in der *Logik* dasjenige, was nicht durch unmittelbare Einsicht, sondern aufgrund anderer Sätze als gültig anerkannt wird. Im Zusammenhang mit kausalen Bedingungsverhältnissen (→Kausalität) charakterisiert Folge eine Wirkung oder einen Effekt.

Folgerung, Grundbegriff der *Logik* mit unterschiedlicher Bedeutung: 1) eine Aussage, die logisch aus Aussagen (Hypothesen, Prämissen, Gründen) geschlossen (gefolgert) wird, 2) eine →Ableitung oder ein logischer →Schluss, 3) die Beziehung, die zwischen einer These und einer Hypothese besteht. In letzterem Sinne ist Folgerung synonym mit Implikation. Sie stellt eine Aussage über Aussagen dar (Metaaussage) und muss deshalb vom Schluss, der eine Regel ist, und von der Subjunktion, die eine Aussage ist, unterschieden werden.

Form [latein. forma »(äußere) Gestalt«], dasjenige, was jedem Ding und jedem Ereignis seine Eigenart verleiht. Neben der »äußeren

100563

Marsilio Ficino (Skulptur von Andrea Ferruci; 1521/22; Florenz, Dom Santa Maria del Fiore)

Michel Foucault
*** 1926, † 1984**

276

- analysierte die Entstehung und Entwicklung verschiedener Wissens- und Machtsysteme
- untersuchte die Formen der Herausbildung des Subjekts
- engagierte sich für Immigranten, Gefangene und Homosexuelle
- veröffentlichte wichtige Arbeiten zur Geschichte des Wahnsinns und der Sexualität

Form« (Gestalt) gibt es eine »innere Form« (Sinneinheit). Denn bei jedem Gegenstand der Wahrnehmung und des Nachdenkens lässt sich ein charakterisierendes formales von einem tragenden stofflichen Moment unterscheiden. Dabei ist jeder Stoff (→Materie) stets nur in einer bestimmten Form erkennbar.

Die »Ideen« Platons, die dem einzelnen Seienden seine Wesensbestimmtheit verleihen, sind immaterielle Formen (griechisch Eide), die als Formen des Wissens im transzendenten Bereich des wahrhaft Seienden existieren. Nach Aristoteles hat jedes Seiende seine bestimmte Form (Morphe). Alle Dinge sind aus passivem Stoff (Hyle), der die Möglichkeit der Formbildungen (Dynamis) beinhaltet, und substanziell bildender Form (Energeia) zusammengesetzt (→Akt), wobei die Form (als »Causa formalis«, →Causa; als Entelechie) zu den Grundprinzipien gehört, aus denen alles Seiende stammt.

Die aristotelische *Ontologie* der Form hat v. a. in der Philosophie des Mittelalters zu weit reichenden Spekulationen über den Zusammenhang von Stoff und Form geführt (→Hylemorphismus). Seit Kant richtet sich die Aufmerksamkeit auf die Zusammengehörigkeit der beiden Begriffe in unserem Denken. Kant fasste die Anschauungsformen Raum und Zeit und die Verstandesbegriffe (Kategorien) als apriorische (vor jeglicher Sinneserfahrung gegebene) Form, mittels deren das erkennende Subjekt seine Empfindungen erst zu Gegenständen der Erfahrung formt. Den kategorischen Imperativ bezeichnete Kant als die »Form«, gemäß deren der Inhalt jedes Willensakts (z. B. Neigungen) gebildet werden soll.

In der *Ästhetik* dient der Begriff der Form zum einen der Abgrenzung vom gestalteten Material, das erst durch die Form ästhetisch erfahrbar wird, zum anderen steht Form im Gegensatz zum Bedeutungsgehalt, den sie anschaulich offenbart. So ist die Form nicht nur äußere Gestalt, sondern auch Ausdrucksträger und Bedeutungsprinzip des Kunstwerks und damit der Inbegriff aller ästhetischen Qualitäten überhaupt.

Foucault »Die Ordnung des Diskurses«

Foucault verstand sein Werk »Die Ordnung des Diskurses« als einen »Diskurs über Diskurse«. In diesem markiert die 1970 gehaltene Antrittsvorlesung am Collège de France einen wichtigen Übergang: Sie führt von der rein »archäologischen« Beschreibung der »Formationsregeln«, die dem Diskurs einer historischen Epoche zugrunde liegen, zur »genealogischen« Untersuchung der Machtmechanismen und institutionellen Praktiken, in denen sie sich herausbilden. Damit wird eine politische Ebene der Betrachtung eröffnet. Auf ihr sollen die vielfältigen und teils subtilen Prozeduren der Ausschließung und Regulation kenntlich gemacht werden, durch die alle Gesellschaften versuchen, das unbändige und beunruhigende Wuchern des Diskurses in den Griff zu bekommen, unter Kontrolle zu halten und in geregelte Bahnen zu lenken.

formal, Eigenschaft von Überlegungen, die – unabhängig von Kenntnissen über die behandelten Gegenstände – nur mit sprachlichen Konventionen und Definitionen argumentieren. In der *Logik* wird von formalwahren Aussagen gesprochen (→Tautologie). Diese sind allein aufgrund ihres Aufbaues, d. h. ihrer logischen Verknüpfungen, wahr.

formale Logik, Teilgebiet der →Logik.

Formalisierung, im weiteren Sinn Bezeichnung für die Generalisierung einer wissenschaftlichen Aussage unter Absehung von ihren konkret-empirischen Bezügen. Im engeren Sinn bezeichnet Formalisierung den Aufbau einer formalisierten Sprache durch Überführung von Aussagen oder Theorien eines bestimmten Wissensgebietes in einen Formalismus. Bekannte Beispiele sind die Aussagenlogik (→Aussage) mit der Semantik der Wahrheitstafeln, aber auch Fachsprachen wie z. B. die Programmiersprachen für Computer.

Formalismus, die Betonung, auch Überbetonung der Form. In der *Ethik* werden Kants Lehre vom kategorischen Imperativ und verwandte Positionen als Formalismus bezeichnet, weil sie – im Gegensatz zur materialen Wertethik – die Annehmbarkeit einer Handlungsmaxime nicht durch inhaltliche Untersuchung derselben klären wollen, sondern durch die formale Frage nach ihrer »Verallgemeinerbarkeit«.

Formästhetik, Teilgebiet der →Ästhetik.

Fortitudo, →Tapferkeit.

Foucault [fu'ko], Michel, französischer Philosoph, *15. 10. 1926, † Paris 25. 6. 1984; lehrte in den Jahren 1960–68 Philosophie in Clermont-Ferrand und 1968–70 an der Universität Paris-VIII (Vincennes). Seit 1970 war er Inhaber des Lehrstuhls für die Geschichte der Denksysteme am Collège de France.

Foucault vereinigte in seinem Denken Elemente des Strukturalismus mit hermeneutischen Ansätzen. Er untersuchte die historischen Diskursformen, die zur Ausprägung des modernen Subjekts geführt haben. Dieses an Nietzsches Genealogie orientierte Unternehmen bezeichnete Foucault als »Archäologie«. Seine Analysen beschränken sich jedoch nicht auf erkenntnistheoretische Aspekte, im Vordergrund stehen vielmehr die Macht-, Ausgrenzungs- und Disziplinierungstechniken, die mit den Diskursen einhergehen. So analysierte Foucault in »Folie et déraison …« (1961; dt. »Wahnsinn und Gesellschaft …«) die Entstehung des Begriffs »Wahnsinn«. Dieser sei eine Erscheinung, die unter dem Einfluss von Aufklärung und neuzeitlicher Wissenschaft diagnostizierbar und therapierbar wurde und die in Institutionen behandelt wird, die das Individuum mehr oder weniger von der Gesellschaft ausgrenzen.

Darüber hinaus beschäftigte sich Foucault mit der Genese des Gesundheitswesens, des Strafvollzugs und der Sexualität. »La volonté de savoir« (1976; dt. »Der Wille zum Wissen«)

ist der erste Band seines dreibändigen Werks »L'histoire de la sexualité« (dt. »Die Geschichte der Sexualität«). In ihm definierte Foucault die Macht, die sich durch die und in der Sexualität manifestiere, im Gegensatz zum Marxismus nicht als lokale Instanz, sondern als diffuses, die gesamte Gesellschaft durchziehendes Kräftespiel. In den beiden letzten Bänden »L'usage des plaisirs« (1984; dt. »Der Gebrauch der Lüste«) und »Le souci de soi« (1984; dt. »Die Sorge um sich«) werden die zuvor analysierten Wissensformationen und Machtsysteme ergänzt durch Formen der Subjektbildung, die auch so etwas wie Lebenskunst zulassen.

Fourier [fu'rje], Charles, französischer Sozialphilosoph und utopischer Sozialist, * Besançon 7. 4. 1772, † Paris 10. 10. 1837; lebte vom Erbe seines Vaters und war später Angestellter. Von der Aufklärung, Rousseau und den Physiokraten beeinflusst, entwarf er in seiner »Théorie des quatre mouvements et des destinées générales« (1808; dt. »Theorie der vier Bewegungen und der allgemeinen Bestimmungen«) ein umfassendes System des utopischen Sozialismus. Eine Beseitigung des sozialen und politischen Verfalls soll nach Fourier durch eine Neuordnung der Gesellschaft und allmählich der ganzen Welt in autarke häuslich-agrarische Gemeinschaften erreicht werden. Auf der Grundlage einer natürlichen Entfaltung der menschlichen Bedürfnisse und Leidenschaften würden dabei universelle Einheit, Harmonie und Glück verwirklicht.

Frankfurter Schule, Kreis von Sozial- und Kulturwissenschaftlern, die eine von Karl Marx und Sigmund Freud bestimmte kritische Gesellschaftsanalyse betrieben (→kritische Theorie). Zentrum der Frankfurter Schule war das seit 1930 von Max Horkheimer geleitete Institut für Sozialforschung an der Universität Frankfurt am Main, das 1933/34 nach Genf und New York verlegt, dort an der Columbia University weitergeführt und 1950 von Theodor W. Adorno und Horkheimer in Frankfurt wieder gegründet wurde. Der Frankfurter Schule standen u. a. Walter Benjamin, Herbert Marcuse und Erich Fromm nahe. Publikationsorgan war 1932–41 die »Zeitschrift für Sozialforschung«. Seit 1955 werden die empirischen Forschungsergebnisse in den »Frankfurter Beiträgen zur Soziologie« veröffentlicht. Die Denkansätze der jüngeren Generation haben seit den 1970er-Jahren v. a. Jürgen Habermas und Alfred Schmidt (* 1931) bestimmt. – Infokasten S. 104

Franziskanerschule, eine Richtung innerhalb der Philosophie und Theologie des Mittelalters, die in erster Linie im Franziskanerorden verbreitet war. Man unterscheidet zwischen der älteren Franziskanerschule (u. a. Bonaventura), der mittleren Franziskanerschule, für deren Vertreter der scharfe Gegensatz zu den Lehren Thomas von Aquinos charakteristisch war, und der jüngeren Franziskanerschule. Diese wurde von Johannes Duns Scotus begründet, der die Lehren der vorhergehenden Schulen zu einem einheitlichen System ausbaute.

Frege, Gottlob, deutscher Mathematiker, Logiker und Philosoph, * Wismar 8. 11. 1848, † Bad Kleinen 26. 7. 1925; studierte 1869–71 Mathematik, Physik, Chemie und Philosophie in Jena und Göttingen. Seit 1879 war er Professor der Mathematik in Jena. Frege gilt als eigentlicher Begründer der modernen Logik. Daneben leistete er bedeutende Beiträge zur mathematischen Grundlagenforschung.

■ **Logik** In der »Begriffsschrift, eine der arithmetischen nachgebildete Formelsprache des reinen Denkens« (1879) entwickelte Frege den ersten leistungsfähigen Logikkalkül zum Aufbau der Prädikatenlogik. An die Stelle der traditionellen Analyse einer Elementaraussage nach Subjekt und Prädikat tritt darin die Analyse von quantifizierten Aussageformen nach dem Vorbild von Funktion und Argument. Schon in dieser frühen Schrift findet sich das an Leibniz orientierte Logisierungsprogramm eines durch formalisierte Schlussketten verbundenen Kalküls (→Logizismus) für die Mathematik.

Der Durchführung dieses Ansatzes ist Freges zweibändiges Hauptwerk »Grundgesetze der Arithmetik« (1893–1903) gewidmet. Ihm voran gingen »Die Grundlagen der Arithmetik« (1884), in denen er sich kritisch mit den zeitgenössischen Ansätzen zur Grundlegung des Zahlbegriffes auseinander setzte und diesen seine Definition der Anzahl als Klasse von gleich mächtigen Klassen entgegenstellte. Diese Festsetzung wurde von Frege als eine rein logische betrachtet, weil er die Begriffsbildungen der Mengenlehre, die er als »Wertever-

Michel Foucault bekannte sich in einem Interview zum experimentellen Denken:

»Theoretiker nenne ich denjenigen, der ein allgemeines System ... gleichförmig auf verschiedene Bereiche anwendet. Das ist nicht mein Fall. Ich bin ein Experimentator in dem Sinn, dass ich schreibe, um mich zu verändern und nicht dasselbe wie zuvor zu denken.«

Charles Fourier

100563

Charles Fourier. Der Sozialphilosoph entwickelte einen utopischen Gesellschaftsentwurf: In Abkehr von dem bürgerlichen Familienmodell leben die Menschen entsprechend ihrer Charakterstruktur in Wohngemeinschaften zusammen. Die Arbeit ist in Produktionsgemeinschaften organisiert, die ohne die Nachteile des Kapitalismus die Arbeit zur Lust machen (Lithografie von 1848).

Frankfurter Schule Das Institut für Sozialforschung

Das 1923 mithilfe von privaten Geldern gegründete »Institut für Sozialforschung« war eine der ersten soziologischen Forschungsstätten Deutschlands und das institutionelle Zentrum der Frankfurter Schule. Max Horkheimer übernahm 1930 seine Leitung. Von den Nationalsozialisten 1933 beschlagnahmt, konnte es erst im folgenden Jahr in New York wieder eröffnet werden.
Im Zentrum der Arbeiten des Instituts standen in der Zeit des amerikanischen Exils die Fragen nach den gesellschaftlichen und kulturellen Voraussetzungen des Totalitarismus. Theodor W. Adorno etwa leitete eine gegen Ende des Zweiten Weltkrieges begonnene Untersuchung über »Die autoritäre Persönlichkeit«. So bestimmten schon in den frühen 1940er-Jahren Fragen nach den Gründen für die Grausamkeiten des Nationalsozialismus das Forschungsprogramm des Instituts. Das Foto zeigt das Frankfurter Gebäude vor der Zerstörung.

Gottlob Frege

lauf einer Funktion« oder auch als »Begriffsumfänge« behandelte, zur Logik rechnete. Die »Grundgesetze« lieferten, von dieser Basis ausgehend, im ersten Band die Grundlagen der Arithmetik. Im zweiten Band finden sich neben Auseinandersetzungen mit zeitgenössischen Theorien der reellen Zahlen Ansätze zur größentheoretischen Begründung der irrationalen Zahlen. Unter dem Eindruck der russellschen Antinomie von der Menge aller Mengen, die sich nicht als Element enthalten, brach Frege sein Unternehmen ab.

■ **Sprachphilosophie** Die für die Sprachphilosophie wichtigste Arbeit ist der Aufsatz »Über Sinn und Bedeutung« (1892). In ihm entwickelte Frege eine allgemeine Semantik, indem er eine wegweisende Unterscheidung zwischen Sinn und Bedeutung vornahm. So ist die Bedeutung von Eigennamen gleich dem bezeichneten Gegenstand; ihr Sinn besteht dagegen in ihrer jeweiligen »Gegebenheitsweise«. Großen Einfluss hatte auch Freges Forderung, nach der Bedeutung von Wörtern (Eigennamen ausgenommen) immer im Satzzusammenhang zu fragen.

■ **Wirkung** Freges Werk blieb zu seiner Zeit fast unbeachtet. Der Kreis seiner unmittelbaren Schüler, unter denen Rudolf Carnap der bedeutendste war, blieb klein. Es ist v. a. das Verdienst Bertrand Russells und Ludwig Wittgensteins, sein Werk bekannt gemacht zu haben. Die sprachanalytischen Untersuchungen Freges beeinflussten nachhaltig die Entwicklung der Philosophie und der Linguistik.

Frege »Über Sinn und Bedeutung«

Gottlob Frege hatte nicht nur das kühne Programm entwickelt, die Arithmetik durch Rückführung auf reine, formale Logik widerspruchsfrei zu begründen. Er hat in seinem Aufsatz »Über Sinn und Bedeutung« (1892) auch die für die Semantik wesentliche Unterscheidung zwischen Sinn und Bedeutung der sprachlichen Ausdrücke zu einem Kernprinzip der Analyse erhoben. Der Bedeutung von Eigennamen, die gleich dem bezeichneten Gegenstand ist, setzt er deren Sinn entgegen, der in ihrer jeweiligen »Gegebenheitsweise« besteht. So bezeichnet »Abendstern« ebenso wie »Morgenstern« die Venus, doch erscheint der Abendstern am Abend, der Morgenstern am Morgen. Die beiden Worte haben daher einen anderen Sinn. Eigennamen versteht Frege als verkürzte Kennzeichnungen. Bei Sätzen hingegen ist – im einfachsten Fall der Aussage – die Bedeutung gleich ihrem Wahrheitswert, ihr Sinn dagegen ist der in ihnen ausgedrückte »Gedanke«. Damit trennte Frege erstmals scharf zwischen Objekt- und Metasprache.

Freiheit, Grundbegriff der *praktischen Philosophie*, der im Wesentlichen zwei Ideen beinhaltet, nämlich einerseits die der Möglichkeit von Personen, zwischen verschiedenen Optionen zu wählen, und andererseits ihre Fähigkeit, dem eigenen Handeln selbst gewählte und beständige Prinzipien oder Maximen zugrunde zu legen.

■ **Bestimmungen** Seit Isaiah Berlins Essay »Two Concepts of Liberty« (1958; dt. »Zwei Freiheitsbegriffe«) hat sich die Unterscheidung zwischen zwei Begriffen der Freiheit eingebürgert. Freiheit kann einerseits verstanden werden als Abwesenheit äußerer Zwänge und Bindungen. Diese können naturhafter Art, etwa in Form körperlicher Bedürfnisse, sein oder (z. B. aufgrund von Normen und Konventionen) ihren Ursprung in der Gesellschaft haben. Unter diesem Gesichtspunkt wird Freiheit negativ charakterisiert. Es handelt sich um »Freiheit von« oder **Handlungsfreiheit.** Andererseits kann Freiheit auch als die Fähigkeit aufgefasst werden, seinem eigenen Wollen eine Richtung zu geben. Man spricht dann von Entscheidungs- oder **Willensfreiheit.** Diese ist eine »Freiheit zu« und somit positiv bestimmt. Sie war und ist Gegenstand vieler philosophischer sowie theologischer Bemühungen und wird häufig auch als »Autonomie« bezeichnet. Das Konzept der Willensfreiheit verweist auf die klassische Frage von Freiheit und Determinismus, die in zwei Teilprobleme zerfällt, nämlich die Frage der theoretischen Philosophie, ob unsere Wünsche und Handlungen kausal determiniert sind, sei es durch Naturkausalität oder göttliche Prädestination, und die moralphilosophische Frage, welche Folgerungen sich aus der Position des Determinismus bzw. der Autonomie ergeben. Als Willensfreiheit und Gewissensfreiheit wurde die »Idee der Freiheit« eine der zentralen Kategorien im Selbstverständnis des neuzeitlichen Menschen.

In ihrer negativen Bestimmung stellt die Freiheit einen traditionellen Bestandteil des liberalistischen Programms dar (v.a. John Locke, Adam Smith), das als notwendige und hinreichende Bedingung für die Realisierung von Freiheit die Zurückführung staatlicher Autorität auf ein Mindestmaß betrachtet. John Stuart Mill hat das liberalistische Programm positiv ergänzt, indem er Freiheit als Freiheit zur Selbstverwirklichung fasste. Die Freiheit des Einzelnen findet prinzipiell ihre Grenze, wenn sie die Freiheit anderer oder das Interesse des Gemeinwesens infrage stellt.

■ **Antike** Für Platon war der Mensch frei, insofern er sich sein – sodann unabwendbares – Schicksal selbst wählt. Als frei gilt auch, wer sein Leben nicht von den Leidenschaften, sondern durch Selbstbeherrschung und vernünftige Überlegung bestimmt führt und in dem für ihn selbst Besseren beharrt. In der Frage nach der Staatsform, die dem Bürger ein Höchstmaß an Freiheit garantiere und ihm ein tugendhaftes und »geglücktes« Leben ermöglichen könne, sahen sowohl Platon als auch Aristoteles in der Demokratie ein Übermaß an Freiheit und Gleichheit und eine Tendenz zur Anarchie.

Die Stoa sah in der Selbstbeherrschung, also der Gleichgültigkeit gegenüber den Affekten und den Dingen der Welt, die Bedingung von Freiheit. Diese Autarkie ermögliche das vernunftmäßige Selbstsein des Menschen.

■ **Mittelalter** Für Augustinus und die christliche Philosophie des Mittelalters stellte sich das Problem, die Vereinbarkeit individueller Freiheit und Verantwortlichkeit mit der Allwissenheit und Allmacht Gottes und der daraus folgenden Vorbestimmtheit menschlichen Handelns zu erweisen und zugleich die Existenz des Bösen in der Welt zu erklären. Für Thomas von Aquino ist das letzte Prinzip, nach dem der Mensch wählt, nicht von ihm selbst hervorgebracht und in die menschliche Freiheit gestellt, sondern von Gott eingegeben, der damit zur transzendentalen Quelle aller menschlichen, so letztlich nur abgeleiteten Freiheit wird. In der Auseinandersetzung über die Willensfreiheit trat Erasmus von Rotterdam für die Freiheit ein, zwischen gutem und bösem Handeln unterscheiden und sich gutem Handeln zuwenden zu können. Aus diesem Grund kämpfte er für Bildung und gesellschaftlichen Fortschritt. Aus dem theozentrischen Weltbild des Mittelalters trat allmählich das Bild der freien, unabhängigen Persönlichkeit der Renaissance hervor. Ihre umfassende Entfaltung schien das erstrebenswerte Ziel.

Freiheit
→ GEO **Dossier**
Wie frei ist unser Wille?, Bd. 14

100264

Freiheit.
Der »Freiheitsbaum«, das Siegeszeichen der Französischen Revolution, soll 1792 schon in 60 000 Orten gestanden haben. Der durch die Revolution verwirklichte Freiheitsgedanke entsprach im Wesentlichen dem Freiheitsbegriff der Aufklärung.

■ **Neuzeit** Eine entscheidende Wende erfuhr das Verständnis davon, was Freiheit sei, durch Kants Bestimmung des Begriffs. Dieser zufolge ist »Freiheit im negativen Verstande« die »Unabhängigkeit von den bestimmenden Ursachen der Sinnenwelt«. Die »Freiheit im positiven Verstande« resultiert aus der »Autonomie der reinen praktischen Vernunft«. Sie ist das Vermögen der Vernunft, »ursprünglich gesetzgebend« und somit Bestimmungsgrund des (sodann freien) Willens zu sein. Als höchster Bestimmungsgrund gilt dabei das Sittengesetz, genauer: der als ein unbedingtes Sollen erfahrene kategorische Imperativ. Die Vermittlung individuellen Interesses mit der Freiheit der anderen erfolgt dadurch, dass in jeglichen Maximen und Handlungen die anderen nie bloß als Mittel, sondern zugleich als Zweck an sich selbst anzusehen sind.

Hegel verband den Begriff der »Freiheit«, verstanden als »Unabhängigsein von anderem«, »Sich-auf-sich-Beziehen« (die Grundstruktur des Geistes), spezifisch mit dem der Geschichte, die er als »Fortschritt im Bewusstsein der Freiheit« bestimmte. Das Verhältnis von Freiheit und Notwendigkeit begriff er dialektisch: »Eine Freiheit, die keine Notwendigkeit in sich hätte, und eine bloße Notwendigkeit ohne Freiheit, dies sind abstrakte und somit unwahre Bestimmungen.« Hieran anknüpfend bezeichnete Karl Marx das von ihm entworfene Endziel der Geschichte, die klassenlose kommunistische Gesellschaft, als »Reich der Freiheit«.

In der Existenzphilosophie steht Freiheit im Zusammenhang mit der Erfahrung der zeitlichen Endlichkeit menschlichen Daseins und dem Fehlen einer Sinn stiftenden transzendenten Instanz. Nach Jean-Paul Sartre ist der Mensch als Subjekt dazu verurteilt, »frei zu sein«, und damit in »absolute Verantwortlichkeit« für die Welt und sich selbst gestellt. Karl Jaspers sah in der Unausweichlichkeit der Wahl (»Entschluss und Selbstsein sind eines«) die »ursprüngliche Freiheit« und Schuldfähigkeit des Menschen begründet.

■ **Neuere Entwicklung** In der analytischen Philosophie wird gemeinhin eine Variante des so genannten weichen Determinismus vertreten. Diesem zufolge unterliegt das menschliche Handeln keiner vollständigen, sondern lediglich einer graduellen Determiniertheit. Dem Indeterminismus zufolge ist der Mensch gegebenen Bedingungen zwar ausgesetzt, dennoch besteht in konkreten Situationen das Moment der freien Wahl. So verwirklicht sich Freiheit etwa in der sprachlichen (Selbst-)Verständigung des Menschen und der Fähigkeit, für die eigenen Handlungen Gründe und nicht lediglich Ursachen angeben zu können. Eine Handlungstheorie, die sich damit auseinander setzt, inwieweit dem Verhältnis zwischen Ursache und Handlung ein kausaler Charakter zukommt, wurde von Donald Davidson entwickelt. Dem Verhältnis von positiver und negativer Freiheit hat sich u.a. auch Charles Taylor in den »Philosophical Papers« von 1985 gewidmet (dt. eine Auswahl gesammelt in »Negative Freiheit«).

■ **Siehe auch**

→Autonomie · Demokratie · Determinismus · Entfremdung · Forschung · Gleichheit 2) · Liberalismus · Menschenrechte · Naturrecht · Notwendigkeit · Rechtfertigung · Willensfreiheit

Freud, Sigmund, österreichischer Nervenarzt, *Freiberg (heute Příbor, Nordmährisches Gebiet) 6. 5. 1856, †London 23. 9. 1939; war seit 1902 als Professor in Wien tätig, wo er eine psychiatrische Praxis führte. 1938 emigrierte er nach London. Freud begründete die Psychoanalyse als psychotherapeutisches Verfahren sowie als Erklärungsmodell für das gestörte und das normale Seelenleben. Seine Bedeutung liegt v. a. in der bahnbrechenden Fortentwicklung der vorangegangenen Psychologie durch die zentrale Rolle, die er seelischen Vorgängen zuschrieb, und die Einbeziehung des Unbewussten in die Forschung.

Freuds Lehre, die weltweit beträchtlichen Einfluss auf die Entwicklung nicht nur der Psychologie und Medizin, sondern auch der Anthropologie, Philosophie, Kunst und Literatur ausübte, wurde besonders hinsichtlich der Sexualtheorie immer wieder kontrovers diskutiert. Das gesamte psychische Geschehen sah er von Triebenergien bestimmt, wobei die Libido, also die sexuelle →Lust, den Hauptantrieb menschlichen Verhaltens darstelle. Daneben behandelte Freud auch Probleme der Völkerkunde, der Religionswissenschaft und Mythologie, soziologische (»Das Unbehagen in der Kultur«, 1930), zeitkritische und ästhetische Fragen. Besonders einflussreich waren außerdem seine Untersuchungen auf dem Gebiet der Träume (»Die Traumdeutung«, 1900).

Fromm, Erich, deutscher Psychoanalytiker und Schriftsteller, *Frankfurt am Main 23. 3. 1900, †Muralto (bei Locarno) 18. 3. 1980; arbeitete zunächst am Frankfurter Institut für Sozialforschung und emigrierte 1934 in die USA (1940 eingebürgert). Dort war er ab 1935 Professor u. a. an der Michigan State University, an der Universidad Nacional Autónoma de México und an der New York University. Fromm verband die Erkenntnisse der Psychoanalyse mit denen der Soziologie (speziell der Frankfurter Schule) und zielte darauf, den Menschen von »weltlichen Götzen« wie Haben- und Konsumsucht, Verehrung von Macht und Idolen und struktureller Gewalt zu befreien. Mit Werken wie »The art of loving« (1956; dt. »Die Kunst des Liebens«) und »To have or to be« (1976; dt. »Haben oder Sein«) wurde Fromm auch über die Fachwelt hinaus bekannt.

Funktion [latein. functio »Verrichtung«, »Geltung«], Abhängigkeit eines Sachverhaltes, Vorgangs oder Begriffs von einem anderen. In der *Logik* spielt die →Wahrheitsfunktion eine zentrale Rolle.

Funktionalismus, eine Denkweise, die Sachverhalte dadurch zu verstehen und/oder theoretisch zu erklären versucht, dass sie diese in ihren Abhängigkeitsverhältnissen zu den sie konstituierenden Bestandteilen betrachtet und sie nicht isoliert, sondern sie stattdessen in Wechselbeziehungen zu anderen Sachverhalten betrachtet. So versteht z. B. die *Existenzphilosophie* Martin Heideggers das Bewusstsein als Funktion des Besorgens und In-der-Welt-Seins.

Hilary Putnam hat in den 1960er-Jahren zusammen mit dem Psychologen Jerry A. Fodor den Funktionalismus als eine Theorie entwickelt, nach der Bewusstseinszustände als Funktionen von Gehirnprozessen analog zu Zuständen eines Computerprogramms (Turing-Maschine) zu verstehen sind. Entscheidend ist nicht, in welcher Hardware diese Zustände realisiert sind, sondern wie diese Zustände funktional bestimmt sind. Es liegt also keine Identität der Zustände vor, sondern nur eine Funktionsgleichheit. Putnam hat in seinem Spätwerk ausdrücklich vom Funktionalismus Abstand genommen und ihn mit hermeneutischen Argumenten widerlegt.

Rechte Seite: Michelangelos »David« (1501–04; Florenz, Galleria dell'Accademia) wurde zum Sinnbild bürgerlicher Freiheitsideale und zur Verkörperung des neuen Menschenbildes der Renaissance.

G

Gabirol, Salomon ben Jehuda ibn, →Ibn Gabirol, Salomon ben Jehuda.

Gadamer, Hans-Georg, deutscher Philosoph, * Marburg 11. 2. 1900, † Heidelberg 13. 3. 2002; lehrte in Marburg, Leipzig, Frankfurt am Main und seit 1949 in Heidelberg (1968 emeritiert). Seit 1971 war er Mitglied des Ordens pour le Mérite für Wissenschaften und Künste. Gadamer ist v. a. durch seine »philosophische Hermeneutik« bekannt geworden, die wesentliche Impulse von Wilhelm Dilthey, Edmund Husserl und Martin Heidegger aufgenommen und verbreitet hat. In seinem programmatischen Werk »Wahrheit und Methode« (1960) geht es ihm um Erfahrungsmöglichkeiten von Wahrheit (in Philosophie, Kunst und Geschichte), die nicht nur jenseits des neuzeitlichen, sich wissenschaftlich verstehenden Methodenbewusstseins liegt, sondern die menschliche Welterfahrung überhaupt betrifft.

Bedingung der Erfahrung von Wahrheit ist nach Gadamer das Verstehen der Überlieferung, das selbst wiederum immer durch »Wirkungsgeschichte« bestimmt ist. Die Herausfiltrierung objektiver Wahrheitsgehalte unterliegt dem Problem zweier verschieden gearteter Vor-Urteile, dem Vorurteil der »Autorität«, also dem Urteil fachlich anerkannter Personen, und dem der eigenen »Voreiligkeit«, die exakt unterschieden werden müssen. Mit Blick auf diese Ausgangslage wurde der von Heidegger als Verstehensphänomen eingeführte hermeneutische Zirkel von Gadamer methodisch vorangetrieben und um den Ansatz der »Horizontverschmelzung« erweitert. Demnach gelte es, aus Sicht des Interpretierenden, die eigene »hermeneutische Situation« stets kritisch reflektierend mitzubedenken, um so – unter Beachtung wirkungsgeschichtlich gefällter Urteile – einen Horizont des Kunstwerks jener anderen Epoche entwerfen zu können.

Hans-Georg Gadamer
*** 1900, † 2002**

100562

- war Schüler von Martin Heidegger
- versuchte eine Grundlegung der philosophischen Hermeneutik
- sah im Verstehen ein universales Prinzip menschlicher Weltorientierung
- suchte nach Erfahrungsweisen von Wahrheit in Kunst, Literatur und Geschichte

Galen, lateinisch Claudius Galenus, römischer Arzt griechischer Herkunft, * Pergamon 129 (?), † Rom (?) 199 (?); war neben Hippokrates der berühmteste Arzt der Antike. Sein System zeichnet sich durch die Betonung der Notwendigkeit einer theoretischen Grundlage in der Medizin aus sowie durch die Erklärung physiologischer Vorgänge und die Verknüpfung der Medizin mit den philosophischen Anschauungen Platons und des Aristoteles. Neben medizinischen verfasste Galen auch mathematische und philosophische Schriften, wobei er die Lehren der Peripatetiker mit denen der Stoiker zu verbinden trachtete.

Ganzheit, etwas, das nicht schon durch die Eigenschaften seiner Bestandteile, sondern erst durch deren gefügehaften Zusammenhang (Struktur) bestimmt ist, z. B. ein Organismus oder Kunstwerk. Ganzheiten unterscheiden sich von additiv zusammengefügten Gebilden dadurch, dass sich ihre Bestandteile nicht lediglich summieren, sondern selbst nur aus dem Ganzen heraus zu verstehen sind. In der philosophischen Tradition spielt die Ganzheit in ontologisch-metaphysischer Hinsicht als das Umfassende, das Ureine oder auch als »hen kai pan« (griechisch »ein und alles«; →Eine) eine wichtige Rolle: Ganzheit ist dasjenige, was alles Seiende bzw. das Viele unter sich fasst und/oder aus dem alles Seiende hervorgegangen ist.

Garaudy [garo'di], Roger, französischer Philosoph und Politiker, * Marseille 17. 7. 1913; war seit 1962 Professor der Philosophie. Garaudy leitete das »Centre d'Études et de Recherches Marxistes«. Er war Mitglied der Kommunistischen Partei Frankreichs und 1956–70 ihres Politbüros. Als führender Ideologe seiner Partei entwickelte er reformkommunistische Vorstellungen. 1946–51 und 1956–58 war er Abgeordneter in der Nationalversammlung. Wegen seiner Kritik am Stalinismus wurde Garaudy 1970 aus der Partei ausgeschlossen. 1982 konvertierte er zum Islam und äußert sich seither in seinen Schriften extrem israelkritisch und antisemitisch. 1998 verurteilte ihn ein französisches Gericht wegen Rassendiffamierung und der Leugnung des Holocausts. Zu seinen Schriften gehören u. a. »Marxisme du 20e siècle« (1966; dt. »Marxismus im 20. Jahrhundert«) und »Pour l'avènement de la femme« (1981; dt. »Das schwache Geschlecht ist unsere Stärke«).

Gassendi [gasɛ̃'di], Pierre, eigentlich Pierre Gassend, französischer Philosoph, Mathematiker und Naturwissenschaftler, * Champtercier (bei Digne) 22. 1. 1592, † Paris 24. 10. 1655; wurde nach seiner Priesterweihe Professor der Philosophie in Aix-en-Provence (1617–23). Später lehrte er Mathematik am Collège Royal in Paris (1645–48).

Wie auch andere seiner Zeitgenossen wandte sich Gassendi gegen den Aristotelismus der Scholastik. Er beschäftigte sich mit den Schriften des Lukrez, des Sextus Empiricus, v. a. jedoch mit denen Epikurs und versuchte, den antiken Atomismus, die neuzeitliche mechanistische Physik und den christlichen Glauben miteinander in Einklang zu bringen. Erkenntnistheoretisch vertrat er eine dem modernen Empirismus nahe kommende skeptische Position. Ihr zufolge können die Dinge nur so erfasst werden, wie die Sinne sie zeigen, sodass über ihre Natur nur hypothetische Urteile möglich sind. Bekannt geworden sind Gassendis Einwände gegen Descartes' Auffassung bezüglich der Natur der Materie, die in dessen »Meditationen über die Erste Philosophie« (1642) abgedruckt sind.

Gassendis naturwissenschaftliche Leistungen reichen von der Astronomie über die Mechanik bis hin zur Hydrostatik. In seinem metaphysischen Hauptwerk »Syntagma philosophicum«, das 1658 posthum erschien, entwickelte er eine Theorie vom Aufbau der Materie aus Atomen, denen er »Schwere«, d.h. einen inneren Bewegungsantrieb, zuschrieb. Gassendi trug damit wesentlich zur Wiederbelebung der atomistischen Lehren bei.

Gattung, lateinisch **Gẹnus,** in der Definitionslehre der aristotelischen *Logik* und *Ontologie* der dem Artbegriff übergeordnete Allgemeinbegriff. Beide gemeinsam bestimmen das Wesen eines Dings.

Gedanke, der Inhalt, aber auch das Ergebnis des Denkens. Gottlob Frege nannte »das, was ein Behauptungssatz ausdrückt«, den Gedanken (Proposition). Gedanken in diesem Sinne sind sowohl vom denkenden Subjekt als auch von der Außenwelt unabhängig. Nach Karl R. Popper gehören sie einer »dritten Welt« – der Welt der Gedankeninhalte – an.

Gefühl, körperlich-seelisches Grundphänomen der subjektiven, nicht kognitiven und nicht dem Willen unterliegenden Reaktion des Individuums auf die Inhalte seines Erlebens. Gefühle können als subjektive Erregungszustände unterschiedlicher Thematik und wechselnder Intensität beschrieben werden, die jeweils mehr oder minder deutlich von Lust und Unlust begleitet sind. Seit der Psychologie der Aufklärung wurde das Gefühl oft als seelisches Vermögen neben Denken und Wollen gestellt.

Unterschieden wurden im Rahmen philosophischer Begründungsdiskussionen seit dem 18. Jh. 1. das **moralische Gefühl,** das als der innere Sinn jedes Menschen für das Gute und Schlechte die Grundlage sittlichen Handelns darstellt (Anthony Ashley Cooper Shaftesbury, Francis Hutcheson, David Hume, Adam Smith), 2. das **ästhetische Gefühl,** das der Ursprung für die Erfahrung des Schönen und damit grundlegend für das künstlerische Schaffen ist (Alexander Gottlieb Baumgarten, Kant, Friedrich von Schiller), und 3. das **religiöse Gefühl** als Gefühl für das Verhältnis des Einzelnen zum Unendlichen und die Grundlage für die Religion des Menschen (Friedrich Schleiermacher).

Für Kant ist das Gefühl, weil an den »inneren Sinn« gebunden, ein bloß empirisches, subjektives Vermögen, für das kein objektiver Anspruch begründet werden kann. Dennoch zeigt es an, dass der Natur eine subjektive, formale Zweckmäßigkeit zuerkannt werden muss.

Gegenstand [eigtl. »das Entgegenstehende«], in der traditionellen Philosophie das, was als in sich geschlossenes »reales« oder »ideales« Gebilde dem Subjekt als dem Betrachtenden oder dem Vorstellenden gegenübertritt (→Subjekt-Objekt-Problem). In *Logik* und *Sprachphilosophie* bezeichnet Gegenstand das allgemeinste Prädikat, das nicht mehr zu Unterscheidungszwecken herangezogen werden kann.

Hans-Georg Gadamer. Wie viele andere Studenten und Gelehrte besuchte Gadamer den deutschen Philosophen Martin Heidegger in dessen 1922 erworbener Berghütte im Schwarzwald. Das vermutlich 1923 aufgenommene Foto zeigt Heidegger (rechts) und Gadamer beim Holzsägen in Todtnauberg.

Gegenstandskonstante, →Individuenkonstante.

Gegenstandsvariable, Objẹktvariable, in der *Logik* eine →Variable für Gegenstände, auf die man sich mit »alle« und »einige« oder auch mit »welches« oder »das« beziehen kann.

Gehalt, einer der Leitbegriffe der neueren Literaturwissenschaft und Kunstanalyse, der von »Inhalt« und »Form« oder →Gestalt unterschieden wird. Der Gehalt eines Werkes umfasst dessen »Sinn« als die zum Ausdruck kommende spezifische Auffassung von Gegenstandsbereichen wie Welt, Leben, Mensch oder Gesellschaft.

Gehaltsästhetik, Teilgebiet der →Ästhetik.

Gẹhlen, Arnold, deutscher Philosoph und Soziologe, *Leipzig 29. 1. 1904, †Hamburg 30. 1. 1976; studierte Philosophie, Geschichte und Kunstgeschichte, daneben auch Physik und Biologie. Nach seinem Studium lehrte er Philosophie in Leipzig (1934), Königsberg

Gefühl. Das Gefühl wird meist als subjektiv und total gekennzeichnet und damit dem Verstand entgegengesetzt, der aufgrund seines analytischen Charakters zu objektiver Erkenntnis fähig sei (Coburger Schülerinnen im Juli 2003 nach dem Selbstmord eines Kameraden, der zuvor auf zwei Lehrerinnen gefeuert hatte).

Arnold Gehlen

(1938) und Wien (1940), nach dem Zweiten Weltkrieg an der Hochschule für Verwaltungswissenschaften in Speyer (1947) und an der Technischen Hochschule in Aachen (ab 1962).

Gehlens Arbeitsgebiete waren v. a. die philosophische Anthropologie, die Sozialphilosophie und die politische Philosophie. Hier versuchte er, die Erkenntnisse der modernen Naturwissenschaften, v. a. der Biologie, für das philosophische Denken fruchtbar zu machen. Ausgangspunkt ist für Gehlen die Bestimmung des Menschen als eines »Mängelwesens« (»Der Mensch. Seine Natur und seine Stellung in der Welt«, 1940). Aufgrund mangelhafter Ausstattung mit Organen und Instinkten sei der Mensch in seiner individuellen und in seiner gattungsmäßigen Existenz ständig bedroht. Dieser Bedrohung müsse er sich handelnd entgegenstellen. Vor diesem Hintergrund entstehen nach Gehlen die Institutionen des menschlichen Zusammenlebens, aber auch Kulturleistungen wie Sprache, Wissenschaft und Kunst. Deren Daseinsberechtigung liege in ihrer Entlastungs- und Führungs- oder Ordnungsfunktion.

Geist, allgemein das dem Bewusstsein, Fühlen, Wollen und Denken zugrunde liegende, über das Sinnliche und Materielle hinausreichende Prinzip und dessen Organisationsformen. Die selbstständige Wirklichkeit eines solchen Prinzips wird vom Materialismus verneint, der Idealismus nimmt den Geist als über der Materie stehend an, während der Spiritualismus nur ein geistiges Sein kennt.

Das Verhältnis des Geistes zu anderen Seinsarten wie Materie und Körper unterlag in der Philosophiegeschichte vielfältigen Deutungen. So sprachen Heraklit und Anaxagoras vom Geist als einer ordnenden Weltkraft: Heraklit vom Logos als einer der Welt innewohnenden, aber letztlich undurchschaubaren Allvernunft und Anaxagoras vom Nus als dem zweiten Prinzip nach der Materie, dem die Ordnung des Kosmos zufalle. Platon bezeichnet die »ewige Selbstschau des Ewigen« als Geist, Aristoteles »das sich selbst denkende Denken«. Beiden gemeinsam ist die scharfe Trennung des vernünftigen (Geist tragenden) Seelenteils vom vegetativen und animalischen. Im Anschluss an Kant, für den der Geist das durch Ideen belebende Prinzip des Gemüts ist, wurde diese Lehre vom deutschen Idealismus fortgebildet. Der Geist greift hier über sich hinaus und nimmt auch die Natur in sich hinein, deren Wahrheit und Erstes er ist.

Höhepunkt eines solchen idealistischen Modells stellt das dreistufige Geistkonzept Hegels dar. In diesem wird zwischen subjektivem, objektivem und absolutem Geist unterschieden: Der Geist ist das wahrhaft Wirkliche, das sich in der Natur eine äußere Gestalt gibt, als **subjektiver Geist** das menschliche Denk- und Reflexionsvermögen darstellt, als **objektiver Geist** den Inbegriff aller Bedeutungsgehalte in Sprache, Wissenschaft, Staat und Gesellschaft bildet und im **absoluten Geist** als Kunst, Religion und Philosophie zum Begreifen seiner selbst gelangt.

In anderen philosophischen Systemen wird der Geist metaphysisch abgewertet (Arthur Schopenhauer, Nietzsche). So sah Ludwig Klages im Geist sogar ein lebensfeindliches Prinzip, das der Seele entgegentrete. In neuerer Zeit wird der Begriff des Geistes insgesamt wenig gebraucht oder sogar vermieden.

■ **Siehe auch**

→ Absolute · Bewusstsein · deutscher Idealismus · Idealismus · Geschichtsphilosophie · Leib-Seele-Problem · Materialismus · Natur · Nus · Spiritualismus · Pneuma · Seele · Vernunft

Geistesgeschichte, in der deutschen Klassik und Romantik wurzelnder Begriff, der eine Forschungsrichtung bezeichnet, bei der versucht wird, das jeweilige kulturelle Geschehen einer Epoche als Manifestation einer einheitlichen geistigen Grundhaltung zu verstehen. Erstmals belegt ist der Begriff bei Friedrich von Schlegel. Systematisiert wurde die geistesgeschichtliche Methode v. a. durch Wilhelm Dilthey.

Geisteswissenschaften, Begriff zur Bezeichnung einer methodisch und systematisch zusammengehörigen Klasse von Wissenschaften, die sich im Laufe des 19. Jahrhunderts akademisch etablierten und nach Gegenstandsbereich und Methodik meist durch ihren Gegensatz zu den Naturwissenschaften bestimmt wurden. Die Geisteswissenschaften wurden so als historisch-philologische bzw. hermeneutische Wissenschaften (→Hermeneutik) aufgefasst, die die Welt des Geistes in seinen Ausprägungen (Sprache, Kunst, Literatur, Philosophie, Religion, Recht, Moral u. a.) verstehen und interpretieren.

■ **Ausbildung** Das deutsche Wort Geisteswissenschaften findet im Englischen seine Entsprechung in den Begriffen »Humanities« und »Social Sciences« sowie im Französischen in dem Begriff »Sciences humaines«. Er wurde im deutschsprachigen Raum von Wilhelm Dilthey endgültig durchgesetzt. Dilthey bestimmte die Geisteswissenschaften als »das Ganze der Wissenschaften, welche die geschichtlich-gesellschaftliche Wirklichkeit zu ihrem Gegenstand haben«, und bemühte sich um ihre erkenntnistheoretische und methodologische Grundlegung. Besondere Bedeutung kam dabei der Unterscheidung von Erklären und Verstehen zu: Anders als die erklärenden Naturwissenschaften fassen die Geisteswissenschaften nach Dilthey ihre Gegenstände als Ausdruck inneren Erlebens auf und suchen die in ihnen objektivierten Erlebnisgehalte verstehend zu erschließen. Die Hermeneutik als

Geisteswissenschaften Verstehen und Erklären

Im Mittelpunkt von Wilhelm Diltheys Theorie der Geisteswissenschaften steht der auch für die Hermeneutikdiskussion – zu ihr trugen vor allem Martin Heidegger mit seinem berühmten Werk »Sein und Zeit« und Hans-Georg Gadamers »Wahrheit und Methode« bei – zentrale Begriff des »Verstehens«. Er markiert methodisch den Unterschied zu den Naturwissenschaften. Sind diese für Dilthey dadurch bestimmt, dass Phänomene oder Tatsachen in der Natur mithilfe der Annahme allgemeiner und kausal wirkender Gesetze erklärt werden, definieren sich nun andererseits die Geisteswissenschaften dadurch, dass sie sich gerade auf solche Ereignisse oder Sachverhalte der Lebenswelt beziehen, die »verstanden« werden müssen, um richtig erkannt zu werden (Karl Schmidt-Rottluff, »Gespräch vom Tode«).

Lehre vom Verstehen wurde damit zur Grundlage der Geisteswissenschaften.

Im südwestdeutschen →Neukantianismus bemühte man sich um eine genaue wissenschaftstheoretische Analyse geisteswissenschaftlicher Methodik. So unterschied Wilhelm Windelband (*1848, †1915) zwischen dem »nomothetischen« Charakter der Naturwissenschaften und dem »idiografischen« der Geisteswissenschaften. Danach zielen die Verfahren naturwissenschaftlicher Forschung auf die Feststellung allgemeiner Gesetzmäßigkeiten ab, während die geisteswissenschaftliche Methode darauf angelegt ist, das je Einzelne in seiner Einmaligkeit zu erfassen. An diese Unterscheidung anschließend, sah Heinrich Rickert in der Geisteswissenschaft die individualisierende Kulturwissenschaft, die den geschichtlichen Gegenstand als Ganzes in seiner unverwechselbaren und nicht wiederholbaren Individualität zu erkennen suche.

■ **Neuere Entwicklung** Im weiteren Verlauf des 20. Jahrhunderts blieb die Bestimmung des Verhältnisses zu den Naturwissenschaften ein wesentliches Moment geisteswissenschaftlichen Selbstverständnisses. So sprach der britische Autor, Physiker und Kulturkritiker Charles Percy Snow 1959 geradezu von zwei verschiedenen Kulturen, die mit der Ausprägung von Natur- und Geisteswissenschaften zunehmend auseinander träten. Odo Marquard und Hermann Lübbe hingegen betonten, ausgehend von einer These Joachim Ritters, die Zugehörigkeit der Geisteswissenschaften zur naturwissenschaftlich-technisch orientierten Gesellschaft der Gegenwart. Ihnen zufolge übernehmen die Geisteswissenschaften in ihr die essenzielle Funktion, modernisierungsbedingte Geschichts- und Traditionsverluste zu kompensieren.

Hans-Georg Gadamers philosophische Hermeneutik schließlich arbeitet den nicht methodisch regulierbaren Charakter von Verstehensprozessen heraus und wendet sich so gegen eine Festlegung der Geisteswissenschaften auf das naturwissenschaftlich geprägte Methodenideal neuzeitlicher Forschung überhaupt. Der methodische Kulturalismus versucht geisteswissenschaftliche Erkenntnisse für die moderne Wissenschaftstheorie fruchtbar zu machen (Peter Janich).

Geltung, begründeter Anspruch auf Anerkennung, etwa von Urteilen, Regeln, Gesetzen und Normen. Hypothesen, die nicht falsifiziert und durch zahlreiche Fälle der Erfahrung bestätigt wurden, werden in den Erfahrungswissenschaften als gültige Sätze betrachtet. In der *Logik* ist ein Schluss gültig, wenn regelgerecht geschlossen wurde. Schließlich spricht man von der Geltung ethischer Normen und Werte im Sinne faktischer Geltung oder normativer Verbindlichkeit, wobei es Aufgabe der *Ethik* ist, darzustellen, wodurch diese Art der Geltung begründet ist.

Gender Studies, →Geschlechterforschung.

Genealogie [griech., zu geneá »Geburt«, »Abstammung«], von Nietzsche in die Philosophie eingeführter Begriff, der die Entstehungsgeschichte z.B. eines Begriffs, Sachverhalts oder einer Institution bezeichnet. Die Genealogie betreibt keine historische Quellenforschung, sondern achtet vielmehr auf die verschiedenen Diskursformen, in denen sich jene allererst herausbilden konnte.

Generalisierung [von latein. generalis »allgemein«], in der *Logik* eine Form der Verallgemeinerung, bei der durch die Wahl eines allgemeineren Subjektbegriffs aus einer Allaussage eine neue Allaussage gewonnen wird.

Die Generalisierung ist von der →Universalisierung zu unterscheiden.

Genus proximum [latein. proximum »nächste«], Grundbegriff der traditionellen Definitionslehre: Werden aus einer Gattung (z. B. Dreieck) durch Angabe artbildender Unterschiede (gleichseitig, gleichschenklig) einzelne Arten gewonnen, so ist die zugrunde liegende Gattung das Genus proximum dieser Arten.

Gerechtigkeit.
Antwort auf die Frage, was gerecht sei, suchte man in der Philosophie zunächst in der Natur, die als unabdingbarer Maßstab angesehen wurde. Heute dominieren formale Begründungen.

Gerechtigkeit, Grundbegriff der *Ethik, Rechts- und Sozialphilosophie* sowie des politischen, sozialen, religiösen und juristischen Lebens. Herkömmlich unterscheidet man zwischen **objektiver Gerechtigkeit** als dem höchsten Prinzip zur Rechtfertigung normativer Ordnungen (Staat, Wirtschaft, Familie) und **subjektiver Gerechtigkeit** (personaler Gerechtigkeit) als einer Tugend.

■ **Problemstellung** Gerechtigkeit betrifft die Beziehungen der Menschen zueinander im Hinblick auf einen Ausgleich konkurrierender Interessen, Ansprüche und Pflichten, auf Kooperation oder Konfliktlösung. Sie kann sowohl sozialen Gemeinschaften als auch Handlungen eines Individuums oder einer Gruppe von Individuen (z. B. Familie, Geschäftsverkehr, Institutionen) zugesprochen oder als sachliche Angemessenheit (Sachgerechtigkeit) aufgefasst werden. Die Idee der Gerechtigkeit ist stets verknüpft mit der Idee des Guten: Nur eine gerechte Gesellschaft bzw. eine gerechte Handlung kann gut genannt werden, wobei die Idee des Guten nicht in der Idee der Gerechtigkeit aufgeht.

■ **Antike und Mittelalter** Platon behandelte die Gerechtigkeit als eine Tugend, die sowohl den Einzelnen als auch den ganzen Staat auszeichnen kann und genau dann besteht, wenn die verschiedenen Schichten (in der Seele bzw. dem Staat) sich im richtigen Verhältnis zueinander befinden.

Anders als sein Lehrer unterschied Aristoteles in der »Nikomachischen Ethik« zwei Arten der Gerechtigkeit, deren Kern die Gleichheit ist: Die **ausgleichende Gerechtigkeit** (lateinisch Iustitia commutativa) ist die Gerechtigkeit unter den von Natur aus Ungleichen, aber vor dem Gesetz Gleichen. Sie bedeutet die absolute Gleichheit von Leistung und Gegenleistung unter den vom Gesetz Gleichgestellten. Die **austeilende Gerechtigkeit** (Iustitia distributiva) dagegen besagt die verhältnismäßige Gleichheit in der Behandlung einer Mehrzahl von Personen, also die Zuteilung von Rechten und Pflichten nach Maßgabe von Würdigkeit, Fähigkeit und Bedürftigkeit.

Thomas von Aquino hat dieses System durch eine dritte Form der Gerechtigkeit vervollständigt, die bei Aristoteles mitgedacht war, nämlich die **Gesetzesgerechtigkeit** (Iustitia legalis). Diese hebt die Pflichten des Einzelnen gegenüber dem Ganzen hervor (z. B. Wahlpflicht). Während im Altertum das Naturgemäße als das Gerechte teils in der Vernunft bzw. im Logos (Vorsokratiker), teils in der Seele (Sokrates), teils in den Ideen (Platon) und teils in der moralischen Natur des Menschen (Aristoteles) verankert wurde, verlegte das christliche Mittelalter den Sitz der Gerechtigkeit hingegen in den Willen oder Intellekt Gottes (Augustinus, Thomas von Aquino).

■ **Neuzeit** Zwar musste sich in der Neuzeit die Naturrechtslehre dem säkularisierten, antimetaphysischen Wissenschaftsbegriff fügen und von der empirisch erfahrbaren Wirklichkeit ausgehen. Doch hoffte man, in der (erfahrbaren) »Natur« des Menschen feste Maßstäbe für das finden zu können, was recht und gerecht sei (u. a. Hugo Grotius, Thomas Hobbes, Baruch de Spinoza). Der eigentliche Leitgedanke dieser Naturrechts- und Gerechtigkeitslehren war der soziale Eudämonismus bzw. Utilitarismus mit seiner Forderung, das größte Glück für die größtmögliche Zahl von Individuen zu erzielen. Er erfuhr bei Jeremy Bentham und John Stuart Mill seinen Höhepunkt.

Eine Abkehr vom Naturrechtsdenken gelang erst Kant: An die Stelle des Problems inhaltlich-ethischer Normen, das die ganze zurückliegende Gerechtigkeitslehre beschäftigte, trat bei ihm das Problem der subjektiven Moralität: Die sittliche Autonomie des Menschen wurde von Kant zum Grundsatz der moralischen Welt erhoben. Die Frage nach dem »Wie« des sittlichen Verhaltens beantwortete er mit dem kategorischen Imperativ. Das Problem der Gerechtigkeit erhielt auf diese Weise eine formale Wendung, die im 19. Jh. von der materialen (inhaltlichen) Auffassung in der kontinentalen Philosophie zurückgedrängt wurde.

■ **Moderne Theorien** Als der bedeutendste Versuch einer Neubelebung der Gerechtigkeitstheorie im 20. Jh. gilt John Rawls' »A theory of justice« (1971; dt. »Eine Theorie der Gerechtigkeit«). Unter Wiederaufnahme der Theorie des Gesellschaftsvertrags (Rousseau u. a.) gewinnt Rawls universalisierbare Normen dadurch, dass er die moralisch Urteilenden in einen fiktiven Urzustand versetzt, in welchem sie frei von unsachlichen Einflüssen ihre Rechte und Pflichten vereinbaren. Nach dem Prinzip der »Fairness« soll jeder, der Vorteile und Rechte einer politischen Ordnung erfährt, auch an der damit verbundenen Erfüllung von Aufgaben und Pflichten beteiligt werden. Oberstes Prinzip ist dabei für Rawls, dass die soziale Ordnung so ausgestaltet wird, dass sie allen die größtmögliche, mit der Freiheit der anderen vereinbare Freiheit garantiert.

In anderer Weise sucht Jürgen Habermas aus der Form des Begründungsverfahrens normative Urteile zu erzielen, und zwar aus dem Konsens, der im herrschaftsfreien Diskurs unter Einhaltung der formalen Regeln einer »idealen Sprechsituation« erzielt werden kann. Die Gerechtigkeitsdiskussion der Gegenwart ist durch so genannte prozeduralistische Theorien geprägt, die im Anschluss an Kant, Rawls und Habermas Gerechtigkeit durch ein universell gültiges Verfahren der Entscheidungsfindung zu bestimmen suchen. Allerdings findet sich z. B. im Kommunitarismus auch heute noch die Forderung, Gerechtigkeit unter Rückgriff auf konkrete soziale Gemeinschaften und deren geteilte Werte und Ideale zu bestimmen.

Geschichtsphilosophie, der Teil der Philosophie, der es mit dem Ablauf und dem »Sinn« der Geschichte, später auch mit der logischen Eigenart des geschichtswissenschaftlichen Denkens zu tun hat. Das philosophische Nachdenken über Geschichte ist alt, der Begriff »Geschichtsphilosophie« wurde jedoch erst von Voltaire eingeführt.

■ **Christliches Altertum** Das Christentum deutete Geschichte wesentlich als »Heilsgeschichte«, in der die Taten Gottes für die Menschen erfahrbar werden und die zugleich auf ein von Gott gesetztes Ziel zusteuert. So begriff etwa Augustinus die Geschichte als die Spannung zwischen dem göttlichen (Civitas Coelestis) und dem widergöttlichen »Staat« (Civitas Diaboli), ausgetragen in den geschichtlichen Strukturen der Welt. Im Jüngsten Gericht werde Gott die Geschichte vollenden und den »Gottesstaat« (Civitas Dei) endgültig aufrichten.

Die zunehmende Trennung von Glauben und Wissen wirkte sich in der Geschichtsphilosophie der *Renaissance* und des *Humanismus* aus. Ihr zufolge ist die Geschichte ein ununterbrochener Prozess von Ursachen und

100536

Geschichtsphilosophie. Im 17. Jh. entstand die Vorstellung von einer Gesetzmäßigkeit der menschlichen Geschichte – früher hatte man sie für das Werk Gottes gehalten, dessen Wille vom Menschen nicht erkannt werden könne (Jan Bruegel d. J., »Allegorie auf Krieg und Frieden«, um 1630; Altenburg, Lindenau-museum).

Wirkungen. Für die Reformatoren diente die Weltgeschichte zur Entfaltung des Gottesreichs, bei der der Christ mitzuwirken habe.

■ **Neuzeit** Im 17./18. Jh. entwarf Giovanni Battista Vico eine weltliche Geschichtsphilosophie. Er stellte eine Abfolge von Geistesepochen auf, die von allen Völkern und in allen Bereichen der Kultur gesetzmäßig durchlaufen wird. Die Philosophen der Aufklärung schließlich versuchten auf theologische Voraussetzungen zu verzichten. Auch für sie verlief die Geschichte jedoch planvoll und zielgerichtet, weshalb ihre Geschichtsphilosophie vielfach als »säkularisierte Heilsgeschichte« interpretiert wurde. Ihr zufolge macht die Vernunft der Anlage nach das Wesen des Menschen aus und entfaltet sich fortschreitend in der Gesamtgeschichte der menschlichen Gattung. Weltgeschichte wurde so als Prozess steten Fortschritts gedeutet. Diesem Aufbauschema folgten alle Geschichtsschreiber der Zeit. Noch Kants und Johann Gottlieb Fichtes Geschichtsphilosophie war von ihm beherrscht.

Neuhumanismus und *idealistische Philosophie* gaben neue Anstöße: An die Stelle des Fortschrittsgedankens trat die Idee, dass aus der Schöpferkraft der Menschheit immer neue Lebensformen und Kulturen geboren werden. So sah Johann Gottfried Herder das Ziel der geschichtlichen Entwicklung in der Verwirklichung des Humanitätsideals, das zu immer reicherer Ausprägung menschlicher Schöpferkraft hinführe. Die idealistische Philosophie ließ diese Formen der Humanität mit innerer Notwendigkeit aufeinander folgen oder auseinander hervorgehen. Der Höhepunkt der idealistischen Geschichtsphilosophie wird durch Hegel bezeichnet. Nach Hegel ist die Weltgeschichte »der Fortschritt des Geistes im Bewusstsein der Freiheit«. Die weltgeschichtlichen Völker, die jeweils in ihrem Zeitalter ihre

Geschichtsphilosophie
→ GEO **Dossier**
Die unaufhaltsame Karriere einer Idee, Bd. 14

eigenständige Kulturwelt aufbauen, seien die Stufen, in denen sich dieser Fortschritt dialektisch vollziehe.

■ **19. und 20. Jahrhundert** Im 19. Jh. wurde von vielen die Entwicklung der Technik und der Zivilisation zum hauptsächlichen Antrieb der geschichtlichen Bewegung und zum Maßstab des geschichtlichen Fortschritts erklärt. Besonders die frühere französische und englische Soziologie war in diesem Sinne immer zugleich Geschichtsphilosophie (Auguste Comte, Herbert Spencer). Die hervorstechendste Fortführung der hegelschen Ansätze war die Lehre von Karl Marx, der die Dialektik ins Materielle wendete. Er deutete die Geschichte als eine Geschichte von Klassenkämpfen, die zur klassenlosen kommunistischen Gesellschaft führe. Anders als bei den idealistischen Philosophen mündet bei Marx Geschichte jedoch nicht in Geschichtslosigkeit, da die klassenlose Gesellschaft als in permanenter Revolution befindliche gedacht wird. Dieser »historische Materialismus« war im 20. Jh. eine der wenigen Geschichtsphilosophien, die weltweite Anerkennung fanden.

Alle diese Richtungen erheben die Forderung, entweder für den Ablauf der einzelnen Kulturen oder für die Geschichte der Menschheit als Ganzes »Gesetze« oder wenigstens Gesetzmäßigkeiten zu finden. Gegen diese Denkweise betonen v. a. die Vertreter des »Historismus« die Einmaligkeit und den Freiheitsgehalt der Geschichte, die eine Übertragung des naturwissenschaftlichen Gesetzbegriffes unmöglich machen. Sie positionieren sich damit auch gegen die idealistische Geschichtsphilosophie.

Probleme einer solchen Sicht behandelte der schweizerische Kultur- und Kunsthistoriker Jacob Burckhardt in seinen »Weltgeschichtlichen Betrachtungen« (entstanden 1868–73). In der »Historik« Johann Gustav Droysens (* 1808, † 1884) wurde diese Kritik systematisch. Fortan wurde unter dem Begriff »Historik« die philosophische Reflexion über Gegenstand und Methoden der Geschichtswissenschaft verstanden.

Die Kritik Søren Kierkegaards und Nietzsches an Hegel und seiner Geschichtsauslegung führte bei Kierkegaard zu einer Besinnung auf den Menschen, der sich durch seine Individualität den gedachten Systemen entziehe, wohingegen Nietzsche Geschichte als »ewige Wiederkehr des Gleichen« dachte. Eine der wirkungsmächtigsten Geschichtsphilosophien des ausgehenden 19. und frühen 20. Jh. war die Übertragung des Darwinismus auf die Gesesellschaftsgeschichte, der »Sozialdarwinismus«, den v. a. Houston Stewart Chamberlain (* 1855, † 1927) und der Zoologe und Naturphilosoph Ernst Haeckel (* 1834, † 1919) vertraten.

■ **Neuere Tendenzen** Um 1900 wurde die akademische Geschichtsphilosophie meist als Lehre von der Eigenart und den Bedingungen des geschichtswissenschaftlichen Denkens betrieben, etwa bei Heinrich Rickert. Wilhelm Dilthey erweiterte dieses Vorhaben zu einer Theorie der Geisteswissenschaften überhaupt.

Neuere geschichtliche Forschungen, aber auch die veränderte Weltlage haben dazu geführt, die wesentlich vom abendländischen Standpunkt aus gesehene Geschichtsauffassung aufzugeben und stattdessen ein »pluralistisches« Geschichtsbild zu entwickeln. Insbesondere im »New Historicism«, der sich für die Historizität der Texte und die Textualität der Geschichte interessiert (Stephen Greenblatt, * 1943), verwirklicht sich diese Tendenz. Gegenwärtig spricht vieles für die Erkenntnis, dass es nicht die eine Geschichte, sondern eine Vielfalt von Geschichten gibt. Diese Geschich-

Gesellschaft Stachelschweine unter sich

Mit dem Gleichnis von den Stachelschweinen veranschaulichte Arthur Schopenhauer das Grundproblem von Nähe und Distanz in sozialen Beziehungen: An einem kalten Tag im Winter rückten die Mitglieder einer Gesellschaft von Stachelschweinen eng aneinander, um sich gegenseitig zu wärmen. Wären da nicht die Stacheln gewesen, die immer wieder dazu führten, dass sich die Stachelschweine nach kurzer Zeit wieder voneinander entfernen mussten! Aber ohne die Nähe der anderen Schweine hielt es das einzelne Schwein wiederum nicht lange aus, »sodass sie zwischen beiden Leiden hin- und hergeworfen wurden, bis sie eine mäßige Entfernung voneinander ausgefunden hatten, in der sie es am besten aushalten konnten«.

ten verlaufen auch nicht linear, sondern sind durch Brüche und Ungleichzeitigkeiten gekennzeichnet. Zu den prominentesten Vertretern dieser Auffassung zählen u. a. Michel Foucault und François Châtelet (* 1925, † 1985). Wilhelm Schapp stellte bereits in seinem Hauptwerk »Philosophie der Geschichten« (1959) die Möglichkeit einer traditionellen teleologischen Geschichtsphilosophie infrage. Unter den Stichworten Posthistoire und Postmoderne formulierten Autoren wie Jean-François Lyotard und Vilém Flusser (* 1920, † 1991) ebenso ihre Zweifel an geschichtsphilosophischen Konzepten, wobei v.a. mediale Wandlungen für eine nachgeschichtliche Epoche angesehen werden.

Roland Barthes, Jacques Derrida u.a. haben den qualitativen Unterschied zwischen Geschichte als Wissenschaft und Geschichte als Fiktion infrage gestellt und – wie Arthur Coleman Danto (* 1924) es aus Sicht der analytischen Philosophie unternahm – die literarischen Elemente innerhalb der Geschichtswissenschaft betont. Aber auch die an den empirischen und analytischen Sozialwissenschaften orientierte Geschichtsschreibung ist sich jetzt bewusst, dass ihre Vorstellungen vergangener und gegenwärtiger Gesellschaften auf Konstruktionen beruhen. Gegenwärtig gibt es eine Vielfalt von Forschungsstrategien und so auch keine Historik mehr (wie die von Droysen und Dilthey konzipierte), die die Prinzipien der wissenschaftlichen Forschung für unsere Zeit verbindlich artikulieren könnte.

Geschlechterforschung, siehe Sonderartikel Seite 116.

Geschmack, das Vermögen, Schönes und Hässliches zu unterscheiden und zu beurteilen. Seit Mitte des 17. Jh. fand der **gute Geschmack** als Begriff Eingang in die philosophische Ästhetik. Diskutiert wurde v.a. die Frage nach der allgemeinen Verbindlichkeit von Geschmacksurteilen bzw. die Frage danach, ob der Geschmack ein angeborenes Vermögen ist und ob er eher dem Verstand oder der Vernunft zuzuordnen ist. Kant bestimmte den Geschmack als ein »sinnliches Beurteilungsvermögen«, das ein »Vermögen der ästhetischen Urteilskraft, allgemein gültig zu wählen« ist. In diesem Verständnis wurde im 18. Jh. der Versuch einer Geschmacksbildung des Publikums durch Erweiterung der Erfahrung mit Gegenständen des Ästhetischen und der Kunst gemacht.

Gesellschaft, im weitesten Sinn die Verbundenheit von Lebewesen mit anderen ihrer Art sowie ihr Eingeschlossensein in den gleichen Lebenszusammenhang. Im engeren Sinn bezeichnet der Begriff eine Gruppe von Menschen (z. B. die Angehörigen einer Nation) und weist auf ihre Gliederung, Ordnung und ihr strukturiertes Beziehungssystem hin. In Abgrenzung von dem Begriff der Gemeinschaft als einem natürlich gewachsenen, auf Gemeinsamkeit des Denkens, Fühlens und Herkommens basierenden Zusammenhang von Einzelnen charakterisiert der Soziologe und Philosoph Ferdinand Tönnies (* 1855, † 1936) Gesellschaft als ein künstlich geschaffenes, zweckdienliches Gebilde, das auf rationaler Übereinkunft beruht. Im modernen Verständnis wird Gesellschaft zunehmend ein theoretischer, auf Beschreibung und Analyse zielender Begriff, der mit Blick auf die Aufgabe definiert wird, für die gegenseitige Abhängigkeit menschlichen Handelns und Verhaltens einen Bezugsrahmen bereitzustellen.

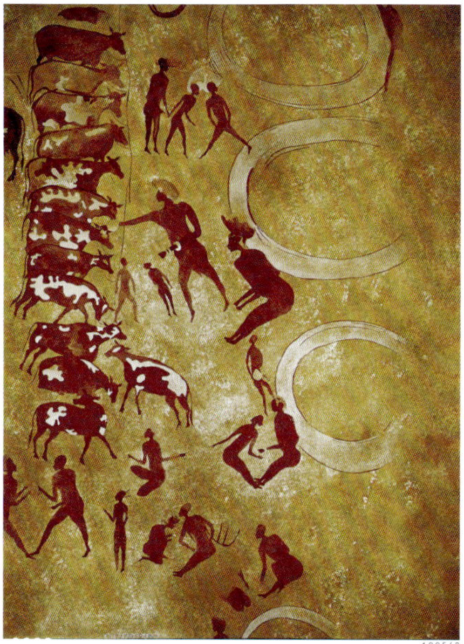

Gesellschaft.
Als Organisationsfeld der zwischenmenschlichen Interaktion sowie der Produktion und Reproduktion bot die Gesellschaft die Voraussetzung für die Menschwerdung der Hominiden (Rinderherde bei einem Dorf, Kopie nach einem Felsbild des 2. Jahrtausends v. Chr.; Collection Henri Lhote, Paris, Musée de l'Homme).

■ **Geschichte** Bis zum 17. Jh. galt die aristotelische Vorstellung, dass die Gesellschaftlichkeit des Menschen aus seiner »geselligen«, d. h. am Leben der »Polis« orientierten Natur abzuleiten und Gesellschaft überhaupt mit dem Staat als der äußeren Organisationsform des Zusammenlebens identisch sei. Auf ihr basierte die antike Sozialphilosophie ebenso wie die theologisch begründete Ordovorstellung des Mittelalters, die die ständische Ordnung der mittelalterlichen Gesellschaft als Entsprechung der himmlischen Rangordnung interpretierte. Die moderne Auffassung von Gesellschaft entstand aus dem Zerfall dieses traditionellen Sozialgefüges und seiner metaphysischen und religiösen Grundlagen im Zuge der historischen Differenzierung unterschiedlicher sozialer Lebenszusammenhänge, Gruppeninteressen und Weltbilder. Besondere Bedeutung erhielt schließlich der Begriff der »bürgerlichen Gesellschaft«, der

Fortsetzung S. 118

Geschlechterforschung

Geschlechterfo

Bereits 1949 formulierte Simone de Beauvoir den mittlerweile berühmt gewordenen Satz: »Man kommt nicht als Frau zur Welt, man wird es.« Sie stellte damit heraus, dass Frauen und Männer, Mädchen und Jungen im Laufe ihrer Sozialisation bestimmte Verhaltensweisen erlernen, die nicht durch unterschiedliche körperliche Eigenschaften verursacht sind. Inzwischen hat sich in Philosophie sowie Geistes- und Sozialwissenschaften eine Reihe von Forschungszweigen, Theorieansätzen und Methoden herausgebildet, die unter dem Begriff der Geschlechterforschung zusammengefasst werden. Gemeinsam ist ihnen das Anliegen, mithilfe der Kategorie der »Geschlechtsidentität« kulturelle und gesellschaftliche Zusammenhänge zu analysieren. Auf diese Kategorie hebt die im angloamerikanischen Sprachraum gängige Bezeichnung »Gender Studies« ausdrücklich ab.

Geschlecht und Geschlechtsidentität

Seit den 1960er-Jahren ist die Unterscheidung von biologischem Geschlecht (Sex) und Geschlechtsidentität (Gender) gebräuchlich. Auf dieser Basis wurden Argumentationen kritisiert, in denen körperliche Unterschiede zwischen Frauen und Männern zur Begründung einer sozialen und gesellschaftlichen Differenzierung oder gar Diskriminierung dienten.
Im letzten Jahrzehnt des 20. Jahrhunderts trat Judith Butler der Auffassung entgegen, dass sich zwischen biologischem Geschlecht und Geschlechtsidentität klar unterscheiden lasse. Diese Unterscheidung unterstelle nach wie vor, dass es sozusagen »von Natur aus« bestimmte körperliche Merkmale gebe, die unabhängig von Kulturen und Gesellschaften existieren. Demgegenüber wird in der gegenwärtigen Geschlechterforschung die Ansicht vertreten, dass sogar das biologische Geschlecht ein Ergebnis sozialen und kulturellen Einflusses ist. Dieser Konzeption zufolge ist kein Körperteil an sich schon »männlich« oder »weiblich«. Vielmehr werden Körperteile diesen Begriffen zugeordnet und damit auch erst als männlich oder weiblich definiert. Obwohl also die Körperbilder auf sozialem Wege allererst hergestellt werden, prägt diese Konstruktion das Fühlen, Denken und Handeln von Kollektiven und von Individuen. Diese Kritik stellt nicht nur die Annahme einer natürlichen Zweigeschlechtlichkeit infrage. Sie fragt auch danach, wie Geschlechternormen entstehen und wirksam werden – warum es beispielsweise für Individuum und Gesellschaft so wichtig ist, dass Menschen eindeutig als Männer oder Frauen einzuordnen sind.

4601

Die gegenwärtige Geschlechterforschung sieht sogar das biologische Geschlecht als Ergebnis sozialen und kulturellen Einflusses (Franz von Stuck, »Kampf um eine Frau«, 1905; Sankt Petersburg, Eremitage).

Philosophen auf dem Prüfstand

Philosophen verschiedener Epochen schrieben in ihren systematisch angelegten Hauptwerken vom Menschen im Allgemeinen. Nur in eher erzählerisch gehaltenen, ergänzenden Schriften finden sich auch Äußerungen über Frauen, Männer und Geschlechterverhältnisse. Die Geschlechterforschung rückt nun diese Aussagen vom Rand ins Zentrum der Betrachtung und fasst sie als ein Strukturmerkmal des jeweiligen Werks auf. Beispielsweise werden Kants Thesen zum Verhältnis der Geschlechter zueinander im Zusammenhang mit seiner Rechtstheorie interpretiert.
Aussagen über Frauen in den Werken von Philosophen sind in den meisten Fällen abwertend. So spricht auch Kant in seiner »Anthropologie in pragmatischer Hinsicht« (1798) von der Frau als einem »Haustier«. Explizit von Männern ist dagegen kaum die Rede. Das ist, sozusagen, auch gar nicht »nötig«. Da sich – wie schon ge-

sagt – Aussagen über Frauen meist in den ergänzenden Schriften finden, legt sich der Verdacht nahe, dass auch in den Hauptwerken nicht wirklich vom »Menschen«, sondern vom »Mann« die Rede ist, dass also »Menschsein« und »Mannsein« für die meisten Philosophen das Gleiche bedeutet. Zur Beantwortung der Frage, ob die Rede vom »Menschen« neutral zu verstehen ist oder aber als die Rede eines Philosophen über sich als Mann, bedarf es einer eingehenden Untersuchung. Diese vorzunehmen fällt in das Aufgabengebiet der Geschlechterforschung.
Eine anderes Unternehmen besteht darin, grundsätzliche Kritik an der einseitigen Ausrichtung von Konzepten und Begriffen zu üben sowie auf die Vernachlässigung weiter Bereiche des Denkens und Wissens hinzuweisen. Begriffe werden systematisch daraufhin untersucht, wie umfassend oder ausschließend sie gedacht werden. So liegt beispielsweise dem philosophischen Begriff des Politischen bereits die traditionelle Arbeitsteilung zwischen Frauen und Männern zugrunde. Während Recht, Wirtschaft und Militär als »öffentliche« und damit den Männern vorbehaltene Angelegenheiten verstanden werden, gelten soziale Beziehungen und Haushaltsarbeit als »private« Aufgaben der Frauen.

Warum in Gegensätzen denken?

Philosophen aller Epochen waren es gewöhnt, in Gegensätzen zu denken. Die Philosophin Cornelia Klinger (* 1953) bezeichnet die hierbei gebildeten Gegensatzpaare als »Grunddualismen«. Diese Dualismen haben zumindest indirekt mit Geschlechterdifferenzen zu tun. Sie werden folgendermaßen gedacht: Erstens schließen beide Teile einander aus, d. h., jeder Teil bildet das Gegenteil des anderen, und es gibt kein Drittes. Zweitens ergänzen beide Teile einander komplementär. Drittens schließlich ist der eine Teil dem anderen untergeordnet. Im Laufe der Philosophiegeschichte wurden die Gegensatzpaare oft mit Männern und Frauen verknüpft, zum Beispiel Geist und Körper, Vernunft und Gefühl, Öffentlichkeit und Privatheit. Es kann zu einem neuen Verständnis der heutigen Geschlechterverhältnisse beitragen, wenn der Zusammenhang von dualistischem Denken und Geschlechterdifferenz analysiert wird.

Nach Männern und Frauen getrennte Warteschlangen in Indien zur Stimmabgabe bei einer Wahl

In der feministischen Philosophie werden verschiedene Strategien zur Auflösung bestehender Hierarchien, also der Über- und Unterordnung, diskutiert. So wird von den einen vorgeschlagen, die Grunddualismen beizubehalten, aber das jeweils unterlegene »Prinzip« aufzuwerten, dem Gefühl beispielsweise ebenso viel Wert zuzusprechen wie dem Verstand. Die anderen empfehlen ebenfalls, die Grunddualismen beizubehalten, jedoch die Verknüpfung der »Prinzipien« mit »männlich« und »weiblich« aufzugeben, sodass Gefühl und Verstand zwar weiterhin als Gegensätze angesehen werden, aber beide sowohl Männern als auch Frauen zugeordnet werden. Letzterdings ist es das Ziel, die Grunddualismen aufzulösen. Sobald dies geschehen ist, kann von einer Kontinuität ausgegangen werden, die von Affekten und Gefühlen über Intuitionen bis zum Denken und zur Kognition reicht.

Fortsetzung von S. 115

Gesellschaft als eine gegenüber dem Staat eigenständige und eigenen Bewegungsformen unterworfene Sphäre fasst und in ihr zugleich den Rahmen freier individueller Selbstentfaltung sieht.

■ **Ansätze** Verschiedenen Theorien der Gesellschaft liegen je unterschiedliche Gesellschaftsbegriffe zugrunde. So betrachten phänomenologische, interaktionistische und ethnomethodologische Theorien Gesellschaft – in Aufnahme der von Max Weber gebildeten Kategorie des sozialen Handelns – als Teil der Lebenswelt sinnhaft handelnder und sich über Symbolsysteme orientierender Individuen. Systemtheoretische Ansätze hingegen verstehen Gesellschaft als überindividuelles Funktionsgefüge und sich selbst steuerndes und stabilisierendes System von Handlungsmustern, das durch zunehmende Binnendifferenzierung seine Stabilität zu erhöhen vermag. Umfassende Gesellschaftstheorien schließlich, wie die auf die Aufklärung und den Liberalismus des 19. Jahrhunderts zurückgehende Theorie des Gesellschaftsvertrags oder die marxistische Gesellschaftstheorie, bieten zugleich eine normative Grundlage für die geschichtliche Selbstverständigung moderner Gesellschaften.

Neuere Ansätze wie etwa die von Jürgen Habermas entwickelte »Theorie des kommunikativen Handelns« (1981), Niklas Luhmanns »Theorie sozialer Systeme« (1984) oder Pierre Bourdieus Verbindung phänomenologischer Alltagsanalyse mit marxistischer Kritik der politischen Ökonomie beanspruchen, diese verschiedenen Gesellschaftsbegriffe in eine übergreifende Konzeption integrieren zu können.

Gesellschaftsvertrag, auf der bürgerlichen →Vertragslehre beruhender fiktiver Konsens der Mitglieder einer Gesellschaft.

Gesetz, 1) Formulierung regelhafter Zusammenhänge zwischen Phänomenen, 2) von einem Organ gesetzte Regel, der eine ordnende Funktion zukommen soll.

Die *Wissenschaftstheorie* unterscheidet zwischen **empirischen Gesetzen** und **theoretischen Gesetzen:** Während sich Erstere auf einzelne beobachtbare Gegenstände beziehen, sind aus Letzteren mehrere empirische Gesetze ableitbar. Weitgehend parallel hierzu verläuft die Trennung zwischen **beschreibenden Gesetzen** und **begründenden Gesetzen.** Rudolf Carnap u. a. haben versucht, diesem Sachverhalt durch die Unterscheidung von Beobachtungssprache und Theoriesprache Rechnung zu tragen.

In der *Geschichtsphilosophie* gibt es seit Giovanni Battista Vico Versuche, die geschichtliche Entwicklung unter gewisse Entwicklungsgesetze oder **Bewegungsgesetze** zu fassen.

In der *Logik* werden oft gebrauchte logisch wahre Aussageformen als Gesetze bezeichnet. Die Auffassung, dass es sich hierbei um allgemeine Denkgesetze handele (»Psychologismus«), gilt heute weitgehend als überholt.

In den *Naturwissenschaften* drücken Gesetze Regelmäßigkeiten im Naturgeschehen aus. Als Kennzeichen von Gesetzen gelten seit Beginn der Neuzeit Allgemeinheit und Vorhersagewert. Beide zusammen garantieren die Überprüfbarkeit an der Erfahrung. Gesetze in den Erfahrungswissenschaften werden durch unvollständige →Induktion gewonnen. Sie beruhen auf wiederholter Beobachtung eines bestimmten Zusammenhangs. Seit David Humes Kritik, der in solchem induktiven Vorgehen den durch nichts begründeten Ausdruck von bloßer Gewohnheit sah, bemüht sich die Wissenschaftstheorie, induktive Schlüsse zu rechtfertigen und Kriterien für ihre Zulässigkeit bereitzustellen. Dem steht die Position des kritischen Rationalismus (Karl R. Popper) gegenüber, der Naturgesetze als hochgradig bewährte →Hypothesen 1) betrachtet.

Gesinnungsethik, die *Moralphilosophie,* die die sittliche Qualität einer Handlung allein bzw. primär nach der ihr zugrunde liegenden Gesinnung, d. h. nach dem subjektiven Wissen und Wollen des Individuums bemisst, im Gegensatz zur →Erfolgsethik. Häufig wird die Ethik Kants als Beispiel für eine Gesinnungsethik angeführt (→kategorischer Imperativ).

Gestalt, in der *Ästhetik* Bezeichnung für die äußere, wahrnehmbare Erscheinungsform eines Kunstwerks, die oft synonym mit →Form gebraucht wird. Als Begriffskorrelat zu Gehalt meint Gestalt die ästhetische, stilistische, strukturale Durchgestaltung eines literarischen Stoffes, umfasst also äußere und innere Gliederungsmomente (z. B. eines literarischen Werks).

Gewalt, 1) die rohe, gegen Sitte und Recht verstoßende Einwirkung auf Personen, 2) das Durchsetzungsvermögen in Macht- und Herrschaftsbeziehungen. Nach Thomas Hobbes beruht die Einrichtung legitimierter Gewalt im Staatswesen auf der Furcht des Bürgers vor Gewalt und seinem Verzicht darauf, selbst Gewalt auszuüben. Kant sieht in Freiheit und Gesetz die »zwei Angeln« der bürgerlichen Gesetzgebung, mit dem Gesetz aber müsse Gewalt verbunden sein, damit es nicht »leere Anpreisung« sei. Seit der Französischen Revolution verbindet sich der Gedanke der Gewalt in der politischen Realität mit dem Souveränitätsgedanken. Dabei ist aber nicht mehr der Einzelne, sondern das »Volk« die Quelle legitimer Gewalt. In Anlehnung an die liberalen, v. a. in der Gewaltenteilung zum Ausdruck kommenden Gewaltauffassungen sieht der freiheitlich-demokratische Staatsgedanke die Legitimation der Staatsgewalt in der Verwirklichung des Gemeinwohls.

Gewissheit, lateinisch **Certitudo,** die höchste Stufe des Für-wahr- oder Für-gültig-Haltens. Der Begriff Gewissheit wird deshalb meist auf Wissen und auf Normen bezogen. Seit Descartes gilt die Unmöglichkeit begründeten Zweifels als Kriterium der Gewissheit. Man unterscheidet **subjektive Gewissheit** als Ausdruck des Überzeugtseins und **objektive Gewissheit,** die auf der Verfügbarkeit einer sicheren Begründung beruht. Der Skeptizismus und neuerdings der kritische Rationalismus bestreiten die Möglichkeit von Gewissheit außerhalb von Logik und Mathematik. Ihrer Ansicht nach ist alles Wissen fallibel, d.h. prinzipiell widerlegbar (→Fallibilismus).

Ghasali [arabisch r-], **al-Ghasali, Algazel** [-'ze:l], Abu Hamid Muhammad, islamischer Theologe, Philosoph und Mystiker, *Tus (bei Meschhed) 1059, † ebenda 18. 12. 1111; verließ 1095 seinen Lehrstuhl in Bagdad, um ein zurückgezogenes Leben als Sufi (islamischer Mystiker) in Tus zu führen. Seit 1106 lehrte er erneut in Nischapur. Seine Schrift »Die Widersprüchlichkeit der Philosophen« wendet sich gegen Versuche, philosophisch-metaphysische Argumente auf theologischem Gebiet vorzubringen. Ghasali begründete damit eine Tradition der Metaphysikkritik aus theologischem Interesse, die den lateinischen Westen seit dem 13. Jh. stark beeinflusste. Mit seinem Hauptwerk »Die Wiederbelebung der religiösen Wissenschaften« versuchte er, den Islam im Sinne eines Lebens aus dem Geist des Sufismus zu vertiefen. Er gilt als einer der bedeutendsten Denker und Theologen des Islam.

Gilbert de la Porrée [ʒil'bɛ:r də la pɔ're], latinisiert Gilbertus Porretanus, französischer Philosoph und Theologe, *Poitiers um 1080, † ebenda 4. 9. 1154; Schüler von Bernhard von Chartres. Er lehrte in Chartres und Paris. Seit 1142 war er Bischof von Poitiers. Wegen seiner Trinitätslehre mit ihrer sprachlogischen Unterscheidung zwischen Gott und Gottheit entging er auf dem Konzil von Reims (1148) nur knapp der Verurteilung. Gilbert versuchte, ein streng logisches, v.a. von Boethius angeregtes Konzept der Wissenschaft durchzusetzen. Die von ihm ausgehende, bis ins 13. Jh. reichende Schule der Porretaner (Schule der Gilbertiner; u.a. Johannes von Salisbury und Alanus ab Insulis) beeinflusste die theologisch-dogmatische Entwicklung besonders auf dem Gebiet der Christologie.

Giordano Bruno, →Bruno, Giordano.

Glaube, ein Überzeugtsein nach der Art festen Vertrauens, das im Verhältnis zum Wissen im neuzeitlichen Sinn als bloß subjektives Für-wahr-Halten betrachtet wird. In der Philosophie Platons wird der Glaube (Pistis) als höchste Stufe der Erkenntnis der sichtbaren Dinge angesehen, wobei jedoch erst die Einsicht (Episteme) das Wissen der Ideen ermöglicht. Aristoteles betrachtete den Glauben als mittlere Erkenntnisstufe zwischen bloßer Meinung (Doxa) und wissender Einsicht (Logos, Dianoia).

100562

Gewalt.
Im Sinne der Verantwortungsethik wird Gewalt nur dann als legitim anerkannt, wenn ein akut bedrohtes, verallgemeinerungsfähiges Fundamentalinteresse – wie etwa Leben oder Freiheit – nicht anders gesichert werden kann (Verhinderung einer Demonstration durch die serbische Polizei im Kosovo 1998).

Die scholastische Theologie des Hochmittelalters entfaltete ein aristotelisch geleitetes, in der übernatürlichen Offenbarung grundgelegtes System des Wissens aus dem Glauben, das dem philosophischen Wissen nur im natürlichen Erkenntnisbereich eine gewisse Kompetenz zubilligt (Thomas von Aquino, Johannes Duns Scotus). Gleichzeitig verstärkten sich Tendenzen, aufgrund aristotelischer, später auch neuplatonischer Einsichten ein System natürlichen, empirischen Wissens zu begründen, das in der beginnenden Neuzeit zu grundsätzlicher Kritik an einem auf übernatürlichem Glauben beruhenden Wissenssystem führte. So unterschied Kant Glauben als nur »subjektiv zureichendes Für-wahr-Halten« und Wissen als »subjektiv und objektiv zureichendem Für-wahr-Halten«. Gleichzeitig begründete er einen auf sittlichen Evidenzen beruhenden praktischen Vernunftsglauben. Zu diesem Vernunftsglauben gehören u.a. die Ideen →Gott, Freiheit und Unsterblichkeit als Postulate der praktischen Vernunft.

Søren Kierkegaard sah den Glauben in strikter Unterscheidung vom Wissen als ein »Sich-durchsichtig-Gründen« in Gott an, in dem das Selbst existierend zu sich selbst kommt. Von Kierkegaard und Kant ist Karl Jaspers' »philosophischer Glaube« mitbestimmt. Martin Buber schließlich hat das seiner Ansicht nach christliche Glaubensverständnis im Sinne eines intellektuellen »Für-wahr-Haltens« übernatürlicher Gegebenheiten vom jüdischen Glaubensverständnis im Sinne eines personalen Vertrauensverhältnisses unterschieden.

Gleichheit, 1) in *Ethik* und *Staatsphilosophie* v.a. die Gleichheit vor dem Gesetz: Geschichtlich stellt die heutige Gleichheitsidee eines der Grundprinzipien der modernen Demokratie dar. Sie beruht auf der Überzeugung,

Gleichheit 1). »Freiheit, Gleichheit, Brüderlichkeit«, die Ideale der Französischen Revolution, stehen in einem Spannungsverhältnis, da Gleichheit und Freiheit nicht verwirklicht werden können, ohne sich gegenseitig einzuschränken (Plakat von 1793).

dass die Menschen ihrer allgemeinen leiblich-seelischen Natur nach gleich sind und dass jeder von ihnen als sittliche Person einen absoluten Wert darstellt.

Die Ursprünge der Gleichheitsidee finden sich in den Religionen – v. a. im Christentum mit der Vorstellung von der Gleichheit der Menschen als »Kinder Gottes« – und in denjenigen philosophischen Lehren, die den Wesenskern des Menschen in der allen gemeinsamen Vernunft sehen. In der antiken Philosophie wird dieser Ansatz bei Aristoteles wirksam (wobei den Staatsentwürfen von Platon und Aristoteles, der antiken Gesellschaftsstruktur gemäß, noch die Auffassung einer natürlichen Ungleichheit der Menschen zugrunde liegt) und in der Stoa, in der Neuzeit v. a. in den Systemen des →Naturrechts.

Die Gleichheitsidee ist in erster Linie gegen jede Form der Herrschaft von Menschen über Menschen gerichtet, an deren Stelle sie das Prinzip des Vertrags, des Austauschs und der freiwilligen Übereinstimmung setzt (→Vertragslehre). Die »natürliche Gleichheit« der Menschen bildete gemäß dem aufklärerischen Naturrechtsdenken die Basis für die Forderung nach Gleichheit aller vor dem Gesetz.

2) die Übereinstimmung zweier oder mehrerer Gegenstände, Merkmale oder Sachverhalte in mehreren oder allen Hinsichten. Im letzteren Fall spricht man auch von →Identität. In der *Logik* wird – Aristoteles und Leibniz folgend – die Gleichheit (Formelzeichen: =) oft mithilfe des »Prinzips von der Identität des Ununterscheidbaren« (Principium Identitatis indiscernibilium) definiert. Ihm zufolge liegt Gleichheit dann vor, »wenn alles, was von einem ausgesagt wird, auch vom anderen ausgesagt werden sollte«.

Glück, komplexe Erfahrung der Freude oder des Wohlbefindens. Glück beinhaltet sowohl günstige Fügung der Geschehnisse, mithin des Schicksals (»Glück haben«), als auch die Zufriedenheit mit dem eigenen Leben (»glücklich sein«). Vor allem in der letzteren Bedeutung ist Glück ein zentraler Begriff der Philosophie. In den meisten europäischen Sprachen lässt sich zwischen zufälligem und zuständlichem Glück unterscheiden (griech. týche versus eudaimonia, latein. fortuna versus beatitudo, engl. luck versus happiness). Der deutsche Begriff Glückseligkeit ist in der Regel religiös konnotiert.

Insofern Glück Ziel jeden menschlichen Strebens und Handelns ist, kann es als das »höchste Gut« gelten. Da das »höchste Gut« als solches inhaltlich nicht eindeutig zu bestimmen ist, werden als Mittel zur Erreichung von Glück die verschiedensten »Glücksgüter« (Erfolg, Reichtum, Macht, Gesundheit, Liebe, Selbstverwirklichung u. a.) angestrebt. Das Streben nach Glück erwächst aus der spezifisch menschlichen Situation, nicht allein reagierend das Leben meistern zu können, sondern aktiv durch Handeln gesetzte Zwecke und Werte verwirklichen zu müssen. In verschiedenen Staatsverfassungen, so der der USA, kommt dem Staat die besondere Rolle zu, das Glücksstreben des Einzelnen zu unterstützen. Dagegen lehnt Kant jegliche Orientierung staatlicher Institutionen am individuellen Glücksstreben ab.

Gnosis [griech. »Erkenntnis«], Sammelbegriff für eine Reihe spätantiker religiöser Bewegungen, die sich teils in Konkurrenz, teils in Anhängerschaft zum frühen Christentum etablierten und dieses maßgeblich beeinflussten. Das in theologischen Spekulationen entwi-

Glück. Die Idee des Wohlfahrtsstaates basiert u. a. auf der aus dem Verständnis des Utilitarismus hergeleiteten Vorstellung, dass Glück eine messbare, zuteilbare Größe sei.

ckelte Heilswissen der Gnosis hatte meist den Charakter esoterischer Geheimlehren. Originalschriften der **Gnostiker** sind daher bis heute fast nur aus Zitaten der sie bekämpfenden Kirchenväter bekannt.

Ausgehend von der radikalen Ablehnung der bestehenden Welt und der Erlösungsbedürftigkeit des Menschen in ihr entwickelte die Gnosis in einer Vielzahl teils stark mythologisch geprägter Varianten eine strikt dualistische Weltsicht: Da Gott uneingeschränkt gut ist, kann er nicht Schöpfer der materiell vorhandenen Welt sein. Diese wurde vielmehr von einem untergeordneten →Demiurgen geschaffen und tritt Gott als eigenständiges, böses Prinzip gegenüber. Die Seele ist in der materiellen Welt gefangen und muss aus ihr erlöst werden. Gott sendet deshalb Boten aus, denen jedoch nur die den »Geist« (griechisch Pneuma) besitzenden »pneumatischen« Naturen folgen können. Die verschiedenen Stufen oder Sphären der Welt werden von dämonischen Wesen beherrscht, die den Aufstieg der Erlösten hindern und sie verführen.

Am Streben nach **Glück** war das utilitaristische Moralprinzip von John Stuart Mill orientiert:

»Die Auffassung ... besagt, dass Handlungen insoweit und in dem Maße moralisch richtig sind, als sie die Tendenz haben, Glück zu befördern, und insoweit moralisch falsch, als sie die Tendenz haben, das Gegenteil von Glück zu bewirken.«

Die Lehren der Gnosis führten innerhalb der frühen Kirche zu einer ersten großen Glaubensauseinandersetzung, an deren Ende sie als häretisch verurteilt wurden. Zentrale Motive gnostischen Denkens gingen allerdings sowohl in die christliche Tradition als auch in die neuzeitliche Philosophie ein.

Gödel, Kurt, österreichischer Mathematiker und Logiker, * Brünn 28. 4. 1906, † Princeton (N. J.) 14. 1. 1978; studierte Mathematik und Physik in Wien und war dort 1933–38 Privatdozent. Seit 1938 lehrte er am Institute for Advanced Study in Princeton, wo er 1953 zum Professor ernannt wurde. Gödel gilt als der bedeutendste Logiker des 20. Jahrhunderts. Bereits in seiner Dissertation (1930) bewies er die Vollständigkeit der Prädikatenlogik erster Stufe (→Logik) und noch im selben Jahr seinen berühmten Unvollständigkeitssatz, dem zufolge die meisten formalisierten Theorien der Mathematik nicht in der Lage sind, ihre eigene Widerspruchsfreiheit zu beweisen (veröffentlicht 1931). Gödel äußerte sich auch zu philosophischen Grundlagenfragen der Mathematik, in denen er einen dezidiert platonistischen Standpunkt einnahm.

Goodman [ˈgʊdmən], Nelson, amerikanischer Philosoph, * Sommerville (Mass.) 7. 8. 1906, † Boston (Mass.) 25. 11. 1998; war seit 1951 Professor der Philosophie und lehrte seit 1967 in Harvard (Mass.). Goodman zählte zu den führenden Vertretern der analytischen Philosophie. Mit seiner entschieden nominalistischen Haltung knüpfte er einerseits an Rudolf Carnap an, dessen Programm eines »logischen Aufbaus der Welt« er in »The structure of appearance« (1951) weiterführte, andererseits an Ernst Cassirer mit der These, dass »zahllose Welten aus dem Nichts durch den Gebrauch von Symbolen entstehen« (»Ways of worldmaking«, 1976; dt. »Weisen der Welterzeugung«). In »Languages of art« (1968; dt. »Die Sprachen der Kunst. Ein Ansatz zur Symboltheorie«) wendete er seinen semiotischen Ansatz auf die Kunst an. Die Wissenschaftstheorie wurde von Goodmans Entdeckung der heute nach ihm benannten Paradoxie, die dem Problem der Induktion eine überraschende Wendung gab, stark beeinflusst.

Gorgias, Gorgias von Leontinoi, griechischer Philosoph und Rhetor, * Leontinoi (heute Lentini) um 485 v. Chr., † wohl in Thessalien (Larissa?) um 380 v. Chr.; neben Protagoras der bedeutendste Vertreter der Sophistik. Gorgias kam 427 als Gesandter nach Athen und führte dann nach Art der sophistischen Redner ein Wanderleben. Von seinem Werk sind u. a. zwei Verteidigungsreden und Auszüge aus der philosophischen Abhandlung »Über das Nichtseiende oder die Natur« überliefert. Diese Schrift enthält Gorgias' berühmte skeptische Thesen, die in ihrer Deutung jedoch umstritten sind: 1. »Nichts ist«, 2. »Selbst wenn etwas ist, so ist es doch unerkennbar«, 3. »Selbst wenn es erkennbar ist, ist es doch nicht mitteilbar«. Platon, der einen Dialog nach ihm benannte, stand ihm feindselig gegenüber.

Gott, in der *Religionsgeschichte* heilige, transzendente und unendliche Macht in personaler Gestalt. Gott wird erfahren und gelehrt als Schöpfer und Ursache allen Naturgeschehens, als Herr über Leben und Tod. Er greift in die Welt ein, lenkt das Schicksal der Menschen und tritt am Ende der Zeiten als Richter auf. Gott wird verstanden als erhaltender Urgrund von allem, was ist, und als der letzte Grund für das moralische Verhalten der Menschen.

Der **Gottesglaube** ist von zentraler Bedeutung für die Vorstellungswelt fast aller Religionen. Zur näheren Charakterisierung werden dem Göttlichen häufig personale Attribute wie Vernunft, Wille und Freiheit beigelegt, die anthropomorph, d. h. den menschlichen Verhältnissen nachgebildet, sind. Die Fülle göttlicher Qualitäten und Prädikate vereinigt der Monotheismus auf eine einzige Gottheit, während der Polytheismus die göttlichen Funktionen als auf verschiedene Gottheiten verteilt annimmt.

Gnosis.
Der Ouroboros, der Schwanzesser, ist ein Symbol für den Kreislauf der Stoffe und für den Dualismus zwischen Materie und Geist.

Gott.
Als Ursache allen Naturgeschehens wird in vielen Religionen ein Schöpfer in personaler Gestalt angenommen. Im Christentum wurde »Gottvater« zunächst nur sinnbildlich dargestellt. Seit dem Mittelalter aber entwickelte sich das Bild des Schöpfergottes als Papst, als Hohepriester oder als bärtiger Greis (Michelangelo, »Erschaffung Adams«, Fresko, 1508–12; Rom, Sixtinische Kapelle).

100264

■ **Religiöse Gottesbegriffe** Der Gottesbegriff der *Bibel* ist monotheistisch, unterscheidet sich vom religionsgeschichtlichen Monotheismus jedoch durch eine Transzendenz, die alles Räumliche, Zeitliche und überhaupt Welthafte übersteigt. Gott ist der absolute Schöpfer und Herr des Kosmos. Das *jüdische Gottesverständnis* wird durch die Aussagen über Gott in 2. Mose 3,14, der Selbstoffenbarung seines Namens (hebräisch Jahwe: »ich werde sein, der ich sein werde«), und in 2. Mose 20,1–7, der Gesetzgebung im Sinai, bestimmt (Gott ist der Herr, der Heilige, der Eine, der Barmherzige, der Zornige). Der Mensch soll und kann sich kein Bild von ihm machen. Erst die jüdischen Scholastiker wie Maimonides, Abraham Ben David Ibn Daud u.a. hielten Gottes Dasein, Einheit und Unsterblichkeit für beweisbar. Nach *christlichem Gottesverständnis* hat sich Gott in einmaliger und vollkommener Weise in Jesus Christus offenbart. Dieser ist nach neutestamentlichem Verständnis das alleinige Bild Gottes (Kolosserbrief 1,15); nur in ihm kann der Mensch Gott erkennen.

Die *katholische Theologie* hat seit der frühen Patristik versucht, Gott und Gotteserfahrung mit den Mitteln der platonisch-aristotelischen Philosophie zu verstehen und zu systematisieren. Die Betonung der Möglichkeit einer Erkenntnis der Existenz Gottes und seiner wesentlichen Eigenschaften mit Mitteln der natürlichen Vernunft gehört zu jenen Grundüberzeugungen katholischer Theologie, die in der Reformation auf Ablehnung stießen. Die Gotteslehre der *reformatorischen Kirchen* ist geprägt durch die verschiedenartigen Theologien der drei Hauptreformatoren: Für Martin Luther (* 1483, † 1546) ist Gott in der Natur und dem Gesetz verborgen (Deus absconditus) und offenbart sich nur im paradoxen Geschehen des Leidens und Sterbens seines Sohnes am Kreuz (Deus revelatus). Nach Johannes Calvin (* 1509, † 1564) vermag der Mensch Gott nicht adäquat zu erkennen, wenn dieser sich ihm nicht in seinem Wort erschließt. Gottes Handeln geschieht um seiner eigenen Ehre willen, die sich sowohl in erwählender Liebe als auch in strafender Verdammung (doppelte Prädestination) manifestieren kann. Ulrich Zwingli (* 1484, † 1531) bezeichnet zwar Gott im Sinne der scholastischen Tradition als Summum Bonum (höchstes Gut), betont aber v.a. die sich dem Menschen zuwendende Güte Gottes in Jesus Christus. Sein Gottesbild trägt mehr als das Luthers und Calvins Züge, die ins Politische und Soziale hineinreichen.

■ **Philosophische Ansätze** Seit der Antike ist Gott nicht nur Gegenstand religiöser Tradition und Offenbarung, sondern auch des philosophischen Denkens. Dies zeigt etwa die mittelalterliche Diskussion um die Gottesbeweise oder die prominente Stellung des Gottesbegriffs in der Philosophie der Neuzeit und des Idealismus. So ist der Ausdruck Gott zwar nicht durch die Philosophie eingeführt worden, er kann jedoch mit Recht als ein philosophischer Grundbegriff betrachtet werden. Die Kontrastierung eines Gottes der Philosophen mit dem lebendigen Gott des Glaubens scheint dagegen eher Ausdruck einer spezifisch neuzeitlichen Krise der Religionsphilosophie zu sein als ein ursprüngliches philosophisches oder theologisches Anliegen. Zur Zeit der Aufklärung, dann aber v.a. Mitte des 19. Jahrhunderts kam es allerdings zu einer verschärften philosophischen Kritik des Gottesglaubens, die nicht selten einherging mit einem Plädoyer für die intellektuelle Überlegenheit des Atheismus. Der Atheismus des 19. Jahrhunderts sah Gott als Selbstprojektion des Menschen (Ludwig Feuerbach) bzw. als Ausdruck eines verkehrten Weltbewusstseins und der Protestation gegen das Elend der entfremdeten Existenz an (Karl Marx). Einzelne Entwürfe der →Existenzphilosophie des 20. Jahrhunderts verzichteten ganz auf Gott und sahen den Menschen in unbegrenzter Freiheit ins (unbehauste) Sein geworfen (Jean-Paul Sartre).

In der analytischen Religionsphilosophie der Gegenwart gibt es zahlreiche Ansätze zur

Rehabilitierung einer philosophischen Gotteslehre, etwa bei Alvin Plantinga (* 1932) und Richard Swinburne (* 1934). Die Frage nach der Beweisbarkeit der Existenz Gottes und die begriffliche Analyse der klassischen Gottesprädikate (Allmacht, Allwissenheit, Vollkommenheit) sind in den letzten Jahren wieder in den Vordergrund gerückt.

■ **Siehe auch**

SACHBEGRIFFE → Agnostizismus · Atheismus · Böse · Causa · christliche Philosophie · Deismus · Emanation · Geist · Glaube · jüdische Philosophie · Pantheismus · Religionsphilosophie · Transzendenz · Theismus · Theodizee · Scholastik

PERSONEN → Augustinus · Buber, Martin · Eckhart · Feuerbach, Ludwig · Jaspers, Karl · Pascal, Blaise · Spinoza, Baruch de · Thomas von Aquino · Whitehead, Alfred North

Gottesbeweise, die auf verschiedenen Wegen intellektueller Reflexion unternommenen Versuche, das Dasein Gottes ohne Rückgriff auf die Offenbarung allein aus Gründen der Vernunft zu beweisen.

■ **Fragestellung** Gottesbeweise sind keine Beweise im naturwissenschaftlichen Sinn. Sie nehmen die natürliche Erkennbarkeit (Vernunfterkenntnis) Gottes an und schließen aus der Bewegung, der zweckmäßigen (vernünftigen) Ordnung der Welt und dem Vorhandensein von Gottes- und allgemeinen Moralvorstellungen bzw. einem allgemeinen moralischen Gesetz in allen Völkern auf Gott. Ihre geistesgeschichtlichen Wurzeln haben die Gottesbeweise in der Suche nach als göttlich qualifizierten letzten Gründen des Seins, die bereits bei den Vorsokratikern ein wesentliches Moment bildete. Bei Platon ist jener Grund aller Gründe die »Idee des an sich Guten«, die »Erzeugerin« von allem Seienden, Wahren und Guten.

■ **Lösungsansätze** Den klassischen Gottesbeweis entwickelte Aristoteles und ihm folgend die Scholastik mit dem **Bewegungsbeweis:** Die Bewegung oder Veränderung des welthaft Seienden wird als Wirklichkeitssteigerung verstanden; sie setzt als Erklärungs- und Seinsgrund den reinen Akt (→Actus purus) voraus, der alle Wirklichkeit umfasst und von dem daher jede Steigerung an Wirklichkeit ausgeht. Dem ersten →unbewegten Beweger schreibt Aristoteles neben Unveränderlichkeit und Notwendigkeit auch Leben und Vernunft zu. Dieser Gottesbeweis gehört zu den fünf Wegen zu Gott bei Thomas von Aquino.

Gottesbeweise wollen weiterhin zeigen, dass allem Verursachten eine in sich ruhende Erstursache, allem Kontingenten ein absolut Notwendiges, allem in endlichen Stufen Vollkommenen (der kontingenten Wirklichkeit) ein unendlich Vollkommenes **(kosmologischer Gottesbeweis)** und aller Sinnhaftigkeit und Zielstrebigkeit ein sie entwerfender denkender Geist zugrunde liege **(teleologischer Gottesbeweis).** Der **noologische Gottesbeweis** nimmt an, dass die Vernunft (griechisch Nus) in ihrer Intention immer das Unendliche als das Wahre und Gute voraussetze und im Denken damit ein Weg zu Gott gegeben sei (Augustinus, Descartes, Leibniz). Anselm von Canterbury entwickelte den **ontologischen Gottesbeweis,** der aus dem Begriff des höchsten Wesens dessen Dasein folgert. Er wurde in abgewandelter Form u.a. aufgenommen von Descartes, Leibniz und Hegel.

Kant lehnte alle mit den Mitteln der spekulativen oder theoretischen Vernunft geführten Gottesbeweise ab. Das höchste vollkommene Wesen und sein notwendiges Dasein ist nach Kant zwar als Ideal der Vernunft anzuerkennen, aber menschliches Erkennen und Begreifen könne niemals bis zur Einsicht in das schlechthin Unbedingte – weder seinem Wesen noch seinem Dasein nach – gelangen. Nicht in ihrem spekulativen, sondern vielmehr in ihrem praktischen Gebrauch als das menschliche Handeln bestimmendes Prinzip eröffne die Vernunft ein das sittliche Bewusstsein fundierendes Wissen des Daseins Gottes **(moralischer Gottesbeweis).**

Grotius [ˈgro:tsiʊs, niederländ. ˈxro:tsi:ys], Hugo, eigentlich Huigh de Groot, niederländischer Rechtsgelehrter und Staatsmann, * Delft 10. 4. 1583, † Rostock 28. 8. 1645; wurde bereits mit elf Jahren zum universitären Studium zugelassen und erwarb mit 15 Jahren den juristischen Doktorgrad. Aus politischen Gründen wurde Grotius 1618 verhaftet und zu lebenslangem Kerker verurteilt. Nach seiner abenteuerlichen Flucht wirkte er 1621–31 als Gelehrter in Paris und veröffentlichte dort 1625 sein Epoche machendes Hauptwerk »De iure belli ac pacis« (dt. »Vom Recht des Krieges und des Friedens«). Nach zweijährigem Aufenthalt in Hamburg war er 1635–45 schwedischer Gesandter in Paris. Er starb auf der Rückreise nach Stockholm.

In seinen Werken legte Grotius die Grundgedanken des klassischen Völkerrechts dar und gilt deshalb auch als »Vater des Völkerrechts«. Er entwickelte es aus naturrechtlichen Voraussetzungen als einen Teil der alle Staaten und Menschen umfassenden (positiven) Rechtsordnung. Diese habe ihren Grund in der natürlichen Anlage des Menschen als geselliges Wesen und sei inhaltlich durch die Vorschriften der Vernunft bestimmt. Grotius entwickelte eindeutige Kriterien dafür, was ein gerechter Krieg sei, und stützte die Regelung der internationalen Beziehungen in Krieg und Frieden auf die einzelstaatliche Souveränität. Damit war das Völkerrecht als eine von den Grundsätzen der Staatengleichheit und der Gegenseitigkeit geprägte Rechtsordnung etabliert.

Grund, nach der aristotelischen Definition dasjenige, woraus etwas ist (Seinsgrund) oder wird (Werdensgrund) oder erkannt wird (Erkenntnisgrund). Arthur Schopenhauer unterschied darüber hinaus in seiner Schrift »Über die vierfache Wurzel des Satzes vom Grunde« (1813) noch einen Grund des Handelns. Der Mystiker Jakob Böhme (* 1575, † 1624) und im Anschluss an ihn Friedrich Wilhelm Joseph von Schelling sprachen vom Un-Grund und Ur-Grund in Gott, Martin Heidegger vom Sein als Ab-Grund. Oft wird Grund (griechisch Arche) nicht klar unterschieden von →Ursache und →Prinzip.

In *logischer* Hinsicht bezeichnet Grund als Erkenntnisgrund (griechisch Logos, lateinisch Ratio) dasjenige, durch dessen Gültigkeit die Gültigkeit einer Erkenntnis bzw. eines Urteils ausweisbar ist, sei es durch unmittelbare Einsicht (Evidenz) in die Sache, sei es, dass ein Satz zwingend aus anderen bereits bewiesenen Sätzen als Folge hervorgeht.

In *ontologischer* Hinsicht liegt der Grund als Seinsgrund (Realgrund, Sachgrund) im Seienden selbst und bezeichnet den Inbegriff der Seinsbedingungen, die reale Ursache eines Geschehens (lateinisch Causa) oder den psychologischen Beweggrund eines Wollens, Handelns und Schaffens (das Motiv). Leibniz stellte dem Satz vom Widerspruch (→Principium Contradictionis) den logisch-ontologischen **Satz vom zureichenden Grund** zur Seite. Dieser besagt: Nichts ist ohne Grund, alles hat seinen zureichenden Grund.

Gute, das Gute, im allgemeinsten Sinne Maßstab (Prinzip) für die zustimmende Beurteilung von Gegenständen, Zuständen, Ereignissen, v. a. Handlungen oder Sätzen, dann v. a. im philosophischen, theologischen und religionswissenschaftlichen Sprachgebrauch für den Seinsbereich, dem meist das →Böse als Gegenbegriff entgegengesetzt wird.

Der Maßstab »gut« ist auf verschiedenste Weise philosophisch bestimmt und auf die verschiedensten Bereiche angewendet worden. Er kann etwa bezogen werden auf 1. die Relation von Muster und Ausführung (z. B.: Vorbild–Nachbild; Urbild–Abbild; Ideal–Realisat) im Sinne von »mustergemäß« bzw. »möglichst genau«, 2. die Relation von einem Sachverhalt und seiner Darstellung (Wirklichkeit–Modell, Tatsachen–Theorie) im Sinne von »möglichst angemessen«, 3. die Relation von einer faktisch anerkannten Regel und ihrer Befolgung im Sinne von »richtig«, 4. die Relation von Begründungs- oder Rechtfertigungsverfahren und Norm im Sinne von »begründet«, »gerechtfertigt« oder auch 5. die Relation von individuellem Wunsch und dessen Erfüllung im Sinne von »angenehm«.

Sowohl hinsichtlich seiner historischen Wirkung als auch hinsichtlich seiner systematischen Bedeutung ist die Frage nach dem Guten primär als die Frage nach dem Begründungsmaßstab unserer Handlungsnormen gestellt worden. Grundlegend ist dafür die Unterscheidung von dem »um eines anderen willen« Guten und dem »um seiner selbst willen« Guten, die von Aristoteles ausgearbeitet und in der gesamten nachfolgenden Tradition übernommen oder variiert wurde. Rekonstruieren lässt sie sich als die Unterscheidung zwischen der Nützlichkeit (Geeignetheit, Dienlichkeit) eines Mittels zu einem angegebenen Zweck und der Gerechtfertigtheit des Zweckes, für den ein Mittel nützlich ist. Der Rechtfertigungsmaßstab für Zwecke ist dabei seit Platon und Aristoteles immer wieder in einem allerdings verschieden bestimmten höchsten Gut(en) gesehen worden.

Seine zwei Hauptanliegen beschrieb **Jürgen Habermas** so:

»Die Theorie des kommunikativen Handelns ist... Anfang einer Gesellschaftstheorie, die sich bemüht, ihre kritischen Maßstäbe auszuweisen... Die Formierung von Grundbegriffen und die Beantwortung substanzieller Fragen bilden, gut hegelisch, einen unauflöslichen Zusammenhang.«

Habermas, Jürgen, deutscher Philosoph und Soziologe, * Düsseldorf 18. 6. 1929; studierte Philosophie, Geschichte, Psychologie, deutsche Literatur und Ökonomie. 1955–59 war er Assistent an dem von Max Horkheimer und Theodor W. Adorno geleiteten »Institut für Sozialforschung« in Frankfurt am Main. 1961 wurde Habermas Professor für Philosophie in Heidelberg und 1964 für Philosophie und Soziologie in Frankfurt. 1971–81 war er Direktor am Max-Planck-Institut zur Erforschung der Lebensbedingungen der wissenschaftlich-technischen Welt in Starnberg. Von 1983 bis 1994 lehrte er mit den Schwerpunkten Sozial- und Geschichtsphilosophie erneut in Frankfurt.

■ **Gesellschaftsheorie** Habermas ist aus der →Frankfurter Schule hervorgegangen, die er im Sinne einer kritischen Theorie der Gesellschaft fortgeführt hat. Dem marxistischen Grundanliegen einer fortschreitenden Emanzipation des Menschen aus den Zwängen von Natur und Gesellschaft verpflichtet, geht es Habermas darum, die bisher ungeklärten normativen Grundlagen gesellschaftlicher Prozesse herauszuarbeiten. Mit seiner Habilitationsschrift »Strukturwandel der Öffentlichkeit« (1962) setzte er einen Markstein seines gesellschaftskritischen, zugleich aufklärerischer und demokratischer Tradition verbundenen Denkens. Bereits in den 1950er-Jahren trat Habermas für demokratische Reformen des Bildungswesens und der Hochschulen ein und wurde so – als Vertreter der »Linken« – zu einem geistigen Anreger der Studentenbewegung 1967/68, wobei es allerdings schon bald zu Konfrontationen zwischen Habermas und radikalen Studenten kam.

In seinem Werk »Erkenntnis und Interesse« (1968) stellt Habermas heraus, dass es keine »objektive« Erkenntnis gebe. Vielmehr bestimme das jeweilige theoretische oder praktische Erkenntnisinteresse den Aspekt, unter dem die Wirklichkeit objektiviert, d.h. wissenschaftlicher Forschung und Organisation zugänglich gemacht wird.

Sein monumentales Werk »Theorie des kommunikativen Handelns« (1981) sowie frühere, vorbereitende Werke (u.a. »Was heißt Universalpragmatik?«, 1976) dienen dem Erweis, dass die normativen Grundlagen gesellschaftlicher Prozesse in der Sprache liegen. In die Sprache fließen die Geltungsansprüche der Wahrheit, Verständlichkeit, Richtigkeit und Wahrhaftigkeit – d. h. der Vernünftigkeit – ein, die jeglicher Verständigung und damit menschlichem →Handeln als moralische Normen zugrunde liegen. Andererseits machen sich im Verständigungsprozess nicht hinterfragte Kenntnisse und Hintergrundüberzeugungen geltend. Diese Momente der Lebenswelt des Individuums können sprachlich artikuliert und im Hinblick auf gemeinsame, definierte Handlungsziele zur Diskussion gestellt werden.

■ **Ethik** Mit Karl-Otto Apel ist Habermas der wichtigste Vertreter einer transzendentalpragmatischen Begründung der Ethik. Die von ihm 1973 formulierte »Konsenstheorie der Wahrheit«, die Wahrheit als Übereinstimmung in einer idealen Kommunikationsgemeinschaft auffasst, fand vielseitige Beachtung. Während die Rationalitätskritik Adornos in der Technisierung und Bürokratisierung fortschreitende Herrschaftszwänge eines ursprünglich aufklärerischen Vernunftmoments sah, geht Habermas von den Entwicklungsmöglichkeiten der Vernunft aus, in Form der sich in menschlichen Verständigungsprozessen artikulierenden Dialektik von System und Lebenswelt. In »Faktizität und Geltung« (1992) lässt er der Gesellschaftstheorie und der →Diskursethik in seiner Theorie der Moderne die Rechts- und Staatstheorie folgen.

■ **Wirkung** Habermas war an allen großen theoretischen Debatten jüngerer Zeit wie etwa dem →Positivismusstreit beteiligt, nahm und nimmt aber auch zu gesellschaftspolitischen und historischen Ereignissen Stellung. Seine heftige Kritik 1986 an neokonservativen, die Verbrechen der nationalsozialistischen Herrschaft nivellierenden Tendenzen lösten den »Historikerstreit« aus. Mit seiner Schrift »Die Zukunft der menschlichen Natur« (2001) hat er sich auch in der bioethischen Debatte zu Wort gemeldet.

Habitus [latein. »Gehabe«, »Beschaffenheit«, »erworbene Eigentümlichkeit«], grie-

Jürgen Habermas
*** 1929**

100562

- ■ zählt zu den bekanntesten lebenden Philosophen Deutschlands
- ■ wurde zu einem geistigen Anreger der Studentenbewegung 1967/68
- ■ arbeitet an einer kritischen Theorie der Gesellschaft
- ■ untersuchte das Zusammenspiel von Sprache und Gesellschaft
- ■ beteiligt sich wortführend an zahlreichen aktuellen Debatten

Habermas »Theorie des kommunikativen Handelns«

Wenn wir uns darüber verständigen, was wir in einer gegebenen Situation tun sollen, folgt unsere Auseinandersetzung einer ganz eigenen Logik. Sie zielt auf eine Einigung ab, die nicht durch äußeren Zwang oder rhetorische Tricks, sondern nur durch überzeugende Argumentation hergestellt werden kann. Mit ihr ist gleichsam Vernunft in unsere Alltagspraxis eingebaut. Im Zuge gesellschaftlicher Modernisierung drohen jedoch immer mehr Lebensbereiche dieser Form vernünftiger Regelung entzogen und der Eigengesetzlichkeit ökonomischer und bürokratischer Prozesse überantwortet zu werden. Die Vernunft gegen die Übergriffe verselbstständigter gesellschaftlicher Teilsysteme in Schutz zu nehmen ist Anliegen von Jürgen Habermas' 1981 erschienener »Theorie kommunikativen Handelns«.

100563

Jürgen Habermas. Während der Studentenunruhen versuchte Habermas zu formulieren, was die jungen Leute bewegte: die Auflehnung wider autoritäre Verkrustungen und strukturell gewaltsame Verhältnisse. Er warnte aber vor »Aktionismus« und der Anzettelung eines Bürgerkriegsszenarios (Studentenprotest gegen den Schahbesuch am 2. Juni 1967 in Berlin).

chisch **Hexis**, Ausdruck der aristotelischen Philosophie, der eine erworbene, ihren Träger bleibend strukturierende Eigenschaft bezeichnet. Der Habitus ist ein zentraler Begriff der *Ethik*, sofern Tugend als durch Übung erworbener Habitus der praktischen Vernunft verstanden wird, sowie der *Wissenstheorie*, sofern epistemisches Wissen als Habitus der theoretischen Vernunft aufgefasst wird. In dieser zweifachen Verwendung wurde Habitus in der Philosophie des lateinischen Mittelalters ab dem 12. und v. a. im 13. Jh. gebraucht.

Hamann, Johann Georg, deutscher philosophischer Schriftsteller, *Königsberg (heute Kaliningrad) 27. 8. 1730, †Münster 21. 6. 1788; studierte Theologie, Jurisprudenz und Philosophie. Seit 1755 war er in Handelsgeschäften tätig und erlebte in London eine Bekehrungskrise. Nach wechselnden Beschäftigungen wurde er 1764 Redakteur der Königsberger Zeitung, 1767 Sekretär bei der Akzise-Regie und 1777 Packhofverwalter. 1787 schied er aus dem Amt und lebte abwechselnd in Düsseldorf und Münster bei seinen Freunden Friedrich Heinrich Jacobi und der Fürstin Amalie von Gallitzin. Sein Hauptwerk »Aesthetica in nuce« gilt neben Alexander Gottlieb Baumgartens »Aesthetica« als Gründungsschrift der philosophischen Disziplin. Seine →Sprachphilosophie und seine positive Sicht der Natur finden heute wieder viel Beachtung.

Als Gegner der Aufklärung, aber auch der äußerlich-formelhaften Orthodoxie hob Hamann überall das Irrationale, Doppelsinnige des konkreten Lebens hervor, das er von der Religion herkommend interpretierte. Er war Wegbereiter und Anhänger der Sturm-und-Drang-Bewegung und wirkte bis in die Romantik hinein. Ahnung und Intuition galten ihm als die eigentlichen Quellen menschlicher Einsicht. Die Einheit von Geist und Sinnlichkeit offenbare sich v. a. in der Sprache, wobei menschliches Sprechen nur Abglanz göttlichen Sprechens sei, das er zugleich als ein Schaffen deutete. Nach Hamann ist die Poesie die »Muttersprache des menschlichen Geschlechts«. Den Totalitätsanspruch der Vernunft, wie er ihn besonders in Kants Lehre von der reinen Vernunft verkörpert sah, bekämpfte er. Vernunft finde immer schon Sprache vor und sei damit wie diese geschichtlich.

Handeln, im Unterschied zum passiven, instinktgebundenen Verhalten eine reflektierte, willentliche Tätigkeit, die auf Gestaltung der Wirklichkeit gerichtet ist. Diese praktische Tätigkeit kann von der theoretischen Tätigkeit um der Erkenntnis willen und der poietischen (herstellenden) Tätigkeit unterschieden werden. Nur dem Menschen als vernunftbegabtem Wesen ist in diesem Sinne Handeln eigen, doch spricht die neuere Verhaltensforschung auch vom Handeln der Tiere, wobei das Analogon beim Tier streng genommen »Verhalten« heißt.

Aristoteles geht in seiner Untersuchung des Handelns von konkreten Rechtsfällen aus und hebt die Bewusstheit und Freiwilligkeit des Handelns als Voraussetzung seiner sittlichen Beurteilung hervor. Während Kant in seiner apriorischen Grundlegung der Moral v. a. die intelligible Seite des Handelns analysiert, hat Hegel in die dialektische Selbstentfaltung des absoluten Geistes die intelligible und die empirische Seite des Handelns einbezogen. Eine zentrale Rolle spielt der Begriff des Handelns im Pragmatismus (John Dewey), dem zufolge jede Theorie der menschlichen Gemeinschaft als Mittel (»Instrument«) zur Bewältigung von Situationen des praktischen Lebens dient und den jeweils wechselnden Bedingungen angepasst werden muss. Hannah Arendt grenzt Handeln als höchste Form menschlicher Tätigkeit und im engeren Sinne soziale Praxis vom Arbeiten und Herstellen ab.

Jürgen Habermas unterscheidet vom strategischen, rein auf Nutzen und Erfolg zielenden Handeln das »kommunikative Handeln«, bei dem die soziale Interaktion von Individuen auf Verständigung und gegenseitiges Einverständnis gegründet ist. Hans Jonas spricht vom veränderten Wesen menschlichen Handelns, das aus zeitlich und räumlich neuartigen Dimensionen der Technik resultiere.

Die analytische Handlungsphilosophie, der zufolge die Handlung von außen auf allgemeine Gesetzmäßigkeiten hin untersucht wird, und die hermeneutische Handlungsphilosophie, die das Handeln aus der Sicht des Handelnden darstellt und dessen Absichten, Wünsche u. a. zum Gegenstand hat, stehen als einander ergänzende Betrachtungsweisen in kontroverser Diskussion miteinander.

Hare ['heə], Richard Mervyn, englischer Philosoph, *Backwell (bei Bristol) 21. 3. 1919, †Ewelme (Oxfordshire) 29. 1. 2002; wirkte in Oxford zunächst als Dozent für Naturreligion (1963–66) und später als Professor für Moralphilosophie (1966–83). Nach einer vornehmlich metaethisch-deskriptiv ausgerichteten Untersuchung der im Alltag üblichen moralischen Reden und Argumentationen (»The language of morals«, 1952; dt. »Die Sprache der Moral«) suchte Hare die gewonnenen Erkenntnisse für eine normative Theorie moralischen Argumentierens fruchtbar zu machen (»Freedom and reason«, 1963; dt. »Freiheit und Vernunft«). Seiner Theorie des »Präskriptivismus« zufolge ist das wesentliche Kennzeichen moralischer Urteile ihre handlungsleitende Funktion. Gleichzeitig können sie Anspruch auf Universalisierbarkeit erheben. Eine Argumentation erweist sich daher erst dann als moralisch, wenn sie diese beiden Merkmale erfüllt.

Harmonie [griech., eigtl. »Fügung«], in der *Ästhetik* die intuitiv erfassbare Übereinstimmung aller Teile der Erscheinung. Unter anderem von Leibniz als Einheit in der Mannigfaltigkeit definiert (»prästabilierte Harmonie«), ist Harmonie vom Grad der Gesetzhaftigkeit bestimmt, die in der Zuordnung der Teile eines Ganzen zueinander besteht. In der klassischen Ästhetik, die besonders seit der Renaissance bis ins 19. Jh. für die Kunstauffassung maßgebend war, entspricht der Begriff der Harmonie dem des →Schönen.

Hartmann, Nicolai, deutscher Philosoph, *Riga 20. 2. 1882, †Göttingen 9. 10. 1950; wurde 1907 durch Hermann Cohen und Paul Natorp promoviert, als dessen Nachfolger er 1920 Professor in Marburg wurde. Ab 1925 lehrte er in Köln, ab 1931 in Berlin und ab 1946 in Göttingen. Seine frühen Arbeiten entstanden noch innerhalb der Marburger Schule des →Neukantianismus.

Durch eine realistische Ontologie, die den methodischen Ausgangspunkt für den Aufbau einer eigenständigen Philosophie darstelle, wollte Hartmann den Rationalismus der traditionellen Wesensontologie überwinden. Deren Apriorismus vermied er durch die phänomenologische Analyse lebensweltlicher und wissenschaftlicher Erfahrung, die zu den ontologischen Grundbegriffen und Grundgesetzen führe. Die konstruktive Erkenntnistheorie Kants lehnte er ab. Erkennen bedeute vielmehr das »Erfassen« der unabhängig vom Erkennenden bereits existierenden Wirklichkeit. Der vollständigen Erfassung der Wirklichkeit seien dabei prinzipiell Grenzen gesetzt, die aber im Forschungsprozess erweitert werden könnten. Hinter diesen Grenzen beginne das »Irrationale«. Gegenüber vielen Problemstellungen sei somit nur eine aporetische (→Aporie) Haltung möglich.

Die Kategorien und Gesetze der Ethik gründen sich nach Hartmann auf eine Analyse, die der phänomenologischen Wertethik Max Schelers ähnlich ist. In der Ethik postulierte Hartmann den Atheismus, der das an der Erkenntnis der Werte sich orientierende freie Handeln ermögliche.

Hayek, Friedrich August von, britischer (seit 1938) Volkswirtschaftler und Sozialphilosoph österreichischer Herkunft, *Wien 8. 5. 1899, †Freiburg im Breisgau 23. 3. 1992; war Direktor des von ihm gegründeten Österreichischen Instituts für Konjunkturforschung (1927–31) und anschließend Professor an der London School of Economics. Seit 1950 lehrte er in Chicago, 1962–68 in Freiburg im Breisgau. Danach übernahm er zahlreiche Gastprofessuren. Hayek trat besonders durch wettbewerbs- und konjunkturtheoretische Arbeiten hervor. Er gilt als Verfechter einer liberalen Wirtschafts- und Gesellschaftsordnung. 1974 erhielt er für seine Forschungen auf dem Gebiet der Geld- und Konjunkturtheorie sowie Analysen der wechselseitigen Abhängigkeit wirtschaftlicher, sozialer und institutioneller Phänomene den Nobelpreis für Wirtschaftswissenschaften.

Hedonismus [zu griech. hēdonḗ »Freude«, »Vergnügen«, »Lust«], in der *Ethik* eine Grundposition, welche den größtmöglichen Gewinn an →Lust für erstrangig erstrebenswert hält. Zu vermeiden sind dagegen Unlust und Schmerz. Da der Hedonismus die Lust als Glückseligkeit versteht, ist er dem →Eudämonismus zuzurechnen. In der Antike betrachteten die Kyrenaiker – unter ihnen v. a. Aristippos – die Lust als das höchste Gut, und auch Epikur stand dem Hedonismus nahe. In der Neuzeit vertraten v. a. die französischen Materialisten und die Utilitaristen hedonistisches Gedankengut.

Hegel, Georg Wilhelm Friedrich, deutscher Philosoph, *Stuttgart 27. 8. 1770, †Berlin 14. 11. 1831; gilt als der bedeutendste Vertreter des deutschen Idealismus.

■ **Leben** Hegel wurde im Sinne einer humanistischen Aufklärung erzogen. Er trat 1788 ins Tübinger Stift ein, wo er das Studium der Philosophie und Theologie 1790 bzw. 1793 abschloss. Mit Friedrich Wilhelm Joseph von Schelling und dem Dichter Friedrich Hölderlin verband ihn eine enge Freundschaft.

Nach Hauslehrerstellen in Bern und auf Vermittlung Hölderlins in Frankfurt am Main lehrte er ab 1801 in Jena (seit 1805 als außerordentlicher Professor), wo er zusammen mit Schelling das »Kritische Journal der Philosophie« (1802/03) herausgab. Im Frühjahr 1807 übernahm er die Redaktion der »Bamberger Zeitung« und wurde im Herbst 1808 Rektor des Ägidiengymnasiums in Nürnberg. Ab 1816 lehrte er an der Universität in Heidelberg und trat dort in die Redaktion der »Heidelberger Jahrbücher« ein. 1817 wurde Hegel Nachfolger Johann Gottlieb Fichtes an der Universität Berlin. Hier entfaltete er seine größte Wirksamkeit, u. a. mit den von ihm 1826 gegründeten »Jahrbüchern für wissenschaftliche Kritik«. 1830 wurde er Rektor der Universität. Mehrere große Reisen führten ihn in die

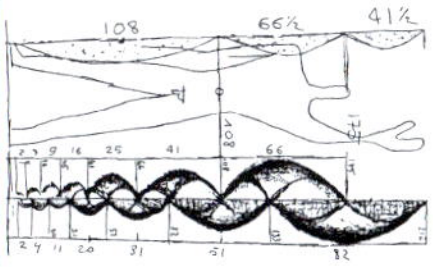

Harmonie. Der Architekt Le Corbusier legte seinen Gebäuden ein Proportionssystem (»Modulor«) auf mathematischer Grundlage zugrunde, das er auf den menschlichen Körper bezog.

Georg Wilhelm Friedrich Hegel
*** 1770, † 1831**

100264

- gilt als bedeutendster Vertreter des deutschen Idealismus
- war mit Friedrich Wilhelm Joseph Schelling und Friedrich Hölderlin befreundet
- versuchte, die gesamte Wirklichkeit in ein System zu fassen
- war einer der ersten Theoretiker der bürgerlichen Gesellschaft
- entfaltete als Professor und Rektor der Berliner Universität eine große Breitenwirkung

Kunstzentren Europas. Auf seinen Wunsch hin wurde er neben Fichte auf dem Dorotheenstädtischen Friedhof in Berlin beigesetzt.

Die Aufgabe der Philosophie besteht nach **Georg Wilhelm Friedrich Hegel** nicht in der Belehrung der Welt:

»Es ist eben diese Stellung der Philosophie zur Wirklichkeit, ... daß die Philosophie, weil sie das Ergründen des Vernünftigen ist, eben damit das Erfassen des Gegenwärtigen und Wirklichen, nicht das Aufstellen eines Jenseitigen ist... Was vernünftig ist, das ist wirklich; und was wirklich ist, das ist vernünftig.«

■ **Jugendschriften** Hegel trat erst recht spät mit eigenen Publikationen an die Öffentlichkeit. Orientiert an der Einheit von Staat und Religion bei den Griechen, begeistert aber v. a. von der Französischen Revolution, ging es ihm zunächst besonders um die Bedingungen der Möglichkeit von Freiheit und um die Verwirklichung der ethischen Prinzipien Kants in der Gesellschaft. Letztere erschien ihm nur mittels der Konstituierung einer neuen, in Opposition zu der christlichen Dogmatik der Zeit konzipierten »Volksreligion« möglich, was er in seiner in den Jahren 1795/96 in Bern entstandenen Schrift über die »Positivität der christlichen Religion« darlegte.

In Frankfurt am Main suchte Hegel unter dem Einfluss Hölderlins die »schöne Religion« mittels einer spekulativ-spinozistischen Uminterpretation der Botschaft des Neuen Testaments (»Der Geist des Christentums und sein Schicksal«, 1798/99). Seine Position blieb nicht rein theoretisch: Mit einer Flugschrift unternahm er 1798 den Versuch, in den württembergischen Verfassungsstreit einzugreifen. Andere politische und ökonomische Studien stehen dieser Schrift an der Seite.

Aus umfangreichen naturphilosophischen Studien stellte Hegel 1801 seine Habilitationsschrift »Dissertatio de orbitis planetarum« zusammen. In ihr zielt er darauf ab, aus der Definition des Begriffs der Materie die logischen Konstituenten für einen Begriff vom Sonnensystem anzugeben. In seiner ersten philosophischen Publikation aus dem Jahre 1801, der »Differenz des Fichteschen und Schellingschen Systems der Philosophie«, entwickelte er seine Kritik an der Reflexionsphilosophie Kants, Friedrich Heinrich Jacobis und Fichtes.

■ **Systementwicklung** Anliegen von Hegels Philosophie ist es – in Fortführung des Ansatzes von Fichtes »Wissenschaftslehre« –, die Gedanken, die sich bereits in der Geschichte des Denkens herausgebildet haben, zur Klarheit über sich selbst zu bringen, d. h. in ein System zu fassen. Philosophie wird bestimmt als denkende Betrachtung der Gegenstände; ihren Inhalt hat sie mit Sittlichkeit und Religion gemeinsam. In die Form des Systems kann die Philosophie nach Hegel aber nur dann gelangen, wenn sie dialektisch ist.

Voraussetzung für die Realisierung seines Vorhabens war die Wende zu einer spekulativen »Metaphysik des Absoluten« in den Jahren 1801–03. Der ursprüngliche Systemplan sah Phänomenologie, Logik, Naturphilosophie und Geistphilosophie vor. In Jena entstand die »Phänomenologie des Geistes« (1807), die, als Einleitung in die Logik und erster Systemteil angelegt, die menschliche Wissensbildung methodisch als Stufengang rekonstruiert. Gegenstand der in Nürnberg entstandenen »Wissenschaft der Logik« (1812–16, 2 Bde.) sind in Konsequenz die reinen Denkbestimmungen. Sie vollzieht so die begriffliche Grundlegung für das Gesamtsystem. Hegel entwickelte in ihr dialektisch die Begrifflichkeit der tradierten Metaphysik und unterwarf die herkömmliche Logik einer dialektischen Rekonstruktion.

Eine eigenständige Naturphilosophie hat Hegel nicht geschrieben. Er verfasste hingegen 1817 in Heidelberg die »Encyclopädie der philosophischen Wissenschaften« (1817, erweitert 1827 und 1830), die – als erstmalige Gesamtdarstellung seines geschlossenen Systems – zum Grundbuch seiner Lehre wurde. Die in ihm dargelegte Philosophie des subjektiven, objektiven und absoluten Geistes stellt dar, wie der Geist aus der Natur zu sich selbst zurückkehrt. Im »subjektiven Geist« wird das, was der Geist überhaupt ist, als Beziehung auf sich selbst für das Subjekt behandelt; gezeigt wird, wie der einzelne Mensch in den Formen der Sittlichkeit lebt. Im »objektiven Geist« hat der Geist seine Freiheit als Notwendigkeit in eben diesen sittlichen Formen (Familie, bürgerliche Gesellschaft, Staat). In der Natur existieren die Stufen der Entwicklung jeweils als etwas Besonderes, im »absoluten Geist« dagegen sind die unteren Stufen nur Momente an den höheren (so die Anschauung in der Kunst, die Vorstellung in der Religion, der Begriff in der Philosophie).

■ **Rechtsphilosophie** Um die Philosophie des objektiven Geistes angemessen auszuführen, veröffentlichte Hegel 1820 das Kompendium »Grundlinien der Philosophie des Rechts«, das auch unter dem Titel »Naturrecht und Staatswissenschaft im Grundrisse« bekannt ist. In diesem fragt er nach den maß-

Hegel »Phänomenologie des Geistes«

Die Philosophie will nicht dies oder das erkennen. Ihr geht es um das Ganze, das Absolute. Doch wie fängt man das an, das Absolute erkennen? Es könnte sinnvoll erscheinen, zunächst einmal unsere Erkenntnis selbst unter die Lupe zu nehmen. Schließlich ist alles, was wir über einen Gegenstand in Erfahrung bringen können, auf die ein oder andere Weise durch sie vermittelt. Diese Vorstellung jedoch setzt voraus, dass wir vom Absoluten getrennt sind, dass wir als die Erkennenden auf der einen Seite stehen und das Absolute als unser Erkenntnisgegenstand auf der anderen. Was aber nur auf einer Seite steht und noch etwas anderes neben sich hat, kann zwar dies oder das sein, mit Sicherheit aber nicht das Ganze und Absolute. So kommt nach Hegels 1807 erschienene »Phänomenologie des Geistes« alles darauf an, jede Konzeption von Erkenntnis, die noch mit diesem Gegensatz arbeitet, der inneren Widersprüchlichkeit zu überführen und unser gewöhnliches Auffassen so auf einen Standpunkt zu erheben, auf dem die Unterscheidung zwischen uns selbst und einem äußeren Gegenstand unserer Erkenntnis entfällt und das Absolute als die alle Gegensätze in sich befassende Einheit der Wirklichkeit begreifbar wird.

Hegel Der Weltgeist zu Pferde

100264

Hegel, der zu Studienzeiten ein glühender Anhänger der Französischen Revolution gewesen war, reflektierte auch ihre Folgen. Der Umsturz der alten Ordnung hatte zu einer zügellosen, die Freiheitsrechte des Individuums missachtenden Tyrannei geführt. Hegel schloss daraus, dass die Freiheit nur in einer auf Recht gegründeten staatlichen Ordnung gewährleistet werden kann, welche die »persönliche Freiheit des Menschen« zum Inhalt hat. Als Hoffnungsträger sah er Napoleon I. an. Dieser verkörperte für ihn die »Weltseele«, die »auf einen Punkt konzentriert, auf einem Pferde sitzend, über die Welt übergreift und sie beherrscht«. Hegel hatte 1806 die Einnahme Jenas durch die französischen Truppen unter Napoleon miterlebt (Jacques-Louis David, »Napoleon überschreitet den großen Sankt-Bernhard-Pass«, 1800; Wien, Kunsthistorisches Museum).

geblichen Institutionen der Sittlichkeit und nach der Möglichkeit ihrer Ableitung aus dem metaphysischen Prinzip der Freiheit und führt damit Gedanken aus seiner im Winter 1817/18 in den »Heidelberger Jahrbüchern« veröffentlichten Kritik an den württembergischen Landständen und der hier skizzierten Konzeption einer neuständisch-bürgerlichen Repräsentation fort.

Das »abstrakte Recht« rekonstruierte Hegel als Normensystem, das den über »Sachen« (»Eigentum«) sich herstellenden Interaktionen zugrunde liegt. Besondere Bedeutung kommt seiner Bestimmung der »bürgerlichen Gesellschaft« zu. Hegel definiert sie als »wildwüchsig« sich unter dem »Prinzip der Besonderheit« herstellende und stehende allgemeine Lebensform, die eine positive Organisation (»Rechtspflege«) ausbildet, deren Zweck wiederum die Erhaltung dieser Lebensform ist. Das Auseinanderbrechen der Gesellschaft im Klassengegensatz wird durch gesellschaftliche Institutionen, v. a. aber durch den »Staat« aufgehalten. Den modernen Staat fasst Hegel als Realisat von Freiheit. Er ist die Instanz, in der das Gattungsleben der Menschen seine höchste und nicht mehr überschreitbare Form erhalten hat, und ist damit sich selbst als Zweck auszeichnendes allgemeines Leben (»absolute Freiheit«). Hegel vertritt in seiner Rechtsphilosophie einen konstitutionell-monarchisch geprägten Liberalismus.

■ **Geschichtsphilosophie** Die 1822 begonnenen Berliner »Vorlesungen über die Philosophie der Weltgeschichte« (hg. 1917–20, 4 Bde.) gehören ihrer ursprünglichen Konzeption nach noch zur Rechtsphilosophie. Geschichte definiert Hegel hierin als den Prozess, in dem der Geist in der Zeit sich eigens zu dem macht, was er ist, oder als »Fortschritt im Bewusstsein der Freiheit«. Die Ausbildung des Geschichtsbewusstseins ist wohl Hegels epochale, bleibende Leistung, was auch die »Vorlesungen über die Geschichte der Philosophie« (hg. 1833) dokumentieren, in denen Hegel sein eigenes System innerhalb der abendländischen Philosophiegeschichte seit den Griechen als deren Synthese erklärt.

Hegel
→ GEO **Dossier**
Die unaufhaltsame Karriere einer Idee, Bd. 14

■ **Religionsphilosophie** Die »Vorlesungen über die Philosophie der Religion« (hg. 1832) stellen die Geschichte der menschlichen Vorstellungen von der Freiheit dar. Die hegelsche Religionsphilosophie hat drei Abteilungen: den Begriff der Religion, die unterschiedlichen geschichtlichen Religionen und die christliche Religion als die »absolute« Religion, d. h. als Synthese aller bisherigen geschichtlichen Erscheinungsformen von Religion.

■ **Ästhetik** In den zwischen 1820 und 1829 gehaltenen »Vorlesungen über die Ästhetik« (hg. 1835–38) entfaltet Hegel seine Metaphysik des Schönen als dem »sinnlichen Scheinen der Idee«. Er leitet sie ein mit seiner berühmten Lehre von der symbolischen, klassischen und romantischen Kunstform. Dabei stellt die klassische Kunstform die Verwirklichung des Ideals dar. Denn allein in ihr gelangt der Geist »zum wahren Begriffe seines absoluten Wesens«. Ein System der Künste – diese machen das reale Dasein der Kunstformen aus – beschließt die Darstellung.

■ **Methode** Hegel entwickelt in seinem System eine spezifische Methode zur Erkenntnis der Struktur der Dinge: die allgemeine Dialektik. Sie ist allein in der Logik begründet und erfährt in den Realphilosophien lediglich ihre Spezifikation. Die Leistung dieser Methode

Hegelianismus. Nach dem Zweiten Weltkrieg wurde das Interesse in Deutschland an Hegel wiederbelebt. Bei einem Kongress, der 1970 in Stuttgart zum 200. Geburtstag des Philosophen von der Internationalen Hegel-Vereinigung, der Heidelberger Akademie der Wissenschaften und Hegels Geburtsstadt Stuttgart veranstaltet wurde, diskutierten unter anderem (von rechts) Herbert Marcuse, Karl Löwith und Iring Fetscher.

besteht darin, dass der reale Widerstreit als logischer Widerspruch begriffen und aufgelöst werden kann.

Kernstück der Dialektik ist die erstmals 1804/05 entwickelte Konzeption der »bestimmten Negation«: Auf die einfache Allgemeinheit folgen zwei Besonderheiten ein und desselben Allgemeinen, die in Gegensatz zueinander stehen (»erste Negation«). Die Sphäre der Antinomie wird dann in einem dritten Schritt selbst negiert, d.h. als »aufgehoben« gedacht in einer Negation der Negation, die eine Rückkehr zur Allgemeinheit ist, allerdings zu einer jetzt konkreten, entwickelten Allgemeinheit als Einheit des Widerspruchs der ihr immanenten Bestimmtheiten (daher »bestimmte Negation«). Die Dialektik ist nach Hegel Einheit von analytischer und synthetischer Methode und auch als Angabe der Bewegung des Denkens nach seinen immanenten Gesetzen Einheit von Inhalt und Form. Hegel unterscheidet drei Grundformen: die Dialektik des Seins (das Übergehen), die Dialektik des Wesens (das Scheinen im anderen) und die Dialektik des Begriffs (die Entwicklung).

■ **Bedeutung** Mit Hegel kommt die an Kant anschließende, sich an Systemgesichtspunkten orientierende idealistische Philosophie zu ihrem Abschluss. Unter Beibehaltung einzelner aufklärerischer und kritischer Positionen versuchte Hegel, die historische Betrachtungsweise einbeziehend, die tradierte Metaphysik, die modernen naturwissenschaftlichen Methoden, das moderne Naturrecht und die Theorien der bürgerlichen Gesellschaft im Blick auf die gegenwärtige Welt in seinem System zu vereinigen.

Hegelianismus, Sammelbezeichnung für die sich an Hegel anschließenden oder sich auf ihn berufenden philosophischen Strömungen im 19. und 20. Jahrhundert.

■ **Ausrichtungen** Schon kurz nach Hegels Tod (1831) spaltete sich der Kreis seiner Schüler und Anhänger in zwei Lager. Die **Rechtshegelianer** vertraten politisch einen monarchistisch-nationalliberalen Standpunkt und versuchten die hegelsche Religionsphilosophie mit der christlichen Orthodoxie in Einklang zu bringen. Viele der **Althegelianer,** der Kreis seiner unmittelbaren Schüler, standen den Rechtshegelianern nahe. Die **Linkshegelianer** vertraten dagegen demokratisch-liberale bis sozialistische Ansichten. Sie gaben der hegelschen Religionsphilosophie eine Wende zum Pantheismus (Bruno Bauer) oder zum Atheismus (Ludwig Feuerbach) und bezogen sich wesentlich auf die hegelsche Dialektik. Die Linkshegelianer setzten sich vorwiegend aus **Junghegelianern** zusammen, also aus Vertretern, die nur noch wenig persönliche Berührung mit Hegels Lehrtätigkeit hatten. Zu ihnen gehörten u.a. David Friedrich Strauß, Max Stirner, Karl Marx und Friedrich Engels.

■ **Entwicklung** In einer ersten Phase (bis etwa 1840) wurden die Auseinandersetzungen zwischen Rechts- und Linkshegelianern v.a. auf theologischem Gebiet ausgetragen. Darauf folgte eine Zeit stärkerer Politisierung. Mit der Revolution von 1848 trat der Hegelianismus zugunsten anderer philosophischer Strömungen, die um 1860 in den Neukantianismus mündeten, zurück. Marx und Engels übernahmen Hegels dialektische Methode, gaben ihr aber eine andere, von Feuerbachs Anthropologie geprägte materialistische Grundlage.

Seit 1900 kam Hegels Philosophie zu neuer großer Wirkung, in Italien z.B. bei Benedetto Croce. In Russland wirkte die radikale Deutung der Linkshegelianer u.a. auf Michail Bakunin (* 1814, † 1876) und Wladimir Iljitsch Lenin. Kuno Fischer (* 1824, † 1907) und Wilhelm Dilthey leiteten um die Jahrhundertwende in Deutschland aus den Schulen des

Heidegger »Sein und Zeit«

Lange war die Philosophie besessen von der einen Frage: Woher kommt unser Wissen von der Welt? Wie gelangen die Gegenstände da draußen hier hinein in unseren Kopf? Es schien, als wären wir ursprünglich von der Welt getrennt und müssten zuallererst zu ihr finden, als wären die Dinge vor uns hingestellt und wir starrten sie nur an. Damit bricht Martin Heideggers »Sein und Zeit« (1927). Ihm zufolge ist die distanzierende Haltung, die wir einnehmen, wenn wir uns erkennend auf Gegenstände beziehen, kaum geeignet, unser Wirklichkeitsverhältnis im Ganzen beispielhaft zu kennzeichnen. Schließlich sind wir eigentlich immer schon in der Welt zugange, mit diesem oder jenem beschäftigt, und haben es dabei zunächst nie mit so etwas wie einem bloß vorhandenen »Ding« zu tun, sondern mit allerlei »Zeug«, mit dem wir blind hantieren, das ganz in seinem Gebrauch aufgeht und uns in seiner nackten Gegenständlichkeit erst auffällt, wenn es uns etwa den Dienst versagt. Indem sich die Philosophie dieser vortheoretischen Erschlossenheit der Wirklichkeit und damit dem konkreten menschlichen Daseinsvollzug selbst zuwendet, soll ihr Fragen seine ursprüngliche und grundlegende Dimension zurückgewinnen.

Neukantianismus eine Hegelrenaissance ein (**Neuhegelianismus**).

Im Zusammenhang mit den an Martin Heidegger anschließenden hermeneutischen Schulen (→Hermeneutik) setzte dann nach dem Zweiten Weltkrieg wieder eine intensive Beschäftigung mit Hegel ein, jedoch überwiegend mit philosophie- und wirkungsgeschichtlichem Interesse, z. B. durch Hans-Georg Gadamer, Karl Löwith, Joachim Ritter und Dieter Henrich. Aus marxistischer Sicht haben Georg Lukács und Ernst Bloch Hegel rezipiert. Auch Vertreter der Frankfurter Schule wie Theodor W. Adorno und Herbert Marcuse haben sich intensiv mit Hegels Dialektik und Geschichtsphilosophie auseinandergesetzt.

100563

Martin Heidegger. Der Philosoph erklärte in seinem Aufsatz »Der Ursprung der Kunst« an einem Gemälde Vincent van Goghs den Unterschied zwischen Kunstwerk und Natur- oder Gebrauchsgegenstand: Das Kunstwerk erschließe eine eigene Welt und setze die Wahrheit »ins Werk« (»Die Schuhe«, 1887; Cone Collection, Baltimore, Md., Museum of Art).

Heidegger, Martin, deutscher Philosoph, * Meßkirch 26. 9. 1889, † Freiburg im Breisgau 26. 5. 1976; einer der bedeutendsten Philosophen des 20. Jahrhunderts. Zu seinen Schülern gehören u. a. Hans-Georg Gadamer und Karl Löwith.

■ **Leben** Heidegger studierte 1909–11 katholische Theologie und 1911–13 Philosophie, Geschichte und Mathematik in Freiburg. 1915 habilitierte er sich bei Heinrich Rickert. Anschließend lehrte er als Privatdozent in Freiburg (1916–23), wo er ab 1919 als Assistent von Edmund Husserl arbeitete. 1923 wurde er ordentlicher Professor der Philosophie in Marburg und 1928 Nachfolger Husserls in Freiburg. In den Jahren 1946–49 erhielt er wegen seines Engagements für die nationalsozialistische Bewegung Lehrverbot durch die französische Besatzungsmacht. 1951 wurde Heidegger emeritiert.

■ **Gegenstand und Methode** Heideggers gesamtes Denken kreiste um die »Seinsfrage«. Ausgehend von der Grunderfahrung der Seinsvergessenheit bzw. Seinsferne bemühte er sich in seinem Hauptwerk »Sein und Zeit« (1927) um eine »Wieder-holung« der Frage nach dem Sein als solchem. Im destruierenden Rückgang durch die Seinsthesen der abendländischen Metaphysik seit Platon und anknüpfend an das ursprüngliche Seinsverständnis der Vorsokratiker stellt Heidegger die Frage nach dem Sein in Abhebung vom Seienden. Dabei bedient er sich vornehmlich der Methoden der →Phänomenologie und der →Hermeneutik und geht vom zumindest vorbewusst immer schon vorliegenden Seinsverständnis des Menschen und seiner Tendenz zur Selbstauslegung aus. Im Rückblick gliederte Heidegger seinen Denkweg in drei Phasen, denen drei miteinander zusammenhängende Formulierungen der Seinsfrage entsprechen:

Im Zentrum von Heideggers erster Phase (etwa 1922–33) steht die Frage nach dem »Sinn von Sein«, die an den »Entwurf« bzw. das »Seinsverständnis« des (menschlichen) Daseins gebunden bleibt. Als Sinn von Sein, d. h. als das, woraufhin Sein immer schon verstanden wurde, wird die Zeit herausgestellt. Die zweite Phase (etwa 1934–46) bestimmt sich über die Frage nach der »Wahrheit des Seins«, womit die »Offenheit des Seins selbst« in den Vordergrund rückt und die Wahrheit als geschichtliches Geschehen gefasst wird. Die »Geschichtlichkeit des Daseins« wird durch den Gedanken des »Seinsgeschickes« vertieft. Die dritte Phase (ab 1947) widmet sich schließlich ganz und gar der Frage nach der »Ortschaft des Seins« und dessen Herkunft aus dem »Ereignis«. Das Seinsdenken wird jetzt explizit zu einer »Topologie des Seins«. Die viel besprochene »Kehre« in Heideggers Denken stellt keine Umkehr oder Bekehrung des »frühen« hin zu einem »späten Heidegger« dar, sondern erweist sich zuletzt als »Einkehr« in das wechselweise Zusammengehören von Sein und Menschenwesen.

■ **Lehre und Werk** Diesen drei Phasen entsprechen im Großen und Ganzen drei wesentliche Denkformen Heideggers: Den Anfang in »Sein und Zeit« bildet sein Versuch einer »Fundamentalontologie«, d. h. einer neuen Grundlegung der Ontologie. Sie erfordert zum einen eine »Destruktion« der Geschichte der Ontologie, zum anderen eine existenziale Analytik des Daseins. Die Analytik bedeutet eine Freilegung der Seinsstrukturen desjenigen Seienden, das allein ein Seinsverständnis haben kann und an dem daher primär der Sinn von Sein abgelesen werden kann, nämlich des Menschen.

Die in »Sein und Zeit« geplante, aber nicht mehr zur Durchführung gelangte Destruktion der Ontologie vollzieht Heidegger in zahlreichen Einzelstudien (seit Ende der 1920er-Jahre) zum Wesen und Problem der Metaphysik und in Auseinandersetzung mit den wichtigsten metaphysischen Denkern: Platon, Aristoteles, Descartes, Kant, Schelling, Hegel

20 Jahre nach dem Erscheinen von »Sein und Zeit« bezog **Martin Heidegger** erklärend Stellung zu seinem frühen Werk:

»Das Einzige, was das Denken, das sich in ›Sein und Zeit‹ zum ersten Mal auszusprechen versucht, erlangen möchte, ist etwas Einfaches. Als dieses bleibt das Sein geheimnisvoll, die schlichte Nähe eines unaufdringlichen Waltens.«

Martin Heidegger
*** 1889, † 1976**

1201

- stellte das Verständnis des Seins in den Mittelpunkt seiner philosophischen Bemühungen
- fragte nach den Auswirkungen der modernen Technik
- engagierte sich zeitweilig für den Nationalsozialismus
- prägte die Existenzphilosophie in Deutschland und Frankreich

Heidegger Nationalsozialistisches Engagement

Immer wieder sind heftige Diskussionen über das Verhältnis von Heideggers Denken zu seinem zeitweiligen Engagement für den Nationalsozialismus entbrannt. Im April 1933 übernahm Heidegger für ein Jahr das Amt des Rektors der Freiburger Universität. Während dieser Zeit wirkte er an der »Umgestaltung« der Universität im Sinne der Nationalsozialisten mit und hielt zahlreiche Reden, in denen er sich zum »Führerprinzip« bekannte – so vor allem die berühmt-berüchtigte Rektoratsrede über die »Selbstbehauptung der deutschen Universität«, in der er den »Wissensdienst« auf eine Stufe mit dem Arbeits- und Wehrdienst stellte. Nach seinem Rücktritt vom Rektorat unterließ er derartige Beiträge zur nationalsozialistischen Propaganda und zog sich ganz auf das Gebiet der Philosophie zurück. Heidegger schien sich innerlich vom Nationalsozialismus distanziert zu haben. Ursachen und Tragweite seines Sinneswandels sind bis heute nicht erschöpfend geklärt. Heidegger hat sich auch nach dem Krieg niemals ausdrücklich von seinem Engagement für den Nationalsozialismus distanziert. Das Foto zeigt eine Kundgebung in Leipzig im November 1933, die den Kampf Hitlers um die Gleichberechtigung Deutschlands unterstützte (auf dem Podium Heidegger als Rektor der Freiburger Universität neben Ferdinand Sauerbruch).

Heidegger
→ GEO **Dossier**
Weise werden, aber wie?, Bd. 14

und Nietzsche. Zu nennen sind in diesem Zusammenhang Heideggers Schriften »Kant und das Problem der Metaphysik«, »Vom Wesen des Grundes« und »Was ist Metaphysik?«, die alle 1929 erschienen. Heidegger »verwindet« die Metaphysik, indem er einerseits einen »Schritt zurück« vor die Metaphysik geht, und zwar zum ersten Anfang des abendländischen Denkens bei Anaximander, Heraklit und Parmenides, und sich andererseits in die denkerische Zwiesprache mit der Dichtung Friedrich Hölderlins begibt, der dichterisch einen zweiten Anfang, eine neue Nähe des Seins gestiftet habe (»Erläuterungen zu Hölderlins Dichtungen«, 1944).

Hieran schließt sich in der dritten Phase Heideggers Bemühung um ein anderes, nicht metaphysisches (nicht mehr vorstellendes und begründendes) Denken als Topologie des Seins an. Dieses zeigt die derzeitige Verbergung des Seins im »Gestell«, dem das Sein verstellenden Wesen der neuzeitlichen Technik, und die damit verbundene Gefahr auf, die den Menschen herausfordert, alles Wirkliche auf einen Knopfdruck hin abrufbar zu machen. Doch sieht dieses Denken auch die Chance der Rettung geboten und bereitet auf eine neue »Ankunft des Seins« vor, indem es Gelassenheit einübt. Dabei spielt die Besinnung auf die Sprache eine besondere Rolle. Der Mensch wird nicht mehr in Abhebung vom Tier oder von Gott definiert, sondern aus seinem Seinsbezug heraus als »Hirt« und »Nachbar des Seins« verstanden.

Heideggers Seinsdenken lehrt weder zwingendes Wissen noch gibt es allgemein verpflichtende Sollensgesetze und verbindliche Handlungsanweisungen. Dennoch verfällt Heidegger nicht einer Willkür oder einem bloßem Subjektivismus, sondern zeigt Denkwege auf, bei denen alles auf das Mitgehen ankommt und deren »Verbindlichkeit« sich aus dem phänomenologischen Sehen sowie dem Hören auf den Zuspruch des Seins ergibt. Dasjenige Geschehen, das Mensch und Sein einander übereignet und das Verhältnis von Zeit und Sein (»Anwesen«) ergibt, nennt Heidegger »Ereignis«. In Heideggers Spätwerk fallen u. a. »Platons Lehre von der Wahrheit. Mit einem Brief über den Humanismus« (1947) und »Nietzsche« (1961). Wichtige Schriften sind zudem in den Bänden »Holzwege« (1950) und »Wegmarken« (1967) versammelt.

■ **Wirkung** Heideggers Wirkung reichte weit über die Grenzen Deutschlands und der Philosophie hinaus und hatte teilweise erheblichen Einfluss auf Theologie, Psychologie, Kunst und Literaturwissenschaften sowie auf Pädagogik und Jurisprudenz. Über das Verhältnis von Heideggers Denken zu seinem Engagement für den Nationalsozialismus entfachte sich zeitweilig eine heftige und breite Diskussion.

Heidelberger Schule, eine Richtung des →Neukantianismus.

Helvétius [ɛlveˈsjys], Claude Adrien, französischer Philosoph, *Paris 26. 6. 1715, †ebenda 26. 12. 1777; war von 1738 bis 1751 Generalpächter. Danach lebte er zurückgezogen in seinem Landhaus in Voré und hielt sich später auch (um Repressionen zu entgehen) länger im Ausland auf. Helvétius, der zu den →Enzyklopädisten gehörte, ist einer der wichtigsten Vertreter des französischen Materialismus. Er betrachtete den Menschen als eine Maschine, die durch ihre sinnlichen Empfindungen zu Handlungen angetrieben wird. Oberstes Motiv alles menschlichen Tuns ist nach Helvétius die Selbstliebe. Diejenige öffentliche Ordnung, die die Trennung von privaten und öffentlichen Interessen zum Verschwinden bringt, ist ideal zu nennen. Helvétius' Hauptwerk, die von John Locke beeinflusste, sensualistisch orientierte Abhandlung »De l'esprit« (1758; dt. »Vom Geist«), wurde als staats- und religionsfeindlich verurteilt und öffentlich verbrannt.

Hempel, Carl Gustav, amerikanischer Wissenschaftstheoretiker deutscher Herkunft, * Oranienburg 8. 1. 1905, † Princeton (N. J.) 9. 11. 1997; kam nach dem Studium in Berlin mit dem logischen Empirismus in Berührung (u. a. mit der Philosophie Hans Reichenbachs), der ihn stark beeinflusste. 1929/30 führte ihn ein Forschungsaufenthalt nach Wien. Seit 1937 lebte Hempel in den USA und war dort 1955–70 Professor in Princeton. Nach anfänglichen Arbeiten zur nicht klassischen Logik und Mathematik sowie zu den Grundlagen der Psychologie wandte sich Hempel v. a. dem Problem der »deduktiv-nomologischen« Erklärung zu. Das in diesem Zusammenhang entwickelte Hempel-Oppenheim-Schema stellt Hempels bekanntesten Beitrag zur Wissenschaftstheorie dar (→Erklärung).

Henrich, Dieter, deutscher Philosoph, * Marburg 5. 1. 1927; Schüler von Hans-Georg Gadamer. Er wurde 1960 Professor der Philosophie in Berlin (West) und 1965 in Heidelberg. Seit 1981 lehrte er in München (1994 emeritiert). Henrich erarbeitete Interpretationen klassischer theoretischer Werke, erörterte die Probleme einer neuen Theorie des Selbstbewusstseins und entwickelte sie zu einer allgemeinen Konzeption, einer Philosophie des »bewussten Lebens«.

Heraklit, griechisch **Herakleitos,** Philosoph aus Ephesos, um 550–480 v. Chr., wurde wegen seiner Rätselsprache schon in der Antike der »Dunkle« genannt. Was über sein Leben berichtet wird, ist nicht gesichert. Von seinem in Prosa geschriebenen Buch sind rund 120 Sprüche und Fragmente erhalten.

■ **Lehre und Werk** Im Mittelpunkt steht bei Heraklit die Lehre vom Logos, bei dem es sich bei Heraklit um die eine und ewige Gesetzmäßigkeit handelt, die den vielfältigen Erscheinungen des Kosmos zugrunde liegt: Alle Vorgänge im Kosmos geschehen dem Logos gemäß und alles wird vom Logos verwaltet. Die oberflächlichen Menschen verstehen diesen Logos nicht, obwohl sie ihm ständig begegnen, denn die eigentliche Natur der Dinge ist für die Erkenntnis der Menschen verborgen. Den durch den Logos geordneten Kosmos bezeichnet Heraklit auch als göttliches und vernünftiges Feuer; dieses sei durch proportionale Mischung mit Meerwasser in den Zyklus des Werdens involviert.

Heraklit.
Um 1620 folgte Dirck van Baburen der in der Renaissance beliebten Darstellungsweise, Heraklit als weinenden Philosophen dem lachenden Demokrit gegenüberzustellen (»Heraklit und Demokrit«, Kaunas, Ciurlionis-Museum).

Die von Heraklit entdeckte Gesetzmäßigkeit scheint v. a. mit einem Phänomen zu tun zu haben, das später unter dem Titel »Einheit der Gegensätze« bekannt wurde. Danach erweist sich das vermeintlich Gegensätzliche bei näherer Betrachtung als Einheit oder Aspekte derselben Sache: »Der Weg hinauf und hinab ist ein und derselbe« (Fragment 60). »Das Kalte erwärmt sich, Warmes kühlt sich, Feuchtes trocknet sich, Dürres netzt sich« (Fragment 126). Ebenso wird die Einheit und Funktionsfähigkeit vieler Dinge erst durch gegenläufige Kräfte sichergestellt: »Das Auseinanderstrebende zusammentretend und aus dem Auseinandergehenden die schönste Harmonie« (Fragment 8).

Am bekanntesten sind Heraklits »Fluss-Fragmente«: »Denen, die in dieselben Flüsse steigen, strömen andere und andere Wasser zu« (Fragment 12a) und »Man kann nicht zweimal in denselben Fluss steigen« (Fragment 91). Unter dem Eindruck dieser Fragmente stilisierte ihn Platon zum Lehrer des Werdens (panta rhei, »alles fließt«) im Gegensatz zu Parmenides als dem Lehrer des Seins.

■ **Wirkung** Insbesondere die stoische Naturphilosophie wurde von Heraklit stark beeinflusst. So geht das Weltgesetz der Stoiker, das u. a. das Naturrechtsdenken inspiriert hat, auf den Logos Heraklits zurück. Die Hochschätzung seiner Lehre erneuerten besonders Hegel, der Dichter Friedrich Hölderlin (* 1770, † 1843) und Nietzsche.

Johann Gottfried Herder
*** 1744, † 1803**

- wurde durch Vermittlung Goethes Generalsuperintendent in Weimar
- gab der Literatur, Sprachwissenschaft und Völkerforschung seiner Zeit entscheidende Anregungen
- sah die Menschheit zur »Humanität« bestimmt
- kritisierte die Aufklärung und Kants »Kritik der reinen Vernunft«

Bei **Johann Gottfried Herder** verbanden sich Anthropologie und Sprachphilosophie:

»Sei Nichts oder Monarch der Schöpfung durch Verstand! Zertrümmere oder schaffe dir Sprache!«

Herder, Johann Gottfried von (seit 1802), deutscher Schriftsteller, Philosoph und Theologe, * Mohrungen 25. 8. 1744, † Weimar 18. 12. 1803; begann 1762 das Studium der Medizin, wechselte dann jedoch zu dem der Theologie und Philosophie in Königsberg (heute Kaliningrad). Wesentliche Anregungen erhielt er durch Kant, Johann Georg Hamann, Anthony Ashley Cooper Shaftesbury und Rousseau. 1764 wurde er Lehrer an der Domschule in Riga und 1767 Prediger. 1769 ging Herder auf Reisen und kam schließlich nach Straßburg, wo es im September 1770 zu einer Begegnung mit Goethe kam, die für beide von nachhaltiger Wirkung war. Durch die Vermittlung Goethes wurde er 1776 als Generalsuperintendent nach Weimar berufen. Ab 1801 war er Oberkonsistorialpräsident.

■ **Lehre und Werk** Herder verfasste wegweisende Schriften zur Sprachphilosophie, aber auch zur Geschichtsphilosophie, zur Literatur- und Kulturgeschichte sowie zur Anthropologie. Bereits in den Frühschriften der Rigaer Zeit zeichneten sich seine Grundpositionen ab. Seine ästhetischen Grundforderungen waren Zeitgemäßheit und Verständlichkeit. Aus Letzterer leitete er die Forderung nach der Verwendung der Volkssprache, der »Muttersprache«, als Sprache der Literatur ab. Jedes Volk habe seine spezifische Dichtung. Diese sei von dem Stand seiner Sprache, jene wiederum von den natürlichen und sozialen Gegebenheiten abhängig. In den »Kritischen Wäldern« (1769) entwarf Herder gegen eine aus Axiomen deduzierende rationalistische Ästhetik das Programm einer empirisch-psychologischen Ästhetik.

In der von der Berliner Akademie preisgekrönten »Abhandlung über den Ursprung der Sprache« (1772) setzte Herder die Sprache gegen die theologisch-orthodoxen wie gegen die rationalistischen Sprachtheorien der französischen Aufklärung zu den spezifischen, naturgegebenen anthropologischen Voraussetzungen in Beziehung: Durch seine Instinktschwäche, der auf der anderen Seite »Freiheit« und »Vernunft« entsprechen, sei der Mensch auf Sprache angewiesen. Sprache sei in ihrer gesellschaftlich bestimmten, zugleich naturgesetzlichen Entfaltung und Differenzierung in verschiedene Einzel- bzw. Nationalsprachen Voraussetzung und Medium universalen Lernens. 1773 gab er die Schrift »Von deutscher Art und Kunst« heraus, die für die Bewegung des Sturm und Drang programmatische Bedeutung hatte.

In dem Werk »Auch eine Philosophie der Geschichte zur Bildung der Menschheit« (1774), einer Vorstufe seiner Geschichtsphilosophie, kritisierte Herder in scharfer, teils polemischer Form Rationalismus und Weltbild der Aufklärung und v. a. ihr teleologisches Geschichtsdenken mit seinem Vernunft- und Fortschrittsoptimismus. In den »Ideen zur Philosophie der Geschichte der Menschheit« (1784–91) entwickelte er seine Geschichtsphilosophie v. a. unter dem Aspekt der »Organisation« und »Humanität« weiter. Das »Mittelgeschöpf« Mensch sei zur Humanität bestimmt, die in der Religion ihre höchste Form findet. Die zentralen Kategorien der Geschichtsphilosophie Herders sind Individualität, Entwicklung und Tradition als Überlieferung des Beständigen in der Geschichte.

■ **Wirkung** Herders Gedanken und Denkanstöße sind für die deutsche und europäische Geistesgeschichte bis in die Gegenwart von zukunftsweisender Bedeutung und weit reichender Wirkung gewesen. Sein Werk wirkte über den Sturm und Drang hinaus auf die Philosophie der ersten Hälfte des 19. Jahrhunderts (Hegel, Friedrich Wilhelm Joseph von Schelling) sowie auf die Dichtung der Romantik. Durch seine historisch-genetische Geschichtsbetrachtung trug er zur Entfaltung der historischen Wissenschaften bei.

Hermeneutik [griech., zu hermēneúein »aussagen«, »auslegen«, »erklären«], 1) die Kunst der Auslegung (Interpretation), 2) die Theorie der Auslegung als einer Reflexion auf die Bedingungen und Normen des Verstehens und seiner sprachlichen Äußerung. Gegenstand der Hermeneutik können dabei prinzipiell alle Lebensäußerungen sein (z. B. Texte, Musik, Malerei, Handlungen). Traditioneller Gegenstand ist die (v. a. schriftliche) Rede. Hauptsächliche Textbereiche, auf die sich hermeneutische Bemühungen beziehen, sind Dichtung, Gesetzestexte und heilige Schriften. Die Wortbedeutung von Hermeneutik als »Kunst der Auslegung« überwog bis zum Beginn der Neuzeit. Eine allgemeine Theorie der Hermeneutik entwickelte sich erst im 17. Jahrhundert.

■ **Antike und Mittelalter** Ursprünglicher Anlass für die Ausbildung einer Hermeneutik waren in der griechischen Antike die religiöse Bedeutung und der Bildungswert der kanonisierten Epen Homers (8. Jh. v. Chr.) und der Schriften Hesiods (um 700 v. Chr.). Unter dem Einfluss dieser als vorbildlich und verbindlich anerkannten Texte entwickelte sich eine streng grammatisch-philologische Methode. Die spätere alexandrinische Schule trug v. a. durch Erstellung von Hilfsmitteln wie z. B. Wörterbüchern zur Interpretation bei. Ausgehend von der pergamenischen Schule des Neuplatonismus (4. Jh. v. Chr.) wurde die über den unmittelbaren Wortsinn hinausgreifende Allegorese (allegorische Erklärung), die bei der Deutung der Mythen zum Tragen kam, auch im Judentum und im Christentum wirksam.

In seinem Werk »De doctrina christiana« (dt. »Über die christliche Bildung«) verband Augustinus schließlich die verschiedenen Strömungen der Spätantike und der alten Kirche und schuf damit das geschichtlich wirksamste Werk der Hermeneutik. Die von ihm vorgenommene Differenzierung der alten, auf Philon von Alexandria zurückgehenden Zweiteilung in wörtlichen und geistlichen Schriftsinn (Sensus litteralis – Sensus spiritualis) zum »vierfachen Schriftsinn« wurde in der durch die Exegese der Kirchenväter gestifteten Tradition sanktioniert und behielt ihre Gültigkeit bis zur Verurteilung der spirituellen Schriftauslegung durch Martin Luther (* 1483, † 1546).

Die vier Arten des Schriftsinnes sind nach Augustinus: 1. der historische oder Buchstabensinn, 2. der allegorische Sinn (er lehrt die heilsgeschichtliche Bedeutung), 3. der moralische oder tropologische Sinn (er gibt Anweisungen für eine dem Dogma entsprechende, zum Heil führende Lebenshaltung), 4. der anagogische Sinn (der das Endschicksal des Einzelnen und der Welt betreffende eschatologische Sinn). Für Luther wurde die Auslegungstradition als Norm hinfällig; im Kontext des Schriftprinzips (»Sola scriptura«) forderte er eine Überprüfung aller Überlieferung am »Buchstaben«.

■ **Neuzeit** Im Rahmen der ersten so genannten hermeneutischen Wende im 18. Jh. ist als allgemeine Tendenz eine schrittweise Aufhebung der grundsätzlichen Unterscheidung zwischen der theologischen und der philologisch-historischen Hermeneutik zu erkennen. Statt um die Wiedergewinnung eines Verständnisses von Texten mit besonderer Autorität ging es jetzt um die Ausbildung einer allgemeinen Auslegungslehre.

Mit Friedrich Schleiermachers Definition der Hermeneutik als »Kunstlehre des Verstehens« begann eine umfassende Verstehenstheorie, die sich nicht mehr allein auf die Auslegung von Texten beschränkte. Orientiert an Schleiermacher, verstand Wilhelm Dilthey Hermeneutik als »Kunstlehre des Verstehens schriftlich fixierter Lebensäußerungen« und sah in ihr die methodische Grundlage der Geisteswissenschaften überhaupt. Von den an Dilthey orientierten philosophischen Richtungen wurde Hermeneutik weiterentwickelt zur Interpretation des Lebens und der Welt, zum philosophischen und geisteswissenschaftlichen Verfahren überhaupt, was schließlich zur zweiten hermeneutischen Wende der neueren Philosophie überleitete.

■ **20. Jahrhundert** Martin Heideggers »Hermeneutik des Daseins« basiert zwar auf dieser zweiten Wende, ist aber gerade nicht als Methodologie des Verstehens konzipiert, sondern wird aller geisteswissenschaftlichen Methodologie vorgeordnet. Existenz wird als »Verstehen« und »Sich-Entwerfen auf die Möglichkeit seiner selbst« interpretiert, sodass »Verstehen« die Weise des Existierens selbst charakterisiert. Die Tatsache des schon durch eigene innere Erfahrung vorhandenen Wissens von dem, was Gegenstand des Verstehens werden soll, bezeichnet er als **hermeneutischen Zirkel.**

Johann Gottfried Herder. Scherenschnitte waren am Ende des 18. Jh. eine preisgünstige Alternative zur Bildnisminiatur und beim Bürgertum sehr beliebt. Die Abbildung zeigt Herder mit seiner Frau am Kaffeetisch – der Morgenkaffee war Ausdruck bürgerlicher Arbeitsamkeit und Nüchternheit.

Heideggers Lehre wurde v. a. durch Hans-Georg Gadamer fortgeführt (»Wahrheit und Methode«, 1962), der vornehmlich das wirkungsgeschichtlich bestimmte Verhältnis von Vorverständnis und Verständnis in allem Verstehen analysierte. In aller Erfahrung von Wahrheit ist ein Stehen in Überlieferungen gegeben, d. h. Erfahrung von Wahrheit ist immer durch »Wirkungsgeschichte« bestimmt. Verstehen ist »Einrücken in ein Überlieferungsgeschehen«.

Gadamers Theorie führte u. a. zu Kontroversen mit Vertretern des kritischen Rationalismus und der Frankfurter Schule. Eine an der Hermeneutik orientierte Kritik der analytischen Philosophie hat Richard Rorty mit seinem Buch »The mirror of nature« (1980; dt. »Der Spiegel der Natur«) vorgelegt.

■ **Siehe auch**
SACHBEGRIFFE →Dialektik · Geistesgeschichte · Geisteswissenschaften · Geschichtsphilosophie · Historismus · Interpretation · Methode · Sinn · Sprache · Verstehen · Wissenschaftstheorie
PERSONEN →Apel, Karl-Otto · Dilthey, Wilhelm · Gadamer, Hans-Georg · Heidegger, Martin · Herder, Johann Gottfried · Ricœur, Paul · Rorty, Richard · Schleiermacher, Friedrich

Herrschaft, die universell verbreitete, institutionalisierte Form der Machtausübung sowie der sozialen Über- und Unterordnung. Herrschaft regelt verbindlich die Beziehungen zwischen den Mitgliedern einer Gesellschaft oder einer sozialen Gruppe. Sie beruht, im Gegensatz zur →Gewalt, auf einem gegenseitigen Verhältnis.

■ **Antike und Mittelalter** Nach Aristoteles gehen Menschen Herrschaftsbeziehungen ein, weil diese langfristig zum Glück des Einzelnen

Herrschaft. Herrschende und Beherrschte müssen eine gemeinsame Wert- und Rechtsordnung anerkennen: Voltaires Candide wird nach einem Kuss mit dem adeligen Fräulein in seine Standesgrenzen verwiesen (Daniel Chodowiecki, Illustration zu Voltaires »Candide«).

im Sinne eines tugendhaften Lebens führen können. Herrschaft ist vernünftig und stützt sich auf die Ordnung der Welt und der Gesellschaft. Sie stellt ein natürliches Verhältnis dar, das es überall dort gibt, »wo mehrere Teile zu einer Einheit zusammenwachsen«. Im christlichen Mittelalter wird Herrschaft dagegen als Ausdruck der göttlichen Heilsordnung aufgefasst, in die der Mensch eingebunden ist. Für Augustinus ist sie eine Folge des Sündenfalls. Thomas von Aquino gibt ihr eine naturrechtliche Deutung, indem er den Ursprung der Herrschaft als Beziehung zwischen »freien Menschen« in die Zeit vor dem Sündenfall verlegt.

■ **Neuzeit** Gilt der Mensch – wie bei Thomas Hobbes und John Locke – als ein Wesen, das sich vor sich und seinesgleichen schützen muss, gründet Herrschaft im Schutzbedürfnis des Einzelnen. Ihr Instrument ist der Staat als Hüter des Rechts. Kant sah in der Herrschaft des Staates das begründende, stabilisierende Element der Gesellschaft, das jedoch im Hinblick auf die Neigung des Menschen zur Gewalt eines Wertesystems als Korrektiv bedarf. Wird der Mensch v. a. als ein Wesen der Vernunft angesehen, können – so bei Hegel – die privaten mit den allgemeinen Zwecken der Gesellschaft zusammenfallen. Der Zwangscharakter der Herrschaft des Menschen über den Menschen löst sich damit theoretisch zwar auf, kann aber in der Realität zu autoritären Herrschaftsformen führen.

Nach Karl Marx und Friedrich Engels soll nach der revolutionären Umwandlung der kapitalistischen Gesellschaft die allmähliche Aussöhnung von Mensch und Natur mit dem allmählichen Absterben des Staates und dem Verschwinden jeglicher Herrschaft einhergehen. Dieser Prozess münde dann in die klassenlose Gesellschaft. Im Gegensatz zum Marxismus fordert der Anarchismus (→Anarchie) die unmittelbare Herrschaftsfreiheit und die Aufhebung jeder Beschränkung der individuellen Gewalt.

Seit der Aufklärung wurde der Herrschaft von Personen die »Herrschaft des Gesetzes« oder die »Herrschaft des Menschen über sich selbst« entgegengestellt. Auf dieser Grundlage entwickelte sich ein Neuverständnis von Herrschaft, Staat und Gesellschaft, von Freiheit und Gerechtigkeit, was seinen Niederschlag in zahlreichen politischen Theorien fand, u. a. in denen des Konservativismus, des Liberalismus und des Marxismus.

Heteronomie, das Gegenteil von →Autonomie.

Heuristik [zu griech. heurískein »finden«, »entdecken«], Lehre von der methodischen Gewinnung neuer Erkenntnisse mithilfe von Denkmodellen, Analogien und Gedankenexperimenten, im Unterschied zur Logik, die lehrt, wahre Aussagen zu begründen. Im 20. Jh. fand die Heuristik wieder zunehmende Beachtung. So hat sich die zeitgenössische Wissenschaftstheorie und -geschichte der Heuristik verstärkt zugewandt. Hier sind Arbeiten wie »Beweise und Widerlegungen« (1979) von Imre Lakatos und Thomas S. Kuhns »Die Entstehung des Neuen« (1977) einschlägig. In der Informatik werden **heuristische Verfahren** v. a. im Bereich der künstlichen Intelligenz angewandt.

Hexis, →Habitus.

hinreichende Bedingung, eine Art der →Bedingung.

historischer Materialismus, theoreti-

Hobbes »Leviathan«

Am wirkungsvollsten führte Thomas Hobbes seine Staatstheorie 1651 in seiner umfangreichen, in vier Abschnitte unterteilten Schrift »Leviathan« aus. In Anlehnung an das antike Sprichwort »Der Mensch ist dem Menschen ein Gott« – gemeint war, dass sich in der gegenseitigen Hilfe Göttliches ereignet – gibt Hobbes die Parole aus: »Der Mensch ist dem Menschen ein Wolf.« Mit ihr hebt er sowohl auf den natürlichen Egoismus des Individuums ab als auch auf den kriegerischen Umgang der Menschen miteinander im ungeregelten Naturzustand. Die Gefährdung seiner eigenen Unversehrtheit vor Augen, sucht der Mensch nach effizienteren Mitteln der Selbsterhaltung und findet sie im Staat – dem Leviathan. Der Leviathan erscheint im Alten Testament zunächst als eine mythische, gottfeindliche und Weltmächte symbolisierende Drachengestalt, im Buch Hiob aber als Bändiger des Stolzes und des Hochmutes. Das mächtige, vielgliedrige Tier wird Hobbes zum Bild für den Staat als Zusammenschluss der Menschen, der sich der Religion und des Rechts bedient, um sich selbst zu erhalten.

scher Bestandteil der Gesellschafts- und Geschichtsphilosophie des →Marxismus.

Historismus, in den *Geisteswissenschaften* im weiteren Sinne das geschichtsbezogene Denken, im engeren Sinne jene Auffassung, die von der Geschichte als umfassendem Zusammenhang geistigen Lebens, von der einmaligen Individualität der geschichtlichen Erscheinungen und von dem unaufhörlichen, unbegrenzbaren und gesetzlosen Fließen des Geschichtlichen ausgeht. Vorbereitet wurde der Historismus durch die Einführung des historischen Entwicklungsgedankens (v. a. durch Giovanni Battista Vico). Entscheidende Anstöße gingen sowohl von dem Individualitätsgedanken des 18. Jahrhunderts (Anthony Ashley Cooper Shaftesbury, Johann Gottfried Herder, Goethe) als auch von der universalhistorischen Theorie Hegels aus.

■ **Ausbildung und Höhepunkt** Die Entwicklung des Historismus im engeren Sinn wurde durch die Mitte des 19. Jahrhunderts entstandene »historische Schule« und die von ihr geförderte historisch-kritische Quellenforschung eingeleitet. Außer von der Geschichtswissenschaft – hier v. a. vertreten von Leopold von Ranke (* 1795, † 1886) und Johann Gustav Droysen (* 1808, † 1884) – wurde die historische Methode im 19. Jahrhundert von vielen Geisteswissenschaften übernommen, so von der Sprach- und der Rechtswissenschaft, der Nationalökonomie und der Theologie. Auf dem Höhepunkt des Historismus wurde die historische Sichtweise auf alle Wissenschaften außerhalb der Naturwissenschaften ausgedehnt. Wesentliche methodische Grundlagen schuf Wilhelm Dilthey im Rahmen einer allgemeinen systematischen Begründung der Geisteswissenschaft. In der Philosophie des Neukantianismus erschien die Geschichte als Zentrum der Kulturwissenschaft.

■ **Kritik** Seit der Wende zum 20. Jahrhundert rückten die problematischen Aspekte des Historismus zunehmend ins Blickfeld. Kritisiert wurde v. a. die in ihm gegebene Tendenz zu Identitäts- und Wertverlust und zum Abgleiten der Geschichtswissenschaft in einen historischen Positivismus oder Relativismus. Dies führte zu einer methodologischen Neuorientierung der modernen Geisteswissenschaften, die jedoch aus dem Historismus starke Antriebe für Forschung und Deutung der Gegenwart gezogen hatte. Die Abwendung vom Historismus stand in Beziehung zu einer weit verbreiteten Kritik am geschichtlichen Denken, die vom Positivismus, von Søren Kierkegaard und der auf ihn zurückgehenden Existenzphilosophie sowie vom »Antihistorismus« Nietzsches gefördert wurde.

Als **Historizismus** kritisierte Karl R. Popper sozialwissenschaftliche Theorien (v. a. den Marxismus), die den geschichtlichen Ablauf absoluten Gesetzen unterwerfen und sich mit der Voraussage historischer Entwicklungen befassen.

Hobbes [hɔbz], Thomas, englischer Philosoph, * Westport (heute zu Malmesbury, Cty. Wiltshire) 5. 4. 1588, † Hardwick Hall 4. 12. 1679; einflussreicher Staatstheoretiker, der auch als »Vater des Absolutismus« bezeichnet wird.

■ **Leben** Hobbes studierte in Oxford und war dann Hauslehrer in der Familie der Grafen von Devonshire. Er bereiste Frankreich und Italien und übersetzte als Sekretär Francis Bacons einige von dessen Schriften ins Lateinische. Vor Ausbruch der politischen Unruhen 1640 floh er nach Paris, 1651 kehrte er nach England zurück. Seine politischen Anschauungen und seine Philosophie waren geprägt von den Bürger- und Revolutionskriegen in England und Frankreich sowie dem Anliegen, einen ausgleichenden Einfluss auf die politische Entwicklung zu nehmen.

■ **Methode** Fasziniert von der wissenschaftlichen Exaktheit der »mathematischen Methode«, dem deduktiven systematischen Wissenschaftsideal des 17. Jahrhunderts, seinen Ergebnissen und Leistungen, suchte auch Hobbes in der natürlichen Vernunft als methodischem Grund der Geometrie und Mathematik das Modell seines gesamten Philosophierens. Die innere Ordnung seiner Philosophie besteht in ihrem stufenweisen Fortschreiten von einer Physik (»De corpore«, 1655; dt. »Vom Körper«) über eine Anthropologie (»De homine«, 1658; dt. »Vom Menschen«) zu einer Staatslehre (»De cive«, 1642; dt. »Vom Bürger«; »Leviathan«, 1651).

Thomas Hobbes
*** 1588, † 1679**

- floh vor dem ausbrechenden Bürgerkrieg aus England
- übertrug das an der Mathematik orientierte Methodenideal der Naturwissenschaften auf seine politische Theorie
- sah den Staat als Rettung vor der »Wolfsnatur« des Menschen an
- wird auch als »Vater des Absolutismus« bezeichnet

100563

Thomas Hobbes. Das Titelbild des »Leviathan« hat der Kupferstecher Wenzel Hollar wohl in Absprache mit Hobbes angefertigt. Ein aus vielen kleineren, ihn verehrenden Menschen gebildeter Riese erhebt sich über einer Hügellandschaft. Im unteren Teil sind die Symbole der weltlichen und geistlichen Macht zu erkennen, in den Szenen darunter eine offene Feldschlacht und eine theologische Disputation.

Max Horkheimer
*** 1895, † 1973**

100562

- leitete seit 1930 das Frankfurter »Institut für Sozialforschung«
- emigrierte 1933 aus Deutschland
- konzipierte Philosophie als »kritische Theorie« der Gesellschaft
- verfasste mit Theodor W. Adorno die »Dialektik der Aufklärung«

Hobbes' Methode ist ein Konstruieren mit Erfahrungsdaten. Die Analyse der Tatsachen ermöglicht ihre Rückführung auf gesetzesartige Prinzipien, die ihrerseits die Basis wissenschaftlicher Erkenntnis bilden. Metaphysische Prinzipien im Sinne ewiger Wahrheiten kommen bei Hobbes nicht vor. Die aller Erkenntnis zugrunde liegende sinnliche Erfahrung wird als eine Reaktion des Organismus auf äußere Reize definiert. Die Logik wird in enge Beziehung zur Mathematik gestellt, vernünftiges Überlegen als Rechnen erklärt.

■ **Lehre** Die Bedeutung von Hobbes' Philosophie besteht in der Übertragung der mechanistisch-naturwissenschaftlichen Methode auf die Staats- und Gesellschaftslehre. Das Wesen des Menschen wird nicht von dem Vermögen der Vernunft her bestimmt. Auch stellt sich der Mensch nicht – wie etwa bei Aristoteles – als zu einer Gemeinschaft strebend dar. Hobbes' Ansichten sind deterministisch, insofern sie auf den Theorien vom Naturzustand und vom Staatsvertrag basieren. Im Naturzustand werden die Menschen durch den in der menschlichen Natur gegründeten Trieb zur Selbsterhaltung und damit durch ein unersättliches Machtstreben bestimmt. Die unausweichliche Folge dieses Strebens wäre der Krieg aller gegen alle, wenn nicht alle ihre Macht durch einen uneingeschränkten Verzicht auf das natürliche Recht auf den »Souverän« übertrügen. Erst durch die mit diesem »Staatsvertrag« vollzogene Begründung des Staates kann die Willkür der Einzelnen durch die rechtsetzende Gewalt überwunden und der Friede gesichert werden.

Der Souverän kann durch eine Person oder eine »Versammlung« verkörpert werden, die allmächtig und niemandem verpflichtet ist. Er allein setzt Recht und Moral, wobei durch seine Einsetzung erst Gesellschaft entsteht, und zwar gleich als Staat, der eine reale Überperson ist: der Leviathan oder »sterbliche Gott«. Die Staatsbürger sehen die Handlungen des Souveräns als ihre eigenen an, er bestimmt auch, was theologisch wahr sein soll. Im Verhältnis der souveränen Staaten untereinander gilt nach Hobbes, der hierin von Jean Bodin ausging, der gleiche Naturzustand: der ewige Krieg aller gegen alle.

■ **Wirkung** Hobbes hatte mit seiner Theorie wenig politischen Einfluss und wurde durch die Staatslehre John Lockes bald in den Hintergrund gedrängt. Er beeinflusste u.a. Baruch de Spinoza, Samuel von Pufendorf, Christian Thomasius und, als Logiker, Gottfried Wilhelm Leibniz. Seit dem 19. Jh. und dem Rechtsdenken des Staats- und Völkerrechtlers Carl Schmitt (* 1888, † 1985), der von hobbesschen Grundkategorien ausging, aber auch, seitdem sich die Totalitarismusforschung mit Hobbes' Staatsbild beschäftigte, ist seine Philosophie Gegenstand systematischer Untersuchungen. Die bahnbrechende Wirkung von Hobbes besteht v.a. in der Begründung eines neuen Weltbildes, das durch die Entwicklung der exakten Naturwissenschaften einerseits und durch die Idee des begründbaren und herstellbaren säkularen Staates andererseits bestimmt war, sowie in der Integration der Staats- und Rechtsphilosophie in ein System.

höchstes Gut, 1) in der *platonischen Tradition* ein Zustand, der – als Ideal oder als Idee des Guten – den Zuständen, die von Menschen herbeigeführt werden, je nach dem Grad der Annäherung an ihn selbst ihre Güte verleiht, der jedoch in der nicht ideellen Welt nie vollständig umgesetzt werden kann, 2) in der *aristotelischen Philosophie* ein Prinzip, nach dem sich das Streben aller Menschen richtet und das gemeinhin mit dem glücklichen Leben gleichgesetzt wird.

In der *christlichen Philosophie und Theologie* wurde die platonische Idee des höchsten Guts zum christlichen Gott als dem **Summum bonum** uminterpretiert, wobei die Teilhabe der endlichen Seienden an seiner Güte diese gut macht.

höchstes Wesen, Begriff, der in der Aufklärung und besonders in der Französischen Revolution anstelle des christlichen Gottesbegriffes verwendet wurde.

Holbach [französ. ɔl'bak], Paul Henry Thiry d', eigentlich Paul Heinrich Dietrich, französischer Philosoph deutscher Abstammung, * Edesheim (bei Landau in der Pfalz) 8. 12. 1723, † Paris 21. 1. 1789; wurde nach naturwissenschaftlichen Studien in Paris und Leiden auf Vermittlung von Denis Diderot Mitarbeiter an der »Encyclopédie«. Sein philosophisches Hauptwerk, »Système de la nature ou des loix du monde« (1770; dt. »System der Natur oder von den Grenzen der physischen und moralischen Welt«), formuliert einen konsequenten atheistischen →Materialismus und löste massiven Protest vonseiten der Kirche und des Staates aus.

Holismus [zu griech. hólos »ganz«], die Auffassung, dass alle Daseinsformen der Welt danach streben, ein Ganzes zu sein. Dem Holismus zufolge gibt es nur eine allumfassende, sich in einer in sich beschlossenen Struktur organisch aufbauende Wirklichkeit. Als methodisches Prinzip wurde er v.a. von Hegel vertreten, im 20. Jh. u.a. von Willard Van Orman Quine.

Homo-Mensura-Satz [latein. homo »Mensch« und mensura »Maß«], der überlieferte Satz des Sophisten Protagoras: »Der Mensch ist das Maß aller Dinge, der seienden, wie (dass) sie sind, der nicht seienden, wie (dass) sie nicht sind.« Durch den Homo-Mensura-Satz wurde erstmals die Abhängigkeit allen Wissens vom Menschen formuliert und so die Fundierung aller Theorien in den menschlichen Handlungsweisen, also der Praxis, postuliert. Ihm zufolge gibt es keine allgemein gültige Wahrheit. Wahr sind die Dinge, wie sie dem einzelnen Menschen jeweils erscheinen.

Horkheimer, Max, deutscher Philosoph und Soziologe, *Stuttgart 14. 2. 1895, †Nürnberg 7. 7. 1973; einer der Begründer und Hauptvertreter der →Frankfurter Schule.

■ **Leben** Horkheimer wurde 1930 in Frankfurt am Main Professor für Sozialphilosophie und Leiter des »Instituts für Sozialforschung«, das sich unter seiner Leitung zum Zentrum für Sozialphilosophie in Deutschland entwickelte. Mit seiner Emigration 1933 wurde es nach Genf und Paris, 1934 nach New York und Los Angeles verlegt und 1950 von ihm und Theodor W. Adorno in Frankfurt am Main wieder gegründet; bis 1959 hatte er die Leitung inne. Daneben war Horkheimer 1943–44 Direktor der wissenschaftlichen Abteilung des »American Jewish Committee« in New York, 1951–53 Rektor der Universität Frankfurt am Main und 1954–59 Gastprofessor an der Universität in Chicago. Mit seiner gesellschaftskritischen Philosophie beeinflusste er die Studentenbewegung 1968.

■ **Lehre und Werk** In einer umfassenden Theorie der Gesellschaft entwarf Horkheimer das Programm einer dialektischen Vermittlung einzelwissenschaftlicher Forschung und Philosophie. Organ für die Beiträge aus verschiedenen Wissensbereichen wurde die von ihm herausgegebene »Zeitschrift für Sozialforschung«. Ausgehend von Hegel, Karl Marx und der Aufklärung mit ihrem Ziel einer Freiheit und Gerechtigkeit verwirklichenden vernünftigen Gesellschaftsordnung strebte Horkheimer eine ideologiekritische Reflexion und kritische Einsicht in die historische Dialektik des Zusammenhangs von Kulturgehalten und gesellschaftlichen Produktionsprozessen an. Die aufklärerische Rolle der Vernunft als Medium der Überwindung menschlichen Leids hat sich nach Horkheimer in der spätkapitalistischen Gesellschaft in einen Positivismus verkehrt. Im Dienst einer nunmehr »instrumentellen« Vernunft würden die Menschen zu bloßen Vollzugsorganen sowie zu Objekten wissenschaftlich-technischer Naturbeherrschung und einer bürokratisch verwalteten Welt.

Während Horkheimer in dem gemeinsam mit Adorno veröffentlichten Hauptwerk der →kritischen Theorie (»Dialektik der Aufklärung«, 1947) noch an der Möglichkeit einer innerweltlichen »Versöhnung« von Natur und Gesellschaft festhielt, vollzog er später eine Wendung zu einer Art »negativen Theologie«. Die menschliche »Sehnsucht nach dem ganz anderen« als dem Inbegriff vollendeter Gerechtigkeit bezog er auf ein nicht näher bestimmbares, transzendentes Absolutes. Er sah in ihr die Grundlage für eine humanitäre Praxis, die es im Rahmen der irdischen Möglichkeiten weiterhin anzustreben gelte.

Hugo von Sankt Viktor, französisch Hugues de Saint-Victor, deutscher scholastischer Theologe, Philosoph und Mystiker, *Hartingham (umstritten; möglicherweise bei Blankenburg [Harz]) 1096, †Paris 11. 2. 1141; war etwa ab 1115/20 Augustinerchorherr im Kloster von Sankt Viktor in Paris. Hugo gilt als der bedeutendste Lehrer der Schule von Sankt Viktor und schrieb Werke über fast alle Gebiete des damaligen Wissens. Dabei trat er auch als Wissenschaftstheoretiker und Pädagoge hervor. Sein »Didascalion« gehört zu den Vorformen der systematischen Enzyklopädie. Nachhaltigen Einfluss übte er auf die Theologie der Scholastik und die Mystik aus.

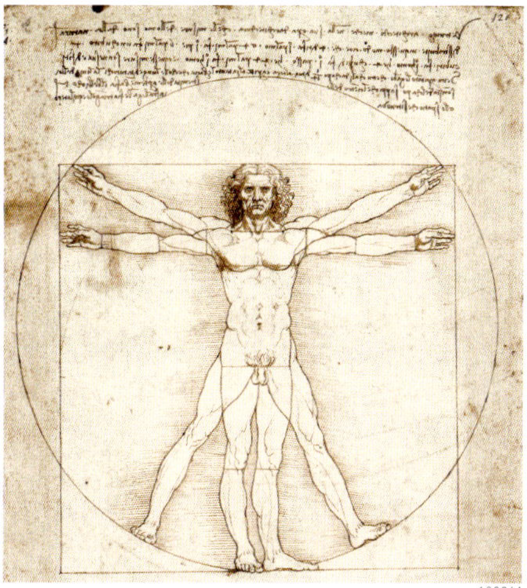

100264

Humanismus. Die Herausbildung eines neuen, diesseitigen Menschenbildes orientierte sich an antiken Vorbildern (Leonardo da Vinci, »Studie der menschlichen Proportionen nach Vitruv«, 1496; Venedig, Galleria dell'Accademia).

Humanismus [von latein. humanus »menschlich«], bezeichnet im weiteren Sinn das Bemühen um eine der Menschenwürde und freien Persönlichkeitsentfaltung entsprechende Gestaltung des Lebens und der Gesellschaft. Im engeren Sinn ist Humanismus eine Epochenbezeichnung v. a. für die philologische, kulturelle und wissenschaftliche Bewegung des 14.–16. Jahrhunderts, des Renaissance-Humanismus, wie er ausgehend von Italien in Mittel- und Westeuropa Verbreitung fand.

Der **Renaissance-Humanismus** wandte sich zum Zwecke einer diesseitsorientierten Lebensgestaltung gegen die Scholastik, indem er die Wiederentdeckung und Pflege der lateinischen bzw. römischen und griechischen Sprache, Literatur und Wissenschaft betrieb. Der Begriff des Humanismus bezieht sich dabei auf die »Humanisten« des 14.–16. Jahrhunderts, also die Professoren und Studenten der »Studia humanitatis« genannten humanistischen Lehrfächer. Sie galten als Vorbilder für antike Gelehrsamkeit und ein Lebensideal, das sittliche und geistige Bildung vereint, sowie für eine auf literarischer Bildung beruhenden Menschlichkeit.

Humanismus Der Buchdruck und seine Folgen

Ein Schreiber im mittelalterlichen Skriptorium benötigte rund drei Jahre, um eine Bibel vollständig abzuschreiben. In etwa der gleichen Zeit konnte Johannes Gutenberg von 1451 bis 1454 dank seiner Erfindung des Buchdrucks mit beweglichen Lettern 180 identische Exemplare herstellen (Rekonstruktion der ersten Buchdruckerpresse Gutenbergs; Mainz, Gutenberg-Museum) – damals eine schier unglaublich große Zahl. Nach der Erfindung des Alphabets um das Jahr 1000 v. Chr. und dem damit verbundenen Übergang von der Mündlichkeit zur Schriftlichkeit war dies ein zweiter Quantensprung in der Geschichte der Kommunikation.

Denn erst die Technik des Buchdrucks ermöglichte die Bereitstellung von Texten der Antike in Anthologien und Editionen und damit die Teilhabe an ihrer impliziten »Weisheit«, darüber hinaus Wissensvermittlung in für das Bürgertum erschwinglichen Textausgaben mit philologischer Exaktheit und in angemessener äußerer Gestaltung, fundierte universitäre Lehre und Forschung sowie die Sicherung von internationalen und nationalen Handschriftenschätzen für die Nachwelt.

■ **Ausbildung** Zunächst außerhalb von Wissenschaft und Universität angesiedelt, waren es in Italien Vertreter des gehobenen Bürgertums – v. a. Schriftsteller wie Francesco Petrarca (* 1304, † 1374) und Giovanni Boccaccio (* 1313, † 1375) –, die sich unter Rückbesinnung auf die literarischen und allgemeinen kulturellen Leistungen des antiken Römertums gegen die politischen Auflösungserscheinungen der norditalienischen Staaten und die vielfach erstarrte und verwissenschaftlichte Theologie und kirchliche Dogmatik zu wehren suchten. Besonders die Schriften Ciceros wurden zum Vorbild einer neuen lateinischen Dichtung, jedoch blieb der gesamte Humanismus von Beginn an (unter gleichzeitigem Rekurs auf Augustinus und die Kirchenväter) dem christlichen Glauben verpflichtet, der nicht im Widerspruch zur nicht christlichen Antike stehend gesehen wurde. Der Humanismus nahm somit wesentliche Elemente des Mittelalters auf. Das später auftretende Schlagwort der »gelehrten Frömmigkeit« (Docta Pietas) trifft somit bereits auf seine Anfänge zu.

Grundlegend für den Humanismus waren textkritische Übersetzungen und Kommentare antiker Literatur. Durch Unterstützung des Vatikans und sorgsame philologische Arbeiten (Lorenzo Valla) fanden die meist in Klöstern verstreuten lateinischen Schriften rasch Verbreitung. Die Schriften wurden in großen Bibliotheken gesammelt und später durch die humanistischen Drucker herausgegeben. Ab etwa 1400 und besonders mit der Zerstörung des Byzantinischen Reichs (1453) kam durch den Einfluss immigrierter byzantinischer Gelehrter die Beschäftigung mit der griechischen Literatur hinzu. So gab nach Marsilio Ficino der Philosoph Georgios Gemistos Plethon (* 1355, † 1452) den Anstoß zur Gründung der platonischen Akademie in Florenz. Der Neuplatonismus erhielt neuen Auftrieb, daneben wurden erstmals nicht scholastische Aristotelesüberlieferungen bekannt.

■ **Grundzüge** Kennzeichnend für den Humanismus waren die Hinwendung zur Antike als Vorbild eines »Paideia« (umfassende Bildung) und Menschlichkeit verbindenden Lebens, ein Interesse an moralphilosophischen, historischen und (z. B. bei Niccolò Machiavelli) politischen Fragen sowie an realistischer Naturerklärung. Bedeutung gewannen das Individuum als autonome Persönlichkeit und der Gedanke der Menschenwürde. Die Bildung stützte sich auf das Studium der alten Sprachen sowie auf die drei Disziplinen Grammatik, Dialektik und Rhetorik der »Artes liberales«, der sieben »freien Künste«, die seit dem 7. bis 8. Jh. die Grundlage der abendländisch mittelalterlichen Bildungsordnung bildeten. Sofern im moralphilosophischen Sinn Beredsamkeit, »gut denken« und »gut leben« als eine Einheit aufgefasst wurden, nahmen nun insbesondere Rhetorik und Grammatik eine Vorrangstellung ein. Humanistisches Denken stand zudem in enger Verknüpfung mit der Kunst.

Für das Selbstverständnis der Gelehrten im **Humanismus** fand Lorenzo Valla eine einprägsame Formel:

»Folge du deiner Natur, höre auf deinen Rat, sei dir ähnlich. Denn wenn du in den Tugenden niemandem nachstehst, dann wirst du an Humanität, Milde und Güte alle übertreffen.«

In Deutschland entstanden erstmals humanistische Zirkel als soziologische urbane Einheiten, die teils stärker christlich orientiert waren als ihre italienischen Vorbilder, teils betont nationalistische antirömische Tendenzen zeigten. Ihren Höhepunkt fand die humanistische Bewegung bei Erasmus von Rotterdam sowie in den »Epistolae obscurorum virorum« (1515–17; dt. »Dunkelmännerbriefe«), einer Sammlung fingierter lateinischer Briefe des Erfurter Humanistenkreises. Zugleich fand der Humanismus u. a. durch Johannes Reuchlin und Philipp Melanchthon (* 1497, † 1560) Eingang in die Universitäten.

Besonders in Deutschland beeinflusste der Humanismus die Bewegungen der Vorreformation und der Reformation, denen er durch die Kenntnis der antiken Sprachen, zu denen jetzt auch das Hebräische trat, das Rüstzeug für das Studium der biblischen Texte im Original lieferte. Einige Reformatoren sind durch den Humanismus stark beeinflusst worden.

■ **Spätere Formen** Seit etwa 1750 kam es zu einer Erneuerung der humanistischen Bewegung und einer damit verbundenen erneuten Hinwendung zum klassischen Altertum, die als **Neuhumanismus** (»zweiter Humanismus«) bezeichnet wird. So sahen etwa der deutsche Archäologe und Kunstgelehrte Johann Joachim Winckelmann (* 1717, † 1768) und Johann Gottfried Herder die Idee der Humanität in der harmonischen Geistes- und Leibesbildung der Griechen verwirklicht. Dichter wie Gotthold Ephraim Lessing, Johann Wolfgang von Goethe, Friedrich von Schiller und Friedrich Hölderlin waren vom Neuhumanismus beeinflusst. Kulturpolitisch förderte ihn Wilhelm von Humboldt.

Im weiteren Verlauf des 19. Jahrhunderts gelangte eine schon in der Antike angelegte anthropozentrische Einstellung, die z. T. auch von der Aufklärung und dem Neuhumanismus eingenommen worden war, zu ihrer vollen Entfaltung (Ludwig Feuerbach). War der ältere Humanismus noch von dem Gedanken bestimmt, dass wahre Menschlichkeit sich in einem Bildungsprozess des Einzelnen entwickeln könne, so sah dieser **philosophisch-politische Humanismus** bald den Begriff des Humanen mehr als gesellschaftliches Postulat. In Anknüpfung an Hegels Dialektik von Herr und Knecht sah Karl Marx im Humanismus die vollendete Aneignung des menschlichen Wesens durch und für den Menschen mit der Aufhebung der menschlichen Selbstentfremdung durch den Kommunismus (Kommunismus als »realer Humanismus«).

Zur Abgrenzung gegenüber dem dogmatischen Marxismus-Leninismus haben in der Gegenwart verschiedene marxistische Richtungen solche humanistischen Ziele betont. Ohne nennenswerte Auswirkungen blieb der wohl im Zusammenhang mit der »inneren

639

Humanismus.
Unter dem Titel »Adagia« veröffentlichte Erasmus von Rotterdam eine ab 1500 vielfach aufgelegte Sammlung von Sprichwörtern und Redensarten antiker Autoren (Titelblatt einer Ausgabe des Basler Druckers Johann Froben von 1518).

Emigration« zur Zeit des Nationalsozialismus stehende »dritte Humanismus«, also die Bemühungen des klassischen Philologen Werner Jaeger (* 1888, † 1961) u. a. um 1930, der Antike als grundlegendem Bildungselement für die Gegenwart neue Bedeutung zu geben. Dabei sollte die Vorherrschaft der Ästhetik im Neuhumanismus durch einen zur Staatsgesinnung erziehenden ethisch-politischen Humanismus überwunden werden.

■ **Siehe auch**

→Agricola, Rudolf · Bruno, Giordano · Erasmus von Rotterdam · Ficino, Marsilio · Machiavelli, Niccolò · More, Thomas · Nikolaus von Kues · Pico della Mirandola · Pufendorf, Samuel von · Ramus, Petrus · Reuchlin, Johannes · Valla, Lorenzo · Vives, Juan Luis

Humboldt, Wilhelm Freiherr von, deutscher Gelehrter und Politiker, * Potsdam 22. 6. 1767, † Tegel (heute zu Berlin) 8. 4. 1835; war 1802–08 preußischer Ministerresident in Rom und wurde 1809 als Leiter des Kultus- und Unterrichtswesens in das preußische Innenministerium berufen. Humboldt konzipierte die Berliner Universität als erste Bildungsstätte, die Forschung und Lehre verband, und das humanistische Gymnasium. 1819 wurde er Minister, doch führten seine Vorbehalte gegenüber der preußischen Politik im Dezember 1819 zu seiner Entlassung.

Wilhelm von Humboldt

Als Kulturpolitiker war Humboldt ein führender Vertreter des Neuhumanismus. Seine Grundlegung der Reorganisation des preußischen Bildungswesens hatte weit reichende Auswirkungen auf die deutsche Bildungsgeschichte. Bildung verstand Humboldt als universale Bildung, also als die Entfaltung aller Persönlichkeitskräfte in der Begegnung mit der Antike, d.h. der antiken Kunst, und dem Medium Sprache. Der zur »Totalität« herausgebildeten Individualität komme sittlicher und ästhetischer Charakter zu.

Als Geisteswissenschaftler vereinigte Humboldt die philosophische Betrachtung der Sprache mit einer vertieften Einsicht in den Bau der Sprachstämme. Er würdigte die Sprache als eine Grundschicht in der Seele des Menschen, eine mit der Vernunft zugleich gegebene ursprüngliche Anlage. Ein groß angelegtes Werk galt der Kawisprache (»Über die Kawi-Sprache auf der Insel Java ...«, 1836–40). In dessen umfangreicher Einleitung formulierte Humboldt seine Grundkonzeptionen von Sprache. Wesen, Sinn und Entwicklung derselben deutete er im umfassenden kulturgeschichtlichen Verständnis als Entwicklung des menschlichen Geistes überhaupt. In diesem Kontext erscheint Sprache nicht als statisches Produkt, sondern als dynamisches Phänomen, mittels dessen der Mensch eine geistige Welt schafft und wodurch sich im Rahmen einer Sprachgemeinschaft eine bestimmte Ansicht von der Welt herausbildet. Humboldts Sprachbetrachtung wurde im 20. Jh. u. a. in der philosophischen Hermeneutik und insbesondere in Cassirers Symbolphilosophie wieder aufgegriffen.

David Hume
*** 1711, † 1776**

- gilt als ein Hauptvertreter des Empirismus
- fasste das Gefühl der Sympathie als Grundlage der Ethik auf
- wollte alle Philosophie auf Sinneserfahrung gründen
- unterzog die Einsichten von Metaphysik und Theologie einer skeptischen Prüfung
- schrieb als bedeutender Historiker eine Geschichte Englands

Hume [hju:m], David, englischer Philosoph, Ökonom und Historiker, *Edinburgh 26. 4. 1711, †ebenda 25. 8. 1776; gilt als einer der wichtigsten Vertreter des englischen Empirismus.

■ Leben und Werk Hume studierte drei Jahre Jura in Edinburgh, brach das Studium allerdings ab. Während dieser Zeit kam er mit der newtonschen Physik sowie mit den Werken John Lockes in Berührung, was ihn entscheidend prägte. 1734–36 lebte er zurückgezogen in La Flèche. Hier studierte er die französischen Philosophen und verfasste den »Treatise of human nature« (1739–40, 3 Bde.; dt. »Traktat über die menschliche Natur«), der aber – im Unterschied zu den stilistisch glänzenden »Essays moral and political« von 1741 – ohne das erhoffte Echo blieb. Hume beschloss daraufhin, eine populäre Fassung zu schreiben. So entstanden die »Philosophical essays concerning human understanding« (1748; dt. »Eine Untersuchung in Betreff des menschlichen Verstandes«). In der Folge war Hume als Bibliothekar und Sekretär tätig. Weitere wichtige philosophische Werke wurden »An enquiry concerning the principles of morals« (1751; dt. »Untersuchung über die Prinzipien der Moral«) und »Dialogues concerning natural religion« (posthum 1779; dt. »Dialoge über natürliche Religion«).

■ Erkenntnistheorie Hume unternahm den Versuch, das Zustandekommen von Erkenntnis aus der Erfahrung zu analysieren. Hierzu unterschied er zwischen Wahrnehmungen (»Impressions«) und Vorstellungen (»Ideas«): Die Vorstellungen sind verblasste, durch Erinnerung oder Einbildung hervorgerufene Abbilder der unmittelbaren Wahrnehmungen. Allgemeine Ideen entstehen durch Assoziationen. Dies gelte auch für das Kausalprinzip, das auf der gewohnheitsmäßigen Verknüpfung von bestimmten Ursachen (»Die Sonne scheint«) und bestimmten Wirkungen (»Der Stein erwärmt sich«) beruht. Die unvollständige Induktion, also der Übergang von beobachteten Einzelfällen zu einer allgemeinen Aussage, hat nach Hume lediglich eine gewohnheitsmäßige Rechtfertigung, nicht aber eine logische. Damit stellte er das traditionelle Verständnis der Gesetze der Naturwissenschaften infrage. Das Induktionsproblem beschäftigt auch heute noch die Wissenschaftstheorie.

■ Ethik Hume vertrat einen »Nonkognitivismus«, d.h. die These, dass die Ethik auf Fühlen und nicht auf Wissen zu begründen sei. Er kritisierte die Herleitung von ethischen Normen aus Fakten und bezeichnete dieses Verfahren als »naturalistischen Fehlschluss«. Berühmt ist in diesem Zusammenhang seine Formel »No Ought from an Is« (»Aus dem Sein folgt kein Sollen«). Mit seiner Auffassung, man erkenne moralisch gute Eigenschaften an ihrer Nützlichkeit, wurde Hume zu einem Wegbereiter des →Utilitarismus.

Husserl, Edmund, deutscher Philosoph, *Proßnitz (Südmähren) 8. 4. 1859, †Freiburg im Breisgau 27. 4. 1938; studierte Astronomie, Mathematik und Philosophie, u.a. bei Franz Brentano. Seit 1901 war er Professor in Göttingen und seit 1916 in Freiburg im Breisgau. 1936 verlor er wegen seiner jüdischen Herkunft die Lehrbefugnis.

Grundthema des von Husserl völlig neu gefassten Begriffs der →Phänomenologie ist die

Hume »Untersuchung ... des menschlichen Verstandes«

Nachdem sein »Treatise of human nature« von 1740 kaum Beachtung gefunden hatte, arbeitete Hume den erkenntnistheoretischen Teil um und veröffentlichte ihn acht Jahre später als »Untersuchung in Betreff des menschlichen Verstandes«. Ausgehend von der Überlegung, dass alle Inhalte unseres Geistes entweder unmittelbare Eindrücke oder auf sie zurückführbare Vorstellungen sind, die nach Gesetzen der Assoziation verknüpft werden können, gelangt er hier zu der Überzeugung, dass schlechthin nichts, was nicht sinnlich wahrgenommen werden kann, je Gegenstand unseres Denkens und Vorstellens zu sein vermag. Da jedoch auch die Vorstellung der Kausalität als einer notwendigen Verbindung äußerer Ereignisse nicht auf Beobachtung beruht, muss jedem Anspruch auf sicheres Wissen über die Zusammenhänge in der Welt mit Skepsis begegnet werden. Immanuel Kant sollte später bekennen, dass erst Humes Werk ihn aus seinem »dogmatischen Schlummer« geweckt und damit auf den Weg der kritischen Philosophie gebracht hat.

Einheit des Bewusstseins in seinen verschiedenen Akten. Dabei ist nach Husserl Bewusstsein immer intentional, d.h., es ist immer »Bewusstsein von etwas«. Es gilt, das »Wie« des Erscheinens der Phänomene im Bewusstsein in einer Wesensschau zu erfassen. Diesem Unternehmen hat Husserl viele Einzeluntersuchungen gewidmet. Mit den »Logischen Untersuchungen« (1900–01) wurde er sofort weltberühmt. Es folgten ausgedehnte Studien zur Phänomenologie des inneren Zeitbewusstseins.

Die »Ideen zu einer reinen Phänomenologie und phänomenologischen Philosophie« (1913) markierten den Anfang der transzendentalen Bewusstseins- und Ich-Philosophie bei Husserl. Methode ist dabei die transzendentale Reduktion, d.h. die Betrachtung der Bewusstseinsakte hinsichtlich ihrer Gegebenseinsweise unter Auslassung aller Seinssetzungen. Jede Wirklichkeit steht in Korrelation zum Bewusstsein und wird von ihm konstituiert. Das Problem der Intentionalität nicht nur des eigenen, sondern auch anderer Bewusstseine führt im Zusammenhang mit der Frage nach der Konstitution einer objektiven Welt zu Husserls Intersubjektivitätstheorie, die in der Lehre von der konkreten transzendentalen Intersubjektivität als Inbegriff aller möglichen Intentionen gipfelt (»Cartesianische Meditationen«, 1929–32).

Die Verbindung des Intersubjektivitätsproblems mit dem der »natürlichen Einstellung« als naivem Seins- und Weltglauben des natürlichen Bewusstseins führte Husserl in späteren Jahren zur Lehre von der »Lebenswelt«. Lebenswelt bezeichnet den Typ einfachster menschlicher Orientierung, die sich genetisch als die Vorstufe komplexerer Formen der Orientierung erweist. Sein Spätwerk entwickelte sich schließlich in Richtung einer philosophischen Anthropologie mit kritischer Stoßrichtung gegen den Naturalismus.

Hutcheson ['hʌtʃɪsn], Francis, britischer Philosoph, *Drumalig (Nordirland) 8. 8. 1694, † Glasgow 1746; war ab 1730 Professor in Glasgow. Neben Thomas Reid vertrat er die →Schottische Schule der Moralphilosophie. Zu seinen Schülern zählen David Hume und Adam Smith. In Anschluss an Anthony Ashley Cooper Shaftesbury entwickelte Hutcheson eine Theorie des »Moral Sense«, des angeborenen und deshalb jedem Menschen grundsätzlich eigenen »moralischen Sinns«, der zur Beurteilung von Handlungen und zur Erkenntnis ethischer Normen dient. Zentralbegriff der ethischen Beurteilung ist die »benevolence«, die allgemeine Wohlfahrt, d.h. das »Glück der größtmöglichen Zahl«. Diese ethische Grundformel findet sich später in der utilitaristischen Ethik Jeremy Benthams wieder. Als Hutchesons moralphilosophisches Hauptwerk gilt »A system of moral philosophy« (»Sittenlehre der Vernunft«), das 1755 posthum erschien. Von erheblichem Einfluss war auch Hutchesons Ästhetik.

Hylemorphịsmus [zu griech. hýlē »Stoff«, »Materie« und morphḗ »Gestalt«, »Form«], **Hylomorphịsmus,** auf Aristoteles zurückgehende Lehre, nach der alle Körper aus einem gemeinsamen Urstoff und der die jeweilige Art bestimmenden (Wesens-)Form zusammengesetzt sind.

Hypothese [zu griech. hypotithenai »unterstellen«, »darunter stellen«], **1)** in der *Wissenschaftstheorie* ein Satz, dessen Wahrheit noch nicht feststeht, der aber für die Zwecke der weiteren Forschung als eine wahre Annahme dient, aus der Theorien und Vorhersagen abgeleitet (deduziert) werden. Eine Hypothese darf selbst nicht widersprüchlich sein und darf auch nicht im Widerspruch zu anerkannten Tatsachen stehen. Für die Erfahrungswissenschaften wird zusätzlich verlangt, dass Hypothesen einen empirischen Gehalt haben. Die aus ihnen ableitbaren Vorhersagen sollen durch Erfahrung überprüfbar sein. Nach Karl R. Popper ist stets die Hypothese mit dem größten empirischen Gehalt auszuwählen, da diese am risikoreichsten sei. Eine Hypothese, die vielen empirischen Überprüfungen standgehalten hat, wird als »bewährt« bezeichnet.

2) in der *Logik* ein Satz, der in einer Folgerung vorausgesetzt wird. Ist die Folgerung logisch richtig, so garantiert die Wahrheit der Hypothese die Wahrheit der These.

hypothetischer Imperativ, im Gegensatz zum →kategorischen Imperativ eine von äußeren Zwecken bestimmte Handlungsregel.

Husserl Das Konzept der »Lebenswelt«

Husserls letztes Werk erschien erst 1954 vollständig. Das Werk hat zwei große Themen. Zum einen übt Husserl Kritik an der Entwicklung der Wissenschaft, zum anderen entwirft er sein Konzept der »Lebenswelt«, das Philosophie, Sozial- und Kulturwissenschaft nachhaltig beeinflusste. Husserl wirft der Wissenschaft vor, dass sie zu einer bloßen Technik verkommen ist, die das Wahre mit dem Objektiven verwechselt und dadurch an Lebensbedeutung verloren hat. Die Wissenschaft in ihrer bestehenden positivistischen Gestalt vermag weder den Selbstbegründungsanspruch, den einst die griechische Wissenschaft (epistéme) erhob, einzulösen, noch dem Leben Orientierung zu verleihen. Den Begriff der Lebenswelt führt Husserl ein, um zu zeigen, dass die positivistische Wissenschaft und die sich an ihr orientierende Philosophie die sekundäre mit der primären Welterfahrung verwechselt. Die Objektivität und Exaktheit der positiven Wissenschaft gründet im Absehen von unserer lebensweltlichen Erfahrung, also von dem, was uns unmittelbar und selbstverständlich in seiner jeweiligen kulturellen Ausgestaltung vorgegeben ist. Husserl will die transzendentale Phänomenologie als der griechischen Gründungsidee verpflichtete »strenge« Wissenschaft vom Boden der konkreten Lebenswelt entwickeln und ihr damit wieder Bedeutung für das Leben verschaffen.

Edmund Husserl
*** 1859, † 1938**

- gilt als Begründer der Phänomenologie
- war Lehrer u.a. von Martin Heidegger und Edith Stein
- verlor 1936 die Lehrerlaubnis wegen seiner jüdischen Herkunft
- untersuchte den Beitrag des Bewusstseins zur Auffassung von der Welt
- entwarf eine Theorie der »Lebenswelt«

I

Ibn Gabirol, Salomon ben Jehuda, latinisiert Avicebron oder Avencebrol, jüdischer Philosoph und Dichter, *Málaga um 1021, †Valencia 1058 oder 1070; wirkte im arabischen Spanien als Philosoph und Dichter. Sein ursprünglich in arabischer Sprache abgefasstes Hauptwerk wird gewöhnlich unter dem hebräischen Titel »Meqor hayyim« zitiert und ist nur in der um 1150 erstellten lateinischen Übersetzung von Johannes Hispanus unter dem Titel »Fons vitae« (Lebensquell) erhalten. Es enthält jüdische religiöse Ideen, verbunden mit arabischem Aristotelismus und alexandrinischem Neuplatonismus, und behandelt metaphysische Probleme im Umkreis der Unterscheidung zwischen Form und Materie. Ibn Gabirol gilt als erster jüdischer Philosoph des Abendlandes und hatte bedeutenden Einfluss auf die Philosophie des Mittelalters bis Baruch de Spinoza.

100264

Ibn Ruschd

Ibn Ruschd, Abul Walid Mohammed Ibn Ahmad Ibn Mohammed, latinisiert Averroes, arabischer Philosoph, Theologe, Jurist und Mediziner, *Córdoba 1126, †Marrakesch 11. 12. 1198; war 1169 Richter (Kadi) in Sevilla und ab 1171 in Córdoba. 1195 wurde er wegen der angeblichen Religionsfeindlichkeit seiner Lehre verbannt, seine Schriften wurden verboten. Zur Rehabilitation kam es erst kurz vor seinem Tod.

Im Mittelalter galt Ibn Ruschd, der letzte bedeutende Vertreter der arabischen Scholastik, als der Kommentator des Aristoteles schlechthin. Seine Hauptaufgabe sah er in der Rekonstruktion der ursprünglichen Lehre des Aristoteles und in ihrer Verteidigung gegen Verfälschungen durch den Neuplatonismus und durch die ältere islamische Philosophie (z.B. bei Ibn Sina) an. Seine rationalistische Position zielt auf die Versöhnung von Vernunft und Offenbarung, also der wissenschaftlichen Beweisführungen der Vernunft mit der Bedeutung von Sätzen des Korans.

Ibn Ruschd griff die Lehre des Aristoteles von der »Ewigkeit der Welt« wieder auf, nach der die Welt ohne Anfang und unvergänglich ist. Gleichwohl zeigte er, dass auch eine ewige Welt von ihrem göttlichen Grund abhänge, also »erschaffen« sei. Der denkende Geist (intellectus universalis), der Nus des Aristoteles, ist nach Ibn Ruschd nicht in den Einzelmenschen vervielfältigt, sondern ein einziges, rein geistiges Wesen, das in der menschlichen Seele wirkt und der menschlichen Gattung zugehört. Außer in dem Traktat »Fasl al-makal«, der die Methode zur Herbeiführung der Übereinstimmung von Religion und Philosophie behandelt, kommt die philosophische Position von Ibn Ruschd in seinem Hauptwerk, der »Tahafut at-tahafut« (dt. Der Widerspruch des Widerspruchs), am klarsten zum Ausdruck.

Ibn Ruschd wurde bestimmend für die Aristotelesauslegung bis etwa 1600 und leistete für die Scholastik einen bedeutenden Beitrag zur Differenzierung und Festigung ihres Begriffsapparates. Seine Lehren waren zudem Gegenstand der Auseinandersetzungen in der christlichen, islamischen, v.a. aber der jüdischen Philosophie und Theologie des Mittelalters. Sie

Ibn Ruschd — Der Aufstand der Philosophen

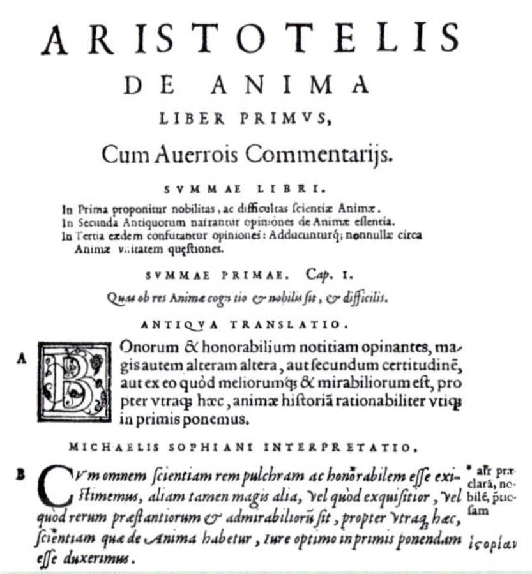
ARISTOTELIS
DE ANIMA
LIBER PRIMVS,
Cum Auerrois Commentarijs.

SVMMAE LIBRI.
In Prima proponitur nobilitas, ac difficultas scientiæ Animæ.
In Secunda Antiquorum narrantur opiniones de Animæ essentia.
In Tertia eædem confutantur opiniones: Adducunturq; nonnullæ circa Animæ v..itatem questiones.

SVMMAE PRIMAE. Cap. I.
Quas ob res Animæ cognitio & nobilis sit, & difficilis.

ANTIQVA TRANSLATIO.
A Bonorum & honorabilium notitiam opinantes, magis autem alteram altera, aut secundum certitudinē, aut ex eo quòd meliorumq; & mirabiliorum est, propter vtraq; hæc, animæ historiā rationabiliter vtiq; in primis ponemus.

MICHAELIS SOPHIANI INTERPRETATIO.
B Cum omnem scientiam rem pulchram ac honorabilem esse existimemus, aliam tamen magis alia, vel quòd exquisitior, vel quòd rerum præstantiorum & admirabiliorū sit, propter vtraq; hæc, scientiam quæ de Anima habetur, iure optimo in primis ponendam esse duxerimus.
* aīr præclarā, nobilē, pucsam
ἱστορίαν

Mit der Übersetzung der Schriften des Ibn Ruschd, der im Abendland als Averroes bekannt wurde, drang erstmals ein konsequenter Aristotelismus ins Abendland. Dieser wurde besonders von den Philosophen der Pariser Universität aufgegriffen, die das kirchliche Diktum, die Philosophie habe »die Magd der Theologie« zu sein, nicht mehr akzeptieren wollten. Ihr Wortführer war Siger von Brabant. Er und seine Anhänger vertraten besonders in den umstrittenen Fragen der Weiterexistenz der Einzelseele und der Ewigkeit der Welt die Position, auf dem Weg der Vernunft gelange man nur zu den Aussagen des Aristoteles. Alles Weitere seien Glaubenssätze. Diese wurden im Übrigen nicht bestritten. Doch die Pariser Philosophen bestanden auf dem Recht, ihre Untersuchungen mit den Mitteln der menschlichen Vernunft und aristotelischen Logik weiterführen zu dürfen.

Der so genannte lateinische Averroismus rief schließlich die kirchliche Autorität auf den Plan: 1277 verdammte der Erzbischof von Paris 217 »verwerfliche Irrtümer« Sigers und seiner Mitstreiter, und ihre Schriften wurden verbrannt (Titelblatt der Aristoteles-Gesamtausgabe mit den Kommentaren des Ibn Ruschd; Venedig 1562–74).

Ibn Sina nahm in einem Brief Aristoteles gegen den Vorwurf der Gottlosigkeit in Schutz:

»Wie du übrigens wissen solltest, hat Aristoteles mit seiner Behauptung, daß die Welt keinen Anfang habe, keineswegs gemeint, daß sie keinen Schöpfer hat, vielmehr möchte er ihren Schöpfer davon freisprechen, jemals untätig gewesen zu sein.«

wurden im →Averroismus rezipiert und systematisiert, Ablehnung erfuhren sie u.a. durch Thomas von Aquino und Albertus Magnus.

Ibn Sina, latinisiert Avicenna, persischer Philosoph und Arzt, * Afschana (bei Buchara) um 980, † Hamadan 1037; war nach eigenem Zeugnis Autodidakt und v.a. von Aristoteles, Plotin und seinem Lehrer Alfarabi beeinflusst. Er entwickelte den Aristotelismus, speziell in seiner neuplatonischen Fassung, weiter. Dabei trennte er die Stoff-Form-Unterscheidung von der Potenz-Akt-Unterscheidung (→Akt) so weit, dass im Stoff (materia) der Möglichkeit nach auch seine Formen (essentiae) bereits enthalten sind. Gott (actus purus) verleiht allen diesen Formen ihre Wirklichkeit (Existenz). Die neue Unterscheidung von Essenz und Existenz (Wesen und Sein) ging in die lateinische Scholastik ein und wurde bei Albertus Magnus und Thomas von Aquino zu einer Grundunterscheidung. Ibn Sina vertrat die These, dass die allgemeinen Begriffe (Universalien) ante rem mit Rücksicht auf den Weltplan (im Verstande Gottes), in re im Blick auf die Natur und post rem in der menschlichen Erkenntnis da sind. Diese Unterscheidung wurde für den abendländischen →Universalienstreit grundlegend.

Ibn Sina stand mit seiner rationalistischen, den Naturalismus im Aristotelismus weiterführenden Philosophie oft im Gegensatz zur islamischen Orthodoxie. Seine drei großen philosophischen Werke sind die seit dem 12. Jh. in Teilen ins Lateinische übersetzte Enzyklopädie »asch-Schifa« (Heilung der Seele vom Irrtum), das »an-Nadja« (die Rettung) und, als sein reifstes Werk, die vermutlich zeitlich letzte vierteilige Abhandlung »al-Ischarat wa at-Tanbihat« (Beweise und Behauptungen). Die größte Wirkung hatte Ibn Sina als Arzt durch ein auch im Westen weit verbreitetes medizinisches Handbuch.

Ideae innatae, →angeborene Ideen.

Idealismus [von griech. idéa, vgl. →Idee], seit dem 18. Jh. verwendeter Terminus zur Bezeichnung verschiedener philosophischer Grundpositionen:

Der **ontologische Idealismus** vertritt im Gegensatz zu einem →Materialismus die Auffassung, dass alle Dinge, v.a. die materiellen, durch Nichtmaterielles (etwas Geistiges, Ideen) zur Existenz gebracht worden sind und werden. Platon und der Platonismus fassen diese Verursachung der Existenz als eine Beziehung der Teilhabe (→Methexis) auf.

Der **kulturelle Idealismus** behauptet die Autonomie der kulturellen Entwicklung. Insbesondere in der an Hegels Geschichtsphilosophie anknüpfenden Geistesgeschichte werden Wertideen und Deutungsmodelle für die menschliche Welt als treibende Kräfte der Kulturentwicklung gesehen.

Für den **epistemologischen Idealismus** ist im Gegensatz zu einem →Realismus die Annahme kennzeichnend, dass die Wirklichkeit nicht unabhängig von der geistigen Leistung der erkennbaren Subjekte »ist«. Dabei wurde dieses »ist« als »existiert« oder als »so (wie sie erkannt worden ist) ist« verstanden. Es können verschiedene Arten des epistemologischen Idealismus unterschieden werden, je nachdem, ob die Unterscheidungsleistungen, die »Kategorien«, unter denen man die Wirklichkeit zuerst erfasst, für angeboren oder erworben, für nicht empirisch oder empirisch erklärbar (transzendentaler bzw. empirischer Idealismus), objektiv verbindlich oder bloß subjektiv (objektiver bzw. subjektiver Idealismus) gehalten werden. Mit Kants Wende zum transzendentalen bzw. kritischen Idealismus setzte die Bewegung des →deutschen Idealismus ein.

Dem **ethischen Idealismus** gelten im Gegensatz zu einem ethischen Materialismus nicht die Befriedigung materieller Bedürfnisse, sondern die »geistigen« Werte (»Würde«, »Freiheit«, »Einsicht«) des Menschen als oberste Werte für jedes Werturteil. – Abb. S. 146

Idee [von latein. idea, griech. idéa, ursprünglich »Erscheinung«, »Gestalt«, »Form«], bei Platon die den Erscheinungen zugrunde liegenden Urbilder. Platon verwendet den Begriff meist parallel mit anderen, z.B.

Ibn Sina
*** um 980, † 1037**

80587

- gilt als Vollender des philosophischen Weltbildes im Islam
- führte als Arzt, Politiker und Denker ein bewegtes Leben an den Höfen Persiens
- verband den Neuplatonismus mit der Lehre des Aristoteles
- beeinflusste die abendländische Philosophie der Scholastik bis zum Universalienstreit

Ibn Sina »Heilung der Seele vom Irrtum«

Ibn Sinas Hauptwerk, das Buch von der »Heilung der Seele vom Irrtum«, umfasst in 22 Teilen alle Bereiche der damaligen Philosophie: Logik, Sprachphilosophie und Rhetorik, Physik, Mathematik, Metaphysik, Ethik, Ökonomie und Politik. Es versucht, sie zu einem Kanon zu systematisieren, der von der aristotelischen Logik geleitet wird, v.a. aber Themen des Platonismus und Neoplatonismus behandelt. Den roten Faden, der das Werk durchzieht, bildet die Theorie von der »rationalen Seele«, dem menschlichen Intellekt, der auch die Themen der Religion und göttlichen Vorsehung zu erschließen vermag. Die rationale Seele ist vom Körper und von allem Materiellen getrennt, kommt aber nur mit diesem zusammen vor. Sie ist in ihrer Substanz unsterblich und erkennt die Ideen und auch die Zusammenhänge alles Seienden, in ihr berühren sich Irdisches und Transzendentes, sodass sie die Gesamtheit des Universums repräsentiert. Gegen eine völlige Trennung von Leib und Seele im Menschen betont Ibn Sina, dass sich die Seele des Körpers als eines »Werkzeugs« bedient, den Körper also führt, koordiniert und zum rationalen Handeln anleitet.

Idealismus.
Ein Einspruch gegen den epistemologischen Idealismus wurde am Beispiel einer Uhr geltend gemacht: Auch wenn kein wahrnehmendes Subjekt ihn sich vorstelle, so rücke doch der Zeiger vor und existiere also. Johann Gottlieb Fichte entgegnete, dies sei nicht entscheidbar, denn das Vorrücken des Zeigers sei ja nur dann im Bewusstsein, wenn der Mensch es betrachte (Uhr am Musée d'Orsay, Paris).

mit »das Wesen (Ousia) selbst«, »das eigentliche Sein«, »Paradigma« und »Form«. Der Neuplatonismus und der christliche Platonismus erweiterten den von Platon auf eine erkenntnisbegründende Funktion weitgehend eingeschränkten Gebrauch des Wortes »Idee« in theologischer Umdeutung. Augustinus betrachtete die Ideen als die unveränderlichen, der Schöpfung vorausgehenden Gedanken Gottes.

Für die Erkenntnistheorie des neuzeitlichen Rationalismus und Empirismus wurde v.a. der Wortgebrauch des Nominalismus (Wilhelm von Ockham) maßgebend. So sind bei Descartes, Leibniz und John Locke Ideen Bewusstseinsinhalte (Vorstellungen). Für Kant sind erkenntniskritische Ideen die Begriffe, die die Vernunft, die Erfahrung überschreitend, in Hinsicht auf die Unbedingtheit und Totalität bildet (reine Vernunftbegriffe). Den Ideen kommt keine die Erfahrung begründende »konstitutive«, sondern nur eine sie organisierende »regulative« Funktion zu. In theoretischer Hinsicht entspricht ihnen keine mögliche Erfahrung, ihr Gebrauch führt in eine Dialektik, da sich die Vernunft notwendig in →Antinomien 2) verwickelt. In praktischer Hinsicht verschafft die Vernunft ihnen Realität, insbesondere der Idee der Freiheit.

An die Definition des Ideals bei Kant anschließend und abweichend vom tradierten Sprachgebrauch, definiert Hegel die Idee als Einheit von Begriff und Realität, Subjektivem und Objektivem, als individuiertes Allgemeines. Die Philosophie rekonstruiere methodisch-genetisch die in eine Vielfalt auseinandertretenden Ideen der Natur und des Geistes und die absolute Idee, in der das begreifende Erkennen sich selbst Gegenstand ist.

Ideenlehre, seit dem 19. Jh. gebrauchte Bezeichnung für denjenigen Bereich der platonischen *Metaphysik,* der umfasst, was sich in Platons Dialogen zur Idee findet. Da sich Platons Auffassung von der Idee innerhalb seines Werks gewandelt hat, gibt es keine Lehre in Form eines einheitlichen, geschlossenen Systems. Die Ideenlehre beinhaltet die Art des Verhältnisses zwischen den Ideen und den wahrnehmbaren Einzeldingen: Die Ideen sind Ursache für die Existenz des Wahrnehmbaren und bestimmen die Beschaffenheit der Einzeldinge dadurch, dass die Einzeldinge »Anteil« an den Ideen haben und sie nachahmen. Die Einzeldinge sind daher als mangelhafte Abbilder der Ideen aufzufassen.

Identität [spätlatein., zu latein. idem »derselbe«], völlige Übereinstimmung, d.h. Gleichheit in allen Hinsichten, einer Person oder Sache mit dem, was sie ist oder als was sie bezeichnet wird. In der traditionellen *Logik* wird die Identität durch Aussagen wie »etwas ist nur mit sich und nie mit etwas anderem identisch« **(Satz von der Identität)** ausgedrückt. Die Identität lässt sich als Grenzfall der →Gleichheit 1) – also der Übereinstimmung in bestimmten Hinsichten – auffassen. Identisches ist immer auch Gleiches, aber nicht umgekehrt.

Identität gehört im Bereich der *Ontologie* zu jenen Begriffen, die die Rede über Welt zuallererst ermöglichen. Zwei Gegenstände können sich nicht zugleich an der gleichen Raumstelle befinden. Raum und Zeit werden deshalb traditionell als »Principia individuationis« (→Principium individuationis) bezeichnet.

Identitätsphilosophie, Bezeichnung für philosophische Systeme, die die in der traditionellen *Ontologie* problematisierte Differenz von Denken und Sein (auch: Geist und Natur) aufheben, wobei drei Positionen zu unterscheiden sind: 1. Denken und Sein sind ununterscheidbar dasselbe (bloße Identität), 2. Denken ist Sein oder Sein ist Denken (einseitige Identifizierung), 3. Denken und Sein sind Attribute einer der Differenz vorgeordneten Substanz (Formulierung eines identifizierenden Indifferenzpunktes). In erkenntnis- bzw. sprachkritischen Deutungen werden mit diesen Positionen die Philosophien von Parmenides, Hegel und Baruch de Spinoza verbunden. Im engeren Sinn bezeichnet Identitätsphilosophie die Philosophie Friedrich Wilhelm Joseph von Schellings zwischen 1801 und 1806.

Ideologie [zu griech. idéa, →Idee], zunächst synonym mit Ideenlehre oder System von Ideen gebrauchter Begriff. Später bezeichnete er Vorstellungen zur Interpretation der Welt in einer bestimmten Sichtweise. Bei der Beschäftigung mit Ideologien geht es um die Betrachtung von Ideen, Aussagen, Welt- und Denkmodellen im Hinblick auf ihre gesellschaftlichen (gruppenspezifischen), historischen, politischen oder ökonomischen Grundlagen und Auswirkungen, wobei die Zuordnungen und Erklärungen, nicht zuletzt die Bewertungen dieser Relation (anhand von Kri-

Rechte Seite:
Die einzelnen Figuren der berühmten Terrakotta-armee im Mausoleum des chinesischen Kaisers Qin Shi Huangdi mögen gleich erscheinen; sie sind aber keinesfalls identisch.

Ideologie.
Der negativen umgangssprachlichen Verwendung des Begriffs für weltanschauliche Lehren, deren Anerkennung in totalitären Systemen erzwungen wird, steht der positive Begriff von Ideologie etwa im Marxismus gegenüber, mit dem die Funktion des »richtigen« Bewusstseins beschrieben wird (Denkmal für Karl Marx und Friedrich Engels im Marx-Engels-Forum, Berlin-Mitte).

terien wie Wahrheit, Angemessenheit, Notwendigkeit oder Plausibilität) große Unterschiede aufweisen können.

■ **Das »Ideologieproblem«** Die (kritische) Beschäftigung mit der Ideologie gehört in den spezifischen Zusammenhang der Entwicklung und Legitimation neuzeitlichen Denkens, v. a. in den Zusammenhang der Erkenntnistheorie und Wissenssoziologie. Vorläufer sind Francis Bacon, der zur Begründung seiner neuen, methodisch prüfenden Wissenschaft von einer Kritik der Vorurteile (»idola«) ausging, und der materialistische und sensualistische Zweig der französischen Aufklärungsphilosophie. Dieser ging es in der Kritik an den die Gesellschaften beherrschenden Ideensystemen (v. a. der Religion) um die Entlarvung der durch Ideologie verdeckten Machtinteressen (»Priestertrug«). Im Unterschied dazu begründete der französische Philosoph und Politiker Antoine Louis Claude Destutt de Tracy – in Anknüpfung an John Locke – Ideologie als Wissenschaft (1796), um eine abgesicherte Theorie der sinnlichen Wahrnehmung zu fundieren.

■ **Ideologiekritik** Karl Marx bestimmte Ideologie als das Denken einer bestimmten sozialen Gruppe (Klasse) zu einer bestimmten Zeit auf der Grundlage der materiellen (ökonomischen) Verhältnisse. Insofern als dieses Denken die partikulare Sicht der Gruppe als universale ausgibt, sei es falsches, verzerrtes Bewusstsein und bedürfe der Infragestellung **(Ideologiekritik).** Im Anschluss an Marx wurde einerseits der illusorische Charakter eines sich von materiellen Bedingungen unabhängig denkenden Bewusstseins hervorgehoben (u. a. von Friedrich Engels), andererseits die bildende Funktion »richtigen« Bewusstseins als positiver Begriff von Ideologie akzentuiert. Im Marxismus des 20. Jahrhunderts gab es schließlich den Versuch, den Begriff der Ideologie aus dem Reibungsverhältnis der vorherrschenden Bewusstseinsformen zum Verlaufsgang sozialer Entwicklungen zu bestimmen (u. a. Georg Lukács, Ernst Bloch).

■ **Diskussion seit 1945** Vor dem Hintergrund der Erfahrungen des europäischen Faschismus und des Stalinismus wandte sich der »totale Ideologieverdacht«, u. a. in der Aufnahme von Elementen der kritischen Theorie der Frankfurter Schule, gegen jede »Ideologisierung« im Sinne einer umfassenden Weltanschauung. Die gegenwärtige Diskussion lässt sich anhand der Frage skizzieren, ob das Phänomen der Ideologie unter dem Maßstab von Wahrheit diskutiert wird oder nicht. Während eine auf Marx aufbauende Ideologietheorie bis hin zu Jürgen Habermas am Konzept einer historisch und sozial einzulösenden Wahrheit festhält und demgegenüber Ideologie abwertet, haben für Niklas Luhmann Ideologien als Wertsysteme den Sinn, Wertsetzungen zu ermöglichen, sind aber ihrerseits in dieser Funktion austauschbar.

illokutionärer Akt, Teil des →Sprechakts.

immanẹnt [zu latein. immanere »bei etwas bleiben«, »anhaften«], etwas innewohnend. Der Gegensatz ist →transzendent. In der Scholastik unterschied man immanente, sich auf den Handelnden selbst beziehende Handlungen, und transiente, über den Handelnden hinausweisende. Kant gab dem Begriff seine bis heute gültige erkenntnistheoretische Wendung: Immanent sind diejenigen Gegenstände, die im Bereich möglicher Erfahrung liegen.

Immaterialịsmus, von George Berkeley begründete Lehre, die in ihrer radikalsten Form, dem →Spiritualismus, die Körperlichkeit der Welt insgesamt leugnet und sie auf Wahrnehmungen und Bewusstseinsinhalte reduziert.

Ịmperativ [von latein. imperare »befehlen«, »gebieten«, »auftragen«], in Anlehnung an die grammatische Verwendung (Befehlsmodus) von Kant in die *praktische Philosophie* eingeführter Terminus, der zu sittlich bewertbarem Handeln auffordert. Kant weist den Imperativen den Rang oberster Prinzipien in der Ethik zu. Aufgrund ihrer Vernünftigkeit können sie Anspruch auf universale Geltung erheben: Ihre Notwendigkeit kann von jedermann jederzeit eingesehen werden, weil sich für sie intersubjektiv (= objektiv) gültige Argumente anführen lassen. Die Richtlinien zu vernunftgemäßem Handeln, die jeder Mensch zunächst für sich aufstellt, bezeichnet Kant dagegen als →Maximen. Die Aufgabe der Ethik besteht ihm zufolge darin, Handeln auf Vernünftigkeit hin zu prüfen und imperativische Handlungsregeln zu entwickeln und zu rechtfertigen (→kategorischer Imperativ).

Implikatio̱n [latein. »Verflechtung«], die Einbeziehung einer Sache in eine andere. In der *Logik* bezeichnet Implikation die Beziehung, in der Hypothese und These zueinander stehen (→Folgerung). Die Implikation ist eine Behauptung über Aussagen, deshalb muss sie streng von der →Subjunktion als deren Verknüpfung zu einer neuen Aussage unterschieden werden.

indische Philosophie, das religiös-philosophische Denken Indiens, das sich in engem Zusammenhang mit religiösen Vorstellungen (v.a. des Hinduismus, Buddhismus, Jainismus), häufig in Form systematischer Lehrgebäude entwickelt. Zentrales Thema der indischen Philosophie ist das Problem der Erlösung. Ihm sind Fragen der Ethik, Metaphysik, Kosmologie, Erkenntnistheorie und Logik beigeordnet. Eine Entsprechung für den abendländischen Terminus »Philosophie« fehlt in den indischen Sprachen.

■ **Anfänge** In der Mitte des 1. Jahrtausends v. Chr. beginnt die indische Philosophie mit der Frage nach dem Tragend-Bleibenden (Atman, Brahman), dem gültigen Sinn des Daseins über das einzelne Leben hinaus. Schon hier steht ein transzendentaler Denkansatz, der die innere Erfahrung untersucht und zu einer zur Mystik neigenden Philosophie führt, einem analytischen Denkansatz gegenüber. Aus Letzterem gingen realistische Formen einer Kategorienlehre, eines Materialismus und Skeptizismus hervor. Die Denkversuche der Frühzeit, die das Denken der Folgezeit weitgehend bestimmten, sind in den spätvedischen Texten, v.a. in den »Upanishaden« (seit 800 v. Chr.) und im Epos (»Mahabharata«, mit der »Bhagavadgita«) aufgezeichnet.

■ **Buddhismus und Jainismus** Die klassischen Systeme des Buddhismus und des in etwa gleichzeitig entstandenen Jainismus (Mitte des 1. Jahrtausends v. Chr. bis Ende des 1. Jahrtausends n. Chr.) entwickelten systematisch eine Lehre von den Erkenntnismitteln. Sie suchten Welt und Dasein aus bestimmten Daseinsfaktoren zu erklären und die Befreiung des Menschen (Moksha) aus dem durch die Taten (Karma) verursachten Wesenskreislauf (Samsara) in ihrer Möglichkeit zu begründen.

In der neueren indischen Philosophie werden sechs »orthodoxe«, die Autorität der altindischen religiösen Schriften der Veden anerkennende Systeme (Darshanas) von den »nicht orthodoxen« Systemen wie Buddhismus, Jainismus und Materialismus unterschieden: 1. der auf die »Upanishaden« zurückgehende Vedanta, dessen Hauptvertreter Shankara (8. Jh. n. Chr.) wurde, 2. die exegetische Mimamsa, 3. die in der »Samkhyakarika« (um 400 n. Chr.) erstmals niedergelegte dualistische Lehre des Samkhya, 4. der Yoga, wie er in den »Yogasutras« (2. Jh. v. Chr.?) philosophisch begründet wird, 5. die Systeme des Vaisheshika mit seiner Kategorienlehre und 6. des Nyaya mit seinen Leistungen auf dem Gebiet der Logik.

■ **Theologische Systeme** Ende des 1. Jahrtausends n. Chr. bis zum Anfang des 19. Jh. blieb die analytisch-entmythologisierende Tendenz des Philosophierens z. T. erhalten. Auf hinduistischer Seite wurde nun die Mythologisierung von Weltbild und Daseinsverständnis jedoch nicht mehr aufgehoben, son-

indische Philosophie
→ GEO **Dossier**
Die Wurzeln der Weisheit, Bd. 14

indische Philosophie Vom »Bersten« und der »Sonderung«

Wie im Abendland gab es auch in der indischen Philosophie einen »Universalienstreit« über das Wesen vom Allgemeinen und Besonderen, der zur Ausarbeitung einer komplexen Sprachtheorie führte. Sie verbindet sich insbesondere mit den Namen Bhartrihari und Dignaga (5./6. Jahrhundert).
Ausgangspunkt ist die Bedeutung von ganzen Sätzen, die sich nicht zureichend aus der Bedeutung individueller Laute und Wörter eines Satzes herleiten lässt. Nach Bhartriharis »Lehre vom Bersten« wird im Satz eine Lautäußerung zu einer Lautäußerung mit Bedeutung. Das Individuelle – der Laut – »birst« in seiner Individualität und wird zum Träger von etwas Allgemeinem, nämlich einer Bedeutung in einem ganzen Satz. Dignagas »Lehre von der Sonderung« will die Bedeutung eines Zeichens bzw. Symbols innerhalb eines Satzes bestimmen. So bezieht sich etwa das Symbol (Wort) »Lotos« dadurch auf einen individuellen Lotos, dass auf »alle« Verschiedenheiten des Lotos von allen anderen individuellen

Gegenständen Bezug genommen wird. Die Bedeutung von Lotos ergibt sich, indem er von allem »gesondert« wird, was von ihm verschieden ist.

dern begrifflich strukturiert. Damit kam es zur Bildung großer theologischer Systeme, von denen die indische Philosophie bis in die Gegenwart geprägt wird.

So entstanden die Vedantasysteme, die dem Vishnuismus (einer Hauptrichtung des Hinduismus, in der Vishnu als höchster Gott verehrt wird) verpflichtet sind: der Vishishtadvaita-Vedanta Ramanujas (11. Jh.), der einen relativierten Monismus lehrt, der dualistische Dvaita-Vedanta Madhvas (12. Jh.) und der Shuddadvaita-Vedanta Vallabhas (15. Jh.), der eine Position zwischen Shankara und Ramanuja vertritt, weiterhin die Systeme des Shaivadarshana und der Trikaschule Kaschmirs (bedeutendster Vertreter: Abhinavagupta, um 1000) sowie der Shaivasiddhanta Südindiens (Entstehungszeit etwa 13. Jh.), die zum Shivaismus (einer Hauptrichtung des Hinduismus, in der Shiva als höchster Gott verehrt wird) gehören. Von den klassischen Systemen behielten besonders zwei ihre Bedeutung, die sich über das religiöse Daseinsverständnis der theologischen Systeme bestimmen: der Advaita-Vedanta Shankaras und seiner Schule und der neu aufgegriffene Nyaya, der als »neue Logik« (Navya-Nyaya) zur entscheidenden Autorität wurde (Blütezeit etwa 13.–16. Jh.).

■ **Moderne** Die Begegnung mit westlichen Ideen kennzeichnete den Beginn der modernen indischen Philosophie (19. Jh.), in der v. a. Philosophen wie Ram Mohan Roy (* 1772, † 1833), Vivekananda (* 1863, † 1902), Rabindranath Tagore (* 1861, † 1941), Sarvepalli Radhakrishnan (* 1888, † 1975), Mahatma Gandhi (* 1869, † 1948), Sri Aurobindo und Surendranath Dasgupta (* 1887, † 1952) hervorgetreten sind. Neben Versuchen der Synthese, z. B. in Form einer vergleichenden Philosophie und unter Einbezug von Ansätzen, die dem traditionellen indischen Denken eigentlich fremd sind (z. B. das der Geschichtlichkeit), bleibt die religiös-philosophische Tradition bis in die Gegenwart von tragender Bedeutung.

■ **Siehe auch**
→Advaita · Atman · Brahman · Karma · Madhyamaka · Maya · Mimamsa · Naturphilosophie · Nyaya · Samsara · Vaisheshika · Vedanta · Yoga

Individualbegriff [von latein. individuum »untrennbar«, »unteilbar«], in der traditionellen *Logik* ein Begriff, der sich auf genau einen Gegenstand bezieht (z. B. »der erste Stern am Abendhimmel«), im Gegensatz zum →Allgemeinbegriff. Die Sprachphilosophie fasst Individualbegriffe als verkürzte →Kennzeichnungen auf.

Individualismus, die Auffassung, dass Interessen, Bedürfnisse und Rechte des Individuums gegenüber seiner sozialen Umgebung vorrangig seien. Die Einzelpersönlichkeit gilt in theoretischer, ethischer oder gesellschaftlich-politischer Hinsicht als eigentliche oder einzige Wirklichkeit und wird sinn- und wertmäßig als Zweckbestimmung, Gestaltungsnorm und Beurteilungsmaßstab angesehen. Der Individualismus steht im Gegensatz zum →Kollektivismus.

Individuation, die Sonderung des Allgemeinen (Idee, Begriff) in Besonderheiten, aber auch die Vereinzelung des Seienden in Einzelwesen. In Anlehnung an Aristoteles war die Individuation zentrales Thema im Rahmen des mittelalterlichen Universalienstreits. Die Frage, wie es zu erklären ist, dass das Allgemeine nicht als solches selbst, sondern einzig in einer Vielheit von Individuen existiert, wurde kritisch v. a. von Duns Scotus diskutiert. Als Prinzipien, die ein Individuum konstituieren und von anderen unterscheiden (→Principium individuationis), gelten u. a. Raum, Zeit und Materie.

Individu|enkonstante, Gegenstandskonstante, in der *Logik* ein Symbol, das als →Konstante bestimmte Elemente eines Grundbereichs repräsentiert.

Individu|envariable, Gegenstandsvariable, in der *Logik* ein Symbol, das als →Variable für Gegenstände aus einem Grundbereich steht.

Individu|um [latein. »das Unteilbare«, Lehnübersetzung von griech. átomon »Unteilbares«, »Atom«], 1) im weiteren Sinn jedes Einzelwesen, im engeren Sinn der Einzelmensch, 2) in der *Logik* dasjenige, wovon ein Prädikat ausgesagt wird oder worauf ein Attribut zutrifft, das selbst aber kein Prädikat (Attribut) ist.

In der späten Stoa galt das Individuum als ein Einzelwesen, das nicht mehr geteilt werden kann, ohne seine Eigenart zu verlieren, in Renaissance und Humanismus als menschliche Persönlichkeit und in der Neuzeit meist als Einzelmensch im Gegensatz zur Gesellschaft. Sofern das Individuum gerade dasjenige in ei-

Individuum.
Seit dem 15. Jh. wurde der Mensch auch in der Malerei in seiner Einzigartigkeit und zeitlichen Bedingtheit erfasst. Jan van Eyck stellte die Spuren des Alters in seinem Porträt des burgundischen Kanzlers minutiös dar (»Madonna des Kanzlers Nicholas Rolin«, Detail, um 1437; Paris, Louvre).

100264

nem Seienden meint, was es nicht mit anderen gemein hat, ist es weder in Allgemeinbegriffen aussprechbar noch anderen als solches mitteilbar.

Die antike und die abendländische Philosophie bis zum Spätmittelalter sind überwiegend durch den seinsmäßigen und werthaften Vorrang des Allgemeinen vor dem Individuellen gekennzeichnet. Seit dem Nominalismus bahnte sich eine zunehmende Umkehrung dieser Sichtweise an, wobei das Individuelle zunächst als metaphysisches Prinzip der Wirklichkeit betont wurde (z. B. bei Leibniz). Seit dem 19. Jh. erschien in Fortentwicklung dieser Tendenz zunehmend das mehr oder weniger von transzendenten Bezügen gelöste individuelle Subjekt als Träger der Wirklichkeit. Im 20. Jh. stand in der Existenzphilosophie schließlich die Einmaligkeit individueller Daseinserfahrung im Mittelpunkt.

Induktion [latein. »das Hineinführen«], das Schließen von mehreren Einzelbeobachtungen (dem Besonderen) auf einen allgemeinen Sachverhalt. Im Unterschied zur **vollständigen Induktion** in der Mathematik spricht man auch von **unvollständiger** oder von **enumerierter Induktion.** Das Verfahren der Induktion ist v. a. für die Erfahrungswissenschaften unverzichtbar.

David Hume hat die mit der Induktion verbundene Problematik als Erster deutlich aufgezeigt. Nach Hume ist die Induktion bloß Ausdruck unserer Gewohnheit, beim wiederholten gemeinsamen Auftreten zweier Sachverhalte – etwa dem, dass die Sonne scheint und der Stein warm ist – ein kausales Bedingungsverhältnis (→Kausalität) zu unterstellen. Sie lasse daher keine tiefere Rechtfertigung zu.

Kant hat, Humes Kritik aufgreifend, die Kausalität als →Kategorie bezeichnet, also als ein Verstandesschema, das den Umgang mit Beobachtungen erst ermöglicht und dem somit eine Geltung a priori zukommt. In der Wissenschaftstheorie gibt es zwei Hauptpositionen zum Induktionsproblem: den Induktivismus und den Deduktivismus. Der **Induktivismus,** der v. a. von Rudolf Carnap vertreten wurde, versucht das Verfahren der Induktion zu präzisieren und zu begründen sowie eine induktive Logik zu entwickeln, die Richtlinien zur sachgemäßen Verwendung der Induktion an die Hand gibt. Ihm zufolge erhöht wiederholte Beobachtung eines Sachverhaltes die Wahrscheinlichkeit, dass die entsprechende allgemeine Behauptung wahr ist. Der **Deduktivismus,** der v. a. von Karl R. Popper vertreten wurde, geht dagegen davon aus, dass allgemeine Sätze nicht bestätigt, sondern nur widerlegt werden können (→Falsifikation).

Information, in der Alltagssprache im Sinne von Mitteilung, Nachricht gebraucht. Der aus dem Lateinischen informatio bzw. informare abgeleitete Begriff hat eine direkte Bedeutung, nämlich »eine Gestalt geben, bilden, formen« und eine übertragene Bedeutung, nämlich »unterrichten, durch Unterweisung bilden«. Dementsprechend wurde der Begriff in einem breiten Spektrum gebraucht. In der antiken Philosophie wird Information sowohl im Sinne der Gestaltung eines Stoffes, als auch im Sinne der Lebensgestaltung und der Formung der Wahrnehmung verwendet. In der Scholastik ist Information ein Schlüsselbegriff der Ontologie und Erkenntnistheorie. Im 15. Jh. gelangt der Begriff ins Deutsche und wird v. a. im Sinne von Bildung gebraucht.

Über den Gebrauch des Begriffes in der Nachrichtentechnik und Kybernetik rückt seit Mitte des letzten Jahrhunderts die ursprüngliche semantische und pragmatische Bedeutung zugunsten einer formal-syntaktischen in den Hintergrund. In der Informationstheorie (Ralf V. L. Hartley, Claude E. Shannon und Warren Weaver) wird in Absehung von der Semantik und von interpretativen Aspekten der Begriff aus dem menschlichen Gebrauchskontext genommen und als quantifizierbare Größe gefasst. Mit Information wird die Wahrscheinlichkeit des Eintretens eines Ereignisses bezeichnet, wobei der Wert der Information mit der Unwahrscheinlichkeit des Eintretens eines Ereignisses wächst und damit die Ungewissheit verringert wird.

Die Informationstheorie spielt auch in der Ästhetik eine wichtige Rolle. Umberto Eco wendet sie zur Deutung der ästhetischen Botschaft und der rezeptionsästhetischen Idee des offenen Kunstwerkes an. Für den Kybernetiker Norbert Wiener, der Information als dritte Größe neben Materie und Energie versteht, ist Information eine Zunahme von Organisation und Ordnung in einem System. Von Bedeutung für die Systemtheorie ist Gregory Batesons Definition, wonach erst die Information die Differenz in einem System erzeugt. Information ist für ihn der Unterschied, der einen Unterschied ausmacht.

Die Informationswissenschaft stellt die Aspekte der Wirkung, der subjektiven Wissensänderung und des Informationszugangs ins Zentrum. Information ist, was im Prozess der Wissensvermittlung übermittelt wird. Einen wesentlichen Beitrag zur Begriffsklärung hat zuletzt das Informations- bzw. Wissensmanagement geleistet. Dabei setzt sich folgende Unterscheidung durch: Erstens »Daten«, die noch nicht den Anspruch erheben können, Informationen zu sein, da sie noch nicht semantisch wahrgenommen sind und von ihnen keine Relevanz ausgeht; zweitens »Informationen« als semantisch wahrgenommenen Daten, die sich in einer Proposition fassen lassen und drittens »Wissen«, das Informationen ordnet, verknüpft, bewertet und in handlungsrelevante Kontexte stellt. Da Wissen einen anwendungsspezifischen Charakter hat, hat Information einen höheren Allgemeinheitsgrad. Daten, Informationen und Wissen stehen in einem selbstreferentiellen Verhältnis und sind nicht isoliert diskutierbar. In der logischen Semantik (Rudolf Carnap, Yehoshua Bar-Hillel, *1915, †1975) wird Information als Klasse derjenigen Aussagen aufgefasst, die von einer Aussage logisch impliziert werden.

Peter Janich erweitert die sprach- und informationswissenschaftlichen Ansätze, indem er einen kulturalistischen Informationsbegriff entwickelt, der Information im Bereich menschlicher Handlungen und Zwecke ansiedelt und an sprachliche Mitteilung bindet. Gegenwärtig wird intensiv der Zusammenhang von Information und Medium untersucht. Die Bedeutung der Information ergibt sich aus ihrem medialen Kontext, der den Verständnishorizont absteckt. Kognitiven Ansätze stehen dabei hermeneutische gegenüber, die insbesondere Widerspiegelungstheorien kognitiver Ansätze infrage stellen (Rafael Capurro). Die Entwicklung neuer computergestützter Kommunikationstechnologien hat zur medientheoretischen Frage geführt, inwiefern Medien nicht nur Informationen übertragen, sondern auch erzeugen. Gegenwärtig wird eine Vielzahl verschiedener Gegenstandsbereiche unter dem Gesichtspunkt der Information betrachtet. Im Anschluss an das so genannte Computermodell des Geistes und die Forschung zur künstlichen Intelligenz gelten kognitive Prozesse z.B. in der Psychologie häufig generell als Prozesse der Informationsverarbeitung. Der traditionelle Informationsbegriff, der noch eng an den des Wissens geknüpft war, ist dabei weitgehend aufgegeben worden.

Mit der Erweiterung des Bedeutungsspektrums des Informationsbegriffs im öffentlichen Gebrauch kündigt sich seit Ende der 1990er-Jahre ein Paradigmenwechsel an. An die Stelle der Rede von der Informationsgesellschaft wird zunehmend der Begriff der Wissensgesellschaft gesetzt, die als eine Konsequenz der Informationsgesellschaft aufgefasst wird, die sich zwangsläufig auf einen hermeneutischen und wertenden Weg begeben muss, will sie nicht in der Bedeutungslosigkeit versinken.

Inspiration. Seit der Antike bestand die Vorstellung von der göttlichen Eingebung als Voraussetzung für künstlerisches Schaffen. In seinem Gemälde »Die Inspiration des Dichters« diktiert der Gott Apollon, unterstützt von der Muse Kalliope, einem lauschenden Poeten (1630; Paris, Louvre).

100563

Ingạrden, Roman, polnischer Philosoph, *Krakau 5. 2. 1893, †ebenda 14. 6. 1970; war 1945–63 Professor in Krakau, wurde aber 1950–56 unter dem Vorwurf des »Idealismus« suspendiert. Ingarden verwarf in seiner Phänomenologie den transzendentalen Idealismus seines Lehrers Edmund Husserl und entwarf mithilfe der phänomenologischen Methode eine realistische Ontologie. Seine in bedeutenden Werken zur Ästhetik entwickelte Konzeption einer Schichtenontologie der Kunst, v.a. der Literatur (»Das literarische Kunstwerk«, 1931), beschränkte Ingarden – von den psychologischen und sozialen Bedingungen des Kunstwerks absehend – auf die Analyse seiner Schichten und Strukturen.

Inhalt, →Intension.

inkommensurạbel [spätlatein. »nicht messbar«, »nicht vergleichbar«], von Thomas S. Kuhn in die *Wissenschaftstheorie* eingeführter Terminus. Inkommensurabel sind wissenschaftliche Theorien, die sich auf denselben Gegenstandsbereich beziehen, aber hinsichtlich ihres Wahrheitsanspruches nicht miteinander vergleichbar sind.

inkompatibel, →konträr.

ịnkonsistent [zu latein. consistere »stillstehen«, »dicht werden«], widersprüchlich. Eine Theorie wird inkonsistent genannt, wenn die Menge der Sätze, aus denen sie sich zusammensetzt, einen Widerspruch beinhaltet.

Inspiratiọn [latein., zu inspirare, eigentlich »(hin)einhauchen«], Einfall, Idee. Als »göttliche Begeisterung« (Enthusiasmus) bzw. Eingebung spielt der Begriff der Inspiration in der *Ästhetik* eine Rolle. Inspiration unterscheidet sich vom distanzierenden rationalen Denken, da ihre Inhalte nicht durch bewusste Produktion entstehen.

Instrumentalịsmus [von latein. instrumentum, eigtl. »Werkzeug«, »Gerätschaft«], im amerikanischen *Pragmatismus* eine von John Dewey begründete Position. Nach instrumentalistischer Auffassung dienen Denken und Erkennen der Anpassung an wechselnde Umweltbedingungen, d.h., sie werden nicht als Selbstzweck, sondern lediglich als Mittel zur Lebensbewältigung und Wirklichkeitsbeherrschung begriffen. Logik und Ethik werden als Instrumente erfolgreichen Handelns in der Interaktion von Individuum und Umwelt definiert. Wahrheit und Wert erscheinen hierbei als situationsbedingt. Der Instrumentalismus ist daher eine Form des →Relativismus.

Intellẹkt [latein., zu intellegere »erkennen«, »verstehen«, eigtl. »etwas wählen«], Fähigkeit des Erkennens, auch Vernunft, Verstand. Im Anschluss an Aristoteles wurde in der *Scholastik* der **Intellectus agens** (latein. »tätiger Verstand«) als die Fähigkeit verstanden, die Gegenstände in ihrem Wesen, d.h. hier ihrer »Form« nach zu erfassen. Auf diese Weise überhöhe der Intellekt als im eigentlichen Sinne begriffsbildendes Vermögen den **Intellectus possibilis** (»möglicher Verstand«), also die Verstandeserkenntnis, die aus der Sinneswahrnehmung erwächst.

intellektuelle Anschauung, nach Johann Gottlieb Fichte und Friedrich Wilhelm Joseph von Schelling das intuitive Erkennen des Absoluten. Es ist gekennzeichnet durch die Fähigkeit des Verstandes, sich selbst beim Vollzug des Denkens, v.a. beim Hervorbringen von Begriffen, anzuschauen.

intelligibel [latein.], nur durch den Intellekt, nicht durch die sinnliche Wahrnehmung erkenn- bzw. erfassbar. Von Kant wird intelligibel terminologisch als Gegensatz zu »empirisch« gebraucht. Im Gegensatz zu den empirisch erfahrbaren →Erscheinungen sind intelligible Gegenstände Dinge an sich. Sie zu erkennen wäre nur einer intellektuellen Anschauung möglich, deren Existenz Kant aber bestreitet.

Intension [latein. »Spannung«], **Inhalt,** all das, was der Benutzer eines Begriffs mit diesem verbindet. Bedeutungstragende Ausdrücke haben Intensionen: Die Intension eines Namens ist ein Individuenbegriff, die eines Prädikats eine Eigenschaft und die eines Satzes sein Sinn. Ausdrücke mit gleicher →Extension können verschiedene Intensionen haben. So vermitteln »Kepler« und »der Entdecker der Planetenbahnen« verschiedene Informationsaspekte ein und derselben Person.

Intention [latein., von intendere »hinwenden«, »sein Streben auf etwas richten«], Richtung des Denkens oder Wollens, der Antriebe und des Fühlens auf etwas. Seit Edmund Husserl ist Intention der Grundbegriff der Phänomenologie. Im Anschluss an Franz Brentano bezeichnet **Intentionalität** das Gerichtetsein des Bewusstseins auf seine Gegenstände: »Bewusstsein ist immer Bewusstsein von etwas« (Husserl). Alle Akte des Bewusstseins beziehen sich auf intentionale Gegenstände (das Wahrgenommene, das Vorgestellte, das Gewünschte), bei denen es sich keineswegs um reale Gegenstände handeln muss. In Diskussionen über künstliche Intelligenz stellt Intentionalität ein wichtiges Argument gegen die Behauptung dar, dass Maschinen denken können, sofern Intentionalität als notwendiges Moment des Denkens begriffen wird.

Intentionalismus, in der *Ethik* die Lehre, dass jede Handlung nach ihrer Absicht bzw. ihrer Gesinnung und nicht nach ihrer Wirkung zu beurteilen sei.

Interesse [zu latein. interesse »von Wichtigkeit sein«, mittellatein. substantiviert im Sinne von »Nutzen«, »Vorteil«, »Gewinn«], allgemein die Ausrichtung des Wollens und Handelns auf ein Ziel hin, dessen Erreichung subjektiv für wichtig gehalten wird, weil dadurch ein als grundlegend interpretiertes Bedürfnis befriedigt werden soll.

In der *praktischen Philosophie* ist die Unterscheidung zwischen partikularen, allgemeinen und verallgemeinerungsfähigen Interessen bedeutsam geworden. Als »verallgemeinerungsfähig« werden die Interessen bezeichnet, die bei allen Menschen anzutreffen sind und für die zugleich gilt, dass die Folgen einer allgemeinen Realisierung dieser Interessen von allen Betroffenen zwanglos akzeptiert werden können. Ist nur die erste Bedingung erfüllt, so handelt es sich um allgemeine, ist nur die zweite oder gar keine erfüllt, um partikulare Interessen.

Erkenntnistheoretisch unterstrich Claude Adrien Helvétius erstmals und positiv das Interesse als Grundverfasstheit des menschlichen Geistes und Voraussetzung seiner Orientierungsfähigkeit und sozialen Kommunikation. Kant differenzierte zwischen pathologischem, von der Zufälligkeit menschlichen Wollens geleitetem Interesse und dem (praktischen) Interesse der Vernunft an sich selbst und an höchsten menschlichen Zwecken.

Über die Wissenssoziologie und Max Scheler wurde das Problem der Interessenbedingtheit der Erkenntnis in seiner Mehrdeutigkeit analysiert. Jürgen Habermas griff Schelers Themenstellung unter wissenschaftsgeschichtlichen, soziologischen und ethischen Gesichtspunkten mit den Begriffen »Erkenntnis und Interesse« sowie »erkenntnisleitendes Interesse« auf.

Internalismus [zu latein. intern »inwendig«], Standpunkt in Rechtfertigungsfragen der theoretischen und praktischen Philosophie. Gegenposition des Internalismus ist der **Externalismus.**

In der *Erkenntnistheorie* beziehen sich die Begriffe Internalismus und Externalismus auf die Problematik der Rechtfertigung von Wissen. Der Internalismus geht davon aus, dass Geltungsfragen nur über die kognitive Per-

100563

Intention.
Nach Edmund Husserls Phänomenologie ist unser Bewusstsein stets auf etwas außer sich selbst gerichtet und somit intentional – auch wenn es sich um fiktive Gegenstände handelt (»Von dem Einhorn«, Holzschnitt aus Conrad Gesners Tierbuch, Frankfurt am Main 1669).

Internalismus Gehirne im Tank

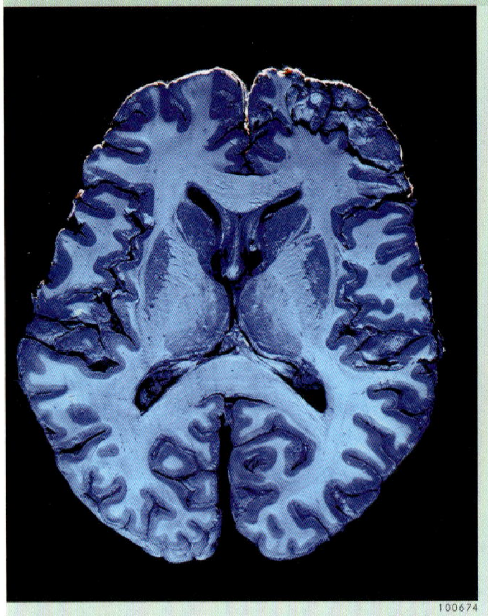

100674

Nehmen Sie an, Sie sind von einem bösen Wissenschaftler operiert worden. Er hat Ihr Gehirn aus dem Körper herausgenommen und in einen Tank mit Nährstofflösung gelegt. Er hat die Nervenenden mit einem Computer verbunden, der die Wirklichkeit perfekt simuliert. Da die Erinnerung an die Operation aus Ihrem Gedächtnis gelöscht wurde, kommt Ihnen alles ganz normal vor. Ihre ganze Umwelt ist wie immer, nichts erscheint auffällig. Da sind Häuser, Straßen, Bäume, andere Menschen. In Wahrheit aber geht alles, was Sie erleben, bloß auf die elektrischen Impulse zurück, die Ihr Gehirn von dem Computer erhält. So mögen sie etwa den vollkommen realistischen Eindruck haben, Sie lesen gerade in einem Philosophielexikon einen Artikel über Gehirne im Tank, in dem von einem bösen Wissenschaftler die Rede ist, der Sie operiert hat...
Wäre das denkbar? Mit einem solchen Gedankenexperiment versuchte Hilary Putnam, den radikalen Externalismus ad absurdum zu führen.

spektive, d.h. innere Zustände von Personen, geklärt werden können. Für den Externalismus ist eine Überzeugung gerechtfertigt, wenn sie von äußeren Prozessen verlässlich gestützt wird.

In der *Philosophy of Mind* bezeichnet Internalismus die Annahme, dass der Inhalt (propositionale Gehalt) mentaler Akte allein von den Formen und Zuständen des Bewusstseins abhängt. Der Externalismus behauptet, dass dieser Gehalt von Elementen und Strukturen der bewusstseinsunabhängigen Welt bestimmt wird.

In der *Ethik* wird mit dem Gegensatzpaar das Verhältnis von moralischem Grund und Motivation verhandelt. Der Internalismus setzt einen internen Zusammenhang zwischen beiden voraus. Dabei ist zwischen einer kantischen Version, nach der moralische Gründe Handlungsgründe sind, und einer Version von David Hume zu unterscheiden, nach der Gründe nur in der Verbindung mit faktischen Wünschen kausal wirksam werden. Der Externalismus macht dagegen die Geltung moralischer Aussagen nicht von Motiven oder Wünschen der betreffenden Person abhängig. Es sei möglich, dass die Einsicht in die Geltung einer moralischen Aussage faktisch kein Handlungsmotiv bereitstelle.

Interpretation [latein. »Erklärung«, »Auslegung«], Akt und Ergebnis des Verstehens, im weitesten Sinn aller sinnhaltigen Strukturen, im engeren Sinn von juristischen, theologischen, historischen, philosophischen u.a. Quellen, von Kunstwerken allgemein und Dichtung im Besonderen (→Hermeneutik).

Intersubjektivität, in der *Wissenschaftstheorie* Bezeichnung für die Forderung, eine jede wissenschaftliche Behauptung erst dann als »objektiv« gültig oder wahr anzusehen, wenn sie von jedem nachgeprüft werden kann. Intersubjektiv zugänglich sind diejenigen Eigenschaften, die den Dingen selbst zu eigen sind, also ihre »primären Qualitäten«. Zwischen Objektivität und Intersubjektivität ergibt sich hieraus ein enger Zusammenhang: Alles, was objektiv ist, sollte auch intersubjektiv sein. Da nicht alle Menschen über genau das gleiche Wahrnehmungsvermögen verfügen, ergänzt man die menschliche Wahrnehmung durch Messinstrumente: Intersubjektiv ist das, was die Apparate anzeigen, was also ohne Beteiligung des erkennenden Subjekts zustande kommt. Damit werden die Wiederholbarkeit und zugleich auch die Nachprüfbarkeit der erzielten Ergebnisse sichergestellt.

Intuition [mittellatein. »unmittelbare Anschauung«, zu latein. intueri »anschauen«, »betrachten«], das unmittelbare, ganzheitliche Erkennen oder Erfahren von Sachverhalten im Gegensatz zu der durch Beweis, Erklärung oder Definition vermittelten diskursiven Erkenntnis. Nach Platon werden die Ideen durch Intuition erkannt bzw. erfahren, nach Aristoteles, John Locke u.a. die für unbeweisbar und evident gehaltenen »ersten« Sätze der Wissenschaften (→Axiom) und die →angeborenen Ideen. Edmund Husserl betrachtet Intuition und Evidenz als den Anfang der Begründung von Wissenschaft.

Intuitionismus, in der *Ethik* eine Position, die moralisches Handeln durch Rückführung auf ein unmittelbar evidentes, nicht weiter ableitbares intuitives Wissen um Gut und Böse erklärt. Ein Intuitionismus wird u. a. von der →Wertethik vertreten.

ionische Naturphilosophie, die v. a. Thales, Anaximander und Anaximenes umfassende Tradition der frühen griechischen Philosophie (→Vorsokratiker). Die ionischen Naturphilosophen fragten in erster Linie nach Herkunft und Aufbau – Urprinzipien und Urstoffen – des Kosmos.

Irigaray [-ˈrɛ], Luce, französische Philosophin, Linguistin und Psychoanalytikerin belgischer Herkunft, * Blaton (Belgien) 1932 (?); war seit 1964 am Centre National de la Recherche Scientifique (CNRS) in Paris tätig, zuletzt als Forschungsleiterin in Philosophie. Ausgehend von Jacques Lacans Psychoanalyse und Karl Marx' Ökonomie, begründete Irigaray ein Denken der sexuellen Differenz. Diesem zufolge ist die Frau einerseits patriarchalen Machtstrukturen unterworfen, andererseits wird eine geschlechtliche Identität der Frau angenommen, die sie aus der Abhängigkeit von männlicher Geschlechtsidentität befreit. Irigaray entfaltete diesen Ansatz insbesondere in ihrem Aufsatz »Ce sexe qui n'en est pas un« (1979; dt. »Das Geschlecht, das nicht eins ist«) und in »Speculum de l'autre femme« (1980; dt. »Speculum. Spiegel des anderen Geschlechts«). Besonderes Aufsehen erregte auch ihr 1984 erschienenes Werk »Éthique de la différence sexuelle« (dt. »Ethik der sexuellen Differenz«).

irrational [latein. »unvernünftig«], durch die Ratio, den Verstand, nicht erfassbar, dem logischen Denken nicht zugänglich, auch: vernunftwidrig. Das Irrationale ist entweder das dem rationalen Erkennen Unzugängliche, etwa der unerkennbare Rest in jedem Seienden, das Transintelligible (Nicolai Hartmann) oder auch das Suprarationale, wie die göttliche Offenbarung, oder das Arationale, das Widervernünftige, z. B. eine →Antinomie 2). Als irrational bezeichnet man zugleich das »auf seine Weise« (z. B. gefühlsmäßig oder anschaulich) durchaus zugängliche Emotionale, Individuelle, Künstlerische oder Religiöse, insofern es analytisch-synthetisch nicht befriedigend erklärt, an allgemeinen Maßstäben nicht gemessen oder experimentell nachgeprüft werden kann.

Der Begriff des **Irrationalismus** kennzeichnet entweder eine Lehre, die in emotionalen und intuitiven Gewissheitserlebnissen gründet, oder eine Metaphysik, die Wesen und Ursprung des Seienden oder der Welt als etwas Irrationales auffasst, z. B. als Wille bei Arthur Schopenhauer oder als »Élan vital« bei Henri Bergson. In der Geistesgeschichte trat Irrationalismus meist als Gegenströmung des →Rationalismus auf.

Isidor von Sevilla [-seˈβiʎa], spanischer Bischof und Kirchenlehrer, * Cartagena (?) um 560, † Sevilla 4. 4. 636; war seit 600 Erzbischof in Sevilla. Er war der letzte abendländische »Kirchenvater«. Isidors theologische und profangeschichtliche Schriften haben die Bildung des Mittelalters entscheidend beeinflusst. Die 20 Bücher umfassenden »Etymologiae« (auch »Origines« genannt) enthalten enzyklopädisch das gesamte Wissen seiner Zeit. Sein theologisches Hauptwerk sind die »Sententiarum libri tres«, ein Lehrbuch der Dogmatik und Ethik.

islamische Philosophie, arabische Philosophie, der Versuch, die Grundgedanken des Korans von der unumschränkten Allmacht Gottes und der Endlichkeit alles Geschaffenen darzustellen, sie gegen innerislamische und nicht islamische Gegner zu behaupten, sie auch mit dem Gedanken der menschlichen Willensfreiheit in Einklang zu bringen sowie zwischen religiöser Offenbarung und Vernunfterkenntnis zu vermitteln. Diesen Zielen dienen die islamische Theologie (Kalam) und Mystik sowie die Philosophie (Falsafah). Dabei wandten sich die Denker der antiken philosophischen Überlieferung zu, als deren Bewahrer sie sich seit dem frühen Mittelalter verstanden.

100562

irrational. Die rationale Grundlage der westlichen Gesellschaft ruft vielfach das Bedürfnis nach emotionalem Ausgleich durch irrationale Bewegungen hervor, wie sie etwa das New Age verkörpert.

islamische Philosophie Das »Haus der Weisheit«

1843

Um die Theologen der islamischen Orthodoxie zu überlisten, berichtete der hochgelehrte Abbasidenkalif al-Mamun, der 813 bis 833 regierte, von einem Traum, in dem ihm ein alter Mann erschienen sei, der sich als Aristoteles ausgegeben und das Studium der griechischen Klassiker angeraten habe. Von nun an galt Aristoteles in der islamischen Philosophie als »erster Lehrer«; er wurde der Autorität des Propheten Mohammed gleichgestellt (Aristotelesdarstellung in einer arabischen Handschrift des 13. Jh.; London, British Library). 830 gründete al-Mamun in Bagdad das »Haus der Weisheit«. Er förderte die Abfassung philosophischer Werke sowie Übersetzungen aus dem Griechischen und veranstaltete gelehrte Streitgespräche, da er hoffte, die Einheit des Islam durch Argumente wiederherstellen zu können. Al-Mamuns Durchsetzung des Rationalismus als Staatslehre erregte den Widerstand der islamischen Orthodoxie, die von ihren Hochschulen aus den Kampf gegen die Philosophie aufnahm.

Die früheste Form einer islamischen Theologie bildete die Richtung der Mutasiliten, deren Lehre von der absoluten Einheit Gottes (die jeden Anthropomorphismus ausschloss) und vom Erschaffensein des Korans (ausgehend von einem radikalen Monotheismus) im 9. Jh. zeitweilig zum Staatsdogma erhoben wurde. Sie bildeten bereits eine Ethik des Guten und Bösen, Theorien über Freiheit und Notwendigkeit, Substanz und Akzidens heraus. Der Begründer der Vermittlungstheorie, al-Aschari (um 900), ging von den Mutasiliten aus und bediente sich ihrer rationalistischen Methoden. Er versöhnte die dialektische Methode mit der Orthodoxie und leugnete den Gegensatz zwischen Vernunft und Offenbarung. Al-Aschari gilt als Wegbereiter einer der Scholastik ähnlichen philosophischen Theologie im sunnitischen Islam.

Die philosophische Entwicklung begründend, setzte bereits unter den Dynastien der Omaijaden (661–749/750) und v.a. der frühen Abbasiden im 8. und 9. Jh. die planmäßige Aufnahme der hellenistischen Wissenschaft ein. Die Grundlage bildete eine umfangreiche Übersetzertätigkeit durch syrische christliche Gelehrte. Auch die Werke Platons sowie die Hauptschriften des Aristoteles und die wichtigsten Kommentare wurden ins Arabische übersetzt. Verbreitet wurde allerdings ein von vornherein neuplatonisch ausgelegter Aristoteles. So stand die islamische Philosophie von Anfang an im Zeichen eines aristotelisch-neuplatonischen Synkretismus. Hierzu kam noch viel persisches und (durch al-Biruni, *973, † um 1050) indisches Gedankengut.

■ **Philosophie und Mystik** Im 9. Jh. stand neben dem »Philosophen der Araber«, al-Kindi, dem die Philosophie zum Verständnis und zur Bestätigung der Offenbarung diente, der halb aufklärerisch, halb politisch gerichtete Geheimbund der »Lauteren Brüder von Basra« (Ichwan as-Safa). In deren von neuplatonischen und neupythagoreischen Gedanken beeinflusster Enzyklopädie der Wissenschaften findet sich als metaphysischer Grundgedanke die Anschauung eines abgestuften emanatistischen Hervorgehens der weltformenden und weltbewegenden geistigen Kräfte sowie der stofflichen Dinge aus der göttlichen Einheit. Einem absteigenden Hergang der göttlichen Selbstoffenbarung durch Selbstentäußerung entspricht die Erhebung des individuellen Geistes von der Sinnlichkeit hin zur mystischen Vereinigung mit der Gottheit.

■ **Blütezeit** Im 10. Jh. wirkte der bedeutende Arzt Mohammed Ibn Zakarija Rhazes (ar-Razi), der zugleich eine Lehre vom Hervorgehen der Welt aus fünf Urprinzipien entwarf: Gott, Materie, Seele, Raum, Zeit. Alfarabi hob die philosophische Übereinstimmung von Platon und Aristoteles hervor und stellte die Philosophie über die Religion. Eine neuplatonisch orientierte Ethik entwickelte der Universalhistoriker Ibn Miskawaih († 1030). Der erfolgreichste unter den islamischen Philosophen war Ibn Sina (Avicenna), ein Schüler Alfarabis, der die für die Folgezeit maßgebende Form aristotelisch-neuplatonischer Metaphysik schuf. Entschiedene Gegnerschaft fand er seitens des größten islamischen Theologen, al-Ghasali (11. Jh.), der unter Ablehnung des Gedankens einer außergöttlichen ewigen Materie und einer Emanation der Welt aus Gott eine Einheit zwischen den in seiner Zeit auseinanderstrebenden Kräften der religiösen Pflichtenlehre, der spekulativen Theologie und der Mystik zu stiften suchte. Die Folge war ein Aufschwung der scholastischen Ontologie und Metaphysik. Eine Synthese wissenschaftlich-diskursiver und religiös-mystischer Erkenntnis suchte der von Platon beeinflusste persische Philosoph Shihab ad-Din Jahja al-Suhrawardi († 1191) mit seiner Lehre von der Illumination, in der er eine umfassende Lichtmetaphysik entwirft.

■ **Westislamische Philosophie** Im Unterschied zum Osten erfuhr die islamische Philosophie im äußersten Westen (Spanien) eine eigenständige Entwicklung in enger Verbindung mit der jüdischen Philosophie, deren wichtigster Vertreter Ibn Gabirol war. Um 900 wurde hier die neuplatonisch-gnostische Philosophie durch Ibn Masarra († 931) begründet. An Alfarabi lehnte sich Ibn Badjdja (Avempace; † 1138) an. Dessen Gegner Ibn as-Sid († 1127) suchte griechisches Denken und islamisches Dogma miteinander zu verbinden, während Ibn Tufail (Abubacer; † 1185 oder 1186) die Entwicklungsfähigkeit des individuellen Geistes bis zur Vollendung der Gottesschau und die Gestalt des Philosophen als »Einsamen« darstellte. Ibn Ruschd (Averroes) gewann als der maßgebende Kommentator des Aristoteles für die christliche Scholastik größte Bedeutung und lieferte ihr außerdem mit den Theorien von der Einheit des aktiven Intellekts und der Ewigkeit der Welt die Gegenstände für die großen philosophischen Kontroversen des 13. Jh. Das bei den westislamischen Denkern stärker hervortretende Interesse am Verhältnis des einzelnen Menschen zur Gesellschaft fand seinen Ausdruck im Werk des arabischen Geschichtsschreibers Ibn Chaldun (14. Jh.).

■ **Neuere Zeit** Nach der Vertreibung der Araber aus Spanien durch die Reconquista (bis 1492) und der Expansion der Mongolen im Osten konzentrierte sich die islamische Philosophie – bei einer kulturellen Blütezeit im 17. Jh. in Iran – auf die Wiederholung, Zusammenfassung und Kommentierung der vorangegangenen philosophischen Leistungen.

In Reaktion auf den europäischen Einfluss seit Mitte des 19. Jh. in den islamischen Ländern setzte im 20. Jh. eine ideologisch-politische und eine intensivere wissenschaftliche Rezeption westlichen Gedankenguts ein, so z. B. der Lebensphilosophie Henri Bergsons, des Existenzialismus, des logischen Positivismus und der Psychoanalyse. Es begann die Ausgestaltung einer eigenständigen islamischen Philosophie und philosophischen Terminologie. Bei höchst unterschiedlicher Entwicklung in den einzelnen islamischen Ländern finden die Versuche, auf dem Hintergrund der islamischen Tradition eine eigenständige Antwort auf die Fragen moderner Wissenschaft, des nationalen Selbstverständnisses und der Philosophie zu gewinnen, einerseits bereits seit dem 19. Jh. in islamischen Reformbestrebungen (v. a. Djamal al-Afghani, Mohammed Abduh; in der 2. Hälfte des 20. Jh. z. B. Sadik al-Azm) und andererseits in philosophisch-systematischen, häufig kulturphilosophischen Ansätzen Ausdruck, u. a. bei Mohammed Asis Lahbabi (* 1923, † 1993), Abdallah Mohammed Laroui (* 1933), Abdelwahab Bouhdiba, Mohammed Arkoun (* 1928), Seyyed Hossein Nasr (* 1933) und Abdolkarim Soroush (* 1945).

J

Jacobi, Friedrich Heinrich, deutscher Schriftsteller und Philosoph, * Düsseldorf 25. 1. 1743, † München 10. 3. 1819; war zunächst Kaufmann, dann Beamter, schließlich Professor der Philosophie und 1807–12 Präsident der Bayerischen Akademie der Wissenschaften in München. Sein Landsitz in Pempelfort bei Düsseldorf bildete lange Zeit einen Mittelpunkt des deutschen Geisteslebens.

Jacobi wendete sich kritisch gegen den Rationalismus der Aufklärung, die kantische Vernunftphilosophie und Johann Gottlieb Fichtes Idealismus. Sein Denken stützte sich auf die Überlegenheit der unmittelbaren Empfindung gegenüber der Vernunft, die Erfahrung und Anerkennung der Wirklichkeit, wie sie ist, und die nicht von äußeren moralischen Gesetzen, sondern von der natürlichen Sittlichkeit geleitete Personalität des Menschen. Er verwendete als Erster den philosophischen Begriff des Nihilismus, mit dem er den kantischen und nachkantischen Idealismus charakterisierte. Die irrationalistische Gefühls- und Glaubensphilosophie Jacobis antizipierte mit ihrem Anliegen, die Bedingungen menschlicher Existenz zu klären, wesentliche Elemente der durch die Philosophie Søren Kierkegaards und die Existenzphilosophie geprägten geistesgeschichtlichen Entwicklung. Mit seiner Schrift »Über die Lehre des Spinoza in Briefen an den Herrn Moses Mendelssohn« (1785) löste Jacobi den Pantheismusstreit (→Pantheismus) aus.

William James brachte den Wahrheitsbegriff in Beziehung zu Reichtum und Gesundheit:

»Unsere Verpflichtung, die Wahrheit zu suchen, ist nur ein Teil unserer allgemeinen Verpflichtung, das zu tun, was lohnt. Das Lohnende, das unsere wahren Ideen enthalten, ist der einzige Grund, der uns verpflichtet, uns an sie zu halten.«

James [dʒeɪmz], William, amerikanischer Philosoph und Psychologe, * New York 11. 1. 1842, † Chocorua (N. H.) 26. 8. 1910; war 1876–1907 Professor an der Harvard University (Cambridge, Mass.), wo er zunächst Anatomie und Physiologie, dann Psychologie und später Philosophie lehrte. Er ist Mitbegründer der Philosophie des →Pragmatismus, dessen Grundgedanken zufolge alles (wissenschaftliche, religiöse, politische, soziale u. a.) Denken und Erkennen im Rahmen seiner Nützlichkeit für das menschliche Handeln zu beurteilen ist. Als Maßstab gilt der individuelle Erfahrungshorizont. Diesen pragmatistischen Ansatz entfaltete James v. a. in seinem erkenntnistheoretischen Hauptwerk »Pragmatism, a new name for some old ways of thinking« (1907; dt. »Der Pragmatismus. Ein neuer Name für alte Denkmethoden«). Sein antimaterialistischer, »radikaler« Empirismus ist von seiner Lehre vom Werte und Zwecke setzenden freien Willen geprägt. James' Religionsphilosophie kennzeichnet ein personalistischer Panpsychismus (Allbeseelungslehre).

James wirkte nachhaltig auf die nordamerikanische Psychologie. Er begründete eine funktionalistische, empirisch-experimentelle Psychologie, die die weitere Entwicklung maßgeblich beeinflusste. Gegen die Assoziations- und Elementenpsychologie entwickelte er seine Lehre von den seelischen Vorgängen als kontinuierlichem »Strom von Bewusstseinszuständen« (Stream of Consciousness).

japanische Philosophie, zusammenfassende Bezeichnung für die Hauptrichtungen des japanischen einheimischen Denkens und Verhaltens und damit hauptsächlich für die konfuzianischen, buddhistischen und shintoistisch-nationalistischen Auffassungen. Das japanische Wort für Philosophie ist »Tetsugaku« (»Wissenschaft von der Weisheit«). Es wurde von Amane Nishi (* 1829, † 1897) geprägt und bezeichnet, streng genommen, die westliche und moderne japanische Philosophie.

■ **Konfuzianismus** Japan übernahm im 4. Jh. vom chinesischen Festland den Konfuzianismus, der das moralische und politische Leben des Landes bis weit über die Meijizeit (1868–1912) hinaus prägte. Die erste staatspolitisch-ethische Auswertung des Konfuzianismus erfolgte in der »Verfassung in 17 Artikeln« von 604 des Regenten Shōtoku-taishi und im Taihōcodex von 701. Das Studium des Konfuzianismus wurde von einer Gruppe von Hofgelehrten betrieben, die ihn nur an den aristokratischen Bildungsstätten lehrten.

Im 13. Jh. führten Zenmönche den Neokonfuzianismus in Japan ein. Er entfaltete sich während der Edozeit (1603–1868) in ethischer und staatspolitischer Hinsicht zu seiner vollen Blüte. Seine Hauptvertreter waren u. a. Seika Fujiwara (* 1561, † 1619) und dessen Schüler Razan Hayashi (* 1583, † 1657), der als Berater der Shōgune das staatliche Bildungs- und Erziehungswesen betreute. Ihrer Lehre liegen die Gedanken des chinesischen Philosophen Zhu Xi zugrunde. Sie lehnten den Buddhismus ab und bevorzugten einen Synkretismus zwischen Shintō und Konfuzianismus.

Im Mittelpunkt der *neokonfuzianischen Lehre* stehen der Mensch und seine Handlungen, deren Normen durch die »Fünf menschlichen Beziehungen« (Gorin: das Verhältnis der Kinder zu den Eltern, des Mannes zur Frau, der Untertanen zum Herrscher, der jüngeren Geschwister zu den älteren, des Freundes zum Freund) und die »Fünf Grundtugenden« (Gojō: Mitmenschlichkeit, Rechtlichkeit, Sitte, Wissen, Rechtschaffenheit) festgelegt sind. Mit der Vorstellung eines einheitlichen Weltbildes erhält sie ein metaphysisches Fundament: Alles Sein gehe auf ein höchstes, die Dinge immanent ordnendes Prinzip (Ri) und auf die Materie-Energie (Qi) zurück. Auf der Materie-Energie gründet die Stofflichkeit der Dinge. Sie wird vorgedacht als von den Polen Ruhe (In, chinesisch Yin) und Bewegung (Yo, chinesisch Yang) dynamisch bestimmtes Sein. Aus dem Wechselspiel von In und Yo entstehen die fünf Elemente oder Wandlungsphasen (Holz, Feuer, Erde, Metall, Wasser).

Neben der zur orthodoxen Staatslehre gewordenen Shushigaku standen andere konfu-

japanische Philosophie Die Theorie des Schönen

100563

Die Ästhetik gehört zu den hervorragenden Bereichen japanischen Denkens. Sie wird als Körper, Geist und Seele umfassendes Lebensgefühl verstanden. Das Schöne führt zur Reinheit und vervollkommnet einen Charakter zum »Edlen«. Dabei meint das Schöne sowohl das Natur- als auch das Kunstschöne. Der japanische Landschaftsgarten sucht keine künstliche Formung, sondern das Einordnen des Menschen in die Natur. Er verbindet Naturerscheinungen wie Teiche, Steine, Sand und Hügel in einem Arrangement, das als »geborgte Landschaft« bezeichnet wird (Kyōto, Garten des Daisen-in-Tempels, Teilansicht). In der Kunst sind es besonders Landschaftsmalerei, Gedichte, das Nō-Theater, Schwertkampf und die Teezeremonie, in denen bestimmte Regeln der Ästhetik zur Geltung kommen.

zianische Schulen. Die Yōmeigaku führte die Gedanken des chinesischen Philosophen der Mingzeit Wang Yangming fort, sie wurde v. a. von Tōju Nakae (* 1608, † 1648) und Banzan Kumazawa (* 1619, † 1691) vertreten. Im Gegensatz zur Shushigaku ist für sie Wissen und Handeln untrennbar (Chigyō-gōitsu); Pietät (Tūju Nakae) und die drei Tugenden Wissen, Menschlichkeit und Mut (Banzan Kumazawa) sind die ethischen Hauptbegriffe. Die Fähigkeit der Erkenntnis besitze allein das menschliche Herz (Shin). Die alles umfassende Grundrealität, die sich auch in der menschlichen Existenz offenbart, ist der Geist.

Gegen die Auslegungen der Shushigaku und Yōmeigaku wandte sich die »Schule der Alten Lehre« (Kogaku), vertreten durch Sokō Yamaga (* 1622, † 1685), Jinzai Itō (* 1627, † 1705) und Sorai Ogyū (* 1666, † 1728). Die konfuzianischen Begriffe konnten nach ihrer Meinung nur in der Rückkehr zu der ureigentlichen Lehre des Konfuzius und Mengzi geklärt und eindeutig definiert werden.

Das Ziel der synkretistischen »Lehre vom Herzen« (Shingaku) war die Volkserziehung und Aufklärung v. a. des Bürgertums. Der Konfuzianismus war in Japan niemals nur eine »akademische Philosophie«, sondern eine angewandte Gesellschaftslehre. Er erwies sich in der japanischen Geschichte als ein politisch-soziales Regulativ für die Regierenden.

■ **Philosophie des Zen** Die Anfänge der buddhistischen Philosophie lagen in der Narazeit (710–784). Von der Priesterschaft wurden zunächst metaphysische Fragen erörtert. Nach der Gründung eigenständiger Schulen finden sich später auch Untersuchungen zur Erkenntnistheorie, Ethik und Psychologie. Eine bedeutende Rolle in der japanischen Geistesgeschichte spielte die Philosophie des Zenbuddhismus mit dem Hauptbegriff der universalen Leere (Zen). Die »Nationale Schule« (Kokugaku), als wissenschaftliche Schule in der Edozeit entstanden, war eine Gegenbewegung zu den konfuzianischen und buddhistischen Schulen, die das eigenständig Japanische betonte. Mabuchi Kamo (* 1697, † 1769), Norinaga Motoori (* 1730, † 1801), Atsutane Hirata (* 1776, † 1843) und Takamasa Okuni (* 1792, † 1871) sind ihre Hauptvertreter. Sie ging von philologisch-literarischen Untersuchungen aus und entwickelte sich später zu einer philosophisch-politischen Schule (Hirata, Okuni). Im Vordergrund stand bei ihr auch die »Rückkehr zum Alten«, dem Shintō als der autochthonen Religion Japans. Diese Selbstbesinnung bestimmte die politische Aktivität der Kokugakugelehrten und war der Ansatzpunkt für die Forderungen der Meijirestauration (ab 1868), durch die Japan zu einem Staat moderner Prägung geführt wurde: die Missbilligung der Shōgune und die Wiedereinsetzung des Tenno als alleinigen Herrschers. Einen nicht geringen Anteil an der Verwirklichung dieser Ideen hatte die von Mitsukuni Tokugawa (* 1628, † 1700) begründete Schule von Mito, das zu einem Zentrum konfuzianischer Wissenschaften wurde.

■ **Neuzeitliche Entwicklung** Die erste Vermittlung der westlichen und modernen Philosophie an Japan erfolgte durch die Niederländer seit dem 18. Jahrhundert. Einige japanische Philosophen wie Nakamoto Tominaga (* 1715, † 1746) und Baien Miura (* 1723, † 1789) begannen eine kritische Haltung gegenüber der traditionellen Philosophie einzunehmen. Später setzte sich v. a. Yukichi Fukuzawa (* 1835, † 1901) für die Einführung westlicher Gedanken und Institutionen ein, mit dem Ziel einer wirtschaftlichen, technischen und kulturellen Entwicklung Japans nach westlichem Vorbild. Die von ihm 1868 gegründete Keiō-Universität wurde zu einer Hochburg des Utilitarismus. Im Rahmen dieser Aufklärungsbewegung wurde 1873 die Intellektuellengesellschaft »Meirokusha« gegründet, die japanische Intellektuelle zur Diskussion über Themen aus dem Bereich westlicher Kultur vereinigte, politisch jedoch keinen Einfluss hatte.

Der eigentliche Begründer der modernen Philosophie in Japan wurde Amane Nishi. Gemeinsam mit Mamichi Tsuda (* 1829, † 1903) hatte er während seiner Studien in Leiden die dort dominierenden Richtungen des Positivismus von Auguste Comte und den Utilitarismus von John Stuart Mill kennen gelernt. Neben diesen haben auch Kant, Hegel und Herbert Spencer sein Denken beeinflusst. In seinen Philosophemen wandte er sich besonders Problemen der Erkenntnis- und Wissenschaftstheorie und der Ethik zu und wies Japan auf diesen Gebieten neue Wege.

Die Überbetonung westlichen Denkens in der ersten Hälfte der Meijizeit führte zu heftigen Reaktionen, die sich besonders auf dem Gebiet der Ethik abzeichneten. Shigeki Nishimura (* 1828, † 1902) trat für eine – wenn auch nicht kritiklose – Wiederbelebung des Konfuzianismus ein. Inoue Tetsujirō (* 1852, † 1944) übte durch seine ethisch-politischen Werke einen starken Einfluss auf den Ultranationalismus bis in die 1940er-Jahre aus. Der vom Christentum beeinflusste Hajime Ōnishi (* 1864, † 1900) verwarf die ideologiegebundene Philosophie seiner zeitgenössischen Kollegen und forderte, dass die Philosophie der Wahrheit diene. Das Ziel der Philosophen müsse sein, eine Ost und West umfassende Ethik zu entwickeln. Die japanischen Sozialisten wandten sich gegen die in der Politik zunehmende Tendenz zum totalitären Imperialismus, autoritären Nationalismus und aggressiven Militarismus (v. a. Sen Katayama; * 1859 oder 1860, † 1933).

■ **20. Jahrhundert** Die erste Hälfte des 20. Jahrhunderts wurde durch die Philosophie Kants, den Kantianismus und den Neukantianismus geprägt. Zu ihren Vertretern gehörten Ōdō Tanaka (* 1867, † 1932), Genyoku Kuwaki (* 1874, † 1946), Sanjūrō Tomonaga (* 1871, † 1951), Teiyū Amano (* 1884, † 1980), Yoshishige Abe (* 1883, † 1966) u. a. Seit den 1920er-Jahren bezieht die philosophiegeschichtliche Forschung in Japan alle Epochen ein.

Eine eigene Stellung nimmt Kitarō Nishida (* 1870, † 1945) ein, der als Einziger eine Schule bildete. Ihm gelang es, die japanische Philosophie aus dem Stadium der Rezeption der westlichen Philosophie heraus- und zu einem originalen Philosophieren hinzuführen und in die Weltphilosophie einzugliedern. Das »Nichts« ist der Zentralbegriff seiner Philosophie, die Einflüsse von Henri Bergson, Wilhelm Dilthey, Hegel, Edmund Husserl und besonders des Zen aufweist. Zu seinen Schülern gehörten Hajime Tanabe (* 1885, † 1962), Tetsurō Watsuji (* 1889, † 1960) und Seiichi Hatano (* 1877, † 1950).

Nach 1945 haben neben dem von den Anhängern Nishida Kitarōs (Kyōtoschule) vertretenen Existenzialismus die philosophischen Strömungen aller Länder ihren Niederschlag in Japan gefunden. Dabei wurden der Marxismus (Matsumara Kazuto, * 1905, † 1977), der Pragmatismus (Shimizu Ikutarō, * 1907), die Religionsphilosophie (Nakamura Hajime, * 1912), die Sozialphilosophie (Kawakami Hajime, * 1879, † 1946; Fukumoto Kazuo, * 1894; Maruyama Masao, * 1914, † 1996) und die Philosophie der Technik (Saigusa Hiroto, * 1892, † 1963) die führenden Richtungen.

Der Einfluss der deutschen Philosophie überwiegt gegenüber denjenigen anderer Länder. Im Mittelpunkt stehen Max Scheler, Nicolai Hartmann, Hegel, Karl Jaspers und Martin Heidegger, doch sind auch die philosophischen Klassiker Frankreichs und Englands bekannt. Der Einfluss der amerikanischen Systeme, v. a. der Philosophie von John Dewey, nahm seit 1945 zu. Ein Merkmal der japanischen Philosophie der Gegenwart ist, dass ihre Vertreter die Kommunikation mit den Philosophen der übrigen Welt suchen. Ansätze zu einem Ost-West-Dialog in Form etwa einer komparativen Philosophie bieten die Philosophie und Religionswissenschaft von Hajime Nakamura und Kumatarō Kawada (* 1899).

■ **Siehe auch**

→chinesische Philosophie · Konfuzianismus · Kokugaku · Qi · Shingaku · Yin und Yang · Yōmeigaku · Zen

Jaspers, Karl, deutscher Philosoph und Psychiater, * Oldenburg (Oldenburg) 23. 2. 1883, † Basel 26. 2. 1969; einer der bedeutendsten Vertreter der Existenzphilosophie in Deutschland.

Karl Jaspers
*** 1883, † 1969**

100563

- studierte Medizin und arbeitete in einer psychiatrischen Klinik
- erhielt zur Zeit des Nationalsozialismus Publikationsverbot
- zeigte nach 1945 großes politisches Engagement
- konzipierte seine Existenzphilosophie ausgehend von Grenzerfahrungen

■ **Leben** Jaspers studierte Medizin in Berlin, Göttingen und Heidelberg. Danach war er Assistent an der psychiatrischen Klinik in Heidelberg, seit 1916 Professor für Psychologie und seit 1920 für Philosophie ebenda. Unter dem Nationalsozialismus erhielt er Lehrverbot (1933–45), da seine Ehefrau jüdischer Herkunft war. Nach Kriegsende wurde er wieder Professor in Heidelberg. Aus Enttäuschung über die politische Entwicklung verließ Jaspers Deutschland und war 1948–61 Professor für Philosophie in Basel.

■ **Lehre und Werk** Jaspers war auf den Gebieten der Psychiatrie und Philosophie tätig sowie als politischer Schriftsteller. Im Zentrum all seiner Aktivitäten stand jedoch seine »Philosophie der möglichen Existenz«. Zunächst schuf er eine geisteswissenschaftlich orientierte Psychopathologie des »einfühlenden Verstehens« (»Allgemeine Psychopathologie«, 1913). Bereits mit dem von Wilhelm Dilthey und Max Weber beeinflussten Versuch, eine Typologie der möglichen Weltanschauungen (»Psychologie der Weltanschauungen«, 1919) zu entwickeln, wandte er sich der →Existenzphilosophie zu. Ursache hierfür war u. a. seine Erfahrung der Begrenztheit und Ergänzungsbedürftigkeit rationalwissenschaftlicher Welterkenntnis.

In seinem ersten philosophischen Hauptwerk, das er »Philosophie« (1932) betitelte, greift er die drei großen Themenfelder traditioneller Philosophie – Welt, Seele (Existenz) und Gott – auf und zeigt, wie diese miteinander verknüpft sind bzw. worin ihre je spezifische Zugangsweise besteht: Die »philosophische Weltorientierung« klärt die Kategorien der sich dem Menschen als unbegreiflich und nicht wissenschaftlich fassbar darstellenden Realität und steckt die Grenzen menschlichen Wissens ab. In der »Existenzerhellung«, zu der der Mensch über die Erfahrung von Grenzsituationen wie Schuld, Leiden und Tod gelangt, werden die Zeichen der Existenz herausgestellt. Zu diesen Zeichen zählen etwa Kommunikation, Geschichtlichkeit und Freiheit. Existenz wird dabei als getragen durch etwas »Umgreifendes«, Transzendentes bewusst gemacht. Die »Metaphysik« thematisiert schließlich die Chiffren der Transzendenz als das sich menschlichem Fragen darbietende Absolute, wie Gott, Eines oder Ursprung. Die Methode seines Philosophierens nennt Jaspers »Transzendieren«. Mögliche Existenz könne nur in der Form indirekter Mitteilung bzw. appellierend angesprochen und in der Kommunikation mit dem anderen verwirklicht werden.

In seinem zweiten philosophischen Hauptwerk »Von der Wahrheit« (1947) erweitert und vertieft Jaspers seine Philosophie der möglichen Existenz zu einer Lehre vom Umgreifenden (»Periechontologie«) und stellt dabei Existenz und Vernunft als die Pole unseres Seins heraus, die sich in allen Weisen des Umgreifenden – in Dasein, Bewusstsein überhaupt, Geist, Welt, Existenz und Transzendenz – begegnen.

Sein Philosophieren, das den Dialog mit den »Großen Philosophen« und die geschichtliche »Aneignung« ihres Philosophierens sucht, kennzeichnete Jaspers als »philosophischen Glauben«. Gemeint ist damit ein Glauben, der sich nicht auf die Offenbarung und das Dogma stützt, sondern immer im Bunde mit dem Wissen ist, sich der prinzipiellen Grenzen der wissenschaftlichen Welterkenntnis bewusst ist, aber zugleich weiß, dass das Denken nicht dort aufhören muss, wo die wissenschaftliche Erkenntnis nicht hinreicht. Vielmehr kann es sich dort anderer Methoden der Vergewisserung und Wahrheitsfindung bedienen.

100563

Karl Jaspers.
1958 wurde Jaspers der Friedenspreis des Deutschen Buchhandels verliehen (vorderste Reihe, von links nach rechts: Frankfurts Oberbürgermeister Werner Bockelmann, Gertrud Jaspers, Karl Jaspers, Bundespräsident Theodor Heuss, Hannah Arendt).

■ **Politische Schriften** Der zutiefst ethische Charakter von Jaspers' Philosophie führte ihn insbesondere nach den Erfahrungen des Zweiten Weltkrieges zu einem engagierten politischen Schriftstellertum. Letztes Kriterium seiner politischen Kritik, die sich besonders gegen die totalitären Systeme und die freiheitsgefährdende Atom- und Blockpolitik der Weltmächte, aber auch gegen politische Vorgänge in der Bundesrepublik Deutschland nach dem Zweiten Weltkrieg richtete, ist die Wahrung der existenziellen und politischen Freiheit. So geht es in »Die Schuldfrage« (1946) um die Frage einer kollektiven Kriegsschuld der Deutschen, die Schrift »Wohin treibt die Bundesrepublik?« (1966) behandelt u.a. die Entwicklung oligarchischer Regierungsstrukturen.

■ **Wirkung** Jaspers' philosophisches Denken, das nach seinem Tod an den deutschen Universitäten zunächst weitgehend in Vergessenheit geraten war, erfuhr seit den 1980er-Jahren – auch international – wieder zunehmende Würdigung. Hierbei fand insbesondere auch das Verhältnis von Jaspers und Martin Heidegger, die seit 1920 freundschaftlich verbunden waren, nach 1933 aber v.a. bedingt durch Heideggers politische Haltung getrennte Wege gingen, großes Interesse.

Johannes Duns Scotus, →Duns Scotus, Johannes.

Johannes Scotus Eriugena, Johannes Scotus Erigena, irischer Theologe und Philosoph, * in Irland (Scotia maior) erstes Viertel des 9. Jahrhunderts, † um 877; wirkte um 850 im Umfeld der Hof- und Kathedralschule von Laon als Lehrer der freien Künste. Er kommentierte und übersetzte zahlreiche Schriften, u.a. von Dionysius Areopagita.

In der Frage der Prädestination betonte Johannes Scotus Eriugena die Willensfreiheit des Menschen als Gottes Ebenbild. Sein Hauptwerk »De divisione naturae« (dt. »Über

Johannes Scotus Eriugena »Über die ... Natur«

Das bedeutendste philosophische Werk der karolingischen Zeit, Johannes Scotus Eriugenas »Über die Einteilung der Natur«, verbindet in eigenständiger Weise Philosophie, Theologie und Mystik. Es entstand etwa 862–867 und enthält in fünf Büchern einen Dialog zwischen einem anonymen Lehrer und seinem Schüler, der das gesamte Wissen seiner Zeit systematisiert. Große Wirkung entfaltete Eriugenas Modell des Aufbaus der Wirklichkeit in vier Stufen: von Gott, der »erschaffenden und nicht geschaffenen Natur«, über die Ideen als »sowohl erschaffende als auch geschaffene Natur« und die Welt als »geschaffene und nicht erschaffende Natur« bis hin zum Nichtseienden oder Potenziellen, das »weder erschaffend noch geschaffen ist«. Diese letzte Stufe erreicht auch ein mystischer Aufstieg des Geschaffenen, besonders des Menschen, zu Gott als seinem Ursprung.

die Einteilung der Natur«) ist ein systematischer Gesamtentwurf, in dem christliche Elemente mit neuplatonischen und irisch-keltischen verbunden werden. Bemerkenswert sind dabei v.a. der dynamische Gottesbegriff, der eine Entwicklung in Gott nicht ausschließt, die positive Einschätzung von Materie, Mensch und Welt sowie die Thematisierung des Problems von Raum und Zeit. Methodisch bedeutsam ist die konsequente Anwendung der Logik. Des Monismus verdächtigt, wurde »De divisione naturae« 1210 und 1225 kirchlich verurteilt.

Erhebliche Wirkung übte Johannes auf die mittelalterliche Mystik aus, außerdem v.a. im 12. Jh. auf die Schulen von Chartres und von Sankt Viktor (Paris) sowie im 15. Jh. auf Nikolaus von Kues. Im 19. Jh. wurde er vom deutschen Idealismus wieder entdeckt.

100562

Hans Jonas

Jonas, Hans, deutsch-amerikanischer Philosoph und Religionshistoriker, *Mönchengladbach 10. 5. 1903, †New York 5. 2. 1993; studierte u.a. bei Martin Heidegger. 1933 emigrierte er nach Großbritannien, 1934 nach Palästina. 1940–45 war er Soldat der britischen Armee innerhalb der Jewish Brigade Group, am ersten israelisch-arabischen Krieg 1948/49 nahm er als Soldat der Israelischen Armee teil. Ab 1938 lehrte er an verschiedenen Universitäten in Israel und Kanada (ab 1949) sowie in den USA (ab 1955). Beherrschendes Thema sowohl der religionswissenschaftlichen als auch der philosophischen Arbeiten von Jonas war der Dualismus zwischen Mensch und Natur. Während dieser in der Gnosis durch den Verlust des wohl geordneten Kosmos entstanden sei – Jonas bezeichnet die Spätantike insgesamt als das »gnostische Zeitalter« –, würde er in der Neuzeit durch die mit der modernen Naturwissenschaft verbundene Verdinglichung der Natur hervorgerufen.

In den letzten Jahren hat Jonas' Forderung nach einer ethischen Neubesinnung angesichts der hochtechnisierten und hochgerüsteten Welt verstärkt internationale Beachtung gefunden. Als sein Hauptwerk gilt hier »Das Prinzip Verantwortung« (1979). Im Anschluss an Kant hat Jonas dem kategorischen Imperativ eine neue Form gegeben: »Handle so, dass die Wirkungen deiner Handlung verträglich sind mit der Permanenz echten menschlichen Lebens auf Erden.« Neben die Verantwortung gegenüber den Mitmenschen muss die Verantwortung gegenüber künftigen Generationen und gegenüber der Natur treten.

jüdische Philosophie, das philosophische Durchdringen der jüdischen Religion. Eine religionsphilosophische Systematisierung der eigenen Traditionen erfolgte im Judentum v.a. in Auseinandersetzung mit der nicht jüdischen Umwelt, durch die das tradierte Glaubensgut infrage gestellt wurde. Im Mittelpunkt stand dabei das Verhältnis von offenbarter Tradition und Vernunfterkenntnis, das je unterschiedlich bestimmt wurde: angefangen mit der Behauptung einer Identität zwischen Vernunfterkenntnis und Offenbarungsinhalt über den Nachweis der Widerspruchslosigkeit zwischen beiden und einer sich ergänzenden Zuordnung (Korrektur der Vernunfterkenntnis durch die Offenbarung) bis zur Überhöhung der Offenbarung als jenseits der Grenzen des Erkenntnisvermögens liegender Realität.

■ **Anfänge** Die Berührung mit dem Hellenismus gab den Anstoß zu einer jüdischen Religionsphilosophie. Die Werke Philons von Alexandria zeugen von dem Versuch einer Synthese zwischen griechischer (platonischer) Philosophie und jüdischem Glauben. Philon blieb jedoch im Judentum weitgehend wirkungslos und wurde v.a. von christlichen Theologen rezipiert. Eine kontinuierlich sich entwickelnde jüdische Philosophie entstand im islamischen Kulturkreis erst im 8./9. Jh. nach der arabischen Eroberung durch die Konfrontation des rabbinischen Judentums mit dem philosophischen Denken der islamischen Theologie.

■ **Mittelalter** Die frühe, mutasilitisch geprägte islamische Theologie (Kalam; →islamische Philosophie) sowie der Neuplatonismus und seit dem 12. Jh. der Aristotelismus beeinflussten maßgeblich die jüdische Philosophie. Die religionsphilosophischen Fragen dienten einerseits (v.a. seit dem 9.–10. Jh.) der Darlegung und Rechtfertigung der jüdischen Religion und damit der Orientierung im Rahmen der anders ausgerichteten Umwelt, andererseits betrafen sie die innerjüdischen Kontroversen. Themen bildeten v.a. »Gottes Einheit und Eigenschaften«, »Gott und Welt«, »Thoraoffenbarung«, wobei die Behandlung sich je nach herrschender Schulrichtung unterschied: So war der in Babylonien wirkende Saadja (*882, †942) von der islamischen Theologie, sein nordafrikanischer Zeitgenosse Isaak Israeli durch den Neuplatonismus beeinflusst, der auch die spanisch-jüdischen Denker

jüdische Philosophie Der sefirotische Baum der Kabbala

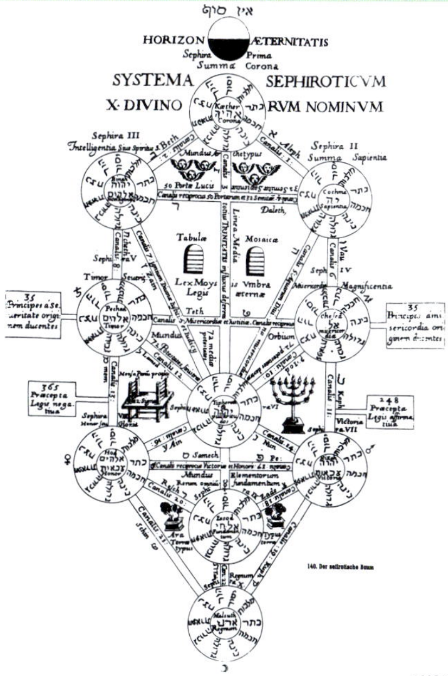

In der traditionsreichen jüdischen Mystik, der Kabbala (hebräisch »Überlieferung«), spielt die Deutung von Schrift, Wort oder Zahl eine herausragende Rolle. Sefirot heißen im Hebräischen die Zahlen von eins bis zehn. Die »Zehn Sefirot« stehen für das Hervorgehen einer Vielheit aus einem einheitlichen Urgrund, dem göttlichen Einen (»En Sof«). Die Zeichnung aus dem »Oedipus Aegypticus« (1635) von Athanasius Kircher nach dem Grundriss des Salomonischen Tempels in Jerusalem zeigt den Weg der Vermittlung Gottes in seine Schöpfung und zugleich den Aufstieg des mystischen Erkennens, das hier vom Eintritt in den Vorhof (unterste, zehnte Sefira) stufenweise in das Allerheiligste des Tempels (oberste Sefira) führt.
Neben den Verbindungslinien zwischen den Sefirot sind zwei Brandopferaltäre, die Schaubrote als Abbild der zwölf Stämme Israels, der siebenarmige Leuchter und die beiden Gesetzestafeln der Bundeslade eingezeichnet.

Ibn Gabirol und Bachja Ben Joseph Ibn Paquda (2. Hälfte des 11. Jh.) bestimmte. Die Verbindung zwischen Neuplatonismus und jüdischer Tradition führte zu kontroversen Diskussionen über die Frage der Schöpfung, den Gottesbegriff und die Weltwertung.

Seit dem 12. Jh. setzten sich der weitgehend von neuplatonischen Elementen gereinigte Aristotelismus und Averroismus durch, die v. a. Abraham Ben David Ibn Daud (* 1110, † um 1180) und Moses Maimonides vertraten. Maimonides begrenzte die aristotelische Physik auf die sublunare Welt und erkannte Vernunfterkenntnis und Offenbarung als gleichwertige Autoritäten an. Nur im Zweifelsfall, wie in der Frage der Anfangslosigkeit der Welt und der Schöpfung in der Zeit, gab er der Offenbarung den Vorrang. Dies führte zu innerjüdischen Auseinandersetzungen über die Vereinbarkeit von profaner Bildung mit jüdischer Tradition (Maimonidischer Streit).

■ **Spätmittelalter und Neuzeit** Bei den Harmonisierungsversuchen von Tradition und Philosophie setzten sich im Spätmittelalter und in der Neuzeit traditionsgebundene Richtungen immer mehr durch. Vertreter einer kritischen philosophischen Auseinandersetzung mit den orthodox-jüdischen Glaubenstraditionen wie Uriel Acosta (* um 1585, † 1640) und Baruch de Spinoza wurden von ihren Gemeinden ausgeschlossen. Zudem wurde seit dem Mittelalter die mystisch-spekulative Strömung, die auf der neuplatonischen Auffassung von der absoluten Jenseitigkeit und Einheit Gottes basierende Kabbala, vorherrschend.

Erst die jüdische Aufklärung mit Moses Mendelssohn und Isaak Ascher Francolm (* 1788, † 1849) griff wieder bewusst, jedoch in rationalistisch-ethisierender Umdeutung, auf die jüdische Philosophie des Mittelalters zurück. Im Unterschied dazu ist im 19./20. Jh. die religionsphilosophische Auseinandersetzung mit der jüdischen Tradition v. a. vom deutschen Idealismus geprägt. Unter seinem Einfluss stehen Samuel Hirsch (* 1815, † 1889), Solomon Formstecher (* 1808, † 1889), Hermann Cohen und Franz Rosenzweig (* 1886, † 1929).

Martin Buber, Abraham Joshua Meschel (* 1907, † 1972) und Efraim Shmueli (* 1908, † 1988) verbanden die Religionsphilosophie mit modernen theologischen und sozialphilosophischen Fragen, während Ernst Bloch und Emmanuel Levinas zwar ihre jüdische Tradition aufnahmen, sie jedoch säkularisiert, marxistisch bzw. phänomenologisch geprägt umsetzten.

Junghegelianer, die Vertreter des linken Flügels der Schüler Hegels (→Hegelianismus).

Junktor [latein., eigtl. »Anspänner«, zu iungere »verbinden«], eine logische Partikel, mit deren Hilfe endlich viele Aussagen zu einer neuen Aussage verknüpft werden. Zu den Junktoren gehören u. a. die →Adjunktion, die →Konjunktion, die →Subjunktion und die →Negation. Die Bedeutung von Junktoren kann durch Wahrheitstafeln definiert werden (→Logik).

Junktorenlogik, andere Bezeichnung für die Aussagenlogik (→Aussage).

K

Kant
→ GEO **Dossier**
Wie frei ist unser Wille?, Bd. 14

Kant
→ GEO **Dossier**
Die unaufhaltsame Karriere einer Idee, Bd. 14

Immanuel Kant
*** 1724, † 1804**

- führte ein unspektakuläres Leben im ostpreußischen Königsberg
- löste mit seiner »Kritik der reinen Vernunft« eine Wende in der Geschichte des Denkens aus
- hinterfragte den Anspruch der traditionellen Metaphysik
- stellte den »kategorischen Imperativ« als moralisches Prinzip auf
- entwickelte eine Theorie über die Entstehung von Sternensystemen

Kairos [griech. »das rechte Maß«, »der günstige Augenblick«, »der entscheidende Zeitpunkt«], in der *Antike* Bezeichnung für den günstigen Augenblick, der dem einzelnen Menschen schicksalhaft entgegentritt, aber von ihm auch als der rechte Moment sinnvollen Handelns erkannt und genutzt werden muss. Als subjektiver Zeitbegriff stand er im Gegensatz zum Chronos, der gleichförmig fließenden Zeit. In der *Existenzphilosophie* bezeichnet Kairos den Augenblick einer weit tragenden Entscheidung oder das Bewusstwerden der Schicksalsstunde.

Kalkül [französ., zu latein. calculus »Rechenstein«, »(Be-)Rechnung«], in der *Logik* ein Verfahren, bei dem auf der Grundlage definierter, nicht weiter analysierbarer Grundzeichen (Alphabet) aus →Axiomen mit Ableitungsregeln neue Sätze und →Theoreme hergeleitet werden. Das Ableiten in einem Kalkül ist ein mechanischer Vorgang, der bei Kenntnis der Schlussregeln kein inhaltliches Verständnis dessen voraussetzt, was die Zeichen und Formeln bedeuten.

Kant, Immanuel, deutscher Philosoph, *Königsberg (heute Kaliningrad) 22. 4. 1724, † ebenda 12. 2. 1804; gilt als einer der bedeutendsten Vertreter der Aufklärung. Er leitete die →kopernikanische Wende in der Philosophie ein.

■ **Leben** Kant studierte 1740–45 an der Universität Königsberg (hauptsächlich Mathematik und Physik) und arbeitete 1746–55 als Hauslehrer. Im Anschluss an seine Promotion in Philosophie und seine Habilitation wurde er Privatdozent an der Königsberger Universität. 1766–72 war er Unterbibliothekar an der königlichen Schlossbibliothek. 1769 und 1770 folgten Rufe nach Erlangen bzw. Jena, die Kant allerdings ausschlug. 1770 erhielt er eine Professur für Logik und Metaphysik in Königsberg. In den Jahren 1786 und 1788 war er Rektor der Universität. Seine Vorlesungstätigkeit verfolgte er bis 1796, wobei er neben philosophischen auch Vorlesungen über Naturwissenschaften und Geografie hielt. Bis zu seiner Berufung lebte er in sehr bescheidenen Verhältnissen, sein Leben verlief äußerlich ruhig. Kant, der Junggeselle blieb, hat den Raum um Königsberg nie verlassen.

■ **Vorkritische Phase** In der philosophischen Entwicklung Kants werden – orientiert an den Titeln seiner Hauptwerke – eine vorkritische und eine kritische Periode unterschieden. Die vorkritische Position Kants ist zunächst durch Rezeption und Fortentwicklung des philosophischen Rationalismus (v. a. von Leibniz und Christian Wolff) gekennzeichnet. In seinem Erstlingswerk »Gedanken von der wahren Schätzung der lebendigen Kräfte …« (1746) kommt es Kant generell auf eine Verbindung von mathematischer Methode und geeigneten terminologischen Bestimmungen an. In der »Allgemeinen Naturgeschichte und Theorie des Himmels …« (1755) gelangt Kant durch konsequente Anwendung der newtonschen Mechanik in der Kosmologie zu einer Theorie der Entstehung astronomischer Systeme, die später von dem französischen Mathematiker und Physiker Pierre Simon de Laplace (* 1749, † 1827) weiterentwickelt und unter dem Namen Kant-Laplace-Theorie bekannt wurde.

Um 1760 setzte unter dem Einfluss David Humes eine skeptische Neuorientierung von Kants Denken ein. Die in der Preisschrift der Berliner Akademie »Untersuchung über die Deutlichkeit der Grundsätze der natürlichen Theologie und Moral« (1763) noch für möglich gehaltene Orientierung der Metaphysik an der »inneren Erfahrung« lehnt Kant in seiner Schrift »Träume eines Geistersehers, erläutert durch Träume der Metaphysik« (1766) als »Traum« ab. In »Der einzig mögliche Beweisgrund zu einer Demonstration des Daseins Gottes« (1763) verwirft er die nach mathematischem Vorbild deduzierenden →Gottesbeweise wie später auch den ontologischen Gottesbeweis und lässt nur ein Argument zu, das sich auf die apriorische Notwendigkeit des Daseins Gottes stützt. Die zum Antritt seiner Professur verfasste Inauguraldissertation »De mundi sensibilis atque intelligibilis forma et principiis« (1770) bildet den Übergang zu seiner kritischen Philosophie.

■ **Kritische Phase** Kant wollte – nach eigener Aussage – mit seiner »Kritik der reinen Vernunft« (1781, 2., veränderte Auflage 1787) eine kopernikanische Wende in der Philosophie herbeiführen. Sein Angriffspunkt war dabei der seiner Meinung nach naive Glaube des →Rationalismus und →Empirismus an die Objektivität der Erkenntnis. Das Erkenntnisvermögen müsse vielmehr auf die eben diese Objektivität erst ermöglichenden Handlungen des erkennenden Subjekts gegründet werden. Die Analyse (»Kritik«), die diesbezüglich vorgenommen werden muss, bildet für ihn den Kern der »Transzendentalphilosophie«. Sie befasst sich im Gegensatz zur bisherigen Philosophie nicht mit »Gegenständen, sondern mit unserer Erkenntnisart von Gegenständen, insofern diese a priori möglich sein soll«. Kant weist nach, dass Metaphysik als Wissenschaft im traditionellen Sinn als Lehre von Gott, Welt und Seele unmöglich ist, da in metaphysischen Sätzen der »Bereich möglicher Erfahrung« überschritten (»transzendiert«) wird.

Die Hauptaufgabe der *Erkenntnistheorie* sieht Kant darin, die Möglichkeit von synthetischen Sätzen a priori – wie sie etwa in der Mathematik (Beispiel: 7 + 5 = 12) zu finden sind – zu ergründen. Sie sind möglich und, wie sich zeigt, nicht nur erfahrungsunabhängig im Sinne der Nichtwiderlegbarkeit durch Erfahrung, sondern auch erfahrungskonstitutiv, insofern sie empirische wissenschaftliche Orientierung in ihrem methodischen Aufbau erst ermöglichen. Erkenntnis kommt nach Kant immer nur im Zusammenspiel von Anschauung und Denken zustande: Begriffe ohne Anschauungen sind leer und Anschauungen ohne Begriffe blind. Jede Anschauung ist durch die »reinen Anschauungsformen« Raum und Zeit strukturiert. Raum und Zeit selbst sind keine Gegenstände der Erfahrung, sondern haben als Konstituenten der Erfahrung apriorischen Charakter. Eine vergleichbare Rolle spielen die →Kategorien auf der Seite des Denkens. Raum, Zeit und Kategorien bilden zusammen die apriorischen Bedingungen jeder Erfahrung und bestimmen den vom lebensweltlichen (»phänomenalen«) Erfahrungsbegriff unterschiedenen konstruktiv-instrumentalen Erfahrungsbegriff der Philosophie Kants und der Physik.

Das Problem, wieso sich die apriorischen Sätze von Mathematik und reiner Naturwissenschaft auf die Erfahrung anwenden lassen, löst Kant durch die in »transzendentalen Schemata« zu leistende Vermittlung. Ein transzendentales Schema besteht aus Regeln oder Konstruktionsverfahren in der »reinen Anschauung«, d. h. unabhängig von einer bestimmten konkreten, etwa durch Zeichnung vorgenommenen Realisierung eines arithmetischen oder geometrischen Begriffs. In diesem Sinne ist →Kausalität als Regel zu verstehen, einen Bereich der Naturerscheinungen methodisch zu erarbeiten, für die sich definitionsgemäß gewisse Bedingungen konstruieren lassen, die bei Realisierung jene Erscheinungen »regelmäßig« zur Folge haben. Die Sicherung verlässlicher Geschehensfolgen ist so eine Bedingung der Möglichkeit von Erfahrung überhaupt.

Kants Theorie der Erfahrung als der Aufweis der jeder Erfahrung methodisch-systematisch vorausgehenden, sie bestimmenden und begrenzenden Orientierungsmittel lässt die Rede von Gott, Welt, Seele als von diesen Orientierungsmitteln unabhängigen Gegenständen (»Ding an sich«) der theoretischen Erfahrung nicht mehr zu. Gott, Welt und Seele haben für Kant als »Ideen« einen regulativen und praktischen Charakter, nämlich als Aufforderungen, die systematische Einheit theoretischer Überlegungen herzustellen. Als »Postulate der praktischen Vernunft« führen sie zur Sicherung der Existenz Gottes, der menschlichen Freiheit und der Unsterblichkeit der Seele. In unwesentlich modifizierter Form trägt Kant die Grundgedanken seiner »Kritik der reinen Vernunft« in den »Prolegomena zu einer jeden künftigen Metaphysik, die als Wissenschaft wird auftreten können« (1783) vor, die er als Reaktion auf die geringe Beachtung schrieb, die die »Kritik« fand.

In seiner »Kritik der Urteilskraft« (1790) untersucht Kant die Folgerungen aus der Einführung der Termini »Zweck« und »Zweckmäßigkeit« in die theoretische Philosophie. Kant findet zweckmäßige Komplexe in den Werken der Kunst und Literatur wie in der organischen Natur. Die Rede von »objektiven« Zwecken ist nach der »Kritik der reinen Vernunft« im Bereich der Erfahrung nicht möglich, da dieser als durchgehend kausal determiniert bestimmt wurde. Die Geltung von ästhetischen Sätzen resultiert »rezeptionsästhetisch« aus dem an theoretischer Erklärung wie praktischer Normierung gleichermaßen »uninteressierten Wohlgefallen«, das aus der durch die »ästhetische Urteilskraft« vermittelten »formalen Zweckmäßigkeit im Spiele der Erkenntniskräfte des Subjekts« bei der Betrachtung der Gegenstände stammt. Im durchgehend kausal determinierten Bereich der Naturerfahrung ist ein Nachweis objektiver Zwecke (z. B. in der

Immanuel Kant. Der Philosoph hatte einen streng geregelten Tagesablauf, in dem die Mittagsmahlzeit einen wichtigen Platz einnahm. Dazu lud er sich regelmäßig Freunde und Bekannte ein. Diese Treffen regten die Fantasie der Nachgeborenen an, wie etwa die Emil Doerstlings, der sein Gemälde mehr als 100 Jahre später anfertigte.

Kant »Kritik der reinen Vernunft«

Nach über zehn Jahren arbeitsamen Schweigens veröffentlichte Kant 1781 seine »Kritik der reinen Vernunft«, die die »kopernikanische Wende« der Metaphysik vollzog und die Philosophie auf eine vollkommen neue Grundlage stellte. War Erkenntnis zuvor stets als ein Vorgang verstanden worden, der sich den Gegenständen anzupassen hat, auf die er sich bezieht, so sind es nun umgekehrt die Gegenstände selbst, die sich nach unserer Erkenntnis richten. In ihr nämlich wird uns die Wirklichkeit überhaupt nicht so zugänglich, wie sie an sich sein mag, sondern nur so, wie sie uns aufgrund der Verfassung unseres Erkenntnisvermögens erscheint. Raum und Zeit sind keine äußeren Gegebenheiten, sondern apriorische Formen der Anschauung, die das Erkenntnissubjekt selbst den sinnlichen Eindrücken aufprägt. Auch das Prinzip der Kausalität ist nicht in der Wirklichkeit als solcher, sondern in begrifflichen Ordnungsleistungen des Verstandes fundiert. Die naiv realistische Weltsicht steht damit Kopf. Schaudernd vermerkte Heinrich von Kleist in einem Brief: »Wenn alle Menschen statt der Augen grüne Gläser hätten, so würden sie urteilen müssen, die Gegenstände, welche sie dadurch erblicken, *sind* grün.«

Selbstorganisation von Organismen) nach Kant nicht möglich.

Der durch die »teleologische Urteilskraft« vermittelte finale Naturzusammenhang ist eine »regulative Idee« im Sinne der »Kritik der reinen Vernunft«. So leistet die Urteilskraft, ähnlich wie schon die aus der »Spontaneität« des menschlichen Subjekts (»aus Freiheit«) erfolgte Konstitution von Determination im Bereich theoretischer Naturerfahrung, eine Vermittlung des so mechanistisch bestimmten Erfahrungsbereichs. Ein Organismus wird danach so angesehen, »als ob« in ihm ein zweckrationaler Wille wirke, den der Mensch nur von sich selbst her kennt. In den »Metaphysischen Anfangsgründen der Naturwissenschaften« (1786) entwarf Kant auf der Basis der »Kritik der reinen Vernunft« eine dynamisch ausgerichtete Theorie der Naturwissenschaften. Naturphilosophische Reflexionen (v.a. zum Materie- und Leibbegriff) bildeten auch den Gegenstand seiner letzten, nur im Entwurf vorliegenden und erst 1936–38 edierten Schriften (»Opus postumum«, 2 Bde.).

Immanuel Kant beschloss seine »Kritik der praktischen Vernunft« mit folgenden Worten:

»Zwei Dinge erfüllen das Gemüth mit immer neuer und zunehmender Bewunderung und Ehrfurcht..: der bestirnte Himmel über mir und das moralische Gesetz in mir...; ich sehe sie vor mir und verknüpfe sie unmittelbar mit dem Bewußtsein meiner Existenz.«

In der *praktischen Philosophie* versuchte Kant zunächst ein oberstes Begründungsprinzip für Handlungen bzw. Normen aufzustellen. Er ging dabei von einer Analyse der Unterscheidung zwischen Seins- und Sollenssätzen aus: Daraus, dass etwas der Fall ist, folgt nicht, dass es auch der Fall sein soll (»naturalistischer Fehlschluss«). Und daraus, dass etwas begehrt wird oder Lust bereitet, folgt nicht, dass es auch gewollt werden soll. Das Prinzip der Handlungs- oder Normbegründung kann daher nicht »empirisch« sein, d.h., das Bestehen bestimmter Normen, die durch Erziehung eingeübt oder durch Rechtsordnung sanktioniert sind, oder bestimmter Gefühle und Neigungen, seien sie »physisch« oder »moralisch«, stellt keine ausreichende Begründung für die Forderung nach Befolgung der Normen oder für ein Handeln gemäß den Gefühlen dar.

Weiterhin ist zu unterscheiden zwischen Zweck und Mittel: Das oberste moralische Begründungsprinzip soll kein instrumentelles Prinzip sein, das die Wahl der besten Mittel zur Erreichung vorgegebener Zwecke lehrt, sondern das Prinzip der besten Zwecksetzung. Daraus, dass ein bestimmter Zweck um eines anderen Zweckes willen verfolgt wird, folgt nicht, dass er begründet ist. Das moralische Begründungsprinzip kann daher nicht »hypothetisch« sein in dem Sinne, dass es bestimmte Handlungen oder Zwecke nur als Mittel zu (anderen) Zwecken zu begründen erlaubt, sondern es muss »kategorisch« sein in dem Sinne, dass die Handlungen oder Zwecke »an sich«, d.h. eben nicht als Mittel, als begründet beurteilt werden können. Aus diesen Überlegungen ergibt sich für Kant als oberstes Begründungsprinzip der Moral der →kategorische Imperativ: »Handle nur nach derjenigen Maxime, durch die du zugleich wollen kannst, dass sie allgemeines Gesetz werde.«

Dieses formale Universalisierungsprinzip benutzt Kant in der »Grundlegung zur Metaphysik der Sitten« (1785) zur Aufstellung eines Systems von Rechts- und Tugendpflichten, wobei die Befolgung der Rechtspflichten im Unterschied zu der der Tugendpflichten durch Zwang herbeigeführt werden darf. Als oberstes Prinzip zur Aufstellung der Rechtspflichten formuliert Kant den kategorischen Imperativ für die Handlungsmöglichkeiten der miteinander in einer Gesellschaft lebenden Personen um: »Eine Handlung ist recht, die oder nach deren Maxime die Freiheit der Willkür eines jeden mit jedermanns Freiheit nach einem allgemeinen Gesetze zusammen bestehen kann.« Das Prinzip zur Aufstellung der Tugendpflichten ist der kategorische Imperativ, insofern er die Beförderung der eigenen Vollkommenheit und fremder Glückseligkeit gebietet.

Sowohl zur Aufstellung des obersten moralischen Begründungsprinzips als auch der einzelnen Rechts- und Tugendpflichten behandelt Kant zusätzlich die Vorstellung von der Existenz Gottes und die Religion als Hilfen bei der Befolgung des Prinzips und der Pflichten. Der Glaube an Gott als Garanten dafür, dass die sittlich gut Handelnden auch glückselig werden, motiviert ebenso wie der Glaube an die Unsterblichkeit der Seele und die Freiheit zur Befolgung des kategorischen Imperativs, und zwar auch dann, wenn dieser Verzicht auf die eigenen Neigungen fordert. Die Kirche, die über den Staat als Rechtsgemeinschaft hinaus eine moralische Gesinnungsgemeinschaft unter Tugendgesetzen darstellt, ist bei der Erfüllung der Tugendpflichten hilfreich. »Die Religion innerhalb der Grenzen der bloßen Vernunft« hat so keine Aufgabe bei der Begründung von Normen, wohl aber bei ihrer praktischen Umsetzung.

Ausgehend von dem v.a. in seiner Religionsphilosophie konstatierten Hang des Menschen zum Bösen, sieht Kant in sozialen Kategorien den Urzustand des Menschen in seiner »ungeselligen Geselligkeit«: Der Mensch kann seine Mitgenossen »nicht wohl leiden«, aber er kann auch nicht von ihnen lassen (»Idee zu einer allgemeinen Geschichte in weltbürgerlicher Absicht«, 1784). Ziel der Vergesellschaftung ist es, unter Ausnutzung dieses natürlichen Widerstreits (Antagonismus) eine bürgerliche und schließlich eine weltbürgerliche Gesellschaft aufzubauen, die nach den begründeten Rechtsgesetzen verfasst ist und so den »ewigen Frieden« sichern soll.

Kantianismus, die Gesamtheit derjenigen Philosophen, die unmittelbar an Kant (v.a. an dessen Erkenntnistheorie) anknüpften **(Kantianer),** die sich z.T. gegen die Kritiker Kants wendeten, sich mit der Deutung, Verbreitung und z.T. Umbildung seiner Lehre befassten; außerdem jener Philosophen, die seit der zweiten Hälfte des 19. Jahrhunderts eine Weiterführung in den Schulen des →Neukantianismus anstrebten. Zu den unmittelbaren Anhängern des Kantianismus zählten z.B. Karl Leonhard Reinhold und Friedrich von Schiller, später Jakob Friedrich Fries (* 1773, † 1843) und Johann Friedrich Herbart (* 1776, † 1841), der auch Kants Nachfolger in Königsberg wurde. Im weitesten Sinn werden zum Kantianismus auch diejenigen Philosophen des deutschen Idealismus gezählt, die den Kritizismus Kants verließen, sowie Arthur Schopenhauer.

Karma [Sanskrit »Tat«], **Karman,** zentraler Begriff der *indischen Philosophie,* der das universelle Gesetz bezeichnet, nach dem das Leben eines Menschen die Folge seiner Handlungen in einem früheren Leben darstellt. Ebenso sind seine Handlungen in seinem gegenwärtigen Leben mögliche Ursache für die Form eines späteren Lebens. Die Lehre vom Karma findet sich erstmals in den älteren »Upanishaden« (um 800 v.Chr.), wo sie etwa gleichzeitig mit der Lehre von der Wiedergeburt auftritt.

Kartesianismus, →Cartesianismus.

Kategorie [latein.-griech., eigtl. »Grundaussage«], **Prädikament,** die begriffliche Grundform des Seins und/oder Erkennens. So nannte Platon in seinem Dialog »Sophistes« oberste Begriffe, die auf das Gegebene angewandt werden: Seiendes, Identisches, Andersheit, Veränderung und Beharrung. Der eigentliche Begründer der Kategorielehre ist Aristoteles. Den Grundformen der Aussagen (Urteilsarten) entsprechend zählte er zehn Kategorien (Substanz, Quantität, Qualität, Relation, Ort, Zeit, Lage, Haben, Tun, Leiden), in die alles Seiende fällt, gelegentlich auch acht (ohne Lage, Haben) oder drei Kategorien (Substanz, Zustand, Relation). Seltener ordnete er der Substanz die anderen Kategorien als Akzidenzien zu. Die Vertreter der Stoa kannten vier Kategorien (Substanz, Qualität, Verhalten, Relation).

In der *Neuzeit* nahmen u.a. Descartes, Baruch de Spinoza und John Locke drei Kategorien an (bei Leibniz waren es fünf), die als subjektive Denkformen gedeutet wurden. Kant leitete aus den zwölf Urteilsformen als den Grundformen des Denkens eine entsprechende Kategorientafel mit zwölf Kategorien ab, die er in vier Klassen mit je drei Gliedern ordnete: Quantität (mit Einheit, Vielheit, Allheit), Qualität (mit Realität, Negation, Limitation), Relation (mit Substanz, Ursache, Gemeinschaft) und Modalität (mit Möglichkeit, Dasein, Notwendigkeit). Für ihn stellten die Kategorien die apriorischen Bedingungen jeder Erfahrung dar: Sie bestimmen die Art und Weise, wie Menschen überhaupt Gegenstände denken können.

Im *20. Jh.* haben u.a. Nicolai Hartmann und Alfred North Whitehead den im deutschen Idealismus entwickelten Gedanken einer kategorial fassbaren Übereinstimmung (Kategorialanalyse) von Denk- und Seinsstrukturen aufgenommen und systematisiert.

kategorischer Imperativ Kant und die Lügner

100563

Dem französischen Gelehrten Benjamin Constant erschienen die Folgen verhängnisvoll, die ein absolutes Verbot der Lüge für den Fortbestand der Gesellschaft hätte. Ein gewisser deutscher Philosoph sei sogar so weit gegangen zu behaupten, die Lüge sei selbst dann ein Verbrechen, wenn Mörder uns fragten, ob ein Freund von uns sich in unserem Haus versteckt halte. Dass mit jenem deutschen Philosophen Immanuel Kant gemeint war, gilt trotz einer entsprechenden Anmerkung von Constants Übersetzer nicht als gesichert. Die fragliche Behauptung fand sich bis zu jenem Zeitpunkt in keiner seiner Schriften.
Kant selbst allerdings bezog umgehend Stellung, bekannte sich ausdrücklich dazu, »dieses wirklich an irgend einer Stelle, deren ich mich aber itzt nicht mehr besinnen kann«, gesagt zu haben, und bekräftigte vor dem Hintergrund seines kategorischen Imperativs in Auseinandersetzung mit den Argumenten Constants das unbedingte Verbot der Lüge (René Magritte, »Der bedrohte Mörder«, 1926, Ausschnitt; New York, Museum of Modern Art).

kategorischer Imperativ, bei Kant die Formel für das oberste, →a priori gültige Sittengesetz. Er kommt bei Kant in mehreren Formulierungen vor. In seiner Grundformel lautet er: »Handle nur nach derjenigen Maxime, durch die du zugleich wollen kannst, dass sie ein allgemeines Gesetz werde.« Der kategorische Imperativ bezieht sich nicht direkt auf Handlungen, sondern prüft Handlungsmaximen, d.h. subjektive Leitvorstellungen für das Handeln, auf ihre Verallgemeinerungsfähigkeit. Im Unterschied zu allen anderen, bloß **hypothetischen Imperativen,** bei denen der Wille »nur in Ansehung einer begehrten Wirkung bestimmt« werden soll, bezieht sich der kategorische Imperativ auf keinen Zweck außerhalb und gilt daher unbedingt. Die geforderte Handlung ist um ihrer selbst willen »ohne Bezug auf einen anderen Zweck als objektiv-notwendig« anzusehen. – Infokasten S. 167

Katharsis [griech. »Reinigung«], in Aristoteles' »Poetik« ein Grundbegriff für die Wirkung der Tragödie: Indem bei den Zuschauern Furcht und Mitleid erregt werden, erfahren diese eine Reinigung von eben jenen Affekten.

Kausalität [mittellatein. causalitas »Ursächlichkeit«], Bezeichnung für das Bedingungsverhältnis von Ursache und Wirkung. Dabei sind Ursache und Wirkung korrelativ aufeinander bezogen: keine Ursache ohne Wirkung und keine Wirkung ohne Ursache. Kausalität gibt Antworten auf die Frage »Warum?«.

■ **Begriffsbestimmung** Die ersten umfassenden Untersuchungen zur Kausalität finden sich bei Aristoteles, der vier Ursachenarten (→Causa) unterschied. Für die weitere Diskussion wurde insbesondere die Wirkursache (lateinisch Causa efficiens) wichtig. In der am Modell des Mechanismus orientierten Theoriebildung der neuzeitlichen Naturwissenschaft wurde sie zum universellen Erklärungsprinzip erhoben. Die anderen Ursachen hingegen, v.a. die für die aristotelische Physik zentrale Zweckursache (lateinisch Causa finalis), wurden als unwissenschaftlich verworfen.

Das **Kausalprinzip** – »nichts geschieht ohne Ursache« – entwickelte sich zum Leitgedanken der Naturwissenschaft. Daneben steht als zweite wichtige Formel das **Kausalgesetz:** »Gleiche Ursachen zeitigen gleiche Wirkungen.« Seine Geltung wird von allen Naturgesetzen der klassischen Physik vorausgesetzt. Beide Prinzipien lassen sich sowohl ontologisch-realistisch als auch methodologisch-nominalistisch deuten, d.h., Kausalität findet entweder tatsächlich in der Natur statt oder ist als eine vom Beobachter gestiftete Gesetzmäßigkeit aufzufassen.

■ **Neuzeitliche Theorien** Einen entscheidenden Schritt in die zweite Richtung unternahm David Hume. Ihm zufolge lässt sich Kausalität nicht aus der Erfahrung ableiten, da sie selbst die Grundlage aller Erfahrung bildet. Ihre Wurzeln liegen vielmehr in der Gewohnheit. Diese lässt sich auch nicht, wie der Rationalismus meinte, theoretisch durch Verstandesprinzipien begründen. Die »Verlässlichkeit der Natur« ist vielmehr eine Art von Arbeitshypothese, die sich allerdings bewährt hat. Kant griff den humeschen Gedanken auf und gab ihm eine transzendentale Wendung: Kausalität ist eine Kategorie, ein reiner Verstandesbegriff, der nur auf Erscheinungen anwendbar ist und Erfahrung erst ermöglicht. Demgegenüber hielt der Materialismus an einer realistischen Interpretation der Kausalität fest.

100001

Kausalität. Wenn es regnet, wird die Erde nass. Die im Alltag bewährte Hypothese von der »Verlässlichkeit der Natur« wird aufgrund neuer naturwissenschaftlicher Erkenntnisse von der heutigen Philosophie infrage gestellt.

■ **Neuere Entwicklung** In der Physik wurden kausale Aussagen bereits in der zweiten Hälfte des 19. Jahrhunderts im Bereich der Thermodynamik durch statistische Aussagen ersetzt. Auch in der modernen Mathematik musste das traditionelle Kausalitätsdenken infolge der Chaostheorie – ihr Gegenstand sind Systeme, denen zwar deterministische Gesetzmäßigkeiten zugrunde liegen, deren Verhalten jedoch »chaotische Strukturen« aufweist und langfristig nicht vorhersagbar ist – aufgegeben werden. Die Wissenschaftstheorie des 20. Jahrhunderts hat den Kausalitätsbegriff mit Hilfsmitteln der Wahrscheinlichkeitsrechnung, der Logik, der Sprachanalyse und der Handlungstheorie zu rekonstruieren versucht.

■ **Siehe auch**

→Arche · Causa · Determinismus · Erklärung · Finalität · Freiheit · Grund · Mechanismus · Notwendigkeit · Prinzip · Teleologie · Ursache · Wirkung · Ziel · Zufall

Keinquantor, »kein« symbolisierender →Quantor.

Kennzeichnung, in *Logik* und *Sprachphilosophie* das auf Bertrand Russell zurückgehende Verfahren, einzelne Gegenstände durch Eigenschaften eindeutig zu charakterisieren

Søren Kierkegaard
*** 1813, † 1855**

- wirkte als Prediger und Schriftsteller in Berlin und Kopenhagen
- war in seinem Denken stark von persönlichen Leidenserfahrungen geprägt
- gilt als Wegbereiter der Existenzphilosophie
- kritisierte die Dialektik Hegels
- verteidigte den konkreten einzelnen Menschen gegen die Masse in Kirche und Staat

(z. B. »der höchste Berg der Erde«). **Pseudokennzeichnungen** (z. B. »die größte Primzahl«), bei denen Existenz oder Eindeutigkeit nicht erfüllt sind, sind nach Russell falsche Aussagen. Andere Logiker (u. a. Gottlob Frege) vertraten dagegen die Auffassung, Pseudokennzeichnungen seien entweder nicht korrekt gebildet (also syntaktisch unzulässig) oder aber bedeutungslos (also semantisch fehlerhaft). Besondere Probleme werfen **deiktische Kennzeichnungen** (»dieser Telefonapparat hier ist blau«) auf, da sie kontextabhängig sind.

KI, Abk. für →**künstliche Intelligenz.**

Kierkegaard [ˈkırkəgart, dänisch ˈkergəgɔːr], Søren, dänischer Theologe, Philosoph und Schriftsteller, * Kopenhagen 5. 5. 1813, † ebenda 11. 11. 1855; gilt als der Wegbereiter der Existenzphilosophie des 20. Jahrhunderts.

■ **Leben** Kierkegaard studierte Theologie und Philosophie, wurde Magister und Prediger in Kopenhagen, zog sich dann aber aus dem Beruf zurück. Der dänischen Amtskirche warf er, wie den christlichen Kirchen überhaupt, eine Entstellung und Verkehrung des biblischen Christentums vor. Nach einer tief greifenden Krise – u. a. wegen der Auflösung seiner Verlobung mit Regine Olsen – hörte er von Oktober 1841 bis März 1842 in Berlin bei Friedrich Wilhelm Joseph von Schelling dessen Vorlesung gegen Hegel. Anschließend lebte er als Schriftsteller in Kopenhagen.

■ **Ansätze** Bestimmend für Kierkegaards Denken wurde die Auseinandersetzung mit der Dialektik Hegels. Mit einem radikalen Individualismus wandte er sich gegen spekulative Systeme, sofern diese die existenziellen Gegensätze im konkreten Individuum in einer »höheren Einheit« aufheben würden. Das Gesamtwerk Kierkegaards trägt zugleich stark autobiografische Züge: Durch religiös begründete Schuldgefühle des Vaters betroffen, war zeitlebens die Frage persönlicher Schuld und stellvertretenden Leidens ein zentrales Thema seines Denkens.

■ **Lehre und Werk** Kierkegaards Werke, die vom philosophischen Roman bis zur theologischen Streitschrift reichen, sind teils fiktional, teils in Dialogform gehalten und unter einer Vielzahl von Pseudonymen erschienen. Berühmt wurde er mit seinem umfangreichen Hauptwerk »Entweder – Oder« (1843). Zentral und wirkungsgeschichtlich von tragender Bedeutung sind in Kierkegaards gesamtem Werk die Begriffe der Existenz und der Angst, denen die Begriffe der Freiheit und der Entscheidung zugeordnet werden. Existenz versteht Kierkegaard als Sein in der Zeit, als Werden des je Einzelnen und nur als menschlichen Seinsvollzug beschreibbar, als »Synthese des Endlichen und des Unendlichen«, des Zeitlichen und des Ewigen.

Nach Kierkegaard versucht der Mensch, der immer das konkrete Einzelne ist, auf einer ersten, der »ästhetischen Stufe« eine Synthese zu erlangen im unmittelbaren, passiven, reflektierenden Erleben und Genießen von Glück, Jugend, Erotik u. a., denen Unglück, Schwermut und Verzweiflung gegenüberstehen. Die zweite Stufe, die »Stufe des Ethischen«, die der Mensch über das offene Eingeständnis der Verzweiflung erreicht und in der er Abstand zur Passivität des ästhetischen Genießens gewinnt, ist gekennzeichnet durch aktives Handeln bzw. durch Entscheidung. Die Entscheidung stellt Kierkegaard antihegelianisch der Reflexion entgegen als das Sichverhalten zum Zukünftigen entweder als zu etwas Zeitlichem, Endlichem, Relativem oder zu etwas Ewigem, Unendlichem, Absolutem, v. a. durch die »Selbstwahl«, die nur Wahl des Absoluten sein kann. Das Absolute ist dabei

Kierkegaard **»Entweder – Oder«**

Literarisch als Sammlung der nachgelassenen Papiere zweier fiktiver Charaktere inszeniert, von denen der eine die ästhetische, der andere die ethische Lebensanschauung verkörpert, unternimmt Søren Kiergaards 1843 unter dem Pseudonym »Victor Eremita« erschienenes Werk »Entweder – Oder« gleichsam von innen, aus der Mitte der konkreten menschlichen Existenz selbst heraus, die Darstellung und Erkundung ihrer grundlegenden Formen und Möglichkeiten. Als Ästhetiker ist der Mensch in Betrachtung und Genuss unmittelbar an das äußerlich Vorgefundene hingegeben. Sein Dasein bleibt so von Bedingungen abhängig, über die er nicht selbst verfügt. Als Ethiker dagegen nimmt er in der »absoluten Wahl« seiner selbst sein Leben in die eigene Hand und erkennt die Verantwortung für sein Tun und Lassen an. Damit aber lädt er zugleich unweigerlich eine Schuld auf sich. In dieser verweist auch die ethische Existenz noch über sich hinaus auf eine religiöse Dimension, die Gegenstand von Kierkegaards späteren Schriften wird.

495

Søren Kierkegaard. Der Däne verteidigte den konkreten Einzelnen gegen die Masse. Die Karikatur verzerrt diese Position, indem sie die Silhouette des Kopenhagener Philosophen als Mittelpunkt eines Universums darstellt (Kopenhagen, Det Kongelige Bibliotek).

Søren Kierkegaard wandte sich gegen jede universale Ethik:

»Das Ethische umschließt augenblicklich den Einzelnen, mit der Forderung an ihn, er solle ethisch existieren; ... es nimmt die Menschheit nicht in Bausch und Bogen, ebenso wenig wie die Polizei etwa die reine Menschheit arretiert.«

der subjektive Mensch in seiner ewigen Gültigkeit.

In der Möglichkeit der Wahl seiner selbst liegt zugleich die »Freiheit«. Die intendierte »Synthese des Endlichen und Unendlichen« kann der Mensch aber auch auf dieser Stufe nicht erreichen. In der Angst, allein zu sein vor der freien Wahl der Möglichkeiten, wird er sich der Grenze der Freiheit bewusst. Auf der »Stufe des Religiösen«, die zunächst nur tiefer in das Alleinsein führt, erfährt der Mensch, dass endgültiger Aufstieg aus der Angst und ihrer Folge – der Verzweiflung – der Gnade Gottes bedarf. Dabei ist der Glaube angesichts der Bedrohung durch den Verlust des Ewigen ein Glaube an das Absurde. Hierin besteht zugleich das Paradox des Religiösen (»Christliche Reden«, 1848).

Kierkegaard wandte sich gegen Hegel, indem er auf die Unfähigkeit des Menschen zur Transzendenz hinwies: Ein abgeschlossenes System des Denkens sei allein Möglichkeit Gottes. In diesem Aspekt sind die Grundlagen der Existenzdeutung Kierkegaards traditionell christlich. Diese Deutung überwindet den Zwiespalt zwischen Endlichem und Unendlichem, in dem der existierende Mensch steht, nicht, indem sie die Lösung in der Transzendenz zum Unendlichen sieht, sondern indem sie die Synthese des Zwiespalts ergänzend als eine bleibende Aufgabe, als das Sichverhalten zum Unendlichen, zur Bestimmung des Menschen nimmt.

■ **Wirkung** Der Einfluss Kierkegaards zu Lebzeiten war gering. Erst im 20. Jh. knüpften neben der dialektischen Theologie in stark modifizierender Weise die Existenzphilosophie (u. a. Martin Heidegger) und die Vertreter der negativen Dialektik (z. B. Theodor W. Adorno) an sein Denken an.

Kindi, al-Kindi, Jakub Ibn Ishak, latinisiert Alkindus, arabischer Philosoph, *Basra um 800, †Bagdad um 870; gilt als erster Philosoph des Islam. Sein System ist eine Synthese aus islamischer Theologie und aristotelisch-neuplatonischer Philosophie. Berühmt ist er wegen seiner Übersetzungen und Kommentare zu Aristoteles' Werken. Im europäischen Mittelalter und der Renaissance genoss er aufgrund seiner universellen Bildung, die sich u. a. auf Physik, Mathematik und Medizin erstreckte, großes Ansehen.

Klages, Ludwig, deutscher Philosoph und Psychologe, *Hannover 10. 12. 1872, †Kilchberg (bei Zürich) 29. 7. 1956; gründete nach vielseitigen Studien 1905 in München das »Psychodiagnostische Seminar«, das er 1920 als »Seminar für Ausdruckskunde« in Kilchberg erneuerte. Er wurde v. a. als Psychologe mit seinen Beiträgen auf den Gebieten der Charakterkunde und Ausdrucksdeutung sowie als Begründer der wissenschaftlichen Grafologie bekannt. Klages war Vertreter einer Metaphysik des Lebens: Er forderte die Begründung einer selbstständigen Erscheinungswissenschaft und einer Lebensdeutung, die der auf Kausalerklärung beruhenden Sachwissenschaft gegenüberstehen. Als sein Hauptwerk gilt die in drei Bänden erschienene Schrift »Der Geist als Widersacher der Seele« (1929–32).

Klassenkampf, zentraler Begriff der marxistischen Geschichtsauffassung, der die im geschichtlichen Prozess fortwährend sich vollziehende kämpferische Auseinandersetzung zwischen den Klassen einer Gesellschaft bezeichnet. Bestimmt von den unversöhnlichen Widersprüchen der Klassengesellschaft (→Antagonismus) vollzieht sich der Klassenkampf zwischen der jeweils herrschenden Klasse und den beherrschten Klassen.

Klassenkampf. Nach dem Sieg des Proletariats ist gemäß der marxistischen Theorie der Weg in die klassenlose Gesellschaft frei (Emblem der proletarischen Internationale).

Klassifikation [französ., zu latein. classis »Abteilung« und facere »machen«], die Einteilung eines Gegenstandsbereiches (z. B. »Bäume«) in Klassen (»Nadelbäume«, »Laubbäume«). Eine Klassifikation ist genau dann »erschöpfend«, wenn jedes Element des Gegenstandsbereiches in einer der Klassen vorkommt. Sie ist genau dann »ausschließend«, wenn kein Element in mehr als einer der Klassen vorkommt. In der Tradition der abendländischen Wissenschaft sind zahlreiche Klassifikationssysteme vorgeschlagen worden, etwa die auf Hugo von Sankt Viktor zurückgehende und v. a. in der enzyklopädischen Tradition wirksam gewordene Klassifikation der Wissenschaft.

Kleanthes, griechischer Philosoph, *Assos um 331 v. Chr., †232/231; Schüler des Zenon von Kition. Als dessen Nachfolger übernahm er ab 262 die Leitung der Philosophenschule der Stoa, deren Positionen er auch in zahlreichen Schriften zur Ethik vertrat.

Klemens von Alexandria, lateinisch Titus Flavius Clemens, Theologe und Philosoph, *Athen(?) um 140/150, †in Kleinasien um 215; begründete die »alexandrinische Theologie« im engeren Sinn und war der theologische Wegbereiter des Origenes. Von Platon, der Stoa und Philon von Alexandria beeinflusst, verstand Klemens das Christentum als die »wahre Philosophie«, zu deren Erkenntnis die vorchristliche Philosophie hinführe. Er entwickelte den Gedanken einer in mehrere Stufen gegliederten, vom göttlichen Logos durchwirkten Heilsgeschichte, deren Ziel die Erziehung des Menschen, orientiert am Vorbild Jesu Christi, sei. Hauptwerke Klemens' sind der »Protreptikos«, eine Mahn- und Werberede an gebildete Heiden, der »Paidagogos«, in dem der Logos als vernunftgemäßer Lehrer des Christentums dargestellt wird, und die »Stromata«, in denen seine Lehrtätigkeit am deutlichsten greifbar wird.

Kognition [latein. »das Erkennen«, »Kennenlernen«], Sammelbegriff für alle Prozesse und Strukturen, die mit dem Wahrnehmen und Erkennen zusammenhängen (Denken, Erinnerung, Vorstellen, Gedächtnis, Lernen, Planen u.a.).

Kognitionswissenschaft, kognitive Wissenschaft, Cognitive Science ['kɔgnɪtɪv 'saɪəns, engl.], Bezeichnung für eine in den Humanwissenschaften und der Computerwissenschaft bedeutsame Forschungsstrategie, die wissenschaftliche Fragestellungen unter kognitiven Kategorien (z.B. Repräsentation, Informationsverarbeitung) zu beschreiben bzw. zu erklären versucht. Die Kognitionswissenschaft entstand um 1960 in den USA. Sie erstreckt sich sowohl auf menschliche als auch auf tierische und maschinelle Intelligenzleistungen.

kognitiv, die Kognition betreffend.

Kohärenz [zu latein. cohaerere »zusammenhängen«], Eigenschaft von Theorien, die in sich widerspruchsfrei sind und einen organischen Zusammenhang von Sätzen bilden, also keine isolierten Sätze enthalten. Die **Kohärenztheorie** der Wahrheit betont, dass das Prädikat »wahr« nicht isolierten Aussagen, sondern immer nur Aussagen in einem Komplex von Aussagen zugesprochen werden kann. Das **Kohärenzprinzip** der Ontologie behauptet, dass alles Seiende eine zusammenhängende Einheit bildet.

Kojève [kɔ'ʒɛ:v], Alexandre, eigentlich Aleksandr Koschewnikow, französischer Philosoph russischer Abstammung, *Moskau 11. 5. 1902, †Paris Mai 1968; studierte in Deutschland und promovierte 1931 bei Karl Jaspers. Seit 1933 lehrte er am Collège de France in Paris, wo er einen einflussreichen Vorlesungszyklus über die Rechtsphilosophie Hegels hielt (»Introduction à la lecture de Hegel«, 1947; dt. »Hegel«). Kojève hat die Hegelrezeption in Frankreich maßgeblich bestimmt und zur Überwindung des an den französischen Universitäten herrschenden mathematisch orientierten Neukantianismus beigetragen.

Kokugaku [japan. »Schule unseres Landes«], im späten 17. Jh. entstandene Schule der *japanischen Philosophie,* die im Rahmen einer Rückbesinnung auf eigentümlich japanische Denkformen (u.a. die religösen Ideen des Shintō) einen bedeutenden Beitrag für die Formierung der modernen japanischen Geisteswissenschaften leistete sowie für die geistige Vorbereitung der Meijireform, also derjenigen Maßnahmen, mit denen Japan 1868 zu einem Staat moderner Prägung geführt wurde.

Kołakowski [kɔu̯a-], Leszek, polnischer Philosoph, *Radom 23. 10. 1927; lehrte 1953–68 an der Universität Warschau. Aufgrund seines Ausschlusses aus der Kommunistischen Partei und des ihm aus politischen Gründen erteilten Lehrverbots verließ er 1968 Polen. Er lehrte an verschiedenen kanadischen und nordamerikanischen Universitäten sowie in Oxford.

Kołakowski gilt als einer der führenden Vertreter des »liberalen« Marxismus. Sein Hauptwerk »Die Hauptströmungen des Marxismus. Entstehung, Entwicklung, Zerfall« (1977–79) gibt eine umfassende Darstellung der verschiedenen Strömungen des Marxismus sowie seiner sozial- und geistesgeschichtlichen Vorläufer und Wegbereiter. In seinen weiteren Publikationen befasste sich Kołakowski mit fast allen Bereichen der Philosophie, u.a. Ethik, Ästhetik und Religionsphilosophie (»Religion. If there is no god...«, 1982; dt. »Falls es keinen Gott gibt«).

Kollektivbegriff [von latein. collectivus »angesammelt«], in der *Logik* ein Begriff, der sich auf Gegenstände bezieht, die ihrerseits wieder als →Klassen von anderen Gegenständen aufgefasst werden können. Dabei müssen diese Klassen eine innere Gliederung aufweisen. So bezeichnet z.B. der Kollektivbegriff »Bücherei« Klassen von Büchern (z.B. Sachgebiete), die ihrerseits wieder geordnet sind (z.B. alphabetisch nach Verfassern).

Kollektivismus, Bezeichnung für Positionen, die den Vorrang des Kollektivs gegenüber dem Einzelnen behaupten, im Gegensatz zum →Individualismus. Nach Ansicht des Kollektivismus sind die Normen, die das Handeln des Individuums leiten sollen, aus den Interessen des Kollektivs abzuleiten. Vertreten wird der Kollektivismus v.a. in den unterschiedlichen Strömungen des Marxismus.

Kommunikation [latein. »Mitteilung«, »Unterredung«], Bezeichnung für den Informationsaustausch als grundlegende Notwendigkeit menschlichen Lebens. Bei der Kommu-

Kognition
→ GEO **Dossier**
Die Welt – ein Hirngespinst, Bd. 14

Kognitionswissenschaft
→ GEO **Dossier**
Die Welt – ein Hirngespinst, Bd. 14

100562

Kommunitarismus. Staatlicher Zwang soll nach den Vorstellungen Amitai Etzionis durch den moralischen Dialog ersetzt werden: Die öffentliche Diskussion darüber, dass Rauchen andere gefährde, habe dazu geführt, dass man in den USA in öffentlichen Gebäuden, am Arbeitsplatz und in vielen Hotels und Restaurants nicht mehr rauchen darf (Werbeschild eines rauchfreien Hotels und Kasinos in Las Vegas).

nikation werden vier Faktoren unterschieden: der Kommunikator oder Sender (die Informationsquelle), die Information, also die zu übermittelnde Botschaft, das Medium der Kommunikation (Sprache, Zeitung, Fernsehen usw.) und der Rezipient oder Empfänger der Information.

Der Begriff der Kommunikation wurde von Karl Jaspers in die Philosophie des 20. Jahrhunderts eingeführt. Er betrachtete Kommunikation als eine »universale Bedingung des Menschseins«. In jüngerer Zeit haben sich u. a. Karl-Otto Apel, der eine Unterscheidung zwischen realer und idealer Kommunikationsgemeinschaft vorgenommen hat, und Jürgen Habermas mit dem Problem der Kommunikation auseinandergesetzt. »Kommunikative Kompetenz« bezeichnet bei Habermas die Fähigkeit eines Sprechers bzw. Hörers, die sozialen Rahmenregeln menschlicher Rede zu beherrschen bzw. diese zu verstehen. In ihrer Theorie des »kommunikativen Handelns«, die menschliches Verhalten primär als symbolisch vermittelte Interaktion nach Art von Sprachhandlungen betrachtet, sehen Habermas und Apel einen philosophischen Paradigmenwechsel von der Bewusstseinsphilosophie zur Sprachpragmatik.

Kommunitarismus [zu engl. community »Gemeinschaft«, »Gemeinwesen«], Bezeichnung für in den USA Mitte der 1980er-Jahre entstandene Theorieansätze, die die Bedeutung des Begriffs der Gemeinschaft bei der Analyse und Kritik moderner Gesellschaften hervorheben. In der politischen Philosophie hat sich der Kommunitarismus aus einer Kritik des Liberalismus entwickelt. Im Zentrum kommunitaristischer Theorien steht die Betonung der Einbettung von Individuen, Rechten, Normen und Institutionen in Gemeinschaften verschiedener Art, von der Familie bis zur politischen bzw. kulturellen Gemeinschaft.

In der Kontroverse zwischen Liberalismus und Kommunitarismus geht es besonders um die Definition des Begriffs der Person, der einer Theorie politischer und sozialer →Gerechtigkeit zugrunde liegen sollte. »Person« kann als gemeinschaftlich konstituiertes Wesen oder als »atomistisches« Individuum gefasst werden. Letzteres wird dem Liberalismus vorgeworfen. Diskutiert wird auch, ob Gerechtigkeits- und Rechtsprinzipien »neutral« gegenüber Vorstellungen des guten und wertvollen Lebens begründet und verwirklicht werden können, was der Kommunitarismus bestreitet. Er betont, dass eine demokratische politische Gemeinschaft ein hohes Maß an von allen geteilten und getragenen ethischen Werten benötigt, um lebensfähig zu sein und die Bürger zu politischer Beteiligung und sozialer Solidarität zu motivieren.

komplementär [latein. zu complere »ausfüllen«, »vervollständigen«], das Verhältnis zweier sich gegenseitig ausschließender, aber ergänzender Begriffe (z. B. männlich/weiblich).

Kompositionalitätsprinzip, Prinzip der formalen →Semantik.

Konditionalismus [zu mittellatein. conditio »Beschaffenheit«, »Zustand«; »Bedingung«], **Konditionismus,** in der Wissenschaftstheorie eine Position, die die Vorstellung monokausaler Zusammenhänge zugunsten der Idee eines komplexen Bedingungsgefüges abschaffen will. Erkenntnistheoretisch steht der Konditionalismus dem →Empiriokritizismus nahe.

Konfuzianismus, auf Konfuzius zurückgehende, besonders in China, aber auch in anderen Teilen Ostasiens (v. a. Japan) verbreitete Weltanschauung. In seiner Lehre sind zahlreiche ältere religiöse und soziale Vorstellungen verbunden, die den Konfuzianismus zu einer vielschichtigen und dadurch sehr wandlungsfähigen Geistesrichtung machten.

■ **Lehre des Konfuzius** Wesentliche Aspekte der Lehre des Konfuzius waren die Rationalisierung des »Himmels« (ursprünglich eine Ahnengottheit) zu einer nicht mehr unbedingt persönlich, wenngleich moralisch wirkenden Macht; die dazu analoge Umgestaltung religiös-magischer Bräuche zu »Riten«; die Umdeutung des charismatisch legitimierten »Fürstensohnes« zum »Edlen« im moralischen Sinn sowie die Rückführung aller Einzeltugenden wie Pietät, Loyalität, Rechtlichkeit, Zuverlässigkeit und Bescheidenheit auf das humanistische Ideal der »Menschlichkeit«. Der Himmel gilt als Verkörperung der natürlichen und ethischen Gesetzmäßigkeiten des Universums. Wie der Himmel folgt in konfuzianischer Sicht auch der Herrscher dem allgemeinen Naturgesetz, dessen Wahrung durch die allgemeine Beachtung der Riten gewährleistet wird. In ihrem Vollzug dokumentiert sich die Harmonie von Mensch und Kosmos. Grundmodell für jede, auch die staatliche Hierarchie bildet die patriarchalische Familie (der Kaiser verband als »Sohn des Himmels« und »Vater des Volkes« alle Sphären).

Die in der Familie, der Gemeinschaft von Freunden und im Staatswesen zu erfüllenden Pflichten werden zusammengefasst in den »Fünf menschlichen Beziehungen« zwischen Fürst und Staatsdiener, Vater und Sohn, Mann und Frau, älterem und jüngerem Bruder, Freund und Freund. In jeder dieser Beziehungen gewinnt die Übung der sich in Menschenliebe, Gerechtigkeit und Ehrerbietung äußernden Tugend besonderen Ausdruck. Diese religiöse und philosophische, sozialethische und politische Aspekte verbindenden Ideen wurden den schon früh mit zahlreichen Kommentaren angereicherten »Fünf Klassikern« entnommen oder in sie hineininterpretiert. Obwohl wesentlich älter, sind diese der Tradition nach von Konfuzius redigiert worden und gelten damit als heilige Texte des Konfuzianismus: das »Buch der Wandlungen« (»Yi-jing«), das »Buch der Lieder« (»Shi-jing«), das »Buch der Urkunden« (»Shu-jing«), die »Aufzeichnungen über die Riten« (»Li-ji«) und die »Frühlings- und Herbstannalen« (»Chun-qiu«).

■ **Entwicklung nach Konfuzius** Unter den ersten bedeutenden Nachfolgern des Konfuzius vertrat Mengzi die Auffassung von der ursprünglichen Güte der menschlichen Natur, was eine mystische Interpretation des Konfuzianismus einschloss. Xunzi dagegen setzte die Schlechtigkeit des Menschen voraus, woraus sich eine sachlichere Grundhaltung und die Betonung von Erziehungsmaßnahmen ergaben. Im 2. Jh. v. Chr. wurde der Konfuzianismus durch den Hankaiser Wudi zur offiziellen, für das Erziehungswesen grundlegenden Weltanschauung in China proklamiert. Nachdem sich in mündlichen Überlieferungen durch die Verknüpfung staatlicher Ethik mit Phänomenen der Natur im Konfuzianismus zunächst sekundär wieder religiöse Strömungen mit mystisch-prophetischen Tendenzen durchgesetzt hatten (»Neutext-Schule«), trat ab dem 1. Jh. n. Chr. eine nüchternere, historisch orientierte Richtung (»Alttext-Schule«) in den Vordergrund.

Seit dem 3. Jh. n. Chr. wurde der Konfuzianismus durch den Daoismus und v. a. den Buddhismus zurückgedrängt. Er erlebte aber mit dem 10. Jh. im →Neokonfuzianismus eine Wiedergeburt.

Großen Einfluss besaß der Konfuzianismus auch in anderen ostasiatischen Ländern, besonders seit dem 4. Jh. v. Chr. in Japan, wo jedoch, im Gegensatz zu China, die Loyalität zum Staat gegenüber derjenigen zur Familie Vorrang genoss.

■ **Niedergang** Der Niedergang des Konfuzianismus seit dem 18. Jh. hing teils mit der auf heiligste Texte angewandten Quellenkritik, teils mit der mehrfachen Okkupierung des für das Selbstverständnis wesentlichen Kaiserthrons durch Fremddynastien (Mongolen und Mandschu) zusammen. Praktisch alle modernen revolutionären Bewegungen einschließlich des Kommunismus bekämpften den Konfuzianismus, auch wegen seines starren Hierarchieverständnisses im Rahmen des öffentlichen und privaten Lebens. Trotzdem wurde er als Morallehre auch in der Volksrepublik China periodisch immer wieder toleriert oder sogar gefördert, zuletzt seit dem Tod Mao Zedongs 1976. Außerhalb Chinas – z. B. in Taiwan, Singapur und in den von Chinesen bewohnten Gebieten Asiens und Amerikas – lässt sich neuerdings auch ein Wiedererstarken des religiös gefärbten Konfuzianismus feststellen, der ansatzweise – über seinen Stellenwert in China hinaus – als eine Art ethische Heilslehre auftritt.

Konfuzius, latinisiert aus Kongfuzi, K'ung-fu-tzu [»Meister Kong«], eigentlich Kong Qiu, K'ung Ch'iu, chinesischer Philosoph, * Qufu 551 v. Chr., † ebenda 479 v. Chr.; lebte in einer Umbruchszeit, in der sich das alte chinesische Feudalreich in Einzelstaaten auflöste und die Glaubwürdigkeit des darauf bezogenen mythologisch-religiösen Wertsystems infrage gestellt wurde.

Konfuzius entstammte dem Kleinadel, führte ein Wanderleben und sammelte eine wechselnde Schar von Schülern um sich. Sein Ziel war die Neuerrichtung des alten Feudalreiches auf ethischer Grundlage. Er hinterließ zwar keine eigenen Werke, bemühte sich aber offenbar um die Redigierung der »Fünf Klassiker«. In dem Buch über die »Gespräche« (Lun-yu), die er mit seinen Schülern führte, ist seine Lehre niedergelegt. In ihr

Konfuzius
*** 551 v. Chr., † 479 v. Chr.**

- führte ein Wanderleben im Kreis seiner Schüler
- rationalisierte den »Himmel« zu einer moralisch wirkenden Macht
- stellte die Ethik im zwischenmenschlichen Umgang in den Mittelpunkt seiner Staatslehre
- wurde in China nach seinem Tod religiös verehrt

Konfuzius »Lun-yu« (»Gespräche«)

Das »Lun-yu« zählte ursprünglich nicht zu den Klassikern des Konfuzianismus – bis es von den Neokonfuzianern dazu erhoben wurde. Bestehend aus 20 Büchern, die zwischen dem 2. Jahrhundert v. Chr. und dem 1. Jahrhundert n. Chr. aus unterschiedlichen Quellen zusammengestellt wurden, gilt es seither als die authentischste Quelle für die Aussprüche des Konfuzius. Diese sind in kurze, aphoristische Lehrsätze gefasst, die meist mit der Wendung »Meister Kung sprach …« eingeleitet werden. Inhalt ist die von Konfuzius propagierte Lebenshaltung: das Ideal des umfassend gebildeten »Edlen« (Junzi), das lebenslange Lernen, die Beachtung der traditionellen Riten (Li), die Loyalität unter den Menschen und die Ethik der Menschlichkeit (Ren). Großen Anteil haben auch Aussagen zur Bedeutung von Kunst und Kultur sowie praktische Regeln für eine gerechte Herrschaft.
Von den vielen Ausdeutungen und Kommentaren, die das Lun-yu erfuhr, gilt seit dem 13. Jahrhundert die Auslegung des bedeutendsten Neokonfuzianers Zhu Xi als verbindlich.

Konfuzius.
Ein Mädchen in Peking liest in einem Buch mit den Regeln des Konfuzius – schon Grundschülern werden in China heute wieder konfuzianische Werte vermittelt.

sind alle politischen Positionen moralisch legitimiert. Ob Konfuzius hoffte, selbst Herrscher zu werden, ist nicht geklärt. Er wurde jedoch seit dem 2. Jh. v. Chr. als ein geistiger König angesehen. Seine religiöse Einordnung über das Kultische hinaus blieb im Wesentlichen auf die letzten zwei vorchristlichen Jahrhunderte beschränkt. Als »Heiliger« schlechthin gewann Konfuzius jedoch in zahlreichen Schriften einen an Mystisches grenzenden Stellenwert.

Während in der Moderne einige Gelehrte in Konfuzius einen »Reformer« sahen, erschien er seit dem Beginn des 20. Jh. in der Beurteilung durch radikale Intellektuelle wiederholt als Negativfigur, der die Rückständigkeit und Schwäche Chinas angelastet wurde. Einen besonderen Höhepunkt bildete in dieser Hinsicht die Kampagne »Kritik an Konfuzius und Lin Biao« während der Großen Proletarischen Kulturrevolution (1966–69), die allerdings auch politische Gründe hatte. Nach 1976 wurde Konfuzius wieder aufgewertet und als aufgeklärter, um die Staatsordnung verdienter Geist herausgestellt.

Konjunktion [latein. »Verbindung«, »Bindewort«], in der *Logik* die Zusammensetzung zweier Aussagen zu einer neuen durch den →Junktor »und« (symbolisch $\wedge$ oder &). Sind *A* und *B* Aussagen, so ist die Aussage $A \wedge B$ dann und nur dann wahr, wenn die beiden Aussagen *A* und *B* wahr sind.

Konklusion [latein. »Schluss«, zu concludere, conclusum »schließen«, »einen Schluss ziehen«], in der *Logik* die aus den →Prämissen durch logisches Schließen gewonnene Aussage, v. a. in der Syllogistik (→Syllogismus).

konkret [latein. »verdichtet«, eigtl. »zusammengewachsen«], Eigenschaft von Gegenständen und Vorstellungen, sofern sie als einzelne und besondere in sinnlicher Anschauung gegeben sind. Die →Abstraktion nimmt im Konkreten ihren Ausgang.

Konfuzius hielt die moralischen Prinzipien zwar für bekannt, aber nicht für ausreichend reflektiert:

»Vielleicht gibt es Menschen, die ohne Wissen richtig handeln. Ich gehöre nicht dazu. Vieles hören, das Gute daraus auswählen und ihm folgen, vieles sehen und behalten – das ist die zweite Stufe des Wissens.«

Konnektiv [zu latein. con(n)ectere »verbinden«], logisches Bindeglied, das →Aussagen miteinander verknüpft.

Konnotation [zu latein. con... »mit« und notatio »Bezeichnung«], die (subjektive, emotionale, assoziative) Nebenbedeutung bzw. Begleitvorstellung eines Wortes, die dessen begriffliche Grundbedeutung überlagert, im Gegensatz zur →Denotation.

Konsens [latein. »Übereinstimmung«], die Übereinstimmung der Meinungen oder Standpunkte. Im Anschluss an verschiedene Theorien zum Konsens (→Consensus), nach denen dieser u. a. als Kriterium für Wahrheit angesehen werden kann (Konsenstheorie; →Wahrheit), wurde in der zweiten Hälfte des 20. Jahrhunderts v. a. von Jürgen Habermas der Vorschlag gemacht, Wahrheit durch Konsensbildung zu definieren. Dabei darf es sich nicht um eine beliebige, möglicherweise durch Manipulation zustande gekommene Übereinstimmung handeln, sondern um eine, die sich rational und herrschaftsfrei in einer (fiktiven) »idealen Kommunikationsgemeinschaft« gebildet hat. Ähnliche Ansätze finden sich schon bei Charles Sanders Peirce, der die Übereinstimmung der Wissenschaftlergemeinschaft auf lange Sicht als Kennzeichen von Wahrheit ansah.

Konsequenz [latein., zu consequi »nachfolgen«], in der *Logik* eine →Folgerung, die aus Aussagen geschlossen wird. Traditionell wird auch in einem hypothetischen Urteil »wenn *A*, dann *B*« die Aussage *B* Konsequenz des Antezedens *A* genannt. In der *praktischen Philosophie* nennt man die Folgen einer Handlung deren Konsequenzen.

Konservativismus [zu latein. conservare »bewahren«, »erhalten«], **Konservatismus,** eine geistige, soziale oder politische Haltung, die überlieferte Werte und überkommene Ordnungen bejaht und zu erhalten sucht, am Althergebrachten festhält und sich nur ungern auf Neuerungen einlässt. In seiner begrifflichen Entstehung geht der Konservativismus auf die französische Zeitschrift »Le Conservateur« (1818–20) zurück. Er wendet sich v. a. gegen Liberalismus und Sozialismus. Von extremen Ausprägungen abgesehen, kennzeichnet ihn eine Grundhaltung, die gegenüber dem sozialen Wandel das Bedürfnis nach Kontinuität, Identität und Sicherheit geltend macht.

konsistent, in sich lückenlos und widerspruchsfrei; der Gegensatz ist →inkonsistent.

Konsistenz, →Widerspruchsfreiheit.

Konstante [latein., zu constare »feststehen«], in der *Logik* ein Symbol mit einer festen, unveränderlichen Bedeutung, im Gegensatz zur →Variablen. In der Prädikatenlogik unterscheidet man zwischen **Individuenkonstanten,** die für feste Elemente des betrachteten Grundbereiches (5, π) stehen, und **Prädikatkonstanten,** die für Mengen (z. B. der geraden

Zahlen, der farbigen Dinge) oder Mengen von Paaren (z. B. Mengen von Zahlenpaaren, deren erste größer als die zweite ist), Tripeln (z. B. Mengen von Städtetripeln, deren erste zwischen der zweiten und der dritten liegt) usw. stehen.

Konstanzer Schule, Bezeichnung für den in Konstanz entwickelten Neuansatz methodischen Philosophierens, der eine Richtung des →Konstruktivismus darstellt.

Konstitution [latein., zu constituere »aufstellen«, »einsetzen«], in erkenntnistheoretischer, logischer und ontologischer Bedeutung verwendeter Begriff: Bei Kant hat die regelgeleitete Anwendung der →Kategorien konstitutiven, d.h. die Erkenntnis ermöglichenden und bestimmenden Charakter. In der Konstitutionstheorie Rudolf Carnaps bedeutet Konstitution die logische Rückführung eines Begriffs auf erkenntnismäßig frühere Begriffe. Die Phänomenologie Edmund Husserls ist als eine Theorie der transzendentalen Konstitution konzipiert. In dieser erstellt sich durch Intentionalität (→Intention) das Verhältnis von Bewusstsein und Gegenstand.

Konstitutionalismus, konstitutionelles System, im weiteren Sinn eine Herrschaftsform, bei der die Staatsgewalt im Rahmen einer Verfassung (Konstitution) oder grundlegender Gesetze ausgeübt wird. Im engeren Sinn bezeichnet der Begriff Konstitutionalismus die Regierungsform der konstitutionellen Monarchie und der Präsidialdemokratie. Sie wird unterschieden vom Parlamentarismus, der Regierungsform der parlamentarischen →Demokratie. Ideengeschichtlich liegt der Ursprung des Konstitutionalismus in den staatsrechtlichen Theorien des 18. Jahrhunderts (John Locke, Montesquieu). Grundlegend für den Konstitutionalismus, der schließlich das Hauptziel des älteren →Liberalismus wurde, ist die Lehre von der Gewaltenteilung, als deren eigentlicher Begründer Montesquieu gilt.

Konstruktion [latein., zu construere »zusammenschichten«; »erbauen«, »errichten«], 1) bei Kant die apriorische Darstellung eines Begriffs durch die »Hervorbringung einer ihm korrespondierenden Anschauung«, 2) der Aufbau eines philosophischen Systems aus Begriffen, das der Erfahrung vorausgeht und aus dem die konkreten Einzelerscheinungen abgeleitet werden (etwa bei Friedrich Wilhelm Joseph von Schelling und Hegel), 3) als **logische Konstruktion** bei Bertrand Russell die definitorische Zurückführung eines Begriffes oder eines Systems von Begriffen auf eine geringe Zahl von Grundbegriffen, 4) in der Wissenschaftstheorie ein Verfahren, durch das ein Gegenstand, eine Theorie oder ein System in methodischen Schritten erstellt oder durch Nachvollzug **(Rekonstruktion)** einsichtig werden soll.

Konstruktivismus, im weiteren Sinn diejenigen Strömungen, die sich, im Anschluss an Kant, mit der Konstitutionsleistung des Subjekts im Erkenntnisprozess befassen. Menschliches Denken, Reden und Handeln sollen rekonstruiert, d.h. hinsichtlich ihrer Invarianzen und jeweiligen Gültigkeit in schrittweise gewonnenen Einsichten begriffen werden. Dabei haben sich unterschiedliche Ansätze des Konstruktivismus herausgebildet.

Konstitutionalismus. Mit der »Bill of Rights« entstand im 17. Jh. in England das Vorbild der modernen parlamentarischen Modelle. Der im 19. Jh. erbaute Parlamentskomplex in London steht noch wie die entsprechenden damaligen Gebäude an der Themse.

■ **Erlanger und Konstanzer Schule** Die in Erlangen und Konstanz entstandene Strömung des Konstruktivismus sieht ihr vorrangiges Anliegen in der Bereitstellung einer »vernünftigen« Sprache, v.a. einer Wissenschaftssprache. In weniger radikalen Ansätzen wird nur die Bildungs- und Wissenschaftssprache einer Rekonstruktion unterzogen, wobei als letzter unhintergehbarer Ausgangspunkt die (alltägliche) Lebenswelt gilt. Radikalere Vertreter halten auch die alltägliche Sprachpraxis für grundsätzlich begründungsbedürftig und -fähig. Der von Wilhelm Kamlah (* 1905, † 1976) und Paul Lorenzen entwickelte Ansatz des Konstruktivismus wurde u.a. von Kuno Lorenz (* 1932) und Jürgen Mittelstraß fortgeführt.

■ **Radikal-konstruktivistische Ansätze** Eine Reihe konstruktivistischer Ansätze basieren auf Erkenntnissen der →Systemtheorie und der Kognitions- und Entwicklungspsychologie. Sprache, Denken und Kommunikation werden daran anknüpfend als »lebende Systeme« aufgefasst. Lebenden Systemen wird v.a. eine zirkulär in sich geschlossene Organisation (→Autopoiese, →Selbstreferenz), eine dieser entsprechende Struktur sowie eine strukturelle Verknüpfung mit anderen Organismen (Interaktion) zugeschrieben. Entsprechende Ansätze haben u.a. in Psychologie, Biologie, Soziologie, Kunst- sowie Sprach- und Literaturwissenschaft Eingang gefunden. Ziel ist eine Erweiterung des Wissenschaftsbegriffs, indem Axiome und Theorien einer Wis-

Konstruktivismus
→ GEO **Dossier**
Die Welt – ein Hirngespinst, Bd. 14

senschaft als grundsätzlich hinterfragbar angesehen und systematische Verknüpfungen aufgewiesen werden. Bedeutende Beiträge zur Entwicklung dieses radikalen Konstruktivismus haben die chilenischen Biologen Humberto Maturana und Francisco Javier Varela (* 1946, † 2001) geleistet.

■ **Wissenschaftstheoretischer Ansatz** Im Rahmen der Wissenschaftstheorie fordern konstruktivistische Ansätze – z. T. in Anknüpfung an den →Konventionalismus – von einer kritischen Wissenschaft, dass sie ihre Mittel, Methoden und Theorien voraussetzungsfrei und schrittweise (konstruktiv) im Hinblick auf ein Anwendungsgebiet konzipiert. Im Gegensatz zu dem von Karl R. Popper aufgestellten Kriterium der Falsifikation von Theorien durch ihre Anwendung fasst der Konstruktivismus die aus einer Theorie gewonnenen Daten nicht als unabhängige Kriterien für Wahrheit und Falschheit, sondern als »Konstrukte« des Forschers, seiner Mittel und Methoden, auf. Durch Aufgabe der Kriterien der Verifikation oder Falsifikation erscheinen auch Theorien haltbar, die zwar weder erschöpfend begründet noch widerlegt werden können, sich aber für einen bestimmten Bereich als leistungsfähig erweisen.

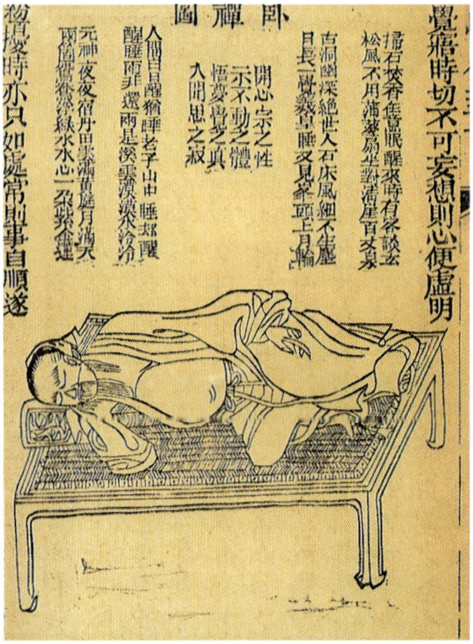

Kontemplation. In vielen philosophischen und religiösen Systemen ist Kontemplation der Weg zur Erkenntnis (Illustration zur liegenden Meditationshaltung aus der daoistischen »Weisung zu Leben und Schicksal«).

Kontemplation [zu latein. contemplatio »Betrachtung«], ganzheitliches Erfassen (Beschauung) oder ungeteiltes Sichvertiefen (Versenkung), das sinnliche, geistige und religiöse Aspekte umfassen kann. Cicero übersetzte mit »Contemplatio« den griechischen Begriff »Theoria«, worunter die allein geistige Schau der Welt in ihrem den Sinnen nicht zugänglichen Grund und in ihrer Ordnung verstanden wurde. Vorbereitet durch die Kirchenväter und Plotin, galt die Kontemplation in der Mystik des Mittelalters als Schau Gottes als des Grundes der geschaffenen Wirklichkeit. Kontemplation ist danach die höchste Stufe der geistigen Anstrengungen des Menschen.

Kontext [latein., zu contexere »eng verknüpfen«], in der *Sprachwissenschaft* die Umgebung, in der eine sprachliche Einheit auftritt und die diese beeinflusst (sprachlicher Kontext), oder auch die Umstände und die Situation, in der ein Text geäußert und verstanden wird (situativer Kontext).

Kontingenz [spätlatein. »Möglichkeit«], das nicht Notwendige und nicht Unmögliche, das auch als das Zufällige bezeichnet wird. Diejenigen Eigenschaften der Dinge, die nicht notwendig aus ihrem →Wesen hervorgehen, werden traditionell als »kontingent« bezeichnet.

Die *christliche Metaphysik* vertrat die These, dass das Dasein des Menschen kontingent sei, weil es nicht aus seinem Wesen folge, sondern aus dem Schöpfungsakt Gottes. In der *Existenzphilosophie,* besonders bei Jean-Paul Sartre, wurde die Kontingenz der menschlichen Existenz zu einem zentralen Thema: Nach Sartre gibt es keine außerhalb der menschlichen Existenz liegende Instanz, die diese rechtfertigt. Deshalb hat diese selbst die volle Verantwortung für sich zu übernehmen. In der *Anthropologie* meint Kontingenz, dass es dem Menschen unmöglich ist, über das Eintreten bestimmter Ereignisse zu verfügen. Kontingenz gehört danach zu den menschlichen Grunderfahrungen.

In der *Logik* wird eine Aussage als kontingent bezeichnet, wenn sie möglich, aber nicht notwendig ist. Eine kontingente Aussage kann, muss aber nicht, wahr sein. Ist sie wahr, so spricht man – in Abgrenzung zum logischen Wahrsein – vom faktischen Wahrsein.

Kontinuität [latein., zu continuus »zusammenhängend«], gleichmäßiger, stetiger Ablauf bzw. Fortgang. Probleme, die mit dem Begriffspaar Kontinuität/Diskontinuität zusammenhängen, werden v. a. in der Natur- und der Geschichtsphilosophie diskutiert. Aristoteles versuchte die Frage nach der unbegrenzten Teilbarkeit des Raumes, die bereits Zenon von Elea mit seinen Paradoxien thematisierte, durch den Hinweis auf die Kontinuität der Bewegung zu entkräften. Bekannt geworden ist Leibniz' Formulierung des Kontinuitätsprinzips: »Die Natur macht keine Sprünge.« In der Geschichtsphilosophie geht es hauptsächlich um die Frage, ob historische Entwicklungen kontinuierlich ablaufen oder nicht.

Kontradiktion, →Widerspruch 2).

kontradiktorische Aussagen [latein. contradictorius »Widerspruch enthaltend«], in der *Logik* zwei Aussagen, bei denen die eine jeweils äquivalent zur →Negation der anderen ist. Kontradiktorische Aussagen sind besondere Fälle von konträren Aussagen, d. h., sie können nicht zugleich wahr sein, da sie einander ausschließen, so z. B. die beiden Aussagen »Alle Primzahlen sind ungerade« und »Es gibt eine gerade Primzahl«.

konträr [latein.-französ., zu latein. contra »gegen«], auch **inkompatibel,** Eigenschaft zweier Aussagen, von denen jede jeweils die →Negation der anderen impliziert. Konträre Aussagen können nicht zugleich wahr, wohl aber zugleich falsch sein. Das universell bejahende Urteil »Alle Primzahlen sind ungerade« und das universell verneinende Urteil »Keine Primzahl ist gerade« stehen in einem konträren Verhältnis. Behauptet man zwei konträre Aussagen, so behauptet man einen →Widerspruch 2).

Konventionalismus [französ., von latein. conventio »Zusammenkunft«, »Übereinkunft«], in der *Wissenschaftstheorie* die Auffassung, dass eine exakte Wissenschaft (z. B. Physik, Geometrie, Arithmetik) ein System von Sätzen sei, das nicht durch (induktive) Verallgemeinerung von angeblich zugrunde liegenden Beobachtungssätzen zustande kommt, sondern auf konventionellen Festsetzungen von Fundamentalsätzen (→Axiom, →Hypothese 1) beruht, aus denen andere Sätze deduziert werden. Die Fundamentalsätze müssen lediglich den formal widerspruchsfreien Aufbau eines Systems ermöglichen (→Konstruktivismus). Zu den Vertretern des Konventionalismus gehören v. a. Pierre Duhem (* 1861, † 1916) und Henri Poincaré.

Konzeptualismus [latein., zu conceptus »das Zusammenfassen«], eine Grundposition im mittelalterlichen →Universalienstreit. Der Konzeptualismus, der v. a. von Wilhelm von Ockham vertreten wurde, stellt einen Vermittlungsversuch zwischen Nominalismus und Realismus dar: Vertrat der extreme →Nominalismus einerseits die Auffassung, dass den Allgemeinbegriffen (Universalien) außerhalb wie innerhalb des Denkens nichts eigentlich Wirkliches entspricht, und ging der (platonische) Begriffsrealismus andererseits davon aus, dass den Allgemeinbegriffen außen wie innen ein unbedingt analoges reales Sein zuzuschreiben ist, dann hatte für den Konzeptualismus das Allgemeine bloß ein Sein in Begriffen.

kopernikanische Wende, Begriff, der die grundlegende Veränderung von Weltsicht, menschlichem Selbstverständnis und wissenschaftlichem Erklären in der Neuzeit versinnbildlichen soll. Er wurde in Analogie zur Ablösung des geozentrischen Weltsystems des griechischen Astronomen, Mathematikers und Naturforschers Claudius Ptolemäus (* um 100, † um 160) durch das heliozentrische Weltsystem des Astronomen und Mathematikers Nikolaus Kopernikus (* 1473, † 1543) geprägt. Die kopernikanische Erkenntnis wird dabei als

kopernikanische Wende. In der Mitte des 16. Jh. entwickelte Nikolaus Kopernikus ein Weltbild, das die Sonne statt der Erde in den Mittelpunkt des Universums stellte.

Sinnbild für den Primat der konstruktiven Vernunft über die Abhängigkeit menschlichen Denkens von der sinnlichen Erfahrung angesehen. In der Philosophie bezieht sich der Begriff auf die epochale Wende, die durch die Transzendentalphilosophie Kants bzw. die durch sie vermittelte Erkenntnis ausgelöst wurde, dass menschliche Erfahrung und objektive Gegenstandserkenntnis durch die apriorischen Strukturen des Verstandes, und damit v. a. durch die Leistung des Erkenntnissubjekts, geprägt sind.

Körper-Bewusstsein-Problem, Problemstellung, die das Verhältnis von physischen und psychischen Zuständen zum Gegenstand hat. Das Körper-Bewusstsein-Problem geht aus Fragestellungen der neuzeitlichen *Erkenntnistheorie* hervor und beinhaltet zum einen den Verzicht auf den erkenntnistheoretisch nicht rechtfertigungsfähigen Begriff der Seele, zum anderen eine stärkere Einbeziehung naturwissenschaftlicher Fragestellungen. Hierdurch unterscheidet es sich vom →Leib-Seele-Problem der antiken und mittelalterlichen Philosophie.

Für die Schwierigkeiten, die mit den Versuchen einhergehen, das Körper-Bewusstsein-Problem zu lösen, werden v. a. drei Sachverhalte verantwortlich gemacht: 1. Intentionalität, also die bewusste Beziehung von mentalen Zuständen auf etwas, was sie selbst nicht sind, 2. die mentale Verursachung, also die kausale Wirksamkeit des Bewusstseins im Bereich physischer Ereignisse, sowie 3. Qualia, also das bewusste Erleben phänomenaler Zustände.

Korporativismus [latein., zu corporare »zum Körper machen«], ständestaatliche Auffassung, die sich im Gegensatz zu Liberalismus und Sozialismus sah und zur Legitimation des italienischen Faschismus diente. Der

100562

Kosmopolitismus. Die Vorstellung von einer alle Menschen umfassenden Gemeinschaft Gleichberechtigter prägt pazifistische, aber auch globalisierungskritische Bewegungen, die u. a. für die Rechte kleiner, bedrohter Völker eintreten.

Als Vorsokratiker stellte Heraklit Überlegungen über die Entstehung des **Kosmos** an:

»Diesen Kosmos, hier vor uns, derselbe für Alles und Alle, hat weder einer der Götter erschaffen noch der Mensch. Er war schon immer, er ist und wird sein. Sein Logosfeuer ist ewig aufflammend und wieder verlöschend nach festen Maßen.«

Korporativismus stand in der Tradition italienischer Elitetheorien, u. a. des Nationalökonomen Robert Michels (* 1876, † 1936). In Korporationen zusammengefasste Gruppen sollen, nach der Vorstellung der »Konsensustheorie« Michels', ein gemeinschaftliches Ganzes bilden jenseits individualistischer Interessen.

Korrespondenztheorie, Theorie der →Wahrheit.

Kosmodizee [zu griech. →Kosmos und díkē »Gerechtigkeit«], die philosophische Rechtfertigung der Welt sowie die Verteidigung ihres Sinns trotz ihrer Unvollkommenheiten, im Unterschied zur →Theodizee.

Kosmogonie [griech. »Weltentstehung«], ursprüngliche Bezeichnung für die Lehre von der Entstehung der Welt nach mythischer Auffassung sowie für den Mythos, der von der Weltentstehung berichtet. In der Religions- und Philosophiegeschichte gehören Kosmogonie (als Lehre von den Anfängen) und Eschatologie (als Lehre von den »letzten Dingen«) zusammen. In der griechischen Philosophie war der Begriff des Anfangs aller Dinge seit den →Vorsokratikern von zentraler Bedeutung.

Kosmologie [zu griech. kosmología »Lehre von der Welt«], Lehre vom Aufbau der materiellen Welt. Die Kosmologie fällt seit der griechischen Antike mit der Thematik der →Naturphilosophie zusammen. Heute wird der Ausdruck v.a. im Zusammenhang physikalischer Fragestellungen über die Struktur des Universums gebraucht.

Kosmopolitismus [griech. »Weltbürgerschaft«], die Idee einer grundlegenden Gemeinschaft und Brüderlichkeit aller Menschen, die als gleichwertige und gleichberechtigte Mitbürger einer die ganze Menschheit umfassenden Gemeinschaft angesehen werden. Die Idee eines solchen »Weltbürgertums« vertraten in der Antike z.B. die Kyniker und die Stoa. Die Renaissance und noch stärker die Aufklärung (Kant, Gotthold Ephraim Lessing) griffen mit ihren Humanitäts- und Toleranzideen den Ansatz der Stoa wieder auf, dass alle Menschen an einer allgemeinen Vernunft teilhaben.

Kosmos [griech. kósmos »Weltall«, »Weltordnung«, eigtl. »Ordnung«, »Schmuck«], in der *antiken Naturphilosophie* die harmonische und wohl gegliederte Ordnung des Weltalls, im Gegensatz zum →Chaos. Religiöse Vorstellungen, nach denen der Kosmos (das Weltall) als eine der göttlichen Anordnung unterstellte Rechtsgemeinschaft der Dinge (Anaximander) verstanden wird, traten mit der zunehmenden Emanzipation der Philosophie von Religion und Mythologie zugunsten der Annahme zurück, dass die Welt als eine durch Vernunftprinzipien gegliederte Ordnung zu begreifen sei. Die Vorstellung vom Menschen als Mikrokosmos und vom Weisen als Kosmopoliten hatte in der Stoa ihren Ursprung.

Kratylos, griechischer Philosoph des 5. Jahrhunderts v. Chr.; gilt als Schüler Heraklits und Lehrer Platons. Er überbot die Lehre Heraklits, man könne nicht zweimal in denselben Fluss steigen, durch den Satz, man könne es auch nicht einmal. Da es nichts Bleibendes gebe, sei auch keine wahre Aussage möglich. Nach Kratylos ist der gleichnamige Dialog Platons benannt.

Kripke, Saul, amerikanischer Logiker und Philosoph, * Bay Shore (N. Y.) 13. 11. 1940; wurde 1972 Professor an der Rockefeller University und lehrt seit 1977 an der Princeton University. Kripke erregte 1959 Aufsehen, als er mithilfe der von ihm entwickelten Modellvorstellung der »möglichen Welten« **(Kripke-Semantik)** zeigen konnte, dass die →Modallogik vollständig ist. In seinem philosophischen Hauptwerk »Naming and necessity« (1972; dt. »Name und Notwendigkeit«) schlug er eine neue Interpretation der Begriffspaare »a priori/a posteriori« und »notwendig/zufällig« vor. Besonders die Theorie, Namen seien »starre Designatoren«, deren Bedeutung in allen möglichen Welten dieselbe sei, hat zahlreiche Diskussionen hervorgerufen.

Kriterium [griech., zu krínein »scheiden«, »trennen«, »entscheiden«, »urteilen«], unterscheidendes Merkmal bzw. Kennzeichen. Kriterien lassen Schlüsse zu, ob einem bestimmten Gegenstand eine bestimmte Eigenschaft zukommt oder nicht. In der traditionellen Erkenntnistheorie spielen v.a. Kriterien für →Wahrheit (Wahrheitskriterien) eine wichtige Rolle, in der neueren sprachanalytisch orientierten Philosophie sind dagegen →Sinnkriterien von besonderem Interesse.

Kritias, athenischer Politiker und Schriftsteller, † (gefallen) Munichia (bei Athen) 403 v. Chr.; vertrat in seinen politischen Schriften und Dichtungen extreme sophistische Lehren. Bekannt sind hexametrische und elegische Gedichte sowie eine Tragödientetralogie. Kritias kommt als Gesprächspartner in mehreren Dialogen seines Verwandten Platon vor.

Kritik [französ., von griech. kritike (téchnē) »Kunst der Beurteilung«], Form der Auseinandersetzung mit einem Gegenstand (einer Handlung, Theorie usw.) durch Distanzierung, Prüfung, Beurteilung, Wertung, Infragestellung, Negierung. Als philosophische Methode zielt Kritik darauf ab, jeden nur denkbaren Wahrheitsanspruch unter Einsatz der Vernunft auf seine Berechtigung hin zu prüfen und zu hinterfragen, um durch Aufdeckung vergangener Fehler Theorie und Praxis menschlichen Wissens und Handelns zu verbessern. Kritik richtet sich gegen den Zwang zur ungeprüften Internalisierung, also Verinnerlichung, metaphysischer, religiöser, rechtlicher, politischer oder allgemein gesellschaftlicher Vorurteile und Normensysteme.

Als historisch früheste Form philosophischer Kritik gilt die →Mäeutik, die Fragetechnik des Sokrates. Platon schildert in seinen Dialogen diese Art der Gesprächsführung als eine Kunst, Wahres und Sicheres von Falschem, bloß vordergründig Einleuchtendem zu trennen. Bei ihm und Aristoteles bezeichnet Kritik das unterscheidende und urteilende Vermögen des gebildeten Menschen.

Einen Höhepunkt historischer Wirksamkeit erreichte die Kritik in der Aufklärung des 16.–18. Jahrhunderts, die sich, ausgehend vom Rationalismus und Empirismus, gegen eine nicht hinterfragte Metaphysik und die von ihr getragenen Institutionen der Kirche, des Staates und des Rechts wandte. Einen Wendepunkt stellt die Kritik bei Kant (→Erkenntnistheorie, →Kritizismus) dar. Er verstand unter Kritik nicht ein System oder eine Lehre, sondern die Vorbereitung (Propädeutik) einer solchen durch die Analyse der Grenzen und Bedingtheiten des Erkenntnis- und Urteilsvermögens selbst. Die methodische Rekonstruierbarkeit der Wissensbildung rückte damit in den Vordergrund des Interesses und blieb bis zum heutigen Tag bestimmend.

Die meisten modernen Kritikbegriffe – z. B. die des kritischen Rationalismus und der kritischen Theorie – schließen grundsätzlich an die kantische Konzeption und Intention an, obwohl sie in fundamentalen Methodenfragen durchaus unterschiedliche Standpunkte einnehmen. Die bei Rousseau einsetzende Zeit- und Kulturkritik wurde in der Folge ein wichtiges Thema, u. a. bei Johann Gottlieb Fichte, Nietzsche, Ludwig Klages, Oswald Spengler, Max Weber und Karl Jaspers. Auch die Ideologiekritik (→Ideologie) nahm hier ihren Ausgang.

kritischer Rationalismus, Sammelbezeichnung für eine philosophische, v. a. wissenschaftstheoretische Strömung des 20. Jahrhunderts, die v. a. im angelsächsischen Raum einflussreich geworden ist.

kritischer Rationalismus. »Alle Schwäne sind weiß« war in Europa eine vielfach bestätigte Aussage – bis Australien und damit die dortigen schwarzen Schwäne entdeckt wurden und die Hypothese falsifizierten. Karl R. Popper folgerte daraus, dass erst die Falsifizierung einer Hypothese endgültigen wissenschaftlichen Fortschritt bringe, während die Verifizierung immer als nur vorläufig gelten müsse.

■ **Ansatz und Methode** Im Unterschied zum klassischen →Rationalismus behauptet der kritische Rationalismus die prinzipielle Widerlegbarkeit allen erfahrungswissenschaftlichen Wissens. Die einzige Methode des Erkenntnisgewinns auf der Basis von Erfahrung besteht demnach in der kritischen Auseinandersetzung mit dem vermeintlich Gewussten. Hierbei spielt die Konfrontation mit neuen Erfahrungsdaten eine zentrale Rolle. Aussagen, deren Widerlegung durch eine entsprechende Erfahrung nicht denkbar ist, sind als unwissenschaftlich zu verwerfen. Die Empirie kann nicht, wie der klassische Empirismus gemeint hat, Wissen endgültig verifizieren, sondern immer nur Hypothesen vorläufig bestätigen (→Induktion).

Der kritische Rationalismus erhebt die Falsifikation zur Methode: Alle Hypothesen müssen immer wieder Tests unterworfen werden. Dabei sind solche Tests zu bevorzugen, bei denen die Wahrscheinlichkeit einer Widerlegung besonders groß ist (»riskante Tests«). Selbst

kritische Theorie »Dialektik der Aufklärung«

Die Aufklärung hat stets auf die Vernunft gesetzt, um »von den Menschen die Furcht zu nehmen und sie als Herren einzusetzen«. Als Max Horkheimer und Theodor W. Adorno ihre 1944 erschienene »Dialektik der Aufklärung« in Angriff nahmen, urteilten sie jedoch: »... die vollends aufgeklärte Erde strahlt im Zeichen triumphalen Unheils. Denn die Vernunft dient gegenwärtig der technischen Vervollkommnung von Waffensystemen, die ganz Europa verwüsten, der Organisation einer Massenvernichtung von Menschen in industriellem Maßstab, der Verwaltung einer Welt, in der alle Lebensbereiche den Gesetzen der Wirtschaft und des Marktes unterworfen sind. Was ist schief gegangen mit der Aufklärung? Nichts. Sie hat sich nur konsequent entfaltet. Bereits von ihren Anfängen an auf Naturbeherrschung angelegt, hat sie die Vernunft als bloßes Werkzeug ausgebildet, das auf Natur und Menschen wie auf Sachen zugreift und über sie verfügt. Das Ergebnis ist alles andere als vernünftig. Im blinden Wüten der losgelassenen Vernunft bricht sich die Natur selbst wieder Bahn. Naturbeherrschung schlägt in Herrschaft der Natur, Aufklärung zuletzt in Mythologie zurück.«

4763

kritische Theorie. Das Foto von Theodor W. Adorno (links) im Gespräch mit Max Horkheimer (rechts) und Herbert Marcuse (Mitte) entstand anlässlich des 15. Deutschen Soziologentags 1964.

die fundamentalen Prinzipien der Wissenschaft, z. B. das Kausalprinzip (→Kausalität), gelten als nur hochgradig bewährte Hypothesen, die sich als falsch erweisen können.

Gegen den klassischen Empirismus betont der kritische Rationalismus die Theoriegeleitetheit aller Beobachtung: Selbst die einfachste Beobachtung wird ihm zufolge von theoretischen Vorannahmen beeinflusst, weshalb der eigentliche Gegenstand der Erfahrungswissenschaften eben nicht Erfahrungen, sondern Theorien über diese sind. Daneben behauptet der kritische Rationalismus die Wertfreiheit der Wissenschaft. Für das Fortschreiten der Wissenschaft seien demnach nur wissenschaftsinterne vernunftmäßige Gründe ausschlaggebend. Zudem könne die Wissenschaft immer nur das beschreiben, was ist, und nicht das, was sein sollte (→Positivismusstreit).

Der wissenschaftliche Fortschritt wird vom kritischen Rationalismus im Wesentlichen als stetiger Prozess gesehen, in dessen Verlauf Theorien derart erweitert werden, dass sie immer mehr Phänomene erklären können. Verschiedene Theorien über einen Gegenstandsbereich sind hinsichtlich ihres Wahrheitsanspruches prinzipiell miteinander vergleichbar, weswegen sich der wissenschaftliche Fortschritt als zunehmende Annäherung an die (nicht erreichbare) Wahrheit darstellt.

■ **Ausbildung und Fortführung** Begründet und ausgebaut wurde der kritische Rationalismus von Karl R. Popper. Dieser unternahm darüber hinaus den Versuch, die Grundvorstellungen des kritischen Rationalismus auf die Ethik zu übertragen, wobei er die Möglichkeit einer vernunftgemäßen →Letztbegründung von Normen bestritt und die Notwendigkeit von Dezisionen betonte bzw. utopische Ideale als totalitär zurückwies und stattdessen eine Politik der kleinen Schritte forderte.

Imre Lakatos, der als einer der wichtigsten Vertreter der Wissenschaftstheorie Poppers gilt, analysierte die Entwicklung der Mathematik aus der Sicht des kritischen Rationalismus. Zu den bekanntesten Vertretern des kritischen Rationalismus in Deutschland zählen der österreichische Wissenschaftstheoretiker Wolfgang Stegmüller (*1923, †1991) und Hans Albert. Auch wenn neuere wissenschaftstheoretische Untersuchungen einen stetigen Fortschritt der Wissenschaften bestreiten, bleibt der kritische Rationalismus doch eine der einflussreichsten Positionen in der Wissenschaftstheorie.

kritische Theorie, Sammelbezeichnung für die durchaus heterogenen Positionen, die den Philosophen der →Frankfurter Schule zugerechnet werden und die durch eine Verbindung der Prinzipien der abendländischen Vernunftkritik mit marxistischem, soziologischem und psychoanalytischem Gedankengut gekennzeichnet sind.

Die kritische Theorie ist vorrangig eine Gesellschaftstheorie, die die Lebensbedingungen im Spätkapitalismus untersucht. Ihr zentrales Anliegen ist die »Kritik der instrumentellen Vernunft« (Max Horkheimer), also des zweckrationalen Denkens, wie es sich in den zeitgenössischen Herrschaftsverhältnissen des Menschen gegenüber Mensch und Natur manifestiert. Ihm entgegengestellt wird die »Dialektik der Aufklärung« als ein fortschreitender Prozess der Aufhebung der Selbstbeschränkung der Vernunft. Dabei gilt es, den kognitiv-instrumentellen Aspekt der Vernunft zugunsten des moralisch-praktischen und des ästhetisch-expressiven zurückzudrängen.

Jüngere Vertreter der kritischen Theorie wie Jürgen Habermas und Karl-Otto Apel versuchen, auch Erkenntnisse der modernen Wissenschaftstheorie und Sprachphilosophie in die kritische Theorie mit einzubeziehen. Bekannte Auseinandersetzungen, in denen die kritische Theorie und ihre Vertreter eine wichtige Rolle gespielt haben, sind der →Positivismusstreit in den Sozialwissenschaften und der so genannte Historikerstreit (v. a. 1986), in dem es zuvorderst um die Bewertung und Einordnung nationalsozialistischer Verbrechen ging. In der Wissenschaftstheorie der Gegenwart ist die kritische Theorie zu einer wichtigen Gegenposition zum kritischen Rationalismus geworden. Die Studentenbewegung der 1960er-Jahre war stark von der kritischen Theorie beeinflusst. – Infokasten S. 179

Kritizismus, im weiteren Sinn eine besonders kritische Einstellung, im engeren Sinn die Erkenntnislehre Kants sowie alle zu ihr hinführenden und sich an sie anschließenden Bemühungen, die Möglichkeit und die Reichweite eines wissenschaftlich-philosophischen Erkennens festzustellen. Unterbleibt die Erkenntniskritik, so verfällt nach Kant die Philosophie entweder dem →Dogmatismus oder dem →Skeptizismus.

Rechte Seite: Im weitesten Sinn gehört alles, was der Mensch geschaffen hat, also auch die institutionelle und soziale Gestaltung des Lebens, zur Kultur (John Sloan, »Das Fenster der Friseurin« 1907; Hartford, Wadsworth Atheneum).

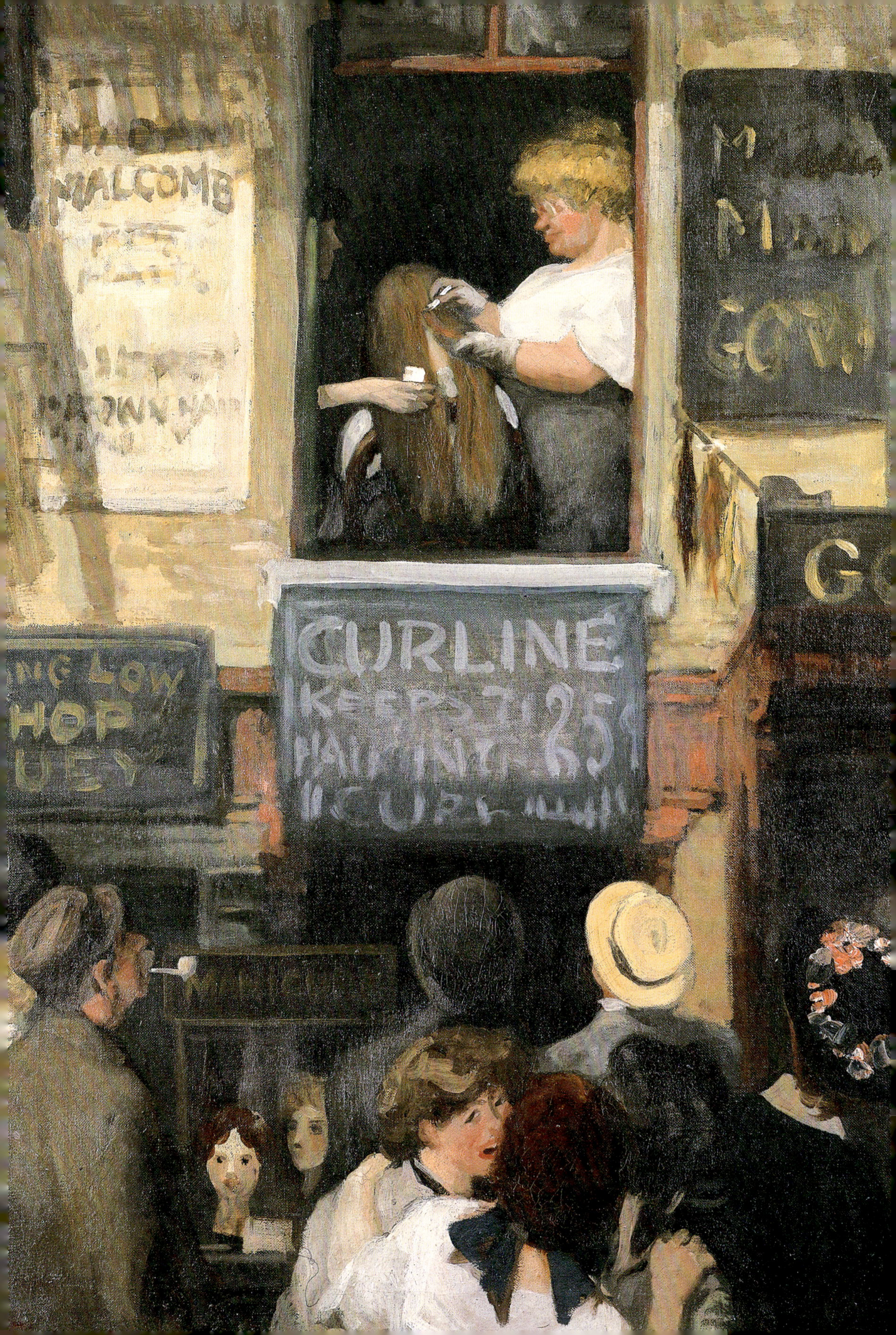
MALCOMB
CURLINE

Kues, Nikolaus von, →Nikolaus von Kues.

Kuhn, Thomas S. (Samuel), amerikanischer Wissenschaftshistoriker und -theoretiker, * Cincinnati (Oh.) 18. 7. 1922, † Cambridge (Mass.) 17. 6. 1996; war Professor der Wissenschaftsgeschichte in Berkeley (1958) und Princeton (1964). Seit 1979 wirkte er als Professor der →Wissenschaftstheorie und Wissenschaftsgeschichte am Massachusetts Institute of Technology, Cambridge.

Gestützt auf seine wissenschaftshistorischen Analysen entwickelte Kuhn eine bereits in wesentlichen Teilen von dem Mediziner Ludvik Fleck (* 1896, † 1961) beschriebene Theorie des wissenschaftlichen Fortschreitens. Im Unterschied zum kritischen Rationalismus, der die Wissenschaftsentwicklung als den Prozess einer zunehmenden Annäherung an das nicht endgültig erreichbare Ziel gesicherter Wahrheit kennzeichnet, hob Kuhn hervor, dass es in der Wissenschaftsgeschichte immer wieder radikale Brüche (»Paradigmenwechsel«) gebe. In diesen verändern sich sowohl die methodologischen Grundannahmen als auch die unter den Wissenschaftlern als verbindlich geltenden Interpretationen der wichtigsten Begriffe (→Paradigma). Ein Beispiel für eine solche »wissenschaftliche Revolution« ist nach Kuhn die →kopernikanische Wende. Sein Werk »The structure of scientific revolutions« (1962; dt. »Die Struktur wissenschaftlicher Revolutionen«) ist grundlegend für die bis heute nicht abgeschlossene Diskussion wissenschaftsgeschichtlicher Abläufe.

Kultur [latein. cultura »Pflege (des Körpers und Geistes)«, »Landbau«], im weitesten Sinne alles, was der Mensch geschaffen hat, was also nicht naturgegeben ist; im engeren Sinne die Handlungsbereiche, in denen der Mensch auf Dauer angelegte und den kollektiven Sinnzusammenhang gestaltende Produkte, Produktionsformen, Verhaltensweisen und Leitvorstellungen hervorzubringen vermag.

In der Antike war ein besonderer Aspekt von Kultur mit der Vorstellung einer Bildung der Seele durch die Philosophie (Psychagogia) verbunden. Diese Tradition von Kultur als Bildung hat den europäischen Kulturbegriff über die Vermittlungen von Renaissance und Humanismus geprägt und noch im 19. Jh. bestimmt. Eine erste historische Betrachtung der Entwicklung von Kultur findet sich in Giovanni Battista Vicos »Scienza nuova« (1725). Evolution der Kultur erscheint darin als ein Prozess zunehmender Bewusstwerdung, zunehmender Verfeinerung und Vergeistigung, wird aber auch bereits kritisch gesehen als Prozess der Entfernung von der natürlichen Kraft.

Das Konzept des Zusammenhangs einer positiven Entwicklung von Sittlichkeit, Kunst und Wissenschaft mit der Entwicklung von Gesellschaft und Individuum wird von der deutschen Philosophie in Anlehnung an Voltaire, Rousseau (der den mit dieser Entwicklung verbundenen Entfremdungsprozess betont) und die französischen Enzyklopädisten ausgeformt und moralisch überhöht. So hob Kant die erzieherische Funktion der Kultur hervor: Sie solle die sittliche »Tauglichkeit eines vernünftigen Wesens« für die Gesellschaft hervorbringen. Mit Friedrich von Schiller erhielt der Begriff einen deutlich ästhetischen Aspekt. Die bildende Funktion der Kultur kann zwischen Stoff und Form wie auch zwischen Sinnlichkeit und Geistigkeit vermitteln. Den Höhepunkt dieser optimistischen Auffassung bildete Hegels Gleichsetzung der Kultur mit dem geistigen Prinzip. Im 19. Jh. entwickelte sich der Terminus in Deutschland zu einem Kampfbegriff, der als Gegenkonzept zum französischen Begriff der »civilisation« (Zivilisation) verstanden wurde. Während Zivilisation nur die äußerliche Verhaltensweise betrifft, intendiert Kultur nach diesem Verständnis v. a. auch die innere Verfeinerung des Menschen.

Mit der Ausbildung der einzelnen Wissenschaften im ausgehenden 19. Jh. kam es zu einer Aufsplitterung des Begriffs. Insbesondere die mit dem Werk Wilhelm Diltheys in Deutschland unternommene Gegenüberstellung von Natur- und Geisteswissenschaften erwies sich als folgenreich. Gegen diese Aufsplitterung richtete sich die kulturkritische, fortschrittsskeptische Kulturphilosophie. – Abb. S. 181

Kulturphilosophie, der Zweig der Philosophie, der sich mit der menschlichen Kultur, ihren Voraussetzungen, Grundstrukturen und Erscheinungsformen beschäftigt. Der Begriff wurde erstmals vom Architekten Gottfried Semper verwendet, als er 1851 die Londoner Weltausstellung besuchte und damit ein erweitertes technisch-ökonomisches Kulturverständnis intendierte. Die Entstehung der Kulturphilosophie als eigenständige Disziplin hängt eng mit der Krise der überlieferten Kultur im ausgehenden 19. (fin de siécle) und anfangenden 20. Jh. zusammen. Der Begriff wurde von Rudolf Eucken (* 1846, † 1926) im Zusammenhang der Auseinandersetzung mit der als entartete Scheinkultur verstandenen industriellen Zivilisation aufgenommen und entwickelt (»Geistige Strömungen der Gegenwart«, 1909). Als Gründungsereignis der Disziplin gilt Georg Siumels Aufsatz »Der Begriff und die Tragödie der Kultur« (1911) und Cassirers Reaktion darauf, die nicht zuletzt zur systematischen Ausgestaltung des ersten großen kulturphilosophischen Entwurfs in seiner »Philosophie der symbolischen Formen« (3 Bde. 1923–29) führte.

Die Unterscheidung zwischen formaler (systematischer) und materialer (historischkonkreter) Kulturphilosophie lässt ein je unterschiedliches Verständnis von Kultur oder vielmehr Kulturwissenschaft deutlich werden. Die **formale Kulturphilosophie** (Rickert, Ernst Cassirer) strebt auf der Grundlage des Neukantianismus eine Art Wissenschaftslehre der Kulturwissenschaften an. So soll »kritische Kulturphilosophie« bei Cassirer – analog zu Kants transzendentaler Logik – die Bedingungen und Gesetze der Kultur erforschen und zu transkulturellen Konstanten vordringen, die die Einheit der kulturellen Erscheinungen gewährleisten.

Die **materiale Kulturphilosophie** hingegen ist – etwa bei Arnold Gehlen, Oswald Spengler und Ludwig Klages – eher als Kulturkritik zu verstehen oder aber – wie bei Erich Rothacker (* 1888, † 1965) und Max Scheler – als konkrete Kulturanthropologie. Insbesondere in der ersten Variante verbindet sie mit dem Kulturbegriff bestimmte Wertvorstellungen, anhand derer die historische Entwicklung einer bestimmten Kultur entweder als Aufstiegs- oder als Verfallsprozess gedeutet und gegebenenfalls kritisiert werden kann.

Kunst, 1) im weitesten Sinn jede auf Wissen und Übung gegründete Tätigkeit, 2) in einem engeren Sinn die Hervorbringung von Kulturgütern, die kultischen, repräsentativen oder ästhetischen Zwecken dienen (z. B. Sakralbauten), 3) im engsten Sinn die bildende Kunst. Ließ sich früher darunter die Gestaltung objekthafter Kunstwerke in Form von Plastik oder Malerei verstehen, so umfasst der Begriff heute auch prozessuale Kunstwerke wie »Happenings« oder »Performances« sowie mediale Künste wie Fotografie, Film und Computer.

Was eine künstlerische Praktik genau auszeichnet, ist innerhalb der →Ästhetik vielfach erörtert worden. Versuche, zu einem allgemeingültigen Kunstbegriff zu gelangen, gelten heute als überholt, doch lassen sich Hauptlinien innerhalb der Diskussion nachzeichnen.

■ **Kunst und Natur** Ihr Verhältnis zur Natur bildete den Anfang der philosophischen Reflexion über Kunst. Platons achtete die Kunst als Medium der Erkenntnis gering, da ihre Produkte lediglich Abbilder von Abbildern (konkrete Einzeldinge) des wahrhaft Seienden (Ideen) darstellen. Er sprach ihr in Teilen allerdings einen erzieherischen Wert zu. Aristoteles hob dagegen hervor, dass durch die Nachahmung und Vollendung des Naturgegebenen (Mimesis) der Betrachter zum Erleben seiner eigenen Unvollkommenheit gebracht wird (Katharsis).

Die mittelalterliche Kunstauffassung entsprang einer Verschmelzung platonischen und aristotelischen Gedankenguts. Das Wohlgefallen an einem Gegenstand beruht ihr zufolge auf seinem Schönsein. Da das Gute, Wahre und Schöne synonym für Vollkommenheit stehen, das denkbar Vollkommenste aber Gott ist, sind also alle schönen Gegenstände von Gott. Die Renaissancekünstler entwickelten den neuzeitlichen Kunstbegriff. Er basiert auf der Nachahmung der Natur, der Gebundenheit an ein geistiges Prinzip, den Erkenntniskräften des Menschen, seiner Einbildungskraft und seinen persönlichen Fähigkeiten.

100563

Kunst. Die Problematisierung der Grenzen zwischen Kunst und Realität sowie der Verzicht auf ein Werk im Sinne eines fertigen Endprodukts sind Facetten des seit dem 20. Jh. ausgedehnten Kunstbegriffs. Joseph Beuys mit der ersten gepflanzten Eiche seiner Aktion »7000 Eichen« (Kassel, 1982).

Der Manierismus stellte schließlich erstmals das geistige Prinzip außerhalb des künstlerisch Schaffenden infrage und bestimmte damit die Stellung des menschlichen Individuums neu. Im eigenen Ich wurde der Kern aller künstlerischen Ausdrucksfähigkeiten erblickt und damit sowohl dem Geniekult im 19. Jh. als auch der Psychologisierung der Kunst im 20. Jh. der Weg geebnet.

Dieser exponierten Stellung des Subjekts gegenüber der Natur setzte Kant den Begriff des Erhabenen entgegen, durch das die Überlegenheit und Größe der Natur zur Anschauung gebracht wird. Die ästhetischen Theorien des deutschen Idealismus setzten diese Tendenz insgesamt fort, da sie die Kunst als Manifestation der Idee (des Wahren, Schönen, Guten) auffassen, die sich durch die Natur hindurch in der Kunst ausdrückt. Mit dem Ende der idealistischen Ästhetik wurde die Kunst zunehmend von der Idee wie auch von der Natur unabhängig gesehen. Es setzte eine Erschließung neuer Produktbereiche und eine Befreiung von zahlreichen Darstellungsregeln und -geboten ein.

■ **Kunst und Technik** Ein anderer Bereich der Kunsttheorie hat das Verhältnis von Kunst und →Technik zum Gegenstand. Bereits Platon unterschied zwischen »techne« als der handwerklichen Geschicklichkeit und »poiesis« als der schöpferischen Tätigkeit. Insofern jedoch der Kunst die Darstellung von Natur aufgegeben ist, bedarf es immer auch der

Fortsetzung S. 186

Für Hans-Georg Gadamer erschließt **Kunst** Wahrheit:

»Dass an einem Kunstwerk Wahrheit erfahren wird, ... macht die philosophische Bedeutung von Kunst aus ... So ist neben der Erfahrung der Philosophie die Erfahrung der Kunst die eindringlichste Mahnung an das wissenschaftliche Bewusstsein, sich seine Grenzen einzugestehen.«

künstliche Intelligenz

künstliche Intell

Wir sind der Zeit sehr nahe, in der nahezu keiner wesentlichen menschlichen Funktion, sei sie physisch oder mental, ein künstliches Gegenstück fehlen wird. – Prognosen wie diese werden seit den 1950er-Jahren von ernsthaften Wissenschaftlern – in diesem Fall von dem kanadischen Robotikspezialisten Hans Moravec (* 1948) – vertreten. Und die Arbeit von Mathematikern, Informatikern, Ingenieuren, Linguisten, Psychologen und sogar Philosophen hat diese Prognosen wissenschaftlich fundiert. Mit »künstlicher Intelligenz« wird nicht allein der Forschungsbereich bezeichnet, der bestimmte mentale Funktionen des Menschen zum Gegenstand hat, auch auf dessen theoretische und ingenieurtechnische Resultate selbst wird dieser Begriff angewandt. In letzterem Sinne bestimmt künstliche Intelligenz längst das moderne Leben in Gestalt von Flugsteuerung und -überwachung, Berechnung und Produktion von Fahrzeugkarosserien, Diagnoseprogrammen in Krankenhäusern und vielem mehr.

Intelligente Maschinen?

Solche Vorrichtungen sind aber nicht »wie Menschen«. Sie zeichnen sich nur dadurch aus, dass sie Leistungen vollbringen, die als intelligent gälten, würden sie von einem Menschen vollbracht. Von philosophischem Interesse sind vor allem die Fragen, welches Verhalten wir als intelligent anerkennen können und müssen, und wie wir uns gegenüber intelligenten Maschinen verhalten sollen.

100562

Schachweltmeister Gary Kasparow (links) spielt 1997 in einer Partie gegen den Schachcomputer »Deep Blue«, der das Turnier schließlich 3,5:2,5 gewinnt.

Die Idee von Maschinen, die »wie Menschen« auch intellektuelle Aufgaben lösen können, ist nicht neu. Die jüdische Tradition etwa kennt den »Golem«, einen künstlichen, aus Lehm geschaffenen Menschen. Seine Herstellung wurde bereits im 11. Jahrhundert Gelehrten nachgesagt, die sich mit Mystik und Alchemie beschäftigten. Rechenautomaten gibt es seit dem 17. Jahrhundert, und 1769 präsentierte der Hofbeamte Wolfgang von Kempelen am Wiener Hof erstmals einen automatischen Schachspieler – der sich aber als Täuschung erwies, da er einen Menschen in sich barg. 1951 entstand ein Schachprogramm, welches ein zweizügiges Mattproblem lösen konnte, woraufhin Kritiker meinten, dass ein Computer niemals dazu fähig sein würde, so gut wie ein Mensch zu spielen. 1997 gewann jedoch der Schachcomputer »Deep Blue« gegen den seinerzeit stärksten Schachspieler der Welt. Mittlerweile konnte man sogar schon einen Computer bewundern, der in der Lage ist, Anweisungen in natürlicher Sprache entgegenzunehmen und auszuführen.

Können Maschinen denken?

In der Psychologie versteht man unter Intelligenz ein schwierig zu fassendes Sammelsurium aus Flexibilität des Denkens, Fähigkeit zur Anpassung an neue Situationen, Gedächtnisleistung, korrektem Schlussfolgern und anderem. Bei Tieren gelten komplexes Benehmen, Anpassung an Veränderungen und lange Abfolgen von angemessenem Verhalten als Anzeichen von Intelligenz.
Angesichts der fehlenden Antworten auf die Frage, was eigentlich (intelligentes) Denken sei, schlug der britische Mathematiker Alan Turing 1950 vor, die Frage, ob Maschinen denken können, durch ein Imitationsspiel zu ersetzen: Im Verlauf einer schriftlichen Kommunikation mit

einem Computer und einem Menschen solle ein Schiedsrichter aufgrund der von beiden verfassten Schreiben entscheiden, welcher der beiden der Computer sei. Könne der Schiedsrichter nicht mit ausreichender Gewissheit eine Entscheidung treffen, so könne man widerspruchsfrei von denkenden Maschinen sprechen. Damit sei die ursprüngliche Frage belanglos.

Dem widersprach John R. Searle 1980 mit folgendem Gedankenexperiment: In einem Zimmer befindet sich eine Person, die nach einem ihr vorliegenden Regelbuch chinesisch abgefasste Fragen und Kommentare bearbeitet, die in das Zimmer hereingereicht werden. Nach der Bearbeitung reicht sie diese wieder hinaus. Wenn sich nun herausstelle, dass mithilfe des Regelbuchs angemessene schriftliche chinesische Reaktionen auf diese Fragen produziert wurden, so könne man dennoch kaum behaupten, der Mensch in dem Zimmer verstünde Chinesisch. Turings Imitationsspiel ersetzt nach Auffassung Searles nicht die Frage, ob Maschinen denken können. Es sei der Fragestellung unangemessen. Während Turing prognostizierte, dass etwa zur Jahrtausendwende Computer existieren würden, die seinen Test bestehen könnten, gibt es Argumente dafür, dass Computer das Imitationsspiel prinzipiell nicht gewinnen können. Ein grundsätzliches Argument beruht auf Kurt Gödels Unvollständigkeitssatz, der die Existenz von wahren unbeweisbaren Sätzen in hinreichend ausdrucksstarken widerspruchsfreien Theorien behauptet. Die Wahrheit solcher Sätze sei – so wurde im Anschluss an Gödel argumentiert – für menschliche Mathematiker durchaus einsehbar, Computer hingegen würden lediglich ihre Unbeweisbarkeit »sehen« und seien daher unterlegen. Turing kannte den Einwand, verwies aber darauf, dass Menschen oft falsch oder gar nicht antworten würden.

Metaphern

Für die praktische Arbeit auf dem Gebiet der künstlichen Intelligenz spielt die Antwort auf die Frage, ob Maschinen denken können, keine Rolle. Die Natur der Intelligenz soll untersucht werden, um ihre Reproduktion zu ermöglichen. Als Wissensgebiet wird sie häufig in Bereiche eingeteilt, die verschiedene menschliche Fähigkeiten repräsentieren: Bilderkennung (Sehen), Spracherkennung (Hören), Spracherzeugung (Sprechen), Robotik (Handeln), Lernen und Schließen (Intelligenz).

In der so genannten symbolischen künstlichen Intelligenz versucht man, Intelligenzleistungen mittels Simulation in einer Architektur aus Speicher (Gedächtnis), Recheneinheit und Algorithmen (Intelligenz) sowie dem Ein- und Ausgang von Symbolen (Sprache, Handeln) zu modellieren. Man spricht vom »Computer-Modell« des Geistes und behauptet, dass jede Form der Intelligenz – und damit auch die menschliche – an die Verarbeitung von Symbolen gebunden sei.

Im »Kognitivismus« wird der Versuch unternommen, mittels komplexer Netze von unintelligenten kleinen Elementen Intelligenz auf der Ebene des Gesamtsystems entstehen zu lassen. Solche Netze orientieren sich an der Funktionsweise des menschlichen Gehirns. Deshalb spricht man hier vom »Gehirn-Modell« des Geistes. Lernfähigkeit, Fehlertoleranz und Robustheit gegenüber unerwarteten Eingaben sind die Qualitäten, die man sich von ihm verspricht.

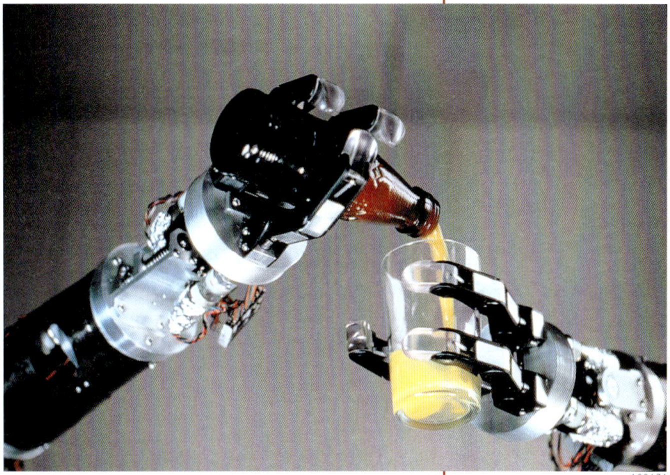

100674

Obwohl einem Roboter selbst komplexe Bewegungsabläufe auf der Basis von vorgegebenen Informationen durch Computerprogramme möglich sind, fehlt ihm das kreative Potenzial, das das menschliche Denken auszeichnet.

Fortsetzung von S. 183

handwerklichen Fertigkeit, um dies angemessen zu bewerkstelligen. So war das Handwerk des Kunstschaffenden immer auch ein Ausbildungsberuf, in dem die technischen Fähigkeiten geschult, normiert und tradiert wurden. Innovative Praktiken traten erst in den Vordergrund, als im ausgehenden Mittelalter neben die Naturdarstellung die stilistische Eigenart als Qualitätskriterium trat. Diese stilistische Individualisierung der Kunstwerke geriet erst im »Zeitalter ihrer technischen Reproduzierbarkeit« (Walter Benjamin) an ein Ende. Neuere Kunst stilisiert sich eher durch konzeptuelle Vorleistungen als durch technische Fertigkeit.

■ **Zusammenschau** Lange Zeit wurde der Wert eines Kunstwerks in Abhängigkeit von dem Verhältnis Fertigkeit/Naturdarstellung gesehen. Große Fertigkeit galt allerdings nur dann als Qualität, wenn auch ein ansprechendes Sujet gewählt wurde. Die Wertigkeit des Motivs speiste sich dabei im Wesentlichen aus soziokulturellen Geschmacksbildungen. Diese dienten gesellschaftlichen Gruppierungen zur Repräsentation (Adel) oder Identitätsstiftung (Bildungsbürgertum). Die Befassung mit Kunst diente zur Anhäufung eines symbolischen Kapitals, das zu Distinktionsgewinnen im sozialen Feld führte (Pierre Bourdieu). Noch im 20. Jh. wurde auf der Differenz zum Profanen, Trivialen oder Populären insistiert, so noch von Theodor W. Adorno. Erst nach 1968 begannen sich kanonische Vorstellungen aufzulösen, sodass mittlerweile auch populären Produkten wie Comics, Videoclips oder Popmusik Kunstcharakter zugesprochen wird. An Bedeutung gewinnt zuletzt Nelson Goodmans Überlegung, dass der Kunst wie der Wissenschaft eine Erkenntnisfunktion zukommt.

künstliche Intelligenz, siehe Sonderartikel Seite 184.

Kyniker [griech., zu kynikós »hündisch«, zu kýōn »Hund«], **Zyniker,** Bezeichnung für die Vertreter der griechischen Philosophenschule des **Kynismus** (Zynismus). Auf Antisthenes, einen Schüler des Sokrates, zurückgehend, wurde die Schule im eigentlichen Sinne durch Diogenes von Sinope (Beiname Kyon) begründet.

Die Kyniker sollen als besitz- und heimatlose Wanderprediger und Bettler umhergezogen sein. Das sokratische Ideal der erwerb- und lehrbaren Tugend und des darin zu erreichenden Glücks (Eudaimonia) sahen sie in einem Leben der Selbstgenügsamkeit (→Autarkie) und Bedürfnislosigkeit. Ihre radikale Kritik an gesellschaftlichen Konventionen verachtete zuweilen jeglichen Anstand, worauf wohl ihr Name zurückzuführen ist.

Kyōtoschule, Nishidaschule [niʃ-], zusammenfassende Bezeichnung für die Philosophen, die von Kitarō Nishida (* 1870, † 1945) beeinflusst wurden und dessen Philosophie weiterentwickelt haben. Zum Teil waren sie wie ihr Meister an der Universität von Kyōto tätig.

Kyrenaiker, Bezeichnung für die Vertreter der von Aristippos begründeten Schule der griechischen Philosophie. Die Kyrenaiker zogen aus der sokratischen Tugendlehre Konsequenzen, die denen der Kyniker entgegengesetzt waren (→Hedonismus).

Kyniker Diogenes in der Tonne

Die Kyniker formten aus ihrem von der sokratischen Lehre abgeleiteten Ideal der Bedürfnislosigkeit keine ausgearbeitete Theorie, sondern versuchten, es an sich selbst zu verwirklichen. Das konsequent bedürfnislose Leben des berühmtesten Kynikers, Diogenes von Sinope, ist in zahlreichen Anekdoten und Legenden überliefert. Dazu zählt zum Beispiel, er habe in einer Tonne gelebt. Die bekannteste unter ihnen aber berichtet von einem Besuch Alexanders des Großen bei dem bescheidenen Philosophen.
Der selbst, durch seinen Lehrer Aristoteles, philosophisch gebildete König soll ihn gefragt haben, welchen Wunsch er ihm erfüllen könne. Die Antwort lautete: »Geh mir aus der Sonne.« Während sein Gefolge lachte, soll der König so beeindruckt gewesen sein, dass er sagte: »Wahrhaftig, wenn ich nicht Alexander wäre, dann möchte ich wohl Diogenes sein!« (Zeichnung von Wilhelm Busch).

Lacan [la'kã], Jacques, französischer Psychiater, Psychoanalytiker und Schriftsteller, * Paris 13. 4. 1901, † ebenda 9. 9. 1981; wirkte als Arzt für Neurologie und Psychiatrie. 1964 gründete er die École Freudienne in Paris, die er 1980 wieder auflöste. Lacan fasste die Psychoanalyse als hermeneutische und historische Wissenschaft auf und bemühte sich um eine neue Konzeption der Theorie des Unbewussten, das er als von der Sprache hervorgebrachtes und nach Art einer Sprache strukturiertes, symbolisches Ordnungssystem verstand. Er forderte eine Orientierung der Psychoanalyse an der Linguistik und wandte seine psychoanalytische Theorie auch auf literarische Texte an. Sie prägte maßgeblich den französischen →Strukturalismus. Die »Seminare«, die Lacan hielt, werden seit 1953 in der groß angelegten Reihe »Le Séminaire de Jacques Lacan« (dt. »Das Seminar«) herausgegeben.

Laertios, Diogenes, →Diogenes Laertios.

Lakatos ['lɔkɔtɔʃ], Imre, britischer Wissenschaftshistoriker und -theoretiker ungarischer Herkunft, * Budapest 9. 11. 1922, † London 2. 2. 1974; wirkte seit 1969 als Professor für Logik an der London School of Economics. Lakatos war einer der wichtigsten Vertreter der Philosophie der Mathematik im 20. Jh. und neben Karl R. Popper ein führender Vertreter des →kritischen Rationalismus. Lakatos' Theorie der Wissenschaftsgeschichte und des Erkenntnisfortschritts steht zwischen denen Poppers und Thomas S. Kuhns. Er modifizierte Poppers Falsifikationstheorie durch den Hinweis, dass eine singuläre Beobachtungsaussage allein nicht hinreichend sei, um eine wissenschaftliche Theorie hinfällig werden zu lassen, sondern erst das Vorliegen einer »besseren« Theorie, die zugleich die Entdeckung neuer Tatsachen ermögliche. Die Wissenschaftsentwicklung ist nach Lakatos durch eine Kontinuität sich ablösender Theorien in Form von Forschungsprogrammen gekennzeichnet.

Laozi [chines. »alter Meister«], **Lao-tzu, Laotse,** chinesischer Philosoph, der der Tradition nach ein älterer Zeitgenosse des Konfuzius (6. Jh. v. Chr.) war, soweit er jedoch als Verfasser des Hauptwerks des →Daoismus, des »Dao-de-jing«, verstanden wird, Ende des 4./Anfang des 3. Jh. v. Chr. gelebt haben muss. Sein Name wird häufig mit seinem Werk gleichgesetzt. Laozi ist neben Konfuzius der wichtigste Vertreter der →chinesischen Philosophie.

Als Person tritt Laozi in verschiedenen philosophischen Texten seit dem 3. Jh. v. Chr. auf, wenn auch nicht im »Dao-de-jing« selbst. Meist erscheint er als Widerpart des Konfuzius oder von Konfuzianern. Schon zur Zeit der von dem chinesischen Historiografen Sima Qian im 2. Jh. v. Chr. verfassten Laozi-Biografie kursierten zahlreiche Legenden um Laozi. Die Überlieferung, er sei am Ende seines Wirkens in China westwärts in den Gebirgen verschwunden und habe einem Passtorwächter das »Dao-de-jing« als Vermächtnis hinterlassen, führte dazu, dass der Buddhismus in China als eine Variante des Daoismus angesehen und der historische Buddha sogar indirekt mit Laozi identifiziert werden konnte.

In der Götterhierarchie des Daoismus stand Laozi an höchster Stelle. Einerseits verschmolz er mit dem auch vom Konfuzianismus anerkannten Urkaiser Huangdi zur Gottheit Huanglao, andererseits wurde er als eine Art Personifikation des →Dao, des Welturgrundes, aufgefasst, die in den verschiedensten Metamorphosen, v. a. als periodisch auftretender Welterlöser, erscheint. Diese Vorstellung von Laozi lieferte die Legitimationsgrundlage für verschiedene messianische Volksbewegungen.

Leben, nach der klassischen, auf die Antike zurückgehenden Definition die Seinsform von Lebewesen (lateinisch Vivere est viventibus esse). Die heutigen Naturwissenschaften verzichten vielfach auf eine derartige Begriffsbestimmung aufgrund der metaphysischen Implikationen, die sie beinhaltet. Andererseits ist es ihnen auch nicht möglich, für das Phänomen Leben eine (eindeutige) physikalisch-chemische Definition zu geben. Es lassen sich jedoch strukturelle und dynamische Merkmale des Lebendigen beschreiben.

■ **Antike Deutungen** War noch Thales bei seinen Überlegungen über den Grund (→Arche), Entstehen und Vergehen der Welt von der Belebtheit der gesamten Wirklichkeit ausgegangen, so erschien z. B. bei Empedokles oder in den atomistischen Materietheorien von Leukipp und Demokrit eher die unbelebte Natur als selbstverständlich, sodass das Lebendige erklärungsbedürftig wurde.

Bei Aristoteles war das ursprüngliche Kriterium für Leben, im Anschluss an Platons Seelenlehre, die Fähigkeit zur Selbstbewegung. Leben kann nach Aristoteles weder anfangen noch aufhören. Es ist eine Entelechie, d. h., die

Laozi
6. oder 4./3. Jh. v. Chr.

- gilt als Begründer des Daoismus
- tritt in philosophischen Texten seit dem 3. Jh. v. Chr. als Widerpart des Konfuzius auf
- verschwand einer Legende nach in den Bergen Westchinas
- hinterließ angeblich einem Passtorwächter das »Dao-de-jing« als Vermächtnis

Laozi »Dao-de-jing«

Das »Dao-de-jing«, »Buch vom Dao und seiner Tugend«, ist die Hauptschrift des chinesischen Daoismus. In der vorliegenden Fassung kann die Schrift nicht vor dem 3. Jahrhundert v. Chr. entstanden sein. Sie wird dennoch dem Denker Laozi zugeschrieben, dessen Lebenszeit üblicherweise auf das 6. Jahrhundert v. Chr. datiert wird.
Das Werk besteht aus 81 kurzen Kapiteln, von denen die ersten 37 als »Buch vom Dao«, dem Weg bzw. der Lehre, die folgenden 44 als »Buch vom De«, der Wirkkraft des Dao, bezeichnet werden. Zur Verdeutlichung des philosophischen Systems werden häufig Bilder verwendet. So wird etwa das Dao mit einem Rad verglichen: Das Rad ist ein geschlossenes Ganzes, dessen Mitte die Nabe ist. Die Nabe ist unfasslich und leer, aber doch die Mitte des sichtbaren Geschehens, um die herum sich die Speichen drehen. Das Dao kann somit sowohl als die leere, aber zusammenhaltende Mitte als auch als das ganze Rad verstanden werden. Pointiert wurde es häufig auch als kosmisches Ordnungsprinzip begriffen.

3833

Leben.
Merkmale des Lebendigen sind die Notwendigkeit des Stoffwechsels, die Fähigkeit zur Vermehrung und die Möglichkeit der Veränderung des Erbguts (Mutationsfähigkeit). Darüber hinaus ist Leben immer mit Individualisierung verbunden – lebende Organismen sind immer von der Umwelt gut abgegrenzte Gebilde, als deren kleinste Einheit die Zelle angesehen wird.

Lebewesen tragen ihr eigenes Ziel in sich. Der aristotelische Zugang zum Leben vollzog sich über die Begriffe Substanz (Hypokeimenon), Seele (Psyche) und Zweck (Telos). Er führte zu zwei bis zum heutigen Tage miteinander konkurrierenden Grundlegungen der Biologie, die verkürzt als mechanistische und als vitalistische Auffassung des Lebens gekennzeichnet werden können.

■ **Neuzeitliche Ansätze** Für die neuzeitlichen Versuche, das Phänomen Leben zu fassen, war die cartesische Gegenüberstellung von Materie und Geist (Leib-Seele-Problem) prägend. Sie verlieh späteren Überwindungsversuchen in rein mechanistischen Positionen ihr charakteristisches Profil. Nach Auffassung des Mechanismus ist Leben ein rein mechanisch erklärbarer materieller Prozess. Diese Auffassung wurde im 19. Jh. im Zuge der Entwicklung der Chemie durch physikalisch-chemische Theorien modifiziert, in denen Leben als Summe von gesteuerten chemischen Reaktionen angesehen wird. Der gegen mechanistisch-materialistische Theorien des 19. Jh. gerichtete Vitalismus sucht demgegenüber im Rückgriff auf den aristotelischen Begriff der Entelechie den Nachweis einer die biologischen Prozesse steuernden, in ihnen selbst enthaltenen Zielgerichtetheit (Teleologie) zu erbringen. Den Bemühungen um eine einheitliche naturwissenschaftliche Theorie des Lebens wird wiederum durch die Lebensphilosophie widersprochen.

■ **Gegenwart** Der Begriff des Lebens ist in den letzten Jahrzehnten aufgrund neuer naturwissenschaftlich-medizinischer Möglichkeiten einerseits und neuer Formen menschlicher Lebenspraxis andererseits zu einem zentralen Diskussionsthema geworden. So werden in der Bioethik Fragen verhandelt, die v. a. durch die Gentechnologie aufgeworfen werden.

■ **Siehe auch**
SACHBEGRIFFE →Anthropologie · Autopoiese · Bioethik · Egoismus · Entelechie · Ethik · Leib-Seele-Problem · Liebe · Materie · Mechanismus · Natur · Seele · Teleologie · Tod · Vitalismus
PERSONEN →Bergson, Henri · Dilthey, Wilhelm · Hegel, Georg Wilhelm Friedrich · Jonas, Hans · Klages, Ludwig · Maturana, Humberto · Nietzsche, Friedrich · Plessner, Helmuth · Schelling, Friedrich Wilhelm Joseph von · Schopenhauer, Arthur

Lebensphilosophie, im weiteren Sinn alle philosophischen Richtungen, die ihre Sinnstiftung unmittelbar aus der auf das praktische Dasein gerichteten Lebenshaltung ableiten (z. B. Epikureismus, Stoizismus), im engeren Sinn eine im 19. Jh. entstehende, auf Traditionen der nachaufklärerischen Philosophie und der Romantik zurückgehende philosophische Strömung. Der Begriff Lebensphilosophie wird daneben auch zur Charakterisierung der allgemeinen Lebenseinstellung und -führung früherer Denker herangezogen (z. B. Sokrates, Seneca, Blaise Pascal).

■ **19. Jahrhundert** Die Lebensphilosophie des 19. Jh. wendete sich insgesamt gegen den starren Seinsbegriff rationalistischer und mechanistischer Denkmodelle, aber auch gegen den v. a. durch Hegel vertretenen Anspruch eines ausschließlich vom Geist bzw. Begriff systematisch hergeleiteten Wertbildes. Sie postuliert eine Ganzheitssicht, die das Dynamische, Einmalige und zur Entwicklung drängende Schöpferische im Leben für alle Bereiche der Wirklichkeit als bestimmend ansieht und grundsätzlich das Werden gegenüber dem Sein betont. Zum Teil greift sie auch biologistische und darwinistisch-evolutionistische Tendenzen auf. Wegbereitend wirkten hier neben Friedrich von Schlegel, Friedrich Wilhelm Joseph von Schellings praktischer Philosophie und Arthur Schopenhauers Begriff des »Willens« v. a. Nietzsches Idealtyp des »Übermenschen« und Søren Kierkegaards →Existenzphilosophie mit ihrer Betonung der menschlichen Individualität.

Hauptvertreter der Lebensphilosophie wurden im ausgehenden 19. Jh. in Frankreich Henri Bergson und in Deutschland Wilhelm Dilthey. Diese suchten den bis dahin vorwiegend vitalistischen Lebensbegriff (→Vitalismus) zur Überwindung der rationalistischen Subjekt-Objekt-Trennung auch erkenntnistheoretisch zu fundieren. Bergson tat dies, indem er dem mechanistischen Zeit- und Raumbegriff der Physik die in einem schöpferischen Lebensstrom (Élan vital) offenbare, subjektiv erfahrene Lebenszeit (Durée) entgegensetzte. In letzterer fällt der Mensch seine Entscheidungen nicht durch den Verstand (Raison), sondern durch die Unmittelbarkeit der Intuition.

Dilthey hielt den deduktiv verfahrenden Naturwissenschaften den Entwurf einer historisch begründeten Geisteswissenschaft entgegen. In dieser ist Erkenntnis nur auf dem

Hintergrund einer beständig nacherlebten Strukturganzheit möglich. Der menschliche Geist tritt in ihr als immer höherstufiger Ausdruck eines allgemeinen Lebenszusammenhanges auf. Besonders Diltheys Begriff des Lebens als ein Prozess des nachvollziehenden Verstehens wirkt im Zusammenhang mit der von ihm begründeten hermeneutischen Methode (→Hermeneutik) bis heute nach.

■ **20. Jahrhundert** Aspekte der Lebensphilosophie wurden im 20. Jh. aufgegriffen und weitergeführt, u. a. von Georg Simmel, Theodor Lessing (*1872, †1933), Max Scheler, Max Weber und José Ortega y Gasset, der sie zu einer pluralistischen Kulturphilosophie entfaltete. Betont antirationalistische bzw. kulturpessimistische Positionen vertraten Ludwig Klages und Oswald Spengler. Auswirkungen, z. T. in Vertiefung des erkenntnistheoretischen Ansatzes, erstreckten sich ferner auf die Existenzphilosophie Martin Heideggers und die Phänomenologie Edmund Husserls. Zeitweise als Irrationalismus, Subjektivismus und Relativismus kritisiert, hat der traditionelle Konflikt zwischen Lebensphilosophie und naturwissenschaftlichem Weltbild durch die wieder aktuell gewordene Frage nach dem Leben erneut Bedeutung erlangt.

Leere, die Leere, Raum ohne erfüllenden Stoff. In der *Ontologie* und *Naturphilosophie* wurde das spekulative Problem der Existenz des **leeren Raumes** unterschiedlich beantwortet. So wurde es vom →Atomismus bejaht, von den Eleaten mit logischen und von Aristoteles mit metaphysischen Argumenten verneint. Bei Leibniz ist der Begriff der Leere eine Abstraktion. In Scholastik und beginnender Neuzeit wurden Probleme der Leere im Zusammenhang mit dem »Horror vacui« diskutiert: Die scholastische Naturphilosophie hatte die Vorstellung entwickelt, dass die Natur vor einem leeren Raum einen Abscheu besitze und dieses Vakuum mit allen Mitteln und mit aller Kraft auszufüllen suche.

Leibniz, Gottfried Wilhelm, deutscher Mathematiker und Philosoph, *Leipzig 1. 7. 1646, †Hannover 14. 11. 1716; gilt als einer der bedeutendsten Gelehrten des 18. Jahrhunderts.

■ **Leben** Leibniz studierte ab 1661 Rechtswissenschaften in Leipzig, ab 1663 in Jena und schließlich in Altdorf bei Nürnberg. Nach seiner Promotion 1667 trat er in kurmainzische Dienste als juristischer und diplomatischer Berater. 1670 wurde er zum Rat am kurfürstlichen Revisionsgericht ernannt. Während seines Parisaufenthalts 1672–76 lernte Leibniz die zeitgenössische Mathematik und Naturwissenschaft kennen. Mehrere Reisen führten Leibniz nach London; 1673 wurde er – v. a. wegen seiner Erfindung einer rein mechanischen Rechenmaschine – in die Royal Society aufgenommen. Im Jahr darauf trat er als Bibliothekar und Hofrat in hannoversche Dienste. Die Reise zu seinem neuen Dienstort nutzte er, um in den Niederlanden u. a. Baruch de Spinoza aufzusuchen.

1685 erhielt Leibniz den Auftrag, die Geschichte des Welfenhauses zu erforschen. Für das Quellenstudium unternahm er 1687–90 eine Reise durch Italien. Nach seiner Rückkehr wurde er Bibliothekar in Wolfenbüttel. Neben wissenschaftlichen Forschungen und historischen Studien, die 1707 in der Herausgabe der Quellensammlung »Scriptores rerum Brunsvicensium« gipfelten, widmete er sich in den folgenden Jahren v. a. den Reunionsbestrebungen in den christlichen Kirchen sowie der Einrichtung wissenschaftlicher Akademien. 1700 kam es zur Gründung der Societät der Wissenschaften in Berlin, deren Präsident Leibniz auf Lebenszeit wurde. Die Jahre 1712–14 verbrachte er in Wien. Seine letzten Lebensjahre waren überschattet von dem Streit mit Isaak Newton – Leibniz wurde von einer von der Royal Society eingesetzten Kommission des Plagiats beschuldigt – sowie von wachsender Isolation am hannoverschen Hof.

■ **Lehre** Leibniz' Philosophie folgt dem Grundsatz, dass das begründende Prinzip nicht von der Art des Begründeten sein kann, wenn ein Regress ins Unendliche vermieden werden soll. Bei Leibniz wird Gott erstmals nicht als die erste Ursache einer Ursachenkette verstanden, sondern als der »außerhalb der Reihe« liegende zureichende Grund für das Bestehen der Kette als Ganzen. In ähnlicher Weise übernimmt Leibniz die Ergebnisse des traditionellen naturphilosophischen Mechanismus, begründet ihn jedoch nicht mechanistisch.

Die »Monadologie«, die 1720 posthum erschien, gilt als Leibniz' wichtigstes Werk. Es erörtert den Zentralbegriff der leibnizschen Welterklärung, die Monade, eine einfache, nicht ausgedehnte und daher unteilbare Sub-

Gottfried Wilhelm Leibniz
***1646, †1716**

100264

- war als Universalgelehrter u. a. bewandert in Mathematik und Naturwissenschaften und betätigte sich als Geschichtsschreiber und politischer Berater
- regte Gründungen von Akademien in verschiedenen Städten an
- verteidigte diese Welt als die beste aller möglichen
- versuchte mit seiner Monadenlehre eine Versöhnung von Materialismus und Idealismus
- hinterließ kein systematisches philosophisches Werk

Leibniz »Monadologie«

Leibniz' auf den ersten Blick befremdlich wirkende philosophische Hauptschrift, die »Monadologie«, blieb zu seinen Lebzeiten ungedruckt. Sie fasst in 90 Sätzen auf rund 20 Seiten seine Philosophie zusammen. Nur im Zusammenhang mit seinem weiteren Denken und seiner Zeit ist sie verständlich. Von Giordano Bruno, der aus dem antiken Atomismus eine Theorie der Bausteine des Seienden entwickelt hatte, übernahm Leibniz den Begriff der Monaden und bestimmte sie in der Monadologie als »die wahren Atome der Natur und die Elemente der Dinge«. Geistig, mathematisch und körperlich zugleich machen sie die erkennbare Welt aus. Sie sind Atome ohne jede Dimension, ohne Quantität und dennoch untereinander verschieden und in sich strukturiert, »lebendige, immerwährende Spiegel des Universums«, Vollkommenheiten, die in göttlicher Übereinstimmung miteinander stehen. Mit der Idee der Monade erklärte Leibniz den Zusammenhang der Welt als einen geistigen und dynamischen. So brachte er Körper und Geist, die Descartes definitiv getrennt hatte, wieder zusammen.

stanz, die äußeren mechanischen Einwirkungen unzugänglich ist, in deren spontan gebildeten Wahrnehmungen (Perzeptionen) sich jedoch das ganze Universum spiegelt. Während Gott, die oberste Monade, deutliche Wahrnehmungen hat und damit die gesamte Entwicklung des Universums überschaut, sind die Wahrnehmungen der geschaffenen Monaden großenteils unbewusst. Während die »Seelenmonaden« noch über Bewusstsein und Gedächtnis verfügen, können die »nackten Monaden« dagegen als die »wahren Atome«, die unausgedehnten Bausteine der ausgedehnten Materie, betrachtet werden: In ihnen spiegelt sich das Universum nur noch unbewusst, d. h., diese Monaden sind eingebettet in den universalen deterministischen Zusammenhang der physikalischen Welt.

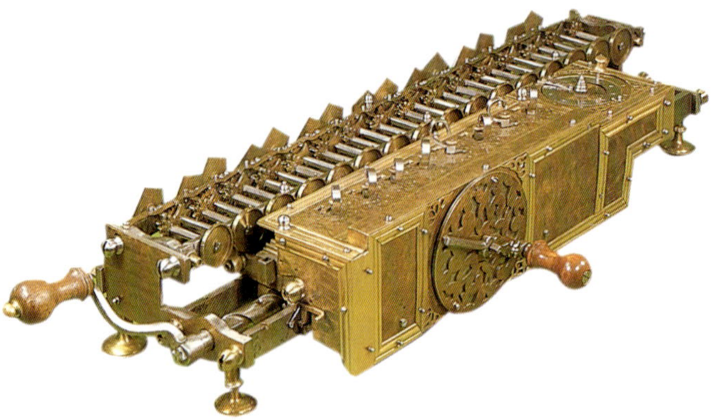
381

Gottfried Wilhelm Leibniz.
Eine Staffelwalze war Kernstück der von Leibniz entwickelten Rechenmaschine für vier Grundrechenarten, die aufgrund epochenbedingter mechanischer Mängel jedoch nie richtig funktionierte.

An dieser Stelle hat Leibniz' Kraftbegriff seinen Ort: Während Descartes die Physik aus den Stoßbewegungen ausgedehnter Korpuskeln, also kleinster Materieteilchen, entwickelt, das Universum anschaulich geometrisch konstruiert und die Konstanz der Bewegungsgröße mv (Masse mal Geschwindigkeit) fälschlich als universal gültiges Gesetz behauptet, nimmt Leibniz die »Kraft zum Aufsteigen« oder »lebendige Kraft« mv^2 als Maß der Bewegung, für das er einen Erhaltungssatz postuliert. Leibniz unterscheidet zwischen der »toten«, virtuellen Kraft (»Conatus«) und der lebendigen Kraft (»Impetus«). Der Begriff »Conatus« entspricht dem einer »nackten Monade«: Sie ist selbst nicht durch eine räumliche Bewegung definiert, enthält diese aber virtuell. Aufgrund der Kontinuität aller räumlich gleichzeitigen wie zeitlich sukzessiven Momente des Universums ist in diesem einen Moment die gesamte vergangene und zukünftige Entwicklung der Welt »unbewusst« enthalten.

Sind also die Monaden die »wahren Atome des Universums«, so gleicht doch keine der anderen, jede hat ihren eigenen Individualbegriff (»Principium identitatis indiscernibilium«, Prinzip von der Identität des Ununterscheidbaren). Dass zwei scheinbar gleiche Dinge nur durch verschiedene Raum- oder Zeitkoordinaten unterschieden sein können, liegt lediglich an der unklaren Vorstellung des Menschen. Doch müssen nach Leibniz für diese unterschiedlichen Koordinaten logische Gründe in den Monaden selbst liegen, denn die Differenzierung der Phänomene kann sich nicht sekundär aus gleichförmigen Elementen entwickeln.

Die Welt besitzt damit notwendigerweise einen maximalen Reichtum von Momenten. In diesem Sinne der größtmöglichen Mannigfaltigkeit ist die wirkliche Welt »die beste aller möglichen Welten«. Die prästabilierte, also vorherbestimmte Harmonie der Welt ist keine willkürliche Einrichtung der Gott-Monade, sondern notwendiger Ausdruck der Kompatibilität aller Monaden in der kontinuierlichen Ordnung von Raum und Zeit. Das Verhältnis von Leib und Seele vergleicht Leibniz mit demjenigen zweier Uhren, die in vollkommener Weise synchron laufen, obwohl sie weder einen wechselseitigen Einfluss aufeinander ausüben noch etwa durch Überprüfungen und Korrekturen immer wieder miteinander in Einklang gebracht werden. In der Theodizeefrage benutzte Leibniz den Gedanken von der »besten aller möglichen Welten« zur Rechtfertigung Gottes. Die Übel dieser Welt sind im Rahmen der prästabilierten Harmonie als Folgen positiver Gaben Gottes, z. B. der Willensfreiheit, anzusehen.

Leibniz' Entdeckungen in der Mathematik hängen ebenfalls eng mit seiner Metaphysik zusammen. In Anlehnung an Raimundus Lullus, Giordano Bruno und Descartes entwickelte er eine Art von formal-deduktiver Logik, die die Prinzipien heutiger mathematischer Logik vorwegnahm.

■ **Bedeutung** Leibniz' Gedanken sind in der Form, die er ihnen in den »Essais de théodicée…« (1710; dt. »Theodizee«) gegeben hat, zu einem wichtigen Bestandteil der deutschen Aufklärung des 18. Jahrhunderts geworden. Sein eigentliches philosophisches System dagegen ist damals kaum begriffen worden. Christian Wolff nahm gerade den Kerngedanken, den Lehren von der Monade und der »prästabilierten Harmonie«, ihre Kraft und gewann mit seinem eigenen System größeren Einfluss als Leibniz. Im 20. Jh. hat in Deutschland, Großbritannien und Frankreich eine Neubelebung leibnizscher Gedanken eingesetzt, insbesondere bei Bertrand Russell, Ernst Cassirer, Edmund Husserl und Martin Heidegger.

Leib-Seele-Problem, psychophysisches Problem, die Diskussion über das Verhältnis zwischen Leib und Seele in den Religionen (→Karma, →Samsara, →Seele) und in der Philosophie. Das neuzeitliche Leib-Seele-Problem ging aus der dualistischen Auffassung der Wirklichkeit von Descartes hervor, der Leib und Seele als aufeinander nicht rückführbare Substanzen begriff. Die Seele charakterisierte er wesentlich durch Denken, den Leib durch Ausdehnung, konnte aber die offensichtliche Wechselwirkung zwischen beiden nicht zureichend erklären.

■ **Ursprünge** Den historischen Hintergrund des cartesischen Dualismus bildet die antike Unterscheidung zwischen einer unsterblichen Seele und einem vergänglichen Leib. Platon zufolge kann das Wahre – die Ideen – nur dann erkannt werden, wenn die Seele möglichst rein, d. h. abgetrennt vom Leib, ist, denn »der Leib ist der Kerker der Seele«. Aristoteles dagegen betonte die Einheit von Leib und Seele und fasste die Seele als erste →Entelechie eines organischen Körpers auf. Beide Vorstellungen bestimmten in unterschiedlichen Kombinationen die weitere Entwicklung und prägen bis heute zahlreiche Auffassungen vom Menschen.

■ **Lösungsansätze** Das cartesische Leib-Seele-Problem hat eine Vielzahl von Lösungsversuchen erfahren, die sich nach der Anzahl der Prinzipien in dualistische und monistische Ansätze einteilen lassen. Zu den dualistischen Theorien zählt der →Okkasionalismus mit der Auffassung, dass vermittels eines göttlichen Eingriffs bei »Gelegenheit« eines psychischen Vorgangs ein entsprechendes physisches Ereignis stattfindet. Der Parallelismus von Leibniz verneint ein ständiges Einwirken Gottes und nimmt einen geordneten parallelen Ablauf von physischen und psychischen Akten nach einer »prästabilierten Harmonie« aufgrund einer einmaligen Schöpfungstat an, so, wie zwei gleichzeitig aufgezogene und aufeinander abgestimmte Uhren. Der meist von Naturwissenschaftlern vertretene Epiphänomenalismus nimmt an, dass physikalische Ereignisse die Ursache für geistige sein können, aber nicht umgekehrt. Ihm zufolge können geistige Ereignisse, auch wenn sie nicht rein physikalischer Natur sind, doch durch naturwissenschaftliche Prinzipien erklärt werden.

Monistische Theorien wenden sich prinzipiell gegen die Annahme von Leib und Seele als zwei verschiedene Substanzen sowie gegen ihre Bestimmung in Kategorien des jeweils anderen. Während der Mentalismus von George Berkeley versucht, den Begriff der Materie aufzugeben, erklärt der Materialismus von Thomas Hobbes umgekehrt den Begriff der Seele für überflüssig.

Moderne Spielarten des Materialismus sind Behaviorismus, Identitätstheorie und Physikalismus. Der Behaviorismus – vertreten v. a. von James Dewey Watson (* 1928) und B. F. Skinner (* 1904, † 1990) – lehrt, dass die Beobachtung des Verhaltens die einzig zulässigen Daten für die Analyse geistiger Phänomene liefert. Identitätstheorien (z. B. Hilary Putnam) lassen dagegen Gehirnprozesse als relevant für die Erklärung körperlichen wie geistigen Verhaltens zu und gehen von einer ontisch-faktischen Identität physischer und psychischer Zustände bzw. Prozesse aus. Der Physikalismus behauptet, dass alle Ereignisse letztlich durch die Naturwissenschaften erklärbar sind (ohne dass man eine Identitätstheorie vertreten muss).

Für die Sprachanalytiker Gilbert Ryle und Ludwig Wittgenstein stellte das Leib-Seele-Problem ein Scheinproblem dar, das aus Missverständnissen des alltagssprachlichen Redens über geistige Aktivitäten entstanden sei. In der philosophischen Anthropologie des 20. Jahrhunderts versuchte Max Scheler den cartesischen Leib-Seele-Dualismus zu überwinden, indem er beide als Leben zusammenfasste und davon den Geist abhob. Arnold Gehlen sah darin nur eine Verschiebung des alten Dualismus zugunsten eines neuen (Leben – Geist), den er ausgehend von der psychophysisch neutralen Handlung zu überwinden trachtete. Wichtige Ergänzungen erfährt die Diskussion in der modernen Leibphilosophie (Edmund Husserl, Maurice Merleau-Ponty, Emmanuel Levinas, Hermann Schmitz, Gernot Böhme u. a.), durch die v. a. die verbreitete Reduzierung von Leib- auf Körperphänomene kritisiert wird und die insbesondere den intuitiven Zugang zum Leib sowie dessen kulturelle Disposition ins Zentrum ihrer Überlegungen rücken.

Lenin, Wladimir Iljitsch, seit etwa 1901 politischer Deckname von Wladimir Iljitsch Uljanow, russischer Revolutionär und Politiker, * Simbirsk 22. 4. 1870, † Gorki (bei Moskau) 21. 1. 1924; erhielt nach seinem Jurastudium in Kasan und Samara eine Zulassung als Rechtsanwalt in Sankt Petersburg. Hier begann er sich mit dem →Marxismus als einer Revolutionstheorie zu beschäftigen. Zugleich beteiligte er sich intensiv an der revolutionären Bewegung. 1895 gründete er den »Kampfbund zur Befreiung der Arbeiterklasse«.

In seiner in der Emigration (seit 1900) verfassten Schrift »Čto delat'?« (1902; dt. »Was tun?«) entwarf Lenin erstmals die Grundzüge seiner später ausgearbeiteten sozialen und politische Theorien (Leninismus). Dazu gehörte v. a. die Organisation einer Partei von Berufsrevolutionären als Vorhut der Arbeiterklasse, der sie das revolutionäre Bewusstsein zu vermitteln hat. Auf dem II. Parteitag der Sozialdemokratischen Arbeiterpartei Russlands (SDAPR) 1903 in Brüssel betrieb Lenin die Spaltung der Partei in Menschewiki, die auf eine bürgerlich-demokratische Revolution setzten, und Bolschewiki, die die Auffassung vertraten, Arbeiter und Bauern müssten die ökonomische Modernisierung selbst in die Hand nehmen und ohne parlamentarischen Umweg die Macht ergreifen.

Nach kurzer Rückkehr nach Russland im Jahr 1905 emigrierte Lenin erneut (bis 1917). In dieser Zeit beschäftigte er sich v. a. mit philosophischen Fragen. Sein Buch »Materialismus und Empiriokritizismus«, 1909 beendet, kon-

Wladimir Iljitsch Lenin
*** 1870, † 1924**

4601

- war ursprünglich Rechtsanwalt
- begriff die Schriften von Karl Marx als Revolutionstheorie
- kritisierte Ernst Mach und dessen Empiriokritizismus
- vertrat eine materialistische Weltanschauung
- begründete die aus der Oktoberrevolution 1917 hervorgegangene Sowjetunion

Wladimir Iljitsch Lenin. Das revolutionäre Bewusstsein in der Arbeiterklasse zu wecken, sah Lenin als Aufgabe der Partei. Diese sollte dann die wirtschaftliche Neuordnung selbst organisieren (Rote Wachen 1917 in Sankt Petersburg mit einem eroberten Panzer).

turiert die philosophischen Grundlagen des leninschen Denkens gegen den seinerzeit verbreiteten subjektkritischen Positivismus Ernst Machs. Gegen Machs Theorie des →Empiriokritizismus, die die geschichtsphilosophische Konzeption des Proletariats als eines historischen Subjekts bedrohe, stellte Lenin die Theorien von Karl Marx und Friedrich Engels, die er unter dem Begriff des »dialektischen Materialismus« zusammenfasste. Die historische Notwendigkeit des revolutionären Akts verteidigte er mehrfach gegen Vertreter des ökonomischen Determinismus, zu denen etwa der sozialistische Theoretiker und Politiker Karl Kautsky (*1854, †1938) gehörte.

Nach einem missglückten Aufstand von Arbeitern und Soldaten im Juli 1917 floh Lenin nach Finnland. Dort verfasste er seine Grundsatzschrift »Gosudarstvo i revoljucija« (1917; dt. »Staat und Revolution«) über die Form und Methodik bolschewistischer Politik. Ein bewaffneter Aufstand im gleichen Jahr glückte und führte zur Machtübernahme durch die Bolschewiki unter Führung Lenins (Oktoberrevolution). Unter Einsatz von Gewalt und Terror errichtete er ein funktionierendes Regierungssystem, das dem Leitbegriff der Diktatur des Proletariats folgte.

Nach Lenins Tod wurde seine sozialistische Theorie allmählich abgewandelt, v.a. von Stalin, der sie zu einem Mittel der ideologischen Sicherung seiner Herrschaft umbildete.

Leninismus, die auf Lenin fußende Interpretation des →Marxismus als Marxismus-Leninismus.

Gotthold Ephraim Lessing

Lessing, Gotthold Ephraim, deutscher Schriftsteller und Kritiker, *Kamenz 22. 1. 1729, †Braunschweig 15. 2. 1781; einer der bedeutendsten Vertreter der deutschen Aufklärung.

■ **Leben und Werk** Lessing studierte u.a. Theologie, Medizin und Philosophie in Leipzig (1746–48). In dieser Zeit erhielt er zahlreiche kulturelle Impulse und verfasste erste Fabeln, Erzählungen sowie Theaterstücke. Im November 1748 ging er nach Berlin, wo er seither mit Unterbrechungen lebte und als Herausgeber und Mitarbeiter mehrerer Zeitschriften tätig war. Unter anderem schrieb er Kritiken für die spätere »Vossische Zeitung« (1748–55) und die mit seinen Freunden Friedrich Nicolai und Moses Mendelssohn gegründete Zeitschrift »Briefe, die neueste Litteratur betreffend« (1759–65). Dadurch wurde er zur entscheidenden kritischen Instanz der deutschen literarischen Öffentlichkeit. Ein großer Bühnenerfolg war das 1755 in Frankfurt (Oder) uraufgeführte bürgerliche Trauerspiel »Miß Sara Sampson«.

Nach Stationen in Leipzig und Breslau ging Lessing im Frühjahr 1767 als Dramaturg an das neu gegründete »Deutsche Nationaltheater« nach Hamburg, wo auch sein Lustspiel »Minna von Barnhelm« uraufgeführt wurde. Ergebnis der theoretischen und theaterkritischen Arbeit dieser Zeit war die »Hamburgische Dramaturgie« (1768–69), in der er gegen »formale Regeln« das »innere Gesetz« und das von diesem erfüllte »Genie« stellte. Gemeinsam mit seiner bereits 1766 erschienenen theoretischen Schrift »Laokoon oder Über die Grenzen der Mahlerey und Poesie« bestimmte sie entscheidend die Kunstauffassung und -ausübung des Sturm und Drang sowie der Klassik.

Im April 1770 folgte Lessing einem Ruf als Bibliothekar an die Bibliothek in Wolfenbüttel. Die von der Zensur untersagte Fortführung seiner Kontroverse mit dem lutherischen Theologen Johann Melchior Goeze, die Lessings letzte Wolfenbütteler Jahre prägte, veranlasste ihn zu seinem dramatischen Gedicht »Nathan der Weise« (1779). In engem Zusammenhang mit dem hier formulierten Ideal der Toleranz und Humanität und seiner utopischen Zukunftsperspektive stehen die letzten größeren Prosaschriften »Ernst und Falk. Gespräche für Freymäurer« (1778–80) und »Die Erziehung des Menschengeschlechts« (vollständig 1780).

■ **Bedeutung** Lessing gilt als herausragender Vertreter der Ideale und Aktivitäten der Aufklärung in ihrem Eintreten für Vernunft, Freiheit, Menschlichkeit, gegen Vorurteil, kirchliche Bevormundung und Fürstenwillkür. Sozialgeschichtlich wird er als Befürworter der Emanzipation eines sich konstituierenden Bürgertums verstanden. Lessings kritische und theoretische Schriften folgten seiner Grundüberzeugung, dass alle dogmatisch verfestigten historischen Urteile neu überprüft werden müssen. In seiner Schreibweise praktizierte er das didaktische Prinzip der umfassenden Information und weiterführenden Anregung, das dialogische Moment, welches das Publikum zum Selbstdenken anregen soll, die Instrumentalisierung der Philologie (v.a. der klassischen) als Mittel der Kritik und den methodischen

Weg, das Falsche als Voraussetzung der Erkenntnis des Wahren zu erfassen.

Letztbegründung, Terminus der neueren Philosophie für eine letztgültige, objektive Rechtfertigung des Erkennens und Handelns durch die logische Rückführung auf einen letzten Grund. Dieser muss in sich selbst evident sein, d. h., er darf, um nicht in den Zwang unendlich fortschreitender Begründung (Begründungsregress) zu geraten, keiner weiteren Begründung bedürfen.

Kritiker der Letztbegründung – meist Vertreter des →kritischen Rationalismus – bestreiten prinzipiell die Möglichkeit einer Letztbegründung, da ein solches Unterfangen entweder zu einem unendlichen Regress führe oder zu einem Zirkel, bei dem das zu Begründende jeweils als begründet vorausgesetzt wird, oder aber zu einem Abbruch der Begründung an einem beliebigen Punkt, der dann dogmatisiert werde (bezeichnet als »Münchhausen-Trilemma«). Karl-Otto Apel behauptet die Möglichkeit einer reflexiven Letztbegründung des Erkennens durch Besinnung auf die notwendigen ethischen Grundbedingungen jeder (moralischen) Argumentation. Eine Einsicht gilt nach Apel als letztbegründet, wenn sie 1. nicht ohne pragmatischen Selbstwiderspruch negiert und 2. nicht ohne Zirkel abgeleitet werden kann.

Leukịpp, griechisch **Leukippos,** griechischer Philosoph, 5. Jh. v. Chr., wohl aus Milet; Lehrer Demokrits und Mitbegründer des →Atomismus. Leukipp gilt als Verfasser der Schriften »Das große Weltsystem« und »Über den Geist«. Über sein Leben ist wenig bekannt. Ihm wird die Annahme zugeschrieben, dass die Wirklichkeit aus Materie und dem Leeren bestehe, die Materie wiederum aus unendlich vielen, unteilbaren und unveränderlichen Teilchen von verschiedener Gestalt, den Atomen. Deren ständige Bewegung, Zusammenstöße und Häufung sei die Ursache der Weltbildung.

Levinas [levi'nas], Emmanuel, französischer Philosoph, * Kaunas 12. 1. 1906, † Paris 25. 12. 1995; wurde nach dem Zweiten Weltkrieg Direktor der École Normale Israélite Orientale. 1964 war er Professor in Poitiers, 1967 in Paris-Nanterre und 1973 an der Sorbonne. Ausgehend von der Phänomenologie Edmund Husserls und der Existenzphilosophie Martin Heideggers gründete Levinas seine Philosophie auf eine Ethik, die in der unaufhebbaren Andersheit des anderen gipfelt und jede natürliche oder geschichtliche Totalität sprengt. Der andere begegnet von Angesicht zu Angesicht mit einem Anspruch, der zu unbedingter Verantwortung für ihn und sein Leben verpflichtet. Zu Levinas' Hauptwerken zählt die 1961 erschienene Schrift »Totalité et infini« (dt. »Totalität und Unendlichkeit«).

Lévị-Strauss [-'stro:s], Claude Gustave, französischer Ethnologe, * Brüssel 28. 11. 1908; lehrte in den Jahren 1935–39 an der Universität

in São Paulo und leitete zahlreiche Feldforschungsexpeditionen im Land. 1941 emigrierte er in die USA. 1950–74 war er Professor an der Pariser École Pratique des Hautes Études und 1959–82 am Collège de France. Seit 1973 ist er Mitglied der Académie française.

Lévi-Strauss' Entwurf einer strukturalen Anthropologie stellt den Versuch dar, in der Linguistik entwickelte methodische Verfahrensweisen auf die Untersuchung ethnologischer Sachverhalte anzuwenden. In Fortführung der »Theorie der Gegenseitigkeit sozialer Beziehungen« des französischen Soziologen Marcel Mauss (* 1872, † 1950) interpretiert Lévi-Strauss unterschiedliche Formen sozialer Interaktion (Ökonomie, Heirat usw.) als Austauschsysteme, die den Gesetzen eines allen Produkten des menschlichen Geistes gleichermaßen zugrunde liegenden »strukturalen Unbewussten« gehorchen. Um die Existenz eines solchen universalen Strukturierungsprinzips nachzuweisen, unternahm er umfangreiche Untersuchungen »primitiver« Verwandtschaftssysteme und indianischer Mythologien, etwa in seinem Hauptwerk »Mythologiques« (1964–71; dt. »Mythologica«). Der von Lévi-Strauss propagierte und inzwischen auch in anderen Humanwissenschaften angewandte →Strukturalismus ist wegen seiner philosophischen Prämissen umstritten.

Lévy [le'vi], Bernard-Henri, französischer Philosoph und Schriftsteller, * Oran 5. 11. 1949; einer der Hauptvertreter der →Neuen Philosophie in Frankreich. Lévy wendet sich, vom Marxismus kommend, gegen jegliche Ideologien als Formen der Manipulation und des Totalitarismus, so z. B. in »La barbarie à visage humain« (1977; dt. »Die Barbarei mit menschlichem Antlitz«). In medienwirksamen Aktionen demonstriert er ein politisches Engagement unterschiedlichster Art. Seit den 1980er-Jahren tritt er auch mit Romanen, Dramen und essayistischen Arbeiten hervor.

Gotthold Ephraim Lessing.
Der Schriftsteller setzte Moses Mendelssohn in »Nathan der Weise« ein Denkmal. Moritz Daniel Oppenheims Gemälde zeigt Lessing mit Johann Kaspar Lavater in Mendelssohns Haus bei einer Auseinandersetzung um die Berechtigung des aufklärerischen Geistes im Judentum (1856; Berkeley, Calif., Judah L. Magnes Memorial Museum).

Gotthold Ephraim Lessing eröffnete »Die Erziehung des Menschengeschlechts« (1780) mit den Worten:

»§ 1. Was die Erziehung bei dem einzelnen Menschen ist, ist die Offenbarung bei dem ganzen Menschengeschlechte.
§ 2. Erziehung ist Offenbarung, die dem einzelnen Menschen geschieht; und Offenbarung ist Erziehung, die dem Menschengeschlechte geschehen ist, und noch geschieht.«

Li [chines.], seit dem 2. Jh. v. Chr. in der *chinesischen Philosophie* verwendeter Begriff, der mit »Struktur« oder »Prinzip« übersetzt werden kann. Er erlangte seit dem 10. Jh. im Neokonfuzianismus zentrale Bedeutung. Li bezeichnete die ontologische und zugleich ethische Grundordnung des Seins im Unterschied zu dem Begriff →Qi (»Stoff«), der ihm monistisch eingegliedert oder dualistisch entgegengesetzt wurde.

Liberalismus [von latein. liberalis »die Freiheit betreffend«, »freiheitlich«, zu liber »frei«], Staats-, Wirtschafts- und Gesellschaftsauffassung, die die →Freiheit des Individuums als grundlegende, naturgemäße Norm menschlichen Zusammenlebens ansieht und den Fortschritt in Kultur, Recht, Wirtschaft und Sozialordnung als den Inhalt geschichtlicher Entwicklung annimmt. Der Liberalismus erscheint heute – von seiner historischen Wirkung aus betrachtet – als faktisch abgeschlossen, ist aber in Grundwerten von Staat und Gesellschaft präsent.

100563

Liberalismus. Eines der Ziele des Liberalismus ist die Trennung von Staat und Kirche. Im Kulturkampf der 1870er-Jahre verbündete sich Bismarck vorübergehend mit den Kräften des Liberalismus gegen die katholische Kirche (»Das Tischtuch wird zerschnitten«, Karikatur auf Bismarck und Papst Leo XIII., Holzstich aus »Berliner Wespen«, 1879).

■ **Politischer Liberalismus** Auf politischem Gebiet fordert der Liberalismus die Errichtung und den Ausbau eines Verfassungs- und Rechtsstaates, der die staatliche Macht begrenzt, d. h. die Willkür des Staates ausschließt, und damit Rechtssicherheit als Voraussetzung individueller Freiheit schafft. Die Gewährleistung von Grundrechten soll die freie Entfaltung der Persönlichkeit sichern. Der Liberalismus wendet sich gegen Privilegien in der Gesellschaft und fordert die Gleichheit vor dem Gesetz. Nach seinem politischen Ordnungsprinzip soll die Freiheit jedes Einzelnen mit der Freiheit jedes anderen vereinbar bleiben, sodass sich die Einzelnen durch die allgemeine Freiheit gegenseitig beschränken.

■ **Wirtschaftsliberalismus** Im wirtschaftlichen Bereich tritt der Liberalismus in seinen verschiedenen historischen und politischen Ausprägungen für die Marktwirtschaft ein, in der die Wirtschaftssubjekte auf der Grundlage des Privateigentums an den Produktionsmitteln im freien Wettbewerb von Angebot und Nachfrage den Wirtschaftsprozess bestimmen und nicht der Staat.

Der Wirtschaftsliberalismus geht theoretisch auf die Physiokraten des 18. Jahrhunderts zurück und erhielt seine entscheidende Prägung in der klassischen Nationalökonomie (Adam Smith; James Mill; David Ricardo, * 1772, † 1823), die um die Mitte des 19. Jahrhunderts in der Freihandelsbewegung, namentlich im Manchestertum, sowie in der Gesellschaftsphilosophie von Jeremy Bentham und John Stuart Mill gipfelte. Die stärkste Antriebskraft für das wirtschaftliche Handeln sahen die klassischen Nationalökonomen im Eigeninteresse der Einzelnen, die sich im freien Wettbewerb begegnen, d. h. ungehindert durch staatliche Wirtschaftslenkung und ausschließlich gesteuert durch den Preismechanismus.

■ **Sozialliberalismus** Dem Liberalismus nach soll der Mensch in Ausübung seiner Menschen- und Bürgerrechte sein Leben im Rahmen selbst gewählter ethischer Normen oder religiöser Anschauungen führen können. Der Liberalismus vertritt das Prinzip der von Toleranz geprägten »offenen Gesellschaft«. Der Gedanke der freien Entfaltung der Persönlichkeit wird heute ergänzt durch die Forderung nach der Chancengleichheit.

■ **Anfänge** Geschichtliche Voraussetzungen des Liberalismus waren die rationalistischen Ideen der Aufklärung, die an Gedanken der Spätantike anknüpften und sich mit dem Individualismus der Romantik verbanden. Ausgehend vom Prinzip der Vernunft, bestimmten Fortschritts-, Wissenschafts- und Harmoniegedanke die Entstehung des Liberalismus. Vom »freien Spiel der Kräfte« erwartete man eine harmonische Entwicklung des gesellschaftlichen Ganzen, die individuelle Freiheit galt als Garant der bestmöglichen Entfaltung des Menschen. Im Mittelpunkt liberaler Anschauungen stand die Idee vom Eigenrecht und Vorrang des Einzelnen gegenüber der Gesellschaft. Der Liberalismus stellte die Freiheit an die Spitze seiner Grundwerte.

■ **Prinzipien** Die ursprünglich liberalen Doktrinen, zu denen die englischen und schottischen Schulen des Empirismus, Sensualismus und Utilitarismus (John Locke, Francis Hutcheson, Adam Ferguson, Jeremy Bentham, John Stuart Mill), in Frankreich neben Montesquieu v. a. die mit den Enzyklopädisten verbundene politische Spätaufklärung und in Deutschland v. a. Kant beigetragen haben, ver-

Liebe Platonische Liebe

Sprechen wir heute von einer platonischen Liebe zwischen zwei Menschen, ist meist eine Zuneigung gemeint, die allein auf seelischer oder geistiger Übereinstimmung beruht und alles sinnliche und körperliche Begehren ausschließt. Diese strikte Trennung jedoch verfehlt die Bedeutung, die der Liebe im Denken Platons zukommt. Der platonische Sokrates etwa ist alles andere als ein Kostverächter. Immer wieder ist er auf der Jagd nach schönen Jünglingen anzutreffen. Das Begehren allerdings, das dabei im Spiel ist, kommt nicht im sinnlichen Genuss körperlicher Schönheit zur Erfüllung, sondern weist über ihn hinaus. Schönheit nämlich ist Vollkommenheit, die an den Dingen der Sinnenwelt sichtbar wird und so das eigentliche Ziel philosophischen Erkenntnisstrebens im Umkreis der Wahrnehmung gegenwärtig hält. Die Liebe zum Schönen bildet damit Ausgangspunkt und Antrieb des Philosophierens selbst, das sich dem Ewigen, Reinen und Idealen im gedanklichen Aufstieg von seinen sichtbaren Verkörperungen stufenweise annähert (»Jüngling von Mozia«, 5. Jh. v. Chr.; Mozia, Museum).

weisen auf eine optimistische politische Grundhaltung. Als anthropologische Voraussetzung galt, dass das Individuum in seinem wahren Wesen gut und zu fortgesetzter Emanzipation aufgerufen sei. Die aus rationalen Folgerungen entwickelte Geschichtsauffassung führte den Nachweis des historischen Fortschritts der Menschheit, der sich empirisch als Verwirklichung des größtmöglichen Glücks darstellt (»das größte Glück der größten Zahl«).

■ **Wirkung** Auf der Grundlage des v. a. von Kant, Friedrich von Schiller und Wilhelm von Humboldt entwickelten ethischen Freiheitsprinzips entfaltete sich der Gedanke der freien Persönlichkeitsbildung, der besonders auf Lehre und Wissenschaft bestimmend einwirkte. Der Liberalismus wurde dadurch auch in Deutschland immer mehr zum Ausgangspunkt der bürgerlichen Verfassungsbewegung, von nationalem Einheitsstreben, Entwicklung des Rechtsstaats, wirtschaftlichem Aufschwung, neuer Sozialethik, moderner Pädagogik, von kirchlich-dogmatischen Bindungen gelöster Kulturpolitik und einer autonomen Wissenschaftshaltung. Im religiösen Bereich führte er besonders zur Forderung der Trennung von Staat und Kirche (»freie Kirche im freien Staat«).

Liebe, die mit der menschlichen Existenz gegebene Fähigkeit, eine intensive gefühlsmäßige, v. a. positiv erlebte Beziehung zu einem Menschen zu entwickeln. Liebe ist eine Form affektiver Zuwendung zu anderen, die in unterschiedlichen Epochen und Kulturen verschieden erlebt, aufgefasst und durch Verhaltensregeln bestimmt wurde bzw. wird. Ihre besondere Eigenart gewinnt die als Liebe bezeichnete zwischenmenschliche Beziehung dadurch, dass ihr Wert, über eine Zweck-Mittel-Überlegung hinausgehend, in der Existenz des anderen – so nach Erich Fromm – oder in der Liebe selbst erfahren werden kann. Sie ist so weder dem Subjekt noch seinem Gegenüber allein zuzuordnen, sondern hat ihren Ort in einem zwischen den Liebenden entstehenden Vorstellungs- und Erfahrungsraum, der seinerseits durch seine »dialogische Anlage« (Martin Buber) die Existenz der Beteiligten verändert oder bestimmt.

■ **Antike und Mittelalter** Von weit reichender Bedeutung für eine Typologie der Liebe erwies sich im europäischen Kontext die bei Platon vorgebildete Dreistufung des Liebesstrebens: 1. als körperlich-sinnliches Begehren, 2. als Ausrichtung der Zuneigung auf die Sorge für einen anderen Menschen, 3. als Orientierung des Liebesbegriffs an einem Höchsten, so wie sie in der antiken und christlichen Philosophie als göttliche Liebe verstanden wurde. Bereits bei Aristoteles erschien der Aspekt der Selbstliebe als notwendige Bedingung entsprechender Liebesfähigkeit einem anderen gegenüber. Im Laufe der Kulturgeschichte hat die Bedeutung einzelner Stufen gewechselt. So steht in Platons »Phaidros« der Eros zugleich für die Begeisterung an der in der körperlichen Erscheinung des Geliebten enthaltenen Idee der göttlichen Schönheit, in der aristotelischen Tugendlehre hat der Begriff der Freundschaft (Philia) Vorrang.

Während bei den Scholastikern die philosophische Durchdringung und Systematisierung des Liebesbegriffs im Vordergrund stand, ging es der Mystik um die unmittelbare Erfahrung der Gottesliebe, die ihren Höhepunkt in der mystischen Vereinigung mit Gott hat.

■ **18. und 19. Jahrhundert** In der Neuzeit entwickelten die Bemühungen um die Klassifikationen der Liebe zunehmend eine eigene Art von »Liebessemantik« (Michel Foucault), die auf die Erfassung des »Wesens« der Liebe und seiner Abweichungen zielte. In der romantischen Spekulation (u. a. Friedrich Wilhelm Joseph von Schelling) erscheint so die Liebe – wie schon einmal in der Antike bei dem griechischen Dichter Hesiod (um 700 v. Chr.) und in manchen außereuropäischen Kulturen – als kosmische, auch kulturschaffende Kraft, was seine Auswirkungen noch auf die mit dem Arbeitsbegriff verknüpfte Liebeskonzeption der Anthropologie des jungen Karl Marx hatte.

Im Rahmen der Aufklärung im 18. Jh. trat die Bedeutung des Phänomens Liebe als sozialisierende Kraft, über deren Auswüchse die gesellschaftliche Reglementierung (Rousseau) zu wachen hat, auf. Eine besondere Stellung erlangte die Liebe im Zusammenhang der romantischen Liebeskonzeption: Sie stellte die Verabsolutierung der »einen und einzigen« Liebe in den Vordergrund und erhebt damit den Raum der Liebe zu einem gleichsam überirdischen Sakralraum (Jean Paul, * 1763, † 1825) bzw. zu einem vor- und außergesellschaftlichen »asozialen Residuum« wie etwa in Goethes »Die Leiden des jungen Werthers« (1774, Neufassung 1787).

Im 19. Jh. standen unterschiedliche Haltungen und Anschauungen zur Liebe nebeneinander: die philosophische und kulturkritische Skepsis (Arthur Schopenhauer, Søren Kierkegaard, Nietzsche), die gesellschaftliche Kodifizierung der Liebe im Rahmen von Ehe und Familie, die im Kontext sozialrevolutionärer Gesellschaftskritik entwickelten Vorstellungen einer freien Liebe in einer »neuen Liebeswelt« (Charles Fourier) und schließlich die philosophischen Spekulationen über die Restitution einer Naturkraft Liebe (Henri Bergsons »Élan vital«, Sigmunds Freuds »Libido«).

■ **Neuere Entwicklung** Die Vorstellungen über die Liebe in der Gegenwart sind dadurch gekennzeichnet, dass die Zeichen und Erklärungsmuster, die von der Liebe handeln, in ihrer Vielfalt zugenommen haben, zugleich aber die soziale Verbindlichkeit der »Liebescodes« durch entsprechende kulturelle und soziale Veränderungen wie die Auflösung der Epochen-, Gruppen- und Klassencodes (Julia Kristeva) abgenommen hat. Andererseits enthält auch in der Gegenwart Liebe das Versprechen auf eine Glückserfahrung, die Person und Welt zu gleichen Teilen erfasst, ohne die eine gegen die andere zu verrechnen, und stellt insoweit ein humanes Gegenmodell zu den in der Lebenswelt erfahrenen Funktionszuschreibungen, Leistungsorientierungen und Begrenzungen dar.

100562

Liebe. Mahatma Gandhi praktizierte mit seinem gewaltlosen Kampf gegen Unrecht und Gewalt Liebe als ethische Grundhaltung (1947 bei der Verhinderung von Gewalttätigkeiten von Hindus und Sikhs gegen Muslime).

Linguistic Turn, siehe Sonderartikel Seite 198.

linguistischer Strukturalismus, Form des →Strukturalismus.

Linkshegelianer, Richtung des →Hegelianismus.

John Locke
*** 1632, † 1704**

- gilt als Begründer des Empirismus und der Erkenntniskritik der Aufklärung
- verglich die Seele mit einem zunächst unbeschriebenen Blatt
- prägte die Theorie des liberalen Verfassungsstaates
- erklärte Gleichheit, Freiheit und Recht auf Unverletzlichkeit von Person und Eigentum zu obersten Rechtsgütern

Locke [lɔk], John, englischer Philosoph, * Wrington (Cty. Somerset) 29. 8. 1632, † Oates (Cty. Essex) 28. 10. 1704; gilt als Begründer des Empirismus und der Erkenntniskritik der Aufklärung.

■ **Leben** Durch ein puritanisches Elternhaus und eine humanistische Ausbildung in der Westminster School in London geprägt, wurde Locke 1652 Stipendiat des Christ Church College in Oxford. Er studierte hier die scholastische Philosophie sowie Medizin und lehrte später als Dozent. Außerdem beschäftigte er sich mit der neuen experimentellen Naturwissenschaft. Locke stand stets in Kontakt mit führenden Gelehrtenkreisen, bekleidete Ämter in Politik und Verwaltung und betätigte sich als Arzt. Seit 1667 war er Sekretär und Arzt im Dienst des späteren Lordkanzlers Earl of Shaftesbury. 1675–79 befand er sich in Frankreich und 1683–89 in Holland in politischer Emigration. Mit dem Regierungsantritt Wilhelms von Oranien konnte er nach England zurückkehren.

■ **Lehre und Werk** Die wichtigsten Schriften Lockes erschienen anonym, mit Ausnahme seines in vier Bücher gegliederten Hauptwerks »An essay concerning humane understanding«

(1689; dt. »Über den menschlichen Verstand«). In ihm behandelt Locke die Frage nach »Ursprung, Umfang und Grad der Gewissheit menschlicher Erkenntnis«. Zunächst widerlegt er die u. a. von Descartes vertretene These, wonach einige Prinzipien (Ideen) dem Menschen ursprünglich eingeboren seien.

Die Seele ist nach Locke zunächst leer wie ein unbeschriebenes Blatt (Tabula rasa). Denn alle Ideen (»Ideas«, d. h. Bewusstseinsinhalte überhaupt; das, womit immer sich der Geist beschäftigen kann) stammen aus der Erfahrung: Die äußere Erfahrung (»Sensation«) nimmt die sinnlichen Eindrücke der Körper, die innere Erfahrung (»Reflection«) die Eigentätigkeit des Geistes (wie Denken, Zweifeln, Wollen) wahr. Die Erkenntnistheorie hat die Aufgabe zu zeigen, wie der Geist zu komplexer Erkenntnis gelangt. Durch aktive Kombination und Vergleich der einfachen, rein passiv aufgenommenen Ideen (»Simple Ideas«) gewinnt der Geist zusammengesetzte Ideen (»Complex Ideas«), die Locke in die Grundkategorien der Substanzideen, der Relationen (Verhältnis von Ideen zueinander) und der Modi (abstrakte Begriffe, z. B. Dreieck, Dankbarkeit) gliedert.

Die Existenz realer Dinge in der Außenwelt (d. h. außerhalb unserer Ideen) ist nicht zu beweisen, aber praktisch gewiss, da wir stets zwischen Wahrgenommenem und bloß Vorgestelltem zu unterscheiden wissen. Die Grenze des menschlichen Erkenntnisvermögens sieht Locke durch die praktischen Lebensbedürfnisse bestimmt: Mehr als zu deren Befriedigung notwendig, könnten und brauchten die Menschen nicht zu erkennen.

In der zweiten Abhandlung der »Two treatises of government« (1690; dt. »Über die Regierung«) erklärt Locke Gleichheit, Freiheit und Recht auf Unverletzlichkeit von Person und Eigentum zu obersten Rechtsgütern, deren Bestand im Naturzustand der Menschheit jedoch nicht garantiert war. Gegen die Gefahr eines allgemeinen »Kriegszustandes« sichern sich die Individuen durch die auf allgemeiner Zustimmung beruhende politische Gemeinschaft mit einem obersten Schiedsrichter – Monarch, Oligarch oder demokratische Vertretung. Jedes Volk soll die ihm gemäße Regierungsform selbst bestimmen. Anders als bei Hobbes darf das Volk einen Tyrannen beseitigen, wenn es von ihm unterdrückt wird, allerdings nur im Vertrauen auf Rechtfertigung durch einen »himmlischen« Richter. In »A letter concerning toleration« (1689; dt. »Ein Brief über Toleranz«) tritt Locke für die Freiheit aller Glaubensbekenntnisse ein, solange sie diesen liberalen Staat nicht gefährden.

■ **Wirkung** Locke hatte besonders mit seinem erkenntnistheoretischen Hauptwerk und seinen politischen Schriften einen weit reichenden Einfluss auf die Philosophie des 17./18. Jahrhunderts. Trotz systematischer Schwächen hat seine Staatstheorie das Bild des bürgerlich-liberalen Verfassungsstaates entscheidend mitgeprägt. Seine Entscheidung für die Gewichtung von individueller Freiheit und kollektiver Gleichheit bestimmt bis heute den Demokratiebegriff des repräsentativen Parlamentarismus.

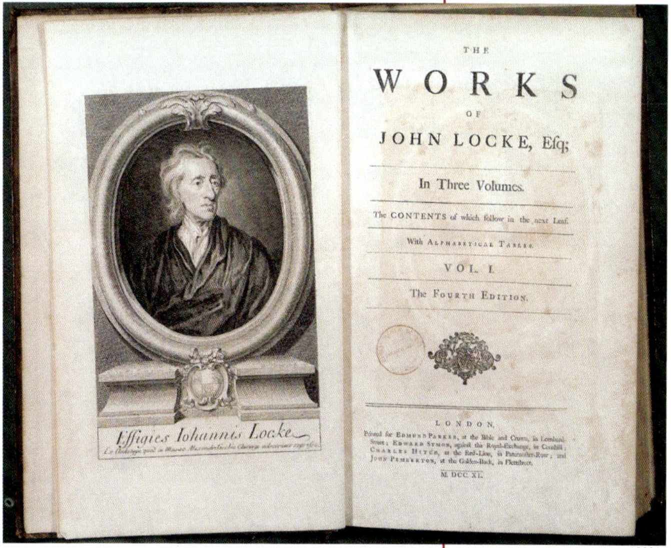

John Locke. Der Engländer beeinflusste das europäische Denken des 18. Jh. stark. Die Schriften des Erkenntnistheoretikers wurden in vielen Auflagen und verschiedenen Ausgaben gedruckt (englische Ausgabe der Werke in drei Bänden, Band 1; 4. Auflage, London 1740).

Logik [von griech. logikḗ »Kunst des Denkens«, zu lógos »Rede«, »Wort«, »Vernunft«], im weitesten Sinne die Lehre vom schlüssigen und folgerichtigen Denken und Argumentieren, v. a. vom richtigen Schließen, das dadurch gekennzeichnet ist, dass es zu wahren Prämissen immer eine wahre Konklusion liefert. Gegenstand der Logik sind demnach Aussagen und Termini und deren Beziehungen zueinander, soweit diese für Wahrheit und Falschheit relevant sind. Neben der »Lehre vom Schluss« kannte die traditionelle Logik noch die »Lehre vom Begriff« (Klassifikation von Begriffen) und die »Lehre vom Urteil« (Struktur und

Fortsetzung S. 200

Locke »Über den menschlichen Verstand«

Entscheidende Einflüsse für die Philosophie der Neuzeit kamen von den Britischen Inseln. Schon Francis Bacon, auf den die modernen Naturwissenschaften zurückgehen, hatte das Wissen auf die Erfahrung gegründet. John Lockes 1689 erschienener Essay »Über den menschlichen Verstand« verschaffte nun dem Empirismus eine bis dahin ungekannte philosophische Geltung. Gemäß dem Grundsatz, dass nichts im Verstand ist, was nicht vorher durch die Sinne erfasst worden wäre, setzt Locke seine Vorstellung des menschlichen Verstandes als einer leeren Tafel (Tabula rasa) gegen den Rationalismus und Descartes' Modell der angeborenen Ideen ab. Lockes Erkenntnistheorie war enorm folgenreich. In England und Deutschland beeinflusste sie George Berkeley, John Stuart Mill, David Hume und über diesen Kant. Für die französischen Aufklärer waren hingegen vor allem Lockes politische Gedanken bedeutungsvoll.

Linguistic Turn

Linguistic Turn

Im Jahr 1865 schickte der englische Schriftsteller und Logiker Lewis Carroll ein kleines Mädchen auf eine bizarre Reise. Ein gut gekleidetes weißes Kaninchen, eine Raupe, die Wasserpfeife raucht und wichtige Ratschläge erteilt – das sind nur zwei der merkwürdigen Figuren, denen Alice im Wunderland begegnet. Sieben Jahre später erscheint Carrolls zweites Buch über Alice. Das Mädchen gerät durch einen Spiegel in eine andere Welt – eine Welt, deren Einwohner überaus exzentrisch sind. Einer der eigenwilligsten Charaktere, dem sie dort begegnet, ist Humpty Dumpty. Ist er Ei oder Mensch? Oder beides? Das Gespräch mit Humpty Dumpty ist jedenfalls nicht einfach. Selbstbewusst stellt er fest: »Wenn ich ein Wort gebrauche, dann bedeutet es genau, was ich für richtig halte.« Alice ist verwundert und stellt die Überlegung an, »ob man Wörter einfach etwas anderes bedeuten lassen kann«. Die Frage nach der Bedeutung von Wörtern und Sätzen – und darin sind sich Alice und Humpty Dumpty mit vielen Philosophen einig – ist eine wichtige Frage. In der Philosophie wurde sie schließlich so dominant, dass man insbesondere mit Blick auf die Entwicklung der analytischen Philosophie von einem »Linguistic Turn«, einer sprachkritischen Wende, gesprochen hat.

Die Herrschaft der Sprache

Die sprachkritische Wende, deren Ursprung im ausgehenden 19. Jahrhundert verortet wird, hatte ihre Vorläufer. Denn das Nachdenken über Sprache ist beinahe so alt wie die Philosophie selbst. Schon Platon und Aristoteles, aber auch die Stoiker und viele Philosophen des Mittelalters haben sprachphilosophische Problemstellungen diskutiert. So wird beispielsweise in Platons Dialog »Kratylos« das Problem aufgeworfen, ob sprachliche Ausdrücke von Natur aus bedeuten, was sie bedeuten, oder ob ihnen nur aufgrund von Konventionen eine bestimmte Bedeutung zukommt. In der klassischen deutschen Philosophie, z. B. bei Johann Georg Hamann, Johann Gottfried Herder und Wilhelm von Humboldt, stehen Fragen nach dem Verhältnis von

80587

Die Philosophen Averroes und Porphyrios in einem gedachten Dialog (Illustration aus dem 13. Jh.)

Sprache und Weltsicht, von Sprache und Denken, im Vordergrund.

Ins Zentrum philosophischer Bemühungen rückte die Auseinandersetzung mit der Sprache erst später. Den eigentlichen Ausgangspunkt hierfür stellte ein außergewöhnlich ehrgeiziges Projekt Gottlob Freges dar. Er entwickelte eine formale, künstliche Sprache, mit deren Hilfe sich die Mehrdeutigkeiten der gewöhnlichen Sprache vermeiden lassen sollten. Eine wichtige Aufgabe der Philosophie erblickte Frege darin, die Täuschungen aufzudecken, die durch den normalen Sprachgebrauch hinsichtlich der Bedeutungen von Begriffen und ihrer Beziehungen zueinander entstehen. Mit Frege rückte die Analyse der Sprache, ihrer Wörter und Sätze, in den Mittelpunkt vieler philosophischer Untersuchungen. In der Folge wurde die Sprachphilosophie im 20. Jahrhundert als Fundament des Gebäudes der Philosophie begriffen. Über das Wesen des Seins, über Erfahrung, auch über Gedanken – so die Einsicht, die hinter dieser Wende steht – lässt sich nichts sagen, ohne den Umweg über eine Analyse der Sprache zu nehmen.

Sprache – Gegenstand oder Medium?

Bei genauerer Betrachtung lassen sich innerhalb des Linguistic Turn zwei Tendenzen ausmachen, die oft Hand in Hand gehen. John R.

Searle hat deshalb vorgeschlagen, zwischen Sprachphilosophie einerseits und linguistischer Philosophie andererseits zu unterscheiden. Die Sprachphilosophie setzt sich mit Sprache auseinander und betrachtet diese als ihren Untersuchungsgegenstand. Linguistische Philosophie hingegen ist eine philosophische Methode, die sich der Sprachanalyse bedient, um beliebige philosophische Problemstellungen zu behandeln.
Ist die Sprache Gegenstand der Philosophie, so stehen Fragen nach ihrem Wesen und ihrer Funktionsweise im Vordergrund: Können Wörter Dinge vertreten? Beziehen sich Sätze auf die Welt? Wie hängen die Bedeutungen von Wörtern und Sätzen zusammen? In welchem Verhältnis stehen Zeichen und Bezeichnetes zueinander? Lassen sich Argumente für Humpty Dumptys Auffassung formulieren, dass die Wörter dasjenige bedeuten, was er sie bedeuten lassen will, oder liegt Alice mit ihrer Vermutung richtig, dass dies nicht möglich sei? Philosophen wie Bertrand Russell, Rudolf Carnap, Ludwig Wittgenstein, Michael Dummett oder Donald Davidson haben unterschiedliche Antworten auf diese Fragen gegeben.
Das Verständnis von linguistischer Philosophie, also Sprachphilosophie als einer Methode, die zur Untersuchung beliebiger philosophischer Probleme herangezogen werden kann und soll, resultiert aus der Einsicht, dass die Sprache unhintergehbar ist. Denn jeder Gedanke kann nur im Medium der Sprache artikuliert werden. Die Beschäftigung mit Fragen zum Beispiel der Ethik, Erkenntnistheorie oder auch Ästhetik muss daher mit der Untersuchung jener sprachlichen Ausdrücke einhergehen, mit denen ethische, erkenntnistheoretische oder ästhetische Sätze jeweils formuliert werden. In diesem Sinne wird nicht die Frage, was gut sei, als Thema der Ethik begriffen. Nach Auffassung George Edward Moores, eines der Begründer der sprachanalytischen Philosophie, muss dagegen vielmehr untersucht werden, was Wörter wie etwa »gut« eigentlich bedeuten und wie die Urteile zu verstehen sind, in denen sie vorkommen.

Aus Sicht der Sprachanalyse können Tiere, weil sie keine Sprache beherrschen, auch keine Gedanken haben.

Können Tiere Gedanken haben?
Aus sprachanalytischer Sicht kann nur derjenige Gedanken haben, der auch über Sprache verfügt. Daher könnten etwa Tiere unmöglich Gedanken haben. Vieles hängt in solchen Diskussionen davon ab, was jeweils unter einem »Gedanken«, unter »Denken« oder einer »Sprache« verstanden wird. Davidson macht geltend, dass man nur solchen Wesen Gedanken zuschreiben sollte, denen man auch Überzeugungen zuschreiben könne. Und Überzeugungen könne man einem Wesen nur zuschreiben, wenn es sich auf seine Äußerungen in der Weise beziehen kann, dass es diese entweder für wahr oder falsch hält. Das setzt die Beherrschung einer vergleichsweise komplexen Sprache voraus.
Die Frage ist: Hat nun die sprachkritische Wende der Sprache dem Denken eine zu große Rolle zugeschrieben? In der Philosophie am Ende des 20. Jahrhunderts wurde erneut die Frage diskutiert, ob geistige Fähigkeiten nicht grundlegender als sprachliche Fähigkeiten sind. Doch bleiben die Ansätze des Linguistic Turn auch dort maßgeblich, wo sie eine Relativierung erfahren. Denn die in seinem Rahmen formulierten Argumente müssen erst einmal widerlegt werden.

Fortsetzung von S. 197

Klassifikation der Aussagen), die heute der so genannten Terminitheorie, der logischen Propädeutik oder der logischen Methodologie zugerechnet werden.

Mit Logik werden darüber hinaus die einen Gegenstandsbereich oder eine wissenschaftliche Disziplin beherrschenden Gesetzmäßigkeiten und Regeln bezeichnet, z. B. »Logik des Marktes« oder »Logik der Forschung« (Karl R. Popper). In den letzten Jahrzehnten hat die Logik v. a. im Rahmen der →künstlichen Intelligenz und ihrer Bemühungen, Wissen formal darzustellen und maschinell zu verarbeiten, neues Interesse gefunden.

■ **Formen** Heute wird Logik ausschließlich als **formale Logik** betrieben. Das bedeutet, dass sich die Logik nur mit denjenigen Schlüssen beschäftigt, die allein aufgrund ihrer Form, d. h. ihres Aufbaus durch die logischen Partikel, gelten – unabhängig von den sachlichen Inhalten. Solchen Schlüssen liegen logisch wahre oder **tautologische Aussagen** zugrunde, also Aussagen, die unabhängig von der Bedeutung der in

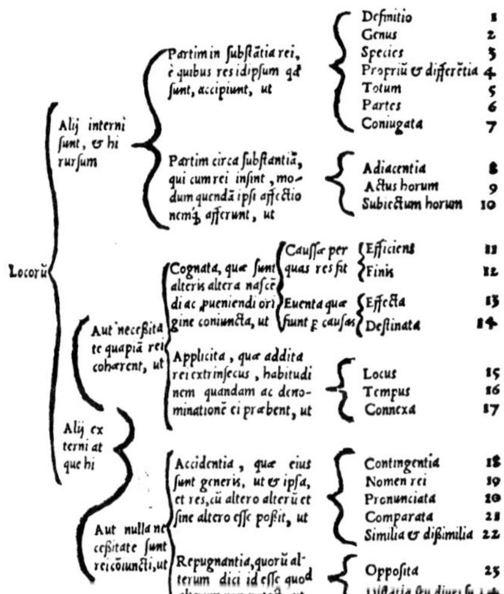

ihnen vorkommenden Termini wahr sind. Eine zentrale Rolle spielen die Junktoren (Operatoren) und die Quantoren, mit deren Hilfe komplexe Aussagen aus einfachen aufgebaut werden können. Werden nur Junktoren zugelassen, so spricht man von Aussagen- oder **Junktorenlogik**, werden auch Quantoren verwendet, spricht man von **Prädikaten-** oder **Quantorenlogik.** Da sich die Logik weitgehender Symbolisierungen bedient, wird sie gelegentlich auch als **symbolische Logik** bezeichnet.

Die →mathematische Logik behandelt v. a. die für die Mathematik wichtigen Bereiche (wie etwa Rekursionstheorie, Mengentheorie). Die **klassische Logik** besteht aus der erwähnten Aussagen- und Prädikatenlogik und basiert auf zwei Grundprinzipien: dem **Extensionalitätsprinzip,** das besagt, dass der Wahrheitswert einer zusammengesetzten Aussage nur von den Wahrheitswerten ihrer Teile und der Art der Komposition abhängt, und dem **Zweiwertigkeitsprinzip** – nach diesem gibt es nur die Wahrheitswerte »wahr« und »falsch« –, mit den Zusätzen, dass jede Aussage genau einen der Wahrheitswerte annimmt (→Principium exclusii Tertii, →Principium Contradictionis). Die **philosophische Logik** schließlich befasst sich etwa mit der Logik zeitlicher, modaler oder deontischer Ausdrücke (→Modallogik).

Die nicht klassischen Logiken erweitern die klassische Logik, die ausschließlich die logischen Partikel »wahr« und »falsch« benötigt, um zusätzliche wie z. B. »notwendig« und »möglich« oder »verboten« und »erlaubt«. Auch kommt es in nicht klassischen Logiken häufig vor, dass Grundprinzipien der klassischen Logik verletzt werden.

■ **Aussagenlogik** Die Aussagenlogik untersucht das Schließen mit Aussagen mit den Junktoren »nicht« (Symbol ¬ oder ˜), »und« (Symbol ∧ oder &), »oder« (Symbol ∨), »wenn ... dann ...« (Symbol → oder ⊃), »genau dann ... wenn ...« (Symbol ↔ oder ≡) und anderen und berücksichtigt die innere Struktur einfacher Aussagen nicht. Die durch diese Junktoren bedingten Verknüpfungen werden als Negation, Konjunktion, Adjunktion, Subjunktion und Äquivalenz bezeichnet. Junktoren bilden neue Aussagen aus einer (z. B. Negation), zwei (z. B. Konjunktion) oder mehreren einfacheren Aussagen.

Die Bedeutung der Junktoren kann mithilfe von **Wahrheitstafeln** folgendermaßen festgelegt werden (dabei sind *A* und *B* Variable für Aussagen, w bedeutet wahr, f falsch):

A	$\neg A$
w	f
f	w

A	B	$A \wedge B$
w	w	w
w	f	f
f	w	f
f	f	f

A	B	$A \vee B$
w	w	w
w	f	w
f	w	w
f	f	f

A	B	$A \rightarrow B$
w	w	w
w	f	f
f	w	w
f	f	w

A	B	$A \leftrightarrow B$
w	w	w
w	f	f
f	w	f
f	f	w

Mit den Wahrheitstafeln lässt sich immer ausrechnen, wie die Wahrheitswerte einer zusammengesetzten Aussage für Kombinationen von Werten für die einfachen Aussagen aussehen. Die Aussagenlogik untersucht zudem die logisch gültigen Schlüsse im Bereich der so zusammengesetzten Aussagen und identifiziert dabei die logische Gültigkeit eines Schlusses von Prämissen $A_1 \ldots A_n$ auf eine Konklusion B mit der logischen Wahrheit des Ausdrucks $(A_1 \wedge \ldots \wedge A_n) \rightarrow B$.

Zum Aufbau der Aussagenlogik benötigt man indes nicht alle der oben genannten Junk-

Logik.
Aus der Sprache heraus begründete Rudolf Agricola die wissenschaftliche Argumentation. Seine 1539 erschienene, überaus erfolgreiche Schrift »De inventione dialectica« fasst die Logik zu Klassen von Argumenten zusammen, die über eine Sache gesagt werden können. Ausgehend von der »Ersten Wahrheit« verzweigt sich das Wissen.

toren, da man z. B. mithilfe von Negation und Subjunktion (oder auch Konjunktion oder Adjunktion) alle anderen Junktoren definieren kann. Eine gewisse Überraschung löste die Erkenntnis von Henry Maurice Sheffer (* 1883, † 1964) aus, dass man mithilfe des zweistelligen Junktors | (→Sheffer-Strich oder auch Negatkonjunktion genannt und »weder ... noch ...« gelesen), der durch die Wahrheitstafel

A	B	A|B
w	w	f
w	f	w
f	w	w
f	f	w

definiert ist, alle anderen Junktoren erhalten kann.

Der geschilderte Zugang zur Aussagenlogik ist semantisch, weil in ihm ein die Zeichenebene verlassender Wahrheitsbegriff eingeführt wird. Syntaktische Zugänge erzeugen dagegen aussagenlogische Tautologien auf der Basis vorausgesetzter Axiome mithilfe von Ableitungsregeln (Kalkülisierung).

So verwendet ein auf Gottlob Frege zurückgehender Ansatz nur die Negation und die Subjunktion und die Axiome:

(A1) $A \rightarrow (B \rightarrow A)$

(A2) $(A \rightarrow (B \rightarrow C)) \rightarrow ((A \rightarrow B) \rightarrow (A \rightarrow C))$

(A3) $(\neg A \rightarrow \neg B) \rightarrow (B \rightarrow A)$.

Die einzige zugelassene Ableitungsregel ist die Abtrennungsregel (Modus ponens): Von A und $A \rightarrow B$ darf man zu B übergehen (»Wenn A wahr ist und $A \rightarrow B$ gilt, dann ist auch B wahr«). Man kann nun beweisen, dass sich auf diese Weise alle aussagenlogischen Tautologien erzeugen lassen: Der Frege-Kalkül ist somit »vollständig«. Umgekehrt stellt jede in ihm ableitbare Formel eine Tautologie dar. Der Frege-Kalkül ist damit auch »korrekt«. Aus beiden Feststellungen zusammen folgt, dass der Frege-Kalkül eine adäquate Charakterisierung der Tautologien liefert. Man ist somit berechtigt, die Begriffe »tautologisch« und »ableitbar im Frege-Kalkül« miteinander zu identifizieren.

■ **Prädikatenlogik** Die Prädikatenlogik beschäftigt sich mit Aussagen, in denen Gegenständen Eigenschaften und Relationen zugesprochen werden, d. h. mit der Binnenstruktur einfacher Aussagen sowie mit der Zusammensetzung derartiger Aussagen durch Junktoren. Somit ist die Prädikatenlogik eine echte Erweiterung der Aussagenlogik.

Kennzeichnend für die Prädikatenlogik sind die Quantoren »für alle« (Symbol $\wedge$ oder $\forall$) und »für wenigstens ein« (Symbol $\vee$ oder $\exists$), die als All- und als Existenzquantor bezeichnet werden, sowie die Verwendung von Variablen (meist $x, y, z, \ldots$) für Gegenstände aus einem vorher festzulegenden Bereich G (dem Grundbereich) und von ein- oder mehrstelligen Prädikatskonstanten (meist mit $P(\ldots)$, $Q(\ldots), \ldots$). Darüber hinaus können auch Gegenstandskonstanten auftreten. Die Aussage

$$\bigwedge_{x \in G} P(x)$$

ist genau dann wahr, wenn allen x aus G die durch das Prädikat P ausgedrückte Eigenschaft zukommt; die Aussage

$$\bigvee_{x \in G} P(x)$$

ist genau dann wahr, wenn es (mindestens) ein solches x aus G gibt.

Beispiele:

$$\bigwedge_{x \in G} (P(x) \rightarrow Q(x))$$

(lies: Für alle x aus G gilt: Wenn $P(x)$, dann auch $Q(x)$)

$$\bigvee_{x \in G} (P(x) \wedge Q(x))$$

(lies: Es gibt ein x aus G, für das gilt: $P(x)$ und $Q(x)$)

Ist z. B. der Grundbereich G der Bereich der ganzen Zahlen und interpretiert man die Prädikatsvariablen $P(\ldots)$ und $Q(\ldots)$ als »x ist durch 4 teilbar« bzw. als »x ist durch 2 teilbar«, so übersetzt man die obigen Beispiele: »Für jede ganze Zahl gilt: Wenn sie durch 4 teilbar ist, dann auch durch 2« bzw. »Es gibt eine ganze Zahl, die durch 4 und durch 2 teilbar ist«. Beide Aussagen sind für diese Interpretation wahr. **Prädikatenlogisch wahr** nennt man Formeln, die für jede Interpretation der in ihnen enthaltenen Prädikats- und Gegenstandskonstanten wahre Aussagen ergeben. Solange keine Quantifizierung über Prädikate auftritt, spricht man von **Prädikatenlogik erster Stufe,** andernfalls von **Prädikatenlogik höherer Stufe.** Eine bemerkenswerte Formel der Prädikatenlogik zweiter Stufe ist das leibnizsche »Prinzip von der Identität des Ununterscheidbaren«, das sich folgendermaßen formalisieren lässt:

$$\bigwedge_{P} \bigwedge_{x \in G} \bigwedge_{y \in G} (P(x) \leftrightarrow P(y)) \rightarrow (x = y).$$

Die Prädikatenlogik erster Stufe ist korrekt und vollständig durch einen Kalkül beschreibbar (Kurt Gödel, 1930), aber nicht entscheidbar (Alonzo Church, 1936), diejenige zweiter Stufe ist zwar korrekt durch einen Kalkül beschreibbar, aber nicht vollständig (Gödel, 1931), und ist ebenfalls nicht entscheidbar. Die Syllogistik der traditionellen Logik lässt sich in der Prädikatenlogik erster Stufe formalisieren.

■ **Siehe auch**

SACHBEGRIFFE →Adjunktion · analytisch · Argument · Begriff · Begründung · Beweis · Entscheidungstheorie · Existenz · Identität · Individuum · Name · Reduktion · Semantik · Syllogismus · Wahrheitsfunktion

PERSONEN →Aristoteles · Bolzano, Bernhard · Carnap, Rudolf · Church, Alonzo · Frege, Gottlob · Gödel, Kurt · Kripke, Saul · Mill, John Stuart · Quine, Willard Van Orman

logischer Atomismus, erkenntnistheoretische Lehre, die davon ausgeht, dass die Welt als Menge von nicht weiter analysierbaren Tatsachen (den logischen Atomen) aufgefasst werden müsse. Tatsachen können sich zu komplexeren Sachverhalten zusammenfügen. Sprachlich entsprechen den Tatsachen →Elementarsätze, den Sachverhalten zusammengesetzte Sätze. Der logische Atomismus wurde von Ludwig Wittgenstein in seiner Frühphase und von Bertrand Russell vertreten.

logischer Empirismus, logischer Positivismus, Sammelbezeichnung für eine philosophische Richtung, die sich nach 1918 in Wien (u.a. Moritz Schlick, Rudolf Carnap und Otto Neurath; →Wiener Kreis) und Berlin (u.a. Hans Reichenbach) formierte. Der logische Empirismus führte dem eigenen Anspruch nach die Tradition des klassischen →Empirismus fort. Dieser zufolge kann Erkenntnis nur durch den Rekurs auf Erfahrung garantiert werden oder sie beruht auf analytischen Voraussetzungen, wie z.B. in der Mathematik. Von seinem klassischen Vorläufer unterscheidet sich der logische Empirismus durch den Versuch, philosophische und verwandte Probleme v.a. mit Mitteln der formalen Logik und Sprachanalyse zu lösen.

In den Augen der meisten Vertreter des logischen Empirismus sind allein die analytisch wahren Aussagen der Formalwissenschaften (Mathematik, Logik) und die empirischen Sätze der Realwissenschaften, die etwas über die Wirklichkeit aussagen, sinnvoll. Hier nicht einzuordnende, wenngleich grammatisch korrekt gebildete Sätze sind sinnlos und bloße Scheinsätze. Die gesamte Metaphysik gilt als eine Disziplin, die lediglich aus Scheinsätzen besteht. Gemäß dem empiristischen →Sinnkriterium lässt sich die Bedeutung eines Satzes durch die Methode seiner Verifikation bestimmen. Da metaphysische Sätze nicht verifizierbar sind, gelten sie als sinnlos. Das Prinzip der »Konstituierbarkeit« fordert dementsprechend die prinzipielle Rückführbarkeit aller Satzteile sinnvoller Sätze auf das in der Erfahrung unmittelbar Gegebene. Dieses wird in →Elementarsätzen, nach späterer Ansicht in →Protokollsätzen, festgehalten. Durch eine intersubjektive, universelle Sprache will der logische Empirismus die Einzelwissenschaften zusammenfassen.

Besonders durch die Kritik Karl R. Poppers (→kritischer Rationalismus) sahen sich Vertreter des logischen Empirismus gezwungen, ihre Ansichten entscheidend zu modifizieren. Die in Folge von Carnap und ihm nahe stehenden Wissenschaftslogikern vertretenen Positionen, die sich weitgehend von ihrem Ausgangspunkt entfernt haben, werden gelegentlich auch als **Neopositivismus** bezeichnet.

logisches Quadrat, eine Figur, die das logische Verhältnis der vier Arten von Urteilen zueinander darstellt, die in der traditionellen Syllogistik betrachtet werden. Diese Arten ergeben sich durch die Kombination der Unterscheidung zwischen universellen (»alle ...«) und partikulären (»einige ...«) Urteilen und der Unterscheidung zwischen bejahenden (»... sind ...«) und verneinenden Urteilen (»... sind nicht ...«).

logisch falsch, in der *Logik* eine Aussageform, die für alle Belegungen der in ihr auftretenden Aussagenvariablen mit Wahrheitswerten den Wahrheitswert falsch ergibt (→Widerspruch 2).

logisch wahr, in der *Logik* eine Aussageform, die für alle Belegungen der in ihr auftretenden Aussagenvariablen mit Wahrheitswerten den Wahrheitswert wahr ergibt (→Tautologie).

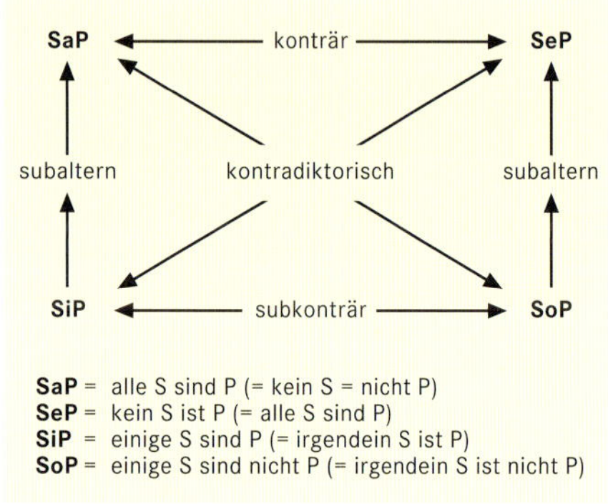

logisches Quadrat

Logizismus, in der *Philosophie der Mathematik* Bezeichnung für diejenige Position, die behauptet, die Mathematik sei vollständig auf die Logik rückführbar und beziehe von jener ihre Gewissheit. Genau genommen vertritt der Logizismus die These, dass sich alle mathematischen Begriffsbildungen durch explizite Definitionen auf logische zurückführen lassen und dass zur Gewinnung der mathematischen Sätze außer den Axiomen nur das logische Schließen erforderlich sei. Vertreter dieses klassischen Logizismus waren u.a. Gottlob Frege (zeitweise), Bertrand Russell und viele Mitglieder des Wiener Kreises. Von Willard Van Orman Quine u.a. wurde der Logizismus unter Einbeziehung der Mengenlehre weiterentwickelt.

Logos [griech.], seit Heraklit einer der Grundbegriffe der *griechischen* und *hellenistischen Philosophie*. In der Grundbedeutung meint er alles, was gesagt und geschrieben wird, also soviel wie »Sagen«, »Rede«, »Wort«, »Erzählung«. Im Sinne des durch die Vernunft bestimmten Denkens und Sprechens kann der Ausdruck auch direkt für »Meinung«, »Überlegung«, »Rechnen«, »Grund«, »Erklärung«, »Rechtfertigung«, »Argument« oder sogar für »Vernunft« verwendet werden. Als rationale Erklärung tritt Logos häufig im Gegensatz zu »Mythos«, als »Vernunft« häufig im Gegensatz zu »Wahrnehmung« (Aisthesis) bzw. zu Affekt, Emotion und Begierde auf.

Logos
→ GEO **Dossier**
Die Wurzeln der Weisheit, Bd. 14

■ **Vorsokratische Deutung** Der Logos steht im Zentrum von Heraklits Philosophie und bezeichnet hier das immanente Prinzip kosmischen Werdens: Logos ist die alles Weltgeschehen durchdringende Gesetzmäßigkeit und Norm, zugleich aber auch die dieses Gesetz explizierende Darlegung. Parmenides verwendete Logos in der Bedeutung »Vernunft«, »vernünftige Überlegung«. Bei den Rhetorikern (Gorgias u. a.) meint Logos die öffentliche Rede, der eine maßgebende Rolle bei Erziehung und Politik zugestanden wird.

■ **Platonische und aristotelische Deutung** In der durch die →Mäeutik des Sokrates angeregten und bei Platon zur Dialektik weiterentwickelten Fragemethode ist der Logos die Rechenschaft, die ein Gesprächspartner bei der Verteidigung seiner Wissensansprüche geben muss und die oft nur in Form einer Definition gegeben werden kann. Diesem Verständnis von »Definition« oder »Erklärung« gemäß forderte Platon, dass eine wahre Meinung nur durch Angabe eines Logos als wirkliches Wissen qualifiziert werden könne.

Auch bei Aristoteles wird der Begriff als eine das Wesen und die Seinsursache einer Sache angebende Definition gebraucht. Aristoteles wendete sich zudem der semantisch-logischen Analyse des Logos zu, wobei der Ausdruck zunehmend die Bedeutung von »Satz«, »Aussage« oder »Behauptung« annahm. In ethischer Hinsicht entspringen Tugend und Glückseligkeit des Menschen dem Logos als der Denken und Handeln bestimmenden rechten Einsicht. Das Besitzen des Logos zeichnet unter allen Lebewesen den Menschen aus.

■ **Spätere Deutungen** Die ursprüngliche Bedeutung von Logos als »Bestimmung« tritt besonders in der →Stoa hervor. Der Logos wird zum »Weltgesetz« und als »Logos spermatikos« zur ordnenden Kraft, die alles durchwirkt und hervorbringt, also zu Gott. Hierin zeigt sich die Anknüpfung der Stoiker an Heraklit. Verwandte Gedanken finden sich in der Logosspekulation des Neuplatonismus (Plotin), über den sie beträchtlichen Einfluss auf die weitere Geschichte der Metaphysik ausübte. Geradezu programmatisch war die Logosvorstellung bei Philon von Alexandria, bei dem der Logos als differenzierende Bestimmung aus der monotheistischen Gottesidee hervorgeht.

In der →Gnosis wurde der Logos als vernunftbegabtes, ewiges göttliches Wesen, das als leibliche Verkörperung in die Welt tritt, personifiziert. In diesem Sinne erscheint er im Johannesevangelium als ein christologischer Hoheitstitel für die Person Jesu Christi: Der Logos ist das präexistente göttliche Wesen, das Fleisch geworden ist und Heilsfunktion für den Menschen ausübt.

lokutionärer Akt, Teil des →Sprechakts.

Lorẹnzen, Paul, deutscher Philosoph und Mathematiker, *Kiel 24. 3. 1915, †Göttingen 1. 10. 1994; war ab 1952 Professor in Bonn, ab 1956 in Kiel und 1962–80 in Erlangen. Lorenzen war Mitbegründer der Erlanger Schule des →Konstruktivismus. Unter Bezugnahme auf die Mathematik entwarf er eine konstruktive operationale Logik als Begründungslehre der Wissenschaften und bezog die Frage nach der formallogischen Begründbarkeit der Ethik ein. Die Entwicklung der Erlanger Schule prägte er v. a. mit seiner »Einführung in die operative Logik und Mathematik« (1955). Zu seinen Hauptwerken zählen außerdem die mit Wilhelm Kamlah verfasste »Logische Propädeutik« (1967) und sein 1987 erschienenes »Lehrbuch der konstruktiven Wissenschaftstheorie«.

Logos. Die Übertragung des Logosbegriffs auf Jesus Christus als das Fleisch gewordene »Wort« in der christlichen Theologie lässt sich aus griechischer und jüdischer Tradition herleiten (»Christus Pantokrator«; Hildesheim, Sankt Michael).

Lotze, Rudolf Hermann, Philosoph *Bautzen 21. 5. 1817,† Berlin 1. 7. 1881; ursprünglich Physiologie und Mediziner; war ab 1842 Professor in Leipzig, ab 1844 in Göttingen als Nachfolger von Johann Friedrich Herbert, ab 1881 in Berlin. Er versuchte die Tradition des deutschen Idealismus mit der Naturwissenschaft in Einklang zu bringen. Von weit reichendem Einfluss war die Einführung der Begriffe der »Werte« und der »Geltung« (als eigener Seinsart der Werte und Sinngehalte) in die Ethik.

Lọ̈with, Karl, deutscher Philosoph, *München 9. 1. 1897, †Heidelberg 24. 5. 1973; war Professor in Sendai (Japan), seit 1941 in Hartford (Conn.), seit 1949 in New York und zuletzt, seit 1952, in Heidelberg. Löwith interpretierte die Geschichte und ihre Deutungen durch das abendländische Denken aus der Perspektive einer Anthropologie, die den Menschen als »menschliches« Naturwesen versteht, dem jede transzendente Erkenntnis versagt ist. Auf kritisch-skeptischer Grundlage analysierte er

Georg Lukács
***1885, †1971**

100563

- gilt als bedeutendster Literaturtheoretiker des Exils
- war beteiligt an der ungarischen Räterepublik
- analysierte die bürgerliche Welt in seiner »Theorie des Romans« (1916)
- vertrat einen vom deutschen Idealismus geprägten Marxismus
- beeinflusste vor allem die westliche Linke

Georg Lukács setzte sich mit dem Beitrag der deutschen Philosophie zum Nationalsozialismus auseinander:

»Das heißt, es soll gezeigt werden, ... wie philosophische Formulierungen als gedanklicher Widerschein der realen Entwicklung Deutschlands zu Hitler diesen Gang beschleunigen halfen.«

in »Meaning in history« (1949; dt. »Weltgeschichte und Heilsgeschehen«) den Einfluss der christlich-theologischen Tradition auf die neuzeitliche Geschichtsphilosophie.

Lübbe, Hermann, deutscher Philosoph und Politikwissenschaftler, *Aurich 31. 12. 1926; gehört zum Schülerkreis um Joachim Ritter. 1963–69 war er Professor für Philosophie in Bochum und 1969–73 in Bielefeld, 1971–91 lehrte er in Zürich Philosophie und politische Theorie. Lübbe ist Mitgründer des »Bundes Freiheit der Wissenschaft« (BFW). In seinen systematisch-kritischen und historischen Studien zur politischen Philosophie (u. a. »Politische Philosophie in Deutschland«, 1963) wendet er begriffsgeschichtliche Forschungsmethoden auf ideengeschichtliche Zusammenhänge an. »Politik nach der Aufklärung« (2001) fasst die jüngeren seiner zahlreichen Aufsätze zusammen.

Luhmann, Niklas, deutscher Rechts- und Sozialwissenschaftler, *Lüneburg 8. 12. 1927, † Oerlinghausen 6. 11. 1998; studierte zunächst Rechtswissenschaft in Freiburg im Breisgau und später Verwaltungswissenschaft und Soziologie an der Harvard University. Von 1968 bis 1993 war er Professor für Soziologie in Bielefeld.

Luhmann vertrat eine strukturell-funktionale Theorie, die er zu einer sozialwissenschaftlichen →Systemtheorie fortentwickelte. Diese versucht, die gesamte Wirklichkeit im Rahmen einer universalen theoretischen Konstruktion zu erfassen, wobei die Gesamtwelt als eine Vielfalt sozial integrierter Systeme erscheint. Deren Aufgabe besteht darin, die Vielfalt der Erscheinungen in Sinnbezügen zu gliedern. Luhmann hat seine Theorie, die wegen ihrer rationalistischen und einseitig funktionalen Betrachtungsweise kontrovers diskutiert wird, in zahlreichen Schriften dargelegt, besonders eindrucksvoll in seinem Werk »Soziale Systeme. Grundriß einer allgemeinen Theorie« (1984).

Lukács [ˈlukaːtʃ], Georg (eigtl. György), ungarischer Literarhistoriker und Philosoph, *Budapest 13. 4. 1885, † ebenda 4. 6. 1971; war während der ungarischen Räterepublik 1919 stellvertretender Volkskommissar für Unterrichtswesen und 1945–58 Professor für Ästhetik und Kulturphilosophie in Budapest.

Starke Beachtung fand Lukács zuerst mit seiner »Theorie des Romans« (1916), einer lebensphilosophischen Analyse, in der er die Geschichtlichkeit als eine zentrale Kategorie des gesellschaftlichen Seins herausstellt und die »transzendentale Obdachlosigkeit« der bürgerlichen Welt thematisiert. Nach seiner Hinwendung zum Kommunismus fasste er dieses Problem als das der Entfremdung. In diesem Sinn schlägt sein wirksamstes Werk »Geschichte und Klassenbewußtsein. Studien über marxistische Dialektik« (1923) eine Brücke von der deutschen Klassik über Hegel zu Karl Marx. Es trug zur Linksorientierung der europäischen Intellektuellen in den 1920er-Jahren und zur Entwicklung des Neomarxismus entscheidend bei. Nach dem Scheitern der ungarischen Räterepublik floh Lukács über Wien und Berlin nach Moskau.

In den 1930er-Jahren, den stalinistischen »Säuberungen« knapp entkommen, verfasste Lukács zahlreiche grundlegende literaturhistorische Werke, in denen er mit seiner Theorie der literarisch gestalteten Widerspiegelung gesellschaftlicher Verhältnisse in ihrer Totalität die Grundlagen einer marxistischen Ästhetik erarbeitete. 1944/45 nach Ungarn zurückgekehrt, geriet er bald in Konflikt mit der Kommunistischen Partei. In »Die Zerstörung der Vernunft« (1954) kritisierte Lukács die deutsche bürgerliche Philosophie seit Hegel als geistige Voraussetzungen von Irrationalismus, Faschismus und Imperialismus. 1956 bezog er Stellung für die Entstalinisierung und war Mitglied der Regierung des Reformkommunisten Imre Nagy.

Nach der Niederschlagung des ungarischen Volksaufstandes im selben Jahr wurde Lukács verhaftet. Seither war er verfemt, seines Lehramts enthoben und aus der Akademie ausgeschlossen. Seine Werke wurden nur noch in westeuropäischen Ländern gedruckt, wo sie erheblichen Einfluss v. a. auf die neue Linke gewannen.

Lukrez, eigentlich Titus Lucretius Carus, lateinischer Dichter, *wohl 97 v. Chr., † 55 v. Chr.; verfasste »De rerum natura« (dt. »Über die Natur der Dinge«), das älteste erhaltene lateinische Lehrgedicht. Über sein Leben ist kaum etwas bekannt. In dem in 6 Bücher unterteilten Hexameterepos gewinnt das Weltbild Epikurs dichterische Gestalt. Vom materialistischen Standpunkt aus gibt Lukrez hier eine Darstellung der Kosmologie, Anthropologie und Psychologie, mit dem Ziel, die Menschheit von Götterfurcht, Aberglauben und Angst vor dem Tode zu befreien. Alle scheinbaren Wunder sucht er mithilfe der Vernunft zu deuten. Das Werk war beim Tod des Lukrez noch nicht abgeschlossen und wurde wahrscheinlich von Cicero aus dem Nachlass herausgegeben. Seine Wirkung setzte in der Renaissance ein; besonders intensiv war sie bei den französischen Materialisten des 17. Jahrhunderts, etwa bei Pierre Gassendi.

Lullus, Raimundus, katalanisch Ramon Llull, katalanischer Schriftsteller, Philosoph und Missionar, *Palma (Mallorca) 1232 oder 1233, † auf der Fahrt von Tunis nach Mallorca 1316; unternahm als Missionar Reisen durch Europa, nach Nordafrika, Kleinasien und Zypern. 1283–1312 lehrte er mit Unterbrechungen in Paris und Montpellier. Von seinen Werken sind mehr als 250 – meist sowohl in katalanischer als auch in lateinischer Sprache geschrieben, z. T. auch arabisch – erhalten sowie 77 ihm zugeschriebene Schriften mit mystischen und alchemistischen Inhalten.

Gestützt auf den christlichen Platonismus, wendete sich Lullus mit seiner Philosophie gegen Ibn Ruschds dualistische Gegenüberstellung von Glauben und Wissen. Seine Lehre gründet auf der Überzeugung, dass die Glaubensinhalte wie das gesamte Wissen aus der Vernunft beweisbar seien. Er entwickelte als Universalwissenschaft die »Ars combinatoria«, eine logische Methode, die es ermöglichen sollte, aus absoluten Prinzipien durch Begriffskombinationen alle möglichen Aussagen zu generieren. Kennzeichnend für das System ist eine triadische Struktur, die sich in allem Seienden und auch im Syllogismus wieder finde.

Lullus' umfangreichste Schrift ist das mystisch-theologische »Llibre de contemplació en Déu« (entstanden um 1273–74; dt. »Buch über die Versenkung in Gott«). In der »Ars compendiosa inveniendi veritatem« (entstanden 1274–76; dt. »Die Kunst der Wahrheitsfindung«) legte er seine später in mehreren Schriften weiterentwickelte logische Kombinatorik dar. Eine systematische Gliederung unternahm er in »L'arbre de ciència« (entstanden um 1295/96; dt. »Der Baum der Wissenschaft«). Daneben verfasste Lullus auch Erzählwerke und Gedichte.

Lullus, zu seinen Lebzeiten umstritten und z. T. als Häretiker abgelehnt, beeinflusste nachhaltig Nikolaus von Kues, später Giordano Bruno und fand Anhänger im so genannten »Lullismus« bis ins 18. Jahrhundert. Seine Kombinatorik, die Leibniz v. a. in seiner »Dissertatio de arte combinatoria« (1666) aufgegriffen hat, enthält die ersten Ansätze eines Logikkalküls.

Lumen naturale [latein. »natürliches Licht«], von Cicero geprägter, insbesondere in der *Scholastik* verwendeter Fachbegriff zur Bezeichnung des natürlich-endlichen Erkenntnisvermögens der menschlichen Vernunft im Unterschied zum Lumen supranaturale, dem »übernatürlichen Licht« der Offenbarung.

Lust, auf Befriedigung eines stark empfundenen Bedürfnisses oder Mangels (v. a. sinnlicher und triebhafter Art) zielender Antrieb wie auch die mit der Befriedigung verbundene positive Gefühlsqualität. Das Gegenteil von Lust ist Unlust. Lust und Unlust kennzeichnen die Stellungnahme des Individuums zu den Inhalten seines Erlebens.

In der *Psychoanalyse* wird die Libido (sexuelle Lust) als zentrale Energie des Unbewussten angesehen. Sigmund Freud unterscheidet das auf Unlustvermeidung und unmittelbare Lustbefriedigung gerichtete »primäre« **Lustprinzip** und das den Anforderungen der Realität Rechnung tragende, den Lustgewinn regulierende »sekundäre« **Realitätsprinzip.** In den psychoanalytisch orientierten Richtungen des Neomarxismus (v. a. Herbert Marcuse) wird das Dasein in einer repressionsfreien Zukunftsgesellschaft unter dem Aspekt eines »befreiten Lustprinzips« gesehen.

In der *philosophischen Tradition* wurde meist zwischen höheren und niederen Formen der Lust unterschieden (Platon, Aristoteles, Thomas von Aquino), wobei die »höheren« mit der Ausrichtung an geistig-sittlichen Idealen (Erkenntnis, »geistige Lust«, tugendhaftes Handeln) verbunden wurden und die »niederen« in der Befriedigung sinnlicher Bedürfnisse (→Begierde) ihr Ziel haben. Während die Ethik des →Hedonismus in der Lust das Prinzip des sittlichen Handelns sieht, betonen andere Richtungen der Ethik, besonders Kant, die Gegensätzlichkeit der nach Lust strebenden Neigungen und des durch die Pflicht bestimmten sittlichen Willens, mindestens aber die ethische Vieldeutigkeit der Lust, die sich mit wertvollen wie mit wertlosen Zielen verbinden könne.

Lykeion, das Gymnasion, in dem Aristoteles seine Schule der →Peripatetiker gründete.

Lyotard [lɪɔ'tɑːr], Jean-François, französischer Philosoph, * Versailles 10. 8. 1924, † Paris 21. 4. 1998; war ab 1966 Professor in Paris. Bekannt wurde Lyotard v. a. mit »La condition postmoderne« (1979; dt. »Das postmoderne Wissen«), einer Studie über den Status des Wissens in den höchstentwickelten Gesellschaften, in der er den Begriff der →Postmoderne in die Philosophie einführte. Seine späteren Werke »Le différend« (1983; dt. »Der Widerstreit«) und »L'enthousiasme« (1986; dt. »Der Enthusiasmus«) greifen den grundlegenden Gedanken der Pluralität nebeneinander bestehender, inkompatibler Diskursarten in der Gesellschaft auf und weisen auf reflexive Metaebenen möglicher Verständigung hin.

Raimundus Lullus
*** 1232 (1233?), † 1316**

80415

- wirkte nach visionären Erscheinungen als christlicher Missionar u. a. in Nordafrika, Kleinasien und Zypern
- wandte sich gegen die Trennung von Glauben und Wissen
- entwickelte als Universalwissenschaft eine logische Methode zur Herleitung von Begriffen

Lullus »Die Kunst der Wahrheitsfindung«

Beseelt vom Gedanken der Vereinigung der Kulturen auf der Grundlage universaler Verständigung, bereiste Raimundus Lullus als Missionar Europa. In seinem zwischen 1274 und 1276 entstandenen philosophischen Hauptwerk »Die Kunst der Wahrheitsfindung« entwickelte er ein logisches System der Begriffskombinatorik, das dem Anspruch einer Universalwissenschaft gerecht werden sollte. Aus absoluten Prinzipien alle irgend möglichen Begriffe herleiten zu können war erklärtes Ziel. Als oberste Prinzipien nennt Lullus meistens neun: Bonitas (Güte), Magnitudo (Größe), Aeternitas (Ewigkeit); Potentia (Kraft), Sapientia (Weisheit), Voluntas (Wille), Virtus (Tugend), Veritas (Wahrheit), Gloria (Ruhm). Der hieran anknüpfende Lullismus wirkte bis ins 18. Jahrhundert. Das Begriffssystem von Lullus beeinflusste u. a. Leibniz' Entwicklung des Logikkalküls. 700 Jahre später wurde dessen auf Buchstabenreihen basierende Begriffskombinatorik schließlich einem Computer eingespeist. Das Programm funktionierte.

M

Mạch, Ernst, österreichischer Physiker und Philosoph, *Chirlitz (bei Brünn) 18. 2. 1838, †Vaterstetten 19. 2. 1916; wurde 1864 Professor für Mathematik in Graz und 1867 Professor für Experimentalphysik in Prag. 1895 erhielt er einen für ihn geschaffenen Lehrstuhl der Philosophie in Wien. In der Physik leistete er wichtige experimentelle Beiträge, u. a. zur Optik und Sinnesphysiologie. An seine Arbeiten erinnern Bezeichnungen wie Machzahl, Machkegel und Machmeter.

Ausgehend von wissenschaftshistorischen Untersuchungen (»Die Mechanik in ihrer Entwickelung«, 1883) entwickelte Mach die These, die Wissenschaft sei ein historisch gewordenes Instrument des Menschen zur Bewältigung seiner Umwelt. Sie habe sich dem Prinzip der Denkökonomie zu unterwerfen, dem zufolge alles so einfach wie möglich zu erklären ist. Der von Mach entwickelte →Empiriokritizismus, von ihm selbst Elementarlehre genannt, wurde sowohl in der Philosophie als auch in der Physik einflussreich.

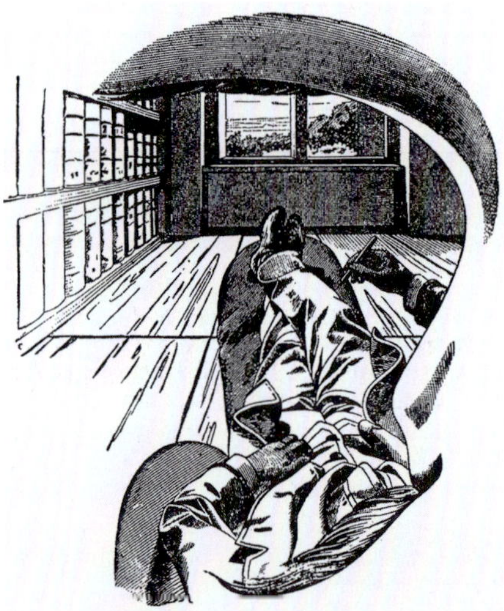

Ernst Mach.
Der Physiker und Philosoph verdeutlichte anhand einer Zeichnung in seiner Schrift »Analyse der Empfindungen« die enge Verbindung von Gesichtsraum, physiologischem und geometrischem Raum. Im einäugigen, begrenzten Sehfeld wird der Kopf als Ort der Empfindung zu einem Teil des ihn umgebenden räumlichen Felds.

Erkenntnistheoretisch vertrat Mach einen Phänomenalismus: Wie Richard Avenarius lehnte er die Metaphysik ab und sah dagegen in der Erfahrung die Quelle und Überprüfungsinstanz aller Erkenntnis. Die Empfindungen und dem Bewusstsein unmittelbar gegebenen Inhalte (»Elemente«) sind nach Mach der Ausgangs- und Endpunkt dieser Erfahrung, wobei physikalische, psychologische und physiologische Elemente letztlich nur unterschiedliche Perspektiven ein und desselben sind (Monismus). Eine Unterscheidung zwischen Wahrnehmung und Wahrgenommenem sei nicht sinnvoll, Gegenstand der Wissenschaft könne nur Wahrnehmbares sein. Machs Lehre beeinflusste u. a. den →Wiener Kreis, der sich zeitweise »Verein Ernst Mach« nannte.

Machiavelli [makja'vɛlli], Niccolò, italienischer politischer Schriftsteller, *Florenz 3. 5. 1469, †ebenda 22. 6. 1527; steht bis heute für eine durch keinerlei moralische Bedenken gehemmte Machtpolitik, den **Machiavellismus.**

■ **Leben und Werk** Machiavelli stammte aus einer gebildeten florentinischen Familie. Nach humanistisch-juristischen Studien wurde er 1498 Vorsteher der so genannten Zweiten Kanzlei, die sich mit der inneren Verwaltung und Kriegsangelegenheiten der Republik Florenz befasste. Darüber hinaus führten ihn diplomatische Missionen oft ins Ausland, worüber er pointierte Gesandtschaftsberichte (»Legazioni«) verfasste. Seit 1505/06 leitete er die von ihm angeregte Organisation einer Bürgermiliz aus dem Landvolk, die jedoch bei ihrem ersten Einsatz 1512 gegen die spanische Infanterie vor Prato versagte. Die Medici stellten mit spanisch-päpstlicher Hilfe ihre Herrschaft wieder her, und Machiavelli wurde entlassen. 1513 wurde er nach einer fehlgeschlagenen Verschwörung unschuldig verhaftet und gefoltert, aber nach der Wahl des ersten Medicipapstes Leo X. amnestiert. Seitdem lebte er von seinen schriftstellerischen Arbeiten.

Auf seinem Landgut in Sant' Andrea bei San Casciano entstand von Juli bis Dezember 1513 »Il principe« (1532; dt. »Der Fürst«), eine seiner wichtigsten politischen Schriften, die bis in das 18. Jh. hinein zu einem grundlegenden Traktat der Fürstenerziehung wurde. Machiavelli widmete ihn den Medici. Er schloss sich dem florentinischen Humanistenkreis der »Orti Oricellari« an und schrieb Komödien, Novellen und Gedichte. Ende 1520 betrauten ihn die Medici damit, die Geschichte der Stadt Florenz darzustellen (»Istorie fiorentine«, 1532; dt. »Geschichte von Florenz«).

■ **Denken** In seinen Schriften untersucht Machiavelli – unter Rückgriff auf antike Vorbilder – die politische Situation seiner Gegenwart aus einer zunächst empirischen und nicht normativen Perspektive. In »Il principe« befasst er sich mit den Bedingungen, unter denen in einem Fürstentum eine erfolgreiche Politik möglich ist. Er sieht dabei die Geschichte als durch zwei Prinzipien bestimmt an: einerseits durch »Necessità«, die Gesetze der eigensüchtigen menschlichen Natur und des zyklischen Aufstiegs und Falls von Staaten, und andererseits durch »Fortuna«, die Zufälle des Glücks. Der durch glückliche Umstände an die Macht gelangte Fürst hat sich beiden Prinzipien zu stellen: Necessità durch »Ragione« (Voraussicht) und Fortuna durch »Virtù«, die Tugend des situationsgerechten, aber moralfreien Handelns.

In den »Discorsi sopra la prima deca di Tito Livio« (1531; dt. »Betrachtungen über die ersten zehn Bücher des Livius«) wendet sich Machiavelli der republikanischen Verfassung zu. Er zieht diese dem Prinzipat vor, da sie dem Gemeinwohl eher diene. In ihr soll die Virtù des

Fürsten zur »Virtù ordinata« der Bürgerschaft werden. Insbesondere die »Discorsi« zeigen, dass Machiavelli keine ruchlose Machtpolitik verteidigte, sondern an einem stabilen, freien und wohlhabenden Gemeinwesen interessiert war. Eine ursprünglich durch einen Fürsten eingerichtete politische Ordnung sollte zur Wiege einer wohl geordneten Republik werden. Machiavellis pessimistisches Menschenbild allerdings scheint mit seinem Ideal der Republik schwer zu vereinen zu sein.

■ **Wirkung** Als Vorläufer einer erklärenden Geschichtswissenschaft und einer theoretischen Wissenschaft von der Politik übte Machiavelli einen kaum zu überschätzenden Einfluss auf die Staatsphilosophie des 16., 17. und 18. Jahrhunderts aus. Gegen die partielle Entlassung der Politik aus der Ethik wandte sich v. a. die Kritik der Aufklärungsphilosophie, die den Ursprung politischer Konflikte eher in der gesellschaftlichen Entwicklung (Rousseau) als in der menschlichen Natur sah.

Macht, im allgemeinsten Verständnis die Summe aller Kräfte und Mittel, die einem Akteur (einer Person, einer Gruppe oder einem Sachverhalt, auch der Natur) gegenüber einem anderen Akteur zur Verfügung stehen. Macht ist heute vornehmlich ein Begriff der politisch-sozialen Sprache, findet sich aber auch in einzelnen Fachsprachen, wobei sein Bedeutungsgehalt je nach Bezugspunkt variieren kann. Auch ist die Frage, ob es sich bei Macht um die Bezeichnung einer Substanz, einer Relation oder um die Heraushebung einer Analyseperspektive handelt, bis heute umstritten.

■ **Geschichte** Platon, Aristoteles und Cicero verwenden die in den Bereich von Macht, Herrschaft, Regierung und Gewalt gehörenden Begriffe v. a. zur Bezeichnung einer politisch gebundenen Macht. Für die Römer bedeutete »Potestas« die rechtliche Verfügungsgewalt, wohingegen »Potentia« sich v. a. auf die Machtmittel bezog, aufgrund derer Einzelne oder Gruppen Einfluss haben. In deutschen Texten des Mittelalters deckte »Gewalt« in etwa das Wortfeld von »Potestas« ab, während Macht dem von »Potentia« entsprach. Die Bedeutungsgrenze zwischen beiden Begriffen verwischte sich im Übergang zur Neuzeit langsam.

Bis zum 18. Jh. bezog sich Macht v. a. auf das Zusammenleben der Menschen im Staat. So entwickelte Niccolò Machiavelli eine am Ist- und nicht am Sollzustand des politischen Lebens orientierte Handlungsanweisung für den Fürsten, in der Erwerb und Erhaltung von Macht einen Selbstzweck darstellt, wobei auch eine vor List und Grausamkeit nicht zurückschreckende Tatkraft (Virtù) als politische Tugend gilt. Für Thomas Hobbes und Baruch de Spinoza hatte der Machtbegriff ebenfalls einen Vorrang vor dem des Rechts. Beide gingen zwar im Rahmen einer Vertragslehre von der theoretischen Fiktion eines gesamtgesellschaftlichen Konsenses aus, betrachteten aber die faktische Macht eines Souveräns als deren Legitimationsgrundlage. Damit wird Macht als Erzwingungschance zum eigentümlichen Merkmal des Staates, während sich die Rechtmäßigkeit staatlichen Handelns aus der erfolgreichen Machtbehauptung ableiten lässt.

Seit dem 19. Jh. wurde Macht einerseits im Sinne der politischen Macht des Staates (Kant) und als übergreifende »Macht des Allgemeinen« (Hegel) untersucht, andererseits rückte sie als ein in allen sozialen Gruppen anzutreffendes Phänomen in den Blick. Gesellschaft tritt neben Politik als eine weitere eigenständige Sphäre des Machtgebrauchs und der Legitimierung von Macht. Für die empirischen Sozialwissenschaften ist dementsprechend Max Webers Konzeption von Macht grundlegend geblieben, die auf die Beschreibungsebene sozialer Akteure zielt. Weber selbst weist auf die Probleme der Bestimmbarkeit der Macht hin, wenn er schreibt, der Begriff sei »soziologisch amorph«. Seiner berühmt gewordenen Definition nach ist Macht »jede Chance, innerhalb einer sozialen Beziehung den eigenen Willen auch gegen Widerstreben durchzusetzen, gleichviel worauf diese Chance beruht«. In dieser neueren Begriffsprägung wird Macht als eine asymmetrische Beziehung zwischen mindestens zwei Handlungssubjekten (*A* und *B*) verstanden.

■ **Forschungsansätze** Da Macht ein bestimmtes Muster, eine Konstellation oder eine Beziehung beschreibt, muss auch die Untersuchung der Macht in bestimmte Vorstellungen über die Art der bestehenden Verhältnisse und ihr Zustandekommen eingebettet sein. Neben sozialanthropologischen, ethnologischen, theologischen und diskurstheoretischen (Michel Foucault) spielen politikwissenschaftlich orientierte Ansätze bzw. Deutungsangebote die wichtigste Rolle. Hier können vier Ansätze unterschieden werden: ein personenbezogener, voluntaristischer Ansatz, eine handlungstheoretische, eine strukturanalytische bzw. systemtheoretische Theorie und schließlich eine Konsenstheorie der Macht, wie sie nachdrücklich von Hannah Arendt vertreten wurde.

Der voluntaristische Ansatz ist dem realistischen Politikbegriff verpflichtet. Macht dient hier der Durchsetzung von Interessen und wird vom Erfolg her gerechtfertigt. Demgegenüber stellt der handlungstheoretische Ansatz im Anschluss an Weber die bestehenden oder durch Machtgebrauch hergestellten Abhängigkeitsverhältnisse als Rahmenbedingungen und Folgeerscheinungen von Handlungen sozialer Akteure in den Mittelpunkt.

Strukturalistische und systemtheoretische Machtkonzepte gehen dagegen weniger von den Zielsetzungen der Akteure aus, sondern versuchen vielmehr die Sphäre der Macht nach gesellschaftlich funktionalen bzw. systemfunk-

100264

Niccolò Machiavelli

Niccolò Machiavelli plädierte für die Entkoppelung von Ethik und Politik:

»So muß ein Herrscher milde, treu, menschlich, aufrichtig und fromm scheinen, und er soll es gleichzeitig auch sein; aber er muß auch die Seelenstärke besitzen, im Fall der Not alles ins Gegenteil wenden zu können.«

tionalen Gesichtspunkten zu beschreiben. So ist Macht für Niklas Luhmann »die Möglichkeit, durch eigene Entscheidung für andere eine Alternative auszuwählen, für andere Komplexität zu reduzieren«. Dabei bleibt für den der Macht Unterworfenen die nicht gewählte Alternative sichtbar. Die Bereitschaft, die gewählte Alternative zu übernehmen, beruht dann darauf, dass sie eine eigene Entscheidung erspart oder dass ein Unterlassen unangenehme Folgen hätte.

100562

Macht.
In neueren Deutungsansätzen wie denen von Hannah Arendt und Jürgen Habermas wird Macht als Ergebnis von Kommunikation und Verständigung angesehen. Das Foto zeigt eine Szene während des unblutigen Machtwechsels in Serbien 2000.

Diskursanalytische bzw. poststrukturalistische Konzeptionen der Macht gehen darüber hinaus den Auswirkungen von Macht auf der Ebene der Individuen, Denkweisen, Empfindungen, Körperpolitik (z.B. im Feminismus) und Alltagsorganisation nach. Kennzeichnend für die aktuelle Diskussion ist weniger das Vorherrschen einer bestimmten Konzeption von Macht als vielmehr die Arbeit mit den im Machtbegriff angelegten Ambivalenzen und Widersprüchlichkeiten.

MacIntyre [ˈmækıntaıə], Alasdair, *Glasgow 12. 1. 1929, britischer Moral- und Sozialphilosoph; lehrte zunächst in Essex, seit 1970 in den USA und dort seit 1988 an der University of Notre Dame (Ind.). In den 1950er- und 60er-Jahren beschäftigte sich MacIntyre hauptsächlich mit den Wahrheitsansprüchen des Marxismus und des Christentums. Viel Beachtung fand seine Studie »The Unconscious. A Conceptual Analysis« (dt. »Das Unbewußte. Eine Begriffsanalyse«), die er 1958 vorlegte. In der Schrift »A Short History of Ethics« (dt. »Geschichte der Ethik im Überblick«), die 1966 erschien, setzt sich MacIntyre kritisch mit der angloamerikanischen Metaethik auseinander.

In »After Virtue« (dt. »Der Verlust der Tugend«), seinem 1981 veröffentlichten Hauptwerk, bescheinigt MacIntyre der Moderne eine moralische Krise. Diese zeige sich darin, dass es nicht mehr gelinge, konsensfähig auf moralische Herausforderungen zu reagieren. Er übt einerseits scharfe Kritik an der Aufklärung und dem Liberalismus und andererseits am Universalismus und ethischen Kognitivismus, der moralische Urteile als wahrheitsfähig behandelt. Den Standpunkt des thomistischen Aristotelismus verteidigend, strebt MacIntyre die ethische Rehabilitierung von Gemeinschaft, Tradition und Tugend an. Seine Zurückweisung des vom philosophischen Liberalismus unterstellten Vorrangs des Rechten vor dem Guten rückt ihn in die Nähe des →Kommunitarismus.

Madhyamaka [Sanskrit »die mittlere Lehre«], die erste philosophische Schule des Mahayana-Buddhismus, einer der beiden großen Richtungen des Buddhismus. Begründet wurde sie von Nagarjuna (2. Jh.), dessen »Madhyamaka-karika« (dt. »Merkverse der mittleren Lehre«) als Grundwerk der Schule gelten. Nagarjunas Hauptanliegen ist der Nachweis der Leerheit (Shunyata) und Wesenlosigkeit (Nihsvabhava) des Selbsts und der Erscheinungswelt. Er zeigt, dass die Extreme der Gegensatzpaare Sein–Nichtsein, Ewigkeit–Vergänglichkeit usw. nicht unabhängig voneinander existieren und dass die Wahrheit in der Mitte liegt.

Mäeutik [zu griech. maieutikḗ téchnē, eigtl. »Hebammenkunst«], die Lehrmethode des Sokrates, insofern sie keine eigenen Behauptungen aufstellt, sondern durch geschicktes Fragen dem Gesprächspartner dazu verhilft, seine eigenen Gedanken zu artikulieren und sie im Zuge der dialektischen Überprüfung einer begrifflichen Klärung zu unterziehen.

Mäeutik
→ GEO **Dossier**
Kleine Denker – große Gedanken, Bd. 14

Maimon, Salomon, eigentlich Salomon ben Josua, deutscher Philosoph, *Nieśwież (heute Neswisch, Weißrussland) um 1753, †Nieder-Siegersdorf (bei Freystadt in Niederschlesien) 22. 11. 1800; durchlief eine Ausbildung zum Rabbiner. Ab 1779 lebte Maimon in Deutschland. In Berlin stand er in enger Beziehung zu Moses Mendelssohn.

Maimon setzte sich kritisch mit Kants Philosophie auseinander (»Versuch über die Transzendentalphilosophie ...«, 1790), so auch mit dessen Begriff des →Dings an sich: »Dinge an sich« seien als hinter den »Erscheinungen« stehende und sie verursachende Gegenstände nicht denkbare und nicht erkennbare »Un-Dinge«. Der Begriff des »Dings an sich« ist für ihn ein Grenzbegriff (»Differenzial«) im Bewusstsein und bedeutet die noch nicht aufgeklärten Aspekte von Objekten. Maimon lehnte die Trennung von Sinnlichkeit und Verstand ab, wodurch er u. a. auf Johann Gottlieb Fichte wirkte. Seine Auseinandersetzung mit Kant, der in ihm seinen bedeutendsten Kritiker sah, war zudem richtungsweisend für den späteren Neukantianismus.

Maimonides, Moses, eigentlich Maimonides ben Maimon, genannt RaMbaM, jüdischer

Philosoph, Gelehrter und Arzt, * Córdoba 30. 3. 1138, † Fustat (heute Kairo) 13. 12. 1204; floh nach der Eroberung Córdobas durch die Berberdynastie der Almohaden 1148 mit seiner Familie 1159 nach Fès (Marokko) und ging 1165 über Palästina nach Ägypten. Hier wirkte er als Hofarzt des Sultans Saladin und als Vorsteher (Nagid) der jüdischen Gemeinschaft.

Maimonides gilt als der bedeutendste jüdische Religionsphilosoph des Mittelalters. Zugleich genießt er als Kodifikator des jüdischen religiösen Gesetzes, der Halacha, höchste Anerkennung. Das ursprünglich in arabischer Sprache geschriebene philosophische Hauptwerk »Dalalat al-Chairin« (hebräisch »Morenevukim«, dt. »Führer der Unschlüssigen, Verwirrten«), an dem Maimonides seit 1176 fünfzehn Jahre lang arbeitete, wurde noch zu seinen Lebzeiten ins Hebräische übertragen. In diesem zentralen Werk der jüdischen Religionsphilosophie sucht Maimonides einen Ausgleich zwischen Aussagen des Aristotelismus und jüdischen Glaubenslehren herbeizuführen, wobei er auch neuplatonische Elemente übernimmt. Maimonides hebt rationalistisch die grundsätzliche Übereinstimmung von Vernunft und Glauben hervor und strebt danach, den Menschen von jeder Selbstentfremdung, etwa durch Aberglauben oder Irrationalismus, zu befreien.

Nach seinem Tod entbrannte um das Werk ein heftiger Streit zwischen Anhängern und Gegnern des Maimonides, bei dem sich Letztere gegen die ihrer Ansicht nach zu einseitige philosophische Interpretation religiöser Grundlehren wandten. Maimonides wirkte stark auf die christliche Scholastik ein, v. a. auf Thomas von Aquino und Albertus Magnus, später dann auf Baruch de Spinoza und Leibniz.

Makrokosmos, Gegenbegriff zu →Mikrokosmos.

Manas [Sanskrit »Geist«, »Verstand«], in der *indischen Philosophie* die aus feiner Materie bestehende Denksubstanz.

Mandeville [ˈmændəvɪl], Bernard de, englischer Arzt, Schriftsteller und Philosoph niederländischer Herkunft, getauft Rotterdam 20. 11. 1670, † Hackney (heute zu London) 21. 1. 1733; lebte seit 1696 in London. 1714 erschien seine kontrovers diskutierte Satire »The fable of the bees, or private vices, public benefits« (dt. auch als »Fabel von den Bienen«). Mandeville radikalisierte in ihr Thomas Hobbes' Philosophie des Eigennutzes, indem er den menschlichen Egoismus als Grundlage wirtschaftlicher Prosperität ansah. Seine These, dass durch das Zusammenspiel egoistischer Einzelinteressen ein höchster Gesamtnutzen erzielbar sei, wurde beispielhaft für die klassische Schule der Nationalökonomie.

Marburger Schule, Ende des 19. Jahrhunderts von Hermann Cohen und Paul Natorp begründete Richtung des →Neukantianismus.

Marcuse, Herbert, amerikanischer Philosoph deutscher Herkunft, * Berlin 19. 7. 1898, † Starnberg 29. 7. 1979; einer der bedeutendsten Vertreter der kritischen Theorie.

■ **Leben** Marcuse studierte 1919–23 Philosophie und Nationalökonomie in Berlin und Freiburg im Breisgau. 1928–32 war er Schüler von Edmund Husserl und Martin Heidegger und seit 1933 Mitarbeiter des Instituts für Sozialforschung in Frankfurt am Main. Marcuse emigrierte 1933 – auch wegen seiner jüdischen Abstammung – nach Genf und 1934 nach New York. 1942–50 war er für die US-Regierung in Washington tätig, 1951–54 am »Russian Research Center« der Columbia University und anschließend an der Harvard University, wo er eine wissenschaftliche Studie über den Sowjetmarxismus erarbeitete. 1954–69 war er Professor der Politikwissenschaft, bis 1965 in Boston (Mass.) und dann in San Diego (Calif.).

■ **Lehre und Werk** Marcuse lieferte mit seinen Arbeiten zur spätkapitalistischen Wohlstandsgesellschaft die theoretische Basis für die Studentenbewegung der 1960er-Jahre und die neue Linke. Geprägt durch die Dialektik Hegels und die Philosophie von Karl Marx, die er mit einer dialektischen Geschichtstheorie zu verbinden suchte, setzte sich Marcuse in seinen Werken mit dem Zusammenhang der progressiven und regressiven Tendenzen in der zeithistorischen Entwicklung auseinander. Vor diesem Hintergrund entwarf er als politisches Projekt das Leitbild einer befreiten Gesellschaft, für die der philosophisch-aufklärerische Begriff der Vernunft und damit die Orientierung an individueller Selbstverwirklichung, Glück, Autonomie und Freiheit bestimmend ist. Kennzeichnend für dieses utopische Modell ist die Vermittlung von materieller und geistiger Kultur. In »Eros and civilization« (1955; dt. »Triebstruktur und Gesellschaft«) entwirft er eine solche Kulturtheorie unter Rückgriff auf Sigmund Freuds Triebtheorie und die »Dialektik der Aufklärung«.

In seinem zweiten Hauptwerk, »One-dimensional man« (1964; dt. »Der eindimensionale Mensch«), beschäftigte sich Marcuse unter Rückgriff auf Marx kritisch mit der modernen Industriegesellschaft als einer »verwalteten Welt«, die durch das Vorherrschen eines partikularistischen – »eindimensionalen« – Vernunftbegriffs bestimmt sei, gleichwohl in den Randgruppen auch revolutionäre Kräfte auszuprägen vermöge. In seinem Spätwerk wendete sich Marcuse dem Feminismus und besonders der Ästhetik (»Die Permanenz der Kunst. Wider eine bestimmte marxistische Ästhetik«, 1977) zu.

Mark Aurel, lateinisch **Marcus Aurelius Antoninus,** ursprünglich Marcus Annius Verus (bis 138), römischer Kaiser (seit 161), * Rom 26. 4. 121, † Vindobona (heute Wien) 17. 3. 180; übernahm nach dem Tod seines Onkels und

100264
Moses Maimonides

100264
Herbert Marcuse

100264
Mark Aurel

Adoptivvaters Antoninus Pius die Herrschaft, die er sich mit seinem Adoptivbruder Lucius Verus und (seit 177) mit seinem Sohn Commodus teilte. Der hochgebildete Mark Aurel war einer der letzten Vertreter der Lehre der Stoa. Von ihm existieren Briefe an seinen Lehrer Fronto in lateinischer Sprache. In seinen berühmten, in griechischer Sprache verfassten »Selbstbetrachtungen«, die in Form von Fragmenten und Aphorismen vorliegen, äußert er seine Gedanken über das Weltgeschehen, Menschenliebe und die Unbeständigkeit des Daseins.

Marquard, Odo, deutscher Philosoph, *Stolp (heute Słupsk) 26. 2. 1928; war Schüler von Joachim Ritter und 1965–93 Professor in Gießen. In einer Wendung zur Skepsis plädierte Marquard für einen »Abschied vom Prinzipiellen« (1981), d. h. von jedem absoluten Anspruch der Philosophie. An seine Stelle tritt eine Hermeneutik der menschlichen Endlichkeit.

Marsilius von Padua, eigentlich Marsilio dei Mainardini, italienischer Staatstheoretiker, *Padua um 1275, †München 1342 oder 1343; war 1313 Rektor der Universität Paris. Von der aristotelischen Staatslehre und dem Averroismus beeinflusst, wandte er sich in seiner Schrift »Defensor pacis« (1324) gegen den weltlichen Herrschaftsanspruch des Papstes und entwickelte eine auf die Volkssouveränität gegründete Staatslehre, die er mit Forderungen nach der Unabhängigkeit der staatlichen Gewalt von der kirchlichen und nach einem allgemeinen Konzil verband. Nach Bekanntwerden der Verfasserschaft (1326) floh Marsilius nach Nürnberg zu Ludwig IV., dem Bayern, dessen Berater er wurde. 1327 wurden fünf Thesen des »Defensor pacis« für häretisch erklärt, woraufhin Marsilius als Ketzer verurteilt wurde. Später wurde er sowohl als gläubiger kirchlicher Reformator als auch als irreligiöser Vorgänger Niccolò Machiavellis eingeschätzt. Er prägte die moderne weltliche Staatstheorie mit.

Karl Marx
*** 1818, † 1883**

100264

- musste häufig emigrieren und lebte zuletzt im Exil in London
- kritisierte den Idealismus der hegelschen Philosophie
- wollte durch eine Analyse des Kapitalismus dessen Überwindung herbeiführen
- gilt mit Friedrich Engels als Begründer des wissenschaftlichen Sozialismus

Marx, Karl, deutscher Philosoph, Historiker und Journalist, *Trier 5. 5. 1818, †London 14. 3. 1883; begründete mit Friedrich Engels den dialektischen Materialismus.

■ **Leben und Werk** Marx studierte zunächst in Bonn, dann in Berlin Rechtswissenschaften und später Philosophie. In Berlin verkehrte er im »Doktorklub« (Bruno Bauer u. a.), der Keimzelle des Linkshegelianismus. Er beschäftigte sich intensiv mit dem deutschen Idealismus, v. a. mit der Philosophie Hegels. Mit einer Arbeit über antike Naturphilosophie promovierte Marx 1841 in Jena. Er ging daraufhin nach Köln, verließ jedoch nach dem Verbot einer von ihm geleiteten linksliberalen Zeitung durch die preußische Zensur im Herbst 1843 Deutschland und ging nach Paris. Hier gab er zusammen mit dem Politiker und Publizisten Arnold Ruge (*1802, †1880), den er schon vom »Doktorklub« her kannte, die »Deutsch-Französischen Jahrbücher« heraus. Er lernte Lehren und Anhänger des französischen Sozialismus kennen, v. a. Claude Henri de Saint-Simon (*1760, †1825) und Charles Fourier. Erstes Resultat seiner zunehmenden Beschäftigung mit der politischen Ökonomie waren die (erst 1932 veröffentlichten) »Ökonomisch-philosophischen Manuskripte« (auch »Pariser Manuskripte«). Die lebenslange Freundschaft und Zusammenarbeit mit Engels nahm ebenfalls in Paris ihren Anfang. In seinen Beiträgen für die »Jahrbücher« entwickelte Marx eine Vorstellung, in der er die Verwirklichung des Sozialismus im Unterschied zu den französischen Frühsozialisten zunehmend mit der welthistorischen Rolle des Proletariats in Zusammenhang brachte.

Von der französischen Regierung ausgewiesen, ging Marx 1845 nach Brüssel, wo er gemeinsam mit Engels Streitschriften verfasste, die sich gegen den Linkshegelianismus richteten. Ab 1846 bemühten sich Marx und Engels um die Organisation einer revolutionären proletarischen Partei. Im Auftrag des Londoner »Bundes der Gerechten« schrieben sie 1847 gemeinsam das »Manifest der Kommunistischen Partei«, das auch als das »Kommunistische Manifest« bekannt ist. Wegen seiner politischen Aktivitäten wurde Marx 1848 verhaftet und musste Belgien verlassen. Er übernahm in Köln die Herausgabe der »Neuen Rheinischen Zeitung«, die ein Bündnis der demokratischen Kräfte gegen die alten Mächte propagierte. Nach dem Sieg der konservativen Kräfte wurde Marx im Mai 1849 von der preußischen Regierung ausgewiesen. Er lebte und arbeitete bis zu seinem Tod im Exil in London.

■ **Theoretische Entwicklung** Bereits in den 1850er-Jahren schrieb Marx umfangreiche Entwürfe zur Kritik der politischen Ökonomie, einem Themenkreis, der ihn lebenslang beschäftigte. Diese Entwürfe wurden 1938 aus dem Nachlass unter dem Titel »Grundrisse der Kritik der politischen Ökonomie« publiziert. 1867 veröffentlichte er den ersten Band seines Hauptwerkes »Das Kapital«. An den weiteren Bänden hat er bis zu seinem Tod gearbeitet, sie jedoch aufgrund inhaltlicher wie konzeptioneller Probleme nicht abgeschlossen und veröffentlicht. Als zweiter und dritter Band wurden sie nach seinem Tod von Engels redigiert und ediert (1885, 1894).

Seit den 1860er-Jahren suchte Marx auf die Organisation der Arbeiterbewegung Einfluss zu nehmen. Nach deren Auseinanderbrechen 1876 zog er sich von politisch-organisatorischen Aktivitäten zurück. Er ging in der Folge davon aus, dass sich der Schwerpunkt der revolutionären Entwicklung von Frankreich nach Deutschland verlagert habe. Zur deutschen Arbeiterbewegung hatte Marx ein kritisches Verhältnis.

In einer frühen Phase seiner theoretischen Entwicklung hatte Marx die Aufhebung der

Manifest
der
Kommunistischen Partei.

Veröffentlicht im Februar 1848.

Proletarier aller Länder vereinigt Euch!

London.
Gedruckt in der Office der „Bildungs-Gesellschaft für Arbeiter"
von J. E. Burghard.
46, Liverpool Street, Bishopsgate.

Karl Marx. Anfang Dezember 1847 erhielten Marx und Friedrich Engels vom Kongress des Bunds der Kommunisten den Auftrag, gegen Entgelt das Ergebnis der mehrjährigen Diskussionen in Paris und London als erstes Manifest des Kommunismus zu verfassen.

Philosophie gefordert, d.h. ihre Umsetzung in die Wirklichkeit. In diesem Sinne heißt es in seiner berühmten elften Feuerbachthese: »Die Philosophen haben die Welt nur verschieden *interpretiert;* es kömmt drauf an, sie zu *verändern.*« Marx ging von einer Kritik der Philosophie Hegels aus, deren dialektische Denkfigur von der Entfremdung des Menschen und ihrer Aufhebung er als Resultat des Arbeitsprozesses übernahm. Im Anschluss an Ludwig Feuerbach kritisierte er jedoch, dass Hegel den Menschen nur als Selbstbewusstsein, nicht als ein in der gegenständlichen Welt tätiges Gattungswesen aufgefasst habe.

Diese und ähnliche Überlegungen wurden von Engels u.a. zur materialistischen Geschichtsauffassung – später meist als dialektischer Materialismus (Marxismus) bezeichnet – ausgearbeitet. Ihr zufolge ist es das gesellschaftliche Sein der Menschen – ihr materieller Lebensprozess –, das ihr Bewusstsein bestimmt. Da für die materialistische Geschichtsauffassung die Formen entscheidend sind, in denen sich die Produktion und die Reproduktion des gesellschaftlichen Lebens vollziehen, mündet die materialistische Geschichtsauffassung in eine Kritik der politischen Ökonomie. Diese Kritik sollte den Nachweis erbringen, dass die Gesetze der kapitalistischen Warenproduktion gerade durch ihre Entfaltung auf ihre eigene Aufhebung und damit auf eine sozialistische Gesellschaftsordnung hinwirken. Marx war überzeugt, in der ökonomischen Theorie das »Bewegungsgesetz der modernen Gesellschaft« aufgedeckt zu haben.

Marxismus, zunächst Bezeichnung für die von Karl Marx in Zusammenarbeit mit Friedrich Engels entwickelte ökonomische, soziale und politische Theorie. Später wurde der Begriff auch auf jene Theorien ausgeweitet, die sich unter Berufung auf Marx als eine Weiterentwicklung seines Systems verstanden.

Der folgenreichste Versuch bei der Ausbildung einer marxistischen Orthodoxie war die bereits mit Engels' Popularisierung des Marxismus beginnende und dann von Karl Kautsky (* 1854, † 1938), Georgij Plechanow (* 1856, † 1918) und Wladimir Iljitsch Lenin weitergeführte Entwicklung einer marxistischen Weltanschauung, die als dialektischer Materialismus bezeichnet wurde. Die Geschichte des Marxismus nach Marx bestimmten somit zwei Entwicklungsstränge: seine Weiterführung und Ausweitung durch die sich auf Marx berufenden Theoretiker und seine Einengung zur Restform des dialektischen Materialismus. Der Marxismus entfaltete in den Geisteswissenschaften, v.a. aber auf politischem Gebiet bedeutende Wirkung.

■ **Einflüsse und Ausbildung** Einer Formulierung Lenins zufolge entsprang die marxsche Theorie drei Quellen: der deutschen idealistischen Philosophie, der englischen Nationalökonomie und dem französischen Sozialismus. Insbesondere in seinen Frühschriften wurde Marx' Denken durch die hegelsche Philosophie geprägt, deren zentraler Gedanke von der dialektischen Bewegung der Geschichte für Marx entscheidend war. Im Gegensatz zu Hegel, der

Karl Marx sorgte sich um das Verhältnis von Philosophie und Politik:

»Ihr verlangt, daß man an wirkliche Lebenskeime anknüpfen soll, aber ihr vergeßt, daß der wirkliche Lebenskeim des deutschen Volkes bisher nur unter seinem Hirnschädel gewuchert hat… Ihr könnt die Philosophie nicht aufheben, ohne sie zu verwirklichen.«

Marx »Manifest der Kommunistischen Partei«

In dem gemeinsam von Karl Marx und Friedrich Engels 1848 in London verfassten »Manifest der Kommunistischen Partei« wird alle bisherige Geschichte als eine Geschichte des Kampfes von Klassen aufgefasst. In der Gegenwart der kapitalistischen Gesellschaft stehen sich demnach zwei Klassen feindlich gegenüber: die Bourgeoisie, die die Produktionsmittel besitzt und von der Ausbeutung der Arbeiter lebt, und das Proletariat, das darauf angewiesen ist, seine Arbeitskraft zu verkaufen, um über den Arbeitslohn sein Leben zu erhalten. Dieser Konflikt verschärft sich zunehmend, bis das Proletariat dazu übergeht, die Konkurrenz unter den Arbeitern durch die Gründung von Arbeiterassoziationen zu beenden und – durch eine revolutionäre Tat – das private Eigentum an Produktionsmitteln abzuschaffen, die Klasse der Bourgeoisie aufzulösen und auf diesem Weg die Menschheit vom Diktat des Klassenkampfs zu befreien: »An die Stelle der alten bürgerlichen Gesellschaft mit ihren Klassen und Klassen-Gegensätzen tritt eine Association, worin die freie Entwicklung eines Jeden die Bedingung für die freie Entwicklung Aller ist.«

Marxismus.
Zwar beriefen sich die kommunistischen Staaten nach dem Zweiten Weltkrieg immer wieder auf Karl Marx, jedoch war die marxistische Diskussion innerhalb dieser Staaten weitgehend zum Erliegen gekommen.

das Bestehende in seiner Vernünftigkeit erklären wollte, ging es Marx jedoch um den Entwurf einer in den Bestand der Welt verändernd-emanzipatorisch eingreifenden Philosophie. Er begriff die Geschichte als die »Selbstentfaltung des Menschen« in der tätigen Auseinandersetzung mit der ihn umgebenden Natur.

Mit dem Begriff der »Entfremdung« suchte Marx den Kontrast zwischen den geschichtlichen Möglichkeiten des Menschen als eines autonomen Wesens und seiner verkrüppelten Realität in der zeitgenössischen Gesellschaft zu bezeichnen. Für die Verelendung des Proletariats machte er das Privateigentum an Produktionsmitteln und die darauf beruhende kapitalistische Wirtschaftsweise verantwortlich. Die Analyse von deren Gesetzmäßigkeiten stützte sich auf die klassische englische Nationalökonomie (Adam Smith u.a.), insbesondere deren Arbeitswertlehre.

■ **Anthropologie** Marx' anthropologische Aussagen knüpfen an Ludwig Feuerbachs Konzeption vom Menschen als konkret-sinnliches Gattungswesen an. Durch Übernahme der hegelschen Lehre vom tätigen, sich in den Formen seiner Entfremdung entfaltenden Geist hat Marx diese Konzeption dynamisiert. Der Mensch ist Gattungswesen, insofern er sein eigenes Wesen und damit auch das der Gattung in freier, bewusster Tätigkeit hervorbringt. Indem er sein Wesen in der Arbeit entäußert, vergegenständlicht er es in seinem Produkt und schaut sich in ihm an.

Die Arbeit, von Marx als die Selbsterzeugung des Menschen gefasst, hat sich unter den Bedingungen des Kapitalismus allerdings ins Gegenteil verkehrt: Sie ist zur Entäußerung und Entwirklichung des Menschen geworden und führt zur Entfremdung. Eine Rückkehr des Menschen zu sich und damit eine Auflösung des Widerstreits zwischen Mensch und Natur setzt eine Aufhebung des Privateigentums an den Produktionsmitteln voraus. In der »Deutschen Ideologie« (1845–46) versuchten Marx und Engels, ihre anthropologischen Aussagen »materialistisch« zu fundieren.

■ **Geschichtsauffassung** Die von Marx und Engels in der »Deutschen Ideologie« entwickelte Geschichtsauffassung knüpft unmittelbar an den anthropologischen Befund an. Der historische Prozess wird vom Widerspruch zwischen Produktivkräften und den Produktionsverhältnissen vorangetrieben, die die Menschen zwecks ihrer physischen Reproduktion miteinander eingehen. Es entstehen unterschiedliche soziale Interessen, die die unterschiedlichen sozialen Klassen durchzusetzen versuchen. Deshalb ist die »Geschichte aller bisherigen Gesellschaft die Geschichte von Klassenkämpfen« (»Kommunistisches Manifest«). Den jeweiligen Produktionsverhältnissen oder Produktionsweisen entsprechen als subjektives Moment des historischen Prozesses kämpfende Klassen, die sich in einem antagonistischen Widerspruch (Antagonismus) gegenüberstehen: Freie und Sklaven in der Antike, Feudalherren und Leibeigene im Mittelalter, Bourgeoisie und Proletariat als die Hauptklassen der kapitalistischen Gesellschaft.

In seinen ökonomischen Schriften begründete Marx die globale These, dass in der Entwicklung der Produktivkräfte eine Stufe eintritt, auf der diese unter den bestehenden Verhältnissen in Destruktivkräfte umschlagen. In den daraus entstehenden ökonomischen und politischen Krisen werde das organisierte Proletariat die Strukturen der bürgerlichen Gesellschaft zerstören und damit deren Entfremdungszusammenhang beseitigen. Die fortschreitende Polarisierung der Gesellschaft ist für Marx dabei die Voraussetzung der proletarischen Revolution. In ihr wird das Proletariat zum Träger einer geschichtlichen Zukunft ohne Unterdrückung und Not, da seine Emanzipation nicht an die Unterdrückung und Ausbeutung einer anderen Klasse geknüpft ist. Insofern begreift Marx die Emanzipation des Proletariats als die Emanzipation der gesamten Menschheit.

■ **Soziologie und politische Theorie** Die klassische Nationalökonomie meinte, die Wirtschaftsordnung bilde bei ungestörter Entfaltung ein relativ harmonisches und stabiles System. Marx dagegen wollte nachweisen, dass die kapitalistische Wirtschaft immanent widersprüchlich sei und sich deshalb in Krisenzyklen entwickle. Der klassischen Nationalökonomie sei diese Einsicht verwehrt, weil sie dem »Schein der Oberfläche« (z.B. der Annahme, Kapital erzeuge Zins und Boden bringe Grundrente hervor) aufsitze und nicht erkenne, dass allein die lebendige Arbeit Werte schafft. Marx begreift die Ökonomie dementgegen als einen objektiven, krisenhaften Strukturzusammenhang; das subjektive Moment, das die kapitalistische Produktionsweise beseitigen werde, sei das Proletariat.

■ **Weiterführung** In Erweiterung des marxschen Programms meinte Engels, dass auch die Ergebnisse der modernen Naturwissenschaft dialektisch aufgefasst werden müssen. Diese Ansicht diente als Grundlage für die Ausbildung des **dialektischen Materialismus** (DIAMAT) und des **historischen Materialismus** (HISTOMAT) zur marxistischen Weltanschauung. Ersterer stellt dabei die Entwicklung »aller materiellen, natürlichen und geistigen Dinge, d.h.... des gesamten konkreten Inhalts der Welt und ihrer Erkenntnis« (Lenin), dar. Demgegenüber umfasst der historische Materialismus das entscheidende Lehrstück der marxistischen Gesellschafts- und Geschichtstheorie. Im Zentrum steht die Erklärung der Zweckgerichtetheit historischer Sachverhalte (historisches Prinzip) und das Postulat, dass die Geschichte nicht von Ideen oder Begriffen, sondern von »wirklichen« Menschen gestaltet wird (materialistisches Prinzip).

■ **Wirkung** Die Fortbildung und Anwendung der Theorie blieb in der Folgezeit zwischen Vertretern verschiedener politischer Richtungen, u.a. in der deutschen Sozialdemokratie, umstritten. Nach der russischen Oktoberrevolution (1917) führte der Sieg der Bolschewiki über die »revisionistischen« Menschewiki unter dem Einfluss Lenins zur Ausbildung des Sowjetmarxismus. Josef Stalin (* 1879, † 1953) unternahm ab 1924 die systematische Zusammenfassung und autoritäre Durchsetzung der Lehren von Marx, Engels und Lenin, für die die Kommunistische Partei der Sowjetunion unter der Bezeichnung **Marxismus-Leninismus** universelle Gültigkeit als wissenschaftlicher Sozialismus und als verbindliche Weltanschauung des Proletariats reklamierte.

Erst nach dem Ende des Zweiten Weltkriegs wurde mit dem **Neomarxismus,** der sich außerhalb der an der marxistischen Orthodoxie zunächst festhaltenden kommunistischen Parteien in Westeuropa ansiedelte, die marxistische Diskussion wieder belebt. In wissenschaftlicher bzw. philosophischer Hinsicht waren Ernst Bloch und Walter Benjamin, die kritische Theorie, der französische Existenzialismus und Strömungen in der Soziologie vom Marxismus beeinflusst. Mit dem Zusammenbruch der sozialistischen Staaten ab Ende der 1980er-Jahre verschwand der Marxismus-Leninismus.

■ **Siehe auch**

SACHBEGRIFFE →Arbeitswerttheorie · deutscher Idealismus · Dialektik · Entfremdung · Frankfurter Schule · Freiheit · Geschichtsphilosophie · Gesellschaft · Ideologie · Klassenkampf · Kritik · Materialismus · politische Ökonomie · Praxis · Staatsphilosophie · Theorie

PERSONEN →Adorno, Theodor W. · Althusser, Louis · Benjamin, Walter · Bloch, Ernst · Engels, Friedrich · Garaudy, Roger · Habermas, Jürgen · Hegel, Georg Wilhelm Friedrich · Horkheimer, Max · Kołakowski, Leszek · Lenin, Wladimir Iljitsch · Lukács, Georg · Marcuse, Herbert · Marx, Karl · Popper, Karl R. · Sartre, Jean-Paul

Materialismus [zu latein. materia »Stoff«, »Thema«], seit dem 18. Jh. Bezeichnung für philosophische Konzeptionen, welche alles – auch das Ideelle (Geist, Seele, Denken, Psyche, Bewusstsein) – seiner Genese, Existenz, Geschichte sowie seinem Inhalt und Zweck nach als etwas ausgibt, das letztlich von Materiellem (also Nichtideellem) verursacht bzw. bestimmt sei. Im Laufe der Geschichte wurden materialistische Systeme mit unterschiedlichem Problembewusstsein, unterschiedlicher Beachtung der Wirklichkeit, mit verschiedenartiger Konsequenz, Konsistenz und Begründung vorgetragen. Diese Systeme unterscheiden sich v.a. in ihren Auffassungen, was überhaupt als Materie zu gelten habe.

Der Materialismus befindet sich im Gegensatz zum →Idealismus. Zu den zentralen Gegenständen des Streites zwischen materialistischen und idealistischen Denkern gehörten bzw. gehören u.a. die Entstehung des Menschen und seines Bewusstseins, das Verhältnis von Körper (Gehirn) und Bewusstsein, die Herkunft menschlicher Erkenntnisinhalte und die für die Geschichte der Menschheit letztlich entscheidende Triebkraft. Konsequent materialistisches Denken geht in aller Regel mit Atheismus einher, lässt sich jedoch nicht auf ihn reduzieren.

■ **Antike und Mittelalter** Für die Zeit des 7. bis 6. Jh. v. Chr. ist von der ionischen Naturphilosophie (Thales, Anaximenes u.a.) die Suche nach einem »Urstoff« überliefert, der als Wasser, Luft, Feuer usw. gedeutet wurde. In späteren vorchristlichen Jahrhunderten haben Demokrit, Epikur oder Lukrez solche Ansätze weitergeführt und zu systematisieren versucht. Dabei wurden als Grundbausteine der gesamten Wirklichkeit (materielle) Atome behauptet – eine philosophische Hypothese, die auch weit später lebende Denker immer neu angeregt hat.

Im Mittelalter war materialistisches Denken v.a. mit dem Nominalismus (z.B. Wilhelm von Ockham) verbunden, der sich gegen eine unabhängige Daseinsweise von Allgemeinbegriffen (Universalien) wandte, d.h. gegen die Behauptung, solche Begriffe könnten vor den Dingen und Zusammenhängen existieren, auf die sie sich inhaltlich beziehen.

■ **17./18. Jahrhundert** Zu Beginn der Neuzeit wurden Konzepte vorgetragen, die materialistischem wie idealistischem Denken gleichermaßen gerecht werden wollten. So ging Descartes im 17. Jh. von zwei voneinander unabhängigen Substanzen aus, der materiellen und der geistigen. Diese streng dualistische Konzeption – von Schülern Descartes' u.a. zum »psychophysischen Parallelismus« fortgebildet – stellte den Ausgangspunkt des neuzeitlichen →Leib-Seele-Problems dar.

Im 18. Jh. bekannten sich dagegen viele bedeutende französische Denker zu konsequent materialistischen Positionen, etwa Julien Offray de La Mettrie (* 1709, † 1751), Denis Diderot, Claude Adrien Helvétius und Paul Henry Thiry d'Holbach. Angeregt v.a. durch John Locke, Baruch de Spinoza u.a., suchten sie auch in philosophischen Teilbereichen wie der Erkenntnistheorie oder der Ethik materialistischen Prinzipien detailliert nachzugehen. So erregte etwa La Mettrie mit seinem Buch »L'homme machine« (1748; dt. »Der Mensch eine Maschine«) großes Aufsehen. Er sah den Organismus als selbststeuerndes System voneinander abhängender Teilsysteme an. Das menschliche Bewusstsein erklärte er mithilfe der organischen Kausalkette von den Sinnesorganen über das Zentralnervensystem bis zum Gehirn. Willensfreiheit hielt er für eine bloße Illusion, den Unterschied zwischen Mensch und Tier für gering. Auch wurde die berühmte, u.a. von Diderot initiierte und geleitete »Encyclopédie« (1751–80) durch einen materialistischen Geist mitgeprägt.

■ **19. Jahrhundert** Mit dem Aufschwung der biologischen Wissenschaften im 19. Jh. wurden diese zur bevorzugten Begründungsbasis materialistischen Denkens, z.B. bei Carl Vogt (* 1817, † 1895) und Jacob Moleschott (* 1817, † 1895). Vogt, damals Zoologe an der Universität Gießen, löste mit seinen radikalen Äußerungen über den physiologischen Ursprung der Gedanken einen regelrechten »Materialismusstreit« aus, der besonders heftig 1854 auf der Göttinger Versammlung deutscher Naturforscher und Ärzte ausgetragen wurde.

Seit der Veröffentlichung der darwinschen Evolutionstheorie 1859 dominierte diese als Grundlage materialistischen Denkens. Philosophisch beriefen sich materialistisch orientierte Wissenschaftler besonders auf die religionskritischen Arbeiten Ludwig Feuerbachs. Dieser erklärte die Entstehung der Religion zu einer Projektion der Menschheit, schrieb ihr aber eine besondere Bedeutung für deren Selbsterkenntnis zu. Sein Ziel war daher nicht die Abschaffung der Religion, sondern ihre Anthropologisierung.

Von Feuerbach beeinflusst war auch der von Karl Marx und Friedrich Engels begründete historische und dialektische Materialismus (Marxismus). Stärker noch knüpfte dieser aber ideengeschichtlich an das dialektische Denken im Idealismus Hegels an. Der **marxistische Materialismus** stellt in der Geschichte des materialistischen Denkens theoretisch wie praktisch einen deutlichen Einschnitt dar. Praktisch will er der proletarischen Bewegung eine gedankliche Basis bieten, theoretisch unternimmt er es, ganze Gesellschaftssysteme und den Verlauf der Menschheitsgeschichte überhaupt materialistisch zu begreifen. Mit der Arbeit (Praxis) als überlegter, zielbewusster materieller Tätigkeit sei auch die Menschheit entstanden und mit ihr historisch fortgeschritten. Die »materialistische Geschichtsauffassung« sucht so die Gesamtheit der in einer Gesellschaft lebendigen Ideen, das »gesellschaftliche Bewusstsein«, aus dem praktisch-materiellen Leben menschlicher Sozietäten zu begreifen.

■ **20. Jahrhundert** Die materialistische Geschichtsauffassung beeinflusste besonders nach der Wende zum 20. Jh. viele Theoretiker, und zwar selbst dann, wenn sie diese insgesamt ablehnten (z.B. Max Scheler, Max Weber, Thomas S. Kuhn). Erst recht wurde sie mit dem Wirken von Wissenschaftlern deutlich, die sich als Marxisten bekannten (z.B. Ernst Bloch, Georg Lukács). Für den philosophischen Materialismus blieb nach den naturwissenschaftlichen Entdeckungen des 19. Jh. v.a. die Frage zu lösen, wie Phänomene des →Bewusstseins auf Gehirnprozesse zurückgeführt werden können.

Materi|e [von latein. materia »Stoff«, »Thema«], der Stoff, die Masse. Der klassische Begriff der Materie wurde von Aristoteles geprägt, indem er das Begriffspaar →Form und Materie bildete. Nach Aristoteles weist Materie an sich keinerlei Bestimmung auf, sie ist Substrat der Körperwelt und das Subjekt zu wechselnden Prädikaten. Wirkliches ist immer ein aus Materie und Form zusammengesetztes Ganzes.

In der Scholastik wurde die Unterscheidung zwischen einer »materia prima«, dem gemeinsamen Urstoff aller Körper, und einer »materia secunda«, dem Stoff des konkreten Einzeldinges, bedeutsam. Die Materie fungierte dabei als Prinzip der →Individuation. Ein Grundzug der neueren Entwicklung ist die Dynamisierung der Materie. Sie soll nicht mehr nur passives Substrat sein, sondern Wirkfähigkeit und Kraft besitzen. Die philosophische Deutung der Materie ist im 20. Jh. stark von den Forschungsergebnissen der modernen Physik bestimmt worden, die das deterministische Weltbild der klassischen Mechanik aufgelöst haben.

mathematische Logik, im weiteren Sinn die formale →Logik, wobei unterstellt wird, dass formales Operieren immer mathematischer Natur sei; im engeren Sinn diejenigen Teilgebiete der formalen Logik, die sich mit für die Mathematik methodologisch wichtigen Fragen, v.a. mit dem Beweisbegriff, beschäftigen. Hierzu zählen die Beweistheorie, die Mengenlehre, die Modelltheorie sowie die Rekursionstheorie.

■ **Gegenstand** Die mathematische Logik baut auf der Aussagen- und der Prädikatenlogik erster Stufe auf, erweitert aber deren Bereich durch Quantifizierungen über Prädikate oder, dazu gleichwertig, über Mengen. Dies ist für die Mathematik unbedingt grundlegend, wie man schon am Induktionsaxiom für die natürlichen Zahlen erkennt:

Dabei kann P als Eigenschaft natürlicher Zahlen oder als Teilmenge derselben gelesen werden. In letzterer Lesart besagt das Axiom: Für alle Teilmengen P von $\mathbb{N}$ gilt: Ist $1 \in P$ und ist mit jedem $n \in P$ auch $n+1 \in P$, so ist P gleich $\mathbb{N}$. Die Frage, welcher Status und welche Berechtigung dem Induktionsaxiom zukommen, insbesondere wie weit man sich mit ihm von dem sicheren Boden der reinen Logik entfernt, ist ein wichtiges Thema der Philosophie der Mathematik.

Die **Beweistheorie** untersucht die Prinzipien mathematischer Beweisführung. Hierzu übersetzt sie diese in einen Kalkül (»Kalkülisierung«). Die **Modelltheorie** untersucht die Konstruktion und Klassifikation von Strukturen, die von Formelmengen beschrieben werden. Beweis- und Modelltheorie erlauben es, Fragen nach der Vollständigkeit (»Lässt sich jede wahre Aussage im Kalkül beweisen?«) und nach der Unabhängigkeit (»Lässt sich ein Axiom aus den restlichen ableiten?«) zu beantworten. Die **Mengenlehre** untersucht in erster Linie Axiomensysteme, die das Bilden von und das Operieren mit Mengen beschreiben können. Die **Rekursionstheorie** schließlich beschäftigt sich mit Fragen der Berechenbarkeit.

■ **Anfänge** Das erste umfassende System der Logik schuf Aristoteles: die Theorie des →Syllogismus, die bis zur Neuzeit Inbegriff der Logik blieb, zahlreiche Untersuchungen zur Modallogik sowie zur Definitionslehre und verwandten Problemen. Aussagenlogische Schlüsse, v.a. die Implikationsbeziehung, wurden in der Stoa untersucht. Die logische Forschung des Mittelalters konzentrierte sich hauptsächlich darauf, die Syllogistik als Argumentationslehre und zu Zwecken der Sprachanalyse auszubauen.

■ **Neuzeitliche Entwicklung** In der Neuzeit erlebte die Logik durch die Idee der Mechanisierung menschlichen Denkens (Raimundus Lullus, Leibniz) neue Anregungen. Insbesondere unternahm Leibniz erste Versuche, die Logik zu kalkülisieren. Der schweizerische Mathematiker, Physiker und Astronom Leonhard Euler und der elsässische Universalgelehrte Johann Heinrich Lambert entwickelten gegen Mitte des 18. Jh. Methoden zur Veranschaulichung des abstrakten syllogistischen Denkens.

Im 19. Jh. entstand aus mathematischen Fragestellungen die so genannte Algebra der Logik. Auf diesem Gebiet leisteten Mitte des Jahrhunderts die britischen Mathematiker und Logiker George Boole (* 1815, † 1864) und Augustus De Morgan (* 1806, † 1871) wichtige Beiträge. Gegen Ende des Jahrhunderts sind u.a. Louis Couturat, Charles Sanders Peirce, Ernst Schröder (* 1841, † 1902) und Alfred North Whitehead zu nennen. Der wichtigste Beitrag des 19. Jh. war die Entwicklung der Prädikatenlogik durch Gottlob Frege und deren Anwendung auf mathematische Fragestellungen. Die Ansätze Freges wurden von Bertrand Russell und Whitehead in ihren »Principia Mathematica« (1910–13) weitergeführt, in denen eine Reduktion der Mathematik auf die Logik versucht wurde (→Logizismus). Die von Russell entdeckte Antinomie im System Freges löste eine Reihe von Versuchen aus, diese auszuschalten.

Neue Aktualität gewann die mathematische Logik durch die Weiterentwicklung der Computertechnik, die es zunehmend erlaubt, Denken, v.a. logisches Denken, elektronisch zu simulieren. So versuchen moderne Ansätze, z.B. die klassischen Überlegungen der mathematischen Logik (etwa den gödelschen Unvollständigkeitssatz) informationstheoretisch zu interpretieren und so zu neuen Einsichten über die Möglichkeiten des Denkens, aufgefasst als Prozess der Informationsverarbeitung, zu gelangen.

Maturana, Humberto, chilenischer Biologe, * Santiago de Chile 14. 9. 1928; ist seit 1959 Professor in Santiago de Chile. Maturana wurde bekannt durch seine Untersuchungen am visuellen System der Frösche, die ihn zu einer neuen erkenntnistheoretischen Konzeption der Wahrnehmung führten. Mit der gemeinsam mit Francisco Javier Varela (* 1946, † 2001) verfassten Schrift »Autopoiesis and cognition« (1970; dt. »Autopoiesis und Kognition«) prägte er den Begriff der →Autopoiese.

Maxime [französ., von mittellatein. maxima (regula) »höchste Regel«], Leitsatz, Grundsatz, Lebensregel. Maxime bezeichnete zunächst in der Logik – von Boethius ausgehend – im Sinne von →Axiom einen obersten Grundsatz oder eine Regel, die weder beweispflichtig noch beweiszugänglich ist und von der andere Sätze hergeleitet werden können. Michel de Montaigne u.a. verwendeten Maxime im praktisch-moralischen Sinne als Handlungsgrundsatz. Als literarische Gattung bezeichnet Maxime einen Denkspruch bzw. eine Lebensregel.

Philosophische Aussagekraft und literarische Kunstform verbanden sich im 17. Jh. bei den französischen Moralisten – unter ihnen z.B. François La Rochefoucauld (* 1613, † 1680) –, deren »Maximen« eine meist ironische Kritik an herkömmlichen Meinungen, Gebräuchen und Umgangsformen formulieren. Bei Goethe (»Maximen und Reflexionen«, hg. 1840) und Arthur Schopenhauer (»Aphorismen zur Lebensweisheit«, 1851) wurde diese Tradition in gewisser Weise fortgeführt. In der Ethik Kants ist die Maxime ein »subjektiver Grundsatz«, eine handlungsleitende Regel, die sich der einzelne Mensch selbst gesetzt hat, im Unterschied zum →Imperativ, einem »objektiven Grundsatz« oder »praktischen Gesetz«, nach dem jedes vernünftige Wesen handeln soll.

Maya [Sanskrit »Illusion«, »Täuschung«], Begriff in der Philosophie des indischen Advaita-Vedanta, nach dessen illusionistischem Monismus nur das all-eine →Brahman im eigentlichen Sinn existiert, während die vergängliche empirische Vielheit durch Maya, die schöpferische Kraft Brahmans, bedingt ist. Diese offenbart somit einerseits Brahman, andererseits aber verbirgt sie es. Arthur Schopenhauer identifizierte die als negativ verstandene, wahre Erkenntnis verunmöglichende Maya mit dem →Principium Individuationis.

Mead [mi:d], George Herbert, amerikanischer Philosoph und Sozialpsychologe, * South Hadley (Mass.) 27. 2. 1863, † Chicago (Ill.) 26. 4. 1931; war ab 1894 Professor in Chicago. Anknüpfend an die Tradition des amerikanischen Pragmatismus, hob Mead den Mensch-Umwelt-Bezug und die unmittelbare Erfahrung als Grundlage des menschlichen Denkens und Handelns hervor. Er betonte die Bedeutung von Symbolen und Zeichen (v. a. der Sprache) für den Prozess der sozialen Interaktion und die Übernahme von Rollen für die Sozialisation. Mead übte so entscheidenden Einfluss auf die Entwicklung des symbolischen Interaktionismus aus und schuf die Grundlage für eine anthropologische Kulturtheorie.

Mechanismus [zu latein.-griech. mechanisch »ersonnen«; »mit Kunstgriffen, Werkzeugen hergestellt«; »erfinderisch«], **Mechanizismus,** seit der griechischen Antike belegte Richtung der Naturphilosophie und Ansatz der frühen neuzeitlichen Naturwissenschaft, der seinen Höhepunkt im 19. Jh. erreichte. Nach dem Mechanismus wird das Naturgeschehen der Welt, die Naturprozesse und der Aufbau des Kosmos, auf Gesetze der Bewegung zurückgeführt und streng deterministisch nach dem Kausalprinzip von Ursache und Wirkung erklärt, wobei der Mechanismus sich in seinen Extremformen nicht nur auf anorganische bzw. physikalische Naturphänomene bezieht, sondern die Phänomene des Lebens einschließt.

Der Mechanismus ist häufig, aber nicht grundsätzlich mit Formen materialistischer Weltauffassung verbunden. In der griechischen Philosophie wurde er in engem Zusammenhang zum Atomismus von Leukipp, insbesondere aber von Demokrit ausformuliert und gegen mythische Vorstellungen zur Erklärung des Aufbaus des Kosmos und der kosmischen Prozesse, v. a. des Werdens, verwendet und von Epikur aufgegriffen.

In der Neuzeit entwickelte Descartes zunächst im Rahmen seines Versuchs eines deduktiven Aufbaus einer mechanistischen Physik (»Principia philosophiae«, 1644; dt. »Die Prinzipien der Philosophie«) richtungweisend einen metaphysischen Mechanismus, der Gott als Anfang der Bewegung annimmt. Kant wollte den Mechanismus nur als Hypothese naturwissenschaftlicher Forschung gelten lassen, da allein bei Annahme der mechanistischen Struktur der Natur exakte Wissenschaft möglich sei. Gegen den Mechanismus des naturwissenschaftlichen Materialismus im 19. Jh. richtete sich der →Vitalismus.

megarische Schule, griechische Philosophenschule, die in der Tradition der sokratischen Ethik und der Eleaten stand. Die megarische Schule wurde von Euklid von Megara um 380 v. Chr. begründet. Zu ihren Vertretern zählten u. a. Euklids Schüler Eubulides von Milet und Diodoros Kronos (* 350 v. Chr., † Anfang des 3. Jh. v. Chr.). Eubulides, der als der Entdecker der Lügnerparadoxie gilt (»Ein Kreter sagt, alle Kreter lügen«), führte die →Eristik in die megarische Schule ein. Diodoros wird von Aristoteles das »Meisterargument« zugeschrieben, also die These, nichts sei möglich, was nicht auch wirklich eintreten könne. Wegen ihrer Kunst der dialogischen Disputation und des Streitgespräches wurde die megarische Schule auch **eristische Schule** genannt.

Meinong, Alexius Ritter von Handschuchsheim, deutscher Philosoph, * Lemberg 17. 7. 1853, † Graz 27. 11. 1920; war seit 1882 Professor in Graz, wo er 1894 das erste psychologische Laboratorium in Österreich gründete. Ausgehend von Franz Brentanos Erkenntnis, dass alle Bewusstseinsakte intentional, also auf Gegenständliches gerichtet sind, vertrat Meinong eine der Phänomenologie Edmund Husserls nahe stehende Gegenstandstheorie. Diese sieht den Gegenstand einerseits für sich, andererseits hinsichtlich seines Erfasstwerdens durch das Subjekt und nimmt eine Klassifizierung der Gegenstände von den Grundarten psychischen Erlebens – Vorstellen, Denken, Fühlen, Begehren – aus vor.

Meinung, ein subjektives Für-wahr-Halten, das im Unterschied zum Wissen nicht der Forderung strenger Überprüfbarkeit unterliegt, sondern unmittelbar ist oder das Ergebnis einer gewissen Reflexion darstellt; es wird von ihm erwartet, dass es plausibel ist, ohne vollständig begründbar sein zu müssen. In der antiken Philosophie (Parmenides, Platon) bezeichnete Meinung (Doxa) eine bloße Vorstufe des Wissens (Epistēme), welches wiederum als »wahre, mit Begründung versehene Meinung« aufgefasst wurde.

Meister Eckhart, →Eckhart.

Mencius, →Mengzi.

Mendelssohn, Moses, deutscher Philosoph, * Dessau 17. 8. 1729, † Berlin 4. 1. 1786; kam nach seiner rabbinischen Ausbildung 1742 nach Berlin. Dort widmete er sich dem autodidaktischen Sprachen- und Philosophiestudium. 1750 wurde er Hauslehrer und dann Buchhalter. Gotthold Ephraim Lessing, mit dem er seit 1754 befreundet war, ermutigte ihn zu eigener schriftstellerischer Tätigkeit auf dem Gebiet der Philosophie. 1771 erfolgte seine Wahl in die Berliner Akademie.

Mendelssohn interpretierte als erster jüdischer Philosoph der Neuzeit die jüdische Religion mit den Begriffen der aufklärerischen

Moses Mendelssohn
*** 1729, † 1786**

100563

- war eine zentrale Figur des Berliner Geisteslebens
- setzte sich für die Emanzipation und Einbürgerung der Juden in Deutschland ein
- interpretierte als Erster die jüdische Religion in Begriffen der Aufklärung
- inspirierte seinen Freund Gotthold Ephraim Lessing zu dem dramatischen Gedicht »Nathan der Weise«

Philosophie und war der bedeutendste der Popularphilosophen aus der Schule Christian Wolffs. Gedanken von Leibniz, Baruch de Spinoza, Anthony Ashley Cooper Shaftesbury und Kant regten seine Schriften an. In ihnen trat er vornehmlich für die Verbreitung der Toleranzforderung ein und behandelte Fragen der Metaphysik und Ästhetik. Seine »Abhandlung über die Evidenz in metaphysischen Wissenschaften« (1764) wurde von der Berliner Akademie preisgekrönt. Den Argumenten Platons und Leibniz' für die Unsterblichkeit der Seele fügte Mendelssohn in »Phädon, oder über die Unsterblichkeit der Seele« (1767) einen eigenen moraltheologischen Beweis hinzu. In »Morgenstunden, oder Vorlesungen über das Dasein Gottes« (1785) entwickelte er einen ontologischen Gottesbeweis.

In einer heftigen religionsphilosophischen Kontroverse, dem so genannten Pantheismusstreit (→Pantheismus), verteidigte Mendelssohn seinen Freund Lessing gegen den Vorwurf des Spinozismus (u. a. »Moses Mendelssohn an die Freunde Lessings«, posthum 1786), den Friedrich Heinrich Jacobi erhoben hatte.

Mengzi, Meng-tzu, latinisiert Mencius, Menzius, eigentlich Meng Ke, Meng K'o, chinesischer Philosoph, * Zou (Provinz Shandong) 372 v. Chr., † ebenda 289 v. Chr.; war als politischer Ratgeber an verschiedenen Fürstenhöfen tätig und entwickelte die konfuzianische Lehre z. T. in polemischer Auseinandersetzung mit konkurrierenden Weltanschauungen weiter. Im Gegensatz zu Xunzi vertrat er das Prinzip von der Güte der menschlichen Natur, die sich aus dem das Gute schlechthin repräsentierenden Weltprinzip ableitet. Das Buch »Meng-zi«, eine von seinen Schülern zusammengestellte Textsammlung mit Lehrgesprächen, wurde im 12. Jh. zu einem der »Vier Kanonischen Bücher« erhoben, zeitweise (15./16. Jh.) wegen seiner Parteinahme für das Volk aber auch nur in »gereinigter« Form zugelassen. Es hatte nachhaltigen Einfluss auf die chinesische Staatsphilosophie.

Menschenrechte, Rechte, die jedem Menschen unabhängig von seiner Stellung in Staat, Gesellschaft, Familie, Beruf, Religion und Kultur bereits dadurch zustehen, dass er als Mensch geboren ist. Die Idee der Menschenrechte hat eine jahrhundertealte geistige Tradition und fand u. a. über die Petition of Right (1628), die Virginia Declaration of Rights (1776) und die französische Verfassung von 1789 Eingang in die liberalen Verfassungen des 19. Jahrhunderts.

Mit der Idee der Menschenrechte verbindet sich im modernen rechtlich-politischen Denken und besonders im klassischen Verständnis als leitendes normatives Prinzip das der **Menschenwürde.** Dieses Prinzip sieht den Menschen von Geburt an im Besitz eines unantastbaren, unveräußerlichen Rechts, das ihn als Individuum vor jeder willkürlichen oder solchen Behandlung schützt, die ihn zu einem bloßen Objekt fremden Tuns werden lässt. Hierin liegt auch die grundsätzliche Unterscheidung des Wertes und der Würde eines Menschen. Während sich Werte taxieren lassen, entzieht sich die Würde einer solchen Taxierung. Im Verhältnis der Menschen zueinander wird dabei die unbedingte Anerkennung des Einzelnen als eines Trägers gleicher Freiheit vorausgesetzt. Menschenrechte werden daher durch staatliche Normierungen nicht geschaffen, sondern können durch diese als etwas Vorhandenes lediglich anerkannt werden.

Mengzi »Meng-zi«

Das Buch »Meng-zi« des Autors Mengzi wurde um 200 n. Chr. zusammengestellt und später von den Neokonfuzianern zu einem der »Vier Kanonischen Bücher« erhoben. Mengzi geht bei seiner Ausarbeitung des humanistischen Konzepts des Konfuzianismus von vier Kardinaltugenden aus, die dem Menschen angeboren sind und ihn zum Guten befähigen: Menschlichkeit, die zu Mitleid befähigt; Rechtlichkeit bzw. Pflichtgefühl, die zu Scham und Abscheu vor dem Bösen führen; sittliches Empfinden, das Höflichkeit und Zurückhaltung ermöglicht; und Klugheit, die ihn zwischen Gut und Böse unterscheiden lässt. Darüber hinaus formuliert er fünf zwischenmenschliche Beziehungen, die die gesellschaftliche Ordnung regeln. Von einem stark schematisierten Menschenbild ausgehend, kennzeichnen die Beziehungen zwischen Eltern und Kindern, Älteren und Jüngeren, Frauen und Männern, zwischen Freunden sowie zwischen Herrscher und Untertanen jeweils zwei Prinzipien, die sich wechselseitig ergänzen. Mengzi verteidigt zwar die traditionellen Sitten und Gebräuche, verlangt aber radikal die strikte Einhaltung der ethischen Forderungen auch durch den Herrscher.

Merleau-Ponty [mɛr'lo pɔ̃'ti], Maurice, französischer Philosoph, * Rochefort 14. 3. 1908, † Paris 3. 5. 1961; lehrte ab 1945 in Lyon, ab 1949 an der Sorbonne in Paris und ab 1952 am Col-

Menschenrechte. Nach der Abschaffung der Sklaverei wird in den Zeiten von Gentechnologie und Biomedizin der Schutz des Individuums vor der Behandlung als bloßem Objekt fremden Tuns wiederum überdacht (Wassilij Wereschtschagin, Verkauf eines Sklavenkindes, 1871/72; Moskau, Tretjakow-Galerie).

lège de France. Mit Jean-Paul Sartre verhalf er im Nachkriegsfrankreich der Existenzphilosophie zum Durchbruch. Merleau-Ponty gilt als bedeutendster Phänomenologe Frankreichs.

Ausgehend u. a. von Edmund Husserl, in kritischer Auseinandersetzung mit dem Marxismus und orientiert am Leitfaden einer »Phénoménologie de la perception« (1945; dt. »Phänomenologie der Wahrnehmung«), entwickelte Merleau-Ponty eine Theorie der leiblichen Existenz und Koexistenz, die auf einen offenen Lebens- und Geschichtssinn hinausläuft. Seine Ontologie des Sichtbaren und Unsichtbaren (»Le visible et l'invisible«, 1964) stellt ein Bindeglied zwischen Phänomenologie und Strukturalismus dar.

Maurice Merleau-Ponty erklärte am Beispiel eines Fußballspielers, wie Wahrnehmung funktioniert:

»Der Spielplatz ist ihm nicht gegeben, sondern … der Spieler bezieht ihn in seinen Körper mit ein und spürt beispielsweise die Richtung des ›Tores‹ ebenso unmittelbar wie die Vertikale und Horizontale seines eigenen Leibes.«

Mesọtes [griech. »Mitte«], in der *griechischen Philosophie* die vernünftige Mitte zwischen zwei Fehlformen menschlichen Verhaltens wie auch alles Seienden, die aufgrund eines »Zuviel« oder »Zuwenig« über das Ziel hinausschießen oder dahinter zurückbleiben. So bestimmt z. B. Aristoteles Tapferkeit als Mitte zwischen Verwegenheit und Feigheit. Mesotes als Ideal des Maßvollen und jeweils Besten gilt als Prinzip jeglicher Tugend.

Mẹta|ästhetik [zu griech. metá »inmitten«, »zwischen«, »nach«, »hinter«], die philosophische Klärung der theoretischen Voraussetzungen, Methoden und begrifflichen Instrumente der →Ästhetik.

Mẹta|ethik, Bezeichnung für seit Beginn des 20. Jahrhunderts im angloamerikanischen Sprachraum entwickelte ethische Theorien, die im Anschluss an die analytische Philosophie und die Sprachtheorie Ludwig Wittgensteins die sprachliche Form moralischer Aussagen untersuchen. Im Unterschied zur normativen →Ethik, die nach den das sittliche Sein und Sollen begründenden Prinzipien fragt, macht es sich die Metaethik zur Aufgabe, die ethischen Fragestellungen durch eine (nicht normative) Analyse der Bedeutungen moralischer Ausdrücke (»gut«, »Pflicht«, »sollen« u. a.) zu klären. Die metaethischen Theorien lassen sich in **kognitive** und **nicht kognitive** einteilen, je nachdem, ob an der Rationalität des Moralischen festgehalten oder dessen Irrationalität behauptet wird.

Metạpher [griech. »Übertragung«, zu metaphérein »anderswohin tragen«], sprachliches Ausdrucksmittel der uneigentlichen Rede. Das eigentlich gemeinte bzw. erwartete Wort wird ersetzt durch ein anderes, das eine sachliche oder gedankliche Ähnlichkeit oder dieselbe Struktur aufweist (z. B. »das Gold ihrer Haare«). Die Sprache springt dabei gleichsam von einem Vorstellungsbereich in einen anderen. Die Metapher beruht somit auf einem vorhandenen oder durch sie erst erzeugten Verhältnis der →Analogie. Sie wird daher oft auch als »verkürzter Vergleich« bezeichnet. Aufgrund ihrer sinnstiftenden Qualität wird ihr erkenntnisfördernder Wert zugesprochen.

Metaphysịk [mittellatein. metaphysica, zu griech. tà metà tà physiká »das, was hinter der Natur steht«], philosophische Grunddisziplin, die nach den letzten Fundamenten und allgemeinsten Strukturen der Wirklichkeit fragt und damit eine Universalität für sich beansprucht, die alle Einzeldisziplinen unter sich begreift. Traditionell unterscheidet man die

Metaphysik Überwindung oder Erneuerung in der Moderne?

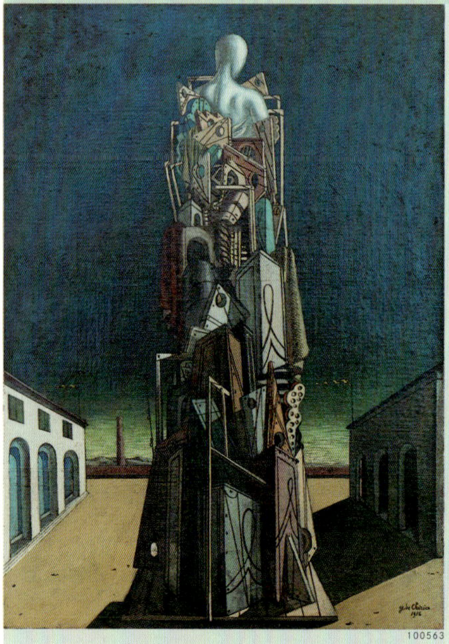

100563

Der Streit um die Metaphysik ist fast so alt wie sie selbst. Ihre Geschichte scheint über weite Strecken zugleich die Geschichte der Versuche zu sein, sie entweder zu überwinden oder aber zu erneuern. Einen neuen Impuls setzte Jürgen Habermas 1985, als er eine »Sammelrezension« zeitgenössischer Publikationen veröffentlichte, in denen er eine »Rückkehr zur Metaphysik« ausmachte und diese als unvereinbar mit dem Bewusstseinsstand der Moderne kritisierte. Der vornehmlich angesprochene Dieter Henrich entgegnete ihm in »zwölf Thesen« mit einem Verständnis von Metaphysik, das auch und gerade unter modernen Bedingungen Bestand haben soll. Dabei betonte er vor allem die nur von der Metaphysik zu leistenden Lebensorientierungen. Die Auseinandersetzung ging in die nächste Runde, als Habermas seinen Standpunkt gegenüber Henrich erneut bekräftigte (Giorgio de Chirico, »Der große Metaphysiker«, 1924–26; Berlin, Nationalgalerie).

allgemeine Metaphysik (»Metaphysica generalis«) als Ontologie von der **speziellen Metaphysik** (»Metaphysica specialis«), die sich in rationale Theologie als Lehre von Gott, rationale Psychologie als Lehre von der Seele sowie rationale Kosmologie als Lehre vom Aufbau der Welt gliedert.

■ **Antike** Gegenüber dem narrativ verwickelten Gestalten- und Bilderreichtum des Mythos etablierten die Vorsokratiker mit der Frage nach dem stofflichen Element, aus dem letztlich alles besteht, bereits das zentrale Motiv metaphysischen Denkens: den Versuch, das Weltganze nach einem einigenden Prinzip (→Arche) zu begreifen. Platons Ideenlehre hebt sich insofern von diesen früheren Ansätzen ab, als sie nicht den Stoff, sondern die Formen der Dinge als den Grund ihrer Wirklichkeit begreift und diese Formen als ein eigenständiges Reich von Ideen von der sinnlich wahrnehmbaren Welt abtrennt. Erstmals nimmt metaphysisches Denken damit die Gestalt einer Zweiweltenlehre (→Dualismus) an, der zufolge die eigentliche und wahre Wirklichkeit jenseits der uns unmittelbar umgebenden Sinnenwelt zu suchen ist.

Als eigenständige Disziplin wurde die Metaphysik von Aristoteles begründet. Er nannte sie **Erste Philosophie,** weil sie allen einzelwissenschaftlichen Fragestellungen vor- und überzuordnen ist. Diese nämlich fassen jeweils nur einen bestimmten Aspekt der Wirklichkeit ins Auge und thematisieren so nur Teilgebiete des Seienden, setzen sein Sein selbst dabei aber stets voraus. Die Erste Philosophie hingegen fragt nach dem Seienden, insofern es ist, und sucht das, was sein Sein ausmacht, begrifflich zu bestimmen. Sie ist so wesentlich Ontologie, hebt als solche aber zugleich die metaphysischen Ansätze der Vorgänger in sich auf: Indem sie die allgemeinen ontologischen Grundlagen der Einzelwissenschaften klärt, umfasst sie in gewissem Sinne zugleich deren Gegenstandsbereiche und verbindet so erneut den Ausgriff auf Einheit und Totalität mit der Frage nach dem Grund aller Wirklichkeit.

■ **Mittelalter** Die in den mittelalterlichen Schulen ausgebildete Tradition der Metaphysik stand einerseits unter dem Einfluss der antiken Überlieferung, war aber andererseits wesentlich durch die inhaltlichen Vorgaben der christlichen Religion bestimmt. Absoluter Grund der Welt war nun Gott, der sie aus dem Nichts erschaffen und ihre Ordnung gefügt hat. Vorrangige Aufgabe der Metaphysik wurde es, das Verhältnis zwischen Gott und Welt zu bestimmen. Vor allem die verschiedenen →Gottesbeweise spiegeln dabei ein Grundproblem der Metaphysik wider, das in der Neuzeit ausdrücklich aufbrechen sollte mit der Frage, wie es der menschlichen Rationalität überhaupt möglich ist, Anteil an den ewigen und absoluten göttlichen Wahrheiten zu haben.

Metaphysik. Der Hauptgegenstand mittelalterlicher Metaphysik war theologisch bestimmt: Ihr Anliegen ist der Beweis der Existenz Gottes (Giovanni di Paolo, »Dante und Beatrice vor dem Licht Gottes«, Buchmalerei zu Dante Alighieris »Göttlicher Komödie«, um 1438/44; London, British Library).

■ **17./18. Jahrhundert** Mit Descartes wurde der methodische Ansatz der Metaphysik in das erkennende Subjekt selbst verlegt. Metaphysische Grundbegriffe wie »Gott« oder »Seele« werden als →angeborene Ideen im menschlichen Bewusstsein verstanden, denen höchste Klarheit und Gewissheit zukommt. Auf ihrer Grundlage scheint metaphysische Erkenntnis durch reine, erfahrungsfreie Begriffsoperationen möglich zu sein. Die Philosophen des Empirismus (John Locke, David Hume) dagegen bestritten die Existenz angeborener Ideen. Ihnen zufolge bildet allein sinnliche Erfahrung die Quelle der Wirklichkeitserkenntnis. Daher standen sie der Möglichkeit einer Metaphysik ausgesprochen skeptisch gegenüber.

Die Philosophie Kants markierte eine →kopernikanische Wende in der Geschichte der Metaphysik. Kant wirft die grundsätzliche Frage auf, ob und wie Metaphysik als Wissenschaft überhaupt möglich sei. Ihre Beantwortung erfordert zunächst eine kritische Prüfung der menschlichen Erkenntnisfähigkeit selbst. Von ihrer Reichweite hängt ab, was wir überhaupt erkennen können. Nicht nur ist wissenschaftliche Erkenntnis stets auf Erfahrung verwiesen und vermag so prinzipiell keine Urteile über Dinge zu fällen, die nicht anschaulich gegeben sein können (Gott, Seele, Weltganzes). Sie erfasst die Wirklichkeit auch gar nicht so, wie sie an sich selbst sein mag, sondern nur so, wie sie uns aufgrund der Beschaffenheit unseres Erkenntnisvermögens erscheint. Die traditionelle metaphysische Frage nach den letzten Fundamenten und allgemeinsten Strukturen der Wirklichkeit kann demnach nur als Frage nach den subjektiven Fundamenten und Strukturen der Wirklichkeitserkenntnis rekonstruiert werden.

■ **19. Jahrhundert** Nach Kant bleibt die Möglichkeit einer Metaphysik im vorkantischen Sinne umstritten. Nachdem in den Systemen des deutschen Idealismus ein letzter groß angelegter Versuch unternommen worden war, mit Kant über die von diesem verhängte Grenze des Erkenntnisvermögens hinauszugelangen, breitete sich seit Mitte des 19. Jahrhunderts Ernüchterung aus. Es kam das

Schlagwort vom »Zusammenbruch« der großen metaphysischen Systeme auf. Die Naturwissenschaften schienen nun die Rolle der Grundlagenwissenschaft zu übernehmen. Sofern Metaphysik nicht als Inbegriff abgehobener und haltloser Spekulationen verworfen oder als vorwissenschaftliches Erklärungsmuster einem frühen Entwicklungsstadium des menschlichen Geistes zugeordnet wurde (Auguste Comte), fiel ihr die Funktion zu, eine umfassende →Weltanschauung zu entwerfen, die das von den Naturwissenschaften nicht gedeckte Sinn- und Orientierungsbedürfnis des Menschen befriedigen soll.

■ **20. Jahrhundert** Aufgrund einer Aufwertung ontologischer Fragestellungen lässt sich zu Anfang des 20. Jahrhunderts eine Tendenz zur Erneuerung metaphysischen Denkens verzeichnen. So orientierte sich etwa Edmund Husserl ausdrücklich am Begründungsideal einer Ersten Philosophie. Sein Schüler Martin Heidegger beanspruchte, auf dem Weg einer existenzialen Analytik des menschlichen Daseins zu einer Fundamentalontologie zu gelangen. Dabei will er die abendländische Metaphysik einer Destruktion unterziehen. Nicolai Hartmann schließlich entwarf eine kategorialanalytische Schichtenontologie. Kritik an solchen Ansätzen kommt v. a. vonseiten der analytischen Philosophie, die der Metaphysik stets vorgeworfen hat, dass sie ihre sprachlichen Grundlagen nicht reflektiere und so als wissenschaftliche Theorien ausgebe, was letztlich nur dunkle Gefühle seien. So forderte etwa Ludwig Wittgenstein, wovon man nicht (sinnvoll) sprechen kann, darüber müsse man schweigen.

Dennoch hält die Diskussion um die Möglichkeit einer Metaphysik bis in die unmittelbare Gegenwart hinein an. Dabei scheinen die verschiedenen Versuche zur Erneuerung metaphysischen Denkens (u. a. Robert Spaemann, Dieter Henrich) ebenso wie die Versuche, Metaphysik endgültig in Richtung eines »nachmetaphysischen Denkens« (Jürgen Habermas) zu überwinden, allesamt in dem Spannungsfeld zu stehen, das bereits Kants Metaphysikkritik aufgezeigt hatte. Diese nämlich verstand es geradezu als Schicksal der menschlichen Vernunft, »dass sie durch Fragen belästigt wird, die sie nicht abweisen kann, denn sie sind ihr durch die Natur der Vernunft selbst aufgegeben, die sie aber auch nicht beantworten kann, denn sie übersteigen alles Vermögen der menschlichen Vernunft«.

■ **Siehe auch**

SACHBEGRIFFE →Absolute, das · Aufklärung · deutscher Idealismus · Freiheit · Gott · Geist · Idee · Ideenlehre · Kritik · Ontologie · Seele · Sein · Spekulation · Transzendentalphilosophie · Wiener Kreis

PERSONEN →Aristoteles · Bergson, Henri · Descartes, René · Hegel, Georg Wilhelm Friedrich · Heidegger, Martin · Kant, Immanuel · Leibniz, Gottfried Wilhelm · Platon · Spinoza, Baruch de · Whitehead, Alfred North · Wittgenstein, Ludwig

Metasprache, Sprache oder Symbolsystem zur wissenschaftlichen Beschreibung einer Sprache oder eines Symbolsystems. Hierbei kann es sich z. B. um eine formalisierte Sprache handeln, mit der die Beschreibung einer natürlichen Sprache vorgenommen wird. Eine Metasprache kann ihrerseits wieder »Objektsprache« einer Metasprache werden.

Methexis [griech.], **Teilhabe,** von Platon eingeführter Terminus zur Bezeichnung des Verhältnisses der Einzeldinge der Sinnenwelt zu ihren Urbildern, den →Ideen, sowie der Ideen untereinander. Aus der Voraussetzung, dass allein die Ideen »wirklich« sind, folgt für Platon, dass die Einzeldinge als Abbilder nur durch Teilhabe an den Ideen als »wirklich« und »seiend« angesehen werden können. Für die christliche Platontradition, die den Schöpfergott als höchste, im eigentlichen Sinn »wirkliche« Idee versteht, ergibt sich der Grad der Dignität und Realität der Dinge aus dem Grad der Teilhabe am Sein Gottes.

Methode [griech. méthodos »Weg«, »Gang einer Untersuchung«, eigtl. »Weg zu etwas hin«], ein nach Gegenstand und Ziel planmäßiges Verfahren zur Lösung praktischer und theoretischer Aufgaben. Methode ist speziell für wissenschaftliches Vorgehen charakteristisch. Die **Methodologie** ist die einer Wissenschaft vorausgehende Methodenlehre und Gegenstand der Wissenschaftstheorie.

Die Einzelwissenschaften haben ihnen gemäße Methoden entwickelt, die einerseits der Forschung, andererseits der Darstellung (Lehre) dienen und das Selbstverständnis der jeweiligen Wissenschaft entscheidend prägen. So wurden z. B. Natur- und Geisteswissenschaften von Wilhelm Dilthey durch die Unterscheidung von erklärender und verstehender Methode voneinander unterschieden. Weiter gab der Unterschied zwischen den Methoden der Induktion und der Deduktion Anlass, die empirischen Wissenschaften (z. B. Chemie) von den rationalen (z. B. Mathematik) abzusondern, während der in neuerer Zeit geführte Streit zwischen positivistischer und radikal kritischer (idealistischer) Wissenschaft auch ein Streit zwischen analytischer und synthetischer Methode genannt wird.

Die Hauptstücke der klassischen und modernen Methodologie bilden die Lehre von der Definition und vom Beweis, d. h. die Lehre von der Begriffsbildung und von den Begründungsverfahren. Für die analytische Wissenschaftstheorie gilt die experimentelle Methode der empirischen Naturwissenschaft zusammen mit den logisch-mathematischen Methoden der modernen Grundlagenforschung als Muster wissenschaftlicher Methode schlechthin. In ihr gliedert sich die Methodologie in einen empirischen und einen reinen Teil. Im reinen Teil wird die logisch-mathematische Zurückführbarkeit der Bestätigung (Geltung) einer Aussage auf andere Aussagen untersucht (deduktive Methode), im empirischen Teil wird die Bestätigungsfähigkeit und Prüfbarkeit der Aussagen selbst behandelt (induktive Methode).

Hiervon abweichende Methodologien lassen die Trennung von reinem und empirischem Teil nicht gelten (Willard Van Orman Quine) oder verweisen auf weitere Begründungsverfahren, z. B. die Methode des Konstruktivismus, der Hermeneutik oder der analytischen Philosophie.

Methodenpluralismus, Form des →Pluralismus.

Mikrokosmos [zu griech. mikrós »klein« und Kosmos], Teil der Welt als Ganzes (**Makrokosmos**). Den Begriffen Mikro- und Makrokosmos liegt die Vorstellung einer vollendeten Ordnung der Welt zugrunde, in der eine Analogiebeziehung zwischen der Welt als Ganzem und ihren einzelnen Teilen, insbesondere dem Menschen, besteht: Die Erkenntnis eines Teils der Welt ermöglicht eine entsprechende Erkenntnis des Ganzen, und jede Vorstellung über das Ganze hat ihre Entsprechung in den Teilen. Der Makrokosmos wird hierbei in Analogie zum Menschen als eine vernünftige und lebendige Einheit vorgestellt, der Mikrokosmos ist Spiegel oder Abbild des →Logos der Welt. Beide sind nach analog harmonischen Proportionen gebildet. – Abb. S. 223

Die Vorstellung der Übereinstimmung von Teilen der Welt mit dem Makrokosmos führte die Pythagoreer z. B. zu ihrer Zahlen- und Harmonielehre; eine besondere Ausformung erfuhr der Mikrokosmosgedanke auch in der Stoa. Der Gedanke einer durchgängigen Gesetzmäßigkeit der Natur und der Ähnlichkeit ihrer Teile spielte erstmals eine Rolle in der ionischen Naturphilosophie (Anaximander, Empedokles, Demokrit). In den kosmologisch orientierten Anthropologien und der Naturphilosophie des Mittelalters und der Renaissance hatte besonders der Gedanke einer Analogie von Mensch und Welt Bedeutung (Albertus Magnus, Nikolaus von Kues u. a.). Der Gedanke der analogen Entsprechung liegt u. a. auch der »Monadologie« von Leibniz zugrunde, insofern jede der unzähligen Monaden alle anderen in der Ordnung einer prästabilierten Harmonie widerspiegelt.

Mill, 1) James, britischer Philosoph, Historiker und Volkswirtschaftler, * Northwaterbridge (Tayside Region) 6. 4. 1773, † Kensington (heute zu London) 23. 6. 1836, Vater von 2); war zunächst Prediger, dann Journalist. Seine dreibändige »History of British India« (1817; dt. »Geschichte des britischen Indien«) wurde zu einem historischen Standardwerk. Im Zusammenwirken mit Jeremy Bentham (ab 1808) war Mill neben diesem und seinem Sohn Hauptvertreter des englischen →Utilitarismus, dem er erkenntnistheoretisch eine Assoziationspsychologie in der Nachfolge von David Hume und dem britischen Arzt und Psychologen David Hartley (* 1705, † 1757) zuordnete. Er war politischer Wortführer der »Radikalen« (Liberalen) und förderte damit die allgemeine Anerkennung der Menschenrechte. In seiner Theorie der Volkswirtschaft zeigt sich Mill v. a. von Adam Smith und dem britischen Volkswirtschaftler David Ricardo (* 1772, † 1823) beeinflusst.

2) John Stuart, britischer Philosoph und Volkswirtschaftler, * London 20. 5. 1806, † Avignon 8. 5. 1873, Sohn von 1); war ein Vertreter des »älteren Positivismus«. Er erhielt durch seinen Vater eine umfassende Ausbildung und wurde u. a. von den Theorien Auguste Comtes beeinflusst. 1823–58 war er – zuletzt in leitender Funktion – für die Ostindische Kompanie tätig und von 1865 bis 1868 Mitglied des Unterhauses.

Philosophisch sind v. a. Mills Beiträge zur Logik und Ethik von Bedeutung. In seinem Werk »A system of logic, ratiocinative and inductive« (1843; dt. »System der deductiven und inductiven Logik«) entwirft er eine allgemeine Methodologie der Wissenschaften mit dem Ziel, die ältere Logik so auszubauen, dass sie auch auf Politik und Soziologie anwendbar wird und auf diesen Gebieten exakte Voraussagen ermöglicht. Diesem Ziel dient die Entwicklung der induktiven Logik, der Lehre von den richtigen Verallgemeinerungen aus genauen, partikularen Analysen.

Mills Ethik, der →Utilitarismus, misst den moralischen Wert einer Handlung an ihren Folgen. Mit seinem nationalökonomischen Standardwerk »Principles of political economy with some of their applications to social philosophy« (1848; dt. »Grundsätze der politischen Oekonomie, nebst einigen Anwendungen auf die Gesellschaftswissenschaft«), in dem er die Ökonomie als Teil einer umfassenderen Sozialphilosophie betrachtet, gilt Mill mitunter als der letzte Vertreter der klassischen Nationalökonomie.

Mimamsa [Sanskrit »Erörterung (vedischer Texte)«], ursprünglich die Auslegung der altindischen Opfertexte und Ritualhandlungen. Die Mimamsa ist eines der sechs klassischen Systeme der *indischen Philosophie* und am engsten von diesen mit der altindischen religiösen Literatur des Veda verknüpft. Die ältere Purvamimamsa, auch Karmamimamsa genannt, stellt den Opferdienst, die rituellen Gebote des Veda als religiöse Pflicht (Dharma) in den Mittelpunkt. Die spätere Uttaramimamsa beschäftigt sich mit der Erkenntnislehre und anderen philosophischen Fragen, etwa mit dem Verhältnis von Brahman und der Individualseele.

Mimesis [griech. »Nachahmung«], in der *Ästhetik* Bezeichnung für das Verhältnis von künstlerischer Darstellung und Realität. Platon verwendet Mimesis als Bezeichnung für das

John Stuart Mill
*** 1806, † 1873**

100264

- war Mitglied des englischen Unterhauses und leitete die Ostindische Kompanie
- vertrat eine utilitaristische Ethik
- betrieb ökonomische Studien als Teil einer umfassenden Sozialphilosophie
- verteidigte die repräsentative Demokratie im Sinne des Liberalismus

Mimesis.
Nach Gotthold Ephraim Lessing ist die Schönheit Ziel bildender Kunst, die die Natur nie getreu nachahmen könne. Nur die Dichtung dürfe etwa Laokoons Schreien schildern, denn »wem fällt es dabei ein, dass ein großes Maul zum Schreien nötig ist, und dass dieses große Maul hässlich ist?« (»Laokoongruppe«, 1. Jh. n. Chr.; Rom, Vatikanische Sammlungen).

100264

ontologische Abhängigkeitsverhältnis der konkreten Gegenstände von den →Ideen. Für ihn ist die Kunst, weil sie die phänomenale Welt (die ihrerseits als Abbild der Ideenwelt verstanden wird) darstellt, Nachahmung von Nachahmung. Aristoteles versteht Mimesis dagegen als Nachahmung und zugleich als antizipatorische Darstellung (Präsentation) idealer Situationen, Lebensweisen und -haltungen, also nicht als bloße Kopie der Wirklichkeit.

Mittelstraß, Jürgen, deutscher Philosoph und Wissenschaftstheoretiker, *Düsseldorf 11. 10. 1936; ist seit 1970 Professor in Konstanz und seit 1990 gleichzeitig Direktor des Zentrums Philosophie und Wissenschaftstheorie. Mittelstraß ist ein Vertreter des →Konstruktivismus der Erlanger Schule. Er beschäftigt sich v. a. mit Fragen der allgemeinen Wissenschaftstheorie, der Wissenschaftsgeschichte, Erkenntnistheorie und Sprachphilosophie sowie mit Ethik und Kulturtheorie.

Modalität [zu latein. modus »Art«, »Weise«, »Maß«], 1) in der *Ontologie* das Wie des Seins (Wirklichkeit, Möglichkeit, Notwendigkeit) eines Seienden oder Geschehens, 2) in der *Logik* der Grad der Bestimmtheit einer Aussage bzw. der Gültigkeit von Urteilen, die nach ihrer Modalität eingeteilt werden in assertorische (behauptende), apodiktische (notwendige) und problematische (mögliche) Urteile. Kant bezeichnet in seiner Kategorientafel die Begriffe »Wirklichkeit«, »Notwendigkeit« und »Möglichkeit« sowie die ihnen jeweils entgegengesetzten Begriffe als Modalitäten.

Modal|logik, wichtigstes Teilgebiet der philosophischen Logik, das sich mit Aussagen beschäftigt, die mit den alethischen (→Aletheia) Modalitäten »möglich« und »notwendig« gebildet sind. Die Modallogik wird heute als eine Erweiterung der klassischen Aussagen- bzw. Prädikatenlogik durch Hinzunahme der beiden einstelligen Modaloperatoren L und M behandelt. L ist der Notwendigkeitsoperator: L(*A*) bedeutet: »Es ist notwendig, dass *A* ...«; M ist der Möglichkeitsoperator: M(*A*) heißt: »Es ist möglich, dass *A* ...«. Für »L(*A*) ist wahr« bzw. »M(*A*) ist wahr« sagt man auch, dass *A* notwendig bzw. möglicherweise wahr ist.

Die Modallogik wird in der Regel als Kalkül aufgebaut: Zu den Axiomen der klassischen Logik werden dann noch Axiome für die Modaloperatoren dazugenommen, etwa $L(A) \rightarrow A$ (»wenn es notwendig ist, dass *A*, dann *A*«). Es gibt aber keine Gruppe von Axiomen, die alle mit den Modalitäten verbundenen intuitiven Vorstellungen genau erfasst. Vielmehr gibt es mehrere Systeme der Modallogik, die miteinander konkurrieren, gewisse Vor- und Nachteile besitzen und jeweils unterschiedliche Aspekte der betrachteten Modalitäten erfassen.

Große Bedeutung für die Modallogik und ihre Systematisierung hat die 1959 von Saul Kripke entwickelte Semantik der möglichen Welten (auch Kripke-Semantik genannt). Diese baut auf einer Menge auf, deren Elemente »mögliche Welten« genannt werden (in vager Entsprechung zu Ideen bei Leibniz). Zwischen diesen Elementen ist eine zweistellige Zugänglichkeitsrelation erklärt. Nun kann man eine Aussage M(*A*) in einer Welt *w* wahr nennen, wenn es eine von *w* zugängliche Welt *w'* gibt, in der die fragliche Aussage *A* tatsächlich wahr ist. Gilt die Aussage *A* dagegen in allen von *w* aus zugänglichen Welten, so heißt die Aussage L(*A*) wahr in der Welt *w*. Aus der Semantik der möglichen Welten sind u. a. von Kripke selbst weit reichende philosophische Folgerungen gezogen worden, die zahlreiche Diskussionen provozierten.

Eine spezielle Form der Modallogik ist die von Georg Henrik von Wright begründete **deontische Logik.** Sie soll exakte sprachliche Grundlagen für den Aufbau einer systematischen Ethik liefern.

■ **Geschichte** Die Modallogik nimmt bei Aristoteles einen breiten Raum ein, und auch Diodoros Kronos (*350 v. Chr., † Anfang des 3. Jh. v. Chr.) warf wesentliche Fragen für die Modallogik auf. Die moderne Modallogik begann mit den Arbeiten (1912–32) von Clarence Irving Lewis. 1933 schlug Kurt Gödel vor, die Modallogik als Erweiterung der klassischen Logik aufzufassen. In den letzten Jahren findet die Modallogik verstärkt Beachtung im Rahmen der theoretischen Informatik.

Modell [italien. modello, zu latein. modulus »Maß«, »Maßstab«], in *Logik* und *Mathematik* ein Bereich (meist eine Menge), dessen Mitglieder und deren Verknüpfungen eine durch Axiome beschriebene abstrakte Struktur besitzen. Die **Modelltheorie** versucht mithilfe von Modellen die relative Widerspruchsfreiheit von Axiomensystemen sowie die Unabhängigkeit der Axiome voneinander zu zeigen. Die Me-

Rechte Seite:
Die moderne Wissenschaft macht deutlich, dass es keine harmonische Übereinstimmung der Gesetzmäßigkeiten zwischen Mikrokosmos und Makrokosmos gibt.

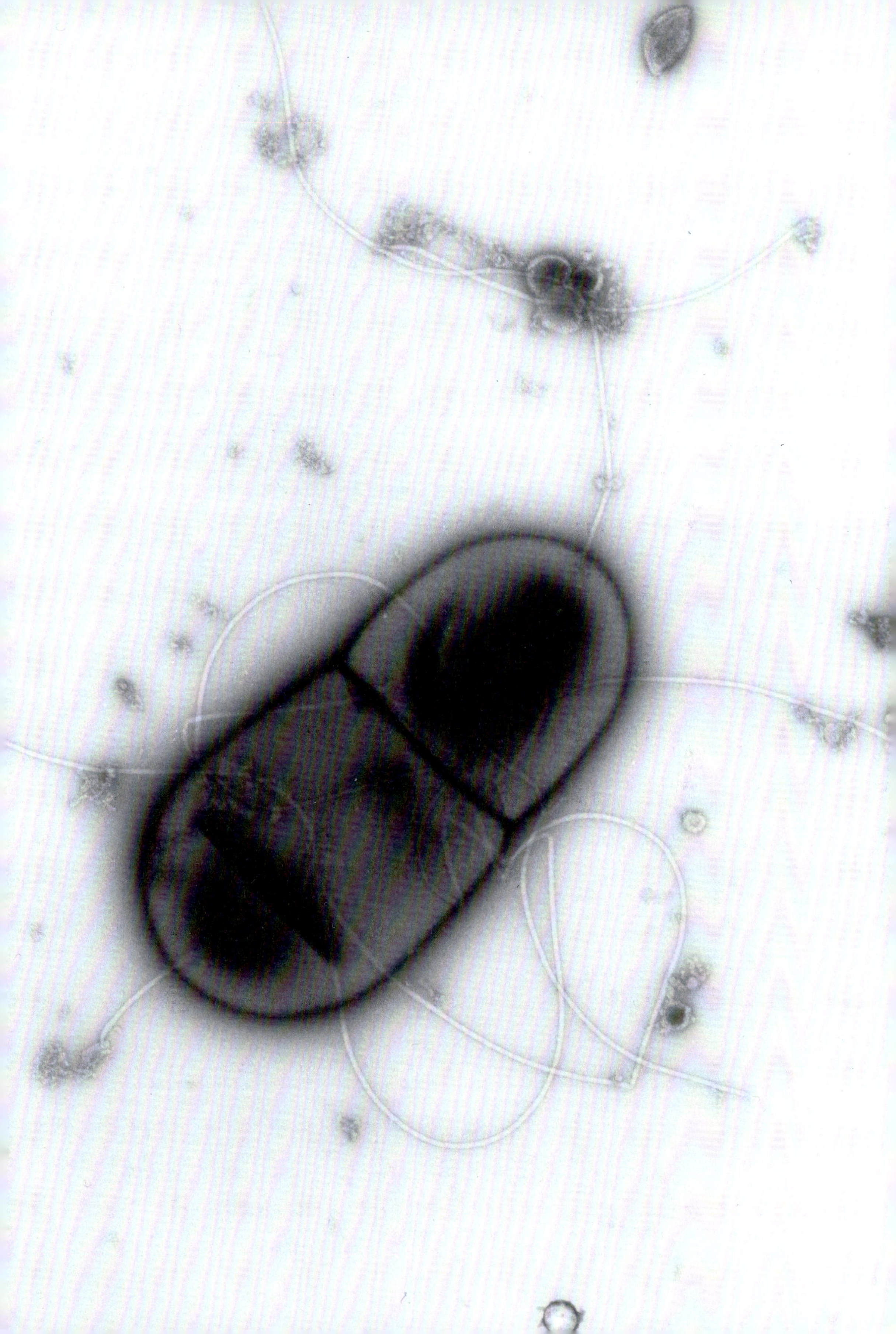

Mo Di Der rationalisierte Mensch

Obwohl er sich selbst nicht als Revolutionär sah, begründete Mo Di die erste sozialrevolutionäre Lehre Chinas. Ihr Ausgangspunkt ist der Himmel als personal gedachtes oberstes Prinzip. Da alle Menschen »Kinder des Himmels« sind, forderte Mo Di zwar nicht die Gleichheit, aber die Gleichbehandlung aller Menschen. Höchstes Ziel ist eine umfassende Solidarität. Gegen das konfuzianische Ideal der qualitativ abgestuften menschlichen Beziehungen setzte er die Prinzipien der umfassenden Menschenliebe und des gegenseitigen Nutzens, die das menschliche Zusammenleben bestimmen. Der Mensch wird nach dem Prinzip des Nutzens rationalisiert: Entscheidend sind allein die Tüchtigkeit und Nützlichkeit eines jeden für andere.
Als der Konfuzianismus Staatslehre wurde, drängte er den Mohismus vollständig zurück. In dem Maße jedoch, wie in China Kritik am Konfuzianismus laut wurde, kamen auch die Lehren Mo Dis wieder zu Ehren. Mao Zedong etwa war ein genauer Kenner seiner Schriften und orientierte sich bei der Organisation der Kommunistischen Partei Chinas an der ordensähnlichen Struktur der Schule der Mohisten. Das chinesische Propagandaplakat aus der Zeit der Kulturrevolution zeigt Mao Zedong mit jungen Chinesen.

thode der Modellbildung zählt heute zu den grundlegenden Techniken der →mathematischen Logik.

Mo Di, Mo Ti, chinesischer Philosoph, * etwa 480 v. Chr., † etwa 390 v. Chr.; vertrat das Prinzip einer sozialistische Züge tragenden »allumfassenden Liebe«. In der unter seinem Namen überlieferten Textsammlung werden die Hauptgedanken seiner Lehre erörtert, wobei Nützlichkeitsüberlegungen eine große Rolle spielen. Zentral sind die Befürwortung der Sparsamkeit sowie die Ablehnung des Angriffskrieges, den Mo Di durch konsequente Entwicklung defensiver Maßnahmen auszuschalten suchte. Die naturwissenschaftlich-technischen Kapitel sind verloren, die zur Logik nur bruchstückhaft erhalten. Mo Dis Lehre konkurrierte bis zum 2. Jh. v. Chr. noch stark mit der des Konfuzius, danach wurde ihr keine Bedeutung mehr beigemessen. Ende des 19. Jh. wurde sie neu entdeckt und intensiv analysiert, da man in ihr Ansätze zu einem modernen, sonst nur im Westen ausgebildeten Denken zu erkennen glaubte.

Modus [latein. »Maß«; »Art«, »(Aussage)weise«; »Melodie«, eigtl. »Gemessenes«, »Erfasstes«], die nähere Bestimmung des Seins, so z. B. bei Descartes »Ausdehnung« und »Denken«. In der *Logik* nennt man die verschiedenen syllogistischen Schlussfiguren (→Syllogismus) Modi.

Modus ponens [latein., zu ponere »setzen«, »stellen«, »legen«], **Abtrennungsregel,** die wichtigste Schlussregel der *Logik:* Gilt sowohl *A* als auch »Wenn *A*, dann *B*«, so gilt auch *B*. Die Symbole *A* und *B* sind dabei →Variable für Aussagen.

Möglichkeit, im Unterschied zu Wirklichkeit und Notwendigkeit die reine Denkbarkeit einer Sache und ihre Widerspruchsfreiheit in sich. In der aristotelischen Naturphilosophie bezeichnet das ontologische Möglichsein als Potenzialität (Dynamis) das Vermögen, die Wirklichkeit in sich zu gestalten, d. h. die Materialursache, im Gegensatz zur Wirklichkeit als Aktualität (Energeia, →Akt). Von der Potenzialität wird die Possibilität, das dem Substanziell-Notwendigen anhängende Zufällig-Kontingente (→Kontingenz), unterschieden.

Während in Antike und Mittelalter die logische und die ontologische Bedeutung des Möglichkeitsbegriffs eng miteinander verknüpft waren, trat in der Neuzeit ein transzendental-logisch-erkenntnistheoretischer Möglichkeitsbegriff in den Vordergrund. Für Kant ist möglich, was der Anschauung wie den Begriffen nach mit den formalen Bedingungen der Erfahrung übereinkommt; für das Wirkliche sind auch die materialen Bedingungen erforderlich.

Monade [latein. monas, monadis, von griech. monás »Einheit«, »das Einfache«], unteilbare Einheit, Element des Weltaufbaus. Leibniz entwickelte eine systematische Lehre von den Monaden (»Monadologie«) als den unausgedehnten, in sich abgeschlossenen (»fensterlosen«), unteilbaren Einheiten (»metaphysische Punkte«) der Weltsubstanz. Diese spiegeln die Welt in unterschiedlichem Vollkommenheitsgrad wider und stehen im Zusammenhang einer prästabilierten Harmonie.

Monismus [zu griech. mónos »allein«], eine Lehre, in der im Gegensatz zum →Dualismus oder →Pluralismus die Vielheit der Welt auf einen einzigen Stoff, eine Substanz oder ein Prinzip zurückgeführt wird. Wissenschaftstheoretisch bezeichnet man die Verfahrensweisen als Monismus (Methodenmonismus), die sich im Gegensatz zum Methodenpluralismus bei der Untersuchung ihrer Gegenstände unterschiedslos einer einzigen Methode bedienen.

Schon die ionische Naturphilosophie suchte nach einem einheitlichen Urstoff als Grund aller Dinge. Heraklit sah die Gegensätze im Logos zur Einheit zusammengefasst, für Parmenides gab es nur das eine →Sein, Vielheit und Werden sind bloß Schein. Bei Plotin geht aus dem →Einen das Viele hervor und kehrt wieder in es zurück.

Zahlreiche monistische Systeme finden sich in der Neuzeit. Baruch de Spinoza vertrat einen extremen Substanzmonismus: Für ihn ist die Einheit von Geist, Natur und Gott wesentlich, woraus sich eine pantheistische Weltanschauung ergibt. Seit Christian Wolff ist die Unterscheidung zwischen Materialisten und Idealisten bzw. Spiritualisten üblich. Erstere gehen von einem materiellen Urstoff aus (z. B. Anaximenes), Letztere etwa von einem immateriellen, geistigen Prinzip, das allem zugrunde liegt (z. B. Anaxagoras: »Alles ist Geist«). Zugleich gab es Versuche, den strengen Dualismus zwischen Geist und Substanz zu vermitteln und zur Aufhebung der »fest gewordenen Gegensätze« (Hegel) zwischen Geist und Substanz zu gelangen. Im deutschen Idealismus findet sich ein monistisches Denken in verschiedenster Ausformung wieder (Hegel, Johann Gottlieb Fichte, Friedrich Wilhelm Joseph von Schelling). Der »Wille« bei Arthur Schopenhauer stellt ebenfalls ein alles hervorbringendes Prinzip dar. Ernst Mach legte in seiner Elementarlehre das letzte große monistische System vor, dessen Einfluss bis in die naturalistischen Konzeptionen der modernen anglo-amerikanischen Philosophie reicht.

Montaigne [mɔ̃'tɛɲ], Michel Eyquem de, französischer Schriftsteller und Philosoph, * Schloss Montaigne (heute zu Saint-Michel-de-Montaigne, Dép. Dordogne) 28. 2. 1533, † ebenda 13. 9. 1592; erhielt eine humanistische Schulbildung und studierte Rechtswissenschaften in Toulouse und Bordeaux. Anschließend wurde er Steuerrat in Périgueux und war 1557–70 Parlamentsrat in Bordeaux. 1570 legte er alle Ämter nieder und zog sich 1571 auf sein Schloss zurück, wo er ein Jahr darauf mit den Aufzeichnungen zu »Les Essais« begann (1580, erweiterte Ausgabe 1588 und 1595; dt. »Michaels Herrn von Montaigne Versuche«, auch unter dem Titel »Essays«). Von 1581 bis 1585 war er Bürgermeister von Bordeaux.

In zunehmend freier Verwendung antiker Überlieferung (Sokrates, Lukrez, Seneca, Plutarch u. a.) entwickelte Montaigne die »Essais« als neue, eigenständige Form eines sich selbst »erprobenden« Denkens. Im Zentrum der breit gefächerten Thematik steht der Mensch, den er mit dem Ziel der Selbstklärung und Selbstfindung und einer von ethischen Normen und von jeglicher Systematisierung freien Beobachtung in seiner Vielfalt, Widersprüchlichkeit und Veränderlichkeit beschreibt. Das von Montaigne entwickelte Verfahren der Urteilsenthaltung und sein Zweifel an der Möglichkeit gesicherter Erkenntnis finden Ausdruck in seiner Devise »Que sais-je?« (»Was weiß ich?«). Mit ihm, aber auch mit seinem Zweifel an der Existenz objektiver Wahrheit wurde Montaigne zum Begründer des neuzeitlichen Skeptizismus.

Montaignes Skepsis ist durch eine lebens- und welterschließende Offenheit gegenüber der Komplexität der Erscheinungen gekennzeichnet. Der Gedanke der individuellen Autonomie prägte auch seine Erziehungskonzeption, die nicht eine Anhäufung von Wissen, sondern ein eigenständiges Lernen nach dem Erfahrungsprinzip im Blick auf eine sich frei entfaltende, selbstständig urteilende und handelnde Persönlichkeit vorsieht. Sein erkenntnistheoretischer Skeptizismus führte ihn zur Ablehnung extremer Positionen und zur Anerkennung der bestehenden Institutionen als Ordnungsfaktoren kirchlichen, staatlichen und gesellschaftlichen Lebens. Mit seiner liberalen Geisteshaltung übte er u. a. entscheidenden Einfluss auf die Aufklärung aus.

Michel de Montaigne

100563

Michel de Montaigne. Der Begründer des literarischen Essays flocht in seine Argumentationen zahlreiche Zitate antiker Autoren ein. Auch die Decke seiner Bibliothek schmückte er mit griechischen und lateinischen Zitaten, die er manchmal auch austauschen ließ.

Montesquieu [mɔ̃tɛs'kjø], Charles de Secondat, Baron de la Brède et de Montesquieu, französischer Schriftsteller und Staatsphilosoph, * Schloss La Brède (bei Bordeaux) 18. 1. 1689, † Paris 10. 2. 1755; wurde nach humanistischen und juristischen Studien 1714 Parlamentsrat. Von 1716 bis 1726 war er Präsident des Parlaments (des Gerichts) von Bordeaux. Er bereiste fast alle europäischen Länder und wurde Mitglied mehrerer Akademien.

Mit seinem Hauptwerk »De l'esprit des lois« (1748; dt. »Vom Geist der Gesetze«), einem der wichtigsten Werke der französischen Aufklärung, erhob Montesquieu die Staatswissenschaft in den Rang einer umfassenden Kulturphilosophie. Ausgehend von der antiken Lehre

Charles de Montesquieu erläuterte den Gedanken, der dem Prinzip der Gewaltenteilung zugrunde liegt, so:

»Damit man die Macht nicht mißbrauchen kann, muß die Disposition der Dinge so sein, daß die Macht die Macht zügelt.«

Charles de Montesquieu
***1689, †1755**

100264

- kritisierte die französischen Sitten in fingierten Briefen zweier Perser
- verfasste eine wichtige Demokratietheorie
- wollte die Freiheit des Bürgers durch Teilung der staatlichen Gewalt sichern
- führte politische Verfassungen auf ihre natürlichen und historischen Ursachen zurück

der drei Staatsformen (Demokratie, Monarchie, Despotie), untersuchte er jede dieser Formen in ihrer Abhängigkeit von natürlichen, v.a. geografischen und klimatischen Bedingungen. Montesquieu fasst einen Staat nicht nur als politisches System auf, sondern bringt ihn in Verbindung mit allen gesellschaftlichen, rechtlichen, wirtschaftlichen und moralischen Eigentümlichkeiten einer Nation. Diese deutet er sowohl in ihren organischen Beziehungen untereinander als auch in ihrer gemeinsamen Prägung durch die jeweilige Natur. Die drei Staatsfunktionen der Exekutive (vollziehende Gewalt), Legislative (Gesetzgebung) und Judikative (Rechtsprechung) weist er unterschiedlichen Staatsorganen und diese wiederum den tragenden politisch-sozialen Kräften seiner Zeit (Königtum, Adel, Bürgertum) zu. In gegenseitiger Verschränkung und Mitbeteiligung fügt er sie zu einem System kontrollierenden Gleichgewichts.

Montesquieu ist zu einem der wichtigsten Begründer des historischen Denkens geworden. An die Stelle der Staatsutopie und der einheitlichen, von der Vorsehung gelenkten Universalgeschichte setzt er die Anschauung der nationalen Individualitäten. Obwohl er die Demokratie antiken Stils bevorzugt, wünscht er realpolitisch nur eine Beseitigung des Absolutismus zugunsten einer nach englischem Vorbild entworfenen konstitutionellen Monarchie. »De l'esprit des lois« wirkte wesentlich auf die Verfassung der Französischen Revolution von 1791 und auf die der USA, darüber hinaus durch die Lehre von der Gewaltenteilung auf die moderne Demokratie.

Moore ['mʊə], George Edward, britischer Philosoph, *London 4. 11. 1873, †Cambridge 24. 11. 1958; studierte Philologie und Philosophie in London und Cambridge, wo er auch Bertrand Russell kennen lernte. 1911 wurde Moore Lektor in Cambridge und 1925 Professor für Philosophie ebenda.

Anfangs stand Moore unter dem Einfluss des Idealismus von Francis Herbert Bradley (*1846, 1924). Die kritische Auseinandersetzung mit dessen Ideen in »The refutation of idealism« (1903) gilt als Beginn des eigenständigen Philosophierens von Moore. Es ist gekennzeichnet durch analytische Schärfe einerseits und starke Betonung des →Commonsense andererseits. Seine Untersuchungen zur Sprache machten Moore neben Russell zum Begründer der (sprach)analytischen Philosophie. Während Letzterer sich überwiegend an der formalen Sprache der Logik orientierte, widmete sich Moore v.a. der Umgangssprache und wurde damit zum Wegbereiter der →Ordinary Language Philosophy.

Das wichtigste Anwendungsgebiet der mooreschen Analysen war die Ethik. Hier vertrat er eine intuitionistische, viele Berührungspunkte mit dem Utilitarismus aufweisende Grundposition, der zufolge sich die Bedeutung von »gut« nicht definieren lässt. Der Ethik galten auch die beiden einzigen Bücher, die Moore geschrieben hat, nämlich die »Principia ethica« (1903) und »Ethics« (1912; dt. »Grundprobleme der Ethik«).

Moral [französ. morale, von latein. (philosophia) moralis »die Sitten betreffend(e Philosophie)«, zu mos »Sitte«, »Brauch«], Sammelbezeichnung für die der gesellschaftlichen Praxis zugrunde liegenden und als verbindlich akzeptierten ethisch-sittlichen Normen(systeme) des Handelns und der Werturteile, der Tugenden und Ideale einer bestimmten Gesellschaft, bestimmter gesellschaftlicher Gruppen und der ihnen integrierten Individuen bzw. einer historischen Epoche. Die Moral ist Gegenstand der →Ethik und Metaethik. Bei Kant wird der Begriff noch weitgehend synonym zu Ethik als »Wissenschaft von den allgemeinen Regeln des reinen Willens« verwendet. Im 20. Jh. wird die Frage der Moral besonders im Zusammenhang mit der Frage nach der Möglichkeit einer →Letztbegründung von Moralprinzipien behandelt.

Moralismus, Verabsolutierung ethischer Normen(systeme) bzw. Überbetonung der sittlichen Grundsätze, etwa durch die Anwendung ethischer Wertmaßstäbe auf mit Normen der Ethik nicht oder nur unzureichend zu beurteilende Handlungsweisen und Gegenstände (z.B. Kunstwerke).

Moralphilosophie, die philosophische Lehre vom Sittlichen. Bei Kant bezeichnet Moralphilosophie die »Metaphysik der Sitten«, von der die »Ethik« nur den einen Teil, den anderen die philosophische »Rechtslehre« ausmacht. Die ältere scholastische Moralphilosophie umfasste auch die Lehre von Recht und Staat, jedoch ohne diese grundsätzlich von der Ethik als Sittenlehre zu trennen. Im heutigen Sprachgebrauch ist Moralphilosophie oft gleichbedeutend mit →Ethik.

More [mɔ:], Sir Thomas, latinisiert Morus, englischer Staatsmann und Humanist, *London 7. 2. 1477 oder 1478 (?), †ebenda 6. 7. 1535; war nach humanistischen, theologischen und juristischen Studien 1504–29 Mitglied des Unterhauses. Seit 1499 stand er in engem Kontakt zu Erasmus von Rotterdam. Heinrich VIII. ließ sich häufiger von More, der eine große Reputation als Jurist genoss, beraten. 1523 wählte ihn das Unterhaus zu seinem Sprecher, 1529 wurde er Lordkanzler. More unterstützte die Kirchenpolitik des Königs, soweit sie sich gegen den Protestantismus richtete, lehnte allerdings die Errichtung einer Staatskirche ab. 1532, als Heinrich VIII. die Unterwerfung der englischen Priesterschaft forderte, trat More von seinem Amt zurück. Wegen seiner Weigerung, den Suprematseid zu leisten, wurde er des Hochverrats angeklagt, zum Tode verurteilt und hingerichtet.

Lateinische Gedichte und Epigramme, eine Übertragung von Dialogen des griechischen

Schriftstellers Lukian (* um 120, † nach 180) ins Lateinische sowie sein Hauptwerk »De optimo reipublicae statu deque nova insula Utopia« (1516; 1922 unter dem Titel »Utopia«) weisen More als einen der überragenden Latinisten seiner Zeit aus. In »Utopia« (griechisch »Nirgendsort«, zugleich ein Wortspiel: zu griechisch eutopos »guter Ort«) benutzt More den dialogisch angelegten Reisebericht des Epikureers Raphael Hythlodaeus (um 1516) über die glückliche Insel zur Kritik an der sozialen Misere im christlichen Europa und beschreibt eine Gesellschaft, die sich entschlossen hat, in einem auf dem Gemeineigentum basierenden Gemeinwesen zu leben. Hohe Bedeutung erhalten Tugend und Wissen, ein maßvolles Leben im Einklang mit der Natur, wobei alle an der Erhaltung des Gemeinwesens beteiligt sind. So gibt es in dieser Gesellschaft Bildungsmöglichkeiten für Frauen und es herrscht Religionsfreiheit.

Philosophiehistorisch stellt das Werk einen Rehabilitationsversuch für den Epikureismus dar. Zugleich führt More eine Pflichtenethik ein, die nicht dem Epikureismus, wohl aber der Suche nach der besten Staatsform entspricht. Die Wirkung des Werkes liegt v.a. darin, dass die mit ihm verbundene politische Intention ein neues literarisches Genre, die →Utopie, entscheidend beeinflusst hat.

more geometrico [latein. »nach Art der Geometrie«], programmatischer Begriff der Aufklärungsphilosophie des 17./18. Jahrhunderts, mit dem die methodische Angleichung aller Wissenschaften an den axiomatischen Aufbau der euklidischen Geometrie gefordert wurde. Exemplarisch ist der berühmte Versuch Baruch de Spinozas, eine Ethik »more geometrico« zu entwickeln, wobei er sich jedoch nur äußerlich an die methodische Struktur der euklidischen Geometrie (Definitionen, Axiome, Postulate, Beweise u.a.) anlehnte.

Morris ['mɔrɪs], Charles William, amerikanischer Philosoph, * Denver (Colo.) 23. 5. 1901, † Gainesville (Fla.) 15. 1. 1979; war 1931–47 Professor an der University of Chicago und 1958–71 in Gainesville (Fla.). Morris war einer der Begründer der modernen →Semiotik. Er unternahm ihre Aufteilung in drei unterschiedliche Disziplinen, nämlich in Syntax, Semantik und Pragmatik. Anknüpfend an den logischen Empirismus des Wiener Kreises, an Positionen des Pragmatismus und des Behaviorismus, vertrat er eine sozialbehavioristische Philosophie. Als seine wichtigsten Werke gelten »Foundations of theory of signs« (1938; dt. »Grundlagen der Zeichentheorie«) und »Signs, language and behaviour« (1946; dt. »Zeichen, Sprache und Verhalten«).

Morus, Thomas, →More, Sir Thomas.

Muße, das tätige Nichtstun. Im Gesellschafts- und Wirtschaftssystem der griechischen Polis war Muße, etwa als Freisein von den Geschäften, ein durch die körperliche Arbeit der Sklaven ermöglichtes Privileg der »freien« Bürger mit einer entsprechend hohen Bewertung in der gesellschaftlich-ethischen Wertehierarchie. Aristoteles z.B. hielt Muße für eine der Voraussetzungen staatspolitischen Handelns.

Mystik [zu latein. mysticus »unaussprechlich«, »geheimnisvoll«, von griech. mystikós, myo »sich schließen«, »verstimmen«, »verschweigen«], ein vielschichtiges, schwer fixierbares Phänomen, das in unterschiedlicher kultureller Ausprägung allen Religionen gemeinsam ist. Mystik bezeichnet eine das alltägliche Bewusstsein und die verstandesmäßige Erkenntnis übersteigende unmittelbare Erfahrung einer göttlichen Realität. In ihren Erscheinungsformen ist Mystik soziokulturell wie geschichtlich eingebunden in religiöse Traditionen, Glaubensformen und Gemeinschaften.

■ **Begriffsbestimmung** Als Definition des Phänomens hat sich seit Thomas von Aquino die Umschreibung »erfahrungsmäßige Gotteserkenntnis« (lateinisch Cognitio dei experimentalis) durchgesetzt. Demzufolge bezeichnet Mystik das Bestreben, durch Abkehr von der sinnlich wahrnehmbaren Welt und durch meditative Praktiken das Transzendente bzw. Göttliche zu erfassen. Sie zielt darauf ab, durch Versenkung in sich selbst eine Vereinigung mit dem Transzendenten bis hin zur Aufgabe der eigenen Individualität herbeizuführen. In der mystischen Erfahrung der Einheit (»Unio mystica«) wird die Kluft zwischen Mensch und Gottheit überbrückt, der Eingeweihte (Myste) schaut unvermittelt die Gottheit und gelangt zu Einsichten in das Wesen der transzendenten Wirklichkeit.

100563

Thomas More.
Die Vorstellung von der glücklichen Insel Utopia wurde begriffsbildend für ideale Vorstellungen, die als undurchführbar gelten (Holzschnitt von Ambrosius Holbein in einer 1518 erschienenen Ausgabe von »De optimo reipublicae statu deque nova insula Utopia«).

Thomas More
*** 1477 (1478?), † 1535**

- war ein enger Berater des englischen Königs
- verbreitete den Humanismus in England
- entwarf die Utopie einer harmonischen Gesellschaft
- blieb auch nach der Schaffung der englischen Staatskirche dem Katholizismus treu
- geriet wegen seines religiösen Bekenntnisses unter den Verdacht des Hochverrats und wurde hingerichtet

Mystik Die magische Eins

Schon Pythagoras, aber auch Platon und die Platoniker sahen in Zahlenverhältnissen die Grundstruktur der Welt. Sie betrachteten Zahlen als Bausteine oder innere Kräfte der Natur und der Geister, die vom Magier angewandt werden können. Ein Schema für die Wirkweise der Zahlen entwarf auch Agrippa von Nettesheim:

Die Eins ist in der »archetypischen Welt«, dem Urbild der Welt, so viel wie Gott als Quelle aller Kräfte und Gewalten. In der Welt der Geister entspricht die Eins der Weltseele, da sie von Gott als Erstes geschaffen wurde; am Himmel ist es die Sonne als Quelle des Lichts und Königin der Sterne; bei den Elementen ist es der »Stein der Weisen«, der in sich alle natürlichen und übernatürlichen Kräfte bündelt und auf dessen Suche sich alle Energien der Alchemisten und Magier konzentrieren; im Menschen, dem Mikrokosmos, ist es das Herz, das als Erstes lebt und als Letztes stirbt; in der Unterwelt schließlich ist die Eins Luzifer, der Fürst der Finsternis (Alchemist bei der Bereitung des »Steins der Weisen«, Radierung, 1625). Dieses Schema wird bis zur Zwölf durchgeführt. Es soll laut Agrippa die Möglichkeit magischen Operierens möglich machen.

Die Bandbreite mystischer Erfahrungen reicht von Schilderungen visionärer Erlebnisse, Ekstasen und Prophezeiungen bis zur Darstellung komplexer theologisch-philosophischer Systeme. Einheitliche Einteilungen des Phänomens Mystik haben sich bisher nicht durchsetzen können.

■ **Antike und Mittelalter** In der griechischen Antike spielten Mysterienkulte eine bedeutende Rolle. Die orphischen Mysterien und die Kulte des Dionysos und der Isis übten erheblichen Einfluss auf die Entwicklung der Philosophie aus. Auch in der Gnosis und der dualistisch-gnostischen Strömung des Manichäismus (3. Jh.) finden sich mystische Züge. Mystische Strömungen gibt es in vielen Kulturen und Religionen, wie etwa im Daoismus, im Buddhismus und im Islam. Zum »Vater« der christlichen Mystik wurde Gregor von Nyssa (* um 335, † um 394) durch seine Predigten zum alttestamentarischen Hohen Lied und die allegorische Methode der Schriftinterpretation. Daneben wirkte sich v. a. die »Mystica theologia« des Dionysius Areopagita entscheidend auf die stark rational begründete theologisch-philosophische Mystik des Mittelalters aus.

Die neuplatonischen Vorstellungen, die durch die Übersetzertätigkeit und Lehre des Johannes Scotus Eriugena und die philosophischen Schulen von Sankt Viktor (Paris) und Chartres Eingang in das mittelalterliche Denken gefunden hatten, wurden von der philosophisch-spekulativen **deutschen Mystik** des 13./14. Jahrhunderts wieder aufgegriffen. Hier war die Theologie Meister Eckharts bestimmt von dem Gedanken der Teilhabe des menschlichen Ichs am innergöttlichen Leben. Er und seine Schüler Heinrich Seuse und Johannes Tauler sahen im »Seelenfünklein« (lateinisch Scintilla animae) das Bild des trinitarischen Gottes im Menschen, das bei Dietrich von Freiberg (* um 1240, † um 1318/20) mit dem Intellekt, bei Eckhart mit dem Streben zum Guten identifiziert wird. Über die Bewegung der Devotio moderna, einer religiösen Erneuerungsbewegung des 14./15. Jahrhunderts, wurde diese Mystik der Nachfolge Christi an die Moderne weitergegeben.

Mystik.
Die Benediktinerin Hildegard von Bingen hatte schon in der Kindheit Visionen, die sie später als Vehikel für eine der damaligen Hochtheologie entsprechende Deutung verstand und in lateinischer Sprache niederschrieb.

■ **Neuzeit** In der Neuzeit kam es zuerst im katholischen Raum zu einer Blüte der Mystik in Spanien (v.a. Ignatius von Loyola, *1491, †1556). Ihr folgte die große mystische Welle in Frankreich (z.B. bei Blaise Pascal). Durch Rationalismus und Aufklärung zurückgedrängt, lebt die katholische Mystik in einzelnen Vertretern weiter (im 20. Jh. u.a. Simone Weil).

Mit seiner spekulativen Mystik, ihren kosmischen Bezügen und v.a. der »Sophia«-Lehre übte Jakob Böhme (*1575, †1624) nachhaltigen Einfluss auf die Nachwelt aus. Breite Bevölkerungsschichten wurden vom Pietismus erfasst, in dem mystische Tendenzen wie der persönlich erfahrbare Glaube und das Prinzip der Vereinigung von Schöpfer und Geschöpf aufgegriffen wurden. Die protestantische Theologie des 19. Jahrhunderts zeigte – vom deutschen Idealismus abgesehen – besonders in der Verbindung von Religion und Gefühl bei Friedrich Heinrich Jacobi und in dem Verständnis von Religion als »Gefühl der schlechthinnigen Abhängigkeit« von Gott bei Friedrich Schleiermacher mystische Züge, die jedoch von der dialektischen Theologie des 20. Jahrhunderts schroff abgelehnt wurden.

In der philosophischen Diskussion des frühen 20. Jahrhunderts hat v.a. die pragmatistische Religionsphilosophie von William James zu einem neuen Interesse an der Mystik beigetragen. James hat in seinen philosophischen und psychologischen Studien zur Religion mystische Erlebnisse – gerade wegen ihrer Außeralltäglichkeit und Unaussprechlichkeit – als den Kern authentischer religiöser Erfahrung hervorgehoben.

In der Gegenwart werden mystische Bestrebungen und Richtungen in den modernen Gesellschaften des Westens als Gegengewicht zu allzu starker Betonung von Rationalität durch verschiedene Gruppierungen aufgegriffen. Hierzu zählt neben einem wachsenden Interesse an Esoterik und verschiedenen Formen östlicher Religiosität auch ein Umdenken, das Kritik und Ablehnung der auf Leistung, Technisierung und Konsum ausgerichteten »westlichen« Lebensweise mit einer Neuorientierung auf »ganzheitliches Leben« hin verbindet. Besondere Bedeutung kommt dabei seit den 1980er-Jahren der esoterisch geprägten New-Age-Bewegung zu.

Mystizismus, Bezeichnung für eine geistige Haltung, die bewusst irrational die der Mystik zugrunde liegenden Erkenntnisformen und Denkweisen – ohne deren religiöse Intentionen – übernimmt und dabei die Möglichkeit von Wunderbarem, Geheimnisvollem, Dunklem als höherwertig und wirklich betont.

Mythos [griech. »Wort«, »Rede«, »Erzählung«, »Fabel«], 1) die Erzählung von Göttern, Heroen und Ereignissen aus vorgeschichtlicher Zeit und die sich darin aussprechende Weltdeutung, 2) das Resultat einer sich zu allen Zeiten, auch in der Moderne (»neue Mythen«), vollziehenden Mythisierung im Sinne einer Verklärung von Personen, Sachen, Ereignissen oder Ideen. Mythen sind meist Erzählungen, die »letzte Fragen« des Menschen nach sich und der Welt artikulieren und dieses Ganze von seinen Ursprüngen her verständlich zu machen suchen. Die Themen von Mythen sind dementsprechend vielfältig. So handeln sie etwa von Anfang und Ende der Welt, der Entstehung der Götter oder zentralen Fragen menschlichen Lebens.

■ **Antike** Seit über Mythos nachgedacht wird, sind Sache und Begriff umstritten. Indem ihn schon die griechische Antike dem →Logos gegenüberstellte und ihm die Bedeutung der »unwahren Erzählung« zuwies, eröffnete sie das bis heute zentrale Bezugsfeld von »Mythos und Vernunft«. Seither gehört die Frage nach der »Wahrheit« des Mythos und seinem Verhältnis zu Philosophie und Wissenschaft zu den Grundmotiven der Diskussion. Besonders folgenreich war die Ablehnung der traditionellen Überlieferungen durch Platon als politisch-pädagogisch gefährlich. Er propagierte neue, philosophisch gereinigte Mythen. Für Aristoteles bewahrten die alten Mythen hingegen als Vorstufe der Philosophie das Wissen der Vorzeit. Für den Neuplatonismus enthielt der Mythos sogar tiefste philosophische Weisheit.

100563

Mythos.
Viele antike Mythen sind bis heute im Bewusstsein verankert und oft mit neuen Ausdeutungen versehen worden – etwa wenn vom Ödipuskomplex oder von der Sisyphusarbeit die Rede ist (apulische Vasenmalerei, 330 v. Chr.; München, Glyptothek).

■ **Neuzeit** Ein neues Interesse am Mythos entstand in der Renaissance und im Humanismus. Dabei kam es zu vielfältigen Spekulationen über Zusammenhänge zwischen biblischer Tradition und dem griechischen Mythos. Ein ästhetisierender Mythosbegriff wurde zu einer der Leitkategorien der Romantik und deren Kritik am Rationalitäts- und Fortschrittsglauben der Aufklärung. Friedrich von Schlegel sah in der als »Kunstwerk der Natur« verstandenen Mythologie der Antike den Mittelpunkt ihrer

Mythos Mythendeutung in der Romantik

Kaum eine Epoche beschäftigte das Phänomen des Mythos so anhaltend wie die Romantik. Bereits seit Platon gab es eine Kritik an den Mythen, die christliche Tradition tat sie als Heidentum ab, und die Aufklärung verwarf den Mythos als Priestertrug. Die Gegenbewegung zu dieser Art der rationalisierenden Entlarvung bildete die Romantik. Ihr erschienen die Mythen als verhüllte, sinnbildliche tiefe Weisheiten – eine neue Einsicht, die die Philosophie und vor allem Friedrich Wilhelm Joseph von Schelling von den Mythologen übernahm. Zusammen mit Friedrich Schlegel band er den Mythos in die ästhetische Erfahrung ein und proklamierte eine neue Mythologie, die die Säkularisation des Rationalismus ablöste. »Neue Mythologie« bezeichnet eine ästhetische Kategorie, in der nicht mehr von Göttern die Rede ist, sondern von dem Verhältnis zwischen Endlichem und Unendlichem. Sie soll die Rückkehr aller Wissenschaften in den »Ozean der Poesie« leisten und eine neue Totalität der Weltdeutung verbürgen (Philipp Otto Runge, »Der Große Morgen«, 1809, Ausschnitt; Hamburg, Kunsthalle).

Poesie und forderte entsprechend eine »neue Mythologie«. In Hegels geschichtsphilosophischer (Re)konstruktion des dialektischen Prozesses, den der Weltgeist zur Erkenntnis seiner selbst zu durchlaufen hat, erhält das mythische Denken ebenfalls seinen Ort, insofern im Mythos Idee und Begriff noch nicht auseinandergetreten sind, sondern noch in eins fallen. Als schließlich Friedrich Wilhelm Joseph von Schelling in seinem Spätwerk »Philosophie der Mythologie« gleichsam die Summe der romantischen Mythosdeutung zog, hatte diese ihren Höhepunkt schon überschritten.

In der zweiten Hälfte des 19. Jahrhunderts wurde aus dem Mythos als Programmwort der Romantik im Kampf gegen die »Vernunft« der Aufklärung ein Objekt nüchterner Forschung, die im Bewusstsein von Evolution und Fortschritt Mythos nur in den frühen Anfängen der Menschheitsgeschichte vermutete. Beim jungen Nietzsche gewann der Mythos dann wieder aktuelle Bedeutung: Wie der »tragische Mythos« der Griechen den Höhepunkt ihrer Kunst und Kultur bedeutet habe, hänge das kulturelle Schicksal der eigenen Zeit von der »Wiedergeburt des deutschen Mythos« ab: So erhielt Mythos am Ende des 19. Jahrhunderts als das Instinktive, begrifflich weder Einhol- noch Ersetzbare eine kritische Funktion im Rahmen einer an Wissenschaft und Fortschritt glaubenden, in Nietzsches Sicht aber kulturlosen Gegenwart.

Etwa um die Wende vom 19. zum 20. Jahrhunderts wurde der Mythos von teilweise gegensätzlichen wissenschaftlichen Schulen und Richtungen als Forschungs- und Deutungsgegenstand wiederum neu entdeckt. Immer wieder wurde im Zuge seiner Erforschung auf den Erklärungs- und damit auch Wahrheitscharakter des Mythos verwiesen. Ernst Cassirer analysierte den Mythos unter dem Gesichtspunkt seiner spezifischen symbolbildenden Leistung. Der Mythos ist demnach eine eigene Form der Erfahrung, der sich in der Modalität der Indifferenz artikuliert und dem die Unterscheidung von Ich und Welt, Ich und Gemeinschaft, Schein und Wahrheit sowie Leben und Tod noch fremd ist. Breite Wirkung entfaltete in der klassischen Altertumswissenschaft Wilhelm Nestle, der die griechische Geistesgeschichte als siegreichen Weg »Vom Mythos zum Logos« (1940) interpretierte.

■ **Jüngste Entwicklungen** In jüngerer Zeit wurde der Gedanke einer vollständigen »Entmythologisierung« kontrovers diskutiert. Einerseits wurde sie vehement aus so unterschiedlichen Richtungen wie der positivistischen Ideologiekritik (Ernst Topitsch) und des französischen Strukturalismus (Roland Barthes) gefordert, andererseits hielten viele den Versuch totaler Entmythologisierung für verfehlt und entdeckten im Gegenzug dazu aufs Neue die Weltsicht des Mythos. Der Strukturalist Claude Lévi-Strauss versucht zu zeigen, dass im mythischen Denken die gleiche Logik wie im wissenschaftlichen waltet, und er insofern ebenso eine welterklärende Funktion hat. Hans Blumenberg akzentuierte den liberal-humanen Charakter des Mythos als einen dogmenfreien Spielraum der Imagination und deutete die Rezeptionsgeschichte des Mythos damit zugleich als Indikator eines sich wandelnden Wirklichkeitsverständnisses.

Nagel ['neɪgl], Thomas, amerikanischer Philosoph jugoslawischer Herkunft, *Belgrad 4. 7. 1937; Schüler von John Rawls. Er lehrte u.a. in Berkeley (Calif.) und an der Princeton University (N.J.), seit 1980 in New York. Nagel verteidigt die Möglichkeit des Menschen, von seiner subjektiven Perspektive zu abstrahieren und sich an objektiven Handlungsgründen zu orientieren, und gründet darauf ein Legitimationsmodell für politische und gesellschaftliche Institutionen, das liberale und egalitäre Elemente verbindet. Zu seinen wichtigsten Werken zählt »The view from nowhere« (1986; dt. »Der Blick von nirgendwo«).

Name, sprachlicher Ausdruck mit benennender oder unterscheidender Funktion. Ein **Eigenname** (lateinisch Nomen proprium) bezeichnet eine einzelne, als Individuum oder individuelles Kollektiv gedachte Person oder Sache zum Zweck der eindeutigen Identifizierung und Benennung (z.B. Sokrates, Athen). Namen sind meist Substantive. Bei **Allgemeinnamen** oder **Gattungsnamen** (Nomen appellativum, Appellativ) handelt es sich dagegen nicht um benennende, sondern um unterscheidende sprachliche Ausdrücke (z.B. Grieche, Stadt). Eigennamen bezeichnen ein Objekt – unabhängig von der Bedeutung des Wortes – nur aufgrund des Lautkomplexes; sie benennen und identifizieren. Die Appellativa dagegen unterscheiden und charakterisieren. Die Abgrenzung zwischen beiden ist oft nicht eindeutig geklärt, z.B. bei Namen von Jahreszeiten, Monaten und Festen.

Natorp, Paul, deutscher Philosoph, *Düsseldorf 24. 1. 1854, †Marburg 17. 8. 1924; Schüler Hermann Cohens und mit diesem Hauptvertreter der Marburger Schule des →Neukantianismus. Ab 1885 lehrte er als Professor in Marburg. Vorwiegend an Platon und Kant anknüpfend und unter Betonung einer idealistischen Grundüberzeugung suchte Natorp nach einer »panmethodischen« Grundlage der Wissenschaft. Diese Grundlage sollte in einer Einheit von Idee und Gesetz (Erfahrung) bestehen. In seiner »Allgemeinen Psychologie nach kritischer Methode« (1912) entwickelte er ein »rekonstruktives Verfahren«, das die Unmittelbarkeit des Erlebens im Bewusstsein aufdeckt und dieses in Gegensatz zu den Objekten und Objektivierungen in Natur und Geschichte stellt. Natorp unterstützte die Hinwendung des Neukantianismus zur praktischen Philosophie. Seine Hauptarbeitsgebiete waren Ethik, Sozialphilosophie und Sozialpädagogik.

Natur [von latein. natura »Geburt«, »natürliche Beschaffenheit«, »Schöpfung«], 1) die Beschaffenheit, das Wesen eines Gegenstandes, 2) der Teil der Welt, der wesensgemäß von selbst da ist und sich selbst reproduziert, 3) der gesamte Kosmos, das Sein überhaupt. Die Natur im Ganzen, ihr Aufbau und innerer Zusammenhang sind Gegenstand der →Naturphilosophie.

Philosophiegeschichtlich wurde Natur häufig aus einem Gegensatz zum menschlichen Geist bzw. der Kultur gedeutet und dabei u.a. in ihrem Verhältnis zu menschlicher Rechtssatzung, zu →Technik und →Kunst betrachtet. Trotz entsprechender Ansätze bereits in der antiken Philosophie ist jedoch die antithetische Gegenüberstellung von Natur und Geist eine spezifisch moderne Erscheinung. Sie setzt den neuzeitlichen Dualismus von Subjekt und Objekt sowie die wachsende Entfremdung des Menschen von der wissenschaftlich objektivierten und technisch beherrschten Natur voraus. Natur gilt als bewusstloser und kausal determinierter Erscheinungszusammenhang, Geist hingegen als Prinzip von Bewusstsein und Freiheit. Der deutsche Idealismus und die Romantik versuchten, diesen Gegensatz zu versöhnen.

■ **Natur und Satzung** Die antike Sophistik traf die wirkungsmächtige Unterscheidung zwischen Naturordnung (Physis) und menschlichem Gesetz (Nomos). Ein Sachverhalt besteht demnach entweder von Natur (Physei) oder durch menschliche Satzung (Thesei; Nomoi). Diese Unterscheidung betrifft insbesondere gesellschaftliche und politische Einrichtungen, und zwar nicht nur hinsichtlich ihres Ursprungs, sondern auch und v.a. hinsichtlich ihrer Legitimitätsgrundlage: Was von Natur ist, gilt als in höherem Maße verbindlich als menschliche Setzungen, die letztlich auf bloßer Konvention beruhen und veränderlich sind. Hier liegt der Ursprung des Gedankens vom →Naturrecht.

Besonders in der Stoa wurde es als Aufgabe des Menschen verstanden, sich in den Zusammenhang der Natur einzufügen und so ein naturgemäßes Leben zu führen. Was genau darunter zu verstehen ist, scheint jedoch von der jeweils zugrunde gelegten Naturauffassung abzuhängen. So waren viele Sophisten der Meinung, dass in der Natur das Gesetz des Stärkeren herrsche, sodass Übervorteilung und Lustbefriedigung als dessen natürliche Rechte abgeleitet werden können. Thomas Hobbes zufolge wird gegenüber einem rohen Naturzustand ein Zusammenleben überhaupt erst durch staatliche Ordnung möglich. Bei Rousseau begründet die Berufung auf die Natur eine Kritik der gesellschaftlichen Ungleichheit, die als bloß auf Tradition und Konvention beruhend aufgefasst wird. Der Versuch, Normen menschlichen Verhaltens unmittelbar aus der Natur abzuleiten, sieht sich allerdings mit dem Vorwurf des »naturalistischen Fehlschlusses« (David Hume) konfrontiert: Aus bloßem Sein folgt kein Sollen.

■ **Natur und Technik** Das Verhältnis von Natur und Technik hat bei Aristoteles seine erste Formulierung gefunden: Während Natur das ist, was den Ursprung seiner Bewegung, also seiner Entwicklung und Reproduktion, in

Paul Natorp

Friedrich Wilhelm Joseph von Schelling stellte seine Philosophie der **Natur** in eine lange Tradition:

»Wie eine Welt außer uns, wie eine Natur und mit ihr Erfahrung möglich sei, diese Frage verdanken wir der Philosophie, oder vielmehr mit dieser Frage entstand die Philosophie.«

Natur.
In der Philosophiegeschichte stand Natur immer im Gegensatz zu Mensch und Kultur oder Technik. Heute wird dagegen auch die Stellung des Menschen als Teil der Natur betont.

sich selbst trägt, ist als technisch dasjenige zu bezeichnen, dessen Bewegungsprinzip im Menschen liegt und das deshalb für seine Erzeugung und Reproduktion auf den Menschen angewiesen ist. Menschliche Kunstfertigkeit (Techne) ist dabei wesentlich Nachahmung natürlich ablaufender Prozesse und hält sich in dem durch sie vorgegebenen Rahmen: Sie »bringt teils zur Vollendung, was die Natur nicht zu Ende bringen kann, teils eifert sie ihr nach«. In der Neuzeit scheint sich dieses Verhältnis umzukehren. Die neuzeitliche Technik versteht sich nicht mehr primär als Nachahmung des Wirkens der Natur und Ausführung der in ihr vorgegebenen Strukturen, sondern als Werkzeug menschlicher Naturbeherrschung. Mit ihrer Hilfe sollen die Menschen sich aus der Übermacht der Natur befreien und zu ihren »Herren und Eigentümern« (Descartes) werden.

■ **Natur und Kunst** Das menschliche Verhältnis zur Natur hat v.a. auch eine ästhetische Dimension: Der Mensch bewundert die Schönheit der Natur und erhebt sie zum Gegenstand künstlerischer Darstellung. Diese wurde von der Antike bis ins 19. Jh. als Nachahmung (Mimesis) verstanden, und zwar einerseits als Nachahmung der schönen Formen der Natur im Kunstwerk, andererseits als Nachahmung ihres Wirkens im künstlerischen Schaffen selbst. Beides wird zusammengefasst in der Feststellung Kants, dass das wahre Kunstwerk wie ein Werk der Natur sei: »Die Kunst kann nur schön genannt werden, wenn wir uns bewusst sind, sie sei Kunst, und sie uns doch als Natur aussieht.« Natur wird dabei oft als unbewusst schöpferische Kraft verstanden (Natura naturans), die in ihren Werken (Natura naturata) nur unvollkommen zu erfassen ist, jedoch im künstlerischen Schaffensprozess nachgeahmt werden kann, indem der Künstler selbst wie eine Naturkraft wirkt. Der romantischen Naturphilosophie (v.a. Friedrich Wilhelm Joseph von Schelling) zufolge gelangt der Mensch erst in der Kunst zur wahren Erkenntnis der Natur.

Naturalismus, Bezeichnung für Positionen, die sowohl die Einzelphänomene der Welt als auch deren Gesamtzusammenhang allein aus der Natur (als Grund aller Realität) zu begreifen suchen. Die Ursprünge des Naturalismus liegen im 17. Jahrhundert.

Der **ontologisch-metaphysische Naturalismus** versteht alles Seiende als sichtbaren Ausdruck naturbestimmter Zweckmäßigkeit. Mensch, Pflanze, Tier und Kosmos sind allein auf biologisch erfahrbare und materialistisch begründbare Erklärungszusammenhänge zurückzuführen. Dabei wird Gott als metaphysische Ursache des Seins negiert. Die Entstehung der Welt wird als Produkt natürlicher Evolutionen aufgefasst (in Anlehnung an positivistisch-materialistische Ansätze von Karl Marx, Nietzsche, Ernst Mach, Richard Avenarius).

Ähnlich fasst der **ethische Naturalismus** (in Anlehnung an den Pragmatismus John Stuart Mills) die Gesetze menschlichen Tuns und Lassens als naturgebundene funktionale Handlungsrichtlinien auf. Menschliche Freiheit als metaphysische Voraussetzung für moralisches Handeln wird negiert. Sittliches Leben wird als übersteigerte idealistische Interpretation rein biologischer Abläufe angesehen. Der Versuch, eine übernatürlich fundierte Morallehre aufzustellen, die Sittlichkeit als Resultat menschlicher Vernunft begreift, fällt aus dem gedanklichen System des Naturalismus heraus. Im 20. Jh. führte dies zu der Maxime, der Mensch solle so handeln, dass er dabei die ihm gegebenen »Naturanlagen« zur größtmöglichen Entfaltung bringe bzw. sich selbst verwirkliche.

George Edward Moores **metaethischer Naturalismus** zielt nicht mehr auf die Begründung normgebender Handlungstheorien ab, sondern auf eine Theorie über die Bedeutung von Zeichen und Sprachsymbolen mit moralisierendem Inhalt (z. B. das Wort »gut«). Naturalistisch ist demzufolge diejenige Theorie, die derartige Zeichen mithilfe von natürlichen Begriffen und Objekten definiert und ihnen so ihren Sinn gibt.

Naturphilosophie, begriffliche Einordnung derjenigen philosophischen Erkenntnisse, die auf die Bestimmung des Wesens, der Erscheinungs- und der Bewegungsformen der Natur gerichtet sind. Die Naturphilosophie verfolgt das Ziel, die Struktur der in der Natur ablaufenden Prozesse zu analysieren, um Aussagen treffen zu können, die einerseits ihrer Komplexität und Totalität Rechnung tragen und andererseits die Stellung des Menschen zur und in der Natur bestimmen sollen. Sie ist deshalb nicht selten mit anderen Teilgebieten der Philosophie verbunden (z. B. Ontologie, Erkenntnistheorie, Logik, Ethik, Ästhetik).

Historisch ist die Naturphilosophie durch ihre ursprünglichen umfassenden Fragestellungen und den Versuch, mit philosophischen Mitteln die Prinzipien der Natur zu erforschen, die Vorstufe der Naturwissenschaften. In ihren frühen Ausprägungen trat die Naturphilosophie hervor als mythische Weltentstehungslehre, später als ontologisches Teilgebiet eines spekulativ verallgemeinerten Weltbildes oder als spekulative Metaphysik der Natur. In der Neuzeit diente sie häufig der mathematischen Grundlegung einer empirischen Naturwissenschaft und zunehmend der theoretischen Grundlagenforschung in den Naturwissenschaften.

■ **Antike** In der antiken ionischen Naturphilosophie (Thales, Anaximander, Anaximenes) dominierte die spekulative Suche nach einem »Urstoff«. In der ionischen Tradition standen auch die philosophischen Auffassungen von Heraklit, Empedokles, Anaxagoras, Leukipp und Demokrit. Für die gesamte Philosophie der →Vorsokratiker gilt, dass die Naturphilosophie weitgehend in den Mythos eingebettet blieb, wobei die Kosmologie sich erst langsam von der Kosmogonie (Hesiod) löste, bis sie bei den Atomisten (Leukipp, Demokrit, Epikur, Lukrez; →Atomismus) von einer qualitativen zur quantifizierenden Betrachtung überging. Von den naturphilosophischen Auffassungen der klassischen Zeit besaßen das Zweiweltentheorem Platons, die Stoff-Form-Lehre des Aristoteles und das neuplatonische Emanationssystem (Plotin) eine weit reichende Wirkung.

Der Begriff der »Philosophia naturalis« lässt sich bis auf die Stoa zurückverfolgen. Bis dahin waren naturwissenschaftliche und naturphilosophische Überlegungen eng verbunden. Erstmals trat die Spaltung zwischen Naturphilosophie und Naturwissenschaft in den hellenistischen Gelehrtenschulen Alexandrias auf. In diesen entwickelten sich Astronomie, Medizin und Geografie zu eigenständigen, von der Naturphilosophie unabhängigen Wissenschaften.

■ **Scholastik** Die scholastische Philosophie des Mittelalters übernahm die Naturphilosophie im Wesentlichen in Gestalt der aristotelischen Philosophie, die sich gegen die platonisch-neuplatonischen Naturlehren (Johannes Scotus Eriugena) durchsetzte. Die Naturphilosophie behielt dabei eine besondere Aufgabe als theologisch bestimmte Metaphysik. Das 13. und 14. Jh. brachten die Bemühung um die Trennung von Theologie und Naturphilosophie (in Oxford und Paris) und die Auseinandersetzungen um die Lehre von der doppelten Wahrheit. Dabei wurde zunächst eine Übereinstimmung oder Ergänzung von Glauben und Vernunft angenommen, während später der schon von Ibn Ruschd (Averroes), Johannes Duns Scotus und Wilhelm von Ockham behauptete mögliche Widerspruch zwischen dem →Lumen naturale und dem Offenbarungswissen zugegeben wurde. Damit wurde einer theologiefreien »weltlichen Philosophie« der Weg geebnet (Pietro Pomponazzi, Francis Bacon, Pierre Bayle).

100563

Naturphilosophie. Mittelalterliche Naturphilosophie hatte einen engen Bezug zur biblischen Schöpfungsgeschichte. Jedoch gab es Ansätze zur Unterscheidung von Theologie und Naturerkenntnis (»Die Schöpfung von Himmel und Erde aus dem Chaos«, Mosaik, 12./13. Jh.; Monreale, Kathedrale).

■ **Renaissance und Neuzeit** Die Naturphilosophie der Renaissance mit ihrem Bestreben, alle Lehren und Meinungen der vergangenen klassischen Zeit kritisch zu rezipieren, ermöglichte eine Wiederbelebung der verschiedensten früheren Spekulationen. Im 16. und 17. Jh. setzte sich die quantifizierende Naturauffassung immer mehr durch. Die Bemühungen um ihre systematische Begründung (Thomas Hobbes, Descartes, Baruch de Spinoza, Leibniz, Isaac Newton) erreichten einen ersten Höhepunkt. Der englische Empirismus (Francis Bacon) unterschied »operative Naturphilosophie« (Mechanik, Magia naturalis) und »spekulative Naturphilosophie« (Physik, Metaphysik).

Erst im 18. Jh. erfolgte eine endgültige Trennung von »Physica empirica«, der physikalische Tatsachenforschung betreibenden Physik, von der »Physica speculativa«. Mit dieser Abgrenzung trat die Naturphilosophie nun meist als Metaphysik der Natur gegen die empirische Naturwissenschaft auf. Eher unkritisch reflektierte diese Wendung Christian Wolff, bei Kant hatte sie die Form des Kritizismus und Transzendentalismus als Lehre von den logischen Bedingungen der Möglichkeit der Erfahrung, die zugleich die ontologischen Bedingungen der Möglichkeit ihrer Gegenstände darstellen. Die kantische Lehre ist damit die erste kritische Naturphilosophie der

Naturphilosophie Romantik

In der Epoche der Romantik kam es zu einer Form der Naturforschung, die stark von metaphysischen Annahmen beeinflusst war und kuriose Experimente mit sich brachte. Naturwissenschaft und Philosophie setzten sich intensiv mit den Erkenntnissen der jeweils anderen Disziplin auseinander. Resultat dieser Zusammenarbeit war auf philosophischer Seite nicht zuletzt die romantische Naturphilosophie, die vor allem durch die Arbeiten Friedrich Wilhelm Joseph von Schellings geprägt war. Sie betrachtete die Natur als einen großen beseelten Organismus, dessen Einheit sich eher in Analogien und Metaphern als in mathematischen Gesetzen ausdrücken ließe. Diese Sicht führte zu einer Aufwertung des einfühlenden Naturzugangs. »Animalischer Magnetismus«, »tierische Elektrizität«, Hochschätzung von Somnambulismus, Wünschelrutengang waren die Folge. Somnambulismus etwa wurde nicht nur als körperliches Phänomen gedeutet, sondern – mit den Worten des Naturforschers und Philosophen Gotthilf Heinrich Schubert – als eine »höhere Stufe des wahren Zustands der Seele« (Karikatur auf den »animalischen Magnetismus«, Radierung, um 1790).

neuzeitlichen mechanistischen Naturwissenschaft, die sich auf die Gültigkeit der newtonschen Mechanik gründet.

Der →deutsche Idealismus versuchte die Natur aus dem dialektischen Entwicklungsgang des Geistes abzuleiten und ihren Aufbau und Zusammenhang in einem universalen System darzustellen. Mit Friedrich Wilhelm Joseph von Schellings Identitätsphilosophie erreichte die spekulative Naturphilosophie der Romantik ihren Höhepunkt.

Der Aufschwung der Einzelwissenschaften und der Technik im 19. Jh. und die gesellschaftlichen Umbrüche verursachten eine Hinwendung zu anderen Positionen. Ludwig Feuerbachs Kritik an der Naturphilosophie des deutschen Idealismus knüpfte an die Bemühungen der französischen Aufklärung an, eine enge Bindung zwischen den Naturwissenschaften und der Naturphilosophie zu erhalten. Neben anderen Entwürfen zeigt das Aufkommen des Positivismus (Auguste Comte) an, dass die klassische Naturphilosophie immer weniger Resonanz fand. Unter den naturphilosophischen Konzeptionen der zweiten Hälfte des 19. Jh. waren v. a. die mit dem Darwinismus und der Physik verbundenen von großer Bedeutung. In der Tradition von Comte und Avenarius stand der Empiriokritizismus des Physikers Ernst Mach, der besonders den logischen Empirismus des Wiener Kreises beeinflusste.

■ **20. Jahrhundert** Mit der Erweiterung der Begriffswelt der klassischen Physik durch die Quanten- und Relativitätstheorie im 20. Jh. (Max Planck, * 1858, † 1947, Albert Einstein, * 1879, † 1955, Werner Heisenberg, * 1901, † 1976) werden die modernen naturphilosophischen Versuche unmittelbar von dem Stand der jeweiligen Forschung her beeinflusst und in ihrer Sprache entwickelt. Die korrespondierenden Naturphilosophien wechseln dementsprechend in der raschen Folge der naturwissenschaftlichen Horizonterweiterungen. Erkenntnistheoretisch von größter Bedeutung wird die Hereinnahme des Beobachters in den Beobachtungsvorgang. Die Existenz universeller Naturkonstanten lässt die Frage nach dem Ursprung von Quantität und Qualität auftauchen. Das Problem der Objektivität solcher Konstanten leitet schließlich über zum Problem der Objektivität von Vorgängen überhaupt. Diese Problematisierung fasst die neuere Wissenschaftsgeschichtsschreibung z. T. als eine Aufhebung der Grenzen von Naturwissenschaft und Naturphilosophie (Michel Serres u. a.).

Natur|recht, rechtsphilosophischer Terminus, dem zufolge in einem weiteren Sinne diejenigen Grundsätze einer allgemeinen Ordnung stets gelten, die unabhängig von menschlicher Zustimmung und von vom Menschen gesetztem (positivem) Recht bestehen. In einem engeren Sinne bezeichnet der Begriff die Gerechtigkeitsprinzipien, die in der Natur der Sache oder der Natur des Menschen angelegt sind.

■ **Antike** Die Wurzeln der Naturrechtslehre reichen in die ionische Naturphilosophie

(6./5. Jh. v. Chr.) zurück. Diese verstand die Natur (Physis) als das wahre, angeborene Wesen im Unterschied zu den bloßen Konventionen. In der späteren Sophistik traten Natur und Gesetz (Nomos) als deutliche Gegensätze auf. Während ein Teil der Sophisten unter »Natur« die physische Wesensart des Menschen verstand und deshalb das Recht des Stärkeren für das »Naturgemäße« hielt, begriff Platon das wahre Recht des Menschen von der Idee des Logos bzw. von der Kraft des Wortes als Ausdruck der Vernunft her. Aristoteles verstand unter Naturrecht das, was unabhängig von konventionellen Gesetzen überall dieselbe Geltungskraft hat. Die stoische Philosophie sah den Begriff der Natur in einer Einheit mit dem Weltgesetz der Allvernunft: Das ewige Gesetz der Welt (lateinisch Lex aeterna) ist auch das Gesetz der menschlichen Natur (Lex naturalis).

Dieser Gedanke beeinflusste gleichermaßen das römische Staats- und Rechtsdenken. So schrieb Cicero, es gebe ein wahres Gesetz, nämlich die rechte Vernunft, die mit der Natur übereinstimmt, in allen Menschen lebendig ist und unabänderlich und ewig gilt. Diesem, und nur diesem Gesetz habe der Mensch zu gehorchen. In der Spätantike erschien die Lex aeterna bei Augustinus als die in der Vernunft oder dem Willen Gottes existente, von Ewigkeit her bestehende Schöpfungsordnung, von der die Lex naturalis ein Abdruck in der menschlichen Ratio sei.

■ **Mittelalter** Die Frage, ob in der Lex aeterna der Vernunft oder dem Willen der Vorrang gebühre, wurde zum philosophischen Grundproblem des Mittelalters. Thomas von Aquino gab der Vernunft den Vorzug. Er lehrte, dass alles, was existiert, eine natürliche Zweckbestimmung habe, so auch der Mensch. Dieser strebe naturgemäß danach, seine Anlagen und Fähigkeiten zu entfalten. Diese Entfaltung erfordere eine gerecht geordnete Gemeinschaft, der alle Politik und alles Recht zu dienen habe. Nach Thomas von Aquino markierten Johannes Duns Scotus und Wilhelm von Ockham den Wandel des philosophischen Weltbildes. Sie verwarfen die vorangegangene Vernunftgläubigkeit und postulierten als einzigen Grund für Gerechtigkeit den Willen Gottes.

■ **Neuzeit** Fanden sich schon bei Ockham die »Iura naturalia«, die natürlichen Rechte Leben, Freiheit und Eigentum, so versuchte die Rechtsphilosophie der Aufklärung, diese Rechte als vernunftnotwendig abzuleiten. Der systematisierte Begriff des modernen Naturrechts wurde v. a. von Francisco Suárez, Hugo Grotius, Samuel von Pufendorf und Johannes Althusius (* 1557, † 1638) geschaffen und als einer der Hauptimpulse der Aufklärung begriffen. Wie schon bei Aristoteles und Thomas von Aquino ist der Geselligkeitstrieb des Menschen die Ursache für den Gesellschaftsvertrag (→Vertragslehre). Da Unrecht ist, was eine Gemeinschaft vernünftiger Menschen verletzt, wird mit der Vernunft als Erkenntnisquelle das Naturrecht zu einem »Vernunftrecht«, das auch dann gilt, wenn Gott nicht existieren sollte (Grotius).

Pufendorf führte eine Trennung des Naturrechts vom lutherischen Aristotelismus durch und ordnete es der absolutistischen Verfassungstheorie zu. Parallel zur Profanierung des Naturrechts erfolgte dessen Positivierung aufgrund der Übernahme naturwissenschaftlicher, v. a. mathematisch fundierter Ansätze. Christian Thomasius und Christian Wolff versuchten, von obersten Prinzipien ein vollständiges, alle Rechtsgebiete umfassendes System von exakten, absolut gültigen Gesetzen herzuleiten. Dieser Deduktionismus trat erst zurück, als die von Montesquieu erneut betonte, klimatisch und kulturell bedingte Relativität auch des Naturrechts zur Ausbildung einer historischen Betrachtungsweise führte, die schließlich um 1800 den dem Naturrecht feindlichen Rechtspositivismus einleitete.

Die historische Erfahrung des Faschismus und die Unfähigkeit des Rechtspositivismus, dem »legalen« Unrecht theoretisch entgegenzutreten, führten nach dem Zweiten Weltkrieg zu einer Kritik des positiven Etatismus (also der Bestrebungen, die Verwaltung des Staates und ihre Kompetenz auf Kosten der Eigenständigkeit von Wirtschaft und Gesellschaft auszudehnen) und zur Wiederaufnahme der naturrechtlichen Diskussion in der Rechtswissenschaft wie in der christlichen Theologie. Der wissenschaftlich problematische Begriff der Natur als Grundlage ethischer und rechtlicher Normen hat den Versuch einer Wiederbelebung der Naturrechtslehre entscheidend geschwächt.

Negation [latein. »Verneinung«], in der *Logik* ein einstelliger →Junktor (Symbol ¬ oder ~), der aus einer Aussage *A* deren Verneinung Nicht-*A* bildet. *A* hat genau dann den Wahrheitswert wahr, wenn ¬*A* den Wert falsch hat. Wichtige mit der Negation verbundene Prinzipien sind u. a. das Prinzip vom ausgeschlossenen Dritten (→Principium exclusi Tertii) und das Prinzip vom verbotenen Widerspruch (→Principium Contradictionis).

Negatkonjunktion, →Sheffer-Strich.

Neoaristotelismus, Form des →Aristotelismus.

Neokonfuzianismus, im 10. Jh. einsetzende Renaissance des →Konfuzianismus, die sich in der Erhebung weiterer älterer Texte zu »Klassikern«, und zwar zu den »Vier Kanonischen Büchern«, niederschlug: »Gespräche« des Konfuzius (»Lun-yu«), das »Buch Meng-zi«, »Große Lehre« (»Da-xue«) und »Innehalten der Mitte« (»Zhong-yong«). Der Neokonfuzianismus nahm zahlreiche daoistische und buddhistische Elemente in sich auf. Die beiden Hauptströmungen des Neokonfuzia-

Neokonfuzianismus Die ethische Metaphysik

Der Neokonfuzianismus gab die Zurückhaltung des traditionellen Konfuzianismus in Bezug auf die Metaphysik auf. Der Systematiker Zhu Xi entwickelte im 12. Jahrhundert seine Lehre von den Ideen (Li) als kosmischen Ordnungsprinzipien schlechthin. Als Li bezeichnete er dabei die Ideen aller Dinge, die von der Materie (Qi) getrennt sind. Sie verleihen allen Lebewesen ihre Bestimmung und Bewegung und wohnen jedem Element inne. Zhu Xi leugnet ausdrücklich jede Weiterexistenz der Einzelseele nach dem Tod und auch jede persönliche Gottheit. Die Entwicklung des Universums gemäß dem Li ist ein sich selbst steuerndes Geschehen. Li geht als Gesetz aller Entwicklung von Materie voraus, braucht sie aber, um zur (sichtbaren) Erscheinung zu kommen.
Zhu Xi übertrug dieses Verhältnis auf die menschliche Natur: Auch der Mensch besteht aus Li und Qi, aus Geist und Körper. Daher ist Li nicht nur das Gesetz des Kosmos, sondern auch das Gesetz des moralischen Handelns des Menschen. Der Mensch wird zum »Edlen« im Sinne des Konfuzianismus, wenn er sich in Übereinstimmung mit dem Li befindet.

nismus, die vom 11. bis 14. Jh. vorherrschende »realistische« »Ordnungsprinzip-Schule« (Lixue) und die »idealistische« »Herz-Schule« (Xin-xue) der Zeit vom 15. bis 17. Jh., standen in einer gewissen Analogie zu den unterschiedlichen Auffassungen von Xunzi und Mengzi.

Neomarxismus, zusammenfassende Bezeichnung für eine Vielfalt philosophischer, ideologischer und praktisch-politischer Strömungen in der Nachfolge der Lehren von Karl Marx und Friedrich Engels (→Marxismus), v. a. nach dem Zweiten Weltkrieg. Der Neomarxismus sucht besonders im Rückgriff auf die Frühschriften von Marx dessen Werk neu zu deuten, wobei der Mensch als Wesen der Praxis und die Aufhebung der menschlichen →Entfremdung sowie aktuelle weltpolitische Konstellationen im Mittelpunkt stehen. Dem Neomarxismus sind u. a. Georg Lukács, Ernst Bloch, die Frankfurter Schule und Roger Garaudy zuzuordnen.

Neopositivismus, Position im →logischen Empirismus.

Neovitalismus, Form des →Vitalismus.

Neue Philosophie, französisch **Nouvelle Philosophie** [nu'vɛl filɔzɔ'fi], aus den Pariser Studentenunruhen 1968 hervorgegangene poststrukturalistische Richtung der französischen Philosophie, deren linksintellektuelle Vertreter, anknüpfend an →Strukturalismus, Psychoanalyse und Diskursanalyse, sich mit gesellschaftspolitischen Fragestellungen beschäftigen und z. T. auch durch eigenes politisches Engagement hervortreten. Unverkennbar ist dabei eine Annäherung an Positionen der →Frankfurter Schule. Zu Vertretern der Neuen Philosophie zählen sehr unterschiedliche Denker wie etwa André Glucksmann (* 1937) und Bernard-Henri Lévy. Gemeinsame Züge ihrer Schriften sind eine Ablehnung von Dogmatismus und totalitären Formen gesellschaftlicher Praxis sowie ein kritisches Verhältnis zum Marxismus und zur traditionellen Philosophie.

Neuhegelianismus, zusammenfassende Bezeichnung für sehr verschiedenartige Erneuerungsversuche der Philosophie Hegels im ausgehenden 19. und ersten Drittel des 20. Jahrhunderts. Nachdem der ältere →Hegelianismus in Deutschland etwa ab der Mitte des 19. Jahrhunderts verebbt und durch eine Rückwendung zum Kritizismus Kants abgelöst worden war, eröffneten Kuno Fischer (* 1824, † 1907) und Wilhelm Dilthey mit Arbeiten zur Entwicklungsgeschichte des hegelschen Denkens die neue positive Aufnahme seiner Philosophie.

Bereits in seinen Anfängen wie auch später begleitete den Neuhegelianismus eine ausgeprägte Selbstreflexion. Wilhelm Windelband (* 1848, † 1907) sah im Fortgang vom Neukantianismus zum Neuhegelianismus eine Wiederholung des Weges von Kant zu Hegel, ausgelöst durch einen neuen »Hunger nach Weltanschauung«. Hegels staats- und geschichtsphilosophisch orientierte Lehre von der Welt als »Erfüllungsort des Geistes« und eine Absage an den schrankenlosen Individualismus Nietzsches schienen diesem Bedürfnis zu entsprechen.

Die Entstehung des Neuhegelianismus und sein Selbstverständnis hängen weitgehend mit der Frage nach der inneren Notwendigkeit zusammen, die sich in der systematischen Problementwicklung auf dem Weg von Kant zu Hegel aufweisen lässt. Diese Herangehensweise entsprach Hegels philosophiegeschichtlicher Methode, nach der die Geschichte des Denkens als logische Entfaltung des Problemgehalts zu verstehen ist. Der Neuhegelianismus übernahm die Gehalte der Philosophie

Hegels meist nur kritisch und modifiziert. Unterstützt wurde er durch die editorischen Bemühungen um Hegels Werk.

In *Italien* eignete sich Benedetto Croce Hegel kritisch an, Giovanni Gentile (* 1875, † 1944) unternahm eine interpretatorische Reform der Dialektik Hegels. Zum Neuhegelianismus im weiteren Sinn kann man auch die Hegelrezeption in *Großbritannien* von 1865 bis etwa 1920 zählen, u. a. durch Francis Herbert Bradley (* 1846, † 1924) und Bernard Bosanquet (* 1848, † 1923) vorgenommen. Die Hegelrezeption in *Frankreich* – in Gang gesetzt v. a. durch die Hegel-Vorlesungen Alexandre Kojèves –, die erst seit etwa 1930 und in einer vom deutschen Idealismus stark verselbstständigten Form erfolgte, wird dem Neuhegelianismus nicht im strengen Sinne zugerechnet.

Neuhumanismus, um 1750 einsetzende Renaissance des →Humanismus.

Neukantianismus, philosophische Strömung in Deutschland, die etwa von 1865 bis 1910 dauerte und deren Hauptanliegen eine Rückbesinnung auf Kant und dessen kritische Erkenntnistheorie als Grundlage wissenschaftlichen Philosophierens war.

■ **Ansatz und Entwicklung** Die primär erkenntniskritische Geisteshaltung der Vertreter des Neukantianismus war von einem vorrangigen Interesse am Formalen bestimmt: Es ging – im Sinne Kants – v. a. um die Beantwortung der Frage nach der Reichweite des menschlichen Erkenntnisvermögens, v. a. in Bezug auf die Methode der Philosophie und ihren Anspruch auf Wissenschaftlichkeit. Damit setzte sich der Neukantianismus sowohl vom →Positivismus als auch vom →Empirismus ab.

Der Neukantianismus lässt sich entwicklungsgeschichtlich in drei Phasen gliedern: In der Anfangsphase (bis etwa 1875) stehen v. a. Versuche im Vordergrund, sinnesphysiologische Erkenntnisse in subjektiv-idealistische Fragestellungen einzubeziehen, etwa bei Hermann von Helmholtz (* 1821, † 1894) und Gustav Theodor Fechner. Die eigentlichen Schulen des Neukantianismus bildeten sich in der zweiten Phase (um 1875–95) heraus. Ihr Hauptanliegen bestand darin, nicht nur einzelne Elemente von Kants Transzendentalphilosophie neu zu rezipieren, sondern die Methode der kritischen Philosophie als Ganzes auch für die Erklärung wissenschaftstheoretischer Probleme zu deuten und nutzbar zu machen. In der dritten Phase (um 1895–1910) gingen die einzelnen Vertreter des Neukantianismus dazu über, eigenständige Systeme zu entwickeln, was zur Auflösung des Neukantianismus als Schule führte.

■ **Schulen** Man unterscheidet v. a. zwei Schulen des Neukantianismus: Bei der **Marburger Schule** (Hermann Cohen, Paul Natorp, Ernst Cassirer, Nicolai Hartmann u. a.) herrscht die Rezeption von Kants theoretischer Philosophie, v. a. die Anwendung der transzendentalen Logik (Analytik der Begriffe bzw. Grundsätze) auf Fragen der Wissenschaftstheorie, der Methodenlehre der Naturwissenschaften und der Mathematik, vor. Der Umfang der Philosophie wird fast gänzlich auf den Bereich der Erkenntnistheorie eingeschränkt. Selbst bei ethischen und ästhetischen Fragen scheinen Form und Funktion des Denkens den spezifisch moralphilosophischen Gehalt zu verdrängen und die Ethik zur »Logik der Geisteswissenschaften« umzubilden.

Die **Heidelberger Schule** (Südwestdeutsche Schule) mit Wilhelm Windelband (* 1848, † 1907), Heinrich Rickert, Emil Lask (* 1875, † 1915), Bruno Bauch u. a. widmete sich v. a. den eher individualistisch, lebensphilosophisch wie kulturhistorisch eingestellten Geisteswissenschaften, wobei es ihr – auf dem Boden des kantischen Kritizismus – im engeren Sinn um Fragen der Wertphilosophie ging: Im Mittelpunkt steht das Anliegen, die gestaltende Kraft ideeller Werte anzuerkennen, und zwar in ihrer lebensbestimmenden Bedeutung für das Individuum wie für die Gesellschaft.

Neuplatonismus, im 18. Jh. geprägter Begriff für die letzte bedeutende Strömung der griechischen Philosophie (zwischen 200 und 500 n. Chr.). Der Neuplatonismus war eine Weiterbildung der Philosophie Platons, in die außer platonischen auch aristotelische, stoische und spätantike mystische Begriffe Eingang fanden.

■ **Lehre** Höchster Begriff ist das über alle Bestimmungen erhabene →Eine (Gott), aus dem nicht durch Schöpfung, sondern durch wesensnotwendige Ausstrahlung (→Emanation) alle Seinsformen hervorgehen: zuerst der Geist (Nus), der die Ideen in sich enthält, dann die Weltseele und die Bereiche der Erscheinung bis herab zur Materie. Alle Wesen haben den Drang, zu dem Einen als ihrem Ursprung zurückzukehren, sodass das Stufensystem der Welt nach der einen Seite Emanation, nach der anderen Rückkehr aus der Entfremdung ist. Emanation ist wesentlich der im Seienden selbst erscheinende Verweis auf den Grund als das wahre Sein, der zugleich als ursprüngliches Licht der Erkenntnis gedeutet wird. Die einzelnen Strahlen dieses Lichts, die die verschiedenen Stufen beleuchten und dabei Erkenntnis konstituieren, werden als »Mittelkräfte« verstanden. Sie vermitteln die Gegenstände der Welt in Gestalt von Erscheinungen.

■ **Geschichte** Stifter des Neuplatonismus war Ammonios Sakkas († 242 n. Chr.); der bedeutendste Denker, der den Neuplatonismus als System gestaltete, dessen Schüler Plotin. Er leitete unter Beibehaltung des platonischen Dualismus das ganze Gefüge der übersinnlichen und sinnlichen Welt aus dem Einen ab, wobei erkenntnistheoretische Elemente grundlegend sind. Charakteristisch für ihn ist

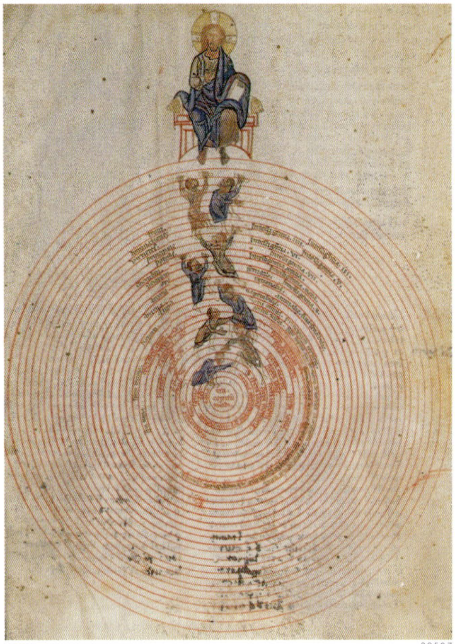

Neuplatonismus. Nach dem neuplatonisch-hermetischen Weltbild steigen die Seelen durch verschiedene Sphären auf bis zum Schöpfergott, der »Causa ultima« (Handschrift, 13. Jh.; Paris, Bibliothèque Nationale de France).

die Verbindung von rationalem Denken und mystischer Intuition. Plotins Schüler Porphyrios integrierte die aristotelische Logik in seine Betrachtungen über die Seelenerlösung, in die auch Aspekte der antiken nicht christlichen Religionen einflossen.

Als Hauptvertreter des **syrischen Neuplatonismus** gilt Porphyrios' Schüler Iamblichos von Chalkis (* um 250, † um 330), bei dem die Neigung zu religiösen Themen besonders hervortrat. Er verknüpfte die Einzelstufen der Welt mit Gottheiten und übermenschlichen Gestalten griechischen und orientalischen Glaubens. Sein Schüler Aidesios († um 355) gründete die **pergamenische Schule,** die versuchte, das Christentum durch den Polytheismus zu verdrängen. Der mit Plutarch von Athen (* um 350, † 431/432) zuerst fassbare **athenische Neuplatonismus** schloss sich eng an die syrische Schule an. Syrianos (1. Hälfte des 5. Jahrhunderts), Plutarchs Schüler, schuf in seiner Metaphysik die Grundlagen zum System seines Nachfolgers Proklos, das in seiner Geschlossenheit und differenzierten Gliederung einen Höhepunkt neuplatonischen Denkens darstellt.

Im **alexandrinischen Neuplatonismus** (Klemens von Alexandria, Gregor von Nyssa, Origenes, Ambrosius, Augustinus) ging das Interesse am metaphysischen System zurück und die Verwurzelung im Polytheismus wurde zugunsten einer Harmonisierung mit dem Christentum aufgegeben. Die Vertreter des **lateinischen Neuplatonismus** – bedeutend waren hier v. a. Calcidius (um 400) und Boethius – widmeten sich meist der Übersetzung und Kommentierung platonischer, aristotelischer und neuplatonischer Schriften und waren nur im weiteren Sinn Neuplatoniker. Ihre Bedeutung besteht v. a. in der Vermittlung der antiken Philosophie an das christliche Mittelalter.

■ **Wirkung** Vom Neuplatonismus sind besonders Scholastik und Mystik des christlichen Mittelalters über Augustinus, Dionysius Areopagita und Johannes Scotus Eriugena entscheidend geprägt worden. Hierbei wurden platonische und neuplatonische Gedanken teils verwechselt, teils verschmolzen. Das Bestreben der Renaissance, besonders unter den Mitgliedern der platonischen Akademie (Giovanni Pico della Mirandola, Marsilio Ficino), bei Nikolaus von Kues, Paracelsus (* 1493, † 1541) und später bei den Philosophen der Cambridger Schule, den Platonismus zu erneuern, erwies sich im Grunde als eine Wiederaufnahme des Neuplatonismus. Der Einfluss des Neuplatonismus findet sich darüber hinaus in vielen großen spekulativen Systemen der Neuzeit (v. a. im deutschen Idealismus) bis in die Gegenwart.

Das im 20. Jh. durch Ausgaben, Übersetzungen und Kommentare der Schriften Plotins gewonnene bessere Verständnis des Neuplatonismus einerseits und die Neuinterpretation des späten Platon andererseits tendieren wieder mehr zu einer Annäherung der beiden philosophischen Systeme.

Neupythagoreer, griechische Philosophen, die zwischen dem 1. Jh. v. Chr. und dem 4. Jh. n. Chr. die Lehre und Lebensform der →Pythagoreer erneuerten. In ihre Lehre bezogen sie Denkelemente der Stoa und v. a. der

Neuplatonismus. Ekstase als die Vereinigung mit dem Einen war für Plotin die Möglichkeit der Heimkehr des Menschen zu Gott. Er beeinflusste damit theologische und philosophische Systeme bis in die Neuzeit (Giovanni Lorenzo Bernini, »Verzückung der heiligen Theresia von Ávila«, 1647–52; Rom, Santa Maria della Vittoria, Cappella Cornaro).

durch Speusippos und Xenokrates fortgeführten späten platonischen Metaphysik mit ein, verbunden mit Astrologie, Mantik und Magie. Die Neupythagoreer hatten Gemeinsamkeiten mit der →Gnosis. Zu ihren Grundanschauungen gehörte Platons Lehre von der ursprünglichen Einheit der Welt, die sie an den Neuplatonismus weitergaben.

Neurath, Otto, österreichischer Philosoph, Soziologe und Bildungspolitiker, * Wien 10. 12. 1882, † Oxford 22. 12. 1945; lehrte zuletzt in Oxford. Neurath gehörte zum →Wiener Kreis und versuchte, die rationalistischen Grundsätze des logischen Positivismus auf die Sozial- und Geisteswissenschaften anzuwenden. In seinem Aufsatz »Protokollsätze« (1932/33) verglich er die Wissenschaften mit einem Schiff, das sich auf hoher See und dennoch permanent im Umbau befindet.

Neurophilosophie, siehe Sonderartikel Seite 240.

Neuscholastik, das philosophische und theologische Bemühen um eine Wiederbelebung des Gedankenguts der →Scholastik seit der Mitte des 19. Jahrhunderts, v. a. in Rückgang auf die Lehren von Thomas von Aquino oder (wie in Spanien) Francisco Suárez. Themenkreise der philosophischen Neuscholastik waren Erkenntnislehre, das Leib-Seele-Problem, Hylemorphismus und das Problem von Akt und Potenz.

Neuthomịsmus, eine Richtung der Neuscholastik, die im Wesentlichen auf die Werke des Thomas von Aquino zurückgreift und sie systematisch-kommentierend darstellt. Durch die Enzyklika »Aeterni Patris« Leos XIII. (1879), in der der Papst die Philosophie des Thomas von Aquino als Grundlage richtigen Denkens und ihre Weiterentwicklung empfahl, wurde der Neuthomismus in der katholischen Kirche besonders gefördert.

Newton ['nju:tn], Sir (seit 1705) Isaac, englischer Mathematiker, Physiker und Astronom, * Woolsthorpe (bei Grantham) 4. 1. 1643, † Kensington (heute zu London) 31. 3. 1727; lehrte 1669–1701 in Cambridge und war 1703–27 Präsident der Royal Society. Newtons Ruhm als Begründer der klassischen theoretischen Physik und damit – neben Galileo Galilei (* 1564, † 1642) – der exakten Naturwissenschaften überhaupt geht v. a. auf sein 1687 erschienenes Hauptwerk »Philosophiae naturalis principia mathematica« (dt. »Mathematische Prinzipien der Naturlehre«) zurück. In ihm formulierte er seine drei Axiome der Mechanik (newtonsche Axiome), stellte als dynamische Grundgleichung die nach ihm benannte Bewegungsgleichung auf und behandelte mit ihr theoretisch die Bewegung der Körper. Überdies arbeitete er hier auch sein bereits 1666 gefundenes Gravitationsgesetz aus. Die von ihm geschaffene Grundlage der Mechanik wurde erst zu Beginn des 20. Jahrhunderts durch die einsteinsche Relativitätstheorie modifiziert.

Nichts, lateinisch **Nịhil,** Bezeichnung für die logisch-begriffliche Verneinung des Seins sowie Gegenbegriff zu real Seiendem bzw. →Existenz, der im Sinne einer Negation (Nichtsein), einer Privation (Beraubung, Entbehrung) oder einer nicht entfalteten Potenz (Noch-nicht-Sein; →Akt) verstanden werden kann.

In der Ontologie der *Antike* versuchen Parmenides, Demokrit und Platon, das Sein (als allgemeinen Inbegriff der Welt) auch von seinem denkbaren Gegenpol aus zu erfassen. Das Nichts ist eine Kategorie, die über das konkrete Dasein hinausgeht und für seine Erklärung einen übergeordneten Verständnisansatz bildet. Mit Aristoteles wird der Begriff Nichts zunehmend formalisiert bzw. – bei Abstraktion von allen Erkenntnisinhalten – als logische Kategorie (→Negation) gedacht, die keine besonderen Prädikate mehr enthält und auch von besonderer Bedeutung für die allen Wissenschaften gemeinsamen Axiome, z. B. den Satz des Widerspruchs (→Principium Contradictionis), ist. Plotin führte den Gedanken der Eleaten fort: Er begriff die Entwicklung des Daseins als ein Werden, das von der dialektischen Spannung zwischen Sein und Nichts lebt.

Die Dialektik von Sein und Nichtsein wurde im *deutschen Idealismus* von Hegel weiterentwickelt, der Sein und Nichts als Momente des Werdens begreift. Der Begriff des Nichts bedeutet bei Hegel dementsprechend das reine Sein als »das unbestimmte Unmittelbare«. Für die *Existenzphilosophien* des 19. und 20. Jahrhunderts (Søren Kierkegaard, Martin Heidegger) offenbart sich dem Einzelnen das Nichts in der Angst und wird ihm in Grenzerfahrungen zugleich als labiler Grund seines Daseins bewusst. Bei Jean-Paul Sartre besteht das Wesen der menschlichen Existenz im Selbstbewusstsein des Individuums, dessen Freiheit im Nichts wurzelt.

Nietzsche, Friedrich, deutscher Altphilologe und Philosoph, * Röcken (bei Lützen) 15. 10. 1844, † Weimar 25. 8. 1900; einer der herausragendsten Vertreter nichtsystematischen wie auch antimetaphysischen Philosophierens.

■ **Leben** Nietzsche, Sohn eines lutherischen Pfarrers, studierte zunächst in Bonn Theologie und alte Sprachen (1864). Ein Jahr darauf ging er nach Leipzig und erhielt 1869 eine Professur für klassische Philologie in Basel. Unter seinen Bekanntschaften, zu denen u. a. auch die mit der Schriftstellerin Lou Andreas-Salomé und mit dem deutschen Komponisten Peter Gast zählten, war besonders die mit Richard Wagner von großem Einfluss. Die erste persönliche Begegnung Wagners und Nietzsches fand 1868 in Leipzig statt. Die

Fortsetzung S. 242

Friedrich Nietzsche
*** 1844, † 1900**

- propagierte ein Nebeneinander verschiedener Weltdeutungen
- war stark von Richard Wagner beeinflusst
- stellte die nihilistische These »Gott ist tot« auf und entwarf die Theorie vom Übermenschen
- stellte die Moral grundsätzlich infrage
- verbrachte seine letzten Jahre in geistiger Umnachtung

Neurophilosophie

Neurophilosophie

Neurophilosophie
→ GEO **Dossier**
Wie frei ist unser Wille?, Bd. 14

Denken und Bewusstsein haben einen Ort in der Welt. Der Frage nach diesem Ort hat sich die Philosophy of Mind aus den unterschiedlichsten Perspektiven und mithilfe eines eigenen begrifflichen Instrumentariums immer wieder zugewandt. Es ist dabei wiederholt die Vermutung geäußert worden, dass dem Menschen zuletzt verschlossen bleiben müsse, wie das Bewusstsein mit körperlichen Ereignissen und Zuständen zusammenhängt. Mittlerweile aber wird versucht, die naturwissenschaftlich orientierten, so genannten Neurowissenschaften heranzuziehen, wenn es um die Beantwortung von Fragen geht, die die Natur des menschlichen Bewusstseins betreffen.

Begegnung der Disziplinen

Der Untersuchungsgegenstand der Neurowissenschaften, zu denen die gesamten naturwissenschaftlichen Basisdisziplinen ihren Part beisteuern, ist das Nervensystem. Die schwierige Aufgabe dieser Wissenschaften besteht darin, die hohe Komplexität des Gehirns mit seinen vielen Milliarden Neuronen, die ihrerseits jeweils über mehrere Tausend Synapsen verfügen, experimentalen Verfahrensweisen zugänglich zu machen. Die Verschiedenheit der Untersuchungsebenen ist beträchtlich, und die Übergänge zwischen diesen Ebenen sind nur schwer zu fassen.

Für Ansätze und Projekte, die bewusstseinsphilosophische Problemstellungen mit neurowissenschaftlichen Mitteln zu lösen suchen, ist inzwischen der Begriff der »Neurophilosophie« geprägt worden. Die Neurophilosophie verfolgt ein zunächst noch schwach konturiertes, interdisziplinäres Programm, das mit neurowissenschaftlichen Methoden die Natur des Bewusstseins in seinem Zustandekommen erklären will. Ihr Gegenstand ist zugleich das Körper-Bewusstsein-Problem, also im allerweitesten Sinne die Frage danach, wie das Verhältnis und der Zusammenhang zwischen Körper und Bewusstsein genau zu denken sind – eine Frage, die die Philosophie seit Jahrhunderten beschäftigt.

Die gesuchte Nähe zu naturwissenschaftlichen Ansätzen bringt es aber auch mit sich, dass in der Neurophilosophie ein materialistischer Grundton vorherrscht. Doch verbindet sich mit ihm nicht notwendigerweise ein »Eliminativismus«, eine Tendenz zur unzulässigen Reduzierung, vor allem auf das materiell Nachweisbare, die das Phänomen menschlichen Bewusstseins ausschließlich als das Ergebnis der physikalischen Mikrowelt behandelt.

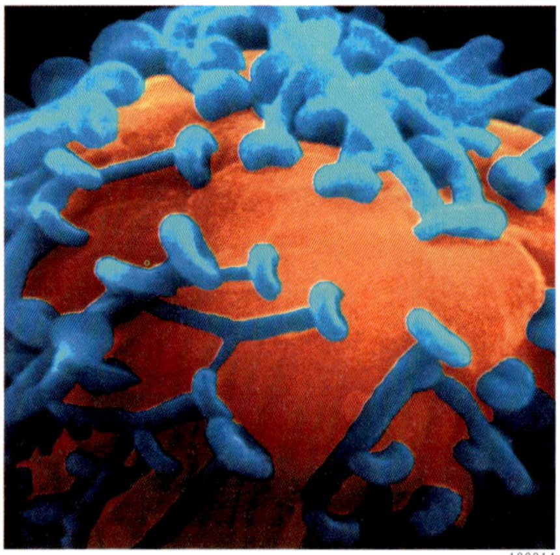

100914

Synapsen auf einer Nervenzelle

Der neurophilosophische Ansatz

Der Begriff der Neurophilosophie wurde Mitte der 1980er-Jahre durch die Arbeiten der amerikanischen Philosophin Patricia Smith Churchland populär. Churchland entwirft eine Konzeption, die sich an Strategien der neueren Philosophy of Mind und der Wissenschaftstheorie orientiert. Ihr zufolge sind die gängigen Vorstellungen davon, was das menschliche Bewusstsein sei, aber auch die an diese Vorstellungen anknüpfenden philosophischen Theorien in gleichem Maße falsch wie irreführend und müssen durch neurowissenschaftliche Sichtweisen und Begriffe ersetzt werden. Churchland bemüht sich daher um einen Brückenschlag zwischen Neurowissenschaften und Philosophie, indem sie den Versuch unternimmt, den beiden

Disziplinen die Vorzüge der jeweils anderen begreiflich zu machen.

Die Neurophilosophie bemüht sich darum, mit nur minimalen ontologischen Voraussetzungen auszukommen. Sie erkennt an, dass Zugänge zum menschlichen Bewusstsein nur im Rahmen eines Wechselspiels von philosophischer Analyse und neurowissenschaftlicher Empirie eröffnet werden können. Diese Arbeitsteilung hat sowohl für die Philosophy of Mind als auch für die Neurowissenschaft revisionäre Konsequenzen. So verengen etwa die Untersuchungsverfahren in der Gehirnforschung den Spielraum der philosophischen Begriffs- und Theoriebildung beträchtlich.

Auf die neurophilosophischen Diskussionen haben einige neurowissenschaftliche Experimente, Entdeckungen und technische Möglichkeiten einen starken Einfluss ausgeübt. So sind z. B. die Experimente, die der amerikanische Neurobiologe Benjamin Libet (* 1916) durchgeführt hat, als empirische Widerlegung von Willensfreiheit gedeutet worden. Ihnen zufolge lässt sich in einem unbewussten Areal außerhalb der Großhirnrinde schon vor einem Handlungsentschluss ein entsprechendes Bereitschaftspotenzial nachweisen. Tatsächlich entziehen die Experimente nur der Auffassung von »Willensfreiheit« als Freiheit eines unabhängigen Impulsgebers den Boden – einer Auffassung, die schon seit dem 18. Jahrhundert in weiten Teilen der Philosophie nicht mehr als rechtfertigungsfähig gilt. Neurowissenschaftliche Ansätze lösen von sich aus noch keine grundsätzlichen Probleme der Philosophy of Mind auf. Die Einsicht, dass Veränderungen in den neuronalen Zuständen unseres Gehirns Veränderungen des Bewusstseins bewirken, führt nicht notwendigerweise dazu, dass Begriffe wie Selbstbewusstsein, personale Identität, Erlebnis, Verhalten, Handlung oder Freiheit hinfällig werden. Die neurowissenschaftlichen Ansätze bedürfen ihrerseits der Überprüfung. Denn zuweilen gehen in neurowissenschaftliche Experimente bereits voraussetzungsreiche Annahmen ein, die dann als deren Resultate ausgegeben werden. Dieser Umstand dürfte nicht zuletzt damit zusammenhängen, dass der »Abstand« zwischen den neurowissenschaftlichen Untersuchungsgegenständen und den Ausdrucksformen des menschlichen Bewusstseins in unserer Lebenswelt erheblich ist.

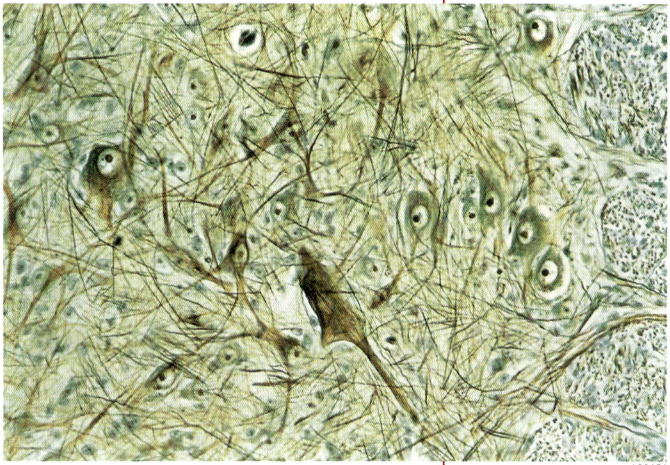
100674

Ein Netzwerk aus Nervenzellen sorgt für die Informationsübertragung im menschlichen Körper; dieses Wissen hat das Phänomen menschliches Bewusstsein noch nicht erklären können.

Zukunft der Neurophilosophie

Die durch die Neurowissenschaften gewonnenen Einsichten haben zu zahlreichen Neubewertungen von Grundbegriffen der klassischen Philosophy of Mind geführt. Und der Prozess der Neubewertung ist noch längst nicht abgeschlossen.

Was von den Neurowissenschaften künftig erwartet werden kann, ist bislang noch eine Frage der Einstellung geblieben: Die einen setzen darauf, dass die Neurowissenschaften einmal in der Lage sein werden, das Phänomen menschlichen Bewusstseins mit einer naturwissenschaftlichen Beschreibung und Erklärung zu versehen. Die anderen schließen prinzipiell aus, dass ein Erlebnis wie etwa das Selbstbewusstsein je naturwissenschaftlich erklärt werden kann. Der gegenwärtige Forschungsstand lässt beide Möglichkeiten zu. Unstrittig ist aber, dass nicht nur in philosophischer, sondern auch in naturwissenschaftlicher Hinsicht das menschliche Bewusstsein eine Vielzahl von Rätseln aufgibt.

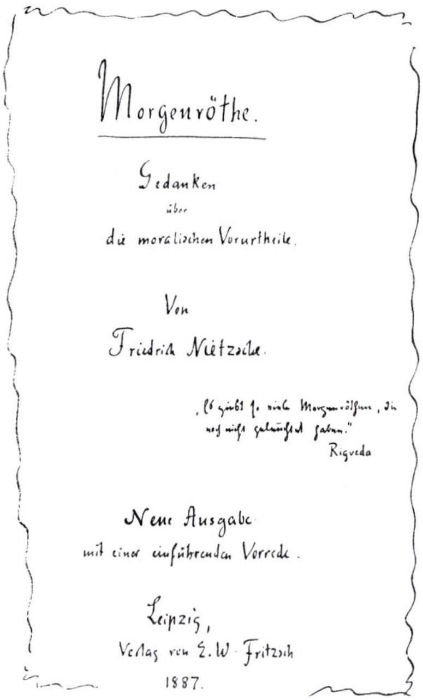

50

Friedrich Nietzsche. Eigenhändig entwarf Nietzsche dieses Titelblatt zur Neuauflage seiner Schrift »Morgenröthe. Gedanken über die moralischen Vorurtheile«.

Fortsetzung von S. 239

zunächst enge Freundschaft schlug seit 1876 zeitweilig in tiefe Ablehnung vonseiten Nietzsches und schließlich in Gegnerschaft um.

Seit 1871 verschlechterte sich Nietzsches Gesundheitszustand, was auch seine häufig wechselnden Aufenthalte in der Schweiz und in Italien nicht mildern konnten. 1879 war er gezwungen, sein Lehramt in Basel aufzugeben. Die darauf folgenden zehn Jahre lebte er als freier Philosoph an wechselnden Orten. Krisen in menschlichen Beziehungen erschütterten ihn sehr. 1889 kam es in Turin zu einem Zusammenbruch. Die letzten elf Lebensjahre verbrachte er in zunehmender geistiger Umnachtung in Naumburg und Weimar. Seine Schwester, Elisabeth Förster-Nietzsche, begann in dieser Zeit mit der Errichtung eines Archivs. Zusammen mit Gast gab sie eine Auswahl aus dem Nachlass unter dem Titel »Der Wille zur Macht« heraus. In der Forschung wurden ihr viele Fälschungen nachgewiesen.

■ **Entwicklung und Werk** Nietzsches Philosophie lässt sich in drei Phasen einteilen. In der ersten Phase steht Nietzsche völlig unter dem Einfluss Arthur Schopenhauers und Wagners. In »Die Geburt der Tragödie aus dem Geiste der Musik« (1872) bricht er mit allen traditionellen altphilologischen Vorstellungen und vertritt eine antiklassische, tragisch-pessimistische Auffassung des Griechentums. Er sieht die attische Tragödie und das Musikdrama Wagners als die Vereinigung der beiden Kunsttriebe der Natur, des Apollinischen und Dionysischen (→apollinisch, →dionysisch). In seinen vier »Unzeitgemäßen Betrachtungen« (1873–76) stellt sich Nietzsche kritisch gegen seine Zeit und seine Zeitgenossen, um auf diese Einfluss zu nehmen und zugunsten einer kommenden Zeit zu wirken. Er wendet sich gegen den bürgerlichen Bildungsbegriff und – in der zweiten »Unzeitgemäßen Betrachtung«, »Vom Nutzen und Nachtheil der Historie für das Leben« (1874) – auch gegen den →Historismus, indem er die Zweideutigkeit der historischen Wissenschaften aufzeigt, die gerade im 19. Jh. zu besonderer Blüte gelangt waren. Von Schopenhauer übernimmt er die Idee des Willens als des übersinnlichen Prinzips der Welt und tritt für den Vorrang des »Lebens« vor dem Bewusstsein ein.

In der zweiten Phase befreit sich Nietzsche von seinen Vorbildern und wird zu einem scharfen Kritiker der traditionellen Moral, der sich in der Nähe zum Positivismus bewegt. Die Schrift »Menschliches, Allzumenschliches« (1878, Bd. 1) zeigt den Bruch an, der zwischen ihm und Wagner stattgefunden hatte und der später zur Forderung nach einer radikal antiromantischen Haltung führte (»Der Fall Wagner«, 1888).

Nietzsche versucht in dieser Periode die Selbsttäuschungen aufzudecken, denen die menschlichen Wertungsweisen und Schätzungen unterliegen (»Vermischte Meinungen und Sprüche«, 1879; »Der Wanderer und sein Schatten«, 1880, als »Menschliches, Allzumenschliches«, Band 2, 1886). Er erweist sich jetzt als Wortführer des →Nihilismus. In der gesamten Geschichte der abendländischen Philosophie sieht er das Geschehen der Entwertung der höchsten Werte wirksam. Den Nihilismus bringt er auf die Formel: »Gott ist tot!«. Im Anschluss an die »Morgenröthe« (1881), in der der Kampf gegen die Moral eröffnet wird, bereitet Nietzsche in dem 1882 erstmals erschienenen und 1887 fertig gestellten Buch »Die fröhliche Wissenschaft« sein Werk »Also sprach Zarathustra« vor. In der dritten Phase legt Nietzsche

Nietzsche »Also sprach Zarathustra«

In einer Sprache von visionärer Bildgewalt und literarisch kunstvoll gesteigerter Ausdruckskraft entfaltet Friedrich Nietzsche in dem 1883–85 erschienenen Werk »Also sprach Zarathustra« mit der Gestalt des »Übermenschen«, der Formel vom »Willen zur Macht« und dem Gedanken der »ewigen Wiederkunft des Gleichen« zentrale Motive seines Denkens. Die philosophische Substanz des Buches bilden die durch eine Rahmenhandlung verbundenen Reden Zarathustras. Sie geben mit dem Gleichnis von den »drei Verwandlungen des Geistes« auch einen Schlüssel zu Nietzsches eigener gedanklicher Entwicklung: Während der Geist zunächst die Last einer jahrtausendealten Tradition ehrfürchtig auf sich nimmt und trägt wie das Kamel, befreit er sich mit der Willenskraft eines Löwen schließlich von allem Bestehenden und den Fesseln überkommener Moral und schafft so die Voraussetzung, um zuletzt zum Kind zu werden, das im unbefangenen »Spiel des Schaffens« neue Werte setzt.

den konstruktiv-aufbauenden Teil seiner Philosophie dar. »Also sprach Zarathustra«, das er »ein Buch für Alle und Keinen« nennt, hält er selbst für »das tiefste Buch, das die Menschheit besitzt«. Es besteht aus vier Teilen, die in den Jahren 1883 bis 1885 nacheinander erschienen, wobei der vierte Teil vorerst lediglich als Privatdruck kursierte.

Diesem »jasagenden Teil«, in dem Nietzsche in der Überwindung Gottes und des Menschen auf den »Übermenschen« verweist, steht die »neinsagende, neinthuende Hälfte« seiner Philosophie entgegen, die Umwertung aller bisherigen höchsten Werte. Sie beginnt mit »Jenseits von Gut und Böse. Vorspiel einer Philosophie der Zukunft« (1886). Nietzsche versucht hier den Blick, der auf den moralisch-metaphysischen Gegensätzen, dem Ort des »Gut und Böse« haftet, auf etwas Zukünftiges, den Ort »Jenseits von Gut und Böse« zu lenken. Es geht ihm in seinem Immoralismus um die Überwindung des Menschen, der bisher entweder im Jenseits oder im Diesseits sein Ziel sah und dadurch im so genannten »Übermenschlichen« und »Menschlich/Allzumenschlichen« stecken blieb.

In engem Zusammenhang mit diesem Buch steht die ein Jahr später erschienene Streitschrift »Zur Genealogie der Moral« (1887). Nietzsche betreibt in ihr eine radikale Demontage der Moral, indem er ihre Entstehung entlarvt, d.h. die Bedingungen und Bedingungsverhältnisse aufdeckt, aus denen sich die Moral herausgebildet hat. Er legt dar, dass die christliche Moral im »Sklavenaufstand in der Moral« aus dem Ressentiment der Schwachen hervorgegangen sei. Seine grundsätzliche »In-Frage-Stellung« der Moral führt ihn zur Frage nach dem Wert, den die Werturteile haben.

■ **Wirkung** Nietzsche übte einen großen Einfluss auf die Literatur und die Philosophie aus, z.B. auf Martin Heidegger und Karl Jaspers, sowie auf die Psychologie, etwa auf Sigmund Freud und Ludwig Klages. Von den Nationalsozialisten wurden v.a. seine Gedanken vom »Willen zur Macht«, der »Herrenmoral« und der »blonden Bestie« missbräuchlich aufgegriffen und in propagandistischer Weise politisiert. Über Deutschland hinaus hat Nietzsche am stärksten in Frankreich gewirkt: in der Literatur u.a. auf André Gide (* 1869, † 1951) und in der Philosophie auf die Strömungen des Poststrukturalismus und der Postmoderne, so auf Michel Foucault, Gilles Deleuze und Jacques Derrida.

nihil est in intellectu, quod non sit prius in sensu [latein. »nichts ist im Verstand, was nicht vorher im Sinnesvermögen gewesen ist«], erkenntnistheoretische Grundformel des Sensualismus bzw. Empirismus (John Locke), die für die Wahrnehmung und Erkenntnis der Welt die Sinnesempfindung als primär grundlegend ansieht.

Nihilismus [zu latein. nihil »nichts«], allgemein jeder Standpunkt, der auf der absoluten Verneinung bestehender Glaubenssätze, der Möglichkeit allgemein gültiger Erkenntnis, sozialer und politischer Verhältnisse oder einer Wertordnung beruht. Der Begriff Nihilismus wurde erst durch Friedrich Heinrich Jacobi im Rahmen seiner Kritik idealistischer Positionen in die philosophische Diskussion eingeführt. Zu einem allgemein verbreiteten Ausdruck wurde Nihilismus erst durch den

Friedrich Nietzsche wandte sich gegen die Überschätzung der Rationalität:

»In irgendeinem abgelegenen Winkel des in zahllosen Sonnensystemen flimmernd ausgegossenen Weltalls gab es einmal ein Gestirn, auf dem kluge Tiere das Erkennen erfanden. Es war die hochmütigste und verlogenste Minute der ›Weltgeschichte‹: aber doch nur eine Minute.«

Nietzsche »Sternen-Freundschaft«

Friedrich Nietzsche hatte seine »Geburt der Tragödie« dem bewunderten Freund Richard Wagner (Porträt von Franz von Lenbach, 1871; Bayreuth, Richard-Wagner-Museum) gewidmet und darin das Werk des innovativen Komponisten als Ausgangspunkt einer kraftvollen Erneuerung der deutschen Kultur gepriesen. 16 Jahre später jedoch bezeichnete er Wagner als »morsch gewordenen, verzweifelnden Décadent«, der »plötzlich, hilflos und zerbrochen, vor dem christlichen Kreuze« niedergesunken war. Die persönliche und geistige Entfremdung, die zum Bruch geführt hatte, wollte Nietzsche jedoch in einen größeren Zusammenhang gestellt wissen und verwendete dazu das Bild einer unsichtbaren »Curve und Sternbahn«, »in der unsere so verschiedenen Strassen und Ziele als kleine Wegstrecken einbegriffen sein mögen«: »Und so wollen wir an unsere Sternen-Freundschaft glauben, selbst wenn wir einander Erden-Feinde sein müssten.«

Roman »Väter und Söhne« (1861) des russischen Schriftstellers Iwan Turgenjew. Er wendete ihn in einem politischen Sinn auf die russischen Revolutionäre an, die sich als Anarchisten ansahen.

■ **Nietzsches Deutung** Eine umfassende nihilistische Deutung der gesamten abendländischen Philosophiegeschichte legte als Erster Nietzsche vor. Sowohl bei Platon als auch im Christentum besteht ihm zufolge ein Dualismus, da der »wahren« Welt der Ideen, die ewig und unveränderlich ist, die »scheinbare« Welt des Werdens und der Vergänglichkeit gegenübergestellt wird. So interpretierte Nietzsche die Geschichte des Abendlands als eine Verfallsgeschichte, eine Bewegung der Décadence, in der die ursprünglich unabhängig vom Menschen gedachten Werte ihre Geltung und Gültigkeit verlieren. Nihilismus bezeichnete damit zum einen die Entwertung der bisherigen obersten Werte und schloss zum anderen die »Umwertung aller bisherigen Werte« ein. Nietzsches Deutung des Nihilismus übte seit Beginn des 20. Jahrhunderts eine große Wirkung aus, v. a. auf den literarischen Expressionismus.

■ **Existenzphilosophische Deutung** In der Existenzphilosophie untersuchte Karl Jaspers den Nihilismus und legte Versuche seiner Aufhebung vor. Jaspers zufolge ist der Nihilismus neben der »Dämonologie« und der »Menschenvergötterung« eine Gestalt der »Unphilosophie«, nämlich die der »offenen Glaubenslosigkeit« (z. B. in »Der philosophische Glaube«, 1948). Der Unglaube hat demzufolge sogar eine Wahrheit, da er im Übergang einen Zugang zum Glauben und zur Transzendenz ermöglicht. Martin Heidegger legte gegen Nietzsche, der aus seiner Sicht den Nihilismus nicht überwand, sondern ihn zuallererst vollendete, eine »seinsgeschichtliche Bestimmung des Nihilismus« vor. Nihilismus meint danach nicht nur den Zustand, der durch eine Verfehlung des Denkens hervorgerufen wurde, sondern auch das Sichentziehen des Seins selbst. Die »Einkehr« in das Wesen des Nihilismus dadurch, dass wir dem Ausbleiben des Seins entgegendenken, »ist der erste Schritt, durch den wir den Nihilismus hinter uns lassen«.

Im französischen Existenzialismus wurde das Absurde als Grunderfahrung des Nihilismus begriffen (Jean-Paul Sartre, Albert Camus). Es wird die radikale Sinnlosigkeit und Absurdität der Welt und des menschlichen Verhaltens behauptet, dem das Aushalten, die Auflehnung und das existenzielle »Engagement« gegenüberstehen.

Nịkolaus von Kues [- ku:s], **Nịkolaus von Cu̲sa, Nịkolaus Cusa̲nus,** eigentlich Nikolaus Chrypffs oder Nikolaus Krebs, deutscher Theologe und Philosoph, * Kues (heute zu Bernkastel-Kues) 1401, † Todi (Umbrien) 11. 8. 1464; studierte 1416/17 Philosophie in Heidelberg und bis 1423 in Padua kanonisches Recht sowie Mathematik. Seit 1425 beschäftigte er sich in Köln mit Theologie, wobei er besonders mit dem Werk von Raimundus Lullus in Berührung kam. Nach seiner Zeit als Stiftsdekan und Propst wurde er 1448 Kardinal und 1450 Fürstbischof von Brixen. Er bemühte sich intensiv um die Reform von Kirche und Reich. So nahm er u. a. seit 1432 am Basler Konzil teil und bemühte sich in ausgedehnten Reisen (1450–52) um eine Reform des Ordenslebens in Deutschland.

Beeinflusst durch Meister Eckhart und den Nominalismus Wilhelm von Ockhams, steht Nikolaus von Kues in seinem theologisch-philosophischen Denken in der Tradition des christlichen Neuplatonismus, den er durch die Vermittlung Johannes Scotus Eriugenas kennen lernte. In seinem 1440 erschienenen philosophischen Hauptwerk »De docta ignorantia« (dt. »Von der gelehrten Unwissenheit«) suchte er Bedingungen und Möglichkeiten menschlichen Erkennens durch seine Vorstellung vom Zusammenfallen der Gegensätze in Gott (»Coincidentia Oppositorum«) zu erweitern. Zwischen der geschaffenen Welt als der Entfaltung (»Explicatio«) Gottes ins Nichts und Gott selbst, der als das All-Eine alle Gegensätzlichkeit in sich aufhebt, vermittelt Christus als der verkörperte Logos. Welt und Mensch werden so zum Abbild eines Universums, in dem alles Seiende hierarchisch gegliedert ist.

In seinem gesamten Werk bediente sich Nikolaus von Kues bevorzugt mathematischer Denkweisen, die er auch auf theologisch-philosophische Sachverhalte anwendete. Über theologische und mathematische Spekulationen hinaus bemühte er sich aber auch intensiv um das Studium der Natur und eine neue Methodologie der Naturforschung, die auf Einsichtigkeit und Nützlichkeit gerichtet war.

Noe̲tik [griech., zu nóēma »Gedanke«, »Sinn«], Lehre, die als »angewandte Logik« im Sinne einer allgemeinen Erkenntnislehre nicht nur auf richtiges Denken, sondern auch auf wahres Erkennen gerichtet ist.

Nikolaus von Kues
*** 1401, † 1464**

- wurde als wortgewaltiger Prediger gefeiert
- bemühte sich als hoher kirchlicher Würdenträger um eine Reform von Kirche und Reich
- war einer der ersten deutschen Humanisten
- bezog in sein Denken naturwissenschaftliche und historische Erkenntnisse ein
- geht in seiner Erkenntnistheorie vom »Anderssein« aus

Nikolaus von Kues »Von der gelehrten Unwissenheit«

Das frühe Hauptwerk von Nikolaus von Kues, »Von der gelehrten Unwissenheit« (1440), setzt sich in Form und Gehalt von der scholastischen Philosophie des späten Mittelalters ab und entwickelt mithilfe mathematisch-geometrischer Spekulationen platonischer Prägung eine Betrachtungsweise der Wirklichkeit, die wesentliche Momente neuzeitlichen Denkens vorwegzunehmen scheint. Da menschliche Erkenntnis im Messen und Vergleichen voneinander verschiedener und daher endlicher Dinge besteht, Gott als das Absolute und Unendliche sich aber jedem Maßstab und Vergleich entzieht, bleibt er für unseren Verstand letztlich unerkennbar. Nur ein über die eigene Unwissenheit belehrtes Denken vermag sich der Unendlichkeit Gottes anzunähern, in der alle Gegensätze so ineinander fallen, wie der Bogen, den ein Kreis beschreibt, bei unendlichem Umfang mit der Geraden zur Deckung kommt.

Nominaldefinition, Art der →Definition.

Nominalismus [zu latein. nomen »Name«], im Spätmittelalter begründete erkenntnistheoretische Ansicht, nach der den allgemeinen Begriffen des Denkens (z.B. Einheit, Vielheit) außerhalb ihres formalen Geltungsbereichs nichts Wirkliches entspricht. Der strenge Nominalismus leugnet die Übereinstimmung von Begriff und Sache und lässt nur Allgemeinbezeichnungen durch Worte (»Hauch der Stimme«, lateinisch »Flatus Vocis«) oder schematische Vorstellungen gelten, deren inhaltliche Bedeutung allein durch sinnliche Einzelvorstellungen gegeben ist. Real ist demnach nur der sinnlich wahrnehmbare Einzelgegenstand. Insbesondere die Allgemeinbegriffe (Universalien) erfüllen lediglich die Funktion formalen Erkennens, begründen also kein wirkliches Wissen. Auch wenn sie mehr als bloße Worte sind, vermitteln sie doch keine Innenansicht der Dinge.

Der von Petrus Abaelardus und Roscelin von Compiègne im 11. und 12. Jh. ausgehende Nominalismus ist sehr vielgestaltig. Ein gemäßigterer Ansatz wurde von Wilhelm von Ockham (→Konzeptualismus) vertreten. Die erkenntniskritischen Tendenzen des Nominalismus führten zur Entwicklung des modernen empiristischen Wissenschaftsbegriffs, der mit seinem Ausgang vom sinnlich wahrnehmbaren Einzelnen im Grunde immer individualistisch denkt, zur Metaphysikkritik, zur Trennung von Wissen und Glauben und zu einer Höherstellung des Willens gegenüber dem Denken (→Voluntarismus), v.a. in der Theologie. Besonders der moderne logische Empirismus lehnt eine metaphysische Seinserkenntnis als Pseudoproblematik ab und beschränkt sich auf den Formalismus und Funktionalismus der durch Zeichen repräsentierten und in der sinnlichen Wirklichkeit verifizierbaren Begriffe.

Nomos [griech. »Gesetz«, »Ordnung«], positives Recht im Gegensatz zum göttlichen Recht (griechisch Dike). Das Begriffspaar Nomos und Physis (Gesetz und Natur) bildet den Mittelpunkt der antiken griechischen Naturrechtsdiskussion (→Naturrecht), die zur Zeit der Sophistik (5. und 4. Jh. v. Chr.) aufbricht. Im Kern geht es um die Funktion des Nomos vor dem Hintergrund einer »natürlichen« Ungleichheit der Menschen, also um die Frage, ob der Nomos über die →Natur oder die Natur über den Nomos herrscht.

Norm [von latein. norma »Winkelmaß«, »Regel«], Maßstab für eine wertende Beurteilung menschlichen Handelns im regulativen oder ethischen Sinne. Insofern das gesellschaftliche Leben, aber auch alles Denken, Reden und Handeln auf das Bestehen, die Anerkennung und Einhaltung von Normen gegründet ist, bilden die Feststellung und Erklärung geltender Normen sowie deren Begründung zentrale Themen der Sozialwissenschaften und der Philosophie. So ist die Ethik auch als »Normwissenschaft« bezeichnet worden.

Es lassen sich v.a. fünf Begriffsverwendungen unterscheiden: 1. Norm im Sinne eines empirisch ermittelten Durchschnitts (»das Normale« im Sinne faktischer oder gebotener Verhaltensweisen und Leistungen in bestimmten Situationen oder regulär wiederkehrender Ereignisse und Abläufe), 2. rechtliche Vorschriften, 3. soziale Konventionen, 4. technische Maßstäbe, Regeln und Vorschriften (z.B. DIN-Normen) als orientierende Richtschnur oder Ideale technischen und wissenschaftlichen Handelns, 5. im ethischen Sinne als Handlungsorientierungen (Tugenden, sittliche Motive und Pflichten) zur Realisierung menschli-

100563

Nikolaus von Kues. Der Kardinal und Bischof hat auf vielen Gebieten Maßgebliches geleistet. So schuf er u.a. die erste flächentreue, moderne Landkarte Mitteleuropas (Holzschnitt von 1491, Ausschnitt).

100264

Nominalismus. Roscelin von Compiègne sprach nur dem Einzelwesen Wirklichkeit zu – also auch nur den einzelnen Personen Gottes (Gottvater, Sohn und Heiligem Geist). Er musste diesen theologisch heiklen »Tritheismus« widerrufen (Masaccio, Dreifaltigkeitsfresko, Ausschnitt, um 1426–28; Florenz, Santa Maria Novella).

chen Gutseins. Normen umfassen hier sowohl selbst gesetzte Grundsätze (→Maximen) als auch allgemein anerkannte, moralisch verbindliche Werte, die einzelnen Zielsetzungen und Handlungen zugrunde liegen (sollen) und in der Regel den Anspruch einer vernünftigen Rechtfertigung erfüllen müssen.

Die moderne Ethik setzt sich mit sittlichen Normen unter dem Gesichtspunkt einer Rechtfertigung ihrer Verbindlichkeit auseinander **(Normbegründung).** Danach können moralische Urteile und v.a. die ihnen zugrunde liegenden ethischen Normen nicht auf willkürlichen Setzungen oder metaphysischen Argumenten beruhen. Sie gelten vielmehr als begründet, wenn sie sich durch rationale Argumente rechtfertigen lassen und somit ungeachtet der Interessenlage bei jedem die Bereitschaft vorausgesetzt werden kann, die Konsequenzen des nach jenen Normen ausgerichteten Handelns zu tragen, weil die Normen dem vernünftigen Willen aller entsprechen.

notwendige Bedingung, Art der →Bedingung.

Notwendigkeit, als eine Kategorie der Modalität (neben Möglichkeit und Wirklichkeit) Grundbestimmung eines Seienden. Notwendigkeit steht im Allgemeinen mit der Geltung einer inneren oder äußeren Gesetzlichkeit im Zusammenhang und kann in objektiver Hinsicht dem →Zufall, in subjektiver Hinsicht der →Freiheit entgegengesetzt werden.

Logische Notwendigkeit einer Aussage liegt vor, wenn ihre Negation einen Widerspruch erzeugt, ihr kontradiktorisches Gegenteil also denkunmöglich ist, **ontologische Notwendigkeit** eines Sachverhalts, wenn dieser so sein muss, wie er ist. Von **kausaler Notwendigkeit** spricht man, wenn – unter Voraussetzung der Gültigkeit von Kausalgesetz und anwendbarem Naturgesetz – ein Ereignis als Wirkung notwendigerweise aus einem anderen als Ursache folgt. **Metaphysische Notwendigkeit** schließlich besteht, wenn ein Prädikat einem Ding notwendigerweise zukommt, da es sich um eine Wesenseigenschaft (→Wesen) handelt.

In der antiken Philosophie (v.a. Aristoteles) ist die Notwendigkeit eng an die im Stofflichen wirkende teleologisch-dynamisch verstandene Wesenhaftigkeit (→Entelechie) gebunden und wird auf eine letzte Notwendigkeit (→unbewegter Beweger) zurückgeführt, die alles Existierende bedingt. Der Materialismus geht im Allgemeinen von einer objektiven Notwendigkeit des kausal-mechanistisch interpretierten Wirklichkeitsgeschehens aus, der Empirismus vom subjektiven Charakter der Notwendigkeit als der im Denken und Vorstellen begründeten, gewohnheitsmäßigen Verknüpfung von zeitlich aufeinander folgenden Ereignissen.

Der kritische Idealismus (Kant) sieht in der Notwendigkeit als Kategorie der Modalität eine Denkform des Menschen in Bezug auf die Dinge und ihr Verhältnis zueinander. Bei Hegel stellt die Notwendigkeit eine objektive Größe dar, insofern alle Erscheinungen als Entwicklungsmomente des absoluten Geistes verstanden werden (»alles Notwendige ist wirklich, alles Wirkliche ist notwendig«). Die →Logik behandelt die Notwendigkeit im Rahmen der Modallogik.

Nous, →Nus.

Nouvelle Philosophie, →Neue Philosophie.

Nozick [ˈnəʊzɪk], Robert, amerikanischer Philosoph, * New York 16.11.1938, † Cambridge (Mass.) 23.1.2002; war ab 1969 Professor an der Harvard University. Nozick wurde bekannt mit seinem Buch »Anarchy, state and utopia« (1974; dt. »Anarchie, Staat, Utopia«), für das er 1975 den Pulitzerpreis erhielt. In ihm entwirft er das liberalistische Modell eines »Minimalstaats« auf vertragstheoretischer Grundlage, wobei er sich einerseits gegen den Anarchismus, andererseits gegen staatsinterventionistische Ansätze wie den von John Rawls wendete.

Nus [griech. »Geist«, »Vernunft«], **Nous** [nu:s], in der antiken Metaphysik sowohl der »höchste« Teil der menschlichen Seele (»denkende Seele«) als auch ein den Kosmos ordnendes Prinzip und die (reine) Seinsweise Gottes.

Nussbaum, Martha C. (Craven), amerikanische Philosophin und Altphilologin, * New York 6.5.1947; seit 1995 Professorin für Recht und Ethik an der University of Chicago. Nussbaum entwickelte eine Konzeption der distributiven Aufgaben einzelner Staaten wie auch der Entwicklungspolitik, die sich u.a. in ihrem Werk »Sex and Social Justice« (1999) niederschlägt.

Nützlichkeitsprinzip, Prinzip in der Ethik des →Utilitarismus.

Nyaya [Sanskrit »Regel«, »Prinzip«, »Methode«], eines der sechs Systeme der klassischen indischen Philosophie, das im 2. Jh. n. Chr. von einem Handbuch für Disputationsregeln ausging, in das Elemente einer einfachen Naturphilosophie und Erlösungslehre eingefügt wurden. Der Nyaya setzte sich mit fortschreitender Entwicklung in mehreren Kommentaren immer mehr mit logischen und erkenntnistheoretischen Fragen und auch mit der buddhistischen Logik auseinander. Seinen Höhepunkt erreichte das System unter Udayana (10. Jh. n. Chr.). Eine neue Schule (der Navyanyaya) entwickelte sich um die Jahrtausendwende; sie beschäftigte sich besonders mit Problemen der formalen Logik und prägte eine neue, sprachlich komplizierte Terminologie. Sie rückte die Lehre von den Erkenntnismitteln, besonders von der Beweisführung, in den Mittelpunkt der Betrachtungen. Die Verschmelzung mit dem Vaisheshika-System führte zur Ausbildung der extrem realistischen Vaisheshika-Philosophie.

Obersatz, erste Prämisse (lateinisch Propositio maior) eines syllogistischen Schlusses, die den Prädikatbegriff der Konklusion enthält (→Syllogismus).

Objekt [mittellatein. obiectum, von latein. obicere »entgegenwerfen«], der Gegenstand des Erkennens, Denkens und Handelns, der dem Erkenntnissubjekt im Erkenntnisprozess gegenübersteht. Hierbei kann zwischen sinnlich gegebenen und geistigen (intelligiblen) Objekten unterschieden werden. In der modernen Sprachphilosophie und in der Logik wird all das Objekt genannt, was sprachlich unterschieden werden kann (→Prädikation). Die Trennung von Objekt und Subjekt führt auf das für die klassische Erkenntnistheorie zentrale →Subjekt-Objekt-Problem.

objektiver Geist, Form des →Geistes in der hegelschen Philosophie.

Objektivismus, Position in der *Erkenntnistheorie,* die dem Erkenntnisvermögen im Gegensatz zum →Subjektivismus die Fähigkeit zuschreibt, vom Subjekt unabhängige reale Gegenstände und objektive Ideen zu erfassen. Der objektivistische Standpunkt ist v. a. im Rahmen ethischer Überlegungen von Gewicht, wo es gilt, allgemein verbindliche Maßstäbe und Zwecke sittlichen Handelns festzusetzen.

Objektivität, 1) die Unabhängigkeit des Denkens und Urteilens vom Standpunkt des Subjekts, seiner besonderen Situation sowie seinen persönlichen Interessen und Neigungen, 2) der objektive Charakter oder die objektive Seite einer Sache oder eines Vorgangs, 3) der Inbegriff all dessen, was zur für sich existierenden Welt äußerer Dinge gehört. Der Gegenbegriff ist →Subjektivität.

Besonders die wissenschaftliche Erkenntnis strebt durch die gezielte Ausschaltung aller subjektiven Einflussfaktoren Objektivität im Sinne der Unabhängigkeit des Denkens an. Ob eine Aussage objektive Geltung beanspruchen kann, wird dabei inzwischen meist als eine Frage der Begründbarkeit bzw. Überprüfbarkeit angesehen. Objektivität geht so in →Intersubjektivität über.

Die Möglichkeit der Objektivität wissenschaftlicher Erkenntnis wird heute vielfach angezweifelt, etwa mit dem Hinweis auf die jeder Erkenntnis zugrunde liegenden individuellen oder gesellschaftlichen Interessen (Jürgen Habermas), das jeweilige Vorverständnis des Erkennenden, v. a. in den Geisteswissenschaften (Hans-Georg Gadamer), oder die historische Bedingtheit wissenschaftlicher Theorien und Methoden überhaupt (Thomas S. Kuhn, Paul Feyerabend).

Objektvariable, →Gegenstandsvariable.

Ockham, Occam [ˈɔkəm], Wilhelm von, englischer Philosoph, Franziskanertheologe und kirchenpolitischer Schriftsteller, * Ockham (Surrey) um 1285, † München 9. 4. 1349; war Franziskaner und lehrte seit 1317 in Oxford. Aufgrund einer Anzeige wegen Häresie stand er 1324 vor dem päpstlichen Gerichtshof in Avignon. Der Prozess endete jedoch ohne Urteil. 1328 floh Ockham nach Pisa zu Ludwig dem Bayern und ging mit diesem nach München, wo er bis zu seinem Tod dessen kirchenpolitischer Verteidiger gegen die Päpste in Avignon blieb.

Philosophisch und theologisch ist Ockham einer der Hauptvertreter des →Nominalismus. Der Begriff ist nach Ockham ein Zeichen, genauer: ein Name, mit dem die bezeichnete Sache aufgerufen wird. Sein Inhalt kann allerdings nur relativ erkannt werden und nicht als wahr an sich. Dies gilt v. a. für die Erkenntnis von Gegenständen übersinnlicher Art als Inhalte bloßer Begriffe. Damit schränkte Ockham den herkömmlichen Zugang zur Transzendenz kritisch ein. Seine Position wirkte über nachfolgende Vertreter – u. a. Gregor von Rimini († 1358) und Francisco Suárez – bis auf Leibniz, für den Raum und Zeit nur subjektive Ordnungsrelationen sind, und über diesen wiederum auf Kant, der alle Kategorien im Sinne transzendentaler Subjektivität interpretierte.

Ockham förderte außerdem nachhaltig die Entwicklung der formalen Logik. Als kirchenpolitischer Schriftsteller entwickelte er eine an Naturrecht und Offenbarung orientierte Sozialphilosophie und einen Kirchenbegriff, der klar zwischen dem geistlichen Primat göttlichen Rechts und einer historisch gewordenen weltlichen Herrschaft unterscheidet. – Infokasten S. 248

Oikeiosis [griech. »Zueignung«, verwandt mit griech. oikos »Haus«, »Haushaltung«], in der Stoa das positive Verhältnis eines Lebewesens zu sich selbst. Die Oikeiosis erlangt es gleich nach der Geburt, indem es sich sich selbst »zueignet«, d. h. sich mit sich selbst vertraut macht. In Folge seiner Selbstliebe strebt das Lebewesen nach dem Erhalt seines Zustandes und um diesen zu sichern wiederum nach dem »Naturgemäßen«. Überlegung führt schließlich dahin, in der Tugend das höchste naturgemäße Gut zu erkennen.

Okkasionalismus [zu latein. occasio »Anlass«, »Gelegenheit«], Bezeichnung für eine Lehre, die in der Auseinandersetzung mit Descartes' Anthropologie und Physik entstanden ist und v. a. von Arnold Geulincx (* 1624, † 1669) und Nicole Malebranche (* 1638, † 1715) vertreten wurde. Der Okkasionalismus versuchte das cartesische →Leib-Seele-Problem zu lösen, dem die Auffassung von Leib und Seele als zwei getrennten Substanzen und gleichzeitig der Einheit des Menschen zugrunde liegt. Er hielt an dem Dualismus fest, lehnte eine direkte psychophysische Wechselwirkung allerdings ab. Die Zuordnung von physischen und psychischen Prozessen sowie die Kausalbeziehungen zwi-

Wilhelm von Ockham
*** 1285, † 1349**

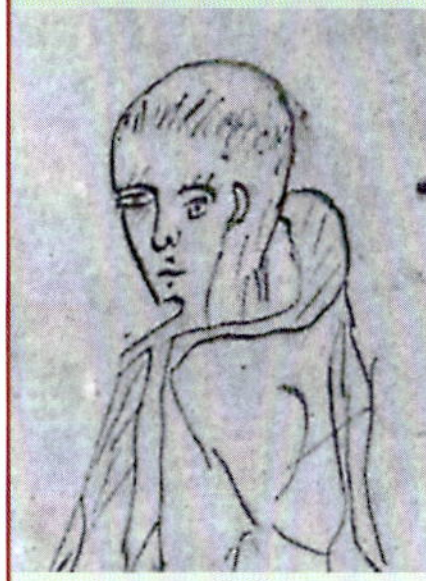

- war Mitglied des Franziskanerordens
- gilt als einer der Hauptvertreter des Nominalismus
- förderte die Entwicklung der formalen Logik
- forderte eine strenge Trennung zwischen Philosophie und Theologie
- geriet wegen seiner kirchenpolitischen Ansichten in Konflikt mit dem Papst

schen Dingen werden vielmehr durch den jeweiligen Eingriff Gottes erklärt, der alle Dinge schafft und erhält, wobei er sich ihrer als Anlass (»Occasio«) eines gesetzmäßigen Wirkens bedient.

Ockham »Summa Logicae«

In Anlehnung an die aristotelisch geprägte Schultradition gliedert sich Wilhelms von Ockham um 1324 entstandenes Lehrbuch der Logik, die »Summa Logicae«, in drei Teile, die nacheinander Terminus, Urteil und Schluss behandeln. Es unterscheidet mit dem gesprochenen und dem geschriebenen Ausdruck sowie dem gedanklichen Begriff drei Arten von Termini, deren Bedeutung der »Suppositionslehre« zufolge im Zusammenhang der Sätze zu klären ist, in denen sie auf unterschiedliche Weise »für etwas stehen« können. Mit der Deutung der Allgemeinbegriffe als bloßen Zeichen, mit denen der menschliche Geist auf eine in sich selbst durch und durch individuelle Wirklichkeit verweist, bezieht Ockham im mittelalterlichen Universalienstreit einen nominalistischen Standpunkt, der sich im Hinblick auf das neuzeitliche Welt- und Wissenschaftsverständnis als überaus wirkungsmächtig erweisen sollte.

Olympiodor, griechisch **Olympiodoros,** griechischer Philosoph des 6. Jahrhunderts n. Chr.; Schüler des Ammonios Hermeiu († um 520 n. Chr.). Er kommentierte in der Tradition des Neuplatonismus mehrere Werke Platons und des Aristoteles.

Ontologie [zu griech. ón, óntos »seiend«], im 17. Jh. entstandene Bezeichnung für die Lehre vom Sein und vom Seienden, die die formalen und materialen Prinzipien der Wirklichkeit begrifflich zu bestimmen sucht.

Die **formale Ontologie** befasst sich mit den obersten Strukturen und Gesetzlichkeiten des Seins. Zu ihren Prinzipien gehören in erster Linie die Grundsätze der allgemeinen Metaphysik, die maßgebend sind für die logische Schlüssigkeit und formale Wahrheit von Aussagen über das Sein einer Sache. Zu ihnen gehört z. B. der »Satz vom zureichenden Grund«, dem zufolge ein Gegenstand nur real und eine Aussage nur wahr sein kann, wenn es einen zureichenden Grund dafür gibt.

Die **materiale Ontologie** dagegen handelt von der inhaltlichen Gliederung des Seienden. Sie ordnet die Elemente konkreten Seins nach Einzelerscheinungen, Gruppen, Arten und Gattungen, die sich aufgrund bestimmter Merkmale voneinander unterscheiden. Dabei geht es um die Klassifizierung des wirklichen Seins, insofern es sich um ein systematisch angeordnetes Ganzes handelt, in dem alle Erscheinungen der realen Welt ihren Ort finden.

■ **Antike** Ontologische Fragestellungen sind bis auf die Vorsokratiker zurückzuverfolgen. So stellte Parmenides erstmals ausdrücklich die Erörterung des Seins in den Mittelpunkt der Philosophie und traf dabei sogleich eine wesentliche und für die Geschichte der Ontologie folgenschwere Unterscheidung: Nur das Seiende ist wirklich, das Nichtseiende aber nicht. Deshalb kommt allem, was ein Nichtsein voraussetzt, also v. a. Bewegung, Veränderung, Entstehen und Vergehen sowie Diskontinuität, schlechthin keine Wirklichkeit zu. Nun weist jedoch die sinnlich wahrnehmbare Welt alle diese Merkmale auf. Sie ist folglich als bloß scheinhafte Wirklichkeit zu betrachten. Dem Sein tritt der →Schein gegenüber.

Platon übernimmt diese Unterscheidung im Grundsatz, lässt jedoch dazwischen Abstufungen zu: Die Sinnenwelt ist als ein Mittleres zwischen dem vollkommenen Sein der Ideen und dem absoluten Nichts anzusehen. In ihr verbindet sich Sein und Nichtsein zur Erscheinung.

Bei Aristoteles erhält die Ontologie erstmals eine systematische Begründung als theoretische Wissenschaft vom Seienden als solchem und seinen ersten Ursachen und Prinzipien. Sie ist insofern als Erste Philosophie zu bezeichnen, als sie das Sein der Dinge als das, was alle anderen Wissenschaften bloß voraussetzen, selbst zum Thema macht.

Dabei geht Aristoteles zunächst von der sprachlichen Verwendung des Ausdrucks »sein« aus und stellt fest, dass Sein in verschiedenen Hinsichten (Kategorien) ausgesagt wird, die sich jedoch alle auf ein primär Seiendes beziehen: die Substanz (Usia) als das konkrete Einzelding. Die Frage nach den Ursachen und Prinzipien des Seienden als solchem wird damit zur Frage nach dem, was das Sein der Einzeldinge im Kern ausmacht. Für Aristoteles ist das ihre Form (Eidos). Sie ist folglich als erste Substanz zu bezeichnen. Im Zuge seiner Untersuchungen zur Ersten Philosophie prägte Aristoteles wesentliche Grundbegriffe der Ontologie, u. a. Form und Materie, Akt und Potenz, Wesen, Substanz und Wahrheit.

■ **Mittelalter** Vermittelt u. a. durch Thomas von Aquino, beherrschte die aristotelische Fassung der Seinsfrage die ontologischen Überlegungen der Scholastik. Entsprechend der theologischen Grundorientierung mittelalterlicher Philosophie trat dabei das Verhältnis zwischen göttlichem und weltlichem Sein in den Mittelpunkt. Thomas fasste es im Sinne der →Analogia Entis als eines der abgestuften Ähnlichkeit und schuf damit die Voraussetzung für seine Konzeption der Seinsordnung (Ordo). Daneben gingen ontologische Überlegungen auch in verschiedene →Gottesbeweise ein. Zu nennen ist hier v. a. der ontologische Gottesbeweis des Anselm von Canterbury, dem zufolge die Existenz Gottes bereits aus seinem Begriff als vollkommenstes Wesen folgt.

Schließlich ging es in dem die gesamte mittelalterliche Philosophie durchziehenden →Universalienstreit um eine ontologische Frage, nämlich um die der Seinsweise von Allgemeinbegriffen, die entweder als objektive Ordnung des Seienden oder als Ergebnis begrifflicher Ordnungsleistungen des menschlichen Geistes verstanden wurden.

■ **Aufklärung** Mit Kants kritischer Philosophie kam es zur Abkehr von der ontologischen Tradition. Er reformulierte die Frage nach dem Sein als Frage nach den subjektiven Bedingungen der Möglichkeit von Seinserfahrung. Mit dieser Wende in die transzendentale Subjektivität wurde die Ontologie von einer gegenüber Wesensaussagen über das Sein von Ding und Weltganzheit kritischen Transzendentalphilosophie abgelöst und verlor ihre Bedeutung sowohl als umfassende Erste Philosophie als auch als Grundlehre vom Sein und Wesen der Dinge. Fortan traten erkenntnistheoretische Fragestellungen fast vollständig in den Vordergrund.

■ **20. Jahrhundert** Im frühen 20. Jh. erfuhr die Ontologie eine Neubelebung. Die phänomenologische Losung »Zu den Sachen selbst« (Edmund Husserl) kann als exemplarisch für den verbreiteten Überdruss am Formalismus der v. a. im Neukantianismus vorherrschenden erkenntnis- und wissenschaftstheoretischen Fragestellungen gelten. In verschiedenen Varianten wurde nun der Versuch unternommen, wieder ontologisch zu philosophieren, ohne jedoch hinter Kant zurückzufallen. So wurde die Lehre vom Sein u. a. als regionale Ontologie der intentionalen Bedeutungseinheiten (Husserl), als allgemeine Ontologie der Wirklichkeit mit Immanenz-, Transzendenz- und Ideenontologie (Günther Jacoby; * 1881, † 1969) sowie als kategorialanalytische Schichtenontologie (Nicolai Hartmann) rehabilitiert.

Eine nicht gegenständliche ontologische Grundlage für alle Erfahrungswissenschaften forderte Martin Heidegger. Er kritisierte, dass die Philosophie das Sein seit Platon und Aristoteles stets nach dem Muster des gegenständlich vorhandenen Seienden konzipiert und damit eine anhaltende »Seinsvergessenheit« eingeleitet habe. Ausgehend von der Untersuchung der Verfasstheit menschlichen Daseins, in dem Sein immer schon unausdrücklich verstanden ist, strebte Heidegger dagegen eine an der Zeitlichkeit des Seins orientierte **Fundamentalontologie** an. Daneben kam es auch in der analytischen Philosophie (z. B. Willard Van Orman Quine) zu einer Wiederaufnahme ontologischer Fragestellungen, wobei die schon bei Aristoteles vorhandene Einsicht leitend ist, dass Ontologie sich unweigerlich an die Form der sprachlichen Ausdrücke zu halten hat, mit denen wir über die Wirklichkeit reden.

■ **Siehe auch**

SACHBEGRIFFE →Akzidens · Dasein · Ding · Form · Kategorie · Materie · Metaphysik · Modalität · Naturalismus · Nichts · Ordnung · Sein · Substanz · Wesen

PERSONEN →Aristoteles · Hartmann, Nicolai · Heidegger, Martin · Husserl, Edmund · Parmenides · Platon · Quine, Willard Van Orman · Strawson, Peter Frederick · Whitehead, Alfred North

Ontologismus, philosophische Richtung, die auf die Erkenntnis des Seins an sich abzielt. In engerem Sinn bezeichnet Ontologismus die Lehre von Vincenzo Gioberti (* 1801, † 1852), eine theologische Seinslehre, der zufolge Gott in seinem Wesen unerkennbar ist, sich aber in dem von ihm geschaffenen Seienden offenbart. Der Ontologismus wurde u. a. bei Pierre Gassendi vorgebildet.

821

Ontologie. Die konstituierenden Elemente des Seienden unterschied Aristoteles von den Eigenschaften, die diesem zufällig anhaften. So mag ein bestimmter Stein zwar spitz, kalt, grau oder klein sein, aber auch wenn ihm diese Eigenschaften nicht mehr zugesprochen werden können, bleibt er Stein.

Ordinary Language Philosophy [ˈɔːdnrɪ ˈlæŋgwɪdʒ fɪˈlɔsəfɪ; engl. »Philosophie der Alltagssprache«], seit etwa 1930 in Großbritannien aufgekommene Richtung der sprachanalytischen Philosophie (→analytische Philosophie), die sich dezidiert von Ansätzen des Wiener Kreises und des logischen Empirismus abgrenzte. Während Letztere die Objektivität wissenschaftlicher Erkenntnis durch die Konstruktion einer formalisierten Idealsprache zu sichern suchten, ging es der Ordinary Language Philosophy um einen analytisch-deskriptiven Rückgang auf die »normale Sprache«. Die Analyse der grammatisch-logischen Verwendungsweisen der Alltagssprache soll die Basis für eine Kritik der Sprache und Thesen der Wissenschaft liefern, insbesondere der Philosophie.

Zu den Vertretern der v. a. im angelsächsischen Sprachraum fortentwickelten Ordinary Language Philosophy zählen George Edward Moore, der späte Ludwig Wittgenstein, die Cambridger Schule sowie die Oxford Philosophy (mit Gilbert Ryle, John Langshaw Austin, Richard Mervyn Hare, Peter Frederick Strawson, Stephen Toulmin u. a.). Die Ordinary Language Philosophy wendet sich vielfach sprachkritisch gegen Aussagen der traditionellen Metaphysik.

Ordnung, zweckmäßig geregelter Zusammenhang von Elementen, die nicht Teilglie-

Origenes. Origenes' Auffassung von der Auferstehung aller wurde als gotteslästerlich verworfen. Die kirchliche Tradition favorisierte die Vorstellung eines Jüngsten Gerichts, das nur den Guten ewiges Leben zugesteht (Rogier van der Weyden, »Das Jüngste Gericht«, Mittelteil, 1448–51; Beaune, Hôtel-Dieu).

der eines Ganzen, sondern selbstständige Größen oder Wesen sind. Als metaphysisch-ontologisches Prinzip (griechisch Kosmos) ist Ordnung schon in den Kosmogonien der Vorsokratiker bestimmend. Im Gegensatz zu dem Ungeordnet-Chaotischen erscheint die Ordnung als eine Form der Seinsgestaltung (System, Struktur, Hierarchie, Organismus u.a.). Ähnlich wird im mittelalterlichen Denken der Begriff des »Ordo« aufgefasst: Die Schöpfung ist in bestimmter Weise durch Gott und auf ihn hin geordnet (Thomas von Aquino).

Für Kant ist Ordnung die Zusammenfügung einer Vielheit von Teilen zu einer Ganzheit (Einheit); die Kategorien sind die Grundformen des formalen Denkens in Bezug auf ein sich als Naturordnung darstellendes Erkenntnismaterial. Philosophie ist daher nach Kant ohne ein Grundbedürfnis nach (rationaler) Geordnetheit undenkbar. In der Ethik erhält Ordnung im Sinne einer normativen Ordnung (Wertordnung) axiologische Bedeutung. So kennt etwa das Mittelalter eine Stufenordnung der moralischen Vollkommenheit.

Organon [griech. »Werkzeug«], bei Aristoteles Bezeichnung für die logischen Hilfsmittel des wissenschaftlichen Argumentierens und des systematischen Aufbaus der Wissenschaften. Später wurde »Organon« Titel seiner logischen Schriften. Francis Bacons »Novum organum« (1620) enthält deutlich antiaristotelische Überlegungen zur Methode der Wissenschaft, indem es nicht auf die Logik, sondern auf Beobachtung, Experiment und das Verfahren der Induktion abhebt.

Origenes, griechischer Theologe und Philosoph, * Alexandria um 185, † Tyros 254; zählt zu den griechischen Kirchenvätern.

Origenes
*** um 185, † 254**

- starb während der Christenverfolgungen an den Folgen der Folter
- verband seine Systematik des christlichen Denkens mit neuplatonischen Gedanken
- rief mit seiner Metaphysik und Trinitätslehre heftigen Widerstand hervor
- zählt zu den griechischen Kirchenvätern

■ **Leben** Origenes studierte u.a. bei dem Neuplatoniker Ammonios Sakkas († 242) und leitete die alexandrinische Katechetenschule in der Tradition der von Klemens von Alexandria begründeten philosophisch-spekulativen alexandrinischen Theologie, die in ihm ihren bedeutendsten Vertreter fand. Origenes führte ein streng asketisches Leben, das er bis ins Extrem steigerte. Um 212 unternahm er Reisen nach Arabien, Palästina und Rom. Wegen Differenzen mit Bischof Demetrios (* um 189, † 231) aus der alexandrinischen Kirche ausgeschlossen, eröffnete er 232 eine eigene Schule in Caesarea Palaestinae. Er starb an den Folgen der Folterungen, die er während der Christenverfolgung erlitten hatte.

■ **Lehre und Wirkung** Seine philosophische Bildung ermöglichte es ihm, in seinem Hauptwerk »Peri archon« (lateinisch »De principiis«, entstanden zwischen 220 und 230) erstmals eine systematische Darstellung des christlichen Gedankenguts mit hellenistischer Sprache und Begrifflichkeit zu verbinden. Seiner Denkstruktur nach christlicher Neuplatoniker, bemühte er sich, den christlichen Glauben als rational und verantwortbar und als der Philosophie überlegen zu erweisen. Die Trinitätslehre des Origenes ist streng subordinatianisch: Aus Gott, dem absoluten, unveränderlichen Einen, gehen von Ewigkeit her der abbildliche Logos und der Geist hervor. Der Abstieg des Logos findet seine Entsprechung

Ordnung. Im 19. Jh. wurde Ordnung im gesellschaftlichen Bereich zunehmend als Leistung des freien Individuums angesehen. Zugleich galt die Präzision der Naturgesetze vielen als Beweis für die Existenz eines ordnenden Schöpfers (Grafik von William Blake, 19. Jh.).

100001

José Ortega y Gasset. Der Spanier warnte, dass sich Europa in einer schweren Krise befinde: »Die Menge ist sichtbar geworden und nimmt die besten Plätze der Gesellschaft ein. Früher blieb sie … unbemerkt.«

im Aufsteigen des Menschen zu Gott durch Tugend und Askese. Die asketisch-idealistische Spiritualität des Origenes beeinflusste besonders das östliche Mönchtum und die Mystik.

Bei den Schriften des Origenes, von denen nur ein Bruchteil erhalten ist und die Hälfte davon in lateinischer Übersetzung, handelt es sich v.a. um Kommentare und auslegende Predigten zur Heiligen Schrift (Homilien). Als Exeget hat Origenes mit der Unterscheidung eines dreifachen Schriftsinns die altkirchliche Schriftdeutung wesentlich beeinflusst. Die Rezeption und Wirkungsgeschichte seiner Lehre (Origenismus) beeinflussten nahezu die gesamte Theologie des griechischen Ostens vom 3. bis 5. Jahrhundert. Seine Metaphysik und Trinitätslehre lösten indes heftige theologische Auseinandersetzungen aus, in deren Folge Origenes' Lehre 399 erstmals und 553 endgültig als häretisch verurteilt wurde.

Origo, →Ursprung.

Orphik, Orphismus, philosophische und religiöse Strömung, die seit dem 6. Jh. v. Chr. in Griechenland und später auch im übrigen östlichen Mittelmeerraum Verbreitung fand und sich auf die Dichtungen des sagenhaften griechischen Sängers und Leierspielers Orpheus als heilige Schriften berief. Sie war von einem radikalen Dualismus geprägt: Die Seele ist in die Materie verbannt (»der Leib ist das Grab der Seele«), aus der sie sich durch ethische und asketische Reinigung befreien muss. Hierbei durchläuft sie eine Kette von Wiedergeburten. Am Ende erreicht sie einen Ort der Seligen oder der Bestrafung. Die Orphik beeinflusste viele griechische Philosophen, v.a. Pythagoras, und verschiedene hellenistische Bewegungen wie Pythagoreismus, Gnosis und Neuplatonismus.

Ortega y Gasset, José, spanischer Kulturphilosoph, Soziologe und Essayist, * Madrid 9. 5. 1883, † ebenda 18. 10. 1955; studierte ab 1904 in Deutschland, u. a. bei Hermann Cohen in Marburg. 1910 wurde er Professor für Metaphysik in Madrid und gründete 1923 die literarisch-kulturelle Zeitschrift »Revista de Occidente«. Nach Ausbruch des Bürgerkriegs lebte Ortega y Gasset in der Emigration (1936–46), u.a. in Frankreich, Argentinien, Portugal und Deutschland. 1949 nahm er die Lehrtätigkeit in Madrid wieder auf.

Von Hegel, Wilhelm Dilthey und Nietzsche beeinflusst, entwickelte Ortega y Gasset gegen die Verabsolutierungen einer formalen, abstrakten Vernunft durch den Rationalismus und eines irrationalen Lebensbegriffs durch den Vitalismus seine als »Ratiovitalismus« bezeichnete →Lebensphilosophie. Zentral sind in ihr der Begriff der »vitalen Vernunft« (»Razón vital«; in: »El tema de nuestro tiempo«, 1923; dt. »Die Aufgabe unserer Zeit«), mit dem er die »Vernunft in die Biologie einzuordnen und dem Spontanen zu unterstellen« versucht, sowie der Begriff der »historischen Vernunft« (»Razón histórica«; u.a. in »Historia como sístema«, 1941; dt. »Geschichte als System«), mit dem er darauf abhebt, dass der Mensch aus sich und seinen Umständen allererst hervorgeht.

Mit dieser Interpretation richtete sich Ortega y Gasset gegen eine seit Descartes durch die »physikalisch-mathematische Vernunft« begründete Deutung des Menschen und der Welt. Diese sei letzten Endes auf einen fundamentalen Irrtum zurückzuführen, der es mit sich bringe, »dass wir die Wirklichkeiten – ob Körper oder nicht – behandeln, als wären es Ideen, Begriffe, kurz: Identitäten«. Dementgegen bestimmten doch »einzig und allein Schwierigkeiten und Möglichkeiten, um zu existieren«, also Geschichtlichkeit die Wirklichkeit des Menschen. Das Leben als Summe der zur Selbsterhaltung notwendigen Handlungen und Verhaltensweisen sei so die Grundwirklichkeit des Menschen, in der die »Welt der interindividuellen Beziehungen« zwischen Du, Er, Wir und der Gesellschaft konstitutiv ist (»El hombre y la gente«, 1957; dt. »Der Mensch und die Leute«).

100562

José Ortega y Gasset

Oxford Philosophy ['ɔxfəd fɪ'lɔsəfɪ:], **Oxforder Schule,** eine im 20. Jh. v.a. in Oxford vertretene Richtung der sprachanalytischen und metaphysikkritischen Philosophie (→Ordinary Language Philosophy).

P

Panaitios von Rhodos, latinisiert Panaetius, griechischer Philosoph, * um 185 v.Chr., † um 109 v.Chr.; war in den Jahren 129–109 v.Chr. Schulhaupt der →Stoa in Athen. Panaitios gilt als Begründer der mittleren Stoa, wobei er auf die bis dahin übliche Polemik verzichtete und den engen Schulhorizont durch eine problemgeschichtliche »Rückkehr zu den Alten« (v.a. zu Platon und Aristoteles) erweiterte. Er beeinflusste Cicero und verschaffte der Philosophie Einfluss und Verbreitung in Rom.

Pan|entheismus [zu griech. pãn »all«, »ganz«, »jeder«; en »in«, »innerhalb« und theós »Gott«] **All-in-Gott-Lehre,** aus der Verbindung von Theismus und Monismus oder Pantheismus entstandene Vorstellung, die an einer personalen Gottesvorstellung festhält, Gott aber zugleich auch als Inbegriff und Prinzip der Weltwirklichkeit selbst ansieht: Gott ist die Welt, zugleich aber ist er doch nicht gänzlich mit ihr identisch. Der Ausdruck wird u.a. auf die religionsphilosophischen Anschauungen Plotins angewendet.

Panpsychismus [zu griech. psyché »Seele«], **Allbeseelungslehre,** Lehre, nach der alle Dinge »beseelt« sind bzw. eine un- oder überpersönliche →Weltseele (»anima mundi«) das Bewegungsprinzip des gesamten Weltgeschehens ist.

panta rhei, →alles fließt.

Pantheismus [zu griech. pãn »all«, »ganz«, »jeder« und theós »Gott«], Bezeichnung für die sich im Zuge der Aufklärung verbreitende Identifizierung von Gott und Welt. In streng pantheistischer Deutung wird »Gott« als unpersönliche Größe und als »sachhaftes« Prinzip der Welt aufgefasst. In einem weiteren Sinn wird der Begriff heute meist zur Kennzeichnung aller philosophischen und religiösen Konzepte verwendet, in denen Natur und Welt als göttlich aufgefasst werden. Gemeinsam ist allen pantheistischen Strömungen eine Wendung nach innen: Da alles göttlich ist, kann »Gott« in der gesamten Natur und im eigenen Selbst aufgespürt werden.

Schon der griechische Gottesbegriff kennt pantheistische Züge, die in der hellenistischen Philosophie zu einem Monismus vertieft werden. Für die Stoa sind Gott oder der Logos immanentes Weltprinzip. Plotin, der wichtigste Vertreter des Neuplatonismus, fasste Gott als das unpersönliche Eine auf, das vermittels →Emanation die Welt zuinnerst konstituiert. Auch im Mittelalter finden sich ausgeprägt pantheistische Strömungen, etwa bei Johannes Scotus Eriugena oder im Averroismus.

In der Neuzeit setzten sich diese Tendenzen schließlich vollends durch. Baruch de Spinoza, der Gott als die Substanz bestimmt, die aus unendlichen Attributen besteht, identifiziert Gott und die Natur (»Deus sive Natura«, »Gott oder die Natur«), wobei sich Gott (die Natur) als ursprüngliches hervorbringendes Prinzip (Natura naturans) wie auch als die vorfindliche Welt (Natura naturata) darstellt. Friedrich Heinrich Jacobi löste mit der Schrift »Über die Lehre des Spinoza in Briefen an den Herrn Moses Mendelssohn« (1785), in der er Gotthold Ephraim Lessing Nähe zum Spinozismus vorwarf, den Pantheismusstreit aus. In

Pantheismus Der Streit um Spinoza

Als Friedrich Heinrich Jacobi (Kreidezeichnung aus Johann Heinrich Lavaters Porträtsammlung; Wien, Österreichische Nationalbibliothek) im Jahr 1780 Gotthold Ephraim Lessing in Wolfenbüttel aufsuchte, versprach er sich »Hülfe gegen Spinoza«, in dessen pantheistischer Philosophie er die vollendete Ausprägung eines Rationalismus sah, der unweigerlich in den Atheismus und Fatalismus führen musste. Umso erstaunter war er, als sich der große alte Mann der deutschen Aufklärung im Gespräch ausdrücklich zu Spinoza und der pantheistischen Losung des »Hen kai Pan«, des »Eins und Alles«, bekannte. Über Lessings späte »Bekehrung« zum Spinozismus entspann sich schließlich ein Briefwechsel zwischen Lessings Freund Moses Mendelssohn und Jacobi, den dieser 1785 publizierte. Die Folge war nicht nur eine breite öffentliche Auseinandersetzung über Religion und Vernunft, an der sich unter anderem Herder, Kant und Goethe beteiligten, sondern auch ein ungeahntes Aufflammen des Interesses an Spinoza, der so einen bleibenden Eindruck bei der nachwachsenden Philosophengeneration hinterließ.

Paradoxie Achill und die Schildkröte

Parmenides' Schüler Zenon von Elea ist bekannt für seine »Paradoxien«, mit denen er die Möglichkeit der Bewegung und der Vielheit des Seienden widerlegen wollte. Am bekanntesten wurde die folgende:
Der schnelle Läufer Achill und eine Schildkröte laufen um die Wette. Beide starten gleichzeitig, die Schildkröte jedoch mit einem Vorsprung. So schnell Achill auch läuft, er kann die Schildkröte niemals einholen, denn wenn er den Punkt erreicht, an dem die Schildkröte gestartet ist, ist diese ebenfalls schon ein Stück vorangekommen. Wenn Achill diese Distanz überwunden hat, ist das Tier wieder ein Stück weiter – und so fort. Anders ausgedrückt: Die Entfernung zwischen beiden strebt gegen null, wird aber nicht völlig überwunden.

diesem ergriff Moses Mendelssohn für Lessing Partei und vertrat in der Sache einen mit der Religion vereinbaren Pantheismus.

Für die philosophische Dichtung der Romantik und die romantische →Naturphilosophie waren die Natur und der Mensch Geschehen der Offenbarung Gottes bzw. sein Da-Sein. Verschiedene Denker des 18. und 19. Jahrhunderts vertraten einen naturalistischen bzw. materialistischen Pantheismus, u. a. Paul Henry Thiry d'Holbach und Denis Diderot.

Paradigma [zu griech. paradeigma »Urbild«, »Muster«], von Platon verwendeter Begriff für die Urbilder (paradeigmata) der sinnlich wahrnehmbaren Dinge. Sie werden für ewig, unveränderlich und ermöglichend gehalten, während die nach ihnen gestalteten innerweltlichen Dinge veränderlich und vergänglich sind. Aristoteles überträgt den Ausdruck auf den Bereich der Rhetorik, in der das Paradigma ein rhetorisches Schlussverfahren und einzelne Fälle von ihm bezeichnet.

In die moderne *Wissenschaftstheorie* und -geschichte wurde der Begriff des Paradigmas von Thomas S. Kuhn eingeführt als Bezeichnung für die Gesamtheit aller Grundauffassungen, die eine Disziplin in einem Zeitabschnitt hinsichtlich Gegenstandsbereich und Methode beherrschen. Das Paradigma ist für eine Disziplin konstitutiv, insofern es festlegt, was als wissenschaftlich befriedigende Lösung angesehen werden kann und welche Fragestellungen wissenschaftlich zulässig sind. Kontroversen löste Kuhns These aus, dass in der Wissenschaftsgeschichte »wissenschaftliche Revolutionen« im Sinne von **Paradigmenwechseln** auftreten, die zur Inkommensurabilität (→inkommensurabel) der beteiligten Theorien führen.

Paradoxie [zu griech. pará »vonseiten«, »bei«, »neben« und dóxa »Meinung«], Widerstreit eines als gut begründet erscheinenden Urteils mit der Erfahrung oder mit anerkannten wissenschaftlichen Resultaten. Paradoxien erwiesen sich schon früh als wichtiges Motiv der wissenschaftlichen Forschung, insofern ihre Beseitigung zur Präzisierung der Grundbegriffe zwingt. Ein Beispiel hierfür sind die Paradoxien Zenons von Elea, die Aristoteles in seiner »Physik« zur Untersuchung des Kontinuums veranlassten und die auch der Mathematik wesentliche Anstöße gaben. Besonders wichtig waren die Paradoxien der Mengenlehre, die den Anstoß zur Entwicklung der modernen axiomatischen Mengenlehren gaben. Eine weitere Art von Paradoxie bezieht sich auf das Auseinanderklaffen von anschaulich und logisch Möglichem.

Paralogismus, →Fehlschluss.

Parmenides, Parmenides von Elea, griechischer Philosoph, * um 515 (um 540?) v. Chr., † um 445 (um 470?) v. Chr.; neben Zenon von Elea der wichtigste Vertreter der →Eleaten. Die schon in der Antike bedeutende Wirkung seines Denkens lässt sich bis in die neuere Ontologie und Metaphysik verfolgen. Sein v. a. durch ausführliche Zitate bei Simplikios (6. Jh. n. Chr.) überliefertes Lehrgedicht »Peri physeos« (»Über die Natur«) enthält in seinem ersten Hauptteil die Lehre von der Wahrheit über die Natur der Wirklichkeit. Diese ist für ihn nichts anderes als die Lehre vom Sein, also

Parmenides »Über die Natur«

Das um 500 v. Chr. in Hexametern abgefasste Lehrgedicht »Über die Natur« des Parmenides schildert in anschaulichen Bildern die Auffahrt eines Forschenden zu einer Göttin, die diesem zwei Wege offenbart: den des Seins und den des Nichtseins. Während der erste zur Wahrheit führt, da alles Denken und Sagen sich nur auf Seiendes beziehen kann, ist der zweite völlig ungangbar, denn was überhaupt nicht ist, kann auch nicht denkend erfasst und ausgesagt werden. Daraus aber folgt, dass Denken und Sein dasselbe ist. Alles, was Nichtsein voraussetzt, Werden und Vergehen, Vielheit und Veränderung, ist weder wirklich noch denkbar. Das Sein ruht in sich wie eine vollkommen wohlgerundete Kugel, die sich gleichmäßig nach allen Seiten erstreckt. So wird es in schroffem Gegensatz zu gängigen Auffassungen erstmals rein für sich genommen zur Betrachtung gestellt und der Philosophie als offenes Problem überantwortet.

Ontologie. Im zweiten Hauptteil entwirft Parmenides eine Kosmogonie, die auf zwei Ursachen – den polaren Prinzipien »Licht« und »Nacht« – gegründet ist. Das Verhältnis der beiden Teile des Gedichtes zueinander ist zum Hauptgegenstand der Parmenidesforschung geworden.

partikuläre Aussage, →Existenzaussage.

Blaise Pascal. Im »pascalschen Dreieck« ist jede Zahl die Summe der beiden ihr am nächsten stehenden Zahlen in der darüberstehenden Reihe.

1
1 1
1 2 1
1 3 3 1
1 4 6 4 1
1 5 10 10 5 1
. . . .

Pascal [pas'kal], Blaise, französischer Religionsphilosoph, Mathematiker und Physiker, * Clermont-Ferrand 19. 6. 1623, † Paris 19. 8. 1662; wird als der größte religiöse Denker des neuzeitlichen Frankreich angesehen.

Blaise Pascal

■ **Leben** Pascal fand schon früh Aufnahme in die »Académie Mersenne«, die Vorgängerin der Académie des Sciences. 1640 entwickelte er in einer Abhandlung über die Kegelschnitte (»Essai sur les coniques«) den so genannten pascalschen Satz. Seit 1641 arbeitete er an der Konstruktion einer Rechenmaschine, 1647 entdeckte er das Gesetz der kommunizierenden Röhren und wies die Abnahme des Luftdrucks mit steigender Höhe nach. Eine Wende in Pascals Leben brachte die mystische Erleuchtung von 1654. Er zog sich in das Kloster Port-Royal zurück, das ein Zentrum des Jansenismus war, einer katholischen Reformbewegung, die von einer verinnerlichten Spiritualität geprägt war. Seither wandte er sich verstärkt auch theologischen Studien und religiösen Meditationen zu.

Blaise Pascal schrieb der Vernunft einen begrenzten Erkenntnisbereich zu:

»Der letzte Schritt der Vernunft ist anzuerkennen, daß es unendlich viele Dinge gibt, die über sie hinausgehen. Sie ist nur schwach, wenn sie nicht so weit geht, das anzuerkennen.«

■ **Schriften** Pascals 1656/57 in fiktiver Briefform abgefasste Streitschrift »Lettres à un Provincial« (dt. auch als »Briefe in die Provinz«), die aus dem Kontakt mit den Jansenisten hervorging, stellt einen scharfen Angriff gegen die Gesetzesmoral der Jesuiten dar. Die etwa 1654 geplante Schrift zur Verteidigung des Christentums konnte Pascal wegen einer Krankheit nur noch bruchstückhaft ausführen. Die Fragmente wurden erstmals 1670 unter dem Titel »Pensées sur la religion« (dt. »Gedanken. Über die Religion und einige andere Themen«) veröffentlicht.

■ **Religionsphilosophie** Obwohl selbst Naturwissenschaftler, war Pascal im religiösen Bereich Gegner des naturwissenschaftlichen Rationalismus und Optimismus. Nach dem Vorbild des Augustinus bestimmte er das »Herz« als das eigentliche und höchste Organ der religiösen Urteilskraft (»Logique du cœur«) sowie der unmittelbaren Erfahrung der Transzendenz. In den »Pensées« schränkt er zwar die Geltung der wissenschaftlichen Erkenntnisse ein, überträgt jedoch die Logik auf den religiösen Bereich. Sie soll die genaue Grenze angeben, wo der Glaube beginnt, und die vom Glauben erzwungenen Paradoxien so exakt wie möglich formulieren. Seine Glaubensbeweise begründete Pascal in Anlehnung an die geometrische Axiomatik und die Wahrscheinlichkeitsrechnung. So kommt die hierbei in Tätigkeit gesetzte Vernunft aus sich zur Einsicht ihrer Unzulänglichkeit und zu dem Entschluss, im Absurden und im logischen Widerspruch das Zeichen der höchsten Wahrheit zu erkennen.

Pathos [griech. »Leiden«, »Leidenschaft«], überhöhte, getragen-feierliche oder auch leidenschaftliche Darstellungsweise. In der Poetik des Aristoteles ist Pathos jenes Wirkungselement der Tragödie, das die Affekte erregt und zur →Katharsis führt.

Patristik [zu latein. pater »Vater«], früher **Patrologie,** theologische Disziplin, deren Gegenstand Lehre und Schriften der Kirchenväter sind. Der Begriff wurde im 17. Jahrhundert als Bezeichnung für die Theologie und Philosophie der Kirchenväter (»Theologia patristica«) vom 1. bis 7. Jahrhundert geprägt.

Vom ursprünglichen polemisch-apologetischen Verfahren, die übereinstimmende Lehre der Kirchenväter als Beweis für die Traditionsgemäßheit und Autorität der kirchlichen Lehre herauszuarbeiten, weitete sich die Patristik – nicht zuletzt durch Humanismus und Reformation – in der Neuzeit zu einer altchristlichen Literatur- und Ideengeschichte aus. Im 17. Jahrhundert entstanden kritische Textausgaben, die ihr eine wissenschaftliche Grundlage verliehen. Einen weiteren Höhepunkt erlebte sie im 19. Jahrhundert. In ihrer heutigen Form ist sie zunehmend durch eine internationale, interkonfessionelle und fachübergreifende Zusammenarbeit sowie durch den Dialog mit Philologen und Historikern gekennzeichnet.

Peano, Giuseppe, italienischer Mathematiker und Logiker, * Spinetta (bei Cuneo) 27. 8. 1858, † Turin 20. 4. 1932; war seit 1890 Professor in Turin. Peano trat zuerst als Analytiker hervor. Bekannt geblieben ist sein Existenzsatz in der Theorie der Differenzialgleichungen und seine flächenfüllende stetige Kurve (**Peanokurve,** 1890). Er setzte sich für die axiomatische Methode ein und entwickelte die mathematische Symbolsprache weiter, womit er u. a. Einfluss auf die »Principia mathematica« von Bertrand Russell und Alfred North Whitehead ausübte.

Peirastik [von griech. peira »Probe«, peiran »erproben, prüfen«], in der *Antike* eine Technik zur Überprüfung von Behauptungen einer Person bzw. der Person selbst innerhalb eines Zwiegesprächs. Bei dieser wird durch eine bestimmte Art, Fragen zu stellen, versucht, die Behauptung der Person in Wider-

Patristik Zwischen Akademie und Kirche

Die Literatur der frühen Kirchenväter war geprägt einerseits von der Herausforderung, die offenbarten Glaubenswahrheiten auf einem intellektuellen Niveau auszulegen und zu verteidigen, wie es durch die jahrhundertealte Tradition antiken Philosophierens vorgegeben war, andererseits, sich von eben diesen philosophischen Traditionen abzugrenzen. In dem damit eröffneten Spannungsfeld von Philosophie und Religion bezog der zum Christentum bekehrte römische Jurist Tertullian einen extremen Standpunkt. Mit wortgewaltiger Polemik wandte er sich gegen die Gesamtheit der heidnischen Denker, in denen er die Vorläufer aller Häretiker sah, und verwarf ihre Lehren als eitles Geschwätz und Ausdruck eines vorwitzigen Suchens nach Wahrheit, das mit der Offenbarung Gottes in der Welt vollends überflüssig geworden war. »Was hat also Athen mit Jerusalem zu tun«, fragte er herausfordernd, »was die Akademie mit der Kirche?« (frühchristliche Wandmalerei, »Lehrender Philosoph«; Rom, Katakomben, Cimitero Maggiore)

sprüche zu anderen ihrer Aussagen zu bringen, bzw. zu zeigen versucht, dass diese nicht in der Lage ist, ihre Behauptung zu explizieren. Auf diese Weise soll gezeigt werden, dass die jeweilige Behauptung nicht wahr ist und/oder die Person nur vermeintliches bzw. vorgetäuschtes Wissen besitzt. Sokrates etwa wandte diese Form in den Dialogen Platons an. Die Peirastik gehört zur →Dialektik.

Peirce [pəːs], Charles Sanders, amerikanischer Philosoph, Mathematiker und Naturwissenschaftler, *Cambridge (Mass.) 10. 9. 1839, †Milford (Pa.) 19. 4. 1914; lehrte in Boston, Cambridge (Mass.) und Baltimore (Md.). Er gilt als Begründer der modernen Semiotik, der Relationenlogik und des →Pragmatismus. Hier war v.a. sein Aufsatz »How to make our ideas clear« (1878; dt. »Über die Klarheit unserer Gedanken«) von Bedeutung, in dem Peirce Grundgedanken des pragmatistischen Programms darlegt.

Peirce entwickelte mit den Mitteln einer allgemeinen Zeichentheorie eine wissenschaftstheoretisch konzipierte Philosophie, die auf mathematischen Modellen und logischer Grundlagenforschung basiert und unter kritischer Verarbeitung der Transzendentalphilosophie Kants einen Realismus vertritt, der sich v.a. an dem Theologen Francis Ellingwood Abbot (*1836, †1903) und dem Scholastiker Johannes Duns Scotus orientiert. Er erstellte eine Wissenschaftsklassifikation, die, ausgehend von der Mathematik, zu einer idealistischen Metaphysik der Evolution führt und letztlich in eine Religionsphilosophie mündet.

Zahlreiche Errungenschaften und Entdeckungen der modernen Mathematik sowie der mathematischen und formalen Logik sind auf Peirce zurückzuführen. Zu diesen zählen etwa die Modaltheorie einer dreiwertigen Logik, die logische Schlussform der Hypothesen bildenden Abduktion und die Quantoren.

Perceptio [latein. »Aufnahme«, »Wahrnehmung«], →Vorstellung.

Performanz [latein.], Bezeichnung für das faktische Sprachverhalten, d.h. die Sprachverwendung in einer konkreten Sprechsituation. **Performative Äußerungen** sind nach John Langshaw Austin solche, mit denen zugleich eine Handlung vollzogen wird (»Ich verspreche ...«). Der Handlungscharakter der Sprache ist Gegenstand der von ihm entwickelten Sprechakttheorie (→Sprechakt). Verbreitet ist in der modernen Philosophie auch ein allgemeinerer Gebrauch im Sinne von Aktualisierung bzw. konkreter Umsetzung.

pergamenische Schule, Schule des →Neuplatonismus.

Peripatetiker, Bezeichnung für Aristoteles und seine Schüler, zu denen u.a. Theophrast zählte. Die Schule der Peripatetiker ist nach dem »Peripatos« benannt, der Wandelhalle des →Lykeion, in der im Umhergehen unterrichtet und philosophisch diskutiert wurde.

perlokutionärer Akt, Teil des →Sprechakts.

Person [von latein. persona »Maske« (des Schauspielers), dann der Schauspieler selbst], Bezeichnung für ein selbstbewusstes und autonomes Lebewesen. Personen sind in der Regel Menschen, allerdings müssen nicht alle Personen Menschen und nicht alle Menschen Personen sein. Ins semantische Umfeld des Begriffs Person gehört u.a. auch der Begriff der Würde.

Charles Sanders Peirce

Zur Grundlegung des Begriffs kam es in der mittleren Stoa. Patristik und Scholastik entwickelten schließlich eine Metaphysik der Person. Mit der neuzeitlichen Philosophy of Mind und Moralphilosophie entfaltete sich der Ausdruck schließlich zum modernen Subjektbegriff, auf den auch die Grundlegung der Menschenrechte zurückgeht. Während der Begriff Person in weiten Teilen der gegenwärtigen Philosophie auf unproblematische Weise als Bezeichnung für das Subjekt epistemischer und moralischer Einstellungen angesehen wird, ist seine Bedeutung in der angewandten Ethik umstritten. Das gilt v.a. für seine zeitliche Extension. Die angewandte Ethik des 20. Jahrhunderts – speziell die Bioethik – rückte den Begriff in das Zentrum von konkreten Fragen moralischer Verpflichtung an den Grenzen menschlichen Lebens. Es stehen sich Ansätze gegenüber, die personales und menschliches Leben unterschiedslos zusammenfallen oder nur die Zeit selbstbewusster Aktivität als personales Leben gelten lassen wollen. Diese Uneinigkeit ist überaus bedeutungsvoll, weil die Zu- oder Aberkennung des Personstatus Konsequenzen für den moralischen Status eines Wesens hat.

Personalismus, als Reaktion auf den technisch-industriellen Fortschritt entstandene philosophische Position und Richtung. Der Personalismus unterscheidet scharf zwischen der Person als handelndem, an den Erkenntnisprozessen und Zielsetzungen konstitutiv beteiligtem Subjekt und dem Sein, seinen Objektivierungen bzw. den Dingen oder Sachen. Der Begriff wurde ursprünglich von Friedrich Schleiermacher zur Abgrenzung gegen den Pantheismus eingeführt und bezeichnet bei ihm den Glauben an einen persönlichen Gott.

In weiterem Sinne personalistische Züge finden sich in so verschiedenartigen Konzeptionen wie der Lebensphilosophie (z.B. Wilhelm Dilthey, Henri Bergson, Ludwig Klages), der dialogischen Philosophie (z.B. Martin Buber), dem Existenzialismus (z.B. Martin Heidegger, Karl Jaspers, Albert Camus, Jean-Paul Sartre) und in der philosophischen Anthropologie (z.B. Max Scheler, Arnold Gehlen).

Perspektivismus [zu spätlatein. perspectivus »durchblickend«], von Leibniz in die Philosophie eingeführter Begriff für die erkenntnistheoretische Lehre, dass Erkenntnisse, Betrachtungen und Beurteilungen auf den Standpunkt oder die Eigenschaften des Erkennenden als »subjektive« Einheit zurückbezogen werden müssen. Hierbei wird vorausgesetzt, dass die Wirklichkeit dem Subjekt nur unter bestimmten Perspektiven gegeben sein kann.

Nach Leibniz erfolgt die Repräsentation der Wirklichkeit durch schöpferische, weltauslegende Zentren (Monaden), die das Ganze jeweils nach ihren Möglichkeiten und ihrem Gesichtspunkt im Einzelnen ausdrücken. Für Nietzsche ist der Perspektivismus eine »Grundbedingung allen Lebens«, das immer nur Besonderes begreift. Im historischen Perspektivismus (Wilhelm Dilthey) wird er zum →Relativismus verfestigt. Vom relativistischen Standpunkt aus betrachtet, erblickt der Mensch die Welt aus der eigenen Verflochtenheit in eine spezifische geschichtliche Situation. Die dieser Situation zugeordneten Blickmöglichkeiten stellen die Bedingungen des geschichtlichen Sehens und Erkennens dar (Oswald Spengler). Nach José Ortega y Gasset ergibt deshalb erst die Gesamtheit der Perspektiven oder Aspekte ein Bild von der vollen Wirklichkeit.

Perzeption, Gegenbegriff zu →Apperzeption.

Petitio Principi|i [latein. »Forderung des (Beweis)grundes«], in der *Logik* ein Beweisfehler, der darin besteht, dass zum Beweis eine selbst noch beweisbedürftige Aussage verwendet wird. Ein Sonderfall der Petitio Principii ist der →Circulus vitiosus.

Pflicht, eine verbindliche Aufgabe oder Handlung, der gegenüber sich der Einzelne oder eine Gruppe verantwortlich weiß. Pflichten haben ihre Begründung meist in gewohnheitsmäßigen, kulturellen oder rechtlichen Normen und sind damit durch die faktische Autorität einer verordnenden Instanz (Familie, gesellschaftliche Gruppen, Staat) vorgegeben. Sie können in Moral und Sitte und damit in angeeigneten Wertmaßstäben, Handlungsregeln und auch Sinnvorstellungen begründet liegen oder durch Moralität im Sinne der Entscheidung des Menschen als freies Vernunftwesen für das Tun des Guten um seiner selbst willen bedingt sein.

Die Pflicht wird z.T. auf ein Gesetz zurückgeführt, das dem Menschen vorgegeben ist, je nach zugrunde liegender Konzeption entweder von der Natur (→Naturrecht) und der eigenen

Pflicht.
Die Pflicht – wie etwa die Mutterpflicht – wird entweder als von der Natur gefordert angesehen oder in der Aufgabe des Menschen als Vernunftwesen begründet (Giovanni Domenico Tiepolo, »Maria«, 1780; Moskau, Puschkin-Museum).

4601

Natur als Vernunftwesen (→Autonomie) oder Gemeinschaftswesen oder aber von Gott als Maßstab menschlichen Handelns. Darüber hinaus kann die Pflicht auch aus dem erkannten Wert oder Unwert eines Verhaltens oder seiner Ziele und voraussichtlichen Folgen abgeleitet werden. In Anlehnung an Kant bezeichnet Pflicht dasjenige, was jemand aus unbedingten moralischen Gründen tun soll (→kategorischer Imperativ). Sie hat den Charakter von uneingeschränkter Verbindlichkeit und Nötigung, die der wollenden oder triebhaften Neigung des Menschen entgegenstehen kann.

Phänomen [griech. phainómenon »das Erscheinende«], das sich Zeigende im Sinne der wahrnehmbaren Erscheinung oder als bloßer Schein. Zunächst als Bezeichnung des sinnlich Wahrnehmbaren gebraucht, charakterisiert das Phänomen dann, übertragen auf alles in äußerer oder innerer Erfahrung in das Bewusstsein Tretende, die Gegenstände der Vorstellung und Erkenntnis überhaupt.

Bei Platon wird die veränderliche Welt der sinnlichen Erscheinungen durch die nicht sinnlichen Urbilder (Ideen) begründet. Für Kant ist Phänomen das von den Erkenntnisformen des menschlichen Subjekts Bestimmte. Es zeigt sich damit so, wie es für den Menschen erscheint, nicht aber, wie es »an sich« ist. Bei Hegel sind Phänomene die Gestaltungen des absoluten Geistes auf dem Wege zu seiner vollen Selbstidentität in der absoluten Idee. In der von Edmund Husserl begründeten →Phänomenologie ist Phänomen dasjenige, was dem Bewusstsein unmittelbar gegeben ist, d. h. das sinnlich Fassliche in seiner evidenten Selbstgegebenheit. Empirismus und Positivismus sehen den phänomenalen Bereich des sinnlich Gegebenen als Grundlage jeglicher wissenschaftlicher Erkenntnis an.

Phänomenalismus, erkenntnistheoretische und wissenschaftstheoretische, v. a. den neuzeitlichen Empirismus kennzeichnende Position, der zufolge nicht die »realen« Dinge der Außenwelt der Gegenstand menschlicher Erkenntnis sind, sondern deren durch die Wahrnehmung als »Sinnesdaten« vermittelten bewusstseinsimmanenten Erscheinungen, die Phänomene.

Im Anschluss an den Empiriokritizismus (Richard Avenarius, Ernst Mach) und dessen Versuch, den Phänomenalismus durch Ergebnisse der Wahrnehmungsphysiologie und -psychologie zu stützen, entwickelte der frühe logische Empirismus (u. a. Bertrand Russell) den Phänomenalismus zu der These, dass alle »Dingaussagen« (D-Aussagen) in Aussagen über Sinnesdaten oder Phänomene (P-Aussagen) übersetzbar seien. Dieser Ansatz brachte eine Reihe bisher ungelöster Schwierigkeiten mit sich, z. B. die Frage, wie theoretische Begriffe in der »P-Sprache« zu repräsentieren sind. Die →Ordinary Language Philosophy wird im Anschluss an John Langshaw Austin als **linguistischer Phänomenalismus** bezeichnet.

Phänomenologie, eine von Edmund Husserl (unter dem Einfluss von Franz Brentano) seit 1900 entwickelte Strömung der Philosophie. Gemäß der Grundauffassung, dass jedwede Art von Wirklichkeit zunächst Erscheinung für ein intentionales Bewusstsein (ein zielgerichtetes Bewusstsein von etwas) ist, versteht sich Phänomenologie als Lehre von den im Bewusstsein erscheinenden Gegenständen der Welt. Theoretische und historische Konstruktionen sollen unterlaufen werden, indem Erscheinungen so gefasst werden, wie sie sich zunächst im Erleben geben. Darüber hinaus beschäftigen sich phänomenologische Beschreibung und Analyse auch mit den Weisen des Erscheinens im Bewusstsein selbst, aus denen der erkenntnistheoretische Sinn von Erscheinungen verständlich zu machen ist. Als methodischer Ansatzpunkt galt für die frühe phänomenologische Bewegung die Devise Husserls: »Zu den Sachen selbst«. Max Scheler bezeichnete die Phänomenologie als »eine fortwährende Entsymbolisierung der Welt« (1914).

■ **Frühere Bestimmungen** In seinen »Metaphysischen Anfangsgründen der Naturwissenschaft« (1786) verwendet Kant »Phänomenologie« als Teil der Bewegungslehre, und zwar hinsichtlich ihrer Modalität: Es geht um die Beobachtung von Naturphänomenen (Ruhe und Bewegung) in Rücksicht auf den konkreten Beobachter. Zum Titelbegriff wurde Phänomenologie 1807 in Hegels »Phänomenologie des Geistes«, und zwar im Sinne eines Systems von den Weisen und Stufen, in denen sich der absolute Geist innerhalb des Prozesses der Selbstentfaltung und -findung in der Welt manifestiert. In seiner populären Fassung bedeutete der Phänomenologiebegriff so viel wie unbefangene Beschreibung des durchschnittlich Gegebenen.

■ **Ausbildung** Seit Husserl wurde der Beschreibungsbegriff entscheidend vertieft im Sinne einer nachzuvollziehenden Strukturierung oder Selbststrukturierung des Erscheinens im Erlebnis- und Erfahrungsprozess. Diesen Prozess als Wechselbeziehung von Vollzug (Noesis) und Sinngehalt (Noema) nennt Husserl »phänomenologische Sphäre« (»Ideen zu einer reinen Phänomenologie und phänomenologischen Philosophie«, 1913).

Soweit das Bewusstsein als phänomenologische Sphäre selbst einer Wesensbeschreibung (Eidetik) unterziehbar ist, wird von »transzendentaler Phänomenologie« und »transzendentalphänomenologischer Reduktion« (auf die reinen Bewusstseinsstrukturen) gesprochen. Dieses transzendentale Bewusstsein wird schon bei Husserl zunehmend differenziert und konkretisiert, z. B. als phänomenologische Konstitutionsforschung im Hinblick auf objektive Weltgehalte und als gene-

Philosoph.
Das Berufsbild des Philosophen als Forscher und Lehrer an der philosophischen Fakultät wurde schon im Mittelalter entwickelt und besteht bis heute fort (Franz Kugler, »Hegel am Katheder«, Lithografie, 1828).

Philosophie
→ GEO **Dossier**
Die Wurzeln der Weisheit, Bd. 14

Philosophie
→ GEO **Dossier**
Weise werden, aber wie?, Bd. 14

tische Phänomenologie im Hinblick auf Typen der Subjektivität. So entfaltet sich eine eingehende Erforschung der Subjektivität als »Inter-Subjektivität« und der »Lebenswelt« als Form vortheoretischer Weltauffassung mit entsprechenden Reduktionen.

■ **Weiterführende Konzepte** Der Begriff der Phänomenologie als Beschreibung wird bei Martin Heidegger zu dem der »Auslegung« und damit zu einer **hermeneutischen Phänomenologie** (Hans-Georg Gadamer, Paul Ricœur) umgestaltet. Die schon bei Husserl angelegten leiblichen Momente des Bewusstseins (hyletische Felder) werden bei Helmuth Plessner zu einer **anthropologischen Phänomenologie** (→Anthropologie) ausgebaut, bei Maurice Merleau-Ponty zu einer Phänomenologie der Inkarnation des Sinnes und bei Jean-Paul Sartre zum lebendigen Brennpunkt einer negativen Ontologie des Bewusstseins. Die von Husserl thematisierte immanente Zeitlichkeit allen Erlebens ist für die poststrukturale französische Phänomenologie das Motiv, die Möglichkeit der Gegenwart von Sinn zu problematisieren (Jacques Derrida).

Philon von Alexandria, griechischer Theologe und Philosoph, * Alexandria um 20 v. Chr., † ebenda um 50 n. Chr.; unterhielt gute Beziehungen zum römischen Hof und verstand es, Treue zum jüdischen Glauben mit Loyalität zu Rom zu vereinbaren. Philon strebte danach, die hellenistische Philosophie (v. a. Platon, Pythagoras und die Stoa) mit dem jüdischen Denken zu vereinen. So bemühte er sich nachzuweisen, dass die zentralen Inhalte der griechischen Philosophie bereits in den alttestamentlichen Schriften vorhanden seien und nur noch freigelegt werden müssten.

Philons Theologie ist von einem starken Dualismus geprägt, dem zufolge Gott die Welt erschafft und erhält, zugleich aber absolut jenseits ist und für menschliches Erkennen unerreichbar. Die Kluft zwischen Gott und Welt muss daher durch Vermittlungsgestalten überbrückt werden. Neben der Weisheit (Sophia) wird der →Logos bei Philon zum Zentralbegriff. Als Archetypus und Mittler des Schöpfungsplanes, dessen sich Gott zur Welterschaffung bedient, wird er zum Vorbild des abbildlich geschaffenen Menschen.

In seiner Verbindung von Heiliger Schrift und platonischer Philosophie wurde er wegweisend für frühchristliche Theologen wie Klemens von Alexandria und Origenes, über die sein Denken auch Eingang in die christliche Mystik fand, wie für den christlichen Neuplatonismus insgesamt.

Philosoph [griech. »Freund der Weisheit«], erstmals bei Heraklit verwendeter Begriff, der nach sokratisch-platonischer Tradition einen Menschen bezeichnet, der nach Weisheit (Lebens-, Welt- oder Gottesweisheit) strebt. Bei Aristoteles und in der Stoa ist ein Philosoph derjenige, der solche Weisheit erlangt hat.

Die ältesten vorsokratischen Philosophen verkörpern Leitbilder äußerster Denkanstrengung zur Gewinnung wohlbegründeter Einsichten und zum Entwurf rationaler Denksysteme für die Deutung von Kosmos, Götter- und Menschenwelt. Sokrates und Platon grenzten den nach Weisheit verlangenden Philosophen streng vom für Honorar lehrenden und beratenden »Sophisten« ab, wobei Sokrates selbst als Vorbild kompromissloser Wahrheitsforschung und daran orientierter Menschenbildung gilt.

Das *Mittelalter* etablierte den Philosophen als Lehrer und Forscher an der philosophischen Fakultät und wies ihm damit eine berufliche Funktion zu. Der Philosoph verwaltete und vermittelte hier auf der Grundlage des platonischen Lehrcurriculums der »freien Künste« das gesamte Bildungsgut der antiken Philosophenschulen im propädeutischen »Studium generale« für die berufsbezogenen Studiengänge der Theologen, Ärzte und Juristen.

In der *Neuzeit* entwickelten sich aus den Disziplinen der philosophischen Fakultät verschiedene Einzelwissenschaften. Diese bis heute anhaltende Tendenz zwingt die Philosophen zu Neudefinitionen ihrer Aufgaben und der Rolle, die ihnen im Wissenschaftssystem zukommt. Parallel zu dieser »Verwissenschaftlichung« und fortschreitenden Spezialisierung der Universitätsphilosophie profilierten sich seit der Renaissance außeruniversitäre Philosophen (Marsilio Ficino, Giovanni Pico della Mirandola, Francis Bacon, Descartes, Leibniz), die durch ihr eigenständiges Philosophieren versuchten, die Universitätsphilosophie (»Scholastik«) zu überwinden oder kritisch zu reformieren. Heute ist besonders in politisch relevanten ethischen Fragen eine öffentliche Stellungnahme bzw. Orientierung vonseiten der Philosophen gefragt.

Philosophia perennis [latein.], im Anschluss an das Werk »De perenni philosophia« (1540) des italienischen Humanisten Augustinus Steuchus die seit dem Altertum (Platon,

Aristoteles) durch alle Wandlungen der Geschichte in ihrem Kern »immer währende Philosophie« des Abendlandes. In diesem Sinn weist der Begriff drei Hauptbedeutungen auf: 1. die seit den Griechen überlieferte und im Zusammenhang entfaltete »wahre Philosophie« (Leibniz), 2. die Einheit und Kontinuität des faktischen lebendigen Philosophierens über die Zeiten hinweg (Karl Jaspers) oder das rein sachhingegebene Problemdenken (Nicolai Hartmann), 3. in der scholastisch-thomistischen Philosophie der feste Grundbestand ewig geltender philosophischer Wahrheiten, auf denen die Tradition des christlichen Abendlands beruht.

Philosophie [griech. »Liebe zur Weisheit«], nach Sokrates und Platon das liebende Streben nach Weisheit, deren voller Besitz jedoch nur den Göttern zukommt. Dagegen forderte etwa Hegel, die Philosophie müsse endlich dahin gelangen, »ihren Namen der Liebe zum Wissen ablegen zu können und wirkliches Wissen zu sein«.

Bei dem Versuch, Philosophie abschließend zu definieren, stößt man auf charakteristische Schwierigkeiten. Im Gegensatz zu anderen Wissenschaften lässt sie sich nicht ohne Weiteres durch Angabe eines spezifischen Gegenstandsbereichs oder bestimmter Methoden kennzeichnen. Womit es die Philosophie zu tun habe und wie sie zu betreiben sei, ist vielmehr selbst eine philosophische Frage, deren Beantwortung vom jeweils vertretenen philosophischen Standpunkt abhängt. Deshalb verfügt die Philosophie auch nicht wie andere Wissenschaften über einen gesicherten Bestand an allgemein anerkanntem Wissen, das sich in verbindlicher Form in Lehrbüchern darstellen ließe. Stattdessen hat sie im Laufe ihrer Geschichte eine fast unüberschaubare Zahl philosophischer Teildisziplinen, Schulen und Strömungen ausgebildet, in denen sich stets auch ein je unterschiedliches Verständnis von Wesen, Aufgabe und Gegenstand der Philosophie niederschlug.

■ **System und Geschichte** In Ermangelung eines vorgegebenen Gegenstandsbereichs und feststehender Vorgehensweisen ist die kontinuierliche Vergegenwärtigung und Aneignung der Philosophiegeschichte ein wesentlicher und identitätsstiftender Zug der abendländischen Philosophie überhaupt. Bereits Aristoteles pflegte seine Abhandlungen oftmals mit einer Erörterung der Lehren seiner Vorgänger zu eröffnen, um so Rahmen und Ziel der eigenen Forschungen genauer abzustecken. Die Scholastik machte es geradezu zur Methode der Philosophie, philosophische Probleme (Quaestiones) in der systematischen Auseinandersetzung mit den Positionen und Argumenten der Tradition zu behandeln. Für Hegel schließlich sind System und Geschichte der Philosophie identisch. Ihm zufolge gehören die geschichtliche Entfaltung des Systems und der systematische Zusammenhang der Geschichte zusammen.

1843

Philosophie. Die Miniatur einer Handschrift der »Historia Scolastica« aus dem 13. Jh. zeigt die zwischen Platon und Sokrates thronende Philosophie in Frauengestalt (München, Bayerische Staatsbibliothek).

Der wesentlichen Bedeutung der Philosophiegeschichte für die Philosophie entsprechend hatte sich bereits in der Spätantike eine beachtliche Philosophiegeschichtsschreibung entwickelt, von der aber nur das Werk des Diogenes Laertios vollständig erhalten geblieben ist. Als eigenständige Disziplin bildete sich die Philosophiegeschichte im Verband mit den historisch-philologischen Wissenschaften seit der Renaissance heraus. Schwerpunkt und Interesse sind dabei immer sowohl die historisch-philologische Forschung als auch die aktualisierende Anwendung des Überlieferungsbestandes auf die Gegenwartsprobleme geblieben.

■ **Disziplinen** Ursprünglich mit Wissenschaft überhaupt identisch, hat die Philosophie im Zuge ihrer thematischen Entfaltung verschiedene Teildisziplinen ausgebildet und später z. T. als eigenständige Einzelwissenschaften aus sich entlassen. Leitend waren dabei v. a. der auf Platon zurückgehende Kanon der im Späthellenismus kanonisierten sieben »freien Künste« (Artes liberales) und die aristotelische Einteilung in theoretische Wissenschaften, praktische Handlungswissenschaften und Herstellungswissenschaften.

Als grundlegend und umfassend galt lange Zeit die *Metaphysik* als Wissenschaft von den ersten Gründen (Arche, Prinzip) und allgemeinsten Strukturen aller Wirklichkeit. Sie gliederte sich traditionell in die allgemeine Metaphysik (»Metaphysica generalis«) und die spezielle Metaphysik (»Metaphysica specialis«), wobei die allgemeine Metaphysik als *Ontologie* Theorien über das Sein überhaupt und die Einteilung des Seienden in Wirklichkeitsbereiche aufstellte, während sich die spezielle Metaphysik v. a. mit der Frage nach der Sterblichkeit der Seele (Psychologie), der Endlichkeit des Kosmos (Kosmologie) und der Exis-

Nach Hegel ist es nicht die Aufgabe der **Philosophie,** die Welt zu verbessern:

»Wenn die Philosophie ihr Grau in Grau malt, dann ist eine Gestalt des Lebens alt geworden, und mit Grau in Grau läßt sie sich nicht verjüngen, sondern nur erkennen; die Eule der Minerva beginnt erst mit der einbrechenden Dämmerung ihren Flug.«

tenz eines höchsten Wesens (Theologie) befasste.

Im Rahmen des entwickelten Wissenschaftssystems weist Philosophie heute eine reiche Gliederung von Disziplinen auf, mittels derer sie auch die Verbindung mit dem Forschungsstand und den Ergebnissen der Einzelwissenschaften aufrechtzuerhalten sucht. So behandelt die *Erkenntnistheorie* (Epistemologie) Wesen, Bedingungen, Formen, Reichweite und Grenzen der Erkenntnis unter besonderer Berücksichtigung der Frage, welche Fähigkeiten des Erkennenden dafür verantwortlich sind, dass er überhaupt sicheres Wissen von der Wirklichkeit haben kann. Besonders im frühen 20. Jahrhundert wurde die Erkenntnistheorie z. T. zur *Wissenschaftstheorie* weiterentwickelt, der es um die Klärung der begrifflichen und methodologischen Grundlagen einzelwissenschaftlicher Erkenntnis geht.

Die *Logik* als Lehre vom richtigen Denken und Argumentieren, v. a. vom richtigen Schließen, gilt seit Aristoteles als wesentliches Handwerkszeug (Organon) des Philosophen. Sie wird heute weitgehend als formale Logik betrieben und bildet als solche u. a. auch eine wichtige Grundlage für die *Philosophie der Mathematik*.

Die *Ethik* bezieht sich allgemein auf die normativen Grundlagen menschlicher Praxis. Sie geht der Frage nach, an welchen Normen, Werten, Gütern oder Zwecken sich menschliches Handeln orientieren sollte und wie diese Orientierung zu begründen sei. Unter dem Einfluss sprachanalytischer Strömungen wird ihr heute vielfach die *Metaethik* zu- bzw. übergeordnet, die die sprachliche Form ethischer Begriffe und Urteile untersucht.

Die *Sozialphilosophie* beschäftigt sich mit Wesen und Strukturen des Sozialen überhaupt sowie mit der Frage nach der richtigen Einrichtung der Gesellschaft und übt vor diesem Hintergrund z. T. Kritik an bestehenden gesellschaftlichen Verhältnissen. Die *Rechtsphilosophie* wiederum hat die Natur des Rechts, sein Zustandekommen und seine normativen Grundlagen zum Gegenstand. In engem Zusammenhang mit ihr fragt schließlich die *Staatsphilosophie* nach Ursprung und Zweck des Staates und sucht verschiedene Arten politischer Ordnung begrifflich zu unterscheiden und auf ihre Legitimität zu prüfen.

Die *philosophische Anthropologie* untersucht unter Einbeziehung und Interpretation einzelwissenschaftlicher Forschungsergebnisse Wesen und Natur des Menschen und seine spezifische Stellung in der Welt. Sie umfasst dabei sowohl die kulturellen als auch die natürlichen Aspekte des Menschseins und konnte so zeitweise geradezu als philosophische Grundlagendisziplin angesehen werden.

Die *Naturphilosophie* versucht traditionell eine philosophische Gesamtdeutung der Natur, ihres Aufbaus und ihrer Bewegungsformen zu liefern. Dabei sieht sie sich in zunehmendem Maße auf das naturwissenschaftlich verfügbare Wissen über die Natur verwiesen. Die *Kulturphilosophie* hingegen beschäftigt sich mit der menschlichen Kultur im Allgemeinen, ihren Strukturen, Erscheinungsformen und Teilbereichen und setzt sich z. T. kritisch mit Zustand und Entwicklung bestimmter Kulturen auseinander.

Die *Ästhetik* gilt allgemein als Theorie des Schönen in Natur und Kunst, wobei sie im engeren Sinne meist als »Philosophie der Kunst« verstanden wird. Sie befasst sich u. a. mit den konstitutiven Merkmalen ästhetischer Gegenstände und den Formen und Geltungsgründen unserer Urteile über sie.

Die *Religionsphilosophie* betrachtet die Erscheinungsformen und Gehalte des Religiösen und sucht die Rolle der Religion im Zusammenhang des menschlichen Daseins zu bestimmen. Die *Geschichtsphilosophie* schließlich zielt darauf ab, den Verlauf der Geschichte im Ganzen als Ausdruck eines hinter dem konkreten historischen Geschehen verborgenen Sinnes oder als Wirkung allgemeiner Gesetze zu deuten und zu erklären.

■ Schulen, Traditionen und Strömungen In Europa kam es bereits in der *griechischen Antike* zur Gründung einer Vielzahl philosophischer Schulen, von denen die lange dominierenden Traditionslinien abendländischer Philosophie ausgehen. Zu nennen sind v. a. Platons Akademie als Ursprungsort des →Platonismus und später der akademischen Skepsis, das Lykeion des Aristoteles als Ausgangspunkt des →Aristotelismus, die →Stoa Zenons von Kition und Chrysippos', der »Garten« des Epikur (→Epikureismus) und die Schule des Pyrrhon von Elis, in der der pyrrhonische →Skeptizismus ausgearbeitet wurde.

Im *Mittelalter* waren v. a. die kirchlichen Orden und die Kathedral- und Klosterschulen Träger und Mittelpunkt der philosophischen Forschung und Lehre. In ihnen bildete sich die →Scholastik als beherrschende Form mittelalterlichen Philosophierens aus. Insbesondere seit dem späten 12. Jahrhundert kam es schließlich zur Gründung von Universitäten (z. B. in Paris und Oxford), die bis heute den maßgeblichen institutionellen Rahmen wissenschaftlich betriebener Philosophie darstellen.

Innerhalb der *neuzeitlichen Philosophie* unterscheidet man entsprechend ihrer zunächst überwiegend erkenntnistheoretischen Ausrichtung traditionell zwei große Strömungen: den →Rationalismus (Descartes, Baruch de Spinoza, Leibniz), für den die Betonung der Rolle der Vernunft im Erkenntnisprozess wesentlich ist, und den →Empirismus (Locke, Berkeley, Hume), für den Erkenntnis letztlich auf sinnlicher Erfahrung gründet. In diesem allgemeinen Rahmen haben sich verschiedene philosophische Schulen und Bewegungen etabliert, die sich oft auf das System oder die Methode eines bestimmten Philosophen bezogen: der →Cartesianismus im Ausgang von Descartes, der auf Baruch de Spinoza zurückgehende Spinozismus sowie v.a. im deutschsprachigen Raum die leibniz-wolffsche Schule, der →Kantianismus und – später – der →Neukantianismus in seiner Marburger (Cohen, Paul Natorp, Ernst Cassirer) und südwestdeutschen (Wilhelm Windelband, Heinrich Rickert) Ausprägung, die Schellingschule (romantische Naturphilosophie), der Rechts- und Linkshegelianismus, der →Marxismus sowie der Nietzscheanismus.

Daneben wurde es seit der Mitte des 19. Jahrhunderts weithin üblich, die verschiedenen philosophischen Schulen und Strömungen, die nun in zunehmend rascher Folge auftraten, durch ihre metaphysischen oder methodologischen Grundeinstellungen zu kennzeichnen.

So unterscheidet man dialektischen und historischen Materialismus, den Positivismus (Auguste Comte, John Stuart Mill), den logischen Empirismus des Wiener (Rudolf Carnap, Moriz Schlick) und Berliner (Hans Reichenbach) Kreises, ferner den kritischen Rationalismus (Karl R. Popper, Hans Albert) sowie die analytische Philosophie in ihren beiden Ausprägungen als »Ideal Language Philosophy« (z.B. früher Wittgenstein, Bertrand Russell) und Ordinary Language Philosophy (z.B. später Wittgenstein, John Langshaw Austin), daneben Phänomenologie (Edmund Husserl), Lebensphilosophie (Henri Bergson, Georg Simmel, Ludwig Klages), Existenzphilosophie (Martin Heidegger, Karl Jaspers, Jean-Paul Sartre) sowie philosophische Hermeneutik (v.a. Hans-Georg Gadamer), außerdem Pragmatismus (v.a. Charles Sanders Peirce, William James, John Dewey), Konstruktivismus (v.a. Erlanger und Konstanzer Schule) und Strukturalismus (u.a. Claude Lévi-Strauss, Jacques Lacan).

Hierbei ergab sich insbesondere im Verlauf des 20. Jahrhunderts viel Spielraum für Renaissancen und Renovierungen älterer Schulen und Strömungen. So gab es etwa den Neomarxismus von Georg Lukács oder Ernst Bloch und den der Frankfurter Schule (v.a. Max Horkheimer, Theodor W. Adorno, Herbert Marcuse, Jürgen Habermas), den in Auseinandersetzung mit klassischen strukturalistischen Theorien v.a. in Frankreich entwickelten Poststrukturalismus (z.B. Jacques Derrida, Michel Foucault), daneben programmatische Ansätze zu einer postanalytischen Philosophie (Richard Rorty), eine postempiristische Wissenschaftstheorie (v.a. Thomas S. Kuhn, Paul Feyerabend) sowie den so genannten Neoaristotelismus in der praktischen Philosophie, der sich z.T. mit einem Neuhegelianismus verband (in Deutschland v.a. Joachim Ritter und seine Schüler, im angelsächsischen Raum z.B. Charles Taylor, Alasdair MacIntyre oder Martha C. Nussbaum).

Wissenschafts- und philosophiekritische Bedeutung hat die feministische Philosophie, die sich mit der Rolle von Frauen in der Wissenschafts- und Philosophiegeschichte beschäftigt und sich kritisch mit den weitgehend von Männern geprägten Denktraditionen und -mustern auseinandersetzt. Unter den philosophischen Einzeldisziplinen kommen heute der politischen Philosophie sowie im Rahmen interdisziplinärer Verflechtung der angewandten Ethik (v.a. Bioethik einschließlich medizinischer Ethik und ökologischer Ethik sowie Wirtschaftsethik) und der Philosophy of Mind an der Schnittstelle von Kognitionswissenschaften und Neurophilosophie sowie künstlicher Intelligenz besondere Bedeutung und öffentliches Interesse zu.

Philosophie des Geistes, 1) Bezeichnung für Hegels Philosophie;

2) Bezeichnung für eine Disziplin, die sich aus der analytischen Philosophie herausgebildet hat (→Philosophy of Mind).

philosophische Anthropologie, →Anthropologie.

Philosophy of Mind, Philosophie des Geistes [fɪˈlɔsəfɪ: ɔf maɪnd, engl.], Bezeichnung für eine eigenständige akademische Disziplin, die sich in der neueren analytischen Philosophie herausgebildet hat und Phänomene und Ausdrucksformen menschlichen Bewusstseins untersucht. Philosophiegeschichtliche Vorläufer waren die Herausbildung des →Leib-Seele-Problems in der Philosophie der Antike und des Mittelalters, die erkenntnistheoretische Auseinandersetzung mit dem Bewusstsein seit Descartes, die Systeme der Philosophie des Geistes im deutschen Idealismus und die Phänomenologie. Im Zentrum der gegenwärtigen Philosophy of Mind steht das Körper-Bewusstsein-Problem, das an die Stelle des traditionellen Leib-Seele-Problems getreten ist. Neuere Ansätze gehen davon aus, dass der Begriff der Seele im ursprünglichen Wortsinn keinen Sachverhalt bezeichnet und es entsprechend auch kein Leib-Seele-Problem geben könne.

Daneben spielen in der gegenwärtigen Philosophy of Mind die →Neurophilosophie und die Forschung zur →künstlichen Intelligenz eine wichtige Rolle. Weitere thematische Schwerpunkte bilden die Bestimmungen →Intentionalität und →Qualia sowie die Begriffe der →Person und der personalen Identität.

Philosophy of Mind
→ GEO **Dossier**
Wie frei ist unser Wille?, Bd. 14

Philosophy of Science, →Wissenschaftstheorie.

Physis [griech. »Natur«, »natürliche Beschaffenheit«], Terminus der griechischen *Philosophie,* der als »eigentliche Beschaffenheit«, »wahres Wesen«, »natürliches Gegebensein«

Giovanni Pico della Mirandola

oder »unmittelbares Anwesendsein« v.a. im Rahmen der Entgegensetzungen Physis – Nomos (schriftliches Recht oder ungeschriebenes Brauchtum), Physis – Techne (menschliche Kunstfertigkeit) in der Regel dem Begriff →Natur der späteren philosophischen Tradition entspricht. Aristoteles verwendet Physis auch für den Bereich dessen, was »Ursprung von Bewegung und Stillstand in sich selbst« hat.

Pico della Mirandola, Giovanni, italienischer Humanist und Philosoph, *Mirandola (bei Modena) 24. 2. 1463, †bei Florenz 17. 11. 1494; ließ sich nach intensiven Aristoteles- und Scholastikstudien 1484 in Florenz nieder. Hier knüpfte er u.a. Beziehungen zu Marsilio Ficino.

Bemüht, in den Philosophien und Religionen jedweder Herkunft Elemente der Wahrheit zu erkennen, lud Pico della Mirandola Gelehrte zu einem Kongress nach Rom ein, bei dem 900 von ihm zu diesem Zweck verfasste Thesen (»Conclusiones philosophicae, cabalisticae et theologicae«, 1486) diskutiert werden sollten. Eingeleitet werden die »Conclusiones« durch die Rede »De hominis dignitate« (dt. »Über die Würde des Menschen«), mit der Pico della Mirandola das humanistische Menschenbild der Renaissance entscheidend prägte. Die in ihr vorgestellte These von der Freiheit des menschlichen Willens greift er in seinem Werk »Heptaplus, de septiformi sex dierum geneseos enarratione« (1489) wieder auf, einer u.a. auf kabbalistische Quellen gestützten Interpretation des Sechstagewerks der Schöpfung.

Platon
*** 427 v. Chr., † 348/347 v. Chr.**

- war ein Schüler des Sokrates
- gründete eine philosophische Akademie in Athen
- fasste seine Philosophie in Dialogen ab
- begründete mit seiner Lehre von den Ideen die Metaphysik
- beeinflusste das gesamte abendländische Denken

Platon, lateinisch **Plato,** griechischer Philosoph, *Athen 427 v.Chr., †ebenda 348/347 v.Chr.; neben Aristoteles der bedeutendste Philosoph der griechischen Antike.

■ **Leben** Der junge Platon beabsichtigte ursprünglich, die politische Laufbahn einzuschlagen, wurde davon jedoch durch die politischen Wirren in Athen abgehalten. Von Sokrates wurde er zum philosophischen Fragen nach dem Wesen der Tugend und des Guten angeregt und nachhaltig beeinflusst. Seine Schriften bewahren bis heute das Gedächtnis an seinen Lehrer. Nach dessen Tod (399) soll Platon mit anderen Schülern zu Euklid von Megara, später von Athen aus nach Kyrene und Ägypten gereist sein. Von großer Bedeutung für die Nachwirkung seiner eigenen Philosophie war die Gründung einer Schule in Athen, der →Akademie (zwischen 387 und 385). Als bedeutendster Schüler ging aus ihr Aristoteles hervor. Platon reiste dreimal nach Sizilien, wo er vergeblich versuchte, den Herrscher für das Ideal eines Staates nach philosophisch-sittlichen Grundsätzen zu gewinnen. Die letzten Lebensjahre verbrachte er in Athen in ununterbrochener Lehrtätigkeit im Kreise seiner Schüler.

■ **Schriften** Platons in großem Umfang erhaltenes Werk – in der Antike in neun Tetralogien, also neun Folgen zu je vier Werken geordnet (einschließlich unechter Schriften) und in dieser Form von Thrasyllos von Mendes 36 n.Chr. herausgegeben – besteht, abgesehen von der »Apologia sokratus« (dt. »Die Verteidungsrede des Sokrates«) und den Briefen, aus Dialogen. Platons Werk behandelt erkenntnistheoretische und metaphysisch-ontologische ebenso wie kosmologische, psychologische, ethische und staatstheoretische, weiterhin sprachphilosophische und auch kunsttheoretische und pädagogische Fragen. Es war von größter Auswirkung auf die abendländische Philosophie. Chronologisch werden die Schriften nach inhaltlichen und stilistischen Kriterien meist in eine frühe, mittlere und späte Periode eingeteilt.

Platon. Der Philosoph zentrierte seine schriftlich niedergelegten Dialoge im Wesentlichen um Sokrates. Dieser selbst hat keine Schriften verfasst. Wichtigste Quelle zu ihm ist Platon, der die Figur des Sokrates jedoch im Sinne seines eigenen Denkens gestaltete (Buchmalerei aus dem »Buch der Weissagungen«, 13. Jh.; Oxford, Bodleian Library).

Ungeachtet der literarischen Meisterschaft der eigenen Dialoge hat Platon den Wert der Schrift als eines Mediums der Erkenntnisvermittlung gering veranschlagt (»Phaidros«, »Siebter Brief«). Für den Philosophen ist Schreiben »Spiel«; seinen »Ernst« entfaltet er im Gespräch. In der Tat weisen die platonischen Dialoge inhaltlich über sich hinaus. Zudem spricht Aristoteles einmal von »ungeschriebenen Ansichten« Platons und referiert v.a. in der »Metaphysik« Theoreme und Begriffe, die sich in den Dialogen nicht finden. Ausgehend von diesen Hinweisen bemüht sich u.a. die »Tübinger Schule« um die Rekonstruktion von Platons ungeschriebener Lehre aus der indirekten Überlieferung.

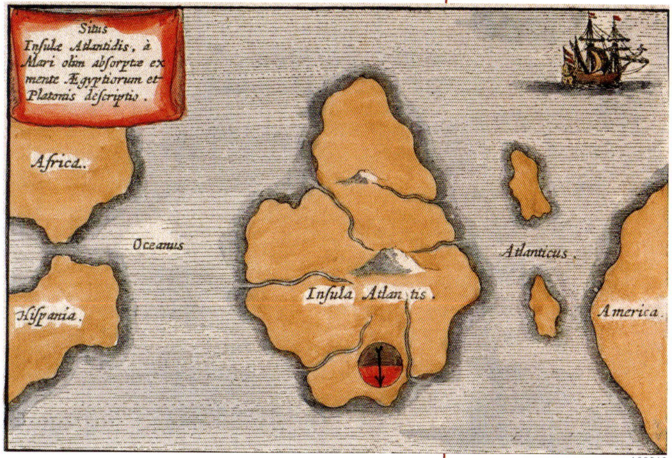

100563

Platon.
In den Dialogen »Timaios« und »Kritias« wird ein Königreich von großem Reichtum und hohem kulturellem Stand mit einer idealen Staatsordnung beschrieben. Immer wieder glaubte man, Atlantis lokalisieren zu können. Jedoch ist Platons Bericht wohl als staatstheoretische Utopie zu verstehen (Athanasius Kircher, »Lage der versunkenen Insel Atlantis«, kolorierter Kupferstich, 1664).

■ **Metaphysik** Platons Philosophie geht von dem Gegensatz zwischen der werdenden, vergehenden und sich niemals gleich bleibenden Welt der Erscheinungen und dem sich gleich bleibenden, wahrhaft Seienden aus. Jene ist sinnlich wahrnehmbar, dieses nur durch die Vernunft erkennbar. Das wahrhaft Seiende bestimmt Platon als »das, *was* etwas – z. B. das Gerechte – ist«. Dieses fasst er als die Form- bzw. Wesens- und Zweckursache des sinnlich wahrnehmbaren Einzeldings auf. Er sieht so die Ursachen der Erfahrungsdinge nicht mehr wie viele Vorsokratiker in einem stofflichen Substrat, sondern in ihrem intelligiblen Urbild (Paradeigma), das er Idee (Idea, Eidos) nennt. Gelegentlich spricht er so, als wären die Ideen durch eine Kluft (Chorismos) von der Erscheinungswelt getrennt. Die Erfahrungsdinge als Abbilder stehen zu den Ideen als Urbildern im Verhältnis der Teilhabe (Methexis) und nachstrebenden Nachahmung (Mimesis).

Ein wichtiges Kriterium für die Annahme einer Idee ist, dass ein Allgemeines erkannt werden kann, wobei das »vielseitig Zerstreute zusammenschauend auf eine Idee zurückgeführt« wird. Aufgabe der Philosophie oder Dialektik (»Politeia«; dt. »Der Staat«) ist es, die Ideen als Hypothesen für jeden Wissensbereich zu ermitteln. Der Philosoph muss zum Ersten, Voraussetzungslosen, zur Idee des Guten (Idea tou agathou) »hinaufsteigen« und dann wieder zum Spezielleren und Einzelnen »hinabsteigen«, um dieses aus dem Höchsten und Ersten in seiner wahren Natur erkennen und begründen zu können. Zu dieser Aufgabe gehört auch, die »Ideengemeinschaft« zu untersuchen, d. h., in welchen Beziehungen die Ideen zueinander stehen und miteinander verflochten sind. Platon nennt in seinem Dialog »Sophistes« fünf oberste Ideengattungen: Seiendes, Identisches, anderes (Verschiedenes), Bewegung und Ruhe, an denen alle anderen Ideen teilhaben.

Über diesen fünf Gattungen steht im »Parmenides« schließlich das Eine – im »Symposion« (dt. »Das Gastmahl«) ist es das göttlich Schöne, in der »Politeia« die Idee des Guten – das einmal als mit allen Ideen verbunden, zum anderen als getrennt und »jenseits des Seienden« aufgefasst wird. Platon hat die Bedeutung jenes höchsten Seienden im Sonnengleichnis (»Politeia«, VI) beschrieben: Wie das Sonnenlicht Ursache für das Sehen des Auges und für das Gesehenwerden wie auch für Werden, Wachstum und Nahrung der sichtbaren Dinge ist, ist die Idee des Guten Ursache für das Sein und die Erkennbarkeit der Ideen wie für das Erkennen der (als »Auge der Seele« bezeichneten) Vernunft.

Nach dem Zeugnis der indirekten Überlieferung versuchte Platon in seiner mündlichen Prinzipientheorie, die Ideen auf höhere und einfachere Prinzipien, so genannte Ideenzahlen, zurückzuführen. Die zwei umfassendsten Prinzipien alles Wirklichen sind demnach ein materiales, die »unbestimmte Zweiheit« (Unbegrenztes, »Apeiron«), und ein formales, das erste Eine, das identisch ist mit dem Guten.

■ **Erkenntnislehre** An mehreren Stellen seines Werks ordnet Platon den verschiedenen Gegenstandsbereichen seiner Metaphysik entsprechende Erkenntnisstufen zu. Dabei unterscheidet er die den Erfahrungsdingen entsprechende unsichere Meinung (Doxa) von dem die Ideen erfassenden sicheren Wissen (Episteme). Um zur Wissenschaft aufsteigen zu können, muss sich menschliches Erkennen zunächst von Sinneserfahrung und Vorstellung abwenden. Diesen Prozess fasst Platon als einen sich stufenweise vollziehenden Bildungsgang und zugleich als eine Läuterung der menschlichen Seele auf.

In den Dialogen führt Sokrates seine Gesprächspartner durch die Methode von Frage

Platon »Politeia«

Platons Dialog »Politeia« über den Staat berührt eine Vielzahl von Gedanken aus den frühen und mittleren Schriften und fasst sie in einem groß angelegten philosophischen Entwurf zusammen, der in der Idee des Guten als des obersten Prinzips von Erkennen und Sein gipfelt. Ausgehend von der Frage, was die Gerechtigkeit sei, wird die politische Ordnung eines vollkommenen Gemeinwesens entwickelt, von dem sich die gesuchte Eigenschaft wie von einem Musterbild ablesen lassen soll. Der gerechte Staat gleicht einem Menschen, der die Vielfalt seiner Bestrebungen unter der Herrschaft der Vernunft zur Einheit bringt. Seine Verwirklichung ist daher nur auf der Grundlage philosophischer Einsicht möglich. Diese lässt sinnliche Wahrnehmung und bloßes Meinen hinter sich und steigt mithilfe der Vernunft zu den Ideen als den ewigen und unveränderlichen Urbildern auf, denen die Dinge der Sinnenwelt nachgeformt sind. Die Idee des Guten schließlich überragt alle anderen Ideen und verleiht ihnen erst Sein und Erkennbarkeit. Mit ihrer Betrachtung, zu der ein umfassendes Erziehungs- und Bildungsprogramm den künftigen Herrscher hinführen soll, ist so der höchste Punkt der platonischen Philosophie erreicht.

100563

Platon.
Anders als Sokrates lehrte Platon nicht auf den Straßen von Athen, sondern in den Olivenhainen der Akademie, einem Sport- und Kultbezirk vor den Mauern von Athen. Hierher kamen auserwählte Schüler aus besseren Kreisen, um mit ihm zu diskutieren (»Platon und seine Schüler im Garten der Akademie«, Holzstich, 19. Jh.).

und Antwort und seine intellektuelle »Hebammenkunst« (Mäeutik) bis an den Punkt der Ausweglosigkeit (Aporie), an dem der Übergang vom nur empirischen Wissen zur Wesenserkenntnis notwendig wird. Da sich aus den sinnlichen Gegebenheiten als solchen keine Wesenserkenntnis schöpfen lässt, das Wesen aber bei den Sinneswahrnehmungen immer schon miterfasst wird, versteht Platon diesen Übergang als Wiedererinnerung (Anamnesis; »Menon«, »Phaidon«) der Seele an einstmals Gewusstes.

Die Spätdialoge entwickeln zudem Ansätze zu einer Definitionstheorie (»Theaitetos«) und die dialektische Methode der richtigen Begriffseinteilung durch Zusammenschau (Synagoge) und Zergliederung (Dihairesis; »Sophistes«, »Politikos«, »Philebos«). Über die Wissenschaft, die im »Theaitetos« als durch Vernunft begründete Erkenntnis definiert wird, stellt Platon als höchste Erkenntnisweise eine intuitive Vernunfteinsicht (Noesis), die die höchste (göttliche) Ursache »berührt«.

■ **Seelenlehre** Platons Seelenlehre steht unter dem Einfluss seiner Ideenlehre sowie u. a. der Seelenwanderungslehre der Orphik. So enthält etwa der »Phaidon« Beweise für die Unsterblichkeit der menschlichen Seele u. a. aus ihrer immateriellen Natur, die wiederum aus ihrem immateriellen Erkenntnisobjekt, den Ideen, erschlossen wird.

Platon unterscheidet drei Seelen-»teile« oder -vermögen (»Politeia«, IV): das »Begehrliche«, das »Muthafte« und das »Vernünftige«. Im »Phaidros« vergleicht er die Seele mit einem geflügelten Wagen mit einem edlen und einem unedlen Pferd und einem Wagenlenker, der zum »überhimmlischen Ort« der Ideen hinstrebt. Das Gefieder symbolisiert dabei die aufwärts strebende Kraft des Eros, der als ein Mittleres zwischen der Sinnenwelt und den Ideen das Urbild des Schönen im Aufschwung von seinen sinnlichen Erscheinungsformen zu erreichen sucht (»Symposion«). Die (Welt-)Seele definiert Platon zudem als immaterielle Bewegungsursache, die nicht mehr (wie das Materielle) von anderem bewegt wird, sondern »sich selbst bewegt«, den Kosmos in Gang hält und – als Individualseele – auch Lebensprinzip des Leibes ist (»Phaidros«).

■ **Ethik** In einem frühen Stadium setzt sich Platon – noch unter sokratischem Einfluss – mit dem sophistischen Relativismus auseinander und sucht nach allgemein verbindlichen definitorischen Bestimmungen der Tugend (Arete), z. B. der Tapferkeit (»Laches«), der Gerechtigkeit (»Gorgias«; »Politeia«, I), der Besonnenheit (»Charmides«) und der Frömmigkeit (»Euthyphron«). Gegen radikale Sophisten, die das geltende Recht, das den Schwachen vor Unterdrückung schützt, für bloße Konvention erklären und das natürliche Recht in der physischen, triebhaften Natur als Recht des Stärkeren begründen, greift Platon die wichtige Unterscheidung von positivem und natürlichem Recht auf, begründet aber Letzteres aus der Vernunftnatur des Menschen. Hiernach ist z. B. Unrechtleiden besser als Unrechttun (»Gorgias«). Unrecht ist stets die Folge von Unwissenheit: Niemand tut freiwillig Unrecht.

Das Gemeinsame aller Tugenden, das sie auch allgemein verbindlich sein lässt, bestimmt Platon als praktische Vernunfterkenntnis. Das gute Leben und die Glückseligkeit (Eudaimonia) als Ziel jedes Menschen haben ihre geistige Voraussetzung und Erfüllung in der Erkenntnis der Ideen und der Idee des Guten. Diesen ethischen Intellektualismus mildert Platon u. a. im »Philebos« ab, in dem er das gute Leben als eine »Mischung« aus Vernunfterkenntnis und (geistiger) Lust ansieht.

■ **Staatstheorie** In seinem staatstheoretischen Hauptwerk »Politeia« entwirft Platon einen Idealstaat, den er aus den natürlichen Anlagen der Menschen zu verschiedenen Tätigkeiten und zur Arbeitsteilung entstehen lässt. Es bilden sich drei Stände: die der Regierenden, der Krieger sowie der Bauern und Handwerker. Sie entsprechen den drei Seelenvermögen des Vernünftigen, des Muthaften

Platon »Phaidon«

Platons Dialog »Phaidon« schildert den letzten Tag des Sokrates und gelangt, ausgehend von Gesprächen, die um den bevorstehenden Tod und das Fortleben der Seele kreisen, zur ersten ausdrücklichen und umfassenden Darstellung der platonischen Ideenlehre. Der Philosoph hat den Tod nicht zu fürchten, ja, das Philosophieren ist geradezu eine Einübung ins Sterben, weil es als vernünftige Erkenntnis des wahrhaft Seienden die Trennung der Seele vom Körper und von den trügerischen Wahrnehmungen seiner Sinne voraussetzt und ihren Aufstieg zu den Ideen erfordert, in denen die veränderlichen Dinge der Sinnenwelt ihre reinen und unvergänglichen Urbilder haben. Die Seele selbst ist unsterblich und so ursprünglich den Ideen verwandt, zu denen sie zurückzugelangen strebt, um, befreit vom Körper und seinen Bedürfnissen und Begierden, ganz bei sich selbst zu sein.

und des Begehrlichen im Einzelmenschen und zeichnen sich in den gemäßigten Tugenden der Weisheit, der Tapferkeit und der Besonnenheit aus. Die Gerechtigkeit im Staat und Einzelmenschen ergibt sich aus dem harmonischen Zusammenwirken der drei Tugenden, d.h. der drei Seelenvermögen im Einzelmenschen ebenso wie der drei Stände im Staat. Gerechtigkeit besteht darin, dass jeder Teil seine spezifische Aufgabe erfüllt, d.h. »das Seinige tut«. Das erfordert nach Platon u.a. die Aufhebung des Privateigentums sowie Frauen- und Kindergemeinschaft bei den Kriegern und den Regierenden.

Entscheidend für den idealen Staat ist die Ausrichtung der Regierenden, also der weisen Philosophenkönige, an der Idee des Guten. Diesem Zweck dient ihr enzyklopädischer Ausbildungsweg, der mit dem Studium der Philosophie seinen Anfang nimmt und mit der Betrachtung der Ideen abschließt. Dabei geht es um eine »Umwendung« (Periagoge) des Lebens von einer materiellen zu einer ideellen, von einer triebhaften zu einer vernunftbestimmten Denk- und Lebensweise. Das Höhlengleichnis (»Politeia«, VII) schildert dieses staatliche Erziehungsideal am Beispiel von Gefangenen in einer Höhle, die zunächst die Schatten an der Höhlenwand für die Wirklichkeit halten, dann aber stufenweise zum Tageslicht der Erkenntnis umgewendet und hinaufgeführt werden.

■ **Kunsttheorie** Platon schätzt die charakterformende Kraft von Gesang, Instrumentenspiel und Tanz sowie der Dichtung in ihren verschiedenen Formen hoch ein, beurteilt ihren kognitiven und moralischen Wert allerdings kritisch. Die Dichtung versteht er als »nachahmende« Kunst, die – da sie nur die Sinnenwelt nachzuahmen vermag – hinter der Wahrheit der Ideenwelt, die die Philosophie erfasst, weit zurückbleibt. In der »Politeia« lässt er keine Nachahmung sittlich schlechter Handlungen in Theaterstücken zu und übt Kritik an Epen und Mythen von unsittlichem Inhalt. Die sophistische Redekunst verwirft er als machtpolitisches Mittel, insofern sie nur einen Schein von Wahrheit (»Scheinwissen«) erzeugt und den Hörern schmeicheln will.

■ **Kosmologie** Der Dialog »Timaios« erklärt die Entstehung des sichtbaren Kosmos aus zwei Hauptprinzipien, nämlich aus dem zweckhaften Guten und dem stofflichen Notwendigen. Die erste gestaltende Ursache – in mythischer Rede: der göttlich gute Demiurg (Werkmeister) – bringt den sichtbaren Kosmos als ein Lebewesen mit Vernunft und Seele (Weltseele) aus dem schon bereitliegenden Stoff nach dem Vorbild der Ideenwelt hervor. Diese bezeichnet Platon als vollendetes Lebewesen, d.h. als Inbegriff geistigen Lebens. Eine wichtige Rolle spielt die Analogie zwischen dem Menschen als Mikrokosmos und der Welt als Makrokosmos. In der ursächlichen Erklärung der entstehenden Dinge bezeichnet Platon den Stoff als das »aufnehmende« Prinzip (Chora, »Raum«), vergleichbar einer »Amme« und »Mutter«.

Platonismus, die Lehre Platons, ihre Weiterführung in der →Akademie sowie ihre Aufnahme im →Neuplatonismus; im weiteren Sinne auch alle Positionen, die in Platons Tradition stehen. Charakteristische Züge des Platonismus sind die Annahme eines transzendenten Prinzips von Erkennen und Sein, der →Dualismus von sinnlich wahrnehmbarer und intelligibler Welt, die apriorische Fundierung des Wissens und die Betonung der Rolle der Vernunft in Erkenntnis und Lebensführung.

■ **Antike** Den Platonismus der drei Akademien (ältere, mittlere und neuere) fasst man als älteren Platonismus zusammen. Den Übergang zum Neuplatonismus bildet der mittlere Platonismus, dessen Hauptvertreter Plutarch

Platon Das Höhlengleichnis

990

Den Zustand des Alltagsverständnisses, das von dem Erkennen der Wahrheit weit entfernt sei, verglich Platon in der »Politeia« mit der Situation von Gefangenen in einer Höhle: Sie sitzen dort gefesselt und blicken nur auf die Wand vor ihnen, sie sehen die Schatten von Gegenständen, die oben außerhalb der Höhle, im Licht eines Feuers, vorbeigetragen werden. Weil sie nichts anderes kennen, halten sie die Schatten für das Wahre. Den Übergang der Seele in die Region wahrer Erkenntnis versuchte Platon an der Befreiung der Gefesselten und ihrem allmählichen Aufstieg aus der Höhle ins Sonnenlicht deutlich zu machen. So wie der Befreite schließlich die Sonne erblickt, trifft die Seele zuletzt unter allem Erkennbaren auf die Idee des Guten. Schulung der Erkenntnis bedeutet also nach Platon die Umlenkung der ganzen Seele (antike Fußfessel griechischer Bergwerkssklaven).

Platon verglich in der »Politeia« die Idee des Guten mit der Sonne:

»Die Sonne... verleiht dem Sichtbaren aber nicht nur das Vermögen, gesehen zu werden, sondern auch das Werden und Wachstum und Nahrung... Ebenso kommt dem Erkennbaren nicht nur das Erkanntwerden von dem Guten zu, sondern auch das Sein und Wesen hat es von ihm.«

Platon
→ GEO **Dossier**
Die Welt – ein Hirngespinst, Bd. 14

war. Er vertrat einen religiösen Platonismus mit starker Betonung der absoluten Transzendenz Gottes und Annahme einer Stufenreihe von Mittlerwesen zwischen Gott und Welt.

340

Platonismus.
Der Eros als eine Energie, die Freundschaft unter den Menschen ebenso bedingt wie Zuneigung zur göttlichen Wahrheit, ist eine Vorstellung des Platonismus, der aus Platons »Symposion« abgeleitet ist (Darstellung des Eros auf einem attischen Tondiskus, 4. Jh. v. Chr.; Paris, Louvre).

■ **Mittelalter** Die geschichtliche Entwicklung der mittelalterlichen Philosophie war weithin von der Auseinandersetzung zwischen Platonismus und →Aristotelismus bestimmt. Während in der Frühscholastik v. a. infolge der Wirkung von Augustinus der Platonismus im Vordergrund stand, herrschte in der Hochscholastik (Albertus Magnus, Thomas von Aquino) der Aristotelismus vor. Allerdings bildete der Platonismus als gedanklicher Hintergrund der realistischen Position im mittelalterlichen Universalienstreit einen wichtigen Einflussfaktor. Als selbstständige Bewegung indes trat er erst bei den mathematisch-naturwissenschaftlich ausgerichteten Denkern – so bei Robert Grosseteste (* um 1175, † 1253) und Roger Bacon – sowie den deutschen Mystikern (Meister Eckhart) wieder hervor. Letztere stellten die Verbindung mit dem Platonismus der Frührenaissance (Nikolaus von Kues) her.

■ **Neuzeit** Der Beginn des modernen Platonismus fällt in die italienische Renaissance. Mittelpunkt war die 1459 gegründete und von Marsilio Ficino geleitete platonische Akademie in Florenz. Von ihr aus verbreitete sich der Platonismus über ganz Europa. Eine eigentliche platonische Schule entstand nur in England (→Cambridger Schule). Doch auch in den rationalistischen Systemen von Descartes, Baruch de Spinoza und Leibniz wirkten Gedanken Platons nach. Eine Neubelebung des Platonismus brachte im 19. Jh. der deutsche Idealismus. So griff Hegel nicht nur auf Platon, sondern auch auf den Neuplatonismus zurück.

Im 20. Jh. zeigte sich der Einfluss Platons v. a. in der Phänomenologie Edmund Husserls und in der Wertphilosophie. Für Martin Heidegger und Karl R. Popper hatte Platon mit seiner Metaphysik bzw. seiner Staatstheorie auf verhängnisvolle Weise die Weichen für die weitere Entwicklung der gesamten abendländischen Philosophie gestellt. Alfred North Whitehead schließlich formulierte den pointierten Ausspruch, fast die gesamte europäische Philosophie bestehe nur aus Fußnoten zu Platon.

Plẹssner, Helmuth, deutscher Philosoph, * Wiesbaden 4. 9. 1892, † Göttingen 12. 6. 1985; war Professor in Köln, nach seiner Emigration 1933 in Groningen (Niederlande) und ab 1951 in Göttingen. Ab 1962 lebte Plessner bei Zürich. Er gilt neben Max Scheler als Begründer der philosophischen →Anthropologie im engeren Sinn.

Unter Einbeziehung der empirischen Wissenschaften vom Menschen, besonders der Humanbiologie, der Psychologie und der Soziologie, arbeitete Plessner in seiner Schrift »Die Stufen des Organischen und der Mensch« (1928) eine philosophische Anthropologie aus, die die offene, exzentrische Positionalität des Menschen von der geschlossenen, zentrischen Positionalität des Tieres abhebt. Gegenüber der Umweltfixiertheit des Tieres zeichne sich der Mensch durch die Einheit von Weltgebundenheit und Weltoffenheit aus. Er müsse als das »leere Hindurch der Vermittlung« sein Leben führen und sich zu dem bestimmen, was er ist.

Plotin, griechisch **Plotinos,** griechischer Philosoph, * Lykonpolis (heute Assiut) um 205, † Minturnae (Kampanien) 270; studierte in Alexandria u. a. bei Ammonios Sakkas, einem der wichtigsten Vertreter des Neuplatonismus. In seinem 40. Lebensjahr trat er in Rom als Lehrer der Philosophie auf. Sein Leben ist von seinem Schüler Porphyrios beschrieben worden. Dieser ordnete auch seine 54 Schulvorträge in sechs »Enneaden«, also Gruppen von je neun Abhandlungen.

■ **Lehre** Plotins Philosophie ist eine selbstständige Erweiterung der platonischen Philosophie, in die aristotelische, stoische und gnostische Gedanken eingegangen sind. Alles Seiende geht nach Plotin durch →Emanation aus dem Einen wie aus der Licht ausstrahlenden Sonne hervor. Das Eine steht dabei als erste und höchste Hypostase noch über der Weltvernunft. Diese als der Ort der Ideen und zweite Hypostase und die Weltseele als die dritte Hypostase bilden mit dem Einen die vollkommene Wirklichkeit. Darunter beginnt das Niedere und Schlechte, das dadurch ist, dass sich das vom Einen Ausstrahlende gleichsam im Nichtseienden, der Materie, spiegelt. Die dadurch entstehende Körperwelt ist die vierte und die Materie die fünfte Hypostase. Die Emanation bedeutet keine Minderung des Einen, sodass auch die Hypostasen das Eine nicht zerreißen, sondern es selbst, nur auf andere Weise, immer noch sind.

Im Rahmen dieser fünfstufigen Welt bewegt sich die Einzelseele, die, in die Körperwelt gefallen, vor der Entscheidung steht, der Körperlichkeit und dem Schlechten zu verfallen oder sich zurückzuwenden (griechisch Epistrophe) und nach oben bis zum Einen aufzusteigen. Die höchste Form des Aufstiegs ist die Ekstase, in der das Einzelne sich im Einen verliert und sich so, aus der Entfremdung heimkehrend, in seinem eigentlichen Selbst wieder findet.

■ **Wirkung** Plotin beeinflusste die Metaphysik, Psychologie, Ästhetik, Religionsphilosophie und Theologie der ihm nachfolgenden Zeit stark, oft jedoch nur mittelbar über den von ihm geformten →Neuplatonismus. Seine Lehre vom Einen nahm maßgeblichen Einfluss auf die scholastische Ontologie. Ficino vollendete 1486 die Übersetzung der »Enneaden« ins Lateinische. Damit setzten wiederum meist anonyme Nachwirkungen Plotins ein, die sich v.a. auf Italien und England, weniger auf Deutschland erstreckten. Zum Ende des 18. Jahrhunderts begann dann die wissenschaftliche Erforschung Plotins durch niederländische und englische Philologen, wobei der Einfluss der Philosophie Plotins schon vorher in Deutschland sichtbar wurde, zunächst bei Johann Gottfried Herder und Friedrich Heinrich Jacobi, später bei Goethe, Novalis, Friedrich Wilhelm Joseph von Schelling und Hegel.

Pluralismus [zu latein. (numerus) pluralis »in der Mehrzahl stehend«, zu plures »mehrere«], 1) die Annahme mehrerer voneinander unterschiedener und selbstständig bestehender Prinzipien der Wirklichkeit, die weder voneinander noch von einem einzigen Prinzip noch von zwei entgegengesetzten Prinzipien ableitbar sind, im Unterschied zum →Monismus oder →Dualismus; 2) die gleichberechtigte Geltung mehrerer voneinander unterschiedener Standpunkte oder Normensysteme im Rahmen menschlicher Gemeinschaft. Der Pluralismus stützt sich in metaphysischer, ontologischer und logischer Hinsicht auf die Mannigfaltigkeit des Wirklichen, die eine Mehrheit oberster Grundbestimmungen und die Annahme unterschiedlicher Seinselemente oder logischer Kategorien erfordert. Allgemein methodologisch bedeutet Pluralismus ein wissenschaftliches Verfahren **(Methodenpluralismus)**, das sich einer Vielzahl von Methoden bedient, die dem jeweiligen Gegenstand der Untersuchung angepasst sind.

Bis zur Neuzeit überwiegt in der philosophischen Tradition die monistische oder dualistische Denkweise. Pluralismus findet sich jedoch bereits in der Antike. Die vorsokratischen Modelle der Welterklärung tragen teilweise pluralistische Züge, etwa bei Empedokles, der mehrere Elemente und Urkräfte zur Erklärung des Kosmos heranzieht, aber auch bei den Atomisten (Demokrit, Epikur). Zentrale Bedeutung erhielt der Pluralismus im Pragmatismus (William James), wonach die Welt nicht in abgeschlossener, in ein monistisches Prinzip integrierbarer Form gegeben ist, sondern sich dem menschlichen Erkennen und Handeln offen und werdend darbietet.

In der neueren *Wissenschaftstheorie* tritt Hans Albert, anknüpfend an Karl R. Popper und Paul Feyerabend, für einen theoretischen Pluralismus ein, womit er – gegen die monistische Dogmatik von einzelnen Lehrgebäuden – die konstruktive Funktion hervorhebt, die alternativen wissenschaftlichen Konzeptionen für die Entwicklung neuer Problemlösungen und für den allgemeinen Erkenntnisfortschritt zukommt. Die pluralistische *Ethik* geht – anders als universalistische Ethiken – davon aus, dass das menschliche Handeln von unterschiedlichen, voneinander unabhängigen Moralsystemen oder Prinzipien bestimmt ist (u.a. vertreten von Nietzsche, Max Weber und Arnold Gehlen).

Plutarch, griechisch **Plutarchos,** griechischer philosophischer Schriftsteller, * Chaironeia um 46 n.Chr., † um 120; schloss sich in Athen der platonischen Akademie an, war jedoch auch von der Stoa und den Peripatetikern beeinflusst. Er unternahm zahlreiche Reisen innerhalb Griechenlands sowie nach Kleinasien, Ägypten, Italien und Rom, z.T. im politischen Auftrag seiner Heimatstadt. Um 95 wurde er Priester Apolls in Delphi.

Plutarchs etwa zur Hälfte erhaltenes Werk wird in zwei Gruppen gegliedert: Die »Moralia« umfassen neben rhetorischen, literarhistorischen und naturwissenschaftlichen Schriften (z.B. über die Beschaffenheit des Mondes) theologische und religionsphilosophische (z.B. über das »E« am Eingang des delphischen Tempels), biografische, wissenschaftlich- und popularphilosophische, aber auch erzieherisch-ethische Schriften zu allgemeinen Lebensfragen. In der zweiten Gruppe, den Parallelbiografien (»Bioi paralleloi«), werden in 23 Beispielen, von denen 22 erhalten sind, je ein berühmter Grieche und Römer einander gegenübergestellt und bezüglich ihres Werts als Vorbild für eine sittliche Lebensführung miteinander verglichen.

Pneuma [griech., eigentlich »Hauch«, »Luft«, »Atem«, »Geist«], in der griechischen

Plotin
*** 205, † 270**

■ betrachtete sich lediglich als »Exeget« der platonischen Schriften
■ deutete die Welt in einem metaphysischen Stufenmodell
■ plante eine Idealstadt namens »Platonopolis«
■ wirkte durch den von ihm hauptsächlich geformten Neuplatonismus

Plotin »Enneaden«

Von Plotins Schüler Porphyrios in sechs Gruppen von je neun Schriften (griechisch Enneades) gegliedert, entwickeln die im dritten nachchristlichen Jahrhundert entstandenen »Enneaden« eine am Denken des Einen ausgerichtete Philosophie, die sich ausdrücklich in die Tradition Platons stellt und zur Grundlage des spätantiken Neuplatonismus wurde. Das absolut Eine ist der göttliche Urgrund, aus dessen überfließender Fülle sich das endliche Seiende in einer Abfolge von Stufen zunehmender Vielheit und Verschiedenheit ergießt. In Rückwendung und Aufstieg zu ihm lässt die menschliche Seele die materielle Körperwelt ebenso hinter sich wie zuletzt auch das begriffliche Denken, um sich in Augenblicken ekstatischer Selbstentäußerung in die ungeschiedene Einheit ihres Ursprungs zu versenken.

Pneuma.
Im christlichen Pfingstwunder wirkt die antike Vorstellung vom Lebenshauch fort (El Greco, »Pfingsten«, 16. Jh.; Madrid, Prado).

Antike, v. a. in der Medizin, eine stets materiell gedachte Lebenskraft, die Atem und Puls reguliert. Die Stoa, die das Pneuma z. T. als ätherisches Feuer ansah, hielt auch dann an seiner materiellen Erscheinungsform fest, wenn sie es als allgemeines, alldurchdringendes Prinzip der Natur deutete. Erst Philon von Alexandria vertrat eine spiritualisierte Interpretation des Pneumas. Die Gnosis unterschied im Allgemeinen ein rein geistiges Pneuma sowohl von der grobstofflichen Materie als auch von der Seele (Psyche), die sowohl der geistigen wie der materiellen Welt zugerechnet wird.

Jules Henri Poincaré

Poincaré [pwɛ̃ka're], Jules Henri, französischer Mathematiker, Physiker und Philosoph, *Nancy 29. 4. 1854, †Paris 17. 7. 1912; promovierte nach dem Studium in Paris mit einer bahnbrechenden Arbeit über partielle Differenzialgleichungen. Ab 1881 war Poincaré Professor an der Sorbonne in Paris und seit 1887 Mitglied der Académie des Sciences. 1909 wurde er in die Académie française aufgenommen. In einer großen Zahl von Aufsätzen äußerte er sich zu philosophischen und wissenschaftstheoretischen Problemen sowie zu didaktischen und Grundlagenfragen der Mathematik. Bekannt wurde Poincaré v. a. als Begründer des →Konventionalismus. In der Philosophie der Mathematik bekämpfte er den Logizismus.

Polarität [von griech. pólos, zu pélein »sich drehen«], Verhältnis der Gegensätzlichkeit zwischen zwei voneinander abhängigen, sich gegenseitig bedingenden Momenten. In der antiken *Naturphilosophie* verstand Heraklit die Polarität als ontologische Struktur einer in sich gegensätzlichen Wirklichkeit, der das einende Prinzip des Logos zugrunde liegt. Die Polarität als Struktur- und Entwicklungsprinzip der Welt wurde insbesondere von den Romantikern vertreten (v. a. Friedrich Wilhelm Joseph von Schelling).

politische Ökonomie, siehe Sonderartikel Seite 270.

politische Philosophie, allgemein der Bereich des philosophischen Denkens, der grundlegende Fragen des Wesens, der Prinzipien und der ethischen Berechtigung und Zwecksetzung politischen Handelns thematisiert; im engeren Sinn als →Staatsphilosophie die philosophische Reflexion über Begriff, Idee, Entstehung, Rechtfertigung, Aufgaben, Prinzipien und Grenzen des Staates.

Pomponazzi, Pietro, latinisiert Petrus Pomponatius, genannt Perretto, italienischer Philosoph, *Mantua 16. 9. 1462, †Bologna 18. 5. 1525; lehrte als Professor in Padua, Ferrara und Bologna. Gegenüber der in Padua traditionellen Aristotelesinterpretation nach Ibn Ruschd, der zufolge der Geist ein einziges, von den sterblichen Einzelseelen getrenntes, unsterbliches Wesen ist, folgte Pomponazzi im »Tractatus de immortalitate animae« (1516; dt. »Abhandlung über die Unsterblichkeit der Seele«) der Auffassung des Alexander von Aphrodisias. Nach dieser ist der Geist mit den Einzelseelen identisch und stirbt mit ihnen. Pomponazzis Theorie wurde von der Kirche heftig bekämpft, der Tractatus öffentlich verbrannt.

Popper, Sir (seit 1964) Karl R. (Raimund), britischer Philosoph und Wissenschaftstheoretiker österreichischer Herkunft, *Wien 28. 7. 1902, †London 17. 9. 1994; studierte Mathematik und Physik in Wien, absolvierte dann eine Tischlerlehre und arbeitete anschließend als Lehrer. 1937–45 war Popper in Neuseeland, 1946 wurde er Professor für Logik und Wissenschaftstheorie an der London School of Economics, die unter seiner Leitung zu einem Zentrum der Wissenschaftstheorie von Weltgeltung wurde.

Popper gilt als Begründer des →kritischen Rationalismus: In seiner »Logik der Forschung« (1935) kritisiert er – v. a. in Auseinandersetzung mit dem logischen Positivismus des →Wiener Kreises – die Möglichkeit einer induktionslogischen Grundlegung der Wissenschaft. Da jeder Versuch, den Schluss von besonderen Sätzen auf allgemeine Sätze (mangels eines Induktionsprinzips) selbst noch durch Erfahrung zu rechtfertigen, in einen infiniten Regress führe, müssten die Naturgesetze als sinnlose Sätze betrachtet werden. Da die Wahrheit empirischer Aussagen nicht beweisbar sei, schlug Popper als Ausweg eine auf der Asymmetrie zwischen Verifizierbarkeit und Falsifizierbarkeit basierende deduktive Methodik vor. Danach soll ein allgemeiner Satz als falsifiziert, also widerlegt, aus dem System vorläufig bestätigter wissenschaftlicher Sätze gestrichen werden, wenn ihm ein Beobachtungssatz besonderer Art widerspricht.

Popper wendete sich zudem gegen den naturalistischen Determinismus des Historizismus (→Historismus): Die zukünftige gesellschaftliche Entwicklung sei weder durch Gesetze erklärbar noch voraussagbar, da sie entscheidend durch den Umfang des nicht voraussagbaren wissenschaftlichen Wissens beeinflusst werde. Gesellschaftliche Veränderung ist für Popper die punktuelle Reform sozialer Missstände. In seinem Werk »The open society and its enemies« (1945; dt. »Die offene Gesellschaft und ihre Feinde«) kritisiert Popper autoritäre bzw. totalitäre Theorien der politischen Herrschaft, wie er sie u. a. bei Platon und bei Marx zu finden glaubt.

Poppers kritischer Rationalismus blieb bis zum Aufkommen der Ideen Thomas S. Kuhns die dominierende Strömung in der westlichen Wissenschaftstheorie.

Porphyrios, Porphyrios von Tyros, eigentlich Malkos oder Malchos [syr. »König«], griechischer Philosoph, * Tyros um 234, † Rom um 304; Neuplatoniker, Schüler des Longinos (* etwa 210, † 273) an der Akademie in Athen und Plotins in Rom. Nach Plotins Tod führte er dessen Schule weiter und gab die Werke seines Lehrers heraus. Von seinen zahlreichen kleineren Schriften fanden v. a. seine immer wieder übersetzte und kommentierte Einleitung (»Eisagoge«) in die »Kategorien« des Aristoteles und ein Kommentar zum gleichen Werk bis ins Mittelalter hohe Beachtung. In seinen 15 Büchern »Kata Christianon« (dt. »Gegen die Christen«), die 448 von Theodosius II. verbrannt wurden und daher nicht mehr erhalten sind, bekämpfte Porphyrios v. a. die christlichen Lehren von der Schöpfung und von der Gottheit Jesu Christi. Besonders großen Einfluss hatte er auf Augustinus und Boethius.

Poseidonios, griechischer Philosoph, * Apameia am Orontes um 135 v. Chr., † Rom um 51 v. Chr.; Schüler des Panaitios von Rhodos und Vertreter der mittleren Stoa. Er gründete in Rhodos eine eigene Schule. Zu seinen Schülern zählte u. a. Cicero.

Poseidonios war ein universaler Gelehrter, der unter Einbeziehung der philosophischen Tradition das Wissen der unterschiedlichen Gebiete zu verbinden suchte. Seine zahlreichen Werke sind nicht erhalten. Charakteristisch sind seine Lehre vom Logos als Leben und Leben spendende Kraft sowie der Gedanke der Einheit des vom Logos durchwirkten Makro- und Mikrokosmos. Im Mittelpunkt dieses Systems steht der in Leib und Seele gespaltene Mensch. In seiner Ethik empfiehlt Poseidonios, der Vernunft bzw. dem vernünftigen Seelenteil zu folgen und dadurch den irrationalen Affekten entgegenzuwirken.

Positivismus [latein., zu positiv »gesetzt«, »gegeben«], 1) ein an den exakten Naturwissenschaften orientiertes philosophisch-wissenschaftliches Methodenideal; 2) eine Richtung der Philosophie und Wissenschaftstheorie im 19. und 20. Jh.; 3) eine Bewertungskategorie in der neueren wissenschafts- und zeitkritischen Diskussion. Der Positivismus beschränkt die Gültigkeit menschlicher Erkenntnis grundsätzlich auf »Tatsachen«, die durch objektive Erfahrung gegeben und als solche auch verifizierbar sind. Abgelehnt werden alle spekulativen Erkenntnisbereiche und -methoden jenseits solcher, als das »Positive« aufgefassten Erfahrungsinhalte. Dieser Tatsachenstandpunkt des Positivismus ist z. T. »realistisch« auf das empirisch Gegebene oder »bewusstseinsidealistisch« auf die vermittelnde Empfindung gerichtet.

■ **Ansatz** Das Ideal der Erkenntnis ist im Positivismus die in den exakten Naturwissenschaften erstrebte, auf dem Experiment beruhende Feststellung von Gesetzmäßigkeiten in mathematischer Form. Dieser Typus des Denkens sollte dem Anspruch nach auch in den Geisteswissenschaften verwirklicht werden, die – so der Kulturhistoriker Henry Thomas Buckle (* 1821, † 1862) – erst dadurch »zu Wissenschaften erhoben« würden. Metaphysik und Theologie gelten dem Positivismus als Begriffspoesie oder bloße Vorstufen der Wissenschaft. Alle Fragen nach dem »Wesen« der Dinge und dem »Sinn« des Wirklichen, nach Substanzen, wirkenden Kräften und realen Ursachen werden als vorwissenschaftliche Fragestellungen abgelehnt, alle normativen und teleologischen Denkweisen verworfen, weil sie in Kontroversen hineinführen, die mit empirischen Mitteln nicht entscheidbar sind.

Im weiteren Sinn hat die positivistische Auffassung in der allgemeinen Tendenz Ausdruck gefunden, nur das wissenschaftlich Gesicherte gelten zu lassen. Im engeren Sinn ist der Positivismus hauptsächlich eine

Fortsetzung S. 272

Popper »Logik der Forschung«

Dass Theorien niemals endgültig durch empirische Beobachtungen verifiziert werden können, liegt nach Karl R. Popper auf der Hand. Sich kritisch mit dem Positivismus auseinandersetzend, entwickelt er in seinem berühmten Werk »Logik der Forschung« von 1935 eine Theorie, der zufolge das Wesen der Wissenschaft in der permanenten Prüfung und Falsifizierung der aus Theorien gewonnenen Hypothesen besteht. So widerlege schon der Aufweis eines einzigen weißen Raben die Hypothese »Alle Raben sind schwarz«. Die Möglichkeit dieses Satzes, mit einem Satz der Form »Hier gibt es jetzt einen Raben, der nicht schwarz ist« in Widerspruch zu treten, verleiht ihm zugleich das Prädikat der Wissenschaftlichkeit. Popper hielt so zwar an der Annahme einer deutungsfreien objektiven Welt als Basis der Wahrheit fest, bewertete aber die Funktion von Ereignis- und Verhaltensbeobachtungen für den Forschungsprozess neu: Diese eigneten sich lediglich dafür, Hypothesen »vorläufig« zu belegen.

Sir Karl R. Popper
*** 1902, † 1994**

100563

- ■ unterrichtete an der London School of Economics
- ■ dominierte mit seinem kritischen Rationalismus lange Zeit die Wissenschaftstheorie
- ■ sah das Wesen einer wissenschaftlichen These in ihrer prinzipiellen Widerlegbarkeit
- ■ wandte sich gegen totalitäre Weltdeutungen und Gesellschaftsmodelle

politische Ökonomie

Der Begriff der Ökonomie hat seine Wurzeln in der griechischen Antike und wurde in Aristoteles' »Politik« zum ersten Mal zur Beschreibung eines eigenen Gegenstandes verwendet: Die »Oikonomike« befasste sich mit den Gesetzen (Nomoi), die im Haushalt (Oikos) gelten. Die griechische Ökonomie war also eine Ethik der häuslichen Wirtschaft und nicht – wie im heutigen Verständnis – eine Wissenschaft der Marktbeziehungen. Auch das Bild von der Gesellschaft war damals ein anderes als heute: Danach besteht die Gesellschaft lediglich aus zwei Bereichen, nämlich der Familie und dem staatlichen Verband, der Polis. Heute dagegen wird zwischen vier sozialen Sphären unterschieden.

Ausbildung der politischen Ökonomie

Mit dem steigenden Finanzbedarf der absolutistischen Staaten im 17. und 18. Jahrhundert stellten sich für die Ökonomie neue Aufgaben. Sie wurde zur Lehre des Staatshaushaltes und sollte Wege zur Erhöhung der öffentlichen Einnahmen ausfindig machen. Im Sinne einer Abgrenzung dieser neuen Lehre von der aristotelischen Ökonomie finden sich die ersten Erwähnungen des Begriffs »politische Ökonomie« im Frankreich des frühen 17. Jahrhunderts.
Die klassische Phase der politischen Ökonomie begann jedoch erst im 18. Jahrhundert mit der schottischen Aufklärung. Philosophen wie Adam Smith und Adam Ferguson entdeckten die bürgerliche Gesellschaft als eine weitere Sphäre neben Familie und Staat. Die politische Ökonomie wurde so zur frühesten Sozialwissenschaft, deren Ziel darin bestand, die Bedingungen für den »Wohlstand der Nationen« – so die Formel von Smith – zu entdecken. Doch war sie keine »technische Disziplin«, die für politische Zwecke die besten Mittel finden wollte, sondern sie versuchte zu bestimmen, was Wohlstand, Wohlfahrt und menschliche Bedürfnisse überhaupt sind, worin der Wert einer Ware besteht und wie er sich zu ihrem Preis verhält.
Die klassische politische Ökonomie ist damit, ebenso wie die antike Ökonomie, ein Teil der praktischen Philosophie. Denn die Fragen, was Bedürfnisse sind und was Wohlfahrt ist, verweisen immer auch auf die moralischen Fragen, was wahre Bedürfnisse sind, in welchen Gütern die Wohlfahrt einer Person besteht und wessen Wohlstand maßgeblich für den Wohlstand einer Nation ist. Die Sozialphilosophie des 19. Jahrhunderts entwickelte sich daher in steter Auseinandersetzung mit der politischen Ökonomie. Liberale wie konservative Autoren hätten das marxsche Diktum, dass »die Anatomie der bürgerlichen Gesellschaft in der politischen Ökonomie zu suchen« sei, unterschreiben können.

100001

Die moderne Wirtschaftswissenschaft blendete Fragen nach den Ursachen und Wirkungen sozialer Ungleichheit aus; Näherin bei der Arbeit.

Ökonomie als Fachwissenschaft

Der Bruch zwischen politischer Ökonomie und Philosophie fand im ausgehenden 19. und beginnenden 20. Jahrhundert statt. Statt von menschlichen Bedürfnissen wurde nun lediglich von zufälligen Präferenzen von Marktteilnehmern ausgegangen und statt des Wertes einer Ware nur noch ihr Preis untersucht. Einerseits bereitete diese Selbstbeschränkung der Ökonomie den Boden für die Mathematisierung der Disziplin, andererseits hörte sie damit aber auf, Gesellschaftswissenschaft zu sein. Sie wurde zur Wirtschaftswissenschaft im modernen Sinne.
Zur gleichen Zeit kam es mit dem Entstehen der Soziologie zu einer weiteren Differenzierung: Es wurde zwischen zwei Bereichen innerhalb der

bürgerlichen Gesellschaft unterschieden, nämlich zwischen Wirtschaft und Gesellschaft. So entwickelte sich schließlich aus der antiken Unterscheidung zwischen Haushalt und Staat die bis heute übliche zwischen Familie, Wirtschaft, Gesellschaft und Staat. Da die Ökonomie sich nunmehr nicht nur in methodischer Hinsicht von der Philosophie entfernte, sondern auch Untersuchungen des Einflusses politischer oder kultureller Faktoren auf die Wirtschaft vernachlässigte und sogar die Frage nach den Ursachen und Wirkungen sozialer Ungleichheit ausblendete, wurde die Soziologie zunehmend zum Gesprächspartner der Philosophie.

Politische Ökonomie wieder entdeckt

Erst in den späten 1960er-Jahren kam es zu einer Rückbesinnung auf das Politische in der Ökonomie. Die »neue politische Ökonomie« interessiert sich wieder für die Aufgaben eines gerechten Staates. Anders als früheren Autoren geht es den Vertretern der neuen politischen Ökonomie allerdings nicht um eine Ausweitung der staatlichen Kompetenzen, sondern um ihre Beschränkung. So entwickelte etwa der amerikanische Wirtschaftswissenschaftler James M. Buchanan (* 1919) ein Modell des Gesellschaftsvertrags, das die Individuen vor einer stetigen Ausweitung des öffentlichen Sektors schützt und eine Umverteilung gesellschaftlichen Reichtums durch den Staat ausschließt. In diesem Zusammenhang untersuchte Buchanan beispielsweise den Prozess der Steuer- und Ausgabenentscheidungen in Demokratien.

Während Buchanan die Fragen des 17. Jahrhunderts wieder aufnahm, steht der indische Wirtschaftswissenschaftler Amartya Sen (* 1933) in der Tradition der Aufklärung. Ebenso wie Adam Smith, der aus der Perspektive Schottlands auf das prosperierende England schaute, geht auch Sen von der Entwicklungsökonomie aus. Die Umverteilung gesellschaftlichen Reichtums ist für ihn eine Forderung der Gerechtigkeit. In Auseinandersetzung mit den philosophischen Ansätzen von John Rawls und Martha Nussbaum entwickelt er einen Begriff der Wohlfahrt, der sich an den Fähigkeiten und Rechten bemisst, die es einem Menschen überhaupt erst ermöglichen, aus den ihm zur Verfügung stehenden Gütern einen Nutzen zu ziehen. So dient Umverteilung letztlich dazu, Menschen in die Lage zu versetzen, die Kulturtechniken zu erlernen und Fähigkeiten zu entwickeln, die zur Ausübung der Menschen- und Bürgerrechte notwendig sind. Dass die politische Ökonomie seit dem ausgehenden 19. Jahrhundert an Interesse für die Philosophie verloren hat, ist also keine zufällige Entwicklung. Sie hängt mit einer vertieften Kenntnis der Natur sozialer Beziehungen zusammen, die sich nicht zuletzt in der Differenzierung der Sozialwissenschaften zeigt. Ob die Ökonomie künftig wieder einen stärkeren Bezug zur Philosophie herstellen kann, hängt hauptsächlich davon ab, inwieweit die Sozialwissenschaften aufeinander bezogen, also Wirtschaft und Gesellschaft zusammen untersucht werden können. Dies erfordert aber auch, normative Fragen ohne Angst vor dem Verlust der Wissenschaftlichkeit zu diskutieren und sich nicht damit zu bescheiden, effiziente Lösungen für vorgegebene Zwecke anzubieten.

100264

Marinus van Heymerswaele, »Der Geldwechsler und seine Frau« (1539; Madrid, Prado)

Fortsetzung von S. 269

wissenschaftstheoretische Position, die im Anschluss an methodologische Erwägungen erkenntniskritisch-sozialanthropologisch begründet wurde. Sie wirkte sich innerhalb der Philosophie auf die Ethik (→Utilitarismus) und die Erkenntnistheorie (Fiktionalismus; →Fiktion) aus. Darüber hinaus schlug sie sich in Form bestimmter Richtungen in anderen Bereichen nieder: in der Geschichtsschreibung, in der evangelischen Theologie, in den Sozialwissenschaften, in der Pädagogik, in der Psychologie, in Literatur- und Sprachwissenschaft sowie in der Rechtstheorie der historischen Rechtsschule, die die Bedeutung von Rechtsgewohnheiten und Gewohnheitsrecht hervorhebt, sowie dem Rechtspositivismus.

■ **Entwicklung** Von den französischen Enzyklopädisten wurde die Lehre, dass die Wissenschaft nichts anderes anstreben dürfe als die gesetzliche Verknüpfung beobachtbarer Fakten, mit dem Gedanken verbunden, dass in der Stufenfolge der positiven Wissenschaften, die von abstrakten zu immer konkreteren Begriffsbildungen führt, die gesamte Wirklichkeit erkennbar werde. Mit dem von Auguste Comte eingeführten »Dreistadiengesetz«, das die Entwicklungsgeschichte der menschlichen Erkenntnis von der Theologie über die Metaphysik zur am Methodenideal der Naturwissenschaften orientierten »positiven Philosophie« behauptet und damit den Aufklärungsoptimismus spiegelt, wird der Positivismus in die menschliche Denkgeschichte – als deren Ziel – eingeordnet und begründet.

Comte sah im Dreistadiengesetz den Schlüssel zur geistigen und gesellschaftlichen Entwicklung der Menschheit und erhob den Positivismus zu dem Wissenschaftsideal, das seit etwa 1850 mehrere Jahrzehnte beherrschend wurde. Von ihm aus, besonders durch Herbert Spencer, wurde der Positivismus mit seiner Ablehnung von Sinn- und Wertfragen auch in den Geisteswissenschaften zur Norm. Radikalisiert wurde der positivistische Ansatz im Neopositivismus (→logischer Empirismus) des Wiener Kreises (Moritz Schlick, Otto Neurath, Rudolf Carnap u.a.). Philosophie ist hier Methodenlehre der Wissenschaften, wobei besonders der Physik und ihren Begriffssystemen der Vorzug gegeben wird: Sie allein könne eine intersubjektiv verständliche und zugleich auf jeden beliebigen Sachverhalt anwendbare Wissenschaftssprache liefern.

Aus denselben Gründen werden auch die im 19. und 20. Jh. ausgebildete symbolische Logik oder Logistik (Charles Sanders Peirce, Gottlob Frege, Alfred North Whitehead, Bertrand Russell u.a.), die Grundlagenforschung der Mathematik und die Sprachanalyse (George Edward Moore, Ludwig Wittgenstein) herangezogen. Bezüglich Letzterer hat sich von der semantischen Richtung, der es um die Verifizierbarkeit oder die Übereinstimmung mit den empirischen Daten geht, der radikale Physikalismus (Otto Neurath, zeitweise auch Carnap) abgehoben, der nur aus der Art der Sprachverwendung resultierende Probleme kennt und allein auf die innere Kohärenz von Denken und Sprache achtet.

Mit der Rückkehr zu semantischen Problemen (Charles William Morris, auch Carnap) ist die Ausbildung einer gegen alle Standpunkte neutralen Semantik im Gange. Der in Europa während der 1960er-Jahre wieder einflussreich gewordene Neopositivismus zeigte seine Wirkung vornehmlich in den Geistes- und Sozialwissenschaften (Ernst Topitsch, Hans Albert), aber ebenso in dem früher verbreiteten, nun neu belebten Rechtspositivismus.

■ **Wirkung** Besonders die Sozialwissenschaften waren durch Comte, den Begründer einer eigenständigen Soziologie, schon von ihrer Entstehung her eng mit dem Positivismus verbunden. Leitend wurden dabei ein Wissenschaftsverständnis und die damit verbundene Forschungsprogrammatik, denen zufolge sich eine als Wissenschaft legitimierte Sozialforschung lediglich an die in der Erfahrung fassbare Wirklichkeit und die an Fakten ablesbaren Gesetzmäßigkeiten zu halten habe.

Im Anschluss an die theoretische und geschichtsphilosophische Darstellung des Positivismus bei Comte wurde dieser bei Émile Durkheim zum Impuls, Sozialwissenschaften auf die Erkenntnis der in der sozialen Realität jeweils vorfindlichen Gegebenheiten einzustellen. Positivismus dient seitdem zur Kennzeichnung einer Haltung, die sich um eine möglichst vorurteilsfreie, auf die Feststellung sozialer Fakten und ihrer Zusammenhänge gerichtete und in ihren Folgerungen praxisorientierte, aber wertungsfreie Sozialforschung, v.a. auch im Bereich der Prognose, bemüht. Der Positivismus hat dadurch v.a. im Rahmen einer auf Sozialberatung ausgerichteten anwendungsbezogenen Sozialforschung und in der Auseinandersetzung z.B. mit marxistischer Soziologie in den westlichen Industrieländern nach 1945 den Charakter einer Leitvorstellung angenommen, doch wurde sein vorgeblich interesseloses Wissenschaftsverständnis auch der Kritik unterzogen, etwa im Positivismusstreit.

Positivismusstreit, sozialwissenschaftliche Kontroverse, die im Anschluss an die Referate Karl R. Poppers und Theodor W. Adornos auf einer Tagung der Deutschen Gesellschaft für Soziologie im Oktober 1961 in Tübingen ausbrach. In dieser Kontroverse erhoben Vertreter der kritischen Theorie (v.a. Jürgen Habermas) gegenüber denen des kritischen Rationalismus (v.a. Hans Albert) den Vorwurf des Positivismus. Der Positivismusstreit bestimmte Ende der 1960er-Jahre und in der Folgezeit die Debatte um die Grundlagen, die Zielsetzung und die Abhängigkeit sozial-

Rechte Seite: Günter Brus, »Wissenschaftlich gesehen ist der Mensch so klein wie seine Größe« (1987; Künzelsau, Sammlung Würth).

WISSENSCHAFTLICH GESEHEN IST DER MENSCH
SO KLEIN WIE SEINE GRÖSSE

wissenschaftlicher Methoden und Ergebnisse von gesamtgesellschaftlichen Rahmenbedingungen und Interessenlagen.

Postmoderne [latein. post »nach«], zentraler Begriff der Kulturtheorie, der der Annahme Ausdruck verleiht, die als »modern« bezeichnete Periode sei abgelaufen, müsse überwunden werden oder enthalte selber schon Elemente ihrer Aufhebung. Der in der Moderne erreichte Zustand wird von manchen Theoretikern der Postmoderne als Krise verstanden, andere sehen die Postmoderne als Verwirklichung uneingelöster Chancen der Moderne. In den kulturwissenschaftlichen Einzeldisziplinen wird der Terminus extrem variantenreich und auch widersprüchlich benutzt.

Als allgemeinste postmoderne Tendenz kann man die »Repluralisierung« der Gestaltungsmittel bezeichnen, die sich gegen einen als restriktiv empfundenen Modernismus richtet. Die moderne Ästhetik hat sich selbst immer wieder unter einen revolutionären Innovationszwang gesetzt. Von diesem sucht sich die postmoderne Ästhetik zu befreien. Sie will deshalb auch nicht ihrerseits gegenüber der Moderne »innovatorisch« auftreten, die Selbstüberbietungsrituale der Avantgarden also nicht durch ein neues Ritual fortsetzen. Den neuen Pluralismus bewerten Vertreter der Postmoderne als den der gesellschaftlichen Grundverfassung entsprechenden Zustand der Beliebigkeit. Dabei werden die mit der Bezeichnung Postmoderne belegten Kulturphänomene ihrerseits als Teil der Moderne angesehen: »Die Postmoderne situiert sich weder nach der Moderne noch gegen sie. Sie war in ihr schon eingeschlossen, nur verborgen« (Jean-François Lyotard, 1986).

Postmoderne
→ GEO **Dossier**
Die unaufhaltsame Karriere einer Idee, Bd. 14

Die Zustimmung zur Pluralität und die Verabschiedung restriktiver Einheitsperspektiven – Inklusivität statt Exklusivität – ist weit über den ästhetischen Bereich hinaus zu einer Grundtendenz zeitgenössischer Philosophie geworden. Lyotard, der prominenteste Vertreter einer sich postmodern nennenden Philosophie, definierte diese als Absage an die »Meta-Erzählungen«, an die einheitsstiftenden Leitideen oder allgemein an Glaubensüberzeugungen, durch die sich das Denken der Neuzeit auszeichne. An ihre Stelle treten Lyotard zufolge nun die Fragmentcharakter aufweisenden »kleinen Erzählungen«.

Jacques Derrida unterlegte in diesem Sinne der alttestamentarischen Erzählung vom Turmbau zu Babel einen neuen Sinn: Im Turmbau wolle die Moderne sich im Geiste einer alles beherrschenden Einheitssprache verewigen. Doch der Bau sei an seiner Vermessenheit und Überspitzung gescheitert. Die Einheitssprache zerfalle in eine Fülle von Sprachen, die alle das gleiche Recht beanspruchen dürfen. Eben dies ist nach Derrida die »polyglotte« Signatur der Postmoderne.

100684

Postmoderne. Entsprechend der postmodernen ästhetischen Theorie wendet sich die Architektur vom reinen Funktionalismus ab und zitiert historische Elemente (Michael Graves, Public Library in Denver, Colorado; 1991–95).

Poststrukturalismus, Bezeichnung für eine durch ihre kritische Haltung, methodisch vom Ansatz des →Dekonstruktivismus gekennzeichnete geistes- und sozialwissenschaftliche Forschungsrichtung, die sich Ende der 1960er-Jahre vom traditionellen →Strukturalismus abspaltete.

Postulat [latein. »Forderung«], unbeweisbare, aber unentbehrliche Annahme. Nach Kants Vernunftkritik sind die »Freiheit des Willens«, die »Unsterblichkeit der Seele« und die »Existenz Gottes« Postulate der praktischen Vernunft: Sie lassen sich theoretisch nicht beweisen, haben jedoch praktische Geltung, da ohne sie sittliches Handeln nicht zu begründen sei.

Potenz [latein. potentia »Macht«, »Vermögen«, »Fähigkeit«], Möglichkeit, Vermögen, innewohnende Kraft. In der aristotelisch-mittelalterlichen Tradition wird Potenz im Gegensatz zu →Akt und Actus purus gedeutet.

Prädikat [zu latein. praedicare »ausrufen«, »aussagen«], speziell in der Prädikatenlogik (→Logik) ein zur näheren Bestimmung von Gegenständen gebrauchter sprachlicher Ausdruck. Unterschieden werden Prädikate erster, zweiter Stufe usw. sowie ein-, zwei- oder mehrstellige (*n*-stellige) Prädikate, Letztere je nach Anzahl der Gegenstände, denen diese zugesprochen werden. Prädikate besitzen eine →Extension und eine →Intension. Vermöge der Extension dienen sie zur Definition von Mengen.

Einstellige Prädikate sind z. B. » – ist rot«, » – ist ein Löwe«, » – tanzt«, zweistellige Prädikate (oft Relationen genannt) sind » – ist größer als«, » – liebt – «, *n*-stellige Prädikate erster Stufe bezeichnen *n*-stellige Begriffe. Prädikate zweiter Stufe sind Prädikate, die sich auf Prädikate beziehen. Man erhält sie, wenn man in einem Satz Namen für Begriffe erster Stufe herausstreicht. So ist z. B. » – ist ein zahlentheoretischer Begriff« ein einstelliges Prädikat zweiter Stufe.

Pragmatik. »Schönes Wetter heute« – Sprecher folgen meist unbewusst den Regeln ihrer jeweiligen Sprachgemeinschaft. Entscheidend für das Verstehen eines Zeichens ist die Kenntnis dieser Regeln und der Kontext, in dem das Zeichen auftritt. Nur so können auch ironisch gemeinte Aussagen verstanden werden.

In der traditionellen aristotelischen Logik betrachtet man nur Sätze der Gestalt »Alle (Einige) *S* sind (nicht) *P*«, also einstellige Prädikate, und bezeichnet *P* als Prädikatsbegriff. Mehrstellige Prädikate sind erst in der modernen →mathematischen Logik systematisch berücksichtigt und als nicht auf einstellige Prädikate reduzierbar erkannt worden.

Prädikatenlogik, Teilgebiet der →Logik.

Prädikation [latein.], in der *Logik* das Zu- oder Absprechen eines →Prädikats bezüglich eines Gegenstands oder – sprachphilosophisch gewendet – das Zu- oder Absprechen eines Prädikators bezüglich eines Nominators. Die Prädikation ist eine grundlegende Handlung, insofern sie die unterscheidende Bezugnahme auf die Realität erlaubt.

Prädikatkonstante, Art der →Konstante.

Prädikator [latein.], der sprachliche Ausdruck eines →Prädikats.

Pragmatik [griech., pragmatikḗ (téchnē) »Kunst, richtig zu handeln«], in der *Sprachwissenschaft* die Lehre vom sprachlichen Handeln. Die linguistische Pragmatik (Pragmalinguistik) ist eine relativ junge Disziplin, deren Anfänge in die späten 1960er-Jahren zurückgehen. Ihre theoretische Basis liegt in der Semiotik und in der analytischen Philosophie.

Die Zeichentheorie von Charles William Morris, die in die Teildisziplinen Syntax, Semantik und Pragmatik untergliedert ist, fasst die Sprache als autonomes Zeichensystem auf, das man unabhängig vom Sprachgebrauch beschreiben kann. Während die Syntax die formale Relation der Zeichen zueinander und die Semantik die Beziehung zwischen den Zeichen und den Gegenständen, auf die sie anwendbar sind, untersucht, behandelt die Pragmatik die Beziehung zwischen Zeichen und Zeichenbenutzern. Sie untersucht, was psychologisch und soziologisch beim Auftreten von Zeichen geschieht, v.a. welche Interessen man mit dem Zeichengebrauch verfolgt und welche Wirkungen man erzielt.

Die sprachanalytische Richtung der Pragmatik geht auf Ludwig Wittgensteins »Philosophische Untersuchungen« (hg. 1953) und die Sprechakttheorie (→Sprechakt) von John Langshaw Austin und John Searle zurück. Sie versteht Sprache als ein »regelgeleitetes Verhalten« und beschreibt sie im Rahmen des übrigen sozialen Handelns des Menschen. Die Pragmatik ist somit Teil einer allgemeinen Handlungstheorie.

Einer mehr empirisch-beschreibend orientierten Pragmatik stellte Karl-Otto Apel seine transzendentale **Sprachpragmatik** und Jürgen Habermas seinen Entwurf einer **Universalpragmatik** entgegen, worin die allen sprachlichen Äußerungen zugrunde liegenden Bedingungen der Möglichkeit intersubjektiver Verständigung rekonstruiert werden sollen.

Pragmatismus [griech.], Ende des 19. Jahrhunderts ausgebildete philosophische Richtung, die das Handeln als Voraussetzung oder Ziel des Erkennens betrachtet. Sie stellt eine auf Charles Sanders Peirce zurückgehende methodische Konsequenz aus dessen →Semiotik dar.

Der Pragmatismus drückt sich bei Peirce zunächst als ein erkenntnistheoretisches Modell für das Verhältnis des Denkens zu Erfahrung und Wirklichkeit in der pragmatischen Maxime aus: »Überlege, welche Wirkungen, die begreiflicherweise praktische Bezüge haben könnten, wir als diejenigen begreifen, die das Objekt unseres Begreifens haben muss. Dann ist unser Begreifen dieser Wirkungen das Ganze unseres Begreifens des Objektes.« Hierin sah Peirce ein Instrument zur Erforschung, Erfassung und Anwendung der Wahrheit durch eine empirisch kontrollierte Methode der Begriffsbildung.

Mit diesem Ansatz ist eine Art Konsensustheorie der Wahrheit verbunden. Von der prin-

Pragmatismus »Über die Klarheit unserer Gedanken«

Die 1878 erschienene Abhandlung »Über die Klarheit unserer Gedanken« von Charles Sanders Peirce gilt als Gründungsdokument des Pragmatismus. Sie entwickelt ein Verfahren zur Klärung der Bedeutung von Begriffen, das von deren praktischen Konsequenzen ausgeht. Dem später als »pragmatische Maxime« bezeichneten Grundsatz zufolge ist der Begriff einer Sache nichts anderes als der Begriff der Wirkungen, die sie im Zusammenhang unseres Handelns entfaltet. So schreiben wir etwa einem Gegenstand Härte zu, wenn er sich durch eine Vielzahl anderer Materialien nicht ritzen lässt. In der Wissenschaft ist dieses Vorgehen zur experimentellen Methode systematisiert. Aufgabe allen Denkens und Forschens ist die Festlegung von Überzeugungen. Sie leiten die alltägliche und wissenschaftliche Praxis und müssen sich in ihr bewähren. Wahrheit ist der Zielpunkt, zu dem der Forschungsprozess im Ganzen zuletzt hinstrebt.

zipiellen Irrtumsfähigkeit wissenschaftlicher Erkenntnis ausgehend, muss der Prozess von Zweifel und Überzeugung zu je neuer Hypothesenbildung unbegrenzt fortbetrieben werden. Wahrheit wird dadurch zwar zunächst zeitlich relativiert, ist aber zum einen für die jeweilig gegenwärtigen Umstände und zum anderen als schließliches Endresultat des allgemeinen Entwicklungsprozesses von Erkenntnis zu gewinnen. Auf keinen Fall jedoch ist Wahrheit hierbei reduziert mit einer endlichen Menge einzelner praktischer Konsequenzen oder Verifikationsinstanzen identifizierbar.

In den USA entwickelte sich einerseits eine empiristische Variante des peirceschen Pragmatismus, in der Wahrheit auf Nützlichkeit und praktischen Erfolg reduziert scheint (William James), und andererseits eine behavioristisch-instrumentalistische Theorie, die unter dem Verzicht auf absolute Wahrheit eine demokratisch erziehende Lebensordnung entwirft (John Dewey). Letztere gewann u. a. erheblichen Einfluss auf die Pädagogik.

In Europa wurden pragmatische Positionen u. a. von dem britischen Philosophen Ferdinand Canning Scott Schiller (* 1864, † 1937), Henri Bergson und Georg Simmel übernommen und entwickelte sich vornehmlich zu einer Position, die nur auf erfahrbare Lebens- und auch Forschungspraxis bezogene Begriffe und Sätze für wissenschaftlich sinnvoll hält. Um sich von den verschiedenen Entwicklungen des Pragmatismus zu distanzieren, benannte Peirce seinen Pragmatismus zeitweise in **Pragmatizismus** um. Gegenwärtig artikulieren sich in allen philosophischen Disziplinen pragmatische Haltungen, die an Peirce anschließen, wobei Karl-Otto Apels Transzendentalpragmatik die bedeutendste ist.

praktische Philosophie, seit Aristoteles diejenige philosophische Disziplin, die sich mit dem menschlichen Handeln in seinen subjektiven und intersubjektiven Bezügen beschäftigt, d. h. mit Blick auf die ethisch-moralischen, rechtlich-politischen und technisch-pragmatischen Formen menschlichen Lebensvollzugs. Aristoteles unterscheidet die praktische Philosophie von der theoretisch-betrachtenden und den poietisch-erzeugenden Wissenschaften. Aus dieser Unterscheidung ist die traditionelle Entgegensetzung von theoretischem und praktischem Wissen, Theorie und Praxis hervorgegangen, wobei sich diese Bereiche heute in der Regel wechselseitig durchdringen.

Wie die Erkenntnis werden bei Aristoteles auch die Handlungen auf anthropologische Vermögen (Wille, Triebe, Instinktdispositionen, fantasiegeleitete Antizipation, Denken, Gewissen) zurückgeführt und durch einzelne dieser Vermögen oder durch deren Zusammenwirken erklärt. Das Grundproblem der praktischen Philosophie lässt sich daher in der Frage zusammenfassen, ob und wie weit der Mensch überhaupt zu freien Handlungen fähig ist oder ob sein Handeln überhaupt naturkausal bedingt ist (→Determinismus, →Naturalismus). Eine weitere zentrale Frage bildet das Verhältnis der handlungsleitenden Ideen (Intentionen) zu handlungstranszendenten Regeln, Normen und Werten oder auch zu Gütern und deren ontologischem Status.

praktische Philosophie «Nikomachische Ethik«

Was soll der Weber, was der Zimmermann mit jenem »Guten an sich« anfangen, das Platon zufolge irgendwo in einem über alles Irdische erhabenen Reich reiner Ideen schwebt? Würde die Kenntnis davon etwa den Arzt zu einem besseren Arzt machen? Aristoteles fiel es nicht leicht, seinem großen Lehrer zu widersprechen. Doch die Wahrheit, so sagt er in seiner »Nikomachischen Ethik«, geht vor. Das Gute darf nicht jenseits der tatsächlichen Lebenswirklichkeit des Menschen gesucht und ihr als abstraktes Prinzip starr gegenübergestellt werden. Schließlich müssen wir es gleichsam vor Ort, in unserem konkreten Leben und Handeln erreichen können. Hier sind wir immer schon auf das Gute aus, zu ihm unterwegs. Es gibt unserer alltäglichen Praxis Richtung und Sinn und muss daher in Auseinandersetzung mit ihr selbst, ihren Antrieben, Ausgestaltungen und Zielen, aufgefunden und zum Begriff erhoben werden. Schwankend und unbeständig, wie sie einmal sind, werden die menschlichen Angelegenheiten selbst so erstmals zum eigenständigen Forschungsgebiet, ihre Untersuchung zur praktischen Philosophie.

Prämisse [latein. praemissa »vorausgeschickter Satz«], **Voraussetzung,** im weiteren Sinn eine in einer Argumentation als wahr vorausgesetzte Aussage, im engeren Sinn der Vordersatz einer Regel. Auch die Vordersätze eines Schlusses, v. a. eines Beweises, werden als Prämissen bezeichnet, wobei der Schlusssatz die Konklusion ist. Der klassische →Syllogismus besteht aus zwei Prämissen und einer Konklusion.

Praxis [griech.-latein. »das Tun«, »Handlung(sweise)«, zu griech. prássein »tun«, »handeln«], allgemein die Anwendung von Vorstellungen, Theorien oder Ähnlichem in der Wirklichkeit. Analog zur Unterscheidung von Theorie und Praxis trennt man seit der Antike zwischen theoretischer und →praktischer Philosophie.

Maßgebliche Untersuchungen zur Bestimmung, Struktur und den Arten der Praxis finden sich bei Aristoteles. In der *Ethik* bestimmt er Praxis als eine spezifisch menschliche Grundkategorie, insofern allein der Mensch Urheber von Handlungen ist, die nicht auf Notwendigkeit, sondern auf freier Entscheidung beruhen. Aufgefasst im Sinne eines übergeordneten Daseinsvollzugs, der auf das Gute als »Worumwillen« und Endzweck allen Handelns zielt, dient Praxis bei Aristoteles zugleich als Oberbegriff für die verschiedenen Formen der menschlichen Daseinsgestaltung: die theoretische Wissenschaft, die hervorbringenden und herstellenden Künste und das praktisch-politische Handeln.

Kant verbindet den Begriff des Praktischen mit dem der menschlichen Freiheit. Alles, was mit der freien Willkür zusammenhängt und der Kausalität des Willens die Regeln gibt, wird praktisch genannt. Die praktische Vernunft ist somit Inbegriff der Prinzipien und Gesetze des Handelns.

Principium Contradictionis [latein.], **Prinzip vom (verbotenen) Widerspruch, Satz vom Widerspruch,** seit Aristoteles der logische Grundsatz, dass eine Eigenschaft einem Gegenstand nicht zugleich zu- und abgesprochen werden kann, in formallogischer Betrachtungsweise, dass nicht zugleich »A« und »nicht-A« gelten kann: $\neg(A \wedge \neg A)$.

Principium exclusi Tertii [latein.], **Prinzip vom ausgeschlossenen Dritten, Satz vom ausgeschlossenen Dritten,** seit Aristoteles der Grundsatz, dass eine Eigenschaft einem Gegenstand stets entweder zugesprochen oder abgesprochen werden kann (»ein Drittes gibt es nicht«, »tertium non datur«). Elementaraussagen sind demnach stets entweder wahr oder falsch, also wertdefinit. Der formallogische Grundsatz »A oder nicht-A« ($A \vee \neg A$) ist grundlegend für die klassische →Logik, die genau zwei Wahrheitswerte verwendet.

Principium Individuationis [latein.], **Prinzip der Individuation,** das Prinzip, das zur Konstitution von Individuen führt. Als solches gilt u. a. bei Aristoteles die Materie, bei Johannes Duns Scotus die Haecceitas (»Diesheit«) sowie – im Empirismus und bei Kant – Raum und Zeit.

Prinzip [latein. principium »Anfang«, »Ursprung«, »Grundlage«], der Urstoff oder die Elemente, aus denen alles Seiende besteht, die Quelle des Seins (→Arche). Aristoteles prägte den Begriff des Prinzips, indem er die Philosophie als eine theoretische Wissenschaft von den ersten Ursachen und ersten Prinzipien definierte.

Das Wesen der Prinzipien ist in vielfältiger Weise erörtert worden: als Seins-, Erkenntnis- oder Handlungsprinzipien, in ihrem Verhältnis zu dem, was von ihnen abgeleitet oder regelhaft bestimmt wird, sowie zu den von ihnen als dem Allgemeinen abhängigen Gegenstandsbereichen. Bewährte Sätze von großer Allgemeinheit werden als Prinzipien bezeichnet, etwa das Prinzip der Energieerhaltung in der Physik. Neben diesen inhaltlichen Prinzipien gibt es auch methodische Prinzipien im Sinne von Regeln und der Prinzipien der Logik (z. B. das →Principium Contradictionis). In der Ethik sind Prinzipien allgemein verbindliche Handlungsanweisungen.

Prinzip der Individuation, →Principium Individuationis.

Prinzip vom ausgeschlossenen Dritten, →Principium exclusi Tertii.

Prinzip vom (verbotenen) Widerspruch, →Principium Contradictionis.

Probabilismus [zu latein. probabilis »wahrscheinlich«], in *Erkenntnistheorie* und *Wissenschaftstheorie* die Auffassung, dass menschliche Erkenntnis keiner absoluten Gewissheit, sondern nur einer mehr oder weniger großen Wahrscheinlichkeit fähig ist. Ein Probabilismus kennzeichnet gemäßigt skeptische Positionen. Er prägt auch Lehren, die von einer gewissen Indeterminiertheit der Natur ausgehen oder – wie Charles Sanders Peirce in seiner Kosmologie – ein Universum des absoluten Zufalls annehmen. Wissenschaftstheoretisch gelten Theorien als probabilistisch, die sich auf wahrscheinlichkeitstheoretische oder statistische Grundlagen stützen.

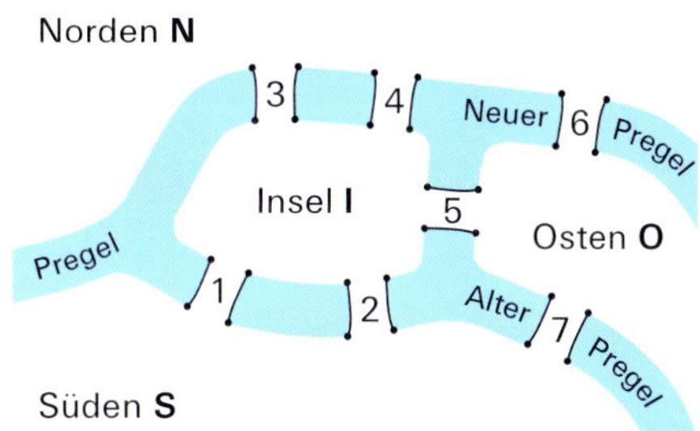

Problem.
Das »Königsberger Brückenproblem« wurde 1736 von Leonhard Euler gelöst. Die Frage war, ob es einen Rundweg gibt, bei dem man alle sieben Brücken der Stadt über den Pregel genau einmal überquert und wieder zum Ausgangspunkt gelangt. Mithilfe der Graphentheorie verneinte Euler diese Frage.

Problem [griech. próblēma »das Vorgelegte«; »die gestellte (wissenschaftliche) Aufgabe«], schwierige Aufgabe, komplizierte Fragestellung oder nicht gelöste Frage. Das Erkennen eines Problems beruht auf dem Wissen oder der Erkenntnis, dass das verfügbare Wissen nicht ausreicht, um eine gestellte Aufgabe zu bewältigen oder einen Zusammenhang zu durchschauen, dessen Verständnis erstrebt wird. Anknüpfend an Sokrates wird das Problem deshalb oft als das »Wissen vom Nichtwissen« beschrieben. Das Problem ist Ausgangspunkt allen Fragens und Forschens, v. a. in der Wissenschaft. Zu den klassischen, in den verschiedenen Epochen der Philosophiegeschichte unterschiedlich verhandelten Problemen zählen das →Leib-Seele-Problem, das →Subjekt-Objekt-Problem und das Problem der →Wahrheit.

Produktionsästhetik, Teilgebiet der →Ästhetik.

Prognose [spätlatein., von griech. prógnōsis »das Vorherwissen«], wissenschaftlich fundierte Aussage über den voraussichtlichen Verlauf einer zukünftigen Entwicklung bzw. über das Eintreten eines künftigen Ereignisses. Das (Nicht-)Zutreffen von Prognosen wird als Überprüfung der ihr zugrunde liegenden theoretischen Annahmen angesehen.

Proklos, griechischer Philosoph, * Konstantinopel 8. 4. 412, † Athen 17. 4. 485; studierte Grammatik, Rhetorik und Rechtswissenschaften. Etwa 430 begab er sich nach Athen, wo er seit etwa 437 die platonische Akademie leitete. Proklos war der bedeutendste Vertreter des athenischen Neuplatonismus. Sein umfangreiches Schrifttum, das Kommentare v. a. zu Platon, philosophisch-theologische Abhandlungen, aber auch religiöse Dichtung umfasst, ist nur teilweise erhalten.

Proklos' Hauptanliegen war die weiterführende Systematisierung der Lehre Plotins. Innerhalb des Prozesses der →Emanation unterschied Proklos die noch für Hegel richtungweisende dialektische Struktur: das Bleiben (»Mone«) in der Ursache, das Hervortreten (»Prosodos«) aus ihr und die Rückwendung (»Epistrophe«) zu ihr. Das ethische Streben richtet sich ihm zufolge auf die Vereinigung mit dem höchsten Einen. Proklos beeinflusste – v. a. mit seinem Werk »Stoicheiosis theologike« (dt. »Theologische Elementarlehre«) – Dionysios Areopagita und war auch für die Philosophie des Mittelalters, der Renaissance und der Neuzeit bedeutsam.

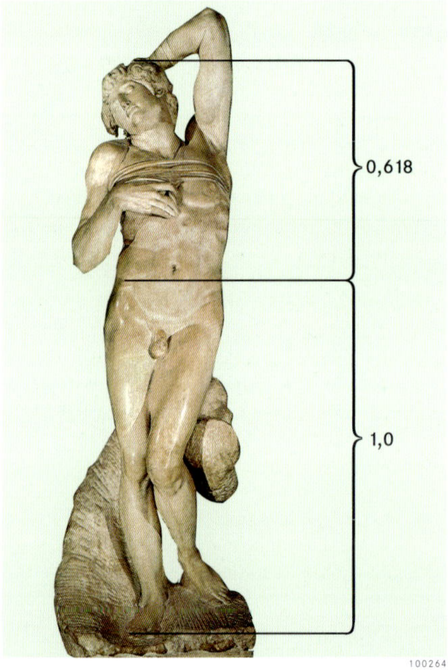

Proportion. Der als harmonisch empfundene goldene Schnitt wurde in der Antike entwickelt und bezeichnet ein Teilungsverhältnis, bei dem sich die Länge einer ganzen Strecke zur Länge des größeren Abschnitts so verhält wie diese zur Länge des kleineren Abschnitts (Michelangelo, »Sterbender Sklave«, um 1513–16; Paris, Louvre).

Proportion [latein. »das entsprechende Verhältnis«], Größenverhältnis verschiedener Teile eines Ganzen zueinander. In der antiken Proportionslehre wurde eine Analogie von Makro- und →Mikrokosmos und deren harmonische Struktur nach mathematisch-musikalischen Proportionen als vorbildhaft für die idealen Proportionen in der Kunst angesehen.

Proportionsanalogie, Form der →Analogie.

Proposition [zu latein. »Vorstellung«, »Darlegung«], **1)** in der *Sprachphilosophie* das, was ein Aussagesatz aussagt, also dessen Bedeutung. Nur Sätze, die eine Proposition ausdrücken, können wahr oder falsch sein. Für die Annahme von Propositionen spricht v. a. die Tatsache, dass verschiedene Sätze (auch solche verschiedener Sprachen) das Gleiche ausdrücken können (z. B. »Schnee ist weiß« und »snow is white«). Bei Gottlob Frege wird die Proposition auch Gedanke genannt. Frege unterschied die →Bedeutung eines Satzes von dessen →Sinn.

2) Propositio [latein.], in der *Logik* ein Satz, ein Urteil, auch eine Aussage. Die **Propositio maior** ist der Obersatz, die **Propositio minor** der Untersatz in einem →Syllogismus.

Protagoras, griechischer Philosoph, * Abdera um 485 v. Chr., † um 415 v. Chr.; war Wanderlehrer und der bedeutendste der Sophisten. Er wurde in Athen der Gottlosigkeit angeklagt und verurteilt. Auf der Flucht ertrank er vermutlich bei einem Schiffbruch. Protagoras soll über die Götter gesagt haben, dass er aufgrund der Dunkelheit der Sache und der Kürze des Lebens nicht erkennen könne, ob sie seien oder ob sie nicht seien. Sein philosophischer Hauptsatz, der →Homo-Mensura-Satz, ist gegen die Eleaten gerichtet. Laut diesem gibt es nicht eine dem Denken zugängliche Einheit des Seins und eine einzige, allgemein gültige Wahrheit, sondern alles ist das, als was es jeweils dem Einzelnen erscheint. Platon bezieht sich auf Protagoras in den Dialogen »Protagoras« und »Theaitetos«.

Protokollsätze [zu mittelgriech. prōtókollon, eigtl. »(den amtlichen Papyrusrollen) vorgeleimtes (Blatt)«], Aussagesätze, die ohne Verwendung theoretischer Termini einfachste Tatsachen aus der Wahrnehmung eines Beobachters wiedergeben und ohne Kenntnis des jeweiligen Kontextes intersubjektiv verständlich sind (»Die Person *P* hat am Ort *x* zur Zeit *t* das und das wahrgenommen«). Der Begriff Protokollsätze wurde vom logischen Empirismus (Otto Neurath) eingeführt, um im Sinne einer →Beobachtungssprache die theoriefreie und zuverlässige Basis aller Erfahrungswissenschaften zu beschreiben.

Pseudodionysios, →Dionysius Areopagita.

Pseudokennzeichnung, problematische Form der →Kennzeichnung.

Psyche [griech. »Hauch«, »Atem«; »Lebenskraft«, »Seele«], ursprünglich gleichbedeutend mit dem Leben, später mit der →Seele als dem Prinzip des Lebens.

Psychologismus, kritische Bezeichnung für die Anwendung psychologischer Aspekte und Erkenntnismethoden in anderen Wissenschaften als der Psychologie, auch für ausschließlich psychologische Begründungsversuche von nicht primär psychologischen Phänomenen sowie v. a. für Richtungen der Philosophie oder Psychologie, die der Psychologie die Aufgabe einer allgemeinen Grundwissenschaft zuweisen. Neben der Erkenntnispsychologie des 17.–19. Jahrhunderts (z. B. John Locke; David Hume; Jakob Friedrich Fries,

*1773, †1843) wurde ein Psychologismus v. a. von Wilhelm Wundt (*1832, †1920), Carl Stumpf (*1848, † 1936), vom Empiriokritizismus und Positivismus vertreten. Gegner des Psychologismus waren u. a. Gottlob Frege und Edmund Husserl.

psychophysisches Problem, das →Leib-Seele-Problem.

Pufendorf, Samuel Freiherr von (seit 1694), deutscher Jurist und Historiker, *Dorfchemnitz (bei Chemnitz) 8. 1. 1632, †Berlin 26. 10. 1694; lehrte ab 1661 als Professor des Natur- und Völkerrechts in Heidelberg und ab 1668 in Lund. 1677 wurde Pufendorf schwedischer Historiograf und Staatssekretär in Stockholm, 1688 brandenburgischer Historiograf und Geheimer Rat in Berlin.

Auf der Grundlage der herrschenden rationalistischen Naturrechtsauffassungen entwickelte Pufendorf das im aufgeklärten Absolutismus führende System der Staatslehre und des Vernunftrechts. Dabei knüpfte er v. a. an die Lehren von Hugo Grotius und Thomas Hobbes an. Pufendorf ging von der ursprünglichen Hilflosigkeit (Imbecillitas) und des damit verbundenen Geselligkeitsbedürfnisses (Socialitas) des Menschen aus. Der Mensch sei zugleich mit freiem Willen begabt und strebe nach Selbsterhaltung. Seine Bereitschaft, die eigene Freiheit staatlicher Herrschaft zu unterwerfen, sei Ausdruck seines Willens, sich gegen Übel zu schützen, die ihm andernfalls drohen würden.

Pufendorf verschmolz die humanistischen Ideale der Menschenwürde und Freiheit mit den neuen Lebensgesetzen des Staates, der Staatsräson und – in Anschluss an den Souveränitätsbegriff Jean Bodins – der Souveränität in einer Recht und Moral streng trennenden Pflichtenlehre und durch ein naturrechtlich begründetes Völkerrecht. Er zeigte die Irregularität der Reichsverfassung nach den Maßstäben des modernen souveränen Staates auf, wonach das Reich, staatsrechtlich betrachtet, einem Monstrum vergleichbar (Monstro simile) sei.

Die Lehren Pufendorfs, besonders sein Hauptwerk »De jure naturae et gentium libri octo« (1672; dt. »Acht Bücher vom Natur- und Völkerrecht«), gewannen in Deutschland beherrschenden Rang innerhalb der Rechtsphilosophie, der bis Kant fortdauerte.

Purismus [zu latein. purus »rein«], in der Ethik eine Haltung, der die Reinheit der Motive als Kriterium sittlichen Handelns gilt.

Putnam [ˈpʌtnəm], Hilary, amerikanischer Philosoph, *Chicago (Ill.) 31. 7. 1926; war seit 1965 Professor für Philosophie an der Harvard University (emeritiert 2000). Putnam, von Hans Reichenbach, Rudolf Carnap und Willard Van Orman Quine geprägt, unterzog den logischen Empirismus einer scharfsinnigen Kritik. Sein Hauptinteresse gilt den Beziehungen des Denkens und der Sprache zur Wirklichkeit, wobei er gegen die Extrempositionen des metaphysischen Realismus, der auf einer völligen Unabhängigkeit der Welt von den Erkenntnissubjekten und ihrer Sprache beharrt, und des kognitiven und moralischen Relativismus, der jeden Unterschied zwischen richtigen und falschen Beschreibungen und Bewertungen aufzuheben droht, einen gemäßigt realistischen Standpunkt vertritt. In den späten 1980er-Jahren nimmt er Abstand von dem von ihm mitbegründeten Funktionalismus, wonach Bewusstseinszustände als Funktionen von Hirnprozessen zu begreifen sind, und öffnet sich auch hermeneutischen Positionen. Zu seinen wichtigsten Schriften gehören der Aufsatz »The Meaning of ›Meaning‹« (1975: dt. »Die Bedeutung von ›Bedeutung‹«) und seine Werke »Reason, Truth and History« (1981; dt. »Vernunft, Wahrheit und Geschichte«) und »Representation and Reality« (1988; dt. »Repräsentation und Realität«).

Pyrrhon von Elis, griechischer Philosoph, *Elis um 365 v. Chr., †ebenda um 275 v. Chr.;

Samuel von Pufendorf

Pythagoras Der Satz des Pythagoras

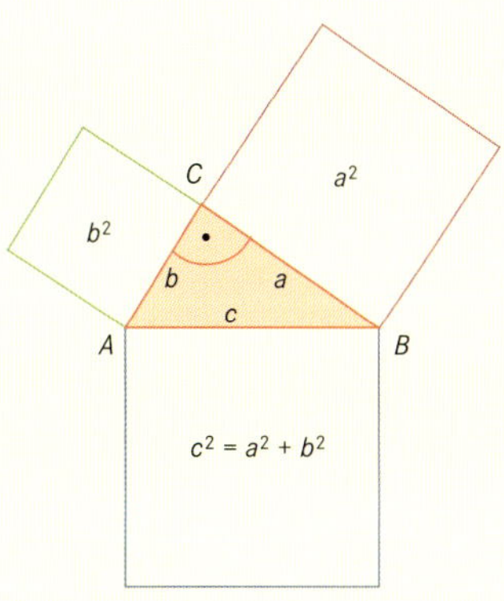

Im rechtwinkligen Dreieck ist die Summe der Quadrate über den Katheten gleich dem Quadrat über der Hypotenuse ($a^2+b^2 = c^2$). Dass heute jeder Mathematikschüler den »pythagoreischen Lehrsatz« kennt, ist vor allem Euklid zu verdanken, der den mathematischen Beweis für diesen Satz lieferte. Die Dreieckslehre war für die Pythagoreer, die die Welt als Ordnung natürlicher Zahlenverhältnisse zu interpretieren suchten, zentral, auch wenn Pythagoras nicht als eigentlicher Entdecker des berühmten Lehrsatzes gelten kann. Der Satz ist schon bei den Ägyptern (um 2300 v. Chr.), den Babyloniern (1800 v. Chr.) und den Indern (um 500 v. Chr.) nachweisbar.

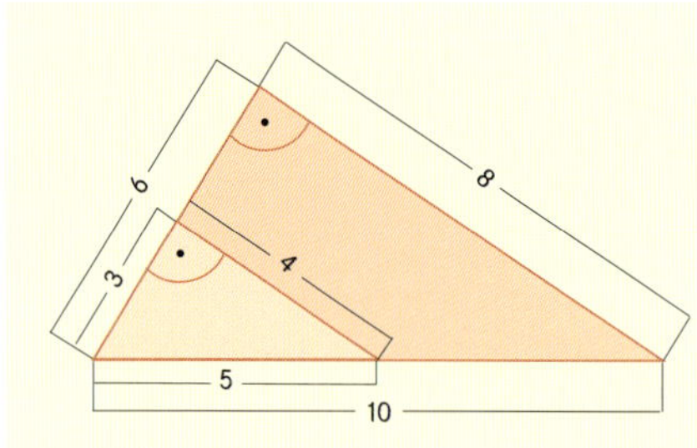

Pythagoreer.
Ein Dreieck, dessen Seiten das Verhältnis 3:4:5 haben, ist ein rechtwinkliges Dreieck, dessen längste Seite die Hypotenuse ist.

war zunächst als Maler tätig und soll an den Feldzügen Alexanders des Großen nach Asien teilgenommen haben. Pyrrhon begründete um 300 v. Chr. die pyrrhonische (ältere) Skepsis (→Skeptizismus). Er soll die Möglichkeit einer Erkenntnis des Wirklichen verneint haben, da jeder Behauptung nur eine subjektive Kenntnis von Erscheinungen zugrunde liege und Wertungen auf Konvention beruhen. Aus diesem Grund sei ein Verzicht auf jegliches Urteil notwendig sowie die Gleichgültigkeit des Weisen gegen die Wechselfälle des Lebens. Allein auf diesem Weg seien Seelenruhe (→Ataraxie) und damit das Glück zu erreichen. Seine ausschließlich mündlichen Lehren wurden über die (nicht erhaltenen) Schriften seines Schülers Timon von Phleius überliefert und fanden so Eingang in das Werk des Diogenes Laertios.

Pythagoras

Pythagoras, Pythagoras von Samos, griechischer Philosoph, *Samos um 570 v. Chr., †Metapont (?) um 500 v. Chr; soll die Naturphilosophen Anaximander und Pherekydes gehört haben und durch Ägypten und Babylonien gereist sein. Er ging 532/531 angeblich aus Protest gegen die Herrschaft des Tyrannen Polykrates nach Unteritalien und gründete in Kroton die nach ihm benannte Gemeinschaft der Pythagoreer. Politische Gegner sollen ihn aus Kroton vertrieben haben.

Pythagoras, um dessen Leben sich zahlreiche Legenden ranken, soll schon zu Lebzeiten göttliche Verehrung genossen haben. Da er seine Lehre nicht schriftlich niederlegte, ist unklar, welche Aussagen ihm zweifelsfrei zuzuschreiben sind, so seine Auffassung von der Bedeutung der Zahl in Dingwelt und Musik wie auch die Lehre von der Seelenwanderung. Vermutlich geht der Satz »Alles ist Zahl« auf ihn zurück. Der »pythagoreische Lehrsatz«, dessen Richtigkeit Pythagoras anhand zahlreicher Beispiele demonstrierte, ist ebenfalls nach ihm benannt. – Infokasten S. 279

Pythagoreer.
In einer mittelalterlichen Legende wurde Pythagoras als Erfinder der Musik dargestellt: Als er an einer Schmiede vorbeikam, entdeckte er an den unterschiedlich schweren Hämmern Intervallverhältnisse (Handschrift des 13. Jh.; München, Bayerische Staatsbibliothek).

102

Pythagoreer, im weiteren Sinn die Anhänger der Philosophie des Pythagoras, im engeren Sinn die Mitglieder der von diesem gegründeten religiös-politischen Gemeinschaft in Kroton, der bald weitere Gemeinschaften in Unteritalien (z. B. in Metapont, Tarent und Lokroi) folgten. Mitte des 5. Jh. v. Chr. wurden die der Aristokratie nahe stehenden Pythagoreer und Ende des 5. Jh. auch jene, die gegen die Tyrannis (Dionysos I.) für eine gemäßigte Demokratie Partei ergriffen, aus Unteritalien mit Ausnahme von Tarent vertrieben. Bald nach 350 v. Chr. gab es in Unteritalien keinen Bund der Pythagoreer mehr. Eine Wiederbelebung des Pythagoreismus erstrebten seit dem 1. Jh. v. Chr. die →Neupythagoreer.

Die strengen Vorschriften des Pythagoreerbundes beruhen auf der Annahme, dass das Ziel des Menschen im Nachvollzug der göttlichen (Welt-)Ordnung bestehe. Diese sei mathematischer Natur und könne nur dann erkannt werden, wenn die Seele zur Aufnahme der Weisheit (Sophia) befähigt werde. Da die Erkenntnisfähigkeit der Seele durch deren Bindung an den Körper getrübt ist, sind hierzu Reinigung und asketische Übungen notwendig. Durch Einhaltung bestimmter Verhaltensregeln könne der »Philosophos« (»derjenige, der die Weisheit liebt«) sein Ziel erreichen. Die Seele ist nach Auffassung der Pythagoreer unsterblich und gehört der Region des Göttlichen an. Nach dem Tod des Menschen gehe sie seinem sittlichen Wert entsprechend in ein anderes Wesen ein.

Nur schwer lässt sich die Lehre der Pythagoreer einzelnen Personen mit Sicherheit zuordnen, da sie ihr Wissen streng geheim hielten. Ihre wahrscheinlich auf Pythagoras selbst zurückgehende Lehre, dass Harmonien auf Zahlenverhältnissen beruhen, die Bewegungen der Gestirne sich in Zahlen ausdrücken und rechtwinklige Dreiecke sich mithilfe der Zahlen drei, vier und fünf (als Seitenlängen) erzeugen lassen, führte zu der Annahme, dass das Wesen aller Dinge in der Zahl bestehe, und somit einerseits zu Spekulationen über die »Wesenszahl« der Lebewesen, andererseits auch zur Auseinandersetzung mit mathematischen und geometrischen Problemen.

Die Wirkung der Pythagoreer ist im Einzelnen nicht genau bestimmbar. Viele von ihnen standen in enger Verbindung mit den Philosophenschulen in Athen. Die ältere Akademie und der Mittelplatonismus (→Platonismus) lehnten sich eng an die Pythagoreer an.

Qi [tʃi; chines. »Dunst«, »Äther«, »Stoff«], **Ch'i,** in China vieldeutiger, zentraler Begriff in der Philosophie und den traditionellen Naturwissenschaften sowie in der Medizin, der seit dem 2. Jh. v. Chr. zunehmend an Bedeutung gewann. Außer als Oberbegriff für alle Gestaltungskräfte in der belebten und unbelebten Natur steht er in der philosophischen Terminologie v. a. seit dem 10. Jh. entweder für eine monistisch sich selbst formende oder für eine dualistisch vom Strukturprinzip →Li vielfältig geformte Materie.

Quaestio [latein. »(Streit)frage«], in der *Scholastik* die Unterabteilung der großen Summenwerke, etwa der »Summa theologica« des Thomas von Aquino mit 631 Quaestiones. Sie entspricht etwa der heutigen Einteilung großer wissenschaftlicher Untersuchungen in Kapitel. Jede Quaestio baut sich aus drei Teilen auf: Zuerst wird die in Frageform gekleidete These mit den Gründen gegen und für sie dargelegt, dann die Lösung historisch-systematisch erarbeitet und schließlich wird diese durch die Antwort auf die Gegengründe bestätigt.

Qualia [latein.], phänomenale Eigenschaften von mentalen Zuständen, etwa Empfindungen und Wahrnehmungen. Qualia erschließen sich vollständig nur in der subjektiven Perspektive desjenigen, der sich in den betreffenden mentalen Zuständen befindet. In der Philosophy of Mind ist umstritten, welcher Stellenwert Qualia bei der Erklärung menschlichen Bewusstseins zukommt. Reduktionistischen Ansätzen zufolge sind Qualia lediglich kausal unwirksame Begleitphänomene von neuronalen Ereignissen. Reduktionismuskritische Positionen führen sie als Beispiele für die Unvollständigkeit neurowissenschaftlicher Erklärungen an.

Qualität [latein. qualitas »Beschaffenheit«, »Eigenschaft«], erkenntnistheoretische Bezeichnung für eine der formallogischen Grundformen des Denkens (Kategorien, Urteile), die für Aristoteles auch die Grundstruktur des Seins bestimmen. Ontologisch bedeutet Qualität das System der Eigenschaften, die ein Ding zu dem machen, was es ist, und es von anderen Dingen unterscheiden. Anknüpfend an die auf Aristoteles zurückgehende Unterscheidung zwischen objektiven und subjektiven Qualitäten stellte John Locke den primären Qualitäten (Raum, Zeit) als Eigenschaften der Dinge selbst die sekundären Qualitäten (Farbe, Geruch, Härte u. a.) gegenüber. Diese betreffen allein die sinnliche Wahrnehmung der Dinge.

Als »qualitativen Sprung« bezeichnete Hegel im dialektischen Prozess den Umschlag eines quantitativen Geschehens zu einem qualitativ neuen. Dieses Prinzip wurde zu einem Grundbegriff des Marxismus und von diesem als ein »universelles Struktur-, Veränderungs- und Entwicklungsgesetz der Natur, der Gesellschaft und des menschlichen Denkens« angesehen.

Quantifizierung [zu latein. quantum »wie groß«, »wie viel«], in der *Logik* die Überführung einer Aussageform mit mindestens einer freien Variablen in eine Aussage durch Einführung (mindestens) eines →Quantors.

Quantität [latein. quantitas »Größe«, »Menge«], die durch Zahlen erfassbare, mengenmäßige Bestimmtheit der Dinge. Seit Aris-

Quaestio Öffentliche Disputationen

Zu den Rechten und Pflichten eines mittelalterlichen Universitätslehrers, des Magisters, gehörte es, öffentliche Disputationen über beliebige oder vorher angekündigte Themen abzuhalten. Der Ablauf war stets der Gleiche: Alle Teilnehmer – Lehrer und Studenten – sitzen auf einer den Hörsaal umlaufenden Bank, der Magister an der Stirnwand auf einem Katheder, sein Assistent, der Bakkalaureus, auf einer kleinen Bank zu seinen Füßen. Zuerst werden Argumente gegen die vorab aufgestellte These vorgebracht (»videtur quod non«). Der Bakkalaureus widerlegt sie der Reihe nach und bringt eventuell schon Gegenargumente vor (»sed contra est«). Am nächsten Tag begründet der Magister in einer ausführlichen Entscheidung (»determinatio«) seine eigene These und beantwortet die vorgebrachten Einwände (»ad primum«, »ad secundum« usw.). Später liefert er eine beurkundete Fassung der Disputation bei der Universitätsbuchhandlung zur Veröffentlichung als »disputierte Frage« ab (Miniatur aus dem 15. Jh.; Troyes, Bibliothèque Municipale).

Quine »Wort und Gegenstand«

Willard Van Orman Quines Hauptwerk »Wort und Gegenstand« (1960) entwickelt eine Konzeption von Sprache, Erkenntnis und Wissenschaft, die den Fortgang der Diskussion innerhalb der analytischen Philosophie maßgeblich beeinflusst hat. Da Sprache eine wesentlich soziale Fertigkeit ist, deren Erwerb auf intersubjektiv zugängliche Anhaltspunkte wie etwa beobachtbares Verhalten angewiesen bleibt, ist jede Übersetzung mit Unbestimmtheiten grundsätzlicher Art behaftet. So ließe sich etwa selbst auf der Grundlage aller verfügbaren Beobachtungen nicht eindeutig entscheiden, ob ein Mitglied einer uns völlig fremden Sprachgemeinschaft mit dem regelmäßig in Anwesenheit von Kaninchen geäußerten Ausdruck »Gavagai« tatsächlich Kaninchen und nicht vielmehr »Kaninchenstadien«, unabgetrennte Kaninchenteile oder eine Manifestation der »Kaninchenheit« meint. Der Bezug sprachlicher Ausdrücke bleibt letztlich unerforschlich.

toteles bildet Quantität eine der grundlegenden →Kategorien, die Aussagen über das Zählbare (Menge), Messbare (Größe) und in seine Bestandteile Zerlegbare umfasst. Erachtet das klassisch-aristotelische Denken das Werden und Wachsen der Natur als wesentlich qualitativ bestimmt, gewinnt in der Neuzeit die messende, quantifizierende Betrachtungsweise zunehmend an Bedeutung. Im rationalistischen Mechanismus und aufklärerischen Materialismus wird das sichtbar Wirkliche ausschließlich nach dem Gesichtspunkt der Quantität betrachtet. Im Marxismus werden Quantität und →Qualität als dialektische Widerspruchseinheit verstanden.

Quantor [latein.], eine logische Partikel, die dazu dient, unbegrenzt viele, durch eine Aussageform gegebene Aussagen zu einer neuen prädikatenlogisch zusammengesetzten Aussage zu verknüpfen (→Logik). Die Quantoren wurden in der zweiten Hälfte des 19. Jahrhunderts von Gottlob Frege eingeführt. Zu ihnen zählen der selten verwendete **Keinquantor** (»für kein«; symbolisiert ↓), der **Allquantor** (»für alle«; symbolisiert ∧ oder ∀) und der **Existenzquantor** (»es gibt«, »einige«; symbolisiert ∨ oder ∃). Der Übergang von Aussageformen zu Aussagen geschieht dadurch, dass freie Variablen in den Wirkungsbereich eines Quantors einbezogen (»gebunden«) werden.

Quantorenlogik, Teilgebiet der →Logik.

Quidditas [latein. »Washeit«], bezeichnet die Qualität oder das Wesen einer Sache; →Wesen.

Willard Van Orman Quine

Quine [kwaɪn], Willard Van Orman, amerikanischer Logiker und Philosoph, * Akron (Oh.) 25. 6. 1908, † Boston (Mass.) 25. 12. 2000; war von 1948–78 Professor an der Harvard University. In der mathematischen Grundlagenforschung und Logik ist Quine durch eine neuartige Begründung der Mengenlehre in seinem Aufsatz »New foundations for mathematical logic« (1937; oft als NF-System bezeichnet) und durch eine Vereinfachung des Beweises des Unvollständigkeitssatzes von Kurt Gödel (1940) bekannt geworden. Seine Lehrbücher »Methods of logic« (1950; dt. »Grundzüge der Logik«) und »Set theory and its logic« (1963; dt. »Mengenlehre und ihre Logik«) fanden wegen der Klarheit der Darstellung weite Verbreitung.

Quines Wurzeln liegen im logischen Empirismus, doch knüpfen seine Beiträge zur Sprachphilosophie, Ontologie, Erkenntnis- und Wissenschaftstheorie auch an den Pragmatismus an. Zu seinen Arbeiten in diesen Bereichen zählen »From a Logical Point of View« (1953; dt. »Von einem logischen Standpunkt«), »Word and Object«, (1960; dt. »Wort und Gegenstand«) und die Aufsatzsammlung »Ontological Relativity and Other Essays« (1969; dt. »Ontologische Relativität und andere Schriften«). Quine, der einen Holismus vertritt, plädiert für einen Empirismus ohne Dogmen: Er kritisiert die Unterscheidung zwischen analytischen und synthetischen Sätzen und bestreitet die These, dass sich Sätze als einzelne verifizieren lassen.

Willard Van Orman Quine relativierte das wissenschaftliche Weltbild:

»Ich für meinen Teil glaube wie ein Physiker an physikalische Gegenstände und nicht an die Götter Homers ... Bezüglich des erkenntnistheoretischen Zustands aber unterscheiden sich die physikalischen Gegenstände und die Götter Homers nur gradweise, nicht der Art nach.«

Bekannt wurde Quines These von der »Unbestimmtheit« der Übersetzung, der zufolge sich zwei verschiedene Übersetzungshandbücher für eine Sprache erstellen lassen, die mit allen empirischen Daten übereinstimmen und doch miteinander unverträglich sind. Die Unbestimmtheitsthese ist verbunden mit Überlegungen zur Unerfoschlichkeit der Referenz und zur Unterbestimmtheit naturwissenschaftlicher Theorien durch Beobachtungsdaten. Quine war Anhänger eines strengen Naturalismus.

Ramanuja [-dʒa], indischer Philosoph und in Südindien verehrter Vishnuheiliger, *Shriperumbudur um 1050, †Shrirangam 1137; wirkte nach ausgedehnter Pilgerschaft in Shrirangam. In seinem Hauptwerk »Shribhasya«, einem Kommentar zu den »Brahmasutras« (→Vedanta), stellt Ramanuja dem absoluten Monismus des Shankara seine Philosophie einer theistischen, »eigenschaftsbehafteten Nichtzweiheit« entgegen. Höchstes Lebensideal ist Bhakti, die hingebungsvolle Liebe zu Vishnu.

Ramus, Petrus, eigentlich Pierre de la Ramée, französischer Humanist und Philosoph, *Cuts (Dép. Oise) 1515, †(ermordet) Paris 26. 8. 1572; war zunächst Vertreter eines christlich orientierten Humanismus, trat aber 1562 zum Calvinismus über. Wegen seiner antiaristotelischen Position, v.a. aber wegen seiner calvinistischen Überzeugungen musste Ramus Paris und Frankreich mehrfach verlassen. Während seines Exils (1568–70) lehrte er in Deutschland und der Schweiz. In der »Bartholomäusnacht« wurde er ermordet.

Ausgehend von der sokratisch-platonischen Dialektik, lehnte er die aristotelische Logik, besonders deren scholastische Form in der Beschränkung auf die Untersuchung syllogistischer Schlussfiguren, ab, da sie das »natürliche Denken« nur behindere. Beeinflusst von Cicero und Quintilian (*um 30 n.Chr., †um 96), orientierte er die Logik an der Rhetorik, da beider Ausgangspunkt und Zusammenhang die Frage und das Suchen nach Gründen sei. Sein pädagogischer und reformerischer Einfluss ist v.a. seiner auf Anwendung zielenden Methodologie zuzuschreiben (Ramismus).

Ratio [latein. »Vernunft«; »(Be)rechnung«, »Rechenschaft«], im engeren Sinn die begrifflich-diskursive Betätigung des menschlichen Erkenntnisvermögens, die aus den Sinnesgegebenheiten schöpft und auf den überdiskursiven Einsichten aufbaut, die dem →Intellekt zugeschrieben werden.

Rationalismus [latein.], Richtung des philosophischen Denkens, die von der Überzeugung ausgeht, dass die Welt dem Verstand und der Vernunft gemäß, d.h. von logischer, gesetzmäßig berechenbarer Beschaffenheit sei.

Der **metaphysische Rationalismus** behauptet eine Identität von Vernunft (Denken) und Wirklichkeit (Sein) und wird in Konzepten wie denen Parmenides', Platons und Hegels wirksam. Der **erkenntnistheoretische Rationalismus** vertritt die Auffassung, dass die Welt nicht allein aus der sinnlichen Erfahrung in ihrem Wesen erkannt werden kann, der **ethische Rationalismus,** dass das sittliche Handeln von Vernunftwahrheiten geleitet wird. Der erkenntnistheoretische Rationalismus geht im Gegensatz zu →Empirismus und →Sensualismus davon aus, dass es Vernunftwahrheiten gibt, die von aller Erfahrung unabhängig (a priori) und von höherem Rang sind als die aus der Erfahrung geschöpften Erkenntnisse. Auf ihnen sei das Gebäude der Philosophie zu errichten.

■ **Ansatz** Der Rationalismus behauptet den Primat der Vernunft gegenüber lebensweltlichen Zusammenhängen, soweit sie nicht rational bestimmbar sind, z.B. gegenüber Traditionen, Vorurteilen, Aberglauben, Mystizismus oder autoritären Setzungen. Nach rationalistischer Auffassung sind alle geschichtlichen Erscheinungen aus vernunftgeleiteten Erwägungen und Entschlüssen der handelnden Menschen entstanden oder sie lassen sich als solche rational rekonstruieren. Als Vorbild reiner Vernunfterkenntnis gelten Logik, Mathematik und Naturwissenschaften.

4601

Rationalismus. Die Absage an Offenbarung und Wunder durch den Rationalismus stellte die Theologie seit dem 17. Jh. vor Glaubwürdigkeitsprobleme (Marc Chagall, »Der Prophet Jesaja«, 1968; Privatbesitz).

■ **Entwicklung** Die geistesgeschichtliche Entwicklung der Systeme des Rationalismus setzte im 17./18. Jh. ein. Ausschlaggebend dafür war Descartes mit seinem erkenntniskritischen Rückgang auf das Subjekt und seiner Lehre von den →angeborenen Ideen, im Unterschied zum Empirismus etwa bei John Locke, nach dem wir nur durch Erfahrung zu Bewusstseinsinhalten gelangen. Weitere Hauptvertreter des Rationalismus waren Baruch de Spinoza, der eine Ethik »more geometrico« (»nach Art der Geometrie«) entwarf, Leibniz mit seiner »mathesis universalis«, dem Programm einer an der Mathematik orientierten Universalwissenschaft, sowie Christian Wolff.

Die rationalistische Bewegung fand ihren Höhepunkt in der Aufklärung, die sich sowohl auf den erkenntnistheoretischen Rationalismus von Descartes als auch auf das den englischen Empirismus organisierende Programm einer rational geplanten Erfahrungs- und Lebenswelt bezog. Kant unternahm schließlich den Versuch einer Vermittlung zwischen empiristischer und rationalistischer Grundposition. Die Auswirkungen des Rationalismus zwischen dem 17. und 19. Jh. waren beträchtlich, besonders in der Religionswissenschaft und protestantischen Theologie, wo er zur Überprüfung der Glaubenslehre an den Maßstäben der Vernunft und zur Umdeutung der Dogmen in Vernunftwahrheiten und der Wunder in natürliche Vorgänge anregte.

■ **Kritik des Rationalismus** Im 18. bis 20. Jh. finden sich zahlreiche Ansätze einer Rationalismuskritik, u. a. im Sturm und Drang und in der Romantik (→irrational), bei Nietzsche, Henri Bergson, Ludwig Klages, Georg Simmel, Martin Heidegger und in der neueren französischen Philosophie. So kritisierte Jean-Paul Sartre den Totalitarismus der Vernunft, der die abendländische Philosophiegeschichte bestimmt habe. Unter dem Stichwort einer Logoskritik werden die Positionen von Jacques Derrida und Jean-François Lyotard gefasst. Zu einer ausdrücklichen Abgrenzung von einem rein rationalistischen Standpunkt kam es in differenzierter Form in der Wissenschaftstheorie des kritischen Rationalismus (Karl R. Popper u. a.) und der Gesellschaftstheorie der kritischen Theorie (Max Horkheimer, Theodor W. Adorno).

■ **Siehe auch**

SACHBEGRIFFE →angeborene Ideen · Aufklärung · Begriff · Empirismus · Erfahrung · Erkenntnistheorie · irrational · Kategorie · kritischer Rationalismus · kritische Theorie · Leib-Seele-Problem · Subjekt-Objekt-Problem · Selbstbewusstsein · Vernunft · Verstand

PERSONEN →Descartes, René · Jacobi, Friedrich Heinrich · Kant, Immanuel · Leibniz, Gottfried Wilhelm · Pascal, Blaise · Platon · Popper, Karl R. · Spinoza, Baruch de · Wolff, Christian

Raum, im mathematischen Sinn ein sich in drei Dimensionen (Länge, Breite, Höhe) ausdehnendes Gebiet. Die Diskussion über Begriff und Natur des Raumes spielt eine grundlegende Rolle für jede Theorie des Aufbaus und der Struktur der Materie.

■ **Raum und Unendlichkeit** In der Antike wurde der Raum zunächst endlich gedacht, als vom mythischen Raum, dem →Apeiron, umgrenzt, über den man keine Aussagen machen kann. Für Aristoteles war Raum das den materiellen Körper Begrenzende. Er bestimmte ihn als das Kontinuum der Mannigfaltigkeit von Örtern. Raum, Zeit und Materie seien überhaupt Beispiele des Kontinuums, das er als unendliche Teilbarkeit auffasste (→Kontinuität). Über der Welt des Wechselnden und Vergänglichen beginnt die Welt des Unvergänglichen, die Sphäre der Himmelskörper. Erst seit der Renaissance wurde – im Zusammenhang mit der kopernikanischen, heliozentrischen Lehre – durch Giordano Bruno allmählich die Vorstellung des unendlichen astronomischen Raums vorherrschend, nachdem der Begriff des Unendlichen im Zuge der Entstehung einer christlichen Philosophie eine Aufwertung erfahren hatte.

■ **Raum und Leere** Die griechischen Atomisten (u. a. Demokrit) nahmen eine Leere an, in der sich die Atome bewegen, ebenso die Pythagoreer. Später vertraten z. B. Pierre Gassendi und John Locke die Vorstellung des leeren Raums. Dagegen ist für Parmenides Sein so viel wie Raumerfüllen, während der leere Raum dem Nichtsein gleichkommt. Auch nach der Vorstellung des christlichen Mittelalters, das an Aristoteles' Anschauung vom Raum als dem Begrenzenden der Körper anknüpfte, kann es keinen leeren Raum geben (Horror vacui; →Leere).

■ **Absoluter und relativer Raum** Descartes unterschied als Attribute der Wirklichkeit Denken und Ausdehnung. Für ihn fallen Räumlichkeit und Körperlichkeit zusammen. Die Vorstellung eines ruhenden, homogenen, unendlichen Raums, der auch leer sein kann (Isaac Newton), war lange Zeit die Grundlage der naturwissenschaftlichen Raumauffassung. Der Raum als bloße Erscheinung tauchte in der Lehre der englischen Empiristen (David Hume, George Berkeley) auf.

Auch für Leibniz ist der Raum nur Phänomen, dem die Monaden als immaterielle Kräfte zugrunde liegen: Er ist die Ordnung des Koexistierenden, der Inbegriff von Beziehungen und damit »relativer Raum«. Für Kant

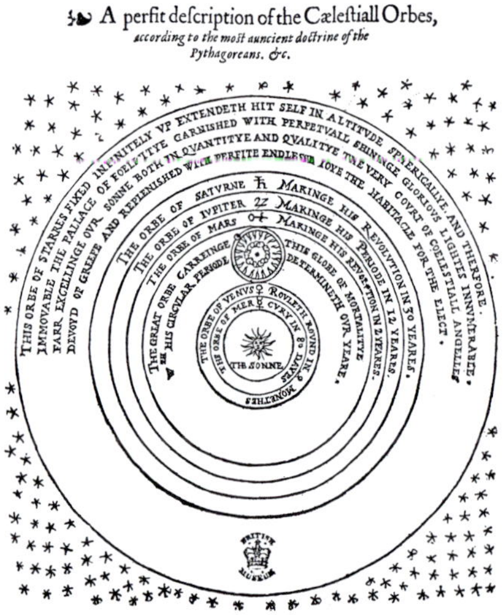

Raum. Der englische Astronom Thomas Digges lieferte 1576 die erste Darstellung des unendlich ausgebreiteten Universums jenseits unseres Sonnensystems.

sind Raum und Zeit »apriorische Anschauungsformen«, d.h., der Raum ist »nichts, sobald wir die Bedingungen der Möglichkeit aller Erfahrung weglassen und ihn als etwas, was den Dingen an sich zugrunde liegt, annehmen«. Nach Kant sind der Raum und seine in den Axiomen der euklidischen Geometrie formulierte Struktur im menschlichen Erkenntnisvermögen verankert.

■ **Raum und Zeit** Für die Philosophie des deutschen Idealismus und der Romantik gehörte der Raum zum »Außer-sich-Sein« des Geistes (Hegel), er ist das »Äußere« oder Extensive gegenüber dem »Inneren« oder Intensiven. Für den Dichter Novalis ist Raum äußere Zeit, für Friedrich Wilhelm Joseph von Schelling angehaltene Zeit, während Zeit fließender Raum ist. Die Lebensphilosophie ordnete den Raum dem Verstand zu. Dieser zeige die Welt räumlich, teilbar und messbar. Ihr eigentliches Wesen sei jedoch das Bewusstsein, die unteilbare schöpferische Zeit (Henri Bergson). Indem die Existenzphilosophie den Menschen als In-der-Welt-Sein und Mit-Sein annimmt, gehören für sie Örtlichkeit und Räumlichkeit in die Grundstruktur des Daseins, während die Zeitlichkeit »der ursprünglich ontologische Grund der Existenzialität des Daseins ist« (Martin Heidegger).

Der Raumbegriff des logischen Empirismus (Rudolf Carnap, Hans Reichenbach u.a.) wurde nachhaltig durch die Erkenntnisse der modernen Mathematik und Physik geprägt. Charakteristisch für ihn ist die Verwerfung des kantischen Apriorismus sowie die enge Verknüpfung von Raum und Geometrie.

Rawls [rɔ:lz], John, amerikanischer Philosoph, * Baltimore (Md.) 21. 2. 1921, † Lexington (Mass.) 24. 11. 2002; war 1959–91 Professor an der Harvard University. Rawls entwickelte in seinem ersten Hauptwerk »A theory of justice« (1971; dt. »Eine Theorie der Gerechtigkeit«) ein vertragstheoretisch begründetes Modell von Gerechtigkeit als Fairness. Hierbei knüpfte er an die praktische Philosophie von Aristoteles, Rousseau und Kant an. Einen weiteren Ausgangspunkt bildete seine kritische Auseinandersetzung mit dem Utilitarismus. In »Political liberalism« (1993; dt. »Politischer Liberalismus«) entwarf Rawls eine Programmschrift für eine »wohl geordnete Gesellschaft« freier und gleicher Bürger.

Realdefinition, Art der →Definition.

Realismus [von spätlatein. realis »sachlich«, »wesentlich«, zu latein. res »Sache«], 1) Bezeichnung für die in der mittelalterlichen Philosophie dem Nominalismus (u.a. Roscelin von Compiègne, Petrus Abaelardus) und Konzeptualismus (v.a. Wilhelm von Ockham) entgegengesetzte Position im →Universalienstreit im Sinne eines Begriffsrealismus; 2) Bezeichnung für grundsätzlich dem Idealismus und Individualismus entgegengesetzte, aber auch vom Phänomenalismus zu unterscheidende philosophische Positionen, die behaupten, dass die Realität unabhängig von der Erkenntnis, dem Bewusstsein und der Sinneswahrnehmung besteht.

Rawls »Eine Theorie der Gerechtigkeit«

Unter dem Vorsatz, »einen vernünftigen Gerechtigkeitsbegriff für die Grundstruktur der Gesellschaft zu formulieren«, greift John Rawls' 1971 erschienene »Theorie der Gerechtigkeit« auf ein vertragstheoretisches Modell zurück: In einem fiktiven Ausgangszustand ursprünglicher Gleichheit und Freiheit vereinbaren rationale Personen hinter einem »Schleier des Nichtwissens«, der sie im Unklaren über ihre künftige soziale Stellung und ihre natürlichen Begabungen und Fähigkeiten lässt, die elementaren Prinzipien einer zu gründenden Gesellschaft. Die beiden Gerechtigkeitsgrundsätze, die aus einer solchen Übereinkunft hervorgehen würden, sehen vor, dass erstens jeder über das gleiche Recht auf größtmögliche Freiheit verfügt und zweitens soziale Ungleichheiten den am wenigsten Begünstigten zum Vorteil gereichen müssen.

■ **Begriffsrealismus** Im Universalienstreit behaupteten die Vertreter des Realismus, dass Allgemeinbegriffe (Universalien) wie z.B. die Schönheit, die Röte, das Gute eine von Erkenntnis, Bewusstsein und Sinneswahrnehmung unabhängige, externe Realität bezeichnen und nicht bloße Worte sind (z.B. Thomas von Aquino, Wilhelm von Champeaux, Bernhard von Chartres, Johannes Scotus Eriugena, Johannes Duns Scotus). Zur Diskussion stand dabei v.a. Platons Verständnis der Ideen, aber auch Aristoteles' Begriff des Ganzen.

Realismus. Unter Berufung auf Platons Ideenlehre sind für die Realisten die Allgemeinbegriffe etwas real vor den Einzeldingen Bestehendes: Die Röte existiert unabhängig von der Rose.

■ **Realistische Fragestellungen** Die Problematik des Realismus als einer grundsätzlichen philosophischen Position besteht darin, dass es einerseits fraglich ist, ob das Erkenntnisobjekt »an sich« so ist, wie es erkannt wird, und andererseits, ob das Objekt überhaupt ein bewusstseinsunabhängiges Gegenüber (Realismus) und nicht vielmehr eine Leistung des Bewusstseins selbst ist (Idealismus).

Die *Erkenntnistheorie* fragt nach dem Verhältnis von Erkenntnissubjekt und Erkenntnisobjekt, wobei zu unterscheiden ist, ob das Objekt durch die Erkenntnis bzw. das Subjekt konstituiert, wenn nicht gar konstruiert ist und somit mit in den Bereich des subjektiven

Bewusstseins fällt, oder ob im realistischen Sinne das subjektive Bewusstsein zur Objekterkenntnis ein unabhängiges und somit externes Gegenüber benötigt.

Diese Position wird in unterschiedlichen Formen vertreten. So kann u. a. unterschieden werden zwischen einem **naiven Realismus**, der davon ausgeht, dass unsere Sinne uns einen unmittelbaren Zugang zur Wirklichkeit ermöglichen (z. B. Johannes Rehmke, *1848, †1930), einem auf den natürlichen Menschenverstand (Commonsense) gegründeten Realismus (z. B. Thomas Reid, John Langshaw Austin, George Edward Moore), dem variantenreichen **kritischen Realismus** des 19./20. Jahrhunderts – vertreten u. a. von Herbert Spencer –, der bestimmte Formen eines **naturwissenschaftlichen Realismus** und an diesem orientierte materialistische Positionen prägte, sowie dem **empirischen Realismus** als Basis eines transzendentalen Idealismus bei Kant.

Realität
→ GEO Dossier
Die Welt – ein Hirngespinst, Bd. 14

■ **Semiotik und Logik** untersuchen v. a. das begriffliche Verhältnis innerhalb der Sprache und die Art und Weise, sich sprachlich auf Außersprachliches zu beziehen. Eine realistische Position geht dabei grundsätzlich von einer Objektwelt aus, auf die sprachlich Bezug genommen werden kann. Vertreter dieser Formen des Realismus sind v. a. Charles Sanders Peirce und Bertrand Russell.

■ **Ontologie und Metaphysik** betrachten das Gesamtverständnis von beschreibbarer Realität hinsichtlich der Frage nach der Einheit des Mannigfaltigen. Für eine realistische Antwort, die idealistischen Konzepten oft sehr nahe kommt, stehen dabei v. a. Platon, die mittelalterlichen Universalienrealisten, die jedoch auch alle einen logischen Realismus vertraten, sowie u. a. Nicolai Hartmann, Alfred North Whitehead und Charles Sanders Peirce.

■ **Ethik** schließlich fragt nach der Art und Weise der Grundlagen des menschlichen Handelns – ob sie prinzipieller Natur sind oder sich im realistischen Sinne nach materiellen Werten oder abwägbarem, positivem Nutzen richten (z. B. Jeremy Bentham, William James, John Stuart Mill).

Realität, allgemein meist »Wirklichkeit« im Sinne der Summe alles Vorhandenen, tatsächlich Gegebenen, Gegenständlichen (Objektiven) im Unterschied zum lediglich Gedachten oder Vorgestellten. Realität wird auch einzelnen Sachverhalten oder Ereigniszusammenhängen zugesprochen, die nicht mit Einzeldingen im Sinne von Gegenständen identifiziert werden können. In der deutsch sprachigen Philosophie wird Realität in unterschiedlicher Weise von Wirklichkeit unterschieden. Derzeit finden v. a. zwei Positionen Beachtung: Zum einen wird Wirklichkeit im Sinne von Aktualität verstanden und Realität als alles, was der Fall ist, zum anderen wird Realität als konkret gegebene singuläre Sachhaltigkeit verstanden und Wirklichkeit als eine Horizontordnung, von der aus Realität und Nichtrealität erst unterschieden werden können.

Das Verständnis der Realität ist von den vorauszusetzenden ontologischen oder metaphysischen Grundannahmen und den entsprechenden erkenntnistheoretischen Fragestel-

Recht Der chinesische Legalismus

100001

Die Legalisten, auch Rechtsschule genannt, gehörten zu den zahlreichen Philosophenschulen des alten China. Sie forderten einen Herrscher, der nicht – wie etwa von Konfuzius verlangt – durch moralische Vorbildlichkeit legitimiert ist, sondern durch Gesetze, die er mit großer Strenge durchsetzt.
Seit dem 4. Jahrhundert v. Chr. war der Legalismus Staatsideologie des expandierenden Militärstaates Qin, dessen Herrscher in kürzester Zeit ganz China unterwarf und sich unter dem Namen Qin Shi Huangdi im Jahr 221 v. Chr. zum ersten »göttlich erhabenen« Kaiser von China machte. Mithilfe seines Kanzlers Li Si vereinheitlichte der Kaiser Schrift, Maße, Münzen, Gewichte und Kalender in China und begann mit dem Bau der Großen Mauer. Damit schuf er den von den Legalisten geforderten absolutistischen Zentralstaat. Er sicherte ihn mittels brutaler Maßnahmen wie etwa der Abschlachtung Hunderter von Konfuzianern oder der Verbrennung aller staatsgefährdenden Bücher. Die Abbildung zeigt einen Teil der mehrere Tausend Figuren umfassenden Terrakotta-Armee im Grabmal des Kaisers Qin Shi Huangdi bei Xi'an. Mit dem Untergang der Qindynastie endete auch die Herrschaft des Legalismus, der dem milderen Konfuzianismus weichen musste.

lungen abhängig. Erst die Antwort auf die sich hieraus ergebenden Ausgangsfragen entscheidet darüber, was als »real« und was als »irreal« bezeichnet wird. Dieser zu allen Zeiten innerhalb der abendländischen Philosophie kontrovers diskutierte Problembereich gilt als klassischer Themenkomplex in der Erkenntnistheorie, in der Ontologie und Metaphysik. Er wird heute auch von der analytischen Sprachphilosophie behandelt.

Recht, im objektiven Sinn die Gesamtheit staatlich institutionalisierter Regeln, die zueinander in einer gestuften Ordnung stehen und menschliches Verhalten anleiten oder beeinflussen. Als Recht im subjektiven Sinn wird dagegen der Anspruch bezeichnet, der für einen Berechtigten aus dem objektiven Recht erwächst.

Rechtfertigung, die rationale Begründung von Einstellungen und Handlungen. Die Möglichkeit der Rechtfertigung im Sinne der Begründbarkeit ist eine wesentliche Voraussetzung für die intersubjektive Verständigung über Werte und Normen.

Rechtshegelianer, Richtung im →Hegelianismus.

Rechts|philosophie, Wissenschaftszweig, der sowohl der Philosophie als auch der Rechtswissenschaft zugeordnet werden kann und sich mit Ursprung, Zweck, Struktur, Legitimation, gesellschaftlicher Interdependenz und Geltung des Rechts befasst.

Die Rechtsphilosophie beschränkt sich in ihrem beschreibenden Teil nicht wie die Rechtsgeschichte und die Rechtssoziologie auf das historische Auftreten des Rechts oder sein Verhältnis zur Gesellschaft, sondern berücksichtigt alle nur erdenklichen Erscheinungsformen und Bezüge des Rechts. Zudem werden im Hinblick auf Rechtsnormen Wertungen und Präskriptionen diskutiert, die diese stützen können. Die Rechtsphilosophie ist demnach nicht nur eine deskriptiv-theoretische, sondern auch eine abstrakt-praktische Wissenschaft. Sie sucht auf diese Weise die Brücke zur konkret-praktischen Rechtspolitik und Rechtsdogmatik zu schlagen.

■ **Problemstellungen** Zentrales Problem der Rechtsphilosophie ist das »Begründungsproblem«, also die Frage, wie Normen gerechtfertigt werden können. Dabei wird auf göttliche Gebote, Naturgesetze oder überpositive Werte und Prinzipien (Naturrecht), die menschliche Vernunft (Vernunftrecht), Nutzenerwägungen (→Utilitarismus), menschliche Interessen (→Subjektivismus), fiktive oder reale Vereinbarungen (→Vertragslehre) oder rationale Diskursbedingungen (Diskurstheorie; →Diskurs) rekurriert.

Das »Geltungsproblem« schließt an das Begründungsproblem an und zerfällt in zwei Unterprobleme: Bezüglich der Sollgeltung stellt sich die Frage, warum und wann der Einzelne bestimmten Verhaltensanforderungen des Rechts folgen soll. Dabei ist umstritten, ob bei positiven Gesetzen die Einhaltung formaler Rechtssetzungsbedingungen genügt (Rechtspositivismus) oder darüber hinaus auch inhaltliche Begründungsanforderungen gestellt werden müssen. Hierzu würde etwa die Bedingung gehören, dass der Gesetzgeber wenigstens die Absicht hatte, gerechtes Recht zu schaffen (»radbruchsche Formel«), also sich – je nach Standpunkt – an eine der oben erwähnten Begründungsformen anzuschließen. Daneben wird im Rahmen der Wirksamkeitsgeltung untersucht, ob die entsprechenden Normen tatsächlich befolgt werden (Verhaltensgeltung) bzw. bei Normverletzungen entsprechende Sanktionen erfolgen (Sanktionsgeltung). Beide Unterprobleme der Geltungsfrage stehen insofern in Zusammenhang, als verschiedentlich eine Einschränkung oder gar Aufhebung der Sollgeltung durch die Wirksamkeitsgeltung angenommen wird.

Auch das »Gerechtigkeitsproblem« (→Gerechtigkeit) hängt mit dem Begründungsproblem zusammen. Allerdings liegt bei ihm der Akzent auf der inhaltlichen Orientierung der Norm an einer gerechten Verteilung. Gerechtigkeitsaspekte können sein: Stand, Leistung, Chance, Verdienst, Bedürfnis, Interesse oder Gleichheit.

Beim »Strukturproblem« schließlich ist umstritten, ob das Recht eine axiomatisch-hierarchische (Natur- und Vernunftrecht), eine geltungshierarchische, eine zweistufig regelhafte (Herbert Lionel Adolphus Hart,

Rechtsphilosophie. Im Mittelalter wurden rechtliche Normen durch den Bezug auf Naturgesetze und göttliche Gebote begründet (Miniatur zur Bambergischen Halsgerichtsordnung von 1507).

*1907, †1993) oder eine topisch-monadische (Theodor Viehweg, *1907, †1989) Struktur aufweist, ob es notwendig oder nur fakultativ Sanktionen statuiert und wer der Adressat seiner Normen ist, also etwa nur staatliche Stellen oder auch der Bürger.

■ **Geschichte** Schon in der antiken Philosophie wurden zentrale rechtsphilosophische Probleme verhandelt. Das Begründungsproblem fand seinen Niederschlag in verschieden fundierten und ausgestalteten Naturrechtslehren, die im Rahmen der Philosophie der Stoa zum zentralen rechtsphilosophischen Paradigma wurden. Bei Augustinus erfolgte deren Verschmelzung mit christlichen Dogmen zu einem christlichen →Naturrecht, das das rechtsphilosophische Denken des Abendlandes für mehr als ein Jahrtausend prägte. Neuzeit und Aufklärung brachten neben einer Herauslösung des Naturrechts aus diesem System dessen zunehmende Säkularisierung und Rationalisierung. Im Vernunftrecht des 17. und 18. Jh. (Hugo Grotius, Samuel von Pufendorf, Christian Thomasius, Christian Wolff) erreichte das rechtsphilosophische Denken einen ersten Höhepunkt.

Mit Verbreitung der transzendentalen bzw. idealistischen Philosophie kam das rechtsphilosophische Denken bei Kant, Johann Gottlieb Fichte und besonders bei Hegel auch zu einem philosophischen Kulminationspunkt. Nachdem schon Kant in seiner »Metaphysik der Sitten« nicht mehr von Naturrecht gesprochen hatte, wurde in dieser Zeit der Terminus »Philosophie des Rechts« oder »Rechtsphilosophie« gebräuchlich.

An der Wende zum 19. Jh. entstand gleichzeitig mit dem Historismus und der »historischen Rechtsschule« eine einflussreiche Gegenbewegung (Friedrich Carl von Savigny, *1779, †1861), die die metaphysisch-rationalistische Rechtsphilosophie ablehnte und das Recht ausschließlich als geschichtliches Produkt ansah. In der Mitte des 19. Jh. traten Rechtspositivismus, allgemeine Rechtslehre und Begriffsjurisprudenz in den Vordergrund. Erst an der Wende zum 20. Jh. erlebte die Rechtsphilosophie in Deutschland im Zuge des Neukantianismus (Rudolf Stammler, *1856, †1938) und Neuhegelianismus (Julius Binder, *1870, †1939) eine Renaissance.

Im Anschluss an die südwestdeutsch-neukantianische →Wertphilosophie (Heinrich Rickert; Emil Lask, * 1875, †1915) und das Denken Max Webers entwickelte Gustav Radbruch (*1878, †1949) in seinen frühen Arbeiten eine wertrelativistische Rechtsphilosophie. Carl Schmitt (*1888, †1985) propagierte ein dezisionistisches Denken, nach dem das als Recht anzusehen ist, was die Gesetzgebung zum Recht erklärt. Hans Kelsen (*1891, †1973) schuf eine positivistisch-normlogische »reine Rechtslehre«, die nach dem Postulat der antiken wissenschaftlichen Trennung von Sein und Sollen die Rechtswissenschaft als eine reine Normwissenschaft frei von allen außerrechtlichen Anleihen (z. B. Soziologie, Theologie) im Sinne eines strikten Rechtspositivismus zu begründen versuchte. Auch ein katholisch-thomistisches Naturrecht lebte fort (Victor Cathrein, *1845, †1931).

Eine kurze Renaissance des Naturrechts in Deutschland nach 1945 als Reaktion auf die nationalsozialistischen Verbrechen wurde bald durch eine Vielzahl von unterschiedlichen Strömungen abgelöst, etwa durch die Rezeption der analytisch-positivistischen Rechtstheorie Harts, eine Ontologie der Relationen (Arthur Kaufmann, *1923), eine Systemtheorie (v. a. Niklas Luhmann) und eine Diskurstheorie (Jürgen Habermas) des Rechts.

Reductio ad absurdum [latein. »Zurückführung auf das Sinnlose«], in der *Logik* ein Verfahren des indirekten Beweises einer These »A«, bei dem aus der Annahme des kontradiktorischen Gegenteils »nicht-*A*« ($\neg A$) ein Widerspruch logisch erschlossen wird.

Reduktion [latein. »Zurückführung«], allgemein die Zerlegung eines komplexen Tatbestandes in einfachere Bestandteile bzw. die Zurückführung des Abgeleiteten auf sein Wesen oder seine Prinzipien.

In der *Logik* bezeichnet Reduktion die intensionale, also inhaltliche Rückführung von Aussagen und Begriffen auf Grundbegriffe und -aussagen. Sie steht damit im Gegensatz zur →Deduktion. Als Spezialfall der Reduktion wird die Induktion als Rückführung des Besonderen auf ein Allgemeines angesehen. Die Reduktion gehört zu den so genannten hypothetischen Schlüssen.

Viele philosophische Lehren sind durch Reduktionsprogramme gekennzeichnet. Im logischen Empirismus (Rudolf Carnap) wird Reduktion über eine stufenweise Ableitung von Begriffen aus Grundbegriffen über einen Begriffsstammbaum angestrebt. In der →Phänomenologie (Edmund Husserl) dient die auf die Anschauung bezogene, intuitiv-analytische Methode der **eidetischen und transzendentalen Reduktion** zur Erschließung des reinen Bewusstseins als Bereich der transzendentalen Erfahrung.

Reduktionismus [latein.], im weiteren Sinn die systematisch begründende Rückführung komplexer Begriffe, Theorien, Wirklichkeitsbereiche oder der gesamten Wirklichkeit auf elementare Begriffe, Prinzipien, Methoden oder Seinsbereiche, z. B. der geistigen Wirklichkeit auf die Materie im Materialismus. Im engeren Sinn kennzeichnet Reduktionismus den Versuch des →logischen Empirismus, die Begriffe, Aussagen und Theorien der Einzelwissenschaften auf eine Basiswissenschaft zurückzuführen und aus dieser zu erklären. Der **mechanische Reduktionismus** stellt einen

Vermittlungsversuch zwischen Mechanismus und Vitalismus dar. Er hält die vitalistische Auffassung aufgrund ihrer Annahme der ontologischen Eigendimensionalität des Lebendigen für unwissenschaftlich.

Redundanztheorie, Theorie der →Wahrheit.

Referenz, Terminus der →Semantik.

Reflexion [französ., von latein. reflexio »das Zurückbeugen«], ein vorwiegend operativer Begriff der *Erkenntnistheorie,* der allgemein in einem sehr umfassenden, eher unscharfen Sinn gebraucht wird. Auf etwas reflektieren bedeutet, sich in Gedanken mehr oder minder kritisch einem Sachverhalt oder einem Thema zuzuwenden bzw. über etwas nachzudenken.

Reflexion kann zudem die Zurückwendung des Denkens auf das Gedachte oder das Denken selbst bezeichnen. Sie gründet in diesem engeren Sinn auf dem Vermögen des Denkens, sich nicht nur direkt auf Gegenstände der Welt zu richten (Intentio recta), sondern sich auch zum Denkenden zurückwenden (Intentio obliqua) und sich damit selbst zum Gegenstand machen zu können. So versteht sich z. B. Kants Vernunftkritik als das Hinterfragen der Möglichkeitsbedingungen von Erfahrung überhaupt. Diese transzendentale Reflexion führt die Begriffe auf die ihnen zugehörigen Erkenntnisvermögen (Verstand, Vernunft, Sinnlichkeit) zurück.

Reflexionsphilosophie, von Hegel und Friedrich Wilhelm Joseph von Schelling geprägte Bezeichnung für die kantische Transzendentalphilosophie. Im Unterschied zu der von ihnen vertretenen »spekulativen Philosophie« (→Spekulation) sei diese nicht imstande, eine Erkenntnis des Ganzen, also des Absoluten zu ermöglichen.

Regel [aus mittellatein. regula »Ordensregel«, von latein. regula »Richtholz«, »Richtschnur«; »Regel«], Richtlinie im Sinne einer Empfehlung, einer als bindend gesetzten und anerkannten Vorschrift (z. B. Straf- und Zivilgesetze), eines für bestimmte Handlungen bewährten Vorgehens (z. B. Navigationsregel) oder einer auf Konvention beruhenden Verhaltensform (z. B. Spielregel). Regeln haben universelle Geltung für alle Handlungen eines bestimmten Typs, können jedoch Ausnahmen unterliegen.

Regress [zu latein. regredi »(auf jemanden) zurückkommen«, »Ersatzansprüche stellen«], das Zurückgehen von der Wirkung zur Ursache oder vom Bedingten zur →Bedingung in einem Begründungsverfahren. Wenn die Bedingung ihrerseits jeweils als ein Bedingtes auf eine Bedingung zurückgeführt werden muss, spricht man von einem **unendlichen Regress** (lateinisch regressus ad infinitum).

Reichenbach, Hans, amerikanischer Wissenschaftstheoretiker deutscher Herkunft, *Hamburg 26. 9. 1891, †Los Angeles (Calif.) 9. 4. 1953; war 1926–33 Professor in Berlin, ab 1933 in Istanbul und ab 1938 an der University of California in Los Angeles. Als einer der prominentesten Vertreter des logischen Empirismus trug Reichenbach nachhaltig zu dessen Verbreitung in Deutschland bei. Seine frühen Arbeiten galten v. a. der philosophischen Aufarbeitung der Relativitätstheorie (»Relativitätstheorie und Erkenntnis a priori«, 1920) und in diesem Zusammenhang besonders der kantischen Lehre vom synthetischen Apriori und den damit verbundenen Fragen nach dem Wesen von Raum und Zeit (»Philosophie der Raum-Zeit-Lehre«, 1928). Reichenbach trat besonders durch seine Beiträge zur Wahrscheinlichkeitslogik hervor, nach der alle Erkenntnis lediglich auf Wahrscheinlichkeitsschlüssen beruht.

Reid [ri:d], Thomas, schottischer Philosoph, *Strachan (Grampian Region) 26. 4. 1710, †Glasgow 7. 10. 1796; war Professor in Aberdeen und Glasgow (ab 1764). Reid gilt als der Begründer der →Schottischen Schule und der Philosophie des →Commonsense. In der 1764 erschienenen Schrift »An inquiry into the human mind on the principles of common sense« (dt. »Untersuchung über den menschlichen Geist, nach den Grundsätzen des gemeinen Menschenverstandes«) entwickelte er in Auseinandersetzung mit John Locke und David Hume seine Ideenlehre. Dabei übernahm er erkenntnistheoretische Elemente der zeitgenössischen Methodologie empirischer Wissenschaften, die er in die Form einer Theorie induktiver Methoden auf der Grundlage einer theoriefreien Beschreibung psychischer Phänomene zu bringen versuchte.

Gegen die herkömmliche Abbildtheorie und die skeptische Wende in der Erkenntnistheorie wies Reid auf den sprachlich vermittelten Charakter des Wissens, v. a. auf die in der Sprache semantisch repräsentierte Sicherheit eines alltäglichen Handlungs- und Orientierungswissens (Commonsense) hin. Mit Reid nahm der klassische Empirismus eine sprachphilosophisch bestimmte, an einer Theorie induktiver Argumente orientierte Wendung.

Hermann Samuel Reimarus

Reimarus, Hermann Samuel, deutscher Philosoph und Theologe, *Hamburg 22. 12. 1694, †ebenda 1. 3. 1768; war ab 1728 Professor für orientalische Sprachen am Akademischen Gymnasium in Hamburg. Seine von der Philosophie Christian Wolffs geprägten Schriften »Die vornehmsten Wahrheiten der natürlichen Religion« (1754) und »Die Vernunftlehre« (1756) verteidigen den Deismus und die natürliche vernunftgemäße Religion gegen die Kritik der französischen Aufklärer und die Unterdrückung durch die christlichen Kirchen.

Reinhold, Karl Leonhard, deutsch-österreichischer Philosoph, *Wien 26. 10. 1758,

† Kiel 10. 4. 1823; wirkte seit 1787 als Professor in Jena und seit 1794 in Kiel. Als Anhänger der kritischen Philosophie Kants trug er wesentlich zu deren Verbreitung und Weiterentwicklung in einer »Elementarphilosophie« (»Versuch einer neuen Theorie des menschlichen Vorstellungsvermögens«, 1789) bei. Reinhold zielte auf eine Theorie der Erkenntnis als eine deskriptive, philosophische Aspekte einschließende Phänomenologie. Er beeinflusste u. a. Johann Gottlieb Fichte, Arthur Schopenhauer und die Immanenzphilosophie, die die strikte Identität von Wirklichkeit und Bewusstseinsinhalten behauptet.

Rekonstruktion, Verfahren der →Konstruktion.

Relation [zu latein. referre »berichten«, »sich auf etwas beziehen«; »Bericht(erstattung)«], eine →Kategorie, die den Zusammenhang zweier Begriffe (als Subjekt–Objekt), zweier Dinge (als Ursache–Wirkung) und Ähnlichem betrifft, die in ihrem räumlichen, zeitlichen, sachlichen und bedeutungsmäßigen Zusammensein aufeinander angewiesen sind und sich wechselseitig bestimmen. Nach Kant sind auch Urteile entsprechend ihrer Relation einzuteilen, d. h. nach dem Verhältnis oder der Art der Beziehung zwischen Subjekt und Prädikat, nämlich in kategorische (unbedingte), hypothetische (bedingte) und disjunktive (nicht entscheidende) Urteile.

Relativismus [zu spätlatein. relativus »bezüglich«], 1) der Relationalismus, dem zufolge nur die Beziehungen der Dinge zueinander, nicht aber diese selbst erkennbar sind; 2) die Auffassung, dass Erkenntnisse **(erkenntnistheoretischer Relativismus)** und Werte **(ethischer** und **Wertrelativismus)** nicht absolut, sondern immer nur relativ zu bestimmten Bezugspunkten Geltung bzw. Gültigkeit beanspruchen können.

Der Relativismus lässt sich nach den verschiedenen Bezugspunkten einteilen, auf die hin Erkenntnis und Werte relativiert wurden: Sie werden z. B. abhängig gemacht von der jeweils besonderen historisch-kulturellen Situation (z. B. →Historismus), der besonderen biologischen oder psychologischen Artung des Menschen (Biologismus, →Psychologismus), der Lebenspraxis (→Pragmatismus, →Utilitarismus), der Individualität des Erkennenden oder Wertenden (z. B. →Perspektivismus) oder dem Sprachgebrauch mit seinen spezifischen Bedeutungsregeln.

Der Historismus und der Biologismus etwa, der eine Absolutsetzung des organischen bzw. »plasmatischen« Lebens vornimmt, sind philosophisch-weltanschauliche Strömungen des 19. und 20. Jahrhunderts, deren Bekämpfung den Relativismus zu einem viel behandelten Problem in der deutschen Philosophie des 20. Jahrhunderts werden ließ. Historisch lässt sich der Relativismus bis auf die Sophistik zurückverfolgen: Protagoras, der an den dem Relativismus verwandten →Skeptizismus anknüpfte, gilt als sein erster Vertreter.

Für Paul Feyerabend hatte der **Relativismus** vor allem positive Aspekte:

»Menschen, die fremden Rassen und Kulturen, Sitten und Anschauungen begegnen, reagieren auf verschiedene Weise.... Der Relativismus ist eine der Ansichten, die aus dem Prozess hervorgingen. Er ist ein Versuch, das Phänomen der kulturellen Vielfalt zu verstehen.«

Religionsphilosophie, die philosophische Beschäftigung mit dem Phänomen der Religion. Im weiteren Sinn verstanden, ist Religionsphilosophie so alt wie die Philosophie selbst. Bereits die Vorsokratiker behandelten religiöse und philosophische Probleme gemeinsam. Die Durchdringung beider Bereiche war für die Denkentwicklung des Abendlandes bestimmend. In der frühen Neuzeit kam es schließlich zu einer Ablösung der Philosophie von theologischen Voraussetzungen. Religionsphilosophie im engeren Sinn als eine Disziplin der Philosophie setzt diese Entwicklung voraus und ist daher nicht mit religiöser Philosophie identisch.

■ **Ansatz** Von den Disziplinen der Religionswissenschaft unterscheidet sich die Religionsphilosophie durch den Allgemeinheitsanspruch ihrer Reflexion auf Geltung und Begründung von Religion. Im Unterschied zur Theologie, die innerhalb einer bestimmten Religion in prinzipieller Affirmation von deren Grundlagen betrieben wird, sucht die Religionsphilosophie ohne Berufung auf eine normative Tradition das Phänomen der Religion ausschließlich mit den Mitteln der Vernunft zu ergründen. Zu den traditionellen Themen der Religionsphilosophie gehören das Verhältnis von Philosophie und Theologie, insbesondere von Vernunft und Offenbarung, das Wesen und die Funktion der Religion, die →Gottesbeweise, die Unsterblichkeit sowie das Problem der →Theodizee.

■ **Anfänge** Mit der Neuzeit begann der Übergang zur kritischen wissenschaftlichen

2400

Religionsphilosophie. Im Unterschied zur Theologie macht die Religionsphilosophie es sich zur Aufgabe, Wesen und Funktion von Religion zu klären, ohne dabei selbst konfessionell gebunden zu sein (Kultbild einer gebärenden Göttin aus Çatal Hüyük, um 5800 v. Chr.; Ankara, Archäologisches Museum).

Religionsphilosophie, insofern diese sich bewusst von den Vorgaben der normativen Tradition, v. a. des Christentums, löste. Besonders ausgeprägt findet sich diese Tendenz bei Baruch de Spinoza in seinem »Tractatus theologico-politicus« (1670). Seither stützte sich die philosophische Auseinandersetzung mit der Religion – so der Anspruch – ausschließlich auf die Vernunft (Descartes, John Locke, Leibniz). Im Anschluss an Jean Bodin wurde für die Beurteilung der geschichtlichen Religionen die Vorstellung einer natürlichen Religion und natürlichen Theologie, die von der Frage ausgeht, ob es neben den auf Religionsstifter zurückgehenden Religionen mit einem festen Glaubens- und Offenbarungsinhalt eine allen Menschen auf natürlichem Weg zugängliche und vernunftmäßig erschließbare religiöse Erkenntnis gibt, zum Maßstab.

■ **Aufklärung** Als Religionsphilosophie der Aufklärung kann der besonders in England stark vertretene Deismus gelten, der den Offenbarungsglauben ablehnte und den moralischen Charakter religiöser Vorschriften betonte. Gotthold Ephraim Lessing, neben Hermann Samuel Reimarus Hauptvertreter deistischer Religionsphilosophie in Deutschland, begriff die Offenbarungsreligion im Prozess der »Erziehung des Menschengeschlechts« als notwendige Übergangsstufe. Von seiner Kritik der klassischen Gottesbeweise ausgehend, führte Kant mit der Schrift »Die Religion innerhalb der Grenzen der bloßen Vernunft« (1793) die aufklärerische Betonung des moralischen Gehalts der Religion fort, indem er den Gedanken von Gott als einem Postulat der praktischen Vernunft anführte.

■ **Idealismus** Anders als Kant versuchte Friedrich Schleiermacher, Religion auf eine bestimmte Form menschlicher Erfahrung, v. a. auf das »Gefühl der schlechthinnigen Abhängigkeit« von Gott zurückzuführen. Gegen ihn wandte sich Hegel in seinen »Vorlesungen über die Philosophie der Religion« mit einem spekulativen System, in dem Religion Wissen des göttlichen Geistes von sich selbst im endlichen Geist ist, sodass Gott im Denken des Menschen zu sich selbst kommt. Spekulative Rekonstruktionen der geschichtlichen Religion finden sich auch bei Johann Gottlieb Fichte und Friedrich Wilhelm Joseph von Schelling.

■ **19. und 20. Jahrhundert** Die zweite Hälfte des 19. Jahrhunderts stand im Zeichen der Religionskritik, v. a. bei Ludwig Feuerbach, Karl Marx, Friedrich Nietzsche und später Sigmund Freud. Im Gegenzug dazu wurde um die Wende zum 20. Jahrhundert eine Reihe religionsphilosophischer Entwürfe entwickelt, die auch noch die gegenwärtige Diskussion prägen. Ausgehend von der Religionspsychologie (William James), dem Neukantianismus (u. a. Hermann Cohen) und dem Konzept eines religiösen Apriori wurde versucht, die Wirklichkeit religiöser Erfahrung zu verteidigen.

Positivismus und Sprachkritik bildeten den Ausgangspunkt für einen Neuansatz der »analytischen Religionsphilosophie«. Unter Berufung auf die Sinnkriterien des logischen Empirismus behauptete u. a. Alfred Jules Ayer die Sinnlosigkeit religiöser Aussagen. Andere Autoren versuchten, der religiösen Sprache einen pragmatischen (Ronald William Hepburn, * 1927), ethischen (Richard Bevan Braithwaite, * 1900, † 1990) oder »eschatologischen« (John Harwood Hick, * 1922) Sinn zuzuschreiben.

Eine zweite Hauptströmung innerhalb der neueren Religionsphilosophie knüpft an die Spätphilosophie Ludwig Wittgensteins und die Theorie der Sprechakte an. Als Analyse religiöser »Sprachspiele« (Dewi Zephaniah Phillips; Dallas Milton High, * 1931, u. a.) will sie die logische Eigenständigkeit religiöser Rede und Überzeugung aufzeigen. In der Auseinandersetzung mit der abendländischen Tradition hat im 20. Jahrhundert die japanische Kyōtoschule eine eigenständige buddhistische Religionsphilosophie entfaltet.

Renaissance »Über die Würde des Menschen«

Obwohl als Eröffnungsrede anlässlich der Disputation von nicht weniger als 900 Thesen geplant, kam Pico della Mirandolas »Über die Würde des Menschen« (1486) aufgrund kirchlicher Intervention nie zum öffentlichen Vortrag. Sie löst den Menschen aus der hierarchisch fest gefügten Schöpfungsordnung heraus, von der ihm nach mittelalterlichem Denken seine Natur und Bestimmung zugewiesen sind, und stellt ihn als völlig freies Wesen in die Mitte der Welt. An keinen vorgegebenen Ort gebunden und durch keinerlei natürliche Ausstattung festgelegt, besteht die ihn vor allen anderen Geschöpfen auszeichnende Würde darin, dass er sich nach eigenem Entschluss und aus eigener Kraft zu dem gestalten kann, was er sein will, und »zum Niedrigen, zum Tierischen entarten« wie auch »zum Höheren, zum Göttlichen wieder geboren werden« kann.

Renaissance [rənɛˈsãːs; französ., eigtl. »Wiedergeburt«], kulturgeschichtlicher Begriff, der ursprünglich die Zeit von etwa 1350 bis ins 16. Jh. als die Zeit der Wiedererweckung des klassischen Altertums und des Wiederaufblühens der Künste, dann den kulturellen Zustand der Übergangszeit vom Mittelalter zur Neuzeit, besonders in Italien, bezeichnet. Er steht in enger Beziehung zum Begriff des →Humanismus. Während Humanismus mehr das Wissenschaftlich-Geistige des Zeitalters bezeichnet, richtet sich der Begriff Renaissance auf die Gesamtkultur des Zeitraums.

Repräsentation [französ., von latein. repraesentatio »Darstellung«], allgemein die Vertretung einer Gesamtheit durch ein Einzelnes, den Repräsentanten. Der Begriff wird vielfach – etwa bei Leibniz und Arthur Schopenhauer – zur näheren Bestimmung der →Vorstellung verwendet und bezeichnet hier die

Rhetorik. Den Höhepunkt hatte die Entwicklung der Redekunst mit Marcus Tullius Cicero im 1. Jh. v. Chr. erreicht. Bis in die Spätantike spielten Rhetoren im politischen Leben des Römischen Reichs eine große Rolle (Ausschnitt aus dem Musen- oder Rhetorenmosaik aus dem Palast des Prokurators in Trier, 3. Jh.; Trier, Rheinisches Landesmuseum).

Vergegenwärtigung von nicht unmittelbar Gegebenem.

Res cogitans [latein. »denkende Substanz«], in der rationalistischen Philosophie von Descartes die »denkende Substanz« (Geist, Seele, Bewusstsein) im Unterschied zur **Res extensa,** der »ausgedehnten Substanz« (Materie und Leib). Beide zusammen stellen nach Descartes' dualistischer Ontologie die Erscheinungsweisen alles Seienden dar.

Reuchlin, Johannes, gräzisiert Kapnion, latinisiert Capnio, deutscher Humanist, * Pforzheim 22. 2. 1455, † Stuttgart 30. 6. 1522; war als Jurist in württembergischen Diensten tätig. Zuletzt wirkte Reuchlin als Professor für Griechisch und Hebräisch in Ingolstadt und Tübingen. Zu seinen Lehrern zählte u. a. Rudolf Agricola. Kontakte zu Marsilio Ficino (1482) und Giovanni Pico della Mirandola (1490) ließen ihn zum Anhänger des Neuplatonismus und der Kabbala werden. Er gilt neben Erasmus von Rotterdam als Hauptvertreter des deutschen Humanismus.

Die Philosophie bildete für Reuchlin das notwendige Vorwissen, um über das Studium der griechischen Philosophen, des Alten Testaments, der jüdischen Mystik und der Kabbala zur »geheimen Philosophie« (Philosophia arcana) zu gelangen. Diese christliche Theosophie entfaltete er in seinen philosophisch-theologischen Hauptwerken »De verbo mirifico« (1494; dt. »Das wundertätige Wort«) und »De arte cabalistica« (1517). Jeweils in Form eines Lehrgesprächs zwischen drei Weisen werden platonische Weltsicht, pythagoreische Philosophie, Kabbala und christlicher Glaube verbunden.

Reuchlins öffentliche Stellungnahme für das jüdische Schrifttum in einem gegen den vom Judentum zum Christentum konvertierten Schriftsteller Johannes Pfefferkorn gestellten Antrag auf Vernichtung aller jüdischen Schriften gerichteten Gutachten (1510) verwickelte ihn in einen jahrelangen Streit, der sich zur »Reuchlinaffäre« ausweitete. Sie fand ihren Niederschlag in vielen polemischen Schriften Pfefferkorns mit der Unterstützung von Kölner Dominikanern auf der einen Seite sowie in Schriften Reuchlins und vieler Humanisten auf der anderen Seite. Sie endete 1520 mit der kirchlichen Verurteilung von Reuchlins Schrift »Augenspiegel« (1511), der Erwiderung auf Pfefferkorns »Handt Spiegel« (1511).

Rezeptionsästhetik, Teilgebiet der →Ästhetik.

Reziprozität [zu französ. réciproque, von latein. reciprocus »auf demselben Wege zurückkehrend«], wechselseitiges, d. h. gleiches oder umgekehrtes Verhältnis von Begriffen oder Urteilen, entweder im Sinn der Umfangsgleichheit bei unterschiedlichen Formulierungen (Äquipollenz) oder einer umgekehrten inhaltlichen Proportionalität (»je größer *A*, desto kleiner *B*«).

Rhetorik [griech. rhētorikḗ (téchnē) »Redekunst«], zusammenfassender Begriff für Theorie und Praxis menschlicher Beredsamkeit. Als wissenschaftliche Disziplin beschäftigt sich die Rhetorik mit der Analyse sprachlicher und der Sprache analoger Kommunikation (körperliche Beredsamkeit), die wirkungsorientiert, also auf die Überzeugung des Adressaten hin ausgerichtet ist (persuasive Kommunikation).

■ **Ursprung** Das System der Rhetorik wurde in seinen wesentlichen Zügen in der Antike durch Aristoteles, Cicero und Quintilian (* etwa 30 n. Chr., † um 96) entwickelt und stellt bis heute die Grundlage der allgemeinen und der angewandten Rhetorik dar. Seine theoretischen Voraussetzungen beruhen auf der anthropologischen Annahme der Redefähigkeit als allgemeiner menschlicher Naturanlage (Natura), die durch Kunst und Wissen (Ars, Doctrina) sowie durch Erfahrung und Übung (Exercitatio) vervollkommnet werden kann.

■ **Geschichte** Die Rhetorik entstand im 5. Jh. v. Chr. nach der Beseitigung der Tyrannenherrschaft in Syrakus und Athen, als Interessengegensätze auf ökonomischem, politischem und rechtlichem Gebiet öffentlich ausgetragen werden konnten. Ihre erste Blüte erlebte sie in der sophistischen Aufklärung (Protagoras, Gorgias), in der die menschliche Rede zu einem rational brauchbaren und universell einsetzbaren Instrument des gesellschaftlichen Lebens avancierte. In Platon, dessen Bild von der Sophistik bis heute nachwirkt, erwuchs der Rhetorik ein einflussreicher Gegner, der sie als »Überredung«, »Scheinkunst« und »Schmeichelei« kritisierte und zur Wahrheitserkenntnis für untauglich erklärte.

Die Rehabilitierung der Rhetorik ging von Aristoteles aus, der mit seiner »Rhetorica« das bis heute folgenreichste Lehrbuch einer rhetorischen Argumentationstheorie schrieb und ihre Aufgabe darin bestimmte, »nicht... zu überreden, sondern zu untersuchen, was an jeder Sache Glaubwürdiges vorhanden ist«. Von Aristoteles wurde die Rhetorik auch als gleichberechtigtes Gegenstück zur philosophischen Dialektik behandelt, da beide es mit dem Ungewissen zu tun hätten und durch ihre Fähigkeit, »über Entgegengesetztes Schlüsse zu bilden«, strittige Sachverhalte im Für und Wider der Argumente zur Entscheidung bringen könnten.

Von den römischen Rednern und Redetheoretikern wie Cicero und Quintilian wurde die Rhetorik zu dem neben der Philosophie wirkungsmächtigsten Bildungssystem der europäischen Geschichte erhoben. Das christliche Mittelalter eignete sich das rhetorische Wissen für die Bibelauslegung und Predigtlehre an. In den Hof-, Kloster- und Kathedralschulen wurden die sieben freien Künste (Artes liberales) gelehrt, zu denen die Rhetorik neben Grammatik und Dialektik zum Trivium (Dreiweg) gehörte. In der Renaissance gewann die Rhetorik so sehr an Geltung und Einfluss, dass die Philosophie zeitweise in ihr aufging. Sie beherrschte Schul- und Universitätsbetrieb, Literatur und Architektur, Hof- und Gerichtswesen, gesellschaftliches Leben, Kirche und Theologie.

Der Niedergang der Rhetorik als einer wissenschaftlichen Disziplin ist in allen europäischen Ländern seit den 30er-Jahren des 19. Jahrhunderts zu verzeichnen. Als Redepraxis blieb sie hingegen erhalten.

Rickert, Heinrich, deutscher Philosoph, * Danzig 25. 5. 1863, † Heidelberg 30. 7. 1936; wurde 1894 Professor in Freiburg im Breisgau und 1916 in Heidelberg. Er gehörte neben seinem Lehrer Wilhelm Windelband (* 1848, † 1915) zu den Begründern der südwestdeutschen Schule des Neukantianismus.

Rickert lehrte einen Kritizismus, der der transzendentalen Subjektivität eine die primäre Erkenntnis begründende Funktion zuschreibt. In seinen späteren Studien zur Erkenntnistheorie, in denen das Problem des alogisch-außersubjektiven Erkenntnismaterials an Bedeutung gewinnt und Rickert sich ontologischen Fragestellungen nähert, bleibt der transzendental-idealistische Ansatz ebenso erhalten wie in der Theorie der Werte, die Rickert im Anschluss an Windelband systematisch ausbaute. Zentrales Problem seiner Wertphilosophie ist dabei die Differenz von Wert und Wirklichkeit und deren Aufhebung durch das wertende Subjekt. Unbeschadet der Anerkennung objektiv geltender, von der individuellen Subjektivität unabhängiger Werte lehnte Rickert Metaphysik im Sinne einer objektivistischen Wissenschaft vom Absoluten ab.

Philosophiegeschichtlich ist auch Rickerts mit Wilhelm Windelband entwickelte Unterscheidung der Kultur- und Naturwissenschaften als ideografisch (d. h. das einmalige Ereignis beschreibend) bzw. nomothetisch (d. h. die Gesetzmäßigkeit beschreibend) einflussreich geworden. Als seine zentralen Werke gelten die Vortragsschrift »Kulturwissenschaft und Naturwissenschaft« (1899), »System der Philosophie« (1921) und »Grundprobleme der Erkenntnistheorie« (1934).

Ricœur [riˈkœ:r], Paul, französischer Philosoph, * Valence 27. 2. 1913, † Châtenay-Malabry 20. 5. 2005; war ab 1948 Professor in Straßburg, dann in Paris (1956–78) und seit 1970 zugleich in Chicago (Ill.). Mit seiner anfänglichen Phänomenologie des Wollens knüpfte Ricœur an Edmund Husserl und den französischen Existenzphilosophen Gabriel Marcel (* 1889, † 1973) an. In »Finitude et culpabilité« (1969; dt. »Phänomenologie der Schuld«) entwickelte er seine Methodik weiter und gelangte schließlich im zweiten Band (»La symbolique du mal«; dt. »Die Symbolik des Bösen«) zu einer hermeneutischen Phänomenologie. In ihr verweist er auf die Deutungsbedürftigkeit der menschlichen Erfahrungen und verbindet die Beschreibung der Phänomene mit der Deutung von Zeichen, Symbolen und Texten. So bezieht Ricœur u. a. die psychoanalytische Entzifferung des Unbewussten, die schöpferische Metaphorik der Sprache sowie die Erzählstrukturen von Zeit und Geschichte in eine Welt- und Selbstdeutung des Menschen ein.

Ritter, Joachim, deutscher Philosoph, * Geesthacht 3. 4. 1903, † Münster 3. 8. 1974; lehrte seit 1946 als ordentlicher Professor in Münster, unterbrochen von einer Gastprofessur in Istanbul (1953–55). Ausgehend von einer wegweisenden Auseinandersetzung mit Hegels Rechtsphilosophie – besonders in dem Aufsatz »Hegel und die französische Revolution« (1957) – entwickelte Ritter eine Theorie der Moderne, in deren Mittelpunkt der ins Positive gewendete Begriff der »Entzweiung« steht. Die Erneuerung der praktischen Philosophie im Rückgang auf Aristoteles ist maßgeblich sein Verdienst, ebenso die Vorbereitung und Herausgabe des »Historischen Wörterbuchs der Philosophie« (1971 ff.).

Rorty [ˈrɔ:rtɪ], Richard, amerikanischer Philosoph, * New York 4. 10. 1931; Schüler Rudolf Carnaps und Carl Gustav Hempels. 1958–61 war er Professor am Wellesley College (Mass.), 1961–81 an der Princeton University (N. J.) und 1982–98 an der University

Richard Rorty
*** 1931**

100562

- kritisiert die traditionelle Erkenntnistheorie
- wendet sich gegen Ansprüche auf absolute Geltung und fordert eine »pragmatische« Hermeneutik
- bemüht sich um eine Verbindung zwischen Pragmatismus und Hermeneutik
- nimmt zu weltpolitischen und inneramerikanischen Themen Stellung
- gilt als einer der umstrittensten Gegenwartsphilosophen

Jean-Jacques Rousseau
*** 1712, † 1778**

- war Autodidakt
- idealisierte den Urzustand der Menschheit gegenüber der neuzeitlichen Zivilisation
- bereitete mit seiner Kritik am Absolutismus die Französische Revolution vor
- verfasste mit seinem »Gesellschaftsvertrag« ein Grundbuch der modernen Demokratie
- plädierte für eine am Kind orientierte Pädagogik und Toleranz unter den Religionen

of Virginia in Charlottesville. Seit 1998 wirkt er als Professor für Literatur in Stanford (Calif.).

Rorty hat sich v. a. mit der traditionellen Erkenntnistheorie und der sprachanalytischen Philosophie auseinander gesetzt. In seinem Buch »Philosophie and the mirror of nature« (1979; dt. »Der Spiegel der Natur«) kritisiert er u. a. die in der Philosophie der Neuzeit verbreitete Vorstellung, dass das erkennende Bewusstsein gleich einem Spiegel Welt abzubilden vermag und ein Fortschreiten der Erkenntnis allein in der zunehmenden Präzisierung dieses Spiegelbildes besteht. Gegen apriorische Begründungen von Erkenntnis, Wahrheit und absolute Setzungen fordert Rorty eine »pragmatische« Hermeneutik. Hieran anschließend hat er in jüngerer Zeit nach einer liberalen Utopie gesucht, die ein ironisches Selbstverhältnis, das um die Kontingenz der eigenen Ansichten weiß, mit einer im Öffentlichen trotzdem solidarischen Gesellschaft in Einklang bringt.

Roscelin von Compiègne [rɔˈslɛ̃ - kɔ̃ˈpjɛɲ], latinisiert Roscelinus de Compondiis oder de Compendio, französischer Philosoph und Theologe, *Compiègne (?) um 1045, † Tours oder Besançon nach 1120; vertrat im Universalienstreit des Mittelalters einen frühen Nominalismus. Nach diesem sind die Universalien nur Laute (»Hauch der Stimme«, lateinisch »Flatus Vocis«), wirklich ist hingegen nur das individuelle Einzelding. Die theologische Konsequenz, die Roscelin hieraus zieht, besteht in einem »Tritheismus«: Die Trinität als Einheit der drei Personen Gottes in einem Wesen Gottes wandelt sich in ein Aggregat von drei Substanzen. Seine Position wurde von Anselm von Canterbury und Petrus Abaelardus, der sein Schüler war, angegriffen und von der Synode von Soissons (um 1092) verurteilt. Von seinen Schriften ist nur ein Brief an Petrus Abaelardus erhalten.

Rosenkranz, Karl, deutscher Philosoph und Philosophiehistoriker, *Magdeburg 23. 4. 1805, † Königsberg (heute Kaliningrad) 14. 6. 1879; war Professor in Halle (Saale) und Königsberg (ab 1833). Rosenkranz war Hegelianer, bezog aber eine eigenständige mittlere Position. Im Gegensatz zu Hegel, dessen bedeutender Biograf er gleichzeitig war, vertrat er einen Dualismus, der weder dialektisch noch historisch-praktisch vermittelt ist. Religionsphilosophisch versuchte er in Verbindung mit Hegels Logik den christlichen Glauben in ein spekulatives Wissen zu übertragen. Als eines seiner bedeutendsten Werke, mit dem er u. a. Kierkegaard beeinflusste, gilt die Schrift »Psychologie oder die Wissenschaft vom subjektiven Geist« (1837).

Rousseau [ruˈso], Jean-Jacques, französisch-schweizerischer Philosoph und Schriftsteller, *Genf 28. 6. 1712, † Ermenonville (bei Senlis) 2. 7. 1778; einer der bedeutendsten Vertreter und zugleich Kritiker der Aufklärung.

Jean-Jacques Rousseau. Wegen der in ihr enthaltenen Forderung nach einem undogmatischen Christentum wurde die Erziehungsutopie »Émile« von der Zensur verboten (Illustration aus dem 19. Jh.).

■ **Leben** Ohne eine geregelte Ausbildung durchlaufen zu haben, verließ Rousseau 1728 seinen Geburtsort und lebte ab 1732 bei seiner Geliebten und mütterlichen Freundin, der Baronin de Warens, in Annecy. Dort betrieb er intensive Lektüre sowie Musikstudien und entschloss sich, Schriftsteller und Musiker zu werden. 1742 ging Rousseau nach Paris und nahm verschiedene Stellungen an. Über Denis Diderot kam er mit dem Kreis der Enzyklopädisten in Berührung und verfasste für die »Encyclopédie« 1748–50 einen Teil der Artikel zur Musik. Um Repressionen staatlicher Zensur und der Kirche zu entgehen, hielt er sich mehrmals im Ausland auf, u. a. in England (1766–67) auf Einladung David Humes. Die letzten Lebensjahre verbrachte er zurückgezogen in der Nähe von Paris und vollendete seine autobiografischen Schriften. Zu diesen gehören etwa »Les rêveries du promeneur solitaire« (hg. 1782; dt. »Selbstgespräche auf einsamen Spaziergängen«), die Zeugnis von seiner Vereinsamung v. a. in den letzten Lebensjahren ablegen.

■ **Werk** Bekannt wurde Rousseau durch die erfolgreiche Preisschrift für die Akademie von Dijon »Discours sur les sciences et les arts« (1750; dt. »Abhandlung: ob die Wissenschaften etwas zur Läuterung der Sitten beygetragen haben?«). Nach ihr ist der Mensch ursprünglich gut, doch hat der Aufschwung der Künste und Wissenschaften Rousseau zufolge zum sittlichen Niedergang der Gesellschaft geführt. Die einflussreiche kulturkritische Schrift schließt mit der Mahnung, durch Erinnerung an die jenem Urzustand zugeschriebenen Werte wie Freiheit, Unschuld und Tugend die gegenwärtigen Verhältnisse zu bessern.

Der Gegensatz von ursprünglicher, natürlicher Ordnung und gegenwärtigem, durch die Institutionen der Zivilisation entfremdetem Leben bestimmt Rousseaus gesamtes philosophisches Werk. 1755 veröffentlichte er mit dem »Discours sur l'origine et les fondements de l'inégalité parmi les hommes« (dt. »Über den Ursprung und die Grundlagen der Ungleichheit unter den Menschen«) eine grundsätzliche Zivilisations-, Geschichts- und Gesellschaftskritik. In ihr rekonstruiert er die Entwicklung von einem ersten glücklichen Gesellschaftszustand hin zur bestehenden Rechtsungleichheit – historisch markiert durch die Entstehung des Privateigentums und die Einführung des Ackerbaus – und begründet die revolutionäre Forderung nach einer Wiederherstellung der »natürlichen« Rechtsgleichheit aller. In »Du contrat social« (1762; dt. »Der Gesellschaftsvertrag«) wandelte Rousseau seine Kritik später ab und entwickelte eine Staatstheorie, die die Schrift zu einem Grundbuch der modernen Demokratie werden ließ.

Jean-Jacques Rousseau glorifizierte in seinem Roman »Émile oder Über die Erziehung« (1762) den Naturzustand:

»Alles ist gut, wenn es aus den Händen des Schöpfers hervorgeht. Alles entartet unter den Händen des Menschen … nichts will er so, wie es die Natur gebildet hat, nicht einmal den Menschen.«

Ebenfalls 1762 erschien das erzählerisch angelegte pädagogische Lehrbuch »Émile ou De l'éducation« (dt. »Émile oder Über die Erziehung«), in dem Rousseau die Entwicklung eines »imaginären Schülers« von der Geburt bis zur Heirat beschreibt. Mit einem damals neuartigen Eingehen auf die Eigenart des Kindes legt Rousseau erzieherische Grundsätze dar, deren Ideal die freie Entfaltung der Persönlichkeit auf der Grundlage von Natur und Empfindung bildet und deren Verwirklichung im behutsamen Wachsenlassen und Lenken der natürlichen, daher »guten« Fähigkeiten besteht. Das Werk hat die neuzeitlichen Erziehungstheorien wesentlich beeinflusst. In der »Profession de foi d'un vicaire savoyard« (dt. »Glaubensbekenntnis eines savoyischen Vikars«) trat Rousseau für die gegenseitige Toleranz der Religionen ein und legte eine aus dem Gefühl des Subjekts hergeleitete Morallehre dar.

Rousseau »Der Gesellschaftsvertrag«

In seiner 1762 erschienenen staatsphilosophischen Schrift »Der Gesellschaftsvertrag« setzt Jean-Jacques Rousseau an die Stelle des einst gepriesenen freien Naturmenschen den politisch mündigen Bürger. Eine legitime politische Ordnung, die alle an das Gesetz bindet und in der jeder Einzelne dennoch so frei ist wie zuvor, ist nur möglich durch die freiwillige vollkommene Entäußerung des Individuums mit allen seinen Rechten an die Gemeinschaft, die den Gemeinwillen, die »Volonté générale«, repräsentiert. Durch die Bindung aller an das Gesetz, das sie sich selbst gegeben haben, gewinnen sie eine höhere Art von Gleichheit und Freiheit. Das scharfsinnige Werk, im Gegensatz zum absolutistischen Machtstaat stehend und am antiken Ideal der »Polis«, eines kleinen Stadtstaates, orientiert, ist ein Grundbuch der modernen Demokratie.

■ **Wirkung** So sehr Rousseau aufklärerische Anschauung und Methoden aufgriff, so sehr hat er das zeitgenössische Denken auch infrage gestellt und erschüttert, indem er sich gegen dessen optimistischen Zivilisations- und Fortschrittsglauben wandte. Sein emotional-subjektiver Ansatz wirkte anregend auf die französische Literatur von der Vor- bis zur Hochromantik, den deutschen Sturm und Drang und Gelehrte wie Johann Gottfried Herder, auf den jungen Goethe, Friedrich von Schiller und Kant. Im 19. Jh. entwickelte sich dagegen eine lebhafte Rousseaukritik, die noch von Nietzsche fortgesetzt wurde. Doch haben sich Rousseaus Werke, weit über die Romantik hinaus, bis Henri Bergson und Marcel Proust und bis ins 20. Jh. hinein als fruchtbar erwiesen.

Russell [rʌsl], Bertrand, dritter Earl Russell, britischer Logiker, Philosoph und Schriftsteller, * Trelleck (Cty. Gwent) 18. 5. 1872, † Plas Penrhyn (bei Penrhyndeudraeth, Cty. Gwynedd) 2. 2. 1970; studierte Mathematik und Philosophie in Cambridge, wo er u. a. Bekanntschaft mit George Edward Moore machte. 1910–16 war Russell als Dozent in Cambridge tätig, verlor seine Anstellung allerdings später aufgrund seines öffentlichen Eintretens für den Pazifismus. 1918 kam er wegen seiner öffentlichen Aufforderung zur Kriegsdienstverweigerung für sechs Monate ins Gefängnis. Es folgten zahlreiche Gastprofessuren. Russell lebte v. a. als Schriftsteller und verfasste sehr erfolgreiche populärwissenschaftliche Bücher. 1927–32 betrieb er zusammen mit seiner zweiten Frau eine antiautoritär orientierte Privatschule (Beacon-Hill-Schule). 1944 wurde Russell rehabilitiert. Für sein Buch »Marriage and morals« (1929; dt. »Ehe und Moral«) erhielt er 1950 den Nobelpreis für Literatur.

Bertrand Russell

Die ersten Arbeiten Russells galten der Philosophie der Mathematik, v. a. der Geometrie.

Russell Engagement für die Friedensbewegung

100563

Als Pazifist und Sozialist erregte Bertrand Russell durch sein Eintreten gegen jegliche Art von Unterdrückung, für Frieden, Frauenstimmrecht und freie Sexualmoral immer wieder Anstoß. So wurde er zu einem Vorkämpfer der internationalen Friedensbewegung – auch durch die Gründung der »Bertrand Russell Peace Foundation«, die sich seit 1963 bis heute für Frieden, Menschenrechte und soziale Gerechtigkeit engagiert. Von 1967 bis in die 1980er-Jahre stand der Name Russell für eine Reihe von Tribunalen, die sich unter anderem gegen den Vietnamkrieg, gegen Menschenrechtsverletzungen in Lateinamerika, die Verfolgung der Indianer in Amerika und die Berufsverbote für Kommunisten in der Bundesrepublik Deutschland richteten. 1950 erhielt Russell den Nobelpreis für Literatur. Das Foto zeigt ihn (Mitte rechts) 1961 in London bei einer Sitzdemonstration gegen die in Schottland geplante Errichtung eines Stützpunktes für U-Boote mit nuklearen Polarisraketen.

Später entwickelte sich Russell – nicht zuletzt unter dem Einfluss von Giuseppe Peano – zu einem wichtigen Exponenten des →Logizismus. Der Ausführung des logizistischen Programms sollten die 1910–13 erschienenen und zusammen mit Alfred North Whitehead verfassten »Principia Mathematica« dienen, was aber nicht vollständig gelang. Die »Principia« versuchten darüber hinaus, die Antinomien (v.a. die russellsche Antinomie) mithilfe einer »Typentheorie« zu vermeiden – ein Ansatz, der in der mathematischen Grundlagenforschung auch heute noch von Bedeutung ist. In seiner »Introduction to mathematical philosophy« (1919; dt. »Einführung in die mathematische Philosophie«) gab Russell eine allgemein verständliche Einführung in diesen Themenkreis.

Russells philosophische Beiträge befassten sich v.a. mit erkenntnistheoretischen und sprachphilosophischen Fragen. Sein Aufsatz »On denoting« (1905; dt. »Über das Kennzeichnen«) ist bis heute ein Hauptwerk der Sprachanalyse und gilt als erste bedeutende Arbeit zur »Philosophie der idealen Sprache«, welche die Umgangssprache mit formalen, der Logik und Mathematik entlehnten Methoden untersucht. Erkenntnistheoretisch vertrat Russell vorübergehend mit Ludwig Wittgenstein den →logischen Atomismus.

Ryle [raıl], Gilbert, britischer Philosoph, *Brighton 19. 8. 1900, †Whitby 6. 10. 1976; war Professor in Oxford und Cambridge. 1948–71 gab er die philosophische Zeitschrift »Mind« heraus. Als Vertreter der →analytischen Philosophie sah Ryle die Aufgabe der Philosophie in der Beseitigung von Begriffsverwirrungen, wobei er auf eine »nicht formale Logik der Umgangssprache« (→Ordinary Language Philosophy) zielte. Von Heideggers Descarteskritik in »Sein und Zeit« beeinflusst, kritisierte Ryle in seinem Hauptwerk »The concept of mind« (1949; dt. »Der Begriff des Geistes«) das cartesianische »Dogma vom Gespenst in der Maschine«, das er sich aus dem Vorliegen von methodischen Kategorienfehlern erklärt.

Sachverhalt, ein abstrakter, in Aussagen vergegenwärtigter Gegenstand. Sachverhalte werden – entweder im Sinne von wirklichen (als Tatsachen) oder fingierten Sachverhalten – aus Aussagen durch →Abstraktion gewonnen, wobei der Formulierung nach verschiedene Aussagen inhaltsgleich sein, d.h. denselben Sachverhalt darstellen können.

Samkhya [Sanskrit], ältestes System der *indischen Philosophie*, das vielleicht schon um 700 oder 550 v.Chr. bestand und das geistige und religiöse Leben stark beeinflusst hat. Da fast die gesamte alte Literatur verloren ging, existieren nur bruchstückhafte Informationen über Aufkommen und Entwicklung der Lehren, über den Stifter Kapila sowie bedeutende ältere Vertreter und Schulen. Das einzige erhaltene selbstständige Werk des klassischen Samkhya sind die etwa 70 Merkverse umfassenden »Samkhyakarika« des Ishvarakrishna (5.Jh. n.Chr.).

Grundlage des Samkhya bildet ein ursprünglicher Dualismus von Natur (Materie) und Geist. Das Wesen der völlig untätigen Seele (Purusha) ist reine Geistigkeit, die ungeistige Materie (Prakriti) Ursprung aller Dinge. Die drei »Eigenschaften« oder »Konstituenten« (Guna) der unendlichen feinen Urmaterie – »Güte« (Sattva), »Leidenschaft« (Rajas) und »Finsternis« (Tamas) – stehen ursprünglich im Gleichgewicht. Durch Störung dieses Gleichgewichts im Interesse der zu erlösenden Seelen entfaltet sich die sichtbare Welt, wobei gemäß der Kausalitätstheorie des Samkhya die Wirkung bereits in der Ursache vorhanden ist. Die Evolutionstheorie des Samkhya ist eingebettet in ein zyklisches Modell der Weltdeutung, wonach Weltentstehungen und Weltvernichtungen periodisch aufeinander folgen.

Samsara [Sanskrit »Wanderung durch die Wiedergeburten«], die dem Hinduismus, Buddhismus und Jainismus gemeinsame Lehre, nach der alle Wesen dem Kreislauf von Geburt, Tod und Wiedergeburt unterworfen sind. In allen drei Religionen als »Gefangenschaft« interpretiert, sehen diese als Heilsziel (Erlösung) die Befreiung aus dem Samsara an.

Sartre, Jean-Paul, französischer Philosoph und Schriftsteller, * Paris 21.6.1905, † ebenda 15.4.1980; Hauptvertreter des französischen Existenzialismus (→Existenzphilosophie).

■ Leben Sartre studierte 1924–29 Psychologie, Philologie, Soziologie und Philosophie an der École normale supérieure in Paris. In dieser Zeit nahm auch seine Freundschaft und Lebensgemeinschaft mit Simone de Beauvoir ihren Anfang. 1931–45 wirkte Sartre als Gymnasiallehrer für Philosophie in Le Havre, dann in Laon und Paris. Dazwischen war er als Stipendiat am Institut Français in Berlin (1933–34), wo er sich v.a. mit der Philosophie Edmund Husserls und Martin Heideggers beschäftigte. 1940–41 geriet er in deutsche Kriegsgefangenschaft und arbeitete 1942–44 aktiv in der Résistance. 1945 ließ sich Sartre als freier Schriftsteller in Paris nieder und gründete die politisch-literarische Zeitschrift »Les temps modernes«.

Sartres Sympathie für den Kommunismus führte zum Bruch mit einigen seiner Freunde, so u.a. mit Albert Camus. Politisch trat er durch seine Kritik am sowjetischen Vorgehen in Ungarn (1956) und in der Tschechoslowakei (1968) hervor sowie durch sein Bekenntnis zur Beendigung des Algerienkrieges und – als Vorsitzender des von Bertrand Russell initiierten »Vietnamtribunals« – seine kritische Auseinandersetzung mit der amerikanischen Vietnampolitik. Den Nobelpreis für Literatur, der ihm 1964 verliehen wurde, lehnte Sartre ab. 1973 wurde er Direktor der Tageszeitung »Libération«.

■ Denken Sartres schriftstellerisches Gesamtwerk, das Romane, Dramen, Erzählungen, Essays und philosophische Schriften umfasst, ist wesentlich von seiner Auseinandersetzung mit dem existenziellen Problem der menschlichen Freiheit bestimmt. Sartre sieht Freiheit zwar auch als Gegenstand des gesellschaftlich-politischen Lebens an, ihren eigentlichen Ort und Ursprung habe sie jedoch im Bewusstsein des Individuums, das Freiheit im Sinne einer unausweichlichen Notwendigkeit erfährt, sich immer wieder neu auf die Übereinstimmung mit sich selbst hin zu prüfen und zu entwerfen. Der Mensch ist Sartre zufolge das, wozu er sich durch eigene Wahl macht. Angesichts der Bedingtheiten und der Zufälligkeit des konkreten Daseins muss die subjektive Freiheit jedoch als eine Art Haltlosigkeit und Absurdität der Existenz menschlichen Bewusstseins erlebt werden.

■ Philosophische Schriften Die frühen philosophischen Werke, v.a. »La transcendance de l'égo« (1936/37; dt. »Die Transzendenz des Ego«) und »L'imaginaire« (1940; dt. »Das Imaginäre«), stehen unter dem Einfluss Husserls. Sartre beschäftigt sich in ihnen auf

S

Jean-Paul Sartre
*** 1905, † 1980**

100562

- gilt als Hauptvertreter des französischen Existenzialismus
- schreibt dem Menschen die Freiheit zu, sich selbst stets neu zu entwerfen
- war während der NS-Zeit in der französischen Résistance aktiv
- sympathisierte zeitweilig mit dem Kommunismus und dem Marxismus
- lehnte den Literaturnobelpreis ab

Sartre »Ist der Existentialismus ein Humanismus?«

Die bündige und anschauliche Darstellung des Existenzialismus, die Jean-Paul Sartre in seinem 1946 erschienenen Essay »Ist der Existentialismus ein Humanismus?« gibt, zielt vor allem auf die Klärung von Missverständnissen und die Verteidigung gegen Vorwürfe ab, denen seine Position von verschiedenen Seiten ausgesetzt war. Der Kerngedanke der Schrift – »die Existenz geht der Essenz voraus« – ergibt sich aus dem Bemühen, den Atheismus konsequent zu Ende zu denken: Der Mensch existiert, ohne zuvor durch einen Gott in seinem Wesen festgelegt worden zu sein. So ist er allein das, als was er sich entwirft und wozu er sich macht. Weil er sich in seinem Handeln auf keine von vornherein feststehenden Werte oder Gebote berufen kann, ist er für alles, was er tut, selbst verantwortlich und daher »verurteilt, frei zu sein«.

100562

Jean-Paul Sartre. Freiheit, Selbstbestimmung und Gleichberechtigung betrachteten Sartre und Simone de Beauvoir als fundamental – auch für ihre Beziehung.

phänomenologische Weise mit dem menschlichen Bewusstsein, das für ihn immer Bewusstsein eines Gegenstandes und daher mit den Vorstellungen von der Welt, d.h. den Phänomenen im Bewusstsein, verbunden ist.

In seinem Hauptwerk »L'être et le néant. Essai d'ontologie phénoménologique« (1943; dt. »Das Sein und das Nichts. Versuch einer phänomenologischen Ontologie«), das auch von Hegel und Heidegger beeinflusst ist, führt Sartre seine Bewusstseinsanalyse fort, wobei er das Bewusstsein als »Identität von Erscheinung und Existenz« definiert. Das wesentlich mit Spontaneität, Reflexion und Selbstreflexion begabte Bewusstsein bezeichnet er als »Für-sich-Sein« und stellt diesem das »An-sich-Sein« der Dinge, die kontingent und untereinander beziehungslos sind, gegenüber. Die Beziehung des Für-sich-Seins und des An-sich-Seins sieht er in der Bewusstseinsstruktur des Subjekts begründet und wesentlich vermittelt durch das Nichtsein, wie es z.B. als Individualisierung, Beschränkung, Ausschnitt oder auch als Negation begegnet. Auch die menschliche Freiheit setzt nach Sartre Negation voraus, insofern jede Wahl durch ihre Bestimmtheit anderes ausschließt.

In seinem Essay »L'existentialisme est un humanisme« (1946; dt. »Ist der Existentialismus ein Humanismus?«) versucht Sartre, über diese Analyse hinausgehend, auf atheistischer Grundlage eine soziale Theorie zu entwickeln: Mit seiner eigenen Freiheit wähle das Individuum zugleich die Freiheit der anderen, die Menschheit als Ziel. Seine Annäherung an den Marxismus bzw. der Versuch, seinen Existenzialismus in den Marxismus zu integrieren, nimmt v.a. in seinem zweiten Hauptwerk »Critique de la raison dialectique« (1960–85; dt. »Kritik der dialektischen Vernunft«) literarische Gestalt an.

Sartre
→ GEO **Dossier**
Wie frei ist unser Wille?, Bd. 14

Satz, Theorem, Lehrsatz, die bewiesene Aussage einer →Theorie im Unterschied zur bloßen Vermutung.

Satz vom ausgeschlossenen Dritten, →Principium exclusi Tertii.

Satz vom Widerspruch, →Principium Contradictionis.

Satz vom zureichenden Grund, von Leibniz geprägter Satz über den →Grund.

Satz von der Identität, logisches Prinzip von der →Identität.

Saussure [so'sy:r], Ferdinand de, schweizerischer Sprachwissenschaftler, * Genf 26. 11. 1857, † Vufflens-le-Château (Kanton Waadt) 22. 2. 1913; war seit 1891 Professor in Genf. Sein »Cours de linguistique générale« (hg. 1916; dt. »Grundfragen der allgemeinen Sprachwissenschaft«) leitete eine neue Epoche der Sprachwissenschaft ein, die von dem Gedanken eines systematischen Zusammenhangs zwischen allen Erscheinungen der Sprache bestimmt war. Es beeinflusste den sprachwissenschaftlichen →Strukturalismus.

Methodisch forderte Saussure die strikte Trennung der Analyse der Sprechakte (»Parole«) von der des Sprachsystems (»Langue«) und die Trennung der Sprachbeschreibung von der Sprachgeschichte. Bedeutsam wurde ferner seine Konzeption von der Arbitrarität des sprachlichen Zeichens als einer beliebigen (arbiträren) Beziehung zwischen →Signifikant und Signifikat sowie die Unterscheidung syntagmatischer und paradigmatischer Beziehungen zwischen sprachlichen Elementen.

100562

Max Scheler

Schapp, Wilhelm, deutscher Philosoph, * Timmel (Ostfriesland) 15. 10. 1884, † Aurich 22. 3. 1965; studierte bei Heinrich Rickert, Wilhelm Dilthey, Georg Simmel und Edmund Husserl; entwickelte nach 1945 seine Philosophie der Geschichten, die sich von der logozentrischen Tradition des abendländischen Denkens abkehrt, indem sie die lebensweltliche Gebundenheit des Menschen der Idee der Geschichtlichkeit gegenüberstellt. Die menschliche Existenz zeichnet sich durch ein Verstricktsein-in-Geschichten aus, dem wir nicht entkommen können. Eine Rückführung der eigenen Geschichten auf eine objektiverte allgemeine Geschichte ist nicht möglich. Schapp nimmt wichtige Überlegungen des postmodernen Denkens, insbesondere von Jean-François →Lyotard vorweg und führt den Gedanken einer narrativen Weltaneignung in die Philosophie ein.

Schein, im Sinn von Erscheinung die Täuschung, die aus der mangelhaften Übereinstimmung subjektiver Erkenntnis mit dem zu erkennenden Gegenstand resultiert.

In Anlehnung an die Scholastik, in der Wahrheit als Übereinstimmung von Sache und Verstand definiert wird, bedeutet Schein eine im Urteilsvorgang selbst begründete Fehlleistung des Erkenntnisvermögens bzw. dessen ursprüngliche Begrenztheit. Wegen dieser vermag es nur zu relativen Wahrheiten zu gelangen. Der **subjektive Schein** beruht dementsprechend nicht nur auf nachweisbaren Fehlern beim Wahrnehmen, Urteilen und Schließen. Er beruht – in transzendentaler Hinsicht – zugleich auf der durchgängigen Unfähigkeit der Erkenntnisvermögen aller Subjekte, Dinge an sich, d.h. in Ablösung von relativierenden Erkenntnismodi (Raum, Zeit, Kategorien; →Modus), erfassen zu können.

Gegenüber dem sinnlichen oder **empirischen Schein** (Sinnestäuschung) entsteht der **logische Schein** durch Fehlschlüsse des Denkens. Dieser entspringt Kant zufolge lediglich einem Mangel an Achtsamkeit auf logische Regeln. Dagegen beruht der **transzendentale Schein** auf dem Grundbedürfnis des menschlichen Urteilsvermögens, metaphysische Gegenstände zu begreifen, wobei die Vernunft ihre eigenen Fähigkeiten überschreitet. Im Unterschied zur Erscheinung (→Phänomen) ist der Schein nur im Urteil über einen Erkenntnisgegenstand vorhanden, spiegelt also nur das Verhältnis des Gegenstands zum Verstand wider.

Scheinproblem, ein Problem, das mit wissenschaftlichen Verfahren prinzipiell nicht lösbar ist und durch eine falsche Fragestellung entsteht. Ein Scheinproblem lässt sich daher nur lösen, indem nachgewiesen wird, dass die Formulierung der Frage fehlerhaft ist. Der frühe →logische Empirismus (Rudolf Carnap) vertrat die Ansicht, die meisten Probleme der traditionellen Philosophie, insbesondere die Probleme der Metaphysik, seien Scheinprobleme. Die Aufdeckung von Scheinproblemen ist auch das Anliegen der nichtempiristischen →analytischen Philosophie.

Scheler, Max, deutscher Philosoph, *München 22. 8. 1874, †Frankfurt am Main 19. 5. 1928; war zuerst Privatdozent, dann freier Schriftsteller. Ab 1919 wirkte er als Professor in Köln und ab 1928 in Frankfurt am Main.

Während seines Studiums hatte sich Scheler dem Neukantianismus zugewandt. In seinen ersten Schriften schloss er sich indes der Phänomenologie Edmund Husserls an. Sich deutlich von der formalen Ethik Kants abgrenzend, entwickelte er eine materiale →Wertethik, in der die sittlichen Werte als unwandelbare, objektive Wesenheiten dargestellt und in einem hierarchischen System geordnet werden (»Der Formalismus in der Ethik und die materiale Wertethik«, 1913–16). Der Mensch kann Scheler zufolge diese Werte in Freiheit durch intentionales Fühlen erfassen.

Nachdem Scheler 1899 vom jüdischen zum katholischen Glauben übergetreten war, setzte er sich in der zweiten Phase seines Denkens v.a. für eine vom Katholizismus und der platonisch-augustinischen Liebesidee getragene Haltung und eine damit verbundene religiöse Erneuerung ein. In einer dritten Phase löste sich Scheler wieder vom Katholizismus. Es traten zunächst kulturelle und soziologische Fragen in den Vordergrund, besonders die Probleme der Wissenssoziologie, die Scheler mitbegründete, des Relativismus und der allgemeinen soziologischen Bedingungen höherer Kultur. In seiner Schrift »Die Wissensformen und die Gesellschaft« (1926) zeigt Scheler den inneren Zusammenhang zwischen den Arten des Wissens und dem Ethos sozialer Gruppen auf.

Mit der Abhandlung »Die Stellung des Menschen im Kosmos« (1928), die einen Einblick in seine unvollendet gebliebene Anthropologie gibt, wurde Scheler neben Helmuth Plessner zum Begründer der philosophischen →Anthropologie im engeren Sinne.

Schelling, Friedrich Wilhelm Joseph von, deutscher Philosoph, *Leonberg 27. 1. 1775, †Bad Ragaz 20. 8. 1854; einer der bedeutendsten Vertreter des deutschen Idealismus.

■ **Leben und Werk** Schellings außerordentliche Begabung trat schon früh hervor, sodass er bereits im Alter von 15 Jahren am Tübinger Stift das Studium der Theologie aufnehmen konnte. Dort befreundete er sich mit dem Dichter Friedrich Hölderlin und mit Hegel. Die politisch-gesellschaftlichen Umwälzungen der Französischen Revolution, aber auch die Rezeption der Lehren Kants und der Philosophie Johann Gottlieb Fichtes beeindruckten ihn. Hinzu kam die Begeisterung für die klassische griechische Philosophie.

Angeregt durch Fichtes Schrift »Über den Begriff der Wissenschaftslehre oder der so genannten Philosophie« (1794), verfasste Schel-

Friedrich von Schelling
***1775, †1854**

- gilt als einer der Hauptvertreter des deutschen Idealismus
- war ein philosophisches »Wunderkind«
- wurde als Gegenpol zum Hegelianismus an die Berliner Universität berufen
- fasste die Natur als fortdauernden göttlichen Schöpfungsprozess auf

Schelling »System des transcendentalen Idealismus«

Von den genialischen Entwürfen, die Friedrich Wilhelm Joseph von Schelling bereits seit seinem 20. Lebensjahr in rascher Folge veröffentlichte, hebt sich das 1800 erschienene »System des transcendentalen Idealismus« durch seine innere Geschlossenheit und den Grad tatsächlicher Ausführung ab. Es versucht den Gegensatz von Subjekt und Objekt, Geist und Natur, Freiheit und Notwendigkeit ausgehend vom Standpunkt des Ichs und seinem Anteil an aller Erkenntnis zu überwinden. Auf diese Weise ergänzt es die Naturphilosophie der unmittelbar vorangegangenen Schriften um einen transzendentalphilosophischen Ansatz. Besondere Bedeutung kommt dabei der Kunst zu. Sie ist »das einzige wahre und ewige Organon« und »Dokument der Philosophie«, da sich in ihr die ursprüngliche Einheit von Subjektivität und Objektivität für jedermann sichtbar offenbart.

ling mit den Schriften »Über die Möglichkeit einer Form der Philosophie überhaupt« (1795) und »Vom Ich als Princip der Philosophie oder über das Unbedingte im menschlichen Wissen« (1795) seine ersten philosophischen Abhandlungen. In der sich anschließenden Zeit als Hauslehrer entstanden seine »Ideen zu einer Philosophie der Natur« (1797) und damit sein erster Entwurf zu einer Naturphilosophie.

F. W. J. Schelling

von

der Weltseele

eine

Hypothese der höhern Physik

zur Erklärung

des

allgemeinen Organismus.

Hamburg

bey Friedrich Perthes

1798.

Friedrich von Schelling. »Von der Weltseele« erschien 1798. Goethe war so begeistert von der darin entwickelten spekulativen Naturphilosophie, dass er die Berufung Schellings nach Jena ermöglichte (Marbach, Schiller-Nationalmuseum).

Auf Vermittlung Goethes, Fichtes und Schillers wurde Schelling 1798 Professor in Jena, wo zu dieser Zeit Fichte und (seit 1801) Hegel lehrten. Hier schloss er sich dem Freundeskreis um Caroline von Schlegel, die mit August Wilhelm von Schlegel, dem Bruder Friedrich von Schlegels, verheiratet war, an und kam so mit der »Jenaer Frühromantik« in Kontakt. Er veröffentlichte weitere Entwürfe einer Naturphilosophie und begründete sein Identitätssystem, u. a. mit seinem Aufsatz »Darstellung meines Systems der Philosophie« (1801). Um 1802/03 gab Schelling gemeinsam mit Hegel das »Kritische Journal der Philosophie« heraus. 1803 wurde er Professor in Würzburg und heiratete Caroline. 1806–20 und 1827–41 wirkte er in München als Mitglied und als Vorstand der Akademie der Wissenschaften und 1807–23 als Direktor der Akademie der bildenden Künste.

1820–27 lehrte Schelling an der Universität Erlangen, seit 1827 war er Professor an der Universität in München. Schelling öffnete sich in dieser Zeit zunehmend religiösem und theosophisch-mystischem Denken, das er in seine Philosophie einzubeziehen suchte. Berufen durch den preußischen König, wurde er 1841 Professor in Berlin, um dort dem herrschenden Hegelianismus entgegenzuwirken. Seine mystisch-spekulative Spätphilosophie wurde kaum verstanden, sodass er sich 1846 zurückzog.

■ **Denken** Schellings Philosophie orientiert sich primär an den Leitbegriffen »Natur«, »Freiheit« und »Geschichte« und wird allgemein als »objektiver Idealismus« bezeichnet. Ausgehend von Fichtes Transzendentalphilosophie, bestimmte der junge Schelling – auf der Suche nach dem Unbedingten in der Philosophie – das Absolute, das sowohl von den wissbaren Gegenständen als auch von der subjektiven Weise (empirisches Ich) des Wissens verschieden sein müsse, als »absolutes Ich«. Dieses sei zugleich reine Identität und Freiheit und nur in einem Akt »intellektueller Anschauung« zugänglich. »Intellektuelle Anschauung« sei dabei nicht lehr- und lernbar, sondern als eine Selbstaufgabe der Individualität einzuüben, wobei das Wesen der Dinge aus der nicht gegenständlichen Welt heraus erfasst werden solle.

Die in diesem Zusammenhang gestellte Frage nach der Möglichkeit des Ich-Bewusstseins und des dieses konstituierenden Akts der Freiheit, mit der sich Schelling v. a. gegen Fichte wandte, betrachtete Schelling als den Ausgangspunkt der Naturphilosophie und behandelte sie als der transzendentalen Frage gleichrangig (»System des transcendentalen Idealismus«, 1800). In seine Konzeption der Naturphilosophie versuchte er auch Erkenntnisse der zeitgenössischen Naturwissenschaft zu integrieren (z. B. »Ideen zu einer Philosophie der Natur«, 1797).

In scharfer Wendung gegen die mathematisch und mechanistisch orientierte Naturwissenschaft sowie die abstrakt-logische Behandlung der Natur im philosophischen System fasste Schelling Natur als eine lebendige, produktive Wirklichkeit auf. Aufgabe der Naturphilosophie sei es, zu begreifen, wie Natur aus sich selbst heraus wirksam ist und sich in einer dynamischen Stufenfolge in ihre Naturprodukte zu entfalten vermag. Schelling unterscheidet dementsprechend Natur als bloßes Produkt (»Natura naturata«) bzw. als Objekt, auf die die Empirie abziele, und Natur als Produktivität (»Natura naturans«) bzw. als Subjekt. Auf Letztere ziele alle Theorie. Das Naturgeschehen sieht Schelling als einen dialektischen Prozess des Werdens an, wobei die Prinzipien der Polarität und der Steigerung eine bestimmende Rolle spielen. Die Welt stellt sich als ein fortwährender Schöpfungsprozess und als Manifestation des Göttlichen in verschiedenen Stufen (»Potenzen«) dar.

Den Beginn der Geschichte des Menschen bildet ein als »mythisches Bewusstsein« be-

Friedrich von Schelling hielt die Philosophie selbst für ein Produkt philosophischer Überlegungen:

»Philosophie ist nicht etwas, was unserm Geist ohne sein Zutun, ursprünglich und von Natur beiwohnt. Sie ist durchaus ein Werk der Freiheit. Sie ist jedem nur das, wozu er sie selbst gemacht hat...«

zeichneter Ur- und Naturzustand, der sich im Gefühl der Einheit mit der Welt ausdrückt. In Analogie zum biblischen Sündenfall wird dieser Zustand durch einen Akt der »Entzweiung« mit der Natur aufgehoben. Philosophie als Reflexion des Bewusstseins ist Folge seiner verlorenen Identität mit der Natur. Die Aufgabe der Philosophie besteht nach Schelling nun darin, in den ursprünglichen Zustand der Einheit von Mensch und Natur zurückzuführen und sich auf diese Weise selbst überflüssig zu machen: durch das Begreifen der Natur, v. a. der Organismen als unbewusster Vorform der Subjektivität und ihrer Entwicklung zum Selbstbewusstsein. Welt ist damit sowohl als Naturgeschichte als auch als Geschichte des Geistes verstehbar.

Die erreichte Erweiterung des subjektiven Bewusstseins wird von Schelling als Identitätsphilosophie oder Realidealismus bezeichnet. Der Kunst falle dabei eine entscheidende Rolle in der historischen Überwindung der Entzweiung des Menschen von der Natur zu, insofern sie eine Vorwegnahme der Einheit von unbewusster und bewusster Tätigkeit, von Natur und Vernunft darstelle.

Die »Philosophischen Untersuchungen über das Wesen der menschlichen Freiheit« (1809) stellen die letzte von Schelling selbst publizierte systematische Schrift dar und markieren eine Wende innerhalb seines Werks. Freiheit als Vermögen des Guten und des Bösen steht danach in Gefahr, die individuelle wie die gesellschaftliche Menschheitsentwicklung zum Bösen hin entarten zu lassen, indem sie die naturhafte Komponente des Ichs der Vernunft überordnet. Wille, als naturhafter »Drang« gefasst, ist für die Unordnung in Geschichte und Natur bestimmend. Besonders die Spätphilosophie Schellings – etwa die erstmals von ihm in München gehaltenen Vorlesungen zur Philosophie der Mythologie und der Offenbarung – versucht eine philosophische Durchdringung der christlichen Grundlehren, wobei die Freiheitsthematik und die unvollendet gebliebene Philosophie der »Weltalter« (seit 1810), mit der Schelling sich christlichen Spekulationen zugewandt hatte, wieder aufgegriffen werden.

■ **Wirkung** Großen Einfluss hatte v. a. Schellings Naturphilosophie auf verschiedene Denker. Seine Spätphilosophie dagegen wirkte besonders auf die russische Religionsphilosophie. In neuerer Zeit findet die Frage nach ihrer Stellung innerhalb von Schellings Denkentwicklung zunehmend Beachtung. Auch für die Auffassung des Willens in der philosophischen Anthropologie und Psychologie (Arthur Schopenhauer, Nietzsche, Sigmund Freud, Max Scheler), für die Existenzphilosophie, die Lebensphilosophie und für den dialektischen Materialismus Ernst Blochs war Schellings Denken von Bedeutung.

Schema [latein.-griech.], Muster, Entwurf, Aufriss, auch Konzept. Nach Kant hat jeder reine Begriff (→Kategorie) sein Schema, d. h. einen inneren Vorgang, zu durchlaufen, mit dem er sich durch eine stellvertretende Vorstellung anschaulich realisiert. Die Verstandesbegriffe haben je ein transzendentales Schema, wodurch ihnen erst eine Beziehung zum Sinnlichen gegeben wird. Der **Schematismus** ist daher das Verfahren des Verstandes, einem Begriff objektive Realität durch die ihm entsprechende Anschauung zu verschaffen.

Schiller, Friedrich von (seit 1802), deutscher Dichter und Philosoph, *Marbach am Neckar 10. 11. 1759, †Weimar 9. 5. 1805; studierte Rechtswissenschaft und Medizin. 1779 reichte er seine Dissertation ein, die sich mit dem Zusammenhang von Trieb und Geist des Menschen beschäftigte. Zunächst arbeitete Schiller als Regimentsarzt und Theaterdichter. 1787 ging er nach Weimar, wo er u. a. die Bekanntschaft von Johann Gottfried Herder machte. In der kommenden Zeit beschäftigte er sich fast ausschließlich mit historischen Studien und erhielt 1789 auf Empfehlung Goethes eine nicht fest besoldete Geschichtsprofessur in Jena. Diese musste er aus gesundheitlichen Gründen bereits 1791 wieder aufgeben. Seine letzten Lebensjahre verbrachte er in Weimar.

Friedrich von Schiller

Neben seinen schriftstellerischen Werken verfasste Schiller zahlreiche philosophische Schriften, die erheblichen Einfluss auf die philosophische Romantik und den deutschen Idealismus ausübten. Das letzte Heft der Zeitschrift »Thalia«, die Schiller 1785 gegründet hatte und bis 1795 fortführte (»Neue Thalia«, 1792–93), enthält Schillers kleinere philosophische Abhandlungen, u. a. seine Schrift »Vom Erhabenen«. Durch das Studium der zeitgenössischen Philosophie suchte er Klarheit über die Erkenntnisfähigkeit und geistig-sittliche Bestimmung des Menschen sowie über das Wesen und die Aufgabe der Kunst zu gewinnen.

Die Jahre nach 1791 dienten v. a. dem für Schiller sich als entscheidend erweisenden Studium der Ethik und Ästhetik Kants sowie der Arbeit an der Grundlegung einer eigenen Anthropologie, Ethik und Ästhetik (»Über Anmut und Würde«, 1793; »Kallias«-Briefe an Körner, 1793; »Ueber naive und sentimentalische Dichtung«, 1795 und 1796). In seinen Briefen »Über die ästhetische Erziehung des Menschen« (1795) legt Schiller dar, dass ihn die Französische Revolution dazu inspiriert habe, die Erfordernisse einer »modernen« Poesie zu beschreiben, die sich von der klassischen Antike notwendig unterscheide: Diese sei »naiv«, während die moderne Literatur im und vom Widerspruch zwischen Ideal und Wirklichkeit lebe. Den Menschen deutete er als sowohl von Freiheit als auch von Notwendigkeit bestimmt. Während Kant das Primat der Pflicht betonte, war für Schiller vollendete Sittlichkeit (»Würde«) jedoch allein in der Versöhnung von Pflicht und Neigung möglich. In der Anmut erscheinen geistige und leibliche Schönheit als ästhetische Harmonie.

Friedrich von Schlegel

Schlegel, Friedrich von (seit 1815), deutscher Kulturphilosoph und Dichter, *Hannover 10. 3. 1772, †Dresden 12. 1. 1829; studierte Philosophie, Altphilologie und Kunstgeschichte in Leipzig. Anschließend lebte er in Berlin und Jena. Mit seinem älteren Bruder August Wilhelm von Schlegel gab er 1798–1800 die Zeitschrift »Athenäum« heraus, in der beide ihre romantische Kunstkonzeption entwickelten. 1802–04 hielt er in Paris Vorlesungen über deutsche Literatur und Philosophie. 1804 heiratete er Dorothea, die Tochter Moses Mendelssohns, 1808 konvertierte er zum Katholizismus. Zuletzt lebte er in Dresden, wo er wissenschaftliche Vorträge hielt.

Schlegel war als Ästhetiker, Literaturtheoretiker und -historiker, Kritiker und Dichter fruchtbarer Anreger und geistiger Mittelpunkt der Frühromantik. Das vielseitige, geistreiche Programm, das er entwickelte, versteht die Romantik als »progressive Universalpoesie«, d. h. als die Erschließung der transzendental-poetischen Struktur der Schöpfungswirklichkeit. Nicht nur die Gattungsgrenzen innerhalb der Literatur würden durch diese hinfällig, auch die Grenzen zwischen den verschiedenen Wissensbereichen seien aufgehoben. Seine pointierten und paradoxen, einprägsam formulierten Aphorismen zielen auf eine Vereinigung von Philosophie, Religion und Kritik im Medium der Poesie, in welcher allein Totalität möglich sei. Schlegels »Gespräch über die Poesie« (1800) gilt neben dem »Athenäum« als eine programmatische Schrift der Frühromantik.

Friedrich Schleiermacher
*** 1768, † 1834**

- übersetzte als Erster Platons Dialoge ins Deutsche
- wird auch als »Vater des modernen Protestantismus« bezeichnet
- fasste Religion als Sinn und Geschmack fürs Unendliche
- gab in seiner »Dialektik« eine Art Anleitung zum Philosophieren
- begründete die Hermeneutik als eine universale Theorie des Verstehens

Schleiermacher, Friedrich, evangelischer Theologe und Philosoph, *Breslau 21. 11. 1768, †Berlin 12. 2. 1834; gilt als »Vater des modernen Protestantismus« und leitete eine Wende in der →Hermeneutik ein.

■ **Leben** Schleiermacher wurde intensiv von der Tradition des Pietismus der Herrnhuter Brüdergemeine geprägt. Er studierte 1787–89 Philosophie, Theologie und alte Sprachen in Halle (Saale). Danach war er zunächst als Hauslehrer, dann als Hilfsprediger tätig. Seit 1796 wirkte Schleiermacher als Prediger und Pfarrer in Stolp, Halle und in Berlin. In engem Kontakt mit den Romantikern um Friedrich von Schlegel entstand 1799 anonym sein religiös-philosophisches Frühwerk »Über die Religion. Reden an die Gebildeten unter ihren Verächtern«. In Berlin wirkte er mit Wilhelm von Humboldt an der Vorbereitung der Universitätsgründung mit. 1810 wurde Schleiermacher Professor an der neuen Universität und 1811 Mitglied der Preußischen Akademie der Wissenschaften.

■ **Werk** Schleiermachers theologisches Werk markiert einen Höhepunkt und eine Wende in der Geschichte der protestantischen Theologie, v. a. durch den Versuch, zwischen Theologie und Philosophie eine Verbindung auf der Basis der je eigenen Existenz herzustellen. Schleiermacher betont den permanenten sachlichen Bezug der beiden Disziplinen als zweier Hinsichten des Denkens. Bereits in der apologetischen Schrift »Über die Religion …« bestimmte er in Auseinandersetzung mit der Theologie der Aufklärung das »Wesen der Religion« als »Anschauung und Gefühl« und als »Anschauung des Universums«, d. h. als das unmittelbare Erleben, dass alles Endliche in ein Unendliches eingebettet ist, wodurch es als Endliches überhaupt erst wahrnehmbar ist. Schleiermacher kommt es darauf an, v. a. die Ursprünglichkeit und Selbstevidenz der Religion zu sichern. Den Begriff »Gefühl« präzisierte er später als »unmittelbares Existenzialverhältnis« und definierte Religion als das »Gefühl schlechthinniger Abhängigkeit« von Gott.

Schleiermachers philosophisches Hauptwerk ist seine dem transzendentalen Idealismus zuzurechnende »Dialektik« (1839), mit der er das Programm einer »höchsten Wissenschaft« (Wissenschaftslehre) zur Begründung allen Wissens und so aller Wissenschaften aus der Erkenntnis des Absoluten, d. h. des höchsten Wesens als der Identität des Idealen und Realen, erfüllen wollte. Im Unterschied zur Dialektik Hegels entwickelte Schleiermacher eine Art Anleitung zum Philosophieren, ein methodisch geregeltes Kunstverfahren zur Konstruktion gesicherten Wissens durch Überwindung unterschiedlicher Gedanken und (philosophischer) Positionen. Unter Rezeption von Elementen der klassischen Philologie, von Denkansätzen Johann Gottfried Herders und der Transzendentalphilosophie Kants begründete er die Hermeneutik als eine »Kunstlehre des Verstehens«.

In »Die christliche Sitte …« (hg. 1843) entwickelte Schleiermacher die Prinzipien der christlichen Ethik neu, und zwar nicht mehr aus der dogmatischen Frage »Was muss *sein*?«, sondern aus der Frage »Was muss *werden*?«, wobei er den Glauben oder die christliche »Gesinnung« als treibende Kraft des ethischen Handelns ansieht.

■ **Wirkung** Schleiermachers Werk hat wissenschaftsgeschichtlich bedeutende Impulse gegeben. Die von ihm gesuchte Synthese von Bildung und Religion sowie von christlichem und philosophischem Bewusstsein bestimmte die liberale Theologie des 19. Jahrhunderts. Der Einfluss seiner Sprachphilosophie, besonders seiner Hermeneutik, erstreckt sich

Schleiermacher Produktive Freundschaft mit Schlegel

In Berlin kam Friedrich Schleiermacher in der Zeit nach 1796 über den weithin bekannten Salon von Henriette Herz (zeitgenössisches Porträt) mit dem Kreis der Frühromantiker in engen Kontakt. Unter ihnen befand sich auch Friedrich Schlegel, mit dem sich Schleiermacher so sehr anfreundete, dass die beiden zeitweilig eine Wohnung miteinander teilten. In den Jahren dieser engen Freundschaft begann Schleiermacher – angeregt von Schlegel – die Dialoge Platons zu übersetzen sowie seine Religionsphilosophie auszuarbeiten. In der Sprache der Romantiker drückte er auch aus, was die Religion für ihn war, nämlich nicht zuerst eine Institution moralischen Handelns oder eine Lehre, sondern vielmehr lebendiger »Ausdruck« des Menschen und ein »heiliger Instinkt« sowie die »zarte Blume der Fantasie«.

ebenso wie der seiner Platon-Übersetzung bis in die Gegenwart.

Schlick, Moritz, österreichischer Philosoph, *Berlin 14. 4. 1882, †(ermordet) Wien 22. 6. 1936; wirkte als Professor der Naturphilosophie und Ethik in Rostock und Kiel. Seit 1922 wirkte er als Professor der induktiven Wissenschaft in Wien. Schlick war v. a. von Rudolf Carnap und Ludwig Wittgenstein beeinflusst. Er setzte sich als Vertreter des logischen Empirismus und Begründer des →Wiener Kreises sprachkritisch mit den Themen der traditionellen Philosophie wie auch mit den Wahrheitskriterien wissenschaftlicher Aussagen auseinander und befasste sich eingehend mit dem apriorischen Charakter der Logik und Mathematik. In seinem Hauptwerk »Allgemeine Erkenntnislehre« (1918) gibt er eine systematische Darstellung seines Empirismus und erkenntnistheoretischen Realismus.

Schlick wandte sich gegen Kants Lehre vom synthetischen Urteil a priori. An der alltäglichen Praxis und den empirischen Wissenschaften orientiert, werden »Erkennen« und »Erleben« von ihm streng unterschieden. Ausschließlich Strukturbeziehungen, in denen verschiedene Gegenstände in Beziehung zueinander gesetzt werden, gelten für ihn als erkenntnisfähig, während im Erleben und Anschauen eine nicht objektivierbare Beziehung des Subjektes zu einem erlebten oder angeschauten Gegenstand besteht. Wissenschaftliche Begriffsbildung dient nach Schlick der Bezeichnung der »Tatsachen« der Wirklichkeit und hat einen »semiotischen« Charakter. Anders als bei den übrigen Mitgliedern des Wiener Kreises verfasste er auch Arbeiten zur Ethik und Ästhetik.

Schluss, in der *Logik* die Ableitung eines Satzes (der Konklusion) aus anderen Sätzen (den Prämissen). Der Denkvorgang, der den Schluss vollzieht, ist das Schließen oder Schlussfolgern. Man kann die Logik insgesamt als Schlusslehre charakterisieren, insofern die Theorie der formal gültigen Schlüsse ihr Kernstück darstellt. Der Schluss ist auch Hauptgegenstand der →mathematischen Logik, die die Schlussregeln untersucht, nach denen wahre Aussagen in neue wahre Aussagen umgeformt werden können.

Es gibt mehrere Arten des einfachen Schlusses. Aristoteles entwickelte mit seiner Theorie des **kategorischen Schlusses** (→Syllogismus) die erste systematische Schlusslehre. Die Prämissen des kategorischen Schlusses sind kategorische Sätze, d. h. Sätze der Form »*S* ist *P*«. Die Berücksichtigung der unterschiedlichen Qualität und Quantität der Prämissen – d. h., ob sie bejahend oder verneinend, allgemein oder partikulär sind – ergibt in jeder Figur wiederum mehrere Modi.

Dem kategorischen Schluss steht der **hypothetische Schluss** (→Hypothese 2) gegenüber, dessen Theorie von den Stoikern entwickelt wurde. In ihm ist der Obersatz ein hypothetischer Satz, z. B. ein Bedingungssatz ($P \rightarrow Q$, lies: wenn *P*, dann *Q*) oder ein disjunktiver Satz ($P \vee Q$, lies: *P* oder *Q*).

Unterschieden werden fernerhin auch der **logische Schluss** aufgrund der logischen Verknüpfung der beteiligten Sätze, der **analytische Schluss,** der darüber hinausgehend terminologische Bestimmungen, v. a. Definitionen der in den Prämissen verwendeten Begriffe, aufnimmt, und der **synthetische Schluss,** der auch mit den Prämissen sinngemäß verbundene Wahrheiten einbezieht. Zu

Scholastik.
Die Gründung der Universitäten in Europa förderte die Entwicklung der Hochscholastik. Die französische Buchmalerei aus dem 13. Jh. zeigt den französischen König bei der Verleihung des königlichen Privilegs an Studenten und Magister der Universität Paris im Jahr 1200 (Paris, Bibliothèque Nationale de France).

den **Wahrscheinlichkeitsschlüssen** zählt u. a. der **induktive Schluss,** bei dem im Gegensatz zum **deduktiven Schluss** (Syllogismus) vom Besonderen auf das Allgemeine geschlossen wird. Beim indirekten oder **apagogischen Schluss** wird ein Satz nach dem Kriterium des Widerspruchs bestätigt (→Beweis). Die unbeabsichtigte Nichtbeachtung der Schlussregeln führt, selbst bei richtigen Prämissen, zum →Fehlschluss, die beabsichtigte zum →Trugschluss.

Scholastik [mittellatein. scholastica »Schulwissenschaft«, »Schulbetrieb«, zu latein. scholasticus »zur Schule gehörend«, von griechisch scholastikós »studierend«, zu scholḗ »(der Wissenschaft gewidmete) Muße«], 1) die »mittelalterliche« Philosophie als Schullehre; 2) im engeren Sinn die in Schulen des Mittelalters (besonders Laon, Melun, Paris, Sankt Viktor und Chartres) ausgebildete Philosophie und Theologie.

■ **Grundzüge** Inhaltlich sind die scholastische Philosophie und Theologie gekennzeichnet durch die wissens- und wissenschaftstheoretisch fundierte Verhältnisbestimmung von christlicher Offenbarungslehre und philosophischem Denken, methodisch durch die so genannte scholastische Methode: klares Herausarbeiten der Fragen (Quaestio), scharfe Abgrenzung und Unterscheidung der Begriffe (Distinctio), logisch geformte Urteile und geführte Beweise sowie Erörterung der Gründe und Gegengründe in formstrenger Disputation. Diese dialektische Schulung wird verbunden mit der intensiven Kenntnisnahme der antiken und christlichen Überlieferung, den »auctoritates« (Autoritäten). Grundsätzlich geht die Scholastik, v. a. die an Aristoteles ausgerichtete Scholastik, von der Erfahrung aus, wobei dieser Erfahrungsbegriff nicht auf jenen der empirischen Erfahrung reduziert werden darf.

■ **Frühscholastik (9.–12. Jh.)** Aus dem Unterricht in den sieben »freien Künsten« (Artes liberales) an den Kathedral- und Klosterschulen erwuchs die scholastische Philosophie, aus der Unterweisung in der christlichen Glaubenslehre die scholastische Theologie. Die Lehrer des frühen Mittelalters beschränkten sich darauf, die Weisheit der Vorzeit zu sammeln und weiterzugeben. In dieser Zeit trat v. a. Johannes Scotus Eriugena hervor. Die gegensätzlichen Aussprüche der Autoritäten suchte dann das 11. Jh. mithilfe der Dialektik auszugleichen. So entstand die scholastische Methode des »Sic et non« (»Ja und nein«) durch Petrus Abaelardus, die sich gegen den

Scholastik Die sieben freien Künste

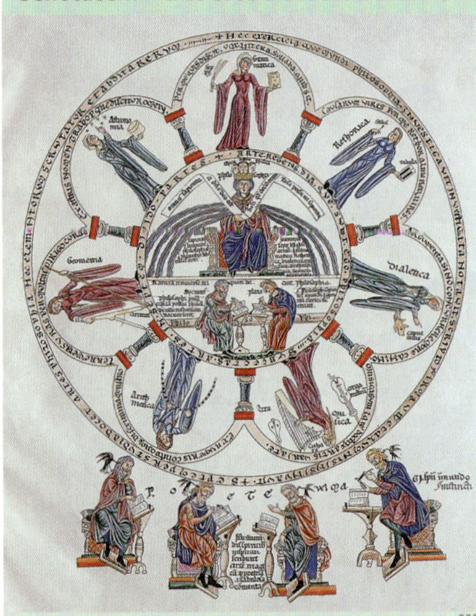

Die »Artes liberales« oder »freien Künste« umfassen jene theoretischen Wissenschaften, die im Mittelalter als Grundlage für die Erforschung und Erklärung der Welt angesehen wurden. Sie bestehen aus dem »Trivium« der »redenden« Künste – Grammatik, Rhetorik und Dialektik – und dem »Quadrivium« der »rechnenden« Künste – Arithmetik, Geometrie, Musik und Astronomie. Die 1175 bis 1195 entstandene Miniatur aus dem »Hortus deliciarum« der Herrad von Hohenburg zeigt die thronende Philosophie umgeben von den sieben freien Künsten.

Schon in der Antike beruhten die Artes liberales auf einem exklusiven Bildungsbegriff und beinhalteten insofern nicht alle Wissenschaften. Weder die von Aristoteles begründete Biologie noch Physik und Mechanik konnten aus ihnen abgeleitet werden. Auch die an den mittelalterlichen Universitäten als »höhere« Wissenschaften angesehenen Disziplinen der Medizin, Jurisprudenz und Theologie hatten darin keinen Platz gefunden. Ihr Kanon ist verschiedentlich erweitert worden: um Medizin und Architektur im letzten vorchristlichen Jahrhundert, um Perspektive, Mechanik, Malerei, Uhrmacherhandwerk und andere im 17. Jahrhundert.

Widerstand der Antidialektiker (u.a. Petrus Damiani, *um 1007, †1072) durchsetzte.

Anselm von Canterbury wies der weiteren Entwicklung den Weg, indem er vom Glauben ausgehend das Verständnis des Glaubensinhalts erstrebte (»fides quaerens intellectum«). Von philosophischen Fragen bewegte v.a. das Universalienproblem diese Zeit, also die Frage, ob den Allgemeinbegriffen (Universalien) Seinscharakter (Position des Realismus) oder nur die kennzeichnende Eigenschaft von Namen (Position des Nominalismus) zukomme. So genannte Sentenzenbücher fassten jetzt das Wissen systematisch zusammen und suchten es spekulativ zu durchdringen. Weit verbreitet und von klassischer Autorität waren die Sentenzenbücher des Petrus Lombardus (*um 1095, †1160).

■ **Hochscholastik (13. Jh.)** Verschiedene Faktoren führten zur Blüte der Hochscholastik: das Bekanntwerden auch der naturphilosophischen Schriften des Aristoteles – die logischen waren z.T. schon seit Boethius bekannt – und der arabisch-jüdischen Philosophie (Ibn Sina, Ibn Gabirol, Ibn Ruschd, Moses Maimonides), der Zusammenschluss der Schulen zu Universitäten und schließlich der Eintritt der Dominikaner und Franziskaner in das wissenschaftliche Leben. Ihren literarischen Ausdruck fand die Scholastik jetzt v.a. in großen systematischen Werken, den »Summen«, etwa der »Summa theologica« des Thomas von Aquino.

Drei Richtungen traten in der Hochscholastik besonders hervor: Zu dem konservativen Augustinismus der älteren Franziskanerschule (v.a. Bonaventura) stand der heterodoxe, also von der herrschenden Lehre abweichende Averroismus in schroffem Gegensatz. Der fortschrittliche christliche Aristotelismus (Albertus Magnus, Thomas von Aquino) setzte sich gegen beide Richtungen mehr und mehr durch. Dem an Thomas von Aquino orientierten »Thomismus« erwuchs dann aber in der jüngeren Franziskanerschule des Johannes Duns Scotus (»Skotismus«) ein mächtiger Gegner. Die Naturforschung wurde durch Denker wie Roger Bacon und Dietrich von Freiberg (*um 1240, †um 1318/20) gefördert. Das mystische Denken errreichte unter Meister Eckhart seinen Höhepunkt.

■ **Spätscholastik (14. und 15. Jh.)** Mit dem von Wilhelm von Ockham eingeleiteten spätmittelalterlichen Nominalismus begann die Auflösung der großen Einheit des mittelalterlichen Denkens. Die Auseinandersetzungen zwischen den verschiedenen Ordensdoktrinen, zwischen der Via moderna (»Moderner Weg«) der Nominalisten und der Via antiqua (»Alter Weg«) der Thomisten und Skotisten waren von einer Differenzierung der Fragestellungen geprägt. Kennzeichnend für diese Zeit war auch die Tendenz, die Philosophie von der Theologie zu trennen. Im politischen Denken bahnte sich ein die Erfahrung von Individualität und Freiheit reflektierendes neues Selbstverständnis des Menschen an. Wegbereitend für die Physik der Neuzeit waren Bereicherungen der Naturforschung, Logik und Wissenschaftslehre (u.a. Ockham). Unter den spätscholastischen Übergangsgestalten zur Renaissance nimmt Nikolaus von Kues eine überragende Stellung ein. Beeinflusst von Meister Eckhart und vom zeitgenössischen Nominalismus entwickelte er in neuplatonischer Manier unter Zuhilfenahme mathematischer Spekulationen sein theologisch-philosophisches Erkenntniskonzept des Zusammenfalls der Gegensätze (coincidentia oppositorum) in Gott.

Die Erneuerung der Scholastik im 16. Jh. ging v.a. von Spanien aus. Ihre Träger waren zunächst die Dominikaner von Salamanca und Dominikaner in Italien. Neben die alten Schulen der Thomisten und Skotisten trat die neue Jesuitenschule, die die Scholastik in freierer, den Bedürfnissen der Zeit entsprechender Weise weiterzubilden suchte. Ihr einflussreichster Vertreter war Francisco Suárez, dessen Philosophie neben den katholischen auch eine große Anzahl von protestantischen Universitäten für sich gewann.

■ **Wirkungsgeschichte** Seit Mitte des 19. Jh. gab es Versuche einer Neubegründung der Scholastik in der Neuscholastik und kirchengeschichtlicher und dogmatischer Fragen im Neuthomismus. In neuerer Zeit geht es v.a. um die wissenschaftshistorische Bewertung und Neubewertung einzelner Zeitabschnitte der Scholastik (etwa der Spätscholastik) und der Leistungen einzelner Denker des Mittelalters (z.B. Dietrich von Freiberg, Nikolaus von Kues) für die scholastische und die spätere Geistesgeschichte wie auch um die Erforschung der Bedeutung von mittelalterlicher Logik und Mathematik für die Entstehungsgeschichte der Naturwissenschaften.

■ **Siehe auch**

SACHBEGRIFFE →Aristotelismus · Averroismus · christliche Philosophie · Franziskanerschule · Glaube · Gottesbeweise · Humanismus · islamische Philosophie · Mystik · Neuscholastik · Patristik · Substanz · Universalienstreit

PERSONEN →Abaelardus, Petrus · Albertus Magnus · Anselm von Canterbury · Augustinus · Duns Scotus, Johannes · Eckhart · Ibn Gabirol · Ibn Ruschd · Ibn Sina · Lullus, Raimundus · Ockham, Wilhelm von · Thomas von Aquino

Schöne, das Schöne, Begriff, der eine hohe ästhetische Wertung von alltäglichen oder künstlerischen Objekten ausdrückt (→Ästhetik). Das Schöne entzieht sich allerdings normativen Begründungen, da das ästhetische Urteil wesentlich vom Geschmack bestimmt wird. Dieser unterliegt aufgrund seiner sozialen Bedingtheit dem historischen Wandel und damit auch das, was als schön bezeichnet wird. In den vielen historischen Versuchen, den Charakter des Schönen zu bestimmen, sind ihm zahlreiche Eigenschaften zugesprochen worden, die teilweise auch heute noch in die Beurteilung des Schönen eingehen.

das Schöne. Vom Begriff des Schönen abgegrenzt wird das Erhabene als das Erlebnis unermesslicher Größe und Hoheit in Natur und Kunst (Caspar David Friedrich, »Wanderer über dem Nebelmeer«, 1815; Hamburg, Kunsthalle).

■ **Das ideale Schöne** Platon entwickelte seine Konzeption des Schönen in einem Stufenmodell, das von dem niedrigen Schönen in der sinnlichen Wahrnehmung zur Idee des Schönen in der geistigen Erkenntnis als höchster Stufe reicht. Daran anknüpfend gilt das Schöne gemeinhin als Inbegriff höchster Vollkommenheit (als Idee, ein geistig-göttliches Sein) und als ein ideales Prinzip, das sich in der Schöpfung, der Ordnung und der Harmonie des Kosmos sowie in dessen Glanz (Plotin, Thomas von Aquino u.a.) manifestiert. In enger Verbundenheit mit dem Wahren und Guten (Platon) stellt es so das Leitbild für die sittliche Vervollkommnung der menschlichen Seele und die Gotteserkenntnis (Augustinus) dar. Aufgabe der Kunst ist es nach diesem Verständnis, ästhetische Erlebnisse des Schönen, wie es sich auch in menschlichen Seins- und Verhaltensweisen ausdrücken kann (Aristoteles), zu ermöglichen.

■ **Das reale Schöne** Im Mittelpunkt der Schönheitsdiskussion des Humanismus und der Renaissance steht der Mensch als Maß aller Dinge. Unter Rückgriff auf antike Quellen werden – etwa bei Leonardo da Vinci (*1452, †1519) – an der Schönheit des »idealen« Körpers der insbesondere menschlichen »Natur« die Normen und Kriterien entwickelt, die in Analogie für die Wahrnehmung und Schönheit überhaupt und für die Gestaltung in der Kunst zu gelten haben.

■ **Das subjektive Schöne** Die Tatsache, dass über Schönheit gestritten werden kann, führte im 18. Jh. dazu, dass die subjektiven Voraussetzungen der ästhetischen Erfahrung in den Mittelpunkt des Interesses rückten. Von einem rationalistischen Standpunkt, der unterstellt, dass die ästhetische Erfahrung des Subjekts gleichwohl gewissen Regeln des Verstandes folgt (Alexander Gottlieb Baumgarten; Johann Christoph Gottsched, *1700, †1766), unterscheidet sich ein sensualistischer Standpunkt, nach dem Schönheit ausschließlich im Gefühl desjenigen begründet liegt, der gerade davon erfüllt ist (David Hume).

Eine Vermittlung von sensualistischer und rationalistischer Position versuchte Kant mit seinem Begriff des Geschmacks, in dem beide Momente – die Subjektivität des Wohlgefallens am Schönen und die Objektivität des Urteilens – berücksichtigt sind (»Kritik der Urteilskraft«, 1790). Nach Kant ist das durch Schönheit angeregte, interesselose Wohlgefallen zu unterscheiden von demjenigen, das durch das Erhabene (überwältigt das menschliche Vorstellungsvermögen), durch das Interessante (erregt Aufmerksamkeit, bindet das freie Spiel der Einbildungskraft), durch das Gute (lässt die moralische Wertebene dominieren), durch das Nützliche (nimmt dem ästhetischen Urteil seine Unparteilichkeit) und durch das Angenehme (verniedlicht das Schöne zu einem alltäglichen Reiz) bewirkt wird.

■ **Das historisierende Schöne** Auch die jeweilige Bindung der ästhetischen Norm an Raum, Zeit und Ort ist früh erkannt worden, ihre Problematisierung erfolgte aber erst seit der Renaissance mit ihrer Glorifizierung der Antike sowie im 17./18. Jh. So wird bei Johann Gottfried Herder das Schöne als Teil einer allgemeinen Bildungsgeschichte des menschlichen Geistes, das sich in einer jeweiligen Kultur verwirklicht, verstanden. Bei Friedrich Wilhelm Joseph von Schelling, der Kunst so, wie sie sich in der Geschichte manifestiert hat, als höchste Form der menschlichen Vernunft und daher als das eigentliche Organon (Werkzeug) der Philosophie ansieht, wird dieser Ansatz fortgeführt, bis hin zu Hegel, bei dem die Kunst eine der Formen darstellt, in denen sich der Weltgeist im geschichtlichen Prozess seiner Selbstverwirklichung zeigt.

■ **Das objektive Schöne** Im Gegensatz zu diesen Formen einer Gehaltsästhetik entwickelte sich in jüngerer Zeit eine ausschließlich objektbezogene »materiale Ästhetik« (u.a. Max Bense, *1910, †1990). Im Rahmen einer »Informationsästhetik«, die das Schöne – hier »ästhetischer Zustand« genannt – in der Sprache der Informationstheorie beschreibt, wird versucht, das Schöne als einen objektiv materialen Zustand zu fassen, der exakt messbar und mit mathematisch-naturwissenschaftlicher Methode darstellbar ist.

■ **Das existenzielle Schöne** Dass die Schönheit für das Leben eine besondere Bedeutung hat, hatte schon die Antike erkannt. So akzentuierte bereits Platon die Verbindung zwischen Schönheit und Eros, die als Lebenskraft auf Fruchtbarkeit und Kreativität ziele. Friedrich von Schiller sah dagegen in seinen »Briefen über die ästhetische Erziehung des Menschengeschlechts« (1795) aus dem Wechselspiel zwischen »Stofftrieb«, »Formtrieb« und »Spieltrieb« einen ästhetisch veredelten Menschen hervorgehen. Geleitet von der Idee des Schönen sei dieser bestrebt, die Welt und das Leben zu einem Kunstwerk zu machen, in dem alle Gegensätze in Harmonie aufgehoben sind.

Anders wiederum hob Arthur Schopenhauer den »tröstenden« Charakter des Schönen hervor: Im ästhetischen Genuss könne der Mensch die Mühen des Lebens vergessen und die Lasten des Alltags leichter tragen. Bei Nietzsche ist das Kunstwerk auch Ausdruck des menschlichen Willens zur Macht. Im Rausch verwandle der Mensch die Dinge zur Kunst, bis sie »Reflexe seiner Vollkommenheit sind«, wobei aber die Kunst niemals ohne Zweck und Interesse wahrgenommen werden könne.

Mit dezidiert politischem Anspruch reklamierten im 20. Jh. Herbert Marcuse und Ernst Bloch die utopische Funktion der Kunst, die ihr trotz aller Abgrenzung vom Alltäglichen immer geblieben sei: als »Vorbote möglicher Wahrheit«, als ein politisches Potenzial des Widerstands gegen eine verdinglichte und entfremdete Wirklichkeit.

■ **Das negative Schöne** Zusammen mit dem Schönen wird seit der Antike der Gegenbegriff, das Hässliche, thematisiert. Zunächst von der künstlerischen Darstellung ausgeschlossen, wird es später als Kontrast zur Verstärkung des Schönen zugelassen (Gotthold Ephraim Lessing) und bekommt in Verbindung mit dem Erhabenen seit dem 18. Jh. einen eigenen ästhetischen Wert (Edmund Burke).

Theodor W. Adorno konstatierte, dass »das Schöne eher dem Hässlichen entsprungen ist als umgekehrt« und dass erst die Spannungen, Brüche und Kontraste innerhalb des Schönen eine Art von Harmonie bewirken können. Im Hässlichen werde das durch Schönheit Verdrängte und Unterdrückte offenbar. Traditionelle oder klassische Schönheit versuche dagegen, das Schreckliche und Furchtbare auszublenden oder zu verniedlichen, wodurch in allem Schönen ein Gewalt- und Zwangscharakter stecke, der allerdings im Ausdruck des Schönen wiederkehrt.

100138

das Schöne. Klassische Schönheit blendet nach Theodor W. Adorno das Schreckliche aus. Erst im negativen Schönen werde das wahrhaft Schöne offenbar (Pablo Picasso, »Le Couple« 1969; Baden-Baden, Sammlung Frieder Burda).

Auch in der jüngsten Ästhetikdiskussion, ausgelöst durch die französischen Poststrukturalisten (Jacques Derrida, Jean-François Lyotard, Jean Baudrillard) wird der Aspekt der Gewalt und der Herrschaft, der in der Ideologie des Schönen ebenso stecke wie in der Ideologie des Wissens, zum Ansatzpunkt »methodischer Negativität« des Denkens.

■ **Das Naturschöne** Eine besondere Rolle für die Konzeption des Schönen spielte von jeher die Natur als Norm des Schönen, das einerseits als Maßstab für alle davon abgeleitete Schönheit galt – so behandelt etwa Aristoteles Kunst als Nachahmung (Mimesis) der Natur –, aber andererseits abgewertet und vom eigentlichen Schönen der Kunst abgegrenzt wurde (Hegel).

Besondere Akzentuierung erhielt die Diskussion um das Naturschöne seit dem 18. Jh. als Gegenkonzept zum Rationalismus und zur bestehenden Gesellschaft und Zivilisation (v. a. bei Rousseau und in der Ästhetik des Sturm und Drang) sowie zur beginnenden Rationalisierung und Industrialisierung des täglichen Lebens (mystische Naturästhetik in der Romantik). Die Natur wird zum Symbol des Göttlichen erhoben, und die Kunst vermittelt zwischen Irdischem und Göttlichem.

In der Moderne ging es Adorno um einen Parallelismus in der künstlerischen und natürlichen Produktion, wobei jedoch erst die künstlerischen Bilder »einlösen, was die Natur verspricht«. Das Kunstwerk kann dies nach Adorno leisten, »weil es durch seine Sprache das Unsagbare der Sprache von Natur imitiert« und dadurch etwas Unsagbares zeigt. Indem die Kunst in ihren Werken die »Versöhnung« von Geist (Kunstform, Idee) und Sinnlichkeit aufweisen (aber nicht sagen) kann, überholt sie die darin konkurrierende Natur. Beide ergänzen sich in ihrer nicht begrifflichen

Arthur Schopenhauer
*** 1788, † 1860**

- gilt als Vertreter eines philosophisch begründeten Pessimismus
- konkurrierte vergeblich an der Berliner Universität mit Hegel
- begriff sein Denken als Fortführung der kantischen Philosophie
- entwickelte eine Metaphysik des Willens
- erfuhr erst gegen Ende seines Lebens stetig wachsende Anerkennung

ästhetischen Sprache, die den Charakter eines Rätsels oder Geheimnisses nicht ganz ablegt und damit ein Signum der Moderne verkörpert.

Schopenhauer, Arthur, deutscher Philosoph, * Danzig 22. 2. 1788, † Frankfurt am Main 21. 9. 1860; gilt als einer der Hauptvertreter des Pessimismus, der mit seiner Philosophie den deutschen Idealismus abschloss.

■ **Leben** Schopenhauer studierte an der Universität Göttingen zunächst Medizin, wechselte dann aber zur Philosophie. In Berlin (ab 1811) war er Schüler von Johann Gottlieb Fichte und Friedrich Schleiermacher. 1813 erfolgte die Promotion durch die Universität Jena mit der Schrift »Über die vierfache Wurzel des Satzes vom zureichenden Grunde«. In dieser Zeit befasste sich Schopenhauer auch eingehender mit der altindischen Vedanta-Philosophie, die sein künftiges Denken entscheidend prägte. Seit 1820 lehrte er an der Universität Berlin, im Unterschied zu seinem Kollegen Hegel allerdings mit nur geringem Erfolg. Wegen einer Choleraepidemie verließ Schopenhauer 1831 Berlin und nahm gleichzeitig Abschied von der akademischen Lehrtätigkeit. Nach Umwegen ließ er sich 1833 für den Rest seines Lebens in Frankfurt am Main nieder. Hier lebte er zurückgezogen und von der Fachphilosophie kaum zur Kenntnis genommen.

■ **Werk** Bis 1818 arbeitete Schopenhauer an seinem Hauptwerk »Die Welt als Wille und Vorstellung« (1819). In seiner sehr viel späteren Schrift »Über den Willen in der Natur« (1836) versuchte er die Hauptthesen seines Denkens auf der Grundlage der Ergebnisse der zeitgenössischen empirischen Wissenschaften zu erhärten. Es folgten Ende der 1830er-Jahre noch zwei Schriften, die sich mit ethischen Themen beschäftigen und zusammengefasst unter dem Titel »Die beiden Grundprobleme der Ethik« 1841 erschienen. Erst mit dem Erscheinen der »Parerga und Paralipomena« (1851), einer das Hauptwerk kommentierenden Aufsatzsammlung mit dem Hauptstück »Aphorismen zur Lebensweisheit«, begann die öffentliche Rezeption seiner Philosophie.

Arthur Schopenhauer. Der Philosoph billigte den freien Lebenswandel seiner Mutter nicht. Es kam zum lebenslangen Zerwürfnis (Caroline Bardua, »Johanna Schopenhauer mit ihrer Tochter«, 1806; Weimar, Zentralbibliothek Deutscher Klassik).

■ **Lehre** Schopenhauer, der sich als radikaler Verfechter von Kants Kritizismus verstand, handelt in seinem Hauptwerk einen einzigen Gedanken ab: »Die Welt ist meine Vorstellung«. Unter vier verschiedenen Gesichtspunkten betrachtet, ergibt sich aus diesem Gedanken sein philosophisches System.

Die phänomenalistische *Erkenntnislehre* erläutert die Grundeinsicht, dass die Welt bloße Vorstellung eines sie anschauenden Subjekts ist, in dessen formaler Einheit alle Objekte der Welt zeitlich und räumlich erlebt und zugleich nach dem Satz vom Grunde, dem zufolge ein Gegenstand nur in Verbindung mit seinem Grund denkbar ist, geordnet werden. Wesentlich ist allein die anschaulich-rezeptive Seite des Erkennens der Welt als ein Gegebenes, während der Verstandesseite im Verhältnis zum gegebenen Erkenntnismaterial – und hierin liegt ein tief greifender Unterschied zu Kants Philosophie – eine nur noch reaktiv-regulierende Funktion zukommt. Die einzige Wahrheit, die für Schopenhauer a priori aussprechbar ist, lautet demnach: Die ganze Welt ist Objekt nur in Beziehung auf ein Subjekt. Deutlich wird hier der teilweise widersprüchliche Einfluss idealistischer und empiristischer Denktraditionen auf Schopenhauers Geisteshaltung.

Die *Metaphysik* deutet die vorstellungshafte Welt als gegenständlichen Ausdruck eines eigentlichen Weltwesens, als Objektivation eines Willens, der Ding an sich ist. Der menschliche Leib nimmt hierbei eine Sonderstellung ein, da er mittelbares Objekt der Selbsterkenntnis und zugleich unmittelbares Objekt der Willensakte des Subjekts ist. Er ist nichts anderes als die Bedingung der Erkenntnis individuellen Wollens, und seine Bewegungen sind der zur Vorstellung gewordene Wille des Individuums.

Die *Ästhetik* betrachtet die Welt als Vorstellung unabhängig vom Satz des Grundes, als platonische Idee bzw. als Objekt der Kunst.

Die *Ethik* betrachtet die Welt wiederum als Wille und postuliert – bei erreichter Selbsterkenntnis – Bejahung und Verneinung des Willens zum Leben. Betreffen Verstand und Vernunft nur die Oberfläche des menschlichen Wesens, so berührt allein der Wille des Individuums das »Weltprinzip Wille« zum Leben. Dieser ist ein an sich niemals zu befriedigender Drang nach Dasein und Vollkommenheit (Pessimismus). Ausdruck solch ewigen Strebens sind zunächst die anorganische und organische Natur und auf höchster Stufe schließlich der Mensch mit dem Verstand als Instrument seines Willens.

Schopenhauers praktische Philosophie beginnt recht eigentlich dort, wo er die Teilhabe des Menschen an jenem Weltprinzip als eigentliche Ursache für die Bestimmung seines Lebens als Leiden begreift. Entsprechendes ethisches Prinzip ist das Mitleid als emotionale Richtschnur für alles moralische Handeln. Die Erfahrung, dass eigenes und fremdes Leid identisch sind, beruht auf der Voraussetzung, dass das wahre Wesen aller Menschen und Dinge doch letztlich in dem einen Willen zum Leben besteht. Schopenhauers Ethik endet mit der Einsicht, dass eigenes und fremdes Leiden allein durch die bewusste Verneinung des Willens beendet werden kann, d.h. durch Entsagung und Askese.

■ **Wirkung** Die in der zweiten Hälfte des 19. Jahrhunderts einsetzende Wirkung Schopenhauers ist vielseitig und weitreichend. Von den späteren philosophischen Strömungen standen v.a. Nietzsche und die Lebensphilosophie unter seinem Einfluss. Eine breite Aufnahme fand in der Psychologie statt, etwa in Sigmund Freuds Lehre von den unbewussten Trieben. Besonders unter Künstlern wirkt das Gedankengut der Philosophie Schopenhauers prägend nach.

Schottische Schule, von Thomas Reid im 18. Jh. begründete, auch als »Commonsense-Philosophie« bezeichnete philosophische Richtung. Ihre Vertreter (u.a. Francis Hutcheson) wandten sich im Namen des →Commonsense, des »gesunden Menschenverstandes«, sowohl gegen den Idealismus George Berkeleys als auch gegen den Skeptizismus David Humes. Die Schottische Schule entwickelte eine auf Evidenz und allgemeinen Konsens gegründete realistische Erkenntnistheorie empiristischer Ausrichtung. An Reid knüpften im 20. Jh. v.a. George Edward Moore wie auch über Charles Sanders Peirce der moderne Pragmatismus an.

Sci|entismus [zu latein. scientia »Wissen«, »Wissenschaft«], **Szi|entismus,** kritische Bezeichnung für ein wissenschaftstheoretisches Programm, nach dem die Methoden und die Prinzipien der naturwissenschaftlichen Forschung auf das Feld der Human-, Sozial- und Geisteswissenschaften übertragen werden sollen.

Scotus, Johannes Duns, →Duns Scotus, Johannes.

Searle [səːl], John, amerikanischer Philosoph, *Denver (Col.) 31.7.1932; ist seit 1959 Professor an der Universität in Berkeley (Calif.). Searle ist beeinflusst von Gottlob Frege, Ludwig Wittgenstein, John Langshaw Austin und Peter Frederick Strawson. Er hat Austins Sprechakttheorie (→Sprechakt) weiterentwickelt und dabei v.a. die illokutionären Akte analysiert, d.h. den Aspekt einer sprachlichen Äußerung, dass ein Sprecher mit ihr zugleich eine Handlung vollzieht wie z.B. etwas Versprechen, Danken oder Feststellen. In seiner Philosophie geistiger Prozesse und Zustände kritisiert er u.a. die in der Erforschung der künstlichen Intelligenz oft vertretene Gleichsetzung geistiger Prozesse mit einem Computerprogramm. Zu seinen frühen Schriften zählt »Speech acts«, (1969; dt. »Sprechakte«); in jüngerer Zeit erschien »Mind, language and society. Philosophy in the real world« (1998; dt. »Geist, Sprache und Gesellschaft. Philosophie in der wirklichen Welt«).

Seele, im allgemeinen philosophischen Sinne metaphysisches Prinzip des Lebens und der Ganzheit, das allen Lebewesen zukommt und mit dem in den verschiedenen Kulturen, Religionen und philosophischen Systemen der Menschheit eine Vielzahl unterschiedlicher Vorstellungen verbunden sind. Der Begriff kann auf ein individuelles oder ein nicht individuelles Prinzip verweisen.

■ **Ansätze** Prinzipiell wurde die Seele von klassisch-idealistischer oder realidealistischer Sicht überwiegend als unstoffliche Substanz, von materialistisch orientierten Positionen als unerkennbar oder als unselbstständige Eigenschaft des Körperlichen angesehen. Demgegenüber vertritt der →Panpsychismus in seiner radikalen Form die These, dass das Körperliche nur Erscheinung der Seele sei. Die Substanztheorie unterwarf die Seele als metaphysisches Prinzip einer Gliederung in »Vermögen«, »Teile« oder »Schichten« – meist in Vital-, in Wahrnehmungs- und Empfindungsseele und in Vernunft- oder Geistseele –, die sich in Gestalt unterschiedlicher Schichtenlehren (Max Scheler, Sigmund Freud, Ludwig Klages u.a.) bis in die neue Zeit fortgesetzt hat. Letztere sind im Sinne genetischer Persönlichkeitstheorien entwickelt worden, die

Schopenhauer »Die Welt als Wille und Vorstellung«

Arthur Schopenhauers Hauptwerk »Die Welt als Wille und Vorstellung (1819) versteht sich als Ausführung eines einzigen Gedankens: Dieselbe Welt, deren äußere Gestalt stets an das Bewusstsein gebunden bleibt, in dem sie erscheint, und die daher, erkenntnistheoretisch betrachtet, den Charakter der Vorstellung trägt, ist ihrem inneren Wesen nach nichts anderes als blind drängender, rast- und zielloser Wille. Der Übergang von der Erkenntnistheorie zur Willensmetaphysik lässt sich – im wahrsten Sinne des Wortes – am eigenen Leib nachvollziehen: Als äußerer Gegenstand Teil unserer Vorstellungswelt, erfahren wir die Bewegungen des Leibes inwendig als unmittelbaren Ausdruck von Willensakten und können in Analogie dazu die ganze gegenständlich vorgestellte Welt als Objektivation eines einzigen, umfassenden Willens deuten. Da dieser jedoch in die Vielfalt seiner einzelnen Gestaltungen entzweit ist und nie dauerhaft Erfüllung findet, ist alles Dasein wesentlich Kampf und Leid, das nur überwunden wird, wo das Wollen zur Ruhe kommt.

Noch in den Notizen im Nachlass finden sich **Arthur Schopenhauers** Zweifel an der Realität dokumentiert:

»Meine Phantasie spielt oft (besonders bei Musik) mit dem Gedanken, aller Menschen Leben und mein eignes seyen nur Träume eines ewigen Geistes, böse und gute Träume, und jeder Tod ein Erwachen.«

Seele
→ GEO **Dossier**
Wie frei ist unser Wille?, Bd. 14

davon ausgehen, dass die Psyche in mehrere »Schichten« gegliedert ist.

Zu den klassischen Vorstellungen über die Seele gehört ihre Bestimmung als eine Substanz, die immateriell, einfach (d. h. nicht zusammengesetzt und sich selbst gleich bleibend) und unsterblich ist. Damit wird sie als wesentlich vom vergänglichen Leib verschieden gedeutet, wobei erst Leib und Seele zusammen die Einheit des Menschen bilden, die Seele aber oft als der Kern der Person und als Subjekt menschlichen Tätigseins aufgefasst wird.

Seele. Descartes' Unterscheidung einer materiellen Welt und einer als Denkkraft bestimmten Substanz warf die bis heute diskutierte Frage nach dem Verhältnis von Leib und Seele und nach der Einheit des Menschen auf (William Blake, »Wiedervereinigung der Seele mit dem Körper«, Illustration, 1808).

■ **Antike und Mittelalter** In den antiken Theorien über die Seele findet sich häufig eine Entgegensetzung der (»niederen«) sinnlichen Begierden (Affekte) auf der einen Seite und von Geist und Vernunft auf der anderen Seite. Im ersten Fall wird die Seele eng mit dem Leib verbunden gesehen, im zweiten gilt sie als dem Göttlichen verwandt. Geist, Verstand und Vernunft bezeichnen die »höheren«, spezifisch menschlichen Möglichkeiten des Erkennens und der Urteilsbildung, die den Menschen zum Erfassen der nicht sinnlichen Wesensgründe der Welt und im praktischen Sinne zur Beherrschung des Leibes und der Affekte sowie zu sittlichem Handeln befähigen.

Platon entwickelte – z. T. anknüpfend an die religiösen Vorstellungen des Pythagoras – als erster Philosoph eine Psychologie. Er unterschied drei Seelenteile, das Triebhaft-Begehrliche, das Muthafte sowie Geist und Vernunft, und verglich die Seele mit einem aus zwei Pferden und deren weisem Lenker bestehenden Wagengespann. Das Wesen des Menschen setzte er mit dessen Seele gleich, wobei im Leben alles darauf ankomme, ob ein Mensch gut oder schlecht handle, d. h., ob das Vernünftige in ihm zur Herrschaft gelange. Vor ihrem Eingehen in einen Leib existiere die Seele, die unsichtbar und unsterblich sei, im Reich der Ideen, wo sie die ewigen Wahrheiten schaue. An Platon knüpfte die Stoa mit ihrer Vorstellung einer Weltseele als einer den gesamten Kosmos belebenden und ordnenden Ganzheit an.

Aristoteles sah die Seele als erste Entelechie (Form, Grund und vollendende Verwirklichung aller Tätigkeit) des Leibes an. Er unterschied die vegetative Seele als das belebende Prinzip von der sensitiven als der wahrnehmenden, empfindenden Seele. Diese »niedere« Seele entstehe durch Zeugung und sei an die Existenz des Leibes gebunden. Sie werde beim Menschen durch die rationale Seele, d. h. die Vernunft- oder Geistseele (Nus), überformt (→Aristoteles, →Leben).

Die schon mit der aristotelischen Seelenlehre gegebene philosophische Anthropologie ging in die Scholastik ein, wo die Seele einen Gegenstand der Metaphysica specialis darstellte. Von Boethius wurde die für den Seelenbegriff klassische Definition der Person gebildet: »Rationalis naturae individua substantia« (unteilbare Substanz der vernünftigen Natur).

■ **Neuzeit** In der Neuzeit entwickelte Descartes eine dualistische Metaphysik, in der er die materielle Welt (Res extensa) und die als Denkkraft (Res cogitans) bestimmte Substanz unterschied. Die hiermit aufgeworfene Frage nach dem Verhältnis von Leib und Seele und nach der Einheit des Menschen ist der Ausgangspunkt für das bis in die Gegenwart diskutierte →Leib-Seele-Problem.

Baruch de Spinoza fasste die individuelle (Geist-)Seele als Idee des Körpers und als eines der Attribute der einen göttlichen Substanznatur auf. David Hume sah das Ich dagegen als ein substanzloses Bündel von Vorstellungen an. Kant kritisierte die metaphysische Seelenlehre schließlich als Paralogismus, hielt aber an der Unsterblichkeit der Seele als einem Postulat der praktischen Vernunft fest.

Folgenreich war die von Arthur Schopenhauer ausgehende triebdynamische (voluntaristische) Auffassung. Im Gegensatz zu aller früheren Philosophie ist nach ihm das Wesen des Menschen nicht mehr durch den Verstand bestimmt, sondern durch Drang, Trieb oder Willen. Nietzsche hat diese These weitergeführt in seinem »Willen zur Macht«. Bei Ludwig Klages wird der Geist als Widersacher der Seele angesehen.

Durch diese Entwicklung ist der Begriff der Seele in der Philosophie stark zurückgetreten. In der analytischen Ontologie Nicolai Hartmanns erscheinen seelisches Sein und Bewusstsein als unterschiedene Schichten. In der philosophischen Anthropologie und der Existenzphilosophie wird der Mensch im Sinne einer lebendigen Ganzheit thematisiert. Anstelle von Seele werden bevorzugt solche Termini verwendet, die umgrenzte Aspekte des Menschlichen bezeichnen: v.a. die Begriffe Person, Geist, Bewusstsein und Selbstbewusstsein.

Seiende, das, wovon ausgesagt wird, dass es ist. In der Ontologie gilt das Seiende als etwas, das dem →Sein zukommt, v. a. in der Ontologie der Scholastik (→Ens).

Sein, griechisch **On,** lateinisch **Esse,** zentraler Begriff der →Ontologie und →Metaphysik sowie der Existenzphilosophie des 20. Jahrhunderts. Der Gegenbegriff von Sein ist Nichts; dem Begriff des nicht gegenständlichen Seins steht der des Seienden als konkretes Dasein eines Gegenstandes in der Zeit gegenüber.

Sein ist der mit Abstand umfassendste, aber auch unbestimmteste aller philosophischen Begriffe. Er hat entsprechend seiner idealistischen oder materialistischen Auslegung die Hauptrichtungen und großen Einzelsysteme der Philosophiegeschichte bestimmt. Für Aristoteles war die Frage nach dem Wesen des Seienden wie die nach dem »Sein des Seienden« (der Substanz, griechisch »Usia«) gleichbedeutend mit der Grundfrage der Philosophie.

■ **Die Seinsfrage** Insgesamt steht Sein für jenen absolut selbstverständlichen Zustand, aus dem heraus wir beständig in die Welt hineinleben. Sein besagt, dass die Gegenstände der Außenwelt, die wir sehen, hören, tasten usw. ebenso wie unsere immanenten Sinnesdaten, dass das, worüber wir sprechen, wie die Sprache selbst, dass unsere Handlungsweisen, Ideen, Fiktionen usw., kurz: dass all das uns Umgebende – die Welt, Natur und Kultur – mitsamt unserem je eigenen Ich schlicht »ist«. Als ein nicht mehr zu hinterfragender, universaler Boden, von dem her sich alles begreift, ist Sein selbst noch dem Nichts vorgeordnet; denn das Nichts lässt sich nur definieren als ein Nichtsein oder ein »Ausfall« des Seins. Der klassische »Nichts-Standpunkt«, der →Nihilismus, leugnet dementsprechend auch nicht das Sein schlechthin, sondern bestreitet in der Regel nur die philosophisch überkommenen Wertvorstellungen hinsichtlich des Seienden (v. a. Friedrich Nietzsche).

Die Geschichte der Philosophie hat im Rahmen des traditionellen Gegensatzpaares »Sein – Nichts« bisher nur zwei mögliche »Lösungen« geboten: Entweder das Sein wird *ausschließlich* gedacht, wie es dem Seinsbegriff des Parmenides entspricht, oder das Sein wird mit dem Nichts *dialektisch* zu einem ewigen Prozess von Werden und Vergehen verspannt, wie es zuerst das dynamische Weltprinzip Heraklits behauptete und insbesondere der Philosophie Hegels zugrunde liegt.

100001

Sein.
Überlegungen zu dem Verhältnis von Sein und Nichts führen unweigerlich zu der Frage nach der ersten Ursache allen Seins.

■ **Antike und Mittelalter** Platon unterschied zwischen einem idealen und einem realen Sein: Ideal ist das einzig wahre, sich selbst gleich bleibende und immer während Sein, nämlich die Ideen, während das reale Seiende vieles, unbeständig und unvollkommen, nur der Schein des idealen Seins und vermöge seiner Teilhabe an diesem »ist«.

Aristoteles suchte der Frage der Ursache des Seins mit dem Bild eines →unbewegten Bewegers zu begegnen. Die Seinsproblematik wird von ihm in sprachlogischer Hinsicht analysiert. Er nennt die klassischen Seinsarten Wirklichsein, Möglichsein und Notwendigkeit, die Bedeutungen Wahrsein und Falschsein sowie die zehn kategorialen Aussageweisen (Substanz, Quantität, Qualität usw.), die bei ihm zugleich ontologische Bestimmungen sind.

Im Neuplatonismus befindet sich das Eine als die höchste Ursache noch »über dem Sein«; aus ihm gehen die Seinsstufen des Kosmos hervor.

Für das Mittelalter, so Thomas von Aquino, stand das göttliche Sein (Causa essendi) an der Spitze der Natur als geschaffener Seinsordnung. Anselm von Canterbury suchte die Existenz Gottes aus dem Gedanken des vollkommenen Wesens, dem folglich auch Sein zukommen müsse, im Rahmen seines ontologischen Gottesbeweises zu belegen. Anders als Aristoteles, bei dem Substanz ein jedes in seinem »Was« bezeichnete, sah Thomas von Aquino jedes Seiende als ein aus Sein (Existenz) und Wesen (Form, Washeit) Zusammengesetztes an. Da eine grundlegende ontologische Differenz zwischen dem reinen göttlichen Sein (ipsum esse subsistens) und dem kreatürlichen Seienden besteht, lässt dessen »Sein« sich nur in der Weise einer Analogie (→Analogia Entis) begreifen.

Während die Metaphysik des Mittelalters Sein mit Wirklichkeit identifizierte und Gott als reiner Wirklichkeit (Actus purus) das Sei-

Folgenden Satz aus Platons Dialog »Sophistes« über die Frage nach dem **Sein** stellte Martin Heidegger seinem Werk »Sein und Zeit« voran:

»Denn offenbar seid ihr doch schon lange mit dem vertraut, was ihr eigentlich meint, wenn ihr den Ausdruck ›seiend‹ gebraucht, wir jedoch glaubten es einst zwar zu verstehen, jetzt aber sind wir in Verlegenheit gekommen.«

ende als ein aus Wirklichkeit und Möglichkeit Zusammengesetztes gegenüberstellte, entwickelte im 15. Jahrhundert Nikolaus von Kues einen dynamischen Seinsbegriff. Das Seiende wird von ihm unter dem Aspekt des Können-Seins (posse esse) im Sinne von Möglichkeit gefasst, um damit Grade der Seinsfülle zu bezeichnen.

Neuzeit In der Neuzeit leitete Descartes das Sein von der subjektiven Selbstgewissheit (»Ich denke, also bin ich«) ab und unterschied zwischen körperlichem und rein geistigem Sein. Die Empiristen und Sensualisten suchten einen solchen Dualismus zu vermeiden und sahen das sinnlich gegebene Seiende als Grundlage der Erkenntnis an. Für Hegel ist Sein der zunächst abstrakteste und leerste aller Begriffe und als reines Sein dem Nichts äquivalent; er durchzieht aber in einer Dialektik von Sein und Nichts die Reihe aller Begriffsbestimmungen bis zur »absoluten Idee«.

Im 20. Jahrhundert wurde von Martin Heidegger im Rahmen seiner »Fundamentalontologie« die Frage nach dem Sinn von Sein neu gestellt. Heidegger warf der abendländischen Philosophie »Seinsvergessenheit« vor, d.h., dass sie nicht den Sinn des Seins selbst (Seinsverständnis), sondern immer nur das Seiende thematisiert habe. Für ihn wie für Jean-Paul Sartre erschließt sich der Zugang zum Sein nur über das menschliche Dasein (Existenz). Dabei fasst Heidegger menschliches Dasein als das Seiende auf, dem es »in seinem Sein um dieses Sein selbst geht«. Das In-der-Welt-Sein ist dabei Grundverfassung des Daseins, dessen konkreter Seinsausdruck die Sorge und dessen innerster Seinssinn die Zeitlichkeit (das Sein zum Tode) ist.

Die Unbestimmtheit des Seinsbegriffs hat die sprachanalytische Philosophie des 20. Jahrhunderts zu der Auffassung des Seins als »sein« geführt. Ihr zufolge dient »sein« u.a. zur Aussage der Existenz sowie von Eigenschaften oder Zusammenhängen der Gleichheit und der Identität. Alle metaphysischen und ontologischen Seinsprobleme der traditionellen Philosophie sind danach auf die unterschiedlichen Verwendungsweisen des »sein« (»ist«) zurückführbar.

Ein ausschließlicher Bestimmungsversuch des Seins als Sein mündet zwangsläufig in eine Tautologie, da über das Sein allein nichts weiter ausgesagt werden kann als »Sein ist!«. Dies würde der Behauptung von Aristoteles gemäß bedeuten, dass das Sein als Seiendes »Eines« ist. Eine nähere Bestimmung des Seins muss so zwangsläufig auf ein konkretes Seiendes rekurrieren, wobei aber jedes Seiende nur einen bestimmten Teil (Perspektive, Abschattung) des universalen Seins repräsentiert oder dieses nur in einer bestimmten Hinsicht bezeichnet. Dies hat die philosophische Diskussion der Gegenwart dazu geführt, den Begriff des Seins weitgehend zu vermeiden (mit Ausnahme etwa neuthomistischer Ansätze) und die mit dem Sein verbundenen Fragen unter den die verschiedenen Hinsichten benennenden Begriffen zu behandeln.

Siehe auch

SACHBEGRIFFE →Actus purus · Dasein · Dynamismus · Existenz · Metaphysik · Natur · Nichts · Ontologie · Ordnung · Substanz · Vorsokratiker · Werden · Wesen

PERSONEN →Aristoteles · Hartmann, Nicolai · Heidegger, Martin · Parmenides · Platon · Quine, Willard Van Orman · Sartre, Jean-Paul · Thomas von Aquino

Selbst, ein in unterschiedlichen Bedeutungen verwendetes hypothetisches Konstrukt. Das Selbst bezeichnet keine psychische Instanz, sondern ist Ausdruck dafür, dass das Subjekt sich seiner selbst bewusst und zugleich sich selbst Objekt wird, und somit auch für die Kontinuität der Persönlichkeit.

Der Begriff des Selbst ist 1. Bezeichnung für das System von bewusstem und unbewusstem Wissen einer Person darüber, wer sie ist, bezogen auf die Bereiche des eigenen Körpers (Körperselbst), der eigenen Handlungen (Handlungsselbst), Beziehungen (Beziehungsselbst) und Wertvorstellungen (psychisches Selbst; William James, George Mead), 2. Bezeichnung für die koordinierte Steuerung der ontogenetischen Entwicklung des Selbstbewusstseins, oft auch »Ich« genannt (so bei Sigmund Freud), 3. Bezeichnung für ein der Person inhärentes Entwicklungsprinzip, wobei das Selbst den Grund und das Ziel einer Reifung und Differenzierung der Persönlichkeit im Sinne der Selbstverwirklichung darstellt (u.a. bei Carl Gustav Jung, * 1875, † 1961).

Selbstbewusstsein, das Bewusstsein der Person von ihren eigenen mentalen Zuständen sowie der Einheit, Kontinuität und Identität der eigenen Person in den unterschiedlichen raumzeitlichen Umständen. Selbstbewusstsein bezeichnet die Rückwendung des →Bewusstseins zu sich selbst, bei der das Erfahrungssubjekt sich sowohl seiner eigenen Zustände wie auch der Kontinuität seiner eigenen personalen Identität bewusst wird. Personales Leben wird dabei als Leben unter der Bedingung möglichen Selbstbewusstseins geführt.

Mit der von Descartes eingeleiteten systematischen Hinwendung des Denkens zum eigenen Subjekt wird das Selbstbewusstsein zum Fundament rationaler Methodik, insofern diese von der Selbstgewissheit des Ich ausgeht. Selbstbewusstsein wird bei Kant als eine Differenzierungsleistung gedeutet, durch die sich eine Person ihrer →Identität bewusst wird. Die raumzeitliche Position des jeweiligen Subjekts von Selbstbewusstsein stellt dabei die ontologische Bedingung ihrer reflektierten Bewusstseinszustände dar. Auf diese Weise

Rechte Seite:
Im Selbstbewusstsein ist sich der Mensch seiner inneren Zustände und seines Tuns bewusst (Bergsteiger am Mount Everest im Himalaja).

Selbsterkenntnis. Seit der Antike ist die Forderung »Erkenne dich selbst« immer wieder Ausgangspunkt philosophischen Fragens (Horst Janssen, »Selbstbildnis«, 1979).

kann die Person ein Bewusstsein ihrer selbst erlangen, nicht aber ein Bewusstsein von einem Selbst.

Johann Gottlieb Fichtes subjektiver Idealismus leitet alle Erkenntnisse aus der absolut verstandenen Tätigkeit des reinen Selbstbewusstseins ab, während Hegel das Selbstbewusstsein des einzelnen Menschen als Instrument überindividueller Sichselbstfindung des absoluten Wissens begreift. Bei Søren Kierkegaard erfasst sich das individuelle Selbstbewusstsein in Zusammenhang mit existenziellen Erfahrungen der →Angst und Verzweiflung, bei Martin Heidegger als Bewusstsein zum Tod. Jean-Paul Sartres Begriff des Selbstbewusstseins ist der eines Bewusstseins für sich (Für-sich-Sein), das sich wesentlich als schöpferische →Intentionalität erfüllt.

Die analytische Philosophie nähert sich dem Phänomen des Selbstbewusstseins mit der Analyse der Semantik der indikatorischen Begriffe »ich« und »selbst« sowie – Hector-Neri Castañeda (* 1924, † 1993) folgend – so genannter Quasi-Indikatoren wie »sie« oder »er«, die sich auf eine Person beziehen, die sich selbst mit dem Indikator »ich« bezeichnet oder bezeichnen kann. Darüber hinaus gilt die Aufmerksamkeit der modernen Analyse des Selbstbewusstseins der besonderen epistemischen Situation, in der Ich-Aussagen getätigt werden. Indikatorische und quasi-indikatorische Ausdrücke zeichnen sich dabei dadurch aus, das sie selbstbewussten Wesen die Orientierung in raumzeitlichen und sozialen Kontexten ermöglichen.

Selbstbezogenheit, →Selbstreferenz.

Selbst|erkenntnis, die meist kritische Rückwendung (Reflexion) auf das, was als das eigene Selbst begriffen wird, mit dem Ziel, ein Bewusstsein von dessen Wesen zu erlangen. In Anknüpfung an die Inschrift über dem Tempel von Delphi »gnothi seauton« (erkenne dich selbst) stellte Sokrates u. a. die Selbsterkenntnis des Menschen, nicht wissend zu sein und des Nachdenkens zu bedürfen, um wissender zu werden, in den Mittelpunkt seiner Philosophie. Bei Descartes diente der Begriff Selbsterkenntnis erstmals als Rückwendung auf das eigene Ich (»Ich denke, also bin ich«) dazu, eine sichere Basis für das menschliche Wissen zu konstituieren. Daneben wurde Selbsterkenntnis auch als der für das menschliche Erkennen einzig gangbare Weg zu Gott angesehen (→Mystik).

Selbstreferenz, Selbstbezogenheit, Begriff zur Beschreibung von Systemen, deren Zustände wesentlich durch die Interaktion ihrer Komponenten und nicht wesentlich durch die Beeinflussung ihrer Umwelt bestimmt werden.

In der *Soziologie* und *Wissenschaftstheorie* bezeichnet der im Rahmen der Systemtheorie Niklas Luhmanns entwickelte Begriff die Fähigkeit eines Systems, in Form einer Selbstbeobachtung Elemente, Funktionsabläufe und Steuerungsimpulse innerhalb des eigenen Systems gegen seine Außenbeziehungen abzusetzen. Durch diese Art der Differenzierung können Systeme mit einer spezifischen Leistungsfähigkeit und einem bestimmten Reflexionsgrad gesondert herausgehoben werden.

In der *Logik* versteht man unter Selbstreferenz v. a. die Eigenschaft von Sätzen, sich in ihrer Aussage auf sich selbst zu beziehen. Einige Paradoxien basieren auf einem Moment der Selbstreferenz. Berühmt ist z. B. die so genannte »Lügnerantinomie«, bei der der Satz »Ein Kreter sagt, alle Kreter lügen« seine eigene Falschheit besagt.

Semantik [zu griech. sēmantikós »bezeichnend«, zu sẽma »Zeichen«, »Merkmal«], Bezeichnung für die wissenschaftliche Beschäftigung mit der →Bedeutung sprachlicher Ausdrücke bzw. von Zeichen im Allgemeinen.

■ **Geschichte** Die Frage nach der Bedeutung sprachlicher Ausdrücke spielte schon in der antiken und mittelalterlichen Philosophie sowie in der Lexikografie und Grammatik eine wichtige Rolle. Die sprachwissenschaftliche Bedeutungsforschung im engeren Sinne setzte – unter der Bezeichnung **Semasiologie** – um 1825 mit Karl Christian Reisig ein.

Von der **philosophischen Semantik,** der es um die Klärung des Bedeutungsbegriffs und – in der **logischen Semantik** – um die Bedeutung der Ausdrücke künstlicher Sprachen geht, unterscheidet man die linguistische **(sprachwissenschaftliche) Semantik.** Diese untersucht die Bedeutungen der Ausdrücke natürlicher Sprachen. In einem weiteren Sinn wird Semantik in der Semiotik verstanden (Charles Sanders Peirce, Charles William Morris), die sich mit den Beziehungen von sprachlichen wie nicht sprachlichen Zeichen zu den Objekten, die sie bezeichnen, befasst.

■ **Bedeutungstheorien** Die für die philosophische Semantik zentrale Frage, was es heißt, dass ein sprachlicher Ausdruck eine Bedeutung hat, ist im Laufe der Philosophiegeschichte unterschiedlich beantwortet worden. Eine dominierende Position nehmen **realistische Bedeutungstheorien** (Abbildtheorien) ein. Ihnen zufolge gründen die Bedeutungen sprachlicher Ausdrücke in ihrer Beziehung zu den Gegenständen der Welt. In diesen Theorien geht man entweder davon aus, dass sich sprachliche Zeichen direkt auf Gegenstände bzw. Sachverhalte beziehen, oder aber man nimmt an, dass sprachliche Zeichen in einer Beziehung zu Vorstellungen im Geist von Sprechern stehen und sich vermittels dieser auf etwas in der Welt beziehen. Der mit einem Ausdruck verbundene begriffliche Gehalt im Geist von Sprechern gilt dann als Bedeutung bzw. →Intension und legt die Referenz bzw. →Extension des betreffenden Ausdrucks fest.

Die zweite große Gruppe von Bedeutungstheorien bilden **pragmatische Bedeutungstheorien.** Diese betrachten den Gebrauch sprachlicher Ausdrücke als konstitutiv für deren Bedeutung. Relevant sind in diesem Zusammenhang v. a. Ludwig Wittgensteins »Philosophische Untersuchungen« (1953). In ihnen geht Wittgenstein davon aus, dass die Bedeutung eines Wortes mit seinem Gebrauch in der Sprache zusammenfällt.

Ein grundlegendes Prinzip der formalen Semantik ist das auf Frege zurückgehende **Kompositionalitätsprinzip** (Frege-Prinzip), nach dem sich die Bedeutung komplexer Ausdrücke aus den Bedeutungen ihrer Teile ergibt sowie der Art und Weise, in der diese miteinander kombiniert werden. Es ist strittig, ob das Kompositionalitätsprinzip auch für natürliche Sprachen gilt und ob ihm mit den Mitteln einer pragmatischen Bedeutungstheorie Rechnung getragen werden kann.

Semiotik [zu griech. sēmeiōtikós »zum (Be)zeichnen gehörend«, zu sēmeĩon »Zeichen«], **Semiologie,** die Lehre von Entstehung, Aufbau und Wirkungsweise von →Zeichen und Zeichensystemen. Die semiotische Forschung hat ihren Schwerpunkt in der Sprachwissenschaft (Linguistik), Sprachphilosophie und Logik.

■ **Einteilung** Im Anschluss an Charles William Morris gliedert man die Semiotik in Syntaktik, Semantik und →Pragmatik. Während in der Syntaktik die Beziehungen von Zeichen untereinander bzw. die formalen Eigenschaften von Zeichenreihen untersucht werden, beschäftigt sich die Semantik als Bedeutungslehre mit den Beziehungen zwischen Zeichen und Bezeichnetem. In der Pragmatik schließlich wird die Beziehung von Zeichen und Zeichenbenutzer und damit der Gebrauch von Zeichen analysiert.

■ **Geschichte** Semiotische Überlegungen haben eine bis in die Antike zurückreichende Tradition, wobei sie zunächst meist der Lösung praktischer Fragen dienten (z. B. in der Medizin). Bei John Locke deutete sich dann die Verselbstständigung der Semiotik zu einem eigenen Lehrgegenstand an. Unter Verwendung des Begriffs »semeiotike« stellte er die Zeichenlehre als dritten Zweig seiner Wissenschaftsklassifikation vor und setzte sie mit allgemeiner Logik gleich.

100437

Semiotik.
Die Untersuchung der Zeichenprozesse beschäftigt sich unter anderem mit der Frage, welche Beziehung zwischen einem Wort – etwa »Baum« – und dem von ihm bezeichneten Gegenstand besteht.

Die Begründung der modernen Semiotik geht v. a. auf Charles Sanders Peirce und Ferdinand de Saussure zurück. Peirce entwarf im Anschluss an Locke eine universale Zeichentheorie, die das traditionelle Modell einer zweistelligen Relation zwischen Zeichen und Bezeichnetem durch ein triadisches Modell ersetzte, das auch die pragmatische Dimension des Zeichengebrauchs und der Interpretation einschließt. Dabei traf Peirce eine Vielzahl von Unterscheidungen und Klassifikationen, die maßgeblich für die weitere Entwicklung der Semiotik wurden.

De Saussure auf der anderen Seite entwickelte auf dem Feld der Linguistik eine Zeichentheorie, der zufolge sprachliche Zeichen in Systemen organisiert sind, in denen sich ihre Bedeutungen differenziell konstituieren: Ein Zeichen erhält seine Bedeutung durch die Abgrenzung gegen andere Zeichen und ist so nur aus seinem systematischen Zusammenhang mit diesen zu bestimmen. In der Fassung de Saussures wurde die Semiotik grundlegend für die Theoriebildung des →Strukturalismus.

Lucius Annaeus Seneca

Seneca, Lucius Annaeus, der Jüngere, römischer Dichter und philosophischer Schriftsteller, * Corduba (heute Córdoba) um 4 v. Chr., † (Selbstmord) Rom April 65 n. Chr.; durchlief in Rom eine rhetorische Ausbildung und beschritt dann die Ämterlaufbahn. Nachdem er als Advokat, Quästor und Senator zu hohem Ansehen gelangt war, wurde er 49 n. Chr. mit der Erziehung des Prinzen Nero beauftragt. 50 n. Chr. erfolgte seine Ernennung zum Prätor und 54 n. Chr., nach dem Regierungsantritt Neros, die zum Konsul. Bis 59 n. Chr. war Seneca dessen erster Berater, wurde später jedoch fälschlich der Teilnahme an der »Pisonischen Verschwörung« beschuldigt und von Nero zum Selbstmord gezwungen.

Senecas Denken war v. a. von der Philosophie der →Stoa bestimmt. Insgesamt ging es ihm weniger um die systematische Grundlegung einer Theorie. Vielmehr sah er in der praktischen Philosophie ein Hilfsmittel für die konkrete Lebensbewältigung: Das Ziel des Weisen liege darin, als Vernunftwesen in Entsprechung mit den Gesetzen der Natur zu leben. Auf diesem Weg, der allmählich von den alltäglichen Dingen befreie, könne ein Leben glücklich werden und der Geist in Autarkie Ruhe und Gelassenheit (→Ataraxie, →Apathie) erlangen.

Seneca versuchte in zahlreichen Schriften die sittlichen Gedanken der stoischen Philosophie zu verbreiten. Erhalten sind Schriften aus der Zeit von 40 bis 65, von denen sich zehn in der Sammlung der »Dialogi« versammelt finden. Außerdem liegen vor: der Fürstenspiegel für den 18-jährigen Nero (»De clementia«, 55; dt. »Über die Güte«), eine sieben Bücher umfassende Schrift über Wohltaten (»De beneficiis«) sowie die beiden Hauptwerke, die »Epistulae morales ad Lucilium« (dt. »Briefe an Lucilius über Ethik«) und die »Naturales quaestiones« (62–65; dt. »Naturwissenschaftliche Untersuchungen«). In seinen Tragödien (u. a. »Phaedra«, »Oedipus«, »Hercules«), die bekannte Stoffe griechischer Tragiker behandeln, will Seneca v. a. die verhängnisvolle Wirkung menschlicher Leidenschaften vorführen und Verhaltensweisen der Seele in Grenzsituationen aufzeigen. Seine Prosa gehörte bis zum 18. Jh. zu der am meisten gelesenen philosophischen Literatur.

Sensation [französ., eigtl. »Empfindung«], der Sinneseindruck, die (äußere) Sinneswahrnehmung. Im Empirismus und Sensualismus wird Sensation, im Gegensatz zur nicht sinnlichen →Reflexion, als Ursprung aller Erkenntnis angesehen. Zwischen der Wahrnehmung (englisch Perception) und der Empfindung (Sensation) hat wohl erstmals Thomas Reid ausdrücklich unterschieden. Gilbert Ryle, der den philosophischen Begriff der Sensation kritisierte, wies (ebenso wie etwa Ludwig Wittgenstein) die traditionelle These »Wahrnehmung = Sinnesempfindung + Denken« zurück.

Sensualismus [zu spätlatein. sensualis »sinnlich«], erkenntnistheoretische Richtung der Philosophie, in der alle Erkenntnis auf Sinneswahrnehmung, d. h., letztlich auf die Empfindung physiologischer Reize zurückgeführt wird. Der Sensualismus ist eine besondere Form des →Empirismus, die mit dem Empiriokritizismus und dem Positivismus verwandt ist. In der Frage nach dem Anfang der Erkenntnis stellt der Sensualismus eine radikale Position dar, welche die reine sinnliche Erfahrung, die ohne begriffliche Hilfsmittel auskommt, verabsolutiert. Das Gegebene wird dabei weitgehend mit der Summe der einzelnen Sinnesdaten identifiziert.

In der Antike leugnete bereits Antisthenes den Wahrheitsanspruch von Ideen und Allgemeinbegriffen, sofern sie nicht anhand von Sinneswahrnehmungen ausreichend bestimmt werden können. Auch für Epikur und seine Schule war alles Erkennen reine Sinneswahrnehmung, wobei die ästhetische Sinneslust zu einer hedonistischen Ethik (→Hedonismus) erweitert wurde.

Im englischen Empirismus traten Thomas Hobbes, John Locke und David Hume als Hauptvertreter des Sensualismus hervor, und zwar unter Vollzug eines radikalen Bruchs mit der Tradition der platonisch-aristotelischen Metaphysik: Alle Erfahrung der Welt ist Sinneserfahrung, aus der sich allein bestimmt, was Wahrheit, moralisches Ideal und religiöse Werte sind. Das Denken wird als Funktion der Verknüpfung von Vorstellungen erklärt. Die Verknüpfungsgesetze selbst werden auf eine »Welterfahrung aus Gewohnheit« zurückgeführt.

Im 17.–18. Jh. entwickelte sich der Sensualismus zu einer materialistischen Deutung menschlicher Bewusstseinsphänomene, u. a. bei dem britischen Naturforscher, Philosophen und Theologen Joseph Priestley (* 1733, † 1804), der von der Identität psychischer und physiologischer Prozesse ausging, und in der französischen Aufklärung, z. B. bei Denis Diderot, Claude Adrien Helvétius und Étienne Bonnot de Condillac. Letzterer legte mit seiner Ableitung der geistigen Fähigkeiten aus Sinneswahrnehmungen und -empfindungen das theoretische Fundament des naturwissenschaftlichen →Materialismus.

Sensualismus
→ GEO **Dossier**
Die Welt – ein Hirngespinst, Bd. 14

Sensus communis, →Commonsense.

Serres [sɛːr], Michel, französischer Philosoph und Wissenschaftshistoriker, * Agen 1. 9. 1930; war Professor für Wissenschaftsgeschichte in Clermont-Ferrand, dann an der Sorbonne und in Stanford (Calif.). Seit 1990 ist er Mitglied der Académie française.

Serres entwickelte eine wissenschaftsgeschichtlich orientierte Philosophie im Geiste Leibniz' und der Enzyklopädisten. Ziel ist eine

Philosophie der »Gemengelagen«, der Interferenzen und des Parasitären, d. h. ein Denken, das dem scheinbar Nebensächlichen und Störenden Aufmerksamkeit schenkt, da darin die konstitutiven Momente des stets defizitären menschlichen Wirklichkeitszugangs erblickt werden. Diese Philosophie zielt mit Mitteln der Vernunft auf die Vielfalt der Sinne und ein neues Naturverhältnis der Menschen. Serres entfaltete diesen Ansatz v. a. in seinem fünfbändigen, zwischen 1969 und 1980 entstandenen Hauptwerk »Hermes«.

Sextus Empiricus, griechischer Philosoph und Arzt des 2./3. Jh. n. Chr.; der Ort seines Wirkens ist nicht bekannt. Der Beiname »Empiricus« beruht vermutlich auf einer Zuordnung zur »empirischen« Ärzteschule. Sextus Empiricus stützte sich v. a. auf Änesidemus von Knossos (1. Jh. v. Chr.) und auf Pyrrhon von Elis, dessen Skepsis er auf alle Wissensgebiete anwendete. In seinem Hauptwerk »Gegen die Gelehrten« richtet sie sich gegen den Dogmatismus besonders der Stoa, aber auch gegen die radikale Skepsis des mittleren Platonismus. Diesem wirft er vor, die Unmöglichkeit jeglicher Erkenntnis dogmatisch zu behaupten. Sextus Empiricus' Kritik bezieht sich v. a. auf nicht durch Beobachtung begründbare, also metaphysische und wertende Urteile. Sein Werk hatte großen Einfluss auf die Wissenschaftskritik des 17. und 18. Jh.

Shaftesbury [ˈʃɑːftsbərɪ], Anthony Ashley Cooper, dritter Earl of (seit 1699), englischer Philosoph, * London 26. 2. 1671, † Neapel 4. 2. 1713; war nach Reisen in Europa (1686–89) Mitglied des englischen Parlaments und ab 1699 Mitglied des Oberhauses. Ab 1711 lebte er in Italien. Seine Philosophie steht unter dem Einfluss John Lockes und des Cambridger Platonismus (→Cambridger Schule), später auch Pierre Bayles.

Zentraler Gegenstand von Shaftesburys Denken ist die Begründung der Sittlichkeit im »Moral Sense« (»moralischen Sinn«). Die Autonomie des moralischen Bewusstseins gründet ihm zufolge auf der Trennung von Religiosität und Moralität, deren »natürlichen« Ursprung Shaftesbury gegen Locke betonte. Die Überzeugung, dass die Sittlichkeit ebenso wie die ästhetische Erfahrung zur naturgegebenen Ausstattung des Menschen gehöre und unabhängig von den Ansprüchen einer Offenbarungsreligion begründet werden könne, führte ihn zu der These, dass Religion Sittlichkeit bereits voraussetzt. Sittlichkeit besteht dabei für Shaftesbury in der harmonischen Entfaltung der natürlichen Anlagen des Menschen. Ihr letztes Ziel ist die Erhaltung des zweckvoll geordneten kosmischen Ganzen, von dem das Individuum ein Teil ist. Tugend erweist sich als »Liebe zur Ordnung und Schönheit im Gesellschaftlichen«, Religiosität erhält eine deistische Grundlage (→Deismus).

Der Begriff der Schönheit, wie ihn Shaftesbury und vor ihm bereits Leibniz verwendet, ist dabei ein dynamischer Begriff: Nicht ein fertiges, sondern ein lebendiges Werdendes ist dem Menschen aufgegeben, nämlich sein Leben wie ein Werk der Kunst zu formen und die Welt zu erkennen. Wie das ästhetische Urteil sich am Schönen, so muss das moralische Urteil sich am Guten schulen, um das Zerstörerische vom nur Eigennützigen und das Eigennützige vom Gemeinwohl zu unterscheiden.

Die Auszeichnung des Gefühls und die Verbindung von ästhetischen mit moralischen Kategorien im »Moral Sense« machen den bedeutenden Einfluss verständlich, den die Philosophie Shaftesburys besonders auf Dichter und Philosophen des 18. Jahrhunderts ausübte, so u. a. auf Johann Gottfried Herder, Johann Wolfgang von Goethe, Friedrich von Schiller, Voltaire und Rousseau.

Anthony Ashley Cooper Shaftesbury
*** 1671, † 1713**

- war Mitglied des englischen Parlaments, später des Oberhauses
- betonte den natürlichen Ursprung der Sittlichkeit im »Moral Sense«
- kritisierte die Annahme eines naturhaften Egoismus des Menschen
- wirkte stark auf Aufklärung und Sturm und Drang

Shankara [ʃ-], indischer Philosoph und Heiliger, * Kaladi (Kerala) 788, † Kedarnath (Uttar Pradesh) 820; einer der bedeutendsten Vertreter der Philosophie des Vedanta und der Lehre der Identität von Brahman und Atman (→indische Philosophie). In Indien galt Shankara als eine Inkarnation des Gottes Shiva. Er gründete zahlreiche, teilweise noch heute bestehende Klöster. Seine Philosophie legte er in Kommentaren zu Texten der indischen Religion, den »Upanishaden«, der »Bhagavadgita« und v. a. dem »Vedantasutra« (oder »Brahmasutra«), dar. Er gilt als Begründer der Schule des Advaita-Vedanta (→Advaita).

Sheffer-Strich [ˈʃefə-;], **Negatkonjunktion,** nach dem amerikanischen Logiker Henri Maurice Sheffer (* 1901, † 1964) benannter →Junktor für die Exklusion, dargestellt durch das Zeichen |, in der Bedeutung »nicht beide«. Angewendet auf zwei Aussagen A und B gilt $A|B \leftrightarrow \neg(A \wedge B)$. Dies bedeutet,

Shankara »Vedanta-Kommentar«

Shankara verfasste einen der bedeutendsten Kommentare zum Vedantasutra und begründete mit seiner Lehre von der »Nichtzweiheit« (Advaita) eine der drei großen Vedantaschulen Indiens. Er selbst nannte seine Lehre »Philosophie der Unterschiedslosigkeit«, da sie vom Brahman, der »All-Seele« als der einheitlichen, wandellosen und zugleich um sich selbst wissenden Wirklichkeit handelt. Brahman ist die Einheit von Sein und Bewusstsein, ohne in Subjekt und Objekt zu zerfallen. Der das Wesen des Brahman Erkennende erkennt Brahman zugleich als die ihn selbst, weil alles umfassende Wirklichkeit. Dieses Wissen um die Identität des eigenen Selbst (Atman) mit dem Brahman geschieht intuitiv, da ein reflexiver Erkenntnisakt wieder zu einer Subjekt-Objekt-Spaltung führen würde.
Der Lehre der Einheit von Brahman, der All-Seele, und Atman, der Einzel-Seele, zufolge strebt das Atman danach, seine individuellen Einkörperungen zu verlassen und zuletzt in das Brahman als seinen tragenden Urgrund wieder »einzugehen«. Sie entfaltete eine ungeheure Wirkung und prägt das indische Denken bis heute.

dass $A|B$ nur dann falsch ist, wenn beide Aussagen *A* und *B* wahr sind.

Shingaku [ʃ-; japan. »Lehre vom Herzen«], japanische philosophische Schule, die einen Synkretismus von Shintō, Konfuzianismus, Buddhismus und Daoismus vertrat. Ihr Ziel war die Volkserziehung und -aufklärung. Sie versuchte daher, ihre Moralphilosophie durch leicht verständliche Lehrschriften und -vorträge sowie Übungen zu vermitteln.

Georg Simmel

Shushigaku [ʃuʃi-], japanische Philosophenschule des Neokonfuzianismus, die auf den Lehren des chinesischen Philosophen Zhu Xi aufbaut. Im 18. Jh. bildete sie die orthodoxe Staatslehre der Tokugawashōgune (→japanische Philosophie).

sic et non [latein. »so und nicht so«, »ja und nein«], Formel für das die Philosophie der *Scholastik* kennzeichnende methodische Schema der Quaestiones (→Quaestio) und Disputationen. Bei jeder Frage werden zuerst die dafür, dann die dagegen sprechenden Autoritäten gehört und dann die Lösungen gegeben. Ein Hauptförderer dieser Methode war Petrus Abaelardus.

Sidgwick ['sɪdʒwɪk], Henry, britischer Philosoph, * Skipton (Cty. North Yorkshire) 31. 5. 1838, † Cambridge 28. 8. 1900; war ab 1883 Professor in Cambridge. Ausgehend von der Moralphilosophie des Commonsense, untersuchte Sidgwick in seinem Werk »The methods of ethics« (1874; dt. »Die Methoden der Ethik«) den Intuitionismus mit seiner Maxime individueller und gesellschaftlicher Vervollkommnung, den Utilitarismus als Streben nach größtmöglichem Glück der Allgemeinheit und den Egoismus als das nach größtmöglichem individuellem Glück. Sidgwick wollte Intuitionismus und Utilitarismus miteinander verbinden. Die obersten Prinzipien der Ethik sind ihm zufolge nur »intuitiv« zugänglich.

Siger von Brabant, deutscher Philosoph der Scholastik, * in Brabant um 1240, † Orvieto um 1284; war Professor an der Artistenfakultät in Paris. 1270 wurde Siger erstmals wegen Häresie angeklagt, 1277 folgte die Verurteilung von 219 seiner Lehrsätze. Siger war ein bedeutender Aristoteles-Kommentator und gilt als erster und führender Vertreter des so genannten lateinischen →Averroismus im 13. Jh. an der Pariser Universität. Er postulierte v. a. die Eigenständigkeit der Philosophie gegenüber der Theologie. Sigers Positionen sind jedoch nicht abschließend geklärt.

Signifikant [zu latein. significans »bezeichnend«, »anschaulich«], **Bezeichnendes, Designator,** Lautung, Wortkörper des sprachlichen →Zeichens. Dessen Bedeutung, den Wortinhalt, bildet das **Signifikat.** Ferdinand de Saussure definierte das Zeichen als eine Einheit von Signifikant und Signifikat.

Simmel, Georg, deutscher Soziologe und Philosoph, * Berlin 1. 3. 1858, † Straßburg 26. 9. 1918; war seit 1914 Professor in Straßburg. Zu seinen Schülern zählten u. a. Ernst Cassirer, Ernst Bloch, Georg Lukács und Theodor W. Adorno.

Simmel stand zunächst unter dem Einfluss von Charles Darwin (* 1809, † 1882), Nietzsche und Karl Marx. Er eignete sich dann aber auch Vorstellungen des Neukantianismus und der →Lebensphilosophie an. Seine Arbeiten umfassen die Gebiete der Kulturphilosophie und -geschichte, der Kunstbetrachtung und der Anthropologie. Neben seinen verschiedene Disziplinen umgreifenden Untersuchungen verfasste er eine Fülle fachspezifischer Abhandlungen auf dem Gebiet der Soziologie und der Philosophie, hier v. a. über Kant, dessen Aprioritätslehre er auf die Geschichtswissenschaft zu übertragen suchte. Er gilt als der Begründer der formalen Soziologie als eigenständiger Wissenschaft, der er als Arbeitsgebiet die Beschäftigung mit »den Formen der Vergesellschaftung« sowie der »Beziehungen der Menschen zueinander« zuwies.

Simmels weitreichende Wirkung ist v. a. darin begründet, dass er die soziologische Erkenntnis und Theoriebildung mit der konkreten Analyse historischer und alltäglicher Erscheinungen verband und sowohl Gesellschaften im Ganzen als auch die verschiedensten Aspekte der Kultur jeweils als Objektivierungen antagonistischer, dualer Bewegungen und Kräfte auffasste. Dies ermöglichte ihm einerseits eine formale Beschreibung der Gesellschaft anhand grundlegender Kategorien wie etwa Individuum und Gruppe, Über- und Unterordnung, Streit und Vertrag, Geheimnis und Öffentlichkeit; andererseits konnte er somit vorhandene inhaltliche Qualitäten und die ihnen entsprechenden Formen aus einem andauernden Wechselprozess von Verfestigung und Verflüssigung beschreiben und die gesellschaftliche Dynamik und Institutionenbildung der modernen Gesellschaft erfassen.

Die Wechselbeziehung zwischen dynamischen und statischen Elementen, durch die ein Spannungsverhältnis zwischen Inhalten und Formen entsteht, das im neuzeitlich-abendländischen Denken sowohl die Aspekte der Verdinglichung und Entfremdung als auch den Aspekt der Verselbstständigung und der Freisetzung von Naturabhängigkeit umfasst, steht auch in seinem umfangreichen Hauptwerk über die »Philosophie des Geldes« (1900) im Zentrum.

Singer [auch engl. 'sɪŋə], Peter, australischer Moralphilosoph, * Melbourne 6. 7. 1946; wurde 1977 Professor in Clayton (Victoria, Australien) und 1999 an der Princeton University (N. J.). Mit »Animal liberation« (1975; dt. »Befreiung der Tiere«) trat Singer als Verfechter einer Tierethik hervor, die den höher entwickelten Tieren Bewusstsein und Leidensfähigkeit zuspricht und diese Merkmale zu entscheidenden Kriterien der Personalität (und damit des Anspruchs auf Rechte) erhebt. Aufgrund derselben utilitaristischen Position rückte Singer später vom Grundsatz des uneingeschränkten Lebensschutzes für alle Menschen ab, so in seinem umstrittenen Hauptwerk »Practical Ethics« (1979, dt. »Praktische Ethik«) und »Should the baby live? The problem of handicapped infants« (1985, mit Helga Kuhse; dt. »Muß dieses Kind am Leben bleiben?«). Singers Thesen zu Fragen der Abtreibung und Euthanasie wurden nicht nur in der Philosophie kritisiert, sondern auch von Patientenorganisationen und Behindertenverbänden.

Sinn, durch zahlreiche Bedeutungen gekennzeichneter Begriff, der sich 1. auf Wahrnehmungen, 2. auf geistige Inhalte, 3. auf das Handeln des Menschen und die Deutung seiner Umwelt und 4. auf das Selbstverständnis individuellen Lebens beziehen kann. Im Rahmen dieser Ebenen lassen sich mehrere Verwendungsweisen des Begriffs unterscheiden.

■ **Sinn als Wahrnehmung** Sinn ist die Fähigkeit des Organismus, Reize der Außenwelt oder des Körperinnern wahrzunehmen, und auch die Bezeichnung für die Wahrnehmungsorgane (Gehörsinn u. a.). Als »innerer Sinn« bezeichnet der Ausdruck die emotionalen und intellektuellen Prozesse von Individuen (z. B. Gedächtnis, Bewusstsein, Gefühl) und Gemeinschaften (der Sensus communis oder menschliche Gemeinsinn).

■ **Sinn geistiger Inhalte** Sinn heißt auch die Bedeutung, die Wörtern, Sätzen, Kunstwerken, Ereignissen und →Zeichen zukommt hinsichtlich ihres hinweisenden Bezuges auf das Bezeichnete und dessen Interpretation. Das Erfassen dieses Sinns geschieht im Verstehen und wissenschaftlich in der →Hermeneutik. In den Geisteswissenschaften findet sich seit Wilhelm Diltheys methodischer Unterscheidung der Natur- und der Geisteswissenschaften (»Die Natur erklären wir, das Seelenleben verstehen wir.«) ein verstärktes Bemühen, die Sinnzusammenhänge und den Sinngehalt in den Phänomenen der Gesellschaft und Kultur zu begreifen, die sich einer naturwissenschaftlichen Messbarkeit, Exaktheit und kausalen Rückführung auf ein Gesetz entziehen.

Im 20. Jh. formulierte Martin Heidegger in »Sein und Zeit« die Frage nach dem Sinn vom Sein, die im Rahmen seiner Fundamentalontologie eine konkrete Ausarbeitung erfährt. Heidegger fasst Sinn wertneutral als Seinsweise des (menschlichen) Daseins. Dabei tritt der Sinn als »Woraufhin« und »Woher« jedes möglichen Seinsverständnisses und als Horizont, in dem sich Sein offenbart, hervor.

In der sprachanalytischen Philosophie unterschied Gottlob Frege zwischen Sinn und Bedeutung eines sprachlichen Ausdrucks, d. h. den Gegenstand, auf den sich ein Ausdruck bezieht, von dem mit ihm ausgedrückten Sinn: So haben »Abendstern« und »Morgenstern« – als Namen für die Venus – die gleiche Bedeutung (Extension), aber – ihr unterschiedliches Gegebensein am Abend oder am Morgen betreffend – einen unterschiedlichen Sinn (Intension).

100139

Sinn.
Als teleologisches Prinzip meint der Begriff eine zugrunde liegende Bestimmung, die vom menschlichen Handeln auch auf die Geschichte und die Natur übertragen wird. Der Sinn der Libellenlarve wäre demnach, dass aus ihr eine Libelle schlüpfen kann.

■ **Sinn von Handlungen** Sinn bezeichnet den Zweck, die Absicht oder das Ziel. Etwas ist sinnvoll, wenn es seinem Ziel dient oder seinen Zweck erfüllt. So haben Gegenstände im Hinblick auf ihre Funktion einen Sinn. Jede menschliche Handlung hat ein immanentes Ziel; mehrere Handlungen oder Teilhandlungen beziehen sich als Zwecke auf ein übergeordnetes Ziel. Sinn erscheint zunächst als eine individuelle Deutungskategorie des Menschen, kann aber auch als ein teleologisches Prinzip aufgefasst werden und meint dann ein immanentes Entwicklungsziel, d. h. eine sich im Entwicklungsprozess realisierende, diesem ursprünglich zugrunde liegende Bestimmung. Ein teleologisches Verständnis von Sinn kennzeichnet verschiedene Ansätze, in denen der Sinnbegriff vom menschlichen Handeln auf die Geschichte und die Natur übertragen wird.

■ **Dimensionen von Sinn** Sinn wird die Bedeutung und der Gehalt genannt, den eine Sache, eine Handlung, ein Erlebnis – etwa eine Begegnung – für einen Menschen in einer bestimmten Situation hat. Seit Nietzsche bezeichnet der Begriff auch das Selbstverständnis des Menschen im Einzelnen und im grundlegenden Sinne **(Sinn des Lebens).** Die von Albert Camus als bedeutsamste Art menschlicher Selbstreflexion angesehene Frage nach

Sinn
→ GEO **Dossier**
Weise werden, aber wie?, Bd. 14

Sinn
→ GEO **Dossier**
Kleine Denker – große Gedanken, Bd. 14

dem »Worumwillen«, dem Zweck und Ziel des eigenen Lebens, kann v. a. in Grenzsituationen (bei Karl Jaspers z. B. Leiden, Schuld, Tod) gestellt werden und durch das Individuum in einer Sinnbejahung oder Sinnverneinung Antwort erfahren. Auch die zufälligen Lebensereignisse unterliegen der subjektiven Deutung unter der Frage nach deren Sinn, die den vom Individuum anerkannten Werten folgend beantwortet wird.

In Analogie zu menschlichen Handlungen wird auch vom **Sinn der Natur** gesprochen und diese damit als ein von unbewussten Naturzwecken oder bewusst gesetzten Schöpfungszwecken bestimmtes, sinnvoll geordnetes Ganzes aufgefasst. So finden sich Reihen von Zweckhaftigkeiten im mineralogischen, pflanzlichen und tierischen Bereich, z. B. dient die Lunge der Atmung, das Auge dem Sehen und ein Balzverhalten der Paarung. Bezogen auf Lebewesen meint Sinn hier die Organisation und das wechselseitige Verhalten, insofern es ihrer Selbsterhaltung dient. In der Metaphysik wird die Zweckhaftigkeit natürlicher Phänomene etwa durch ein immanentes, final gerichtetes Entwicklungsprinzip (→Entelechie, bei Aristoteles u. a.) erklärt, auch von der sinnvollen Naturordnung auf ihren Schöpfer geschlossen oder eine analoge Entsprechung von Makrokosmos (Weltall) und Mikrokosmos (Erde und Mensch) angenommen. Antwort auf die Frage nach dem **Sinn der Geschichte** ist das Anliegen der →Geschichtsphilosophie.

■ **Gegenwärtige Diskussion** Im 20. Jh. wendete sich die philosophische Anthropologie dem »Wesen« des Menschen zu, nachdem die religiösen, philosophischen und gesellschaftlich-sozialen Grundanschauungen, in denen das wahre Bild des Menschen als Ziel individuellen und gesellschaftlichen Handelns vorgezeichnet war, ihre Autorität und Verbindlichkeit in zunehmendem Maße verloren hatten. Aus dem Erkennen seines Wesens sollten Sinn- und Zieldeutungen für menschliches Handeln gewonnen werden.

Hierbei erwies sich das Sein des Menschen als nicht abtrennbar von dem Sinn, zu dem er sich in seinem Sprechen, Handeln und Gestalten selbst versteht (Jürgen Habermas). Insofern sich Menschen je nach ihrer individuellen, historischen und gesellschaftlichen Lage auf jeweils unterschiedliche Weise verstehen, ist aber auch das Wesen des Menschen entsprechend unterschiedlich definiert worden (→Anthropologie). Der Mensch hat somit viele, einander ergänzende Wesenszüge; oder er ist seiner Bestimmung gemäß zur Mitwirkung aufgerufen, sein Wesen erst zu finden. So ist der Mensch der Existenzphilosophie zufolge in die Notwendigkeit gestellt, sich erst selbst zu dem zu machen, der er ist (Jean-Paul Sartre).

Die zunehmende Komplexität menschlicher Lebenswelt und menschlicher Lebensvollzüge, die mit der Entwicklung von Technik und Industrie seit dem 19. Jh. einhergeht, wie auch die Durchsetzung einer wissenschaftlich-technischen Rationalität der Welt- und Lebensbewältigung – von Max Weber als »Entzauberung der Welt« charakterisiert – und die Tatsache, dass Leitideen und Werte nur noch partikulare, auf einzelne Gruppen oder Lebensbereiche bezogene Anerkennung erfahren, haben eine Offenheit entstehen lassen, die manchmal als Sinnverlust und Mangel an Sinnerfüllung in der heutigen Welt beschrieben wird **(Sinnkrise).** Demgegenüber zeichnet die modernen Industriegesellschaften eine Pluralität heterogener und wechselnder Sinnangebote aus, die dem Einzelnen zur Verfügung gestellt werden und mit denen er in eine kritische Auseinandersetzung treten muss, um sich orientieren zu können.

Sinnkriterium, in der *Sprachphilosophie* ein Kriterium, mit dessen Hilfe entschieden werden kann, ob ein Satz semantisch sinnvoll (d. h. wahr oder falsch) ist. Das empiristische Sinnkriterium des Wiener Kreises wird heute allgemein als zu eng abgelehnt. Nach diesem sind nur solche Sätze sinnvoll, die empirisch verifizierbar (→Verifikation) sind, weshalb Sätze mit Termen, die der Beobachtung nicht zugänglich sind, nicht als sinnvoll gelten. Die neuere Sprachphilosophie schlägt deshalb als Sinnkriterium die Wahrheitsbedingungen eines Satzes vor, d. h., ein Satz ist immer dann sinnvoll, wenn die Bedingungen angegeben werden können, unter denen er wahr ist, mithin die →Bedeutung eines Satzes.

Sittlichkeit, das dem Sittengesetz entsprechende Denken und Handeln, das auf freier Entscheidung beruht. »Moral« bezeichnet darüber hinausgehend auch die Gesamtheit herrschender ethischer Normen, »Ethos« eine sittlichen Prinzipien entsprechende Haltung, die aber auf einen Bereich (z. B. Berufsethos) eingegrenzt sein kann. Die Begriffe werden z. T. synonym verwendet.

Sittlichkeit stellt einen Anspruch an den Menschen als freies Vernunftwesen dar, der nicht aufgrund einer zu erwartenden Anerkennung, sondern um ihrer selbst willen zu realisieren ist. Sie ist nicht auf einen bestimmten Gegenstandsbereich beschränkt, sondern bezieht sich auf die Gesamtheit menschlichen Tuns. Der Mensch handelt dann sittlich gut, wenn er sich ihrem Anspruch stellt, sich die Ziele seines Handelns selbst gibt und das →Gute zu verwirklichen sucht. Dieser Bestimmung liegt der Gedanke zugrunde, dass das Verhalten des Menschen zwar biologisch, psychologisch und soziokulturell bedingt ist, aber nicht vollständiger Determination unterliegt. Vielmehr kann der Mensch die Bedingungen, denen sein Verhalten unterliegt, aufgrund seines sittlichen Wesens benennen, kritisch befragen und sich dann zu ihnen ablehnend oder anerkennend verhalten. So trägt der Mensch im Unterschied zum Tier Verantwortung für sein Verhalten.

Inhaltlich wird der Begriff Sittlichkeit von verschiedenen ethischen Ansätzen unterschiedlich bestimmt: Während er in der Antike primär eudämonistisch ausgelegt wurde (Aristoteles), bezeichnet er bei Kant die Moralität des Subjekts, die als Ziel eine Übereinstimmung mit dem Sittengesetz einfordert (→Pflicht, →kategorischer Imperativ). In Kritik an Kant und im Rückgriff auf Aristoteles wird Sittlichkeit von Hegel politisch bestimmt und an die Institutionen (Familie, bürgerliche Gesellschaft, Staat) gebunden.

Situation [französ., zu situer »in die richtige Lage bringen«, zu latein. situs »Lage«, »Stellung«], in der *Existenzphilosophie* der einmalige, unwiederholbare Augenblick, in dem sich für den Einzelnen in der Wechselbeziehung zwischen innerer Bestimmtheit und äußerer Lage die unmittelbare konkrete Wirklichkeit darstellt. Als raumzeitliche Erlebnisganzheit ist sie gekennzeichnet durch den Entscheidungszwang, der die Überbrückung der Unangemessenheit aller allgemeinen Normativität hinsichtlich des einmaligen konkretsituativen Vollzuges fordert. Die Situation ist als »hermeneutische Situation« (Martin Heidegger) zugleich Chance und Schranke des Menschen. In besonderem Maße trifft dies auf die Grenzsituation (Karl Jaspers) zu.

Skepsis [griech. »Betrachtung«, »Bedenken«, zu sképtesthai »schauen«, »spähen«], Erkenntnismethode, die die Geltung von Wahrheitsansprüchen bis in ihre Grundsätze durch Infragestellen prüft und prinzipiell nicht nach dem Gesichtspunkt der Autorität (→sic et non), sondern nach dem des →Kritizismus verfährt. Die methodische Skepsis, die vor Kant besonders von Descartes vertreten wurde, soll als Erkenntnisprinzip über den Zweifel zu einer gesicherten Wahrheit führen. Nach Pyrrhon von Elis, der einen entschiedenen Skeptizismus lehrte, ist die **pyrrhonische Skepsis** benannt.

Skeptizismus [griech.], eine philosophische Richtung, die die Skepsis zur Methode des Denkens erhebt. Als **absoluter Skeptizismus** verneint sie prinzipiell die Erkenntnismöglichkeit von Wahrheit, Wirklichkeit und allgemein gültigen Normen. Damit erweist sich der Skeptizismus als →Agnostizismus. Der **partielle Skeptizismus** leugnet die Erkenntnis bestimmter Bereiche, z.B. religiösübersinnlicher Wahrheiten. Nach Kant stellt der Skeptizismus ein Übergangsstadium zwischen Dogmatismus und Kritizismus dar.

In der Ethik richtet sich der Skeptizismus v.a. gegen die Verbindlichkeit der sittlichen Normen. Er wird teils durch eine relativistische Ansicht über deren Inhalte begründet, die die Wahrheit ihres Anspruchs ausgeschlossen erscheinen lässt (→Relativismus), teils durch eine Kritik an der Stichhaltigkeit der zum Nachweis dieser Verbindlichkeit gebrauchten Beweisverfahren.

Die Schule der Skeptiker wurde im 3. Jh. v.Chr. von Pyrrhon von Elis begründet. Sie lehrte, dass von zwei einander widersprechenden Sätzen keiner besser begründet werden könne als der entgegengesetzte. Es sei also nötig, sich des Urteils zu enthalten. Durch Arkesilaos drang die Skepsis in die platonische Akademie ein. Eine dritte Blütezeit erlebte die Skepsis durch Änesidemus, der wahrscheinlich im letzten vorchristlichen Jahrhundert in Alexandria lehrte. Dieser führte zehn Gründe zum Beweis des Skeptizismus an (skeptische Tropen), die von späteren Vertretern noch erweitert wurden. Auf Änesidemus beruhen auch die Arbeiten der »Empirischen Ärzteschulen« im kaiserzeitlichen Rom. Deren wichtigster Vertreter war Sextus Empiricus.

In der Neuzeit wurde ein Skeptizismus von Michel de Montaigne und Pierre Bayle vertreten. Auch David Hume wird aufgrund seiner Erkenntnistheorie als Skeptiker angesehen, was allerdings, da er auch eine Philosophie des →Commonsense befürwortet, umstritten ist.

Sloterdijk [-daɪk], Peter, deutscher Philosoph und Schriftsteller, * Karlsruhe 1947; wirkt als Professor in Karlsruhe. Aufsehen erregte seine »Kritik der zynischen Vernunft« (1983), die u.a. Polemiken, geschichtliche Berichterstattung, Poesie und theoretische Analysen zu einer zynischen Bildgeschichte Europas vereinigt. In »Der Denker auf der Bühne« (1986) setzt Sloterdijk der traditionellen Subjektivitätsphilosophie eine Philosophie der kosmopolitischen Vernunft entgegen. Seine neueren Werke gelten v.a. der politisch-zeitgeschichtlichen Auseinandersetzung.

100562

Peter Sloterdijk

Anlass zu einer öffentlichen Debatte gab Sloterdijks Vortrag am 17. 7. 1999 auf Schloss Elmau (bei Garmisch-Partenkirchen) über »Regeln für den Menschenpark. Ein Antwortschreiben zum Brief über den Humanismus«. Anknüpfend an Martin Heidegger, Platon und Nietzsche, diagnostizierte er in ihm das Ende der humanistischen Epoche und ihres Strebens nach Zivilisierung des Menschen durch Religion und Bildung; in den modernen »Anthropotechniken« wie etwa der Gentechnologie sieht Sloterdijk ein potenzielles Instrument zur »Selbstzähmung« der Menschheit.

Smith [smɪθ], Adam, britischer Moralphilosoph und Volkswirtschaftler, getauft in Kirkcaldy 5. 6. 1723, † Edinburgh 17. 7. 1790; Schüler von Francis Hutcheson, befreundet mit David Hume. Smith war Professor für Logik und später auch für Moralphilosophie an der Universität Glasgow (1751–64). Nach einer Reise durch Frankreich und die Schweiz

Sokrates
* um 470 v. Chr., † 399 v. Chr.

100264

- lehrte auf dem Marktplatz von Athen
- führte im Gespräch seine Gegenüber zu philosophischen Einsichten
- sah im Wissen vom Guten die hinreichende Voraussetzung für richtiges Handeln
- wurde wegen angeblicher Gotteslästerung und Verführung der Jugend zum Tode verurteilt
- wurde zur Hauptfigur in den Schriften seines Schülers Platon

(1764–66) lebte er als Privatgelehrter. 1779–90 war er Mitglied der obersten Zollbehörde in Schottland.

■ **Moralphilosophie** In seinem moralphilosophischen Werk »The theory of moral sentiments« (1759; dt. »Theorie der ethischen Gefühle«) entwarf Smith eine Theorie des sozialen Handelns, nach der Entstehung und Geltung sozialer Normen an einen sozialen Lernprozess gekoppelt sind. Smith unterscheidet drei elementare Tugenden: 1. »Prudence« (Klugheit), das wohlverstandene Eigeninteresse, 2. »Justice« (Gerechtigkeit) und 3. »Benevolence«, die Güte, deren Befolgung das höchste Gut darstellt. Die von der »prudence« motivierten Handlungen entspringen nach Smith dem Selbsterhaltungstrieb und dem Wunsch nach sozialer Anerkennung. Die »justice« legt die Normen fest, innerhalb derer sich das Selbstinteresse vorteilhaft für den Einzelnen auswirken kann, ohne dem anderen oder der Gesamtheit zu schaden. Die kodifizierten Normen werden durch den Staat garantiert, der damit unerlässlicher Bestandteil des sozialen Gefüges ist. Grundtugend und Grundlage der moralischen Beurteilung – auch der sittlichen Selbstprüfung – ist die mitmenschliche Güte.

■ **Ökonomie** Mit seinem Hauptwerk »An inquiry into the nature and causes of the wealth of nations« (1776; dt. »Untersuchung der Natur und Ursachen von Nationalreichthümern«, auch als »Der Wohlstand der Nationen«) begründete Smith die klassische Nationalökonomie. In ihm beschreibt er systematisch die liberalen Wirtschaftslehren des 18. Jahrhunderts. Menschliche Arbeit und Arbeitsteilung betrachtete Smith als Quellen des Wohlstands. Mit zunehmender Arbeitsteilung werde zunächst eine Steuerung von Erzeugung und Verbrauch notwendig. Diese werde erreicht, wenn sich das wohlverstandene Selbstinteresse als grundlegende Kraft der wirtschaftlichen Entwicklung in einer freien, von keinerlei Markteingriffen des Staates gehemmten Wirtschaft und Gesellschaft entfalten könne. Der freie Wettbewerb führe dann zu einer Harmonie des sozialen und wirtschaftlichen Lebens – erhalten und geleitet von der »unsichtbaren Hand« (»invisible hand«), die die egoistischen Motive in soziale Taten umwandle.

Da in einer arbeitsteilig organisierten Wirtschaft Angebot und Nachfrage zum Ausgleich kommen müssen, entwickelte Smith Marktgesetze, die ihren Niederschlag in seiner Wert- und Preistheorie gefunden haben (→Arbeitswerttheorie). Für die praktische Durchsetzung von Wirtschaftsfreiheit und -liberalismus hatten seine Lehren große Bedeutung.

Sokrates, griechischer Philosoph, * Athen um 470 v. Chr., † ebenda 399 v. Chr.; gilt vielfach als das Vorbild des Weisen schlechthin.

■ **Leben** Sokrates soll sich neben seiner Tätigkeit als philosophischer Aufklärer bei Feldzügen im Peloponnesischen Krieg gegen Sparta (431–404 v. Chr.) durch Tapferkeit ausgezeichnet haben. Außerdem verwaltete er verschiedene politische Ämter. Verheiratet war er mit Xanthippe. 399 v. Chr. wurde er wegen angeblicher Einführung neuer Götter und Verführung der Jugend angeklagt und vom Ge-

Sokrates Sokratische Ironie

3483

»Da stellen wir uns mal ganz dumm!« Wer so an eine Sache herangeht, ist in Wahrheit ausgesprochen klug. Er hat im Grunde verstanden, worauf es schon Sokrates ankam. Bewusst klammert er zunächst alles, was er schon zu wissen glaubt, aus. Denn was ist überhaupt ein Wissen, das zu haben man bloß glaubt? Echtes Wissen weiß zugleich, dass es Wissen ist. Es kann sich durch die Angabe von Gründen als solches ausweisen. Den Gesprächspartnern des Sokrates aber gelang genau das nicht. Keine ihrer Behauptungen hielt seinem hartnäckigen Nachfragen stand. Ein ums andere Mal mussten sie schließlich die Haltlosigkeit ihrer Wissensansprüche einräumen. Mit dieser Einsicht in das eigene Nichtwissen jedoch, in der ihnen Sokrates stets voraus war, ist zuallererst der unvoreingenommene Zugang zur Sache selbst eröffnet und die Voraussetzung für das philosophische Bemühen um Wahrheit geschaffen. In seinem Gemälde »Sokrates mit dem Spiegel« spielte der Barockmaler Pier Francesco Mola auf diese Art der Selbsterkenntnis als Anfang allen Philosophierens an.

richt zum Tod durch den Schierlingsbecher verurteilt.

Sokrates hat keine philosophischen Schriften verfasst. Über seine Lehre und sein Leben geben deshalb lediglich sekundäre Quellen Auskunft, v. a. die Schriften von Platon, Xenophon und Antisthenes, aber auch Zeugnisse von anderen seiner Schüler. Durch Aristoteles und Diogenes Laertios sind ebenfalls Inhalte seiner Lehre überliefert.

■ **Lehre** Waren bei den →Vorsokratikern noch kosmologische Naturspekulationen vorherrschend, so soll Sokrates erstmals das vernünftige Begreifen des menschlichen Lebens und der Tugend zur wesentlichen Aufgabe der griechischen Philosophie erklärt haben. Diese Zielsetzung brachte ihn in einen grundsätzlichen Konflikt mit den Sophisten. Obwohl selbst z. T. den ursprünglichen aufklärerischen Intentionen der Sophisten verpflichtet, kritisierte Sokrates, dass ihre Lehren inzwischen weniger auf ein begründetes Wissen und Handeln als vielmehr auf die Kunst rhetorischer, trickreicher Überredung ausgerichtet seien. Da es nach Sokrates auf ein wahrhaft gutes und gerechtes Leben ankommt, muss das jeweilige faktische Verständnis des Lebens als vernünftig ausweisbar sein oder durch vernünftiges Denken in Richtung auf ein Wissen über uns selbst und damit darüber, wie wir handeln sollen, überwunden werden. Denn das begründete Wissen des Guten ziehe das rechte Handeln nach sich.

Um Selbsttäuschungen zu entgehen, bedarf es dabei des philosophischen Gesprächs. Im Gespräch über ethische und andere Themen deckte Sokrates vermeintliches Wissen als unbegründete Meinung auf und führte sein Gegenüber auf diese Weise zu der zentralen Einsicht, dass wir über uns selbst nichts Genaues wissen. Im Sinne eines delphischen Orakelspruchs, dass niemand weiser sei als Sokrates, beanspruchte er, insofern weiser zu sein als die anderen Menschen, als er zumindest klar erkenne, dass er nichts wisse.

Die Grundlagen eines wahren Selbstverständnisses und Wissens können nach Sokrates mithilfe konsequenten Fragens ans Licht gebracht werden (→Mäeutik). Entsprechend soll das sokratische Fragen als Methode der Reflexion nicht nur mit den Mitteln der Ironie und durch die »Elenktik« (die Kunst des Beweisens, Widerlegens und Überführens) den Nachweis von Widersprüchen aufweisen und damit die Selbstverständlichkeit vermeintlichen Wissens erschüttern, sondern zudem zu der schon immer vorhandenen Basis vernünftigen Denkens und sittlicher Einsicht hinführen. Für die eigenen Lebensentscheidungen, die einer argumentativen Klärung nicht oder nicht unmittelbar zugänglich sind, nimmt Sokrates die warnende Stimme einer ethischen Intuition, des »Daimonion«, in Anspruch, die er als »Zeichen des Gottes« versteht.

■ **Wirkung** Der Überlieferung zufolge trat Sokrates nicht nur für die Übereinstimmung von Reden, Denken und Handeln in einem vernünftigen Leben ein, er stellte sie auch in seiner Person dar. Mit dem Ruf eines Weisen und als Symbol des Philosophen schlechthin hat er die spätere Philosophiegeschichte und Literatur zu vielfältigen Darstellungen und Interpretationen angeregt.

Sokrates
→ GEO **Dossier**
Kleine Denker – große Gedanken, Bd. 14

Sokrates.
Im Jahr 399 v. Chr. wurde Sokrates zum Tod durch den Schierlingstrank verurteilt. Das alternative Angebot der Verbannung lehnte er ab. Jacques-Louis David malte seine Version der letzten Minuten des Sokrates im Kreise seiner Freunde nach der Schilderung in Platons Dialog »Phaidon« (1787; New York, Metropolitan Museum of Art).

Sokratiker, vermutlich von Sotion (2. Jh. v. Chr.) eingeführte Sammelbezeichnung für die Philosophen des 4. Jh. v. Chr., die im weitesten Sinne als Schüler des Sokrates gelten, jedoch sehr unterschiedliche philosophische Positionen vertraten. Die bedeutendsten Sokratiker gründeten – bis auf Aischines und Xenophon – eigene Schulen, so Antisthenes (→Kyniker), Aristippos (→Kyrenaiker) und Platon (→Akademie).

Solger, Karl Wilhelm Ferdinand, deutscher Philosoph, * Schwedt/Oder 28. 11. 1780, † Berlin 25. 10. 1819; Schüler von Friedrich Wilhelm Joseph von Schelling und Johann Gottlieb Fichte. 1809 wurde Solger Professor in Frankfurt (Oder) und 1811 in Berlin. Im Mittelpunkt seines Denkens, das auch von Baruch de Spinoza und der Mystik beeinflusst ist, steht die Frage nach dem Offenbarwerden des Göttlich-Ideellen im Zeitlich-Realen. Dieses Offenbarwerden geschieht in Sittlichkeit und Religion, v. a. aber in der Kunst. Die →Ästhetik bzw. Kunstphilosophie, die Solger in »Erwin. Vier Gespräche über das Schöne und die Kunst« (1815) und in seinen »Vorlesungen über Aesthetik« (hg. 1829) entwickelte, steht im Zentrum seiner Philosophie. Die Selbstoffenbarung der Idee im Schönen ereignet sich nach Solger unter Aufhebung der zeitlichen Erscheinung.

Solipsismus [latein. solus »allein« und ipse »selbst«], extreme erkenntnistheoreti-

Solipsismus
→ GEO **Dossier**
Die Welt – ein Hirngespinst, Bd. 14

sche Position des →Subjektivismus, die davon ausgeht, dass einzig das Ich mit seinen Erlebnissen wirklich sei und die Gesamtheit der wahrgenommenen Außenwelt bloße Vorstellung. Sie findet sich z.B. bei George Berkeley, aber auch bei Johann Gottlieb Fichte in Form eines »subjektiven Idealismus«. Ein praktisch-ethischer Solipsismus (oder →Egoismus), der davon ausgeht, dass nur dasjenige Wert hat, was dem eigenen Selbst zugute kommt, wurde in radikaler Form von Max Stirner vertreten. Der Solipsismus kann auch als methodisches Prinzip angewandt werden. So stellt etwa der Rückgang auf das Ich als ersten sicheren Ausgangspunkt des Wissens bei Descartes einen radikalen Solipsismus dar. In der analytischen Philosophie wurde der Solipsismus zu den selbstwidersprüchlichen und daher sinnlosen Aussagen gezählt.

Sophia [griech. »Weisheit«], allgemein das meisterliche, vollendete Können. Bei den →Pythagoreern bezeichnet Sophia die Summe allen Wissens, die im eigentlichen Sinn dem Göttlichen vorbehalten ist, während der Mensch nur (in der Philosophie) nach ihr streben kann. Für Platon ist Sophia das Wissen von den Ideen, v.a. der Idee des Guten.

Sophia
→ GEO **Dossier**
Die Wurzeln der Weisheit, Bd. 14

2726

Sophistik.
Zentrale Bedeutung hatte für die Sophisten das politische Handeln. Dabei kam der Redekunst besondere Bedeutung zu. Von dem Podium auf dem Pnyxhügel in Athen aus konnte man vor der bis zu 18 000 Menschen umfassenden Volksversammlung sprechen.

Sophisma [griech., zu sophízesthai »ausklügeln«, »aussinnen«, zu sophós »geschickt«, »klug«], ein →Trugschluss, der nicht auf einem logischen Fehler, sondern auf bewusster Irreführung beruht. Nach der Meinung ihrer Kritiker bedienten sich die griechischen Sophisten oft absichtsvoller Trugschlüsse.

Sophistik [griech. sophistikḗ (téchnē) »Kunst der Sophisterei«], Bezeichnung für die Lehre wie auch philosophische Epoche der **Sophisten,** die im 5./4. Jh. v.Chr. eine neue, auf den Menschen, seine Ethik und sein Erkenntnisvermögen ausgerichtete, aufklärerische Epoche der griechischen Philosophie einleiteten. Zu ihnen zählten u.a. Protagoras, Gorgias, Kritias, Kratylos und Antiphon.

Die Sophisten waren professionelle Wanderlehrer und wollten eine höhere, zum politischen Handeln befähigende Bildung vermitteln. Ihre Lehren bezogen sich v.a. auf Sprachtheorie (z.B. Rhetorik, Poetik, Grammatik) und Ethik (Theorien über Staat, Gesellschaft, Moral, Recht), weniger auf die bis dahin vorherrschenden Probleme der Naturphilosophie und Ontologie. Ihre philosophische Position war gekennzeichnet durch einen praktischen →Relativismus und einen generellen erkenntnistheoretischen Skeptizismus, der keine absolute, menschenunabhängige Wahrheit mehr anerkennt und gleich bleibende ethische Werte – etwa aus Tradition und Religion – als Begründungsbasis für Theorie und Praxis ablehnt, so z.B. Protagoras mit seinem →Homo-Mensura-Satz. Dabei wurde der Gegensatz von Natur (Physis) und menschlichem Gesetz (Nomos) hervorgehoben.

Die in ihrem Hauptanliegen auf Überwindung des ethischen und erkenntnistheoretischen Relativismus der Sophistik zielende Philosophie von Sokrates und Platon hat das heute meist negative Bild der Sophisten geprägt; bei Platon werden sie häufig als Wortverdreher charakterisiert, deren Ziel nicht die Überzeugung durch vernünftige Argumente, sondern die Überredung durch rhetorische Mittel sei.

Souveränität [zuvə-, französ.], die dem modernen Staat eigentümliche, höchste, nicht abgeleitete, allumfassende und unbeschränkte Hoheitsgewalt. Der Staat hat Souveränität (völkerrechtlich) nach außen, insofern er von anderen Staaten unabhängig ist, und (staatsrechtlich) nach innen, insofern ihm die Verfügungsgewalt über die »inneren Angelegenheiten« zukommt. Der Begriff der Souveränität wurde im 16. Jh. von Jean Bodin entwickelt.

Sozialphilosophie, Teilgebiet der Philosophie, das den Menschen als gesellschaftliches Wesen begreift und das Verhältnis von Individuen zueinander sowie von Individuum und →Gesellschaft untersucht.

Die Sozialphilosophie ist durch verschiedene zentrale Problemstellungen gekennzeichnet: Erstens fragt sie in normativer Perspektive nach den Bedingungen, die in einer guten bzw. gerechten Gesellschaft erfüllt sein müssen, damit deren Mitglieder ein autonomes, gutes oder gelungenes Lebens führen können. Zweitens befasst sie sich mit dem ontologischen Status sozialer Entitäten, d.h. dem Unterschied der Existenzweise von sozialen, durch menschliche Übereinkunft geschaffenen Objekten – etwa dem Geld – und den natürlichen Objekten, die von Menschen unabhängig bestehen. Gelegentlich wird drittens die Wissenschaftstheorie der Sozialwissenschaften, die sich mit den Besonderheiten sozialwissenschaftlicher Forschung und Theoriebildung im Gegensatz zur naturwissenschaftlichen beschäftigt, zur Sozialphilosophie gerechnet.

Motive sozialphilosophischen Denkens finden sich in der Philosophie seit ihren Anfängen, doch lässt sich von einem eigenen Themengebiet erst seit Rousseaus »Abhandlung über den Ursprung und die Grundlagen der Ungleichheit unter den Menschen« (1755) sprechen. Den Schwerpunkt der gegenwärtigen Sozialphilosophie stellt der erstgenannte Themenkomplex der normativen Auseinandersetzung mit der sozialen Wirklichkeit dar, der eine enge Beziehung zur politischen Philosophie (→Staatsphilosophie) einerseits und zur Soziologie und Ökonomie andererseits besitzt.

Die Debatte in Deutschland ist in jüngerer Zeit stark durch die Tradition der →kritischen Theorie geprägt. Deren Erbe wird in der Diskurstheorie von Jürgen Habermas und neuerdings in der Anerkennungstheorie, die sich mit den sozialen Voraussetzungen einer gelungenen Identitätsbildung befasst, von Axel Honneth (*1949) fortgeführt.

In der nordamerikanischen Sozialphilosophie der letzten Jahre lassen sich hauptsächlich zwei Diskussionsstränge ausmachen: Erstens der Verweis des →Kommunitarismus auf die Abhängigkeit individueller menschlicher Ziele und Werte an eine partikulare Gemeinschaft und zweitens der besonders von Martha C. Nussbaum betriebene neoaristotelische Versuch, menschliche Grundbedürfnisse und -ziele auszuzeichnen, an deren Erfüllung die Güte jeder Gesellschaftsform zu messen ist.

Spaemann, Robert, deutscher Philosoph, *Berlin 5. 5. 1927; war ordentlicher Professor in Stuttgart und Heidelberg und von 1973 bis zu seiner Emeritierung 1992 in München. Seither ist er Honorarprofessor an der Universität Salzburg. Spaemanns Arbeiten widmen sich der Naturphilosophie, der praktischen und politischen Philosophie sowie der neuzeitlichen Ideengeschichte. Seine Kritik an der Abkehr von einem teleologischen Naturverständnis in der Neuzeit mündet in einen Neuansatz der Metaphysik und Ethik, welcher im Selbstverständnis des Menschen seinen Ausgang nimmt. Mit seiner Ethik sucht Spaemann den Antagonismus von eudämonistischer Klugheitsethik und universalistischer Pflichtethik zu überwinden (»Glück und Wohlwollen«, 1989).

Spekulation [latein. speculatio »Betrachtung«], allgemein die auf bloßen Annahmen oder Mutmaßungen beruhende Erwartung oder Behauptung. Bei Thomas von Aquino bezeichnet Spekulation den Rückschluss vom Seienden auf sein Wesen bzw. seinen Grund, im Gegensatz zur →Reflexion. Seine zentrale Bedeutung gewann der Begriff im →deutschen Idealismus im Rahmen des Problems der Darstellung des absoluten Ich bzw. der absoluten Subjektivität. Die spekulative bzw. dialektische Methode bezeichnet bei Hegel die Selbstbewegung des Begriffs, bei der nicht, wie beim reflektierenden, »bloß räsonnierenden« Denken, das Subjekt Begriffe »verwendet«, um zu Sätzen, Urteilen und Schlüssen zu gelangen, sondern bei der der Begriff selbst die Weiterführung des Gedankenganges leistet. Subjekt und Objekt enthält und »bewahrt« der Begriff als seine »Momente«; sie sind in ihm »aufgehoben«. Aufgabe der spekulativen dialektischen Philosophie (→Dialektik) ist zuletzt die Darstellung des »Zurückgehens des Begriffs in sich«.

Spencer ['spensə], Herbert, englischer Philosoph, *Derby 27. 4. 1820, †Brighton 8. 12. 1903; arbeitete als Hilfslehrer, Eisenbahningenieur, Mitherausgeber des »Economist« und freier Schriftsteller. Neun Jahre vor Charles Darwin entwickelte er in »Social statics« (1851) eine organizistische Evolutionstheorie. Als begeisterter Anhänger des Darwinismus war er davon überzeugt, das Evolutionsprinzip in allen Wissenschaften anwenden und diese dadurch zu einem »System synthetischer Philosophie« vereinigen zu können.

Herbert Spencer

Wie John Stuart Mill bekannte sich Spencer zum strikten Empirismus. Im Anschluss an Kant trennte er zwar kategorisch zwischen Phänomenen und Wirklichkeit, doch schrieb er den Gegenständen der Erfahrung eine inhärente Kraft zu, die er als eine Manifestation des »Unergründlichen« ansah. Von der alltäglichen unterscheide sich die wissenschaftliche Erkenntnis lediglich durch die besonders präzise Beschreibung der Erfahrungswelt und die Entdeckung universaler Gesetze innerhalb der Wissenschaftsdisziplinen.

Erst die Evolutionsgesetze erlauben dabei nach Spencer die Strukturierung und Eingliederung der empirischen Daten aus allen physikalischen, sozialen und psychologischen Wissenschaftsbereichen unter ein einziges Prinzip. Demzufolge lassen sich in allen Bereichen zeitlich fixierbare (wenngleich nicht zielgerichtete) Entwicklungen und Transformationen verfolgen: Einfachen Elementarstufen folgen differenzierte Mittelphasen und hochkomplexe Endphasen, im biologischen wie im sozialen Bereich. Nach Spencers Auffassung gilt für diese Entwicklung der Grundsatz: »von unzusammenhängender Gleichartigkeit zu zusammenhängender Verschiedenartigkeit«.

In Analogie zu den Organismen wachsen, erstarken und vergehen Spencer zufolge auch Gesellschaften, weshalb er in wirtschaftlichen und politischen Belangen den Liberalismus vertrat. Die Rolle des Staates beschränke sich auf die Unterstützung und Sicherung dieses Prozesses. Spencers Gesellschaftstheorie hatte großen Einfluss auf die Entwicklung des Sozialdarwinismus und wirkte nicht zuletzt auf eine Reihe unterschiedlicher Theoriemodelle.

Oswald Spengler

Spengler, Oswald, deutscher Geschichtsphilosoph, *Blankenburg (Harz) 29. 5. 1880, †München 8. 5. 1936; war 1908–11 Gymnasiallehrer in Hamburg und lebte dann als freier Schriftsteller in München. Sein Hauptwerk »Der Untergang des Abendlandes«, das 1918–22 erschien, hat das moderne Geschichtsbild nachhaltig geprägt.

Im Sinne der Kulturzyklentheorie entwickelte Spengler eine allgemeine »Morphologie der Weltgeschichte«, in der er den Formenwandel der als Großorganismen verstandenen Kulturen und ihrer »Lebensstile« beschreibt. Ihr Verlauf ist ihm zufolge durch das organologische Entwicklungsschema von Blüte, Reife und Verfall bestimmt, dem sie mit deterministischer Notwendigkeit unterliegen. Die Homologie dieser Entwicklung lässt die Gegenüberstellung strukturell »gleichzeitiger« Phasen in der Geschichte verschiedener Kulturen zu.

Unabhängig von dieser strukturellen Analogie der Kulturen behauptet Spengler mit deren morphologischer Isolierung voneinander einen extremen Pluralismus, der die Möglichkeit einer interkulturellen Beziehung, v. a. die Tradierung von Kulturgütern leugnet und mit einem skeptischen Relativismus hinsichtlich jeglicher allgemeinen Normativität verbunden ist. Darin widerspricht Spengler der linearen Geschichtstheorie. In seiner Geschichts- und →Kulturphilosophie knüpft er an die anthropologischen Voraussetzungen der biologistischen Strömungen der zeitgenössischen Lebensphilosophie an und bezieht sich auf Goethe und Nietzsche. Von seinen Ideen wurde besonders der Gedanke von der vergleichbaren Eigengesetzlichkeit der Kulturwesenheiten wirksam.

Speusippos, griechischer Philosoph, *um 408 v. Chr., †Athen 339 v. Chr.; war der Neffe Platons und dessen Nachfolger in der Leitung der (älteren) →Akademie. Trotz seiner Absicht, Platons Philosophie nicht zu verändern, finden sich Unterschiede, z. B. durch Umbildung der platonischen Ideenlehre in eine Zahlentheorie. In seinem Werk »Homoia« (dt. »Ähnlichkeiten«) versucht er, die Tier- und Pflanzenwelt erschöpfend in Arten und Gattungen einzuteilen und die verschiedenen Klassifikationstypen jeweils durch »Ähnlichkeiten« miteinander zu verbinden. Seine Schriften sind nur fragmentarisch erhalten.

Spieltheorie, den Wirtschafts- und Sozialwissenschaften, insbesondere dem Operations-Research, also der Unternehmens- bzw. Systemforschung zugeordnete mathematische Theorie zur Modellierung spezieller strategischer Entscheidungsprozesse **(strategische Spiele).** Basierend auf der Beobachtung des Entscheidungsverhaltens in strategischen Gesellschaftsspielen, wurde die Spieltheorie von dem amerikanischen Mathematiker Johann von Neumann (*1903, †1957) begründet und unter Mitwirkung des amerikanischen Volkswirtschaftlers Oskar Morgenstern zwischen 1930 und 1940 für die Analyse von unternehmerischen und gesamtwirtschaftlichen Konflikt- und Konkurrenzsituationen vorgeschlagen.

Baruch de Spinoza
***1632, †1677**

- entwickelte einen pantheistischen Monismus
- verdiente seinen Lebensunterhalt als Handwerker
- wurde von der jüdischen Gemeinde in Amsterdam ausgeschlossen
- erlangte durch den Pantheismusstreit im 18. Jh. große Popularität
- leitete seine Ethik nach geometrischer Methode aus Definitionen und Axiomen her

Spinoza [-ˈno:tsa, niederländ. spiˈno:za:], Baruch de, latinisiert Benedictus de Spinoza, niederländischer Philosoph, *Amsterdam 24. 11. 1632, †Den Haag 21. 2. 1677; entwickelte einen pantheistischen Monismus, der v. a. im 18. Jh. unter dem Begriff des **Spinozismus** großes Aufsehen erregte.

■ **Leben** Spinoza stammte aus einer marranisch-jüdischen Familie, die von Portugal nach Holland eingewandert war. In Amsterdam betrieb er neben seiner biblisch-talmudischen Ausbildung schon früh das Studium der Scholastik, der alten Sprachen, der zeitgenössischen Naturwissenschaften und Mathematik sowie der philosophischen Schriften von Descartes. 1656 wurde er wegen religiöser Dogmenkritik – er bestritt v. a. die Unsterblichkeit der Seele und die Auserwähltheit des Volkes Israel – mit dem Bannfluch der jüdischen Gemeinde belegt.

In den folgenden Jahren hielt sich Spinoza in Rijnsburg bei Leiden und Voorburg bei Den Haag auf. 1670 ging er nach Den Haag, wo er ehelos und zurückgezogen von zwei Renten lebte, die ihm Freunde vermacht hatten. Seinen Lebensunterhalt bestritt er u. a. mit dem Schleifen von optischen Gläsern. Zu seinen Lebzeiten erschien unter seinem Namen nur ein Buch über Descartes. Den »Tractatus theologico-politicus …« (1670; dt. »Der theologisch-politische Tractat …«), dessen Grundgedanken an die Staatslehre von Thomas Hobbes anknüpfen, gab er anonym heraus.

■ **Lehre** In seinem philosophischen Hauptwerk »Ethica, ordine geometrico demonstrata« (dt. »Ethik. Nach geometrischer Methode dargestellt«), das seit etwa 1662 entstanden sein muss, entwickelte Spinoza in einem deduktiven Verfahren aus Definitionen, Grundsätzen, Lehrsätzen, Beweisen und Erläuterungen die Konsequenz seines pantheistischen Substanzmonismus. Nach diesem ist Gott die einzige, unteilbare, unendliche Substanz (→Monismus). Dieser Substanz kommen unendlich viele Attribute zu, von denen aber nur die des Denkens und der Ausdehnung erkennbar sind. Gott und die Natur sind ein und dasselbe (»Deus sive natura«), da alles, was ist, aus der einen Substanz notwendig folgt.

Alle endlichen Erscheinungen, Dinge wie Ideen, sind nach Spinoza Modi, d. h. Daseinsweisen der einen Substanz. Als Causa sui, also Ursache seiner selbst, ist Gott zugleich die »innebleibende« Ursache aller Dinge. Ein jenseitiger Gott lässt sich daher ebenso wenig denken wie ein der absoluten Substanz nicht integriertes Ding. Da sich alles nach kausalmechanisch ablaufenden Gesetzen in der einen Substanz vollzieht, ist auch die aristotelische Lehre von den Zweckursachen für Spinoza hinfällig.

Spinozas *Anthropologie* geht von der Parallelität der Attribute Denken und Ausdehnung in Gott aus. Alles Ausgedehnte ist unter sich kausal verknüpft und ebenso verhält es sich im Bereich der Ideen. Ein Übergang von der einen Ebene in die andere, also vom Denken in die Ausdehnung und umgekehrt, ist nicht möglich. Jede dieser kausal determinierten Reihen betrifft gleichwohl ein und dieselbe Sache, nämlich den Selbstvollzug der Substanz: »Die Ordnung und Verknüpfung der Ideen ist dieselbe wie die Ordnung und Verknüpfung der Dinge.« Für die Modalität von Denken und Ausdehnung beim Menschen heißt dies: Alles, was am Körper geschieht, hat seine Entsprechung in der Seele. Diese ist nichts anderes als die Idee des wirklichen Körpers.

Im Rahmen dieser Anthropologie entwickelt Spinoza seine *Erkenntnislehre:* Die Selbsterkenntnis des Geistes vollzieht sich dadurch, dass der Geist die Affektionen seines ihm in der Form der Idee entsprechenden Körpers aufnimmt. Die körperliche Welt erkennt der Geist nur auf inadäquate Weise. Adäquate Erkenntnis liefert nur der Verstand, und zwar einmal vermittels Schließens – dies ist die rationale Erkenntnis –, zum anderen vermittels unmittelbarer Anschauung im Sinne einer intuitiven Erkenntnis. Der Verstand betrachtet die Dinge in ihrem notwendigen und ewigen Hervorgehen aus der unendlichen Substanz.

Mechanistisch wie Spinozas Lehre vom Ablauf der äußeren Geschehnisse ist auch seine Affektenlehre, die wesentlich von Descartes beeinflusst ist und auf der Idee der Selbsterhaltung gründet. Sie bildet die Basis von Spinozas *Ethik.* Das Fundament der Tugend sieht Spinoza in dem Streben nach Selbsterhaltung. Dieses ist nur dadurch möglich, dass sich der Mensch der Herrschaft der passiven Affekte entzieht. Hierzu muss er sie klar erkennen und der Herrschaft der tätigen Affekte unterstellen. Höchstes Gut und höchste Tugend ist »die geistige Liebe zu Gott« (amor Dei intellectualis), die zugleich für den Menschen die höchste Seligkeit darstellt. Sie genießt der Mensch durch den vom Tode nicht berührbaren Teil seiner selbst, durch seine Vernunft.

■ **Wirkung** Der Einfluss Spinozas wurde v. a. in Deutschland wirksam. Leibniz setzte sich schon in seiner »Theodizee« (1710) mit Spinoza auseinander. Im 18. Jh. vermittelte Gotthold Ephraim Lessing Gedanken Spinozas. Der so genannte Pantheismusstreit (→Pantheismus) verschaffte Spinozas Philosophie, die in gelehrten Kreisen schon bald bekannt war, mehr Popularität. In seiner Frühphase stand auch Goethe stark unter dem Einfluss von Spinoza. Der junge Johann Gottlieb Fichte, Johann Gottfried Herder, Friedrich Schleiermacher und Friedrich Wilhelm Joseph von Schelling übernahmen ebenfalls spinozistisches Gedankengut.

Baruch de Spinoza. Spinoza war acht Jahre alt, als sich der wegen Ketzerei von der Amsterdamer jüdischen Gemeinde mit dem Bann belegte Philosoph Uriel da Costa umbrachte. Der 1889 in der »Illustrierten Zeitung« erschienene Holzstich bezieht sich auf Spekulationen über den Einfluss da Costas auf den jungen Spinoza.

Spiritualismus [zu latein. spiritus »Hauch«, »Geist«], v. a. im historischen Kontext verwendeter Begriff für eine besonders im Gegensatz zu Materialismus und Positivismus stehende Lehre oder philosophische Richtung, in der alles Wirkliche als Geist bzw. Erscheinungsform des Geistes aufgefasst wird. Ein solcher **metaphysischer Spiritualismus** wird etwa in der monistischen Monadenlehre von Leibniz und im deutschen Idealismus vertreten. Der **psychologische Spiritualismus** lehrt die geistige Beschaffenheit der Seele. Er findet sich v. a. bei Descartes, George Berkeley und später – in abgewandelter Form – bei dem französischen Philosophen Maine de Biran (* 1766, † 1824), der sich mit seiner spiritualis-

Spinoza »Ethik. Nach geometrischer Methode dargestellt«

Kurz nach seinem Tod erschien 1677 Spinozas Hauptwerk »Ethik. Nach geometrischer Methode dargestellt«. Die Methode, die dessen Aufbau bestimmt, bezeichnete er als geometrisch, weil sie sich über das mathematische Methodenideal Descartes' hinausgehend die Geometrie Euklids zum Vorbild nimmt. Ihr gemäß sollen nur solche Sätze aufeinander folgen, die sich entweder durch sich selbst erklären oder folgerichtig aus den vorhergehenden Sätzen abgeleitet sind. »Ein Punkt ist, was keine Teile hat.« Solche Sätze werden als Definitionen, Axiome, Lehrsätze und Beweise klassifiziert, wobei mit denjenigen Definitionen begonnen wird, die den höchsten aller metaphysischen Begriffe betreffen, nämlich »Gott«. Auf diese Weise will Spinoza auch die Identität Gottes mit der Natur und – davon ausgehend – das Wesen des Geistes, die Seele des Menschen, die Kräfte seines Verstandes und seine Freiheit beweisen. Aufgrund der Abgeschlossenheit, die aus diesem deduktiven Verfahren resultiert, wurde Spinozas Ethik als entschieden antireligiös aufgefasst.

tischen Konzeption des Geistes v. a. gegen die materialistische Psychologie wandte.

Sprache, im engeren Sinn Bezeichnung für die natürliche (d. h. die historisch gewachsene) Sprache des Menschen, im weiteren Sinn Bezeichnung für Kommunikationssysteme unterschiedlicher Art.

■ **Begriffsbestimmung** Eine allgemein gültige Definition gibt es weder für Sprache im engeren noch für Sprache im weiteren Sinn. Alle bisherigen Definitionen gehen jeweils nur von bestimmten Aspekten des komplexen Phänomens Sprache aus. So hat man Sprache u. a. als ein Mittel zum Ausdruck von Gedanken und Gefühlen, als das wichtigste Kommunikationsmittel des Menschen oder auch als ein System von Zeichen oder Regeln definiert. Charakteristisch für alle Sprachen ist, dass Inhalte bzw. Informationen in der →Kommunikation durch den Gebrauch symbolischer Zeichen übermittelt werden.

■ **Deutungen** Während die Sprache in vielen Kulturen auf einen göttlichen Ursprung zurückgeführt wird, hat man in der Philosophie versucht, den Ursprung der Sprache unter Verzicht auf das Heranziehen übernatürlicher Mächte zu ergründen. Zentrale Diskussionen zu dieser Frage fanden im 18. Jh. statt, u. a. bei Étienne Bonnot de Condillac und Johann Gottfried Herder. Letzterer verwarf die These, dass die Sprache göttlichen Ursprungs sei, und begriff sie als ein Merkmal der Natur des Menschen, das zugleich auf dessen soziale Existenz verweist. Vor dem Hintergrund evolutionstheoretischer Annahmen gilt die Herausbildung einer komplexen Sprache gegenwärtig als zentraler Schritt innerhalb der Menschwerdung. Übergänge zwischen der menschlichen Sprache und den zumeist einfacheren tierischen Kommunikationssystemen werden mehr und mehr als fließend angesehen.

100562

Sprache. Menschliche Sprache kann sich nicht nur auf die Gegenwart, sondern auch auf Vergangenheit und Zukunft beziehen. Sie ist situationsungebunden: Man kann Dinge besprechen, die von der Äußerungssituation weit entfernt sind oder vielleicht nicht einmal existieren (Gespräch über nukleare Sicherheit beim Weltwirtschaftsgipfel in Denver 1997).

■ **Sprache und Denken** Ob die Sprache ein Erkenntnis und Denken prägendes Medium ist oder lediglich vorsprachlich vorliegende Gedankeninhalte übersetzt, ist seit langem Gegenstand kontroverser philosophischer Diskussionen. Auf der einen Seite wird die Auffassung vertreten, die Sprache habe eine welterschließende Funktion und strukturiere das Denken, z. B. in der Hermeneutik (Hans-Georg Gadamer), aber auch bei Humboldt und Herder sowie in der amerikanischen Ethnolinguistik. Auf der anderen Seite gilt die Sprache als Übersetzung prinzipiell sprachunabhängiger kognitiver Prozesse, welche die Wirklichkeit widerspiegeln.

■ **Sprachphilosophie** Im 20. Jh. nimmt die →Sprachphilosophie, v. a. in der analytischen Philosophie, eine zentrale Position innerhalb der Philosophie ein. Grundsätzlich wird darüber gestritten, ob die Sprache primär als ein System von Regeln zu begreifen sei, oder ob sie vorrangig als besondere Form des menschlichen Handelns angesehen werden müsse.

Sprachhandlung, jede Handlung mit dem Ziel gegenseitiger Verständigung durch Symbole oder sprachliche →Zeichen.

Sprachkritik, die Analyse des Sprachgebrauchs, insofern sie mit einer kritischen Reflexion seiner Inhalte und ideologischen Bedingungen verbunden ist. Eine Variante hiervon bildet Sprachkritik als Ideologiekritik (u. a. Theodor W. Adorno). Die philosophische Sprachkritik geht von dem bereits in der griechischen Antike (Gorgias) geäußerten Zweifel daran aus, dass sich Menschen überhaupt und tatsächlich in der Sprache untereinander und über die Welt verständigen können. Im Sinne einer prinzipiellen Grenzziehung zwischen Sinn und Unsinn/Sinnlosigkeit sowie zwischen dem Sagbaren und dem, was nur durch Zeigen mitgeteilt werden kann, ist für Ludwig Wittgenstein alle Philosophie Sprachkritik.

sprachkritische Wende, →Linguistic Turn.

Sprachphilosophie, die philosophische Beschäftigung mit Sprache, aber auch eine Methode, die überall dort zum Tragen kommt, wo das Philosophieren nur im Medium der Sprachanalyse für möglich gehalten wird. John Searle hat für die Behebung dieser Doppeldeutigkeit die Unterscheidung zwischen Philosophie der Sprache (»Philosophy of Language«) und Sprachphilosophie (»Linguistic Philosophy«) vorgeschlagen, wobei die Sprachphilosophie dann als »sprachanalytische Philosophie« (oder →analytische Philosophie) zu bezeichnen sei.

Die mit dem Einsetzen der sprachanalytischen Philosophie vollzogene Wende zur Sprache (»Linguistic Turn«) folgte Ludwig Wittgensteins Verständnis der Philosophie als Sprachkritik. Diese wird heute als eine Anweisung verstanden, sich jedem philosophischen Sachproblem zunächst über dessen sprachliche Struktur anzunähern.

■ **Anfänge** Seit der Antike fragt die Philosophie nach dem Wesen der Sprache und ihrer Bedeutung für das menschliche Denken, Erkennen und Handeln. Der unter den Sophisten geführte Streit über den natürlichen oder konventionellen Charakter der Sprache wurde erst durch Aristoteles geschlichtet, der die natürlichen, d.h. historisch gewachsenen, Sprachen als Systeme konventioneller Zeichen für die nicht konventionellen, allgemein menschlichen sinnlichen Eindrücke der äußeren Dinge in der Seele deutete.

■ **Entwicklung** Das aristotelische Modell, das die Sprache als bloßes Werkzeug (griechisch Organon) zur Mitteilung von Bewusstseinsinhalten deutet, die bei allen Menschen prinzipiell gleich sind, blieb bis zum Ende des 18. Jahrhunderts verbindlich. Johann Gottfried Herder stellte es infrage und entzog dem damals geführten Streit über den natürlichen oder göttlichen Ursprung jenes »Werkzeugs« durch seine Lehre vom »menschlichen« Ursprung der Sprache die Grundlage: Nach Herder »erfand« der Mensch die Sprache notwendig im Augenblick der ersten Betätigung seiner Vernunft.

Für Wilhelm von Humboldt war die Sprache nicht nur Mittel der Kommunikation über die der menschlichen Vernunft schon im Voraus zugängliche Welt, vielmehr behauptete er, ein vernünftiger Zugang zur Welt sei allererst möglich, wenn diese dem Menschen sprachlich erschlossen sei. Darum fasste Humboldt die Sprache auch als »Energeia«, d.h. als Tätigkeit der Bildung von Gedanken und Weltbildern auf. Ernst Cassirer deutete die Sprache in diesem Sinne als »symbolische Form«.

In der Humboldt-Tradition der Sprachphilosophie, die sich bis zu Karl-Otto Apel fortsetzte, gewann die Sprache schließlich selbst transzendentalen Status und rückte auf diese Weise an die Stelle von Kants »reiner« Vernunft. Ähnliches gilt auch für die von Edmund Husserl und Wilhelm Dilthey angeregte phänomenologische und hermeneutische Sprachphilosophie (Martin Heidegger, Hans-Georg Gadamer, Maurice Merleau-Ponty, Paul Ricœur). Das von ihr aufgeworfene Problem der Abhängigkeit menschlicher Weltdeutung von den jeweiligen Grundstrukturen natürlicher Sprachen leitete über zu dem sprachlichen Relativitätsprinzip, das zu den Grundfragen der modernen nicht analytischen Sprachphilosophie gehört. So nimmt etwa die in den 1950er-Jahren entwickelte »Sapir-Whorf-Hypothese« für jede Sprache eine besondere Weltansicht an, die durch die Verschiedenheiten der naturalen und der kulturellen Umwelt bedingt sei.

Innerhalb der analytischen Philosophie war zunächst die Auffassung verbreitet, dass unsere gewöhnliche Sprache für die Zwecke der Wissenschaften und der Philosophie nicht ausreiche, da viele Ausdrücke mehrdeutig sind. Insbesondere Gottlob Frege und Rudolf Carnap war daran gelegen, mit den Mitteln der formalen Logik eine von Ungenauigkeiten gereinigte Sprache zu konstruieren. In den Mittelpunkt des Interesses rückte außerdem seit Frege das Problem von Sinn und Bedeutung. Freges diesbezüglich getroffene Unterscheidung wurde von Carnap, der in diesem Zusammenhang die Begriffe »Intension« und »Extension« verwendete, aufgegriffen.

Sprachphilosophie. Bis ins 18. Jh. wurde Sprache als gottgegebenes Werkzeug angesehen. In der Bibel straft Gott den Hochmut des Menschen durch die Verwirrung der Sprachen (Marten van Valckenborch, »Turmbau zu Babel«, 1595; Dresden, Gemäldegalerie Alte Meister).

■ **Neuere Fragestellungen** Diskussionen um den Begriff der Bedeutung haben sich zu einem zentralen Arbeitsfeld innerhalb der analytischen Sprachphilosophie entwickelt. Anknüpfend an Wittgensteins These, dass die Bedeutung eines Wortes sein Gebrauch in der Sprache sei, haben Untersuchungen zur Theorie der Sprechakte (John Langshaw Austin, John Searle) versucht, den Gebrauch der Sprache systematisch zu erfassen. Gleiches gilt für die intentionalistische Semantik, die der Sprachphilosophie im Rückgriff auf das von Sprechern jeweils Gemeinte ein handlungstheoretisches Fundament zu geben versucht.

Seit den 1970er-Jahren ist es vermehrt zu Diskussionen über Bedeutungstheorien für natürliche Sprachen gekommen, in denen versucht wurde, zwischen Überlegungen in der Nachfolge Freges und Einsichten des späteren Wittgenstein zu vermitteln (Michael Dummett). Mehr und mehr hat sich die analytische Sprachphilosophie auch der Frage nach dem Verstehen und der Interpretation sprachlicher Ausdrücke zugewandt (Donald Davidson).

Ludwig Wittgenstein inspirierte die sprachkritische Strömung der **Sprachphilosophie** mit seinem »Tractatus logico-philosophicus«:

»Was sich überhaupt sagen läßt, läßt sich klar sagen; und wovon man nicht reden kann, darüber muß man schweigen.«

■ **Siehe auch**

SACHBEGRIFFE →analytische Philosophie · Bedeutung · Bewusstsein · deiktische Ausdrücke · Kommunikation · Linguistic Turn · Metapher · Name · Ordinary Language Philosophy · Performanz · Pragmatik · Semantik · Semiotik · Sinn · Sprechakt · Wirklichkeit

PERSONEN →Apel, Karl-Otto · Austin, John Langshaw · Derrida, Jacques · Dummett, Michael ·

Frege, Gottlob · Hamann, Johann Georg · Heidegger, Martin · Herder, Johann Gottfried · Humboldt, Wilhelm von · Lacan, Jacques · Moore, George Edward · Morris, Charles William · Ricœur, Paul · Searle, John · Wittgenstein, Ludwig

100264

Staatsphilosophie. Die Leitideen der Französischen Revolution waren von der Philosophie der Aufklärung geprägt. Die Staatsphilosophie der folgenden Epochen wiederum stand unter dem Einfluss der Revolution und ihrer Folgen (Jacques-Louis David, »Der Ballhausschwur am 20. Juni 1789«; Paris, Musée Carnavalet).

Sprachspiel, von Ludwig Wittgenstein eingeführter Begriff für die Kommunikationseinheit, die von sprachlichen Zeichen und ihrem spezifischen Verwendungszusammenhang gebildet wird. Dem Begriff liegt die Auffassung zugrunde, dass die Verwendung von →Sprache selbst eine menschliche Aktivität darstellt und untrennbar mit anderen Tätigkeiten verflochten ist: Zum einen sind die Zeichen in den engeren Handlungskontext der Zeichenverwendungssituation regelhaft eingebettet, sie gehören also zu bestimmten Sprachspielen (z.B. als Befehlen, Fragen, Lügen, Erzählen von Witzen), zum anderen sind die Sprachspiele selbst wiederum Bestandteile der verschiedenen Lebensformen einer Sprachgemeinschaft. Ein sprachliches Zeichen verstehen bedeutet nach Wittgenstein die Kenntnis seiner Verwendungsweisen.

Sprech|akt, Bezeichnung der »grundlegenden oder kleinsten Einheiten der sprachlichen Kommunikation« (John Searle) im Rahmen der →Pragmatik. Die von John Langshaw Austin entwickelte **Sprechakttheorie** analysiert die Faktoren, Bedingungen und Regeln für das Verstehen und Gelingen von Sprechakten.

Mit einem Sprechakt vollzieht ein Sprecher nach Austin gleichzeitig drei Teilakte: 1. den lokutiven oder **lokutionären Akt,** der a) den **phonetischen** (Äußerung von Lauten), b) den **phatischen** (Äußerung von Wörtern in grammatischen Konstruktionen) und c) den **rhetischen Akt** (Verwendung von Wörtern und Konstruktionen in einer bestimmten Bedeutung) umfasst, 2. den illokutiven oder **illokutionären Akt,** der die Intention einer Äußerung in einer bestimmten Kommunikationssituation festlegt (z.B. Frage, Befehl oder Warnung), 3. den perlokutiven oder **perlokutionären Akt,** der die Wirkung der Äußerung (auf den Hörer) bestimmt (z.B. Ausführung einer geforderten Handlung).

Searle bezeichnet dementgegen den phonetischen und den phatischen Akt als **Äußerungsakt** und unterscheidet von ihm den **propositionalen Akt,** der aus dem Akt der Referenz, also der Bezugnahme auf Objekte und Sachverhalte, und dem der Prädikation, also dem Zusprechen von Eigenschaften, besteht. Daneben kennt er wie Austin den illokutiven Akt, der mit dem propositionalen Akt eng verbunden ist, sowie den perlokutiven Akt.

Sri Aurobindo, →Aurobindo.

Staatsphilosophie, zentraler Bereich der politischen Philosophie, der die philosophische Lehre vom Staat umfasst. Gegenüber den staatsbezogenen Theorien moderner Einzelwissenschaften wie Politik-, Rechts- und Wirtschaftswissenschaft ist die Staatsphilosophie durch ihre auf das Allgemeine, Grundlegende und Normative gerichtete Betrachtungsweise abgrenzbar. Sie steht zugleich in enger Verbindung mit der Rechtsphilosophie.

■ **Gegenstand** Die Staatsphilosophie fragt nach Begriff, Wesen und Idee, Sinn, Zweck und Ziel des Staates, seiner Entstehung, Rechtfertigung und Krise, seinen Formen, Voraussetzungen, Aufgaben, Prinzipien und Grenzen. Grundprobleme der Philosophie des Staates betreffen dessen Beziehung zu Individuum und Gesellschaft, Wirtschaft, Kultur und Religion sowie das Verhältnis von Macht und Recht. Nach dem jeweiligen Staatsverständnis lassen sich u.a. liberale, totalitäre, konservative, sozialistische, naturrechtliche, rechtspositivistische, vertragstheoretische und historisch-organische Staatsphilosophien unterscheiden.

■ **Antike und Mittelalter** Von der »geselligen« Natur des Menschen überzeugt, suchte die antike Staatsphilosophie (Platon, Aristoteles, Cicero) nach dem besten Staat und der gerechten Herrschaft. Dabei galt der Staat als jene Ordnung, in der sich das Wesen des Menschen verwirklichen kann und soll. Grundlegend wurde die Unterscheidung von Monarchie, Aristokratie und Demokratie – diesen entsprechen die Verfallsformen der Tyrannis, Oligarchie und Ochlokratie – sowie die Theorie der gemischten Verfassung.

Während es im frühen Christentum mit Augustinus' Gegenüberstellung des göttlichen und des irdischen Reiches (der »Civitas Dei« und der »Civitas terrena«) zunächst zur Abwertung des weltlichen Staates kam, deutete Thomas von Aquino ihn im *Mittelalter* unter Bezug auf die Zweigewaltenlehre als Teil der vernünftigen Weltordnung Gottes. Vor dem Hintergrund des Kampfes zwischen Kaiser und Papst begründete Marsilius von Padua den Gedanken der (vom Volk ausgehenden) Souveränität des weltlichen Staates. Auch die reformatorische Staatsphilosophie schrieb den Herrschaftsanspruch der weltlichen Obrigkeit fest, begrenzte ihn jedoch zugleich und bestand weiterhin auf deren religiöser Bindung.

■ **17./18. Jahrhundert** Zu Beginn der Neuzeit vollzog sich mit Niccolò Machiavellis Eintreten für die »Staatsräson«, Jean Bodins Souveränitätslehre und Thomas Hobbes' »Leviathan« (1651) die Säkularisierung der Staatsidee. Zugleich wurde die Leitvorstellung vom »geselligen« Menschen aus der Antike und dem Mittelalter durch die eines schon vor aller Vergesellschaftung mit natürlichen Rechten ausgestatteten, gleichwohl auf Gemeinschaft angewiesenen Einzelwesens abgelöst. Anthropologie und Staatsphilosophie entsprachen einander: Der von Natur aus »böse« und furchtsame Mensch, wie ihn Machiavelli und Hobbes in ihrer Kritik an den optimistischer urteilenden »Utopisten« (Thomas More u.a.) beschreiben, kann nur durch die absolute Herrschaftsgewalt des Staates vor dem Rückfall in den barbarischen Naturzustand des Kampfes aller gegen alle bewahrt werden. In der neuzeitlichen Staatsphilosophie erscheint staatliche Herrschaft insoweit nur noch als Ergebnis freiwilliger vertraglicher Übereinkunft (Vertragslehre) von Individuen legitimierbar, die sich davon Frieden, Rechtssicherheit sowie Schutz von Leben und Eigentum erhoffen und bei Versagen des Staates ihr Widerstandsrecht geltend machen können.

Diese Umbildung der mittelalterlichen Lehre vom Gesellschafts- und Herrschaftsvertrag prägte die Staatsphilosophie des 17. Jahrhunderts und der *Aufklärung*. Vertreten wurde sie v.a. von dem Rechtsgelehrten Johannes Althusius (*1557, †1638), von Hugo Grotius, Samuel von Pufendorf sowie von John Locke und Montesquieu, dessen Gedanke der Gewaltenteilung (Legislative, Exekutive, Judikative) seither zum Kernbestand der Staatsphilosophie gehört. Kant, der den Staat als rechtlich verfasste Gemeinschaft definierte, sah in dieser das Grundprinzip »republikanischer« Regierungsform und damit der einzigen Staatsform, die Freiheit, Gesetz und Gewalt vereine. Ihren politischen Niederschlag fand die Staatsphilosophie der Aufklärung in der amerikanischen Unabhängigkeitserklärung (1776) und der Verfassung von 1787 sowie – der radikaldemokratischen Version von Rousseaus »Gesellschaftsvertrag« (1762) gemäß – in der Französischen Revolution (1789), deren Forderung nach Freiheit, Gleichheit und Brüderlichkeit auf die weitere Entwicklung der Staatsphilosophie wirkte.

■ **19. Jahrhundert** Während die Naturrechtstheorie in Deutschland von der »Volksgeist«-Lehre (Johann Gottfried Herder) und der historischen Rechtsschule verdrängt wurde, rückte Anfang des 19. Jahrhunderts das Verhältnis von Staat, Recht und Gesellschaft in den Blick: Den Gegensatz bildeten fortan die liberale Vorstellung vom »Rechtsstaat«, der in den engen Grenzen seiner Wirksamkeit nur die Rahmenbedingungen für die sonst freie Entfaltung gesellschaftlichen Lebens zu sichern habe (Wilhelm von Humboldt), und die Auffassung, der Staat besitze als »Wirklichkeit der sittlichen Idee« eigene Substanz und realisiere als Sachwalter der allgemeinen Vernunft erst die Freiheit des Menschen (Hegel u.a.).

Während die Wende zum Nationalstaat weltbürgerliche Gedanken wie jene Kants auf lange Zeit vergessen ließ, gewannen mit der Romantik konservative Vorstellungen an Boden. Ihre Vertreter betrachteten den Staat als historisch gewachsenen Organismus und hielten den Ideen der Französischen Revolution die ständisch gegliederte Gesellschaft des Mittelalters als Ideal gottgewollter Ordnung entgegen. Demgegenüber suchte der historische Materialismus (Karl Marx, Friedrich Engels) den bürgerlichen Staat als Produkt und Instrument kapitalistischer Klassenherrschaft zu entlarven und forderte seine Ablösung durch die »klassenlose Gesellschaft« zur Befreiung des Menschen.

Mit der Betonung der »Realpolitik« gewann in der zweiten Hälfte des 19. Jahrhunderts der Aspekt der Macht an Bedeutung. Seine Übersteigerung – mit fatalen Folgen im Nationalsozialismus – erfuhr das konservative Staatsdenken in Carl Schmitts (*1888, †1985) Idee des »totalen Staates« als der Verschmelzung von Staat und Gesellschaft. Wenngleich der liberale Staatsgedanke weiter Anhänger fand, dominierte die konservative Vorstellung vom Staat als dem alle gesellschaftlichen Bereiche integrierenden Herrschaftssystem.

■ **Nach 1945** Nach dem Zweiten Weltkrieg gewann neben der existenzphilosophischen Legitimierung des neuen westdeutschen Rechtsstaates (Karl Jaspers) das wirtschafts- und sozialphilosophische Konzept von Neo- und Ordoliberalismus an Einfluss (u.a. Friedrich August von Hayek, *1899, †1992). Dieses sieht eine Wirtschaftsordnung vor, die durch die Steuerung aller ökonomischen Prozesse über den Markt, d.h. durch einen freien und funktionsfähigen Wettbewerb, gekennzeichnet ist. Für die kritische Theorie Theodor W. Adornos und Max Horkheimers zeigte sich eben hier die Herrschaftsstruktur des bürgerlichen Staates, der Herbert Marcuse u.a. zufolge zugunsten des die Gegebenheiten umbildenden und überholenden »neuen Menschen« überwunden werden sollte. Im Vergleich dazu wollte der kritische

In seiner **Staatsphilosophie** ging Thomas Hobbes vom ungeregelten Naturzustand des Menschen aus:

»So sehen wir drei Hauptursachen des Streites…: Wettstreben, Argwohn und Ruhmsucht.… Und hieraus folgt, daß Krieg herrscht… ohne eine oberste Gewalt, die in der Lage ist, die Ordnung zu bewahren. Und es ist ein Krieg, den jeder Einzelne gegen jeden führt.«

Rudolf Steiner

Als Staatsmann und Anhänger der **Stoa** schrieb Mark Aurel über die richtige Lebenshaltung:

»Sei wie ein Fels, an dem sich beständig die Wellen brechen: Er steht fest und dämpft die Wut der ihn umbrausenden Wogen.«

Rationalismus (Karl R. Popper, Hans Albert) die Mängel des Staates nur schrittweise auf eine freiheitsichernde, demokratisch-pluralistische Ordnung (»offene Gesellschaft«) hin korrigieren.

■ **Gegenwärtige Entwicklung** Mit den Entwürfen John Rawls', Robert Nozicks und des amerikanischen Wirtschaftswissenschaftlers James M. Buchanan (* 1919) kam es zur Renaissance der klassischen Vertragstheorie. Für Nozicks »Minimalstaat« liegen dabei kulturelle und sozialstaatliche Aufgaben außerhalb staatlicher Kompetenz. Wenn die »Staatsformenlehre« sich heute fragen lassen muss, ob ihre traditionellen Klassifikationen überhaupt noch greifen (Walter Euchner, * 1933), und in der soziologischen Systemtheorie (Niklas Luhmann) auch der Begriff »Staat« selbst überholt scheint, bleibt das Grundproblem der Staatsphilosophie, individuelle Freiheit und öffentliche Ordnung in der rechten Weise zusammenzudenken, nach wie vor aktuell.

■ **Siehe auch**

SACHBEGRIFFE →Aufklärung · Freiheit · Gleichheit 2) · Ideologie · Individualismus · Kollektivismus · Kommunitarismus · Konservativismus · Liberalismus · Macht · Menschenrechte · Pluralismus · Rechtsphilosophie · Souveränität

PERSONEN →Arendt, Hannah · Aristoteles · Augustinus · Bodin, Jean · Burke, Edmund · Cicero, Marcus Tullius · Condorcet, Antoine · Grotius, Hugo · Hobbes, Thomas · Machiavelli, Niccolò · Marx, Karl · Montesquieu, Charles de · Platon · Pufendorf, Samuel von · Rousseau, Jean-Jacques

Stein, Edith, Ordensname Teresia Benedicta a Cruce, deutsche katholische Theologin und Philosophin, * Breslau 12. 10. 1891, † (ermordet) im KZ Auschwitz vermutlich 9. 8. 1942; war Schülerin und Assistentin von Edmund Husserl. 1922 konvertierte sie zum Katholizismus, war 1922–31 Lehrerin am Dominikanerinnenkloster St. Magdalena in Speyer und 1932–33 Dozentin am Deutschen Institut für wissenschaftliche Pädagogik in Münster. 1933 wurde sie Karmelitin. In ihrem posthum veröffentlichten Werk »Endliches und ewiges Sein. Versuch eines Aufstiegs zum Sinn des Seins« (1950) entwickelte Stein eine christliche Gotteslehre und Anthropologie, wobei sie u. a. die Begriffswelt Thomas von Aquinos mit der Phänomenologie Husserls zu verbinden suchte.

Steiner, Rudolf, deutscher Philosoph, Pädagoge und Naturwissenschaftler, * Kraljevec (bei Varaždin) 27. (25.?) 2. 1861, † Dornach 30. 3. 1925; studierte Mathematik, Naturwissenschaften und Philosophie in Wien. 1904 schrieb Steiner sein erstes Werk (»Theosophie«) zur Begründung der →Anthroposophie als einer umfassenden Geisteswissenschaft, in dem er seine religiös inspirierte Lehre von der Dreigliederung des Menschen (und der Welt) in Leib, Seele und Geist darlegt. In seinen Werken verbinden sich moderne wissenschaftliche Ansätze mit okkulten und mystischen Vorstellungen. Ausgangspunkt seines z. T. eklektizistischen Denkens ist die Frage des Zusammenwirkens von Geist und Stoff, Idee und Materie.

Nach seinem Ausschluss aus der »Theosophischen Gesellschaft«, der er 1902 beigetreten war, begründete er 1913 die »Anthroposophische Gesellschaft«. Er konnte mit seiner Lehre unterschiedliche gesellschaftliche Bereiche beeinflussen. Dauerhafte Impulse gab er der Pädagogik, der Heilpädagogik und der Medizin.

Stirner, Max, eigentlich Johann Kaspar Schmidt, deutscher philosophischer Schriftsteller, * Bayreuth 25. 10. 1806, † Berlin 25. 6. 1856; Schüler Hegels, arbeitete später als Lehrer und Journalist in Berlin. Stirner traf in der junghegelianischen Vereinigung »Die Freien« u. a. mit Friedrich Engels zusammen. In seinem Werk »Der Einzige und sein Eigenthum« (1845) denkt Stirner, ausgehend von Ludwig Feuerbach und Bauer, einen »ethischen Solipsismus« zu Ende, d. h. einen extremen Egoismus, der jegliche Autorität – v. a. die von Gott, Kirche und Staat – negiert. Vom theoretischen Anarchismus, dem Stirner nahe steht, unterscheidet er sich durch die Ablehnung einer allgemeinen Humanität und die Verwerfung jeden Ideals. Wert erkennt er nur dem zu, das dem »Mir« nützt. Dies schlägt sich etwa in seiner Formel nieder: »Mir geht nichts über mich!«

Stoa [griech.], die nach ihrem Versammlungsort, der Stoa poikile, benannte Philosophenschule, die um 300 v. Chr. von Zenon von Kition in Athen gegründet wurde. Zenon selbst schloss das Lehrsystem in seinen Grundzügen ab, Kleanthes und andere seiner Schüler fügten nur wenig hinzu. Die systematische Begründung und Durchbildung gab ihm Chrysippos im 3. Jh. v. Chr., der als zweiter Begründer der Stoa gilt (ältere Stoa). Eine weitere Blüte erlebte die Schule durch Panaitios von Rhodos und Poseidonios im 2. und 1. Jh. v. Chr. (mittlere Stoa). Durch Cicero u. a. griff ihr Einfluss auf die römische Welt über. Im Rom der Spätzeit gehörte das stoische Denken in weiten Kreisen in die Religion der Gebildeten. Ihre bedeutendsten Vertreter waren Seneca, Epiktet und Mark Aurel (jüngere Stoa, Stoa der Kaiserzeit).

■ **Lehre** Das systematische Denken der Stoiker (Stoizismus) gliederte die Philosophie in Logik, Physik und Ethik. Zur *Logik* rechneten die Stoiker Grammatik, Rhetorik und Dialektik. Sie ergänzten die aristotelische Klassenlogik durch die Aussagenlogik und erkannten ferner, dass die Bedeutung eines Ausdrucks nicht die wirkliche Sache, sondern ein davon verschiedenes ideales Etwas ist (Lekton). Das Etwas (Ti) überhaupt teilten sie in gegenständlich Seiendes (On) und nicht Seiendes (me On), d. h. nicht gegenständlich Seiendes. Solches nicht seiendes Etwas ist außer dem idealen Lekton etwa die Zeit. Seiend im eigentlichen Sinn ist aber nur das Körperliche. Der Kosmos ist Körper. Er ist von der Vernunft (Logos), später auch als Pneuma gedacht, durchdrungen und bestimmt. Ihn beherrscht ein unverbrüchlicher Determinismus (das Schicksal, griechisch Heimarmene, lateinisch Fatum) und zugleich eine durchgehende Teleologie.

Mit dem Determinismus konnten die Stoiker die Lehre von der Freiheit des Menschen nur deshalb vereinigen, weil sie unter dieser nichts anderes verstanden als das Bestimmtwerden allein durch innere Ursachen und die Unabhängigkeit von äußeren. In der Einzeldurchführung der Physik nahmen sie viele Gedanken Heraklits auf.

Auf dieser Grundlage basiert die *Ethik* der Stoa, die immer in schroffem Gegensatz zur Lustlehre der Epikureer stand. Lust ist Affekt, eine »unvernünftige Seelenregung«, die den Menschen unfrei macht. Wahrhafte Glückseligkeit sei das Leben im Einklang mit der Allnatur, der Gehorsam gegen das göttliche Gesetz und das Pflichtgebot der Vernunft. Diesem Ziel gegenüber seien die Güter des Lebens gleichgültig (Adiaphora). Die Form dieser Glückseligkeit ist die Tugend. Als Grundtugenden gelten Gerechtigkeit, Tapferkeit, Beherrschung und Menschlichkeit. Sie sind untrennbar vereint im Ideal des »Weisen«, des wahrhaft »Freien« von Leiden und äußerem Geschick (Apathie).

Die *Staats- und Rechtslehre* der Stoa besagt, dass alles echte Gesetz aus der Allvernunft stamme, es sei Naturrecht im Sinne der Allnatur. Der tatsächliche Staat mit seinem vom Menschen geschaffenen Recht ist danach nicht der wahre Staat. Dieser umfasse vielmehr die Welt, und in ihm herrsche die Gleichstellung aller Menschen unter dem göttlichen Gesetz.

Die *Religion* der Stoa war pantheistische Naturverehrung; trotzdem hat das Christentum in vielen Punkten Gedanken der Stoa aufgenommen.

Stoa.
Der Versammlungsort der Stoiker war die öffentlich zugängliche Stoa poikile (»bunte Säulenhalle«) an der Agora in Athen. Einen Eindruck von der mit Gemälden berühmter Schlachten ausgemalten Halle gibt diese Rekonstruktionszeichnung.

Stoa Der Tod des Seneca

Von seinem ehemaligen Schüler Nero des Verrats verdächtigt, erhielt Seneca auf seinem Landsitz den Befehl, Selbstmord zu begehen. Da das Blut aus den geöffneten Pulsadern nur spärlich rann, schnitt er sich auch die Adern an Beinen und Kniekehlen auf. Als aber weder dies noch das Leeren des Schierlingsbechers die gewünschte Wirkung erzielte und auch ein heißes Bad das Sterben nicht beschleunigte, erstickten ihn die kaiserlichen Soldaten schließlich im Dampfbad. Dem Bericht des römischen Geschichtsschreibers Tacitus zufolge ertrug der greise Philosoph den qualvollen Vorgang nicht anders, als man es von einem Anhänger der Stoa erwarten konnte. Eindringlich ermahnte er die anwesenden Freunde, ihre Tränen zurückzuhalten, und erinnerte sie an die Leitsätze der Philosophie und die jahrelang eingeübte Haltung der Selbstüberwindung und des sittlichen Stolzes gegenüber jedem Schicksal. Bis zuletzt war er bestrebt, ihnen und der Nachwelt »das Einzige und dennoch Schönste« zu hinterlassen, was er besaß: »das Bild seines Lebens« (Luca Giordano, »Tod des Seneca«, um 1684; Paris, Louvre).

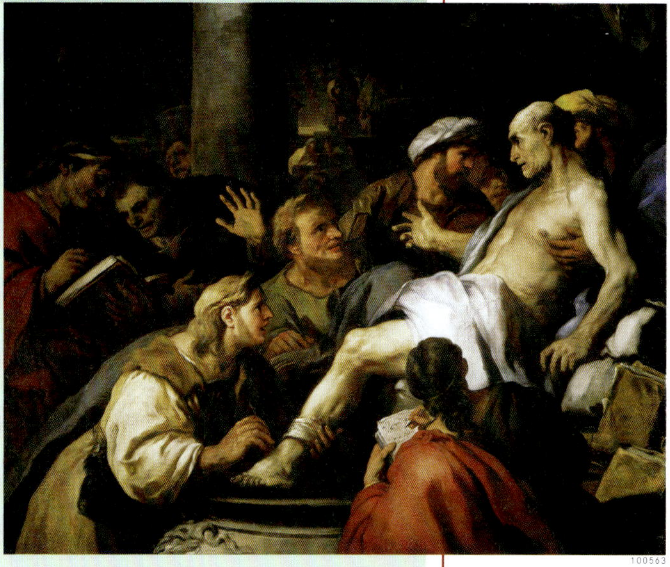

■ **Wirkung** Seit der Renaissance fand die stoische Ethik Verbreitung, und zwar vorwiegend zur moralischen Unterweisung. Im 20. Jh. wurden hingegen v. a. die Beiträge der Stoa zu Logik, Grammatik und Sprachphilosophie gewürdigt. So wurde in der stoischen Logik ein antiker Vorläufer der modernen Aussagenlogik erkannt. Die bis in die neueste Zeit gültige stoische Grammatik findet ihre linguistisch-sprachphilosophische Ergänzung in den heute z. T. neu entdeckten Unterscheidungen von Wortbedeutung, Wortgestalt und gemeinter außersprachlicher Realität.

■ **Siehe auch**

SACHBEGRIFFE →Affekt · Apathie · Ataraxie · Begierde · Naturrecht · Pneuma · Weltseele

PERSONEN →Chrysippos · Cicero, Marcus Tullius · Epiktet · Galen · Kleanthes · Mark Aurel · Panaitios von Rhodos · Poseidonios · Seneca · Zenon von Kition

Stoff, →Materie.

Stoizismus, Philosophie und Geisteshaltung der →Stoa.

David Friedrich Strauß

Strauß, David Friedrich, deutscher evangelischer Theologe und Philosoph, * Ludwigsburg 27. 1. 1808, † ebenda 8. 2. 1874; studierte 1825–30 in Tübingen Theologie. Nach seiner Promotion (1831) setzte Strauß sein Studium in Berlin bei Hegel, Friedrich Schleiermacher und dem evangelischen Theologen Philipp Konrad Marheineke (* 1780, † 1846) fort. 1832 wurde er Repetent im Tübinger Stift, aus dieser Stellung jedoch nach dem Erscheinen seines Buches »Das Leben Jesu Christi kritisch betrachtet« (1835–36) entlassen. Das Erstlingswerk von Strauß löste eine heftige Debatte aus und beeinflusste in starkem Maße die so genannte Leben-Jesu-Forschung, die sich seit dem ausgehenden 18. Jh. der wissenschaftlichen Untersuchung des Lebens Jesu auf der Grundlage biblischer und außerbiblischer Quellen widmete. In seiner Schrift versuchte Strauß, in konsequenter Anwendung der historischen Bibelkritik und philosophisch durch die eigene Hegelinterpretation untermauert, die Evangelien als mythische und somit unhistorische Erzählungen auszuweisen.

Nach seiner Entlassung war Strauß bis 1836 Dozent für klassische Sprachen am Ludwigsburger Lyzeum und widmete sich dann privaten Studien. Seine von einem linkshegelianischen Standpunkt aus verfassten »Streitschriften zur Verteidigung meiner Schrift über das Leben Jesu und zur Charakteristik der gegenwärtigen Theologie« (1837) verstand er als seine Abrechnung mit den theologischen Entwürfen seiner Zeit. Mit der »Christlichen Glaubenslehre« (1840–41) entwarf Strauß eine »Antidogmatik«, in der er das Christentum gegenüber der Wissenschaft als unterlegen darstellte und eine Vermittlung zur Philosophie ablehnte. Strauß' letztes großes Werk, »Der alte und der neue Glaube« (1872), ist sein Bekenntnis zu einer nicht theistischen Humanitätsreligion, zur modernen Wissenschaft und bürgerlichen Kultur.

Strawson [strɔ:sn], Peter Frederick, britischer Philosoph, * London 23. 11. 1919; Vertreter der analytischen Philosophie. Strawson war 1968–87 Professor für Metaphysik in Oxford. In kritischer Auseinandersetzung mit der Ordinary Language Philosophy und Bertrand Russell entwickelte er seine Philosophie als eine beschreibende Metaphysik. In ihr geht es Strawson v. a. um das Aufzeigen der Grundstrukturen, die unsere gesamte Begrifflichkeit fundieren. Diese Strukturen stellt er in seinem Hauptwerk »Individuals« (1959; dt. »Einzelding und logisches Subjekt«) im Sinne einer aristotelischen Ontologie nach Kategorien dar. Strawson nähert sich Kant u. a. in der transzendentalen Frage nach den Bedingungen der Möglichkeit, v. a. hinsichtlich unseres »Begriffssystems«.

Streben, die bewusste, ohne äußeren Zwang erfolgende Orientierung des Menschen auf Ziele, die er unter Anwendung geeigneter Mittel und Handlungsschritte zu erreichen sucht. Streben bezeichnet eine spontane und finale Aktivität, die auf freier Entscheidung beruht und für die der Mensch daher Verantwortung trägt. Aristoteles charakterisierte das Streben als Grundstruktur menschlichen Handelns (→Finalität).

Struktur [latein. structura »Ordnung«, »Bau«], 1) ein Beziehungsgefüge und dessen Eigenschaften, 2) ein Ordnungsgefüge und 3) ein System von Zwecken. Ursprünglich war der Begriff, der seit etwa 100 Jahren immer mehr in den Vordergrund tritt, stark von der Biologie geprägt. Unter Struktur verstand man ein aus Teilen zusammengesetztes Ganzes, einen Organismus, bei dem jeder Teil eine bestimmte Funktion erfüllt, die nur vom Ganzen her verständlich ist (z. B. die Struktur einer Pflanze). Dieser organizistische, also sich an Aufbau und Funktion organischer Systeme orientierende Strukturbegriff hat grundsätzliche Bedeutung für die Methodendiskussion in den Kulturwissenschaften, indem er stets die Berücksichtigung des Ganzen fordert.

Strukturalismus [latein.], eine in den 1960er-Jahren dominante Theorie mit dem Ziel, eine den exakten Untersuchungs- und Beschreibungsmethoden der Naturwissenschaften ebenbürtige, auf intersubjektiv überprüfbaren Verfahren beruhende Form der Analyse für die Geistes- und Sozialwissenschaften zu finden. Anthropologen (Claude Lévi-Strauss), Soziologen (u. a. Louis Althusser), Psychologen (Jean Piaget, * 1896, † 1980), Psychoanalytiker (Jacques Lacan), Kulturwissenschaftler und Philosophen (Michel Foucault), Linguisten (Algirdas Julien Greimas, * 1917, † 1992; Noam Chomsky, * 1928) und Literaturwissenschaftler (Roland Barthes, Tzvetan Todorov, * 1939) beriefen sich dabei auf Ferdinand de Saussures linguistischen Strukturalismus und dessen Weiterentwicklung in der Phonologie der Prager Schule (Roman Jakobson, * 1896, † 1982, u. a.).

■ **Ansatz und Geschichte** Ausgangspunkt für den **linguistischen Strukturalismus** war die historisch ausgerichtete Sprachwissenschaft des 19. Jahrhunderts, v. a. die seit den 1870er-Jahren dominierende »junggrammatische« Richtung, die nicht das Sprachsystem, sondern – unter positivistischem Einfluss – die einzelnen beobachtbaren sprachlichen Äußerungen in ihrer spezifischen Ausprägung betrachtete und deren Ziel die Erfassung der historischen Entwicklung einzelner sprachlicher Phänomene war.

Diesem historisch orientierten positivistischen Atomismus setzte Saussure seine strukturalistische Konzeption entgegen. Nach Saussures Auffassung sind nicht die einzelnen sprachlichen Äußerungen (als »Paroles« bezeichnet) Gegenstand der Sprachwissenschaft, sondern das zugrunde liegende System (»Langue«), innerhalb dessen jedes einzelne Element seinen Wert (»Valeur«) und seine Funktion allein durch seine Differenz zu allen anderen Elementen erhält. Sprachliche Einheiten werden demnach nicht durch ihre materielle Substanz, sondern durch ihren Wert im Koordinatensystem einer syntagmatischen und einer paradigmatischen Achse konstituiert. Alle sprachlichen Zeichen bilden sich aus der Beziehung von materialem Zeichenträger, dem Signifikanten (Ton, Buchstabe) und dem Bedeuteten, dem Signifikat, und haben eine beliebige (arbiträre) Beziehung zur Wirklichkeit des Bedeuteten, dem Referenten.

Die strukturalistischen Verfahren gingen in die allgemeine Zeichentheorie der →Semiotik (u. a. Umberto Eco, * 1932) ein und wurden von vielen Einzelwissenschaften übernommen. Besonders einflussreich war ihre Anwendung in der Psychoanalyse durch Lacan, der annahm, dass das Unbewusste wie eine Sprache (symbolisch) strukturiert sei. In der Ethnologie versuchte u. a. Lévi-Strauss, die Form kultureller Bausteine (Sozialsysteme, Mythen u. a.) zu abstrahieren, um sie untereinander vergleichbar zu machen. Diese Methode zielt letztlich auf den Nachweis einer Fundamentalstruktur, die zu allen Zeiten und bei allen Völkern gleich ist. Der ethnologische Strukturbegriff meint daher nicht nur die analytisch gewonnenen Ordnungsmuster, sondern ebenso die ordnungsstiftende Funktion selbst, die allen menschlichen Geistesäußerungen gemein sei.

■ **Weiterentwicklung** Durch die Ausweitung des Analysegegenstandes und eine radikale Kritik der eigenen Methode wurde der bislang weitgehend als statisch und ahistorisch begriffene Strukturalismus seit den 1970er-Jahren zu einem dynamischen Poststrukturalismus, der auch zur Analyse politischer Machtverhältnisse geeignet sein sollte. Literatur und Literaturkritik werden dabei als Medien eines subversiven Diskurses verstanden, der auf die Dekonstruktion von Autorität und Macht in den verschiedenen Diskursen gesellschaftlicher Praxis zielt. Karl Marx, Friedrich Nietzsche und Sigmund Freud gelten als Vorläufer der Kritik an Vorstellungen wie der Einheit des Subjekts, geschichtlicher Konstanz oder auch der Einheit der Vernunft.

100563

Strukturalismus. Die durch die Pariser Studentenrevolte im Mai 1968 ausgelöste Kritik bemängelte, dass die scheinbare Unausweichlichkeit elementarer Strukturen die Möglichkeit eines kritischen Diskurses unterlaufe.

Dieser v. a. von Barthes, Gilles Deleuze, Foucault, Jean-François Lyotard und Jacques Derrida vollzogene Wandel von der Beschreibung feststehender Strukturen zur Erfassung von schöpferischen, den Menschen befreienden Produktions- und Strukturierungsprozessen (z. B. Analyse von »Wunsch«, »Widerstand«, »Kunst«, »Eros«) war geleitet von der Auffassung, dass scheinbar elementare Strukturen, die eindeutig zwischen gut und böse, normal und pathologisch, rational und irrational unterscheiden lassen, in ihrer Unausweichlichkeit die Möglichkeit eines kritischen Diskurses unterlaufen und damit eine Machtstrukturen aufbrechende kulturelle Revolution verhindern. Nach dem Programm des sich häufig auf die künstlerische Richtung des Postmodernismus (→Postmoderne) beziehenden Poststrukturalismus sollen Strukturen als grundsätzlich für Veränderungen offen begriffen und ihre mögliche Festschreibung der Kritik unterworfen werden.

Suárez ['su̯areθ], Francisco, spanischer Philosoph und Theologe, * Granada 5. 1. 1548, † Lissabon 25. 9. 1617; bedeutendster Vertreter der spanischen Barockscholastik. Suarez war seit 1564 Jesuit. Er lehrte zunächst Philosophie an verschiedenen Jesuitenkollegien und dann Theologie am römischen Ordenskolleg (der späteren Gregoriana). 1585–93 war er Professor der Theologie in Alcalá de Henares und wurde 1593 auf den ersten Lehrstuhl für Theologie der Universität Coimbra (Portugal) berufen.

Die Metaphysik von Suárez ist durch den Aristotelismus und Thomas von Aquino geprägt. In seinem Hauptwerk »Disputationes metaphysicae« (1597; dt. »Metaphysische Disputationen«) diskutiert er kritisch den gesamten Themenkomplex der scholastischen Metaphysik. Seine Rechts- und Staatsphilosophie entwickelte Suárez im »Tractatus de legibus, ac Deo legislatore« (1612; dt. »Abhandlung über die Gesetze und Gott den Gesetzgeber«). Sie beinhaltet u.a. eine Präzisierung des Gesetzesbegriffs unter Abgrenzung vom Naturgesetz sowie die besonders einflussreich gewordene Lehre vom Naturrecht als Teilhabe der sittlichen Natur des Menschen am göttlichen Gesetz.

Subjẹkt [spätlatein. »das (einer Aussage) zugrunde Liegende«, zu latein. subicere »unter etwas legen«], griechisch **Hypokeimenon,** lateinisch **Subiẹctum,** seit Aristoteles und über die Scholastik bis ins 18. Jh. hinein im ontologischen Sinne Synonym für Substanz. Als substanzieller Träger von Eigenschaften, Wirkungen und Zuständen ist Subjekt das vom Erkenntnisprozess unabhängig Seiende, von dem etwas ausgesagt wird. Es ist dasjenige, was dem Wechsel der Zustände als das Substrat zugrunde liegt.

Die Beziehung zwischen Subjekt und Objekt (→Subjekt-Objekt-Problem) bildet insgesamt die Grundlage der neueren Erkenntnistheorie: Die Möglichkeit der Rückwendung auf sich selbst ermöglicht dem Subjekt Selbstbewusstsein und Selbstentfaltung. Damit setzt sich das Ich als Subjekt von allem anderen Seienden ab, indem es sich diesem zugleich gegenüberstellt: als Objekt oder ebenfalls als Subjekt.

■ **Neuzeitliche Entwicklung** Seit Descartes entwickelte sich der Subjektbegriff allmählich zu demjenigen, den wir heute verwenden, nämlich im Sinne des psychologisch-erkenntnistheoretisch verstandenen »Ich« als Denkendes, Urteilendes, Erkennendes, Wollendes und Fühlendes. Bei Descartes konstituierte das »Ich« als Subjekt die Wahrnehmung der Innen- und Außenwelt. Die Selbstgewissheit oder das Ich-Bewusstsein wird ihm zufolge durch das bewusste, intentional auf Gegenstände gerichtete Denken gewonnen, als dessen Ausgangspunkt und Träger das Ich bzw. Subjekt notwendig angenommen wird. Dabei wird das Subjekt eher unbestimmt als ein Komplex von Bewusstseinsinhalten aufgefasst wie später auch bei George Berkeley und David Hume.

Demgegenüber bildet für Kant die Reflexion eines mit sich identischen Subjekts die Grundlage für ein adäquates Verständnis von Wissenschaft, Wirklichkeit und menschlicher Vernunft. Das transzendentale, überindividuelle Subjekt ist für Kant die apriorische Möglichkeitsbedingung von Erfahrung überhaupt, insofern es die Vielfältigkeit der Sinneseindrücke, Erfahrungen und Erkenntnisse zur Einheit synthetisiert. Für Johann Gottlieb Fichte – ähnlich auch für Hegel – ist das Subjekt ein absolut freies, aktives Ich, das sowohl sich selbst als auch die gesamte Wirklichkeit erst konstituiert. Bei Karl Marx bezeichnet Subjekt den historisch konkreten, gesellschaftlichen Menschen.

■ **Moderne Bestimmungen** Die moderne Diskussion setzt sich – v.a. anknüpfend an die Subjektbegriffe Nietzsches und Martin Heideggers – kritisch mit dem traditionellen Subjekt als einer isolierten, das Verhältnis zur Wirklichkeit erst konstituierenden Einheit auseinander und versucht es durch andere Konzepte zu überwinden. Dabei wird etwa die Vernetztheit, Vielfalt und Wandelbarkeit aller Wirklichkeitsbezüge hervorgehoben (u.a. Jean-François Lyotard) und das Konzept der subjektzentrierten Vernunft durch das einer kommunikativen, d.h. sprachlich und intersubjektiv vermittelten Rationalität ersetzt (Jürgen Habermas). Der »Tod des Subjekts« schließlich ist Schlagwort für eine Kernthese von Vertretern philosophischer Theorien der Postmoderne (u.a. Michel Foucault, Jacques Derrida), die die Existenz bzw. die Identität einer letzten Instanz des Erkennens und Handelns leugnen.

■ **Siehe auch**

SACHBEGRIFFE →Bewusstsein · Erkenntnistheorie · Individuum · Intersubjektivität · Objekt · Selbst · Selbstbewusstsein · Selbsterkenntnis · Solipsismus · Substanz

PERSONEN →Descartes, René · Fichte, Johann Gottlieb · Foucault, Michel · Hegel, Georg Wilhelm Friedrich · Heidegger, Martin · Kant, Immanuel · Taylor, Charles · Tugendhat, Ernst

subjektiver Geist, Moment des →Geistes in der Philosophie von Hegel.

Subjektivịsmus [latein.], im Gegensatz zum →Objektivismus die Auffassung, dass die Geltung der Erkenntnis nicht durch den Gegenstand (→Objekt), sondern durch die Beschaffenheit des →Subjekts bestimmt wird, das die Gegenstände des Erkennens und Wollens in sich aufnimmt, konstituiert oder sogar erzeugt und Sachverhalte im ontologischen Sinne als wirklich und im ethischen Sinne als gut bestimmt. Das Subjekt bleibt nach Descartes insofern »objektiv«, als es ohne Trübung durch historische oder soziale Einflüsse die Autonomie des Denkens darzustellen beansprucht.

Während man den Subjektivismus einerseits als einen Wesenszug der gesamten neuzeitlichen Philosophie ansehen kann, gründen sich andererseits auf die Subjektivität im engeren Sinn alle Ausprägungen des deutschen

Idealismus, des Rationalismus, des Kritizismus und der Transzendentalphilosophie. Eine reduktive Haltung auf das Subjekt bzw. die Subjektivität als Erkenntnisgrund kommt seit der zweiten Hälfte des 19. Jahrhunderts u. a. im Psychologismus und der Phänomenologie zum Tragen. Als extremste Form des Subjektivismus kann in erkenntnistheoretischer Hinsicht der idealistische Solipsismus, in ethischer Hinsicht der Egoismus aufgefasst werden.

Subjektivität, 1) die Abhängigkeit des Denkens und Urteilens von einem persönlichen Standpunkt, allgemein vom Ich und seinen Zuständen, womit die Subjektivität einerseits im Gegensatz zur sachbezogenen →Objektivität steht und sich andererseits von der kommunikativen →Intersubjektivität unterscheidet; 2) der subjektive Charakter oder die subjektive Seite einer Sache oder eines Vorgangs; 3) die Qualität des Subjekts als Seins- oder Erkenntnisgrund oder als ethische Instanz; 4) der Inbegriff alles dessen, was zur psychologischen Bewusstseinsverfassung des Menschen gehört und nur für diesen wirklich ist.

Subjekt-Objekt-Problem, zentrales Problem der *Erkenntnistheorie* wie des abendländischen Denkens überhaupt, das in der Bestimmung der prinzipiell zweigliedrigen Beziehung zwischen erkennendem Subjekt und zu erkennendem bzw. erkanntem Objekt (Gegenstand) besteht. Zugleich stellt sich die Frage, ob und gegebenenfalls inwieweit das Subjekt die Erkenntnis des Objekts beeinflusst. Im Unterschied zu den bewusstseinsimmanenten Denk- bzw. Erkenntnisinhalten ist das Objekt dasjenige, was wesentlich außerhalb des Bewusstseins ist und worauf das Subjekt sich denkend und erkennend bezieht.

Subjunktion [latein. subiunctio »Anfügung«], in der *Aussagenlogik* ein zweistelliger →Junktor, mit dessen Hilfe zwei Aussagen A und B zu einer neuen Aussage »Wenn A, dann B« (symbolisch: $A \rightarrow B$ oder $A \supset B$) verknüpft werden. Die Subjunktion unterscheidet sich als Verknüpfung von Aussagen von der →Implikation, die eine Metaaussage über Aussagen darstellt, und vom →Schluss, der eine Regel ist. Irreführend ist deshalb auch der von Bertrand Russell eingeführte Sprachgebrauch, bei dem die Subjunktion als »materiale Implikation« bezeichnet wird.

Subordination [zu latein. subordinatio »Unterordnung«], in der *Logik* die Unterordnung, besonders von Begriffen im Verhältnis Unter- zu Oberbegriff.

Substanz [latein. substantia »Bestand«, »Wesenheit«, zu substare »in, unter etwas vorhanden sein«], seit Aristoteles und bis in die Spätscholastik hinein zentraler Begriff der *Ontologie* zur Bestimmung des Seins des Seienden. Dem Substanzbegriff korrespondieren – zwar eingeschränkt und inhaltlich nicht immer deutlich voneinander zu trennen – die Begriffe Subjekt, Substrat, Subsistenz und Wesen.

■ **Antike und Mittelalter** Substanz bzw. substanzielles Sein ist nach Aristoteles das, was ein jedes in sich und für sich selbst ist, also das im Wechsel der Erscheinungen notwendig Beharrende, das im Gegensatz zu den zufälligen Akzidenzien (→Akzidens) ohne Verweis auf einen Träger definiert werden kann. Aristoteles und die Scholastik unterscheiden dabei eine erste Substanz (»Substantia prima«) von einer zweiten Substanz (»Substantia secunda«). Die erste Substanz ist das individuelle Einzelding als Träger von Akzidenzien, die zweite die Gattung oder das Wesen, das von der ersten Substanz ausgesagt werden kann.

100563

Subjekt-Objekt-Problem.
In der modernen Quantenphysik ist die Spaltung zwischen erkennendem Subjekt und zu erkennendem Objekt aufgehoben (Albert Edelfelt, Louis Pasteur im Laboratorium, 1885; Paris, Musée d'Orsay). Die Atome des Subjekts können demnach nicht getrennt von denen des Objekts betrachtet werden. Jede Beobachtung greift in den Ablauf des Geschehens ein, etwa durch die Bestrahlung mit Licht.

■ **Neuzeit** Descartes kennzeichnete die Substanz als das, was zu seinem Sein (bzw. seiner Existenz) keines anderen Seienden bedarf. Er unterschied zwei endliche Substanzen – Res cogitans (Bewusstsein) und Res extensa (Ausdehnung) –, denen Gott als vollkommene Substanz gegenübersteht. Im Gegensatz dazu bestimmte Baruch de Spinoza Substanz als »das, was in sich ist und durch sich begriffen wird« bzw. als »das, dessen Begriff, um gebildet werden zu können, des Begriffs eines anderen Dinges nicht bedarf«. Für ihn gibt es nur eine einzige, unendliche und ewige Substanz – Gott bzw. Natur –, mit den Attributen Denken und Ausdehnung. Leibniz nahm wiederum unbegrenzt viele dynamische Substanzen, die →Monaden, an.

Im englischen Empirismus wurde der Substanzbegriff allmählich aufgelöst. So stellten Substanzen für George Berkeley lediglich

Wahrnehmungsinhalte dar. David Hume führte den Begriff auf die gewohnheitsmäßige Verknüpfung von Vorstellungen zurück. Bei Kant wurde Substanz schließlich »umgepolt« zu einem akzidentellen Begriff. Kant begriff Substanz allein vom Erscheinen des zeitlich Beharrenden her und zählte sie daher zu den →Kategorien, behandelte sie also als eine dem menschlichen Subjekt a priori innewohnende Denkform, die nur das Ding als Erscheinung, nicht aber das →Ding an sich erfasst.

■ **Moderne** In der Lebens- und Existenzphilosophie wurde der Begriff der Substanz zugunsten einer dynamischen Auffassung von Wirklichkeit und Existenz als Bewegung und Tätigsein aufgegeben. In der sprachanalytischen Philosophie stellt der metaphysische Terminus Substanz gemeinhin ein bedeutungsleeres Element von Scheinsätzen dar, insofern das Substanzielle nicht empirisch verifizierbar ist. Von Empirismus und Positivismus wird daher der Begriff der Substanz prinzipiell abgelehnt.

Substitution [spätlatein. »Ersetzung«], in der *Logik* die Ersetzung eines Zeichens durch ein anderes nach vorgegebenen Regeln.

Substrat [mittellatein. »Unterlage«], die eigenschaftslose →Substanz eines Dings bzw. eines Subjekts als Träger seiner Eigenschaften. Aristoteles verglich Substrat sinnbildlich mit dem »Samen«.

Südwestdeutsche Schule, Schulrichtung des →Neukantianismus.

Summa [latein., eigtl. »oberste Zahl« (als Ergebnis einer von unten nach oben ausgeführten Addition), zu summus »höchster«], **Summe,** in der *Scholastik* Bezeichnung für die zusammenfassende Darstellung eines Wissenszweiges bzw. für ein Lehrbuch. Seit dem ausgehenden 12. Jh. nannte man v. a. die systematischen Darstellungen der Theologie Summen. Beispielhaft wurden die »Sententiarum libri quattuor« (1148–52; dt. »Die vier Sentenzenbücher«) des Petrus Lombardus. Das klassische Werk dieser Art ist die »Summa theologica« des Thomas von Aquino. Die Verfasser von Summen, v. a. des kanonischen Rechts, wurden vielfach **Summisten** genannt. Kleinere Summen bezeichnete man als **Summulae.**

Summum Bonum [latein.], höchster Wert, Gott (→höchstes Gut).

Syllogismus [griech., eigtl. »das Zusammenrechnen«], ein logischer →Schluss. Die Lehre von den gültigen Schlüssen (Schlussregeln) und deren Formen bildet das Kernstück der traditionellen Logik. Die **Syllogistik** wurde von Aristoteles in seiner »Lehre vom Schluss oder erste Analytik« entwickelt und in der Antike von Theophrast u. a. weiterentwickelt. Bis ins 19. Jh. blieb sie Inbegriff der Logik und verdrängte andere wichtige Ansätze wie etwa die Aussagenlogik der →Stoa.

Ein Syllogismus besteht aus zwei Prämissen (Urteilen) und einer Konklusion (Schlussfolgerung). Aus den beiden Urteilen »Alle Menschen sind sterblich« und »Sokrates ist ein Mensch« kann etwa der Schluss gezogen werden: »Sokrates ist sterblich.« Dabei tritt in den beiden Prämissen jeweils der Mittelbegriff »Mensch« auf. Die erste Prämisse heißt Majorprämisse oder **Propositio maior** (Obersatz), die zweite Minorprämisse oder **Propositio minor** (Untersatz). Symbolisch wird der obige Syllogismus so dargestellt:

$$\begin{array}{l} M\,a\,P \\ \underline{S\;a\,M} \\ S\;a\,P \end{array}$$

Dabei bedeutet *M* den Mittelbegriff »Mensch sein«, *P* das Prädikat »sterblich sein« und *S* den Subjektbegriff »Sokrates«, *a* steht für »alle *x* sind *y*«, wobei die zweite Prämisse sinngemäß als »alle Sokrates sind Menschen« gelesen wird (analog die Konklusion). Neben *a* werden auch die Quantifizierungen *e* (»kein *x* ist *y*«), *i* (»einige *x* sind *y*«) sowie *o* (»einige *x* sind nicht *y*«) betrachtet. Ihre Beziehungen werden im →logischen Quadrat dargestellt.

Synthese [griech. sýnthesis, zu syntithénai »zusammensetzen«, »zusammenstellen«], die Vereinigung mehrerer Anschauungs- oder Erkenntnisinhalte zu einem Ganzen. Im Gegensatz zur →Analyse, die auf das Zerlegen komplexer Aussagen oder von Ähnlichem abzielt, bezeichnet Synthese die Verknüpfung von Vorstellungen, Begriffen oder sogar gegensätzlichen Aussagen (→These, →Antithese) miteinander.

Der Begriff findet sich zuerst in der griechischen Philosophie und hebt dort gewöhnlich auf die Verbindung des Subjekts mit dem Prädikat im Satz ab, so bei Aristoteles. Kant erachtete jegliche »Verbindung des Mannigfaltigen« der sinnlichen oder nicht sinnlichen Anschauung als eine synthetisierende Leistung des Verstandes. Eine besondere Bedeutung hat die spekulative Synthese v. a. in der →Dialektik Hegels als logisch notwendiger Schritt der »Aufhebung« des Gegensatzes von These und Antithese in einer höheren, Synthese genannten Einheit.

synthetisch [griech. synthetikós »zum Zusammenstellen geeignet«], im Anschluss an Kant Eigenschaft von Sätzen, die nicht allein aufgrund logischer und definitorischer Vereinbarungen gelten, also nicht →analytisch sind.

System [griech. sýstēma »aus mehreren Teilen zusammengesetztes, gegliedertes Ganzes«], ganzheitlicher Zusammenhang von Dingen, Vorgängen oder Teilen. System kann auch ein auf allgemeine Grundsätze zurückgeführtes und danach geordnetes Ganzes von Einzelerkenntnissen einer Wissenschaft oder des menschlichen Wissens überhaupt bezeichnen. Die Natur als ein System zu begrei-

System
der
Wissenschaft
von
Ge. Wilh. Fr. Hegel
D. u. Professor der Philosophie zu Jena,
der Herzogl. Mineralog. Sozietät daselbst Assessor
und andrer gelehrten Gesellschaften Mitglied.

Erster Theil,
die
Phänomenologie des Geistes.

Bamberg und Würzburg,
bey Joseph Anton Goebhardt,
1807.

System. Noch Hegel versuchte, seine Philosophie in ein übergreifendes System zu fassen. Sein ursprünglicher Systemplan sah Phänomenologie, Logik, Naturphilosophie und Geistphilosophie vor – aber nur die beiden ersten Teile hat Hegel tatsächlich geschrieben (Titelblatt zur Erstausgabe der »Phänomenologie des Geistes« von 1807).

fen ist eine alte Tradition der →Naturphilosophie, besonders aber auch eine Bemühung der Naturwissenschaft seit Beginn der Neuzeit.

Das Problem der Einheit des Wissens kann als grundsätzliche Fragestellung der Philosophie aufgefasst werden. Wiederholt wurden Versuche unternommen, Wissen als System zusammen- und darzustellen, d. h., Wissen als ein Ganzes wiederum als Gegenstand des Wissens zu behandeln. Große Systementwürfe stammen etwa von Baruch de Spinoza, Leibniz und Christian Wolff. Als Höhepunkt von Systembemühungen kann der →deutsche Idealismus angesehen werden.

Kant bestimmte den Begriff des Systems als »die Einheit der mannigfaltigen Erkenntnisse unter einer Idee« und als »ein nach Prinzipien geordnetes Ganzes der Erkenntnis«. Ähnlich dem Organismus ist es eine »für sich bestehende Einheit…, in welcher ein jedes Glied, wie in einem organisierten Körper, um aller anderen und alle um eines willen da sind«. Bei Fichte und dann v. a. bei Hegel wird das philosophische System als Darstellung des Absoluten begriffen. Dass diese Darstellung selbst wieder in einer absoluten Form geschehen soll, ist bei Hegel die Grundlage der →Dialektik bzw. seines »spekulativen« Systems (→Spekulation). Im 20. Jh. hat man die Hoffnung auf ein Gelingen von philosophischen Systemen weitgehend aufgegeben.

Systemtheorie, interdisziplinäre Wissenschaft, deren Gegenstand die formale Beschreibung und Erklärung der strukturellen und funktionalen Eigenschaften von natürlichen, sozialen oder technischen Systemen ist. Die Systemtheorie wird in der Regel als Teil eines umfassenden systemtheoretisch-kybernetischen Konzepts verstanden, mit dessen Hilfe neben den statischen auch die dynamischen Aspekte von Systemen erfasst werden sollen.

In ihrer heutigen Form geht die Systemtheorie v. a. auf die Arbeiten des kanadischen Biologen Ludwig von Bertalanffys (* 1901, † 1972) zur Form und Funktion offener, d. h. von ihren Umweltbeziehungen beeinflussbarer Systeme zurück. In jüngster Zeit haben die Modelle selbst organisierter Strukturen und der Konstruktivismus im Anschluss an Humberto Maturana, der den Begriff der Autopoiese prägte, sowohl in der naturwissenschaftlich ausgerichteten Systemtheorie als auch im Bereich der in den Rechts-, Wirtschafts- und Sozialwissenschaften entwickelten Systemtheorie (Niklas Luhmann) neue Impulse gesetzt.

Die von Luhmann vertretene Systemtheorie bietet mit der grundlegenden Orientierung an einer flexiblen System-Umwelt-Differenz einen Theorierahmen, der komplexe Handlungs- und Funktionsmodelle auf mehreren Ebenen zu verfolgen erlaubt und dadurch die wechselseitigen Strukturierungs- und Funktionalisierungsprozesse bei der Analyse von Gesellschaften und Teilsystemen in den Blick hebt. Stand bei der Analyse von Systemen **(Systemforschung)** zunächst die Frage nach den Bedingungen von Gleichgewichtszuständen im Mittelpunkt, so hat sich das Interesse inzwischen auch Ungleichgewichtssituationen, den Prozessen der Selbstorganisation sowie den Entwicklungsmöglichkeiten spontaner Ordnungen zugewandt.

Szi|entismus, →Scientismus.

T

Tabula rasa [mittellatein. »abgeschabte Schreibtafel«], Begriff des englischen Empirismus (John Locke), der die Vorstellung bezeichnet, dass der Verstand des Menschen einer »leeren Tafel« gleiche, die erst über die Sinne mit Erfahrungen gefüllt wird.

Tao, →Dao.

Taoismus, →Daoismus.

Tarski, Alfred, amerikanischer Mathematiker polnischer Herkunft, *Warschau 14. 1. 1901, †Berkeley (Calif.) 26. 10. 1983; war bis 1938 Dozent in Warschau und emigrierte dann in die USA, wo er 1946 Professor für Mathematik an der University of California in Berkeley wurde. Mit seinem Werk »Der Wahrheitsbegriff in den formalisierten Sprachen« (1933) schuf er die Grundlagen für die logische Semantik, deren Aufgabe darin besteht, Regeln zu formulieren, durch die auch Ausdrücke und Sätze künstlicher (logischer) Sprachen interpretiert werden können. Anhand seiner Unterscheidung zwischen Objekt- und Metasprache entwickelte er eine semantische Theorie der →Wahrheit. Daneben verfasste Tarski wegweisende Arbeiten zur algebraischen Fassung des Begriffs der logischen Folgerung, zur Kardinalzahlarithmetik, zur Entscheidbarkeit der Theorie der reell abgeschlossenen Körper und zum Begriff der Wahlordnung in der Prädikatenlogik.

Tatsache, Faktum [latein. factum »das Getane«, »das Geschehene«], ein Sachverhalt, der tatsächlich, nachweisbar vorhanden oder geschehen ist (→Wirklichkeit), im Unterschied zur →Fiktion und Fantasie. Jede Aussage stellt einen Sachverhalt dar, aber nur die wahre Aussage eine Tatsache. Auch wenn Tatsachen durch verschiedene Aussagen dargestellt werden können, so sind sie doch nicht als etwas zu begreifen, was »sprachunabhängig« für sich existiert.

Tautologie [griech. tautología, eigtl. »das Dasselbesagen«], im engeren Sinn eine →Zirkeldefinition, im weiteren Sinn jede analytische Aussage (z. B. »Schimmel sind weiß«). In der Aussagenlogik bezeichnet Tautologie eine Aussagenverknüpfung, die unabhängig von den Wahrheitswerten der in ihr vorkommenden Bestandteile stets wahr ist.

Taylor ['teɪlə], Charles, kanadischer Philosoph und Politikwissenschaftler, *Montreal 5. 11. 1931; ist seit 1961 Professor an der McGill University in Montreal. Taylor kritisierte in seinen früheren Arbeiten den Behaviorismus und Naturalismus in der Psychologie. Durchgängig betont er die methodologische Sonderstellung der wertbezogenen Sozial- und Humanwissenschaften gegenüber den Naturwissenschaften. Dabei knüpft er auf vielfältige Weise an Traditionen der kontinentaleuropäischen Philosophie an. Diese arbeitet Taylor auch ideengeschichtlich auf, so z. B. in einer Gesamtdarstellung der Philosophie Hegels (»Hegel«, 1975). In »Sources of the self. The making of the modern identity« (1989; dt. »Quellen des Selbst. Die Entstehung der neuzeitlichen Identität«) unternimmt Taylor den Versuch einer Rekonstruktion der Selbstkonstitution des »neuzeitlichen Subjekts«.

Technik [griech. téchne »Kunst«, »kunstfertig«, »Kunstwerk«], bezeichnet erstens die Verfahren und Mittel zur Nutzung natürlicher materieller und energetischer Ressourcen für die menschliche Lebensgestaltung, zweitens die erlernbaren Fertigkeiten und Methoden, die auf einem Gebiet zur Hervorbringung besonderer Leistungen und Ergebnisse nötig sind, drittens die materiellen und ideellen Apparaturen, die das menschliche Leben erleichtern, erweitern und verbessern helfen. Technik wird einerseits von der Naturwissenschaft, andererseits von der Technologie abgegrenzt. Technologie ist Ausdruck der Ermöglichungsgrundlage der Technik, Technik im engeren Sinn die tatsächlich gewählte Praxis bzw. Realisierung. Technologie wird zunehmend auf das rein Logistische der Technik eingegrenzt und auf die moderne Informations- bzw. Systemtechnik angewandt. Von der Naturwissenschaft unterscheidet sich die Technik durch ihre Zweckgebundenheit sowie ihre projektiv-pragmatische Methode (Friedrich Rapp). Während es der Naturwissenschaft um die Erkenntnis der →Natur geht, geht es der Technik um deren Beherrschung. Technische Theorien können durch die Naturwissenschaft falsifiziert und naturwissenschaftlich bestätigte Theorien technisch unbrauchbar sein. Im Gegensatz zur naturwissenschaftlichen Forschung sind die Ziele der Technik v. a. auch sozial, ökonomisch und politisch vorgegeben. Ohne technischen Fortschritt gibt es keinen Fortschritt in der Naturwissenschaft, die Naturwissenschaft ist vollkommen technisch durchdrungen. Nicht zuletzt hängt die moderne naturwissenschaftliche Theoriebildung von der Anwendung von medialen Technologien bzw. Informationstechnologien ab.

Der griechische Begriff »téchne« bezeichnet im Gegensatz zum modernen Begriff der Technik primär eine individuelle Fertigkeit, nicht eine Apparatur. »Téchne« ist eine Weise der Hervorbringung, die Erfahrung und Fertigkeit voraussetzt, aber auch Anteil am Logos hat, also nicht nur Sachbeherrschung bedeutet, sondern auch Sachverstand, der die Sache qualitativ zu bestimmen und in gesellschaftliche Zusammenhänge einzuordnen vermag. Bei Aristoteles bezeichnet Technik das anwendungsbezogene Wissen von allgemeinen Zusammenhängen und Ursachen. Als einem Produkt und Mittel menschlicher Tätigkeit wird Technik der Natur als derjenige Bereich gegenübergestellt, der vorgefunden wird und um seiner selbst willen und nicht als Mittel zum Zweck vorhanden ist. Zunehmend rückt je-

Technik
→ GEO **Dossier**
Die unaufhaltsame Karriere einer Idee, Bd. 14

doch die Sachbeherrschung ins Zentrum des Technikverständnisses.

Seit der Renaissance wird Technik eng mit der neuen mathematisch disponierten Naturwissenschaft verknüpft. In der Aufklärung wird einerseits die Bedeutung der Technik für die angestrebte Autonomie des Menschen gewürdigt, andererseits auch schon Kritik an ihr geäußert. Im 19. Jh. wird Technik ein Schlüselbegriff zur Kennzeichnung der Epoche der Industrialisierung. Die ersten theoretischen Studien zur Technik entstehen (Ernst Kapp). Für Karl Marx spielt Technik eine zentrale Rolle bei der Entfaltung der Produktionsmittel und damit für die Geschichtsentwicklung. Anfang des 20. Jh. entwickelt sich eine eigenständige Philosophie der Technik. Friedrich Dessauer sieht die Technik als eine Fortsetzung des göttlichen Schöpfungsplanes, Ernst Cassirer fasst die Technik als eigenständige symbolische Form menschlicher Welterschließung, Martin Heidegger als ein übermächtiges Seinsgeschick. Arnold Gehlen begreift Technik als biologisch notwendige Überlebensstrategie des menschlichen Mängelwesens. Unter dem Eindruck ihrer zerstörerischen Potenziale intensiviert sich die Technikkritik bei Autoren wie Georg Simmel, Ludwig Klages, Lewis Mumford, Ortega y Gasset und Ernst Jünger.

Die ökonomische, politische und sozialpsychologische Bedeutung wird v. a. von Autoren der Frankfurter Schule (Max Horkheimer, Theodor W. Adorno, Herbert Marcuse), aber auch von Günther Anders, Hannah Arendt, Hans Freyer und Karl Jaspers thematisiert. Hans Jonas untersucht Technik vor dem Hintergrund möglicher ökologischer Krisen. Das seit den 1980er-Jahren auch in einer breiteren Öffentlichkeit diskutierte Feld der Technikethik konzentriert sich auf die Frage des Auseinandertretens von Handlungs- und Verantwortungssubjekt und die Frage der Möglichkeit neuer Formen institutioneller und kollektiver Verantwortung (Günter Ropohl, Hans Lenk, Christoph Hubig). Ein sich ausweitendes Feld innerhalb der Technikethik beschäftigt sich mit Fragen der Gentechnik, der Technisierung der menschlichen Fortpflanzung und der Apparatemedizin (Klaus Bayerz, Hans-Martin Sass). Nicht zuletzt werden ökologische Fragen behandelt (Dieter Birnbacher). Kulturkritische Erörterungen der Technik verlagern sich seit den 1980er-Jahren auf die Diskussion moderner Informationstechnologien (Paul Virilio, Jean Baudrillard). Neben der ethischen und kulturkritischen Debatte gibt es ein breites Interesse an methodischen Untersuchungen der technischen Wissenschaften.

Die sich inzwischen als eigenständige Disziplin profilierende Technikphilosophie umfasst eine Vielzahl philosophischer Theorien, die sich mit Bedeutung und Wesen der Technik, den Zusammenhängen ihrer Entstehung und Verwendungsweisen auseinandersetzen. Technikphilosophie versteht sich dabei einerseits als kritische Begleitung technischer Entwicklungen als auch als deren aktive Unterstützung, wobei Technik insbesondere genutzt werden soll, um Optionswerte einer Realisierung zuzuführen (Christoph Hubig). Als kritische Begleitung fokussiert sie die weltverändernden Potenziale der Technik, als unterstützende Disziplin ist sie Teil der praktischen Philosophie.

Teleologie. Der lange favorisierten Theorie von einem teleologischen Prinzip in der Natur setzt man heute einen teleonomischen Erklärungsansatz entgegen. Nicht die auf ein Ziel hin orientierten Variationen überlebten, sondern diejenigen, die als »Evolutionstreffer« zufällig am besten an die Umweltbedingungen angepasst waren (Rekonstruktion des am Ende der Kreidezeit ausgestorbenen Albertosaurus).

Teilhabe, →Methexis.

Teleologie [zu griech. télos »Ende«, »Ziel«, »Zweck« und lógos »Rede«, »Wort«, »Vernunft«], Bezeichnung für philosophische Lehren, nach denen Naturereignisse, menschliches Handeln oder der Verlauf der Geschichte auf bestimmte Ziele gerichtet sind (→Finalität). Diese Ziele können das betreffende Geschehen als →Zweckursache erklären und ihm zugleich einen Sinn oder Wert geben. Teleologische Gesamtdeutungen gehen meist von einem obersten Endzweck aus, durch den die ganze Welt die Gestalt eines sinnvoll geordneten →Kosmos erhält.

■ **Antike** In der antiken Philosophie entstand eine teleologische Weltdeutung, die fast zwei Jahrtausende gültig blieb. Dabei wurde das sinngebende und von allem erstrebte Ziel von Anaxagoras und Heraklit sowie im Platonismus als etwas Immaterielles (Logos, Idee des Guten, Gott) verstanden, das jenseits des sinnlich Wahrnehmbaren existiert und das Weltgeschehen von außen bestimmt. Aristoteles und der Aristotelismus vertraten dagegen die Ansicht, dass das Ziel bereits in den Dingen selbst liege (→Entelechie). Alle natürlichen Prozesse und Entwicklungen sollten als Streben nach diesem spezifischen Ziel erklärt werden können. In der Philosophie des christlichen Mittelalters lagen vielen Gottesbeweisen teleologische Annahmen zugrunde.

■ **Neuzeit** Die *Naturphilosophie* und *Naturwissenschaft* der frühen Neuzeit (Francis

Aristoteles bezog die **Teleologie** auf zwei Bereiche:

»Es folgt also, daß alle Dinge, die auf natürliche Weise entstehen und existieren, zweckhaft sind. Ferner werden in allen Handlungen … die vorangehenden Schritte mit Hinsicht auf die folgenden ausgeführt, und was für bewußtes Handeln gilt, trifft auch auf die Natur zu …«

Thales Die Sonnenfinsternis im Jahr 585 v. Chr.

3046

Über die Biografie des Thales ist nur wenig Gesichertes überliefert. Für die zeitliche Einordnung seines Lebens ist eine Sonnenfinsternis maßgeblich, die höchstwahrscheinlich im Jahr 585 v. Chr. stattfand. Dieses Naturereignis soll Thales vorhergesagt und damit zur Beendigung eines Krieges zwischen Lydern und Medern beigetragen haben. Man vermutet, dass er auf babylonische Aufzeichnungen früherer Verfinsterungen zurückgreifen konnte. Berichte weisen darauf hin, dass er in Kontakt mit Wissenschaftlern des Vorderen Orients und Ägyptens gestanden haben könnte, wo Himmelskunde und Mathematik bereits weiter fortgeschritten waren.

Bacon; Galileo Galilei, *1564, †1642; Descartes) wandte sich im Zeichen technisch angestrebter Naturbeherrschung von der teleologischen Betrachtungsweise ab. Nach dem Vorbild der newtonschen Physik traten mechanistische Erklärungsmodelle (→Mechanismus) in den Vordergrund. So wurden z. T. selbst Lebewesen als komplizierte Automaten angesehen. Kant allerdings forderte, dass man die Natur zumindest so betrachten müsse, als ob sie von Zwecken bestimmt sei, da sie nicht vollständig aus mechanischen Prinzipien zu erklären sei. Nach Kant liegt also der Zweck nicht in der Natur selbst, sondern im sie betrachtenden Subjekt. Spätestens mit Charles Darwins Evolutionstheorie jedoch gaben die Naturwissenschaften das Konzept der Teleologie endgültig auf. Auch die scheinbar zweckmäßige Struktur lebendiger Organismen schien sich nun auf der Grundlage kausal-mechanischer Modelle erklären zu lassen.

Im Bereich der *Ethik* hingegen blieben teleologische Ansätze von Bestand. So geht der Utilitarismus davon aus, dass der moralische Wert einer Handlung sich an ihrer Eignung bemisst, das Ziel des größtmöglichen Glücks für die größtmögliche Anzahl von Menschen zu erreichen. Daneben kam es v. a. in der zweiten Hälfte des 20. Jahrhunderts auch zur Wiederaufnahme teleologischer Motive der antiken Ethik, die nach Ziel und Erfüllung des menschlichen Lebens fragte (Alasdair MacIntyre, Martha C. Nussbaum). Mitunter wurden sogar Versuche unternommen, eine teleologische Auffassung der Natur zu rehabilitieren (Hans Jonas, Robert Spaemann).

Telos, →Ziel.

Tẹrm [von (mittel)latein. terminus »Ziel«, »Ende«, eigtl. »Grenzzeichen«, »Grenze«], eine Zeichenfolge in einer formalisierten Theorie, die ein Objekt dieser Theorie repräsentiert. Die Grund- oder **Primterme** sind bestimmte Konstanten und Variablen. Aus ihnen werden mittels induktiver Definition Zeichenfolgen gebildet, die Variable enthalten können und – im Unterschied zu den Aussageformen darstellenden Formeln – in eine Konstante übergehen, sofern ihre Variablen durch Konstanten ersetzt werden. In der Algebra sind z. B. 2, $2x$, $x+y$ Terme; eine mit dem Relationssymbol = aus zwei Termen gebildete Gleichung ist z. B. $x+y=y+x$.

Tẹrminus [mittellatein.], in der *Logik* Bezeichnung für die Begriffswörter (Prädikatoren) im →Syllogismus. Derjenige Terminus, der in der Konklusion Prädikat ist, ist der obere Terminus (**Terminus maior**), das Subjekt in der Konklusion ist der untere Terminus (**Terminus minor**); der Terminus, der zwischen oberem und unterem Terminus Beziehungen herstellt, ist der in beiden Prämissen vorkommende Mittelbegriff (**Terminus medius**).

Tẹrtium non da̲tur [latein. »ein Drittes gibt es nicht«], in der *Logik* die Formulierung für den Satz vom ausgeschlossenen Dritten (→Principium exclusi Tertii), nach der es zwischen zwei widersprüchlichen Aussagen kein Mittleres bzw. Drittes geben kann, wenn einem Objekt ein Prädikat zugesprochen oder abgesprochen wird. Der Satz gehört zu den Regeln, nach denen auch die dichotomische Begriffsbildung (→Dichotomie) verfährt.

Tha̲les, Tha̲les von Mile̲t, griechischer Naturphilosoph, *Milet um 625 v. Chr., †um 547 v. Chr.; wurde seit dem 5. Jh. zu den »sieben Weisen« gezählt, jenen Staatsmännern und Philosophen, die als Vorbilder an Weisheit galten. Er begründete die ionische Naturphilosophie mit seiner Annahme, dass der Ursprung (→Arche) aller Dinge das Wasser sei. Aufgrund seines Versuchs, die Natur und die Vielzahl der

Phänomene nicht mehr im Mythos, sondern durch rationale Begründung zu erklären, gilt er als der erste »Philosoph« der griechischen und europäischen Denktradition.

Über Leben und Werk des Thales ist wenig Gesichertes bekannt. Während Xenophanes, Heraklit und Demokrit möglicherweise noch Schriften des Thales kannten, bezog sich bereits Aristoteles auf indirekte Quellen. Als philosophischer Satz des Thales gilt die Behauptung, dass »alles voller Götter« sei. Aufgrund reicher Legendenbildung nicht sicher belegt sind die ihm zugeschriebenen geometrischen Sätze. So etwa der nach ihm benannte **Satz des Thales,** der besagt, dass alle Winkel, deren Scheitel auf einem Halbkreis, dem »Thaleskreis«, liegen und deren Schenkel mit dem Kreisdurchmesser ein Dreieck bilden, rechte Winkel sind.

Theịsmus [zu griech. theós »Gott«], die Annahme eines persönlichen, überweltlichen Gottes, der – im Unterschied zur Auffassung des →Deismus – als eine Macht gedacht wird, welche die Welt erhält und lenkt und mit der Schöpfung, dem Menschen und seiner Geschichte in Verbindung steht. Der Gegenbegriff ist →Atheismus.

Theodizee [französisch théodicée, zu griech. theós »Gott« und díkē »Gerechtigkeit«], im engeren Sinn der Versuch einer Rechtfertigung Gottes angesichts des von ihm trotz seiner Allmacht und Güte zugelassenen physischen Übels, moralischen Bösen und des Leidens in der Welt. Im weiteren Sinn bezeichnet Theodizee die Gesamtheit der Probleme philosophischer Gotteserkenntnis.

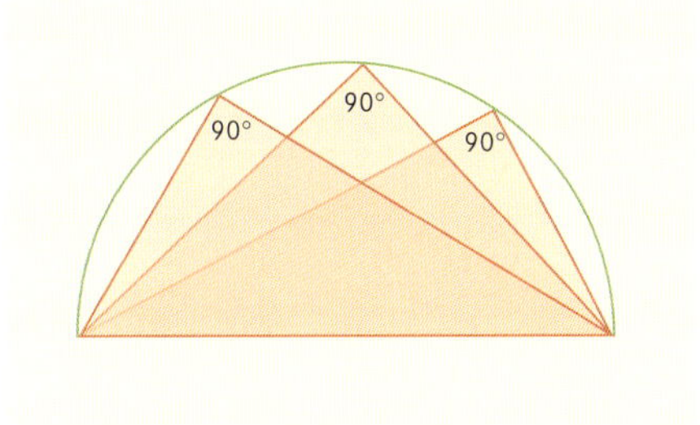

Thales. Die Abbildung demonstriert den Satz des Thales: »Jeder Winkel, dessen Scheitel auf einem Kreis liegt und dessen Schenkel durch die Endpunkte eines Kreisdurchmessers gehen, ist ein rechter Winkel.«

Die großen Weltreligionen haben verschiedene Antworttypen auf die Frage der Theodizee entwickelt. So verbindet etwa der Monotheismus (z. B. des Christentums und des Judentums) mit seinem metaphysischen Monismus eine Form von ethischem »Dualismus«, der das Übel als Folge (und Strafe) des Missbrauchs der dem Menschen von Gott gegebenen Freiheit bzw. der Verletzung der Gott gegenüber gebotenen Gehorsams- und Treuepflicht charakterisiert.

Leibniz, der den Begriff Theodizee (1697) geprägt hat, unternahm einen umfassenden Versuch, das Problem theoretisch zu lösen. Wie vor ihm bereits Augustinus ging Leibniz von den zwei Grundannahmen aus, dass einerseits das →Böse nicht als solches existiert, sondern einen bloßen Mangel an Gutem (eine Art Schöpfungsdefekt) darstellt, und dass andererseits etwas nur dann als böse erscheint, wenn es isoliert, d. h. nicht im Kontext der gesamten Schöpfung betrachtet wird. Das Böse ist von Gott zugelassen, damit auch aus ihm Gutes komme. Die Unvoll-

Theodizee Die beste aller möglichen Welten?

Gottfried Wilhelm Leibniz führte das in allen Religionen wichtige Problem des Bösen in der Welt unter dem Begriff »Theodizee« in die Philosophie ein. Er vertrat die Auffassung, dass die von Gott geschaffene Welt »die beste aller möglichen Welten« sei. Dieser provokante Satz löste später oft heftigen Widerspruch aus. Unter dem Eindruck des verheerenden Erdbebens von Lissabon (zeitgenössisches Flugblatt) dichtete etwa Voltaire:

»›Alles ist gut‹, sagt ihr, ›und alles ist notwendig.‹
Was? Die Welt im Ganzen, ohne den Höllenschlund,
Der Lissabon verschlang, sei weniger gut gewesen?...
Tier, Mensch und Elemente stehn im Krieg.
Man muss gestehn, das Übel ist auf Erden:
Wir wissen nicht, warum? Woher es stammt?
Hat, der das Gute schuf, das Übel mitgeschaffen?«

Schopenhauer erklärte die Welt lapidar zur

100563

»schlechtmöglichsten aller Welten«. Und Erich Kästner bemerkte spöttisch, zur Strafe für jenen Satz habe man nach Leibniz einen Keks benannt. In Hegel fand Leibniz aber auch einen, der seine Meinung teilte.

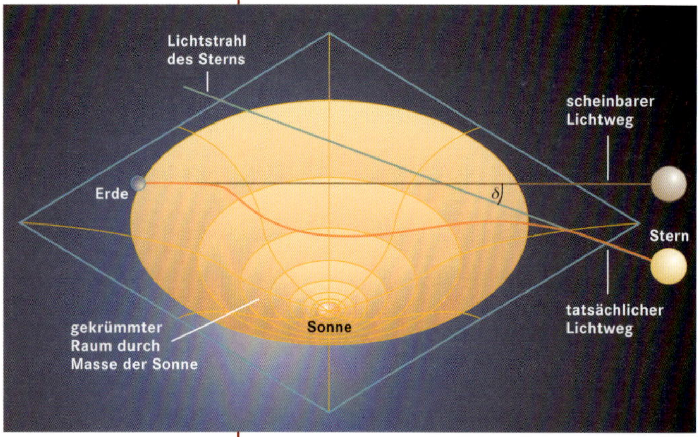

Theorie.
Als gültig wird eine Theorie angesehen, wenn sie sich bei der Erklärung bekannter oder der Voraussage neuer Phänomene bewährt. Nach Albert Einsteins allgemeiner Relativitätstheorie wird das Licht der Sterne durch die Gravitation der Sonne abgelenkt. Bei der totalen Sonnenfinsternis am 29. Mai 1919 konnte man tatsächlich am Rand der Sonne Sterne beobachten, deren Position zuvor an anderer Stelle bestimmt worden war.

kommenheit eines Teils dient der größeren Vollkommenheit des Ganzen. Da es in jeder anderen Welt noch mehr Übel gäbe, handele es sich bei der unsrigen um »die beste aller möglichen Welten«.

Für Hegel, der Leibniz' Gedanken aufgriff, stellt der Gang der Weltgeschichte die »wahrhafte Theodizee, die Rechtfertigung Gottes in der Geschichte« dar. Kant zufolge gibt hingegen allein der gute Wille des Menschen, der Gottes Gerechtigkeit und Güte gegen die Erfahrung der Realität des Übels in der Welt postuliert, handelnd die einzig mögliche Antwort auf die Theodizee.

Theophrast, griechisch **Theophrastos,** griechischer Philosoph, *Eresos zwischen 372 und 369 v. Chr., † Athen zwischen 288 und 285 v. Chr.; soll ursprünglich Tyrtamos geheißen haben und noch unter Platon Mitglied der Akademie gewesen sein. Theophrast begann um 345 in Mytilene die Zusammenarbeit mit Aristoteles und wurde dann Mitglied in dessen Schule in Athen (→Peripatetiker), deren Leitung er später übernahm und bis zu seinem Tod innehatte. Theophrasts zahlreiche, durch Universalität ausgezeichneten Werke behandeln Themen der Naturwissenschaften, darunter der Physik, Kosmologie, Tier- und Pflanzenkunde, der Psychologie, Ethik, Politik, Musik, Rhetorik und Philosophie.

Sie sind mit Ausnahme der wichtigsten botanischen Werke (»Historia plantarum«, dt. »Naturgeschichte der Gewächse«), einer metaphysischen und kleinerer naturwissenschaftlicher Schriften verloren. In seinen ebenfalls erhaltenen »Characteres« (dt. »Charakteren«) skizziert er in scharfsinniger und erheiternder Weise 30 fehlerhafte Charaktertypen.

Theorem [griech.-latein., eigtl. »das Angeschaute«, zu griech. theōreīn »zuschauen«], Lehrsatz innerhalb einer wissenschaftlichen Theorie. In der *Logik* bezeichnet Theorem eine Aussage, die durch endlich viele Anwendungen von Deduktionsregeln aus den einer Theorie zugrunde liegenden →Axiomen gewonnen wird.

Theorie [griech. »Betrachtung«, zu theōreīn »anschauen«, »betrachten«, »erwägen«], 1) rein gedanklich betrachtender Bezug zur Wirklichkeit, im Unterschied zur →Praxis als tätig veränderndem, 2) ein System von Aussagen oder Sätzen, das der Zusammenfassung, Beschreibung, Erklärung und Vorhersage von Phänomenen durch die Wissenschaft dient.

■ **Theorie in der Philosophie** Im weiteren Sinn ist alles menschliche Erkennen theoretisch, insofern es über die Feststellung des hier und jetzt Gegebenen hinausgeht und auf Allgemeinheit zielt. Theorien sind Bestandteile der menschlichen Erkenntnisentwicklung und unterliegen der historischen Modifikation und Abfolge. Der Begriff der Theorie bezeichnet ursprünglich bei Aristoteles die geistig betrachtende Teilhabe am unwandelbaren und göttlichen Sein. Diese dient keinem übergeordneten Zweck, sondern wird allein um ihrer selbst willen erstrebt. Ein ganz der Theorie gewidmetes Leben (»bios theoretikos«) gilt selbst als göttlich und wird im Rahmen der aristotelischen Ethik höher bewertet als das praktische Leben des politisch aktiven Bürgers und das genusshafte Leben. Die Philosophie als theoretische Wissenschaft (»episteme theoretike«) ist gegenüber den praktischen Künsten und Wissenschaften dadurch ausgezeichnet, dass sie das Wissen um das Seiende und seine Ursachen und Prinzipien nicht zu einem praktischen Nutzen, sondern rein um seiner selbst willen sucht.

Im Marxismus wurde der Theorie die gesellschaftliche Praxis gegenübergestellt. Sie ist Grundlage aller Theorie und Bindeglied zwischen Denken und objektiver Realität, da sie es erlaubt, theoretische Sätze an ihren Auswirkungen zu überprüfen. Im Anschluss an Marx verwies die Frankfurter Schule der →kritischen Theorie (Max Horkheimer, Theodor W. Adorno) auf die gesellschaftlich-historische Bedingtheit und Interessenbestimmtheit der nach traditionellem Verständnis reinen und selbstzweckhaften Theorie und Wissenschaft.

Thomas von Aquino »Summa theologica«

Die zwischen 1265 und 1273 entstandene »Summa theologica« Thomas von Aquinos gibt eine umfassende und systematische Darstellung von Wesen und Gegenständen der Theologie und gilt damit noch heute als Höhepunkt scholastischen Denkens. Sie gliedert sich in drei Teile, die in Form von Quaestionen abgefasst sind und nacheinander Gott, die Schöpfung und den Menschen, die Sitten- und Tugendlehre sowie – unvollendet – Christologie und Sakramente behandeln. Berühmt geworden sind insbesondere die »fünf Wege« zum Beweis des Daseins Gottes. Im Unterschied zum so genannten ontologischen Gottesbeweis Anselms von Canterbury gehen sie nicht von rein begrifflichen Überlegungen aus, sondern setzen bei der sinnlichen Erfahrung der Dinge und Vorgänge in der Welt an und schließen von ihnen aus auf Gott als erste Ursache zurück.

■ **Wissenschaftliche Theorien** Die Wissenschaftstheorie unterscheidet zwischen deduktiven und empirischen Theorien. Im Fall der **deduktiven Theorien** (z. B. der Geometrie) werden aus Axiomen mithilfe der Logik Sätze gewonnen. Sind die Axiome wahr, so müssen auch die Theoreme wahr sein, die aus ihnen abgeleitet wurden. Allerdings wird heute meist darauf verzichtet, mit deduktiven Theorien einen Wahrheitsanspruch zu verbinden. Axiome werden in ihnen zu formalen Axiomenschemata, das Ableiten von Sätzen zum reinen Befolgen logischer Regeln.

Empirische Theorien werden auf der Basis gut bestätigter Hypothesen gebildet, die ihrerseits durch Verallgemeinerung (→Induktion) aus Beobachtungen hervorgehen. Der Empirismus fordert als Kriterium der Gültigkeit einer solchen Theorie, dass sich alle ihre Begriffe und Sätze auf Beobachtbares zurückführen lassen (→Beobachtungssprache). Dies wird inzwischen jedoch allgemein als unmöglich betrachtet.

Aus heutiger Sicht stellt eine wissenschaftliche Theorie einen vorausgreifenden Rahmenentwurf von Möglichkeiten für Experiment und Forschung dar, der sich bei der Erklärung bekannter oder der Voraussage neuer Phänomene zu bewähren hat. Eine wissenschaftliche Theorie lässt sich dem →kritischen Rationalismus zufolge prinzipiell nicht verifizieren, sondern lediglich – bei mangelnder Bewährung an der Realität – falsifizieren und gegebenenfalls durch eine bessere Theorie ersetzen. Im Zusammenhang wissenschaftsgeschichtlicher Untersuchungen ist zudem ein Bewusstsein für die historische Bedingtheit wissenschaftlicher Theorien entstanden. Demnach liegt allen Theorien ein geschichtlich bestimmtes Paradigma zugrunde, das allgemeine Standards wissenschaftlicher Arbeit und Methodik definiert und so die Theoriebildung einer Zeit prägt (Thomas S. Kuhn).

These [griech.], in der →Dialektik ist die These eine Setzung, der als Antithese eine ihr widersprechende gegenübergestellt und mit dieser in der Synthese aufgehoben wird. In der *Logik* wird der Begriff oft als Synonym für die Theoreme des Kalküls verwendet.

Thomasius, Christian, deutscher Jurist und Philosoph, *Leipzig 1. 1. 1655, †Halle (Saale) 23. 9. 1728; lehrte ab 1681 an der Universität Leipzig und hielt dort als einer der ersten Hochschullehrer seit 1687 Vorlesungen auf Deutsch. Mit den »Monats-Gesprächen« (1688) gab er zudem die erste wissenschaftliche Zeitschrift in deutscher Sprache heraus. Seit 1694 lehrte er an der neu gegründeten Universität Halle.

Thomasius zählt zu den bedeutendsten Vertretern der deutschen Aufklärung und der Lehre vom Naturrecht, das er wie die Sittlichkeit auf das »natürliche Licht« der Vernunft gegründet sah, während er das positive Recht als obrigkeitliche Zwangsfestsetzung verstand. Er strebte die Befreiung der Philosophie und Wissenschaft von der Vorherrschaft der Theologie und der Scholastik an. Ziel seines Denkens war dabei die Vereinigung von Vernunft und Moral.

Thomas von Aquino, Thomas von Aquin, Thomas Aquinas, Theologe, Philosoph und Kirchenlehrer, *Burg Roccasecca (bei Aquino) 1224 oder 1225, †Fossanova 7. 3. 1274; gilt als der bedeutendste Vertreter der Scholastik.

■ **Leben** Aus neapolitanischem Adel stammend, wurde Thomas im Benediktinerkloster Monte Cassino und später an der Universität Neapel erzogen. 1244 trat er gegen den Widerstand seiner Familie in den Dominikanerorden ein. In Köln war er Schüler von Albertus Magnus (1248–52). Danach lehrte er in Paris, Orvieto, Viterbo und Rom. Philosophische Kontroversen an der Universität und der innerkirchliche Streit um die Lebensform der neuen Bettelorden führten ihn 1269 nach Paris zurück. 1272 wurde ihm die Leitung des neuen Generalstudiums seines Ordens in Neapel übertragen. Er starb auf der Reise zum Konzil von Lyon.

■ **Grundlagen** Thomas verband den überlieferten Augustinismus mit den Lehren des Aristoteles, die dem lateinischen Abendland erst zu seiner Zeit durch neue Übersetzungen in ihrem ganzen Umfang bekannt geworden waren, zu einer philosophisch-theologischen Synthese. Außer von Augustinus war er u. a. auch von Boethius, Dionysius Areopagita und Ibn Sina beeinflusst, daneben wirkten aber auch platonische (v. a. die Vorstellung der Teilhabe) und neuplatonische Gedanken (v. a. das Konzept einer stufenförmigen Hierarchie des Seins) auf ihn ein.

Thomas erkannte die Berechtigung des vernünftigen Wissens neben dem Glauben und den selbstständigen Wert, den eine nach eigenen Prinzipien und Methoden arbeitende Philosophie auch gegenüber der Theologie behält. Da aber die Philosophie die Frage nach dem letzten Lebensziel des Menschen nicht sicher beantworten kann, wird sie von Thomas in den umgreifenden Rahmen einer theologischen Glaubenswissenschaft eingeordnet, die ihre obersten Prinzipien der göttlichen Offenbarung entnimmt.

■ **Ontologie** Die Einheit des thomanischen Systems ist darin begründet, dass alle Einzelsätze auf wenige ontologische Grundprinzipien und formale Axiome zurückgeführt werden. Besondere Bedeutung hat dabei die Weiterbildung des aristotelischen Akt-Potenz-Schemas bzw. die Lehre von Form und Materie: Jedes endliche Seiende ist aus Potenz (Anlage, Möglichkeit) und Akt (Wirklichkeit, Seinsmächtigkeit) zusammengesetzt. Die reale,

Thomas von Aquino
***1224 (1225?), †1274**

100264

- gilt als einer der bedeutendsten Philosophen und Theologen des Mittelalters
- war Mitglied des Dominikanerordens
- verband die christliche Lehre mit dem Aristotelismus
- schrieb mit der »Summa theologica« eines der wichtigsten Werke der Scholastik

Über die Möglichkeit, Gott zu erkennen, sagt **Thomas von Aquino:**

»Gott vermögen wir in diesem Leben nicht vollkommen zu erkennen, so daß wir von ihm wüßten, was er sei. Doch können wir von ihm erkennen, was er nicht sei. Und darin besteht die Vollendung der Erkenntnis auf dem Wege.«

Alexis de Tocqueville

nicht bloß gedachte Unterscheidung von Wesen und Sein und der Vorrang des Seinsaktes vor dem »Was« (Quidditas) der Dinge gehörten zu den wichtigsten Eigentümlichkeiten der thomanischen Ontologie, durch die sie sich von der späteren thomistischen Wesensmetaphysik unterscheidet. Die menschliche Seele ist einerseits als »Form des Leibes« mit der Materie zu einer Wesenseinheit verbunden, andererseits ist sie geistig und immateriell und kann so nach dem Tod auch getrennt vom Leib weiterbestehen.

Alles innerweltlich Seiende erweist seine Endlichkeit für Thomas dadurch, dass es »durch Teilhabe« am göttlichen Sein in unterschiedlichen Graden der Vollkommenheit existiert und darum verursacht ist. Erst in Gott, der aus sich selbst und vollkommen eins ist, kommt es zur Einheit alles Verschiedenen.

So steigt Thomas in seinen »fünf Wegen« oder Gottesbeweisen von der Vielfalt des irdischen Seins zu Gott als der »ersten Ursache« und dem »reinen Akt« (Actus purus) auf. Voraussetzung dieser natürlichen Gotteserkenntnis ist das universale Band der Analogie (→Analogia Entis), d. h. eine trotz aller größeren Unähnlichkeit bleibende Ähnlichkeit des Geschöpfes mit Gott, in der die Gleichnisfähigkeit des Endlichen für das Unendliche und die Symbolstruktur aller irdischen Wirklichkeit gründet. Über den Gedanken des obersten Grundes und des göttlichen Selbstseins kommt die philosophische Gotteserkenntnis jedoch nicht hinaus; die Manifestation des obersten Seinsgrundes als Trinität vermag die menschliche Vernunft ebenso wie den Gedanken der Menschwerdung Gottes erst im Nachhinein zu erfassen, indem sie nach Gründen für die heilsgeschichtliche Offenbarung Gottes fragt.

■ **Ethik** Thomas' Ethik beruht auf dem Grundgedanken, nach welchem sittlich handeln heißt, der Ordnung des Seins entsprechend zu handeln, wie sie von der praktischen Vernunft erkannt wird. Auch die Erkenntnis des sittlichen Naturgesetzes und des der staatlichen und politischen Gemeinschaft vorgeordneten Naturrechtes entspringt einer Ordnungsleistung der praktischen Vernunft; dabei werden konkrete Normen nicht auf deduktivem Weg, sondern durch »Auffindung« und »Bestimmung« (inventio und determinatio) im Licht der obersten Prinzipien des natürlichen Sittengesetzes festgelegt. Vor allem im Bereich der Ethik wird Thomas von der neueren Forschung als Vorläufer des autonomen und geschichtlichen Denkens der Neuzeit, aber auch (noch immer) als Vertreter einer objektiven Gesetzesethik in Anspruch genommen.

Thomismus, Sammelbezeichnung für philosophische und theologische Positionen und Schulrichtungen des 14.–19. Jahrhunderts, die sich auf Thomas von Aquino und seine Lehre berufen, diese aber z. T. stark verändert haben. Einer der bedeutendsten Vertreter des älteren Thomismus (14. Jahrhundert) war Thomas von Sutton. Ab 1480 löste die »Summa theologica« des Thomas von Aquino die Sentenzen des Petrus Lombardus (* um 1095, † 1160) als theologisches Lehrbuch ab (→Summa).

Beginnend in Spanien erlebte der Thomismus im 16. Jahrhundert eine Erneuerung. Am einflussreichsten war die Schule von Salamanca, die auf eine Verbindung des Thomismus mit dem Humanismus zielte. Der Thomismus der spanischen Barockscholastik hat auf die Entwicklung der praktischen Philosophie und des europäischen Völkerrechts (durch Vermittlung von Hugo Grotius) gewirkt. Besonders in der zweiten Hälfte des 19. Jahrhunderts gewann der Thomismus, auch durch die Förderung der Päpste, neuen Einfluss (→Neuscholastik). Der Terminus des →Neuthomismus wurde bald zu einem theologiepolitischen Kampfbegriff.

Tocqueville [tɔkˈvil], Alexis Clérel de [kleˈrɛl-], französischer Staatsdenker und Politiker, * Verneuil-sur-Seine (Dép. Yvelines) 29. 7. 1805, † Cannes 16. 4. 1859; wurde 1827 Richter am Gericht von Versailles und bereiste 1831/32 im Auftrag der französischen Regierung die USA, um dort den Strafvollzug zu studieren. Nach seinem Ausscheiden aus dem Dienst (1832) unterzog Tocqueville das amerikanische Regierungssystems einer scharfsinnigen Analyse. 1835–40 erschien sein vierbändiges Hauptwerk »De la démocratie en Amérique« (dt. »Die Demokratie in Amerika«). Die Beschreibung der demokratischen Gesellschaft in den USA diente Tocqueville dabei als Rahmen für allgemeine Gedanken über Demokratie, in der er die zukünftige Organisationsform zivilisierter Gemeinwesen erkannte.

Tocqueville wurde 1841 Mitglied der Académie française, 1848 stellte er sich als Mitglied der Nationalversammlung und von Juni bis Oktober 1849 als Außenminister in den Dienst der Zweiten Republik. Nach dem Staatsstreich 1851 zog er sich aus dem öffentlichen Leben zurück. 1856 erschien sein zweites großes Werk: »L'ancien régime et la révolution« (dt. »Der alte Staat und die Revolution«). Gegen Konformismus und Unfreiheit propagierte Tocqueville staatliche Dezentralisierung, Gewaltenteilung und Stärkung des Sinns für bürgerliche Eigenverantwortung mit der Zielsetzung eines innenpolitischen Gleichgewichts. Mit seinen Schriften beeinflusste er den Liberalismus des 20. Jahrhunderts.

Tod, Zustand eines Organismus nach dem irreversiblen Ausfall der Lebensfunktionen. Da der Mensch mit dem Bewusstsein seiner eigenen Sterblichkeit begabt ist, hat ihn die Frage nach dem Tod wie auch nach dem →Leben von jeher zu Erklärungen herausgefordert, die

Schon die Vorsokratiker suchten nach einem philosophischen Verhältnis zum **Tod,** ein Fragment des Demokrit gibt ein Beispiel:

»Indem die Menschen vor dem Tode fliehen, laufen sie hinter ihm her.«

über das Erläutern biologischer Fakten hinausgehen.

■ **Ausgangsfragen** Die philosophische Grundfrage nach dem Sinn menschlicher Existenz im Zusammenhang alles Seienden wird häufig zusammen mit der Frage nach dem Sinn des Todes gestellt. Diese wiederum stellt sich in verschiedenen Teilfragen: 1. Was ist der Tod? Beinhaltet er z. B. die Trennung von Leib und Seele oder stellt er das Ende persönlicher Identität dar? 2. Gibt es eine Hoffnung über den Tod hinaus? 3. Erkenntnistheoretisch wird nach dem Woher und dem Wie des Wissens vom Tod und nach der Verstehbarkeit des Todes gefragt. Von der Beantwortung der ersten beiden Fragen ist nicht zuletzt die Frage abhängig, welche Haltung der Mensch gegenüber dem Tod einnehmen soll.

■ **Geschichte** Die bis in die Gegenwart reichende Vorstellung von der Unsterblichkeit der Seele im Gegensatz zur Sterblichkeit des Leibes geht v. a. auf Platon zurück. In seinem Dialog »Phaidon« bestimmt er den Tod als Befreiung der Seele vom Körper als dem »Grab der Seele«. Ein anderes Todeskonzept entwickelte Epikur: Beim Tod fallen die Atome des Körpers und der Seele auseinander und jede Wahrnehmungsfähigkeit endet. Somit geht uns der Tod nichts an, »denn solange wir sind, ist der Tod nicht da; und wenn der Tod da ist, sind wir nicht mehr«.

Die Philosophie der Neuzeit zeichnet sich durch eine zunehmende Individualisierung des Todes aus. Nach Descartes ist Tod lediglich ein biologischer Vorgang, eine »Funktionsstörung« der Maschine Körper, die die individuelle unsterbliche Seele nicht betrifft. Kant betrachtete die Unsterblichkeit der individuellen Seele als ein Postulat der praktischen Vernunft. Da das menschliche Leben zu kurz sei, um die im allgemeinen Sittengesetz postulierte sittliche Vollkommenheit, das »höchste Gut«, zu erreichen, sei eine Fortexistenz der Persönlichkeit des Menschen quasi »moralisch« notwendig.

Ludwig Feuerbach führte den Topos vom »natürlichen Tod« ein. Der Alterstod ist »naturgemäß« und daher nicht zu fürchten. Die endgültige Realität des Todes ist vom Einzelnen hinzunehmen ohne jeden Trost auf eine persönliche Unsterblichkeit im Jenseits. Hoffnung bietet einzig die biologische Unsterblichkeit in den Nachkommen bzw. das Fortleben im Gedächtnis späterer Generationen. Im marxistischen Denken wird der Tod des Einzelnen gesellschaftlichen Zielen untergeordnet und als »Sieg der Gattung über das bestimmte Individuum« (Karl Marx) interpretiert.

Im Gegensatz zur epikureischen und zur materialistischen Auffassung führte in der →Existenzphilosophie die Ablehnung ontisch-jenseitiger Spekulation und die Annahme des Todes als eines absoluten Endes individuellen Lebens zu einem Selbstverständnis des Menschen aus seiner eigenen Endlichkeit. Die Bedeutung des Todes liegt im Leben jedes einzelnen Menschen, insofern seine →Existenz über die Welt auf ein Unbedingtes hinausweist. Dieses Unbedingte kann in »Grenzsituationen« wie dem Tod als Transzendenz erfahrbar werden (Karl Jaspers). Nach Martin Heidegger ist menschliche Existenz ein »Sein zum Tode« bzw. ein »Vorlaufen in den Tod«. Jedoch ist Tod nicht unbedingt ein Sinngeschehen, sondern kann auch als eine Vernichtung jeden Sinngeschehens und als absurde Tatsache (Jean-Paul Sartre, Albert Camus), mithin als Inbegriff der Absurdität menschlichen Daseins aufgefasst werden.

Toleranz.
Im Mittelalter verhinderte der christliche Absolutheitsanspruch die Entwicklung eines Toleranzkonzepts (Jan Hus auf dem Scheiterhaufen; dargestellt in der »Spiezer Chronik« von Diebold Schilling d. Ä., 1473).

Toleranz [zu latein. tolerare »ertragen«, »aushalten«, »erdulden«], die Bereitschaft, andere Anschauungen, Einstellungen, Sitten und Gewohnheiten gelten zu lassen bzw. anzuerkennen, im Gegensatz zur Intoleranz.

■ **Geschichte** Historisch zunächst auf die Religion bezogen, wurde der Toleranzbegriff seit dem Humanismus auch auf politische und staatsrechtliche Zusammenhänge angewendet. Ansätze zur Begründung der Toleranzidee finden sich im Humanismus u. a. bei Marsilio Ficino, Nikolaus von Kues und Erasmus von Rotterdam. Für die spätere Entwicklung war John Lockes Ausarbeitung des Toleranzgedankens (»A letter concerning toleration«, 1689) wegbereitend. In der Aufklärung wurde die Toleranzidee erstmals systematisch vertreten und verbreitet (z. B. Pierre Bayle, Gotthold Ephraim Lessing, Voltaire). Als eine der Vor- und Grundbedingungen freier, rationaler Auseinandersetzungen zwischen konkurrierenden Wahrheits- und Geltungsansprüchen von Erkenntnissen und Normen wurde Toleranz nun gefordert, um die freie öffentliche Entfaltung der selbstständigen Kritik zu ermöglichen.

Im 19. Jh. konzipierte John Stuart Mill eine liberale Fassung des Toleranzgedankens, die von nachhaltiger Wirkung auf das moderne Verständnis des Begriffs war. Hatte Locke noch einen Kernbestand religiöser und politischer Wahrheiten (Trennung von Staat und Kirche, Erhaltung des liberalen Staates u. a.) als Basis der allgemeinen Toleranzforderung angenommen, so forderte Mill Toleranz in einem noch umfassenderen Sinne. Er bezog sie auch in moralischen Fragen auf die größtmögliche Freiheit des Einzelnen und forderte den Schutz des Individuums vor Ein- bzw. Übergriffen des Staates oder der Gesellschaft, sofern anderen dadurch kein Schaden entstünde.

In den freiheitlich-pluralistischen Demokratien wird Toleranz inzwischen als eine fundamentale Voraussetzung für eine (repressions)freie, rational verfahrende demokratische Willensbildung angesehen, die der Minderheitsmeinung prinzipiell als notwendiger (oppositioneller) Alternative bedarf.

■ **Kritik** Die allgemeine positive Einschätzung der Toleranz wird z. B. von Kritikern des kapitalistischen Systems nur bedingt geteilt. Herbert Marcuse geht davon aus, dass die Industriegesellschaften das Verlangen des Menschen nach Selbstbestimmung zum Schweigen bringen, indem sie ihn zum Konsumismus verführen und ihn über die Nichtbefriedigung seiner wirklichen Bedürfnisse hinwegtäuschen. Angesichts solcher Ausschaltung kritischen und revolutionären Potenzials sei die Toleranz der demokratisch verfassten Gesellschaften Vortäuschung von Freiheit und Autonomie, tatsächlich aber »repressive Toleranz«.

Topik [griech. topike (téchnē), zu topikós »einen Ort betreffend«], die Lehre von den Topoi, den »Örtern« oder »Gemeinplätzen«. Aristoteles bezeichnete die Topik (in »Topica«) als eine »Methode«, »nach der wir über jedes aufgestellte Problem aus wahrscheinlichen Sätzen Schlüsse bilden können und (somit), wenn wir selbst in Rede stehen sollen, in keine Widersprüche geraten«. Die Topik, die in dialektischen Schlüssen auf Wahrscheinliches schließt, nimmt damit die Mitte ein zwischen der Lehre vom wissenschaftlichen Schluss und der Lehre vom Trugschluss, die jeweils Wahres bzw. Falsches ergeben.

Topitsch, Ernst, österreichischer Philosoph und Soziologe, *Wien 20. 3. 1919, †Graz 26. 1. 2003; wurde 1956 Professor in Wien, 1962 in Heidelberg und 1969 in Graz. Topitsch beschäftigte sich u. a. mit erkenntnistheoretischen Fragen und Problemen der soziologischen Methodenlehre und Wissenschaftstheorie und bezog in ideologiekritischer Absicht Stellung gegen wissenschaftliche Dogmen jeglicher Art, besonders gegen die Verfestigungen marxistischer, empiristischer, aber auch alteuropäischer Vorstellungen. Im Zentrum seiner Arbeit stand das Bemühen um eine nicht dogmatische, gleichwohl dem kritischen Rationalismus verpflichtete Sozialphilosophie. Als eines seiner bedeutendsten Werke gilt »Vom Ursprung und Ende der Metaphysik. Eine Studie zur Weltanschauungskritik« (1958).

Toulmin ['təʊlmɪn], Stephen, britischer Wissenschaftstheoretiker und Philosoph, *London 25. 3. 1922; war 1955–59 Professor in Leeds und lehrte seitdem in den USA, u. a. in Chicago (Ill.). Schon früh verwies Toulmin auf die Grenzen der analytischen Philosophie. In »The uses of argument« (1958; dt. »Der Gebrauch von Argumenten«) entwickelte er die für eine Argumentationstheorie logischen Grundlagen. Diese wandte er später auch auf moralische Diskurse an. Bekannt wurde Toulmin ferner für sein Bemühen, wissenschaftliche Abläufe mittels Erkenntnissen der biologischen Evolutionstheorie zu deuten.

Tragik [zu latein. tragicus, von griech. tragikós, eigtl. »bocksartig«], philosophisch-ästhetischer Grundbegriff, der ein schicksalhaftes, Konflikte, Untergang oder Verderben bringendes, v. a. aber unverdientes Leid bezeichnet. Die Tragik ist Gattungsmerkmal der Tragödie. Über diese entwickelte Aristoteles in seiner »Poetik« eine erste umfassende Theorie.

Transitivität [zu latein. »(auf ein Objekt) übergehend«], in der *Logik* die Eigenschaft einer zweistelligen Relation R auf einer Menge M, die **transitiv** ist; d. h., für alle a, b, c aus M folgt aus $a R b$ und $b R c$ stets $a R c$. Die Gleichheitsrelation auf einer beliebigen Menge und die Ordnungsrelation »kleiner als« auf der Menge der reellen Zahlen sind transitiv. Hingegen ist auf einer Menge von Menschen die Relation »Vater von« **intransitiv** (nicht transitiv) und die Relation »Freund von« weder transitiv noch intransitiv.

transzendent [zu latein. transcendere »hinübergehen«], die Grenze der Erfahrung überschreitend, übersinnlich, übernatürlich. Der Gedanke des Transzendenten geht zurück auf Platons Entgegensetzung der unsinnlichen, sich gleichbleibenden Ideen und der sich wandelnden Erscheinungswelt sowie auf seine Lehre von der über alles hinausreichenden Idee des Guten. Sie wurde in der Fassung des Neuplatonismus zur Grundlage der philosophischen und theologischen Lehre von der Jenseitigkeit (→Transzendenz) Gottes.

Es lassen sich folgende Bedeutungen von transzendent unterscheiden: 1. einen Erfahrungs-, Gegenstands- oder Seinsbereich überschreitend (im höchsten Sinn: das Absolute), 2. in erkenntnistheoretischer Einschränkung die Grenzen des Bewusstseins hinter sich lassend, so bei Kant, für den die »Dinge an sich« transzendent und daher unerkennbar sind, 3. Welt und Wirklichkeit im Sinne des Überweltlichen und Übernatürlichen, Übersinnlichen übersteigend, 4. in der Scholastik: jenseits aller speziellen Kategorien und Gattungsbegriffe liegend (→Transzendentalien) und bei jedem möglichen Gegenstand als notwendig vorausgesetzt, 5. was im Hinausgehen über die Grenzen der jeweils vermittelten objektiven Weltgegebenheiten zur »Erhellung« gelangt (Karl Jaspers) oder im Überstieg über das Seiende im Ganzen als »Hineingehaltensein in das Nichts« existenziell ein Seinsverstehen ermöglicht (Martin Heidegger).

transzendental [mittellatein. »übersinnlich«], in der Scholastik gleichbedeutend mit transzendent, im engeren Sinn das auf die (vor aller kategorialen Ordnung stehenden) Grundbestimmungen (→Transzendentalien) des Seienden Bezogene. Kant benennt mit transzendental dasjenige, was im Bewusstsein als apriorische Bedingung der Möglichkeit von Gegenständen, Erfahrung und Erkenntnis zugrunde liegt, den Bereich möglicher Erfahrung jedoch nicht überschreitet. Die Frage nach den apriorischen Bedingungen der Möglichkeit von Erfahrung und Erkenntnis wird im Rückgang auf Kant ebenfalls als transzendental charakterisiert (→Transzendentalphilosophie). In der Phänomenologie Edmund Husserls kennzeichnet der Begriff die Untersuchungsart der im Bewusstsein gegebenen Konstitution möglicher Gegenstände, unabhängig von ihrer besonderen Seinsweise und ihrer Zugehörigkeit zu einer besonderen Ontologie.

Transzendentali|en, Transzendenti|en, in der *Scholastik* im Unterschied zu den →Universalien die allgemeinsten, jenseits sämtlicher kategorialer Bestimmungen liegenden metaphysischen »Wesenheiten«. Nach Thomas von Aquino sind die Transzendentalien der Begriff des Seienden (Ens) und die ihm zukommenden Bestimmungen der Einheit (Unum), Wahrheit (Verum) und Gutheit (Bonum), später ergänzt durch die Schönheit (Pulchrum).

Transzendentalphilosophie, eine Form philosophischen Fragens, das die jeder Erfahrung und Einzelerkenntnis zugrunde liegenden und diese erst ermöglichenden Bewusstseinsleistungen a priori untersucht.

Kant entfaltete seine Transzendentalphilosophie in der »Kritik der reinen Vernunft« (1781) im Sinne eines Systems aller Verstandesbegriffe und transzendentalen Grundsätze (→transzendental) a priori, insofern sie auf Gegenstände der sinnlichen Wahrnehmung und damit der Erfahrung gerichtet sind. Erkenntnis und Erfahrung kommen durch die synthetisierenden Leistungen des Bewusstseins am sinnlichen Material zustande (→Synthese). Die kopernikanische Wende der kantischen Philosophie, die auch »transzendentale Wende« genannt wird, bestand darin, an erster Stelle nicht wie üblich die Objekte vollzogener Bewusstseinsleistungen zu thematisieren, sondern jene in Abhängigkeit von der konstitutiven Subjektivität zu verstehen.

Im deutschen Idealismus gewann der Begriff Transzendentalphilosophie eine spekulativ-metaphysische Bedeutung. Ausgegangen wurde von einem autonomen, sich selbst bestimmenden transzendentalen Subjekt, durch dessen Tätigkeit auch die mannigfaltigen Objekte der Erfahrung konstituiert werden.

Eine weitere Wendung nahm die Transzendentalphilosophie wiederum in der transzendentalen →Phänomenologie Edmund Husserls. In dieser werden die Bedingungen für

Tugend Die mittelalterliche Tugendlehre

Die christliche Theologie des Mittelalters versuchte ein geschlossenes System von Einzeltugenden zu erarbeiten. Hierzu ergänzte man das aus der Antike überlieferte und bereits christlich modifizierte Tugendsystem. Dieses setzte sich aus den Haupttugenden – meistens den vier Kardinaltugenden Weisheit, Tapferkeit, Besonnenheit und Gerechtigkeit – und den mitmenschlichen Tugenden wie z. B. Nächstenliebe, Geduld, Treue und Wahrhaftigkeit zusammen. Durch die Einbeziehung der drei »theologischen Tugenden« Glaube, Hoffnung und Liebe nach dem 1. Korintherbrief des Apostels Paulus wird zusätzlich die Beziehung des Gläubigen zu Gott in den Tugendkatalog aufgenommen. Sie gelten als Gnadengabe Gottes. Die Miniatur aus einer flämischen Handschrift der »Nikomachischen Ethik« des Aristoteles zeigt die Tugend der Klugheit umgeben von Personifikationen der Vorsorge, Umsicht, Vorsicht und Fügsamkeit

(Darstellung der heiligen Radegundis bei der Armenspeisung als Inbegriff christlicher Nächstenliebe, Buchmalerei 10. oder 11. Jh.).

mögliche Phänomene aller Art so untersucht, dass die Korrelation zwischen konstitutiver Leistung und konstituiertem Sinn als Phänomene eines nicht psychologischen, sondern transzendentalen Subjektes aufgefasst werden. Ziel dieses Vorgehens ist die reine Wesenserkenntnis.

Bei Karl-Otto Apel schließlich tritt an die Stelle der kantischen Frage nach den Bedingungen der Möglichkeit der Erfahrung die Frage nach den Bedingungen der Möglichkeit von intersubjektiven Geltungsansprüchen, wie sie in jedem sprachlichen Argumentieren vorausgesetzt werden müssen. Als Instanz der Erkenntnis gilt nicht das transzendentale Subjekt, sondern die transzendentale (oder: ideale) Kommunikationsgemeinschaft aller vernünftigen Wesen. Erkenntnis wird hier also in einer transzendentalen →Intersubjektivität verankert.

Transzendentien, →Transzendentalien.

Transzendenz [spätlatein. transcendentia »das Überschreiten«], das jenseits des Bereichs der (sinnlichen) Erfahrung und ihrer Gegenstände Liegende im Gegensatz zur Immanenz (→immanent). In der üblichen Begriffsverwendung bezeichnet Transzendenz einen logisch-ontologischen Bereich, der seine Geltung nicht aus der sinnlichen Erfahrungswelt bezieht und insofern ihr gegenüber →transzendent ist.

Trugschluss, in der *Logik* ein zur Täuschung oder Überlistung des Gesprächspartners angewendeter →Fehlschluss, dessen (logischer) Fehler meist in der verdeckten Verwendung von zwei verschiedenen Mittelbegriffen (→Syllogismus) in den Prämissen liegt.

Tugend, Bezeichnung für die Lebenshaltung, die das sittlich Gute erstrebt und die der Mensch in Freiheit durch permanente Übung erwirbt. Ursprünglich bedeutete Tugend Tauglichkeit oder Tüchtigkeit einer Sache (→Arete).

Während noch die Sophisten Tugend als Technik des bestmöglichen Sichbehauptens in einer feindlichen Umwelt bestimmten, begann mit Sokrates ein Prozess der Vergeistigung des Begriffs: Tugend wurde im Zusammenhang des sozialen und sittlichen Handelns als Gesinnung des inneren Menschen, die auf Verwirklichung moralischer Werte ausgerichtet ist, definiert. Platon konzentrierte den Katalog verschiedener Einzeltugenden auf die vier Grund- oder Haupttugenden (Kardinaltugenden) Weisheit, Tapferkeit, Besonnenheit und Gerechtigkeit. Aristoteles hob die dianoetische (Verstandes-)Tugend von den ethischen Tugenden ab, die im Finden und Einhalten der jeweils richtigen Mitte zwischen Extremen bestehen. Die Stoiker bestimmten die Tugend als vernunft- und naturgemäßes (asketisches) Leben, die Epikureer als die Suche nach wahrer und dauerhafter (d. h. nicht zügelloser) Lust.

Eine systematische Tugendlehre wurde im Anschluss an Platon und Aristoteles von der christlich-mittelalterlichen Philosophie entwickelt. Sie ergänzte das überlieferte Tugendsystem der Kardinaltugenden und der mitmenschlichen Tugenden wie Nächstenliebe, Hingabe, Wahrhaftigkeit, Treue u. a. durch die drei »göttlichen« oder »theologischen« Tugenden Glaube, Hoffnung und Liebe (1. Korintherbrief 13, 13). Heute spricht man eher vom Wert einer sittlichen Handlung als von der Tugend des Handelnden. – Infokasten S. 349

Tugendethik, Form der →Ethik.

Tugendhat, Ernst, deutscher Philosoph, * Brünn 8. 3. 1930; war Professor in Heidelberg und Mitarbeiter am Max-Planck-Institut in Starnberg. 1980–92 wirkte er als Professor an der Freien Universität Berlin, seither in Santiago de Chile. In »Der Wahrheitsbegriff bei Husserl und Heidegger« (1966) entwarf Tugendhat das Programm einer sprachanalytischen »ersten Philosophie«. Dabei ging er davon aus, dass alle philosophischen Fragestellungen ihrem Wesen nach sprachlich und auf einer sprachanalytischen Grundlage zu behandeln seien. Tugendhat beschäftigt sich in neuerer Zeit v. a. mit Fragen der praktischen Philosophie, so in seiner 1984 erschienenen Schrift »Probleme der Ethik«.

100562
Ernst Tugendhat

Übel, das Gegenteil des →Guten, d.h. das, was schädlich, Leid bringend oder verderblich ist. Als Übel wird auch bezeichnet, was in sich wertwidrig und unerwünscht erscheint. Der seit Augustinus geläufigen Unterscheidung zwischen physischem und moralischem Übel (dem →Bösen) fügte Leibniz das metaphysische Übel hinzu, das in der Endlichkeit aller geschaffenen Gegenstände besteht und zur Erklärung des physischen und moralischen Übels wie zur Rechtfertigung des gütigen Schöpfergottes (→Theodizee) dienen soll.

unbewegter Beweger, erster Beweger, Begriff der aristotelischen Physik und Metaphysik, der die Ursache aller Bewegung in der Welt bezeichnet. Aristoteles geht davon aus, dass jede Bewegung von etwas ausgelöst wird, es also immer etwas gibt, das bewegt, und etwas, das bewegt wird. Das, was bewegt, wird entweder wieder von etwas anderem bewegt oder von sich selbst. Da alles, was bewegt ist und bewegt, ein Mittleres ist, kann der erste Beweger kein Selbstbeweger sein. Um einen unendlichen Regress zu vermeiden, schließt Aristoteles, dass der Anfang unbewegt bewegend sein muss.

un|endlich, das, was ohne Grenze ist und daher nicht bestimmt werden kann. Auch das unvorstellbar Große und Göttliche wird als unendlich bezeichnet.

■ **Antike** Bei den griechischen Naturphilosophen, die im Kern eine Lehre der »vollendeten Endlichkeit« vertraten, bestimmte das Unendliche (→Apeiron) Spekulationen über Entstehung und Aufbau der Welt. Das Unbegrenzte, Unendliche galt als unvollkommen und auch Angst erzeugend. Sinn und Ziel der Entwicklung alles Wirklichen wurde in Wohlbestimmtheit (z.B. in rationalen Zahlenverhältnissen wie bei den Pythagoreern) und Wohlgeformtheit und damit in der Begrenzung gesehen. Als Vorbild galt der wohl geordnete Kosmos.

Aristoteles unternahm eine erste, bis heute richtungweisende Klärung des Begriffs der Unendlichkeit. Er differenzierte zwischen einer Gesamtheit unendlich vieler und dennoch gleichzeitig existierender Teile (z.B. »alle« natürlichen Zahlen »auf einmal«) als dem »aktual« Unendlichen, das für den Menschen nicht fasslich sei, und einer für Menschen fassbaren Weise des Unendlichen als der Möglichkeit, jede vorgegebene Schranke zu überschreiten (z.B. jede vorgegebene natürliche Zahl durch die Nennung ihres Nachfolgers zu überbieten), dem »potenziell« Unendlichen.

■ **Mittelalter** Die christliche Theologie und Philosophie des Mittelalters knüpften an Gedanken Philons von Alexandria an, der das Unendliche mit dem göttlichen Einen identifizierte: Die Welt bzw. der Kosmos galten als endlich, Unendlichkeit wurde allein dem Göttlichen zugesprochen. Die grenzenlose Fülle göttlichen Seins und seine durch keine endliche Kategorie erfassbare Vollkommenheit steht über allen Seinsstufen des geschaffenen Seins. Alles Endliche (→Endlichkeit) weist aufgrund seiner Unvollkommenheit auf das Unendliche hin und hat dieses zu seiner Voraussetzung.

Im 15. Jh. unterschied Nikolaus von Kues das (positive) aktual Unendliche als wesentliches Merkmal Gottes von dem, was endlich, wenngleich seiner Potenz nach unendlich ist. Für ihn kommt der Welt potenzielle Unendlichkeit des Raumes und der Zeit im Sinne der unendlichen Teil- und Vermehrbarkeit zu (Coincidentia oppositorum).

■ **Neuzeit** Dieser Gedanke des Nikolaus von Kues findet sich auch bei Giordano Bruno. Hegel unterschied später die »schlechte« Unendlichkeit von der wahrhaften, der alles umgreifenden »eigentlichen Qualität des Geistes«, d.h. der Unendlichkeit des absoluten Geistes.

Im 19. und 20. Jh. führten v.a. die Arbeiten von Bernhard Bolzano, Gottlob Frege und Bertrand Russell – zumindest für den Bereich der Logik und Mathematik – zu einer ersten exakten Definition des Unendlichkeitsbegriffs: Eine Menge M heißt unendlich, wenn sie zu einem echten Teil ihrer selbst in eineindeutige Beziehung gebracht werden kann. Die Menge der natürlichen Zahlen ist z.B. unendlich, weil sie sich »eineindeutig« auf die geraden natürlichen Zahlen abbilden lässt (und umgekehrt).

In anthropologischer Hinsicht wird das Bewusstwerden der Endlichkeit menschlicher Existenz zu den bedeutsamen Grunderfahrungen des Menschen gerechnet. Ihre Interpretation reicht von positiver Akzeptanz wie z.B. in der Existenzphilosophie bis hin zu einer negativen Charakterisierung, z.B. bei Ludwig Feuerbach und Karl Marx. Phänomene der Endlichkeit werden in dieser negativen Deutung als Folge und Ausdruck mangelnder Aufklärung und/oder gesellschaftlicher Unterdrückung und Ausbeutung angesehen, die es durch Veränderung zu überwinden gilt.

Universa̲li|en [zu spätlatein. universalis »zur Gesamtheit gehörend«, »allgemein«], **Allgemeinbegriffe, allgemeine Ideen,** in der *Scholastik* Bezeichnung für die Prädikabilien, d.h. die fünf aristotelischen logischen Allgemeinbegriffe: Gattung (lateinisch Genus), Art (Species), unterscheidendes Merkmal (Differentia specifica), unwesentliches Merkmal (Accidens) und Eigenart (Proprium).

Universa̲li|enstreit, im Mittelalter eine philosophische, besonders vom 12. bis ins 15. Jh. geführte Auseinandersetzung um die Realität oder Unwirklichkeit des Allgemeinen (→Universalien) in seinem Verhältnis zu den konkreten Einzeldingen.

■ **Gegenstand** Historischer Ausgangspunkt des Universalienstreits war die Kritik und Umdeutung der Lehre Platons, in der die Ideen als das eigentlich Wirkliche angesehen werden, durch Aristoteles. Dieser hielt die Ideen für eine unnötige Verdoppelung der Dinge und die be-

Universalienstreit. Wilhelm von Champeaux, ein Vertreter des Universalienrealismus, vertrat die Ansicht, dass allen Menschen ein Wesen gemeinsam sei. Dieses sei unteilbar in jedem Menschen vorhanden, und auf dieses real zugrunde liegende Wesen beziehe sich das Wort »Mensch« (Buchmalerei, 12. Jh.).

hauptete →Transzendenz für eine nicht begründbare Hypothese.

Gegenstand des mittelalterlichen Streites bzw. der Auseinandersetzung zwischen der »alten Logik« (Via antiqua) und dem »modernen Weg« (Via moderna) war die Frage, inwiefern der Begriff »Gott«, der als Konjunktion der Begriffe »gut«, »allmächtig«, »allwissend« u.a. verstanden wurde, als Einer zu denken sei, wenn sein Wesen doch in irgendeiner Weise durch obige Begriffe zusammengesetzt ist. Durch die Konjunktion mehrerer Prädikate ist zwar eine Wesensdefinition des Begriffs »Gott« gegeben, Gott selbst jedoch kann unmöglich das logische Produkt von mehreren Eigenschaften sein.

■ **Lösungsansätze** 1. Der →Nominalismus verstand die Universalien als bloße Worte (»Flatus Vocis«, dt. »Hauch der Stimme«), die lediglich als Namen für Dinge stehen und darüber hinaus nichts Wirkliches bezeichnen. In einer gemäßigten Variante des Nominalismus, dem →Konzeptualismus, wurden Universalien als allgemeine Begriffe aufgefasst, die durch Abstraktion aus den Sinneswahrnehmungen gebildet werden, denen über ihr Gedachtsein hinaus jedoch keine Realität zukommt (»Universale post rem«). 2. Der →Platonismus betrachtete die Universalien als eine vom Denken unabhängig existierende und dem Einzelding vorausgehende Realität, d.h. eine die Wirklichkeit normierende Idee, die von manchen als Gedanke Gottes aufgefasst wurde (»Universale ante rem«). 3. Der →Realismus schließlich sah in den Universalien eine reale Bestimmung, die »Washeit« oder Formalität des Einzeldinges, in der es mit anderen Dingen übereinstimmt (»Universale in re«), im Unterschied zu seiner Individualität.

Albertus Magnus nahm im Universalienstreit eine vermittelnde Position ein. Er fasste die Universalien als sowohl »ante rem« (als Gedanke Gottes vor den Einzeldingen) als auch als Gattungswesen in den Einzeldingen (»in re«) und durch die Abstraktion existierend (»post rem«, den Einzeldingen nachgeordnet) auf.

Universalisierung, die universale, jeden konkreten Fall einbeziehende Anwendung und Anwendbarkeit eines bestimmten Satzes oder einer Norm. Ein **Universalisierungsprinzip,** mit dessen Hilfe sittliche von unsittlichen Normen unterschieden werden können, ist Kants →kategorischer Imperativ.

Universalismus, die Erklärung der Mannigfaltigkeit des als Ganzheit verstandenen Wirklichen aus allgemeinsten (universalen) Prinzipien, im Gegensatz zum →Individualismus. Einen Universalismus vertraten u.a. die Scholastik (→Universalienstreit), der absolute Idealismus (Hegel) und in neuerer Zeit die metaphysische Kosmologie des angelsächsischen Neurealismus (Alfred North Whitehead).

Untersatz, die zweite Prämisse eines →Syllogismus.

Ursache, allgemein ein Ding, Zustand oder Geschehen, das notwendig als der Grund von anderem anerkannt werden muss. Die Verknüpfung von Gegebenheiten nach Ursache und Wirkung, also nach dem Prinzip der →Kausalität, und das logische Grund-Folge-Verhältnis gehören zu den wichtigsten Grundsätzen der menschlichen Erkenntnis und sind Grundlagen jeder Wissenschaft. Die Ursachenlehre des Aristoteles (→Causa) prägte auf lange Zeit die abendländische Philosophie.

Ursprung, lateinisch **Origo,** im weiteren Sinne das Entspringen bzw. Entstehen von etwas, im engeren Sinne genetisch-zeitlich die Abstammung und Entwicklung, metaphysisch der Seinsgrund (erste Ursache, →Arche, →Prinzip) und erkenntnistheoretisch der logische Geltungsgrund (Beweisgrund, Grundsatz, Axiom).

Urteil, in der *Logik* die bejahende oder verneinende Zuordnung eines Subjekts zu einer allgemeinen Bestimmung (→Prädikat) nach logischen Gesetzen. Das Urteil umfasst als konstitutive Elemente die sprachliche Form bzw. logische Struktur in der Verbindung von Subjekt und Prädikat durch die Kopula »ist«, die Äußerung (Urteilsakt), den geäußerten Inhalt (Urteilssinn) und die darin enthaltene Stellungnahme, die auf die Entsprechung von Urteilssinn und Sachverhalt in der Wirklichkeit zielt.

In der traditionellen Logik werden Urteile eingeteilt nach der Qualität ihrer Aussage in affirmative (bejahende) und negative (verneinende) Urteile, nach ihrem Geltungsumfang (Quantität) in universale (allgemeine), partikuläre (besondere), singuläre (einzelne) und indefinite (unendliche) Urteile, nach der Verbindung (Relation) zwischen Subjekt und Prädikat in kategorische (unbedingte), hypothetische (bedingte) und disjunktive Urteile (Entweder-oder-Urteil), nach ihrem Gewissheitsgrad (Modalität) in problematische (mögliche), apodiktische (notwendige) und assertorische (tatsächliche) Urteile und nach ihrem Aufbau in einfache und zusammengesetzte Urteile.

Entsprechend ihrer Leistung wird ferner zwischen synthetischen (Erweiterungsurteile) und analytischen Urteilen (Erläuterungsurteile)

Utilitarismus »Prinzipien der Gesetzgebung«

»Die Natur«, beginnen Jeremy Benthams »Prinzipien der Gesetzgebung« (1789), »hat die Menschen unter die Herrschaft zweier souveräner Gebieter – Leid und Freude – gestellt.« Das »Prinzip der Nützlichkeit«, das diesem Umstand Rechnung trägt, ist der einzig vernünftige Maßstab zur Bewertung von Handlungen. Es besagt, dass eine Handlung dann zu billigen ist, wenn sie tendenziell zur Vermehrung des Glücks beiträgt. Glück wird dabei als die Gesamtheit empfundener Freude verstanden, die keine qualitativen, sondern allein quantitative Abstufungen zulässt und dadurch messbar wird. So scheint ein Kalkül möglich, der es erlaubt, den Wert des durch eine Handlung bewirkten Glücks zu errechnen. Ziel von Gesetzgebung, Rechtsprechung und Moral ist das unter dem Strich größte Glück der größten Anzahl von Menschen.

unterschieden, bei Kant auch zwischen Urteilen a priori (vor aller Erfahrung) und a posteriori (aufgrund von Erfahrung). Die moderne formalisierte Logik behandelt das Urteil als Aussage in der Aussagen-, Prädikaten- und Klassenlogik.

Utilitarismus [nach engl. utilitarianism, zu latein. utilitas »Nützlichkeit«], in *Ethik* und *Sozialphilosophie* die Theorie, nach der eine Handlung danach beurteilt und bewertet wird, in welchem Maße sie zur Förderung und Mehrung des Glücks der meisten Menschen beiträgt. Der Utilitarismus stellt eine Form der teleologischen →Ethik dar: Seinem Nützlichkeitsprinzip gemäß wird eine Handlung nicht an dem inneren Motiv oder der Gesinnung, sondern allein an ihren äußeren Folgen gemessen. Utilitaristische Momente finden sich in der Handlungstheorie des Epikureismus, bei Bernard de Mandeville, den schottischen Moralphilosophen (z. B. David Hume, Adam Smith, Adam Ferguson) und in der französischen Aufklärung. Der englische Philosoph und anglikanische Bischof Richard Cumberland (* 1631, † 1718) formulierte erstmals als obersten Handlungsgrundsatz die Maxime »greatest happiness of all« (»größtes Glück aller«). Zur methodischen Grundlegung des Utilitarismus trugen Francis Bacon und Thomas Hobbes bei.

Als geschlossenes ethisches System wurde der Utilitarismus von Jeremy Bentham entwickelt und von James Mill und John Stuart Mill weiter ausgebaut. Es zielt auf ein Glückskalkül, bei dem der Maximierungseffekt des gesellschaftlichen Glücks, das aus bestimmten Handlungen oder Institutionen folgt, rational kalkulierbar und empirisch verifizierbar werden sollte. Bekannt wurde die Formel vom »größtmöglichen Glück für die größtmögliche Zahl«, an das man sich in Entscheidungssituationen halten soll.

Dem **Sozialutilitarismus** Benthams stellte John Stuart Mill einen **Individualutilitarismus** gegenüber, der diejenigen Handlungen gebietet, die dem eigenen Wohlergehen am meisten nützen. Der Utilitarismus wurde zuletzt zum Basistheorem der klassischen Nationalökonomie und diente v. a. im 19. Jh. in Großbritannien der Begründung einer wohlfahrtsstaatlichen Sozialpolitik.

Utopie [zu griech. ou »nicht« und tópos »Ort«, also eigtl. »(das) Nirgendwo«], ein dem 1516 erschienenen Roman »Utopia« von Thomas More nachgebildeter Begriff zur Erfassung 1. einer die Realitätsbezüge ihrer Entwürfe bewusst oder unbewusst vernachlässigenden Denkweise sowie 2. einer literarischen Denkform, in der – meist in Gestalt fiktiver Reiseberichte – Aufbau und Funktionieren idealer Gesellschaften und Staatsverfassungen in einem räumlich und/oder zeitlich entrückten Ort konstruiert werden. Allgemein gefasst als Beschreibung eines Zustands des Friedens, Wohlstands und Glücks, reichen Utopien bis in die Mythologie zurück (z. B. Mythos vom goldenen Zeitalter). Die eigentliche Geburtsstunde der Utopie liegt hingegen in der Renaissance. Neben Thomas More verfassten auch Tommaso Campanella und Francis Bacon Staatsromane, die Aufbau und Funktionieren ideal verfasster Gemeinwesen darstellen.

■ **18./19. Jahrhundert** Seit der Aufklärung wird die Utopie eines von allgemeinem Wohlstand und Glück bestimmten Gemeinwesens zunehmend als real erreichbares Ziel in die Zukunft projiziert. Neben die Raumutopie trat damit die Zeitutopie. Das Verlegen des utopischen Ziels in die Zukunft geht mit der Erwartung einher, dass die Realität es einholen wird. Utopisches Denken findet sich im 19. Jh. in den normativen und revolutionären Schriften der Vertreter des Anarchismus sowie bei Auguste Comte und Karl Marx, die ihre Prognosen aus historischen Gesetzmäßigkeiten abzuleiten beanspruchten und den wissenschaftlichen Charakter ihrer Utopien betonten.

■ **20. Jahrhundert und Gegenwart** Im 20. Jh. trat die Utopie v. a. als negative oder Gegenutopie auf, die den Verlust der Freiheit durch Perfektion von Technik und Wissenschaft mit den Mitteln der klassischen Utopie beschreibt, sowie als Sozialutopie. So sah Ernst Bloch in der Utopie eine im Kern nach vorn gerichtete Intention, ein antizipatorisches Bewusstsein. Dieses verschaffe sich in Träumen, Wünschen und Sehnsüchten in gesellschaftlichen Wendezeiten wie der Französischen Revolution, dem deutschen Sturm und Drang oder den Studentenunruhen von 1968 in künstlerischer und wissenschaftlicher Produktivität Ausdruck und dränge auf die Gestaltung der besseren Möglichkeiten einer keineswegs vollständig determinierten Zukunft.

Ließen Bloch und auch Karl Mannheim (»Ideologie und Utopie«, 1929) das Urmuster des Utopischen mit den sozialrevolutionären Bestrebungen der Wiedertäufer und der Bauernkriege beginnen, so führte Karl R. Popper den totalitären Utopiebegriff auf Platons »Politeia« zurück. In seiner Kritik hebt Popper darauf ab, dass innerhalb eines solchen geschlossenen Systementwurfs eine utopische Sozialtechnik als »Methode des Planens« des vollkommenen Staates irreversible Fakten schaffe. Deren notwendiges Korrelat sei der totalitäre Terror, da die Verwirklichung des Endziels mit dem Pluralismus konkurrierender Interessen unvereinbar sei.

Im jüngeren Utopiediskurs ist die Tendenz erkennbar, zum Geltungsanspruch der älteren Raumutopie zurückzukehren. Sie hat den Status eines regulativen Prinzips, das immer nur annäherungsweise verwirklicht werden kann und nicht mehr auf eine revolutionäre Totalrevision der soziopolitischen Wirklichkeit abzielt, jedoch als ein die gegenwärtige Wirklichkeit übersteigender Zukunftsentwurf notwendig ist.

Im »Prinzip Hoffnung« entwarf Ernst Bloch eine Philosophie der **Utopie:**

»Die Wurzel der Geschichte aber ist der ... die Gegebenheiten umbildende ... Mensch. Hat er sich erfasst und das Sein ... in realer Demokratie begründet, so entsteht in der Welt etwas, das allen in die Kindheit scheint und worin noch niemand war: Heimat.«

V

Vaisheshika [vaiʃɛˈʃika; Sanskrit »sich auf die Unterschiede beziehend«, zu vishesha »Unterschied«], eines der sechs orthodoxen Systeme (Darshana) der *indischen Philosophie.* Es ist im Vaisheshikasutra dargestellt, das wahrscheinlich von Kanada zwischen dem 2. Jh. v. Chr. und dem 2. Jh. n. Chr. verfasst wurde. Das Vaisheshika ist eine naturphilosophische Ergänzung zum (traditionellen) System der indischen Logik (→Nyaya). Es teilt die Natur in sechs Kategorien im Sinne realer Wesenheiten ein: Materie (Dravya), Qualität (Guna), Tätigkeit (Karman), Gemeinsamkeit (Samanya), Unterschied (Vishesha) und Inhärenz (Samavaya). Das Vaisheshika enthält außerdem eine Atom- und Monadenlehre. Seit dem 9. Jh. sind Nyaya und Vaisheshika zu einem System verschmolzen.

Valla [v-], Lorenzo, latinisiert Laurentius Vallensis, italienischer Humanist, * Rom 1407, † ebenda 1. 8. 1457; war seit 1448 Sekretär am päpstlichen Hof und seit 1450 zugleich Professor der Rhetorik an der Universität Rom. Seine textkritischen Studien zum lateinischen Neuen Testament wurden schon von Erasmus von Rotterdam beachtet und ediert. Zum Wegbereiter der modernen philologisch-historischen Quellenkritik wurde er mit seiner Schrift »De falso credita et ementita Constantini donatione declamatio« (1440) über die Unechtheit der Konstantinischen Schenkung, einer Urkunde, nach der Konstantin der Große Papst Silvester I. und seinen Nachfolgern die Herrschaft über Rom und das Weströmische Reich zugestanden haben soll. Philosophisch vertrat Valla v. a. in »De voluptate ac vero bono« (entstanden 1431; dt. »Über die Lust und über das wahre Gut«) und in »De libero arbitrio« (entstanden um 1433; dt. »Über den freien Willen«) den Epikureismus und wandte sich gegen das Ordensleben und das philosophische Denken der Scholastik.

Variable [v-; zu latein. variare »verändern«], in der *Logik* ein Zeichen bzw. eine Bezeichnung für die Elemente einer auch als Variabilitätsbereich bezeichneten Menge. Da eine Variable stellvertretend für die Elemente ihres Variabilitätsbereichs steht, wird sie auch als **Unbestimmte, Veränderliche** oder **Platzhalter** bezeichnet. Beispielsweise wird eine Abbildung f von den rationalen Zahlen $\mathbb{Q}$ in die reellen Zahlen $\mathbb{R}$ mithilfe einer Variable x für die Elemente von $\mathbb{Q}$ durch eine Abbildungsvorschrift $f{:}\mathbb{Q} \to \mathbb{R}$, $x \to + x$ definiert. Man unterscheidet zudem gebundene und freie Variable. So ist z. B. in $n2 + 1 \geq 1$ die Variable n eine freie Variable für natürliche Zahlen. Eine Variable, die für Individualbegriffe steht, wird als **Individuenvariable** bezeichnet. Steht sie für Prädikate, so heißt sie **Prädikatsvariable.**

Vattimo [v-], Gianni, italienischer Philosoph, * Turin 4. 1. 1936; wirkte 1964–82 als Professor für Ästhetik in Turin und hat dort seit 1982 einen Lehrstuhl für theoretische Philosophie inne. Vattimo gehört zu den führenden Denkern der Postmoderne. In Auseinandersetzung u. a. mit Nietzsche, Martin Heidegger und Hans-Georg Gadamer sieht er die abendländische Ontologie – eine Metaphysik mit Werten wie Ewigkeit, Autorität und Herrschaft – als eine untergehende an. An ihre Stelle trete eine »schwache«, auf Geschichte in ihren sprachlichen Überlieferungen (»hermeneutische Vernunft«) und Sterblichkeit basierende Ontologie und ein »schwaches Denken« (»pensiero debole«), das sich am Ereignischarakter der Erscheinungen orientiere. Zu seinen wichtigsten

Valla Der Humanist als Detektiv

Als »Konstantinische Schenkung« wird eine zwischen 750 und 850 n. Chr. erstellte Urkunde bezeichnet, nach der Kaiser Konstantin I., der Große, im 4. Jahrhundert Papst Silvester I. und seinen Nachfolgern die Herrschaft über Rom und Italien sowie das westliche Reich übertragen haben soll – zum Dank für die Spendung der Taufe und die Heilung vom Aussatz. Bis ins späte Mittelalter rechtfertigten mit dieser Urkunde viele Päpste ihren Machtanspruch. Nachdem allerdings Nikolaus von Kues 1433 die ungesicherte Quellenlage der Schrift zu bedenken gegeben hatte, konnte Lorenzo Valla 1440 anhand stilistischer Ungereimtheiten und argumentativer Widersprüche nachweisen, dass sie nicht von Konstantin selbst stammen konnte. Die »Konstantinische Schenkung« gehört zu den berühmtesten Fälschungen der Geschichte.

Werken zählt »La fine della modernità« (1985; dt. »Das Ende der Moderne«).

Vedạnta [v-; Sanskrit »Ende des Veda«], **Wedạnta,** eines der sechs klassischen Systeme der *indischen Philosophie*. Vedanta ist der ursprüngliche Name für die am Ende der altindischen Textsammlung des Veda stehenden »Upanishaden«, die seit etwa 800 v. Chr entstanden. Ihre Lehren wurden von Badarayana (vor dem 5. Jh. n. Ch) in dem Grundwerk der Vedantaphilosophie, den Brahmasutras (oder Vedantasutras), zusammengefasst.

Drei Hauptrichtungen des Vedanta haben sich herausgebildet: der **Dvaitavedanta** (»dualistische Vedanta«), der **Advaitavedanta** (»Vedanta der Nichtzweiheit«; →Advaita) und der **Vishishtadvaita** (»differenzierter Monismus«), dessen Hauptvertreter Ramanuja ist. Dem Vishishtadvaita zufolge finden die untereinander verschiedenen Individualseelen und Dinge der Welt ihre Einheit darin, dass sie den Körper Gottes bilden. In neuerer Zeit versuchte der indische Philosoph und Politiker Sarvepalli Radhakrishnan (* 1888, † 1975) eine Synthese des Vedanta mit Gedanken westlicher Philosophie.

Verifikatiọn [v-; mittellatein., zu verificare, zu latein. verus »wahr« und facere »machen«], allgemein der Erweis der Wahrheit von Aussagen. Die *Wissenschaftstheorie* untersucht besonders die Kriterien für die Wahrheit empirischer Aussagen. Für die Wahrheit beliebiger Aussagen gibt es keine allgemein gültigen Kriterien. Einzelne empirische Aussagen (v. a. Existenzaussagen) können aber durch Beobachtung und Experiment verifiziert werden.

Der frühe →logische Empirismus erklärte die empirische Verifizierbarkeit von Aussagen (außerhalb der Logik und Mathematik) als Voraussetzung für die Sinnhaftigkeit überhaupt und lehnte deshalb metaphysische Sätze als sinnlos ab. Die Verifikation erfolgt dabei immer theoretisch, d. h. durch Überprüfung von Aussagen durch andere Aussagen, also durch Basissätze oder durch Beobachtungssätze, in denen einfache Tatsachen konstatiert werden. Ausgangspunkt bildet dabei ein empiristisches Sinnkriterium, also eine Regel, die eine logisch widerspruchsfreie Verknüpfung des zu verifizierenden Satzes mit dem Basissatz ermöglicht.

Nach der Theorie des →kritischen Rationalismus, der das Prinzip permanenter Fehlerkorrektur als das Hauptmoment jeder Theorienbildung und -entwicklung ansieht, ist bei allgemeinen empirischen Aussagen (Hypothesen, Gesetzen) keine endgültige Verifikation, wohl aber eine endgültige Falsifikation möglich. Er betrachtet daher die prinzipielle Falsifizierbarkeit durch Basissätze als Kriterium für die Wissenschaftlichkeit eines Satzes.

Vernunft, in der deutschen Philosophie seit Kant generell Bezeichnung für die Fähigkeit des Menschen, die Welt als ein System von Einheit zu konzipieren **(theoretische Vernunft),** wodurch Vernunft als oberstes Erkenntnisvermögen den →Verstand reguliert. Die **praktische Vernunft** bestimmt durch Prinzipien das Wollen und Handeln. Die nachkantische Unterscheidung von Vernunft und Verstand geht weitgehend auf die von »Nus« bzw. »Intellectus« (→Intellekt) und »Dianoia« bzw. »Ratio« in der griechischen und mittelalterlichen Philosophie zurück.

Vernunft
→ GEO **Dossier**
Die Wurzeln der Weisheit, Bd. 14

■ **Kantische Bestimmung** Seit Kant gilt Vernunft als das »obere«, Verstand aber als das »niedere« Erkenntnisvermögen. Ihm zufolge dient Vernunft nicht dazu, den Umfang menschlicher Erkenntnisse nochmals zu erweitern. Sachhaltige Erkenntnis vollzieht sich allein im Zusammenspiel von Sinnlichkeit und Verstand. Der Vernunft hingegen fällt die Aufgabe zu, den Verstandesgebrauch zu kontrollieren, indem sie seine Grenzen absteckt. Sie ist demnach v. a. da gefragt, wo das »absolut Ganze aller möglichen Erfahrung« zum Thema und Problem wird. Obwohl es selbst kein Gegenstand möglicher Erfahrung und daher grundsätzlich nicht erkennbar ist, gibt dieses Ganze der Erkenntnisarbeit des Verstandes allererst Richtung und Sinn. In der Ausrichtung an ihm verleiht die Vernunft seinen einzelnen Erkenntnissen einen systematischen Zusammenhang. Sie verwickelt sich jedoch notwendig in →Antinomien 2), sobald sie den bloß regulativen Status ihrer Idee von Ganzheit verkennt und diese dogmatisch als Gegenstand einer echten Erkenntnis ausgibt.

■ **Nachkantische Bestimmungen** Im deutschen Idealismus wurde die kantische Theorie der Vernunft in Grundzügen beibehalten, allerdings bei Hegel u. a. im Rückgriff auf antike Konzeptionen des →Logos ontologisch gewendet. Demnach ist die Vernunft nicht primär ein subjektives Vermögen, sondern die objektive Struktur der Wirklichkeit, d. h. das →Absolute selbst, das im Durchgang durch die Geschichte zu sich kommt. Schopenhauer setzte nicht die Vernunft, sondern den Willen als Grundlage und Wesen sowohl des individuellen Daseins als auch der Welt im Ganzen an. Damit wird erstmals ein im Wesentlichen irrationales Prinzip zum tragenden Grund der Wirklichkeit. Auch für Nietzsche ist Vernunft nur eine untergeordnete Funktion des Lebens selbst, die ganz in den Dienst seiner Erhaltung und Steigerung zu stellen ist. Die abendländische Philosophie und die durch sie geprägte Kultur werden von ihm wegen ihres Rationalismus als lebensfeindlich kritisiert.

■ **Neuere Entwicklung** Neuere Deutungen der Vernunft als Rationalität haben sich vielfach bemüht, zu Kants Programm zurückzukehren, es dabei aber von seinen vermögenspsychologischen Konnotationen zu befreien und so die Kriterien »vernünftigen« Redens und Handelns operabel zu machen. Charles Sanders Peirce hat betont, dass das Vernünftige im Diskurs einer Forschergemeinschaft auch als reales Einverständnis erscheinen können muss. Eine Reihe von Ansätzen der modernen deutschen Philosophie ist durch das Bestreben gekennzeichnet, Kriterien des vernünftigen Redens und Handelns in Form von situationsvarianten Regeln zu rekonstruieren (u.a. Paul Lorenzen, Jürgen Habermas, Karl-Otto Apel).

110

Vernunft. Die Entfaltung der griechischen Philosophie kann man als Emanzipation der Vernunft gegenüber dem Mythos ansehen. Zuvor galten Götter als Urheber aller Naturerscheinungen – wie der Blitzeschleuderer Zeus (Bronzestatuette um 470 v. Chr.; Berlin, Antikensammlung).

Vernunftbegriffe, in der Philosophie Kants die von der Vernunft hervorgebrachten transzendentalen →Ideen, die keinen Schluss auf mögliche Gegenstände der Erfahrung zulassen, jedoch im regulativen Gebrauch nützlich sein können. So sind z. B. die Ideen Welt und Gott Vernunftbegriffe.

Verstand, Bezeichnung für bestimmte Erkenntnisfähigkeiten des Menschen, die das Verknüpfen von Elementen zu Zusammenhängen (z. B. logische oder Zweck-Mittel-Beziehungen) betreffen. Dabei wird Verstand sowohl von den prinzipiellen Bedingungen allen Erkennens und Handelns (→Vernunft) als auch von der sinnlichen Wahrnehmung sowie von Emotion und →Willen unterschieden. In der neuzeitlichen Philosophie wird v. a. das Verhältnis von Verstand und Vernunft diskutiert.

Nach Aristoteles ist der Verstand das Vermögen des begrifflichen und schlussfolgernden (diskursiven) Denkens. Die mittelalterliche Philosophie folgt der Unterscheidung des Augustinus zwischen einer »ratio inferior«, die sich mit den endlichen Dingen befasst, und einer »ratio superior«, die das Ewige zu erfassen sucht. Objekte des Verstandes sind Begriff, Urteil und Schluss. Nach Thomas von Aquino kommt dem Vermögen zu urteilen die zentrale Stellung zu. Begriffe sind ihm zufolge lediglich als Komponenten von Urteilen bedeutsam und Schlüsse nur Komplexionen (Zusammenfassungen) von Urteilen. Das diskursive Denken des Verstandes ist dabei für den Menschen spezifisch. Die übermenschlichen Geister hingegen erkennen durch ihren reinen Intellekt intuitiv, wohingegen die untermenschlichen Wesen lediglich mit sinnlicher Wahrnehmung ausgestattet sind. Demzufolge können Allgemeinbegriffe vom menschlichen Verstand zwar gebildet werden, jedoch nur durch Abstraktion, nicht durch Intuition.

Auch für Kant ist der Verstand das Vermögen der begrifflichen Bestimmung von Inhalten in Urteilen sowie das Vermögen, Gegebenes einheitlich in Regeln zu fassen, im Unterschied zur Vernunft als dem Vermögen der Prinzipien. Das Prinzip allen Verstandgebrauchs ist nach Kant der Grundsatz der ursprünglichen synthetischen Einheit der →Apperzeption.

Verstandesbegriffe, bei Kant gleichbedeutend mit den →Kategorien. Die so genannten **reinen Verstandesbegriffe** entspringen ihrem Inhalt nach dem Verstand, sind aber auf Objekte der Erfahrung gerichtet. Sie sind für die Gegenstände konstitutiv, d. h. erst durch das Anwenden der Verstandesbegriffe (z. B. Substanz) auf Erscheinungen wird es möglich, etwas als Objekt zu erkennen.

Verstehen, 1) das Erfassen von Zusammenhängen (zwischen Dingen, Menschen und Gedanken), entweder unmittelbar zum Zeitpunkt des Erfassens (Aha-Erlebnis) oder durch Abrufen von aus früherem Erfassen resultierendem Wissen, 2) das nachvollziehende, sich hineinversetzende Begreifen von seelischen Zuständen (Gefühle, Motivationen) anderer Menschen, 3) das Erfassen einer Bedeutung, besonders eines Symbol- oder Regelsystems wie z. B. einer Sprache oder eines Spiels. Auf das nachvollziehende Verstehen, v. a. auf das Textverstehen, hat sich die traditionelle →Hermeneutik konzentriert. Sieht man in Schemata, Regeln und Intentionen den Sinn, der in konkreten Handlungen eine Aktualisierung erfährt, dann stellt das Verstehen als Suche eines solchen allgemeinen Sinns für einzelne Handlungen das **Sinnverstehen** dar.

Es sind vielfach Wege gesucht worden, auf denen man die Sicherung eines bestimmten Verstehensvorschlags gewährleisten kann. Dabei wurde auch zwischen erklärenden Naturwissenschaften und verstehenden →Geisteswissenschaften unterschieden.

Vertragslehre, eine im →Naturrecht der Aufklärung wurzelnde, auf der Autonomie des Individuums beruhende Kategorie. Im Gegensatz zur →Staatsphilosophie des Aristoteles und der von ihr beeinflussten scholastischen Schule des Mittelalters, für die der Mensch ein aus seiner Natur heraus zur Staatsbildung bestimmtes Lebewesen ist, geht die Staatsphilosophie der Aufklärung davon aus, dass das

Individuum in freier Selbstentscheidung durch einen Vertrag aller Glieder der Gesellschaft miteinander **(Gesellschaftsvertrag)** dem Staat die Herrschaft über sich überträgt und durch diesen (fiktiven) Akt Herrschaft legitimiert. Diese am Rationalismus Descartes' orientierte Vertragslehre offenbart sich in dem Dreischritt: Naturzustand – Vertragsabschluss – Staatsbildung. Die bedeutendsten Vertreter der Vertragslehre der Aufklärung sind Thomas Hobbes, John Locke und Rousseau.

Vico [v-], Giovanni Battista (Giambattista), italienischer Geschichts- und Rechtsphilosoph, * Neapel 23. 6. 1668, † ebenda 23. 1. 1744; wurde 1697 Professor für Rhetorik in Neapel und 1735 zum Hofhistoriografen in Neapel ernannt. Er gilt als der Begründer der Völkerpsychologie und der neuzeitlichen spekulativen Geschichtsphilosophie. Seine Lehrtätigkeit nutzte er zur prinzipiellen Auseinandersetzung mit dem Problem der Methode in den einzelnen Wissenschaftszweigen.

Vico wandte sich gegen den an Mathematik und Physik orientierten naturalistischen Rationalismus Descartes'. Die Selbstentdeckung des Menschen formulierte Vico in dem erkenntnistheoretischen Grundsatz »Verum idem factum« (Der Mensch vermag nur das zu erkennen, was er selbst hervorgebracht hat). Er kann also die geschichtliche Welt erkennen. Universale Erkenntnis der Natur ist dagegen nur Gott als deren Schöpfer möglich. Ein Modell für die gesamte menschliche Geistesgeschichte entwarf Vico in seiner philosophischen Auseinandersetzung mit der Rechtsgeschichte »De universi iuris uno principio et fine uno« (1720; dt. »Von dem einen Ursprung und Ziel allen Rechtes«). Die Geschichte verlaufe über die »besonderen Zwecke« hinweg dialektisch und rhythmisch. Dadurch gelange sowohl das Individuelle als auch die »ewige, ideale Geschichte« zur Erfahrung.

Für Vico wird damit die Kultur (»Mondo civile«) ihrem ganzen Umfang nach zum Gegenstand einer »neuen Wissenschaft«, so in seinem Hauptwerk »Principi di una scienza nuova d'intorno alla comune natura delle nazioni« (1725; dt. »Grundzüge einer neuen Wissenschaft über die gemeinschaftliche Natur der Völker«). In allen Bereichen der Kultur sieht er das geschichtsphilosophische Modell der gesetzmäßigen Wiederkehr je eines theokratischen, heroischen und menschlichen Zeitalters in einem Zyklus von Aufstieg, Blüte, Verfall und von ständiger Wiederkehr (»Corso e ricorso«) wirksam.

Virtus [v-, latein. »Tüchtigkeit«, »Mannhaftigkeit«], der Tugendbegriff der Römer. Die Virtus zeigt und bewährt sich v. a. im Krieg als Tapferkeit (lateinisch Fortitudo), jedoch nicht in verwegener Tat, sondern vielmehr im Standhalten und Ertragen von Mühen und Schmerzen. In der römischen Philosophie (Cicero) war Virtus Übersetzung der griechischen →Arete.

Vitalismus [v-; zu französ. vital, von latein. vitalis »zum Leben gehörig«, zu vita »Leben«], Auffassung, die im Unterschied zum →Mechanismus die innere Gesetzlichkeit der Organismen auf eine »Lebenskraft« (Vis vitalis) oder auf ein seelenähnliches Organisationsprinzip zurückzuführen sucht (→Leben).

Als Begründer des Vitalismus gilt Aristoteles. Er nahm an, dass in einem nicht wirkursächlichen Vorgang die Organisationsmuster der »Seele«, d. h. der immateriellen Form des Lebewesens, auf die leblose Materie prägend einwirken (→Entelechie), damit ein Organismus entsteht. Dementsprechend können Organismen in ihrer Eigentümlichkeit nur aus der organisierenden Form des Gesamtorganismus, ihrer Finalität, verstanden werden (→Teleologie).

In der Renaissance war der Vitalismus zwischen 1700 und 1850 – hier v. a. gegen den cartesischen Mechanismus- und Automatismusstandpunkt gerichtet – unter Physiologen wie Philosophen weit verbreitet. Eine besondere Lebenskraft oder ein »Bildungstrieb« wurde für die Form und Gestalt von Organismen bzw. für die organische Struktur verantwortlich gemacht. Eine Synthese von Mechanismus und Vitalismus versuchte Leibniz mit seiner Lehre von den verschiedenen Stufen der Kraftentfaltung. Auch Kant nahm eine vermittelnde Stellung zwischen Mechanismus und Vitalismus ein. Eine rein mechanistische Erklärung von Organismen ist ihm zufolge unmöglich, ein teleologisches Erklärungsmuster, in dem Vitalkräfte einen Platz haben, zu heuristischen Zwecken hingegen denkbar.

Der Biologe und Philosoph Hans Driesch (* 1867, † 1941), ein Vertreter des im 19. Jh. aufkommenden **Neovitalismus,** bestimmte den Vitalismus als Theorie der Autonomie der Lebensprozesse und versuchte, diese durch Ergebnisse v. a. der Embryologie und Physiologie zu erhärten.

Vives ['biβes], Juan Luis (Joan Lluis), spanischer Humanist, * Valencia 6. 3. 1492,

Giovanni Battista Vico
*** 1668, † 1744**

100563

- gilt als Begründer der Völkerpsychologie und der Geschichtsphilosophie
- wandte sich gegen das rationalistische Erkenntnisideal Descartes'
- untersuchte Sprachen, Mythen und Sagen
- vertrat ein zyklisches Geschichtsmodell
- wurde erst spät in seiner Bedeutung für die Kulturwissenschaften gewürdigt

Vico »Grundzüge einer neuen Wissenschaft«

Die 1725 erstmals erschienenen »Grundzüge einer neuen Wissenschaft« Giovanni Battista Vicos sind getragen von der Überzeugung, dass der menschliche Geist nur das vollständig und sicher zu begreifen vermag, was er selbst hervorgebracht hat. Daher wendet sich die Schrift der Kultur und Geschichte des Menschen als dem eigentlichen Gegenstandsbereich wissenschaftlicher Erkenntnis zu und formuliert die Grundsätze ihrer systematischen Untersuchung. In der historischen Abfolge epochaler Kulturformen, Staatsverfassungen und Rechtsordnungen manifestieren sich allgemeine Gesetze einer »ewig idealen Geschichte« des menschlichen Geistes in seiner Entwicklung. Da ihr zyklischer Verlauf noch in den Phasen des Niedergangs Ausdruck göttlicher Vorsehung ist, muss die neue Wissenschaft als rationale Theologie verstanden werden.

Voltaire
* 1694, † 1778

- war das Haupt der französischen Aufklärung
- kritisierte in seinen literarischen und philosophischen Werken die überlieferten Ordnungen
- wurde durch seine Spottverse berühmt
- setzte sich für Religionsfreiheit ein
- wurde von Friedrich II. nach Potsdam gerufen
- prägte den Begriff der Geschichtsphilosophie

† Brügge 6. 5. 1540; lehrte nach dem Studium in Paris ab 1519 in Löwen und wirkte 1523–28 als Erzieher am englischen Hof. Vives war Gegner der Scholastik, die er in der Schrift »In pseudodialecticos« (1519; dt. »Gegen die Pseudodialektiker«) kritisiert. In »De disciplinis libri XX« (1531; dt. »Über die Wissenschaften«) fordert er eine experimentelle, auf unmittelbarer Beobachtung beruhende Naturwissenschaft. Mit seinem Werk »De anima et vita libri tres« (1538; dt. »Über die Seele und das Leben«), in dem er den Wert der Beobachtung seelischer Phänomene hervorhebt, gilt Vives als Begründer einer empirischen Psychologie.

Voltaire [vɔlˈtɛː], eigentlich François Marie Arouet, französischer Schriftsteller und Philosoph, * Paris 21. 11. 1694, † ebenda 30. 5. 1778; gilt als bedeutendster Vertreter der französischen Aufklärung.

■ Verfolgung und früher Ruhm Voltaire erhielt eine humanistische Ausbildung im Jesuitenkolleg Louis-le-Grand und bekam früh Zugang zu oppositionellem Gedankengut der Frühaufklärung. Wegen seiner kritischen Äußerungen gegen den Hof wurde er 1716 verbannt. Spottverse auf den Regenten Philippe II. von Orléans, die Voltaire zugeschrieben wurden, brachten ihm 1717 eine elfmonatige Haft in der Bastille ein. Mit der 1718 uraufgeführten Tragödie, »Œdipe« (gedruckt 1719; dt. »Oedipus«) und dem Epos »Henriade« (»La Ligue, ou Henry le Grand«, 1723; dt. »Heldengesang auf Heinrich IV., König von Frankreich«) hatte er frühe literarische Erfolge. Während eines Aufenthalts in Großbritannien von 1726 bis 1729 lernte er die neue Naturwissenschaft Isaac Newtons kennen und studierte John Lockes Philosophie des Commonsense.

Voltaire empfing zudem Anregungen vom englischen Deismus und Liberalismus. In »Letters concerning the English Nation« (1733; 1734 französisch als »Lettres philosophiques«; dt. »Philosophische Briefe«) stellt er die politischen und geistigen Verhältnisse Großbritanniens den französischen Zuständen gegenüber und übt v. a. Kritik an den Traditionen der katholischen Kirche. Die Schrift wurde vom Pariser Parlament verboten und verbrannt. Daraufhin floh Voltaire auf das Schloss der Marquise du Châtelet nach Cirey-sur-Blaise nahe der Grenze zum noch selbstständigen Lothringen, wo er bis 1748 intensiv am Entwurf seines naturwissenschaftlich-mathematischen und historisch-politischen Weltbildes arbeitete.

Gemeinsam mit der Marquise kommentierte er Newton, Leibniz und Christian Wolff. Es entstanden u. a. seine »Éléments de la philosophie de Newton« (1738; dt. »Elemente der Philosophie Newtons«), mit denen er Newtons Kosmologie auf dem Kontinent verbreitete. Durch die Darlegung von dessen auf Experiment und Beobachtung gestützter Naturwissenschaft wirkte er zugleich dem Cartesianismus entgegen. Im »Traité de métaphysique« (1734; dt. »Abhandlung zur Metaphysik«) begründete Voltaire seine deistische Position gegen Descartes' rationalistische Naturauffassung: Aus Vernunftgründen müsse aus der Gesetzmäßigkeit und Ordnung des Kosmos auf Gott als höchste Intelligenz geschlossen werden.

■ Öffentliche Anerkennung Voltaire nahm nach dem Tod der Marquise du Châtelet (1749) die Einladung Friedrichs II., des Großen, nach Potsdam an, wo er an einer Universalgeschichte, an den Beiträgen für Diderots »Encyclopédie« sowie an den ersten Artikeln des »Dictionnaire philosophique portatif« (1764; dt. »Philosophisches Wörterbuch«) arbeitete, das eine Zusammenfassung und den polemischen Höhepunkt seines antiklerikalen Denkens darstellt. 1753 verließ er Potsdam und erwarb 1758 Dorf und Schloss Ferney in der Nähe des Genfer Sees.

Von Ferney aus korrespondierte Voltaire mit fast allen bedeutenden Persönlichkeiten Europas. Er setzte sein literarisches Werk fort, verfasste Theaterstücke, Lehrgedichte, Dialoge und nicht zuletzt Streitschriften, mit denen er in das politische und gesellschaftliche Lebens Frankreichs eingriff und die Rehabilitierung von Opfern der absolutistischen Justiz erreichte. Die Kampfschrift »Traité sur la tolérance« (1763; dt. »Abhandlung über die Religionsduldung«) plädiert vehement für Religionsfreiheit und gegen religiösen Fanatismus. In der Erzählung »Candide ou l'optimisme« (1759; dt. auch als »Candide oder Der Optimismus«) ironisiert er Leibniz' optimistische Philosophie.

Mit seinem siebenbändigen »Essai sur les mœurs et l'esprit des nations, depuis Charlemagne jusqu'à nos jours« (1756; dt. auch als »Über den Geist und die Sitten der Nationen«) prägte Voltaire den Begriff der »Geschichts-

Voltaire »Candide«

Die berühmte These von Leibniz, wonach die von Gott geschaffene Welt die »beste aller möglichen Welten« ist, fand in Voltaires »Candide« ihren ironischen Gegenentwurf. Unter dem Eindruck des verheerenden Erdbebens von Lissabon 1755, das Voltaire an Gott und seinem Schöpfungsplan zweifeln ließ, erzählt er die Geschichte des naiven Philosophieschülers Candide, der voll des Glaubens an das Gute die Welt bereist und dabei von einer Katastrophe in die andere gerät. »Alle Ereignisse«, erinnert ihn dabei sein Lehrer wiederholt, »sind miteinander verknüpft in der besten aller möglichen Welten; denn wärt Ihr schließlich nicht aus einem schönen Schloss mit derben Fußtritten in den Hintern davongejagt worden ..., wärt Ihr nicht der Inquisition in die Hände gefallen ..., dann würdet Ihr hier keine eingemachten Cedren und Pistazien essen.« Candides skeptische Antwort, dass »es gilt, unseren Garten zu bestellen«, weist das optimistische Theoretisieren des Lehrers indirekt in seine Grenzen: das irdische und bescheidene, das praktisch-moralische Leben.

philosophie«. Er fordert darin, dass sich der Historiker durch Quellenprüfung und -kritik der Glaubwürdigkeit von Zeugnissen und der Exaktheit von Fakten zu vergewissern habe. Weltgeschichte deutet er als eine fortschreitende Vervollkommnung der Vernunft.

■ **Bedeutung** Ohne ein eigenes philosophisches System zu entwickeln, setzte Voltaire seine glänzende Stilkunst ein, um den Ideen der Aufklärung mustergültig Ausdruck zu verleihen. Seine herausragende Stellung im geistigen Leben Europas gab dem 18. Jh. auch den Namen »das Jahrhundert Voltaires«.

Voluntarismus [v-; zu latein. voluntarius »freiwillig«, zu voluntas »Wille«], von dem Soziologen und Philosophen Ferdinand Tönnies 1883 eingeführter Begriff zur Kennzeichnung derjenigen philosophischen Position, die im →Willen die Grundbestimmung des menschlichen Wesens oder der Welt selbst sieht. Der Voluntarismus steht v. a. im Gegensatz zu Rationalismus und Intellektualismus.

Der **erkenntnistheoretische** und der **psychologische Voluntarismus** betonen, dass nicht die Vernunft, sondern der Wille des Menschen dessen theoretisches und praktisches Handeln bestimmt. Thomas Hobbes etwa führte alles menschliche Handeln auf Begehren und Abneigung, die beiden Arten des Strebens, zurück. David Hume sah in Vernunft und Wissenschaft nur Sklaven des Willens, die Begriffe, Deduktions- und Induktionsverfahren liefern, aber keine Ziele und Zwecke bereitstellen. Ohne diese sei aber alle Erkenntnis gleichgültig.

Die Zurückführung der gesamten Wirklichkeit auf den Willen als Weltprinzip ist das Merkmal des **metaphysischen Voluntarismus.** So war für Arthur Schopenhauer der Wille das Grundprinzip nicht nur des Menschen, sondern der Welt überhaupt. Der blinde, d. h. ohne konkretes Ziel und ohne Vernunftgründe wirkende Wille bestimmt ihm zufolge das Verhalten und die Struktur aller Lebewesen.

Der **ethische Voluntarismus** vertritt die Auffassung, dass Moralität nicht durch Einsicht oder rationale Beweggründe, sondern durch die Eigenliebe, das menschliche Streben nach Selbsterhaltung, also die nicht durch Vernunft eingeschränkte Freiheit des Willens definiert wird. Sind aber Ziele allein Produkte des Willens, können sie nicht mehr danach beurteilt werden, ob sie vernünftig oder unvernünftig, gut oder schlecht sind, sondern nur danach, ob sie gewollt werden. William James leitete aus der daraus folgenden Subjektivität und Relativität menschlichen Wollens das Prinzip der größtmöglichen Bedürfnisbefriedigung als einzige Maxime der Ethik ab. Ein ethischer Voluntarismus findet sich auch bei Nietzsche, der den Willen als oberstes Naturprinzip ansieht.

100563

Voltaire.
Selbst beim Ankleiden soll Voltaire Briefe an die Fürsten Europas diktiert haben (Porträt von Jean Huber, um 1770; Paris Musée Carnavalet).

Der **theologische Voluntarismus** bezieht sich einerseits auf den Primat des göttlichen Willens (vor der Vernunft), andererseits auf den Vorrang des Willens bzw. des Glaubens vor dem Intellekt. So identifizierte Augustinus den Willen als Liebeskraft mit dem Glauben, den er als Voraussetzung der Erkenntnis ansieht. Nach Wilhelm von Ockham gründet die sittliche Rechtfertigung jeglichen Handelns in Gottes freiem Willen.

Voraussetzung, →Prämisse.

Vorsokratiker, die griechischen Philosophen von Thales bis zu den Atomisten, die vor Sokrates lebten bzw. von dessen Philosophieren noch nicht beeinflusst waren. Mit den Vorsokratikern begann zwischen 600 und 400 v. Chr. die abendländische Philosophie.

Am Anfang standen die ionischen Naturphilosophen, die nach dem materiellen Ursprung des Kosmos fragten. Während Thales das Wasser und Anaximenes die Luft als Ursubstanz ausmachten, nahm Anaximander als Urstoff das Unbegrenzte (Apeiron) an. Heraklit hielt dagegen eine allgemeine Gesetzmäßigkeit, den Logos, für das eigentlich Beständige und wollte mit diesem Gesetz den Zusammenhang der Gegensätze erklären. Ausgehend von einer Kritik an anthropomorphen (vermenschlichenden) Gottesvorstellungen, erklärte Xenophanes Gott für einzig, unbeweglich und dem Menschen unähnlich. Parmenides, angeblicher Nachfolger des Xenophanes, kritisierte die bis dahin übliche Behandlung des Seienden. Das wahre Seiende schließe das Nichtsein aus. Deshalb könne das Seiende weder entstanden noch vergänglich sein und auch nicht von Seiendem verschieden. Das Seiende sei vielmehr einzig, ewig, unbewegt und somit von der sinnlich wahrnehmbaren Welt verschieden.

Während Parmenides' Schüler, die Eleaten Zenon von Elea und Melissos von Samos (* 480 v. Chr.), Vielheit und Bewegung in der Folge als abwegige Annahmen zu erweisen suchten,

Die
Welt
als
Wille und Vorstellung:
vier Bücher,
nebst einem Anhange,
der die
Kritik der Kantischen Philosophie
enthält,
von
Arthur Schopenhauer.

Ob nicht Natur zuletzt sich doch ergründe?
Göthe.

Leipzig:
F. A. Brockhaus.
1819.

50

Voluntarismus.
In seinem Hauptwerk »Die Welt als Wille und Vorstellung« legte Arthur Schopenhauer sein Konzept dar, in dem das Ich nicht nur freie Vorstellungen von der Welt hat, sondern zugleich durch seinen Willen – Lust, Schmerz und Begehren – beschränkt ist (Titelblatt, 1819).

Vorsokratiker
→ GEO **Dossier**
Die Wurzeln der Weisheit, Bd. 14

Vorsokratiker Überlieferung auf Umwegen

3040

Das Denken der Vorsokratiker kennen wir nicht aus erster Hand. Keine ihrer Schriften ist uns im Original erhalten geblieben. Wir müssen ihre Lehren daher aus den Zitaten und Berichten erschließen, die spätere Philosophen uns überliefert haben. Dies wirft jedoch eine Reihe philologischer Probleme auf, da die betreffenden Autoren selbst meist auf Exzerpte oder Zusammenfassungen älterer Quellen zurückgreifen mussten. Die abgebildete Handschrift ist zum Beispiel eine arabische Übersetzung der »Elemente« Euklids, der im 4. Jahrhundert v. Chr. die Lehren älterer Denker zusammenfasste (10. Jh.; Leiden, Bibliotheek van de Rijksuniversiteit). Darüber hinaus gingen die Autoren bei der Auseinandersetzung mit den Vorgängern oft von ihren eigenen philosophischen Standpunkten und Fragestellungen aus, die jenen aber ursprünglich fremd waren. Aristoteles etwa sieht die Vorsokratiker zwar in den Punkten, die ihm auf die eigene Philosophie vorauszuweisen scheinen, auf dem richtigen Weg, bemängelt aber, sie hätten über vieles noch »dunkel« und gleichsam »stammelnd« wie Kinder gesprochen.

hielten die meisten späteren Vorsokratiker an der Einsicht fest, dass Seiendes nicht aus Nichtseiendem entstehen könne. Sie ersetzten den Monismus der Eleaten jedoch durch einen Pluralismus. So nahm Empedokles vier Elemente an – nämlich Erde, Wasser, Luft und Feuer –, mit deren Mischung und Trennung er das Entstehen und Vergehen von Gegenständen erklärte. Auch Anaxagoras lehnte Entstehung aus Nichtseiendem ab. Am Anfang seien alle Dinge zusammen und miteinander vermischt, bis die Einwirkung des Geistes (Nus) sie in Bewegung setze.

Schließlich ging auch der Atomismus des Demokrit davon aus, dass das wirklich Seiende nicht mit dem Nichtseienden vermischt sein darf und nicht entstehen kann. Insofern verhalten sich die Atome, die unteilbar, unvergänglich und voll von Seiendem sind, ähnlich wie das Seiende des Parmenides, obwohl es unendlich viele davon gibt. Insbesondere Autoren wie Martin Heidegger und Hans-Georg Gadamer knüpften in ihren Werken wieder unmittelbar an die Vorsokratik an.

Siehe auch

SACHBEGRIFFE →Apeiron · Arche · Atomismus · Chaos · Kosmogonie · Kosmos · Logos · Materie · Naturphilosophie · Nus

PERSONEN →Anaxagoras · Anaximander · Anaximenes · Demokrit · Leukipp · Parmenides · Thales · Xenophanes · Zenon von Elea

Vorstellung, griechisch **Phantasịa,** lateinisch **Percẹptio, Repraesentatio,** anschauliche seelische Inhalte, die Erinnerungsbilder früherer Wahrnehmungen sind oder deren Bestandteile (als Fantasiebilder) neu kombinieren. Eine Vorstellung haben meint, sich etwas versinnbildlichen, wörtlich: sich etwas vorstellen, z. B. vor ein »inneres Auge«. Die Vorstellung ist in der Regel ein Bewusstseinsbild, das einen Wahrnehmungsinhalt in Ähnlichkeit abzubilden bestrebt ist. Jede Vorstellung ist demnach der Versuch des →Bewusstseins, sich die Wirklichkeit mit ihr nicht selbst eigenen Mitteln anzueignen. Als idealer Grenzwert gilt die »adäquate Vorstellung« (Edmund Husserl).

In der Philosophie werden 1. der Akt des Vorstellens, 2. das Vorgestellte als Gegenstand materieller oder geistiger, singulärer oder genereller Art unterschieden. Im engeren Sinn ist Vorstellung vom Gedanken und Begriff v. a. durch das Moment der sinnlichen Anschauung unterschieden. Im weiteren Sinn ist jeder auf ein intendiertes (reales oder irreales) Objekt bezogene Bewusstseinsinhalt von relativer Geschlossenheit eine Vorstellung. Theorien über die Vorstellung haben schon in der früheren Geschichte der Philosophie und Psychologie (John Locke, David Hume, Leibniz u. a.) eine wichtige Rolle gespielt, um das geistige Leben als Verarbeitung sinnlicher Erfahrung in seinen Prozessen, Gesetzmäßigkeiten und Ordnungsprinzipien zu erklären. Eine zentrale Stellung nimmt der Begriff auch in der Erkenntnislehre Arthur Schopenhauers ein, in der die Welt als Vorstellung des Subjekts begriffen wird.

wahr, allgemein der Wirklichkeit oder den Tatsachen entsprechend. Wahr ist ein grundlegender Terminus der *logischen Semantik*. Als einer der beiden Wahrheitswerte ist er ein metasprachlicher Prädikator und bezeichnet – anders als →falsch – die Geltung von →Aussagen bzw. Aussagesätzen. Die Kriterien für die Einlösung der (metasprachlichen) Behauptung »*A* ist wahr« sind die gleichen wie die Kriterien für die Einlösung der (objektsprachlichen) Behauptung *A* (dabei ist das Zeichen *A* ein Eigenname für eine nicht näher bestimmte Aussage). In den Wahrheitstheorien spricht man, wenn eine Aussage allein aufgrund ihrer Zusammensetzung mit logischen Partikeln wahr ist, von **logisch wahr** oder **formal wahr,** wenn zusätzliche terminologische Regeln in Anspruch genommen werden, von **analytisch wahr.**

Wahrheit, Begriff, der in Abhebung vom ontologischen Wahrheitsverständnis der frühen griechischen Antike insbesondere der Vorsokratik (→Aletheia) heute meist ausschließlich zur Kennzeichnung des Zutreffens von Aussagen bzw. Urteilen verwendet wird. Davon zu unterscheiden ist die Wahrhaftigkeit als Haltung der Aufrichtigkeit sowie die so genannte Sachwahrheit, die einen Gegenstand als seinem Wesensbegriff entsprechend kennzeichnet (z. B. »ein wahrer Freund«).

■ **Problemlage** Jede gehaltvolle Definition des Wahrheitsbegriffs schließt bereits eine bestimmte **Wahrheitstheorie** ein, also eine Auffassung davon, worin das Wesen der Wahrheit letztlich besteht. Die verschiedenen Theorien wiederum stellen in der Regel (wenn auch nicht notwendig) ein **Wahrheitskriterium** bereit, mit dessen Hilfe man feststellen können soll, ob eine Aussage wahr ist oder nicht. Hiermit gehen häufig theoriespezifische Probleme einher. So prägte Thomas von Aquino mit seiner Bestimmung der Wahrheit (»Veritas«) als der »Adaequatio intellectus et rei« (»Übereinstimmung des urteilenden Denkens und der Sache«) die klassische Formel eines korrespondenztheoretischen Wahrheitsverständnisses. Kant wandte dagegen ein, dass man, um die Übereinstimmung einer Erkenntnis mit der Sache festzustellen, beide miteinander vergleichen müsse, was wiederum nur auf der Grundlage einer Erkenntnis der Sache möglich sei.

■ **Wahrheitstheorien** Die **Korrespondenztheorie** bestimmt Wahrheit als Übereinstimmung des Denkens mit Tatsachen. Dabei wird eine selbstständige, objektive und sprachunabhängige Wirklichkeit vorausgesetzt, deren Erkenntnis meist im Rahmen einer →Abbildtheorie als getreue Wiedergabe ihrer Strukturen verstanden wird. Die **semantische Theorie** der Wahrheit, die Alfred Tarski für formale Sprachen entwickelt hat, sucht die grundlegende Intuition korrespondenztheoretischer Ansätze zu bewahren. Ihr zufolge ist Wahrheit ein semantisches Prädikat, das sich auf die Sätze einer bestimmten Sprache bezieht und daher zur Vermeidung von Paradoxien in einer Sprache höherer Ordnung (Metasprache) definiert werden muss.

Nach der **Kohärenztheorie,** die v. a. von wissenschaftstheoretischen Überlegungen ausgeht, besteht Wahrheit in dem widerspruchsfreien Zusammenhang einer Aussage mit einem umfassenden System von Aussagen oder einer Theorie. Dabei ist allerdings weder auszuschließen, dass es mehrere kohärente Systeme von Aussagen gibt, noch, dass ein System von Aussagen völlig kohärent und trotzdem falsch ist. Für **Evidenztheorien** ist ein Urteil wiederum wahr, wenn es dem Intellekt unmittelbar, oder, wie Descartes ausführt, klar und deutlich (»clare et distincte«) einleuchtet.

wahr.
»Das ist keine Pfeife« – der Satz, den der belgische Künstler René Magritte als Titel für sein Bild (1928/29; Los Angeles, County Museum of Art) gewählt hatte, ist logisch wahr – zu sehen ist nur die Abbildung einer Pfeife.

Die **Konsenstheorien** verstehen Wahrheit im Sinne der allgemeinen Übereinstimmung der Menschen in bestimmten Grundideen (Consensus Gentium; z. B. in der Philosophie des Commonsense) oder des argumentativ erzielten Konsenses (z. B. bei Jürgen Habermas). In **pragmatischen Wahrheitstheorien** (z. B. Charles Sanders Peirce, William James) wird dagegen die Nützlichkeit, Dienlichkeit bzw. Bewährung einer Behauptung in der wissenschaftlichen, politischen oder gesellschaftlichen Praxis zum Wahrheitskriterium erhoben. Die **Redundanztheorie** schließlich erklärt den Ausdruck »wahr« schlichtweg für überflüssig: Die Aussage »Es ist wahr, dass Schnee weiß ist« bedeutet nicht mehr als »Schnee ist weiß.«

■ **Siehe auch**

SACHBEGRIFFE →adäquat · Aletheia · Evidenz · Interesse · Kunst · Logik · Objektivität · Rechtfertigung · Relativismus · Skepsis · Tautologie · Urteil · Verifikation · Wissen

PERSONEN →Aristoteles · Carnap, Rudolf · Davidson, Donald · Foucault, Michel · Frege, Gottlob ·

Alfred Tarskis semantische Theorie suchte **Wahrheit** auf der Ebene von Sätzen zu definieren:

»›Es schneit‹ ist eine wahre Aussage dann und nur dann, wenn es schneit.«

Gadamer, Hans-Georg · Habermas, Jürgen · Hegel, Georg Wilhelm Friedrich · Heidegger, Martin · Nietzsche, Friedrich · Tarski, Alfred · Thomas von Aquino

Wahrnehmung. In der Philosophie ist Wahrnehmung erkenntnistheoretisch bedeutsam: Sie bezeichnet die Differenz zwischen Innen- und Außenwelt (Caspar David Friedrich, »Zwei Männer in Betrachtung des Mondes«, 1835; Puschkin Museum, Moskau).

Wahrnehmung
→ GEO Dossier
Die Welt – ein Hirngespinst, Bd. 14

Wahrheitsfunktion, Wahrheitswertfunktion, in der *formalen Logik* die Abbildung einer Gruppe von Wahrheitswerten in Wahrheitswerte. In der Aussagenlogik hängt nach dem so genannten Extensionalitätsprinzip der Wahrheitswert einer Aussagenverknüpfung ausschließlich von den Wahrheitswerten ihrer Bestandteile ab. Folglich sind die Wahrheitsfunktion, die in diesem Teilgebiet der Logik durch →Junktoren wie die Negation (»nicht«), Konjunktion (»und«), Adjunktion bzw. Disjunktion (»oder«), Implikation (»wenn… dann…«) und Äquivalenz (»genau dann… wenn…«) bezüglich der Wahrheitswertmenge W: = {falsch, wahr} definiert sind, Abbildungen von *W* bzw. *W*× *W* in *W*, die auch durch Wahrheitstafeln darstellbar sind (→Logik).

Wahrheitskriterium, Kriterium für das Ermitteln der →Wahrheit einer Aussage.

Wahrheits|tafeln, logische Matrizen, Darstellungen der in der Aussagenlogik durch Junktoren definierten Wahrheitsfunktionen in Form von Tafeln oder Matrizen (→Logik). Durch die Wahrheitstafeln ist die Semantik dieser Junktoren erklärt.

Wahrheitswert, in der *formalen Logik* der Wert einer →Wahrheitsfunktion. Die Menge der Wahrheitswerte enthält in der zweiwertigen Aussagenlogik genau die beiden semantischen Prädikatoren »wahr« und »falsch«. In der dreiwertigen Logik kommt der Prädikator »unbestimmt« hinzu; die intuitionistische Logik lässt unendlich viele Wahrheitswerte zu.

Wahrheitswertfunktion, →Wahrheitsfunktion.

Wahrnehmung, zentraler Begriff der *Erkenntnistheorie*, der den Modus der sinnlichen Anschauung bezeichnet. Zwischen dem Standpunkt, Wahrnehmung sei unmittelbar mit Erkenntnis überhaupt gleichzusetzen (radikaler Sensualismus), und dem, echte Erkenntnis stütze sich in keiner Weise auf Wahrnehmung (radikaler Rationalismus), hat sich in der Philosophiegeschichte ein breites Spektrum von Positionen entfaltet.

■ **Antike** Bereits bei den Vorsokratikern bestand ein Bewusstsein dafür, dass die Dinge in der Wahrnehmung zuweilen anders erscheinen, als sie in Wahrheit sind. Parmenides vertrat sogar die Auffassung, dass die Wahrnehmung prinzipiell über den wirklichen Charakter des Seins täuscht. Auch für Platon ist die Wahrnehmung (Aisthesis) nicht wahrheitsfähig. Wahre Erkenntnis muss sich ihm zufolge auf immer in gleichem Maße Seiendes beziehen, das also keinerlei Veränderung unterliegt und daher ein für alle Mal erfasst werden kann. Da alles Wahrnehmbare jedoch in ständigem Wandel begriffen ist, führt Wahrnehmung nur zu unsicheren Meinungen (Doxa), nicht aber zu echtem Wissen.

Demokrit erklärte den Wahrnehmungsvorgang im Rahmen seines Atomismus hingegen damit, dass Atome aus der Materie austreten und in unsere Sinnesorgane eindringen. Er leistete so der bis heute geläufigen Vorstellung Vorschub, dass sich in der Wahrnehmung die Wirklichkeit dem Menschen gleichsam aufdrängt, während er selbst sich passiv-aufnehmend verhält. In diesem Sinne scheint die Wahrnehmung einen direkten, von keinerlei subjektiven Zutaten verfälschten Kontakt zur Wirklichkeit zu ermöglichen. Der →Abbildtheorie entsprechend spiegelt sich in der Wahrnehmung unmittelbar ein Teil der Außenwelt selbst.

Anders als Platon räumte Aristoteles der Wahrnehmung ein gewisses Eigengewicht ein. Obwohl ihm zufolge immer nur Einzelnes wahrgenommen werden kann und Wahrnehmung daher noch kein wahres Wissen ist, beginnt doch mit ihr alle Erkenntnis. Sie ist die Voraussetzung von Vorstellungen und Erinnerung und bildet so die Grundlage der Erfahrung (Empeiria) und der höheren Erkenntnisleistungen.

■ **Neuzeit** In der Neuzeit spielt die Wahrnehmung als Grundlage der Erfahrung v. a. für den Empirismus eine wichtige Rolle im Erkenntnisprozess. Dieser verglich den menschlichen Geist mit einer leeren Tafel (Tabula rasa), die erst im Prozess der Wahrnehmung beschrieben werde. John Locke erklärte, nichts sei im Verstand, was nicht vorher in den Sinnen gewesen sei (»nihil est in intellectu quod non sit prius in sensu«). George Berkeley war darüber hinausgehend der Auffassung, das Sein der wahrnehmbaren Dinge bestehe überhaupt nur im Wahrgenommenwerden (»esse est percipi«). Der Rationalismus bewertete dagegen den Beitrag der Wahrnehmung zur Erkenntnis als relativ gering. Descartes etwa wies darauf hin, dass alles Wahrgenommene ebenso bloß ein Traumbild oder das Gaukelspiel eines bösen Geistes (Genius malignus) sein könnte.

Kant schließlich suchte die Positionen von Empirismus und Rationalismus im Rahmen seiner Erkenntnistheorie zu vermitteln. Wahrnehmung als sinnliche Anschauung liefert nach Kant allererst das Material, das der Verstand unter Begriffe bringt. So fängt alle Erkenntnis mit Wahrnehmung und sinnlicher Erfahrung an, auch wenn sie nicht ausschließlich in dieser gründet.

Gegen Ende des 19. Jahrhunderts nahm zeitweilig die Wahrnehmungspsychologie die Rolle der Erkenntnistheorie ein. In Auseinandersetzung mit dem daraus hervorgegangenen Psychologismus versuchte die Phänomenologie, die Philosophie in der (deskriptiven) Analyse der Wahrnehmungsakte zu fundieren. Husserl sah im Wahrnehmungsakt selbst bereits ein logisch-konstitutives Moment mitgegeben. Wahrnehmung und Erfassen des Wesens eines Gegenstands fallen ihm zufolge in der Wesensschau zusammen.

■ **Siehe auch**

SACHBEGRIFFE →Abbildtheorie · Anschauung · Apperzeption · Ästhetik · Atomismus · Einbildungskraft · Empfindung · Empirismus · Erkenntnistheorie · Erscheinung · Phänomenologie · Rationalismus · Sinn · Subjekt-Objekt-Problem · Vorstellung

PERSONEN →Aristoteles · Baumgarten, Alexander Gottlieb · Berkeley, George · Condillac, Étienne Bonnot de · Epikur · Hobbes, Thomas · Hume, David · Husserl, Edmund · Kant, Immanuel · Locke, John · Platon

Wahrscheinlichkeitslogik, eine von Hans Reichenbach u. a. in Bezug auf den Kausalitätsbegriff eingeführte wahrscheinlichkeitstheoretische Deutung der mehrwertigen Logik. In der Wahrscheinlichkeitslogik werden →Wahrheitswerte von Aussagen als statistische Schätzungen der relativen Häufigkeiten ihres Auftretens interpretiert.

Walzer [ˈwɔːlsə], Michael L. (Laban), amerikanischer Sozialphilosoph, *New York 3. 3. 1935; lehrte 1962–66 an der Princeton University, 1966–80 an der Harvard University und ist seither an der School of Social Science in Princeton (N. J.) tätig. Walzer befasst sich mit politischer Philosophie und gilt als Vertreter eines liberalen Kommunitarismus. Sein Hauptwerk ist »Spheres of justice. A defense of pluralism and equality« (1983; dt. »Sphären der Gerechtigkeit. Ein Plädoyer für Pluralität und Gleichheit«).

Weber, Max, deutscher Soziologe, Volkswirtschaftler und Wirtschaftshistoriker, *Erfurt 21. 4. 1864, †München 14. 6. 1920, begründete die »verstehende Soziologie«.

■ **Leben** Weber studierte Rechtswissenschaften, Geschichte, Nationalökonomie und Philosophie in Heidelberg, Straßburg und Berlin. Er war Professor für Handelsrecht in Berlin (1893) sowie für Nationalökonomie in Freiburg im Breisgau (1894–97) und in Heidelberg (1897–1903). Aus gesundheitlichen Gründen kam es ab 1898 zu häufigen Unterbrechungen. 1903 musste er seine Lehrtätigkeit einstellen und konnte sie erst 1918 in Wien als Professor für Soziologie wieder aufnehmen. Ab 1919 war er Professor in München.

■ **Lehre und Werk** Webers Werk ist neben sozialhistorischen und religionssoziologischen Arbeiten ein systematischer Versuch, die Soziologie als eine wissenschaftliche Disziplin zu entwickeln, die soziales Handeln deutend verstehen und in seinem Ablauf und seinen Wirkungen ursächlich erklären will. Methodologisch strebte Weber nach einer Auflösung des Dualismus von Natur- und Geisteswissenschaften, indem er der Soziologie ein Tätigkeitsfeld zuwies, das den Naturwissenschaften unzugänglich ist: eine über die Beobachtung bestimmter Phänomene hinausgehende Deutung des subjektiv gemeinten Sinns.

Begrifflich-theoretische Klarheit strebte Weber mit seiner Kategorienlehre an, die vom »bloßen Verhalten« bis zu komplexen Formen der Vergesellschaftung reicht. Sie ist durch eine idealtypische Vorgehensweise gekennzeichnet und soll eine Gegenüberstellung von Theorie und Realität ermöglichen. Die Konstruktion gedachter Zusammenhänge diente Weber dabei als heuristisches Mittel. Im Rahmen seiner Kategorienlehre suchte er nach Grundmustern, Regeln und Bestimmungsgründen des Handelns, die er in »zweckrational«, »wertrational«, »affektuell« und »traditional« untergliederte. Jede beobachtbare Handlung könne nun mindestens einer dieser Kategorien zugeordnet bzw. als eine Form der Abweichung von einem reinen Typus (z. B. der absoluten Zweckrationalität) beschrieben werden.

Weber plädierte für eine Orientierung des politischen Handelns an der Verantwortungsethik. Er postulierte die Werturteilsfreiheit (→Werturteilsstreit) wissenschaftlichen Tuns. Die Herausbildung der westlichen Industriegesellschaft beschrieb er in seinen erst posthum unter dem Titel »Wirtschaft und Gesellschaft« (1922) zusammengefassten Untersuchungen aus universalhistorischer Perspektive als eine zunehmende »Entzauberung der Welt«, die dem Menschen einerseits die Möglichkeit einer besseren Umweltbeherrschung bietet, andererseits aber »Gehäuse neuer Hörigkeit« schafft.

■ **Bedeutung** Durch seine begrifflich-theoretischen und historisch-soziologischen Arbeiten hat Weber wesentlich zur Ausbildung der Soziologie als einer eigenständigen Wissenschaft beigetragen und ist einer ihrer bedeutendsten Vertreter. Er gilt insbesondere

Max Weber
***1864, †1920**

- etablierte die Soziologie als empirische Wissenschaft
- arbeitete auf den Gebieten der Sozialgeschichte, Religionssoziologie und nationalen Ökonomie
- unterschied zwischen Verantwortungs- und Gesinnungsethik
- bezeichnete die Entwicklung der Industriegesellschaft als »Entzauberung der Welt«
- suchte nach einer wertphilosophischen Rechtfertigung der Sozialwissenschaft

als Begründer der Musik- und Religionssoziologie, leistete bedeutende Beiträge zur Wissenschaftslehre sowie u. a. zur Wirtschafts- und Religionsgeschichte.

Wedanta, →Vedanta.

Weil [vɛj], Simone, auch Simone Weill, französische Philosophin, *Paris 3. 2. 1909, †Ashford 24. 8. 1943; wirkte ab 1931 als Lehrerin für Philosophie u. a. in Le Puy, Roanne, Bourges und Saint Quentin. Zwischenzeitlich arbeitete sie in mehreren Fabriken. Sie war zudem aktives Mitglied in der Résistance. Nach ihrer Emigration 1942 lebte sie zunächst in den USA, später in Großbritannien.

Weil verfasste zahlreiche Schriften zu politischen, historischen, religiösen und philosophischen Themen. Ihre radikale Sozialphilosophie und Fortschrittskritik, die sie u. a. in ihrer Schrift »L'encracinement« (hg. 1949; dt. »Die Einwurzelung«) darlegt, zielen auf die Überwindung der »Entwurzelung« der Arbeiter und Bauern sowie auf die Humanisierung der Arbeit durch »Einwurzelung« in eine weder kapitalistische noch sozialistische Gesellschaftsordnung, die in der von Gott gestifteten Ordnung verankert ist und den »Bedürfnissen der Seele« nach Ordnung, Freiheit, Verantwortung, Gleichheit, Privat- und Kollektiveigentum entspricht. Ihre religiösen Schriften sind von christlicher Mystik geprägt, so ihr Aufsehen erregendes Werk »Attente de Dieu« (hg. 1950; dt. »Das Unglück und die Gottesliebe«).

Weisheit
→ GEO **Dossier**
Die Wurzeln der Weisheit, Bd. 14

Weisheit
→ GEO **Dossier**
Weise werden, aber wie?, Bd. 14

Weisheit, im Unterschied zur eher pragmatischen Klugheit und zu rein theoretischem Wissen eine ideale menschliche Grundhaltung, die auf einer allgemeinen Lebenserfahrung und auf umfassendem Verstehen und Wissen um Ursprung, Sinn und Ziel des Lebens sowie um die letzten Dinge gegründet ist. Diese Grundhaltung hat ihre Bedeutung unmittelbar in der Lebenspraxis. Seit Platon wird die Weisheit zu den Kardinaltugenden gerechnet.

Welt, der »Inbegriff aller Erscheinungen«, die Gesamtheit des Erlebens **(Erlebniswelt)** oder der Handlungsmaximen **(moralische Welt).** In den →Kosmologien der Antike wurde die Welt als beseeltes Wesen gedeutet (Heraklit, Platon), später auch als Gott, Bild oder →Emanation Gottes (Plotin u. a.). Im Anschluss an die Antike unterschied die christliche Philosophie des Mittelalters, die die Welt als göttliche Schöpfung ansah, himmlische und sublunarische sowie »sinnliche Welt« (»Mundus sensibilis«) und »übersinnliche Welt« (»Mundus intelligibilis«). Die Unterscheidung einer intelligiblen von einer Welt der Realität sowie die Vermittlung zwischen ihnen ist ein Grundzug philosophischer Fragestellungen.

■ **Welt als Idee** Der erkenntnistheoretische Begriff der Welt als »die absolute Totalität des Inbegriffs existierender Dinge« (Kant) beinhaltet zunächst alle Erscheinungen und die Möglichkeit ihrer Erfahrung sowie ihrer begrifflichen (naturwissenschaftlichen) Erfassung. Dieser kantische Weltbegriff, der als »regulativer Begriff« den Status einer transzendentalen Idee hat, betrifft nicht die Realität, sondern die Möglichkeitsbedingungen der Erfahrung von Realität. Die Welt ist zugleich »moralische Welt«, sofern sie als sittlichen Gesetzen gemäß aufgefasst wird. In dieser erkenntnistheoretischen Umdeutung erhält sie ebenfalls den Status einer transzendentalen Idee. Als solcher kommt ihr keine Realität zu, vielmehr liegt ihr selbst wiederum die Idee der Freiheit zugrunde. Kant nahm an, dass die beiden im Bereich der praktischen Vernunft möglichen Standpunkte durch den Begriff der »Verstandes-Welt« vermittelt werden. Für ihn besteht diese in der Annahme von einem »Reich der Zwecke«, zu dem die Menschen gehören und in dem sie nach Maximen der Freiheit handeln, als ob diese Maximen Naturgesetze wären.

■ **Welt als Horizont** Die Philosophie nach Kant versuchte, entweder eine ontologische Einheit von Weltbegriff und realer Welt in Überwindung des Kritizismus Kants wieder herzustellen (Friedrich Wilhelm Joseph von Schelling, Hegel) oder die erkenntnistheoretische Bestimmung aufzugreifen und so zu erweitern, dass der Bruch zwischen theoretischer und praktischer Vernunft für den Weltbegriff überwunden wird. Edmund Husserl bestimmte Welt phänomenologisch als Horizont der Erfahrung, d. h. als ein zunächst inhaltlich allenfalls vage bestimmtes Vorwissen, das über die Einzeldaten der Erfahrung hinausweist und sich in der Analyse der Erfahrung spezifiziert. Die Ganzheit der Welt wird verstanden als der »offene Horizont der Raumzeitlichkeit«.

In Weiterführung der kantischen transzendentalen und phänomenologischen Bestimmung von Welt definierte Martin Heidegger die die (ontische) Allheit der Dinge begründende ontologische Kategorie der Welt als »Charakter des Daseins«. Welt ist hier Verstehenshorizont für das Seiende sowie für den Menschen und zudem Entwurf des eigenen Seinkönnens, d. h., Welt ist die Ganzheit der Seinsmöglichkeit des Daseins. Der späte Heidegger und Hans-Georg Gadamer bestimmten Welt als geschichtlichen, sprachlich ausgelegten Verständnishorizont, in dem die Auslegung des Seienden vollzogen wird.

Welt|anschauung, von Kant in der »Kritik der Urteilskraft« eingeführter Begriff, der die persönliche Zusammenfassung der Unendlichkeit der durch die Sinne erfassten Welt bezeichnet. In der Gegenwart dient der Begriff der Weltanschauung gemeinhin als Sammelbezeichnung für alle religiösen, politischen

u. a. Leitauffassungen vom Leben und von der Welt als einem Sinnganzen sowie zur Deutung des persönlichen und gemeinschaftlichen Standortes für das individuelle Lebensverständnis. Der Begriff Weltanschauung wird in diesem Zusammenhang häufig im Sinne eines →Relativismus verwendet. Insofern Weltanschauungen als Orientierungshilfen des Menschen in der Welt angesehen werden, umfassen sie Menschen- und Weltbilder, Wert-, Lebens- und Moralanschauungen (→Wert).

Es wurde z. T. versucht, eine »Weltanschauungstypologie« zu entwickeln, also verschiedene Typen von Weltanschauung aufzustellen und einander gegenüberzustellen (z. B. von Wilhelm Dilthey). Inzwischen hat sich eine Bewegung hin zu »privaten Weltanschauungen« entwickelt. Die Grundlage dafür sah Karl Jaspers in dem Bedürfnis nach »geistiger Geborgenheit« durch weltanschauliche Erklärungen, Hilfestellungen und Beistand in der Lebensbewältigung, besonders in »Grenzsituationen«.

Weltseele, sich selbst bewegendes, die Welt als ganze durchdringendes und organisierendes Lebensprinzip, so zuerst (nach pythagoreischem Vorbild) bei Platon, dann in der →Stoa (als »Pneuma«) und bei Plotin sowie in der Renaissance bei Giordano Bruno. An letzteren knüpfte Friedrich Wilhelm Joseph von Schelling an (»Von der Weltseele«, 1798; »Bruno, oder über göttliche und natürliche Principien der Dinge ...«, 1802). Die Weltseele ist bei Schelling dasjenige, was der von ihm als Organismus aufgefassten Natur als einheitsstiftendes Prinzip zugrunde liegt. Während Johann Gottfried Herder und Hegel eher von einem Weltgeist (→Geist) sprechen, spielt die Weltseele (lateinisch Anima Mundi) im →Panpsychismus (u. a. Gustav Theodor Fechner) und in der Weltanschauung Goethes eine bedeutende Rolle.

Werden, Entwicklung, Veränderung. Werden bezeichnet die Tatsache, dass sich der Mensch und alles, was ihn umgibt, im Prozess der Veränderung befinden.

Während die Naturphilosophie der Vorsokratiker noch nach materiellen und immateriellen Prinzipien des »Werdens und Vergehens« suchte, stellten Heraklit und Parmenides die Antithese von →Sein im Sinne einer Negation von Veränderung und Werden (Parmenides) und Werden im Sinne einer Negation von Sein (Heraklit) auf. Auch der ontologische Dualismus Platons gründet auf derartigen Begriffen. Zugleich widerlegte Platon die These von Parmenides, dass es Nichtseiendes und damit Werden nicht geben könne.

Aristoteles suchte einerseits ontologisch nach Gründen dafür, dass die Gegenstände so sind, wie sie (geworden) sind bzw. wie sie zu unterscheiden sind, andererseits geht er in seiner Prinzipienanalyse auf den Sprachgebrauch von »Werden« ein. Dies führt ihn v. a. auf die Unterscheidung zwischen Werden als (substanzielles) Entstehen und Werden als akzidentelle Veränderung (→Akzidens). Dabei werden die Begriffe des »zugrunde Liegenden« (→Substanz, →Substrat), der Form und des Formmangels (Steresis) von verwirklichtem Akt und diesem zugrunde liegender Potenz als allgemeine Prinzipien des Werdens gewonnen und als äußere Ursachen, Wirkursache und Zweck oder Ziel unterschieden. Diesem Ziel strebt der gesamte Werdeprozess zu (→Teleologie).

In der nacharistotelischen Metaphysik trat der Begriff des Werdens gegenüber dem des Seins in den Hintergrund. Erst Hegel griff auf die Kategorie des Werdens mit den bestimmenden Momenten des Entstehens und Vergehens zurück.

Werkästhetik, Teilgebiet der →Ästhetik.

Wert, zwischen Menschen bestehendes Übereinkommen über das ihnen Zu- bzw. Abträgliche. Durch Schätzung und Abwägung (Bewertung) von Dingen, Sachverhalten, Denken und Handeln entstanden, ordnen die Werte diese in Bezug auf den Menschen. Die breite Skala faktischer Bewertungen und theoretischer Bewertungsmöglichkeiten stellt das **Wertesystem** einer Gesellschaft dar. Aus dem Wertesystem ergeben sich Orientierungs- und Handlungsmaßstäbe, d. h. →Normen, die wiederum als Grundlage von Bewertungen dienen.

Die Wegbereiter des spezifischen Wertgedankens in der Philosophie waren v. a. Platon und Aristoteles mit ihrer Frage nach dem höchsten Gut und ihrer Klassifikation der Tugenden. Prägend waren im weiteren Verlauf die Ansätze von Thomas von Aquino, Immanuel Kant, Franz Brentano, Rudolf Hermann Lotze, Georg Simmel, Max Scheler und Nicolai Hartmann. Eine kritische Absetzung vom Denken in Werten vollzogen Nietzsche und Martin Heidegger. Während Nietzsche sich mit seinem Gedanken der »Umwertung aller Werte« hauptsächlich gegen die christliche Wertelehre wendete, lehnte Heidegger das Denken in Werten prinzipiell ab.

■ **Fragestellungen** Werte stellen Qualitäten unterschiedlicher Verbindlichkeit auf verschiedenen Betrachtungsebenen dar. Der Begriff des Wertes bildete sich seit dem 17. Jh. heraus, zunächst in der Ökonomie und in der Philosophie, schließlich im Zusammenhang mit allgemeinen Wertelehren (→Wertphilosophie). Die Versuche der philosophischen oder psychologischen Erklärung von Werten beinhalten dabei die Frage nach dem Grund der Werte sowie dem Sinn und der Berechtigung ihrer Verbindlichkeit. Von der Diskussion über den Status von Werten und deren Charakter, ihrer Objektivität oder Subjektivität sowie ihrer absoluten oder relativen Geltung ist die

Wertethik.
Werte sind nach Auffassung der neueren Ethik immer Ergebnis menschlicher Übereinkunft und nicht naturgegeben. So sei zum Beispiel das Waldsterben nicht als solches schlecht, sondern erst vor dem Hintergrund der menschlichen Forderung nach einer »intakten« Natur (abgestorbene Bäume im Harz 1996).

gesamte abendländische Geistesgeschichte geprägt.

■ **Ansätze** Unterschieden werden Werte hinsichtlich ihres Verhältnisses zum Sein, ihres Realitätscharakters und ihres Bezugs zum Wert erkennenden, Werte verwirklichenden und Werte setzenden Subjekt. In sittlicher Dimension (→Ethik) tragen Werte einen Norm- bzw. Sollenscharakter. Aus diesem ergibt sich das Problem der Verantwortung.

Der **Werterealismus** bzw. die metaphysische Wertelehre betrachtet das Sein als untrennbar mit dem Wert verbunden. Wert ist dann entweder das Sein selbst oder eine Qualität desselben und hat den Charakter der Notwendigkeit. Eine Trennung zwischen Sein und Wert nimmt der **Wertidealismus** an, z. B. im Platonismus mit der transzendenten Idee eines höchsten Guten, im Neukantianismus mit der Annahme eines irrealen Reiches der →Geltung als einer formalen Norm des Sollens und in der Phänomenologie (v. a. bei Max Scheler) als a priori gegebene ideale Qualitäten, die in einer steigenden Ordnung hierarchisiert sind. Gemeinsam ist diesen Auffassungen, dass Werte als objektive Qualitäten, d. h. als absolut verstanden werden.

Dem entgegen wird im **Wertsubjektivismus** der Wert als relativ auf ein Wert erkennendes, Werte verwirklichendes und Werte setzendes Bewusstsein bezogen, das wiederum bestimmten Bedingungen (u. a. historischen, sozioökonomischen, kulturellen) unterworfen ist. In einer Generalisierung dieses relativen Ansatzes entstanden die philosophischen Formen des **Wertrelativismus** und **Wertpositivismus**, die beide annehmen, dass die Werte nur in der Empirie verankert sind. Aus dem Bezug zwischen Wert und Subjekt ergibt sich das Problem der **Werterkenntnis.** Hier werden v. a. ein rationales Werterkennen, ein spekulativ-emotionales Wertfühlen sowie das intellektuelle Werterfassen unterschieden, wobei Letzteres die beiden Ersteren zu verbinden sucht.

Der neueren Ethik zufolge können Werte nicht unmittelbar aus einer Seinserkenntnis hergeleitet werden. Sie setzen vielmehr immer einen menschlichen Konsens voraus, der von bestimmten Bedingungen ausgeht (→Commonsense). George Edward Moore bezeichnet – an David Hume anknüpfend – das Herleiten dessen, was »gut« sei, aus dem, was der Fall ist, als »naturalistischen Fehlschluss«.

Wert|ethik, Richtung der Ethik, in der die Richtmaße für das sittliche Handeln als Werte verstanden und begrifflich gefasst werden. Meist wird dabei von einer Werthierarchie ausgegangen. Die erste Wertethik wurde von den antiken Stoikern aufgestellt, die aus der Unterscheidung des unterschiedlichen Wertes von Zielen Weisungen für das richtige sittliche Handeln ableiteten. Allerdings setzte sich dieser Ansatz gegen das platonisch-idealistische Wertdenken, das sich an der Idee des →Guten orientiert, nicht durch. Er gelangte erst im 19. Jahrhundert zu neuer Wirksamkeit.

Edmund Husserl begründete die Hauptrichtung der Wertethik des 20. Jahrhunderts, die **phänomenologische Wertethik.** Diese erfuhr 1913 durch Max Scheler sowie 1926 durch Nicolai Hartmann eine jeweils eigenständige Ausgestaltung. Schelers materiale Wertethik geht von einer Werthierarchie aus, die auf ein übersubjektives »Wertfühlen« angelegt ist. Das Wertfühlen erkennt die Rangordnung der an sich seienden Werte und realisiert handelnd die jeweils höheren Werte als das sittlich Gute. In einer umfangreichen Systematik, die versucht, Sinn und Inhalt des »Guten« zur Erscheinung zu bringen, führte Hartmann die Gedanken Schelers fort.

Wertfreiheit, wissenschaftstheoretisches und methodologisches Grundprinzip, das im →Werturteilsstreit formuliert wurde. Es soll einerseits der Abwehr wissenschaftsfremder, als ideologisch eingestufter Ansprüche an die Ziele wissenschaftlichen Erkennens dienen, andererseits der Begründung und Legitimation einer die Sozialwissenschaften auszeichnenden eigenständigen »objektiven« Erkenntnis des Gesellschaftlichen.

Die Orientierung an der Idee der Wertfreiheit bedeutet im Rückgriff auf Max Weber, dass die Zielbestimmungen wissenschaftlichen Forschens, der Entwurf und der Ablauf eines sozialwissenschaftlichen Forschungsprozesses sowie die Auswertung der Ergebnisse ausschließlich wissenschaftsimmanenten Rationalitätskriterien unterliegen sollen. Die Wertsetzungen des Forschers, politische Parteinahme und der Einfluss kultureller oder ideologischer Muster sind hiervon zu trennen. Kritiker unterschiedlicher theoretischer Herkunft (z. B. Frankfurter Schule) haben wiederum auf die Verschränkung von Werturteilen und Erkenntnis hingewiesen. Hierbei bewegen sich die Positionen zwischen der Leugnung einer objektiven Erkenntnis und einer methodischen, selbstkritischen Reflexion auf die in den eigenen Annahmen enthaltenen Wertsetzungen und deren methodische Eingrenzung.

Wertphilosophie, Wertlehre, Werttheorie, Axiologie, im weitesten Sinn jede philosophische Beschäftigung mit dem Problem der →Werte nach Inhalt und Sinn, ihrer Ordnung sowie Geltung und Verbindlichkeit. Sie findet sich schon in der antiken griechischen Philosophie, v. a. bei Platon und Aristoteles, die sich mit dem Begriff des Wertes im Sinne des allen Werten gemeinsamen »Gutseins« auseinandersetzten.

Die Wertphilosophie im engeren Sinn wurde im 19. Jh. durch Rudolf Hermann Lotze (* 1817, † 1881) begründet. Sie unterscheidet eine (häufig hierarchisch gedachte) Ordnung von Werten von der an sich wertfreien Wirklichkeit. Wertphilosophische Erwägungen finden sich in jeder großen Strömung der neueren Philosophie. Ihre beiden typischen Formen, die in neuerer Zeit keine wesentlichen Änderungen mehr erfuhren, bildete sie aber v. a. im Neukantianismus und in der Phänomenologie aus. Während im Neukantianismus etwa das Problem der Geltung als dem formalen Element der Werte verhandelt wurde, verstand die Phänomenologie den Wert als ein inhaltlich mannigfaltiges, objektives Etwas. So begründete etwa Max Scheler eine materiale →Wertethik.

Wertrationalität, von Max Weber formuliertes Prinzip, an dem sich menschliches Handeln ausrichten kann. Wertrational handelt, wer sein Tun ausschließlich an seiner eigenen Überzeugung, am Eigenwert der »Sache« und ohne Einbeziehung möglicher Nebenfolgen seines Handelns orientiert. Den Gegensatz bildet die →Zweckrationalität.

Wert|urteils|streit, Kontroverse um die methodologisch-wissenschaftstheoretische Frage nach dem Stellenwert von Werturteilen im Zusammenhang sozialwissenschaftlicher Forschungen und Erkenntnisziele. Der Werturteilsstreit wurde 1904 durch einen programmatischen Beitrag von Max Weber u. a. in der Zeitschrift »Archiv für Sozialwissenschaft und Sozialpolitik« ausgelöst. In ihm wurde gegen die damals weitgehend anerkannte Position Stellung bezogen, dass wissenschaftliche Erkenntnis der Anleitung der »richtigen« Entwicklung dienen, Ideale aufstellen und in praktischen und politischen Fragen Stellung beziehen müsse. Dieser Sicht wurde die Forderung nach gesinnungsethischer →Wertfreiheit gegenübergestellt.

Die Kontroverse, in deren Verlauf Weber wichtige Beiträge zur Methodologie und zur Frage der Objektivität in den Sozialwissenschaften lieferte, dauerte zunächst bis zum Vorabend des Ersten Weltkriegs und führte u. a. 1909 zur Gründung der eigenständigen »Gesellschaft für Soziologie«. Die Kontroverse über Wertfreiheit oder Interessengebundenheit der Gesellschaftswissenschaften wurde in den 1920er-Jahren sowie in den wissenschaftlichen und gesellschaftspolitischen Auseinandersetzungen der 60er-Jahre (→Positivismusstreit) wieder aufgenommen.

Wesen, Wesenheit, griechisch **Usia,** lateinisch **Essentia, Speci|es, Quidditas** [zu latein. quid »was?«, die »Washeit«], im weiteren Sinne das Bleibende gegenüber dem Veränderlichen sowie die Hauptsache (als das »Wesentliche«) gegenüber der Nebensache. Im engeren Sinn bezeichnet Wesen das tragende, gründende Sein des Seienden, das Auszeichnende, das ihm sein bestimmtes Sosein gibt, im Unterschied zum Dasein, die Essenz im Unterschied zur →Existenz. Der Begriff wurde von Meister Eckhart in die deutsche philosophische Terminologie als Übersetzung für »essentia« eingeführt.

Die philosophische Reflexion des Wesens bewegt sich seit Parmenides zwischen den Extremen des Nominalismus und des metaphysischen Begriffsrealismus. Während der Nominalismus das Wesen als ein durch Abstraktion aus den Sinneswahrnehmungen gewonnenen Allgemeinbegriff, ein »Gedanken-Ding«, deutet, ist es für den metaphysischen Begriffsrealismus eine urbildliche und vernunftgemäße Realität, ein Wesensgrund, dem gegenüber die raumzeitliche Realität nur äußeres Abbild und Erscheinung ist, dabei jedoch nicht bloßer Schein, sondern ihre eigentliche Manifestation. Entscheidend ist der Weg der Wesenserkenntnis: Durch Aufweis der apriorischen Voraussetzungen der »Washeiten« wird die Sinneserfahrung transzendiert.

Die Erkenntnis des Wesens ist, der klassischen metaphysischen Unterscheidung von Wesen und Sein gemäß, von Platon als Wiedererinnerung (Anamnesis), von Aristoteles und Thomas von Aquino als Tätigkeit des Geistes, von Hegel als die Dialektik des Begriffs oder – wie in der Phänomenologie Edmund Husserls – als Wesensschau gekennzeichnet. In der Existenzphilosophie (v. a. Martin Heidegger) wird das traditionelle Verhältnis von Wesen und Sein umgekehrt. So greift Jean-Paul Sartre auf die scholastische Unterscheidung zwischen »Essentia« und »Existentia« zurück, hebt aber darauf ab, dass die Existenz dem Wesen (»l'Essence«) vorausgehe, der Mensch der Schöpfer seiner selbst, d. h. seines Wesens und seiner Geschichte, sei.

Whitehead ['waɪthed], Alfred North, britischer Mathematiker und Philosoph, *Ramsgate 15. 2. 1861, †Cambridge (Mass.) 30. 12. 1947; lehrte 1885–1910 Mathematik am Trinity College in Cambridge und ab 1914 als Professor für angewandte Mathematik in London. 1924–37 wirkte er als Professor für Philosophie an der Harvard University in Cambridge (Mass.). Seine konstruktiv-metaphysische Spätphilosophie zeigt Einflüsse der Monadologie von Leibniz, des englischen Neuhegelianismus, von Henri Bergson und William James.

Die mathematischen Arbeiten Whiteheads waren vorwiegend Grundlagenfragen gewidmet. Seine Ausführungen über algebraische Studien stimmten weitgehend mit denen seines Schülers Bertrand Russell überein, weshalb sich beide für eine Zusammenarbeit entschieden. In ihrem dreibändigen Werk »Principia Mathematica« (1910–13) gaben sie, den Standpunkt des →Logizismus vertretend, eine mengentheoretisch-logische Begründung der Mathematik. Whiteheads Kritik an der Atomisierung und Geometrisierung der kon-

Alfred North Whitehead
*** 1861, † 1947**

- baute mit seinem Schüler Bertrand Russell die mathematische Logik auf
- kritisierte die Atomisierung und Geometrisierung der Naturerfahrung durch die Wissenschaft
- entwickelte ausgehend vom Begriff des Prozesses eine neue Metaphysik
- verband Kosmologie und Religionsphilosophie zu einer umfassenden Weltdeutung

kreten Naturerfahrung durch die Wissenschaft bestimmte seine spätere Naturphilosophie. Diese entwickelte er in »Process and reality. An essay in cosmology« (1929; dt. »Prozeß und Realität. Entwurf einer Kosmologie«) weiter zu einer metaphysischen Kosmologie bzw. zu einer »organischen« Philosophie (»Philosophy of Organism«) als einem alle Gegenstände menschlicher Erfahrung umfassenden System.

Whitehead fasst die Wirklichkeit als Prozess fortwährender Selbstkonstitution auf der Grundlage letzter »Einheiten« auf, die ständig wechselnde Beziehungen zueinander herstellen. Die Bildung dieser »Einheiten« ist als organisches »Zusammenwachsen« (Konkreszenz) ihrer »Objektivationen« oder »Erfassensakte« (Prehensionen) zu verstehen. Gegenüber der unausschöpflichen prozesshaften Wirklichkeit sind alle begrifflichen Unterscheidungen, besonders der Wissenschaft, abstrakter Natur.

Der **Wiener Kreis,** zu dem auch Rudolf Carnap gehörte, vertrat einen radikalen Empirismus:

»Das positive Ergebnis wird auf dem Gebiet der empirischen Wissenschaft erarbeitet… Auf dem Gebiet der Metaphysik… führt die logische Analyse zu dem negativen Ergebnis, dass die vorgeblichen Sätze dieses Gebietes gänzlich sinnlos sind.«

Widerlegung, Beweis der Falschheit eines Satzes, Arguments oder einer Behauptung. Eine Widerlegung kann z. B. logisch durch den Aufweis eines Widerspruchs (→Beweis) und empirisch aufgrund von Beobachtung oder Experiment unternommen werden. In den empirischen Wissenschaften gilt die →Falsifikation als ein anerkanntes Prinzip der Widerlegung.

Widerspiegelungstheorie, andere Bezeichnung für die →Abbildtheorie.

Widerspruch, 1) das Verhältnis zwischen zwei einander ausschließenden (kontradiktorischen) Bestimmungen ein und desselben Gegenstandes. Nach Hegel ist der Widerspruch eine grundlegende Kategorie jeglicher Entwicklung, z. B. der Entwicklung der Gesellschaft oder von Naturvorgängen. Deren Grundschema besteht in dem Gegensatz von These und Antithese (Widerspruch) und deren Synthese, wobei These und Antithese auf der »höheren« Stufe der Synthese aufgehoben werden in einer neuen Gestalt.

Insbesondere in der marxistischen und marxistisch orientierten philosophischen Literatur haben realer oder dialektischer Widerspruch als Kategorien zur Darstellung gesellschaftlicher Entwicklungen Bedeutung erlangt. Realer Widerspruch meint dabei eine historisch erklärbare Sinnverkehrung bestehender Institutionen. Er liegt vor, wenn die ethisch-politisch relevanten Ziele, für die eine Institution gegründet wurde, durch diese Institution verhindert werden. Die Suche nach Widersprüchen stellt somit eine gesellschaftskritische Aufgabe dar. Sie wird durch Offenlegung gelöst, indem zugleich die ethisch-politischen Entwicklungsmöglichkeiten der Institutionen aufgezeigt werden.

Die Herausarbeitung der Widersprüche, die den zwiespältigen Zügen der bürgerlich-kapitalistischen Gesellschaftsordnung innewohnen, machte sich auch die kritische Theorie Max Horkheimers und Theodor W. Adornos zur Aufgabe, um auf Veränderungen zu einer vernünftigen gesellschaftlichen Organisation und die Aufhebung gesellschaftlichen Unrechts hinzuwirken.

Im Marxismus-Leninismus schließlich trat der Widerspruch als →Antagonismus zwischen den Interessen der Klassen zutage, der mit dem Sieg des Proletariats verschwinden sollte.

2) Kontradiktion, lateinisch **Contradictio,** in der *Logik* jedes Aussageschema, das →logisch falsch ist. Eine **Contradictio in adiecto** ist ein »Widerspruch in der Beifügung«, also ein logischer Fehler in der Begriffsbildung. Er liegt vor, wenn ein Begriff durch eine ihm widersprechende Ergänzung bestimmt werden soll, z. B. »rundes Viereck«. Der Satz vom (verbotenen) Widerspruch (→Principium Contradictionis) ist ein grundlegender Satz der traditionellen Logik.

Widerspruchsfreiheit, Konsistenz [latein., zu consistere »still stehen«, »dicht werden«], Eigenschaft einer Menge *X* von Ausdrücken einer mathematischen Theorie. *X* heißt inhaltlich oder **semantisch widerspruchsfrei,** falls jeder aus *X* beweisbare Ausdruck allgemein gültig ist, formal oder **syntaktisch widerspruchsfrei,** falls wenigstens ein in *X* gebildeter Ausdruck existiert, der nicht in *X* beweisbar ist, und **klassisch widerspruchsfrei,** falls aus *X* kein Ausdruck zusammen mit seiner Verneinung beweisbar ist.

Wiener Kreis, Wiener Schule, eine der wichtigsten philosophischen Schulbildungen im 20. Jahrhundert. Der Wiener Kreis ging aus dem ersten Wiener Kreis (1908–12) hervor, einer informellen Diskussionsrunde, in der u. a. die Vereinigung der Wissenschaftsphilosophie Ernst Machs mit den Ideen des →Konventionalismus im Zentrum stand.

■ **Entstehung** Als Moritz Schlick 1922 auf Machs Lehrstuhl berufen wurde, bildete sich um ihn ein Zirkel von wissenschaftstheoretisch interessierten Philosophen und Wissenschaftlern, zu denen neben Hans Hahn und Otto Neurath Kollegen wie Victor Kraft und von 1926 an Rudolf Carnap sowie als Studierende Herbert Feigl, Friedrich Waismann, Kurt Gödel u. a. gehörten. Ab 1929 trat die Gruppe im neu gegründeten »Verein Ernst Mach« mit einer Schriftenreihe und der Zeitschrift »Erkenntnis« an die Öffentlichkeit. Mit der Publikation des Manifests »Wissenschaftliche Weltauffassung. Der Wiener Kreis« (1929) wurden die Grundsätze des konsequenten →Empirismus verkündet. Gleichzeitig begann eine Reihe von internationalen Kongressen für die Einheit der Wissenschaften.

■ **Programm** Der →logische Empirismus des Wiener Kreises wurde durch die mathematische Logik von Gottlob Frege und Bertrand Russell geformt und wesentlich durch Ludwig Wittgenstein beeinflusst. Er bediente sich der mathematischen Logik als Mittel der Analyse, entwickelte die moderne Wissenschaftstheorie als Theorie der wissenschaftlichen Sprachen, verneinte die Trennung in Natur- und Geisteswissenschaften und vertrat das Programm einer Einheitswissenschaft durch Gründung aller Wissenschaften in einer Einheitssprache.

Während in der Frühphase des Wiener Kreises für die Realisierung dieses Programms eine phänomenalistische, die individuelle Beobachtung beschreibende Sprache (→Beobachtungssprache) gewählt wurde (wie in Carnaps »Der logische Aufbau der Welt« von 1928), gelangten Neurath, Wittgenstein und Carnap nach 1929 zu der Auffassung, dass nur eine physikalische Sprache als Grundsprache der Wissenschaft gerechtfertigt sei. In diese könnten alle übrigen Sprachen übersetzt werden, außerdem sei allein die physikalische Sprache intersubjektiv überprüfbar. Empirisch-wissenschaftliche Theoriebildung erfolgt danach induktiv, d.h. durch sukzessive Sammlung ähnlicher Beobachtungen. Die Gültigkeit einer Aussage oder Theorie wird durch deren Verifikation bewiesen. Mit diesen Auffassungen setzte sich v.a. Karl R. Popper kritisch auseinander.

Wilhelm von Ockham, →Ockham, Wilhelm von.

Wille, lateinisch **Voluntas,** Grundbegriff der *Ethik*, der das bewusste, auf ein bestimmtes Ziel gerichtete Streben bezeichnet. Der Wille ermöglicht es dem Menschen, selbst Entscheidungen zu treffen, im Gegensatz zu innerer oder äußerer Fremdbestimmung in Instinkt-, Trieb- oder Zwangshandlungen.

Von sittlicher Bedeutung ist die Fähigkeit des Willens, erkannte Werte zu bejahen und zu verwirklichen. Der Wille erscheint dadurch als das Bewusstsein der Macht, eigenes seelisches und körperliches Geschehen wie äußere Umstände zu steuern und zu gestalten und damit Inhalt und Ziel des Wollens festzulegen. Die Wahl geschieht aufgrund von Motiven, die im Unterschied zu den Ursachen subjektiv bedeutsam sind. Der Wille soll dabei die →Freiheit des Menschen verbürgen, die ihn aus dem Naturzusammenhang, in dem Notwendigkeit und Zwang herrschen, herausnimmt.

Eine zentrale Stellung nimmt der Begriff innerhalb der Philosophie Arthur Schopenhauers ein. In seiner Beschreibung der Welt als »Wille und Vorstellung« geht er davon aus, dass 1. die Welt »an sich« – also als allgemeines, vom Einzelsubjekt unabhängiges Weltprinzip – Wille im Sinne eines unbewussten Strebens ist und dass die Welt 2. für mich – also in der dem Bewusstsein entgegentretenden Welt der Erscheinungen – Vorstellung ist. Alles, was im Sinne von Wirkung besteht, ist Ausdruck eines einzigen Willens als Ursache allen Seins.

Die sprachanalytische Philosophie und der Behaviorismus lehnen die Verwendung des Willensbegriffs ab, da durch ihn keine Bezugnahme auf ein empirisch aufweisbares Referenzobjekt möglich sei.

Willensfreiheit, die Fähigkeit des Menschen, sich aus →Freiheit Werte und Ziele zu setzen und diese im Handeln zu verfolgen, unabhängig von äußerer oder innerer Fremdbestimmung (→Autonomie). Die Willensfreiheit wird vom →Determinismus verneint, der von der durchgängigen kausalen Bestimmtheit der Handlungen durch äußere (soziales Umfeld) oder innere Bedingungen (genetische Anla-

Wille

→ GEO **Dossier**
Wie frei ist unser Wille?, Bd. 14

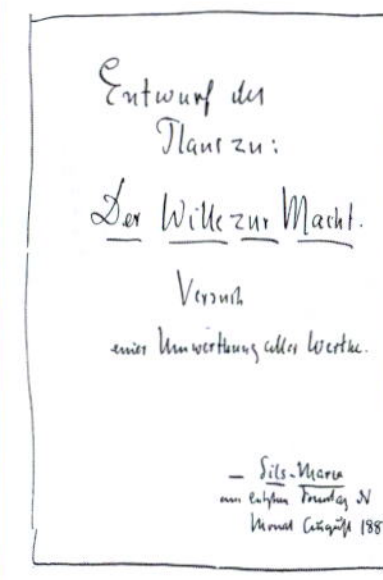

100563

Wille.
Von Schopenhauers Konzept des Willens ausgehend, sah Friedrich Nietzsche im Willen zur Macht das grundlegende Element des Lebens schlechthin. Alle bekannten Triebe seien Modifikationen des Willens zur Macht (Titelblatt des handschriftlichen Entwurfs, Sils-Maria, August 1888, Weimar, Nietzsche-Archiv).

Wille Buridans Esel

3031

In der Willenslehre nahm der im Paris des 14. Jahrhunderts wirkende Scholastiker Johannes Buridan einen zwischen Determinismus und Indeterminismus vermittelnden Standpunkt ein. Selbst im normalen Wahrnehmungsakt bleibe dem Menschen die Wahrheit vorenthalten oder könne ihm zumindest vorenthalten bleiben. Eine Entscheidung beruhe deshalb auf der Willensfreiheit (auch Gottes), die sich nach dem größeren Gut ausrichte. Inzwischen sprichwörtlich geworden ist die Geschichte von Buridans Esel, die Kritiker dem Philosophen anhängten. Dieser Esel nämlich verhungere aufgrund mangelnder Entscheidungskriterien zwischen zwei gleichen Heuhaufen (Darstellung Johannes Buridans in einer Pariser Handschrift, um 1370; Krakau, Universität).

gen, körperliche Voraussetzungen) ausgeht. Der Indeterminismus, der die Willensfreiheit bejaht, verneint nicht den Einfluss dieser Momente auf das Wollen, führt jedoch die letzten, konkreten Entscheidungen auf die Selbstbestimmung der Person zurück.

Willensfreiheit
→ GEO **Dossier**
Wie frei ist unser Wille?, Bd. 14

Die *Ethik* versteht unter Willensfreiheit nicht Beliebigkeit des Tun-und-lassen-Könnens (Willkürfreiheit), sondern sittliche (autonome) Selbstverfügung. So ist bei Kant die Willensfreiheit des Individuums die Voraussetzung von dessen moralischer Begabung und Verpflichtung. Für Arthur Schopenhauer liegt das Wesen des Menschen nicht im Denken oder Erkennen, sondern im Willen. Der Wille des Einzelnen ist jedoch unfrei und dem höheren Weltwillen untergeordnet. Bei Nietzsche unterliegt der menschliche Wille der Macht der Natur. Religionsgeschichtlich wird die Freiheit des menschlichen Willens als freie Selbstentscheidung in Spannung zur göttlichen Allmacht gedacht.

Windelband, Wilhelm, *Potsdam 11. 5. 1848, †Heidelberg 22. 10. 1915; wurde 1876 Professor in Zürich, 1877 in Freiburg im Breisgau, 1882 in Straßburg, 1903 in Heidelberg. Gemeinsam mit Heinrich Rickert begründete er die Heidelberger oder Südwestdeutsche Schule des Neukantianismus. Er entwickelte seine Philosophie im Rückgriff auf den Kritizismus Kants als kritische Wissenschaft von den allgemein gültigen Werten; richtungsweisend wurde seine Wissenschaftslehre mit der Unterscheidung von nomothetischen (gesetzgebenden) Naturwissenschaften und idiografischen (individualisierend-beschreibenden) Kulturwissenschaften. Große Bedeutung erlangte Windelband auch als Philosophiehistoriker und -didaktiker.

Wirklichkeit
→ GEO **Dossier**
Die Welt - ein Hirngespinst, Bd. 14

Wirklichkeit [mittelhochdeutsch würke(n)lich, würklich, eigentlich »tätig«, »wirksam«, zu Werk], alltagssprachlich meint das Adjektiv »wirklich«, dass etwas in einer nicht mehr bezweifelbaren Form »tatsächlich« genommen werden kann oder auch als nachprüfbar »wahr«; entsprechend bezeichnet das Substantiv Wirklichkeit die Gesamtheit aller in diesem Sinne »wirklichen« Gegebenheiten oder Dinge. Gleichwohl ist die damit umschriebene Totalität der Wirklichkeit gerade nicht positiv bestimmbar. Der Wirklichkeitsbegriff zielt in seiner alltäglichen Verwendung vielmehr auf das mitlaufend Je-Allerselbstverständlichste und fungiert deshalb als ein »implikatives Prädikat« (Hans Blumenberg), d.h. ohne eigens darüber nachdenken zu müssen, nehmen wir alles dasjenige als »wirklich«, was uns nie als unwirklich (z.B. als Täuschung, Traum, Illusion etc.) erscheinen könnte. Daher gibt es erstens zwar viele Negationsformen des Wirklichen, aber keinen symmetrischen Gegenbegriff der Wirklichkeit. Daher wird zweitens das Argument, »etwas verhalte sich wirklich so«, als Überbietungsformel gegenüber explizit kursierenden, aber ungeprüft anerkannten Wahrheiten ins Feld geführt. In diesem sprachkritischen Sinn hat sich schon Platon gegen Dichtung und bloße Erzählungen (Mythen) verwahrt: Sie verderben die Seelen der Zuhörer, soweit diese dagegen »nicht das Heilmittel besitzen, dass sie wissen, wie es sich um die Dinge zutreffenderweise verhält«.

■ **Begriffsgeschichte von Realität und Wirklichkeit** Die philosophische Tradition thematisierte Wirklichkeitsfragen mittels des Begriffs der »Realität« (von lateinisch »realitas«, was nicht nur auf »esse realitas« verweist, sondern auch einfach auf »res«, Ding, Sache). Die →Realität einer Sache bestand für das Denken der mittelalterlichen Scholastik gleichsam in der »Sachheit« dieser Sache - so hat Johannes Duns Scotus die »realitas« bestimmt: als den über das (gemeinhin übliche) unvollkommene Verständnis einer Sache oder eines Dings hinausgehenden »vollkommenen Begriff jenes Dings« (»conceptus perfectus illius rei«). Bei René Descartes und Baruch de Spinoza wird dieses alte, auf das Bewusstsein und die abstrahierte »quidditas« (die Washeit) der Dinge abgestellte Realitätsverständnis umgewendet: Beide Autoren zielen mit der Verwendung von »realitas« auf eine gegenständliche Entität draußen in der Welt.

Descartes versteht 1641 unter »realitas objectiva« einer Idee »die Seiendheit des durch die Idee dargestellten Dinges, sofern sie in der Idee ist«, und Spinoza fordert 1663 ganz ähnlich, dass diese »das Sein und die Vollkommenheit der Substanz enthält«, und behält diesen Standpunkt auch in seiner »Ethica« 1675/77 bei. Bei Gottfried Wilhelm Leibniz hingegen bleibt die scholastische, auf das Bewusstsein von den Dingen bezogene Vorstellung von »realitas« beziehungsweise »realité« erhalten. Leibniz denkt die ganze Welt als beste aller möglichen und damit als zwar einzig wirklich (und insofern absolut), aber zugleich doch auch relativ, und zwar »wirklich« allein durch ihre interne Konsistenz, was in dieser Form neu ist. Der deutsche Begriff »Realität« steht vor diesem Hintergrund von vorneherein in einer mehrdeutigen Tradition. Trotz mehrerer naturalistischer Vereinfachungsschübe, objektiv »wirklich« wäre naturwissenschaftlich betrachtet einfach eine empirische »Realität der Außenwelt«, wurde der Begriff bis heute nicht abschließend bestimmt. In der deutschsprachigen Philosophie (und nur hier) ist es nun allerdings möglich, zwischen Wirklichkeit und Realität zu differenzieren und genau dies geschieht bei Immanuel Kant. Er nutzt seinerseits eine begriffliche Weichenstellung von Christian Wolff, welcher in seiner so genannten »Deutschen Metaphysik« (1720, 1751) die klassisch modallogischen Kategorien (→Modalität) »möglich/unmöglich« des Aristoteles ergänzt: Dasjenige, »wodurch das Mögliche seine Erfüllung erhält«, sei das, »was wir Wircklichkeit nennen«. Der deutsche Ausdruck Wirklichkeit war zuvor ein mystisch konnotierter Terminus, er übersetzte etwa »operatio« und meinte also die »wirkende« Qualität in einem Akt. Kant sorgte in der nach Wolff entstehenden Begriffsverwirrung für Klarheit, indem er Realität und Wirklichkeit unterschied. Anders als die »Realität« (hier hält sich Kant an die auf die Scholastik zurückgehende Kernbedeutung von »qualitativem Sosein«, wahrer und positiver »Sachheit einer Sache«) soll das deutsche Wort Wirklichkeit gemäß der »Kritik der reinen Vernunft« allein eine Modalität bezeichnen. Die Kategorie Wirklichkeit definiert damit die Art und Weise, in der ein Sachverhalt für das Erkenntnisvermögen bestehen oder dasein kann: »wirklich« (und nicht z. B. bloß »möglich«). Durch sein berühmtes Diktum: »Hundert wirkliche Thaler enthalten nicht das Mindeste mehr als hundert mögliche« zeigt Kant den Charakter der Modalbegriffe an, allein verstandesmäßige Zuschreibung zu sein (und nicht etwa Fixierung einer Realität). In Bezug auf den empirischen Gebrauch bedeutet der Grundsatz der Möglichkeit wie der Wirklichkeit dann die Art, wie ein begrifflich gefasster Gegenstand mit Erkenntniskraft verbunden wird, d. h., »worin er entspringt und seinen Sitz hat«. Die Wirklichkeit eines Dinges vermehrt oder verändert im Vergleich mit dessen Möglichkeit eben deshalb nichts in dem Dinge selbst, weil sie lediglich anzeigt, dass hier eine Verknüpfung des Verstandes »mit der Wahrnehmung« stattfindet. Über die modallogische Wirklichkeitsfrage entscheidet für Kant demnach die »Verknüpfung mit der Wahrnehmung«, sie ist es, die »den Stoff zum Begriff hergibt« und damit »der einzige Charakter der Wirklichkeit«: Ich muss wissen, ob ein Phänomen tatsächlich in der empirischen Erfahrung gegründet ist und nicht aus bloßen Begriffen stammt (oder Träumen oder anderen Einbildungen), nur dann kann es mein Verstand als wirklich erkennen. Schon in der Romantik und dann in der nachkantischen Philosophie überhaupt wird diese Vorgabe vielfältig überschritten.

Den deutschen Idealismus interessiert die Wirklichkeit nicht als Modalität, sondern als dynamische Größe: als pointierte Wirklichkeit eines je individuell »gesetzten« und »bedingten« Daseins, das gleichwohl in sich das Absolute trägt und sich dem Unbedingten öffnet. So bezieht Johann Gottlieb Fichtes »Wissenschaftslehre« (1794) »absolutes Seyn und wirkliches Daseyn« aufeinander und Friedrich Wilhelm Joseph Schelling unterscheidet »Seyn« als absolutes Gesetztsein vom »Daseyn«, Letzteres ist Wirklichkeit und durch eine bestimmte Bedingung bedingt. Georg Wilhelm Friedrich Hegel verfügt auch über einen modallogischen Begriff von »wirklich«, er hat v. a. aber die Wirklichkeit im Reflex auf ihre eigene Geschichtlichkeit als zur Wirklichkeit kommende Bewegung bestimmt und auf die Geschichtlichkeit der sie selbst als in ihr wahres Existenzrecht setzenden Kriterien: »Was vernünftig ist, das ist wirklich; und was wirklich ist, das ist vernünftig«, schreibt Hegel 1821 in der »Vorrede« zu seinen »Grundlinien der Philosophie des Rechts«. In dieser Rückbeugung muss Wirklichkeit nicht nur prozessförmig sein, sondern dezidiert mehr sein als bloße Existenz, nämlich (so Hegels »Logik«) Verwirklichung des Geistes: »Einheit des Wesens und der Existenz«. Hegels übergreifendem Verwirklichungsbegriff zufolge sind Möglichkeit und Zufälligkeit als Modalitäten bloße »Momente« der Wirklichkeit, und auch die innere und die äußere Seite der Wirklichkeit stehen sich nicht entgegen, sondern werden »wirklich« miteinander vermittelt und in einer umfassenden Wirklichkeit aufgehoben.

Wirkung, ein Geschehen, das ohne ein anderes Geschehen, die →Ursache, nicht stattfände. Nach dem Gesetz der Kausalität muss jedes Geschehen im naturgesetzlichen oder geschichtlichen (auch rechtlichen) Zusammenhang eine Ursache haben.

Wirkungsästhetik, Teilgebiet der →Ästhetik.

Wirk|ursache, die Causa efficiens (→Causa).

Wissen, siehe Sonderartikel Seite 372.

Wissenschaft, das System des durch Forschung, Lehre und überlieferte Literatur gebildeten, geordneten und begründeten, für gesichert erachteten Wissens einer Epoche. Wissenschaft bezeichnet zugleich die für den Erwerb des Wissens typische methodisch-systematische Forschungs- und Erkenntnisarbeit

Fortsetzung S. 374

100563

Wissenschaft. Joseph Wright of Derbys Gemälde »Das Experiment mit dem Vogel in der Luftpumpe« dokumentiert den Aufschwung der Naturwissenschaften im 18. Jh. Der Todeskampf der Taube, die einem Vakuum ausgesetzt wird, symbolisiert menschliche Allmacht über Werden und Vergehen (Ausschnitt, 1768; London, Tate Gallery).

Wissen

Wissen

Wissen
→ GEO **Dossier**
Die Wurzeln der Weisheit, Bd. 14

Wissen
→ GEO **Dossier**
Weise werden, aber wie?, Bd. 14

Fast zweieinhalbtausend Jahre sind vergangen, seit Sokrates den Bürgern Athens das erste Mal mit einer sonderbaren Formulierung zu denken gab. »Eins weiß ich: dass ich nichts weiß«, so behauptete er von sich und warf mit diesem kurzen Ausspruch Fragen auf, die noch heute die Philosophenwelt bewegen: Was heißt es eigentlich, wenn jemand von sich sagt, dass er etwas weiß? Und: Was ist es, was von einem Wissenden gegebenenfalls gewusst wird? Vor allem aber: Unter welchen Bedingungen kann einer von sich behaupten, etwas zu wissen?

Wissen als Gewissheit

Platons berühmte Definition lautet: »Wissen ist wahre, mit Begründung versehene Meinung.« Aristoteles hat später die Unterscheidung zwischen einem praktischen und einem theoretischen Wissen eingeführt, einem »Wissen, dass« und einem »Wissen, warum«. Die philosophische Tradition konzentrierte sich in der Folge auf die erste Art des Wissens. Dieses wurde zum Gegenstand der Erkenntnistheorie.

Wie wissen wir, dass wir oder andere etwas wissen? Etwas zu wissen ist etwas anderes als etwa zu schlafen oder zu atmen, also keine einfache Tätigkeit. »Wissen« bedeutet so viel wie Erkennen, und zwar nicht im Sinne eines bloßen Wahrnehmens von etwas, sondern im Sinne von Einsehen oder Sich-einer-Sache-gewiss-Sein. Dass wir etwas wissen oder jemand etwas weiß (oder nicht weiß), erkennen wir nicht, indem wir uns oder jemanden betrachten und äußere Merkmale dieser Person feststellen, die darauf schließen lassen würden, dass sie sich in dem Zustand des Wissens befindet, sondern indem wir aufgrund bestimmter Kriterien zu der Einsicht oder Gewissheit gelangen, dass wir oder der andere »wissend« oder »unwissend« sind.

Wissen als Zustand

Unsere Sprache erlaubt es, das Wort »Wissen« auch als Substantiv zu verwenden, was den Eindruck erwecken kann, es gebe einen Gegenstand, der, einem Gefäß gleich, all das aufnehmen könne, was man weiß. Dieser Eindruck führte dazu, »Wissen« als etwas zu betrachten, das den »Füllstand« des Gefäßes und die »Qualität« seines Inhalts beschreibt. Außerdem wurden Fragen nach dem »Sitz« dieses Gefäßes und nach der Beziehung seines Inhalts zur Welt aufgeworfen – etwa, ob das Wissen im Gehirn gespeichert sei und in welcher Form, ob sich die Inhalte des Wissens auf Sachverhalte in der Welt beziehen, und wenn ja, wie, ob »überzeugend« eine notwendige Eigenschaft der Wissensinhalte sei, oder auch die Frage danach, ob »Meinungen« oder »Hypothesen« schwächere oder grundsätzlich andere Formen des Wissens seien.

Wie lässt sich der Wissenszustand fassen und von anderen Geistes- und Körperzuständen unterscheiden? Woran erkennen wir den Zustand des Wissens – an uns und an anderen? Eine Antwort auf diese Fragen könnte lauten, dass das Wissen einer Person zu bestimmten Sachverhalten in der Welt in einem Notwendigkeitsverhältnis stehen muss. Das heißt, damit der Wissenszustand besteht, muss etwas in der Welt bestehen, das dieses Wissen rechtfertigt.

100562

Meist sichert die Person, die äußert, dass sie etwas wisse, mit dieser Aussage zu, dass sie dieses Wissen unter Beweis stellen kann.

Eine solche Ansicht ist allerdings problematisch, wie sich an einem beliebten Beispiel verdeutlichen lässt: Eine Person geht in dem Wissen einkaufen, dass sich ihre Brieftasche in der Jackentasche befindet. Nun wird die Brieftasche aber unbemerkt für kurze Zeit aus der Tasche herausgenommen und anschließend wieder zurückgesteckt. Nach der skizzierten Auffassung von Wissen können wir in diesem Fall nicht davon sprechen, dass die betreffende Person von sich zu Recht behaupten konnte zu wissen, dass sie ihre Brieftasche in der Jackentasche wiederfinden würde. Die Überzeugung, dass sie sich in ihrer Tasche befindet, war quasi per Zufall wieder wahr, nachdem der mit ihr korrespondierende Sachverhalt für kurze Zeit unterbrochen war. Das möglicherweise nur zufällige Wahrsein einer Überzeugung als Wissen zu charakterisieren, scheint wenig überzeugend.

Im Rückblick auf die Geschichte und im Licht unterschiedlicher Bezugssysteme wie Philosophie, Psychologie, Anthropologie, Kulturgeschichte und Soziologie erweist sich der Bedeutungsbereich des Wissensbegriffs als außerordentlich weit gefächert: Er reicht von der unhinterfragten Sicherheit, wie sie intuitives, mystisches oder religiöses Wissen bieten kann, über ein nach Rationalitätskriterien abgesichert gedachtes Wissen bis hin zu einem auf Probehandeln, Hypothesen, Experiment und vor allem auf Widerlegbarkeit bzw. Korrigierbarkeit angelegten Schema der Anordnungen von Informationen, das sich seiner Vorläufigkeit und Unsicherheit – seiner »fließenden« Grenzen zum Nichtwissen – bewusst ist.

Eine solche Breite der Unterscheidungsmöglichkeiten lässt bereits die in der frühen griechischen Philosophie angelegte Unterscheidung zwischen begründbarer bzw. begründeter Erkenntnis (Episteme) und angenommenem bzw. von anderen vermitteltem Wissen (Doxa) erkennen.

Wissen als Zusichern

Eine eindeutige Antwort auf die eingangs formulierten Fragen scheint es nicht zu geben. Von dem Begriff des Wissens als »wahrer, mit Begründung versehener Meinung« ausgehend, lässt sich jedoch zumindest die Absicht angeben, die sich in den allermeisten Fällen hinter der Behauptung verbirgt, man wisse, wie X zu bewerkstelligen ist oder dass Y der Fall sei: Sie kann als das Zusichern aufgefasst werden, dass die Person, die sie äußert, das, was sie weiß, prinzipiell auch unter Beweis stellen kann. Der »Wissende« kann von anderen (oder von sich selbst) dazu aufgefordert werden. Im Falle seines Scheiterns sagen wir, er habe sich geirrt, und drücken damit aus, dass er das Herbeiführen von X oder das Vorliegen von Y unter gleichen Bedingungen bzw. mit gleicher Begründung nicht mehr zusichern darf.

»Moritz kann laufen«, »Ein Lebewesen muss atmen«, »Martha weiß, dass Hans schläft« – diese Sätze wollen das Verhältnis eines Akteurs zu etwas anderem ausdrücken. Die Verben »können«, »müssen«, »wissen« zeigen eine Reihe von »Haltungen zur Welt« an. So zeigt »können« an, dass das Herbeiführen einer Tätigkeit in unserem Handlungsvermögen liegt, »müssen«, dass das Herbeiführen einer Tätigkeit zwingend notwendig ist. Und obwohl »wissen« in der Grammatik nicht wie die anderen als Modalverb bezeichnet wird, ist es ebenfalls eine Haltung zur Welt, ein Modus des Für-wahr-Haltens – und der Inbegriff der Erkenntnis überhaupt.

Das Labor von Justus von Liebig, dem Begründer der Agrikulturchemie, in Gießen im 19. Jh.: Nicht nur durch theoretische Vorlesungen, sondern vor allem durch praktische Versuche erwarben sich seine Studenten ihr nach Rationalitätskriterien abgesichertes Wissen.

Fortsetzung von S. 371
sowie deren organisatorisch-institutionellen Rahmen. Auf einen begrenzten Gegenstand bezogenes Wissen kennzeichnet die **Einzelwissenschaften,** die ihrerseits in einen theoretischen und einen angewandten Bereich gegliedert sind und mit fortschreitender Differenzierung eine Reihe von Teildisziplinen hervorbringen können (z. B. Psychologie, Medizin, Physik).

■ **Geschichte** Wissenschaft wurde von Sokrates, Platon und Aristoteles im Sinne von rational begründetem Wissen begriffen, im Gegensatz zur Historie als bloße Überlieferung von Fakten. Auf Aristoteles geht auch die Trennung in theoretische und praktische Wissenschaften zurück, die sich in der Scholastik in der Gegenüberstellung der »Artes liberales« und »Artes mechanicae« fortsetzte und bis ins 18. Jh. hinein als Unterscheidung zwischen Philosophie und Wissenschaft – z. B. zwischen Naturphilosophie und naturwissenschaftlicher Physik – gültig blieb. Seit dem 19. Jh. kam es zu einer Ablösung des begründungsorientierten Wissenschaftsbegriffs durch ein an methodischen Normen und an der Beherrschung empirischer Daten orientiertes Wissenschaftsverständnis. Ein einheitliches, logisch zusammenhängendes System der Wissenschaften gibt es trotz verschiedener Entwürfe einer solchen Einheitswissenschaft nicht.

■ **Methode** Methodisch kennzeichnet die Wissenschaft ein als gesichert angesehenes, in einen Begründungszusammenhang von Sätzen gestelltes und damit intersubjektiv kommunizierbares und nachprüfbares Wissen, das bestimmten wissenschaftlichen Kriterien wie z. B. Allgemeingültigkeit und Systematisierbarkeit Genüge tun soll. Die wissenschaftlichen Methoden richten sich nach den jeweiligen Gegenständen, wobei sich v. a. zwei Traditionen herausgebildet haben. So sind für die Naturwissenschaften Beobachtung, Hypothesenbildung, Experiment und Theoriebildung charakteristisch. Im Unterschied hierzu bezieht sich die geisteswissenschaftliche Methode auf die niemals gänzlich zu erschöpfende und in der Beobachtung einholbare Deutung individueller Phänomene, auf Bedeutungszuweisung und Sinnverstehen im Rahmen historisch-kultureller Zusammenhänge.

■ **Einteilung** Die Einteilung der Wissenschaften folgt unterschiedlichen Gesichtspunkten. Die Wissenschaften sind dem Ziel nach entweder rein **theoretische** (Grundlagenforschung, Methodenlehre) oder **praktisch-angewandte Wissenschaften,** der Erkenntnisgrundlage nach (empirische) **Erfahrungs-** oder (rationale) **Vernunftwissenschaften.** Auf Wilhelm Dilthey geht die Unterscheidung der erklärenden Naturwissenschaft und der verstehenden →Geisteswissenschaft zurück. Wilhelm Windelband (* 1848, † 1915) unterschied entsprechend **nomothetische** (Gesetzes-)**Wissenschaft** und **ideografische** (das Einzelne beschreibende) **Wissenschaft.** Letztere ist gekennzeichnet durch ihren Bezug auf Werte. Heinrich Rickert unterschied später zwischen Natur- und Kulturwissenschaft.

Wissenschaft Drei große Kränkungen

100563

»Zwei große Kränkungen ihrer naiven Eigenliebe«, schrieb Sigmund Freud zu Anfang des 20. Jahrhunderts, »hat die Menschheit im Laufe der Zeiten von der Wissenschaft erdulden müssen.« Die erste durch Nikolaus Kopernikus, der zeigte, dass die Erde keineswegs im Mittelpunkt des Weltalls steht, sondern nur einer von mehreren Himmelskörpern ist, die um die Sonne kreisen. Die zweite durch Charles Darwin, der die Entstehung der Arten durch natürliche Auslese erklärte und so die Abstammung des Menschen aus dem Tierreich offenlegte. Die Karikatur auf Darwins Lehre von der Evolution spiegelt diese Verletzung der Eitelkeit wider (aus: The London Sketch Book, 1874). Damit aber nicht genug. Die dritte und schwerwiegendste Kränkung, so Freud, erfährt der Mensch durch die psychologische Forschung selbst, die »dem Ich nachweisen will, dass es nicht einmal Herr ist im eigenen Hause, sondern auf kärgliche Nachrichten angewiesen bleibt von dem, was unbewusst in seinem Seelenleben vorgeht«.

Die von den angloamerikanischen Ländern übernommene Unterscheidung zwischen »Natural Sciences«, »Social Sciences« und »Humanities« hat im deutschen Sprachraum als naturwissenschaftlich-technische, soziologische (Sozialwissenschaft) und geisteswissenschaftlich-literarische Betrachtungsweise an Boden gewonnen.

■ **Siehe auch**

SACHBEGRIFFE →Erfahrung · Erkenntnistheorie · Experiment · Fallibilismus · Hermeneutik · Hypothese 1) · Intersubjektivität · kritischer Rationalismus · Objektivität · Paradigma · Positivismus · Scientismus · Strukturalismus · Wertfreiheit · Wiener Kreis

PERSONEN →Aristoteles · Bacon, Francis · Carnap, Rudolf · Comte, Auguste · Dilthey, Wilhelm · Feyerabend, Paul · Foucault, Michel · Gadamer, Hans-Georg · Kuhn, Thomas S. · Mach, Ernst · Popper, Karl R. · Rickert, Heinrich · Schlick, Moritz

Wissenschaftstheorie, englisch **Philosophy of Science** [fɪˈlɔsəfɪ əv ˈsaɪəns], seit Mitte des 20. Jahrhunderts als Übersetzung des englischen Terminus allgemein üblich gewordener Begriff, der die Theorie von der Wissenschaft überhaupt bezeichnet. Die Wissenschaftstheorie beschäftigt sich mit dem Begriff der Wissenschaft und der systematischen Einteilung der Einzelwissenschaften, ihren Erkenntnisprinzipien, ihren Methoden und ihren Sprachen. Im Sinne der →Erkenntnistheorie behandelt die Wissenschaftstheorie Möglichkeit, Voraussetzungen und Geltungsgrundlagen wissenschaftlichen Wissens. Diese scheinbar selbstverständliche, weil sich aus dem Wortlaut ergebende allgemeine Definition der Wissenschaftstheorie ist Ergebnis eines langen geschichtlichen Prozesses.

■ **Anfänge** Der erste »Wissenschaftstheoretiker« war Aristoteles. In seinen Werken prägte er viele heute noch verwendete Grundbegriffe der Wissenschaftstheorie (u. a. das Begriffspaar Form/Inhalt) und Arbeitsverfahren (u. a. Schluss, Beweis, Definition). Zudem nahm er die Einteilung der Wissenschaften in theoretische (auf die Erkenntnis zielende) und praktische (auf das Handeln zielende) vor. Die aristotelische »Wissenschaftstheorie« fand ihre Weiterentwicklung im neuzeitlichen Rationalismus (Descartes) und Empirismus (Francis Bacon, John Locke, David Hume).

■ **Logisch-empiristische Ansätze** Die Wissenschaftstheorie war zunächst an Mathematik und Logik (»logizistisch«) und an den Erfahrungswissenschaften (»empiristisch«) ausgerichtet. So standen am Beginn der Wissenschaftstheorie des 20. Jahrhunderts Mathematiker und Logiker wie Gottlob Frege und Bertrand Russell sowie Naturwissenschaftler bzw. Naturphilosophen wie Hermann von Helmholtz (* 1821, † 1894) und Ernst Mach. Großen Auftrieb erhielt die Wissenschaftstheorie im ersten Drittel des 20. Jahrhunderts durch den →logischen Empirismus, als dessen wichtigste Vertreter Rudolf Carnap, Otto Neurath und Hans Reichenbach gelten, sowie durch den kritischen Rationalismus Karl R. Poppers. In der Tradition dieser Richtungen stehen Philosophen wie Willard Van Orman Quine, Thomas S. Kuhn, Paul Feyerabend und Imre Lakatos. Als Repräsentanten in der deutschen Philosophie gelten Wolfgang Stegmüller (* 1923, † 1991) für den logischen Empirismus und für den kritischen Rationalismus Hans Albert.

Nach 1945 bildeten sich in der Bundesrepublik Deutschland zwei neue Richtungen der Wissenschaftstheorie heraus: 1. der sich v. a. auf Frege, Hugo Dingler (* 1881, † 1954) und innermathematische Traditionen stützende methodische →Konstruktivismus – vertreten v. a. von Paul Lorenzen bzw. von der Erlanger Schule und der Konstanzer sowie der neuen Marburger Schule – und 2. die neomarxistisch-freudianisch geprägte →kritische Theorie (Max Horkheimer, Theodor W. Adorno, Jürgen Habermas), die sich nicht aus der alle bisher genannten Strömungen bestimmenden logisch-empiristischen Tradition herleitet, sondern ihre Wurzel in den Geistes- und Sozialwissenschaften hat. An diese Wissenschaftstheorie knüpft seit Anfang der 1970er-Jahre auch der so genannte Starnberger Kreis an, der den Zusammenhang zwischen Naturwissenschaftsgeschichte und Gesellschaft kritisch untersucht (u. a. Gernot Böhme).

Eine wissenschaftsgeschichtlich orientierte Wissenschaftstheorie entwickelte sich in Frankreich (u. a. Georges Canguilhem, * 1904, † 1995; Michel Foucault). Daneben bildet das Prinzip der Selbstorganisation von Systemen in neuerer Zeit die Grundlage der →Systemtheorie.

■ **Geisteswissenschaftliche Ansätze** Seit Beginn des 19. Jahrhunderts entwickelte sich (mit Wurzeln im 18. und 17. Jahrhundert) auch eine geisteswissenschaftliche, historisch-philologisch-hermeneutische Wissenschaftstheorie, die von Philosophen wie Friedrich Schleiermacher, Wilhelm Dilthey und Friedrich Nietzsche, dem Philologen August Böckh (* 1785, † 1867) sowie den Historikern Leopold von Ranke (* 1795, † 1886) und Gustav Droysen (* 1808, † 1884) vertreten wurde. Diese Wissenschaftstheorie stützte sich auf die Interpretation historischer Zeugnisse aller Art (→Hermeneutik), die ihrem Gegenstand ebenso angemessen und »exakt« ist, wie die auf logisch-empiristische Methoden gestützte Wissenschaftstheorie im üblichen Sinne. Der hermeneutischen Methode nahe verwandt ist die von Edmund Husserl begründete Phänomenologie.

■ **Zusammenschau** Angesichts der Vielfalt der Ansätze kann die Wissenschaftstheorie seit der Mitte des 20. Jahrhunderts nur als »Theorie über Wissenschaftsbereiche aller Art« angemessen verstanden werden. Diese Theorie ist weder rein abstrakte Philosophie noch rein handwerkliche Methodenlehre, sondern deren Verschränkung: philosophisch reflektierte, aber immer an der Sache bleibende, jeweils fachspezifische Methodenlehre.

Wittgenstein, Ludwig, österreichisch-britischer Philosoph, * Wien 26. 4. 1889, † Cambridge 29. 4. 1951; einer der bedeutendsten sprachanalytischen Philosophen.

Ludwig Wittgenstein
*** 1889, † 1951**

100563

- gilt als ein Hauptvertreter der modernen Sprachphilosophie
- studierte zunächst Ingenieurswissenschaften und arbeitete u. a. als Volksschullehrer
- führte ein unstetes Leben zwischen Irland, Großbritannien, Österreich und Norwegen
- verfasste philosophische Werke mit hohem literarischem Wert
- erklärte die Sprachanalyse zur Voraussetzung allen Philosophierens

■ **Leben und Werk** Wittgenstein entstammte einer Großindustriellenfamilie. Ein Ingenieurstudium, zunächst in Berlin und ab 1908 in Manchester, weckte sein Interesse für die Grundlagen der Wissenschaft, Mathematik und Logik. 1911 ging Wittgenstein nach Cambridge, um bei Bertrand Russell und George Edward Moore Philosophie und Psychologie zu studieren. Bereits im Herbst 1913 unterbrach er das Studium, um im norwegischen Skjolden seine eigenen Arbeiten zur Logik fortzusetzen. Während des Ersten Weltkriegs führte er ein philosophisches Tagebuch, das 1921 in der Zeitschrift »Annalen der Naturphilosophie« als »Logisch-philosophische Abhandlung« (1922 in einer deutsch-englischen Ausgabe unter dem Titel »Tractatus logico-philosophicus«) erschien.

Nach neunmonatiger italienischer Kriegsgefangenschaft kehrte Wittgenstein nach Wien zurück, überließ sein Erbe seinen Geschwistern und arbeitete u.a. als Dorfschullehrer und als Gärtner eines Klosters. Nach ersten Kontakten mit Mitgliedern des →Wiener Kreises kehrte Wittgenstein 1929 nach Cambridge zurück, reichte seinen »Tractatus« als Doktorarbeit ein und wurde Fellow am Trinity College. Typoskripte Wittgensteins, das »Blue-book« und das »Brown-book«, fanden Verbreitung. 1936 begann Wittgenstein in Norwegen mit seinem zweiten Hauptwerk, den »Philosophischen Untersuchungen«. 1939 wurde er Professor für Philosophie in Cambridge und erhielt die britische Staatsbürgerschaft, gab jedoch 1947 seine Professur auf und widmete sich, zwischen Irland, Großbritannien, Österreich und Norwegen wechselnd, der Niederschrift seiner Gedanken. Außer dem »Tractatus logico-philosophicus«, einem »Wörterbuch für Volksschulen« (1926) und einem Aufsatz hat Wittgenstein zu Lebzeiten kein Werk veröffentlicht.

■ **Frühes Denken** Wittgensteins früheste philosophische Ideen, die den Kern des »Tractatus« bilden, betreffen Fragen des Wesens, der Form und Wahrheit des Satzes. Das Wesen des Satzes besteht nach Wittgenstein in seiner Bildhaftigkeit. Um es zu verstehen, genüge es, an die Hieroglyphenschrift zu denken, »welche die Tatsachen, die sie beschreibt, abbildet«. Sätze sagen Wittgenstein zufolge nur insoweit etwas aus, als sie logische Bilder von Tatsachen sind, also Modelle der Wirklichkeit, so wie wir sie denken. Sie sind somit Ausdruck der Gedanken. Die Gegenstände sind Substanz der Welt und werden durch Namen in Sätzen vertreten. Entsprechend der holistischen Auffassung haben die Namen nur im Satzzusammenhang eine Bedeutung. Auf dieser Basis behandelt Wittgenstein die Probleme der internen Relationen, die Satzform und die Wahrheitsbedingungen, für die er erstmals Wahrheitstafeln einführte.

■ **Spätphilosophie** Wittgenstein war zunächst davon überzeugt, die im »Tractatus« behandelten Probleme endgültig gelöst zu haben. Doch in seinen Arbeiten nach 1929 kritisierte und revidierte er seine früheren Auffassungen, so in den »Philosophischen Untersuchungen« (erschienen 1953). Auch wenn er daran festhielt, dass alle Philosophie →Sprachkritik sei, wurde die Umgangssprache, d.h. die Verwendung sprachlicher Zeichen im Rahmen eines Verhaltenskontextes (»Mannigfaltigkeit der Sprachspiele«), zu deren eigentlichem Gegenstand. Die Bedeutung eines Zeichens wird danach durch seinen Gebrauch bestimmt, der eine menschliche Lebensform sichtbar macht, so wie die Darstellungsweisen durch Paradigmen (»Muster«) geprägt sind. Ein wesentlicher Grund für das Auftreten philosophischer Probleme liege dabei darin, dass die Sprache, die zu Konfusionen und Problemen führt, über die Zeiten hinweg im Wesentlichen gleich geblieben sei.

Zentral in Wittgensteins späterer Sprachphilosophie ist der Begriff des Regelfolgens: Da einer Regel zu folgen eine in ständigem Gebrauch begründete Praxis ist, stellt der Regelbrauch den Wegweiser bei der Verwendung der Sprache dar. Aus diesem Grund verneint Wittgenstein die Möglichkeit, einer Regel

Wittgenstein »Tractatus logico-philosophicus«

In seiner »Logisch-philosophischen Abhandlung«, bekannt unter dem Titel der englisch-deutschen Ausgabe »Tractatus logico-philosophicus«, bemerkt Ludwig Wittgenstein, dass es nötig sei, eine Zeichensprache zu verwenden, die die in der Umgangssprache möglichen Irrtümer und Verwechslungen ausschließe und nur der logischen Grammatik oder Syntax folge. Zu diesem Zweck werden im Traktat zunächst die Grundbegriffe und Bestandteile einer allgemeinen Weltbeschreibung erläutert: das Bestehen von Sachverhalten, der Satz und seine Bestandteile, die Funktion der in ihm enthaltenen Ausdrücke, der Unterschied zwischen Sagen und Zeigen sowie die allgemeine Satzform und die Wahrheitsfunktionen. Wittgenstein selbst betrachtete den »Tractatus« als ein ebenso ästhetisches wie philosophisches Werk. Es ist das einzige zu seinen Lebzeiten veröffentlichte Buch und gilt gemeinhin als Grundlegung der sprachanalytischen Philosophie des logischen Empirismus. Wittgenstein hat die Schrift in seinem Spätwerk, insbesondere im posthum erschienenen Werk »Philosophische Untersuchungen« (1953) verworfen.

Ludwig Wittgenstein. Für seine Schwester Margarethe plante Wittgenstein 1926–28 ein repräsentatives Haus in der Kundsmanngasse in Wien, das von sachlicher Modernität geprägt ist.

»privatim« folgen zu können, ebenso wie die Möglichkeit einer »privaten«, allein vom Sprecher verstehbaren Sprache.

Wolff, Christian Freiherr von (seit 1745), auch Christian Freiherr von Wolf, deutscher Philosoph, * Breslau 24. 1. 1679, † Halle (Saale) 9. 4. 1754; bildete ein rationalistisches Wissenschaftssystem aus.

■ **Leben** Wolff studierte Theologie, Mathematik und Physik. Ab 1706 war er Professor der Mathematik und Physik in Halle (Saale) und hielt auch Vorlesungen in Philosophie. Auf Betreiben seiner pietistischen Gegner wurde er jedoch 1723 als »Religionsfeind und Determinist« seines Amtes enthoben und des Landes verwiesen. 1723 wurde er Professor in Marburg, 1740 von Friedrich II., dem Großen, nach Halle zurückberufen.

■ **Lehre** Wolff brachte, u.a. beeinflusst von Descartes und der Spätscholastik, zentrale Teile der leibnizschen Philosophie in eine schulmäßige systematische Fassung, die später an fast allen deutschen Universitäten als die »leibniz-wolffsche Philosophie« gelehrt wurde. Die mathematisch-logische Methode übertrug er auf alles wissenschaftliche Denken, um so den für die Mathematik geltenden Standard von Wahrheit und Gewissheit allgemein zu erreichen. Er suchte alle Teilbereiche der Philosophie, die er als »Wissenschaft aller möglichen Dinge« bestimmte, einschließlich der empirischen Disziplinen und der Ökonomie, in ein umfassendes System zu bringen, dessen Grundlage die Ontologie und dessen oberste Prinzipien der Satz vom (verbotenen) Widerspruch (→Principium Contradictionis) und der Satz vom zureichenden →Grund bilden.

Wolff fasste die Welt als eine Reihe veränderlicher Dinge auf, die nebeneinander sind und aufeinander folgen und deren durchgängige Verknüpfungen mechanischen Gesetzen unterliegen. Anstelle der leibnizschen Monadenlehre führte er den abendländischen Dualismus von materieller Körperwelt und immaterieller Welt des Seelischen fort und begründete deren Übereinstimmung durch die leibnizsche Idee der »prästabilierten Harmonie«. Wie Leibniz sah er die bestehende als die beste aller möglichen Welten an, in der alles der Absicht Gottes folgend durch Zweckmäßigkeit bestimmt sei. In seiner Lehre vom Naturrecht suchte er eine lückenlose Deduktion von metaphysischen Grundsätzen bis in die Vereinzelung der positiven Rechtssätze zu erreichen.

■ **Bedeutung** Zu Wolffs Anhängern, den so genannten »Wolffianern«, zählten u.a. Hermann Samuel Reimarus, Alexander Gottlieb Baumgarten und Moses Mendelssohn. Wolffs Bedeutung liegt v.a. darin, dass er die Gedanken des Rationalismus systematisierte sowie mit seinen 1712–25 vorgelegten deutschsprachigen Schriften – ihre Titel beginnen zumeist mit den Worten »Vernünfftige Gedancken zu ...« – die Grundlage für eine deutsche philosophische Terminologie schuf.

Wright [raɪt], Georg Henrik von, finnischer Philosoph, * Helsinki 14. 6. 1916, † ebenda 16. 6. 2003; war Professor in Helsinki, Cambridge und an der Cornell University in Ithaca (N. Y.). Danach widmete er sich der Forschungsarbeit an der Akademie von Finnland.

Wright suchte die Erkenntnisse der induktiven Logik, Wahrscheinlichkeitstheorie und analytischen Philosophie für die praktische Philosophie fruchtbar zu machen. Er begründete die deontische Logik (»Deontic logic«, in: »Mind«, Jahrgang 60, 1951) als eine spezielle Form der →Modallogik, wobei er mit Forschungen zur Normenlogik und zum normativen Folgern die logisch-empiristische Tradition des Wiener Kreises und seines Lehrers Eino Kaila (* 1890, † 1958) durchbrach. Handlungsphilosophisch hielt Wright, anknüpfend an Aristoteles und die Spätphilosophie Ludwig Wittgensteins, dem auf Einheitswissenschaft zielenden und methodisch an den kausal-erklärenden exakten Naturwissenschaften ausgerichteten Erkenntnisideal einen nicht auf beobachtbares Verhalten reduzierbaren, teleologisch und intentional zu verstehenden Handlungsbegriff entgegen.

Ludwig Wittgenstein sagte über die Lösung philosophischer Probleme:

»Diese Probleme werden gelöst, nicht durch Beibringen neuer Erfahrung, sondern durch Zusammenstellung des längst Bekannten. Die Philosophie ist ein Kampf gegen die Verhexung unsres Verstandes durch die Mittel unserer Sprache.«

Christian Wolff
*** 1679, † 1754**

- ■ wurde von Friedrich II. gefördert
- ■ systematisierte die Philosophie von Leibniz
- ■ vertrat eine von der christlichen Offenbarung unabhängige Fundierung der Moral
- ■ schuf die Grundlagen für eine deutsche philosophische Terminologie
- ■ beherrschte mit seinem Rationalismus die deutsche Philosophie bis Kant

XY

Xenokrates, Xenokrates von Chalkedon, griechischer Philosoph, *396/395 v. Chr., †314/313 v. Chr.; war ein Schüler Platons, dessen Lehre er kommentierte, und ab 339 Leiter der →Akademie. Xenokrates gliederte die Philosophie erstmals nach Disziplinen in Naturphilosophie, Ethik und Logik (Dialektik). Von seinem umfangreichen Werk, das sich u. a. mit Dialektik, Erkenntnislehre, Metaphysik und Sprachwissenschaft befasst, sind nur einzelne Zitate erhalten.

Xenophanes, Xenophanes von Kolophon, griechischer Dichter und Philosoph, *Kolophon um 570 v. Chr., †Elea um 470 v. Chr.; wurde aus seiner Heimat vertrieben und führte ein Leben als Rhapsode (umherziehender Sänger) und Wanderphilosoph. Xenophanes wird als ein Vorläufer der →Eleaten angesehen. Charakteristisch für ihn ist seine in Gedichten – darunter die »Silloi« (dt. »Spottgedichte«) – vorgebrachte Kritik an Traditionen und Werten seiner Zeit. Erstmals griff er auch den Polytheismus der griechischen Religion an sowie die anthropomorphe, d. h. vermenschlichende, Göttervorstellung. Xenophanes selbst vertrat einen Monotheismus. Er gilt als der erste Philosoph, der die Wirklichkeit als Einheit betrachtet hat. Parmenides, der vermutlich sein Schüler war, führte seine Lehre fort. Von Xenophanes' Werken, zu denen auch eine naturphilosophische Lehrschrift gehört, sind nur Fragmente erhalten.

Xunzi

Xenophon, griechischer Geschichtsschreiber und Schriftsteller, *Athen um 430 v. Chr., †Korinth (oder Athen?) nach 355 v. Chr.; schloss sich nach 410 v. Chr. Sokrates an. Zu Xenophons Schriften zählen neben den historischen Darstellungen (u. a. »Anabasis«) und politischen sowie praktischen Schriften auch solche, in denen die Gestalt des Sokrates im Vordergrund steht. Zu diesen zählen die »Apomnemoneumata Sokratous« (dt. »Erinnerungen an Sokrates«), die »Apologia« (dt. »Verteidigung des Sokrates«), das »Symposion« (dt. »Gastmahl«) und der sokratische Dialog über die »Oikonomikos« (dt. »Hausverwaltung«). Seine eher bürgerliche Konzeption von Sokrates weicht in frappierendem Maße von derjenigen Platons ab.

Xunzi ['çyn-], chinesischer Philosoph, *etwa 298 v. Chr., †238 v. Chr.; vertrat im Gegensatz zu →Mengzi die rationalistisch begründete Lehre von der moralischen Indifferenz des »Himmels«, d. h. der Natur, und der angeborenen Schlechtigkeit des Menschen. Über seine Schüler prägte er z. T. indirekt die Ideologie des Legalismus (→chinesische Philosophie) mit.

Yin und Yang [ɪ-], in der →chinesischen Philosophie die polaren Grundprinzipien, aus deren Wechselspiel und Interaktion die Dinge und alles Geschehen des Universums entstehen und bestimmt sind. Ihre Erscheinungen sind Erde und Himmel. Dem Prinzip Yin entsprechen die Qualitäten des Weiblichen, Dunklen, Passiven, Empfangenden und Feuchten, dem Yang hingegen das Männliche, Helle, Aktive, Schöpferische, Harte und Trockene. Yin und Yang sind in ihrer jeweiligen periodischen Ab- und Zunahme und ihrem Zusammenspiel Manifestationen des Dao, das in der Ordnung und Wandlung alles Seienden zum Ausdruck kommt. Sie bestimmen den Aufbau des in seinen Anfängen auf die Wende vom 2. zum 1. Jahrtausend v. Chr. zurückgehenden »Yi-jing« (dt. »Buch der Wandlungen«) und finden u. a. auch in der chinesischen Medizin Beachtung.

Yoga [Sanskrit »Anspannen«, »Anschirren (der Seele an Gott)«], **Joga,** philosophisch-religiöses Meditationssystem Indiens. Wie in der ihm eng verwandten Samkhya-Philosophie, von deren atheistischem Ansatz er sich durch den Gottesglauben unterscheidet, ist es das Ziel des Yoga, die Seele von der Materie zu befreien, um sie in den Zustand reinen Bewusstseins zu überführen.

Ausgehend von einer Schulung der Konzentration auf ein Objekt, durch die Kontrolle über die Aktivitäten der Sinne und des Unbewussten erreicht werden soll, folgt der **Yogi** acht Gliedern oder Stufen (System des Patanjali): 1. Yama (»Selbstbeherrschung«), Einhaltung bestimmter Gebote wie z. B. Keuschheit, Nichtverletzen (Ahimsa) und Wahrhaftigkeit, 2. Niyama (»Observanz«), Beachtung von Reinheitsvorschriften, 3. Asana (»Sitz«), verschiedene Körperhaltungen, 4. Pranayama (»Beherrschung des Atems«), 5. Pratyahara (»Zurückziehung der Sinnesorgane von ihren Objekten«), 6. Dharana (»Festhalten«), Konzentration, 7. Dhyana (»Meditation«), 8. Samadhi (»Versenkung«).

Yoga wird zuerst in den mittleren »Upanishaden« (um 800 v. Chr.) erwähnt. Grundwerk ist das vielleicht aus dem 2. Jh. v. Chr. stammende »Yogasutra« des Patanjali. Es wurde später von Vyasa (7. oder 8. Jh.) und von Vacaspatimishra (9. Jh.) kommentiert.

Yōmeigaku, von Nakae Tōju (*1608, †1648) begründete philosophische Schule in Japan. Sie stellt das menschliche Herz in den Mittelpunkt der Betrachtung, da dieses allein die Fähigkeit des geistigen Erfassens und das intuitive Wissen um das sittlich Gute besitze (→japanische Philosophie).

Zeichen, etwas sinnlich Wahrnehmbares, das etwas anzeigt oder für etwas steht, es vertritt oder repräsentiert. Die Lehre von den Zeichen heißt →Semiotik. Die Fähigkeit zu Entwicklung und Gebrauch von Zeichen wird mitunter geradezu als ein konstitutives Merkmal menschlicher Wesen angesehen. So hat Ernst Cassirer in Anlehnung an klassische anthropologische Definitionen des Menschen die Formulierung vom »animal symbolicum« geprägt und damit zum Ausdruck gebracht, dass es für den Menschen grundsätzlich keinen unmittelbaren, sondern nur einen vermittelten, auf das Bindeglied des Zeichens angewiesenen Weltbezug gibt.

■ **Zeichen und Anzeichen** Allgemein unterscheidet man seit der Antike zwischen natürlichen und konventionellen Zeichen, so auch Augustinus zwischen »signa naturalia« und »signa data«. Die natürlichen Zeichen sind Anzeichen, die von den bezeichneten Gegebenheiten kausal verursacht sind. So weist z. B. Rauch auf Feuer hin. Konventionelle Zeichen hingegen beruhen auf willkürlicher Zuordnung, wie z. B. Verkehrszeichen oder astronomische Symbole, v. a. aber Sprache und Schrift.

■ **Zeichenmodelle** Vor allem im Zusammenhang der modernen semiotischen Forschung sind verschiedene Zeichenmodelle entwickelt worden. Den einfachsten zufolge verweist das materiale Zeichen unmittelbar auf Dinge und Sachverhalte. Daneben existieren Modelle, in denen erst die unauflösbare Einheit von Materialität und Vorstellung ein Zeichen ausmacht. So definiert etwa Ferdinand de Saussure das (sprachliche) Zeichen als eine zwar willkürliche, aber im Sprachsystem (»Langue«) festgelegte Vereinigung von Signifikant (Bezeichnendes, Zeichenvehikel, Lautbild) und Signifikat (Bezeichnetes, Bedeutung).

Ein besonders komplexes Modell hat Charles Sanders Peirce entwickelt. Es löst die klassische zweistellige Zeichenrelation durch die dreistellige Relation Zeichen – Objekt – Interpretant ab, wobei der Interpretant dasjenige ist, wozu das Zeichen den Interpreten veranlasst. An diese Grundunterscheidung schließen sich weitere Dreiteilungen an. So ist etwa hinsichtlich des Verhältnisses von Zeichen und Objekt zwischen Ikon, Index und Symbol zu unterscheiden: Ikone haben eine Ähnlichkeit mit dem bezeichneten Objekt (z. B. Piktogramme, Diagramme), ein Index weist einen physischen Zusammenhang mit dem Objekt auf (z. B. ein zeigender Finger, ein Wegweiser). Symbole sind willkürliche Zeichen, deren Beziehung zum Objekt rein konventionell festgelegt ist (so in der Regel die sprachlichen Zeichen).

Peirces umfassendes Klassifikationssystem ist von Charles William Morris zu einem Modell vereinfacht worden, bei dem er zwischen drei Zeichenrelationen unterscheidet, nämlich zwischen syntaktischer (Zeichen – Zeichen), semantischer (Zeichen – Welt) und pragmatischer (Zeichen – Zeichenbenutzer) Relation.

Zeit, die nicht umkehrbare, nicht wiederholbare Abfolge des Geschehens, die als Vergangenheit, Gegenwart und Zukunft, am Entstehen und Vergehen der Dinge erlebt wird. Die philosophische Erörterung des Zeitbegriffs ist meist an den Begriff der Veränderung gekoppelt, sei es in Form der Bewegung, der Prozessualität oder der Entwicklung.

■ **Antike** Platon erläuterte in seinem Dialog »Timaios«, dass die Zeit mit der kosmischen Struktur der Welt zusammenhängt. Der Demiurg habe die Sinnenwelt nach dem Vorbild des ewigen und unbewegten Ideenkosmos geschaffen. Dabei sei ein »nach Zahlen voranschreitendes Abbild der in eins bleibenden Ewigkeit« entstanden. Die geordnete Bewegung des Kosmos, die in berechenbaren Kreisen der Himmelskörper sichtbar wird, gilt hier als Maß des Werdens und Vergehens.

Aristoteles kritisierte die Gleichsetzung der Zeit mit dem zyklischen Umschwung des Kosmos und wies darauf hin, dass es eine Vielzahl von Himmelsbewegungen gibt und dass diese mit verschiedenen Geschwindigkeiten ablaufen. Dies widerspreche der Eindeutigkeit der Zeit. Trotzdem verteidigte Aristoteles die Abhängigkeit von Zeit und Bewegung. Zeit ist ihm zufolge der numerische Aspekt der Naturvorgänge hinsichtlich ihrer Ordnung nach »früher« und »später« und kann somit nicht getrennt von den Prozessen der Welt verstanden werden.

Insgesamt ging die Philosophie der griechischen Antike – selbst bei Anerkennung von Werden und Vergehen im Einzelnen – in der einen oder anderen Weise stets von der Ewigkeit der Welt im Ganzen aus. Die Atomisten waren wie die Eleaten der Auffassung, dass kein Ding aus dem Nichts entstehen oder ins Nichts verschwinden könne. Nach Aristoteles hat das Universum keinen Anfang und kein Ende in der Zeit. Auch Platons Schöpfungsmy-

Zeichen.
Ein Piktogramm gehört zur Gruppe der Ikonen: Es weist Ähnlichkeit mit dem bezeichneten Objekt auf.

3046

thos setzt das ewige Vorhandensein der Materie sowie der Ideen als der wahrhaften Wirklichkeit voraus, wobei er einen Schöpfungszeitpunkt ansetzt. Der Stoa zufolge versinkt der Kosmos periodisch in einem reinigenden Weltenbrand (Ekpyrosis), aus dem er stets aufs Neue wieder entsteht.

Die Erfahrung von **Zeit** ist so fundamental, dass selbst Augustinus kaum Worte dafür fand:

»›Was also ist Zeit?‹ fragte er. ›Wenn niemand mich danach fragt, weiß ich es, wenn ich gefragt werde und es erklären will, weiß ich es nicht.‹«

■ **Christentum** Ein radikal anderes Zeitverständnis wurde durch den christlichen Glauben an eine Schöpfung aus dem Nichts (Creatio ex Nihilo) und ein Weltgericht am Ende der Zeit etabliert. Der antiken Konzeption einer sich statisch erhaltenden oder zyklisch erneuernden Welt tritt die eines gerichteten, zwischen Anfang und Ende linear verlaufenden Heilsgeschehens gegenüber. So entsteht eine neue Zeitperspektive, in der z. B. der moderne Begriff der Geschichte zuallererst möglich wird.

Mit Augustinus vollzog sich die Wende vom kosmischen Zeitverständnis der Antike zum subjektiven **Zeitbewusstsein.** Die Realität der Zeit ist ihm zufolge als »innere Gegenwart« aller Erfahrungen an die menschliche Seele gebunden, insofern diese erinnernd und erwartend in der Gegenwart bei Vergangenem oder Zukünftigem verweilt. Als Ausgangspunkt der Zeitmessung nach »früher« und »später« wird damit die vergleichende Tätigkeit der Seele in Anschlag gebracht.

■ **Neuzeit** In der Neuzeit entspann sich die Debatte v. a. um den ontologischen Status der Zeit. Nach Isaac Newton ist die Zeit eine starre universelle Größe, die unabhängig von allem physikalischen Geschehen existiert. Damit wird der Zeit eine passiv-absolute Rolle zugeprochen. Zusammen mit dem absoluten Raum stellt sie in der klassischen Mechanik als absolute Raumzeit die statische kosmische Arena für den Ablauf der Naturprozesse dar.

Leibniz übte an dem Absolutheitscharakter der Zeit Kritik. Ein solcher Zeitbegriff verstoße nicht nur gegen den Satz vom zureichenden Grund, sondern auch gegen das Prinzip von der Identität des Ununterscheidbaren. Er argumentierte daher dafür, nur die Ordnung der Ereignisse als real zu betrachten. Der Unterschied zwischen der absoluten und der relationalen Zeitauffassung lässt sich zuletzt auf die einfache Formel bringen: Nach Newton *hat* das Universum eine Uhr, nach Leibniz *ist* es eine.

Vor dem Hintergrund der newtonschen Physik versuchte Kant die grundlegende Frage zu beantworten, warum uns überhaupt alle äußeren Gegenstände in Raum und Zeit erscheinen. Seine Antwort darauf war, dass Zeit wie auch Raum apriorische Anschauungsformen darstellen, die Erfahrungserkenntnis erst möglich machen.

Edmund Husserl entwickelte im 20. Jh. eine →Phänomenologie des inneren Zeitbewusstseins. Dabei beschrieb er die Erlebniszeit unter methodischem Absehen von der objektiven, messbaren Zeit, wobei sich das Gegenwartsbewusstsein als grundlegend für jede Zeiterfahrung erwies. An Husserl anknüpfend suchte Martin Heidegger Zeit als ursprünglichen Horizont allen Seinsverständnisses und später als Sinn von Sein überhaupt zu deuten.

Henri Bergson wiederum erklärte die Erlebniszeit (»Temps inventeur«, »durée réelle«) als ursprünglich und schöpferisch, die objektive Zeit hingegen (»Temps longueur«) als Verstandeskonstruktion nach dem Modell des Raumes. Einen entscheidenden Wandel erfuhr das moderne Zeitverständnis schließlich durch die Ergebnisse naturwissenschaftlicher Forschungen, v. a. durch Albert Einsteins Relativitätstheorie. Nach dieser zwingt die experimentell gesicherte Konstanz der Lichtgeschwindigkeit dazu, den Ablauf der Zeit vom Bewegungszustand des Beobachters abhängig zu machen.

Zen [zɛn; japan., über chines. chan von Sanskrit dhyna »Selbstversenkung«], die Lehre der buddhistischen Schule der Meditation, die 520 n. Chr. von dem indischen Mönchsgelehrten Bodhidharma (japanisch Daruma) in China gegründet wurde und hier zwei Schulen mit einer Reihe bedeutender Zenmeister hervorbrachte. Im 13. Jh. wurde der vom Daoismus beeinflusste Zenbuddhismus in Japan eingeführt und bildete hier besonders zur Zeit der Kamakura- (1192–1333) und Muromachishogunate (1338–1573) die geistige Grundlage des Kriegerstandes der Samurai.

Es entwickelte sich eine *Ästhetik*, von der zahlreiche Künste durchdrungen waren: die Literatur (Haiku-Lyrik), das Theater, die Kunst der Teezeremonie und des Blumensteckens (Ikebana), Kalligrafie und Tuschmalerei. Das breite Spektrum der vom Zen inspirierten »Wege« (Dō) umfasst auch Sportarten wie z. B. das Bogenschießen. Alle diese »Wege« sind in Motivation, Haltung und Übung von der Meditation angeregt und zielen auf Erleuchtung, auf Innewerden der Leere bzw. Bekundung des absoluten Seins im menschlichen Tun.

Zenon von Elea, Zenon der Ältere, griechischer Philosoph, *Elea (?) um 490 v. Chr., † um 430 v. Chr.; Schüler des Parmenides von Elea. Er stützte die Lehre seines Meisters von der Einheit und Unwandelbarkeit des Seins mittelbar durch den Beweis, dass die Annahme der Vielheit, der Bewegung und des Raumes zu Widersprüchen führe. Am bekanntesten sind seine →Paradoxien der Bewegung, etwa vom Wettlauf des Achill mit der Schildkröte oder vom fliegenden Pfeil, der eigentlich ruht, da er in jedem Moment seines Fluges an einem anderen Ort verharrt. Aristoteles nannte Zenon den Schöpfer der Dialektik.

Zenon von Kition, Zenon der Jüngere, Philosoph, wohl phönikischer Herkunft, *Kition (heute Larnaka) um 333 v.Chr., † Athen um 262 v.Chr.; gründete um 300 v.Chr. in Athen die Philosophenschule der →Stoa. Seine Lehre ist aufgrund der spärlich erhaltenen Werke oft nur schwer von der des Chrysippos abzugrenzen. Seine Schriften befassen sich mit Fragen der Erkenntnis und der Moral.

Zhu Xi [dʒ-, ɕi], **Chu Hsi,** chinesischer Philosoph und Polyhistor, * Youxi (Provinz Fujian) 19. 10. 1130, † Jianyang (ebenda) 24. 4. 1200; systematisierte die verschiedenen Strömungen des sich seit dem 11. Jh. formierenden Neokonfuzianismus und fasste sie zu einer einheitlichen Lehre zusammen, die in China zu einem Synonym für den Neokonfuzianismus überhaupt wurde. Zhu Xi verfasste Kommentare zu zahllosen wichtigen Texten und etablierte die bis ins 20. Jh. wirkenden »Vier kanonischen Bücher« als Maßstab des Konfuzianismus.

Ziel, griechisch **Telos,** lateinisch **Finis,** ein durch freie individuelle Wahl und Entscheidung oder durch gesellschaftlich-politische Entscheidungen und Entscheidungsprozesse projektierter zukünftiger Zustand, der durch Handeln verwirklicht werden soll und für dessen Planung und Realisierung leitend ist. Alles absichtsvolle Handeln ist durch Ziele bestimmt und durch Motive begründet, die dem jeweiligen Ziel einen Wert beimessen, um dessentwillen er als erstrebenswert gilt. Auch bei historischen Entwicklungen und beim Naturstreben wird von Zielen gesprochen.

Bei Aristoteles ist Ziel die erste der vier Ursachen (→Causa), um derentwillen alles geschieht. Bewegende Kraft kommt dem Ziel dadurch zu, dass es vermöge der ihm eigenen Qualität anzieht. Jedes Streben entfaltet sich unter dem Einfluss des Ziels als der ihm zugeordneten Finalursache. Aus der Wesenseinheit von Ziel und Streben ergibt sich die Zielstrebigkeit oder →Teleologie.

Zirkeldefinition, eine Definition, in der das Definiendum (der zu definierende Begriff) im Definiens (im definierenden Ausdruck) vorkommt und die daher tautologisch ist oder bei der das Definiens das Definiendum voraussetzt. Eine Zirkeldefinition im Sinne einer Tautologie ist z.B. die Aussage »Der Rabe ist ein Vogel und gehört zu den Rabenvögeln«.

Zirkelschluss, →Circulus vitiosus.

Zoon politikon [griech. »geselliges Lebewesen«], auf Aristoteles zurückgehende Wesensbestimmung des Menschen als eines sozialen, auf Gemeinschaft angelegten und Gemeinschaft bildenden Lebewesens.

Zufall, siehe Sonderartikel Seite 382.

Zweck, die Orientierung von Handlungen und Handlungsfolgen, im engeren Sinn das Ziel, das durch willentlichen Einsatz bestimmter Mittel in Handlungen geplant und verfolgt wird, was diese zweckmäßig sein lässt, sie (als Zweckursache) leitet und durch jene erreicht werden soll. Der Zweck, der zunächst nur als ein Plan in der Vorstellung existiert, muss sich in der Realisierung bewähren, was sowohl Sachkenntnis hinsichtlich der Mittel als auch eine Angemessenheit des Zwecks hinsichtlich der verfügbaren Mittel zur Voraussetzung hat. Jeder Zweck ist auch Ziel, aber ein Ziel wird erst dann zum Zweck, wenn die zu seiner Realisierung notwendigen Mittel mitreflektiert werden.

Zweck.
Der Apfel fällt auf den Boden, weil die Anziehungskraft der Erde auf ihn ebenso einwirkt, wie sie den Mond an die Erde bindet: Isaac Newton (Darstellung in einem zeitgenössischen Stich) erhob das Kausalitätsprinzip zum universalen System. Diese Auffassung ist mit der Annahme einer von einer bestimmten Absicht gesteuerten Zweckmäßigkeit in der Natur nicht vereinbar.

Eine objektiv feststellbare **Zweckmäßigkeit** in der organischen Natur in Analogie zur menschlichen Lebenswelt kann nur unter der Voraussetzung angenommen werden, dass ein vorgestellter Endzustand teleologisch durch ein ordnendes Prinzip herbeigeführt werden soll bzw. worden ist (→Teleologie). So sah z.B. Thomas von Aquino die Zweckmäßigkeiten in der Natur als einen Beweisgrund für die Existenz Gottes an. Eine Übertragung des durch Absicht, Willen und Vernunft gekennzeichneten Zweckgedankens auf die Natur ist mit deren mechanistischer Deutung als eines durchgängigen Kausalzusammenhangs hingegen nicht vereinbar. Daher hat Kant das dem Gesetz der Kausalität unterliegende Reich der Natur und das Reich der Freiheit (und der Zwecke) unterschieden. Der Mensch (und die Menschheit) ist Kant zufolge prinzipiell Selbstzweck, denn durch seine Vernunft ist es dem Menschen allein möglich, Zwecke zu setzen.

Zweckrationalität, Handlungsprinzip, demgemäß das Verhalten ausschließlich daran orientiert ist, ein bestimmtes Ziel mit den

Fortsetzung S. 384

Zufall

Zufall

Wenn endlich der lang ersehnte Urlaub vor der Tür steht, soll alles perfekt gelingen. Also wird bei der Planung nichts dem Zufall überlassen. Nichts darf – so wünscht man es sich – den geplanten und erwarteten Ablauf der vor einem liegenden Tage oder Wochen stören, zumindest nichts Unangenehmes. Denn für angenehme Zufälle hat man für gewöhnlich immer Platz im Leben. Ob positiv oder negativ – der Begriff des Zufalls ist aus unserem Weltbild nicht wegzudenken. Man mag dem Zufall in vielen Fällen entgehen oder sich das Leben so einrichten, dass er einen möglichst selten aufsucht – ganz ausschließen kann man ihn nicht.

Erkenntnismangel – Eigenschaft der Welt?

Im Altertum wurde die Steuerung des Zufalls Glücks- oder Schicksalsgöttinnen zugeschrieben. Auch das Christentum betrachtet den Gedanken des Zufalls als Gotteslästerung, da es ja alles Weltgeschehen als von Gott gesteuert ansieht. Albert Einstein hat dies pointiert formuliert: »Gott würfelt nicht.« Aber auch so mancher Nichtchrist behauptet, nichts geschehe zufällig, jedes Ereignis sei auf eine Ursache oder einen Grund zurückzuführen. Der Zufallsgläubige mag dem entgegensetzen: Um zu behaupten, dass es keinen Zufall gibt, muss man wissen, was unter Zufall zu verstehen ist. Und wenn das Wort »Zufall« eine Bedeutung hat, sich also auf etwas in der Welt bezieht – dann ist es nicht möglich zu behaupten, dass es keinen Zufall gibt. »Irrtum!«, sagen die Zufallsgegner, »wir Menschen meinen, es gebe den Zufall, weil wir nicht in der Lage sind, die Gesamtheit des Weltzusammenhanges zu erfassen. So erscheinen uns manche Ereignisse als zufällig, aber in Wirklichkeit gibt es keinen Zufall.«

Diese Diskussion zeigt uns zweierlei: Erstens gehört das Nachdenken über den Zufall in den Aufgabenbereich der Philosophie, denn es geht um die Bestimmung eines Begriffs und die Ergründung seiner Wichtigkeit für unser Weltverständnis. Zweitens können wir ihr entnehmen, dass die Existenz des Zufallsbegriffs das eine Mal auf eine »Eigenschaft der Welt« zurückgeführt wird – nämlich den Zufall –, das andere Mal hingegen mit dem Verweis darauf erklärt wird, dass unser Erkenntnisvermögen einfach mangelhaft sei. Man spricht im ersten Fall vom »absoluten« oder »ontologischen« und im zweiten Fall vom »relativen« oder »epistemischen« Zufall.

Die Zufallsgegner, die Deterministen, verwerfen den ontologischen Zufall und akzeptieren (bestenfalls) den epistemischen. Die Zufallsanhänger, die Indeterministen, sind überzeugt vom Vorhandensein des ontologischen Zufalls und betrachten den epistemischen als ein zusätzliches Problem, das eventuell beseitigt werden kann. Die Indeterministen teilen sich wiederum in zwei Lager auf: Die einen erkennen neben dem Zufall auch Kausalprinzipien an, die anderen meinen, dass letztendlich alle Ereignisse auf Zufallserscheinungen zurückgeführt werden können oder sogar müssen.

100721

Wie oft muss man würfeln, um sicher zu sein, dass Würfel korrekt funktionieren, also ein zufälliger Prozess vorliegt?

Unbeabsichtigt, gesetzlos, grundlos

Die Unterscheidung zwischen ontologischem und epistemischem Zufall beantwortet noch nicht die Frage, was der Zufall ist. Dies kann am besten anhand des erwähnten Urlaubsbeispiels erläutert werden: Wenn einer seinen Urlaub plant, dann möchte er, dass alles so geschieht, wie er es sich vorgestellt hat. Dieser Ablauf kann jedoch auf verschiedene Weise gestört werden – und zwar mit mehr oder weniger großer Wahrscheinlichkeit: durch Handlungen anderer – etwa durch einen Streik der Fluglotsen –, Naturgewalten, Unfälle, aber auch durch angenehme Überraschungen, z. B. einen Flirt, der den geplanten Ablauf vergessen lässt. Alle diese nicht in der Absicht bzw. in der Erwartung des Urlaubers liegenden Ereignisse sind zufällig, zumindest relativ zu seiner Absicht oder Erwartung. Ihre Zufälligkeit gegenüber der Absicht oder der Erwartung ist unabhängig davon, ob sie Handlungen oder Naturereignisse sind. In einer sorgfältigen Risikoabschätzung wären sie aber als möglich und damit immerhin als mehr oder weniger wahrscheinlich erkannt worden. Manche dieser zufälligen Störungen, z. B. ein Gewitter oder der Zusammenbruch der Wasserversorgung am Urlaubsort, sind mehr oder weniger vorhersagbar, da sie auf bestimmten Naturgesetzmäßigkeiten beruhen und am Urlaubsort häufig vorkommen. Manche Ereignisse aber, wie ein Autounfall, eine plötzliche Erkrankung oder ein Hotelbrand, können nicht auf ein Naturgesetz zurückgeführt oder daraus abgeleitet werden – obwohl ihr Verlauf normalerweise Naturgesetzen gehorcht. Ereignisse, die nicht Handlungsresultate sind, gelten ebenfalls als zufällig, wenn sie unter den gegebenen Bedingungen nicht aus einem naturgesetzlichen Rahmen ableitbar sind. Ein weiterer Fall von Zufälligkeit liegt vor, wenn unser Urlauber ein unberechenbares Verhalten an den Tag legt, an dem andere keinen »Plan« ablesen können – spontanes Verhalten ist in einem gewissen Sinne auch zufällig.

Kann Zufall hergestellt werden?

Die Frage, ob wir dem Zufall ausgeliefert sind oder nicht, wird noch brisanter, wenn wir versuchen, zufällige Ereignisse herzustellen. Eine einfache Methode dafür ist das Würfeln oder das Roulettespiel. Sobald man aber versucht, einen Spielwürfel oder ein Roulette herzustellen, das die Bezeichnung »Zufallsgenerator« verdient, d. h. tatsächlich rein zufällige Ergebnisse liefert, so stellt man fest, dass dies nicht ganz leicht ist. Allein das Austarieren eines Würfels oder der exakte Lauf eines Roulettes ist eine Kunst für sich. Aufmerksame Lottospieler wissen, dass die allwöchentlich im Fernsehen zu bewundernden Apparate vor jeder Ziehung einer minutiösen Prüfung unterzogen werden, die gewährleisten soll, dass das Ergebnis »echt zufällig« ist.

Wie aber beweist man, dass ein echter Zufallsgenerator oder ein echt zufälliger Prozess vorliegt? Man könnte die Maschine immer wieder laufen lassen und sehen, ob die möglichen Ergebnisse gleich häufig vorkommen – beim Spielwürfel müsste dann jede Augenzahl mit einer Häufigkeit von einem Sechstel vorkommen. Doch wie oft muss man würfeln, damit man sicher sein kann? Und wenn es so schwierig ist, einen einfachen Zufallsgenerator zu bauen, woher nehmen dann die Indeterministen die Gewissheit, dass es den Zufall als Welteigenschaft gibt? Zu beweisen, dass der Zufall einen Bestandteil der Welt ausmacht, scheint unmöglich zu sein. Dass er zu den Eigentümlichkeiten des menschlichen Denkens und Erlebens gehört, lässt sich dagegen kaum widerlegen.

100001

Die Existenz des Zufallsbegriffs kann auf eine »Eigenschaft der Welt« zurückgeführt werden – nämlich den Zufall – oder auf unser mangelhaftes Erkenntnisvermögen. Man spricht im ersten Fall vom »absoluten« oder »ontologischen« und im zweiten Fall vom »relativen« oder »epistemischen« Zufall.

Fortsetzung von S. 381

wirksamsten Mitteln und unter rationaler Abwägung möglicher Folgen und Nebenwirkungen zu verwirklichen (Zweck-Mittel-Prinzip). Nach Max Weber ist die Zweckrationalität ein Prinzip sozialen Handelns, dem dasjenige der →Wertrationalität gegenübersteht.

Zweck|ursache, die Causa finalis (→Causa).

Zweifel, 1) Unentschiedenheit zwischen einander widersprechenden Möglichkeiten des Handelns oder der Haltung, 2) das Infragestellen der Richtigkeit einer Theorie, Behauptung oder eines Sachverhalts wegen ihrer unzureichenden Begründung oder einer unzureichenden Kenntnis ihrer Gründe **(theoretischer Zweifel).** Der **moralische Zweifel** richtet sich auf die ethische Billigung oder Missbilligung eines Verhaltens, der **religiöse Zweifel** gründet in einer Anfechtung im Glauben. Ein **existenzieller Zweifel** entsteht im radikalen Infragestellen aller Orientierungen als Zweifel am »Sinn des Daseins« (z. B. bei Søren Kierkegaard).

In Form eines **absoluten Zweifels,** d. h. der Behauptung der Unmöglichkeit eines begründeten Wissens, führt der theoretische Zweifel in der Geschichte der Erkenntnistheorie zur Haltung der Skepsis (→Skeptizismus), in Form des fiktiven oder **methodischen Zweifels** (z. B. bei Descartes, Edmund Husserl) zur Überwindung des absoluten Zweifels. Bei Descartes dient der methodische Zweifel im Anschluss an Augustinus dem Ziel, herauszufinden, woran letztlich nicht gezweifelt werden kann. Auf dieser Grundlage soll das Einfließen von Vorurteilen und Irrtümern in den Erkenntnisprozess verhindert werden. In der Methodisierung des Zweifels wird dieser zum Bestandteil des philosophischen Begriffs der Kritik. In methodischem Sinne wurde der Zweifel bereits bei Sokrates verwendet, der seine Gesprächspartner durch gezieltes Fragen zur Prüfung (und Revision) der zuvor als gesichert geglaubten eigenen Überzeugungen zu bewegen suchte.

Zweite Aufklärung, v. a. von der kritischen Theorie der Frankfurter Schule (Theodor W. Adorno, Max Horkheimer) vertretene philosophische Tendenz, die im Gegensatz zum Irrationalismus (v. a. der Lebensphilosophie) die Bedeutung der Vernunft für die Emanzipation des Menschen betont. Im Unterschied zur Aufklärung des 18. Jahrhunderts wird in der Zweiten Aufklärung die determinierende Wirkung gesellschaftlicher und ökonomischer Verhältnisse betont und eine mögliche Aufhebung von Zwängen allein durch die rationale Theorie geleugnet.

Zweiwertigkeitsprinzip, Prinzip der →Logik.

Zyniker, →Kyniker.

GEO Dossier

Suche nach letzten Gewissheiten

Die Wurzeln der Weisheit

Seit Jahrtausenden suchen Menschen aller Kulturen Rat bei Männern und Frauen, die tiefe Einsicht in das Leben haben. Wer sind sie? Was können sie? Eine Spurensuche zwischen Sokrates und Gandalf, Quetzalcoatl und dem unvergänglichen »OM«

Text:
Hanne Tügel

Vielleicht ist es ratsam, sich dem großen Begriff spielerisch zu nähern. Also im ersten Schritt nicht Sophia, Sokrates und Salomo zu bemühen, über Theorie und Praxis des hohen Ideals zu spekulieren, philosophische und religiöse Aspekte, interkulturelle Gemeinsamkeiten und Unterschiede zu streifen. Stattdessen die Jüngsten zu Wort kommen zu lassen. Psychologiestudentinnen der Universität Wien haben Kinder ab sechs Jahren befragt, was ihrer Meinung nach weise Menschen auszeichnet. Von den Schulanfängern haben schon fast die Hälfte eine Antwort parat, ab Klasse 4 praktisch alle. Originelle Definitionen sind da zu hören. Ein Weiser sei »ehrlich, nett und rätselhaft«, sagt ein zehnjähriger Bub. »Er hält zu dir und hilft dir, wenn es dir nicht gut geht. Man kann ihm Geheimnisse anvertrauen«, findet ein gleichaltriges Mädchen. »Weise geben schlaue Tipps und erzählen uralte Geschichten«, meint ein Neunjähriger.

Ratgebertalent, Verlässlichkeit, Erfahrung, eine besondere Aura – intuitiv formt sich früh ein Bild der Weisheit; Erwachsene würden vielleicht noch Seelenruhe und Toleranz ergänzen. Weitere Eingrenzung fällt schwer, denn Weisheit stellt die Menschen vor ein Paradox. Sie ist einfach und geheimnisvoll zugleich, leicht zu erkennen, aber schwer zu erringen. Als Sehnsucht ist sie epochen- und kulturübergreifend gegenwärtig. Dabei zeigt sie sich in ganz unterschiedlichem Gewand: mal poetisch in Mythen und Märchen, mal minimalistisch als Aphorismus, Sprichwort, Essenz tiefer Erkenntnis, mal wortlos, mal als Hymnus, mal als umfassender Kanon ethischer Gebote.

Weisheit versteckt sich in heiligen Schriften genauso wie in Schnurren lebenskluger Narren à la Wilhelm Busch oder Loriot. Im fatalistischen »Inschallah« – »so Gott will« – des Islam und im flapsigen kölschen Spruch »Et kütt wie et kütt«. Sie offenbart sich auf Papyrus und in Digitalpixeln. Denn selbst Fantasy und Science-Fiction verdanken ihre Magie erst den weisen, oft skurrilen Ratgeberfiguren: dem Zauberer Gandalf im »Herrn der Ringe«. Dem »Orakel« in »Matrix«, das von einer ältlichen Hausfrau in ihrer Küche verkörpert wird. Oder Yoda, der großohrigen Eminenz im »Krieg der Sterne«.

»Das Wissen um die göttlichen und menschlichen Dinge« – so haben die alten Römer die *sapientia* definiert und damit in einem Zwischenreich zwischen Philosophie und Religion angesiedelt. Weisheit ist die Kunst, an der eigenen Endlichkeit und Unvollkommenheit nicht zu verzweifeln. Sie kreist um jene Fragen, die Immanuel Kant um 1770 so prägnant formuliert hat und die so alt sind wie das Denken: Was kann ich wissen? Was soll ich tun? Was darf ich hoffen? Was ist der Mensch?

In diesem Essay steht die Kulturgeschichte der Weisheit im Mittelpunkt. Die Spurensuche führt in ein Labyrinth. Bis heute begangene Wege nehmen ihren Anfang in Ägypten, Griechenland, China, Indien, Palästina, laufen parallel, streben auseinander, treffen, kreuzen, trennen sich. Überdecken schwer zugängliche zugewachsene Pfade aus älteren Kulturen.

Rückschau in eine Welt, in der die Zivilisation noch jung ist, in der noch keine 358 Paragrafen eines Strafgesetzbuchs und keine 2385 Paragrafen eines Bürgerlichen Gesetzbuchs das Zusammenleben regeln, Rückschau ins 25. vorchristliche Jahrhundert; nach Ägypten. Noch 2000 Jahre und länger wird es dauern, ehe ein Plato und ein Aristoteles, ein Konfuzius, ein Laozi und ein Buddha von sich reden machen. Am Nil blüht die erste Hochkultur, das »Alte Reich«. Der riesige Staat ist geeint; die Hieroglyphen sind erfunden, die Pyramiden von Giseh stehen seit mehr als 100 Jahren. Den Kosmos lenkt der Sonnengott Re, die irdischen Belange der Pharao. Da begibt sich der greise Wesir Ptahhotep zu seinem Herrn und schlägt vor, seinen Erfahrungsschatz einem Nachfolger weiterzugeben. Pharao Asosi stimmt zu, schließlich gebe es »keinen, der weise geboren wurde«.

Es entsteht die erste schriftlich überlieferte Weisheitslehre. Ptahhoteps 37 Maximen handeln von Ehrlichkeit, Geduld, Nachsicht, Höflichkeit. Gleich die erste warnt vor Arroganz: »Sei nicht hochmütig wegen deines Wissens, sondern berate dich mit dem Unwissenden wie mit dem Wissenden.« Ein unkonventioneller und unbequemer Gedanke: Vorurteile beiseite lassen, bitte! Wer Ohren und Augen öffnet, kann von allen Menschen lernen, selbst von den (scheinbar) Törichten.

Ein Wesir ist im alten Ägypten als höchster Staatsbeamter für die Rechtsordnung zuständig, zugleich ist er Priester und trägt das Siegel der Weisheitsgöttin Ma'at, der Tochter des Sonnengottes Re. Sie ist »die Göttin, mit deren Hilfe der Sonnengott den Kosmos in Gang hält«, erklärt der Heidelberger Ägyptologe Jan Assmann in seinem Buch »Ma'at«. Oft gehe sie auf Bilddarstellungen ihrem Vater voraus, denn »sie verkörpert das ›Gelingen‹ des Weltprozesses.«

Harmonie und geordnete Verhältnisse stellen sich nach der Vorstellung der Ägypter nicht von allein ein, sie müssen immer wieder aufs Neue errungen werden. Das erfordert Anstrengung aufseiten der Götter wie aufseiten der Menschen. Der Begriff Ma'at entwickelt sich

Nach dem mythischen »Stein der Weisen« suchten die Alchimisten, um unedle Metalle in Gold zu verwandeln. Dass die Mühe vergeblich sein musste, hinderte Künstler des 16. Jahrhunderts nicht daran, in **Destillierkolben** schon fantasievoll Transformationsstufen darzustellen

über die Jahrhunderte zum zentralen Prinzip des irdischen Zusammenlebens. »Die Ma'at tun« heißt, nach Wahrheit, Gerechtigkeit, Weisheit, Recht, Ordnung, Echtheit, Aufrichtigkeit streben. Dazu ist es wichtig, dass Weise wie Ptahhotep diesen Wert erkennen, überliefern und verbreiten – und dass die Untertanen ihm folgen. Sie tun es, weil die Ma'at die Schwachen vor den Starken schützt und Solidarität und Verlässlichkeit garantiert.

Ist echte Weisheit für die Menschen überhaupt erreichbar? Oder ist sie den Göttern vorbehalten?

Drei »Kultur-Kreise«, drei Weltanschauungen. Der Buddhismus legt den Akzent auf zyklische Wiederholung: Das **Rad der Wiedergeburten** wird in der tibetischen Darstellung von Yama gedreht, dem Herrn des Todes...

Weisheit ist Wahrheit ist Recht ist Ordnung. Das Beispiel aus dem alten Ägypten fasziniert, weil mit der Ma'at-Lehre, wie Assmann schreibt, »die Idee eines Menschenrechts auf Gerechtigkeit« geboren wird. Nicht blinder Gehorsam gegenüber Göttern oder Herrschern regiert, stattdessen ein Staatswesen, das zwar hierarchisch ist, aber von Weisheit in Balance gehalten wird: An der Seite des Pharao geben Männer wie Ptahhotep »schlaue Tipps«: »Berate dich mit dem Unwissenden wie mit dem Wissenden...« Und doch verhindert guter Rat nicht, dass Reiche zerfallen. Das kulturelle Zentrum der Alten Welt wandert von Ägypten nach Griechenland und Kleinasien. Dort treten ab 600 v. Chr. Gelehrte auf, die sich der sophia verschreiben; der Begriff steht für Weisheit und Tüchtigkeit. Sich selbst bezeichnen die Sophia-Anhänger nicht als Weise, sondern als Philosophen, Freunde der Weisheit. Grund dafür ist ein Problem, das noch manch andere Kultur beschäftigen wird: Ist wahre Weisheit für den Menschen erreichbar, oder ist sie allein göttliches Attribut? Das Urteil des hoch angesehenen Heraklit fällt drastisch aus: »Der weiseste der Menschen erscheint verglichen mit Gott wie ein Affe.«

Das bremst Heraklit und seine Zeitgenossen nicht beim Versuch, sich dem göttlichen Ideal zu nähern. Ein Rausch des Staunens, Fragens, Suchens, Denkens setzt ein. Das neue Instrument, an dem die ersten Philosophen feilen, wird der Welt erhalten bleiben: Logos, lateinisch Ratio – die Vernunft.

Es geht ums Ganze. Um Erkenntnis. Um das rechte Leben. Um Prinzipien, die universell gültig sind. Thales sieht im Wasser die Grundsubstanz allen Lebens. Demokrit und Leukipp entwickeln eine Theorie, nach der die Materie aus Atomen, kleinsten Teilchen, zusammengesetzt ist. Pythagoras entdeckt mathematische Ordnung in der Natur. Zeitlose Einsichten stammen aus jener Epoche. »Alles fließt«, lehrt Heraklit und schlägt damit den Bogen vom Ursprung der Welt bis in eine Zukunft an der Grenze der Vorstellungskraft. Alles Wesentliche scheint in seinem »panta rhei« enthalten: Raum, Zeit, Kausalität. Melancholie und Hoffnung. Demut und Gelassenheit.

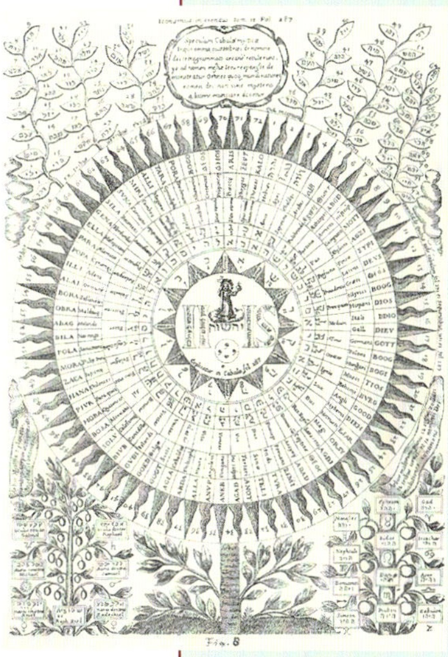

ALLES FLIESST – die Vorsokratiker bereiten den Auftritt der drei vielleicht einflussreichsten Denker des Abendlandes vor. Da ist Sokrates, der Querkopf, der auf Äußerlichkeiten pfeift, die Bürger Athens durch notorisches Infragestellen des scheinbar Selbstverständlichen quält und mit Sprüchen wie »Ich weiß, dass ich nicht weiß« verunsichert.

Auf ihn folgt sein Schüler Platon, der die Diskurse des Lehrers der Nachwelt überliefert und 387 v. Chr. in Athen seine Akademie gründet, die Vorläuferin aller Universitäten. Für Platon sind die flüchtigen Erscheinungen der Welt nur Abbilder von Ideen, die in einer anderen, verborgenen Sphäre existieren, jenseits von Raum und Zeit. Er entwirft das geniale Höhlengleichnis, in dem er das menschliche Dasein als Gefangenschaft in einer unterirdischen Höhle darstellt. Geradeaus starren heißt der einzige Zeitvertreib für die gefesselten Häftlinge. Sie können einander nicht sehen, nicht einmal ihre eigenen Körper. Nie werden sie die Sonne und das Leben draußen kennen lernen, für sie existieren nur flackernde Schatten an einer Wand, die von Gerätschaften stammen, die an einem Feuer vorbeigetragen werden, das in einem höher gelegenen Höhlenabschnitt hinter ihnen brennt.

Ist alles, was wir zu erkennen meinen, also nur ein winziger Ausschnitt des Ganzen, obendrein zum grotesken Trugbild verzerrt? Platons Schüler Aristoteles hält die Spekulation darüber für müßig. Ihn bewegt die Frage, welche Erkenntnisse man über die erfahrbare Welt gewinnen kann. Für die Aufgabe, sie zu erkunden, entwickelt er machtvolle Werkzeuge: Abstraktion und die duale Logik des »Entweder-oder«.

Enthusiastisch ersinnen die Weisheitsfreunde der Antike ihre Theorien, nicht als Selbstzweck, sondern um ethisches Handeln zu begründen. Platon glaubt

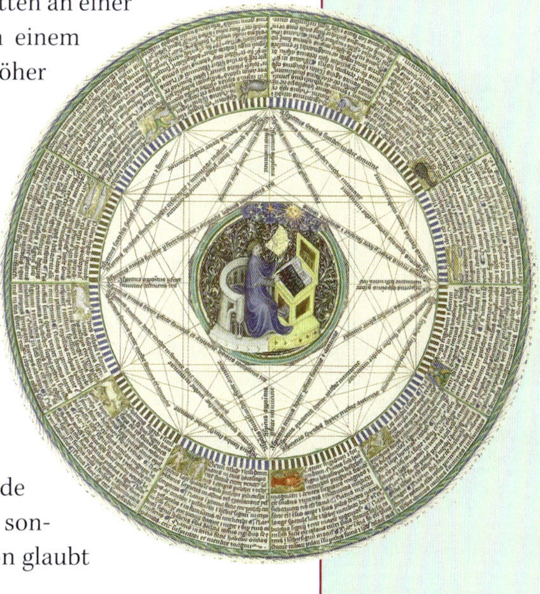

... die jüdisch-kabbalistische **Sonnenblumenfigur** (oben) kündet von der Vollkommenheit und preist die 72 Namen Jahwes. Der **Himmelskreis** des arabischen Astronomen As-Sufi (unten) illustriert die kosmische Ordnung

Ma'at, die Göttin der Weisheit, verkörpert in Ägypten das Prinzip Gerechtigkeit. Ihr Symbol, die Feder, wird beim Totengericht gegen das Herz des Verstorbenen gewogen. Wessen Herz leicht und frei von Fehl ist, der erringt Unsterblichkeit

an die Identität von Wissen und Tugend und entwirft einen idealen Staat. Aristoteles sieht – neben Logik und Physik – Ethik als dritte Säule der Philosophie und sucht »das Maß« in allen Dingen.

Andere Schulen wagen unterschiedlichste philosophisch-praktische Experimente. Die Kyniker propagieren als »Aussteiger der Antike« das einfache Leben; die Epikuräer proben Glückseligkeit im Diesseits und schockieren auch die Philosophen ihrer Umgebung, weil sie Frauen und Sklaven in ihre Gemeinschaften aufnehmen; die Stoiker trainieren, Schicksalsschläge gelassen zu ertragen.

Logos allerdings bleibt oberstes Gebot. Alles Denken sein zu lassen, sich still hinzusetzen und zu warten, bis Weisheit sich von allein einstellt – auf diesen Einfall wären weder Platon noch Aristoteles gekommen.

Ganz anders asiatische Gelehrte, besonders die Daoisten in China. Um den Gründer des Daoismus ranken sich Legenden. Eine berühmte erzählt, dass Laozi im hohen Alter in die Ferne aufbricht, als ein Passwächter ihn anhält und in ein Gespräch über seine Einsichten verwickelt. Auf Drängen des Wissbegierigen verfasst der »Alte Meister« das Daodejing, sein »Buch vom Weg und von der Tugend«, ehe er auf seinem Wasserbüffel endgültig hinter die Berge verschwindet.

DAS WERK, DAS AUF DAS 3. JAHRHUNDERT V. CHR. datiert wird, ist nur 5 000 Schriftzeichen lang, so kurz, dass die Geschichte wahr sein könnte. Im Zentrum steht das unnennbare Dao, umschrieben als »Rechter Weg«, als »Urquell des Seins« oder als das »große Eine, in dem die Gegensätze aufgehoben sind«. Um dem Dao nahe zu kommen, bedarf es keiner Verstandesakrobatik, auch keiner zupackenden Taten. Entscheidend ist vielmehr etwas Seltsames: *wu wei*, das »Nicht-Eingreifen«.

Wie dieses Paradox fassbar wird, erzählt eine Geschichte aus dem umfangreichen Werk des zweiten großen Daoisten Zhuangzi. Sie handelt von einem Mann namens Qing, der als »Meister der Holzschnitzer« vorgestellt wird und einen Glockenspielständer gestaltet hat – so vollkommen, als sei er »von Geistern geschaffen«.

Vom Fürsten nach dem Geheimnis seiner Kunst gefragt, gibt Qing zurück: »Dein Untertan ist nur ein Handwerker, was für ein Geheimnis könnte er besitzen?« Aber dann antwortet er weiter: »Und doch ist da etwas. Als ich daranging, den Glockenspielständer zu machen, hütete ich mich vor jeder Minderung meiner Lebenskraft. Ich sammelte mich, um meinen Geist zur unbedingten Ruhe zu bringen. Nach drei Tagen hatte ich allen Lohn, den ich erwerben könnte, vergessen. Nach fünf Tagen hatte ich allen Ruhm, den ich erwerben könnte, vergessen. Nach sieben Tagen hatte ich meine Glieder und meine Gestalt vergessen. Auch der Gedanke an deinen Hof, für den ich arbeiten sollte, war geschwunden. Da sammelte sich meine Kunst, von keinem Außen mehr gestört.«

Wer glaubt, dass jetzt das Schnitzen beginnt, sieht sich getäuscht. Qing fährt fort: »Nun ging ich in den Hochwald. Ich sah die Formen der Bäume an. Als ich einen erblickte, der die rechte Form hatte, erschien mir der Glockenspielständer, und ich ging ans Werk. Hätte ich diesen Baum nicht gefunden, ich hätte die Arbeit sein lassen müssen. Meine himmelsgeborene Art und die himmelsgeborene Art des Baumes sammelten sich darauf. Was hier Geistern beigemessen wurde, ist darin allein gegründet.«

Wohl jeder, der sich mit ganzem Herzen einer Beschäftigung verschreibt, die ihm wichtig ist, kennt oder ahnt den Zustand wunschloser Leichtigkeit, den Zhuangzi hier beschreibt. Von Weisheit ist in seiner Anekdote nicht explizit die Rede. Und doch verkörpert der bescheidene Held idealtypisch ihre östliche Spielart: die Versenkung bis hin zur Selbstvergessenheit; die selbstverständliche Harmonie zwischen Mensch und Natur; die Gabe, ein Ziel mühelos zu erreichen – oder zu verzichten, wenn die Bedingungen nicht stimmen.

Weisheit, so schreibt der Sinologe Wolfgang Bauer, bedeute in China »nicht unbedingt auch die systematische Wahrheitssuche, die sich mit dem westlichen Philosophiebegriff verbindet«. Die Praxis hat Vorrang.

Das gilt auch für den großen Gegenspieler des Daoismus, Konfuzius. Dessen Ideal, der »Edle«, setzt konventionelle Prioritäten. Er übt »Pietät und Gehorsam«, fügt sich in die Ordnung ein, beachtet die Rituale

»Die Philosophen in der Akademie« – das Mosaik aus Pompeji, das heute im Archäologischen Nationalmuseum in Neapel zu sehen ist, stellt einen Begründer der abendländischen Weisheitsfreundschaft dar: **Platon** mit Zeigestock inmitten seiner Schüler

und pflegt statt Wu Wei klassische Tugenden: Zuverlässigkeit, Ehrlichkeit, Aufrichtigkeit.

Hierarchien zu achten spielt bei Konfuzius eine zentrale Rolle – eine Parallele, die ihn mit der Ma'at-Lehre der alten Ägypter verbindet. Laozi und Zhuangzi dagegen stehen mit ihrer Vorliebe für Versenkung und Nicht-

Das Ziel aller Philosophen, ob indisch oder griechisch: eine Wahrheit jenseits der Erfahrungswelt

Handeln eher den Weisen Indiens nah. Ganz wie die daoistischen Texte beschreiben die Veden, die ältesten Texte der indischen Literatur, eine kosmische Kraft, aus der alle Dinge hervorgegangen sind, die allem innewohnt, und die es zu befreien gilt: »Brahman«.

Für den bedeutenden, 1943 verstorbenen Indologen Heinrich Zimmer ist diese Kraft ein Schlüssel zum Verständnis Indiens: »Wie man zum Brahman gelangt und mit ihm in Berührung bleibt; wie man dem Brahman gleich wird und aus ihm heraus lebt; wie man noch auf Erden göttlich … werden kann – das ist die suchende Frage, die den Menschengeist in Indien zu allen Zeiten begeistert und vergöttlicht hat.«

Den Geist bändigen, die Sinne zähmen – so hoffen **indische Yogis** dem »Samsara«, dem Kreislauf der Wiedergeburten, zu entkommen und die Einheit mit der Weltseele zu erlangen. Ihre Hilfsmittel: Trennung von irdischem Besitz, Askese, Meditation

Ist das Weisheit? Ist es nicht reine Religion? Wer im abendländischen Denken groß geworden ist, kann Brahman vielleicht als Sonne über Platons Höhle interpretieren. Wie die griechischen Philosophen wollen die indischen zu einer Wahrheit jenseits der unbeständigen, vergänglichen Erfahrungswelt durchstoßen.

Ganz anders als die Griechen halten sie Sprache und Logik dabei für untauglich. Und so enthalten die Upanishaden, der philosophische Teil der Veden, zwar viele Belehrungen, in denen Weise dozieren. Doch die Lehre gipfelt in einer Lobrede auf die Silbe OM, jenen »unvergänglichen Laut«, der »die Ganzheit des sichtbaren Weltalls« darstellt: »Was geworden ist, was wird und was werden wird – wahrlich all dies ist der Laut OM. Und was über diese drei Stadien hinausgeht – auch das ist wahrlich der Laut OM.«

Nicht die Akademie in der Stadt ist der Ort der Weisheitspraxis Indiens, nicht die Werkstatt des chinesischen Holzschnitzkünstlers, sondern die asketische Einsamkeit. Denn nur die Wendung nach innen, die Meditation, verheißt höchste Erkenntnis, *moksha*, die Erleuchtung. Fassbar ist dieses unmittelbare Erlebnis des Einsseins allenfalls als Allegorie: »Ebenso wie ein irdener Krug sich in Erde, eine Woge in Wasser oder ein Armreif in Gold auflöst, wird das All sich in mir auflösen«, heißt es in den Upanishaden.

Konfuzius wandelt mit einem Jünger durch die Natur. Wie in Griechenland legen die Gelehrten auch im alten China Philosophie gern im Gespräch dar. Wichtiger als theoretische Spekulation ist im Reich der Mitte allerdings praktische Lebensweisheit

Die Philosophen des Abendlandes sind bestrebt, möglichst viele Menschen an ihren Erkenntnissen teilhaben zu lassen. Die im alten Indien warnen davor. »Im Orient wird jede Art von Wissen sorgfältig gehütet«, schreibt Heinrich Zimmer. Meister geben ihre Erfahrung lange nur sparsam an streng auserwählte Schüler weiter. Das ändert sich, als im 6. Jahrhundert v. Chr. Buddha auftritt. Seine Unterweisungen sind öffentlich. Und sie ziehen die Menschen an, denn der Weg von der Überwindung des Leidens verknüpft Theorie, Praxis und Innenschau. »Rechte Erkenntnis« spielt genauso eine Rolle wie »Rechtes Handeln« und »Rechte Meditation«. Einfach zu begreifen und schwierig zu leben: »Das Böse lassen, das Heilsame entfalten, seinen Geist läutern – das ist die Lehre der Erleuchteten.«

»ACHSENZEIT« HAT DER PHILOSOPH KARL JASPERS die Periode zwischen 800 und 200 v. Chr. genannt, in der im Abendland, in China und Indien unabhängig voneinander »alle philosophischen Möglichkeiten« entwickelt werden. Nach Jaspers' Einschätzung entsteht damals »der Mensch, mit dem wir heute leben«. Denn fast zeitgleich verkünden Propheten in Palästina ein weiteres neues Weltbild. Mit der Anbetung des Gottes Jahwe begründen sie eine monotheistische Religion, aus der Judentum, Christentum und Islam hervorgehen werden.

Man muss nicht religiös sein, um die Bibel als Quell der Weisheitsliteratur hochzuschätzen. Heraus ragen die Predigten und Sprüche, die dem König und Richter Salomo zugeschrieben werden. In einem legendären Urteil legt er zwei Müttern, die sich um ein Neugeborenes streiten, nahe, es zweizuteilen – im sicheren Wissen, dass die wahre Mutter das nie zulassen wird. Salomo singt Hymnen auf die Weisheit, nennt sie »besser als Gold und als erlesenes Silber«. Doch an anderer Stelle gesteht er, der große Weise, tiefe Verzweiflung. »Ich sah an alles Tun, das unter der Sonne geschieht, und siehe, es war alles eitel und Haschen nach Wind… Und ich richtete

Der **biblische Weise Salomo** als Lehrer seines Sohnes (oben links), in zwei Szenen mit den Müttern, denen er androht, jenes Kind, um das sie streiten, in zwei Teile teilen zu lassen. Und mit einem angeblichen Erben, dem er aufgibt, den toten Vater mit einem Pfeil zu durchbohren

mein Herz darauf, dass ich lernte Weisheit und erkannte Tollheit und Torheit. Ich ward aber gewahr, dass auch dies ein Haschen nach Wind ist. Denn wo viel Weisheit ist, da ist viel Grämen, und wer viel lernt, der muss viel leiden.«

Die Bibel malt das menschliche Schicksal, etwa beim Leidensmann Hiob, als düster bis über die Grenze des Erträglichen aus, ehe sie Hoffnung schürt. Wer seine Ohnmacht in gläubiger Demut annimmt, dem verheißen die Schriften Trost vom einzigen allmächtigen Gott. Im Neuen Testament wird die Furcht dann überstrahlt von der Liebe Jesu Christi – einer Liebe, die alles durchdringt, umfassend wie das chinesische Dao oder das indische Brahman.

GROSSER SPRUNG NACH VORN, in die Moderne. In den Universitäten der Gegenwart würden Platon und Aristoteles mit Ehrfurcht begrüßt. Unverständlich bliebe ihnen allerdings, dass dort die naturwissenschaftlichen Fakultäten ein Eigenleben führen, ganz getrennt von denen der Weisheitsfreundschaft. Auf den Marktplätzen würde Sokrates – hässlich, schlecht gekleidet, störrisch auf Existenzfragen beharrend – von den Bürgern verachtet wie einst in Athen. Immerhin könnten sich die alten Griechen genau wie der ägyptische Wesir, die Weisen aus Indien und China und der Zimmermannssohn aus Bethlehem freuen, dass vielerlei Druckwerke ihr Wirken festhalten, zum Teil in unorthodoxer Art. Das Buch »Altägyptische Maximen für Manager – die Lehre des Ptahhotep« ist da zu erwerben oder ein »Literarisches T-Shirt Lao-Tse, Größe XL«.

Insgesamt müssten die Weisen von gestern feststellen, dass die Nachfahren bei der Suche, wie sich *sophia* im individuellen und gemeinschaftlichen Leben verwirklichen lässt, nicht entscheidend weitergekommen sind. Manche gehen in Kirchen, andere setzen sich mit gekreuzten Beinen Weisen aus dem Morgenland zu Füßen, wieder andere vertiefen sich in Bücher über die Weisheit der Azteken, Druiden, Elfen, Heiligen, Hexen, Indianerfrauen, Kelten, Pharaonen, Schamanen, Sufis, Tuareg, Wüstenmönche. Aber in den Augen all dieser Suchenden glimmt Zweifel.

Denn so sehr die Fülle der Weisheitslehren inspiriert – ihre Leuchtkraft scheint immer dann zu verblassen, wenn auf der Weltbühne der

Kampf um Macht und Einfluss auf dem Spielplan steht. Selten setzen sich dabei die durch, die »ehrlich, nett und rätselhaft« sind. Nicht die Wahrhaftigen und Toleranten. Nicht diejenigen, die predigen, bei Unrecht auch die andere Wange hinzuhalten. Sondern die anderen, die darauf beharren, dass es nur einen Weg zur Wahrheit gibt: den eigenen.

Zu wenig OM und Wu Wei, zu viel falsch verstandener Logos, könnte ein Brainstorming der versammelten alten Meister diagnostizieren. Erkenntnisse darüber, was diese Welt im Innersten zusammenhält, sind ins Uner-

Früher strebte man nach Wissen und Weisheit zugleich. Heute muss man häufig zwischen beiden wählen

messliche gewachsen, seit Pythagoras sein $a^2 + b^2 = c^2$ formulierte und Demokrit darüber spekulierte, dass die Materie aus Atomen zusammengesetzt sein könnte. Doch das Streben nach Wissen und nach Weisheit bildet keine Einheit mehr. Vom Erfolg im Detail beflügelt, beschränken sich naturwissenschaftliche Vordenker seit der Aufklärung auf experimentell Belegbares und lassen – zumindest in der Fachdiskussion – metaphysische Fragen offen: Gedanken über Götter, Brahman oder Dao genauso wie über die sperrigen Ideale Tugend, Weisheit, Liebe.

Eine Sackgasse – denn existenzielle Verunsicherung endet nicht, wenn Physiker statt der Atome die Quarks als winzigste Teilchen identifizieren. Oder wenn nach Nieren, Herzen und Lebern vielleicht bald auch Hirne transplantiert werden können. Je ungestümer die Menschen ihr Schicksal in die eigene Hand zu nehmen trachten, desto höhnischer wirkt der uralte Begleitrefrain: Naturkatastrophenkrankheitenkriegegewalttod. Naturwissenschaftler und Ingenieure haben die Welt verändert; vielleicht kommt es wieder darauf an, sie zu interpretieren.

Johannes-Gutenberg-Universität Mainz, Philosophicum, Hörsaal P3, ein Mittwochnachmittag. Yasuo Kamata, Gastprofessor aus Japan, schließt seinen PC an den Beamer an. Seine Vorlesung »Östliche Philosophie« ist für niemanden Pflicht, aber sehr beliebt. Etwa 80 Interessierte aus verschiedensten Fachbereichen beugen sich über Konfuzius' »Lun-yu«. In Kleingruppen diskutieren sie über die altchinesische Tugendlehre, vergleichen sie

Unter **Rabbinern** spielt der Disput als Erkenntnisweg eine zentrale Rolle. Denn heilige Schriften und Alltagsprobleme brauchen sorgfältige Auslegung

mit dem Neuen Testament. Lauschen dann dem lebendigen Professor, der mit seinem langen Haar, dem auffälligen, groß karierten Sakko und dem bunten Brokatschlips so gar nicht dem Japanerklischee entspricht. Kamata stellt die »Monokultur des Geistes und Verhaltens in der neuzeitlichen Gesellschaft« zur Diskussion, in der »alle Werte monetäre Werte« sind und die »in der Umwelt bloß die Mittel eigener Bedürfnisbefriedigung« sieht.

AFRIKANISCHE PHILOSOPHIE

Der Schwarze Kontinent ist die Wiege der Menschheit. Ihn auch als eine Heimat der Philosophie zu würdigen käme Europäern kaum in den Sinn – zu Unrecht!

Wer die kaum niedergeschriebene Weisheit Afrikas erkunden will, muss Eigenschaften wie der Ethnologe Marcel Griaule mitbringen: Sprachkenntnis, Geduld, Vorurteilsfreiheit, Neugier. Der Franzose studierte das astronomische Wissen und den Mythenschatz der Dogon, die im heutigen Mali leben. Nach 15-jähriger Bekanntschaft vertraute ein traditioneller Weisheitslehrer ihm seine Lehre an, die Griaule 1948 im Buch »Gespräche mit Ogotemmêli« veröffentlicht hat. Enthalten sind Betrachtungen zur Kosmologie, zu Sprache, Kunst und Religion, zum Sozial- und Wirtschaftssystem.

Ein anderer Pionier war der belgische Franziskanerpater Placide Tempels, der ab 1930 als Missionar den Kongo bereist hat. In einem 1945 erschienenen Buch stellt er die »magische« Weltanschauung der Bantu jener der westlich-christlichen gegenüber. Beide Auffassungen böten eine »geschlossene, positive Philosophie«; die der Bantu charakterisiert Tempels als »dynamisch«. Denn im Mittelpunkt steht eine Kraft, die allen belebten und unbelebten Wesen innewohnt. *Muntu*, die mit Vernunft und Verstand begabte Lebenskraft, sorgt bei den Menschen für die innere Verbindung mit Gott, den Ahnen, den Clangenossen, Hausgenossen und Kindern, dem Besitz, dem Boden.

Tempels empfand sein Buch als »Werbeschrift für ein menschliches Verhalten der Kolonialherren gegenüber den Schwarzen«. Doch bei aller Aufgeschlossenheit sah er die Europäer in der Rolle der »Zivilisatoren« und Erzieher der Bantu-Seele. Mit den Befreiungsbewegungen gerät in Afrika diese Haltung in Misskredit. Seit dem Ende der Kolonialzeit untersuchen auch Afrikaner und Afrikanerinnen selbst ihre oralen Traditionen – Sprichwörter, Mythen, Volkslieder, Rituale, künstlerische Symbole. Es ist ein Kampf gegen die Zeit.

Beispielhaft für den neuen Ansatz ist das »Sage Philosophy Project« (*sage*, engl.: weise), in dem Stammesälteste Auskunft über ihre Einsichten zu Gott, der Religion, der Natur, den Menschen und der Gesellschaft geben. Der Initiator des Vorhabens, Henry Odera Oruka, selbst Sohn eines Weisheitslehrers der Luo in Westkenia, hatte in Schweden und den USA studiert, bevor er das Projekt als Philosophieprofessor an der Universität Nairobi auf den Weg brachte und bis zu seinem frühen Tod 1995 leitete. Wie poetisch, philosophisch und klar seine Gesprächspartner argumentieren, belegt ein Interviewauszug. Darin spricht Arap Baliach, ein als Weiser anerkannter Bauer ohne formelle Schulbildung.

»Ursprünglich wusste mein Volk, die Kipsigis, dass Gott die Sonne ist. Später verstanden die Kipsigis unter Gott dasselbe wie in der christlichen Religion – ein allmächtiges und heiliges Wesen.«

Frage: »Aber was genau denkst du, was Gott ist?«

Antwort: »Das ist eine schwierige Frage. Ich würde sagen, Gott ist der Vater oder der Ersatz für den Vater des Menschen. Leute, die ihren Vater nicht kennen, fühlen sich oft hilflos oder wurzellos. So würde der Mensch sich ohne Gott hilflos und wurzellos fühlen.«

Frage: »Aber wer ist der Vater Gottes selbst?«

Antwort: »Ich weiß nicht. Aber vielleicht ist Gott zu stark oder zu erwachsen, um einen Vater zu brauchen.«

Frage: »Brauchen die Starken keinen Vater?«

Antwort: »Doch, aber nicht so sehr wie die Schwachen. Aber es kann einfach so sein, dass Gott der Anfang der Dinge ist.

Und der Anfang braucht nicht noch etwas anderes vor sich. Hätte der Anfang etwas, was ihn verursacht hat, so wäre es nicht der Anfang.«

Der 58-Jährige ist selbst Spross der globalisierten Moderne. Er ist in Japan aufgewachsen, hat in Deutschland studiert, über Schopenhauer promoviert, an der Universität Kairo die islamische Welt kennen gelernt und pendelt als Kongressredner zwischen Delhi und São Paulo. Für Kamata besteht das Kernproblem der Neuzeit in der »Konfrontationshaltung« des Menschen gegenüber dem Schicksal. Kamatas Ansatz: Die Probleme der Gegenwart »aus der Perspektive der langen Menschheitsgeschichte philosophisch zu vertiefen«.

Weisheitsziel umfassendes Wissen: Der **»Baum aller Erkenntnis«** ziert 1508 die erste deutsche Enzyklopädie »Margarita Philosophica«

Aus diesem Grund lernen die Studenten der Mainzer Vorlesung die Gedanken von Konfuzius, Laozi und Buddha kennen. Sie grübeln über das »Wesen des Baumseins« bei Straßenbäumen, die »technisch aufwachsen«; sie informieren sich über Alternativen zur Entweder-oder-Logik. Eine derartige Horizonterweiterung ist recht selten an philosophischen Fakultäten.

Franz Martin Wimmer, Philosophieprofessor an der Universität Wien, spottet: »Wer Philosophie studiert oder lehrt, kann dies in der Regel tun, ohne sich jemals mit der Frage konfrontiert zu sehen, was denn chinesische, indische, afrikanische oder lateinamerikanische Philosophen zu einer ganz bestimmten Sachfrage beigetragen haben.« Die »Stimmen der anderen zu Gehör zu bringen« bleibe bisher Spezialdisziplinen wie Ethnologie, Sinologie oder Afrikanistik überlassen.

Wie Kamata vertritt Wimmer den noch jungen Zweig der »interkulturellen Philosophie«. Deren Anhänger wollen Neugier auf fremde Kulturen wecken und fördern, was sie »Polylog« nennen, einen möglichst unbefangenen philosophischen Austausch. Wichtige Vorbedingung dafür ist es, den Blick für die blinden Flecken der eigenen Geistestradition zu schärfen. Denn der Eurozentrismus hat die Denkstrukturen des Westens tief geprägt.

»Die Menschheit«, so sieht es Immanuel Kant im 18. Jahrhundert, »ist in ihrer größten Vollkommenheit in der Race der Weißen. Die gelben Indianer haben schon ein geringeres Talent. Die Neger sind weit tiefer…« Franz Martin Wimmer und sein Kollege Heinz Kimmerle in den Niederlanden sammeln solche Zitate, um zu zeigen, wie sehr auch große Gelehrte die Vorurteile ihrer Zeit verinnerlichen. Selbst ein Denker wie Kant,

Für Mystiker heißt Weisheit auch Liebe zur Natur und zur Tierwelt. Der **Heilige Hieronymus** zieht einem verletzten Löwen den Dorn aus der Pfote

der die prinzipiellen Grenzen der Erkenntnis ausgelotet hat, bleibt befangen.

Dabei hätte der Königsberger Professor es besser wissen können: Zu seiner Zeit, zwischen 1736 und 1747, lehrte in Halle und Wittenberg Amo Guinea-Africanus, ein schwarzer Philosoph – in lateinischer Sprache.

Auch Georg Wilhelm Friedrich Hegel, der sich lange mit China beschäftigt hat, hält an der Überlegenheit Europas fest. Er kommt zu dem Schluss, Asien und Afrika seien für Philosophie ungeeignet, weil nur »eine gemäßigte Zone das Theater für das Schauspiel der Weltgeschichte« biete.

Solcher Dünkel hat den weltweiten Siegeszug der westlichen Denkart begleitet. Die interkulturelle Philosophie lädt nun ein, Weisheitsfreundschaft im Plural zu betrachten: Das alte Ägypten könnte Gerechtigkeitsempfinden beisteuern, Griechenland Erkenntnistiefe, China Naturverbundenheit, Indien Innenschau, Palästina Demut und Liebe. Der »Polylog« baut darüber hinaus Brücken zur Geisteswelt jener Völker, die von den Weißen lange als »Barbaren, Exoten und Heiden« verteufelt und verfolgt wurden. Erst in jüngster Zeit dämmert im Westen die Erkenntnis, dass sich auch in deren schriftlosen Kulturen »philosophische Weisheit« verbirgt, die der eigenen ebenbürtig ist. Zum Beispiel in den jahrtausendelang nur mündlich überlieferten Weisheitslehren Afrikas (siehe Kasten Seite 398).

ALS »ANIMAL RATIONALE SOCIALE«, Vernunft- und Gemeinschaftstier, hat Aristoteles den Menschen beschrieben – ohne zu ahnen, wie viel Unrecht die allzu enge Auslegung und Überbetonung der Ratio in der Welt auslösen würde. Mehr als 2000 Jahre später gibt einer seiner Nachfolger allzu überheblichen Vernunftwesen eine Benimmregel mit auf den Weg.

Elmar Holenstein hat sich als Philosophieprofessor der ETH Zürich jahrzehntelang mit den Kulturen der Welt beschäftigt und empfiehlt, »Menschen, deren Sprache und Kultur uns fremd sind, möglichst kein un- und vorlogisches Denken zuzuschreiben, sondern eher davon auszugehen, dass man sie missverstanden hat«.

Hier Zahlen, Logos, abstrakte Begriffe – dort Bilder, Träume, Symbole, Mythen, Allegorien: Sapientia, »das Wissen um die göttlichen und menschlichen Dinge«, umfasst heute beide Zugänge – auch und gerade die jener Kulturen, die von der Neuzeit überrollt worden sind. Etwa animistische Traditionen der Naturvölker, die ein Gespür dafür besitzen, auf welch vielfältige Weise der Mensch in den Kosmos eingebettet ist – durch ein unsichtbares Band verknüpft mit den Ahnen, Tieren, Pflanzen, Bergen, Steinen, Sternen. Und die Lehren der »weisen Frauen«, die Aspekte betonen, die von einer männlich dominierten Philosophie im Osten wie im Westen ins Abseits gedrängt wurden: Leiblichkeit, Fruchtbarkeit, Mütterlichkeit, Eros.

In ihrem Buch »Sophias Leib – Entfesselung der Weisheit« hat die Stuttgarter Philosophin Annegret Stopczyk dieses Erbe untersucht und dem Logos die »Weisheit des Herzens« gegenübergestellt.

Esoterik, stöhnen die Rationalisten. Und lassen außer Acht, dass die »Wendung nach innen«, die das Wort ursprünglich bedeutet, auch die eigene Tradition bereichert hat. »Erkenne dich selbst«, stand über dem Tempel von Delphi, in dem die angesehene Orakelpriesterin Pythia wirkte.

Wird Weisheit in ihrer geschichtlich gewachsenen Vielfalt erkundet, treten verblüffende Parallelen und Einflusslinien zutage. Lange Absätze der Sprüche Salomos im Alten Testament sind fast wörtlich aus der ägyptischen Weisheitslehre des Amenemope übernommen. Der kategorische Imperativ Immanuel Kants ist in so gut wie allen Hochkulturen als »Goldene Regel« und Grundlage ethischen Handelns vorformuliert. Askese läutert indische Jaina genauso wie christliche Wandermönche. Chassidische Juden tanzen ekstatisch wie muslimische Sufi-Derwische oder afrikanische Animisten. Und christliche Mystiker wie Meister Eckhart, Franz von Assisi oder Hildegard von Bingen wirken in ihrer Naturverbundenheit wie westliche Inkarnationen erleuchteter Yogis.

Weisheit ist so facettenreich wie die Menschheitskulturen. Ein geheimnisvolles Ideal, angesiedelt zwischen Himmel und Erde. Kein Wunder, dass Mythen oft von geflügelten Wesen berichten, die Weisheit bewahren und weitertragen – in Ägypten ist es der Ibis, in Athen die Eule, bei den Azteken die gefiederte Schlange Quetzalcoatl, in Indien, Tibet und auf Bali der Riesenvogel Garuda.

»Uralte Geschichten« – ganz wie sie der neunjährige Schüler aus Wien von Weisen erwartet. Gut möglich, dass nur die Sprachen sich unterscheiden und zu guter Letzt all die mathematischen und poetischen Umschreibungen denselben Kern berühren. In den Upanishaden steht geschrieben: »Das Wahre ist das Eine. Die Weisen benennen es verschieden.« **(2006)**

■ **Siehe auch A–Z-Teil**

→ Aristoteles · chinesische Philosophie · christliche Philosophie · Daoismus · Hegel, Georg Wilhelm Friedrich · indische Philosophie · islamische Philosophie · Kant, Immanuel · Laozi · Logos · Philosophie · Platon · Sokrates · Vernunft · Vorsokratiker · Wissen

GEO-Redakteurin Hanne Tügel hat 2004 ein komplettes GEO-WISSEN-Heft zum Thema Weisheit betreut. Ihr Lieblingsweisheitsgedicht ist Bertolt Brechts »Legende von der Entstehung des Buches Taoteking auf dem Weg des Laotse in die Emigration«.

Weise werden, aber wie?

Arthur Schopenhauer rühmte die Weisheit als »nicht bloß theoretische, sondern auch praktische Vollkommenheit«. Als ideale Lehrmeister gelten Lebenserfahrung, überwundene Krisen – und Vorbilder wie die auf den nächsten Seiten Porträtierten. Sie erzählen von dem, was Menschen stark und gewiss machen kann

Der **Ökologe Michael Succow,** in Szene gesetzt mit Requisiten aus den botanischen Sammlungen der Universität Greifswald. Von seinem Engagement für seine Ideale lesen Sie auf der nächsten Seite

Text:
Hanne Tügel
Fotos:
Rainer Elstermann

Es ist verzwickt mit der Weisheit. Sie lässt sich nicht studieren und anschließend beherrschen wie eine Fremdsprache, ein Musikinstrument oder die höhere Mathematik. Sie ist nicht durch Einheirat zu erringen wie ein Adelsprädikat oder ein Familienvermögen. Man kann sie nicht herbeizwingen, nicht einmal mit Waffengewalt. Sie fällt keinem in den Schoß wie ein Lottogewinn. Und ein »Weisheitsquotient«, der mit ein paar Standardaufgaben zu ermitteln wäre wie der IQ, lässt auch auf sich warten.

Wie und wo also ist jener Qualität auf die Schliche zu kommen, die in allen Umfragen »hoch positiv« bewertet wird? Es liegt nah, sie in religiös-spiritueller Umgebung zu suchen, hinter Klostermauern, auf Wüstenwanderungen, in Schweigekursen. Doch ihre eigentliche Stärke offenbart Weisheit nicht in der Abgeschiedenheit, sondern in der chaotischen, schwierigen, manchmal absurd ungerechten Welt. In der Alltagshektik und in Krisen, beim Familienstreit, am Sterbebett und in Gefangenschaft, in philosophischen Cafés und in einer Dortmunder Badewanne. Und – mit etwas Glück – im Labor, wo Wissenschaftler herauszufinden trachten, wer wann warum wie weise wird.

Die Annonce klang einladend: »Denken Sie über das Leben nach? Das Max-Planck-Institut für Bildungsforschung sucht Interview-PartnerInnen.« Den Interessierten stellten die Psychologinnen Judith Glück und Susan Bluck eine ungewöhnliche Aufgabe. Sie sollten Momente in ihrem Leben aufschreiben, wo sie sich »ein Stück weit weise« verhalten hätten.

Viele der 92 Teilnehmer stutzen zunächst. Wie soll weises Verhalten aussehen – so wie bei Gandhi, Nelson Mandela, Mutter Teresa? Als sie hören, dass es um »Weisheit im Kleinen« geht, fallen 86 von ihnen doch eine Reihe entsprechender Alltagssituationen ein, im Durchschnitt vier. Über die jeweils interessanteste geben sie Auskunft.

Eine Mutter erzählt von einer Begebenheit mit ihrem Sohn, der beim Stehlen erwischt worden ist. Sie reagiert ausnahmsweise nicht wütend wie sonst, wenn er sie ärgert, sondern hört ihm ruhig zu, bleibt offen und stellt das Verhältnis so auf eine neue Grundlage. Eine andere hält sich nicht höflich heraus aus dem schweren Mutter-Tochter-Konflikt in der befreundeten Familie, sondern spricht ausgiebig mit beiden Seiten und bewirkt eine Wiederannäherung. Eine junge Frau beschäftigt sich intensiv mit ihrer Krebserkrankung und erreicht, dass die Ärzte sie als kundige Partnerin ernst nehmen.

Ein ehemals strenger Lehrer wagt es, seinen Unterrichtsstil zu ändern, und ermutigt jetzt die Schüler, statt weiter auf Strafe und Kontrolle zu setzen. Eine 17-Jährige erzählt den Forscherinnen von der ersten »wirklich wichtigen Entscheidung« in ihrem Leben, jener schlaflosen Nacht, in der sie gegrübelt hat, wegen ihrer Schmerzen die Ballettschule und damit ihre Traumkarriere aufzugeben. Am nächsten Morgen steht der Entschluss fest: »Okay, das war's, vorbei!«

Die Untersuchung liefert keinerlei objektive Daten zum Weisheitsgrad der Beteiligten, doch sie belegt etwas Wichtiges: Weisheit ist nicht Gabe weniger Ausnahmepersönlichkeiten; ein Quäntchen Dalai Lama schlummert im Privaten. Es in der Rückschau bei sich zu entdecken überrascht die Beteiligten mitunter selbst.

»Unsere Studie war die erste, die autobiografische Erlebnisse mit Weisheit verknüpft hat«, erzählt, sechs Jahre später, Judith Glück, die inzwischen als Psychologieprofessorin in Wien forscht und lehrt. Ihr Ansatz war ein Kontrapunkt zu dem ihrer Kollegen. Die trieb vor allem der Traum um, den Weisheitsgrad verschiedener Personen vergleichen zu können.

Schon in den 1980er-Jahren hatte sich das Berliner Max-Planck-Institut für Bildungsforschung unter dem langjährigen Direktor Paul Baltes einen Namen gemacht, weil es einen entsprechenden Weisheitstest entwickelt hatte. Dieser basiert auf »Fall-Vignetten«, hypothetischen Lebenssituationen, die weisen Rat erfordern. Beispiele: Eine 15-Jährige will heiraten. Oder: Ein guter Freund will Selbstmord begehen. Die anschließende Frage lautet: »Was könnte man in dieser Situation bedenken oder tun?«

Die Probanden werden aufgefordert, laut über das Problem nachzusinnen. Geschulte Beurteiler bewerten das Protokoll des Denkprozesses mit bis zu sieben Punkten in fünf Kategorien: Faktenwissen; strategisches Wissen über den Umgang mit Lebenssituationen; das Bewusstsein, dass der Kontext, zum Beispiel das Alter oder die historische Situation, das Verhalten mitbedingt; außerdem Wertrelativismus und Toleranz sowie Umgang mit Ungewissheit.

Schlecht schneidet ab, wer nur Vorurteile à la »Wo kämen wir denn hin, wenn eine 15-Jährige…« produziert. Hohe Punktzahlen erreicht, wer den Fall differenziert zerpflückt: »Auf den ersten Blick betrachtet, scheint dies ein einfaches Problem zu sein, es gibt aber auch Umstände… Zum

Michael Succow, Ökologe, ist Träger des Alternativen Nobelpreises. Sein maßgeblicher Beitrag zur Ausweisung von sechs Nationalparken in Ostdeutschland war ein Coup der Wendezeit. Heute kämpft er für den Erhalt einmaliger Ökosysteme in Eurasien

»Kraft für meine Arbeit geben mir vor allem Aufenthalte in den letzten Wildnisräumen dieser Erde mit ihren Kulturen: Bei den Uiguren in der Wüste Takla-Makan oder bei den Jakuten in der unberührten Taiga Sibiriens. Daraus entspringt der brennende Wunsch, diese großartige Natur zu verstehen – und zu bewahren. In Greifswald versuche ich, Landschaftsökologen heranzubilden, die sozial kompetent und nicht nur auf Karriere bedacht sind. Denn Wissen kann nur zusammen mit Engagement für die eigenen Ideale zu so etwas wie Weisheit führen. Meine Eltern haben mir schon als Kind Verantwortung übertragen – für eine Schafherde mit Hund. Verantwortung hat aber auch ihren Preis. Meine weiseste Entscheidung war vielleicht, mich 1968 konsequent auf die Seite des Prager Frühlings zu stellen. Meine Uni-Laufbahn war damit in der DDR beendet, aber meine Integrität bewahrt. Und ich habe innere Unabhängigkeit gewonnen – die ich bis heute brauche, wenn ich Politikern neue Naturreservate abringe.«

Peter Hepp, Diakon, ist von Geburt an taub und begann im Alter von 30 Jahren zu erblinden. Der zweifache Vater arbeitet als Taubblinden-Seelsorger in Rottweil und kommuniziert durch »Lormen«, ein in die Handfläche getipptes Alphabet

»Der wichtigste Satz in der Bibel lautet für mich: ›Es werde Licht!‹ Das Licht als allgegenwärtige Kraft hat mich schon immer fasziniert. Wenn ich bei meiner Arbeit ungeduldig werde, schaue ich auf mein inneres Licht und kann lockerlassen. Jesus ist das Licht, heißt es im Johannes-Evangelium, wer ihm nachfolgt, wird nicht in der Finsternis wandeln. Natürlich auch der nicht, der blind ist. Das innerlich anzunehmen habe ich mir erst allmählich erarbeitet. Als ich mein Augenlicht verlor, haderte ich mit Gott und der Welt. Da hatte Weisheit viel damit zu tun, wieder Verantwortung für mein Leben zu übernehmen. Geholfen hat mir der Spruch über Franz von Assisi: ›Seine Braut heißt die Armut‹. Ein unglaublich starker Satz. Nicht hören, nicht sehen zu können – heute scheint es mir, dass es Weisheit ohne solche tiefen Krisen nicht gibt. Es ist wie mit dem Korn, das Sturm und Wind braucht, um gerade zu wachsen und Früchte zu tragen: Das, was zunächst negativ und schädlich erscheint, trägt am Ende dazu bei, dass man reift.«

Beispiel könnte das Mädchen unheilbar krank sein, es könnte gerade seine Eltern verloren haben, oder es kommt aus einer anderen Kultur …«

Der Test ist aufwendig, doch er liefert das Ersehnte: einen wissenschaftlich abgesicherten »Weisheits-Score«. Der nimmt bis zum Alter von 25 Jahren im Mittel zu, bleibt dann bis zum Alter von etwa 75 Jahren stabil, dann sinkt er wieder. Wie bitte? Mit 25 soll der Zenit der Weisheit erreicht sein? Die Diskrepanz zwischen Forschungsresultat und Laienerwartung kann am Vorurteil der Laien liegen. Oder am Test.

Als »Expertenwissen über die fundamentalen Dinge des Lebens« definiert die Berliner Max-Planck-Gruppe Weisheit. Trifft das wirklich den Kern? Würden Persönlichkeiten wie Laozi, Jesus, Nelson Mandela im Experiment

Warum macht Schaden manche Menschen klug – und andere verzweifelt?

brillieren? Zeichnen sich wahre Weise nicht eher durch das knappe rechte Wort und die rechte Tat zur rechten Zeit aus als durch Theoretisieren? Umgekehrt scheint es ungewiss, ob Spitzenergebnisse im Testlabor auch real Souveränität garantieren. »Man weiß eben nicht, wie die Betreffenden reagieren, wenn die 15-Jährige die eigene Tochter wäre«, sagt Judith Glück.

Deshalb interessiert sich die Forscherin mehr für jene »kleine Weisheit« im Alltag, die ein köstliches Gefühl des Gelingens hinterlässt: die Erfahrung, in einer heiklen Situation etwas richtig gemacht und zu einem guten Ende gebracht zu haben. 78 Prozent der in ihrer Studie Befragten waren sicher, etwas aus dem in der Untersuchung beschriebenen Ereignis gelernt zu haben. 41 Prozent glaubten sogar, die Situation habe ihr Leben verändert oder zu einer neuen Lebensphilosophie geführt.

Die Statistik lässt allerdings entscheidende Fragen offen: Woran liegt es, dass es mitunter gelingt, gleichmütig, großzügig und sogar weise zu handeln, oft aber nicht? An gutem Schlaf in der Nacht zuvor, an höherer Eingebung, am Wetter, am Zufall? Warum macht Schaden die einen klüger als die anderen? Welche Persönlichkeitsfacetten spielen eine Rolle?

Auf das letzte Thema konzentriert sich Monika Ardelt an der University of Florida. Sie teilt Eigenschaften, die weisen Menschen zugesprochen werden, in drei »Dimensionen«. Die kognitive Dimension deckt sich mit dem »Expertenwissen« der Berliner Gruppe und umfasst Wissensdurst und logische Analyse. Die reflektive beinhaltet das Talent zu Selbsteinsicht und Perspektivwechsel. Die affektive steht für Mitgefühl für andere.

Die Soziologieprofessorin Ardelt hat den Forschertraum vom Weisheits-Score nicht aufgegeben. Sie hat einen eigenen Test entwickelt, der, anders als der Max-Planck-Ansatz, auf Selbsteinschätzung beruht und nicht nur auf die Wissensdimension zielt. 39 Aussagen sind in einer 5-Punkte-Skala zu bewerten. Beispiele: »Was ich nicht weiß, macht mich nicht heiß.« Oder: »Ich komme mit jeder Art von Menschen gut aus.«

Vorsicht bleibt geboten: Weisheit ist ein tückisches Forschungsobjekt. Selbst der raffinierteste Test wird nicht voraussagen, ob sie zur Stelle ist, wenn es ernst, beängstigend, gefährlich wird.

Das harte Curriculum für Weisheitsjünger könnte von Sadisten stammen: in Abgründe tauchen! Verzweiflung auskosten! Existenzkrisen meistern! Seelenruhe angesichts von Hass und Brutalität bewahren! Den eigenen Überzeugungen treu bleiben, auch bei Gegenwind!

Hätte Sokrates seinen Richtern versichert, er würde fortan die Marktplätze meiden und Privatstudien treiben; hätte Martin Luther King den Traum vom Ende der Rassentrennung in seiner Baptistengemeinde gepredigt, statt zum Marsch auf Washington aufzurufen; hätte Mutter Teresa Krankenversicherte im Tessin gepflegt und nicht Unberührbare im Slum von Kalkutta – sie hätten sich weniger angreifbar und verletzlich gemacht. Und wären keine Ikonen der Weisheit geworden.

Weisheit erweist sich in der Not: als Mut, Gelassenheit und Mitgefühl

Vorbilder wie sie verlieren selbst in scheinbar auswegloser Lage nicht ihren Mut, ihre Gelassenheit und ihr Mitgefühl. Wie ist das möglich? Eine besonders aufschlussreiche Lektion erteilt der Auschwitzhäftling 119 104, ein Mann, der Todesangst und Erniedrigung im KZ durchlitten hat. Und der es fertig gebracht hat, sein eigenes Schicksal gleichzeitig als eine Art Experiment zu betrachten, in dem er sich als »Objekt einer interessanten psychologisch-wissenschaftlichen Untersuchung« sieht.

Schon als 15-Jähriger korrespondiert Viktor Frankl mit Freud, vier Jahre später, 1924, erscheint seine erste Publikation in der »Internationalen Zeitschrift für Psychoanalyse«. Klar, dass der Junge aus Wien Psychologie und Medizin studiert. Ab 1938 entwickelt er Grundlagen zur »Logotherapie und Existenzanalyse«, der späteren »Dritten Wiener Schule der Psychotherapie«, die um den Sinn des Lebens kreist. Dann die Deportation.

Frankl durchleidet die Schikanen des Lagerlebens, Zeiten, in denen fast alle zum »Herdentier« werden, wo alles Menschliche reduziert ist auf »primitivste Bedürfnisse«. Aber er erfährt auch, dass man Menschen im KZ »alles nehmen kann, nur nicht: die letzte menschliche Freiheit, sich zu den gegebenen Verhältnissen so oder so einzustellen«. Denn da sind auch die Momente, wo jemand sein letztes Stück Brot einem anderen gibt, der es noch dringender braucht. Wo der Blockälteste ihn, den »Seelenarzt« Frankl, nach einem Frost- und Hungertag, an dem viele gestorben sind, auffordert, seinen Mithäftlingen in der Baracke zu erklären, wie das »Sich-selbst-Aufgeben« zu vermeiden ist. Wo die Fantasie Frankl erlaubt, tiefe Liebe zu seiner Frau zu spüren – obwohl er nicht weiß, wo sie ist, ob sie lebt.

Viktor Frankls Frau Tilly, sein Bruder und seine Eltern kommen um. Er selbst überlebt und kehrt nach Wien zurück – mit einem unerschütter-

Robert Gernhardt, **der 2006 verstorbene Maler, Zeichner und Dichter, gehört zu den beliebtesten Gegenwartslyrikern deutscher Sprache**

»›Was bleibet aber, stiften die Dichter‹ – so lautet die Schlusszeile eines Gedichts von Friedrich Hölderlin. Sie belegt, dass es Dichtern in erleuchteten Momenten gegeben ist, starke Gedanken derart knapp und schön zu formulieren, dass sie zu ›geflügelten Worten‹ werden, die Jahrtausende überdauern können. Dichtern, die das schaffen, wird in der Regel Weisheit zugesprochen. Ein weiser Dichter – das muss nicht notwendigerweise ein tiefer Dichter sein. Für mich ist Christian Morgenstern der Inbegriff des weisen Dichters: ›Heilig ist die Unterhose / wenn sie sich in Sonn' und Wind / frei von ihrem Alltagslose / auf ihr wahres Selbst besinnt‹. Ein hochweises Gedicht! Einmal, weil es belegt, dass der wahre Dichter vor nichts Halt machen darf, und weil der Dichter seine Möglichkeiten richtig einschätzt, da er die von Goethe und Co. so hoch gelegte Lyriklatte souverän unterläuft.

Das, was dichtet, ist manchmal weiser als das, was lebt.

Mitte der 1990er-Jahre war ich herzkrank, ohne die Symptome wahrhaben zu wollen. Doch bevor ich mich der Realität einer Bypassoperation stellen musste, hatte ich ein Dutzend Gedichte über den Tod – meinen Tod – geschrieben.«

Dan Bar-On, israelischer Psychologe, erregte in den 1980er-Jahren mit seiner Forschung zu den Kindern von Nazitätern Aufsehen. Für seine internationale Versöhnungsarbeit erhielt er zahlreiche Friedenspreise

»Ich arbeite mit Menschen, die in tiefe Konflikte verstrickt sind, sich gegenseitig hassen – zum Beispiel in Gruppen mit Israelis und Palästinensern. Rationales Wissen hilft da oft nicht weiter. Weisheit umfasst auch emotionale, unbewusste und kreative Facetten. Deshalb ist die Methode, sich gegenseitig seine Lebensgeschichte zu erzählen, oft viel hilfreicher als eine noch so profunde Analyse des Konflikts. Wesentlich ist die Fähigkeit, Dinge in einem anderen Licht sehen zu können – etwa die Sicht des Gegenübers zu verstehen, ohne seine eigene Position aufzugeben. Solche Augenblicke von Weisheit entstehen nicht ohne harte Arbeit und die Fähigkeit, mit Frustrationen zu leben. Am meisten macht mir zu schaffen, dass diejenigen, die einen Dialog mit der Gegenpartei suchen, von ihren eigenen Leuten oft als Verräter gebrandmarkt werden. Ich versuche, mich durch Rückschläge nicht entmutigen zu lassen und bei Erfolgen nicht zu euphorisch zu werden.
Die Kraft dazu schöpfe ich aus vielen Quellen: einem Wochenende mit meiner Familie oder aus einer Sonate von Bach, die ich auf dem Cello übe.«

lichen Vertrauen in die Kraft der Menschlichkeit. Sein erstaunliches Fazit aus dem Leiden ist »eine Wendung in der ganzen Fragestellung nach dem Sinn des Lebens«. Er schreibt: »Wir müssen lernen…, dass es eigentlich nie und nimmer darauf ankommt, was wir vom Leben noch zu erwarten haben, vielmehr lediglich darauf: was das Leben von uns erwartet!« Der Sinn des Daseins wechsele von Mensch zu Mensch, von Augenblick zu Augenblick. Und er schließe Leid ein. Sich seiner »Qual würdig« zu erweisen bleibt nach seiner Lagererfahrung zeitlebens zentral für Viktor Frankl.

In den USA erreicht sein Buch »Trotzdem Ja zum Leben sagen. Ein Psychologe erlebt das Konzentrationslager« seit Ende der 1950er-Jahre Millionenauflagen, im ehemaligen Nazireich finden sich zunächst kaum Leser. Später wird der Band auch in Deutschland und Österreich ein Erfolg. Doch obwohl Frankls Lehre, die Logotherapie, weltweit von Tausenden Nachfolgern praktiziert wird und ihr Begründer bis zu seinem Tod im Jahr 1997 unermüdlich publiziert und Vorträge gehalten hat, ist er nie so bekannt geworden wie Sigmund Freud oder C. G. Jung. Dabei hat sein Ansatz Sinn- und Weisheitssuchern viel zu bieten.

Logotherapeuten begleiten Menschen in seelischer Not bei der Selbst- und Sinnfindung. Besonders erfolgreich bekämpfen sie Angststörungen und »existenzielle Frustration«. Frankl-Schülerin Elisabeth Lukas hat in ihren Büchern viele »Heilungsgeschichten« aufgezeichnet, in denen sie beschreibt, wie es Patienten gelingt, der »Selbstkritikfalle« zu entkommen, Distanz zu eigenen Sorgen zu gewinnen, innere Quellen wiederzuentdecken.

Viktor Frankl und seine Nachfolger glauben fest an das Talent des Menschen, sich am eigenen Schopf aus dem Sumpf zu ziehen. Der Fokus der Logotherapie richtet sich deshalb nicht auf Wunden und Narben der Vergangenheit, sondern auf Spielräume in Gegenwart und Zukunft. Jeder trägt, sagt Frankl, Verantwortung, den Sinn des eigenen Schicksals zu entdecken. Die Essenz seiner Lehre: »Was nicht gewesen wäre ohne mich, das zeugt von mir.«

MIT MENSCHEN, DIE NICHT MEHR VIEL ZEIT HABEN, Zeichen zu setzen, arbeitet Kai Puhlmann. Der schmale 41-jährige Psychologe leitet seit 2001 das Helenenstift in Hamburg, ein Hospiz in einem freundlichen Gebäude mit blühenden Orchideen im Treppenhaus und 16 Einzelzimmern für die Gäste. Wer hierher kommt, hat im Durchschnitt nur noch weniger als vier Wochen zu leben.

Dass Weisheit an der Schwelle zum Tod automatisch wächst, ist nach Puhlmanns Erfahrung ein Irrglaube. »Verdrängen wird bis zuletzt groß geschrieben«, sagt er. »Es ist so unendlich schwer, Abschied zu nehmen von den eigenen Möglichkeiten und Fähigkeiten. Ja, es gibt Menschen, die in besonderer Weise in sich ruhen. Aber auch viele, die hadern, die zurückschauen und sagen: ›Ich habe alle meine Chancen verpasst.‹« Und auch für die Gefasstesten kann das Loslassen ganz zuletzt eine Mühsal sein. Ursula Steiner, die den Pflegedienst im Hospiz leitet, hat »selbst Menschen von großer Ausstrahlung und Tiefe« in »völliger Verzweiflung« erlebt: »Der Körper torpediert, was man an Wahrheiten und Weisheiten aufgebaut hat.«

Und doch ist das Hospiz ein Ort der Weisheit. Es sind die Sterbenden, die ihren Betreuern Unterricht in Demut und Sensibilität erteilen, den Mitarbeitern, die mit ihnen reden, scherzen, singen, schweigen. Die helfen, die wirksamste Schmerzmedikation zu finden. Und Wünsche erfüllen. Ein Brot mit Lachs. Ein Blaubeerjoghurt. Ein Rührei um Mitternacht. »Die Arbeit macht etwas mit uns«, sagt Puhlmann. »Man lernt, gut auf sich selbst aufzupassen; darauf zu achten, dass das Leben lebenswert bleibt. Traurigkeit auszuhalten – aber mit Humor.«

DER FRAU IN ZIMMER 212 ist anzumerken, dass sie die liebevolle Betreuung wertschätzt. Das Gesicht von Barbara Ehlers ist angeschwollen vom Cortison, die Haut straff; auch deshalb sieht sie mit dem rosigen Teint und ihren wachen Augen jünger aus als ihre 56 Jahre. Ende 2003 haben die Ärzte den aggressiven Gehirntumor entdeckt, ihn herausoperiert, »so groß wie eine Zitrone«, und ihr noch ein halbes Jahr gegeben.

Sie hat sich als stärker erwiesen. Hat »Täler durchschritten«, Chemotherapie, Bestrahlung, die zweite Operation, die Reha. Und sich zwischendurch so weit erholt, dass sie die Hochzeit ihres Sohnes organisieren und die Geburt ihrer Enkelin erleben konnte.

Nun ist Barbara Ehlers doch zu schwach zum Aufstehen. Aber sie hat die Gabe, sich morgens, wenn sie aufwacht, auf jeden einzelnen Tag zu freuen. Statt wütend zu sein, dass ihr Schicksal sie wohl um 25 Jahre Lebenserwartung betrügt. Ihr Mann zündet ihr eine Zigarette an und steckt sie ihr vorsichtig in die rechte Hand, die linke ist gelähmt. Sie nimmt einen tiefen Zug: »Wir haben ein schönes Leben gelebt. 30 Jahre verheiratet. Treu, wie wir es uns am Altar geschworen haben.« Er ergänzt: »In guten und in schlechten Zeiten.« Er wohnt mit im Zimmer, das ist im Hospiz möglich.

Der Garten. Das Boot. Das Nomadenleben in den Ferien, wenn sie durch die dänische Südsee geschippert sind – vorbei. Trotzdem »kein Ärger, kein Hass, kein Gram«. Barbara Ehlers zitiert Psalm 23, ihren Hochzeitspsalm und Hoffnungsspender. »Der Herr ist mein Hirte, mir wird nichts mangeln.« Natürlich gibt es die Angst »vor dem, was das Ding da oben mit mir noch macht«. Sie deutet auf ihren Kopf. Aber hier und jetzt steht Abendessen an: Gemüsesuppe, dazu Brot, »mit Zwiebelmett und viel Zwiebeln, bitte, und eine schöne dicke Scheibe Käse!«

»Himmel und Hölle sind keine Orte auf einer metaphysischen Landkarte, sondern Ebenen des Bewusstseins, die wir immer mit uns tragen, wo wir auch hingehen«, schreibt Stephen Levine in seinem Buch »Noch ein Jahr zu leben«. Darin schlägt der Meditationslehrer und Sterbebegleiter vor, ein Jahr lang so zu leben, als ob es das letzte wäre: Himmel und Hölle in sich selbst anzunehmen; sich über Prioritäten klar zu werden; zu lernen, die Kontrolle zu verlieren und sich probehalber von einem anderen füttern und anziehen zu lassen – all das, solange man mitten im Leben steht.

Franziska Bach **emigrierte in den 1930er-Jahren nach England und lebt seit 1950 in der Schweiz. Noch mit über 80 Jahren leitet die ehemalige Hebamme und fünffache Großmutter einen philosophischen Zirkel für Altersgenossen**

Das, worauf es im Leben wirklich ankommt, der Kern aller Weisheit, ist für mich die Liebe. ›Wir müssen darum ringen, dass Licht in uns ist‹, so hat Albert Schweitzer es formuliert. Ich habe im Krieg in England gelebt und dort als Krankenschwester gearbeitet. Die Zeit war erschütternd, aber ich habe viel Liebe für Verletzte, Kranke und Gebrechliche entwickelt, gemerkt, dass ich helfen kann. In diesem Glück liegt für mich der Sinn des Lebens. Heute begleite ich manchmal Sterbende – ich halte die Hand oder nehme sie in den Arm und merke, dass ich ein wenig die Angst mindern kann.

Mein Rezept für Glück im Alter heißt Zugehörigkeit und Geborgenheit. Ich habe gern Gäste, am liebsten meinen ›Club‹. Zur Vorbereitung der Treffen korrespondieren wir; dann tragen wir einander Gedanken zu den großen Fragen des Lebens vor – zu Überschriften wie ›Was ist Zivilcourage?‹ oder ›Zu spät‹. Unser nächstes Thema ist ›Lachen‹. Zum weisen Leben gehört für mich aber nicht nur geistige Beweglichkeit: Ich wandere gern, gehe in die Sauna und mache seit über 30 Jahren morgens Gymnastik.«

Wilhelm Schmid, freier Philosoph in Berlin, hat mehrere Bücher zum Thema Lebenskunst geschrieben. Jedes Jahr arbeitet er zwei Wochen als »philosophischer Seelsorger« in einem Schweizer Krankenhaus

»Weisheit ist ein großes Wort. Ich bin skeptisch, ob wir sie erreichen können. Wichtig erscheint mir zweierlei: Man muss Erfahrungen sammeln wollen. Und man muss bereit sein, sie immer wieder zu überdenken, und sich selbst befragen, was im Leben wesentlich ist. Ich reserviere mir dafür jeden Tag etwas Zeit. Und ich begegne immer häufiger Menschen, die der allgemeinen Besinnungsverweigerung in der modernen Gesellschaft entkommen wollen. Spaß und Zerstreuung haben viele dazu verleitet, negative Erfahrungen aus dem Leben ausschließen zu wollen. Meine Gespräche mit Kranken im Spital Affoltern haben mich gelehrt, wie sehr gerade solche Erfahrungen zur Fülle des Lebens beitragen können. Die Philosophie ermöglicht einen umfassenden Blick auf das Leben: Die Wissenschaft glaubt an das Wissen, Weisheit glaubt an die Begrenztheit des Wissens. Oft haben so genannte ›einfache Menschen‹ ein unverstellteres Gespür für Weisheit. Der weiseste Mensch, den ich kenne, ist meine Mutter, die als Bäuerin unter schwierigsten Bedingungen sechs Kinder großgezogen hat, ohne je ihre Zuversicht zu verlieren.«

Ein spirituell-praktischer Weg. Wer den theoretischen vorzieht, dem kann die Philosophie helfen, die Klippen und Untiefen des Seins zu meistern. Vielleicht auf griechische Art, beim Wein in einem Kreis von Gleichgesinnten.

Ein Freitagabend auf der Schwäbischen Alb. 13 Interessierte haben sich eingefunden zum »Philosophischen Café auf dem Göllesberg«. Es findet in Thomas Gutknechts Privatbungalow statt. In einer Gegend, in der Dörfer in ein Idyll aus Feld, Wald, Wiesen und Weinbergen eingestreut sind. Vor der geistigen Belastungsprobe locken Zwiebelkuchen und Quiche aus der örtlichen Bäckerei; dazu reichen der Hausherr und seine Frau einen »Stettener Lindhälder Hegel« (»rubinrot, feinfruchtig, mit würzigem Bouquet«); die Rebsorte existiert seit 1955, und der Züchter wollte tatsächlich den großen Philosophen ehren.

Nun also gut vier Stunden »Nachdenken über Leben und Tod, das Sein und das Nichts« bei Martin Heidegger. Nicht über dessen Verstrickungen im Dritten Reich, sondern über sein Gedankengebäude. Beteiligte: Sieben Männer und sechs Frauen zwischen Mitte 30 und Mitte 70, ein bunt gemischter Kreis.

Mit dem braunen Haarkranz auf dem runden Kopf, seiner listig-gemütlichen Art zu reden, könnte der Gastgeber gut als schwäbischer Tatort-Kommissar durchgehen. Aber sein Scharfsinn ist nicht kriminalistischer Art. Gutknecht lehrt Philosophie als Wahlfach in einer Stuttgarter Schule, dazu kommt »als Spielbein« das freie Philosophieren in Seminaren und Kursen. Außerdem der Vorsitz der »Internationalen Gesellschaft für Philosophische Praxis« IGPP. Dieser Verbund studierter Philosophen will die eigene Disziplin nicht abgeschotteten akademischen Zirkeln überlassen (siehe Kasten S. 418).

»Mut zur Angst« heißt das Radioporträt über Heidegger, das Gutknecht seinen Gästen zum Warmwerden vorspielt. Dann referiert er selbst, führt ein in die komplizierte heideggersche Sprache. Redet über die »Vorübung des Sterbens«, die bewirke, »dass ich lerne, für mich selbst als Handelnder Verantwortung zu tragen«. Wirft Themen abseits der Freitagabend-Behaglichkeit auf: »Erst auf Basis der Annahme meiner Nichtigkeit und in der ›wesenhaften Vereinzelung‹ … kann ich offen sein für gegebene Möglichkeiten.« Er endet mit Heideggers »Hoffnung, dass mit dem Sein ein Größeres waltet, als der Mensch es erfassen kann«.

Schwere Kost. Nach Ansicht des Gastgebers soll Philosophie »den Menschen helfen, Schrecken auszuhalten«. Das anschließende Gespräch lenkt er hin zu Gefühlen in der Nähe des heideggerschen »Ungeheuren«. Die Psychologin in der Runde erzählt von ihrer Erfahrung, dass »Kinder im Vorschulalter oft plötzlich eine große Todesangst« haben, und sieht das als Hinweis darauf, dass »Heidegger nicht ganz verkehrt liegt«.

Bis zur Rauchpause um elf ist die Diskussion mal ernst, mal ausgelassen, streift Schiller und Freud und Aristoteles und Alexis Sorbas und Gott, die Bioethik, das Leben nach dem Tod. Zitate, Anekdoten, persönliche Erfahrungen – alles ist Saat der Weisheit, die vielleicht später einmal aufgeht. Wenn das »Ungeheure« im eigenen Sein tatsächlich aktuell wird.

Kurz vor Mitternacht, nach Napfkuchen und Kaffee, legen die Gäste 12,80 Euro in den Korb. Abgezählt – man ist in Schwaben. Dann verabschieden sie sich. Was treibt einen 41-jährigen Telekom-Mitarbeiter dazu, 45 Kilometer aus Stuttgart anzureisen, um sich auf der Alb mit Philosophie zu beschäftigen? Er liebt die »anderen Gedanken außerhalb des Alltags«, fühlt sich »lebenstüchtiger«.

Die 55-jährige Reutlinger Physiotherapeutin interessiert sich vor allem für Ethik, für die Werte, die zu kurz kommen »in der Ellenbogengesell-

Weisheit ist die Kraft, sich vom Leben nicht überrollen zu lassen

schaft«: Was ist Glück? Was ist Freude? Was ist Tugend? Sie sagt: »Weisheit hat für mich etwas damit zu tun, diese Werte zu leben. Klüger zu werden. Und ich glaube, dass ich klüger bin als früher. Stabiler. Selbstsicherer. Weil ich Dinge erkannt und mich selbst an die Hand genommen habe.«

Lebenstüchtig werden. Sich selbst an die Hand nehmen – stimmige Umschreibungen für die »kleine Weisheit« im Privaten. Ob im philosophischen Café oder beim Meditationskurs, beim Singen von Melodien aus Taizé, beim Zen-Bogenschießen, beim Gebet oder beim Waldspaziergang – letztlich geht es immer wieder um Selbstverantwortung und Selbstfürsorge. Um die Kraft, sich nicht vom Leben überrollen, vereinnahmen, auffressen lassen. Um das Innehalten. Um Bewusstheit.

Es sind Sekundenbruchteile, in denen sich entscheidet, ob latent vorhandene Weisheit zur Geltung kommt. Zum Beispiel im Entschluss, einen Streit, der in der Luft liegt, nicht zu schüren. Darin, eine unangenehme Arbeit achtsam statt schlampig anzugehen. Viktor Frankl hat es in einem seiner paradoxen Sätze so ausgedrückt: »Ich muss mir von mir selbst nicht alles gefallen lassen!« Und wozu die Bemühung? Zum Beispiel, um im Herbst des Lebens mit einem Haufen welterfahrener und gereifter Greise ein Methusalem-Komplott der feinsten Art zu schmieden.

Die Krise kam kurz vor dem 60. Geburtstag. Dabei war es nicht etwa so, dass auf Zalman Schachter-Shalomi eine unausgefüllte Zukunft wartete. Der 1924 in Polen geborene Rabbi hatte in den USA eine Pionierbewegung für jüdische Spiritualität initiiert, stand mit Vertretern anderer Religionen in engem Kontakt, lehrte Theologie an der Temple University in Philadelphia, hielt Reden auf Kongressen, leitete ökumenische Seminare. Trotzdem überkam ihn in stillen Stunden ein unbekanntes und unbehagliches Gefühl der Vergeblichkeit. Er flüchtete sich in Geschäftigkeit, bevor er sich schließlich die Wahrheit eingestand: Er hatte Angst, alt zu werden.

Gretel Diehl ist seit 20 Jahren Familienrichterin. Sie entscheidet über das Schicksal von Scheidungskindern. Gefragt ist dabei eher Einfühlungsvermögen als Paragrafenwissen

»In jeder mündlichen Verhandlung wünsche ich mir Weisheit, die richtigen Worte zu finden und die Gratwanderung zwischen persönlichem Engagement und richterlicher Unabhängigkeit zu schaffen. Bei Streitigkeiten zu Sorge- und Umgangsrecht bieten mir manche Eltern Macht über ihr Leben geradezu auf dem Silbertablett an. Diese Macht nicht anzunehmen und ihnen stattdessen zu helfen, ihr Leben wieder in die eigenen Hände zu nehmen, ist manchmal auch weise. Bei Streitereien um die Kinder würde ich oft am liebsten mit der Faust auf den Tisch schlagen – vor allem, wenn sich ein Vater oder eine Mutter jedem Kompromiss verweigert. Mich dann zurückzuhalten ist manchmal schwer. Es hat etwas mit Weisheit zu tun, auch in hochstreitigen Fällen nach einer einvernehmlichen Lösung zu suchen. Ich beziehe die Kinder so weit wie möglich in die Verhandlung ein, denn es gibt so etwas wie eine kindliche Weisheit, die oft völlig verkannt wird. Manchmal kommen Jungen und Mädchen mit guten Vorschlägen – wie etwa, den Eltern bei der Übergabe das Reden zu verbieten, damit sie nicht streiten. Ich habe solche Anregungen schon häufiger in Elternvereinbarungen aufgenommen.«

40 Tage lang zog sich der charismatische Jude, den seine Anhänger »Reb Zalman« nennen, in die Einsamkeit Neumexikos zurück, betete, meditierte, studierte, schrieb, ging spazieren. Und erlebte eine innere Veränderung.

Der Rabbi beginnt den bevorstehenden Wendepunkt als Eintritt in eine neue Phase zu begreifen, in die »Zeit der Ernte«, in der es darum gehen wird, »Meisterschaft in Lebenskunst« zu erwerben. Er hat die Vision, dass Hochbetagte die Rolle der Stammesältesten früherer Kulturen wieder übernehmen, den Archetypus des »Weisen, der seine Erfahrung, sein ausgewogenes Urteil zum Wohl der Gesellschaft anbietet«.

»From Age-ing to Sage-ing« heißt das Buch, das der Rabbi 1995 veröffentlicht, »Vom Altern zum Weisewerden«. Die Botschaft ist einfach. Nie zuvor in der Geschichte haben Menschen so lange gelebt. Und noch nie war

ERKENNTNISLUST

Immer mehr Menschen investieren Zeit und Geld in ihre private Sinnsuche – bei philosophischen Reisen, Cafébesuchen oder Beratungsgesprächen

Die Geschäftsidee galt zunächst als Kuriosum. Im Mai 1981 eröffnete Gerd Achenbach in Bergisch Gladbach die erste philosophische Praxis weltweit; den Gründer beschrieb die Zeitschrift »Psychologie heute« als »Diogenes im Bergischen Land«. Achenbach sah seine Beratung als Angebot für Menschen, »denen es nicht genügt, nur zu leben oder bloß so durchzukommen, die sich vielmehr Rechenschaft zu geben suchen über ihr Leben und sich Klarheit zu verschaffen hoffen über dessen Kontur, sein Woher, Worin, Wohin«.

Ein Vierteljahrhundert später umfasst die IGPP (Internationale Gesellschaft für Philosophische Praxis) rund 160 Mitglieder, die meisten im deutschsprachigen Raum. Einen Überblick bietet die Internetseite www.pro-phil.de des Dortmunders Michael Niehaus. Einige Praktiker veranstalten auch Gruppenreisen auf den Spuren von Platon & Co.

Wie teuer der weise Rat ist, legt jeder Anbieter selbst fest. In Stuttgart differenziert Ex-Unternehmensberater Wieland Auberlen seinen Stundenlohn zum Beispiel nach Intensität – für Unentschlossene (58 Euro pro Stunde), Aufgeschlossene (87 Euro), Erschlossene (116 Euro) und Entschlossene (174 Euro).

Eine günstigere Alternative bieten philosophische Cafés. Mal geht es nach Vorbild der philosophischen Salons des 18. und 19. Jahrhunderts familiär zu wie auf der Schwäbischen Alb beim IGPP-Vorsitzenden Thomas Gutknecht. In Hamburg, wo der Journalist Reinhard Kahl Philosophen ins Literaturhaus lädt, drängeln sich dagegen oft mehr als 150 Zuhörer.

Erfinder des »Café Philo« war der inzwischen verstorbene Marc Sautet, der seit Sommer 1992 das »Café des Phares an der Place de la Bastille« in Paris Sonntag für Sonntag in einen Ort der Reflexion und Diskussion verwandelte. Er führte spontane Debatten über Gott, Zweifel, Gerechtigkeit, Descartes oder Galileo Galilei, zunächst mit einer Hand voll Freunden und Interessierten. Zum Schluss kamen 500 Gäste.

Philosophisches Café in Hamburg mit Hannelore Hoger und Alexander Kluge (rechts)

das Bild der Alten so negativ. Was für eine Vergeudung! Welch wichtige Aufgaben könnten »Elders«, die rüstigen Betagten, als »Weisheitsbeschützer« für die moderne Gesellschaft übernehmen!

Für »Weise im Training« schlägt »Reb Zalman« elf Lektionen vor. Deren Kern besteht darin, die eigene Biografie bewusst Revue passieren zu lassen, Wendepunkte ins Visier zu nehmen, schmerzhafte Erinnerungen zu heilen, Mentor zu werden für Jüngere.

SOMMERSEMESTER 2005 an der Universität Zürich. Orientiert an Schachter-Shalomis Buch, bietet das Zentrum für Gerontologie erstmalig ein Seminar für Menschen über 50 an, »die nicht nur älter, sondern wenn möglich etwas weiser werden möchten«. Vier Gruppen mit bis zu 16 Teilnehmern treffen sich im 14-Tage-Rhythmus zur Selbstreflexion.

Dazwischen beschäftigen sie Hausaufgaben, die es in sich haben. Den Lebenslauf rückwärts zu betrachten, umfasst: sich an das erste Versagen zu erinnern, an erlittenes Unrecht, an Krankheitserfahrungen, an Begegnungen mit dem Tod. Bei jedem Kurstermin warten neue Bewährungsproben: Bitte einen »Brief der Wertschätzung« an einen Menschen verfassen, der für die Schwierigkeiten im eigenen Leben verantwortlich war. Und schließlich einen Nachruf auf sich selbst.

Albert Wettstein, der Initiator des Seminars, ist als Chefarzt des Stadtärztlichen Dienstes in Zürich hauptberuflich mit den Schattenseiten des Alters konfrontiert. Das Thema seiner Habilitation war Demenz. In Obhut des weißbärtigen 58-Jährigen sind die 1600 Pflegeheimbetten der Stadt. Auch und gerade deshalb fasziniert ihn das Weisheitsprojekt. »Es geht mir darum, klar zu machen: Alter hat positive Aspekte.«

An diesem Nachmittag hat Wettstein zur Auswertungsveranstaltung eingeladen. Im Vorlesungssaal sind Lebenswegbilder der Teilnehmer ausgestellt. Das Aquarell einer Blüte, in der gelbe, rote, blaue und grüne Blütenblätter aus einer pechschwarzen Mitte wachsen. Eine heftig auf und ab führende Wellenlinie aus verschieden gemusterten Stoffstreifen. Ein Strichmännchen, das in Richtung auf einen besonnten Gipfel unterwegs ist, allein, dann mit Partner, zu dritt, dann wieder allein.

Wettstein referiert erste Ergebnisse einer Teilnehmerbefragung: Der Satz: »Ich habe Erkenntnisse über mich selbst gewonnen« hat auf der 5-Punkte-Skala die Wertung 3,7 erhalten. Die Aussage »Ich glaube, ich bin durch das Seminar weiser geworden« allerdings nur enttäuschende 3,3 Punkte. In der Diskussion kommt heraus, warum viele das Wort Weisheit scheuen. »Ich habe einen Weg gefunden, der für mein Leben gewinnbringend ist«, sagt eine Frau. Das Wort »Frieden« gefalle ihr dafür besser. Sie redet leise, erzählt vom Schmerz, den die Hausaufgaben ausgelöst haben.

Doch gerade die aufwühlenden Momente bergen den Keim für neue Offenheit, überraschende Perspektiven. Eine Teilnehmerin berichtet vom Glücksgefühl, zu bemerken, »dass ich sogar mit Toten Frieden schließen kann«. Viele haben – wie bei der Studie von Judith Glück – durch die »rückblickende Umbewertung« staunend begriffen, wie sehr überstandene Krisen sie weitergebracht haben.

Peter Kessler hat den Kurs zum zweiten Mal erlebt. Der »liberale Katholik« und ehemalige Laufbahnberater gehört zu den Profis in Sachen Selbsterfahrung. Andere Rentner machen Kreuzfahrten; er besucht regelmäßig spirituelle Zentren in den USA und hat dort die amerikanische Urversion des Weisheitsseminars kennen gelernt. Die Wiederholung in

Weisheit kann per E-Mail kommen – verfasst von lebensklugen Senioren

Zürich empfindet Kessler als »guten weiteren Anstoß auf meinem Weg«, kritisiert allerdings die »Schulzimmer«-Atmosphäre und dass die spirituelle Dimension fehle. Der 71-Jährige sieht in und vor sich »noch viele Goldminen, an denen zu arbeiten lohnt«.

Der Initiator der Sage-ing-Bewegung, Zalman Schachter-Shalomi, lebt heute, 81 Jahre alt, im US-Staat Colorado. Alle paar Monate leitet er noch Seminare zu jüdischer Spiritualität. Die Weisheitskurse führt eine »Sage-ing«-Gilde von Nachfolgern landesweit fort. Daneben hat sich in den USA ein »Elder Wisdom Circle« etabliert. Das Netzwerk von Senioren zwischen 60 und 97 Jahren steht mit seinem Eulen-Logo allen englischsprachigen Internetnutzern als ehrenamtliches Ratgeberteam zur Verfügung.

2000 Anfragen bewältigen die rund 250 »Cyber-Großeltern« im Monat. Es geht um Kinder, Katzen, Krankheiten – und immer, immer wieder um die Liebe: »Ich glaube, ich bin ein emotionaler Vampir« / »Ich glaube, meine Verlobte lügt.« Die Antwortmails zeugen von Erfahrung und Humor. Die Autoren bleiben anonym; ein Redaktionskomitee prüft vor dem Abschicken Rechtschreibung und Grammatik. Inspiriert hat Doug Meckelson, 44, der die Organisation 2001 ins Leben gerufen hat, das Vorbild seiner Großmutter, die er als Ratgeberin verehrte.

In Deutschland gehört Greenpeace zu den Organisationen, die mit gezielter »Altenarbeit« neue politisch-gesellschaftliche Wege gehen. Die bundesweit in 25 »50-plus«-Teams engagierten Senior-Regenbogenkämpfer bringen eine Aura von Erfahrung und Glaubwürdigkeit mit. »Wir versuchen, die Welt ein Stückchen heil zu halten für die Enkel«, sagt Ruth Piotrowski, 1997 Mitgründerin der Dortmunder Gruppe. Die 70-Jährige will sich nicht bieten lassen, dass »einem Kopf mit grauen Haaren unterstellt wird, dass sich darin nicht mehr viel abspielt«.

Die Aktivistin aus der Rentnertruppe sorgt für Furore, wenn sie bei der Aktion »Baden für das Klima« in der Einkaufszone adrett mit Regenjacke und Hütchen in einer Badewanne voller Wasser liegt. Oder zu Protesten gegen Atomtransporte ins Wendland fährt. Besonders diese Aktionen haben den »Oldies« klar gemacht, welchen Wert ihre Beteiligung hat: »Wenn es zu eskalieren droht mit der Polizei, dann schieben wir Grauköpfe uns manchmal automatisch vorsichtig nach vorn«, sagt Ruth Piotrowski. Und fügt hinzu: »Man haut einer Omma eben nicht so einfach ins Gesicht.«

Weisheit sieht die Dortmunderin – im Sinn von Gandhis zivilem Ungehorsam – als Summe aus »innerer Kraft, innerer Freiheit, Mut, Gelassenheit, Bewusstheit und Eigen-Sinn«. Als Kriegskind ohne Schulabschluss ist sie groß geworden, hat sich hochgearbeitet und mit Stipendium Diplompädagogik studiert, als die Töchter erwachsen waren. Hat sich gegen Paragraf 218 und in der Gewerkschaft engagiert.

Zurzeit liest sie sich in das Thema Schildkrötenschutz ein. Ein internationales Greenpeace-Camp in Indien steht bevor. Hunderttausende Meeresschildkröten im Schutzgebiet Gahirmatha sind dort von der Großfischerei und der Planung eines Industriehafens bedroht. Ein deutsches »50-plus«-Team wird bei der Schutzaktion dabei sein.

Ein paar Wochen im Zelt. Ohne Strom. Ohne fließend Wasser. Bei Temperaturen bis 40 Grad Celsius. »Es kommt nicht darauf an, wie alt man wird, sondern wie man alt wird«, ist Ruth Piotrowskis Wahlspruch. Dass ihr Enkel »cool« findet, was sie macht, freut sie auch.

Es bleibt verzwickt mit der Weisheit. Am Ende steht kein Turbokurs »Sokrates in 30 Tagen«. Stattdessen die Erkenntnis, dass es eine Geisteshaltung gibt, die Weisheit Raum schafft. Die sie einlädt, sich zu entfalten.

Sie gleicht jener Qualität, die Zen-Buddhisten »Anfänger-Geist« nennen. Anfänger-Geist misstraut der Routine und ist bereit, in bekannten Situationen das Unbekannte zu entdecken, im Einfachen das Schwierige, im Schwierigen das Wichtige. Das verleiht dem Leben Farbe und Tiefe. Die abenteuerlustige Greenpeace-Großmutter, die Laienphilosophen, die sterbende Christin und die auf diesen Seiten in Wort und Bild Porträtierten haben bei allen Unterschieden in dieser Hinsicht etwas gemeinsam: Sie bezeugen, wie Viktor Frankl sagen würde, »die Vielfalt der Möglichkeiten, das Leben mit Sinn zu erfüllen«. Als ganz gewöhnliche ungewöhnliche Menschen – inspirierend und ein bisschen weise. **(2006)**

■ **Siehe auch A–Z-Teil**

→ Angst · Erfahrung · Heidegger, Martin · Philosophie · Sinn · Weisheit · Wissen

Bei seinem GEO-Debüt reizte den Fotografen Rainer Elstermann die Idee, Menschen in ihrem eigenen Umfeld im Stil der Gemälde alter Meister zu inszenieren. Olaf Tarmas, freier Autor in Hamburg, interviewte die Porträtierten. Hanne Tügel ist seit 1995 GEO-Redakteurin.

Text:
Franz Mechsner

Wie frei ist unser Wille?

Wir sind uns sicher, dass wir autonom handeln können. Aber wie kann das sein, in einer Welt unverrückbarer Naturgesetze? Philosophie und Hirnforschung werfen neues Licht auf ein uraltes Menschheitsrätsel: eine Reise durch Denkstuben und Labors

Ich möchte diesen Artikel schreiben, überlege mir die Anfangsworte. Also, dann wollen wir mal. Ich will meine Arme heben, und schon heben sie sich. Ich will »Ich möchte« schreiben, und die Finger tanzen gehorsam über die Tasten meines Laptops. Wie eigentlich kann das geschehen? Es ist ein so selbstverständlicher Vorgang, dass wir kaum je einen Gedanken darauf verschwenden. Aber ist er nicht bei genauerer Betrachtung staunenswert, rätselhaft, ja zauberisch?

Die Verwandlung des Willens in körperliche Bewegung nannte der Philosoph Karl Jaspers »die einzige Stelle in der Welt, wo das ›Magische‹ wirklich ist, das heißt, wo ein Geistiges sich unmittelbar in physische und psychische Wirklichkeit umsetzt«. Aber die wunderbare Metamorphose von Gedanken in Aktionen ist keineswegs das einzig Mysteriöse am Willen. Kaum weniger geheimnisvoll ist unsere Fähigkeit, bewusst zu wählen und zu handeln, vornehmer ausgedrückt: unsere Willensfreiheit.

Einerseits: Wir können unsere Willensfreiheit nicht bezweifeln. So hätte ich doch zum Beispiel, statt den Artikel zu beginnen, erst noch eine Tasse Kaffee trinken können. Mehr noch: Ich darf nicht nur wählen, ich muss es sogar. Wer kennt nicht Situationen, in denen die auferlegte Wahl zur existenziellen Qual wird – und dennoch unausweichlich.

Wir Menschen sind verdammt zur Freiheit, wie Jean-Paul Sartre sagte. Wir sind Personen mit Verstand und Gewissen, nicht nur gesteuert von Reflexen, Trieben und Instinkten. Den Tieren ist ihr Leben gegeben, den Menschen aufgegeben; so wird gewöhnlich die Trennungslinie gezogen. Wir wissen Gut und Böse zu unterscheiden und sind damit aus dem Paradies der Unschuld vertrieben. Die italienischen Philosophen Francesco Alberoni und Salvatore Veca betonen, dass sittliche Forderungen die menschliche Freiheit voraussetzen. Denn moralische Bewertung ziele darauf, wie jemand von seiner Freiheit Gebrauch mache.

Andererseits: Wie ist so etwas wie Willensfreiheit möglich in einer Welt unverrückbarer Naturgesetze, denen auch wir unterworfen sind? Das menschliche Gehirn ist ein Organ, das nach den Regeln der Physik und

Chemie arbeitet. Die Freiheit unseres Wollens und Handelns, im Alltag unbestreitbar, erscheint unter dieser Perspektive plötzlich unergründlich geheimnisvoll, wenn nicht gar prinzipiell unmöglich.

Bei erster Betrachtung stellen sich nur zwei Alternativen: Entweder müssen wir glauben, dass wir das natürliche Geschehen in Gehirn und Körper auf nicht naturgesetzliche Weise quasi von außen beeinflussen können, etwa über eine unsterbliche Seele. Dann macht uns ein von der materiellen Natur unabhängiges geistiges Prinzip zu freien und verantwortlichen Personen. Oder aber wir müssen annehmen, dass unser Denken, Reden und Tun sich im Rahmen der Naturvorgänge abspielt. Dann ist der freie Wille schlicht eine Illusion, und wir sind naturgesetzlich determinierte Automaten.

»WENN DAS TATSÄCHLICH die beiden einzigen Möglichkeiten wären, sich die Sache zurechtzulegen, dann müsste uns das verstören«, sagt der Berliner Philosoph Peter Bieri. »Denn es würde nichts Geringeres bedeuten, als dass wir uns in diesem entscheidenden Aspekt unseres Lebens nicht verstehen können.« Mit anderen Worten: Wer glaubt, dass etwas Geistiges materielle Prozesse beeinflusst, der wird Schwierigkeiten haben, zu erklären, wie dies genau geschehen soll. Wer umgekehrt davon ausgeht, dass unser Leben vollständig nach Naturgesetzen abläuft, wird sich schwer tun, zu erklären, weshalb wir uns dann überhaupt frei fühlen können.

DIE ZUKUNFT IST OFFEN

Denn das tun wir ja. Zwar lässt sich leichthin zugestehen, dass unser biologisches und auch unser psychisches Leben vielerlei Zwängen unterliegt. Wie sie als Familienkonstellation, als Sozialisationsfaktoren und Rollenerwartungen in das Innere des Menschen hineinwirken, haben Psychologie und Gesellschaftswissenschaften uns offen gelegt. Durch den Wissenszuwachs in Physiologie, Neurobiologie und anderen Naturwissenschaften ist uns zudem eine weitere Beschreibungsmöglichkeit zugewachsen, durch welche die Weichenstellungen in unserem Leben nun auch in Zellen, Hormone und Elektronenflüsse auflösbar sind.

Aber all diese Erkenntnisse haben für tausenderlei Tätigkeiten im konkreten Moment wenig Relevanz. Wir spüren in allem Tun die eigene Entschlusskraft. Und wir werden sie auch durch eifriges Nachdenken nicht los: Diese Zeitschrift zur Hand genommen zu haben, diesen Satz gelesen zu haben, jetzt diesen Gedanken zu fassen – wer behauptet, in all dem bis ins Letzte außengesteuert zu sein, müsste sich und allen anderen jede Initiative und auch jede Verantwortlichkeit absprechen. Damit aber wäre er weder handlungs- noch gesellschaftsfähig. Also billigt er sich notgedrungen einen Rest von freier Entschlusskraft zu – und kann ihn nicht erklären.

Ist Willensfreiheit vielleicht etwas derart Paradoxes, dass wir es prinzipiell nicht verstehen können? Das wäre immerhin denkbar. Es gibt solche im Alltagsgebrauch völlig klaren und bei konsequentem Nachdenken letztlich doch unbegreiflichen Konzepte. Gerade einige grundlegende Begriffe unseres Daseins haben oft etwas unauflösbar Mysteriöses an sich.

Zum Beispiel die Zeit: Zu jedem Zeitabschnitt können und müssen wir uns ein »Vorher« vorstellen. Da wir dieses scheinbar einfache und unproblematische Verfahren gedanklich ins Unendliche fortführen können, kann

Willensfreiheit ist äußerst praktisch. Und zugleich unbegreiflich

die Zeit nicht irgendwann begonnen haben. Aber dass sie ewig zurückreicht, vermögen wir ebenso wenig zu begreifen. Wir enden also in völliger intellektueller Hilflosigkeit, in einem Paradox.

Um den Raum entstehen bei genauerer Betrachtung ähnliche Rätsel. Der Philosoph Immanuel Kant betonte in seiner 1781 erstmals erschienenen »Kritik der reinen Vernunft«, dass die Paradoxien um Raum und Zeit keineswegs auf Denkfehlern beruhen. Er schloss daraus, dass diese Begriffe für unsere begrenzte menschliche Wahrnehmung gut taugten, jenseits davon jedoch nicht mehr trügen. Womöglich ist Willensfreiheit auch so ein Begriff, der sich praktisch zwar bestens bewährt, indes unbegreiflich wird, wenn wir ihn grundsätzlich verstehen wollen. »Das Thema der Willensfreiheit kommt uns auch deshalb zum Verzweifeln schwierig vor«, sagt Peter Bieri, »weil sich so viele andere schwierige Themen darin kreuzen: etwa die Frage, wie Gehirn und Geist zusammenhängen; oder wie sich ethische Normen und Verantwortlichkeit begründen lassen; und auch: was wir überhaupt wissen können und ob es Grenzen des Wissens gibt« – ein Fragenknäuel, das Philosophen seit mehr als 2000 Jahren zu entwirren versuchen.

Bieri rät, erst einmal auf dem Teppich zu bleiben: »Ein Teil der Ratlosigkeit hat mit der Neigung zu tun, dem Problem der Willensfreiheit zu schnell eine ganz abstrakte Form zu geben. Es geschieht dabei leicht, dass wir die konkrete Erfahrung, die mit dem Begriff der Willensfreiheit eingefangen werden soll, aus dem Blick verlieren. Der erste Schritt zu einer Lösung muss darin bestehen, dass wir uns so genau wie möglich die Erfahrungen vergegenwärtigen, die wir vor Augen haben, wenn wir im Alltag von der Freiheit des Wollens und Entscheidens sprechen.«

Was also bedeutet Willensfreiheit im Alltag? In seinem Buch »Das Handwerk der Freiheit« diskutiert Bieri etwa unter immer neuen Aspekten den Raubmord des armen Studenten Raskolnikow an der alten Pfandleiherin, das Thema von Dostojewskis Roman »Verbrechen und Strafe« (oder: »Schuld und Sühne«). Als »Wunsch, der handlungsleitend geworden ist«,

Was ist eine Wahl? Nichts weiter als der Sieg des stärksten Motivs?

war da zweifellos Raskolnikows Wille, die Frau umzubringen und die von ihr gehorteten Wertsachen zu stehlen. Doch war sein Wille dabei frei?

Der heruntergekommene und verarmte Hungerleider brauchte dringend Geld. Vielleicht ging die Idee, Arbeit zu suchen, durch seinen Kopf, ebenso die Idee, zu betteln, und auch die Idee, die Wucherin zu berauben. Wenn wir sagen »Die Raubmordidee siegte schließlich über die anderen Ideen«, dann scheint da kein Raum für so etwas wie Freiheit: Eine der Alternativen war eben übermächtig und hat sich durchgesetzt. Wenn wir Raskolnikow dennoch verantwortlich machen, dann meinen wir allerdings: Da war ein Spielraum, er hätte anders wählen können.

Und wir selbst? Wir treffen unsere Entscheidung vor dem Supermarktregal zwischen den Einflüsterungen der Werbung, dem Hungergefühl im Bauch und dem Blick ins Portemonnaie. Wir entscheiden uns, jetzt den längst fälligen Brief zu schreiben oder dem Lockruf des blauen Himmels nachzugeben und eine Fahrradtour zu unternehmen. Wir wählen unsere Worte – meist in großer Geschwindigkeit: kontrovers oder eher begütigend.

Was aber ist eine Wahl? Bieri: »Eine Wahl ist nicht einfach der Sieg des momentan stärksten Motivs. Sie ist nicht der Ausgang eines blinden Kräftespiels. Wählen bedeutet, sich am Ende von einem Motiv leiten zu lassen, das einem inneren, distanzierten Prozess der Bewertung standgehalten hat.« Der amerikanische Philosoph Harry Frankfurt betont, dass wohl auch manche Tiere Wünsche und Motive haben. Zumindest Menschenaffen scheinen sogar vor dem Wählen zu überlegen. Uns Menschen zeichne jedoch aus, dass wir über uns selbst nachdächten und »Wünsche höherer Stufe« zu bilden fähig seien: Wir können wünschen, meint Frankfurt, bestimmte Wünsche und Motive zu haben oder auch nicht zu haben. Wir können sogar wünschen, anders zu sein, als wir sind.

Ein handlungsleitender Wille entsteht Frankfurt zufolge, wenn wir einen Wunsch nicht nur haben, sondern ihm zustimmen und ihn aktiv zu verwirklichen suchen. Unsere Fähigkeit, Wünsche zu bedenken, gegeneinander abzuwägen und uns schließlich mit einem Wunsch zu »identifizieren«, sei es vor allem, die uns Menschen zu »Personen« mache.

Manchmal misslingt die Identifikation aber auch. Ein Nikotinsüchtiger beispielsweise mag sich wünschen, nicht mehr zu rauchen. Da er diesen Wunsch jedoch nicht zum Willen entwickeln kann, hat er, was das Rauchen betrifft, keine oder nur begrenzte Willensfreiheit.

Ist aber nicht der Wille eines Menschen, ob nikotinsüchtig, essfreudig oder was auch immer, auf irgendeine Weise an Vorbedingungen geknüpft – »bedingt«, wie Philosophen sagen? Oder existiert auch ein »unbedingter«, ein von Abhängigkeiten, von naturgesetzlichen Regeln losgelöster Wille?

Frankfurt lässt diese Frage offen. Bieri hingegen, der den Überlegungen seines Kollegen im Wesentlichen zustimmt, formuliert ein überraschendes Paradox: Der freie Wille sei klar bedingt. Seine Freiheit liege darin, »dass er auf ganz bestimmte Weise bedingt ist: durch unser Denken und Urteilen. Ein freier Wille ist ein Wille, der unserem Urteil und Entschluss folgt.«

Der freie Wille – notwendig determiniert? Halten wir diese begriffliche Zumutung zunächst einmal aus und fragen: Trifft Bieris Diktum unser Alltagsverständnis einigermaßen? Bezeichnen wir tatsächlich nur denjenigen Willen als frei, der vom Nachdenken geleitet ist? Dabei ist der Wille, wie Bieri darlegt, nicht einfach frei oder nicht frei. Es gebe Grade der Willensfreiheit: Ein Wille sei umso freier, je umfassender er von Nachdenken– sei's im Bösen oder Guten – geleitet werde; und umso unfreier, je weniger dies zutreffe. So gesehen müssen wir uns die Freiheit unseres Willens im Lauf des Lebens immer umfassender erarbeiten: Persönliche Entwicklung geht einher damit, die Gestaltung unserer Entscheidungen und damit den »Grad der Willensfreiheit« zu entfalten.

Passt Bieris Verständnis auf die Art, wie wir beispielsweise mit Georg, einem obsessiven Nörgler, umgehen, der sich im Zorn zu den schlimmsten Beleidigungen versteigt? Hat er wieder mal alle Gäste vergrault, sagen wir vielleicht: Der arme Sklave seines Jähzorns konnte nicht anders. Doch gleichzeitig neigen wir dazu, ihn sehr wohl für seine Entgleisungen verantwortlich zu machen, vielleicht verantwortlicher als jemanden von ausgeglichenem Charakter, der sich ein einziges Mal danebenbenommen

ICH UND MEIN SELBSTMODELL

hat. »Der kann halt nicht anders«, ist nicht immer entschuldigend, sondern oft auch ein wutgeladener Vorwurf.

Welche Intuition leitet uns hier? Wir kreiden Georg mangelnde Selbsterziehung an – und das heißt für Bieri: Wir werfen ihm vor, dass er bei den Entscheidungen der Vergangenheit nicht nachgedacht hat. Denn sie sind es, die im Laufe unseres Lebens unseren Charakter formen, der nun die Basis für künftige Entscheidungen ist. Somit kann ein schlechter Charakter schlechtes Benehmen nicht entschuldigen. Denn der Charakter ist gewissermaßen geronnener Wille; in ihm manifestiert sich das versäumte oder geleistete Nachdenken in der Vergangenheit.

Von uns selbst wie von jedem halbwegs intelligenten und verständigen Menschen verlangen wir, über eigene Entscheidungen nachzudenken und sich um die Selbsterziehung zu kümmern – die Chance zur Freiheit zu ergreifen. Wir bestehen sogar auf der Verantwortung des Unverantwortlichen; darauf, dass ein Mensch die Chance hatte und weiterhin hat, seine Freiheitsfähigkeit durch Selbstdistanz und Nachdenken zu entwickeln.

Aber ist es nicht ein Hohn, von Freiheit zu sprechen, wenn doch vieles von dem, was wir wollen, darauf zurückgeht, was andere uns gesagt haben, wie sie versuchen, uns zu beeinflussen? Unsere Autonomie leide in der Tat dort, meint Bieri, wo es jemand darauf anlege, unsere Entscheidungsfreiheit außer Kraft zu setzen, zum Beispiel in der Hypnose, oder uns für die Willensbildung bedeutsame Informationen vorenthalte wie der Arzt, der dem Patienten dessen wahren Zustand verschweigt.

Aber in den meisten Fällen könnten Beeinflussungen, so meint Bieri, uns sogar »zu größerer Willensfreiheit verhelfen«; vorausgesetzt, sie stießen ein verstärktes Nachdenken an: etwa wenn die Freundin uns bedrängt, nicht schon wieder zu verreisen, und uns in der Auseinandersetzung klar wird, dass unsere Fernurlaube eigentlich nur eine Flucht sind. Familiäre Erwartungen, berufliche Zwänge, Zumutungen der Gesellschaft – sie alle können auch als Chance gesehen werden, unseren eigenen Willen zu finden.

Ob wir aber überhaupt auf die Suche gehen, sagt der Philosoph, »darüber entscheiden letztlich wir, und darin liegt unsere Selbstständigkeit im Trommelfeuer fremder Einflüsterungen. Es sind Einsicht und Verstehen, die uns zu befreiender Abgrenzung verhelfen, nicht Abschottung und das Verstecken in einem inneren Schützengraben.«

Bieris Konzept, dass wir Willensfreiheit dort sehen, wo Nachdenken möglich ist, scheint zumindest wichtige Aspekte unserer Alltagsvorstellung zu treffen, und es taucht auch in modernen Vorstellungen zum Strafrecht wieder auf. Außerdem hat eine solche Definition von Willensfreiheit noch einen Vorzug: Sie ist vereinbar mit einer »Regie des Gehirns«, wie

Die Unendlichkeit der Möglichkeiten – gebändigt von der Großhirnrinde

Bieri es ausdrückt. Dass Nachdenken und Entscheiden auf neuronalen Vorgängen basieren, wird von den wenigsten bestritten. Dabei scheinen vor allem Prozesse in der äußeren Zellschicht des Gehirns, der Großhirnrinde, die Vielfalt unseres Denkens, Redens und Tuns zu gewährleisten.

»Das Gehirn ist eine Informationsmischmaschine«, sagt der Tübinger Hirnforscher Valentin Braitenberg über das Kreativitätstriebwerk in unserem Kopf. Die Fähigkeit, beliebige Informationen mit beliebigen anderen zu kombinieren, zeige sich schon in der Art, wie die Pyramidenneuronen, die Grundbausteine der Hirnrinde, miteinander verbunden sind: Jede Pyramidenzelle ist über kurz- und weitreichende, verästelte Fortsätze mit Zehntausenden anderer Pyramidenzellen verknüpft. Geht man in Gedanken von einer Pyramidenzelle zur nächsten und übernächsten, dann lässt sich für zwei beliebige Pyramidenzellen stets ein Weg von höchstens drei bis vier Stationen finden, der die Verbindung herstellt.

Im Gegensatz zu einem herkömmlichen Computer ist das Netzwerk des Gehirns von etwa einer Milliarde Pyramidenzellen allerdings nicht nach einem detaillierten Plan, sondern weitgehend zufällig geknüpft. Gemeinsame Aktivität von Neuronen scheint deren Verbindung zu stärken, was zu besonders eng verknüpften Teilnetzwerken führen könnte, so genannten *assemblies*. Deren »Zündung« ruft dann das entsprechende Informationselement auf. »Feuernde« Neuronennetze wiederum lassen sich im Prinzip zu vielfältigen raum-zeitlichen Mustern kombinieren. Beim Erzeugen solchen Reichtums spielen vermutlich auch chaotische Prozesse eine wichtige Rolle und tragen zur Offenheit und Unvorhersehbarkeit von menschlichem Verhalten bei. »Da unten bildert es immer«, sagte der Philosoph Ernst Bloch. Und er meinte das unaufhörliche Herumdenken in uns, das Mäandern unendlicher Assoziationsketten, das Auftauchen und Verschwinden irrlichternder Fantasiefragmente, von Obsessionen und Gleichgültigem.

Die überschäumende Mannigfaltigkeit im Hirn muss aber auch gebändigt und kanalisiert werden, damit sie sinnvoll nutzbar wird. Die fällige

Auswahl aus dem reichen Angebot ähnelt jenem Prozess, den Charles Darwin als treibende Kraft der Evolution erkannt hat. Einem Prozess, der beide Seiten der Freiheit abbildet: Offenheit und sinnvolle Ordnung. Diese Balance muss uns gelingen. Es muss gewährleistet sein, dass Offenheit und Neuheit den Unterbau von Gewohnheiten und festgelegten Routinen nur geringfügig lockern, um nicht unkontrollierbar zu werden und die heikle Stabilität des Systems zu gefährden.

So gewiss das menschliche Gehirn eine »Kreativitätsmaschine« ist, so ist es im Dienste der Stabilität doch ebenso eine »Kreativitätsverhinderungsmaschine«. Neue Fantasien und Ideen dürfen nicht zu beliebiger Gedankenflucht oder gar zu unüberlegten Aktionen führen, sondern müssen geprüft, bewertet und genutzt oder verworfen werden.

Wenn das Gehirn regiert – wie kann dann wohl der Wille frei sein?

Eine wichtige Rolle spielen dabei »exekutive Funktionen« im präfrontalen Cortex, jenes Teils der Großhirnrinde, der direkt hinter der Stirn liegt. Dies heißt aber nicht, dass diese Hirnregion als übergeordnete Instanz im Kopf unser Denken, Reden und Tun dirigiert. Eine solche Instanz gibt es nicht. Stattdessen geschieht alles in einem Netz sich gegenseitig beeinflussender Neuronen, von deren Zusammenwirken wir noch wenig verstehen.

Wie es scheint, lassen sich die Bedeutung des Wortes »Willensfreiheit« im Alltag und die leitenden Ideen dahinter durchaus nachvollziehen; die aus der Lebenswirklichkeit verstandene Willensfreiheit scheint sich als ein vernünftiges »Konzept« zu bewähren. Danach ist die Willensfreiheit mit einer Regie des Gehirns vereinbar, setzt diese sogar voraus, existiert nicht außerhalb der Naturvorgänge, sondern eingebettet in diese. Bedingtheit und Freiheit bedeuten somit keinen Widerspruch, und es dürfte, so gesehen, keinen Anlass für einen Streit um »Freiheit« versus »Determinismus« geben.

Doch, diesen Anlass gibt es!, könnte ein Kritiker hier rufen. Denn die Beruhigungsformel »für den Alltag tauglich und vernünftig« habe letztlich nur aufschiebende Wirkung. Sie behalte so lange den Ruch eines intellektuellen Taschenspielertricks, der das Unvereinbare vereinbar erscheinen lässt, wie man nicht doch die eigentliche Frage, die Frage nach dem unbedingten, dem »wirklich freien« Willen geklärt habe. Das Insistieren darauf könnte man für Beckmesserei in einer gedanklichen Nische halten, die niemanden wirklich zu interessieren hat. Doch ergeben sich durch das konsequente Überprüfen unserer gedanklichen und begrifflichen Logik interessante Perspektiven.

Immanuel Kant hat in seiner »Kritik der praktischen Vernunft« herausgestellt: Ein unbedingt freier Wille wäre selbst nicht verursacht, würde aber als »erste Ursache« von Wirkungsketten fungieren, die es ohne ihn nicht gegeben hätte. Ein solches Ereignis durchbricht den naturgesetzlichen Determinismus, verletzt also die strenge Kausalität und Vorbestimmtheit jeglichen Geschehens.

Nun existieren aber in der Natur, wie wir heute wissen, nicht determinierte (indeterminierte) Ereignisse, nämlich die Quantenprozesse. Wann etwa ein bestimmtes radioaktives Atom zerfällt, lässt sich nicht vorhersagen. Der Zerfall geschieht anscheinend ohne Ursache, kann aber selbst eine Wirkung auslösen. Fasziniert von einem solchen Indeterminismus in der Natur, behauptete der Physiker Pascal Jordan in den 1930er-Jahren, solche durch nichts angestoßenen Mikroprozesse könnten im menschlichen Gehirn verstärkt werden und die Grundlage unserer freien Entscheidungen bilden.

Allerdings: Stellen wir uns dies unter einem freien Willen vor? Sollte der jordansche Freiheitsmechanismus funktionieren, würden uns Impulse zufällig und sinnlos mal in die eine und dann in die andere Richtung reißen.

Offensichtlich reicht die Beschreibung als gewissermaßen unverursachte Entscheidung nicht aus, um zu charakterisieren, was unter einem unbedingt freien Willen zu verstehen wäre.

Erst recht kann die Theologie mit einem solchen Zufallsgeneratormodell für unsere Willensprozesse nicht einverstanden sein. Dabei gilt: Die Idee einer unsterblichen Seele und deren Verantwortung vor Gott erfordert die unbedingte Freiheit des Menschen. Denn er kann nicht für etwas ver-

ZWANG DER RITUALE

antwortlich sein, das von Naturvorgängen hervorgebracht wurde, ganz gleich, ob auf deterministische oder indeterministische Weise. Es muss noch Freiheit jenseits der physikalischen und chemischen Prozesse geben.

In einem »Lexikon der christlichen Moral« heißt es denn auch: »Echte Sittlichkeit hat die Willensfreiheit zur Voraussetzung. Wenn man dem Menschen die Willensfreiheit zuspricht, behauptet man, dass er beim Vorhandensein aller zum Handeln erforderlichen Bedingungen doch nicht zum Handeln oder zu einem bestimmten Handeln genötigt ist, sondern sich selbst bestimmen kann.«

In den monotheistischen Religionen und besonders im Christentum haben Denker immer wieder darum gerungen, wie ein freier, mit Verantwortlichkeit für das Seelenheil verbundener Wille zusammengehen kann mit göttlicher Allmacht, Vorsehung und Gnade – und wie die Möglichkeit des Bösen sich verträgt mit Gottes Güte. Konzepte, die den freien Willen des Menschen betonen, stehen dabei neben solchen, die vorrangig auf göttlicher Vorbestimmung beharren oder beides als miteinander vereinbar ansehen. In der Neuzeit bestand vor allem die katholische Kirche auf der Freiheit und Verantwortlichkeit des Menschen und damit auf der Möglichkeit, sich Verdienste für das Seelenheil zu erwerben. Reformierte Kirchen dagegen stellten – besonders in der Frühzeit – oft das Wirken der göttlichen Gnade in den Vordergrund. Wohl kaum eine Lehre leugnet allerdings die Freiheit des Menschen radikal und vollständig. Nach christlicher Vorstellung sind wir mithin für unser Tun vor Gott verantwortlich.

Der gläubige Hirnforscher und Nobelpreisträger John Eccles hat diesen Gedanken ernst genommen und konsequent gefolgert, dass es einen unsterblichen, immateriellen Anteil des menschlichen Geistes geben müsse, der auf außernatürliche Weise körperliche Prozesse beeinflusst. Er entwickelte gar ein theoretisches Modell für diese Interaktion: Bestimmte Neuronengesellschaften in der Hirnrinde, die für die Handlungsplanung zuständig sind, seien offen für den Einfluss der Seele. Dies könne geschehen, postulierte Eccles, ohne das fundamentale physikalische Gesetz der Energieerhaltung (nach dem Energie weder spontan entstehen noch verloren gehen kann) zu verletzen: Einzelne Quantenprozesse seien zufällig, und es sei denkbar, dass diese die Aktivierung von Synapsen, den

Verbindungsstellen zwischen Nervenzellen, beeinflussten. Es falle gewissermaßen in der Bilanz der Stoffflüsse und Energiepotenziale nicht auf, wenn die Seele solche Quantenprozesse hin und wieder in eine von ihr gewünschte Richtung lenke und damit unsere Handlungen steuere.

Die Tätigkeit einer immateriellen Seele würde sehr wohl auffallen, widerspricht der Neurobiologe David Wilson. Er argumentiert, dass einzelne Quantenprozesse nicht ausreichten, um die Aktivität auch nur einer Synapse wesentlich zu bestimmen. Um Handlungen in Gang zu setzen, sei die koordinierte »Zündung« von Hunderttausenden Synapsen notwendig.

Wenn die Seele nach ecclesscher Manier eine Armbewegung veranlassen wolle, müsste sie Quantenprozesse massenweise in die nötige Richtung dirigieren. Und dies, so Wilson, würde sich in der Energiebilanz des Gehirns niederschlagen. Denn um Neuronen zu aktivieren, bedarf es der Energie. Und die kann nach dem Gesetz der Energieerhaltung eben nicht aus dem Nichts geschaffen, sondern nur von einer Form in die andere umgewandelt werden, zum Beispiel aus elektrischen Potenzialen in die chemische Energie, die in Neurotransmittern steckt.

Hinterlässt die Seele Spuren im Gehirn, wenn sie sich einmischt?

Experimente, um eine Verletzung der Energieerhaltung festzustellen, hat noch niemand erdacht. Doch selbst wenn die Bilanz »stimmt«, lassen sich jenseits von Wilsons Argumentation noch andere Wirkungen einer geistigen Substanz denken. So könnte die Seele dem Gehirn Handlungen nicht quasi aufzwingen, sondern nur dann eingreifen, wenn die neuronale Aktivität »auf der Kippe steht«. Der minimale Eingriff würde im Energiehaushalt nicht auffallen.

Festzuhalten bleibt: Wir verstehen die neuronale Maschinerie noch zu wenig, um so etwas auszuschließen. Dass aber eine solch »minimalistische« Arbeit der Seele auch bei näherem Hinsehen und mit besserer Kenntnis der Vorgänge im Gehirn dem Anspruch an eine Theorie der unbedingten Freiheit genügt, scheint zweifelhaft.

Den vielleicht ambitioniertesten, gewiss aber spektakulärsten Versuch, dem unbedingt freien, an keinerlei Materie oder Rahmenbedingungen geknüpften Willen auf die Spur zu kommen, hat der kalifornische Neurophysiologe Benjamin Libet in den 1980er-Jahren unternommen. Er griff dabei auf einen Befund des deutschen Neurologen Hans Kornhuber zurück. Der hatte in den 1960er-Jahren entdeckt, dass menschlichen Bewegungen ein »Bereitschaftspotenzial« des Gehirns vorausgeht, ein elektrisches Potenzial, das sich mit Elektroden über dem prämotorischen Cortex von der Kopfhaut ableiten lässt und die Aktivität der beteiligten Nervenzellen widerspiegelt. Dieses Potenzial beginnt sich eine bis eine halbe Sekunde vor dem Start der Bewegung zu zeigen und wird dann stärker.

Libets Frage lautete: Wenn eine Bewegung »gewollt« ist, wann genau im Lauf der neuronalen Vorbereitung kommt der bewusste Wille zu dieser Bewegung ins Spiel? Der bewusste Wille, überlegte der Neurophysiologe, ist der einzig plausible Kandidat für einen möglicherweise »unbedingt freien« Willen. Dieser müsste dann aber auch die Entstehung von Bereitschaftspotenzialen frei steuern können, sonst wäre er nichts als mentales Beiwerk, ein täuschendes »Epiphänomen« von gesetzmäßig ablaufenden Gehirnprozessen. Aus dieser Überlegung ergibt sich die Logik von Libets Experiment: Nur wenn der Wille dem Bereitschaftspotenzial vorausgeht, kann er Ursache für die Wahl und Anbahnung gerade dieser Bewegung sein. Libet bat seine jeweilige Versuchsperson, ruhig und entspannt zu sitzen und zu einem frei gewählten Zeitpunkt das Handgelenk zu beugen. Elektroden auf der Kopfhaut leiteten die Gehirnpotenziale ab. Zusätzlich – und dies ist der entscheidende Trick – schauten die Probanden auf den Zeiger einer Stoppuhr. Der Wissenschaftler fragte anschließend: »Welche Stellung hatte der Uhrzeiger, als Sie den Willen spürten, die Hand zu bewegen?«

NACH VIELEN UNTERSUCHUNGEN puzzelte Benjamin Libet die Ergebnisse zusammen: Seine Versuchspersonen spürten den Willen, das Handgelenk zu beugen, etwa eine Fünftelsekunde vor der tatsächlichen Bewegung. Der bewusste Wille ging also der Aktion voraus, wie es uns auch im Alltag der Fall zu sein scheint. Allerdings: Zu diesem Zeitpunkt war das Bereitschaftspotenzial bereits maximal aufgebaut. Der bewusste Wille konnte somit die Handlung weder gewählt noch eingeleitet haben; dies musste durch etwas davor geschehen sein.

Kein Wunder, dass Libets Resultate einen Orkan in der Fachwelt auslösten: Wenn der bewusste Wille, etwas zu tun, erst auftaucht, nachdem das Gehirn die Handlung längst angebahnt hat, ist er dann nicht ein unerhebliches, einflussloses Erlebnis-Sahnehäubchen auf unbewussten, letztlich allein ausschlaggebenden Hirnprozessen? Ist der freie Wille hiermit als Illusion entlarvt? Jedenfalls, so Libet, beruht die Ansicht, dass wir über unseren bewussten Willen Aktivitäten in Gang bringen können, auf Selbsttäuschung, entsprechend dem griffigen Diktum: Wir tun nicht, was wir wollen, sondern wir wollen, was wir tun.

Der Wissenschaftler sieht jedoch ein Schlupfloch für die Vorstellung, dass der bewusste Wille dennoch frei und handlungswirksam sein könnte: Vielleicht beschränke dieser sich auf die – allerdings entscheidende – Möglichkeit, eine schon eingeleitete Handlung quasi im letzten Moment zu stoppen, eben dann, wenn der Tätigkeitsimpuls bewusst wird.

Libet konnte experimentell zeigen, dass wir eine durch ein Bereitschaftspotenzial vorbereitete Bewegung tatsächlich nach diesem Prinzip verhindern können. Der bewusste Wille wählt und kontrolliert somit nach der These des Forschers Aktionen nicht direkt, sondern indirekt – indem er sie entweder geschehen lässt oder aber sie per »Vetofunktion« unterbindet. Eine solche Funktion des bewussten Willens, behauptet Libet, entspreche unserer Alltagsvorstellung und auch unseren ethischen und religiösen Ansichten recht gut: Es gehe schließlich immer darum, Abstand zu seinen Wünschen und Impulsen zu gewinnen und sie von diesem höheren Standpunkt aus zu kontrollieren.

Der Neurophysiologe mag weder ausschließen, dass der so funktionierende bewusste Wille wahrhaft frei ist, nämlich unabhängig von Naturge-

Kann der Wille am Ende nichts bewirken – sondern nur verhindern?

setzen, noch dass er seinerseits auf unbewussten Hirnprozessen beruht. Allerdings sei unsere Alltagserfahrung, vollkommen frei zu entscheiden, unmittelbar und zwingend. Deshalb müssten wir regelrecht glauben, dass bewusste psychische Prozesse Hirnprozesse kontrollieren und somit gewissermaßen aus einer geistigen Sphäre in eine materielle hinein wirken könnten. Außerdem gibt Libet zu bedenken: »Da das Thema Willensfreiheit so fundamental ist für unser Selbstverständnis, sollten wir die Behauptung, es handele sich hier um eine Illusion, nur aufgrund gesicherter Beweise aufstellen. Und solche Beweise gibt es nicht.«

Trifft Libets Vorschlag, dass der bewusste Wille vorher initiierte Prozesse im Gehirn nur abblockt oder ihnen zustimmt, wirklich unsere Intuition von Willensfreiheit? Empfinden wir nicht deutlich, dass wir auch frei sind, eine Handlung engagiert zu entwerfen, die Einzelheiten zu planen und

dann über längere Zeit konzentriert auszuführen? Ein freier Entschluss von Bedeutung braucht in aller Regel Zeit, oft ein intensives Abwägen. Man mag sich vorstellen, dass die Willensfunktion die im Kopf brodelnden Ideen und aufkeimenden Wünsche auf die gleiche Weise bändigt wie die von Libet untersuchten Handbewegungen. Doch ist nicht klar, ob das Bild einer im letzten Moment quasi aus dem Nichts auftauchenden Willensfeuerwehr komplexen psychischen Vorgängen gerecht wird.

Die bisherigen Bemühungen, einen unbedingt freien Willen experimentell dingfest zu machen, sind also mit größter Skepsis zu bewerten. Und den Philosophen Bieri überrascht das nicht. »Was kann, rein logisch, mit dem sehnsüchtig beschworenen unbedingt freien Willen überhaupt gemeint sein?«, fragt er. Unbedingt frei müsste doch wohl heißen: völlig unbeeinflusst. Ein unbeeinflusster Wille aber kann niemandem zugehören. Denn insofern er der Wille einer bestimmten Person wäre, wäre er von dieser beeinflusst. Ein derart losgelöster Wille wäre auch vollkommen zufällig – nicht beeinflusst von Gewohnheiten, Überlegungen, Abläufen im Gehirn oder was auch immer. Ein unbedingt freier Wille wäre unbegründet, da Gründe Faktoren der Beeinflussung sind. Er wäre auch unbelehrbar, denn Belehrbarkeit bedeutet Beeinflussbarkeit. Und schließlich wäre ein solcher Wille unkontrollierbar, denn auch Kontrolle bedeutet Beeinflussung. Fazit für Bieri: Es lasse sich gar nicht verstehen, was der »unbedingt freie Wille« eigentlich sein soll.

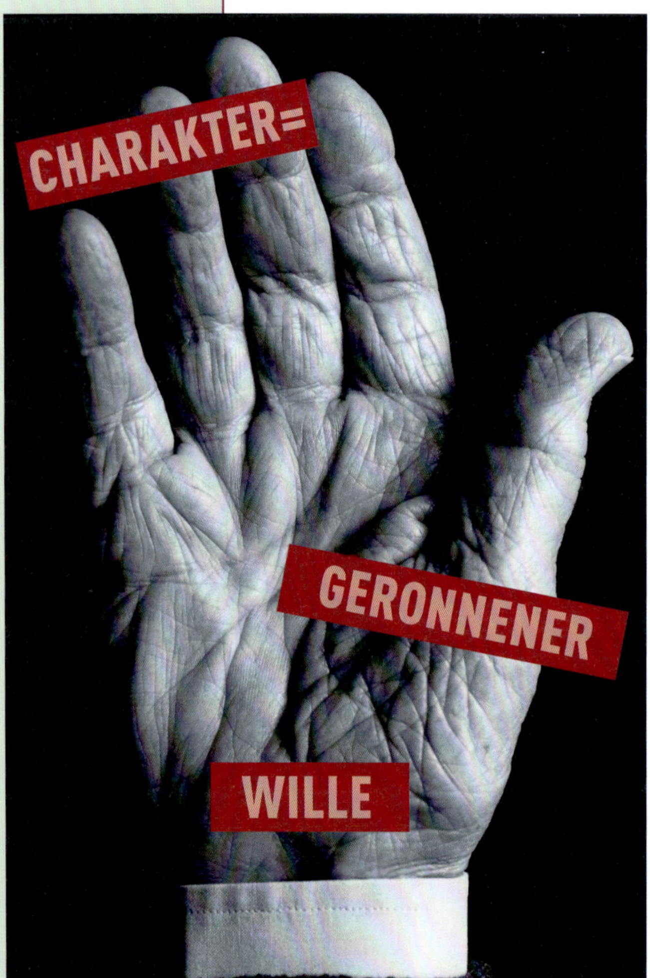

Kann vielleicht die Psychologie eingängigere Antworten zu der alten Menschheitsfrage beitragen? Vermag sie das mitunter kaum noch Ausdrückbare besser auszudrücken? Der Ulmer Psychiater und Philosoph Henrik Walter sieht in dem Konzept der Willensfreiheit vor allem drei Vorstellungen versammelt: Zu einer freien Handlung gehört erstens, dass jemand sich als deren »Urheber« versteht; zweitens, dass er »nach Gründen handelt«; und drittens, dass er »anders konnte«. Walters weitere Analyse dieser

Begriffe gelangt letztlich zu einer ähnlichen Unterscheidung von bedingter und unbedingter Willensfreiheit wie die Peter Bieris.

Denn die drei Komponenten können, wie Walter betont, in einem »starken« und in einem »schwachen« Sinn verstanden werden. So bedeutet »Urheber sein« im starken Sinne, eine natürliche Wirkungskette autonom in Gang bringen oder lenken zu können, im schwachen Sinne aber vielleicht nur, sich selbst als Akteur zu empfinden und sich eine Handlung zuzuschreiben. »Nach Gründen handeln« im starken Sinne besagt, dass ein autonomer Wille Gründen folgen kann, ohne von ihnen oder ihrer neuronalen Basis kausal bestimmt zu sein; im schwachen Sinne aber vielleicht nur, dass wir Entschlüsse zu Aktionen gewöhnlich – notfalls nachträglich – zu begründen wissen. »Anders können« im starken Sinne meint das Vermögen, sich gemäß eines freien Entschlusses über die Naturkausalität hinwegzusetzen, im schwachen Sinne aber vielleicht nur die allgemeine Fähigkeit, verschiedene Alternativen zu erwägen und zwischen ihnen zu wählen.

Wer den Willen retten will, darf die Freiheit nicht so eng sehen

»Akzeptieren wir die Existenz von Willensfreiheit nur dann, wenn alle drei Komponenten in der starken Variante verwirklicht sind«, so fasst Walter zusammen, »bedeutet das wohl, dass es Willensfreiheit nicht gibt. Reicht uns die schwache Variante, dann ist Willensfreiheit selbstverständlich.« Der Wissenschaftler vermutet, dass ein letztlich angemessener Begriff von Willensfreiheit irgendwo zwischen diesen Extremen liegt.

Empirische Forschung hat gezeigt: Das Urhebererlebnis, jene zentrale Kategorie in Walters Willensdefinition, scheint von Aktivitäten in der Hirnrinde begleitet zu sein. Damit ist freilich noch nichts darüber ausgesagt, welches der beiden Phänomene die Ursache des anderen ist. Gerhard Roth, Professor für Hirnforschung an der Universität Bremen, beschreibt in seinem Buch »Das Gehirn und seine Wirklichkeit« Experimente, die hierzu Aufschluss geben.

Vorgenommen wurden sie an Patienten, deren Schädel aus medizinischen Gründen geöffnet werden musste: Reizte man bei ihnen mit Elektroden am (schmerzunempfindlichen) Gehirn gewisse motorische Cortexareale, konnte sich etwa ein Arm heben. Nach dem Grund ihrer Bewegung gefragt, behaupteten die Betroffenen regelmäßig, sie gewollt zu haben. Reize in tiefer liegenden Strukturen wie dem Thalamus lösten ebenfalls Bewegungen aus. Doch die Patienten empfanden sie als unbeabsichtigt oder sogar gegen ihren Willen zustande gekommen. Der US-Psychologe Daniel Wegner glaubt, dass das Urhebererlebnis auf der subjektiven Wahrnehmung beruht, ein Ereignis verursacht zu haben. Selbst wenn es gar nicht so ist.

Stellen Sie sich vor, Sie gehen abends in einer Stadt spazieren. Sie schauen auf ein erleuchtetes Fenster – und dort geht in diesem Augenblick das Licht aus. Seltsam: Immer, wenn Sie ein Fenster fixieren, wird es dunkel. Sie werden sich kaum gegen das Gefühl wehren können, die Lichter mit ihrem Blick ausgeknipst zu haben – obwohl Sie wissen, dass das nicht stimmen kann. Aus solchen Überlegungen, vor allem aber aus Experimenten zum Urhebererlebnis folgert Wegner: Wir empfinden, ein Ereignis willentlich bewirkt zu haben, wenn unsere begleitenden oder vorausgehenden Gedanken diesem Ereignis entsprochen haben. Diese Empfindung kann allerdings täuschen, während die tatsächliche Ursache uns verborgen bleibt.

Kennen Sie Ihre eigenen Beweggründe? Bei jeder Handlung? Wirklich?

Auch über die tatsächlichen Gründe für unser Handeln können wir irren. Stattdessen fabulieren wir uns in solchen Fällen plausible Motive zurecht. Was Psychoanalytiker seit Sigmund Freud vermuten, zeigt sich auch in Experimenten. In den 1960er-Jahren untersuchten die US-Neurobiologen Roger Sperry und Michael Gazzaniga so genannte Split-Brain-Patienten, bei denen Ärzte, um lebensbedrohlichen Krankheitsverläufen vorzubeugen, die Nervenfasern zwischen den Hemisphären des Großhirns durchtrennt hatten. Objekte im linken Gesichtsfeld nimmt bei solchen Menschen nur die rechte Hemisphäre wahr – und umgekehrt. Ein obszönes Bild im linken Blickfeld kann den Patienten zum Grinsen bringen. Doch wenn man ihn fragt, warum er grinst, und damit seine sprachbegabte linke Hirnhälfte anspricht, die von dem Bild nichts weiß, dann gibt er Antworten wie: »Ihre Krawatte sieht so komisch aus.« Anscheinend erfinden wir, wenn wir von unseren wahren Beweggründen nichts wissen, gern Geschichten, an die wir dann glauben – ohne zu merken, dass wir sie erfunden haben.

Ob unser Bewusstsein in manchen Fällen auch in der Annahme fehlgeht, »anders zu können«, hat eine Forschergruppe um den US-Neurobiologen Alvaro Pascual-Leone untersucht. Die Probanden sollten auf ein Signal hin nach Belieben den rechten oder den linken Zeigefinger heben. Eine Apparatur über der Schädeldecke stimulierte dabei mit Magnetfeldern bestimmte motorische Hirnareale. Tatsächlich hoben die Versuchspersonen wesentlich öfter denjenigen Finger, dessen Bewegung durch den Stimulator voraktiviert war – und zwar unbewusst.

Es lässt sich mithin vermuten: Wir besitzen über Willensprozesse kein unmittelbares und sicheres Wissen, sondern nur Interpretationen und gedankliche Konstruktionen. Dass wir das Gefühl, frei zu handeln, im Versuch leicht erzeugen können und dass uns experimentelle Beeinflussungen verborgen bleiben, spricht dafür, dass sich der freie Wille einreiht in andere psychologische Phänomene. Er scheint ein neurobiologisch fundiertes Phänomen zu sein; wie die Wahrnehmung oder das Denken, die uns bekanntlich hin und wieder täuschen, im Großen und Ganzen aber einigermaßen realitätsgerecht funktionieren.

Wenn aber der freie Wille auf den Regungen des Hirns beruht, also von ihnen verursacht ist – weshalb erleben wir unsere Entscheidungen dann nicht als determiniert? Dies hängt vor allem mit der »Erste-Person-Perspektive« zusammen: Als Erlebende bemerken wir nicht gleichzeitig die Gehirnprozesse, die unserem Erleben zugrunde liegen. Wir können nicht jemand sein und dabei zugleich registrieren, wie dies zustande kommt.

AUCH DIE VORSTELLUNG VON DER OFFENHEIT der Zukunft ergibt sich aus der Erste-Person-Perspektive. Darauf hat der Physiker und Nobelpreisträger Max Planck hingewiesen – der Begründer der Quantentheorie. Für unser Bewusstsein, so zeigte Planck, stellt sich sein zukünftiges Handeln als offen und grundsätzlich unvorhersehbar dar. Für einen optimal informierten Beobachter jedoch als naturgesetzlich vorhersagbar – jedenfalls im Prinzip, auch wenn in der Praxis ein alles durchschauender Beobachter nicht anzutreffen sein wird. Max Planck betonte: Eine Beschreibung eines Vorgangs als »naturgesetzlich« setzt voraus, dass der Beobachter auf keine Weise das

WAS IST DIESES ICH?

NACHDENKEN MACHT FREI

Geschehen stört. Stellen wir uns vor, eine neutrale, allwissende Beobachterin, die Einsicht in alle Details der Situation des Studenten Raskolnikow in Dostojewskis Roman und besonders in alle seine Hirnaktivitäten hat, vermag sicher vorauszuberechnen, dass der arrogante und verzweifelte Bettelstudent die Treppen zur alten Pfandleiherin hinaufgehen, sie erschlagen und ihre Wertsachen aus der Kommode stehlen wird. Doch was geschieht, wenn die Beobachterin das Resultat ihrer Berechnung Raskolnikow mitteilt? Dann beeinflusst sie das Geschehen jenseits des Berechenbaren.

Raskolnikow könnte sich nun sagen: Um Gottes willen, diese Frau Doktor Allwissend prognostiziert, dass ich ein Mörder sein werde. Ich aber werde ihr beweisen, dass sie Unrecht hat. Und damit kann er die Berechnung durchkreuzen, obwohl sie völlig korrekt war. Ebenso könnte niemand für sich selbst seine Handlungen vorausbestimmen, auch wenn er alle Details seiner Situation in einem vergangenen Augenblick kennen würde. Denn auch in diesem Fall wäre der Beobachter seiner selbst er selbst und also nicht getrennt vom beobachteten Geschehen.

Der Hinweis auf die Ich-Perspektive macht plausibel, weshalb wir unsere eigene Zukunft als offen erleben. Doch inwiefern verschafft sie uns auch das Erlebnis, Urheber unserer Handlungen zu sein? Um dies zu begreifen, müssten wir wohl die Entstehung und Funktion des »Selbstmodells«, jener mentalen Repräsentation der eigenen Person, besser durchschauen. Nach Ansicht des Mainzer Philosophen Thomas Metzinger ist es dies vom Gehirn erzeugte Selbstmodell, das wir für uns selbst halten. Nur ihm zugeschriebene Eigenschaften und Tätigkeiten erlebe ich als »meine«. Und wenn ich »mich« beurteile, beurteile ich mein Selbstmodell, wie auch immer es von Kultur, Erziehung, sozialen Faktoren beeinflusst ist.

Im Schlussteil seines Buches lässt Peter Bieri den Raskolnikow einen fiktiven Disput mit seinem Richter führen. In immer neu variierten Argumentationen versucht der angeklagte Student zu beweisen, dass eine Verurteilung Unrecht wäre. Denn seine Tat sei naturgesetzlich determiniert gewesen, und er selbst sei deshalb nicht im Mindesten verantwortlich dafür. Der Richter entgegnet ihm, er hätte auch anders handeln können.

So geht es hin und her. Schließlich findet der Richter ein Argument, dem Raskolnikow nichts mehr entgegenzusetzen weiß: Indem dieser eine mögliche Verurteilung »Unrecht« nenne, rede er moralisch. Damit zeige er aber, dass er selbst von anderen gerecht und fair behandelt werden möchte, und akzeptiere die Regeln einer Gemeinschaft, die von ihren Mitgliedern moralisches Verhalten verlangt – wie determiniert auch immer.

Vor allem Hirnforscher argumentieren oft ähnlich wie Bieris Raskolnikow: Da unser Verhalten vollständig im Rahmen der Naturgesetze ablaufe, so ihre radikale These, bräuchten wir ein »neues Menschenbild«, in dem Begriffe wie »Willensfreiheit« und »Schuld« keinen Platz mehr hätten. Gerhard Roth zum Beispiel glaubt, dass sich aufgrund der Fortschritte in der Hirnforschung »in spätestens zehn Jahren« die Einsicht durchgesetzt haben werde, dass es Freiheit etwa im Sinne einer subjektiven Schuldfähigkeit nicht gibt. Die Funktion von Strafe als Sühne für eine Schuld sei damit hinfällig, ergänzt der Wissenschaftsphilosoph Gerhard Vollmer. Juristen wie der Strafrechtler Björn Burkhardt widersprechen dem. Für Burkhardt genügt unser subjektives Freiheitsbewusstsein, um Verantwortung zu begründen. Handeln sei mit erlebter Freiheit verbunden. Und einzig diese Perspektive sei angebracht, wenn es gelte, den Menschen als Person und verantwortliches Gemeinschaftswesen zu begreifen und zu behandeln.

Burkhardt bezweifelt überhaupt, dass irgendeine gegenwärtige oder noch anstehende Erkenntnis der Hirnforschung Definitionshoheit über Willensfreiheit, Schuld und Verantwortung im Alltag oder im Strafrecht erlangen kann oder auch nur sollte. Kein Faktum der Natur – also auch kein Ergebnis der Naturwissenschaften – könne als solches begründen, wie wir leben sollten. Die Aufgabe, dies miteinander auszuhandeln, müssten wir selbst übernehmen. **(2003)**

■ **Siehe auch A–Z-Teil**

→ Determinismus · Freiheit · Handeln · Intention · Kant, Immanuel · Neurophilosophie · Sartre, Jean-Paul · Seele · Wille · Willensfreiheit

Der Neurobiologe und preisgekrönte Autor Dr. Franz Mechsner forscht und lehrt an der Northumbria University in Newcastle. Die Fotos stammen von Silvia Plachy, Eugene Richards, Walter Schels und Carl De Keyzer. Das Layout des Beitrags ist inspiriert durch die Arbeit der US-Fotokünstlerin Barbara Krueger.

Kleine Denker – große Gedanken

Schon Vierjährige beschäftigen sich liebend gern mit existenziellen Fragen – und finden manchmal Antworten, die auch Sokrates beeindruckt hätten

Text:
Susanne Paulsen
Illustrationen:
Aljoscha Blau

Als Isolde Kurz vier, fünf Jahre alt war, blieb sie eines Tages betroffen mitten im Zimmer stehen. Sie starrte in einen Spiegel. Ein schmales, durchscheinendes Kindergesicht schaute zurück. Ein leiser Schauder überlief die Betrachterin. »Ich dachte mit nie gedachten Gedanken: Also das bin ich!«, berichtet die Dichterin in ihrer Autobiografie. »Mit diesem Gesicht, mit diesen Gliedern muss ich immer beisammen sein und alles mit ihnen gemeinsam erleben!« Dieser »Bruder Leib«, den die Kleine vor sich sieht, scheint ihr keineswegs ihr Ich zu sein. Eher ein eben auf sie zugetretener Weggenosse. Und es kommt ihr vor, »als wäre eine Zeit gewesen, wo wir zwei uns noch gar nichts angingen…«

Für derartige Urerlebnisse haben Erwachsene komplizierte Wörter. Etwa »transzendent«: die Grenzen der Erfahrung überschreitend. Oder »metaphysisch«, über die physikalische Wirklichkeit hinaus die letzten Gründe und Zusammenhänge des Seins betreffend. Im Alltag geben die meisten Menschen solchen unfassbaren Erfahrungen kaum Raum. Was das Mädchen Isolde wahrgenommen hat, erscheint ihnen fremd. So etwas denkt Diogenes in seiner Tonne. Oder ein weißbärtiger indischer Guru. Oder eine Bischöfin, das Goldkreuz der leitenden Kirchenfrau auf der Brust. Doch ein Kind?

Familiäres Rollenspiel: »Was wäre mit mir, wenn Mama einen anderen Mann hätte. Und Papa eine andere Frau?«

Entwicklungspsychologen haben zu dieser Frage wenig zu sagen. Metaphysischer Schauder lässt sich nun einmal nicht in standardisierten Versuchssituationen hervorrufen. Und wie soll man ihn systematisch aus kleinen Mädchen und Jungen herausfragen? Er lässt ja selbst große Geister stammeln. Im naturwissenschaftlichen Sinne sind Erlebnisse wie das des Kindes Isolde also unerforscht.

Durchdacht werden sie dennoch. Denn die Philosophie, die Urmutter aller Wissenschaften, hat sich auch der Sinnsuche sehr junger Menschen angenommen. Seit etwa drei Jahrzehnten gibt es in vielen Ländern der Erde Männer und Frauen, die sich »Kinderphilosophen« nennen, und sie werfen uns Schlimmes vor: In unserer Industriekultur werde, sagen sie, die kindliche Fähigkeit zum tiefen Denken verkannt und unterdrückt.

Was aber bedeutet das für Erwachsene, die mit Kindern umgehen? Vielleicht: bei Gelegenheit in Autobiografien blättern. Viele unserer Schriftsteller haben sich erinnert und aufgeschrieben, wie sie als Kind der Abgründigkeit der Welt begegnet sind. Hans-Ludwig Freese, emeritierter Psychologe an der Freien Universität Berlin, hat solche Zeugnisse gesammelt: vom fünfjährigen Peter Rosegger, den beim Holzholen die Ungeheuerlichkeit der eigenen Existenz ansprang; vom jungen Karl-Philipp Moritz, der sich angstvoll fragte, ob sein Leben ein Traum sei; von Marie von Ebner-Eschenbach, die als Kind an der Unermesslichkeit des Weltalls zu verzweifeln drohte; oder vom kleinen Rabindranath Tagore, dem sich plötzlich die Einzelheiten seines Lebens zu einer leuchtenden Einheit zusammenfügten.

Freese hält diese Erfahrungen nicht für Einzelfälle. Sondern: »Jeder, der tief genug in seine eigene Kindheit zurücktaucht, kann solche Urerlebnisse wiederfinden.« Sie gehörten zum Kindsein wie die Lust auf Abenteuergeschichten und die Freude am Kichern, Balgen und Hüpfen. Von sich aus

Kinder sind überzeugt, dass es zu jedem Warum ein Darum geben muss

redeten Jungen und Mädchen jedoch kaum über diese Ungeheuerlichkeiten, die zuweilen ihre Seele erschüttern und ihren Geist herausfordern.

Auch Isolde Kurz erzählte ihr Spiegelerlebnis niemandem. Doch es brach sich auf andere Weise Bahn. Sie begann, ihre Mutter auszufragen, etwa so: Wenn der Papa eine andere Frau genommen hätte und die Mama einen anderen Mann und beide hätten eine Tochter – welche sie dann wäre? Närrchen, sagte die Mutter. Doch das Kind ließ nicht locker. Vielleicht wäre ich zweimal da, jedes Mal mit einer falschen Hälfte verbunden? Die Antwort: Das sei reiner Unsinn. Oder die zwei Töchter wären meine Schwestern? Das wollte die Große schon eher gelten lassen. Aber wenn ich gar nicht da bin, wunderte sich die Kleine, wie kann ich dann Schwestern haben?

Kinderfragen können prasseln wie die Tropfen eines Gewitterregens. Für Wochen, Monate verstummen. Urplötzlich wieder auf uns niederregnen. Ihr Inhalt und die Dynamik ihres Auftretens weisen auf Entwicklungen hin, die das betreffende Kind gerade durchlebt. In ihnen »steckt das verborgene Ahnen (und Hoffen), dass zu jedem Warum ein Darum, zu jedem Weshalb ein Deshalb gehören muss, eine Antwort, die den Sinn einer Sache erhellt«, schreibt die Schweizer Kinderphilosophin Eva Zoller-Morf. Sie hat sich ausführlich mit Kinderfragen beschäftigt – was nahe liegt: Schließlich ist das Fragen auch die Kerntätigkeit der erwachsenen Denker. Und mit dem Staunen, sagt Aristoteles, beginnt jede Philosophie.

Welch überwältigender Reichtum an Rätseln kommt zum Vorschein, wenn Lebensanfänger um Auskunft bitten! Es beginnt mit dem »Ooh!« und »Da?« der Einjährigen, die das glitzernde Brotmesser oder das dudelnde Mobiltelefon in die Finger kriegen wollen. Langsam erwacht die Sprache, und zu Beginn des dritten Lebensjahres beginnt das so genannte Fragealter. Die

Intensität des Wissen-Wollens steigert sich gewaltig. Die Kleinen zerlegen Maulwurfshaufen, trampeln auf Beete, reißen an Kabeln, rupfen Lametta, schütten Mehl und Himbeersirup aus, beißen in Hundeleinen, Knoblauchzehen, Lackschuhe, schauen dann versonnen hoch und fragen: »Was ist das?«

In dieser Phase lässt sich ein Drang erkennen, der die Fragetätigkeit in den folgenden Jahren prägen wird: Kinder gieren danach, tätig zu sein. »Warum«, aus welchem Grund, etwas ist, erscheint ihnen blutleer. Sie sehnen sich nach dem kraftvolleren »Wozu« – und wollen jeden möglichen Zweck auf der Stelle mit Zähnen, Händen, Füßen, Herz und Seele erproben.

Und was tun wir Erwachsenen, wenn so ein vier-, sechs- oder achtjähriger Sinnsucher vor uns steht und etwa fragt: »Weshalb haben Menschen eigentlich einen Bauchnabel?« Wir sind vielleicht stolz darauf, nicht mehr

Nutzen Sie Kinderfragen – als Einstieg in »philosophische Dialoge«

mit »Frag nicht so dumm!« zu parieren, wie es angeblich früher üblich war. Doch schauen wir das Kind an, bevor wir antworten? Ob es vielleicht strahlt, weil es längst eine eigene Lösung hat? Eher suchen wir unser Schulwissen zusammen. Wir dozieren über Nabelschnüre.

Und damit verschenken wir eine Chance, meint Eva Zoller-Morf. Längst nicht immer wollten Kinder mit ihren Fragen auf jene Fakten hinaus, die wir Großen spontan liefern. Oft hätten sie Komplizierteres vor: Sie forderten uns heraus, sich mit ihren Gedanken auseinander zu setzen. Dabei können schnelle Sachantworten das Gespräch abblocken. Über Jahre als einseitige Diät verabreicht, erzeugten sie eine Konsumhaltung (»Ich bekomme Informationen geliefert, ohne mich anzustrengen«) und Mutlosigkeit (»Aus mir selbst entspringen keine ernst zu nehmenden Lösungen«).

Zoller-Morf und Kollegen plädieren deshalb für einen anderen Umgang mit Fragen wie der vermeintlich rein sachlichen nach dem Bauchnabel. Sie empfehlen, einen »philosophischen Dialog« zu versuchen. Das heißt: ein Gespräch unter Partnern, die einander ernst nehmen; einander als potenziell vernünftig akzeptieren; ihre Positionen logisch begründen; sich um Klarheit bemühen; und vor allem anerkennen, dass eine Frage viele Antworten haben kann, ja womöglich offen bleibt.

Soll das Projekt gelingen, muss der erwachsene Gesprächspartner vorübergehend auf die Rolle des All- oder Vielwissenden verzichten. »Wir dürfen beim philosophischen Dialog auf keinen Fall versuchen, den Kindern unsere Meinung vorzuschreiben«, erklärt die Hamburger Pädagogin und Kinderphilosophin Barbara Brüning. »Einschätzungen wie richtig oder falsch, gut oder schlecht hemmen den Prozess gemeinsamen Nachdenkens.«

Selbstverständlich wird so eine Unterhaltung zwischen Jung und Älter sich nicht zu Professorenphilosophie auswachsen. Doch sie kann – wie Immanuel Kant es genannt hat – Alltagsphilosophie sein. Und deren Erkenntniswege sind im Prinzip die gleichen wie jene, die professionelle Denkerinnen und Denker beschreiten – etwa die Mitglieder einer Ethikkommission, die darüber beraten, ob Forscher menschliche Embryonen benutzen dürfen.

EIN HOHES ZIEL. Denn unsere Erziehungszeit wird von ganz anderen Kommunikationsformen beherrscht. Wir pflegen Smalltalk. Wir belehren. Wir setzen uns durch. Wir streben nach raschen Lösungen. Ein beharrlich suchender Dialog unter Gleichberechtigten wirkt in dieser Gesprächskultur so fremd wie das Vibrieren tibetischer Klangschalen oder das Rasseln eines sibirischen Knochenorakels. Jedoch: Warum nicht einmal experimentieren?

Aber bitte dabei nicht jede kindliche Äußerung verphilosophieren. Vielleicht sucht das kleinere Gegenüber ja nur oder in erster Linie Kontakt. Und, falls das Kind wirklich reden will, überlegen: Auf was möchte es hinaus?

Zoller-Morf berichtet von einer Großmutter, der – als ihr Enkel nach dem Zweck des Bauchnabels fragte – ganz spontan eine bei Kinderphilosophen so beliebte Rückfrage herausrutschte: »Ja, was meinst du denn, weshalb das so ist?« »Ist doch klar!«, kam es prompt und selbstsicher zurück. »Damit man weiß, wo die Mitte ist!«

Die Antwort sollte man sich auf der Zunge zergehen lassen. Egal, ob sie aus spielerischem Übermut dahingeplappert war oder wohlüberlegtes Fazit einer Körper, Geist und Seele umfassenden Ahnung vom Wesen der menschlichen Existenz. Oder etwas zwischen diesen beiden Extremen: Die Antwort lässt sich aufgreifen. Sofort oder später, natürlich in Maßen und nur, wenn das Kind Freude daran findet. Vielleicht fühlend: Es gibt meditative Übungen, bei denen man durch Konzentration auf den Nabel seine seelische Balance findet. Oder assoziierend: Radnabe. Nabelschau. Nabel der Welt. Oder weiterdenkend: Die Mitte wovon? Die des Körpers? Oder schwerer fassbar: Wozu will man von der Mitte etwas wissen?

Und vielleicht befindet man sich dann auf einmal mitten in einem »reflexiven Gespräch«, wie Kinderphilosophen es sich wünschen. Vielleicht dauert es nur 30 Sekunden, bis das Kind sein Interesse anderen Dingen zuwendet.

Temporale Grundfragen: »Wo wohnt die Zeit? Hat jeder eine eigene Menschenuhr für die Zeit, die er zum Leben hat?«

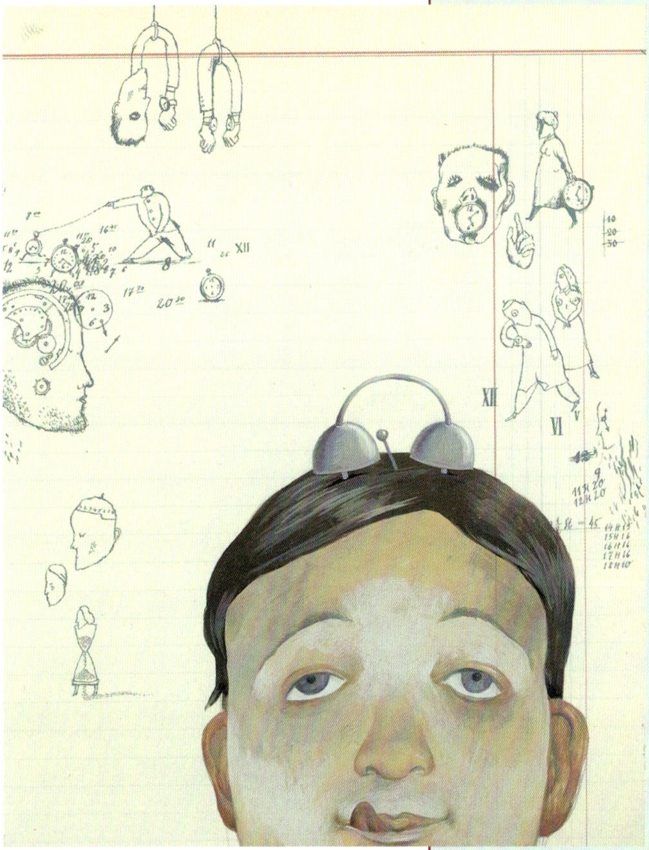

Doch in dieser halben Minute sind seine Überlegungen zum Sinn der Welt ernst genommen worden.

Jedes Kind stellt von Zeit zu Zeit Fragen, die sich als Ausgangspunkt philosophischer Gedankenreisen eignen: Können Blumen glücklich sein? Ist ein Gedanke so etwas wie ein Luftwort? Sind wir lebendig oder auf Video? Wohin ist gestern gegangen? Schlafen wir immer und träumen wir alles? Wenn alles durchsichtig wäre, könnte man durchsehen – aber was sieht man dann eigentlich?

Erziehende können sich vornehmen, auf solche Fragen zu achten. Sie können auch versuchen, Kinder mit Märchen oder Geschichten zum Nachdenken anzuregen. Gemeinsam lässt sich dann vielleicht eine Gesprächskultur entwickeln, in der die oben genannten Ideale eines philosophischen Dialogs verwirklicht werden.

Reflektion über die Reflektion: »Bin ich im Spiegel? Oder ist sie ich? Und wo spiegelt sich die Seele?«

Besonders bei jüngeren Kindern sollte der oder die Ältere sich bemühen, die kindlichen Gedanken nicht mit der Fülle der eigenen Ideen zu ersticken, sondern sich in »Hebammenkunst« zu üben. So nannte Sokrates seine Art der Gesprächsführung, bei der ein fortgeschrittener Denker die weniger weit gediehenen dazu bringt, eigene Gedanken zu entwickeln und zu Zusammenhängen vorzustoßen. Der Fortgeschrittene arbeitet mit gezielten Fragen und fasst den Gesprächsstand immer wieder zusammen.

Derartig unterstützt, könnten viele Kinder so interessante Kopfgeburten hervorbringen wie jene Fünf- und Sechsjährigen aus der Schweiz, die eine Geschichte vorgelesen bekamen, in der sich ein kleines Mädchen auf die Suche nach der Zeit macht. Die Erzieherin fragte nach – behutsam und ohne bestimmte Antworten vorzugeben. Etwa »Was glaubt ihr denn, wo die Zeit wohnt?« oder »Wie könnte die Zeit aussehen? Hat sie vielleicht eine bestimmte Farbe?«

»Schwarz«, meinte ein Mädchen und auf die Rückfrage, weshalb das so sei: »Unsere Uhren haben schwarze Zahlen, deshalb ist auch die Zeit schwarz.«

»Ja, weißt du«, erklärte darauf ein Junge, »die Zeit hat immer die Farbe, welche die Uhr hat.«

»Und wenn die Uhr bunt ist«, ergänzte ein anderer, »dann ist auch die Zeit bunt. Manchmal hat die Zeit eine schöne Farbe und manchmal ist sie nicht so schön.«

Schöne Zeit habe schöne Farben, einigten sich die Kinder. Weniger schöne Zeit – etwa wenn man vor Weihnachten auf die Geschenke warten müsse – habe dunklere Farben. Später knobelten sie an der Frage herum, was wäre, wenn es plötzlich keine Zeit mehr gäbe. Würden dann alle verhungern, weil sie nicht mehr wüssten, wann sie frühstücken müssen? Kaum, denn das Magenknurren würde sie ja daran erinnern.

Die Zeit auf dem Wecker brauche man nicht, war ein Ergebnis. Weil jeder Mensch eine eigene Uhr habe für die Zeit, die er zum Leben hat. Eine Menschenuhr, die man zurückbekommt, wenn man stirbt. »Aha«, fasste die Erzieherin zusammen, »es gibt also neben der Zeit auf dem Wecker und der Zeit, die gerade vorbeigeht, noch eine dritte Zeit, und die wird von der Menschenuhr gemessen. Drei Arten von Zeit also, und jede ist wichtig.«

Da hätte Gareth B. Matthews dabei sein sollen, Philosoph an der University of Massachusetts in Amherst und einer der geistigen Väter des Philosophierens mit Kindern. »Eine ganz andere intellektuelle Herausforderung als das Einmaleins«, hätte er wohl schmunzelnd gesagt – und uns damit verschreckt: Werden philosophierende Kinder »verkopft«, also zu reinen Verstandesmenschen erzogen?

Zu dieser Frage muss jeder seine eigene Lösung finden. Hans-Ludwig Freese jedenfalls hält schon die Vorstellung für lebensfeindlich, Verstand und Gefühl schlössen einander aus. »Um dieses Vorurteil zu überwinden, muss man selbst erlebt haben«, meint er, »mit welcher Gefühlsbeteiligung Kinder sich von für sie wichtigen Gedanken ergreifen lassen.«

Was hätte Isolde Kurz wohl gespürt, wenn ihre Mutter gemeinsam mit ihr die geheimnisvollen Aspekte des Ichs ausgeleuchet hätte? Wenn sie ihr in den folgenden Wochen Märchen, Fabeln, Erzählungen über Verwandlungen, Doppelgänger, den Verkauf der Seele oder des eigenen Schattens vorgelesen hätte? Wenn in neuen Gesprächen die schillernde Frage nach unserem Menschsein aufgeworfen worden wäre … Vielleicht hätte die kleine Isolde gespürt, dass die ganze Welt sucht. Und dass eine solche Erkenntnis paradoxerweise festeren Boden unter den Füßen geben kann. **(2002)**

■ **Siehe auch A–Z-Teil**

→ Dialog · Mäeutik · Sinn · Sokrates · Verstand · Zeit

Die freie Autorin Susanne Paulsen hat drei kleine Philosophen zu Hause. Für ihr Buch »Sonnenfresser« erhielt sie den Deutschen Jugendbuchpreis. Der gebürtige St. Petersburger Aljoscha Blau lebt in Hamburg und illustriert mit Vorliebe Kinderbücher.

Die Welt – ein Hirngespinst

Was uns real erscheint, ist ein Konstrukt des Gehirns, eine von vielen möglichen Realitäten. Skurrile Laborversuche zeigen, weshalb wir die Welt sehen, wie wir sie sehen. Und wie leicht es ist, die Sinne zu täuschen, wenn man weiß, wie wir »wahr«nehmen

Ein Riese? Zwei Winzlinge?? Das Auge wird ausgetrickst bei dieser **optischen Täuschung** aus dem »Villette-Museum« in Paris – und auch der Verstand: Die grotesken Größenunterschiede der Statisten entstehen allein durch die raffinierte Architektur des Saals, in den Besucher durch ein Guckloch schauen (siehe Abbildung Seite 453)

Text:
Hanne Tügel

Das Experiment ist einfach, aufschlussreich und tückisch. Jedem Versuchsteilnehmer wird ein einminütiger Videofilm gezeigt, in dem sich Studenten, drei mit weißem und drei mit schwarzem T-Shirt, Basketbälle zuwerfen. Die Aufgabe besteht darin, die Pässe des weißen Teams zu zählen. Sind es 12, 14 oder sogar 15? Das ist nicht ganz einfach zu verfolgen, denn die Spieler laufen durcheinander, und es sind zwei Bälle im Spiel.

35 Sekunden vergehen, bis von rechts eine skurrile Figur im Gorillakostüm ins Bild stapft. Sie begibt sich mitten ins Getümmel, dreht sich zur Kamera, klopft sich auf die Brust, entfernt sich nach links. Wirklich? War da etwas? Während die zottige Gestalt jedem unbeteiligten Beobachter geradezu »ins Auge springt«, sehen rund 50 Prozent der konzentriert zählenden Probanden nur, was sie sehen sollen: Werfer und Bälle, keinen Gorilla. Erst wenn das Videoband noch einmal ohne Zusatzaufgabe gezeigt wird, folgt – je nach Temperament – Verblüffung (»Das soll ich übersehen haben??«) oder beleidigter Unglauben (»Der war eben noch nicht da!«).

Jener Versuch stammt nicht aus einer Komiksendung mit versteckter Kamera; er illustriert, mit welch amüsanten Tricks Kognitionswissenschaftler und Psychologen blinde Flecken der menschlichen »Wahr«-

Was können wir über die Realität jenseits unseres Bewusstseins wissen – wenn es die überhaupt gibt?

Nehmung testen. Welche persönlichen Eigenheiten im »Gorilla«-Beispiel Erfolg oder Versagen bestimmen, ist noch nicht untersucht. Dass sich keineswegs nur Wachträumer und Zerstreute narren lassen, belegen Filmsequenzen, die Daniel Simons, Professor an der Harvard University, zum Selbstversuch zusammengestellt hat. Da ändert sich zum Beispiel vor den eigenen Augen in einer Bistroszenerie langsam und kontinuierlich die Farbe einer Wand. Und selbst der vorgewarnte und konzentriert auf den Monitor starrende Betrachter merkt nichts davon – bis er Anfangs- und Endbild vergleicht.

Experimente zu »change blindness« (Veränderungsblindheit) und »inattentional blindness« (Unaufmerksamkeitsblindheit) sind moderne Varianten der alt bekannten optischen Täuschungen. Sie säen heilsame Zweifel darüber, inwieweit wir unseren Sinnen trauen können – und werfen damit große philosophische Fragen auf: Wie wirklich ist, was wir subjektiv als Wirklichkeit empfinden? Und noch weiter gehend: Was können wir wissen über die objektive Realität jenseits unseres Bewusstseins – wenn es die überhaupt gibt?

Die Annahme, es gebe sie nicht, mündet in ein Gedankenspiel, in dem ein um sich selbst kreisendes Ich seinem Besitzer eine Phantomwelt vorgaukelt (in der Phantomwissenschaftler mit Phantomexperimenten Phantomphänomene untersuchen). Diese so genannte solipsistische Spekulation ist weder zu beweisen noch zu widerlegen: Selbst ein realer Blitzschlag, der sie jäh unterbräche, könnte ja der Phantomwelt zugeschrieben werden.

Anregender ist die Vorstellung, die mit Platons Höhlengleichnis in die Welt kam. Danach gibt es eine letzte Wirklichkeit, aber wir können nur deren Widerschein erhaschen – wie Wesen, die so in einer Höhle festgekettet sind, dass sie nur starr geradeaus blicken können und ihre Nachbarn und den eigenen Körper nicht sehen.

Sie sehen nur flackernde Schatten an der Wand. Sie ahnen nicht, dass sich in ihrem Rücken eine Mauer befindet, hinter der Menschen herumlaufen, die Gegenstände auf dem Kopf tragen, und dass ein Feuer hinter dieser Mauer diese Gegenstände beleuchtet und die gespenstischen Schatten erzeugt.

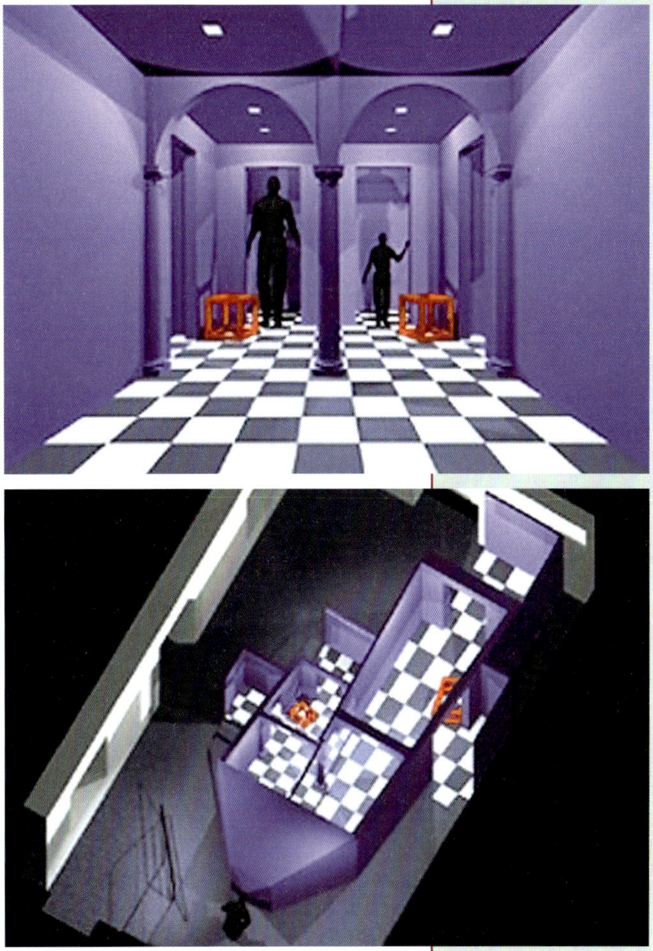

Ein Guckloch erlaubt den Blick in einen **»verzerrten Raum«** (siehe Seiten 450/451), dessen eine Hälfte länger ist. Perspektivische Überzeichnung vermittelt trotzdem einen stimmigen Gesamteindruck

Platons Gleichnis hat bis heute nichts von seiner Faszination eingebüßt. Danach sind wir unentrinnbar in unserer eigenen Wirklichkeit ge- und befangen. Und doch gibt es Trost – die Chance, uns am eigenen Schopf aus dem Sumpf zu ziehen: Wer seine subjektive Wirklichkeit studiert, kann Rückschlüsse auf jene objektive Welt wagen, die sie erzeugt. Um in Platons Bild zu bleiben: Wer die Schatten erkundet, erfährt zur Belohnung auch etwas über Lichtquellen, ja sogar über die Natur des Lichts.

Evolutionsbiologen haben diesen Weg beschritten. Ihre Forschung macht deutlich, dass die Weltbilder der Lebewesen immer nur Facetten des großen Ganzen repräsentieren; Spezialwirklichkeiten, die sich in generationenlangem Überlebenstraining als arttypisch wichtig herausgeschält haben: Die Langohr-Fledermaus muss Käfer im Dunkeln orten, aber Äpfel nicht von Birnen unterscheiden können.

Erwiesen ist außerdem, dass nicht Perfektion, sondern Handlungsfähigkeit für die subjektive Wirklichkeitswahrnehmung ausschlaggebend ist. Männliche Rotkehlchen attackieren ein totes rotes Federbüschel so

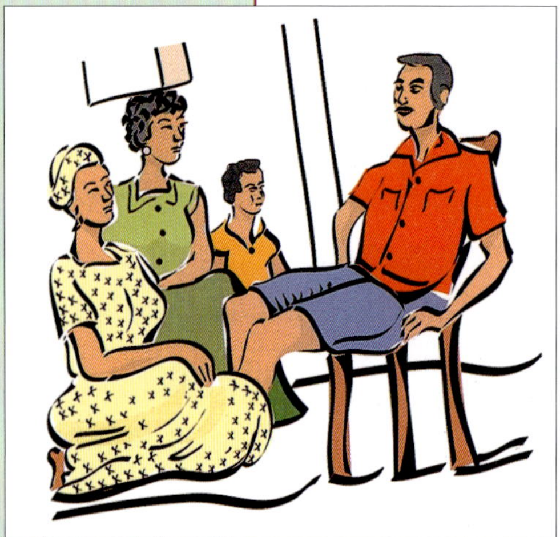

Wahrnehmung ist abhängig von **Vorerfahrungen**. Für Betrachter aus Industrieländern spielt die Szene oben im Zimmer; für Afrikaner vom Lande hingegen draußen – sie würden das »Fenster« als Kanister auf dem Kopf der Frau deuten. In der Figur darunter erkennen Betrachter entweder einen Enten- oder einen Kaninchenkopf

heftig wie einen Konkurrenten – und Harvard-Probanden übersehen Gorillas.

Welch karges Weltwissen ausreichen kann, um die evolutionäre Auslese bravourös zu bestehen, hat schon Jacob von Uexküll (1864–1944) am legendären Beispiel der Zecke dargestellt. Zecke sein heißt: diffuses Lichtempfinden nutzen, um ans Ende eines Asts zu kriechen und dort regungslos zu verharren. Bis sich – mitunter erst nach Jahren – plötzlich die Welt verändert: Buttersäuregeruch in der Umgebung signalisiert den Wandel. Übersetzt also: Säugetierschweiß, Nahrung naht, fallen lassen!

Ärmlich? Der Unterschied zu »höheren« Arten ist (zunächst) graduell, nicht prinzipiell. Der 1989 verstorbene Wissenschaftsautor Hoimar von Ditfurth vergleicht das menschliche Sensorium mit »einem Rundfunkempfänger, der mit größter Trennschärfe unveränderlich auf eine bestimmte Wellenlänge festgelegt ist, während die Luft um uns herum erfüllt ist von einer Vielzahl der verschiedensten Programme. Wie die Welt für uns aussähe, wenn wir all diese Programme ebenfalls zu empfangen in der Lage wären, kann keine menschliche Fantasie ausmalen«.

»So wenig Außenwelt wie möglich, nur so viel wie unbedingt notwendig« – so hat von Ditfurth die der Evolution zugrunde liegende Maxime charakterisiert. Er erinnert daran, dass auch das Gehirn ein Evolutionsprodukt ist, also »ursprünglich kein Organ zum Verstehen, sondern ein Organ zum Überleben«. Die jüngere Entwicklung des Homo sapiens steht für die These, dass Verstehen beim Überleben hilfreich sein kann. Wie aufregend, das Spektrum der eigenen Sinne per Fernrohr, Teilchenbeschleuniger und Weltraumsonden zu erweitern! Wie spitzfindig, Artgenossen zu traktieren, um die Beziehung zwischen Außen- und Innenwelt in vivo zu erkunden!

Zum Beispiel im Max-Planck-Institut für biologische Kybernetik in Tübingen. Hier studieren Wissenschaftler, wie Gehirn und Sinne gemeinsam und auf geniale Weise jene »mentale Rekonstruktion der Welt« formen, die wir als die Wirklichkeit betrachten.

Was mit der Außenwelt auf dem Weg in den Kopf alles geschieht, würde wohl selbst Platon überraschen. Schon die Sinnesorgane spiegeln diese Außenwelt nicht. Sie filtern, werten, interpretieren – und erfinden nebenbei Wunder. Farben etwa, die es »in Wirklichkeit« gar nicht gibt. Die Sonne sendet elektromagnetische Wellen verschiedener Länge aus;

dass unseren Augen einige davon als Rot, Blau oder Grün erscheinen, dass andere von der Haut als Wärme empfunden werden und dass wir den größten Teil des Spektrums mit keinem unserer Sinne spüren, liegt nicht an der Natur der Wellen, sondern an der unserer Wahrnehmungsorgane.

Die Riesenkluft zwischen objektiver Wirklichkeit der Außenwelt (Wellenlänge 700 Nanometer) und deren mentaler Rekonstruktion (rot) wird durch die Hirnaktivität weiter vergrößert. Das Gehirn wertet den Input der Sinne aus – aber nicht wie ein Buchhalter, sondern wie ein Künstler.

Paradoxe Reize und überrumpelte Probanden: Forscher wollen das Gehirn beim »Fälschen« ertappen

Rainer Rosenzweig, im Tübinger Institut für die Öffentlichkeitsarbeit zuständig, plaudert – und plötzlich mutieren das Poster an der Wand, der Teppich auf dem Boden, der Zeitplan für den Institutsbesuch zu reinen (wenn auch feinen) Hirngespinsten. Nüchtern konstatiert der freundliche Franke: »Auch scheinbar absolute Dinge wie Materie, Raum und Zeit, wie wir sie im Alltag erleben, ja sogar das von uns erlebte Ich, sind etwas Künstliches, Selbstgemachtes, von unserem Gehirn Konstruiertes.« Das desillusionierte Reporter-Ich nickt (noch) zweifelnd.

Um Gehirne live bei ihrer Konstruktionskunst zu ertappen, überrumpeln die Biokybernetiker in Tübingen ihre Versuchspersonen am liebsten mit Sinneseindrücken, die alle der Alltagserfahrung widersprechen. Denn wie die grauen Zellen arbeiten, verraten sie am ehesten, wenn sie realitätsfremde und paradoxe Reize integrieren sollen.

Im »Virtual Reality Labor« setzt der Amerikaner Douglas Cunningham seine Probanden in einen Fahrzeugsimulator. Vom festgeschraubten Sessel aus können sie steuern, Gas geben, bremsen. Auf einer Leinwand vor ihnen wird die entsprechende Fahrt auf der Landstraße eingespielt, die ein Rechner in Echtzeit

»Enigma« nennt der französische Maler Isia Leviant sein Werk: Rätsel. Im Umfeld der auseinander strebenden Linien scheinen sich die bunten Kreise zu drehen

simuliert. Ähnlich wie in einem Videospiel ist der Proband im Nu »im Film« und lenkt sein virtuelles Auto durch die Kulisse.

Dann der Schock: Das Fahrzeug reagiert plötzlich nicht mehr wie gewohnt, sondern mit einer Verzögerung von einer Viertelsekunde. Die Folge: Das übliche Lenkmanöver trägt es aus der Kurve; die Beschleunigung führt zum Crash, die Bremsen greifen zu spät …

Zu Anfang glauben die Versuchspersonen, nie und nimmer mit dem neuen Zeitgefühl fertig zu werden. »Aber nach fünf Minuten schwören die

Bewegungssinn widerspricht Auge – und nur die Erfahrung entscheidet, wem von beiden zu trauen ist

Leute, es gebe die Verzögerung nicht mehr«, erzählt Douglas Cunningham. Das Gehirn beweist seine Plastizität; es konstruiert die Zeit um, befiehlt Probandenhänden und -füßen, Steuer und Pedale zu bedienen, als hätte es die bisherige Fahrpraxis nie gegeben. Cunningham selbst hat inzwischen trainiert, zwischen zwei Zeitenwelten »hin und her zu switchen«, die um eine halbe Sekunde auseinander liegen.

Im »Motion Lab« kann der Informatiker Markus von der Heyde noch perfidere Illusionen erzeugen. Herzstück ist eine Bewegungsplattform. Auf ihr nimmt der Proband Platz; das Licht geht aus; eine Computersimulation wird gestartet. Gebäude und Bäume ziehen im Stockdusteren an den Augen vorbei – und suggerieren unweigerlich die Illusion, der Körper bewege sich im Raum. Die Tücke der Apparatur: Die tatsächliche Plattformbewegung und die Videosimulation können widersprüchliche Informationen liefern. Eine 90-Grad-Drehung der Plattform lässt sich zum Beispiel mit einem Bild koppeln, das beim Geradeaus-Sehen entstanden wäre.

Das hat enorme Auswirkung auf das Körpergefühl. Normalerweise wissen Versuchspersonen nach einer Plattformdrehung auch im Dunkeln recht genau, in welchem Winkel zum Ausgangspunkt sie sich befinden. Bewegt sich jedoch gleichzeitig die Kulisse, streikt der Intellekt. Das Gehirn traut der falschen visu-

Im so genannten **»Hermann-Gitter«** blinken an den Stoßkanten heller Linien seltsame Punkte auf. Das Gehirn wertet Punkte in einer dunklen Umgebung stets als heller, in einer hellen Umgebung als dunkler, und an Schnittpunkten herrscht Irritation. Rätselhaft bleibt, weshalb das Blinken am Rand des Blickfeldes erscheint und nicht an der Stelle, die fokussiert wird

ellen Information mehr als der richtigen Körperwahrnehmung. Es vermutet Stillstand, wenn die Plattform sich gedreht hat. Und es vermittelt dem Körper ein intensiv spürbares Bewegungsgefühl, wenn alles steht und nur Bilder über die Wand wandern.

Warum? »Es ist nicht üblich, dass Häuser und Bäume plötzlich wegrennen«, erklärt Markus von der Heyde die Fehlinterpretation.

Viele biokybernetische Versuche belegen, wie stark visuelle Erfahrungen Bewusstseinsinhalte dominieren. Das Gehirn glaubt, was der Sehsinn signalisiert. Nichts leichter, als auch ihn auf die Probe zu stellen. Beim normalen Sehen erscheinen etwas unterschiedliche zweidimendionale Bilder auf den Netzhäuten der beiden Augen. Das Gehirn verwandelt sie in eine einzige Gesamtschau mit räumlicher Tiefe. Als Hilfsmittel zur Erzeugung der Dreidimensionalität dienen zum Beispiel Schatten und perspektivisch zusammenlaufende Fluchtlinien.

Im Raum E 33, dem »SeMo-Lab«, nutzt das Team um Marc Ernst und Volker Franz dieses Wissen. Durch eine Brille sehen Probanden eine geneigte Fläche – aber nicht so, als würden sie auf eine gewöhnliche Ebene blicken. Die Perspektivenlinien suggerieren einen anderen Neigungswinkel als den, der durch die Zusammenschau beider Augen erzeugt wird.

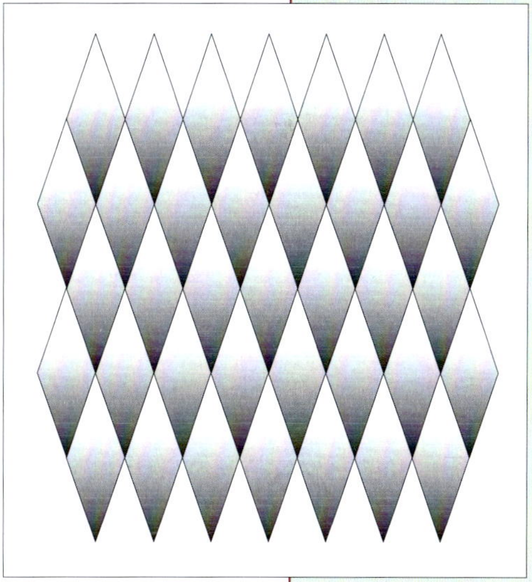

Decken Sie die Mitte der oberen Figur ab! Ergebnis: Allein **Umgebungsfarbe und Schatten** lassen das Grau beider Flächen unterschiedlich wirken. Ähnlich bei den Rhomben: Die unteren Reihen sehen heller aus – dabei sind alle exakt gleich getönt

Trotzdem verschmilzt das Gehirn den Input auch in diesem unorthodoxen Fall zu einem stimmigen Bild. Es konstruiert es wie ein um Frieden bemühter Schiedsrichter: Vor dem »inneren Auge« erscheint eine Ebene mit mittlerem Neigungswinkel – also eine Wirklichkeit, die mit keiner der optischen Informationen übereinstimmt. Es gibt allerdings einen Trick, das Gehirn zu einer anderen Sicht der Dinge zu bekehren: Kann der Proband die schiefe Ebene zusätzlich erfühlen, wird neu kalkuliert. Nun gilt die haptische Zusatzinformation als entscheidend; als inneres Bild wird die Neigung produziert, die ihr entspricht.

Eines lehren alle Experimente: Ehrfurcht vor dem Gehirn, diesem Hochleistungssystem, das in jeder Zehntelsekunde eine Unzahl von Sinnesinformationen auswertet, Objekte erkennt, mit Erinnerungen vergleicht, Entfernungen kalkuliert, Veränderungen bemerkt, Situationen beurteilt, Prioritäten setzt, Muskeln steuert.

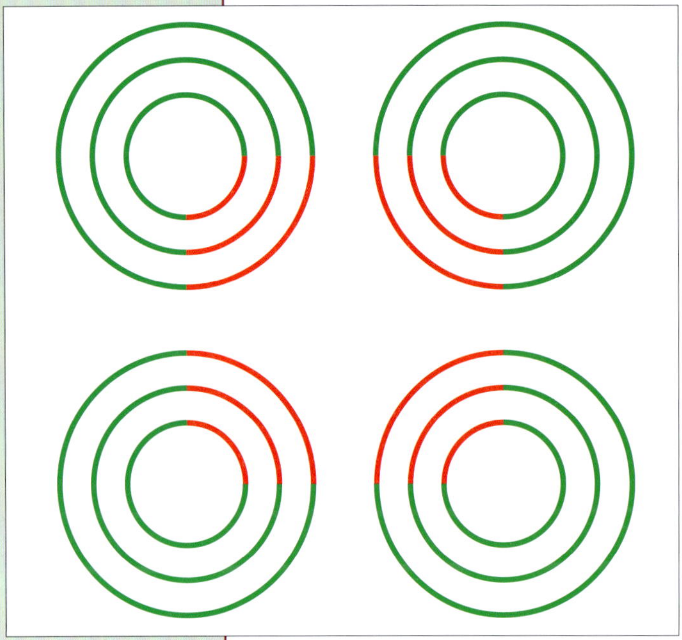

Zwölf rote Viertelkreisumrisse im Grün – schon fühlt sich das Gehirn zur Eigenproduktion ermuntert und entwirft ein **rosafarbenes Quadrat** samt nicht vorhandener Ecken und Kanten. Hier vereinigen sich zwei Illusionen: eine »subjektive Figur« und der »Neon-Effekt« durch die Komplementärfarben

Als Schöpfer unserer privaten Wirklichkeit bietet es dabei jederzeit innere Bilder an, die »sinnvoll erscheinen« – und Handlungsfähigkeit bewahren. Es duldet keine schiefe Ebene mit Neigungseigeschaften, die aller Erfahrung Hohn sprechen. Es blendet Gorillas aus, die bei Zählaufgaben stören.

Und bei näherer Betrachtung grenzt es an ein Wunder, dass Menschen sich überhaupt verständigen können – obwohl Kultur, Herkunft, Geschlecht, Erinnerungen, Vorlieben und Stimmungen ja höchst unterschiedliche Bewusstseinswelten erzeugen. Doch so individuell persönliche Weltbilder sein mögen, so universell ist das Konstruktionsprinzip, mithilfe dessen das Gehirn daraus jene Wirklichkeit gestaltet, die wir mit anderen teilen (und naiverweise als objektiv ansehen).

Jenseits der Laborversuche herrscht erstaunliche Einigkeit unter den Menschen, was möglich/unmöglich, wahrscheinlich/unwahrscheinlich, real/irreal ist: Die Bürokollegin ist dieselbe wie gestern, obwohl sie heute andere Kleidung trägt. Der Mond ist da, auch wenn keiner hinschaut. Ein Stuhl ist ein Stuhl ist ein Stuhl und wird als solcher erkannt, ob aus Plastik, Holz oder Stahl, ob real, im Spiegel oder im Bild, ob halb verdeckt oder Miniaturmodell (siehe gegenüberliegende Seite).

Dass solche Übereinkünfte nicht selbstverständlich sind, wird in Situationen klar, in denen ein Mensch aus der gemeinsamen Wirklichkeit der anderen herauskatapultiert wird. Wenn das Gehirn Wahrnehmungen produziert, die nicht mit denen der anderen übereinstimmen. Schizophrenie, Psychose, Demenz, Wahn lautet das Urteil der Umwelt.

Thomas Bock, Leiter der sozialpsychiatrischen Ambulanz am Hamburger Universitätskrankenhaus Eppendorf, vergleicht die Wahnerfahrung mit einem Traum. »Aber es ist ein Traum ohne die Sicherheit des Aufwachens.« Als mögliche Wahnauslöser nennt er neuronale Besonderheiten, aber auch psychische Notsituationen, bei denen das Verhältnis von Außen- und Innenwelt durcheinander gerät: »Wenn zu wenig Reize von außen kommen – bei Isolation, im Gefängnis oder auch bei Schwerhörigkeit –, zapft das Gehirn den Gedächtnisfundus an und erfindet eigene Wirklichkeiten. Und wenn sich zu viel innen aufgestaut hat, drängt das Innere an die Oberfläche und wird zur vorrangigen Wahrnehmung.«

Auch hier versucht das Gehirn also, seine zentrale Aufgabe zu erfüllen und Handlungsfähigkeit zu bewahren – es ersetzt eine für das Individuum unerträgliche Wirklichkeit durch eine Eigenkreation. Der Preis ist allerdings hoch: der Abschied von den Selbstverständlichkeiten der anderen.

Kongress des Vereins »Netzwerk Stimmenhören« in Berlin. Hier sind Menschen organisiert, deren Wirklichkeit sich von der ihrer Mitmenschen eklatant unterscheidet. Ihre Ohren hören Sätze, Warnungen, Befehle, die

Wie viele »Zusatzwirklichkeiten« gibt es? Und mit welchen können sich die Menschen arrangieren?

ihnen so real erscheinen wie die eines Radiosprechers. Bloß ist kein Radio eingeschaltet. Und kein Außenstehender vernimmt die lauten Worte.

»Mehr als zwei Prozent in der Bevölkerung kennen diese Erfahrung«, referiert der inzwischen emeritierte niederländische Psychiatrieprofessor Marius Romme, der das Phänomen als Erster gründlich untersucht hat. Viele Betroffene behalten ihr Geheimnis jahrelang für sich, um nicht für verrückt erklärt zu werden. Vertrauen sie sich Ärzten an, besteht die übliche »Therapie« im Versuch, die Stimmen mit Psychopharmaka zu unterdrücken. Romme empfiehlt einen anderen Weg. Er weiß: Wer es schafft, die

Ein Kinderspiel, auf dem **Testbild** der Arbeitsgruppe um den Tübinger Biokybernetiker Heinrich Bülthoff alle Stühle zu erkennen – auch die auf dem Bild im Bild im Bild. Doch an der Abstraktionsleistung, die das Gehirn dabei vollbringt, sind selbst die besten Computer bisher gescheitert

Angst vor der Zusatzwirklichkeit zu überwinden und mit seinen Stimmen in Dialog zu treten, kann sie »erziehen« und Frieden mit ihnen schließen.

Der ehemalige Archivar Andreas Gehrke erzählt auf dem Kongress von einem solchen Prozess. Ihn überfielen die Stimmen im Alter von 40 Jahren. Sie drohten, höhnten, befahlen ihm, seine Familie auszurotten. Er ging zum

Die uralte Suche nach Wahrheit und Wirklichkeit bleibt ein Abenteuer – ohne letzte Gewissheiten

Psychiater. Medikamente halfen nur kurz, die Stimmen kamen wieder. Gehrke hasste sie. Aber irgendwann begann er, sie zu akzeptieren, mit ihnen zu argumentieren. Inzwischen, nach zehnjährigem Kampf, sind die Stimmen »Freunde geworden«.

Stimmenhörer, die diese Entwicklung durchlebt haben, empfinden ihre Erfahrungen inzwischen – auch – als Bereicherung, etwa so wie intensive Träume. »Zu den Stimmen hörenden Menschen gehörten z. B. Jesus, Hildegard von Bingen, Jeanne d'Arc, Gotthold Ephraim Lessing, C. G. Jung und Andy Warhol«, heißt es selbstbewusst in einer Broschüre des Netzwerks.

Wirklichkeit oder Wahn, Genie oder Irrsinn – der Grat ist schmal, das Urteil von Zeitgeist und Zufall abhängig. Auch kollektive Weltbilder sind Konstruktionen, und die »radikalen Konstruktivisten« wie Ernst von Glaserfeld, Heinz von Foerster oder Paul Watzlawick gehen so weit, zu sagen, »dass wir die Wahrheit nicht finden, sondern erfinden«. Watzlawick hat daraus für seine psychotherapeutische Arbeit den Schluss gezogen: »Ich bilde mir nicht ein, dass ich den Menschen, denen ich helfen kann, die Wahrheit vermittle. Ich kann ihnen nur eine andere Konstruktion vermitteln, die eventuell besser passt.«

Zweidimensional betrachtet, sind hier **vier gleiche rechte Winkel** zu sehen. Das Gehirn gaukelt jedoch Unterschiede vor, weil es die 3-D-Projektion nicht unterdrücken kann

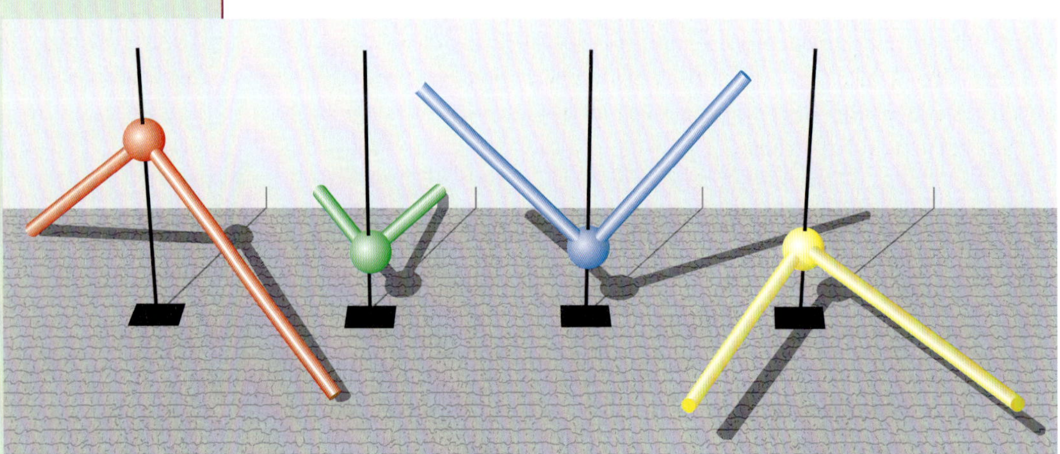

Die Suche nach Wahrheit und Wirklichkeit bleibt ein Abenteuer ohne letzte Gewissheiten. In Sternstunden gelingt es den Höhlenwesen aus Platons Gleichnis, ihre Fesseln zu lockern. Wenn Gelehrte Naturgesetzlichkeiten finden, die jene Welt jenseits des Bewusstseins besser erklären als frühere; wenn sich Voraussagen experimentell bestätigen lassen.

Die Strafe ist Verwirrung. Wie immer die »wahre« Natur der Welt beschaffen sein mag – vorstellbar ist sie nicht. Aus evolutionärer Sicht ist es für Primaten nicht überlebenswichtig, die Struktur des Universums zu durchdringen. Folglich ist deren Gehirn nicht darauf vorbereitet, auch Ergebnisse intellektueller Höhenflüge in ein anschauliches Weltbild einzubauen. Besonders die Erkenntnisse der modernen Physik machen das überdeutlich. Der Zusammenprall mit einer Tischkante tut weh – obwohl feste Materie physikalisch gesehen »eigentlich« aus schwirrenden Elementarteilchen plus Vakuum besteht. Ebenso seltsam: Im Reich der Quantenphysik gibt es Experimente, die sogar Kausalität infrage stellen. Ein Photon, ein Lichtteilchen, kann von einem Atom ausgestoßen werden, bevor die dazu nötige Energie überhaupt vorhanden ist. Die Wirkung scheint der Ursache um eine Winzigkeit vorauszugehen …

Hoimar von Ditfurth hat uns gewarnt. Er schrieb: »Welche Naivität steckt doch dahinter, wenn wir erwarten, dass diese ganze Welt, die wir um uns vorfinden, in all ihrer Fülle und mit all ihren verborgenen Ursachen, in das Volumen ausgerechnet unseres Gehirns hineinpassen müsse … Wir finden nichts dabei, dass eine Ameise nichts von den Sternen weiß … Die gleiche Einsicht fällt uns erst dann mit einem Male schwer, wenn es sich um uns selbst handelt.« (2002)

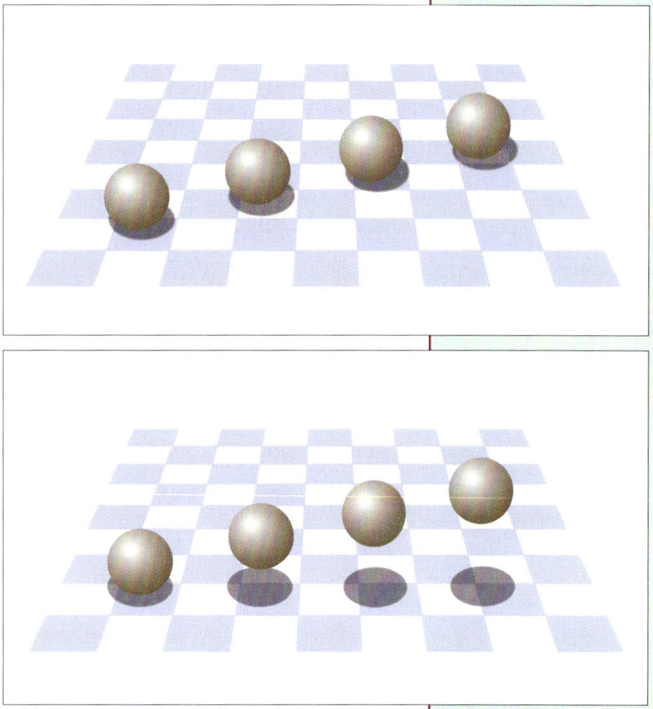

3 D im Gehirn: Fluchtlinien suggerieren eine Schachbrettfläche im Raum; Schattierungen zaubern aus Kreisen vier Kugeln. Obwohl alle sich auf beiden Bildern an exakt gleicher Stelle befinden, scheinen sie – je nach Position ihrer »Schatten« – mal aufzuliegen, mal zu schweben

■ **Siehe auch A–Z-Teil**

→ Empfindung · Erkenntnistheorie · Erscheinung · Kognitionswissenschaft · Phänomenologie · Platon · Realität · Sensualismus · Solipsismus · Subjekt-Objekt-Problem · Wahrheit · Wahrnehmung

Bei ihrem Besuch im Tübinger Max-Planck-Institut traute GEO-Redakteurin Hanne Tügel ihren Augen nicht: eine absolut richtige Entscheidung, wie sie heute weiß.

Die unaufhaltsame Karriere einer Idee

Erst seit 200 Jahren hat er einen festen Platz im westlichen Denken – mal als Verheißung, mal als Bedrohung: der Fortschritt. Am Beginn des neuen Millenniums gebiert die Idee vor allem Zweifel. Gibt es Fortschritt überhaupt? Wenn ja, was bedeutet er heute? Zerstört er sich womöglich selbst? Oder gar: uns?

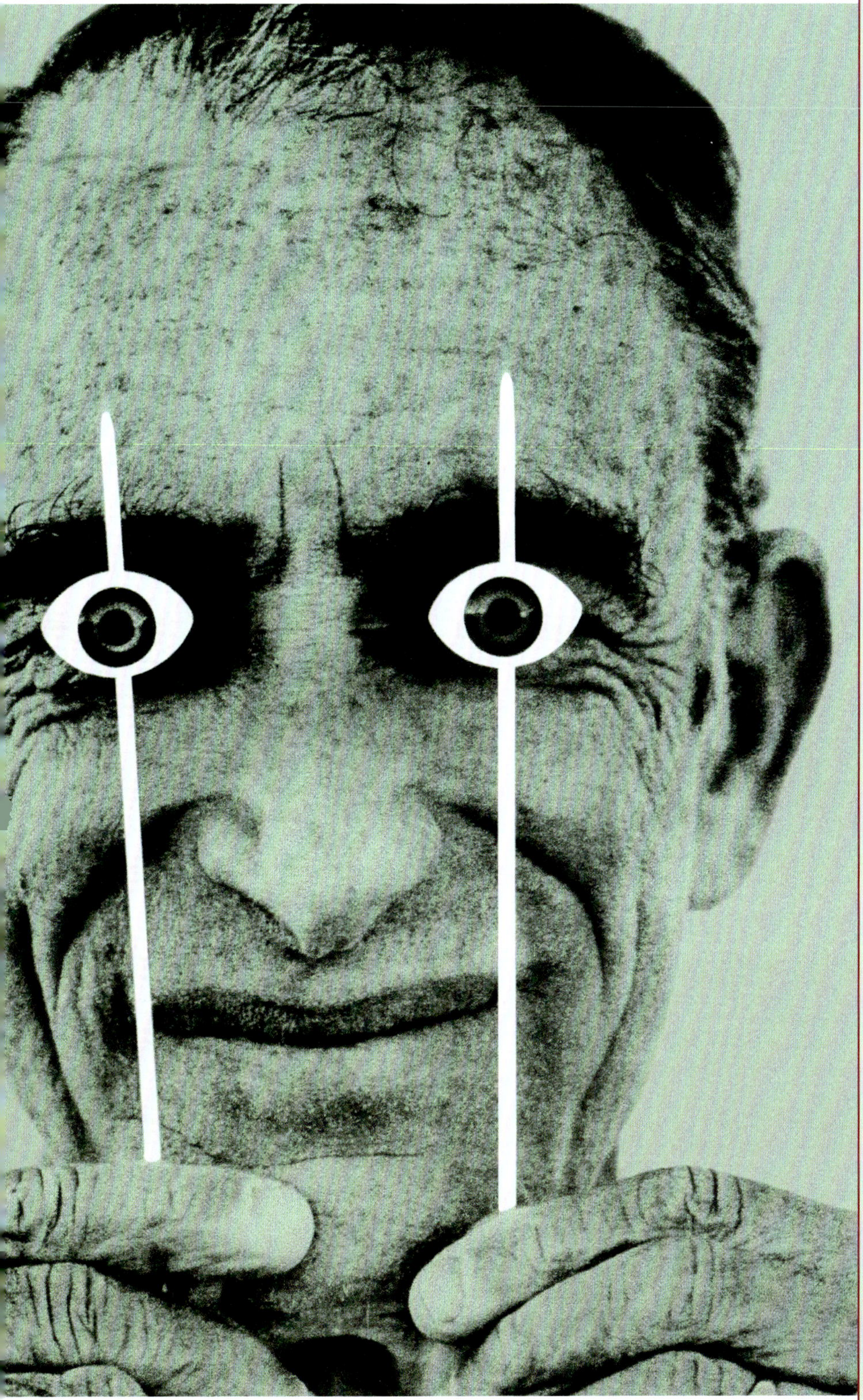

»Wenn ich gefragt werde, was ich über die Zukunft der Menschheit denke, dann antworte ich stets: Ich bin optimistisch in Bezug auf das, was die Menschheit alles leisten kann. Und pessimistisch beim Gedanken daran, dass sie sich tatsächlich zusammenreißen und das Notwendige tun wird.«

Paul R. Ehrlich, Bevölkerungswissenschaftler, Stanford University

Text:
Christoph Kucklick
Fotos:
Martin Pudenz

Gäbe es einen Pokal für den verwirrendsten aller Begriffe, der »Fortschritt« hätte keine Konkurrenz: Er ist Hoffnung und Falle zugleich, Verheißung und Schrecken, Lösung und Problem. Wir können von ihm nicht lassen, obwohl wir ihm kaum noch trauen, wir fürchten seinen Vorwärtssog ebenso wie sein Versiegen. Er hat uns etliches gebracht und droht nun, vieles zu nehmen. Denn er hat nur noch einen Feind: sich selbst. Autos und Zentralheizungen kippen das Weltklima, die hochentwickelte Landwirtschaft zehrt die Böden aus, immer mehr Menschen verarmen inmitten immensen Reichtums. »Warum«, fragte der amerikanische Historiker Christopher Lasch, »glauben immer noch so viele Leute an den Fortschritt, wo doch alles dafür spricht, dass die Idee ein für allemal erledigt ist?«

Ist sie das? Und glauben wirklich so viele daran? Nicht in Deutschland: 1996 bejahten bei einer Umfrage nur 40 Prozent der Bevölkerung, »dass technischer Fortschritt das Leben leichter machen wird«. 30 Jahre vorher waren es noch 56 Prozent. Und nur ein Sechstel der Deutschen meint, dass »die besten Jahre noch vor uns liegen«. Ein Volk von Fortschrittsskeptikern also – das sich dennoch nicht vom Fortschritt abwendet.

Wen würde irritieren, dass ein Autokonzern mit dem Slogan wirbt: »Fortschritt ist nicht aufzuhalten«? Oder eine Krankenkasse über ein Hörgerät die Zeile stellt: »Unerhört fortschrittlich«? Das geschulte Sensorium der Werbetexter hätte längst registriert, wenn derlei Reklame auf Abneigung stoßen würde. Sie tut es nicht, weil wir die Bonsaiformen des Fortschritts, die Optimierungen alltäglicher Dinge, unverändert verlangen.

Das Dilemma – es liegt anderswo: Wir schätzen die kleinen, überschaubaren Fortschritte – aber fürchten das Desaster, das aus deren Summe entstehen könnte. Das war früher anders. Der Fortschritt war die »Pflicht der Menschheit« (Kant), er war der »ungehinderte starke Fort-Trieb zu neuen und neuen Vollkommenheiten« (Gottfried Wilhelm Leibniz), eine »Religion« gar (Heinrich Heine), die Bekenntnisse erzwang wie 1798 die des Publizisten Joseph Görres: »Ich glaube an ein immerwährendes Fortschreiten der Menschheit zum Ideale der Kultur und Humanität.« Der Fortschritt war grenzenlos und unerschöpflich und auf ewig. Und einige seiner Versprechungen sind sogar eingetreten.

Nur eine Minderheit würde wohl die Triumphe der Moderne verachten, zumindest in den »entwickelten« Regionen der Erde; und Triumphe sind es doch: die gewaltige Verlängerung der Lebensspanne (global um rund 30 Jahre seit der Jahrhundertwende) durch verbesserte Hygiene und wirkungsvolle Medizin; die weitgehende Beseitigung lebensbedrohender Armut; die staatliche Sicherung gegen den sozialen Absturz; Bildung für die meisten; die allmähliche Angleichung der Lebenschancen der Geschlechter; und auch die allgemeine Verfügbarkeit von »profanen« Gütern wie Heizung, Bad, Waschmaschine, Kühlschrank, Telefon.

Manche Könige der Geschichte haben kaum über den Lebensstandard eines heutigen Arbeiters verfügt und selten über dessen Bildung, sie kannten weniger von der Welt und hatten ein um vier bis fünf Jahrzehnte kürzeres Leben. Was aber sonst sollte Fortschritt sein?

Und dann der politische Wandel: Noch im Jahre 1790, kurz nachdem die französischen Revolutionäre die absolutistische Tyrannei besiegt hatten und kurz bevor sie eine neue Form des Terrors erfanden, existierten weltweit gerade drei Demokratien in annähernd modernem Sinne: in Frankreich, den USA und der Schweiz – mit freien (aber noch nicht allgemeinen) Wahlen, mit Parlament und Gewaltenteilung. Heute sind es weltweit mehr als 100, die rund 3,6 Milliarden Menschen zumindest einige Freiheitsrechte gewähren, etwa 60 Prozent der Weltbevölkerung.

Und dennoch lässt es sich leicht in den zahlreichen Tentakeln des Fortschrittsbegriffs verfangen. Denn welchen Fortschritt meinen wir, wenn wir von ihm reden? Den technisch-zivilisatorischen? Den humanitären? Den politischen, wirtschaftlichen, wissenschaftlichen, medizinischen? Den individueller Lebensqualität? Der Moral? Der Kunst? Oder gar der Evolution, um deren »Ziel« und »Fortschrittlichkeit« es einen eigenen, langen Streit gibt?

Unmöglich, all diese Dimensionen von Fortschritt in einer Definition zu fassen. Fortschritt ist gleich: Entwicklung hin zu Besserem, eine qualitative und/oder quantitative Steigerung – das leuchtet ein und wäre doch schon auf die Kunst nicht mehr anwendbar: Malte Picasso besser als Rembrandt? Und woran könnte man es messen? Und wie brauchbar wäre eine derartige Begriffsklärung für Moral? Oder Humanität?

So bleibt der Fortschrittsbegriff stets unscharf.

Edward Goldsmith
Chefredakteur »The Ecologist«

»Es hat für die Menschheit keinerlei Fortschritt gegeben. Nur Rückschritt. Und zwar von dem Moment an, an dem Menschen sesshaft geworden sind. Die Lebensform, die unsere Bedürfnisse am besten befriedigt, ist die Stammesgesellschaft; seit sie zusammengebrochen ist, haben wir Chaos, Krieg und Verfall. Unser heutiges System kann nicht von Dauer sein. Es hat alles den kurzfristigen Interessen transnationaler Konzerne unterworfen, die meisten Politiker und Forscher sind von deren Geldern abhängig. Deswegen versucht auch niemand, etwa die Klimakatastrophe aufzuhalten. Es hat in dieser Sache nicht eine einzige ernsthafte Bemühung seitens irgendeiner Regierung gegeben.«

Wohl deshalb konzentriert sich die zeitgenössische Fortschrittsdiskussion auf jenen Aspekt, in dem weniger Geschmacksurteile oder Glaubenssätze den Ausschlag geben und der zugleich alle angeht, weil es um das Überleben der Menschheit geht: auf den technisch-wirtschaftlichen Fortschritt nämlich und auf die Frage, ob er von einer Verheißung zu einer Bedrohung für die Menschheit geworden ist. Nicht ob es Fortschritt in diesem Sinne gegeben habe, ist dann das Problem, sondern wie viel mehr wir und die Erde davon verkraften.

Vor allem zwei Sorgen beschäftigen uns: die tief greifende soziale und psychische Verunsicherung, die wir im Sog der rasenden Entwicklung verspüren, und die Umweltzerstörung. Ohne das Abflammen der Wälder, die Überfischung der Meere, das Sterben der Arten – gäbe es da überhaupt einen, der am westlichen Zivilisations- und Überflussmodell zweifeln würde?

William Reilly
Vormals Präsident des WWF (USA)

»Die Welt steht vor drei großen Aufgaben: der Versöhnung der Menschen miteinander, der Versöhnung der Menschen mit der Natur und der Abwendung der nuklearen Bedrohung, die in den nächsten Jahren eher zu- als abnehmen wird. Am wichtigsten scheint mir die erste Aufgabe. Wirtschaftswachstum und verbesserte Technologie können zwar Probleme wie die Klimakatastrophe oder die Nahrungsmittelknappheit in den Griff bekommen, aber solange Menschen sich gegenseitig unterdrücken oder bekämpfen, werden alle technischen Fortschritte bedeutungslos sein.«

ÖKOLOGISCH HAT DER ungehemmte technisch-wirtschaftliche Fortschritt mit seiner Kombination aus liberalen Freiheitsrechten und ungebremstem Wirtschaftswachstum längst orwellsche Proportionen erreicht. Dass die westlichen Errungenschaften auf demnächst acht Milliarden Menschen übertragbar sein könnten – nur die ergebensten Fortschrittsgläubigen setzen noch darauf. Um alle Weltbewohner auf den Lebensstandard der Deutschen zu hieven, wären die Vorräte von drei, vier Planeten des Typs Erde erforderlich. Die zunehmende globale Verwandlung von Bürgern in möglichst innovationsbegeisterte Konsumenten führt zudem in das Paradox, dass wir (kurzfristig) wollen müssen, was wir (langfristig) nicht wollen können: immer mehr Ressourcen verbrauchen. Wohl nur so floriert die Wirtschaft, von der wir – bis auf Weiteres – alle leben.

Der Widersinn hat seit Langem offiziellen Status erlangt und drückt sich jedes Quartal im wichtigsten Fortschrittsindikator der Ökonomen aus, dem Bruttosozialprodukt (BSP). In ihm wird jeder Zuwachs an geldwerten Leistungen als Steigerung des Volksvermögens verbucht. Selbst ein Autounfall wird so noch zum positiven »Wachstumsimpuls«: weil das Abschleppunternehmen daran verdient, der Schrotthändler sowie gegebenenfalls der Totengräber, und der Autokonzern Ersatz herstellt.

Nach den Maßstäben der liberalen Wirtschaftsorthodoxie und des BSP wäre der wahre Held dieses verengten »Fortschritts« ein todkranker Krebspatient, der noch rasch eine teure Scheidung absolviert; das profitabelste

Ein schier unlösbares Problem: Wie lässt sich Fortschritt messen?

Ereignis bestünde in einem Erdbeben und die wertvollste Umwelt in einer millionenteuren Sondermülldeponie. Im Wissenschaftsmagazin »Nature« hat eine britische Forschergruppe vorgerechnet, dass die Regierungen der Welt jedes Jahr für Umweltzerstörung BSP-steigernd bis zu 2600 Milliarden Mark ausgeben. Orwell auch hier: Schlecht ist gut, Schaden ist Nutzen.

Doch wie sonst wäre Fortschritt messbar? Ist er es überhaupt? Lassen sich angemessenere Indikatoren finden? Vor allem Ökologen haben Alternativen zum BSP vorgelegt, etwa den *footprint*, den Fußabdruck, als Maß der Umweltbelastung, die eine Nation erzeugt; wenig verwunderlich, dass hoch industrialisierte Staaten wie die USA und Deutschland schlecht, dünn besiedelte wie Island gut abschneiden.

Umfassender geht der GPI, der Genuine Progress Indicator, zu Werke. In diesem »Index des wahren Fortschritts« werden die Kosten von Autounfällen, Scheidungen, Kriminalität, Lärm, Verschmutzung sowie Unterbeschäftigung mit der Wertschöpfung durch Erziehung, Hausarbeit und freiwillige soziale Arbeit verrechnet. Bis Mitte der 1970er-Jahre ist der GPI etwa in den Vereinigten Staaten gemeinsam mit dem BSP stetig angestiegen, seither sinkt seine Kurve – Anzeichen dafür, dass die industrielle Entwicklung inzwischen sozial und ökologisch mehr kostet, als sie erwirtschaftet.

Ein ganzes Bündel an Fortschrittsindices haben schließlich die Vereinten Nationen entwickelt, darunter den Human Development Index (HDI) und das Gender Empowerment Measure, das die Zahl der weiblichen Abgeordneten und Führungskräfte eines Landes einbezieht.

Langes Leben, Gesundheit, Selbstbestimmung, Bildung, Frieden – was immer eines oder mehrere dieser Ziele fördert, wird offenbar weltweit als Fortschritt wahrgenommen. Doch gute Ziele allein reichen nicht. Bei der Bewertung dessen, was als Fortschritt gilt, spielen Zukunftsprognosen eine nicht minder entscheidende Rolle. Wer bereits in zehn Jahren den Klimakollaps erwartet, würde heute wohl Autofahrverbote und Zechenschließungen als fortschrittlich preisen, während ein Klimaoptimist entrüstet von Hysterie spräche. Kein Wunder also, dass der Kampf um den Fortschritt, um die richtigen Maßnahmen zur Erreichung allgemeiner Ziele, zunehmend mit dem Mittel der Prognose ausgefochten wird; in den USA erwirtschaftet die Branche der Futurologen bereits 200 Milliarden Dollar jährlich, Tendenz steigend.

Denn nichts ist umstrittener als das Morgen. Rolf Kreibich vom Berliner Institut für Zukunftsstudien und Technologiebewertung sieht angesichts der ökologischen Szenarien führender Forscher tiefschwarz: »Wenn es zu keiner durchgreifenden Umsteuerung kommt, dann liegt die Selbstzerstörung der Menschheit im nächsten Jahrhundert bei einer Wahrscheinlichkeit von über 90 Prozent.« Fortschritt könne demnach nur heißen: radikaler Konsumverzicht, Abbau von Industrien, negatives Wachstum, drastische Minderung des Lebensstandards.

Zukunftsfrohe Futurologen erwarten dagegen in Kürze Autos, die nicht Öl, sondern Wasserstoff verbrennen; winzige Nanocomputer, mit molekülgroßen Bausteinen, deren Struktur über das Internet verändert werden kann; Biotechnologie, die das Altern verlangsamt; genmanipulierte Pflanzen, die Nahrung für alle bereitstellen – kurz, die Lösung vieler Menschheitsprobleme. Fortschritt in dieser Version: Das wären entfesselte Investitionen und beschleunigte Forschungen, um die goldene Zukunft noch schneller zu erobern.

Ach, Prognosen, Glauben, Hoffnungen – sie vor allem treiben ja die Geschichte an. Noch die Opfer des Fortschritts haben ihn begrüßt, solange sie an dessen Verheißungen glaubten. »Wir wissen, dass auf dem Felde der Arbeit, das mit Millionen von Proletarierleichen gedüngt worden, eine neue Saat aufsprießen wird, eine höhere Gesellschaftsform«, erklärte der Vordenker der Sozialdemokraten, Karl Kautsky, inmitten der furiosen Industrialisierung des deutschen Kaiserreichs, und die noch lebenden Proletarier jubelten. Im Sinne von Karl Marx war ihnen die Härte des Klassenkampfes Beleg für die Wucht des Vorankommens.

Märtyrer hatten insgesamt Konjunktur im fortschrittstrunkenen 19. Jahrhundert; Hegel registrierte »ungeheuerste Opfer«, denn die Geschichte (und für Hegel war sie identisch mit Fortschritt), diese »große Gestalt, die da einherschreitet, zertritt manche unschuldige Blume«.

Es ist ein merkwürdiger Gott, den sich die Moderne da erfunden hat: Fortschritt. Früheren Völkern war er unbekannt – und vielen Gemeinschaften und Religionen ist er es noch heute –, niemand hätte sich einer so blutleeren, abstrakten Gestalt unterwerfen wollen; es dauerte Jahrtausende, bis sie Macht erlangen konnte – und dann zunächst auch nur im Abendland.

Vormoderne Völker verfügten nicht einmal über ein Wort für Fortschritt (und oft auch nicht für Zukunft), denn wie hätte Neues entstehen sollen? Sie lebten in der Vorstellung einer zyklischen Zeit, der Wiederkehr des Immergleichen, die keinen Raum für Innovation ließ. Auch Griechen und Römer deuteten ihren Kosmos weithin als statisch, auf ewig gefangen in den Rhythmen der Natur. Der stoische Philosophenkaiser Marc Aurel konnte sicher sein, »dass die nach uns Kommenden nichts Neues erleben werden und die früheren Geschlechter auch nicht mehr gesehen haben«.

Zwar erlebten die Menschen etwa des Mittelalters ihre Existenz als bedrückend unsicher, Schicksalsschläge befielen sie zuhauf, das Weltbild aber blieb unerschütterlich stabil – getragen auch von der Erwartung der nahen Apokalypse, dem ersehnten Anbruch von Gottes Reich. Noch zur Zeit Luthers rechnete kaum jemand mit einer Dauer der irdischen Welt über ein weiteres Jahrhundert hinaus, und schon diese Zeitspanne galt vielen als Strafe, die ein gnädiger Gott verkürzen möge.

Joschka Fischer
Ehemaliger Bundesaußenminister

»Was hält eigentlich eine hochproduktive demokratische Gesellschaft unter den Bedingungen des Globalismus weiter friedlich zusammen? Exakt dies ist die ›neue soziale Frage‹ der westlichen Gesellschaften. Ökonomische Produktivität und gesellschaftlicher Zusammenhalt, Modernisierung und Gerechtigkeit – dies sind die beiden zentralen Herausforderungen, die von den westlichen Demokratien bewältigt werden müssen, wenn ihre Zukunft nicht ziemlich furchtbar werden soll.«

Dass die himmlische Erlösung ausblieb, hat wesentlich zur Entstehung der Fortschrittsidee beigetragen. Je länger sich die Parusie, also die Rückkehr Jesu Christi und die Errichtung des göttlichen Friedensreiches auf Erden, hinauszögerte, desto williger übertrugen die Christen ihre Heilserwartung auf die Geschichte, auf das irdische Leben. Diese Säkularisierung der Erlösungsidee dauerte Jahrhunderte und gipfelte schließlich in dem geschichtstheologischen Stoßseufzer Hegels: »Die Weltgeschichte ist das Weltgericht«; und in der marxistischen Utopie des irdischen Paradieses. Der andere Entwicklungsstrang hin zur abendländischen Fortschrittsidee beginnt mit der Entstehung der Naturwissenschaften. Zwar wurden visionäre Geister noch 1532 etwa in einer Zunfturkunde der Stadt Thorn abgemahnt: »Kein Handwerksmann soll etwas Neues erdenken oder erfinden oder gebrauchen.« Doch vergebens.

Johannes Gensfleisch zur Laden, genannt Gutenberg, hatte um 1450 den Buchdruck entwickelt; Fernrohr, Mikroskop und Kompass erschlossen

Christiane Nüsslein-Volhard
Nobelpreisträgerin und Direktorin des Max-Planck-Institutes für Entwicklungsbiologie

»Fortschritt ist Problemlösung. Das muss nicht auf ein Endziel gerichtet sein, sondern kann sich am Vorhandenen orientieren, vom dem aus man weiterforscht. Wissenschaftler haben in der Regel keine Angst davor, etwas zu entdecken, was gefährlich wäre – das kommt im Forschungsalltag so gut wie nicht vor; aber Risikobereitschaft benötigt man auf jeden Fall. Im Moment finde ich die Genomprojekte ausgesprochen spannend. Durch den Vergleich verschiedener Genome werden wir Aufschlüsse erhalten über evolutionäre Entwicklungen – wie die einzelnen Tierstämme zusammenhängen etwa oder wann neue morphologische und physiologische Variationen entstanden sind.«

neue Perspektiven; Kopernikus rückte die Erde aus der Weltenmitte; die Schiffe Magellans umrundeten 1519 bis 1522 den Globus – und jede einzelne Neuerung nagte an der tradierten Weltsicht. Philosophen riefen revolutionäre Programme aus, den Wandel zu beschleunigen. Der Glaube, die Natur beherrschen und verbessern zu können, wurde zu einer wichtigen Basis des Fortschrittsbegriffes. Francis Bacon (1561–1626) verlangte, im Experiment die Natur »auf die Folter zu spannen, bis sie ihre Geheimnisse preisgibt«. René Descartes (1596–1650) erwartete, dass der endgültige Sieg über die Natur nur noch »zwei, drei Schlachten« entfernt läge.

Bei aller Euphorie – über einen modernen Begriff vom »Fortschritt« verfügten diese Denker noch nicht. Man kannte Fortrucken, Anwachs, Progressen oder Vervollkommlichkeit, aber diese heute vergessenen Wörter meinten stets nur vereinzelte Verbesserungen, isolierte Vorstöße ins Unbekannte. Erst die Aufklärung des späten 18. Jahrhunderts erfand das Wort »Fortschritt« und dessen moderne Bedeutung – als »Kollektivsingular« (Reinhart Koselleck) für die Aufwärtsentwicklung der Menschheit.

Immanuel Kant, von Königsberg aus die Zeitläufte erklärend, war einer der Ersten, der den Begriff entsprechend auslegte, dass nämlich »die Welt im ganzen immer zum Bessern fortschreite«, ja dass zu diesem »Endzweck« zu eilen bei »machthabender praktischer Vernunft« die »Pflicht« des Menschen sei. In Frankreich verfasste der Marquis de Condorcet 1795 seinen »Entwurf einer historischen Darstellung der Fortschritte des menschlichen Geistes«, in dem er die Geschichte in zehn Stufen gliederte, über die sich der Mensch im Kampf mit der Natur hocharbeite zum »perfectionnement.«

Man kann die Brisanz der neuen »Denkungsart« nicht übertreiben. Aber vor allem: In früheren Zeiten hatte der Mensch sich selbst stets Grenzen zugedacht, göttliche oder natürliche. Die Aufklärer reißen diese Barrieren nieder, nur die eigene Vernunft solle den Menschen in die Zukunft führen. Was bedeutet: Mit der Erfindung der Fortschrittsidee reklamiert der Mensch die Zuständigkeit für seine eigene Geschichte.

Vielleicht ein anmaßender Gedanke. Und zunächst erzeugt er ebenso viel Angst wie Zuversicht. Wenn die Zukunft nicht mehr der Vergangenheit gleicht, welches Schicksal erwartet die Menschheit dann? Der Fortschrittsglaube hilft, den Schrecken angesichts des leeren Horizontes zu bannen, er ist, wie heute noch, teils Pfeifen im Walde, teils selbsterfüllende Prophezeiung. Kant nennt den Trick beim Namen: Wenn man nur an den Fortschritt glaube, dann stelle er sich auch ein – wie beim Wahrsager, der »die Begebenheiten selber macht und veranstaltet, die er zum voraus verkündigt«.

Eines hat der Fortschritt nie verbessert: die Natur des Menschen

Und wirklich weichen die Bedenken. Der Fortschrittsglaube, der anfangs vor allem eine sittliche Verbesserung der Menschen im Sinne hatte, wird nun an die Erfolge der Wirtschaft gekoppelt. So unterschiedliche Denker wie der Sozialist Saint-Simon, der Positivist Auguste Comte und der Sozialdarwinist Herbert Spencer vollziehen diese Ausweitung, und schon bald ist sie Allgemeingut und der daraus resultierende Konkurrenzkampf so verinnerlicht, dass der Ökonom Friedrich List 1844 schreiben kann, dass jedem, der »langsamer« gehe, »sein Untergang gewiss« sei. Das moderne, liberale Weltbild ist geboren: Eine Kombination aus individueller Freiheit, Wohlstandsmehrung, Konkurrenzkampf und der Aussicht, dass verbesserte Technologien alle Probleme meistern könnten.

Kein Zweifel: Diese Sicht von Fortschritt regiert bis heute die Welt. Sie steht in nahezu allen Parteiprogrammen dieser Erde, sie wird auf sämtlichen ökonomischen Fakultäten gelehrt. Aber ist sie haltbar? Können wir uns guten Gewissens die Geschichte der Menschheit als linearen, nur durch »kleinere« Katastrophen (Weltkriege, Seuchen, Wirtschaftskrisen) unterbrochenen Anstieg zu immer höheren Stufen vorstellen?

Drei Einwände haben Gewicht. Der anthropologische, bereits im vergangenen Jahrhundert von dem Schweizer Kulturhistoriker Jacob Burckhardt geäußert, demzufolge die Annahme, »unsere Zeit sei die Erfüllung aller Zeit oder doch nahe daran«, einen durchsichtigen Irrtum darstelle; denn die menschliche Natur ändere sich nie und daher seien auch die geschichtlichen Epochen nur Variationen desselben ewigen Themas: der menschlichen Leidenschaften.

Und wäre nicht die Geschichte der Kriege ein passender Beleg? Alle Fortschritte scheinen die Wolfsnatur des Menschen kaum gezähmt zu haben, nie ist er mit höherem Aufwand und mit größeren Opfern in die Schlacht gezogen als in diesem Jahrhundert. Ist der Mensch – und nicht nur die Technik – überhaupt »verbesserbar«?

Dann der Einwand postmoderner Theoretiker, die den Fortschrittsglauben bloß als »Große Erzählung« kritisieren, als modernes Märchen, das der Westen der restlichen Welt aufgetischt habe, um sie besser dominieren und ausbeuten zu können. Sie beklagen insbesondere, dass die vielen Rückschritte innerhalb des Fortschritts oft ausgeblendet werden, etwa die Verarmung der Dritten Welt oder die Zerstörung der kulturellen Traditionen durch eine globale Einheitszivilisation.

Und schließlich der Einwand der Ökologen. Geschichte sei nicht eine »kontinuierlich ansteigende Kurve«, sondern ein dramatisches Auf und Ab, eine Abfolge von Zyklen aus Bevölkerungswachstum, Ressourcenübernutzung und anschließendem Niedergang, lehrt beispielsweise der US-Anthropologe Marvin Harris. Technischer Fortschritt gilt ihm nicht als Zeichen für Fortentwicklung, sondern für den verzweifelten Versuch, im Kampf gegen die Erschöpfung der Natur einen Vorsprung zu halten. Bislang sei das stets vergeblich gewesen. Die Hochkultur Mesopotamiens sei kollabiert, nachdem sie ihre Lebensgrundlage ruiniert hätte, die Zivilisation der Maya nach Plünderung ihrer Ressourcen. Das Schicksal der Moderne liegt da für Harris auf der Hand.

UND IN DER TAT: Weit mehr als durch das »grenzenlose« Denken der Aufklärer kam der Fortschritt der Moderne durch die Erschließung eines (scheinbar) grenzenlosen materiellen Schatzes in Gang – gewaltige Lager fossiler Energie. Erst als technische Neuerungen das Anzapfen von zunächst Kohle, dann von Erdöl erlaubten, wurde der geistesgeschichtlich vorweggenommene Fortschritt der Verhältnisse auch Realität: »Es ist schwer vorstellbar, dass ohne Zugriff auf die Lagerstätten fossiler Energie eine Industrialisierung mit ihrer charakteristischen Beschleunigung möglich gewesen wäre«, schreibt der Umwelthistoriker Rolf Peter Sieferle.

Heute ernten wir den »unterirdischen Wald« (Sieferle) im Verhältnis 1 zu 100000, was bedeutet: Pro Jahr verbraucht die Menschheit so viel Energie, wie in 100000 Jahren fotosynthetisch gebunden worden ist. Damit lässt sich eine Weile leben. Doch aus dieser Perspektive hat die Moderne kein neues Terrain erobert, sie hat nicht die Gesetze der Geschichte umgeschrieben, sie wiederholt nur auf dramatischere Weise, was etliche Zivilisationen bereits vorexerziert haben. Und nicht den Triumph der Aufklärung, die »Menschwerdung des Menschen«, feiern wir, sondern ein rauschendes Fest inmitten einer Fortschrittsblase.

Womöglich hat dieses Fest bereits seinen Glanz verloren. Und womöglich sind vor der Natur die Menschen erschöpft. Dieser Verdacht berührt einen weiteren wesentlichen, den psychischen Grund für die gegenwärtige

Fortschrittsskepsis. Halten unsere Seelen der rasenden Entwicklung stand? Hält das Gewebe der Gesellschaft? Macht uns der technisch-zivilisatorische Fortschritt zufrieden, unzufrieden – oder gierig nach immer mehr?

Es war ja ein gewaltiges Wort, das 1978 der spätere IG-Metall-Vorsitzende Franz Steinkühler äußerte: »Wir pfeifen auf den technischen Fortschritt, wenn er uns Arbeitern nur Sorgen, Not und Elend bringt.« Und das nach fast 30 Jahren dramatischer Verbesserung proletarischer Lebensverhältnisse, der Verdoppelung arbeitsfreier Tage von 74 im Jahre 1950 auf 143 im Jahre 1980, der Verzehnfachung des Arbeitslohnes, der Einführung der Fünf-Tage-Woche; das, nachdem fast alle Arbeiter sich den Traum vom eigenen Auto und der Auslandsreise erfüllen können – »nur Sorgen, Not und Elend«?

Macht technisch-wirtschaftlicher Fortschritt vielleicht gar unglücklich? Das ganz sicher nicht, wenn Umfragen des Instituts für Demoskopie Allensbach zu glauben ist, das seit 1954 Deutschen regelmäßig die Frage stellt: »Wenn jemand von Ihnen sagen würde: Dieser Mensch ist sehr glücklich! – Hätte er damit Recht oder nicht Recht?« Seit Beginn der Erhebungen liegt der Prozentsatz der Glücklichen unverändert bei knapp 30 Prozent. Die Zahl der Unglücklichen halbierte sich seit 1954 sogar, von 26 auf 12 Prozent. Was jedoch zugenommen hat, das ist die Unentschiedenheit, die Unsicherheit über das eigene Befinden: Als ein bisschen glücklich, so »halb und halb«, bezeichnete sich 1954 jeder dritte Bundesbürger, heute aber empfindet jeder zweite so.

Das Pendeln zwischen Wohl- und Unbehagen ist charakteristisch für Mitglieder fortgeschrittener Gemeinwesen. Das liegt wohl auch an dem, was der Philosoph Hermann Lübbe den »abnehmenden Grenznutzen des

Herman F. Daly
Ökonomieprofessor in Maryland, USA; Autor des Klassikers »For the Common Good«

»Wir müssen weg vom quantitativen und hin zu qualitativem Wachstum. In einem begrenzten Ökosystem kann die Wirtschaft nicht unbegrenzt weiterexpandieren, schon jetzt sind die sozialen und ökologischen Schäden größer als der wirtschaftliche Nutzen: Wir erzeugen keinen Reichtum, sondern vernichten ihn. In einer nachhaltigen Wirtschaft sollten wir uns auf die Grundbedürfnisse konzentrieren (Nahrung, Kleidung, Wohnen, Bildung) und das Maß der Ungleichheit innerhalb der Gesellschaft begrenzen. Dazu wären unter anderem eine radikale Öko-Reform, Bevölkerungspolitik, direkte Umverteilung und die Einschränkung des internationalen Handels nötig.«

Fortschritts« nennt: Je besser es uns geht, desto weniger nehmen wir weitere Steigerungen wahr und desto deutlicher fallen die Kosten des Fortschritts ins Auge.

Die resultieren vor allem aus der steten Temposteigerung. Die atemlose Entwicklung zersägt Verlässlichkeiten und frisst Orientierungspunkte schneller, als sie neue schaffen kann. Noch ein Fortschrittsparadox, auf das Hermann Lübbe hinweist: Die moderne Informationsgesellschaft weiß in toto mehr denn je – und versteht weniger als jede andere Zivilisation von ihren eigenen Lebensbedingungen. Weil kaum etwas lange genug währt, damit man sich damit vertraut machen könnte.

Zwischen der Erfindung des Fahrrades und dessen erfolgreicher Markteinführung in den 1920er-Jahren vergingen 50 Jahre, zwischen der Entwicklung des Automobils 1885 durch Carl Benz und der massenhaften Verbreitung 75 Jahre. Personal Computer aber haben sich innerhalb von 15 Jahren durchgesetzt, die Zahl der Internetnutzer schoss in sieben Jahren auf 180 Millionen. Der durchschnittliche Zyklus vieler Produkte hat sich nach Berechnungen des Ökonomen Klaus Backhaus auf zum Teil wenige Monate (bei Computerchips und Telefonen etwa) verkürzt. Innovation wird damit zum Inbegriff von Einstweiligkeit – und wie schwer ist es, im Vorläufigen Ruhe finden!

Wenig verwunderlich, dass viele Menschen der »Diktatur der Bewegung« (der französische Philosoph Paul Virilio) entfliehen und sich als Esoteriker im Ewigen, Unveränderlichen einrichten; während andere als Aussteiger versuchen, die Kontrolle über ihr Leben wieder zu vergrößern. Schon Jean-Jacques Rousseau, einer der prominentesten Zivilisationskritiker, flehte: »Nehmt uns unsere unheilvollen Fortschritte, nehmt uns unsere Irrtümer und Laster, nehmt

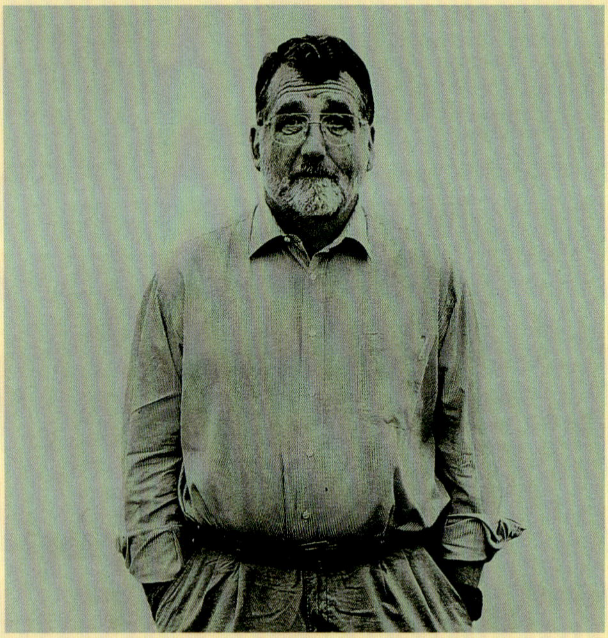

Jeff Schell
Direktor des Max-Planck-Instituts für Züchtungsforschung, Köln

»Die Zukunft der Menschheit hängt von der Biotechnologie ab. Gentechnisch optimierte Pflanzen können die Nahrungsmittelproduktion steigern und zugleich die Umwelt entlasten, sie können Impfstoffe oder Biodiesel produzieren. Ich bin sehr beunruhigt über die zunehmende Kritik an diesen Technologien. Denn sie verhindert, dass öffentliche Mittel in die Forschung fließen – mit der Folge, dass vor allem Chemiekonzerne den Fortschritt vorantreiben, die sich ihre Ergebnisse patentieren lassen. So wird es für Länder der Dritten Welt unerschwinglich, die überlebenswichtigen Neuzüchtungen zu erwerben.«

uns das Menschenwerk, und alles ist gut.« Und Max Horkheimer, Philosoph der »Dialektik der Aufklärung«, beklagte 1947: »Das Fortschreiten der technischen Mittel ist von einem Prozess der Entmenschlichung begleitet. Der Fortschritt droht das Ziel zunichte zu machen, das er verwirklichen soll – die Idee des Menschen.« Ist der »Rückschritt« in das selbstbestimmte Leben inzwischen der wahre Fortschritt?

Ohne Zweifel hat die Verheißung der Aufklärer und Geschichtsphilosophen in einem versagt: Sie hatten prophezeit, mit wachsendem Wissen über Naturzusammenhänge würden die Unwägbarkeiten des Lebens eliminiert, Sicherheit geschaffen und die unberechenbaren Launen der

Fortschritt ist heute oft: die Reparatur des vorherigen Fortschritts

Natur wie des Menschen gezügelt. Um nichts weniger ging es, als aus der Geschichte »das Zufällige zu entfernen« (Hegel).

Gescheitert. Heute ist die Hauptquelle des Zufälligen der Fortschritt selbst, also die hochtourige Erfindungs- und Innovationstätigkeit der globalisierten Menschheit. Jeden Tag werden weltweit mehr als 20 000 wissenschaftliche Aufsätze veröffentlicht, jedes Jahr mehr als 500 Milliarden Mark in die Forschung investiert – um Dinge zu erzeugen, von denen oft unklar ist, welche Folgen sie haben werden. 100 000 synthetische Stoffe hat der Mensch innerhalb eines Jahrhunderts in die Welt gesetzt, und niemand hat eine Gewissheit darüber, was sie letztlich bewirken.

Atomkraft, Gentechnik, Großchemie – nein, Wissenschaft und Technik erhöhen nicht die Sicherheit, sondern das Risiko, sie sind das Mittel, durch das die Gesellschaft zwar das Leben des Einzelnen berechenbarer, die Welt im Ganzen aber unkontrollierbarer macht. Welche Ironie: Die prämoderne Ungewissheit kehrt im Gewande des Fortschritts zurück.

Längst stecken wir im Innovationsdilemma: Jede Lösung erzeugt neue Probleme, jedes Risiko wird mit neuen Risiken beantwortet. Fortschritt ist zur Reparaturstätte vorherigen Fortschritts geworden, es geht vorwiegend um die »Entübelung des Übels«, so der Ethiker Odo Marquard. Das erkennen sogar Neuerungsenthusiasten wie der Biologe Hubert Markl, der zugibt, »dass gegen die wachsenden Schwierigkeiten des Fortschritts tatsächlich nur neuer Fortschritt hilft, der wenigstens die inzwischen bekannten Fehler vermeidet«. Das bindet Kräfte. Experten vermuten, dass rund 80 Prozent unseres Erfindungsgeistes auf reine »Folgenmilderungstechnologie« konzentriert sind.

Das Dilemma trifft ebenso die Alternativen zum herrschenden Entwicklungsmodell, etwa die ökologischen Mäßigungsvorschläge. Um einen nachhaltigen Fortschrittspfad zu erreichen, müssten wir, so das Wuppertal-Institut für Klima, Umwelt, Energie, unseren Ressourcenverbrauch in gut einer Generation um bis zu 90 Prozent zurückfahren; Dennis L. Meadows, Vater der berühmten Club-of-Rome-Studie aus dem Jahre 1972, »Die Grenzen des Wachstums«, fordert die Wirtschaftsschrumpfung. Doch welche sozialen Unruhen könnten entflammen, welche Versorgungsengpässe entstünden, welche neuen Institutionen müssten erst geschaffen werden – und zu welchen Kosten –, ehe sich die Gesellschaft auf nachhaltigerem Niveau wieder einpendelte? Kann es überhaupt so etwas wie einen geordneten Rückzug für sechs Milliarden Menschen geben?

Erst recht drängen die Fragen, wenn wir die gegenwärtigen Trends weitertreiben. Beispiel Computertechnik: Bei gleichbleibender Steigerungsrate der Rechenleistung, so der Computerwissenschaftler Ray Kurzweil, wird ein Personal Computer in etwa 20 Jahren über die Kapazität eines menschlichen Gehirns verfügen, im Jahre 2029 über die von 1 000 Gehirnen,

Ethische Werte können Orientierung bieten – es gibt bloß so viele davon

und um 2055 über die aller menschlichen Gehirne. Züchten wir auf diesem Wege Hilfsdenker heran, die uns unterstützen, hochkomplexe Prozesse zu verstehen? Oder werden wir uns eines Tages an die Maschinen ankoppeln müssen, um überhaupt noch existieren zu können?

Beispiel Biomedizin: In Japan experimentieren Forscher bereits mit einem künstlichen Uterus für Ziegenembryos; wann wird Vergleichbares beim Menschen einsetzbar? Wie wird sich die Psyche der in künstlichen Gebärmüttern herangereiften Kinder verändern, wie unser Verständnis von Elternschaft? Auf anderen Gebieten: Welche sozialen Auswirkungen wird die weitere Verlängerung der Lebensspanne haben? Welchen Nutzen, welchen Schaden erzeugen verbesserte Psychodrogen, mit denen sich Stimmungen und Verhalten maßschneidern lassen?

Beispiel Gentechnik: Eines Tages aber könnte es möglich sein, Menschen am genetischen Reißbrett zu entwerfen, deren zukünftige Eigenschaften auszuwählen, Talente, Bedürfnisse. Wäre das ein Verbrechen – oder eine Pflicht? Schließlich liegt die Forderung nahe, dass wir neue, »qualitätsoptimierte« Menschen brauchen, da die alten nicht in der Lage seien, die Probleme zu meistern. Darin mag für manche ja auch Hoffnung liegen.

In jedem Fall gilt: Die Techniken voranzutreiben kann genauso gefährlich sein wie sie zu unterbinden. Welche Erfindungen werden wir durch einen Verzicht nicht tätigen – überlebenswichtige? Welche Entdeckungen werden wir bei weiterer Forschung machen – lebensbedrohende?

Der technisch-zivilisatorische Fortschrittsbegriff zerbröselt angesichts solcher Fragen. In allen Fällen müssen wir uns entscheiden – und können nicht wissen, wie. Die Wissenschaft hat als Orientierung weitgehend abgedankt; sogar das Bundesverfassungsgericht hat in seinem Urteil über den Schnellen Brüter in Kalkar den einst unumstößlichen Stand der Wissenschaft zum bislang »unwiderlegten möglichen Irrtum« herabgestuft.

Und die Ethik? Gern wird sie als Entscheidungshilfe bemüht, gleichsam als letzte Rettung der Orientierungslosen. Doch leider führt auch der Appell an moralische Regeln nicht nur zu Antworten, sondern auch zu der Frage, welchen der vielen Prinzipien man folgen sollte, also in neue Unsicherheit. Es herrscht ja nicht, wie oft beklagt, ein Mangel an Werten, sondern ein Überfluss an ihnen; jede Entscheidung in der »Multioptionsgesellschaft« (der Sozialwissenschaftler Peter Gross) wird zum zähen Abwägen zwischen den »Wertkomplexen« und Interessen von Staat, Industrie, Kirche, Verbänden; zwischen Ökogewissen, Wohlstandsverlangen, Selbstverwirklichung, politischer Überzeugung, religiösem Glauben und etlichem mehr.

Jakob von Uexküll
Initiator des alternativen Nobelpreises
»Right Livelihood Award«

»Fortschritt – das sind für mich Wege zur Nachhaltigkeit, zur Bewahrung der natürlichen Lebensgrundlagen des Menschen. Zukünftige Generationen sollten über dieselben Entwicklungschancen verfügen wie wir. Um das zu erreichen, müssen wir etwa Atomkraftwerke sowie -waffen abschaffen und die Nutzung der Solarenergie ausbauen. Eine große Gefahr sehe ich darin, dass Menschen glauben, wir müssten den einmal eingeschlagenen Weg weitergehen. Aber Alternativen sind immer möglich, und es wäre wichtig, das Verständnis für die Vielfalt der Handlungsoptionen zu fördern.«

Auch fehlt es nicht an guten Ratschlägen, wie der Fortschritt plan- und steuerbar gemacht werden könne: durch Komitees zur Technikfolgenabschätzung, durch Ethikkommissionen, durch basisdemokratische Partizipation an Entscheidungsprozessen – und natürlich durch eine generelle »Entschleunigung«, die Zeit ließe, die Auswirkungen von Innovationen zu studieren. Alles richtig. Und doch wirken die Vorschläge hilflos in einer Zeit, in der Konzerne im Dreimonatstakt ihre Strategien neu ordnen und jeden Tag Billionen Dollar in globalen Finanzkanälen vagabundieren – in Zeiten also, die sich mit aller Macht gegen Entschleunigung stemmen.

So bleibt, als letzte Gewissheit, bloß diese Erkenntnis: Die moderne Gesellschaft unternimmt im Namen des Fortschritts ein gigantisches Experiment mit sich selbst und der Welt, einen ökologischen und sozialen Dauerversuch. Der Ausgang? Ungewiss. Ist damit also der Befund des US-Historikers Christopher Lasch bestätigt, die Idee des Fortschritts sei ein für alle

Prinz Sadruddin Aga Khan
Umwelt-Diplomat und Neffe des Ismailiten-Führers Aga Khan

»Wahrer Fortschritt besteht darin, die vielen Fehler zu analysieren und zu verstehen, die in seinem Namen begangen worden sind – und vor allem darin, diese Fehler zu korrigieren. Der so genannte technische oder soziale Fortschritt muss begleitet werden von echter Solidarität sowie von Mitgefühl für die Leidenden und Schwachen, für die Natur. Wie sollte sich das Schicksal der Menschheit zum Guten wenden, wenn wir nicht dafür sorgen, dass unsere Gesellschaft spiritueller und weniger materialistisch wird? Der einzige dauerhafte Fortschritt ist der des Herzens.«

Mal erledigt, zerrieben in der Unübersichtlichkeit der Moderne?

So überraschend es nach allem klingt: nein. Wir mögen zwar keinen Konsens mehr erzielen, worin Fortschritt eigentlich besteht oder wie wir ihn erreichen; auf die Idee können wir dennoch nicht mehr verzichten. Weil sich in ihr das Selbstverständnis des modernen Menschen ausdrückt: dass er für sein Tun selbst verantwortlich ist. Nicht Gott, nicht Geister, nicht das Schicksal nehmen ihm diese Last ab. Und wer nicht zynisch werden möchte, der wird auch weiterhin bei allen Handlungen anstreben, dass sie zum Besseren führen, zum Fortschritt beitragen.

Der polnisch-englische Soziologe Zygmunt Bauman beschrieb es so: »Die tiefste, vielleicht einzige Bedeutung von Fortschritt besteht darin, dass die Zeit auf unserer Seite ist, weil wir diejenigen sind, die Dinge in Gang bringen.« Das Leben moderner Menschen sei eine Aufgabe, eine immer unvollendete Aufgabe, die stets neue Bemühungen fordere.

Bemühen also – der karge Rest der Fortschrittsidee. Doch es zu unterlassen, damit dürfte der amerikanische Philosoph Ronald Dworkin Recht haben, wäre »unverantwortliche Feigheit vor dem Unbekannten«. **(1999)**

■ **Siehe auch A–Z-Teil**

→ Bacon, Francis · Condorcet, Antoine · Geschichtsphilosophie · Hegel, Georg Wilhelm Friedrich · Kant, Immanuel · Postmoderne · Technik

Christoph Kucklick ist studierter Soziologe und Chefredakteur des Magazins GEO SAISON. Der Fotograf Martin Pudenz hat seine Porträts im aufwendigen Bromöl-Verfahren hergestellt.

Bildlieferantencodeverzeichnis Bibliographisches Institut & F. A. Brockhaus AG

9 Artothek, J. Hinrichs, Weilheim
20 The Associated Press, Frankfurt am Main
50 akg-images, Berlin
102 Bayerische Staatsbibliothek, München
110 Bildarchiv Preußischer Kulturbesitz, Berlin
209 ESA/ESOC, Darmstadt
276 Gamma, Studio X, Limours
340 Bildarchiv Hansmann, München
381 IBM Deutschland, Sindelfingen
495 Det Kongelige Bibliotek, Kopenhagen
565 Nobelstiftelsen, The Nobel Foundation, Stockholm
639 Öffentliche Bibliothek der Universität Basel
700 Süddeutscher Verlag Bilderdienst, München
710 Siemens, Erlangen und Mannheim
821 Technische Universität Bergakademie Freiberg, Sachsen
880 ullstein bild, Berlin
990 Technische Universität Bergakademie Freiberg, Sachsen/M. Knopfe
1014 Universitätsbibliothek Tübingen
1201 F. und K. Eschen, Berlin
1843 C. Elsler, Historisches Farbarchiv, Norderney
2400 Farb- und Schwarzweiß-Fotografie E. Böhm, Mainz
2642 Allard Pierson Museum, Amsterdam
2726 American School of Classical Studies, Agora Excavations, Athen
2796 Moos-Verlag, München
2992 Fotostudio G. Hogen, Lautertal
3016 Burgerbibliothek, Bern
3031 Biblioteka Jagiellonska, Krakau
3040 Universität Leiden
3046 MEV Verlag, Augsburg
3483 Città di Lugano
3833 Max-Planck-Gesellschaft, München
4023 Dr. H. Günther, Berlin
4601 A. Burkatovski, Rheinböllen
4763 Rhein-Neckar-Zeitung, Heidelberg
5119 Prof. Dr. G. Schmid Noerr, Frankfurt am Main
5156 Europäische Verlagsanstalt, Hamburg
5338 Institut für Mathematische Logik und Grundlagenforschung, Münster
6011 Galerie Jörg Hamer, Großhansdorf
6515 H. R. Gelderblom, Robert-Koch-Institut, Berlin
50558 © DeA Picture Library
70214 Staatsbibliothek, Bamberg
80005 M. Adelmann, Zürich
80415 Badische Landesbibliothek, Karlsruhe
80519 Börsenverein des Deutschen Buchhandels, Frankfurt am Main
80587 Bibliothèque Nationale de France, Paris
80694 Rosemarie Clausen - Künstlerischer Nachlaß, Hamburg
80695 W. Claus, Fulda
100001 © CORBIS/Royalty-Free
100095 Prof. Dr. H.-J. Quadbeck-Seeger, Bad Dürkheim
100136 Image Source, Köln
100138 Sammlung Frieder Burda, Baden-Baden/ R. Cohen
100139 Dr. H. Sauerbier, Lauchringen
100264 aisa, Archivo iconográfico, Barcelona
100437 Bild und Wort, Literatur- und Medienagentur, H.-J. Rech, Kaarst
100536 Staatliches Lindenau-Museum, Altenburg/ B. Sinterhauf, Berlin
100562 picture-alliance/dpa, Frankfurt am Main
100563 picture-alliance/akg-images, Frankfurt am Main
100574 CORBIS/Picture Press, Düsseldorf
100674 picture-alliance/Bildarchiv Okapia, Frankfurt am Main
100684 Denver Metro Convention & Visitors Bureau
100721 picture-alliance/Picture Press, Frankfurt am Main
100750 Wittgenstein Archive/M. Naehr, Cambridge, Großbritannien
100751 Stadtmuseum, Tübingen
100880 akg-images, Berlin
100887 Niedersächsisches Staatsarchiv, Wolfenbüttel/P. B. Keiser
100914 Bildarchiv Okapia, Frankfurt am Main
100977 picture-alliance/Keystone Schweiz, Frankfurt am Main
101188 Sammlung Würth, Künzelsau

Urheber- und Reproduktionsrechte

Bildquellenverzeichnis GEO Dossiers

A
Alinari: 400
Luciano Pedicini/Alinari: 393
Carl de Keyzer/Magnum/Agentur Focus: 431
Eugene Richards/Magnum/Agentur Focus: 439
Emile Luider/Rapho/Agentur Focus: 450/51
British Museum/Art Archive: 394

B
Handschriftenabteilung/Bayerische Staatsbibliothek: 391 u.
Aljoscha Blau: 442/43–448
bpk: 395
Jörg P. Anders/Kupferstichkabinett SMB/bpk: 389
RMN/bpk: 397

C
Michael St. Maur Sheil/Corbis: 386/87

D
Rainer Elstermann/Daniela Wagner, München: 402/03–417
Rainer Droste + Dale Purves/Medical Center/ Duke University: 460
Dale Purves/Medical Center/Duke University: 457 o.

E
aus: La Science der Illusions, Editions Odile Jacob: 455, 457 u. 458

G
Kamil Vojnar/Photonica/Getty Images: 423

I
Ball & Shadow/Illusion Works © 2002: 461
Scintillating Grid/Illusion Works © 2002: 456
Science Museum Library/Interfoto: 399

J
J. Paul Getty Trust: 396

K

Keith Kay: 454 u.

L

Hinrich Schultze/Literaturhaus, Hamburg: 418

M

Heinrich Bülthoff/Abt. Psycho-Physik/Max Planck Institute for Biological Cybernetics: 459

Museo Laboratorio della Mente, Rom: 453

P

aus: Die Kabala/Papus Autoris, Leipzig 1910: 391 o.

Sylvia Plachy: 424–428, 432, 435, 440

Martin Pudenz: 462/63–478

Q

aus: Incredible Optical Illusions, Quarto Publishing, London: 454 o.

S

Museo Archeologico/Scala: 392

Walter Schels: 436

Autrum-Multer/Staatliches Museum für Völkerkunde, München: 390